Frank Henry Piekara

**Entspannung, Meditation und
Selbsthypnose**

Frank Henry Piekara

Entspannung, Meditation und Selbsthypnose

Psychologische Verfahren und Übungen
für die Selbstpflege, Entfaltung und Therapie

 tredition®

Mit 9 Abbildungen und 13 Tabellen
Bildquellennachweis: Frank Henry Piekara

© 2019 Frank Henry Piekara
Gesetzt aus der Palatino Linotype und ITC Eras
Satz und Gestaltung: Eckart Geithner, Erding
Verlag und Druck: tredition GmbH
Halenreie 40-44, D-22359 Hamburg

ISBN
978-3-7482-9772-7 (Paperback)
978-3-7482-9773-4 (Hardcover)
978-3-7482-9774-1 ((e-Book)

Inhaltsverzeichnis

0 Vorwort

Bereits in meiner Jugend und über die gesamten siebziger Jahre, konnte ich mein bleibendes Interesse an Meditation entdecken und eine tiefe Achtung und Zuneigung dafür sowie ein bleibendes Bemühen um betreffende Erfahrung, Übung, Erwerb und Verständnis entfalten. Damals wurden die Grundsteine für meine Entwicklung mit Meditation und damit zu diesem Buch gelegt. Ausgangspunkt und Motivation waren für mich – und sind es noch heute – die existentiellen, kosmischen, spirituellen, philosophischen und psychologischen Fragen. Verstärkend und bahnend für das Meditieren wirkten die ersten Erfahrungen mit Exerzitien im Kloster, christlicher Kontemplation, Zen- und Mantra-Meditation, Yoga, dem Autogenen Training und geführter Imagination, aber auch mit dem Aufgehen, Flow und der Ekstase vor allem im Tanz und in der Musik. Die damaligen sowie späteren positiven, mitunter für mich auch verblüffenden und überwältigenden Erfahrungen von innerer, geistiger, tiefer Sammlung, Versenkung, Beruhigung, Gelassenheit, Klarheit, Einswerdung, Einsicht, Wahrnehmung, Präsenz und Kraft sowie von Selbstfindung und zugleich Selbstüberwindung haben mich in meinem Leben immer wieder bestärkt, mich mit Meditation zu befassen und selbst zu meditieren. Trotz dieser wichtigen und prägenden Erlebnisse und Auseinandersetzungen sowie der reichlichen und wachsenden Literatur und Praxis, habe ich im Studium der Psychologie, damals an der Freien Universität Berlin, und später in der Forschung und Anwendung der Psychologie in den Achtzigern, insbesondere an der Universität Münster und danach im Raum München-Erding, die Beachtung der Meditation vermisst. Sie wurde damals im wissenschaftlichen und akademischen Bereich weitgehend ignoriert. Allenfalls Verfahren zur Entspannung, Imagination, Hypnose und Selbsthypnose wurden – vor allem im Bereich medizinischer oder psychotherapeutischer Verwendung – vermittelt, genutzt, studiert und untersucht. Auch diese Verfahren fanden mein großes Interesse. Je tiefer diese von mir studiert und praktiziert wurden, desto mehr verschwanden die vermeintlichen Unterschiede zu meditativen Verfahren aus den jeweiligen spirituellen Kontexten. Die üblichen, wissenschaftlich anerkannten, psychologischen Verfahren zur Entspannung, Imagination und Selbsthypnose, wie das Autogene Training, wurden nach meinen damaligen Erfahrungen jeweils sehr starr, dogmatisch und auch oft sehr rudimentär oder einseitig und nachteilig vermittelt und verwendet. Dies erwies sich in der Praxis für eine jeweils große Gruppe potentieller Interessenten und Anwender als nachteilig. Hinterfragungen, Differenzierungen, Anpassungen, Veränderungen und Entwicklungen fanden zwar statt, wurden aber von den betreffenden Autoritäten und Schulen für gewöhnlich und offiziell vermieden, verurteilt, bekämpft oder ausgegrenzt. Es wurden aus meiner Sicht nur unzureichend die Gemeinsamkeiten dieser akzeptierten Verfahren – und noch weniger die mit anderen alternativen oder meditativen Techniken und Methoden – sowie ihre Besonderheiten und Unterschiede systematisch beschrieben, diskutiert, untersucht und beurteilt. Dies gilt insbesondere für die achtziger Jahre und sowohl für die Ebene und Perspektive der persönlichen Praxis und Erfahrung als auch die der interindividuellen, wissenschaftlichen.

Diese systematische Beschreibung und Diskussion zumindest aus der persönlichen Kenntnis, Erfahrung, Beobachtung und Sicht soll in diesem Buch geleistet werden. So kann ich selbst auf meine nahezu lebenslängliche, aber vor allem auf die tägliche Meditationspraxis seit über dreißig Jahren zurückblicken. Aber insbesondere in der Anwendung als Dozent von psychologischen, gesundheitsbezogenen Kursen und vor allem als Psychotherapeut in der längeren und intensiven Zusammenarbeit mit inzwischen tausenden von Patienten konnte ich reichlich Erfahrungen mit verschiedenen Techniken, Methoden und deren Variation zur Entspannung, Hypnose und Selbsthypnose und Mediation sammeln. Ich konnte ihre Voraussetzungen, Gemeinsamkeiten, Unterschiede, Eigenheiten, Wirkungen und Folgen an mir selbst sowie bei vielen anderen Personen beobachten und studieren. Dieses Erfahrungswissen begründet dieses Buch und soll möglichst umfassend einfließen und dargelegt werden.

Wurde mir noch für das Meditieren mit Patienten und deren Üben im Rahmen einer Verhaltenstherapie bis in dieses Jahrtausend von Gutachtern, Krankenkassen und anderen Institutionen bzw. Instanzen des medizinischen Systems mit Unverständnis, Kritik, Vorwürfen und Ablehnung begegnet, so hat sich das nun erfreulicherweise generell geändert und deutlich umgekehrt. Die Prinzipien und Techniken aus den verschiedenen spirituellen, daseinsbewältigenden Systemen und Traditionen, wie z. B. der Achtsamkeit bzw. den Achtsamkeitsmeditationen aus dem Buddhismus, erfreuen sich nicht nur im Rahmen der Psychologie und Psychotherapie zugenommener und inzwischen großer Beliebtheit und Anerkennung. Leider wird dieses – für gewöhnlich alte Menschheitswissen – damit nicht nur in gesundheitlichen Kontexten und für solche Zwecke verfügbar und genutzt, sondern wird auch allzu oft ausgeschlachtet, vermarktet und irreführend, fälschlich sowie zum Eigennutz als persönlicher Besitz, eigene Erfindung und neues, psychologisches Wissen angeboten, verkauft und verteidigt. Es handelt sich hier jedoch – nicht nur nach meiner Erfahrung – regelmäßig um ein altes, eigentlich der ganzen Menschheit gehörendes Wissen. Dies befindet sich allenfalls in neuen Schläuchen, aber es handelt sich dennoch um alten Wein. Die persönlichen Erfahrungen mit einem Verfahren bleiben dessen ungeachtet natürlich auch weiterhin Gegenstand der persönlichen Bemühungen sowie Aneignung und damit des eigenen Verdienstes. Diese persönlich erworbenen Kenntnisse sind und sollen, wie auch in diesem Buch geschehen, beschrieben, mitgeteilt und vermittelt werden. Es besteht aber eben kein Anspruch auf Neuheit, Einmaligkeit und Originalität, da bei Anwendung dieser alten Techniken und Methoden diese Kenntnisse und dieses Wissen einfach und folgerichtig entstehen und mit dem Üben, Variieren, Erfahren und Beobachten wachsen.

Allerdings kann die nur psychologische Beschreibung und Verwendung für den gewöhnlichen Nutzer den Vorteil mitbringen, dass das jeweilige Verfahren aus dem ursprünglichen Rahmen und den damit verbundenen Überzeugungen, Bedingungen usw. gelöst worden ist und unabhängig davon genutzt werden kann. Es kann so auch weiter kritisch diskutiert und untersucht werden. Deshalb werden die für dieses Buch ausgewählten Verfahren zwar in erster Linie psychologisch, also als psychologische Verfahren, beschrieben und betrachtet, aber auch in Bezug und Respekt zu ihrer ursprünglichen Herkunft und Verwendung. Dies Prinzip gilt hier auch für die originär psychotherapeutisch oder psychologischen Verfahren. So werden von mir beispielsweise das Autogene Training in seiner klassischen Form und davon ausgehend die möglichen und bewährten Variationen dargestellt, anstatt einfach nur andere, nämlich meine favorisierten, „weiterentwickelten" Varianten anzubieten. Damit das für den Leser auch transparent und nachvollziehbar wird, werden diese Unterschiede – auch hinsichtlich ihrer Konsequenzen – von mir möglichst erklärt und begründet. Durch diese Maßnahmen werden das Informationsangebot zwar umfangreicher und die Entscheidungen für ein bestimmtes, jeweiliges Vorgehen aufwendiger, aber auch umfassender, solider, genauer, zuverlässiger und passender.

Es war mir ein dringendes Anliegen, mein über Jahrzehnte gewachsenes Wissen in Bezug auf Entspannung, Meditation und Selbsthypnose (EMS) zu ordnen, festzuhalten und weiterzugeben. Ich habe dazu versucht, vor allem die bewährten Erfahrungen und mein Wissen über EMS und die betreffenden Verfahren, zu vermitteln und in der betreffenden Fachliteratur zu verankern. Viele Sachen habe ich einfach gelernt, erkannt, verstanden, getan oder gewusst, ohne dass die Herkunft bzw. der wirkliche Ursprung später bzw. heute noch (für mich) zu klären war. Es handelt sich, wie erwähnt, ja auch um ein altes Menschheitswissen, was jeder Übende von EMS – im gewissen Umfang und schrittweise – selbst wieder erfährt und aufbaut.

Die Beschreibung des Wissens war für mich und meine Familie nicht immer einfach, da ich auch beruflich als Psychotherapeut mit Leib und Seele sowie auch angesichts einer wachsenden, leider oft auch destruktiven Bürokratie und Kontrolle sehr eingespannt war und bin. Es blieb immer wenig Zeit und Freiraum, um dieses Wissen in Gänze sowie zutreffend und passend niederzulegen. So wuchs dieses Buch über lange Jahre, zwar nur in kleinen Schritten, aber stetig zu diesem doch vergleichsweise umfangreichen Werk heran.

Dieses Buch beschreibt also nun die in meiner Praxis bewährten Verfahren der EMS, so dass interessierte Personen ihre Varianten finden und zusammenstellen können. Sie finden hier alle nötigen Informationen. Es ist aber auch für Menschen geschrieben, die gründlicher und tiefer in die Psychologie und Anwendung der EMS einsteigen wollen oder aus beruflichen Gründen sollten. Anhand des Buches können Sie sich aus dem dargestellten Raum der psychologischen Verfahren und Möglichkeiten Übungen passend für sich selbst und andere auswählen, zusammenstellen und erlernen. Sie werden eingeführt, informiert, beraten, angeleitet und in die Lage versetzt, um eine grundlegende, hilfreiche und sichere Praxis und Kultur der EMS zu entwickeln und zu entfalten. Idealerweise tun Sie das zum Einstieg und Erwerb des nötigen Könnens und Wissens zunächst für sich selbst und erst später dann etwa aus professionellen Gründen auch für andere.

Dieses Buch bietet also gleichsam eine Landkarte, in der ausführlich und umfassend die Voraussetzungen, Bedingungen, Art und Weise, Durchführung, Variationen, Unterschiede sowie Gemeinsamkeiten, Zusammenhänge und Wirkungen verschiedener psychologischer Verfahren und Methoden zur EMS dargestellt, erläutert, diskutiert und deutlich werden. Sowohl dem Übenden als auch dem Lehrenden, der immer auch ein aktiv Übender sein sollte, hilft dieses Buch, sich einen genauen Über- und Einblick in die ausgewählten Verfahren zu verschaffen. So werden Haltungen, Berührungen, Übungen des Atmens und Atems, der Achtsamkeit, progressiven Muskelentspannung, Imagination, Trance, Selbsthypnose, des Autogenen Trainings sowie verschiedene Körperreisen, -meditationen und Chakrenmeditationen thematisiert und dargestellt. Das Werk bietet Orientierung und Anleitung zum Finden und zur Entwicklung eines individuell geeigneten, passenden Übungsweges und zur Gestaltung sowie Entfaltung einer entsprechenden Übungspraxis. Es hilft und begleitet beim Verstehen, Auswählen, Zusammenstellen, Lernen, Üben, Erfahren und Verändern der einzelnen Verfahren. Es unterstützt beim individuellen Anpassen an Ihre Bedürfnisse, Belange und Voraussetzungen sowie die jeweilig vorliegenden Bedingungen und Gegebenheiten. Das Buch stellt Ihnen zudem einen Fragebogen zur Einschätzung Ihres aktuellen Stresszustandes, Ihrer Stressbewältigung und Stressanfälligkeit vor und zur Verfügung. Damit können Sie auch Ihre EMS-Praxis und die Folgen für sich selbst diesbezüglich gezielt einschätzen und prüfen. Ihre Ergebnisse können Sie dann mit den für einige Jahre von mir vor allem bei Patienten meiner Praxis erhobenen Fragebogendaten vergleichen. Sie können dann selber wie ein Psychologe feststellen, z. B. ob EMS wegen zu hoher Stresswerte für Sie angebracht und ratsam wäre und ob Ihre EMS-Übungen sich diesbezüglich erkennbar auswirken.

Der Schwerpunkt wird in diesem Buch auf „psychologische Verfahren" zur EMS gelegt. Dadurch treten bewusst grundsätzlich andere mögliche Methoden, vor allem der äußeren, physikalischen oder stofflichen Beeinflussung, wie etwa durch Ernährung, Diät, Medikamente oder Drogen, ganz aus dem Blickfeld. Andere Methoden, wie etwa Sport, körperliche Bewegungsübungen, Massage und Wasserbäder, gelangen deutlich an den Rand der Betrachtung oder in den Hintergrund. Es gibt dann zwar immer noch Überlappungen, wie die Haltungs- und Bewegungsübungen aus dem Yoga oder Qigong, die auch wesentlich auf der psychologischen Ebene funktionieren und zu verstehen sind. Aber auch diese Bereiche, Methoden werden nur gestreift, weil ihre genaue Darstellung und Diskussion mindestens ein eigenes, eher mehrere andere Werke erfordern würden. Zudem kann hier bereits auf eine umfang- und detailreiche, gut und umfassend informierende Literatur zurückgegriffen werden. Ich beschränke mich in Beschreibung und Darstellung also überwiegend auf die sogenannten stillen, nährenden, nach innen gerichteten Verfahren, die weitgehend über die psychische Tätigkeit und das innere Erleben wirken, da der Körper selbst in Ruhe ist. Die lebenserhaltenden Vorgänge, wie Atmung und Herzschlag, bleiben, wenn auch in der Regel verlangsamt, selbstverständlich erhalten und aktiv. Aber auch Methoden, wie etwa Selbstmassage, Ess- oder Gehmeditation im Besonderen oder Achtsamkeit beim bzw. im Tun im Allgemeinen, werden an- und ausgeführt, da diese zur Ergänzung und Unterstützung der sehr stillen Übungen und ihrer Wirkungen sehr sinnvoll und hilfreich sind. Diese selbst betreffen zudem noch überwiegend bzw. fast ausschließlich die Psyche, das Bewusstsein und die innere Wahrnehmung. So erfordern diese Übungen keine besonderen, neu zu erlernenden Bewegungen oder Handlungen, nicht das Studium einer „Choreographie". „Psychologisch" umfasst bei diesen Verfahren dennoch bzw. auch den Körper. Wie im Buch deutlich werden wird, ist die systematische Einbeziehung und Einbindung des Körpers in die zu entwikkelnde EMS wichtig, wesentlich und hilfreich, wenn nicht sogar unbedingt notwendig.

Psychologische Verfahren meint hier aber auch den Rahmen der Voraussetzungen, Anwendung, Nutzung, Wirkung, Zielsetzung und Bewährung. So wurden bzw. werden die Verfahren in der psychologischen oder psychotherapeutischen Praxis angewendet und genutzt. Sie haben sich dort sowie im gesamten medizinischen Bereich der Heilung, Gesundheit, Prävention und Rehabilitation (eben als psychologische Verfahren) mehr oder weniger lange, allgemein, zuverlässig, gut, als sicher und wirksam bewährt. Sie zielen entsprechend auf psychologische Ziele und Wirkungen ab. So sollen damit innere Gelassenheit, Entspannung, Ruhe, Sammlung, Klarheit, Präsenz, Zufriedenheit, Genügsamkeit, Harmonie, Ausgeglichenheit usw. erreicht werden. Die psychische Stabilität und Gesundheit sollen befördert oder gestärkt werden. Aber auch entsprechende körperliche, stabilisierende, gesunderhaltende oder heilende Auswirkungen sollen damit befördert oder bewirkt werden. Die körperliche Stabilität und Gesundheit sollten entsprechend positiv beeinflusst werden und sich bessern. Zudem sollten unerwünschte Nebenwirkungen oder mögliche Risiken minimiert werden. Idealerweise sollten diese sogar möglichst ausgeschlossen werden können bzw. gar nicht auftreten. Mit den ausgewählten und dargestellten psychologischen Verfahren lassen sich die beschriebenen Ziele und Erwartungen hinreichend bis maximal bzw. optimal verwirklichen.

Weiter stehen hier spirituelle Aspekte nicht im Vordergrund. Sie können zwar auftreten und gehören zu einer gesunden psychischen Entwicklung und Persönlichkeit dazu. Sie sind aber nicht das Ziel oder der Fokus der Übungen. So zielen die Übungen ausdrücklich auf die Entwicklung einer gesunden Psyche und Ganzheit, also unter Einschluss des Körpers, ab. Einsicht, Erkenntnis, Erleuchtung und Erlösung sind Aspekte und werden sicher auf lange Sicht auch durch die psychologischen Verfahren gefördert. Aber weder dominieren diese als letztlicher Sinn oder Zweck im Vorder- oder Hintergrund noch orientieren jene die Art und Weise der psychologischen Übungen und Praxis. Entsprechend sind die psychologischen Verfahren möglichst um spezielle religiöse, ideologische Aspekte und Belange „bereinigt". Diese sind religiös und ideologisch neutral und entsprechend umfassend, überschreitend, übergeordnet, grundsätzlich, einfach oder allgemein gehalten. Sie sind spirituell, religiös und weltanschaulich völlig offen und – so weit wie möglich – nur an der Erfahrung orientiert.

In diesem Buch wird vor allem die psychische bzw. psychologische Perspektive erfasst und berücksichtigt. Es werden also Verhalten und Erleben, die inneren Wahrnehmungen und Erfahrungen beschrieben und besprochen. Insofern diese mit anderen geteilt bzw. übereinstimmend mitgeteilt werden, gehen sie über die einzelne Person (die Subjektivität und Individualität) hinaus. Die Erfahrung zeigt, dass diese psychologische und überwiegend nach innen orientierte Sicht und Beschreibung – trotz der bestehenden individuellen Unterschiede – zentral, wesentlich und grundlegend ist. Sie gewährt ein allgemeines, notwendiges und auch hinreichendes Gerüst für den Erwerb und die Praxis. Psychologische Verfahren zur EMS lassen sich bereits allein auf diese Art und Weise für verschiedene Menschen erfolgreich und nutzbringend vermitteln, erlernen, einschätzen und beurteilen. Das Buch konzentriert sich daher bewusst und notwendigerweise auf die psychologische Ebene und Perspektive, die für das Vermitteln, Auswählen, Erlernen, Erfahren, Praktizieren, Prüfen und Beurteilen dieser psychologischen Verfahren grundlegend, unentbehrlich, relevant und (mindestens weitgehend) hinreichend ist.

Die Sicht und Beschreibung der jeweils materiellen, neurophysiologischen Seite entfällt hier also weitgehend. Die in der letzten Zeit erheblich wachsenden neurowissenschaftlichen Befunde und Belege für die Grundlagen und Wirkungen der psychologischen Verfahren werden hier nicht gesichtet, zusammengetragen und diskutiert. Nach meiner Erfahrung, Kenntnis und Ansicht bestätigen diese in der Regel die psychologischen Erfahrungen und ergänzen diese, eben um die neuronale Beschreibungs- und Erklärungsebene. Dies ist aus Gründen der Erkenntnis und der wissenschaftlichen Begründung sicher wichtig und wünschenswert. Für das individuelle Erlernen, den Gebrauch, die eigenen Erfahrungen, den persönlichen Aufwand und Nutzen, die Bedeutung, Entwicklung, Entfaltung und Wirkung der eigenen Praxis und Kultur zur EMS sind die neurophysiologischen Zusammenhänge (Korrelate) und diesbezüglichen empirischen Befunde jedoch grundsätzlich entbehrlich. Selbstverständlich können unabhängig davon solche Zusammenhänge und Befunde wissenschaftliche Belege, Evidenz und Erhellung etwa für Charakteristika, Veränderungen und Wirkungen von EMS im körperlichen, neuronalen Bereich und Geschehen bieten. Aber dies soll nicht auch noch Thema dieses Werkes sein. Denn bereits trotz des Fokus auf das Psychologische, auf Verhalten und Erleben, die Erfahrungsebene und die innere Wahrnehmung (Introspektion), Regulation und Beschreibung führte dies bereits zu einem umfangreichen Werk.

Durch die hier versuchte Gründlichkeit, Ausführlichkeit in der Beschreibung der psychologischen Verfahren, ihrer Grundlagen, Annahmen, Variationen, Abweichungen und Zusammenhänge werden meines Erachtens zudem erst genaue neurophysiologische Studien über EMS möglich und vor allem vergleichbar. Wir brauchen also zuvor eine genaue psychologische Beschreibung, Ordnung und Diskussion des Raumes der subjektiven Erfahrungen und Wirkungen im Zusammenhang mit der Anwendung und Variation von Verfahren zur EMS, was hier für die zentralen, ausgewählten Verfahren und Methoden versucht und geleistet wird. Denn bereits kleine Veränderungen der Haltung, wie etwa nur die des kleinen Fingers, die Andeutung eines Lächelns oder nur eine Vorstellung dessen, oder des Gegenstandes der aufmerksamen Wahrnehmung und Konzentration, wie etwa von der Hand zum kleinen Finger, von der Wahrnehmung der Entspannung im kleinen Finger bis zur Erfahrung oder sogar Wirkung des Atems oder Atmens im kleinen Finger, verändern merklich die Inhalte des eigenen Erlebens und die Folgen. Entsprechend deutlich würden sich auch die betreffenden, zu messenden neurophysiologischen Muster ändern. Diese Veränderungen wären bzw. sind nur auf der Basis der inneren, psychologischen Veränderungen zu ordnen und zu verstehen. Aber auch z. B. der Anteil der für das Verfahren benötigten aktiven, inneren Selbstanleitung (Selbststeuerung) wird nachvollziehbar großen Einfluss auf das jeweils gemessene, differentielle Bild der Hirnaktivitäten haben. Jedoch schwindet die dafür aufgewendete Aufmerksamkeit und Anstrengung bereits allein in Abhängigkeit des individuellen Übungsgrades. Mit der Übung wird diese Selbstführung und -anleitung verinnerlicht und leichter („automatisiert"), so dass die anvisierten Zustände der EMS nicht nur psychologisch, sondern auch neurophysiologisch stärker in den Vordergrund treten sollten. Andererseits ändert bzw. bessert sich durch das regelmäßige Üben auch die Qualität und Wirksamkeit der Selbstführung, so dass die Selbststeuerung insgesamt an Effizienz gewinnt. Auch dies sollte sich differenziert in den abgeleiteten Bildern der Hirnaktivitäten niederschlagen. Bei sehr langer, regelmäßiger und intensiver Übung einer bestimmten Meditationstechnik verlieren wiederum deren Eigenheiten, Besonderheiten und Unterschiede zu anderen eher an Bedeutung und werden gleichsam transzendiert. Es ist dann nicht mehr so wichtig und bedeutsam, über was oder wie genau meditiert wurde, um entsprechende fortgeschrittene oder sogar meisterliche Erfahrungszustände zu erreichen. Da gestaltet und organisiert sich etwas um, was natürlich neurophysiologische Spuren hinterlassen wird. Solche Zusammenhänge zwischen psychologischer Erfahrung und neurophysiologischer Messung werden in diesem Werk jedoch nicht thematisiert und besprochen. Sie sind aufgrund ihrer hier angedeuteten und extrem großen Komplexität auch schwer genauer zu untersuchen und zu bestimmen. Wir konzentrieren uns dafür also ganz auf die psychologische Ebene, den inneren, psychischen Raum und dessen Wahrnehmung, Erfahrung, Darstellung und Beschreibung.

Von der psychologischen Darstellung verschiedener Arten und Weisen der EMS und den Voraussetzungen und Folgen handelt nun dieses Buch. Sie werden angeregt und angeleitet dabei nach innen zu spüren, zu fühlen, zu hören, zu sehen, vorzustellen und sich selbst zu entspannen, zu hypnotisieren und zu meditieren. Wir konzentrieren uns dabei ganz auf die Innenarbeit. Der Blick bzw. die Wahrnehmung und die Aufmerksamkeit werden bewusst ganz nach innen gewendet. Selbst äußere Mediationsgegenstände können so entfallen. Unser Weg führt also ganz nach innen, nämlich zu uns selbst. Wir lernen, uns selbst bewusst, aufmerksam zu betrachten, wahrzunehmen, zu entspannen, zu sammeln und uns in uns selbst zu versenken. Wir werden dann sowohl zum Subjekt als auch zum Objekt der Entspannung, (Selbst-) Hypnose und Meditation.

Ausschließlich zur Vereinfachung und besseren Lesbarkeit benutze ich im Text in der Regel die allgemeine bzw. männliche Sprachform, auch wenn andere Gender inhaltlich genauso inbegriffen und gemeint sind.

1 Einführung

Warum sollte jemand überhaupt meditieren, sich entspannen oder hypnotisieren? Dazu gibt es gute Gründe. Diese erschließen sich ganz selbstverständlich und auf natürliche, direkte Weise demjenigen, der dies regelmäßig auf angemessene, passende Art und Weise tut. Derjenige wird in der Regel zunehmend positive und heilsame Erfahrungen mit Entspannung, Hypnose und Meditation sammeln. Er wird entsprechend die positiven Wirkungen und Auswirkungen bald sehr deutlich wahrnehmen und erkennen. Allerdings erweist es sich nicht immer als einfach, dies regelmäßig, angemessen und passend zu praktizieren. Dazu und dabei soll und kann dieses Buch sehr helfen und unterstützen. Aber sogar bei und nach den ersten Malen können sich bereits spürbare und bemerkenswerte Erfahrungen und Erfolge einstellen.

Diese sind am Anfang zumeist leichter und schneller zu erreichen, wenn man dazu und dabei von einer fachkundigen Person angeleitet wird, anstatt es allein zu versuchen. Es ist für den Anfänger für gewöhnlich zunächst einfacher und intensiver, wenn er in der Entspannung, Hypnose oder Meditation von jemandem geführt wird. Dazu gehört auch die Hinein- und die Hinausführung in die Zustände der Entspannung, Hypnose und Meditation. Nach einigen anfänglichen Versuchen mit externer Hilfe und unter Anleitung und etwas verstärkt selbständiger Übung, d. h. möglichst ohne Anleitung und Führung, gelingt dies jedoch in der Regel bald auch ganz allein. Eine fremde oder äußere Anleitung wird dann nicht mehr benötigt. Selbst wenn von Beginn an auf diese externe Unterstützung und Anleitung durch eine andere Person verzichtet worden ist, werden diese Übungen in eigener Regie schließlich erfolgreich durchgeführt und die erwünschten Zustände erreicht. Auch auf zusätzliche, technische Hilfen, wie etwa eine zuvor aufgezeichnete und zur Durchführung abgespielte und zu hörende Anleitung, kann entsprechend verzichtet werden. Die geübte Person kann sich nun selbst in die Entspannung, Hypnose oder Meditation hinein und wieder hinaus führen, sich darin halten und weiter anleiten.

Entspannung und Meditation werden für gewöhnlich unter sachkundiger, anerkannter, verantwortlicher Anleitung und Führung gelernt und verfeinert, aber dann in der Regel selbständig ausgeführt und geübt. Die Hypnose kann ebenfalls von außen, etwa durch eine persönliche oder aufgezeichnete Ansprache, oder von innen, allein durch sich selbst angeleitet und geführt werden. Wird sie von außen angeleitet, handelt es sich um eine Fremdhypnose, andernfalls um eine Selbsthypnose (s. Kap. 6). Also selbst wenn die Anleitung und Führung zur Hypnose ursprünglich von einem selbst stammt und dazu aufgezeichnet wurde und nun zu diesem Zweck abgespielt und gehört wird, funktioniert und wirkt diese nach meiner Auffassung und Erfahrung als und wie eine Fremdhypnose, d. h. eine extern oder von anderen angeleitete und geführte Hypnose. Obwohl die Selbsthypnose per Definition und idealerweise allein mit sich selbst und ohne externe Hilfen durchgeführt wird, können aber zum Erlernen, zur Verfeinerung und Entwicklung anfängliche, externe Anleitungen zur und während der Hypnose „mit sich selbst" auch hier hilfreich und nützlich sein. So bieten sich auch prinzipiell mit Anleitungen fachkundig besprochene Speichermedien (vor allem Tonträger) zum Erlernen von Entspannung, Selbsthypnose oder Meditation an. Diese können eben auch von einem selbst besprochen worden sein. Dies kann wiederum mit externer, fachkundiger Unterstützung und Hilfe erfolgen, etwa durch die Benutzung oder Erstellung geeigneter, passender Vorlagen und Anleitungen. Gleichgültig wieviel externe Expertise und Hilfe nun anfänglich zur Entspannung, Meditation und Selbst-hypnose (EMS) und zum Üben beansprucht wurden, geht es letztlich und vor allem jedoch darum, eigenständig, selber – also ohne eine bzw. jegliche äußere betreffende Anleitung und Ansprache – wirksam zu meditieren, sich zu entspannen und zu hypnotisieren. Daher sollte möglichst bald versucht werden, entsprechend allein, auf sich gestellt zu üben, um tatsächlich zu lernen, sich selbst dabei innerlich zu begleiten, zu steuern und zu führen. Denn nur so werden die Fähigkeiten und Kompetenzen zur aktiven, selbstgesteuerten und -regulierten EMS erworben. Aus diesem Grunde sollte auch so früh wie möglich sogar der eigens besprochene, externe Tonträger zur Anleitung nicht mehr genutzt und weggelassen werden.

Auch durch grundsätzliche oder systematische Betrachtungen und Überlegungen können Argumente für regelmäßige EMS gefunden werden. So wie etwa die alt bekannte Weisheit, dass Phasen der Aktivität, Arbeit, Leistung, Kreativität, Anspannung (Stress), Anstrengung, Erregung, des Verbrauches mit Phasen der Passivität, Entspannung, Muße, Erholung, Ruhe, des Ausruhens, Ernährens, Sammelns (von Kräften), Wachsens und Aufbaus abwechseln sollten. Andernfalls geraten Lebewesen aus dem Gleichgewicht, überlasten, -fordern, -anstrengen sich und ermüden. Auf längere Sicht verbrauchen sie ihre Ressourcen und Reserven und erschöpfen sich. Sie können dann ausbrennen, schließlich zusammenbrechen und krank werden und am Ende möglicherweise (unter ungünstigen Umständen) sogar sterben. Passivität, Ausruhen, Müßiggang, Erholen sowie Entspannen schaffen also den notwendigen Ausgleich und somit die Voraussetzungen für Aktivität, Anstrengung und Leistung (vgl. z. B. Schnabel, 2010). Im weiteren Sinne gilt das auch für die damit verbundenen Vorgänge, wie beispielsweise das Sich-Öffnen, Ausdehnen, (Ab-) Geben, Nach-außen-Gehen im Unterschied zum Sich-Schließen, Zurücknehmen bzw. Sammeln, (Auf-) Nehmen, Nach-innen-Gehen. Auch diese gegensätzlichen Aktivitäten bedingen einander und schaffen jeweils den nötigen und wichtigen Ausgleich. Während Lebewesen in ihrem Tun allgemein ihren Instinkten und Bedürfnissen nach einem solchen Ausgleich folgen, kann der Mensch sich auch bewusst und gezielt Zeit nehmen, um sich auszuruhen, zu entspannen, zu erholen, nach innen zu wenden und zu sammeln. Mit dem Wechsel aus einer Phase der Aktivität und Anspannung kann er sich gewollt und bewusst in eine Phase der Entspannung, Ruhe, inneren Sammlung führen und somit gezielt zum Finden eines (seines) inneren Gleichgewichtes, zur Vermeidung von Überanstrengung und Erschöpfung, zum Erhalt der Gesundheit, Aufbau innerer Ressourcen, der Leistungsfähigkeit sowie zur Heilung beitragen. Die Heilung sowie auch die Gesundheit, inneren Ressourcen und Leistungsfähigkeit betreffen und umfassen sowohl die körperlichen als auch seelisch-geistigen Aspekte. Wobei die körperlichen und seelisch-geistigen Aspekte nicht als prinzipiell gegensätzlich oder verschieden voneinander aufgefasst und verstanden werden, sondern als zwei Seiten einer Medaille, als unterschiedliche Perspektiven auf das Ganze bzw. verschiedene Betrachtungsebenen oder Ausdrucksformen der Wirklichkeit.

Menschen haben in ihren Kulturen seit jeher besondere Techniken, Methoden, Rituale, Bedingungen, Räume, Zeiten geschaffen und entwickelt, die zu Ruhe, Entspannung, Erholung, Innenwendung, Sammlung, Versenkung und des Weiteren zu innerer Gelassenheit, Zufriedenheit, Heiterkeit und überhaupt zum inneren Ausgleich und Gleichgewicht führen. Sie haben dies kulturell, gesellschaftlich, sozial und individuell organisiert. Vor allem im Rahmen und zur Ausübung von Heilung und Spiritualität wurden diverse Verfahren und Übungen (Techniken) entwickelt, die diese Zustände und Prozesse, wie eben Ruhe, Entspannung, Erholung, Gelassenheit, innere Sammlung und Versenkung, direkt herstellen und nutzen. Während sich solche Techniken über Jahrhunderte und Jahrtausende in den Traditionen von heilkundigen, philosophischen, religiösen, spirituellen Gemeinschaften und Überlieferungen entwickelten und erhielten, finden sie zunehmend auch in der heutigen Praxis der Psychologie und Medizin Beachtung, Eingang und Anwendung. Im Rahmen der Psychologie und Medizin werden solche Techniken heute zum Zwecke der Behandlung, Heilung, Genesung, Vorbeugung, Wiederherstellung und Erhaltung von Gesundheit, Leistung und Leistungsfähigkeit sowie zur Leistungssteigerung vermehrt verwertet, angewendet, entwickelt und geprüft. Vor allem werden diese gezielt zur Stressbewältigung und Stressreduktion genutzt.

Im Besonderen handelt es sich dabei um psychologische Verfahren und Übungen zur Entspannung, Meditation und Hypnose (bzw. Selbsthypnose), die jeder prinzipiell erlernen und selber anwenden kann. Im Unterschied etwa zu stofflichen, medikamentösen Mitteln, d. h. Drogen und Psychopharmaka, nutzen psychologische Techniken gezielt, systematisch und ausschließlich psychologische Ressourcen zum Durchführen, Erleben und Erreichen von Entspannung, Hypnose bzw. Selbsthypnose (Trance) und Meditation (geistige Sammlung bzw. Konzentration). Psychologische Ressourcen meint hier psychologische Funktionen und Leistungen, wie etwa Wahrnehmung, Aufmerksamkeit, Konzentration, Bewusstsein, Empfindungen, Vorstellungen, Gedanken bzw. Denken, Gefühle, Motivation und Verhalten. Somit werden Ruhe, Entspannung, Erholung, Innenwendung, geistige Sammlung, innere Gelassenheit, Ausgeglichenheit, Zufriedenheit, Heiterkeit und andere wichtige Wirkungen hier eben allein mit psychologischen Mitteln, auf psychische bzw. geistige Art und Weise erreicht. Dennoch und entsprechend – zusammenhängend, systemisch und ganzheitlich – wirken diese Techniken auch auf den Körper und seine physiologischen, stofflichen Vorgänge, wie das Herz-Kreislauf-System, Verdauungs-, Hormon-, Immunsystem, den Stoffwechsel usw. Die psychologischen Verfahren und Übungen unterscheiden sich im Allgemeinen – zumindest graduell – durch die Gezieltheit, Systematik und Effizienz von Entspannung, hypnotischen und meditativen Zuständen und Vorgängen (Trance, erhöhte Konzentration, „Flow-Erleben" usw.) im Alltag. So werden zwar Unternehmungen und Aktivitäten, wie etwa Sport, Wandern, Lesen und Fernsehen, oft als angenehm, wohltuend und entspannend erlebt. Sie führen aber in der Regel nicht zur tiefen Entspannung, Beruhigung, inneren Sammlung, Gelassenheit, Stärkung und Erholung, wie sie mit psychologischen Techniken vergleichsweise schnell und einfach erreicht werden können. So wirkt Sport letztlich mehr oder weniger als Abbau von Anspannung und gezielte Vorbereitung auf Entspannung und Erholung. Lesen, Fernsehen, Surfen im Internet und ähnliches dienen eher dem Abschalten und Entfernen (von den häuslichen und beruflichen Pflichten, Aufgaben und Verantwortlichkeiten), der ausgleichenden Freizeitgestaltung und Muße. Einzig das Erleben, Gehen, Wandern in der Natur kann im Vergleich zu den anderen Beispielen auch unbewusst gemeinhin zu tiefer Entspannung, Erholung, innerer Sammlung und Stärkung führen. Dennoch finden sich auch zum Alltag hin und den dortigen Erfahrungen (von Entspannung, Trance, innerer Sammlung usw.) selbstverständlich fließende Übergänge. So werden selbst auf „natürliche Weise", d. h. ohne bewusste, besondere Technik, etwa zum notwendigen Ausgleich, auch im Alltag – mehr oder weniger häufig und tief – persönlich Entspannung, hypnotische und meditative Zustände und Prozesse erfahren. In buddhistischen Meditationen und Übungen des Zens, zur Einsicht (Vipassana) und Achtsamkeit wird sogar das alltägliche Tun zum Gegenstand und Mittel der Meditation. Aber auch diese bewusste, psychologische Praxis unterscheidet sich – zumindest graduell – von der Art und Weise wie im Alltag für gewöhnlich gehandelt und wahrgenommen wird. Das Meditieren und die betreffenden körperlichen, mentalen, geistigen Zustände und Folgen, das sind Ruhe, Aufmerksamkeit, Konzentration, Gelassenheit, Präsenz usw., werden hier zu einer allgemeinen, universellen Praxis und (geistigen) Haltung im Leben (vgl. z. B. Kabat-Zinn, 2008; s. Kap. 3.3 über Achtsamkeitsmeditationen). Danach könnte sogar auch das mehr oder weniger notwendige, häufig belächelte, als lästig empfundene, aus anderen Gründen vernachlässigte oder übertriebene Putzen im Haushalt zur Meditation und zum Erreichen innerer Sammlung, Konzentration, Entspannung, Gelassenheit, Ruhe und Wohlbefinden benutzt werden.

Grundsätzlich werden in diesem Buch psychologische Verfahren und Übungen zur Entspannung, Mediation und Selbsthypnose (EMS) mit dem betreffenden Wissen und Erfahrungen aus dem psychologischen, medizinischen Bereich – mit den im Vorwort dargelegten Einschränkungen – zusammengestellt und beschrieben. Das dürfte vor allem für Personen wichtig und sinnvoll sein, die nur über wenig, unsichere, noch zu vertiefende oder zu erweiternde Kenntnisse, Praxis und Erfahrung mit diesen überhaupt oder mit einzelnen Techniken verfügen und sich entsprechend informieren möchten. Aber auch Personen mit Schwierigkeiten, Problemen und Klärungsbedarf bezüglich bestimmter Techniken profitieren von der systematischen, geordneten Zusammenstellung und genauen, umfangreichen Beschreibung der Techniken, des Wissens und der Erfahrungen damit. Auch sie erhalten hier sicherlich Rat, Unterstützung und Hinweise zur Klärung, Lösung und Bewältigung. Selbst Experten oder fortgeschrittene Anwender finden hier vielleicht Bestätigung und bestimmt Alternativen, die eine oder andere Klärung, Ergänzung oder Anregung. Es ist mir – und somit dem Buch – zudem ein zentrales Anliegen, nicht nur das Wissen, sondern auch die Motivation und vor allem die Praxis zur regelmäßigen EMS zu fördern. Denn letztlich trägt nur das regelmäßige Üben dieser Verfahren, also die Praxis, zum Erhalt, zur Erlangung und Besserung der Gesundheit bei – und zwar ganzheitlich in körperlicher, seelischer sowie geistiger Hinsicht. Wiederum setzt auch die Auswahl und Anwendung geeigneter Verfahren und Übungen und insbesondere die Anpassung an die individuellen Bedingungen und Belange ein möglichst angemessenes, genaues Verständnis und Wissen und entsprechende Kenntnisse voraus und rechtfertigt die ausführliche und umfangreiche Darstellungsweise in diesem Buch.

Regelmäßiges Üben, selbst nur eines Verfahrens, braucht vor allem am Anfang zudem einige psychologische Voraussetzungen, Eigenschaften oder Faktoren. Dazu gehören zudem Motivation, ein Mindestmaß an Bereitschaft, vielleicht auch Überwindung, Willen, Durchhaltevermögen, Kreativität und Toleranz – noch besser Offenheit und Akzeptanz – gegenüber sich selbst und neuen Erfahrungen, um schließlich auf diese Weise „zu sich zu kommen" und zu Entspannung, Achtsamkeit, innerer Ruhe, Sammlung und Gelassenheit zu gelangen. Diese psychologischen Ressourcen sind notwendig, um das Üben in den eigenen Alltag zu integrieren, sich dem Aufwand zu unterziehen und dabei zu bleiben. Des Weiteren, um sich selber bzw. den eigenen körperlichen, seelischen, geistigen Zuständen und Vorgängen, wie z.B. Empfindungen, Wahrnehmungen des Körpers und der Atmung, bewusst, aufmerksam, anhaltend und wahrnehmend (für die Zeit des Übens) zuzuwenden. Weiter sind diese erforderlich, um die eintretenden Empfindungen, Wahrnehmungen und Veränderungen zuzulassen – und noch besser – anzunehmen, die mit dem Entspannen, Meditieren oder der Selbsthypnose, der Achtsamkeit, inneren Sammlung, Ruhe, Gelassenheit und anderen Konsequenzen verbunden sind. Mit dem Fortschreiten der Praxis stellen sich dann in der Regel zunehmend die positiven, heilsamen Erfahrungen und Folgen des Übens ein. Das Üben wird insgesamt einfacher. Die angestrebten, erwünschten Zustände und Prozesse (Wirkungen) werden zunehmend, vermehrt, häufiger, schneller und zuverlässiger erreicht bzw. erzeugt sowie deutlicher, stärker, tiefer und intensiver erfahren. Der Nutzen überwiegt dann mit zunehmender, regelmäßiger Praxis sehr deutlich den Aufwand. Das Üben wird zudem zur Gewohnheit, Selbstverständlichkeit und zum inneren Bedürfnis und Anliegen. Soweit die erfreuliche und erfolgreiche Geschichte!

Beim regelmäßigen Üben können sich aber auch Schwierigkeiten und Probleme einstellen und ergeben. Eventuell erleben Sie nicht oder nicht nur heilsame, positive, erwünschte Zustände oder über längere Zeit keine positiven Fortschritte. Dann ist es notwendig oder angebracht, die Art und Weise Ihres Übens, Ihr Vorgehen, die Bedingungen, Ihre Haltung, Ihr Erleben und Verhalten beim Üben genau zu untersuchen, zu prüfen und zu versuchen, diese so zu verändern, anzupassen, dass Sie die Schwierigkeiten und Probleme reduzieren, bewältigen, überwinden oder nutzen, aus ihnen lernen und an ihnen wachsen und schließlich vermehrt positive Erfahrungen verzeichnen können. Eventuell sind aber auch andere, grundsätzlichere Widrigkeiten und Probleme zu erkennen und im Weg. So können sich mit dem regelmäßigen Üben und der resultierenden Gewöhnung, auch (ungewollt und zunächst unbemerkt) etwa zunehmend eine oberflächliche Routine sowie geistige Abwesenheit, Schläfrigkeit oder Tagträumen einschleichen, was das Erleben und die Wirkungen deutlich beeinträchtigt. Auch hier möchte Sie dieses Buch unterstützen. Die ausführlichen Darstellungen der Bedingungen, Haltungen, der Folgen und Wirkungen sowie des Vorgehens, Erlebens und Verhaltens beim Üben können Ihnen dabei helfen.

Aus den verschiedenen Gründen – vor allem, um zu einer realisierbaren, alltäglichen, erfolgreichen Praxis zur EMS hinzuführen und schließlich zu gelangen – werden in diesem Buch überhaupt nur vergleichsweise einfache, aber dennoch sehr wirkungsvolle und sichere Verfahren und Übungen zusammen- und im Einzelnen dargestellt. Diese Techniken erzielen also beim Üben möglichst viele sowie starke, erwünschte und positive Wirkungen auf die psychische wie körperliche Entwicklung und Gesundheit und halten gleichzeitig das Risiko unerwünschter – psychischer sowie körperlicher – Nebenwirkungen auf einem Minimum. Letztere sind nach den Erfahrungen bei angemessener, individuell passender Auswahl und Anwendung schließlich extrem selten oder zumindest ohne wirkliche Bedeutung bzw. ernste Konsequenzen. Also wenn sie dann dennoch eventuell auftreten sollten, bleiben diese in der Regel harmlos, vorübergehend und vernachlässigbar und sind letztlich in der Regel auf unangemessene Erwartungen zurückzuführen (s. dazu vor allem Kap. 2, insbes. Kap. 2.9.1). Andernfalls sind sie erfahrungsgemäß sehr unwahrscheinlich bzw. selten und bleiben die Ausnahme. Diese Verfahren und Übungen haben sich sowohl in meiner langen eigenen Praxis zur Entspannung, Selbsthypnose und Meditation als auch in meiner psychologischen, psychotherapeutischen Arbeit mit anderen (Patienten, Klienten, Kursteilnehmern) hinsichtlich Wirksamkeit, Nutzen, Erlernbar- und Anwendbarkeit, Aufwand und Sicherheit bewährt. Vor allem stehen diese Übungen und Verfahren – oder mindestens die einzelnen Vorgehensweisen, Aspekte, Grundlagen bei „meinen" eigenen Weiterentwicklungen und Ausformungen – zudem in längeren bis sehr alten, großen oder weit verbreiteten Traditionen der Verwendung, Erfahrung und Bewährung. Für originär (bezüglich Ursprung, Entstehung und Geschichte) psychologische Verfahren, wie z. B. die Progressive Muskelentspannung (s. Kap. 4) und das Autogene Training (s. Kap. 6.2), existieren zudem gut gesicherte psychologisch-medizinische Untersuchungen, Befunde und Wirkungsnachweise. Auch für andere selbsthypnotische und meditative Techniken und Verfahren wachsen derzeit die wissenschaftlichen Ergebnisse und Erkenntnisse.

Sedlmeier (2016) konnte immerhin zusammenfassend und grundsätzlich feststellen, dass Meditation wirkt. Bei gesunden Erwachsenen konnte er (insbes. S. 84) in einer umfassenden und anspruchsvollen Metaanalyse erwünschte Wirkungen für die folgenden Kategorien bzw. Dimensionen sicher nachweisen: Beziehungsgüte, Angstzustände, negative Emotionen, Ängstlichkeit, Neurotizismus, Achtsamkeit, Wahrnehmung, Aufmerksamkeit, Kognition, Stress, Verhalten, Selbstverwirklichung, positive Emotionen, Selbstkonzept, Empathie, Wohlfühlen, Intelligenz, Lernen/Gedächtnis, negative Persönlichkeit und Emotionsregulation. Wobei die Wirkungen bezüglich der Größe in der Reihenfolge ihrer Nennung abnehmen. Allerdings ergaben sich sehr wohl, wie dies zu erwarten ist, Unterschiede im Einzelnen zwischen verschiedenen

Meditationsformen oder -traditionen (zu besonderen Wirkungen der Achtsamkeitsmeditationen bei Patienten s. Kap. 3.3.1). In entsprechender Weise gibt es auch belegte Auswirkungen auf die Neurophysiologie und sogar Neuroanatomie (S. 103-118). Spektakulär sind die Hinweise für eine Verlangsamung von Alterungsprozessen. Auch andere Autoren, wie z. B. Harris (2015, S. 119-123), informieren über diverse positive psychologische, neurologische und physiologische Auswirkungen des Meditierens. Dazu gehören beispielsweise auch die Senkung und Besserung auch objektiv gemessener, körperlicher Parameter, wie z. B. des Blutdruckes, die für hohe kurzfristige oder anhaltende psychophysiologische Erregung und Anspannung bzw. Stress kennzeichnend sind. Meditation verbessert und harmonisiert entsprechend auch wichtige Immun-, Entzündungs- und Hormonwerte. Bei Kranken fallen nach Sedlmeier (2016, S. 102) die gesicherten Wirkungen der Meditation etwas geringer aus als bei Gesunden. Dies überrascht mich nicht, denn Menschen mit Erkrankungen, Störungen oder/und Problemen tun sich – nicht nur nach meiner Erfahrung – eben prinzipiell schwerer, solche Verfahren zu erlernen und gewinnbringend für sich anzuwenden. Auch deshalb ist es gerade für solche Personen mindestens wichtig und hilfreich, dass sie dabei kompetent und professionell unterstützt und begleitet werden.

In ihrer Einfachheit sind die von mir ausgewählten Verfahren und Übungen aber nicht nur in jeder Hinsicht effizient bzw. ökonomisch, sondern sie konzentrieren sich – zumindest in der angebotenen Form – auch auf die aus psychologischer Sicht wesentlichen und wichtigen Aspekte der Gesundheitsförderung und Persönlichkeitsentwicklung. Bezüglich religiöser, spiritueller Annahmen und Vorstellungen sind die hier gewählten Techniken oder ihre angebotenen Formen (das gilt auch für Kap. 3.3 und 7-8) offen, neutral und voraussetzungsfrei. Um diese Verfahren für sich gewinnbringend zu benutzen und zu üben, bedarf es eben nicht der betreffenden religiösen, spirituellen Überzeugungen und Hintergründe und des Glaubens. Eigene spirituelle Entwicklungen können zwar durch die regelmäßige Meditationspraxis angeregt und gefördert werden, sind aber nicht das Ziel der angebotenen Varianten und Übungen. Das ist vor allem deshalb wichtig, weil die heute bekannten Meditationstechniken in der Regel einem spirituellen Hintergrund und Kontext, oft sogar einer besonderen religiösen, spirituellen Praxis mit betreffenden Zielen entstammen oder entlehnt wurden. Am wenigsten gilt dies vielleicht für das Qigong der traditionellen chinesischen Medizin (TCM). Allerdings gibt es auch hier taoistische und zenbuddhistische Wurzeln und Bezüge. Dies schmälert jedoch keinesfalls den Wert dieser Übungen. Im Gegenteil, spirituelle Aspekte gehören zu einer ganzheitlichen Gesundheits- und Persönlichkeitsentwicklung. Es ist mir jedoch für meine Patienten, Klienten generell und im Besonderen für dieses Buch wichtig, dass die letztlich vermittelten und angebotenen Übungen hinsichtlich der jeweiligen individuellen religiösen, spirituellen Annahmen, Vorstellungen, Überzeugungen neutral bzw. offen sind. Dies kennzeichnet und unterscheidet auch psychologische Techniken und deren Verwendung im psychologisch-medizinischen Bereich gegenüber religiösen oder esoterischen Verfahren und Anwendungen. Die hier dargestellten Übungen und Verfahren stellen selbstverständlich nur eine vergleichsweise kleine, aber eben gezielte und bewusste Auswahl und Teilmenge aus dem großen, inzwischen heute prinzipiell verfügbaren Gesamt an Techniken zur EMS dar.

Die für dieses Buch gewählten psychologischen Techniken wurden weiter nach ihren psychologischen Anforderungen, Voraussetzungen und Wirkungen in Kapiteln 3 bis 8 angeordnet. So nehmen die Voraussetzungen von Kapitel zu Kapitel an den Übenden tendenziell zu. Wobei wiederum innerhalb der Verfahrensweisen im Kapitel jeweils leichtere und anspruchsvollere, fortgeschrittene Varianten zum Üben vorgestellt werden, die die gewählte Reihenfolge zwischen den Kapiteln mitunter in Frage stellen. Letztlich bestimmt der Anwender, was für Ihn einfacher und schwerer zu erlernen und zu üben ist. Weiter werden die psychologischen Verfahren und

Übungen (jeweils in den Kapiteln) für die Anwendung genau beschrieben. Deren Stärken und Schwächen werden ebenfalls erörtert. Des Weiteren werden sinnvolle, hilfreiche Varianten (Abweichungen und Abwandlungen) dargelegt und diskutiert. Dies hat den Vorteil, dass Sie nicht nur die jeweiligen psychologischen Techniken für sich auswählen können, sondern auch die Techniken selbst – im gegebenen Rahmen für sich an Ihre persönlichen Bedürfnisse, Anliegen, Interessen, Bedingungen und Voraussetzungen – individuell anpassen können. Prinzipiell können die hier dargestellten Übungen zur EMS also auch im Selbststudium und Selbstversuch anhand des Buches erlernt und angewendet werden.

Da die Voraussetzungen, Funktionen, Ergebnisse, Wirkungen und Folgen einer jeweiligen Technik zur EMS sich erst aus dem jeweiligen Vorgehen ergeben bzw. erschließen und verstehen lassen, werden diese und die betreffenden Erfahrungen konkret mit den jeweiligen Verfahren (Kapitel 3 bis 8) beschrieben und erörtert. Die Gemeinsamkeiten mit anderen Techniken und die Unterschiede zwischen ihnen bzw. ihre Eigen- und Besonderheiten werden so ebenfalls besonders deutlich. Zusätzlich werden diese aufgezeigt und besprochen. Jedoch hinsichtlich der (Rand-) Bedingungen und der damit verbundenen Schwierigkeiten, Widerstände der Verfahren und Übungen zur EMS lassen sich grundlegende Übereinstimmungen und Gemeinsamkeiten finden, die eine entsprechende allgemeine und grundsätzliche Einführung nahelegen. Deshalb wurden die allgemeinen Bedingungen zur Anwendung und zum Üben und mögliche generelle Schwierigkeiten, Probleme und Folgen in einem eigenen, einführenden Kapitel 2 zusammengestellt und diskutiert und den psychologischen Verfahren und Übungen in den Kapiteln 3 bis 8 vorangestellt. Im Kapitel 2.9 werden zudem – aber eben nur sehr kurz, zusammenfassend und im Überblick – allgemeine, grundsätzliche Wirkungen der hier dargestellten Techniken beschrieben. Im Kapitel 9 wird skizziert, wie wichtig und wesentlich der achtsame Umgang – vor allem das bewusste Wahrnehmen und Annehmen – mit psychosomatischen Beschwerden und Erkrankungen ist und wie dieser mit Hilfe von EMS im Rahmen einer Psychotherapie bzw. Verhaltenstherapie realisiert werden kann. Im Kapitel 10 wird inhaltlich abschließend der SFP (Stress-Fragebogen-Piekara) vor- und dargestellt. Der Fragebogen selbst befindet sich im Kapitel 13 bzw. Anhang II. Beim SFP handelt es sich u. a. um ein Inventar möglicher Stress-Situationen, mit dem die persönliche Stressanfälligkeit gemessen und eingeschätzt werden kann. Vor allem bei hoher Stressanfälligkeit empfiehlt sich (aus gesundheitlichen Gründen) das regelmäßige Üben mit Techniken aus den Kapiteln 3 bis 8 zur besseren Stressbewältigung. Die zur Interpretation Ihrer mit dem SFP persönlich gemessenen Stressanfälligkeit wichtigen Angaben und Hinweise finden Sie dann zusammengefasst im Kapitel 10.2. Zudem werden im SFP weitere Fragen (Skalen) zur Messung und Rückmeldung der aktuellen Belastungs-, Anspannungs- und Gesundheitssituation angeboten. Wie über die Einschätzungen der Stress-Situationen bzw. die gemessene Stressanfälligkeit lassen sich auch hier erfahrungsbezogene Einschätzungen und Hinweise für die Dringlichkeit zur Stressbewältigung mittels der Übungen und Verfahren zur EMS geben. Dies geschieht ebenfalls zusammenfassend im Kapitel 10.2. In den Kapiteln 10.1 und 10.1.1 werden differenzierter und in sozialwissenschaftlich-psychologischer Manier die empirischen Grundlagen – Daten, Zusammenhänge, Befunde – zum SFP beschrieben und diskutiert. Dieser Teil beschäftigt sich also mit der psychologischen Güte des Fragebogens. Im 11. Kapitel wird schließlich die zitierte Literatur aufgelistet. Im 12. Kapitel befindet sich der erste Anhang mit Mustern für die Anleitung zentraler und einfacher Übungen, die so wörtlich übernommen und vorgelesen oder vorgetragen werden können.

1.1 Entspannung, Meditation, Selbsthypnose (EMS): Eigenheiten und Gemeinsamkeiten?

Die Grenzen und Übergänge zwischen EMS und vor allem zwischen den betreffenden Techniken sind sehr fließend. Überlappungen und Gemeinsamkeiten werden bei unvoreingenommener Betrachtung deutlich und sind dann mindestens weit, groß und häufig. Entsprechend haben auf diesen oder einen entsprechenden Sachverhalt bereits auch schon früher andere hingewiesen (wie etwa Peter & Gerl, 1988). Unterscheidungen zwischen Verfahren bzw. Techniken zur EMS erscheinen bei genauer Betrachtung zunehmend als mehr oder weniger willkürlich. Ihre Klassifikation ist in der Regel durch den Kontext ihrer Entstehung, Geschichte, Übereinkunft und Verwendung gekennzeichnet und begründet. So wurde und wird beispielsweise die im psychologisch-medizinischen Kontext entwickelte „Progressive Muskelentspannung" (s. Kap. 4) – selbst in der Form für Fortgeschrittene – nur als Verfahren zur Entspannung eingestuft und vermittelt, während die sehr ähnlichen „Körperreisen" (s. Kap. 7) aufgrund ihrer Herkunft und Verwendung (etwa im Yoga, Qigong, im Buddhismus) zudem oder wesentlich als meditative Übungen betrachtet werden. Das in der Tradition der Medizin und Hypnose entwickelte „Autogene Training" (s. Kap. 6.2) wird in der Regel als Verfahren zur Entspannung, aber vor allem zur Selbsthypnose eingeordnet, obwohl es deutlich meditative Elemente und Wirkungen besitzt und entsprechend genutzt werden kann. Besonders offensichtlich wird dies bereits bei der grundlegenden Atemübung des Autogenen Trainings, wo der Atem bzw. die Atembewegung – trotz oder mit Hilfe der betreffenden Suggestion – achtsam und meditativ wahrgenommen wird (s. Kap. 6.2.1.5). Dies entspricht der grundlegenden Meditationsübung nach der Lehre des Buddha, in der Atem und Atmen achtsam, bewusst wahrgenommen werden und dies eventuell durch Beschreibungen unterstützt wird (s. Kap. 3.3.2 und am Anfang des Kap. 3.4). Überhaupt werden entsprechende Atemübungen aus den asiatischen Meditations- und Übungssystemen (s. ebenda) üblicherweise als meditativ bzw. Meditation eingeordnet, obwohl auch sie sehr wirkungsvoll entspannen und beruhigen. Bei der „passiven Atementspannung" (s. Kap. 3.2) steht zwar die innerliche Beruhigung und Entspannung im Vordergrund, aber letztlich werden diese – im Sinne der buddhistischen Achtsamkeitsmeditation – ausschließlich durch die achtsame, also aufmerksame, konzentrierte und bewusste Wahrnehmung des Atems und Atmens erreicht. Meditationen – und selbst meditative Achtsamkeitsübungen (s. dazu Kap. 3.3, 3.4) – beinhalten und nutzen mitunter ebenfalls Suggestionen oder suggestive Elemente (verbal, gedanklich, vorgestellt oder bildlich) und Kräfte, wie es in der Selbsthypnose generell üblich ist.

Sowohl aktuell bzw. kurzfristig – bei und nach Anwendung – als auch langfristig tragen sowohl das Autogene Training als auch vergleichbare, meditative Atemübungen wirksam zu mehr Entspannung, innerlicher Ruhe und Gelassenheit sowie Stressbewältigung und Stressreduktion bei. Gemeinsamkeiten sowie Unterschiede bzw. deren entspannender, selbsthypnotischer und meditativer Charakter werden erst bei der Anwendung, dem genauen Vorgehen, der Art und Weise des Übens der jeweiligen Technik deutlich, also in den jeweiligen späteren Kapiteln 3 bis 8 über die einzelnen Verfahren und Übungen.

Die in diesem Werk vorgestellten und besprochenen Techniken haben ganz grundsätzlich und vor allem praktisch, sowohl entspannende, als auch meditative, als auch selbsthypnotische Eigenschaften und Merkmale. Dennoch werden sie, wie bereits beispielhaft aufgezeigt, aufgrund der Herkunft, Tradition und Konvention für gewöhnlich nur oder vorwiegend unter einem – oder maximal zwei Oberbegriffen bekannt, verbreitet und benutzt, also als Entspannungs- oder Selbsthypnose- oder Meditationsverfahren. So führen die besondere Achtsamkeit, Aufmerksamkeit und Konzentration bei den im Buch vorgestellten Entspannungsübungen, wie z. B. die Progressive Muskelentspannung (PME) im Kapitel 4 und das Autogene Training (AT) im Kapitel 6.2, auch zur Meditation. Die meditativen Übungen, wie z. B. Atemübungen aus Kapitel 3, Körperreisen aus Kapitel 7 und Chakrenmeditationen aus Kapitel 8, dienen auch zur Entspannung. Durch Meditation entstehen und wachsen für gewöhnlich wie auch bei Entspannungsübungen: Entspannung, Gelassenheit und innere Ruhe. Entspannungsübungen dienen oft zum Einstieg, zum Erhalt, zur Begleitung oder/und Vertiefung der Selbsthypnose und entsprechender Zustände (s. Kap. 6 und auch Kap. 5). Allerdings ist Entspannung weder für eine ordentliche Hypnose (vgl. Kossak, 1993a, 2009) – und damit auch nicht für die Selbsthypnose – noch für eine Meditation (s. Fontana, 1994; Kabat-Zinn, 2008) ein notwendiges Kriterium. Ungeachtet dessen fördern oder bewirken viele bzw. entsprechend passende selbsthypnotische Vorstellungen und Suggestionen wiederum Entspannung, Gelassenheit und innere Ruhe. Suggestionen der Selbsthypnose können zu meditativen Formeln und Worten der Meditation werden. Sie werden auf diese Weise zum zentralen Meditationsgegenstand oder begleiten und verstärken als zusätzliche Unterstützung und Komponente die Meditation, ähnlich wie die Vokale in der Chakrenmeditation im Kapitel 8.3. Sie können direkt sowohl die Qualität und Tiefe der Hypnose (Trance) als auch der meditativen Sammlung und Versenkung beeinflussen.

Obwohl auch nicht jede Meditationsform zu einer tiefen Entspannung führen muss, haben Meditationen in der Regel eine entspannende Wirkung auf den Menschen bzw. auf Körper, Seele und Geist (vgl. Fontana, 1994). Allerdings betont etwa Sedlmeier (2016), dass es auch Meditationstechniken gibt, die weniger oder gar nicht zur Entspannung führen, sondern vielmehr zu erhöhter Wachheit und geistiger Aktivierung. (Weiter unten werden solche sehr und besonders auch den Körper aktivierenden Techniken als „expressive Meditation" oder „ekstatische Trancen" gesondert angesprochen und diskutiert.) Wobei jedoch wiederum solche typischen Zustände, wie z. B. einerseits völlige innere Ruhe und Gelassenheit einerseits und absolute innere Klarheit, Wachheit und Präsenz andererseits, sich erfahrungsgemäß eben nicht grundsätzlich ausschließen. Sondern diese bestehen im Allgemeinen nicht nur nebeneinander, sondern bedingen sich sogar gegenseitig und stehen in positiver Wechselwirkung und Rückkopplung, wie dies einem jedoch voraussichtlich erst mit einiger bzw. nach längerer Übung gelingen wird. Auch Meditationen, die zu einer gezielten, kraftvollen Stärkung und energetischen Aufladung führen sollen, könnten zwar einer Entspannung entgegenwirken, sind aber durchaus, wie vor allem das Kapitel 8 zeigt, mit Entspannung und vor allem einer tiefen, inneren Gelassenheit, Ruhe und Stille zu vereinbaren und zu verbinden. Eine Aktivierung oder Erregung ist dazu nicht unbedingt notwendig oder die Konsequenz.

In der Folge fortgeschrittener Übung werden in der Meditation für gewöhnlich u. a. innere, sowohl körperliche als auch geistige Ruhe und Stille erreicht. Solche Zustände tiefer Sammlung, Versenkung können auch bei tiefer Entspannung mit den üblichen psychologischen Entspannungsverfahren, wie etwa der PME und dem AT, erlebt und hergestellt werden. Auch andere für die Meditation charakteristische Zustände und Erfahrungen, wie etwa ein ganzheitliches Wohl- und Hochgefühl, der Heiterkeit, Freude, Einsicht und des Einsseins, lassen sich ebenfalls mit einem Entspannungsverfahren während der Entspannung erreichen und erfahren.

Meditation im Allgemeinen und vor allem unterschiedliche Meditationsverfahren im Besonderen können jedoch hinsichtlich Wirkung und Erklärung nicht generell oder ausschließlich auf die sowohl psychische als auch körperliche Aspekte umfassende Entspannungsreaktion reduziert werden (s. u.). Aber selbst Entspannungsverfahren können und sollten also nicht darauf reduziert werden. Zwar steht hier deren Erzeugung im Mittelpunkt und ist deren explizites Ziel, dennoch bedient sich jedes Entspannungsverfahren – im unterschiedlichen Ausmaß und in Abhängigkeit der Art und Weise ihrer Anwendung – meditativer Faktoren und Charakteristika, wie aufmerksamer Wahrnehmung, Achtsamkeit und Konzentration. Genau diese Aspekte können zudem bei jedem Entspannungsverfahren forciert und fokussiert werden. Selbst wenn nur die Entspannung bzw. Entspannungsreaktion und deren Anzeichen Gegenstand der bewussten, achtsamen Wahrnehmung, Konzentration und Versenkung sein sollten, wird meditiert. Auch wenn die Meditation auf Entspannung begrenzt wäre, würde es sich also dann immer noch um eine solche handeln und entsprechende zusätzliche Wirkungen verursachen.

Meditieren führt zu tiefer Konzentration, fokussierter, gesammelter, vergrößerter und voller Aufmerksamkeit, Bewusstheit und Präsenz, zur Ausrichtung, aber auch Öffnung der Wahrnehmung, des Bewusstseins und des gesamten unbewussten sowie bewussten Erkennensprozesses (sowohl kognitiv als auch emotional) und zu entsprechenden Zuständen, Wirkungen bzw. Erfahrungen, also zu veränderten Bewusstseinszuständen. Selbstgesteuerte und -kontrollierte, also bewusste, willentliche, aktive Vertiefung der Konzentration, Fokussierung, Sammlung und Bündelung, aber auch Öffnung und Erweiterung der Aufmerksamkeit und Wahrnehmung sowie Veränderung des Bewusstseinszustandes kennzeichnen nicht nur die selbst durchgeführte Meditation, sondern auch die Selbsthypnose. Diese sind auch für das eigenständige Entspannen mit einem psychologischen Entspannungsverfahren charakteristisch. Sowohl über die Dauer bzw. während der ganzen Meditation als auch der Selbsthypnose und Entspannung werden diese besonderen Zustände, Merkmale angestrebt, verstärkt, aufrechterhalten, wiedererlangt und vertieft. Im Gegensatz zum Anfänger erreicht der fortgeschrittene und regelmäßig Übende dies einfacher und besser.

Bei der Selbsthypnose werden diese Veränderungen der Aufmerksamkeit, Wahrnehmung und des Bewusstseins als „Trance" zusammengefasst und beschrieben. Trance wird in der Selbsthypnose angestrebt und in der Regel – spätestens nach einiger Übung – erreicht. Bei der Selbsthypnose werden gemeinhin bereits leichte Trancen genutzt und als Erfolg angesehen. (Verstärkt gilt dies für eine Fremdhypnose, die von einem Hypnose- oder Hypnotherapeuten zur heilkundigen, psychologisch-medizinischen Behandlung angewendet und angeleitet wird, vgl. Kap. 6.) In der Meditation wird augenscheinlich explizit – und vor allem auf lange Sicht – eine zunehmende Vertiefung, Intensität und eine bestimmte Qualität der Trance angestrebt. Demnach kann offenbar die Intensität und Ausprägung der Trance und Aufmerksamkeitsfokussierung in der Selbsthypnose geringer sein. Deren Verwendung kann dort möglicherweise spielerischer erfolgen. Assoziative, träumerische Prozesse könnten bei der Selbsthypnose nicht nur zugelassen werden, sondern auch erwünscht sein. Aber dies ist – genau genommen – nur eine Frage des Anspruchsniveaus, des Anwendungsziels und der Praxis bzw. des Übungsgrades. Vor allem in den unter Kapitel 3.3 besprochenen Achtsamkeitsmeditationen wird mit dem jeweils gegebenen, vorliegenden bzw. erreichten Trancezustand gearbeitet. Also selbst geringfügige Aufmerksamkeits-, Konzentrations- und Bewusstseinsveränderungen wären danach einfach nur anzunehmen und in Ordnung. Auch im Zen geht es beim Zazen (der Sitzmeditation des Zens) im Wesentlichen zunächst und endlich „nur" darum, achtsam aufrecht zu sitzen und zu atmen, „nichts" zu tun bzw. nur ganz da – gegenwärtig, aufmerksam und gewahr – zu sein (vgl. z. B. Abt Muho, 2007; Enomiya-Lassalle, 1987, 1988, 1992; Loori, 2009; Sekida, 1993; Suzuki, 1999). Mit zunehmender, regelmäßiger Übung können die Trancen – wenn so erwünscht und ernsthaft geübt – sowohl in der Selbsthypnose als auch in der Meditation tiefer und intensiver werden. Je assoziativer, träumerischer die Trance in der Selbsthypnose wird, desto mehr entfernt sie sich offensichtlich von der Meditation. Allerdings besteht hier für die Selbsthypnose dieselbe

„Gefahr" wie auch beim Meditieren, nämlich sich in den inneren Traum-, Gedanken-, Vorstellungs- und Gefühlswelten mehr oder weniger unwillkürlich zu verlieren. Schließlich würden dann das Objekt, Ziel, der rote Faden, die innere, bewusste Begleitung und Führung der Selbsthypnose gleichermaßen wie bei der Meditation entgleiten und dem inneren Auge, der Wahrnehmung und Aufmerksamkeit verloren sowie schließlich ganz aus dem Sinn gehen. Wille, Bewusstheit, Konzentration, Achtsamkeit, Selbststeuerung und -kontrolle schwinden. Allerdings kann dies in der Selbsthypnose wie auch in der Meditation selbst bzw. wiederum zum Gegenstand der achtsamen, bewussten, konzentrierten Betrachtung werden, wie es bei Achtsamkeitsmeditationen praktiziert wird und üblich ist (s. vor allem Kap. 3.3.5).

Selbst bei Rausch und Ekstase kann es sich jedoch um Trancen handeln, wie sie etwa aus schamanischen Ritualen und Behandlungen bekannt sind und auch in der Hypnose und Selbsthypnose erzeugt und benutzt werden können. Solche „ekstatischen Trancen" – mit dem Entäußern, Entrücken, dem Nach-außen-Gehen und Außer-sich-sein, Sich-Aufgeben, Aufgehen und Hingeben – können mit Tanzen, Trommeln, besonderen Gesängen, „Rollenspielen" (etwa durch Identifikation mit besonderen Wesen, Kräften, Aspekten) oder mit der imaginierten Hilfe besonderer Wesen (etwa Krafttiere), Elemente, Kräfte, Naturobjekte usw. (vgl. Kap. 5) erreicht werden. Diese laufen der Meditation oder dem meditativen Prozess zwar augenscheinlich, aber nicht grundsätzlich zuwider, wie vor allem auch die verschiedenen Beispiele religiöser, mystischer oder yogischer Praktiken zeigen. Die mystische oder ekstatische Verzückung kann nämlich letztlich zu ganz ähnlichen oder gleichen Ergebnissen (Erlebnissen und Erkenntnissen) wie die meditative Sammlung und Versenkung führen. Nach meinem Wissen und meiner Einschätzung unterscheiden sich die Methoden und Zustände vor allem bei bzw. in der anfänglichen Übungspraxis und weniger oder nicht mehr wesentlich mit und nach dem Erreichen der Meisterschaft. Auch bereits nach fortgeschrittener Übungspraxis ergeben sich große Ähnlichkeiten oder Übereinstimmungen. So stellen sich nach hinreichender Übung etwa mit bzw. bei Achtsamkeitsmeditationen auch intensive Zustände der inneren Freude, Glückseligkeit und Verzückung ein (s. Kap. 3.3.1). Zudem wird auch in den verschiedenen fernöstlichen Meditationssystemen etwa mit Bildern und Vorstellungen zur Identifikation, Einswerdung, Entwicklung der Ressourcen und Einsichten meditiert. Selbst im Bereich der Achtsamkeitsmeditationen werden von einzelnen Autoren solche Vorstellungsbilder angeboten (z. B. von Kabat-Zinn & Kesper-Grossmann, 2009, nämlich Berg und See). Auch sind etwa Gesänge, Klänge und Rezitationen zur Meditation weit verbreitet. Fontana (1994) klassifiziert und beschreibt (ganz grundsätzlich) selbst die schamanischen Praktiken als besondere Formen bzw. Varianten der und zur Meditation. Und auch diese erfordern – wie beim Meditieren – prinzipiell möglichst umfassende geistige, bewusste Fokussierung, Konzentration, Sammlung und Versenkung. Die schamanischen Praktiken sind zudem – sehr passend – als ursprüngliche Formen der Hypnose und Selbsthypnose zu verstehen und zu beschreiben. Naranjo und Ornstein (1976) betonen ebenfalls die grundsätzlichen Ähnlich- und Gemeinsamkeiten zwischen den verschiedenen Wegen, Methoden und Systemen, in Trance und besondere Bewusstseinszustände zu gelangen, und fassen jene, die Ekstase, Rausch, Enthusiasmus, Besessenheit bzw. Identifikation, Inspiration und Überantwortung benutzen, unter dem Begriff der „expressiven Meditation" (S. 106) zusammen.

In der Meditation werden charakteristischerweise die Aufmerksamkeit, Wahrnehmung und die gesamte seelische, geistige Tätigkeit – soweit wie möglich – bewusst, willentlich, aktiv auf etwas, nämlich den „Gegenstand" bzw. das Objekt der Meditation gerichtet und konzentriert. Dieser „Gegenstand" kann mehr oder weniger konkret sein. Es kann sich aber auch im weiteren Sinne um wechselnde Gegenstände, Inhalte sowie um Bewegungen, Aktivitäten, Veränderungen, Vorgänge, geistige Zustände und Prozesse handeln. So können die Aufmerksamkeit und das Bewusstsein sogar nur achtsam auf den Moment und die jeweiligen, betreffenden Wahrnehmungen – als Präsenz, Achtsamkeit im gegenwärtigen Augenblick – oder rekursiv auf sich selbst gerichtet und konzentriert sein. Wenn die bewusste Aufmerksamkeit und Konzentration bzw. das Bewusstsein auf sich selbst gerichtet und meditiert oder bestimmte innere Zustände, Vorgänge der Ruhe, Gelassenheit, des Gleichmuts, des Nichtanhaftens (etwa „die volle Leere") zum „Gegenstand" der Meditation werden, dann erscheinen diese als sehr abstrakt und die Meditationen offenbar als „gegenstandslos". Dennoch sind auch diese meditierten Zustände und Vorgänge in der Meditation – wenn auch schwerer – direkt zu erfahren und daher für eine erfahrene, geübte Person mehr oder weniger konkret. Sie können daher ebenfalls als Objekte der Meditation betrachtet und aufgefasst werden.

Ott (2009, S. 133) vertritt im Unterschied dazu eine stärker differenzierende bzw. engere Auffassung und Begrifflichkeit. Er unterscheidet hier zwischen gegenstandsbezogener, konzentrativer und „gegenstandsloser" Meditation. Im Zusammenhang mit Meditationstechniken aus dem Yoga und der indischen religionsphilosophischen Tradition des Vedanta unterscheidet bereits Fontana (1994) ganz ähnlich unter anderem zwischen formorientierten Meditationen und Meditationszuständen mit konkreten Objekten zur Meditation und formlosen Meditationen und Meditationszuständen, die ein bestimmtes, konkretes Objekt und damit verbundene, etwa bildliche oder sprachliche Vorstellungen zur Sammlung und Versenkung übersteigen. Es können dann formlose Themen, Inhalte und Aspekte bzw. abstrakte Objekte meditiert werden. Nach Fortschritten in der Versenkung mit mehr oder weniger konkreten Objekten braucht man sich auch nur den sich einstellenden inneren, formlosen Erfahrungen, Zuständen und Prozessen (wie dem grenzenlosen Raum und Bewusstsein) öffnen und widmen und darüber die Versenkung weiter vertiefen. Im Stadium der fortgeschrittenen, dann formlosen Meditation und Versenkung löst sich das ursprüngliche Objekt und seine Form auf. Schließlich wird auch dieser Dualismus zwischen Form und Formlosigkeit mit dem Fortschreiten in der formlosen Meditation in der tiefsten Sammlung und Versenkung überwunden. Aber das sind Vorgänge und Zustände auf dem Niveau eines Meisters. Dennoch kennzeichnet auch nach Fontana (S. 69) „dieses durch nichts abgelenkte Verweilen bei ein und demselben Objekt der Aufmerksamkeit … das Wesentliche der Meditation". Er sieht ebenfalls die Achtsamkeit und in den entsprechenden Achtsamkeitsmeditationen die Aufmerksamkeit, Wahrnehmung, Konzentration und das Bewusstsein klar und genau auf den gegenwärtigen Augenblick gerichtet und gesammelt. Gegenstand der Achtsamkeit und der Achtsamkeitsmeditationen ist das, „was den Geist in jedem" bzw. in dem jeweiligen „Moment beschäftigt" (S. 181). Potentiell umfasst dies das oder alles, was in dem jeweiligen Augenblick getan und erlebt wird bzw. werden könnte. In der Praxis eines Anfängers bis zum Noch-nicht-Meister beschränkt sich der Gegenstand zudem – also neben der Begrenzung bzw. Fokussierung auf den gegenwärtigen Augenblick – auf die Ausschnitte, Teile oder Aspekte des Verhaltens und Erlebens, die jeweils eben besonders, bewusst beachtet und betrachtet werden.

Naranjo und Ornstein (1976) unterscheiden von vornherein zwischen Mediationswegen, die die Konzentration, Aufmerksamkeit und Bewusstsein eher auf (bestimmte) Formen, Objekte und nach außen gerichtet lenken oder eher nach innen, hinsichtlich Form, Objekt und Inhalt offen, unbestimmt und ungebunden, auf die jeweils spontan auftretenden „geistigen Inhalte", Zustände und Vorgänge oder eher auf die konsequente Abwesenheit, Lösung, Entleerung und schließlich Überwindung von äußeren sowie inneren Formen, Objekten, Inhalten und deren Negationen. Es findet beim dritten bzw. letzteren Weg eine „Selbstentleerung" sowie eine „Stilllegung der begrifflichen", wahrnehmenden, bewertenden, emotionalen, kognitiven sowie handlungs- und zielbezogenen „Tätigkeit des Geistes" statt (S. 23). Also die Meditation zentriert sich z. B. formlos und abstrakt von vornherein bewusst auf die „volle Leere" oder „leere Fülle" des

Daseins im Bewusstsein bzw. des Bewusstseins oder – etwas konkreter – auf das „Nur-Sitzen". Hier wird zwar die Abwesenheit oder Lösung von bestimmten, konkreten Gegenständen und Inhalten besonders augenfällig und charakterisierend, aber dennoch führt die Methode letztlich wiederum zu einem „Ziel", „Objekt" oder „Inhalt", nämlich den betreffenden Bewusstseins- und Erfahrungszuständen (wie etwa der vollen Leere bzw. leeren Fülle), und ist dafür oder daran – damit hinsichtlich Konzentration, Aufmerksamkeit und Bewusstsein – ausgerichtet.

Mit und in den im Kapitel 3.3 erklärten und dargestellten Achtsamkeitsmeditationen werden zwar vor allem zum anfänglichen Lernen, Üben und Einstieg gezielt und aufbauend nacheinander bestimmte Meditationsobjekte hervorgehoben und ausgewählt, sogenannte „Primärobjekte". Angefangen wird entsprechend konkret und gezielt mit der Atmung, Körperwahrnehmung, -haltung und -bewegung. Aber letztlich wird eine Öffnung, Maximierung und Vollständigkeit der bewussten Aufmerksamkeit und Konzentration auf die völlige Präsenz, das Gewahrsein, Erleben und Verhalten im Augenblick angestrebt. Die bewusste Konzentration und Aufmerksamkeit sind dann weniger auf einen bestimmten Inhalt als vielmehr auf einen bestimmten Zeitpunkt, nämlich dem jeweiligen, zu erlebenden Augenblick gesammelt und gebündelt. Der Gegenstand oder Inhalt der Meditation ergibt sich hier aus der Präsenz im Augenblick und was dieser an und im Erleben und Verhalten bietet. Allerdings werden auch hier Wahrnehmungen aus dem Strom bzw. Universum des augenblicklichen Erlebens und Verhaltens achtsam und bewusst konzentriert, betrachtet und fokussiert. Obwohl langfristig und insgesamt eine Haltung der großen Offenheit, Präsenz und allgemeinen Achtsamkeit aufgebaut und angestrebt wird, werden in den einzelnen Achtsamkeitsmeditationen Wahrnehmungen aus bestimmten Bereichen oder bestimmte Gegenstände bzw. Inhalte ausgewählt, auch wenn diese Gegenstände, Inhalte oder sogar Bereiche in der Meditation im Einzelnen sich ändern sowie wechseln und fluktuieren können. In jedem Falle bleiben die bewusste Konzentration, Wahrnehmung und Aufmerksamkeit im Hier und Jetzt, also auf den jeweiligen Augenblick und das in diesem jeweils (da und hier) Gegenwärtige gerichtet. Bei der Darstellung der Achtsamkeitsmeditationen (im Kap. 3.3) dürfte zudem klar werden, dass hier versucht wird, die innere Sammlung und Konzentration auf den Prozess und die Ergebnisse des „reinen Beobachtens" bzw. des „reinen" (ursprünglichen, basalen, primären und ausschließlichen) Wahrnehmens zu fokussieren (vgl. Nyanaponika, 2007). Entsprechend findet eine Fokussierung, Sammlung, Konzentration und Versenkung auf bestimmte psychologische oder kognitive Prozesse und Zustände statt. Diese werden also zum Meditationsobjekt.

In der Achtsamkeitsmeditation können die einzelnen, bewusst wahrgenommenen Objekte oder Inhalte völlig variieren und spielen letztlich keine Rolle, aber die geistige Haltung und der Zustand der möglichst vollen Achtsamkeit, Präsenz und Bewusstheit wird und bleibt aufrechterhalten. Meditiert – entsprechend fokussiert, konzentriert, gesammelt und versenkt – wird eigentlich die Achtsamkeit, Präsenz, das Gewahrsein, diese Bewusstheit bzw. das Bewusstsein der Wahrnehmung als solche und eben nicht die jeweiligen Wahrnehmungsinhalte. Die werden auch in der Regel entsprechend distanziert betrachtet und gelassen sowie losgelassen. Das Meditationsobjekt wäre danach dieses Gewahrsein bzw. diese Bewusstheit. Im Unterschied zu meiner integrierenden Interpretation und Auffassung werden die Achtsamkeit oder Achtsamkeitsmeditationen wegen ihrer – bezogen auf die Wahrnehmungsinhalte – offenen und ungebundenen Präsenz und Bewusstheit oft den auf einen Wahrnehmungsinhalt bzw. bestimmtes Objekt ausgerichteten, fokussierten und konzentrierten Meditationen gegenübergestellt.

Im Zenbuddhismus existiert auf der Grundlage des bereits erwähnten Sitzens in Versenkung – dem Zazen – auch die Übung und der Zustand des Shikantaza, den Diener (1996, S. 186) nach dem großen japanischen Zenmeister Dogen als „Verweilen in einem Zustand gedankenfreier, hellwacher Aufmerksamkeit" beschreibt, „die auf kein Objekt gerichtet ist und an keinem Inhalt haftet". Dennoch ist auch dieser Zustand voll höchster konzentrativer Sammlung und tiefster Versenkung auf diesen jeweiligen Moment und eben diesen besonderen, oft als „leer" bezeichneten Zustand des Bewusstseins bzw. Geistes gerichtet, aber eben nicht mehr auf ein – im üblichen Verständnis – konkreten Gegenstand. Zudem ist dies nach meiner Erfahrung eine sehr schwierige Übung, um zu meditieren. Vor allem ist diese für den Einstieg sowie die Entwicklung und das Training der grundlegenden Fähig- und Fertigkeiten zum Meditieren in unserem Rahmen kaum geeignet. Als ein Bewusstseinszustand kann er zwar in der Meditation und im Besonderen im Zazen angestrebt werden, aber erreicht werden kann dieser erst nach langem, regelmäßigem und intensivem Üben. Vor allem gilt dies für ein längeres, bewusstes Verweilen in diesem Zustand.

Eine andere Möglichkeit und Sichtweise wäre die Meditation grundsätzlich weniger von der Art und Weise ihrer Gegenstände, Inhalte oder Bereiche zu begreifen und aufzufassen, sondern noch stärker von der Art und Weise der inneren Aktivitäten und des Tuns beim Meditieren. So kann die Meditation jeweils als eine sehr bestimmte Art und Weise des sich geistig oder psychischen Einstellens oder Ausrichtens – als eine geistige Haltung (vgl. z. B. Kabat-Zinn, 2008) – und durch die betreffenden bzw. besonderen psychischen Tätigkeiten und Leistungen beschrieben werden. Dies sind über die verschiedenen Formen der Meditation hinweg also etwa das bewusste Konzentrieren, geistige Sammeln, achtsame Wahrnehmen und Dasein. Es sind insbesondere die mindestens auf den Augenblick oder Moment bezogene oder fokussierte volle Wahrnehmung, Aufmerksamkeit und Bewusstheit (auch etwa als „geistige Präsenz" beschrieben), die zusätzlich noch etwa auf bestimmte äußere oder innere Objekte gerichtet bzw. entsprechend moduliert und reguliert werden können. Diese und andere psychische Tätigkeiten und Leistungen wären bezüglich der verschiedenen Meditationsformen weiter zu differenzieren und zu spezifizieren. Diese Sichtweise und ihre Diskussion setzt aber meines Erachtens ein größeres Verständnis, Erfahrungen, Können und Wissen bezüglich Meditation voraus. Sie ist sehr wahrscheinlich zudem viel schwerer nachzuvollziehen und daher – vor allem an dieser einleitenden und einführenden Stelle – nicht besonders hilfreich und sinnvoll. Daher begnügen wir uns hier ausdrücklich mit unserer eher strukturellen, „gegenständlichen" Betrachtung und Definition der Meditation, also über Ziele, Objekte, Inhalte und Bereiche der bzw. zur bewussten Konzentration und geistigen Sammlung. Dabei sind an dieser einführenden Stelle jedoch die jeweiligen Ziele, Objekte, Inhalte, Bereiche im Einzelnen nicht so wichtig. Relevanter ist vielmehr der Umstand, Sachverhalt, die Tatsache, dass die Meditation generell und überhaupt auf ein solches Ziel, Objekt usw. – also auf etwas – ausgerichtet ist und dass dazu (in dieser Zeit bzw. während des Meditierens) Wahrnehmung, Aufmerksamkeit und Konzentration bewusst und andauernd bzw. aufrechterhaltend darauf gerichtet, gebündelt und gesammelt werden. Auf jeden Fall ist dadurch der Weg des Erlernens der Meditation charakterisiert. Mit zunehmender Übung, Erfahrung und Können wird dieser Zustand bzw. Vorgang (des bewussten, sammelnden, anhaltenden Konzentrierens und Wahrnehmens) offenbar so weit automatisiert, zur Gewohnheit, verinnerlicht und allgemein, dass er irgendwann, zumindest augenscheinlich, auf alle möglichen – bzw. auf beliebige „Objekte" und zunehmend unabhängig von einem solchen angewandt werden kann. Schließlich kann dieser im Stadium des meisterlichen Könnens auch ohne irgendein Objekt – einfach als solcher – realisiert werden. Achtsame Wahrnehmung, bewusste Aufmerksamkeit und Konzentration, geistige Sammlung und Präsenz, Achtsamkeit und Gewahrsein werden so zu einer grundlegenden, mentalen, kognitiven Fähigkeit oder sogar Einstellung und Haltung. Dies ist in etwa vergleichbar oder zu veranschaulichen mit Muskeln, die in einer bestimmten Art und Weise – etwa durch ein Zirkel- oder Hanteltraining – besonders trainiert wurden. Die dadurch erreichte Kraft, Stärke und Ausdauer stehen dann weitgehend unabhängig davon zur Verfügung und können praktisch beliebig abgerufen und angewandt werden. Muskelkraft und -leistung stehen dann nicht mehr nur im besonderen Training bzw. Kontext des Erwerbs, sondern generell bzw. für alle möglichen Tätigkeiten und Aufgaben zur Verfügung.

Ähnlich braucht auch mindestens das Erlernen der Selbsthypnose und Erzeugung einer Trance ein mehr oder weniger konkretes, „gegenstandsbezogenes" Hineinführen, die „Induktion" (s. auch weiter unten). Mit der Übung, Erfahrung und dem Können gelingt es auch hier zunehmend einfacher und besser, „nur" so, also ohne eine besondere Induktion, in die Trance zu gehen. Entsprechendes gilt auch für die Entspannung.

Durch die anhaltende, aufmerksame, bewusste Konzentration und Sammlung auf ein – also mehr oder weniger konkretes oder bestimmtes – Meditationsobjekt (auch ein Ziel, Inhalt oder Bereich der Meditation) werden bestimmte psychische Veränderungen bewirkt. (Die psychischen Veränderungen schließen auch entsprechende geistige und körperliche Veränderungen mit ein!) So sind etwa Zustände zu erreichen, wie die innere Ruhe, Zufriedenheit, Ausgeglichenheit, Gelassenheit, sowohl innere Freiheit als auch Verbundenheit (zunächst mit sich und dem Meditationsgegenstand), seine Mitte zu finden, ganz bei sich oder nur da zu sein, sich von den äußeren und innerlichen Nöten und Zwängen zu entfernen oder gar zu lösen. Begleitend wachsen z. B. Selbstwertgefühl, Selbstachtung und -akzeptanz, Selbst- und Weltvertrauen, Selbstsicherheit, -wirksamkeit und -ständigkeit sowie Einfühlungsvermögen. Negative Gefühle und Gedanken nehmen ab. Aber auch etwa neue, erweiterte Erfahrungen, Erkenntnisse, Einstellungen, Wahrnehmungen und Perspektiven (von sich und der Welt) sowie Optionen, zu entscheiden und zu handeln, werden möglich und gewonnen.

„Ziel" der Meditation meint hier jedoch nicht diese für gewöhnlich erwünschten und willkommenen psychischen Veränderungen und Konsequenzen, sondern das anvisierte, aber oft nicht ohne Übung zu erreichende und zu erlebende Zielobjekt der Meditation. Solche Zielobjekte der Meditation können z. B. die völlige Sammlung und das bewusste Aufgehen in einer bestimmten körperlichen Bewegung, das Erleben und die Bewusstwerdung der vollen, bewussten (geistigen) Leere, die Verbundenheit mit allen Lebewesen und dem Universum sein. Es könnte auch die betrachtete und vorgestellte Vergegenwärtigung, Verinnerlichung, Aktivierung und Entwicklung bestimmter Kräfte und Tugenden (wie etwa die Liebe) sein oder die betrachtete und vorgestellte Verbindung, Verschmelzung, Einswerdung mit einem Träger dieser Eigenschaften oder Aspekte (wie etwa Jesus, ein Heiliger, ein Buddha des Herzens, Mitgefühls und Erbarmens wie Amida bzw. Amitabha oder der Bodhisattva Avalokitesvara), der diese Kräfte und Tugenden besonders verkörpert oder symbolisiert.

Während des Meditierens tritt das jeweilige Objekt (Gegenstand, Inhalt, Bereich, Ziel) der Meditation in den Vordergrund. Der „Rest" bzw. alles andere tritt (idealerweise) in den Hintergrund. Das können dann alle möglichen Wahrnehmungen, Empfindungen, Erinnerungen, Erwartungen, Gedanken, Vorstellungen, Gefühle, Wünsche, Ziele, Pläne, Interessen und Bedürfnisse sein. Wesentlich für die Meditation ist die bewusste Konzentration der Wahrnehmung auf etwas (wie oben besprochen, Gegenstand, Inhalt, Bereich, Ziel der Meditation) zu richten und über die Zeit beizubehalten, ohne sich von anderen Objekten, Inhalten usw. stören oder ablenken zu lassen. Das Meditationsobjekt ist im Fokus und damit im Vordergrund der Wahrnehmung, Aufmerksamkeit und des Bewusstseins zu halten. Den vergleichsweise umfangreichen Rest bzw. Hintergrund gilt es unbeachtet und einfach sein zu lassen. Dazu ist es wichtig, gegenüber diesem Hintergrund möglichst gelassen, neutral, indifferent und im Grunde genommen wohlwollend oder annehmend zu bleiben. Dies ist – insbesondere für eine längere Dauer – nur mit regelmäßiger Übung der Meditation zu erreichen. Eine ungeübte Person oder ein Anfänger der Meditation haben daher entsprechende Schwierigkeiten, die jedoch mit zunehmender Übung abnehmen.

Beim „Gegenstand" der Meditation kann es sich zwar auch – äußerlich betrachtet – im wortwörtlichen Sinne um Gegenstände handeln. Es können also konkrete, vor allem bedeutungsvolle und symbolhaltige Objekte, Teile, Ausschnitte, Erscheinungen, Ereignisse, Erlebnisse, Situationen der Natur, Erde und des Himmels sein. Sie können aber genauso auch der Welt der Artefakte etwa des Alltags (z. B. eine brennende Kerze), der Kunst, Musik, Sprache und Kultur sowie der Kulte und Rituale (z. B. Bilder mit religiösem Thema und Gehalt) entstammen. Auch Kombinationen sind möglich und gewöhnlich (wie z. B. ein Kloster, Tempel, eine Kirche oder Moschee usw. in einer besonderen Landschaft). Diese können direkt oder wiederum in irgendeiner Form der Abbildung (z. B. ein Foto, Bild, eine Zeichnung oder ein Symbol) betrachtet werden. Auf diese Art und Weise werden auch die „natürlichen" Objekte wiederum zu konkreten Artefakten. Selbst mit und über reale Handlungen, Tätigkeiten sowie überhaupt mit dem Körper in Bewegung – wie etwa im Qigong – kann meditiert werden. Es geht jedoch grundsätzlich immer eigentlich und letztlich um die inneren Erfahrungen und Veränderungen (Wahrnehmungen) – die inneren Zustände, Prozesse, Wirkungen, Reaktionen und Entwicklungen. Selbst physikalisch existierende, äußerliche Gegenstände dienen nur als Ausgangspunkt, Anstoß sowie auch Anker dafür. Entsprechend werden äußerliche Gegenstände mit fortschreitender Meditationspraxis in der Regel durch eine innere Präsenz – mittels Erinnerung, Vorstellung, inneres Bild, Klang usw. – ersetzt bzw. verinnerlicht und zunehmend unwichtig.

In vergleichbarer Weise können auch zur Selbsthypnose äußere Gegenstände zur anfänglichen Fokussierung der Aufmerksamkeit und Wahrnehmung genutzt werden. Sie dienen auch hier vor allem zum Anfang und Einstieg in die Selbsthypnose bzw. Trance, zur sogenannten „Tranceinduktion". Weitere „Gegenstände", Inhalte und Ziele der Selbsthypnose sind dann ebenfalls in der Regel die inneren Wahrnehmungen, Empfindungen, Gefühle, Vorstellungen, Gedanken, Erlebnisse usw., also die inneren Zustände, Vorgänge und Veränderungen. Für die Selbsthypnose ist ebenfalls die bewusste, willentliche, aktive Konzentration auf diese und deren achtsame, aufmerksame Wahrnehmung wesentlich. Aufmerksamkeit, Wahrnehmung und Konzentration sind – wie bei der Meditation – generell auf die Wahrnehmungen, das zumeist innerliche Erleben und Verhalten und hier im Besonderen auf bestimmte Gegenstände, Inhalte, Bereiche, Rahmen oder Ziele gerichtet. Die Selbsthypnose und Trance kann zudem wie die Meditation das aktuelle, tatsächliche Tun und Handeln (Verhalten) begleiten und zum Gegenstand haben.

Für die Entspannung können ebenfalls äußere Aspekte, Bedingungen und Gegenstände – vor allem anfänglich – beitragen und genutzt werden. Aber „Gegenstand", Inhalt, Bereich und Ziel sind bei den Entspannungsverfahren letztlich ebenfalls die inneren Zustände und Prozesse (vor allem Empfindungen und Gefühle), die mit Entspannung verbunden sind, d. h. diese bewirken, ausdrücken usw. Das Ziel dieser Verfahren (sich zu entspannen) ist schließlich eindeutig ein innerlicher Vorgang und Zustand. Die Entspannung erfolgt bei den psychologischen Verfahren bzw. Techniken wie bei der Meditation und Selbsthypnose bewusst, willentlich und aktiv. Konzentration, Aufmerksamkeit und Wahrnehmung werden entsprechend anhaltend über die Zeit des Übens gebündelt und ausgerichtet.

Grundsätzlich gesehen, können wir uns sogar prinzipiell immer nur mit unseren Wahrnehmungen, Ansichten, Erkenntnissen, Vorstellungen, Erinnerungen (von den Dingen), also letztlich nur mit unseren inneren Zuständen und Prozessen beschäftigen. Das Ding bzw. die Dinge an sich, bleiben nach philosophisch-erkenntniskritischer Auffassung (z. B. nach Kant und den Konstruktivisten) für uns grundsätzlich oder wesentlich „unerkennbar". Dies wird inzwischen auch von der Neuropsychologie nachvollzogen. Genau genommen bleibt danach die Richtigkeit oder Falschheit – also die „Wahrheit" – unseres Wahrnehmens und Erkennens letztlich offen. Vor allem die Unangemessenheit unserer Wahrnehmungen, Anschauungen, Erkenntnisse usw. kann sich dennoch in der Praxis zeigen und somit Empirie und erfahrungsbezogene Prüfungen rechtfertigen. Unzutreffende oder unangemessene Erwartungen können sich in der Erfahrung immerhin als solche erweisen und den zugrunde liegenden Wahrnehmungen, Ansichten, Erkenntnissen usw. widersprechen. Dennoch bleiben aber unsere Erfahrungen und Erkenntnisse an unseren inneren Erkenntnisstrukturen und -prozessen bzw. an unseren menschlichen sowie persönlichen Erkenntnisbedingungen und -möglichkeiten gebunden. Wir bleiben somit generell auf unser Erleben – unseren Wahrnehmungen von uns und der Welt – und Verhalten beschränkt und sind darin gleichsam gefangen. Wahrnehmungen sind also danach letztlich immer innerlich, auch wenn sie vermeintlich Äußeres abbilden.

Weiter werden auch aus diesen Gründen zum Meditieren sehr häufig von vornherein innere Zustände und Prozesse als Inhalte bzw. Meditationsgegenstand ausgewählt, wie etwa Empfindungen, Erinnerungen, Gedanken, Vorstellungen, Gefühle und Einstellungen. Oder es handelt sich dabei um Inhalte bzw. Objekte, die einen mindestens sehr starken, engen Bezug dazu (also nach innen) oder Anteil daran haben, so wie etwa der Atem, das Atmen bzw. die Atmung. Atem, Atmen, Atmung haben einen äußeren Aspekt, aber werden von innen empfunden und wahrgenommen und lenken Aufmerksamkeit, Wahrnehmung und Bewusstsein auf die damit verbundenen inneren Veränderungen und Erfahrungen. Diese können ganz innerlich und im Sinne eines Verbindens, Verschmelzens, Einswerdens und -seins – quasi nur von innen her – empfunden und wahrgenommen werden. Für die Selbsthypnose würde das als „assoziativ" beschrieben werden. Das Empfinden und Wahrnehmen kann aber auch aus einer inneren, beobachtenden, bewussten Distanz – als quasi von außen her – erfolgen, was in der Selbsthypnose als „dissoziativ" eingeordnet werden würde. Sowohl in der Meditation, wie z. B. in der Chakrenmeditation mit Farben (s. Kap. 8.4), als auch in der Selbsthypnose, wie z. B. in der Oberstufe des Autogenen Trainings (s. Kap. 6.2.3), wird häufig und gern mit dem „inneren Auge" bzw. „inneren, geistigen Auge" gearbeitet, d. h., es werden innere Bilder, Filme, Situationen, Erlebnisse, symbolische Darstellungen, Veranschaulichungen oder Farben vorgestellt (visualisiert, imaginiert, s. Kap. 5 und 6.1). Solche Vorstellungen (Visualisierungen, Imaginationen) werden auch direkt zur Entspannung benutzt (s. Kap. 5.1 bis 5.1.2). Allerdings werden dann entsprechend entspannende, beruhigende Vorstellungen verwendet. Diese können dann – je nach Bedarf – z. B. noch mit stärkenden, sichernden, befreienden oder lösenden Aspekten kombiniert werden.

In den Meditationsschulen und der gängigen Meditationspraxis ist die Meditation in der Regel kein Selbstzweck, sondern ein Mittel oder eine Hilfe, um bestimmte übergeordnete, spirituelle Ziele zu erreichen und zu verwirklichen. Somit unterliegt die Auswahl der benutzen und vermittelten Inhalte zum Meditieren ebenfalls für gewöhnlich auch oder vor allem solchen Zielen. Damit finden wir gerade in einem solchen Kontext auch besondere – diesbezüglich ausgewählte, von dem hier vorgestellten Schema und den Aussagen möglicherweise abweichende – Meditationsinhalte. Wir richten jedoch unser Augenmerk, wie bereits im vorherigen Einführungskapitel und im Vorwort betont, in dieser Darstellung und Diskussion auf die psychologisch und gesundheitlich förderliche Meditationspraxis und die dazu relevanten Meditationsinhalte.

Nach unseren Ausführungen und vor allem im Rahmen der psychologischen, gesundheitsförderlichen Anwendung richten sich also die Meditation, Selbsthypnose wie auch die Entspannungsübungen auf die inneren Zustände und Prozesse. Sowohl Meditation als auch Selbsthypnose und Entspannungsverfahren nutzen wirksam die Konzentration auf innere Zustände, wie

z. B. körperliche Empfindungen, innere Wahrnehmungen, klangliche oder bildliche Vorstellungen, Gedanken, Erinnerungen und Gefühle, sowie Prozesse, d. h. Vorgänge bzw. Veränderungen der inneren Zustände. Durch die Vielfalt bzw. Freiheit der Meditationsgegenstände kann prinzipiell jede Entspannungsübung und jede Art und Weise der Selbsthypnose zur Meditation genutzt werden. Die Umkehrung gilt auch für die Selbsthypnose, die prinzipiell jede Art und Weise der Meditation und jeden Meditationsgegenstand und jede psychologische Entspannungsweise nutzen kann.

Ein wirkliches Verständnis der Techniken, eine gewisse Klarheit und Einsicht über ihre Gemeinsamkeiten und Unterschiede (bezüglich entspannender, selbsthypnotischer, meditativer Eigenschaften, Wirkungen und Funktionen) lässt sich jedoch nur mit und nach dem regelmäßigen Üben und betreffenden eigenen Erfahrungen erreichen. Auch die Bedeutungen (das „Wesen") von EMS – und damit ihre möglichen, inhaltlichen Gemeinsamkeiten und Unterschiede – werden einem nur so wirklich erschlossen und transparent. Ohne Üben und eigene, konkrete Erfahrungen bleiben die Ausführungen und Diskussionen über Definitionen, Bedeutungen, Zuordnungen und Differenzierungen von „Entspannung", „Meditation" und „Selbsthypnose" letztlich abstrakt, theoretisch und schwer verständlich. Das Verständnis bleibt von der individuellen, jeweiligen Art und Weise der (Übungs-)Praxis und den betreffenden Erfahrungen abhängig und wird dadurch geprägt. Die Bedeutungen von EMS werden grundsätzlich mit zunehmender Praxis, aber auch mit den weiteren Ausführungen im Buch über die einzelnen Verfahren und Übungen deutlicher werden. Ein intuitives und das durch die bisherigen Ausführungen angeregte Verständnis der Begriffe sollen für die weitere Lektüre genügen. Eine vertiefte, allgemeine Diskussion von EMS brächte für diesen Zweck keinen weiteren Nutzen.

Es fragt sich nach den obigen Ausführungen und Überlegungen sogar grundsätzlich, ob die Unterscheidungen vor allem zwischen Selbsthypnose und Meditation überhaupt so bedeutsam, haltbar, sinnvoll, wichtig und nützlich sind? Nach meiner heutigen Einschätzung und Erfahrung handelt es sich vielmehr bei einer selbstdurchgeführten Meditation um eine Selbsthypnose mit einer aktiv, willentlich und bewusst herbei- und geführten mehr oder weniger tiefen, konzentrierten Trance.

Weiter sind, wie dargelegt, Entspannungsverfahren allgemein als Meditationen bzw. Selbsthypnosen aufzufassen und zu beschreiben, die die Entspannung selbst zum Objekt (etwa als entsprechende Empfindungen im Körper) oder zur Folge haben oder als ein notwendiges oder wesentliches Merkmal oder Ziel beinhalten. Es sind Meditationstechniken, zumindest können jene prinzipiell als solche betrachtet und genutzt werden, die jedoch primär sich zur Entspannung eignen und mit dem Ziel der Entspannung vermittelt und angewendet werden. Entsprechend ist es nicht verwunderlich, wenn Sedlmeier (2016, S. 87) der Meditation grundsätzlich noch Wirkungen zuschreibt und nachweist, die über die von Entspannungstrainings hinausgehen, gesichert für Angstzustände, Ängstlichkeit, negative Emotionen, Stress, Wohlfühlen und Selbstverwirklichung. Er kommt dort zum Schluss: „Meditation hat also generell eine stärkere Wirkung als Entspannung." Dies kann nach meiner Erfahrung und Vermutung jedoch auch an der allgemein üblichen, „meditationsfernen" und eine wirkliche Tiefenentspannung eher behindernden Vermittlung und Anwendung dieser Entspannungsverfahren liegen, wie sie vor allem bei der PME oft üblich ist (s. Kap. 4). Aber Meditationsverfahren wurden bisher eben nicht oder nicht ausschließlich zur Entspannung oder zum Entspannen entwickelt und benutzt; entsprechend weiter und stärker können ihre anderen Wirkungen ausfallen.

2 Bedingungen zur gezielten Entspannung, Meditation, Selbsthypnose (EMS)

In dem Kapitel werden allgemeine Hinweise zur Durchführung der Übungen zur EMS gegeben. Die Hinweise wurden nach Themen in den folgenden Unterkapiteln geordnet und ausgeführt.

2.1 Geeignete Zeiten

Versuchen Sie eine passende Zeit für Ihre Übungen zu finden. Die Zeit sollte für Sie, für EMS und Ihr Üben mit dem betreffenden Verfahren günstig sein. Im Allgemeinen kann dies vom frühen Morgen bis zum frühen Abend der Fall sein. Entsprechend könnte sich beispielsweise die Zeit nach dem Mittag oder in der Mittagspause für Sie und Ihr Üben als besonders günstig und praktikabel erweisen, solange Sie dabei nicht regelmäßig einschlafen (s. Kap. 2.6) oder etwa an einem Völlegefühl nach dem Essen leiden oder einem Bewegungsdrang nachgeben möchten. Aber unter besonderen Bedingungen kann auch ein Üben am späten Abend oder in der Nacht sinnvoll sein und gewählt werden. Sollten Sie beispielsweise Probleme mit dem Einschlafen haben, nachdem Sie ins Bett gegangen sind oder nächtlich wieder aufgewacht sind, dann können Sie selbst auch zu diesen Zeiten wirksam und gezielt meditieren, sich entspannen oder hypnotisieren. Bei Bedarf können Sie sich vor dem Einschlafen auf diese Weise beruhigen, innerlich sammeln und schließlich von den störenden psychischen Inhalten bzw. Produkten und Aktivitäten lösen. So können Sie etwa von Ihren Erinnerungen, Sorgen, Plänen, Aufgaben, Zielen, Vorstellungen, Fantasien, Gedanken, Gefühlen und Empfindungen sowie Ihrer Beschäftigung damit lassen und helfen, das Einschlafen vorzubereiten und das Wachen erholsamer zu gestalten. Die Nacht ist aber für das regelmäßige Üben der EMS eher ungünstig, da eine deutlich erhöhte Tendenz zur Schläfrigkeit, zum Einschlafen und somit zum verfrühten Abbruch der jeweiligen Übung besteht. (Dies wird allgemein und ausführlich im Kap. 2.6 und im Besonderen für das Autogene Training im Kap. 6.2.1.12 besprochen.) Die günstigste Zeit hängt von Ihrer körperlich-psychischen Verfassung, Ihren inneren Aktivitätsrhythmen und -zyklen, Ihren Vorlieben, dem Verfahren, Ihrem Übungsgrad, den Umständen usw. ab. Durch Ausprobieren und gezieltes Variieren können Sie auf jeden Fall eine günstige Zeit zum Üben finden. Sie können so individuell Erfahrung mit den Abhängigkeiten und Bedingungen des jeweiligen Verfahrens sammeln. Anpassung an die jeweiligen sich verändernden Bedingungen und eine entsprechende Flexibilität bezüglich des Zeitpunktes könnten auch über den Anfang hinaus sinnvoll sein, erschweren aber auch die Gewöhnung und Beibehaltung des regelmäßigen Übens (s. u.). Feste Zeiten haben sich deswegen – vielleicht nach einer Phase des Probierens und Variierens – für das regelmäßige Üben von EMS bewährt. Sie können sich so auf das tägliche Üben einstellen und es in Ihrem Lebensalltag besser integrieren.

2.2 Ausreichend Zeit

Versuchen Sie sich ausreichend Zeit für Ihre Übungen der EMS zu nehmen. Geben Sie sich ruhig etwas mehr Zeit, um das jeweilige Verfahren ohne Zeitdruck durchführen zu können. Sollten Sie einmal Zeitprobleme haben, dann können Sie sich auch einen Wecker oder eine Uhr stellen. Mit oder nach dem kurzen Klingeln können Sie dann das jeweilige Verfahren rechtzeitig beenden, ohne während der Durchführung an die Zeit, eine Beendigung oder mögliche Folgen zu denken und sich dadurch unter Druck zu setzen. Der Zeitrahmen kann den Bedingungen und Erfordernissen angepasst werden. So könnten Sie sich z. B. bei größerer Anspannung, Unruhe, Erschöpfung, Ablenkbarkeit oder an einem freien Tag von vornherein mehr Zeit gönnen. Um etwa kleinere Pausen zu nutzen oder wichtige Termine noch wahrzunehmen, könnten Sie kürzer, weniger und eventuell dafür häufiger üben. Dabei sollte in der Regel ein Minimum nicht unterschritten werden, obwohl selbst nur eine Minute zu üben grundsätzlich besser ist als keine bzw. nicht zu üben. Ein sinnvolles und praktisches Minimum ergibt sich jeweils aus den Ausführungen zum einzelnen Verfahren in den betreffenden Kapiteln. Ein hinreichender, fester Zeitrahmen fördert jedoch die Übungspraxis und ihre Wirkungen. Legen Sie in jedem Falle die Zeit, die Sie jeweils üben möchten, zuvor für sich fest, um eine spätere, ablenkende, innere Diskussion zur Entscheidung darüber, ob und wie lange Sie noch üben möchten, während der Übung vermeiden zu können. Der Zeitrahmen sollte aber hinreichend, großzügig und in größeren Schritten oder Einheiten – mindestens Minuten – bemessen werden.

Zu den einzelnen Methoden und Übungen werden Ihnen zeitliche Rahmen vorgeschlagen und empfohlen. Diese können Sie selbstverständlich und sinnvoll Ihren persönlichen Bedürfnissen, Belangen, Umständen und Ihrem aktuellen Bedarf anpassen und dementsprechend ausfüllen. So können Sie die Übungsdauer für sich auch deutlich darüber hinaus ausdehnen. Allerdings sollten Sie die die genannten Übungszeiten nicht deutlich mehr als verdoppeln, insbesondere wenn Sie nur für sich allein und in eigener Regie üben. Mit zunehmender Übungsdauer an einem Stück werden körperliche, psychische und geistige Erfahrungen möglich und wahrscheinlicher, die Sie nicht kennen und eventuell überraschen, nicht verstehen, irritieren oder sogar beunruhigen und daher die Rückmeldung, Klärung und Unterstützung eines erfahrenen und geeigneten Lehrers nahelegen oder erfordern könnten. Auch das mehrmalige Wiederholen der Übungen am selben Tag, selbst wenn diese jeweils, einzeln im hier vorgegeben, engeren Zeitrahmen durchgeführt werden, kann solche Erfahrungen verstärkt hervorbringen und bewirken. Sollten Sie also Ihre Übungen sehr weit über den jeweils angegebenen Rahmen ausdehnen wollen, weil Sie z. B. weniger einen psychologischen, als vielmehr einen spirituellen, existentiellen Weg damit beschreiten wollen, so sollten Sie sich rechtzeitig und vorab um einen solchen kompetenten Lehrer, Trainer oder Experten kümmern, der Ihnen dann gegebenenfalls und bei Bedarf Fragen beantworten und klären sowie zur Seite stehen und helfen kann.

2.3 Ein passender Platz

Wählen Sie sich einen möglichst passenden Ort, Raum oder Platz für Ihre Übungen. Idealerweise handelt es sich dabei nicht nur um eine geeignete, sondern auch möglichst angenehme Umgebung. Ein Ort sollte etwa trocken, weder zu kühl, noch zu warm, eher schattig, ruhig und windgeschützt sein. Ein Raum sollte etwa wohl temperiert, gelüftet und verhältnismäßig ruhig sein. Der Platz sollte etwa hinreichend geräumig und bequem sein. Sollten Sie aktuell nicht über einen augenfällig geeigneten Ort oder einen besonderen Raum verfügen, so können Sie sich vielleicht in den eigenen vier Wänden mit etwas Kreativität, Improvisation und einigen kleinen Veränderungen und Anpassungen dennoch einen halbwegs angenehmen, passablen Platz ein- oder herrichten. Vielleicht reicht Ihnen dafür auch nur das Bett im Schlafzimmer oder der Platz vor Ihrem Schreibtisch. Möglicherweise können Sie sogar im öffentlichen Raum einen passenden Ort oder Platz finden (wie etwa auf einer Sitzmöglichkeit in einem Park oder in einer Bibliothek). Im Alltag sind bezüglich der Örtlichkeiten und Umgebungen zum Üben oft nur Näherungen möglich sowie Abstriche und Kompromisse hinsichtlich der eigenen Erwartungen und Wünsche nötig. Ein fester Platz kann vor allem am Anfang die Übungspraxis unterstützen. Später werden Sie in Ihrer Übungspraxis davon und von den jeweiligen örtlichen Gegebenheiten unabhängiger (s. auch nächstes Kap.). Mit dem Üben an unterschiedlichen Plätzen fördern Sie diese Unabhängigkeit.

2.4 Störungen vermeiden?

Versuchen Sie sich insbesondere als Anfänger – soweit möglich und nötig – vor Ablenkungen und Störungen aus dem Umfeld zu schützen. Ablenken oder stören könnten etwa Anrufe, Türklingeln, Ansprache, Beobachtung oder Berührung durch andere, Geräusche, Lärm, Kälte, Hitze, Feuchtigkeit, Wind, Zug, zu intensive oder unangenehme Gerüche, schlechte oder verbrauchte Luft, eine zu harte Unterlage oder Insekten. So kann das Ansprechen oder sogar Berühren – zu Hause durch die eigenen Kinder oder den Partner, im Büro etwa durch Kollegen oder in der Öffentlichkeit durch Schaulustige oder interessierte Personen – sogar zu einer völligen Unterbrechung der Übung führen.

Das Schließen der Augen erleichtert die innere Wahrnehmung und die Konzentration auf innere Zustände und Vorgänge. Entsprechend werden auch in der Hypnose die Augen in der Regel bzw. besser geschlossen (aber nicht notwendigerweise), um störende, ablenkende, äußere Wahrnehmungen zu minimieren und sich besser konzentrieren und entspannen zu können (vgl. Kossak, 1993). Dazu sollten die Augenlider sanft, entspannt geschlossen werden. Mit dem Schließen der Augen und dem vollständigen Blick nach innen werden aber bei der Meditation – und entsprechend auch bei der Entspannung und Selbsthypnose – u. a. innere Störungen und Ablenkungen (wie unerwünschte Gedanken, Sorgen, Fantasien, Wünsche usw.) sowie Schläfrigkeit und Einschlafen wahrscheinlicher. Aus diesem Grunde empfiehlt z. B. Enomiya-Lassalle (1987, 1988) beim Zazen (Sitzmeditation des Zens) ausdrücklich, die Augen dennoch offen zu halten. Auf der anderen Seite lernen Sie bei geschlossenen Augen auf längere Sicht verstärkt, mit diesen inneren Störungen, Ablenkungen und Versuchungen angemessen umzugehen und diesen zu widerstehen. Ob die Augen besser geschlossen oder geöffnet bleiben können, hängt auch von der Art und Weise der Übung ab. Bei EMS in Ruhe und Stille, also im Liegen oder Sitzen, bietet sich das Schließen der Augen an, weniger dagegen im Stehen oder gar beim Meditieren im Gehen oder in Bewegung (wie z. B. bei den entsprechenden im Kap. 3.3.3, 3.3.4 und 3.3.4.1 vorgestellten Achtsamkeitsmeditationen oder im Qigong). In der heutigen psychotherapeutischen, medizinischen Hypnose wird die Entscheidung darüber letztlich demjenigen überlassen, der hypnotisiert wird (Hypnotisand) oder in Trance geht. Dies sollte nicht nur für die Selbsthypnose gelten, sondern auch für die Entspannung und Meditation und ganz persönlich für Sie. Wählen Sie also die für Sie und Ihre jeweilige Übung passende, geeignete Stellung Ihrer Augenlider. Zunächst entscheiden Sie, ob Sie die Augen ganz schließen oder irgendwie geöffnet halten möchten. Und wenn Sie die Augen offen lassen wollen, wählen Sie schließlich die Weite der Augenöffnung. Von gering, leicht geöffnet, über halboffen bis ganz offen bietet sich ein ganzes Spektrum gradueller Unterschiede und damit zu wählender Möglichkeiten. Probieren Sie dazu verschiedene Haltungen Ihrer Augenlider beim Üben aus.

Wenn die Augenlider nun aus irgendeinem Grund bzw. gemäß Ihrer Entscheidung offen bleiben sollen oder sind, dann können bzw. sollten Sie in jedem Falle versuchen, möglichst sanft und entspannt zu gucken. Weiter bietet es sich vor allem für die hier vorgestellten stillen Übungen zur EMS an, nur mit leicht geöffneten Augen auf einen weder zu nahen noch zu fernen, gedachten oder fixierten Punkt vor sich – oder beim Liegen über sich – zu schauen. In einer aufrechten Übungshaltung (Sitzen, Stehen oder Gehen) kann der Blick dazu entspannt (auf einen vor sich liegenden Punkt, Bereich) gesenkt werden. Sie können aber auch selbst in einer aufrechten Übungshaltung die Augen weniger oder gar nicht senken und geradeaus, entspannt, freundlich in die Ferne blicken (Hildenbrand, 2007b). In jedem Fall schauen Sie dennoch eigentlich oder mit einem deutlich überwiegenden Anteil nach innen. Wahrnehmung und Aufmerksamkeit richten sich also – trotz der mehr oder weniger offenen Augen – nach innen. Der äußerliche Blick bleibt auf einem Punkt vor sich oder in die Ferne gerichtet. Entsprechendes gilt auch, wenn Sie beim Üben liegen. In der Hypnose und Selbsthypnose wird die bewusste Fokussierung des Blicks auf einen beliebigen Gegenstand (dies kann etwa auch der Finger oder die Fingerspitze eines Hypnotherapeuten sein) oder Punkt im Raum (die Augenfixationsmethode) zum Einstieg in die Trance bzw. zur Tranceinduktion genutzt (vgl. z. B. Kossak, 1993).

Bequeme, legere Kleidung fördert den freien Atemfluss und verursacht keine unangenehmen Körperempfindungen, Beklemmungs- oder Engegefühle. Selbst die Brille, Armbanduhr oder Schmuck können während des Übens als lästig empfunden werden. Zu großer Hunger, Durst, ein großes Völlegefühl nach einer üppigen Mahlzeit, extreme Helligkeit oder Dunkelheit können vermieden werden. Fernseher, Radio, Handy und andere aktive, elektronische Medien und Geräte können und sollten besser ausgestellt werden oder bleiben.

Störungen und ablenkende Reize sind vor allem für Anfänger von Bedeutung. Sie werden jedoch oft überschätzt. Das Aushalten und Annehmen von Störungen und Reizen während der EMS hat den Vorteil, dass wir dadurch lernen, mit solchen umzugehen und diese zu bewältigen. Das Üben trotz leichter, möglicher Störungen, gegen Widerstände und Widrigkeiten kann daher durchaus sinnvoll sein. Es kann unsere Anfälligkeit für Störungen und mögliche Ablenkungen verringern und unser Vermögen und Können, sich zu entspannen, zu meditieren, selber zu hypnotisieren bzw. in Trance zu gehen und zu bleiben, letztlich stärken und entwickeln. Allerdings sollten diese die Qualität des Übens nicht zu lange und zu stark einschränken oder zu häufig gar zur Unterbrechung oder zum Abbruch des Übens führen. So kann z. B. die Situation und Zeit nach dem Mittagessen in Geschäfts- und Büroräumen an einer Hauptstraße mit vielen möglichen Störquellen trotzdem eine noch passende Gelegenheit bieten, um sich regelmäßig zu entspannen, zu meditieren oder in Trance bzw. (Selbst-) Hypnose zu gehen. Vielleicht sind hier kreativ auch nur noch einige unterstützende Vorbereitungen und Strategien zu finden, um den möglichen Störungen (wie z. B. unerwartete Besuche oder Ansprache) vorzubeugen oder (wie z. B. Telefonklingeln) zu begegnen. Sie können mit der Zeit sogar lernen, z. B. neben einem Telefon oder Handy zu üben und es einfach nur klingeln oder spielen zu lassen. Oder Sie können dann kurz aus der tiefen Trance, Meditation oder Entspannung auftauchen (s. dazu auch Kap. 2.11), um eine Störung (z. B. durch einen Postboten) zu klären oder zu beheben, und sofort danach wieder dorthin eintauchen, um die jeweilige Übung an der unterbrochenen Stelle fortzusetzen. Mit dem Fortschreiten der Übung lernen Sie zunehmend, vermeintliche Störungen zu tolerieren und gelassen anzunehmen, ohne sich durch diese irritieren, ablenken oder eben stören zu lassen. Ihr innerer Gleichmut gegenüber selbst starken und anfangs unangenehmen Reizen wächst mit regelmäßiger Übung.

Wichtig ist generell, äußere Bedingungen und Reize, die möglicherweise stören könnten, als das wahrzunehmen, was diese sind, also als z. B. Straßenlärm, Wärme, Kälte (ähnlich wie bei den Achtsamkeitsmeditationen im Kap. 3.3). Sie sollten sich entscheiden, ob diese wirklich so dringlich, wichtig, beschwerlich oder bedrohlich sind, dass jene bereits allein aus (Selbst-) Fürsorge und Verantwortung vermieden werden oder zu einem Abbruch der Übung führen sollten. Ist dies nicht der Fall, so sollten Sie versuchen, diese Reize und Bedingungen als solche einfach nur zur Kenntnis zu nehmen und anzunehmen, ihnen gegenüber möglichst gelassen, neutral, gleichmütig und ruhig zu bleiben. Um sich nicht (weiter) aufzuregen, nicht bei der vermeintlichen Störung hängen oder stecken zu bleiben, sich in innere, gedankliche usw. Auseinandersetzungen zu verstricken und in Teufelskreisen von Anspannung, Erregung, vor allem negativen Gefühlen und unangenehmen Empfindungen zu verlieren, sollten Sie weiter versuchen, möglichst wenig (negative) Gefühle, Gedanken und innere Widerstände zu erzeugen und zu entwickeln. Dazu ist es sehr hilfreich, geduldig, wiederholt und beharrlich zu versuchen, sich (immer wieder) bewusst und gezielt dem eigentlichen Anliegen, also Ihrer jeweiligen Übung, Tätigkeit, Aufgabe und dem betreffenden Objekt (der inneren Wahrnehmung, Betrachtung, Aufmerksamkeit, Konzentration, Sammlung, Versenkung usw.) zuzuwenden und zu widmen. Bereits in der Folge treten die vermeintlichen Störungen und Ablenkungen in den Hintergrund. Zusätzlich könnten Sie versuchen, diese bewusst los und sein zu lassen. Sie können wie Wolken am Himmel oder Blätter auf einer Flussoberfläche vorbeiziehen oder wie das permanente Rauschen eines Baches oder Klappern einer Mühle in den Hintergrund treten. Häufig stören uns ja nicht die Reize und Wahrnehmungen (wie z. B. Klingeln, Läuten, Helligkeit oder Dunkelheit) als solche, sondern unsere inneren Einstellungen, Deutungen, Erinnerungen, Fantasien dazu und Reaktionen darauf lassen diese erst zum Anlass und vermeintlichen Grund einer Störung werden. Viele augenscheinlich äußere Störungen sind im Grunde genommen eigentlich den inneren Störungen zuzuordnen (s. auch Kap. 2.9.1).

Musik (im weitesten Sinne bis zu Naturklängen) kann störende Geräusche auf angenehme Weise einbetten oder übertönen. Musik schwingt je nach Art und Weise in verschiedenen Körperregionen und spricht unterschiedliche seelische Bereiche an. Eine bestimmte Musik kann aus diesem Grunde unsere Aufmerksamkeit in bestimmten körperlichen und seelischen Bereichen binden oder erleichtern und (umgekehrt) die jeweilige Konzentration und Wahrnehmung in anderen Bereichen erschweren. Da die Verfahren in systematischer Weise unterschiedliche Bereiche fokussieren, müsste die Musik in passender Weise darauf abgestimmt werden bzw. sein. Das wäre praktisch sehr schwierig, aufwendig und kaum passgenau zu realisieren. Zudem kann es bezüglich der Musik einen starken Gewöhnungseffekt und eine gewisse Abhängigkeit geben. Die Musik führt – aufgrund der erfahrenen Konditionierung – zwar schneller und wirkungsvoller zur Entspannungsreaktion, zu Trance und Versenkung, aber ohne diese Musik fällt es dann oft vergleichsweise deutlich schwerer. Aus diesen Gründen verzichte ich in meiner Praxis bei den in diesem Werk vorgestellten Verfahren und Übungen auf im Hintergrund oder in Begleitung gespielte Musik oder Klänge und ziehe die jeweils gegebene „Stille" vor. Die dennoch vorhandenen und auftretenden Geräusche werden als unvermeidliches Rauschen und Hören der Welt und des Lebens – im Hintergrund – in Kauf genommen.

Im Unterschied dazu können Musik, Klänge und Rhythmen direkt, also durch Konzentration auf den Klang, Rhythmus und deren Wirkungen im Erleben, im Körper usw., bewusst zur EMS genutzt werden (s. Berendt, 1983, Hamel, 1981, s. auch Kapitel 8.3.0.2). So bringen beispielsweise die unterschiedlichen Klänge tibetischer Klangschalen unterschiedliche Körperbereiche und – damit verbunden – auch bestimmte psychische Bereiche zum Schwingen. Sie führen bei Konzentration auf die Klänge und deren Schwingungen (Resonanz) im eigenen Körper und Erleben zu einer wohltuenden (Klang-) Massage und Meditation.

Bis auf Hunger, Durst und Völlegefühl wurden oben mögliche äußere Störungen beschrieben. Aber auch von innen können Sie sich beim Üben abgelenkt und gestört fühlen, etwa durch unpassende innere Wahrnehmungen, psychische Produkte und Aktivitäten. Dies können etwa Erinnerungen, Fantasien, Wünsche, Sorgen, Befürchtungen, Bedürfnisse, Vornahmen, Ziele, Ideen, Vorstellungen, Gedanken, Gefühle, Stimmungen und Empfindungen sein. Wie Sie damit umgehen können, wird weiter im Kapitel 2.9.1 erläutert.

2.5 Passende innere und äußere Haltung

Zur EMS sollten wir versuchen, eine für uns möglichst (dazu) angemessene, passende, geeignete sowohl äußere als auch innere Haltung einzunehmen. Solche äußeren sowie inneren Haltungen begünstigen und fördern die EMS sowie deren Wirkungen und Nutzen. Je angemessener, passender und geeigneter die eingenommene äußere sowie innere Haltung ausfallen, umso leichter werden wir üben sowie voranschreiten und umso stärker und eher werden sich Erfolge und Wirkungen einstellen. Je weniger die äußere sowie innere Haltung zur jeweiligen Übung, Situation und zu einem selbst passen, desto schwerer und unergiebiger wird das Üben.

Verschiedene Aspekte oder Faktoren der inneren Haltung fördern das Durchführen und Erlernen der Übungen, den Aufbau einer alltäglichen Übungspraxis sowie Fortschritte im Erleben und Wirken der Übungen. Dazu gehören etwa Neugierde, Interesse, Offenheit, eine konstruktive Einstellung, Motivation (auch die Entscheidung, Absicht, Vornahme und der Wille zum Üben), Geduld, Bemühen und Beharrlichkeit. Bei allem Willen und Bemühen zum Üben ist zudem eine gewisse Gelassenheit vor allem gegenüber vermeintlichen und augenscheinlichen Rück- und Fortschritten wichtig und hilfreich. Im Gegensatz zu dieser förderlichen inneren Haltung und ihren Faktoren bzw. deren günstigen Ausprägungen können Durchführung, Erlernen, Übungspraxis und Fortschritte durch unangemessene, unpassende, ungeeignete innere Einstellungen und Faktoren bzw. deren ungünstige Ausprägungen gestört und be- und sogar verhindert werden. So stören und erschweren etwa ein Zuviel an Wille, Ehrgeiz, Erfolgs-, Zielbezogenheit und Disziplin, oft auch an Euphorie sowie überhöhte Ansprüche, unangemessene Erwartungen, Perfektionismus, Ungeduld, Druck und Zwang das Entspannen, Meditieren und die Selbsthypnose. Sie provozieren eher Anspannung, innere Widerstände, Unzufriedenheit, Enttäuschung und andere negative Folgen beim Üben. Früher oder später nehmen in der Folge positive Erlebnisse und Erfahrungen beim Üben ab und werden seltener. Auf der anderen Seite be- oder verhindern etwa Nachlässigkeit und ein Mangel an Wille, Beharrlichkeit, Motivation, Bemühen, Befürwortung oder sogar eine ablehnende Einstellung das Entspannen, Meditieren und die Selbsthypnose und vor allem die Entwicklung einer regelmäßigen, wirksamen, befriedigenden, fortschreitenden Übungspraxis.

Beispielsweise können überhöhte, unzutreffende, unangemessene, „unrealistische" Erwartungen und Ansprüche einmal an das Verfahren, zum anderen an andere (Trainer, Dozenten, Therapeuten, die medialen Stellvertreter – wie Bücher, CDs, DVDs usw. – oder andere Teilnehmer, Übende und überhaupt Mitmenschen) oder an sich selber stören, hindern und sich nachteilig auswirken. Das sind z. B. Erwartungen, Ansprüche wie, dass die Wirkungen und Erfahrungen mit dem jeweiligen Verfahren ganz besonders, außerordentlich, umwerfend, unmittelbar beglückend, erhebend, erleuchtend und heilend sein müssen, dass diese weniger von einem selbst, sondern mehr von anderen, den Umständen usw. abhängen und sich bei einem schnell, sofort, deutlich und in vollem Umfang einstellen müssen. Weiter, dass etwa alle Mitmenschen Bescheid wissen, wann und wenn jemand übt, und diese sowie das ganze Umfeld Rücksicht auf den Übenden nehmen müssen. Dazu gehören aber auch negative Annahmen, Urteile, Befürchtungen usw. über einen selbst. Diese zeigen sich in Einstellungen und Aussagen über sich selbst, wie etwa, es nie lernen zu können oder zu schaffen, dazu nicht geeignet oder damit überfordert zu sein, grundsätzlich viel zu unruhig, unkonzentriert oder anderweitig beschäftigt zu sein. Solche negativen Selbstüberzeugungen und die damit verbundenen Erwartungen an sich selbst sind in der Regel zwar unangemessen, unzutreffend und könnten durch eine geduldige, beharrliche Übungspraxis grundsätzlich widerlegt werden. Sie bestimmen aber entscheidend das

Erleben und Verhalten und werden zu deren Begründung und Rechtfertigung herangezogen. Diese und andere (wie oben beschrieben) unangemessene Erwartungen und Ansprüche können folgerichtig bzw. in selbsterfüllender Weise zu Misserfolgen, Unzufriedenheit, Ungeduld, Unsicherheit, Enttäuschungen, Unruhe, Aufregung sowie Ärger und schließlich frühzeitig zum Abbruch und zur Aufgabe des Übens führen. Wichtig ist, sich auf die jeweiligen Übungen und den daraus folgenden Erfahrungen einzulassen, sie für sich und mit sich ausprobieren zu wollen.

Eine wache, abwartende, prüfende, kritische und skeptische Haltung bei und zu den Übungen ist jedoch völlig in Ordnung. Diese Haltung kann die Übungen hintergründig ruhig begleiten, ohne die Übungen und die damit verbundenen Erfahrungen zu stören oder eventuell sogar zu verhindern. Treten jedoch etwa Vorurteile, Zweifel, Misstrauen, eine allzu kritische, analytische, wertende oder beurteilende (Selbst-) „Beobachtung" und Kontrolle beim Üben stärker in den Vordergrund, so gelangen sie entsprechend in den aktuellen Brennpunkt der Aufmerksamkeit und Wahrnehmung. Dies behindert und verringert schon allein deshalb die aktuelle Aufmerksamkeit, Konzentration und Bewusstheit beim Üben und vor allem auf das Üben bzw. des eigentlich Zu-Übenden. Die für die EMS zur Verfügung stehende Aufmerksamkeit, Konzentration und Bewusstheit nehmen also in der Folge ab. Das Üben wird dadurch zunehmend gestört, die Art und Weise der Übungen (negativ) beeinflusst und verändert. Entspannen, Meditieren und Selbsthypnose werden beeinträchtigt und erschwert. Wichtige Erfahrungen und Zustände der Entspannung, Konzentration, Sammlung, Trance und Versenkung können dann unter Umständen gar nicht (mehr) erlebt und erreicht werden. Es kann sich also lohnen – trotz einer grundsätzlich kritischen oder skeptischen Haltung – sich auf eine Übung einzulassen, sich darauf zu konzentrieren, für die damit verbundenen, möglichen Erfahrungen offen zu bleiben, das Üben nur – eben ganz, aufmerksam, bewusst, achtsam – zu erleben und wahrzunehmen. Alle Aufmerksamkeit und Konzentration könnte dann beim Üben sein und bleiben. Später nach Beendigung der Übung bestände dann immer noch die Möglichkeit, sich und seine Erfahrungen und Wahrnehmungen zu betrachten, zu analysieren, zu hinterfragen, kritisch zu prüfen und zu beurteilen. Sie hätten aber wiederum dafür dann Ihre ganze Aufmerksamkeit, Konzentration und Bewusstheit zur Verfügung.

Die äußere Haltung ist Ausdruck und Ergebnis einer inneren Haltung und wirkt auf diese zurück. Die äußere Haltung befördert wiederum die innere Haltung. Zur EMS können verschiedene Haltungen bzw. Positionen eingenommen werden. Diese begünstigen und fördern allgemein die EMS und werden dazu – in den jeweiligen überlieferten und üblichen Kontexten – angeboten, empfohlen und benutzt.

Die Lippen bleiben sanft geschlossen. Mund und Kiefer sind entspannt. Die Zähne des Ober- und Unterkiefers berühren sich nicht. Die Zunge liegt oder lehnt (im Liegen) locker und entspannt im Mundraum und berührt dabei den vorderen Gaumen. Die Zungenspitze liegt (von innen her betrachtet) vor den oberen, mittleren Schneidezähnen. Die Zunge kann aber auch einfach nur irgendwie entspannt und bequem im Mundraum liegen. Wie im Kapitel 2.4 bereits ausgeführt, sind die Augen entspannt (mit dem Blick nach innen) geöffnet oder werden ganz geschlossen, so dass die bewusste Wahrnehmung, Aufmerksamkeit, der Blick ganz nach innen gerichtet werden kann.

Nach den allgemeinen Ausführungen werden unterschiedliche Körperhaltungen vorgestellt und besprochen. Diesen ist generell gemein, dass mindestens die Wirbelsäule bzw. der Rücken – einschließlich des Kopfes – aufrecht oder gerade ist. Also im Liegen befinden sich Wirbelsäule und Körper möglichst in der Waagerechten. Im Sitzen, Stehen (s. dazu auch Kap. 2.12) und Gehen ist die Wirbelsäule dagegen aufgerichtet, im Lot bzw. möglichst senkrecht. Die Wirbelsäule sollte dabei jedoch nicht überstreckt werden. Auch wenn der gesamte Rücken von außen (optisch) gesehen oder durch die Unterlage oder Stütze erzwungenermaßen oder von innen erspürt und gefühlt als gerade erscheint, bleibt – anatomisch betrachtet und genaugenommen – die Wirbelsäule gebogen. Hinzukommt, dass es hier auch erhebliche individuelle Unterschiede zwischen den Menschen gibt, die mit dem Alter auch noch zunehmen. Also auch wenn die Wirbelsäule und der Rücken in der Waagerechten gestreckt und in der Senkrechten aufgerichtet sowie gefühlt und ersichtlich begradigt werden sollen, bleibt das ganze nur ein erstrebtes, vorgestelltes, skizziertes, ideales Bild, das nicht mit der physikalischen oder anatomischen Wirklichkeit verwechselt werden sollte, um keine unrealistischen, unerreichbaren und unpassenden Erwartungen und Ansprüche zu erzeugen.

Die Unterschiede zwischen den im Folgenden beschriebenen Haltungen sind im Besonderen für Sie, Ihre Bedürfnisse, Vorlieben und Ziele, Ihren gesundheitlichen Status und Übungsgrad, Ihre Situation, Ihr Umfeld und Verfahren bzw. die Art und Weise Ihrer Übung von Bedeutung. Danach fördern diese in Ihrer jeweiligen Übung eben mehr oder nur weniger Ihre EMS. Grundsätzlich sollte eine Haltung gewählt werden, die für die gesamte Dauer der betreffenden Übung möglichst angenehm und bequem ist und bei der Atem und Energie im Körper bzw. gemäß der eigenen Wahrnehmung frei fließen können. Denn diese Haltung wird während der ganzen Übung beibehalten. Werden die Übungen in Ruhe – also nicht in Bewegung und vor allem im Liegen oder Sitzen – ausgeführt, so bleiben Sie entsprechend möglichst unbewegt über die ganze Übung hinweg in dieser einmal, anfangs eingenommenen Position (liegen oder sitzen). Idealerweise ruhen und bleiben bzw. entspannen und meditieren Sie dann in dieser Haltung und unterlassen jegliche, selbst eine noch so kleine Regung oder Bewegung. In der Praxis ist dies oft schwierig und sollte nur verständnisvoll und weise angestrebt und gehandhabt werden. Eine Regung oder Bewegung würde zwar die Ruhe, Entspannung, Konzentration und Versenkung stören, aber eine allzu rigide, strenge Regungs- und Bewegungslosigkeit könnte dies ebenfalls tun. Hier gilt es nun, innerlich bewusst abzuwägen und zu entscheiden. In jedem Fall sollten Sie sich dann mit Bedacht und achtsam entweder ruhig verhalten oder regen. Wenn Sie nun beim Üben in Ruhe irgendwie aus Ihrer ursprünglich eingenommenen und angestrebten Grundhaltung geraten sein sollten, so können Sie – und sollten bei Bedarf sogar – dennoch jederzeit diese wiederherstellen bzw. die Abweichungen durch eine entsprechende Bewegung und Veränderung korrigieren. So kommt es etwa beim aufrechten, geraden Sitzen häufig vor, dass mit der Zeit die innere Spannung und Aufrichtung nachlassen und schließlich verloren gehen und in eine schwankende, gekrümmte, gebückte oder zusammengesunkene Sitzhaltung münden. Dies würde dann durch eine bewusste innere Straffung, Streckung und Aufrichtung der Wirbelsäule und des Kopfes berichtigt werden. Wenn die Abweichungen und notwendigen Korrekturen allerdings zu groß und zu häufig werden, dann kann das auch ein Hinweis dafür sein, dass die eingenommene, gewählte Haltung für einen (noch) zu anspruchsvoll und schwer sein könnte oder erst noch ausreichend trainiert werden muss. Dann könnte etwa zum Üben aus der anstrengenderen Sitzposition ins Liegen gewechselt werden. Vor oder zu Beginn der Übung kann dagegen das spielerische Experimentieren, achtsame Einpendeln oder Variieren und Nähern der letztlich einzunehmenden Haltung sogar sehr sinnvoll und hilfreich sein. Die für Ihre jeweilige Übung gewählte und eingenommene Haltung sollte also nicht nur zu Ihrer Übung passen, sondern grundsätzlich auch zu Ihnen, Ihrer augenblicklichen Situation und Ihrem Anliegen. Diese sollte Ihrer inneren, momentanen Verfassung, Einstellung und Haltung sowie Ihren Bedürfnissen und Zielen entgegen und möglichst am nächsten oder mindestens nahe kommen.

Eine vor allem für die Meditation verbreitete und übliche Haltung ist das Sitzen. Etwa schon die Bhagavad Gita empfiehlt dafür das aufrechte, gerade Sitzen (z. B. nach Easwaran, 2012,

S. 151). So könnten Sie z. B. aufrecht auf einem Stuhl angelehnt oder frei sitzen. Wichtig ist das entspannte Aufrichten der Wirbelsäule bzw. des Rückens, Nackens und Kopfes, ohne den Brustkorb herauszustrecken. Schultern, Arme und Hüftbereich bleiben ebenfalls möglichst locker und entspannt (s. z. B. Sekida, 1993). Das Anlehnen kann gerade bei längerem Sitzen und einem geschwächten Gesundheitszustand die aufrechte Haltung der Wirbelsäule unterstützen und erleichtern. Allerdings stehen oft die Formen der Sitzflächen und Rückenlehnen von Stühlen und Sesseln einer konsequenten Aufrichtung des Rumpfes und Oberkörpers entgegen und fördern – oder erzwingen sogar – mehr oder weniger Beugungen. Es besteht die Gefahr, in sich zusammenzusinken. Der freie Fluss von Atem und Energie wäre dann behindert. Um unter solchen Umständen aufrecht sitzen bleiben zu können, sich nicht anzulehnen und in sich einzusakken, schlägt Loori (2009) die Benutzung eines Sitz- bzw. Meditationskissen als Unterlage auf dem Sitz vor. Auf diesem sitzen Sie im ersten Drittel mit beiden Füßen fest auf dem Boden. Im Unterschied zum Text (S. 25) zeigt ebenda die betreffende Abbildung (S. 27), wie ein solches Kissen zwischen Rückenlehne und Rücken das aufrechte Sitzen unterstützen kann. Freies aufrechtes Sitzen (also ohne sich anzulehnen) ist jedoch nicht so anstrengend, wie es vielleicht aussieht und sich anfangs anfühlt. Dieses Sitzen können Sie auf einem Stuhl oft dadurch unterstützen, dass Sie zuvor ein Stück nach vorne auf der Sitzfläche (an die Sitzkante) rutschen oder gleich einen stabilen Hocker mit flacher, einfacher, waagerechter Sitzfläche in geeigneter Höhe benutzen. Die Sitzfläche befindet sich in idealer Weise etwa in Höhe der Kniekehle – eher etwa 1-2 cm höher, so dass Oberschenkel zu Unterschenkel einen möglichst rechten Winkel bilden und die Schwerkraft Sie nicht unnötig nach hinten drückt. Wichtig ist also, dass das Becken in der Höhe des Oberschenkels liegt oder leicht erhöht darüber. Die Sitzhöhe und folglich der Winkel zwischen Ober- und Unterschenkel können daher auch etwas größer sein. Der Winkel sollte aber auf jeden Fall nicht die 90 Grad unterschreiten bzw. mindestens rechtwinklig sein. Die Beine sind angenehm auseinander gegrätscht und die Füße fest auf dem Boden (vgl. auch z. B. Kabat-Zinn, 2000). Ein solches aufrechtes Sitzen auf einem passenden Hocker zeigt die erste Abbildung.

Nach z. B. Loori (2009) und im Allgemeinen im Qigong grätschen Sie die Oberschenkel vielleicht etwas weniger breit, etwa schulterbreit auseinander. Sie achten im Qigong vor allem darauf, dass die Füße parallel zueinander auf dem Boden stehen (vgl. Hildenbrand, 2007b; Jiao, 1988; Schwarze, 2004). Diese Form hat einen stärker schließenden Charakter und hält etwas mehr die Energie und Spannung nach innen und im Unterkörper. Diese wird auch von Salzberg und Goldstein (2001, S. 31) für das Sitzen auf einem Stuhl oder Hocker bei Achtsamkeitsmeditationen in der betreffenden Abbildung gezeigt. Die beiden Autoren empfehlen weiter ausdrücklich, sich beim Sitzen grundsätzlich nicht mit dem Rücken (an einer Lehne oder irgendwo anders) anzulehnen, also frei aufrecht zu sitzen.

Die Arme bleiben immer möglichst locker und entspannt. Die Hände liegen also nur auf und werden nicht aufgestützt. Die genaue Haltung und Form der Arme ergibt sich dann jeweils folgerichtig, natürlich aus der Haltung der Hände. So können Sie die Handrücken auf die Oberschenkel legen oder (wie auf Abbildung 1) die Hände mit der Handinnenfläche auf die Oberschenkel legen, so dass die Fingerspitzen auf die Knie weisen (s. auch Salzberg & Goldstein, 2001, S. 31). Letztere Handhaltung kann deutlich das Gefühl von Erdung und innerer Stabilität und Aufrichtung geben. Diese wird im Qigong z. B. von Jiao (1988) und Schwarze (2004) angeboten. In meiner psychotherapeutischen Arbeit und Praxis erweist sich zumeist diese erdende, sichernde, stützende, stabilisierende Handhaltung als angemessen und passend. Ein aufrechtes Sitzen auf einem Stuhl mit leicht auseinandergestellten Beinen und den aufliegenden Händen beschreibt und empfiehlt auch Jungclaussen (2013, S. 26) für die christliche Meditation mit dem Herzensgebet (s. Kap. 3.3.4). Allerdings legen Sie die Hände nach der dortigen Beschreibung

„auf die Knie" und nicht auf die Oberschenkel. Wenn dies zu wörtlich genommen wird, besteht – je nach persönlicher Anatomie – die Gefahr, dass der Oberkörper oder die Schultern zu weit nach vorne gebeugt werden. Die zuerst beschriebene Handhaltung, d. h. die mit dem Handrükken auf dem Oberschenkel, unterstützt dagegen eine (von oben) empfangene, nach oben orientierte, ausgerichtete Haltung – eine „Himmelung". Sie wird dementsprechend häufig im Yoga und in spirituellen Kontexten benutzt

.

Abbildung 1: Aufrecht sitzen auf einem Hocker

Daneben sind viele andere Handhaltungen möglich und üblich. So wirken die verschiedenen Finger- und Handhaltungen im Sitzen in unterschiedlicher Art und Weise auf Geist und Körper zurück (s. Kap. 9.1.1 über den engen Geist-Körper-Zusammenhang). Ein Gefühl für unterschiedliche Wirkungen von Hand- und Fingerhaltungen kann mit einer Selbsterfahrungsübung nach Middendorf (1991) gewonnen werden. Bringen Sie die beiden gewölbten Hände über die Fingerkuppen zusammen, so dass alle fünf Fingerspitzen der einen Hand mit den betreffenden Fingerspitzen der anderen Hand Kontakt haben. Der Atem fließt nun durch den ganzen Körper. Haben die beiden Hände nur über die kleinen Finger Kontakt miteinander, konzentriert sich der Atem eher im Beckenraum. Mit dem Kontakt über die Ring-, Mittel-, Zeigefinger gelangt der Atem systematisch höher. Mit den Daumen befindet er sich schwerpunktmäßig im Kopfbereich und kann dort (etwa im Stirnbereich) intensiv wahrgenommen werden.

In der buddhistischen Tradition haben bestimmte Hand- und Fingerhaltungen (Mudras) bei der Darstellung von Buddhas zudem eine besondere rituelle, symbolische Bedeutung (z. B. Bottini, 2004; Ceming & Sturm, 2005). Vor allem der tantrische Buddhismus verfügt über eine große Zahl dieser exakt festgelegten Handgesten, die jeweils auf bestimmte Vorstellungen verweisen und deren Verwendung im Ritus oder der Meditation besondere Wirkungen erzeugen sollen (vgl. z. B. Freiberger & Kleine, 2011). Die Geste (Mudra) der Meditation wird heute noch in buddhistischen Meditationen benutzt. Z. B. Loori (2009, S. 33-35) nennt diese „die kosmische Mudra". Die Abbildung 2 zeigt diese Handhaltung. Die Hände werden mit der Handfläche nach oben (bzw. mit dem Handrücken nach unten) in den Schoß und über- sowie (mindestens teilweise) ineinander gelegt. Die Daumenkuppen bzw. -spitzen beider Hände berühren sich. Die Daumen zeigen waagerecht annähernd parallel zu den Fingern aufeinander und bilden mit den Händen ein Oval. Die Hände können auch ein wenig höher vor dem Unterbauch gehalten werden, so dass sich die Daumen vor dem Nabel treffen. Dies erhöht allerdings die innere Spannung. Die rechte Hand liegt nach Chögyam (1990/1997), Salzberg und Goldstein (2001) und Thondup (1997) über bzw. in der linken Hand. Nach Nyanaponika (2007, S. 90) ruht bei der Achtsamkeitsmeditation die rechte Hand „im Schoß auf der linken". In den Meditationsanleitungen des Zen und Zazen von Enomiya-Lassalle (1987, 1988, 1992), Sekida (1993) und Shunryu Suzuki (1999) sowie nach dem tibetischen Meister Tenzin Wangyal Rinpoche (2009) in der buddhistischen Bön-Tradition liegt umgekehrt die linke Hand auf bzw. in der rechten (wie in unserer Abbildung 2). Fontana (1994, S. 207) führt diese Handhaltung bereits auf Dogen zurück, den großen Zenmeister und Begründer der Soto-Schule in Japan, die das Zazen bzw. Sitzen in Versenkung betont. Peter und Gerl (1988) empfehlen Linkshändern die Umkehrung (also die linke unter der rechten Hand) und auch nach Loori (2009) trägt die aktive, dominante Hand die andere.

Hildenbrand (2007c) bietet noch eine Variante, bei der die Hände bzw. die Finger miteinander verschränkt sind (anstatt nur übereinander zu liegen) und die Daumen waagerecht aufeinander zeigen. Auch finden sich Variationen, wo die Hände wie zwei Schalen auf- und ineinander liegen und mit den Daumen einen ungefähren Kreis bilden, der über die Daumenkuppen geschlossen wird (z. B. Sekida, 1993). Berühren sich stattdessen die ganzen Daumenballen, so bildet sich über dem Kreis eine Spitze, der die Wahrnehmung und Bewusstheit stark im Kopfbereich fokussiert. Salzberg und Goldstein (2001) beschreiben dies insgesamt als ein Dreieck, bei dem die beiden aufeinanderliegenden Hände (genauer Finger) die Grundseite und die beiden nach oben zeigenden Daumen die gleichschenkligen Seiten bilden. (Die Daumenspitzen sollen sich nach beiden Autoren dabei kaum berühren.) Die Hände können auch in einem gewissen Abstand mit dem Handgelenk und Handrücken nach oben offen und locker auf die Oberschen-

kel gelegt werden, so dass die Finger nur aufeinander zeigen (ohne sich zu berühren) und mit
den Händen, Schultern und Armen einen vorgestellten Kreis bilden (Hildenbrand, 2007b,c).

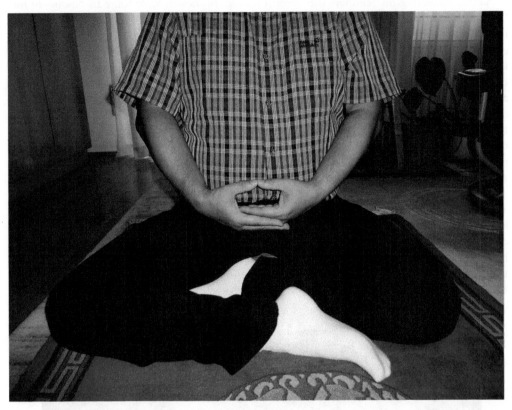

Abbildung 2: Die Geste der Meditation

Im Qigong werden die Hände beim Sitzen in Ruhe auch gern im unteren Bauchbereich (vgl.
unteres Bauchzentrum, Kap. 8.1.2) übereinandergelegt (s. Hildenbrand, 2007b,c). Im Stehen und
Liegen wird dazu oft auch der mittlere Bauchbereich im und um den Bauchnabel (vgl. mittleres
Bauchzentrum, Kap. 8.1.3) gewählt. Wie die Abbildung 3a zeigt, liegen genauerweise die Handteller übereinander und nicht die Finger. Die Hände kreuzen sich, so dass beide Handtellermitten bzw. „Handherzen" direkt über dem betreffenden Bauchbereich liegen (s. Kap. 7 und 8.2). In
der Abbildung liegen diese über und auf dem mittleren Bauchbereich bzw. Nabel. Wenn die
Handtellermitten übereinander auf dem Körper zum Liegen kommen, dann verstärkt dies noch
zusätzlich Konzentration, Fokussierung und Atmung auf den bzw. in dem jeweiligen Körperbereich darunter, mehr als wenn die Hände diesen Bereich nur irgendwie berühren würden. Aufmerksamkeit, Wahrnehmung, Empfindungen und Wirkungen werden dadurch noch einmal
besonders konzentriert und gesteigert (s. Kap. 8.2). Generell werden diese bereits durch das
bloße Berühren mit den Händen oder Fingern und deren Halten auf oder über den Körperstellen
verstärkt. Es reicht auch schon allein das Zeigen oder Hinweisen mit Händen und Fingern auf
diese Stellen. Jedoch ist die Verstärkung und Wirkung bei direkter Berührung im Allgemeinen
größer. In der Abbildung wird die Handhaltung im Liegen und nicht im Sitzen gezeigt. Wenn

die Oberarme und Ellbogen, wie dort vielleicht zu erkennen ist, bei dieser Haltung nicht entspannt auf dem Boden zum Liegen kommen, dann kann dies zu einer gewissen und vielleicht
störenden Spannung im Schulter-Arm-Bereich führen. In diesem Falle sollte insbesondere für
Übungen zum Zwecke und mit dem Ziel der Entspannung ein solches Überkreuzen der Hände
im Liegen gar nicht oder nur angepasst, sparsam und vorübergehend verwendet werden, um
eben bei Bedarf dennoch die Vorteile bzw. besondere Wirkung dieser Haltung zu erschließen
und zu nutzen. Aber auch kleine Veränderungen und Anpassungen des Übereinanderhaltens
der Hände können zum einen zur Entlastung und damit zur Entspannung beitragen und zum
anderen die positiven Wirkungen vergleichbar erhalten bzw. erreichen. So zeigt Abbildung 3b
den Versuch, durch das zusätzliche Überkreuzen und Verschränken der beiden Daumen die
Hände einfacher und angenehmer übereinander auf dem mittleren Bauchbereich zu halten und
dadurch Atem und Aufmerksamkeit dort zu fokussieren. Auch mit diesem Übereinanderliegen
und Überkreuzen der beiden Hände und zusätzlich der Daumen können hier im Nabelbereich
sehr wirkungsvoll Aufmerksamkeit, Wahrnehmung, Empfindung, Atmung und Wirksamkeit
konzentriert, fokussiert und verstärkt werden.

Engelhardt (2007b) empfiehlt den Frauen, die rechte Hand mittig auf den Unterbauch zu
legen und die linke darüber. Den Männern wird die Umkehrung empfohlen (also die linke Hand
direkt am Körper). Entsprechend dem Qigong Prinzip der Natürlichkeit (Hildenbrand 2007a;
Jiao, 1988) kann jedoch jeder Übende seinen inneren Neigungen und Empfindungen bei der
Wahl folgen, ob nun die rechte Hand unten (bzw. direkt am Bauch) oder oben liegt. Dieses Prinzip ist auch bei der Wahl zwischen den anderen, hier beschriebenen Varianten und Optionen zu
berücksichtigen und anzuwenden.

Abbildung 3a: Hände und Handherzen übereinander auf dem Bauchnabel

Abbildung 3b: Hände übereinander auf dem Bauchnabel mit verschränkten Daumen

Das freie, aufrechte Sitzen auf einem Stuhl oder Hocker ist eine für die zur EMS in den folgenden Kapiteln vorgestellten Übungen vergleichsweise selbst für Ungeübte einfache und dennoch hinreichende und wirkungsvolle Haltung. Zur Meditation wird jedoch in bzw. nach den fernöstlichen Meditationssystemen üblicherweise der (volle) Lotussitz eingenommen (z. B. Chögyam, 1990/1997; Enomiya-Lassalle, 1988; Sekida, 1993; S. Suzuki, 1999; van Lysebeth, 1988, 1991). Die Beine werden dazu so miteinander verschränkt, dass ein Unterschenkel über den anderen und der rechte Fuß mit dem Spann auf den linken Oberschenkel (mit der Fußsohle nach oben) sowie der linke Fuß entsprechend auf den rechten Oberschenkel gelegt wird. Oberkörper, Rücken und Kopf sind aufgerichtet und befinden sich im Lot. Beide Knie haben Kontakt mit dem Untergrund. Dieser Sitz ist besonders stabil und daher besonders für lange Meditationen geeignet. Für Ungeübte ist dieser Sitz sehr oft überhaupt nicht oder nur schwer und kurz einzunehmen sowie sehr unangenehm, quälend und schmerzhaft. Beim halben Lotussitz wird nur ein Fuß auf den Oberschenkel gelegt. Der andere Fuß liegt unter (anstatt auf) dem anderen Oberschenkel. Dieser Sitz dient als Vorbereitung zum vollen Lotussitz. Aus orthopädischer und krankengymnastischer Sicht provozieren beide Sitzweisen jedoch auf lange Sicht geradezu Knieprobleme, vor allem, wenn erwachsene oder ältere Menschen aus dem hiesigen Kulturkreis versuchen, sich mit aller Entschlossenheit – entgegen ihren Schmerzen und Problemen – an diese vor allem asiatische Tradition des Sitzens zu halten und anzupassen. Ich selbst übe und benutze diese beiden Sitzhaltungen daher nicht und empfehle jene auch nicht meinen Patienten oder Kursteilnehmern. Der volle und der halbe Lotus-Sitz sind den meisten Menschen bereits bekannt und können jeder ordentlichen Einführung etwa in Yoga entnommen werden.

Enomiya-Lassalle (1988) bietet den viertel Lotussitz an. Diesen Sitz zeigt die Abbildung 4. Der eine Fuß liegt dabei mit dem Spann auf der Wade des anderen Beins (mit der Fußsohle nach oben) und der andere Fuß liegt unter dem gegenüberliegenden Bein bzw. Unterschenkel. Nach Nyanaponika (2007, S. 89) ist das der „Heldensitz", wenn das rechte Bein auf dem linken aufliegt. Wenn die Ferse des unteren Fußes zum Damm gezogen wird (die Fußsohle berührt den Schenkel) und die Ferse des oberen Fußes zum Schambein, dann ist der Sitz im Yoga als Siddhasana bekannt (vgl. z. B. van Lysebeth, 1988).

Kabat-Zinn (2000), Loori (2009) und Sekida (1993) beschreiben noch eine ähnliche Sitzhaltung, nämlich die burmesische Sitzhaltung (s. Abbildung 5). Im Yoga wird diese Muktasana genannt (z. B. Trökes, 2004). Dabei wird die Ferse eines Beines zu sich (zum Schritt, Damm) herangezogen. Nach Nyanaponika (2007, S. 89) ist das der „bequeme Sitz" und es wird dazu grundsätzlich die linke Ferse gewählt bzw. herangezogen. Am besten wählen Sie jedoch die Variante, die Ihnen aktuell zusagt, passender und angenehmer erscheint. Das andere Bein wird nur locker davor gelegt. Der Fuß berührt dann den Unterschenkel des herangezogenen Beines. Im Unterschied zum viertel Lotus liegen die Beine also nicht aufeinander, sondern vor- bzw. aneinander. In der burmesischen Sitzhaltung liegen die beiden Füße mit den Fußrücken (genauer mit der unteren Seite des Ristes) auf dem Boden. Entsprechend zeigen die beiden Fußsohlen (eher) nach oben. Gesäß, Knie und Unterschenkel bilden ein stabiles Dreieck. Vor allem auf dessen Eckpunkte sollte sich das Körpergewicht gleichmäßig verteilen, damit Druck vom Rücken genommen wird.

Diese mehr oder weniger anspruchsvollen Sitzhaltungen werden erleichtert, wenn Sie leicht erhöht sitzen (etwa durch ein Meditationskissen, -bänkchen, einen niedrigen -hocker). Halber und viertel Lotus sowie burmesische Sitzhaltung werden dadurch zudem im Allgemeinen deutlich stabiler. Auch sollte die Unterlage für die Knie nicht zu hart sein und deshalb eine entsprechende Unterlage (etwa Teppich, Matte) oder ein geeigneter Boden (z. B. Teppichboden oder feiner Sand) gewählt werden. Die burmesische Sitzhaltung und der viertel Lotussitz sind nach meinen Erfahrungen für die in den folgenden Kapiteln vorgestellten Übungen völlig ausreichend sowie zudem vergleichsweise – im Unterschied zum halben und vollen Lotus-Sitz – angenehm einzunehmen, auszuhalten und ohne nachteilige Folgen für orthopädisch weitgehend gesunde, erwachsene und auch ältere Personen. Sie wurden deshalb hier abgebildet.

Ist ein Hocker oder eine andere Sitzunterlage höher als ein gewöhnliches Meditationskissen, aber noch unterhalb der Kniekehle, so können die Füße überkreuzt und ein Lotussitz angedeutet werden (vgl. z. B. Enomiya-Lassalle, 1988). Dadurch wird der Winkel zwischen Oberschenkel und Wirbelsäule wieder optimiert bzw. vergrößert und einem rechten Winkel angenähert (auch Peter & Gerl, 1988). Ein Überkreuzen der Füße und Unterschenkel bietet sich auch an, wenn die Beine und Füße (wie etwa in engen Sitzplätzen und -reihen in einem öffentlichen Verkehrsmittel) nicht genügend Raum und Freiheit haben. Dies spart Platz und unterstützt dennoch Meditation und Entspannung an einem solchen Ort. Fast jeder kennt den Schneidersitz, bei dem beide Beine so miteinander überkreuzt werden, dass beide Füße unter den Oberschenkeln liegen. Dieser ist für die Meditation und die hier beschriebenen Übungen eher nicht geeignet. Sollten Sie dennoch den Schneidersitz bevorzugen, sollten Sie darauf achten, dass Sie dann während Ihrer Übungen mit und nur mit ihrem Gesäß erhöht (also z. B. auf einem Meditationskissen) sitzen. Auch auf den Fersen und Knien können Sie in verschiedenen Variationen sitzen (vgl. z. B. Chögyam, 1990/1997; Enomiya-Lassalle, 1988; Kabat-Zinn, 2000; Loori, 2009; Peter & Gerl, 1988; Sekida, 1993; Trökes, 2004; van Lysebeth, 1988). Auch hier helfen ein niedriges Meditationsbänkchen (abgeschrägt), ein Sitzkissen oder Kniestuhl.

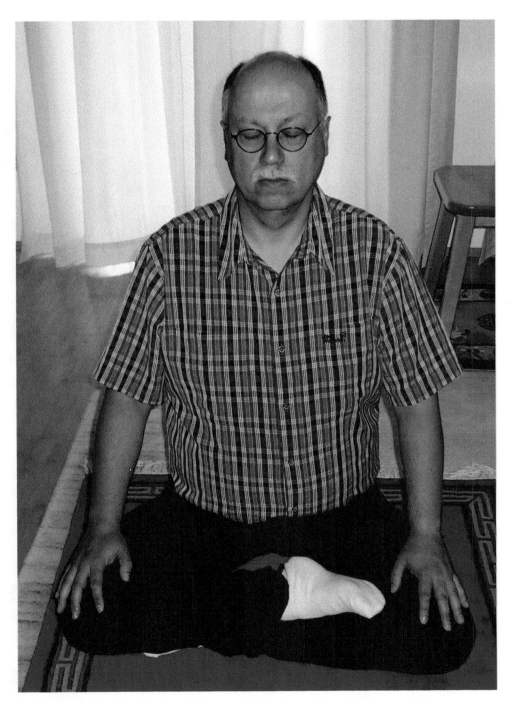

Abbildung 4: Der viertel Lotussitz

Abbildung 5: Die burmesische Sitzhaltung

Sollten Sie jedoch Schwierigkeiten oder Probleme mit dem freien, aufrechten Sitzen haben, so können Sie (wie bereits oben besprochen) sich auch mit gutem Gewissen möglichst aufrecht bzw. gerade in einen Stuhl oder Sessel setzen und Ihren Rücken passend, angenehm anlehnen und stützten lassen. Letztlich sollten Sie während Ihrer gesamten Übungszeit relativ bequem und angenehm sitzen. Sie sollten diesbezüglich auf Ihren Körper hören. Schmerzhafte Empfindungen können auf grundsätzliche Probleme mit Ihrer jeweiligen Haltung hinweisen und eine entsprechende Veränderung und Anpassung einfordern und nahelegen.

Sie können sich aber auch hinlegen, am besten völlig flach, also waagerecht – etwa so wie in der „Totenstellung" aus dem Yoga (van Lysebeth, 1982). Ähnliche Liegehaltungen finden Sie auch in anderen Rahmen und Systemen, wie etwa dem Qigong (vgl. z. B. Hildenbrand, 2007b; Jiao, 1988; Schwarze, 2004). Unterschiede zum hier bevorzugten und dargestellten Liegen betreffen z. B. die Beinhaltung. Die Füße liegen im Qigong eher enger beisammen. Nach Hildenbrand (2007b) können die Füße sogar übereinander gelegt und nach einiger Zeit gewechselt werden. Davon würde ich Ihnen bei den in den folgenden Kapiteln noch vorzustellenden Übungen jedoch abraten. Denn durch das Übereinanderschlagen der Füße erhöhen Sie im Unterleib etwa die (An-) Spannung und behindern den freien Atem-, Energie- und Blutfluss. Der Wechsel der Füße bringt Sie jeweils aus der Entspannung, Konzentration und Sammlung. Werden die Füße in dieser Lage nicht gewechselt und bleiben vielmehr so übereinandergeschlagen, wie zu Beginn gewählt, dann tendieren die Füße (und vor allem der untere Fuß) dazu, einzuschlafen. Die Beine sollten deshalb nach meiner Erfahrung vielmehr leicht und angenehm gegrätscht sein.

Die von mir empfohlene und hier beschriebene Haltung beim Liegen zeigt die Abbildung 6. Die Füße fallen jeweils entspannt zur Seite auseinander. Die Arme liegen leicht vom Körper abgewinkelt und entspannt neben dem Rumpf. Die Handinnenflächen können nach oben oder zur Seite und zum Rumpf gewendet werden, wobei die Finger leicht gekrümmt sind. Wegen des stärkeren Gefühls der Erdung, des Getragen-Werdens und innerer Stabilität bevorzuge ich (wie beim Sitzen) in meinen Anleitungen und Therapien, dass die Handinnenflächen wie in Abbildung 6 dem Boden bzw. der Erde zugewendet werden. Die Oberarme können dazu etwas stärker als die Unterarme vom Rumpf abgewinkelt werden und die Unterarme fast parallel zum Rumpf liegen. Handteller und Finger liegen dann entspannt auf der jeweiligen Unterlage. Dabei haben genaugenommen nur die Hand- und Fingerballen (beim Daumen seitlich) Kontakt mit dem Boden. Die Finger liegen leicht auseinander und gekrümmt.

Die Arme und Hände könnten grundsätzlich auch direkt am oder auf dem Körper liegen. Durch solche Haltungen werden jedoch die Körperwahrnehmung und der Atem auf die vor allem mit den Händen berührten Körperstellen gebündelt, wie bereits bei der Überkreuzhaltung der Hände im Besonderen besprochen wurde. Dies kann auch gezielt für das Erlernen und Erleben einzelner Übungen genutzt werden. Passende, nützliche Hinweise dazu werden bei der Vorstellung der einzelnen Übungen in den jeweiligen Kapiteln gegeben. Es kann aber auch die Übung insgesamt oder bestimmte Phasen oder Teile stören oder beeinträchtigen. Zudem kann die Last der Arme auch den freien Atem- und Energiefluss direkt behindern oder die Arme und Hände schlafen eher ein. Im Allgemeinen wird es daher zum Üben im Liegen von Vorteil sein, die Arme und Hände mindestens entspannt neben den Körper zu legen.

Das flache Liegen auf einer waagerechten Unterlage kann gewöhnungsbedürftig sein. Als Unterlage wäre etwa ein Teppich auf dem Boden besonders geeignet; denn die Unterlage sollte nicht zu hart, aber auch nicht zu weich sein. Eine zu harte Unterlage kann zu unbequem und unangenehm werden und eine zu weiche lässt Sie einsinken und fördert Schläfrigkeit und Einschlafen. Ein Kissen unter dem Kopf entspricht oft der Gewöhnung. Es erhöht das Kontrollgefühl und den Abstand zum Körper. In Abhängigkeit der Erhöhung des Kopfes gegenüber dem

Rumpf behindert es zudem den freien Atem- und Energiefluss und das konzentrative Einswerden mit dem jeweiligen Körperbereich bzw. -prozess. Sollten nicht anatomische, medizinische Gründe – wie etwa ein Buckel (Kyphose) oder Sodbrennen durch aufsteigende Magensäure (Reflux) – oder Ihr Empfinden (trotz Probierens und Übens) eindeutig gegen das flache Liegen sprechen, so üben Sie am besten auf jene Weise, also völlig flach auf dem Rücken liegend. Allerdings sollten Sie darauf achten, dass der Kopf und Hals im Liegen nicht – aus anatomischen bzw. orthopädischen Gründen – deutlich überstreckt werden. In diesem Falle sollten Sie dennoch ein entsprechendes, ausgleichendes Kissen, also zur Vermeidung der Überstreckung und ihrer Folgen, unter den Kopf legen. Letztlich sollten Sie so flach und überhaupt auf eine solche Art und Weise liegen, dass es für Sie relativ bequem und angenehm ist und bleibt.

In üblichen Entspannungsliegen und -sesseln ergeben sich oft mehr oder weniger starke Abweichungen vom flachen, waagerechten Liegen, so auch auf Couchen und allzu weichen Betten. Diese sollten daher eher nur ausnahmsweise und in Ermangelung anderer Optionen genutzt werden.

Abbildung 6: Flaches Liegen zur Meditation

Es gibt im Yoga eine stabile Seitenlage (z. B. van Lysebeth, 1982), in der Sie ebenfalls weitgehend entspannt liegen können und das Atmen möglichst nur geringfügig behindert wird, nämlich durch den Druck des eigenen Körpergewichtes auf die am Boden liegende Rumpfseite.

Beide Beine sind leicht angewinkelt und angezogen. Auf den unteren, gestreckten Arm wird der Kopf gelegt. Beim anderen, oberen Arm liegen der Oberarm seitlich auf der Flanke und der Unterarm über den Rücken zum Boden. Gegebenenfalls berühren Fingerkuppen den Boden oder liegen dort locker auf. Im Rahmen des Qigong empfehlen Hildenbrand (2007b), Jiao (1988) und Schwarze (2004) eine davon abweichende Seitenlage. Liegen Sie auf der rechten Seite, dann ergibt sich das folgende Bild: Das rechte, untere Bein liegt ausgestreckt, während das linke Bein leicht angewinkelt darauf liegt. Nach Jiao (1988) und Schwarze (2004) kommt der linke Fuß hinter dem rechten Unterschenkel zum Liegen. Im Unterschied dazu kommen nach Hildenbrand (2007b) Knie, Unterschenkel und Fuß des linken Beines (durch das Abwinkeln) vor dem rechten, ausgestreckten Bein zum Liegen. Hier können Sie wieder die für sich angenehmere oder passendere Variante wählen. Der Kopf liegt unterstützend auf einem Kissen. Der rechte Arm liegt angewinkelt vor dem Körper (nach Schwarze, 2004, auch vor dem Kopfkissen, ansonsten auf diesem) und der linke Arm oben auf der (linken) Körperseite. Wenn Sie dagegen auf der linken Seite liegen, dann kehrt sich das Bild entsprechend um. Dann werden das linke Bein und der rechte Arm ausgestreckt und das rechte Bein und der linke Arm angewinkelt. Alle drei Autoren raten zur Entlastung des Herzens, eher auf der rechten Seite zu liegen als auf der linken. Allerdings sollten Sie letztlich (wie im Qigong üblich) Ihren Empfindungen und Gefühlen folgen und die Seite wählen, die Ihnen angenehmer ist. Weiter empfiehlt Hildenbrand (2007b) bei Erkrankungen von Organen im Bauch und Brustraum auf der gesunden Seite oder auf dem Rücken zu liegen. Wenn gesundheitliche oder sonstige Probleme eine Seitenlage nicht deutlich begünstigen oder gar erzwingen (wie bei schwer zu ertragenen Rückenproblemen, -schmerzen), so ist vor allem für längere Übungen (ab 15 bis 20 Minuten) die Rückenlage – wie oben beschrieben – zu bevorzugen.

Alle Sitzhaltungen haben mehr oder weniger zur Folge, dass eine muskuläre Grundspannung zur Beibehaltung einer solchen Haltung notwendig ist. Dies kann sinnvoll und daher beabsichtigt sein, wie z. B. im Zen und beim Zazen. Obwohl das dort praktizierte längere Sitzen mit zunehmender Dauer vor allem für Anfänger und Ungeübte in der Regel mühevoll bis schmerzhaft wird, hat diese Haltung in der und für die Meditation erwünschte, gewollte, beabsichtigte Vorteile und Konsequenzen. So kann im Vergleich zum Liegen ein Einschlafen eher verhindert werden (s. auch das nächste Kap.). Bestimmte innere Haltungen, wie z. B. ein gewährendes, annehmendes Beobachten, Wahrnehmen oder Tolerieren selbst misslicher Körperempfindungen, werden im Sitzen zuverlässig und günstig geübt und erworben. Notwendige und nützliche Fähigkeiten und Fertigkeiten werden zuverlässig und geeignet trainiert, gelernt und entwickelt (etwa trotz störender Wahrnehmungen, Empfindungen, Gefühle, Gedanken ruhig, gelassen, gesammelt und konzentriert zu bleiben). Es werden für die persönliche, psychische und spirituelle Entwicklung wichtige Erfahrungen, Einsichten und Erkenntnisse zuverlässig und hinreichend vermittelt. So vermittelt das aufrechte Sitzen (in Würde) nahezu beiläufig Respekt, Achtung, Sicherheit, Unerschrockenheit, Vertrauen, Mitte, Geduld usw. in Bezug zu sich, anderen und dem ganzen Umfeld – letztlich zum Universum bzw. Kosmos. Weiter wird z. B. das Kommen und Gehen von Wahrnehmungen, einschließlich Gefühlen und Gedanken erfahren. Die Vergänglichkeit allen Daseins wird klar und offensichtlich. Die Illusion eines unabhängigen, beständigen, substantiellen Ichs sowie von Gier und Hass und deren Ursachen und Folgen werden erkannt und deren Überwindung erlebt. Deshalb wird für die buddhistischen Meditationen offenbar generell das Sitzen gewählt und überliefert. Selbst so einfühlsame, freie und auf das Wesentliche konzentrierte Einführungen in die buddhistische Meditation wie etwa von Kornfield (2005) und Salzberg und Goldstein (2001) gehen von der bzw. einer Sitzhaltung beim und zum Meditieren aus. Das Liegen wird als Option gar nicht in Erwägung gezogen und diskutiert (bis auf wenige Ausnahmen, s. z. B. Kabat-Zinn, 2008, 2009; Kabat-Zinn & Kesper-Grossman, 2009; Nguyen Anh-Huong & Thich Nhat Hanh, 2008; Nyanaponika, 2007; Thich Nhat Hanh, 1995, 2002; aber auch dann oft nur zum Einstieg, als Übergangs- oder Notlösung). Auch im Yoga wird zum Meditieren generell die Sitzhaltung eingenommen (vgl. z. B. Trökes, 2004; van Lysebeth, 1991). Aber auch das Liegen bietet für die EMS viele Vorteile und positive Konsequenzen. Es werden (wie unten noch ausgeführt) auch in dieser Position wichtige Kompetenzen, Fähigkeiten, Fertigkeiten sowie Erfahrungen, Einsichten, Erkenntnisse erworben und vermittelt. Wichtig ist letztlich eine beim Üben der EMS im Liegen für sich angemessene, passende innere Haltung zu finden, einzunehmen und während der Übung bzw. des Liegens aufrecht zu erhalten (vgl. auch Kabat-Zinn, 2008).

Steht die Entspannung im Vordergrund, so bietet sich als Körperhaltung geradezu das Liegen an; denn im Liegen können sich Menschen häufiger besser und schneller entspannen. Um im Liegen tief entspannen zu können, muss man gelernt haben, „loszulassen", gelassen zu bleiben oder sich sogar „fallen" bzw. „tragen zu lassen" – vom Boden, der jeweiligen Unterlage, der Erde – oder sich der Schwerkraft zu überlassen oder gar hinzugeben (vgl. auch Kabat-Zinn, 2008). Dies erfordert gerade von Menschen, die immer alles genau kontrollieren möchten, sich und ihren Körper immer im Griff, in der Gewalt und unter Kontrolle haben „müssen", ein Stück Aufgabe ihrer vermeintlichen Kontrolle, Herrschaft und Gewalt. Sie werden sehen, dass Sie dadurch (durch die Aufgabe) und durch Anwendungen der hier vorgestellten Übungen, viel mehr an Einfluss auf körperliche, aber auch seelische und geistige Prozesse gewinnen werden. Aber anfangs kann es für etwa „verkopfte" Menschen ein mehr oder weniger großes Hindernis und eine nicht zu unterschätzende Schwierigkeit bedeuten, sich in die liegende Haltung zu begeben und zu versuchen bzw. zu trauen, „einfach" los und sich tragen zu lassen. Entsprechend werden also auch und selbst beim bzw. im Liegen wichtige Erfahrungen, Fähigkeiten, Fertigkeiten, Einsichten und Erkenntnisse geübt und vermittelt, die eine persönliche, psychische und spirituelle Reifung und Entwicklung fördern und unterstützen. Ein schwerwiegender Nachteil beim Entspannen und Meditieren im Liegen bleibt jedoch die größere Wahrscheinlichkeit und Neigung, schläfrig zu werden und einzuschlafen. Hier könnte beispielsweise eine (wie bereits oben angesprochen) etwas härtere, nicht zu weiche Unterlage zumindest etwas Abhilfe schaffen. Bei kurzer bis mäßiger Dauer des Übens ist das Einschlafen ohnehin unwahrscheinlicher (über das Problem der Müdigkeit und des Einschlafens s. das folgende Kap. 2.6). Da die Übungszeiten im hier vorgestellten und vorgeschlagenen Rahmen im Allgemeinen deutlich unter 1 Stunde liegen, in der Regel um die 15 bis 45 Minuten, können diese Übungen – nach meiner langjährigen Erfahrung – prinzipiell und mit Gewinn auch im Liegen ausgeführt werden.

Für die im Buch vorgestellten Verfahren wäre im Allgemeinen eine sitzende oder liegende Haltung sehr vorteilhaft. Aber diese Übungen könnten je nach Verfahren mehr oder weniger einfach, vollständig und gewinnbringend im Stehen und sogar in der Bewegung (Gehen) angewendet und geübt werden. So sind entsprechende Atem-, Achtsamkeits-, Meditationsübungen etwa aus dem Vipassana- und Zen-Buddhismus (z. B. Atem-, Steh- und Gehmeditationen von z. B. Chögyam, 1990/1997; Enomiya-Lassalle, 1988; Kabat-Zinn, 2000, 2008; Köppler, 2008; Kornfield, 2005; Loori, 2009; Nguyen Anh-Huong & Thich Nhat Hanh, 2008; Salzberg & Goldstein, 2001; Thich Nhat Hanh, 1995, 1996; s. auch AnShin Thomas, 2003, sowie vor allem die Kap. 3.3.3, 3.3.4 und 3.3.4.1) und dem Qigong (z. B. Jiao, 1988) bekannt. Im Yoga sind es vor allem Übungen (Asanas) des Hatha-Yogas (z. B. van Lysebeth, 1982, 1988). Im Besonderen wird für die im Kapitel 2.12 beschriebene Qigong-Selbstmassage auch das Stehen empfohlen. Weiter wird in diesem Kapitel auch ein für das Qigong und die Meditation günstiger und typischer Stand beschrieben. Für die im Kapitel 3.3.4 und 3.3.4.1 beschriebenen Steh- und Gehmeditationen sind selbstverständlich andere bzw. die jeweils im Namen beschriebenen Haltungen einzunehmen. Denn eine Steh- oder Gehmeditation kann logischerweise nicht wirklich im Sitzen oder Liegen durchgeführt werden.

Im Qigong sollte die Haltung und das Ausmaß der Bewegung bei den Übungen sich im Einklang mit dem Gesundheits- und Energiezustand des Übenden befinden (z. B. Hildenbrand, 2007b; Jiao, 1988). Je erschöpfter die eigenen Kräfte sind und je schlechter der Gesundheitszustand ist, desto weniger aufwendig, anstrengend sollten Haltung und Bewegung sein. Der Kraftverbrauch wird sonst unter Umständen kritisch für den jeweiligen individuellen Gesundheitszustand. Dieser wird dann möglicherweise nicht erhalten oder gebessert, sondern ist vielmehr gefährdet. Zudem kann bei erhöhtem Kraftverbrauch der Gewinn oder Nutzen von Übungen abnehmen. Im Extrem wäre dann als Grundhaltung das Liegen auszuwählen. Das Liegen erfordert einen minimalen Kraftaufwand des Übenden. Über das Sitzen, Stehen und Gehen nimmt dieser zu. Je geringer der Kraftaufwand für eine Körperhaltung ist, desto ausgeprägter ist deren aufbauende, nährende, beruhigende und entspannende Wirkung.

Die schließlich gewählte, eingenommene Haltung soll die innere Bereitschaft und günstige Voraussetzungen für die eigentlichen Übungen fördern. Nach regelmäßigem Üben in einer Haltung führt schon die Einnahme der Grundhaltung zu einer konditionierten Einleitung und teilweisen Vorwegnahme des durch die Übungen für gewöhnlich erreichten Entspannungs-, Meditations- oder Trancezustandes. Die Haltung sollte zu einem passen, aber auch die Seiten, Aspekte trainieren, fördern und entwickeln, die wichtig sind und vielleicht sonst – mehr oder weniger – ungeübt bleiben würden. Ich z. B. sitze – beruflich bedingt – sehr viel. Das Sitzen in der Meditation wäre daher in der beruflich eingespannten Zeit für mich noch mehr und deshalb zu viel von der Haltung, in der ich mich schon ohnehin dann den ganzen Tag über befinde. Um hier einen bewussten Ausgleich zu schaffen und einen anderen gesundheitsfördernden Akzent zu setzen, übe bzw. entspanne und meditiere ich täglich selbst im Liegen und zusätzlich noch regelmäßig im Stehen und in Bewegung. Letztlich sind die Haltungen auszuprobieren. Anhand der gesammelten Erfahrungen können Sie sich dann jeweils für eine geeignete Variante entscheiden. Diese Entscheidung kann im Lichte neuer Erkenntnisse, Erfahrungen, Zustände, Entwicklungen und Lebensumstände immer wieder verändert und angepasst werden.

Am wichtigsten ist, das Üben möglichst bald zu beginnen. Daher sollten Sie zum Üben einfach zunächst die Ihnen plausiblere und genehmere Haltung für sich wählen und einnehmen, um zunächst erst einmal auf diese Weise das jeweilige Verfahren überhaupt kennenzulernen, zu erlernen und diesbezüglich Erfahrungen sammeln zu können. Auf dieser Basis können Sie die Haltung (immer wieder) prüfen, ändern und anpassen.

2.6 Ein- und Ausschlafen?

Beim Entspannen, Meditieren und in der Hypnose können je nach aktueller eigener Verfassung starke Müdigkeits- und sogar Erschöpfungsgefühle auftreten. Diese können von einem mehr oder weniger großen, oft mit der Übung anwachsendem Bedürfnis nach Schlaf bzw. einzuschlafen begleitet werden. Es können weiter Empfindungen und Gefühle entstehen, zu dösen oder zu träumen und schließlich in den Schlaf zu gleiten. Schließlich können Sie einschlafen und realisieren später, dass Sie tatsächlich geschlafen haben, anstatt zu üben. Oft wird dieses Abdriften in den Schlaf bewusst und wechselt sich mit dem Erwachen und Üben immer wieder ab. Geübt wird dann im Halbschlaf. Im Unterschied zu meditativen Übungen werden in der gängigen Entspannungspraxis diese Zustände in der Regel als erwünscht betrachtet. Wird doch das Einschlafen als Folge der erfolgreichen Entspannung gesehen. Oft wird das Einschlafen sogar zum Ziel der Entspannungsübungen erklärt bzw. gewählt. Allerdings kommen die jeweilige Übung, das bewusste, vertiefte Entspannen, das Lernen und die besonderen Wirkungen der Entspannungsübung – wie auch jeder anderen Übung – mit dem Einschlafen zum Erliegen bzw. Ende. Es werden viele damit verbundene wichtige Fertigkeiten, Empfindungen und Wirkungen nicht gelernt bzw. erfahren. So werden beispielsweise tiefe, selbstgesteuerte und -kontrollierte, gesammelte Entspannung, Gelassenheit und Ruhe nicht mehr weiter bewusst vertieft und achtsam erlebt. Vielmehr wird auf einem mehr oder weniger mäßigen Niveau der Entspannung den inneren Bedürfnissen (nach z. B. Ruhe, Erholung, Schlaf) nachgegeben und dem Schlaf die Verantwortung dafür überlassen. Das kann auch ein wichtiger Lernprozess sein, sich dem Schlaf – und in einem noch umfassenderen Sinne den unbewussten, körperlichen Prozessen – und seinen positiven, regenerierenden Wirkungen überantworten zu können. Jedoch wurde dann noch nicht gelernt, selbst aktiv und bewusst für die eigene Entspannung, Gelassenheit, Ruhe und Regeneration zu sorgen, von weiterer Meditation und Selbsthypnose ganz abgesehen.

Vor allem beim Meditieren ist zwar generell mit der Sammlung der Aufmerksamkeit eine helle, klare Bewusstheit und Wachheit erwünscht (vgl. z. B. Ricard, 2006), dennoch sollten auch hier innere Kämpfe mit dem und gegen den Schlaf vermieden werden. Wenn Sie einschlafen oder eingeschlafen sind, nehmen Sie dies grundsätzlich einfach an: Es ist so geschehen und in Ordnung. Auf diese Weise können Sie mögliche negative Gefühle und Gedanken (z. B. Misserfolg, Unzufriedenheit, Ärger usw.) und negative Folgen, wie etwa innere Unruhe, Anspannung, zukünftige Befürchtungen oder Widerstände, vermeiden und die Übung unbeschwert nach dem Aufwachen fortsetzen oder beenden. Negative Gefühle und Gedanken können zwar die psychophysiologische Erregung erhöhen und damit ein Einschlafen oder Widereinschlafen weniger wahrscheinlich werden lassen. Aber sie erhöhen auch die innere Anspannung, was unmittelbar der Entspannung zuwiderläuft. Außerdem werden unwillkürlich negative Gefühle und Gedanken mit den Übungen verbunden, was auf Dauer zu Ambivalenzen und sogar zu Ängsten vor oder Abneigungen gegenüber diesen Übungen führen kann. Diese Übungen werden dann zunehmend als belastend, stressig, lästig, weniger angenehm oder befriedigend empfunden. Dies gilt es, durch das einfache Annehmen und Akzeptieren des Einschlafens zu unterbinden. Dessen ungeachtet können Sie sich dennoch vornehmen und versuchen, das nächste Mal nicht einzuschlafen, vielmehr wach und aufmerksam zu bleiben. Aber auch ein erneutes Einschlafen sollte nicht als Misserfolg, sondern als eine mehr oder weniger gewöhnliche Reaktion beim Üben aufgefasst werden, der Sie sich mit Ausdauer, Geduld und Verständnis zu stellen versuchen. Um ein Wachbleiben zu fördern, können Sie einige Bedingungen aktiv verändern und günstiger gestalten. Wie bereits im vorherigen Kapitel ausgeführt, können die Wahl einer geeigneten

Haltung (also etwa Sitzen statt Liegen) und Unterlage (z. B. Teppich, Matte anstatt Bett) helfen. Aber auch die Umgebungsbedingungen können entsprechend gewählt und verändert werden, wie etwa ein hellerer Raum, Tageslicht oder Beleuchtung, frische Luft, Wohn-, Arbeits- anstatt Schlafzimmer (s. auch Kap. 2.3 und 2.4).

Das Einschlafen bei EMS ist selbstverständlich umso wahrscheinlicher, je unausgeschlafener, erschöpfter und müder Sie sind. Wie bereits oben angeführt, kann dies im Besonderen oder zeitweise sehr erfreulich und erwünscht sein, etwa wenn Sie nicht einschlafen können oder eben dringend den Schlaf benötigen und nachholen sollten. Wie weiter erwähnt, führt es im Allgemeinen jedoch mindestens zu einem unvollständigen Üben und bringt Sie daher letztlich mindestens um einige wichtige und wesentliche Erfahrungen, Wirkungen und Fertigkeiten. Auch der bewusste Vollzug eines gesamten Verfahrens, also das Schließen der gesamten Übungsgestalt, ist oft die Voraussetzung für eine Erhöhung, wenn nicht Potenzierung der einzelnen Teilwirkungen, Teilentspannungen, wie insbesondere bei den Körperreisen (vgl. Kap. 7) und auch den Chakrenmeditationen (vgl. Kap. 8). Psychologisch ist zudem festzustellen, dass Menschen während der Übungen gerne an Stellen einschlafen, wo sie sich vergleichsweise wohl fühlen. Sie schlafen aber oft auch vor Stellen ein, mit denen sie aus irgendwelchen Gründen und in irgendeiner Art und Weise – körperlich, energetisch, psychisch, geistig – Probleme haben. In einem solchen Falle kann das Einschlafen zu einer Vermeidung problematischer Körper-Psyche-Bereiche bzw. unangenehmer innerer Wahrnehmungen werden (s. dazu auch Kap. 2.9.1). Dies führt dazu, dass sich Menschen genau mit den Bereichen ihres Körpers, ihrer Psyche, ihres Geistes nicht beschäftigen, die für eine positive Veränderung notwendig und wichtig wären. Also, ausgerechnet diese Bereiche werden nicht wahrgenommen, angenommen, entspannt usw. und können so eben nicht heilen oder zur Heilung beitragen. Deshalb versuchen Sie möglichst, während der Übungen ruhig und gelassen wach und aufmerksam zu bleiben. Sorgen Sie also grundsätzlich und unabhängig von Ihren jeweiligen Entspannungs- und Meditationsübungen dafür, dass Sie ausreichend Schlaf haben oder bekommen können.

Oft werden Entspannung und Meditation den Menschen schmackhaft gemacht, indem die Reduktion des Schlafes durch solche Verfahren angepriesen wird. Es trifft tatsächlich auch die Erfahrung, dass Sie mit entspannenden oder meditativen Übungen (je nach Energetisierung durch das jeweilige Verfahren) weniger Zeit zum erholsamen Schlaf benötigen. Dies berichten z. B. auch Schultz (1979) und Thomas (1989) über das Autogene Training (s. Kap. 6.2.1.12). Dennoch sollte nach meiner Erfahrung und Einschätzung nicht mit dem Ziel entspannt oder meditiert werden, weniger zu schlafen. Schlaf (einerseits) und entspannende oder meditative Übungen (andererseits) sollten nicht gegeneinander ausgespielt werden. Ähnliches gilt auch für die Erhöhung der Leistungsfähigkeit und Belastbarkeit vor allem durch Meditationen und Selbsthypnosen (s. Kap. 2.9 und 2.9.1). Aber wenn Sie nachts wach liegen oder längere Zeit nicht einschlafen können und die innere Sorge und Angst aufsteigen, dass Sie nicht genügend schlafen und möglicherweise am nächsten Tag deswegen müde, erschöpft und nicht leistungsfähig sein könnten, dann können Sie ruhig EMS üben (s. auch Kap. 2.1). Im Allgemeinen sollten Sie dazu eher die sanften, sehr entspannenden und beruhigenden Verfahren benutzen, wie etwa die Grundstufe des Autogenen Trainings (s. Kap. 6.2.1), Körperreisen (s. Kap. 7), die passive Atementspannung (s. Kap. 3.2) oder achtsame, meditative Atemwahrnehmung (s. Kap. 3.3.2). Beim Vorliegen größerer innerer Unruhe, Anspannung und Erregung („Aufregung") können sogar stärker energetisierende Verfahren, wie z. B. die aktive Atementspannung (s. Kap. 3.4), die Meditation mit der Stirn-Wurzelzentrum-Atmung (s. Kap. 3.5) oder sogar Atem-Vokal-Chakren-Meditationen (s. Kap. 8.3) verwendet sowie hilfreich und nützlich werden. Es hilft auch sehr, sich dann klar zu machen, dass diese Übungen und die damit verbundenen inneren Zustände dem Schlaf mindestens äquivalent sind. Die Befürchtungen werden auf diese Weise gegenstandslos. Da Sie offenbar zunächst sowieso nicht schlafen können, nutzen Sie Ihre Zeit auf diese Weise ebenfalls für Ruhe, Erholung und Kräftigung.

Wenn Sie tiefer in die Entspannung, Trance oder Meditation (Versenkung) kommen, gelangen Sie für gewöhnlich an einen Punkt, wo Sie sich entscheiden können, ob Sie schlafen oder noch tiefer in die Entspannung oder Meditation gehen wollen. Im ersten Fall fallen Sie in den Schlaf. Im letzteren Fall durchschreiten Sie vielleicht länger ein Tal der tiefen Versenkung, eventuell sogar mit einer gewissen gespürten Müdigkeit, Erschöpfung. Mit der Zeit bauen Sie jedoch Energie auf, und Sie können dann merken, wie die Wachheit und Aufmerksamkeit in dieser tiefen Versenkung in Ihnen wachsen. Schließlich können Sie erfrischter und wacher wieder emportauchen, um Ihre jeweilige Übung zu beenden. Die Entscheidungsfreiheit, nicht zu schlafen und tiefer in die Versenkung zu gehen, und die Fertigkeit, in einem solchen Zustand tiefer Versenkung andauernd (während der Übung) zu bleiben, nehmen mit regelmäßiger Übung und Erfahrung zu. Dennoch kann es auch bei einem hohen Übungsgrad Phasen geben, in denen (aus irgendwelchen Gründen) die Belastbarkeit ab- und die Erschöpfung und Müdigkeit zunehmen und daher diese Freiheit und dieses Vermögen (wach zu bleiben) abnehmen.

Nach Vaitl (2000a) handelt es sich bei tiefer Entspannung um einen Zwischenzustand zwischen Hellwachsein und Schlafen, nämlich der „Schläfrigkeit", in dem der Übende während der Entspannung zunehmend länger und stabiler verweilt und in dem nährende, erholende, regenerierende („trophotrope") Zustände und Prozesse zu- und Energie aktivierende und verbrauchende („ergotrope") abnehmen (vgl. auch Peter & Gerl, 1988). Gemäß dem eigenen Erleben kann und wird jedoch – nach entsprechender, fortgeschrittener Übung und Praxis – der Zustand der Schläfrigkeit in tiefer Entspannung oder Versenkung durchschritten und überwunden. Trotz der allgemeinen Reduktion der Aktivität und zunehmenden Passivität bleiben Bewusstsein, Wille, Aufmerksamkeit, Konzentration und Wahrnehmung, wenn auch eingeschränkt oder sehr fokussiert, erhalten und – im günstigen Fall – hellwach. Der trophotrope Zustand wird bestimmend. Der Sauerstoffverbrauch sinkt erheblich; denn die Atemzüge bzw. -zyklen werden sehr lang. (Mit einiger Übung können diese Atemzüge zwischen einer halben Minute bis zwei Minuten andauern.) Besteht jedoch bereits vor und bei dem tiefen Entspannen oder Versenken eine größerer Müdigkeit oder Erschöpfung, so kann das Gefühl der Schläfrigkeit die tiefe Entspannung oder Versenkung länger begleiten und mit dem Einschlafen bedrängen. Wie damit umzugehen ist, wurde bereits oben besprochen – auf jeden Fall gelassen, ruhig und ganz entspannt.

2.7 Regelmäßiges Üben

EMS sollten unbedingt regelmäßig geübt werden – mindestens einmal am Tag und am besten täglich. An einem Tag nicht zu üben, sollte unbedingt die Ausnahme bleiben. An fünf bis sechs Tagen die Woche jeweils einmal am Tag zu üben ist bei hinreichender Motivation und Einsicht selbst unter schwierigen Umständen grundsätzlich einzurichten und sehr wichtig. Zum zeitlichen Umfang einer Übung befinden sich Angaben jeweils in den Beschreibungen und Erläuterungen der einzelnen Verfahren in den entsprechenden Kapiteln (s. auch Kap. 2.2). Nur wer in dieser Art und Weise regelmäßig und über einen längeren Zeitraum (Monate oder sogar Jahre) übt, erreicht einen hinreichenden Übungs- und Wirkungsgrad sowie die erwünschten Wirkungen. Dann können Sie sich beispielsweise auch bei erhöhtem und chronischem Stress wirksam und tief entspannen und so Anspannung und Erregung aktuell sowie auch insgesamt und dauerhaft reduzieren. Denn mit zunehmender, regelmäßiger Übung insbesondere eines Entspannungsverfahrens – aber auch mit den anderen in diesem Werk vorgestellten Verfahren – gelingt nicht nur die Entspannung mit und während der Übung besser, sondern die Entspannung hält auch darüber hinaus länger und verstärkt an. Die entspannende Wirkung des geübten Verfahrens verallgemeinert (generalisiert) oder dehnt sich über die Zeit des Übens hinaus auf den Alltag und Ihr Leben aus. Allerdings bleibt die Dauer der merklichen Wirkung bzw. des entspannenden Einflusses im Wesentlichen auf die folgenden Stunden und bis zum nächsten Tag auf bis zu etwa insgesamt 24 Stunden danach begrenzt. Dann und auch deshalb sollte eben wieder spätestens am nächsten Tag in etwa zur gleichen Zeit geübt werden. Dies gilt in gleicher Art und Weise auch für die anderen Wirkungen der in diesem Werk beschriebenen Verfahren zur EMS.

Nur bei einem hinreichenden Übungs- und Wirkungsgrad können Sie auch trotz Belastung, Erregung, Anspannung, Problemen, Konflikten, negativen Erlebnissen, Empfindungen, Gefühlen und Gedanken sowie schlechter körperlicher, seelischer oder geistiger Verfassung sich entspannen, selbst hypnotisieren oder meditieren. Jeder Tag, an dem Sie nicht üben, ist eine mehr oder weniger vergebene Chance, gezielt, sehr wirksam und dennoch angenehm Anspannung und Erregung zu reduzieren sowie körperliche, psychische und geistige Kräfte, Gesundheit, Leistungsfähigkeit, (innere) Ruhe und Gelassenheit aufzubauen, zu stärken und zu fördern. Zudem lässt eine solche Unterlassung Sie tendenziell die Übung ein Stück „verlernen". Es wird eher wieder etwas schwieriger werden, mit dem jeweiligen Verfahren (die hier oder auch anderswo dargestellt werden) zu meditieren, sich zu entspannen oder zu hypnotisieren. Dies ist besonders kritisch für Anfänger. Zudem fallen Sie mit dem Unterlassen aus der Routine und haben es somit schwerer, Ihr Üben zur alltäglichen Gewohnheit werden zu lassen. Aber auch geübte Personen fallen früher oder später (je nach Übungsgrad) nach einiger Zeit des Nichtübens auf das Niveau eines Anfängers zurück. Allerdings bleibt jenen die entsprechende Vorerfahrung, die das Wiedererlernen unterstützen, vereinfachen und beschleunigen kann. Als Anfänger tun Sie sich entsprechend mit der Einübung, Durchführung eines Verfahrens und dem Erreichen von Erfolgen grundsätzlich deutlich schwerer.

Deswegen ist es besonders günstig, auch in Phasen zu üben, in denen mehr Zeit zur Verfügung steht (wie etwa im Urlaub), störende innere Reize (z. B. Beschwerden, s. Kap. 2.9.1) oder äußere Reize (s. Kap. 2.4) weniger oder geringer sind und in denen es einem besser oder sogar richtig gut geht. Das Üben und Erlernen werden vergleichsweise einfacher. Erwünschte Wirkungen, Erfolge werden deutlicher, zuverlässiger und besser erreicht. Allerdings nehmen in Phasen, wo es uns besser oder gut geht, das Bedürfnis nach und die Motivation zu EMS eher ab. Die aktuell gespürte und innerlich wahrgenommene Dringlich- und Notwendigkeit nehmen deutlich ab. In der Regel gilt dies vor allem für Anfänger und Personen mit unzureichender Übungsroutine sowie ausschließlicher Orientierung am Zweck, Befinden, Leiden bzw. Wohlergehen, Erfolg oder Leistungsvermögen. Jene fühlen sich dann etwa wieder fit und meinen, dass sie auf die regelmäßigen Übungen verzichten können. Was sich im Nachhinein zumeist als unzutreffend, zu kurzfristig und nicht nachhaltig gedacht herausstellt. Aber gerade in Phasen des Wohlergehens, erhöhter Leistungsfähigkeit und Gesundheit ist das Üben eben besonders wichtig, einfach und effektiv. Oft ist nur zu lernen und der dazugehörige Mut aufzubringen, sich die Zeit und einen Raum gegen innere sowie äußere Widerstände zu nehmen. Dabei wird im Nachhinein dann zumeist festgestellt, dass die Widerstände überflüssig, nicht wirklich dringlich, wichtig oder sogar nur vermeintlich waren. Sie lösen sich dann – und oft genug in Wohlgefallen – auf.

Aber auch Phasen, in denen es uns nicht so gut oder sogar ausgesprochen schlecht geht, sollten zum Anlass genommen werden, weiter regelmäßig zu üben. Auch wenn Belastungen, Erregung, Anspannung, Probleme, Konflikte, negative Erlebnisse, Empfindungen, Gefühle und Gedanken uns den „Nerv" (Wille, Vermögen, Motivation, nötige Konzentration und Aufmerksamkeit) zum Üben zu rauben scheinen, werden diese Übungen besonders wichtig. Zwar wird es dann besonders mühsam – vor allem für Anfänger – überhaupt erwünschte Zustände der EMS zu erreichen, aber diese werden dann umso wichtiger. Zwar werden die erwünschten und erhofften Wirkungen unter den ungünstigen Voraussetzungen eher geringer ausfallen, aber selbst diese verringerten Wirkungen sind vor dem Hintergrund der ungünstigen Umstände und Zustände umso wichtiger, notwendiger und bereits ein Erfolg. Durch das regelmäßige Üben auch in diesen kritischen Phasen lässt sich den ungünstigen Bedingungen, Umständen und Zuständen (wenn auch erschwert) entgegenwirken. Inneres Gleichgewicht, Stabilität, Wohlbefinden, Stärke, Entspannung, Ruhe, Gelassenheit, Wachheit, Konzentration, Leistungsvermögen usw. lassen sich dadurch wirksam und mit vergleichsweise geringem Aufwand dennoch aufrechterhalten oder zurückgewinnen. Es hilft in solchen negativen Phasen, die Erwartungen an sich und die Übungen angemessen zu senken, die innere Einstellung und Haltung (s. Kap. 2.5) zu prüfen und den ungünstigen Bedingungen, Umständen, Zuständen und Kräften anzupassen und jenen Rechnung zu tragen. Es ist also dann eben gut und in Ordnung, wenn und dass Sie sich vielleicht nur etwas entspannen, beruhigen, sammeln u.a. konnten – und zwar auch oder gerade, wenn es unter günstigen Bedingungen und Umständen bereits schon merklich besser und leichter ging.

2.8 Ihre passende Methode und Übung?

Finden Sie für sich eine passende, geeignete und wirksame Methode bzw. Übung zur EMS. Probieren Sie dazu zuvor ruhig verschiedene Verfahren und Varianten aus. Wenden Sie dann die gewählte Methode regelmäßig an (s. vorhergehendes Kap.). Wichtiger als viele verschiedene Methoden ist die Regelmäßigkeit und Konstanz in der Anwendung einer Methode bzw. beim Üben. Je nach Bedarf, Motivation, Zeit (verfügbar oder selbst geschenkt) und Muße können Sie darüber hinaus auch weitere Verfahren anwenden und somit noch auf andere Art und Weise üben. Die in diesem Buch vorgestellten Verfahren lassen sich auch kombinieren und integrieren. Viele Vorschläge werden Ihnen dazu bereits im Text gegeben. Mit dem Übungsgrad und Ihrer Expertise können sich Ihre Vorlieben und Übungen längerfristig auch ändern. Es empfiehlt sich in der Regel, zunächst mit „einfacheren" Übungen anzufangen (wie z. B. einfache Atemübungen, vgl. Kap. 3, oder die Progressive Muskelentspannung, vgl. Kap. 4) und erst nach geeignetem und ausreichendemTraining auf „komplexere Verfahren" zur EMS umzusteigen (vgl. etwa Kap. 7 bis 8). Hinweise dazu werden bei den jeweiligen Verfahren gegeben.

2.9 Gesundheitliche Voraussetzungen und Folgen

Die in den folgenden Kapiteln (3 bis 8) vorgestellten Verfahren zur EMS dienen generell zur Erhaltung, Förderung und Wiedergewinnung der psychischen und physischen Gesundheit. Sie bewirken generell Entspannung, Stressbewältigung und Erholung und reduzieren dementsprechend Erregung und Anspannung. Sie fördern allgemein die Regeneration und den Aufbau geistiger, mentaler, seelischer und körperlicher Ressourcen. Aufmerksamkeit, Konzentration, Entspannungsfähigkeit, innere Ruhe, Gelassenheit und Gleichmut nehmen in der Folge zu. Die Selbst- und Körperwahrnehmung, das Selbst- und Körperbild, das Selbst- und Körpergefühl, das Selbst- und Körpervertrauen sowie das Selbst- und Körperbewusstsein werden weiter und positiv entwickelt. Weiter fördern sie Achtsamkeit, Respekt und eine wohlwollende, positive Einstellung gegenüber sich und dem eigenen Körper. Erfahrungen und Wissen über sich, über die eigenen Empfindungen, Gedanken, Gefühle, Stimmungen, Motivationen usw., über den eigenen Körper, über seine Grenzen, Bedürfnisse, Schwächen und Stärken, seine Funktionen und Reaktionen sowie über die Zusammenhänge, Abhängigkeiten und Wechselwirkungen werden gesammelt. Diese Verfahren erhöhen insbesondere die psychische, emotionale, aber auch die körperliche Belastbarkeit und Leistungsfähigkeit. Sowohl die psychische als auch die physische Widerstandskraft (Resilienz) werden gesteigert. Der angemessene Umgang mit sowie die Verarbeitung und Bewältigung von negativen oder unpassenden Gefühlen, Gedanken, Erfahrungen (Erlebnisse, Erinnerungen usw.) werden unterstützt und gelernt. Diese Verfahren können helfen, unangenehme, störende und sogar belastende und extreme Gefühle (wie z. B. Angst, Ärger, Wut, Hass, Verzweiflung, Trauer, aber auch Verlangen, Sehnsucht, Abhängigkeit) zu mildern und abzubauen. Sie können auch das Einschlafen erleichtern und den Schlaf verbessern. Die Träume verlieren an Negativität und Destruktivität. Alpträume werden seltener. Die oben beschriebenen Wirkungen und Einflüsse beanspruchen keine Vollständigkeit und sollen hier als Beispiele zum Überblick genügen. Abweichende, besondere Indikationen und Kontraindikationen werden dann (im Text) für die einzelnen Verfahren (soweit diese bekannt und nachgewiesen sind) gesondert beschrieben und diskutiert.

Im Allgemeinen bestehen für die hier darzustellenden Verfahren keine oder kaum prinzipielle Kontraindikationen, Ausnahmen oder Einwände. Allerdings sind bei bestimmten mentalen, geistigen, seelischen oder körperlichen Problemen, Störungen oder Erkrankungen entsprechende Schwierigkeiten und Probleme beim Anwenden und Üben in Abhängigkeit des jeweiligen Verfahrens zu erwarten. Diesen Schwierigkeiten und Problemen kann in der Regel durch eine entsprechende professionelle Hilfe und Begleitung des Übenden, die Wahl eines möglichst passenden, geeigneten Verfahrens zur EMS sowie eine individuelle Abstimmung und Anpassung des gewählten Verfahrens bzw. des Übens an die gegebenen Voraussetzungen, die Schwächen und Stärken des Übenden und seine jeweiligen Umstände wirksam begegnet werden. Die hier vorgestellten Methoden führen aber selbst bei unangemessener Anwendung und Übung im Allgemeinen nicht zu einer negativen Wirkung. Vielmehr bleibt nur eine positive Wirkung aus. Sie sind dann also nur ohne eine nützliche oder heilende Wirkung. Sie werden dann entsprechend auch bald von den so Übenden als unnütz, wenig hilfreich oder lästig empfunden, beurteilt und schließlich fallen gelassen. Es wäre sicher nützlicher und hilfreicher, die sich nicht einstellende Wirkung bzw. fehlende Wirksamkeit als Anlass zu nehmen, das Üben mit dem jeweiligen Verfahren zu hinterfragen, zu prüfen und – bei und je nach Bedarf – zu korrigieren, zu verändern, anzupassen. Aber auch dazu bedarf es möglicherweise der Unterstützung und

Hilfe eines erfahrenen Trainers oder Therapeuten. Unerwünschte Nebenwirkungen und Risiken dieser Verfahren sind gemäß den Erfahrungen in der Praxis (auch von anderen Fachleuten) als eher unwahrscheinlich und insgesamt minimal einzuschätzen. Zudem lassen sie sich durch professionelle Unterstützung beim Erwerb bzw. in der Phase des Erlernens vermeiden oder zumindest minimieren. Gleichzeitig werden so erwünschte und heilsame Wirkungen wahrscheinlicher und maximiert.

Sollten Sie die hier vorgestellten Verfahren jedoch in eigener Regie trainieren und sich aneignen wollen, so wäre es sicher ratsam, dass Sie von einer grundlegenden Gesundheit und Stabilität – sowohl im psychologischen als auch medizinischen Sinne – ausgehen können. Sollte dies nicht der Fall sein bzw. eine ernstere Erkrankung, Schädigung, psychische Störung oder psychische Instabilität vorliegen oder sollten darüber auch nur Zweifel bestehen, so wäre es nicht nur sinnvoll, sondern dringend anzuraten, vorab (je nach Bedarf) ärztlichen oder/ und psychotherapeutischen Bei- und Sachverstand hinzuzuziehen und zu befragen. Es wären mögliche, etwaige Erkrankungen, Störungen oder Schäden gründlich abzuklären und die Indikationen und mögliche Kontraindikationen der gewählten Verfahren und Übungsformen einzuschätzen und zu beurteilen. Selbstverständlich wäre dann zudem zu empfehlen, dazu eine ärztliche oder psychotherapeutische Fachkraft aufzusuchen, die sich selbst sowohl als Übender als auch als Trainer oder Therapeut mit den noch auszuwählenden oder schon gewählten Verfahren und Übungsvarianten auskennt und hinreichend eigene (Praxis-) Erfahrung gesammelt hat. Nur eine solche Person kann diesbezüglich wirklich kompetent beraten und helfen. Zudem wäre es dann ratsam, sich vor allem in der Phase des Erlernens weiter von diesem Trainer oder Therapeuten wiederholt oder mindestens bei Bedarf beraten und betreuen zu lassen und Rückmeldung zu holen.

2.9.1 Gesund? Mit inneren Wahrnehmungen und Störungen umgehen!

Wie bereits im Kapitel 2.4 erwähnt, können Störungen bei EMS auch von innen her auftreten. Es wurde dort zudem darauf hingewiesen, dass es sich bei den augenscheinlich äußeren Störungen häufig eigentlich um innere Störungen handeln kann. Als innere Störungen können etwa Handlungsimpulse, Gedanken, Erwartungen, Wünsche, Sorgen, Befürchtungen, Absichten, Ziele, Pläne, Ideen, Vorstellungen, Fantasien, Erinnerungen, Meinungen, Urteile, Bewertungen, Gefühle, Stimmungen, Bedürfnisse, körperliche Empfindungen einmalig, wiederholt oder augenscheinlich andauernd vor allem während des Übens auftreten und wahrgenommen werden. Seltener können diese aber auch nach dem Üben auftreten und entsprechend wahrgenommen werden. Diese werden während des Übens oder auch danach als mehr oder weniger ablenkend, irritierend, störend, unpassend, unangenehm oder sogar angenehm empfunden. Auch angenehme innere, psychische Wahrnehmungsinhalte können vom eigentlichen Tun bzw. Üben ablenken und hinwegführen und dementsprechend stören.

Nach dem Üben können solche Wahrnehmungen, die mehr oder weniger von Ihnen als störend empfunden oder angesehen werden, etwa eine Folge des fehlenden oder unzureichenden Abschlusses Ihrer Übung sein. Eine Übung sollte immer bewusst, passend bzw. angemessen beendet werden (s. dazu Kap. 2.11). Aber bereits während des Übens können solche inneren Wahrnehmungen erheblich die EMS beeinträchtigen. Allerdings sind es dann generell weniger die inneren Wahrnehmungen, die uns wirklich stören. Diese inneren Wahrnehmungen, also Empfindungen, von Gedanken, Vorstellungen, Gefühlen usw., die mehr oder weniger plötzlich bewusst werden, können zwar kurzzeitig auftauchen, augenscheinlich sogar auf einen eindrängen oder einströmen und die Aufmerksamkeit beanspruchen und insofern vom eigentlichen beabsichtigen Prozess, sich zu entspannen, zu sammeln, zu vertiefen oder in Trance zu gehen, ablenken. Aber würden diese Wahrnehmungen – ähnlich wie bei der Wahrnehmung äußerlicher Störungen (s. Kap. 2.4) – nur als solche zur Kenntnis genommen werden, so könnten sie sich bald wieder auflösen, verflüchtigen, ganz entfallen oder mindestens aus dem Fokus der Aufmerksamkeit (in den Hintergrund) treten. Es sind vielmehr unsere folgenden, unangemessenen Reaktionen auf das Wahrgenommene, die letztlich zu einer Störung führen bzw. diese aufrechterhalten, verstärken und aufwerten. Es gilt vor allem diese Reaktionen und die folgende Störungsentwicklung aufzuhalten und zu vermeiden.

Wichtig ist dazu, diese inneren Wahrnehmungen (wie bei den Achtsamkeitsmeditationen, s. Kap. 3.3 und auch weiter unten in diesem Kap.) als solche und so wie sie sind, zu akzeptieren oder mindestens zu tolerieren und ihnen gegenüber möglichst gelassen, neutral, gleichmütig und ruhig zu bleiben. Die Aufmerksamkeit kann und sollte dann einfach wieder bewusst auf den mit der Übung angezielten Zustand oder Vorgang (z. B. Atmung) gerichtet und gesammelt werden. Die EMS wird auf diese Weise fortgeführt. Tatsächlich und insbesondere tiefer und nachhaltiger stören die EMS unsere (unangemessenen) Reaktionen auf diese inneren Wahrnehmungen. Also, wenn diesen Wahrnehmungen plötzlich nachgegangen wird, wenn ihnen wahrnehmend, gedanklich, emotional, deutend, träumend oder planend nachgehangen, gefolgt bzw. angehaftet wird, dann gelangen diese und die ausgelösten, folgenden inneren Vorgänge in den Fokus der Aufmerksamkeit und Konzentration. Diese werden dann zum Gegenstand des Betrachtens, Denkens und Erlebens. In der Folge entfernen Sie sich (mehr oder weniger unwillkürlich) immer weiter von der beabsichtigten EMS. Sie hängen bzw. verlieren sich z. B. in irgendwelchen Gedankenketten, Erinnerungen, Tagträumen, Wunschbildern, Planungen oder inneren Erörterungen, bekommen angenehme oder unangenehme Gefühle, regen sich mehr oder weniger auf und vieles mehr. Entspannen, Meditieren, Selbsthypnose werden dadurch gestört und die betreffenden Vorgänge – vor allem die notwendige bewusste, gerichtete Aufmerksamkeit, Konzentration und Achtsamkeit – werden unterbrochen und abgelenkt. Das eigentliche, ursprünglichen Meditationsobjekt und die Präsenz im gegenwärtigen Augenblick gehen währenddessen verloren. Haben Sie den Gegenstand bzw. das Ziel Ihrer bewussten Aufmerksamkeit, gesammelten Konzentration und Ihres Bemühens (sich zu entspannen, zu hypnotisieren oder zu meditieren) aus dem Blick bzw. Sinn verloren und haben sich von weiteren Wahrnehmungen ablenken, stören sowie versuchen und verführen lassen, etwa weiter zu denken, zu wünschen, zu träumen oder zu erinnern, dann hilft wiederum die nur wahrnehmende, akzeptierende Zur-Kenntnisnahme. Sie sollten dementsprechend versuchen, auch diese weiteren – wenn auch ungünstigen, aber menschlichen – Reaktionen beim Entspannen, Meditieren oder Hypnotisieren „einfach" nur wahr- und anzunehmen und sich schließlich (gegebenenfalls wiederholt) bewusst auf Ihr Objekt, Ziel der Übung zu besinnen und zu konzentrieren. Sie bemühen sich also, zum eigentlichen Objekt oder Ziel Ihrer Übung und Aufmerksamkeit zurückzukehren und sich diesem wieder – soweit wie möglich – zuzuwenden. Jede Form der weiteren gedanklichen, urteilenden, wertenden, emotionalen Reaktion und Auseinandersetzung würde Sie wiederum weiter weg vom Gegenstand oder Ziel (Inhalt, Fokus) der betreffenden Übung zur EMS bringen. In der Folge würden Ablenkung und innere Störungen zunehmen. Angenehme, aber auch unangenehme, negative Empfindungen, Gefühle, Gedanken usw. können auf diese Art und Weise wachsen. Durch die gegenseitige, verstärkende bzw. positive Rückkopplung und Wechselwirkung können diese Sie letztlich – und eigentlich grundlos – sogar erheblich anspannen, aufregen und beunruhigen. Aus dem gleichen Grunde sollten Sie auch versuchen, möglichst ruhig, gelassen, wohlwollend, akzeptierend und betrachtend zu bleiben, wenn Ihnen plötzlich auffallen sollte, dass Sie nicht mehr bei der Sache bzw. Übung sind und sich bereits in Ihren Reaktionen (Empfindungen, Gedanken, Gefühle usw.) verstrickt und unter Umständen sogar verloren haben.

Als störend oder unangenehm empfundene innere Wahrnehmungen können aber auch als Ausdruck oder in der Folge gesundheitlicher Probleme auftreten. Als solche wären sie jedoch unbedingt (über die Wahrnehmung und Beachtung hinaus) ernst zu nehmen und hätten wichtige Konsequenzen. Dies wird in der weiteren Darstellung noch ausgeführt und klarer werden.

Die in diesem Buch beschriebenen Übungen zur EMS richten die übliche Wahrnehmung und Aufmerksamkeit anders aus. So wenden sich Aufmerksamkeit und Wahrnehmung während einer Übung in der Regel nach innen, auf bestimmte innere Bereiche, körperliche, seelische und geistige Zustände und Vorgänge. Wahrnehmung und Aufmerksamkeit werden in den Übungen auch bewusst und absichtlich darauf gerichtet bzw. dorthin gelenkt und konzentriert. Selbstaufmerksamkeit, die Wahrnehmung und Bewusstheit innerer Zustände und Vorgänge (Introspektion) sowie die Konzentration nach innen nehmen deutlich zu. Die Außenwelt tritt zurück und in den Hintergrund. Die äußere Ablenkbarkeit nimmt ab und die innere Ruhe zu. Äußere Ereignisse, das Geschehen um einen herum und die Wahrnehmung der Außenwelt verblassen, schwinden und schaffen so Platz – Raum und Zeit – für die inneren Ereignisse, das innere Geschehen und Wechselspiel sowie die Wahrnehmung der körperlichen, seelischen und geistigen Zustände und Vorgänge in einem selbst. Wie unter einer Lupe, einem Mikroskop, Feldstecher oder in einem ruhiger werdenden Wasser, wo die Wellen abnehmen, werden die inneren Zustände und Prozesse, wie etwa Empfindungen, Vorstellungen, Gedanken, Gefühle, Stimmungen, Motivationen, Wünsche, Bedürfnisse, Impulse prinzipiell stärker, intensiver, deutlicher und genauer wahrgenommen. So werden diese inneren Zustände und Vorgänge deutlicher, intensiver, lauter usw., ohne dass jene an sich oder als solche gewachsen wären bzw. sich vergrößert oder verschlimmert hätten. Nur die Aufmerksamkeit und der Fokus haben sich verändert. Eine tiefe innere Ruhe, Gelassenheit, Sammlung, Entspannung oder Trance ermöglicht uns oft erst die Wahrnehmung und das Bewusstwerden von inneren Zuständen und Vorgängen, die in dem allgemeinen Rauschen des alltäglichen Funktionierens, der Reizüberflutung, der gewöhnlichen Ablenkung, Zerstreuung, Lenkung und Orientierung auf bzw. durch äußere Erscheinungen sowie unsere generelle Ausrichtung der Aufmerksamkeit auf die Außenwelt sonst untergehen.

Belastend kann dies vor allem bei schmerzenden, unangenehmen Empfindungen, aber auch bei unangenehmen, negativen Gefühlen, Gedanken, Erinnerungen, Erwartungen oder Erlebnissen sein. Mit der stärkeren inneren Wahrnehmung und Zuwendung sind dann auch die negativen Aspekte deutlicher präsent. Z. B. können aufgrund einer psychosomatischen Störung oder somatischen Erkrankung oder Schädigung unangenehme Empfindungen bereits vor der Übung entstanden sein bzw. bestanden haben. Allerdings wurden diese im Alltag nicht mehr oder kaum noch wahrgenommen. Während der Übung können dennoch oder gerade diese Empfindungen zunächst wieder ins Bewusstsein treten oder bewusster werden. Sie werden also überhaupt erst oder wieder bemerkt und entsprechend der vergrößerten inneren Wahrnehmung und Zuwendung sogar als unangenehmer wahrgenommen. Diese nach innen gewendete, konzentrierte, bewusste Wahrnehmung wirkt wie ein Hörtrichter, eine Lupe, ein Scheinwerfer in der Dunkelheit und ein Seismograph. Die Sinne werden nach innen geöffnet und durch die bewusste Konzentration nach innen verstärkt.

Als Beispiel könnte ein Ohr- oder Ohrengeräusch (Tinnitus), wie z. B. Pfeifen, Klingeln, Sausen, Dröhnen oder Rauschen, genommen werden, das ohne eine äußerliche Entsprechung (Lärmquelle) auftritt bzw. gehört wird und anhält. Ein solches Geräusch kann in beiden Ohren, d. h. beidseitig, gleich oder unterschiedlich laut oder nur einseitig, also entweder im rechten oder im linken Ohr, wahrgenommen bzw. verortet werden. Gelegentlich oder seltener können die Geräusche und die Lautstärke zwischen den Ohren wechseln. Also das auf einem Ohr laute oder deutlich vernehmbare Ohrengeräusch wird plötzlich mindestens leiser und ist dann – zumindest vorübergehend – auf dem anderen, zuvor leiseren oder sogar stillen Ohr zu hören. Das Geräusch wird mitunter auch im Kopf oder zwischen den Ohren lokalisiert. Bei Belastung, Anspannung und Aufregung nimmt die Lautstärke der Geräusche für gewöhnlich zu. Die Geräusche können sich dann auch verändern, also z. B. kann aus einem diffusen Rauschen ein mächtiges Dröhnen werden oder zum Rauschen gesellt sich etwa ein hoher, schriller Pfeifton hinzu. Als psychosomatische Störung, also in der chronischen oder zumindest länger andauernden Form und in der Folge vor allem psychischer Belastung und Überforderung, verbreitet sich dieses innere Ohrengeräusch inzwischen geradezu epidemisch. Es kann aber auch beispielsweise durch akustischen Stress, wie etwa ein anhaltender, hoher Geräuschpegel oder ein plötzlicher, vorübergehender, aber extremer Lärm, oder/und durch einen plötzlichen erheblichen Druck auf das Innenohr verursacht werden, wie er z. B. bei einem Verkehrsunfall entstehen kann. Für gewöhnlich geht dem Tinnitus ein Hörsturz voran. Auf dem betreffenden oder beiden Ohren stellt sich eine mit der Zeit zumeist vorübergehende oder abnehmende mehr oder weniger starke Beeinträchtigung des Hörvermögens bzw. Taubheit ein. Dieser Verlust an Hörfähigkeit wird mindestens subjektiv erlebt und berichtet. Oft kann er aber auch hörtechnisch gemessen und aus ärztlicher Sicht objektiv bestätigt und nachgewiesen werden.

In Folge der allgemeinen Beruhigung und der größeren nach innen gerichteten Aufmerksamkeit kann beim Üben also ein Ohrengeräusch zunächst augenscheinlich, vermeintlich bzw. relativ zunehmen. Es wird dann als lauter wahrgenommen, obwohl das Geräusch selbst eigentlich unverändert blieb und ist. Sie können sich diesen widersprüchlich anmutenden Effekt mit einem Theater veranschaulichen. Je aufmerksamer und stiller das Publikum das Theaterstück verfolgt, desto besser und eher werden die Schauspieler auf der Bühne verstanden und selbst ihr „Flüstern" kann dann noch gehört werden. Und wenn das Publikum sich zudem noch ganz dem Stück widmet, konzentriert und aufmerksam zuhört, wird es umso besser hören und verstehen. Also wenn das innere Geräusch zudem Ihre Neugierde oder Ihr Interesse geweckt hat an sich und Sie diesem folglich (bewusst oder unbewusst) mehr oder sogar Ihre ganze Aufmerksamkeit schenken, dann wird dieses innere Geräusch (zumindest für eine kurze Zeit) merklich, erheblich lauter erscheinen als zuvor. Die gleichen Effekte und Zusammenhänge lassen sich auch für andere unangenehme (aversive) Empfindungen und Wahrnehmungen beschreiben. Bei diesen unangenehmen Wahrnehmungen kann es sich um körperliche Missempfindungen wie etwa Schmerzen handeln. Dies gilt aber auch für psychische, geistige Inhalte, wie Vorstellungen, Gedanken und Gefühle. Auch diese können durch die Innenwendung und -schau sehr vergrößert, verdeutlicht und eindrücklich werden.

Solche Erfahrungen können irritieren, weil die jeweilige Übung als Ursache für die unangenehmen Wahrnehmungen erlebt wird. Aber die Übungen bzw. die Entspannung, die Trance oder die meditative Versenkung verändern bzw. führen in einem solchen Fall nur zur besonderen Wahrnehmung bereits schon oder noch bestehender Probleme. Diese Probleme oder Beschwerden liegen bereits vor. Sie können möglicherweise ihre tatsächliche Ursache in Erkrankungen, funktionellen Störungen, anhaltenden Stress usw. haben. Deshalb wäre dies grundsätzlich weiter zu beobachten und zu klären. Dennoch wird nach unserem Beispiel das Ohrengeräusch nur lauter wahrgenommen, es wird aber deswegen nicht prinzipiell, an sich oder dauerhaft lauter. Im Gegenteil, die wiederholte und regelmäßige Entspannung und Arbeit mit dem Ohrengeräusch sind wichtig und (inzwischen nicht nur nach meiner Erfahrung) sogar eine notwendige Voraussetzung für eine langfristige, erfolgreiche Behandlung des Tinnitus. Die

Gesundung bzw. Heilung und angemessene Bewältigung von Schmerzen und anderen unangenehmen Empfindungen und Wahrnehmungen setzen bei psychisch und psychosomatisch klassifizierten Problemen in jedem Falle (wie zunehmend die Erfahrung gezeigt und gelehrt hat) deren Wahrnehmung und die innere Zuwendung und Annahme voraus (wie weiter ausgeführt im Kap. 9). Vergleichbares gilt auch für unangenehme Vorstellungen, Phantasien, Erinnerungen, Träume, Gedanken, Stimmungen und Gefühle, wie sie etwa im Rahmen einer Angst- oder Zwangsstörung auftreten. Aber selbst bei durch körperliche Erkrankungen (wie z. B. Krebs), Schäden (z. B. durch Unfall) verursachten Schmerzen und unangenehmen Empfindungen können erfahrungsgemäß oft Wahrnehmung, Zuwendung und Annahme den Heilungsprozess günstig beeinflussen und unterstützen (z. B. Kabat-Zinn, 2000, 2008). Die frühzeitige Wahrnehmung solcher körperlichen Missempfindungen (Warnsignale) kann sogar lebensrettend sein, wenn es sich dabei um die Symptome und Auswirkungen eben ernster, schwerer Erkrankungen handelt (s. u.).

Aber nicht alle Missempfindungen, negativen Gefühle, Gedanken und Vorstellungen sind die Folge psychischer Probleme, Störungen, psychosomatischer oder somatischer (körperlicher) Erkrankungen. Missempfindungen, negative Gefühle, Vorstellungen und Gedanken treten auch – und im Allgemeinen überwiegend – ganz natürlich, vorübergehend und (bis auf Weiteres) harmlos als Ausdruck und Folge von bzw. im Zusammenhang mit Belastungen, negativen Erinnerungen, Erlebnissen, Erfahrungen und Erwartungen auf. So kann z. B. das Gefühl von Ärger, Wut und Aufregung mit unangenehmen Empfindungen, wie z. B. Herzklopfen, aufsteigende Hitze, Anspannung, Magen- und Bauchdruck, in Verbindung mit einer belastenden Erinnerung entstehen und einhergehen. Beispielsweise könnten Sie sich an eine kürzlich erlebte Situation erinnern, in der Sie der Hintermann mit seinem Auto bedrängte und Sie offenbar wild gestikulierend beschimpfte, obwohl Sie selbst zügig, aber noch vorschriftsmäßig fuhren. Zu „guter" Letzt und allem Überfluss überholte er sehr knapp dann noch Ihr Auto und gefährdete damit sich selbst, Sie und den Gegenverkehr. Aber auch Belastungen, die länger andauern, wie etwa (noch) ungelöste Konflikte mit anderen (wie Nachbarn, Kollegen, Vorgesetzten, Eltern oder Kindern), Trauer über die Distanz zu oder den Verlust von vor allem einem wichtigen, geliebten Menschen, Unzufriedenheit oder Sorgen etwa über die finanzielle, wirtschaftliche Situation oder an- und noch ausstehende, schwerwiegendere berufliche oder private Entscheidungen, können sich in natürlicher und gesundheitlich unbedenklicher Art und Weise körperlich, gedanklich und emotional auf die und in den Übungen auswirken. Als Ausdruck sowie in der unmittelbaren und mittelbaren Folge nehmen Sie dann vielleicht während der Übungen harmlose körperliche Empfindungen wahr, wie etwa Benommenheit, Schwindelgefühle, Anspannung, Atembeklemmungen, Hitze- oder Kältewallungen und Unruhe. Hinzu kommen eventuell negative Gedanken und Denkmuster sowie ein zerstreutes, ablenkbares, unkonzentriertes oder grüblerisches Denken und negative Gefühle. Diese könnten Sie – trotz ihrer Natürlich-, Folgerichtig- und Harmlosigkeit – allesamt als unangenehm und störend wahrnehmen. Sicher sind diese Wahrnehmungen zwar als solche zu akzeptieren und ernst zu nehmen und könnten durch die Übungen bzw. durch EMS wiederum wirksam verringert und besser bewältigt werden. Aber sie signalisieren – zumindest zu Beginn und kurzfristig und in der hier angenommenen Art und Weise – keinen bedenklichen, ernsten, bedrohlichen, krankhaften oder gestörten Zustand oder Vorgang. So bleiben diese Wahrnehmungen und die betreffenden Reaktionen für diesen angesprochenen gesunden, gewöhnlichen Fall vorübergehend und jeweils auf die kritische Belastung, Zeit und Situation bezogen (s. u.).

Die Übungen selbst verändern nicht nur die Wahrnehmung und Aufmerksamkeit, sondern sie verändern, beeinflussen und bewirken körperliche, seelische, geistige Zustände und

Prozesse. Es verändern sich dann Erleben und Verhalten. In der bzw. durch die EMS treten (im erfolgreichen Falle) bestimmte, typische Empfindungen oder Wahrnehmungen auf. Charakteristische körperliche Empfindungen sind z. B. Kribbeln, Kitzeln, Streicheln, Druck, Leichtigkeit, Schwere, Wärme, Kühle, Taubheit, Unbeweglichkeit. Typische körperliche Reaktionen könnten etwa Gähnen, Muskelzuckungen, Zittern, Schlucken, vermehrter Speichel-, Tränen-, Bronchialsekretfluss, verminderter, aber auch gelegentlich vermehrter Schweißfluss, Atemberuhigung, Pulsverlangsamung oder Blutdrucksenkung sein. Es treten Gefühle auf, wie etwa innerer Ruhe, Müdigkeit, Benommenheit, Wachheit, Klarheit, Zufriedenheit, Gelassenheit, Geborgenheit, zu schweben, zu fliegen, zu sinken und vom eigenen Körper oder der Außenwelt gelöst zu sein. Im günstigen Fall können begleitend angenehme Assoziationen, Erinnerungen, Erwartungen, Wünsche, Phantasien, Gedanken, Vorstellungen und Trauminhalte auftreten und sich wiederum auf die inneren Empfindungen, Wahrnehmungen, Reaktionen und Gefühle auswirken. So kann einem z. B. ein früherer Urlaub am Meer einfallen. Sie sehen dann etwa das klare Meer mit seiner besonderen blauen Farbe (vor Ihrem inneren, geistigen Auge), hören die Brandung oder Wellen und vielleicht Möwen, riechen die salzige Luft, spüren die wärmende, angenehme Sonne auf Ihren Körper scheinen, die Füße im Sand auftreten, die Wellen erfrischendes, kühleres Wasser über die Füße spülen. Auch untypische, seltenere Empfindungen, Wahrnehmungen (wie Töne, Geräusche) können auftreten.

Im Prinzip können auf der Erfahrungs- und Beschreibungsebene etwa Empfindungen, Wahrnehmungen und Reaktionen, aber auch Gefühle und Gedanken, die bei und durch Stress entstehen, denen bei und durch Entspannung ähneln. So können beispielsweise Empfindungen, wie etwa Wärme, Druck, Schwere, Taubheit, Kribbeln, und Reaktionen, wie etwa Gähnen, Muskelzuckungen, Zittern, Augentränen, Schwitzen, Unbeweglichkeit bis zur Erstarrung, auch als Ausdruck oder in der Folge von Stress auftreten. Zur angemessenen Einordnung und Deutung solcher Erfahrungen ist es für den Übenden wichtig, für sich den Unterschied wahrnehmen und erkennen zu lernen, wann es sich (bei ihm) um Stresssymptome und wann um „Entspannungssymptome" handelt. Während die Stresssymptome zu reduzieren wären, sind die Anzeichen von Entspannung grundsätzlich erwünscht und intendiert. Wichtig ist, die jeweiligen Veränderungen durch EMS als das wahrzunehmen, was sie jeweils sind. Bei Gelingen der Übungen sind das dann Anzeichen der Entspannung, Trance, geistigen Sammlung und Versenkung. In der Regel sind diese beim Üben wahrgenommenen Anzeichen und Veränderungen eben nur der Ausdruck und die Folge von EMS.

Ungünstige Voraussetzungen oder Faktoren können zu einer negativen Bewertung eigentlich harmloser, gewöhnlicher, neutraler und selbst sogar erfreulicher innerer Wahrnehmungen führen. Dazu gehören etwa Ängste vor einem Kontrollverlust, Krankheiten oder Tod, eine negative Selbst- oder Körperbeziehung (z. B. wenig oder kein Vertrauen in sich oder den eigenen Körper), ein unangemessenes oder unzureichendes Wissen und Verständnis, negative Erfahrungen oder frühere negative, vielleicht sogar traumatische Erlebnisse, negative Assoziationen (Gedanken, Vorstellungen, Erwartungen usw.) und betreffende, damit verbundene Ängste. Die negative Bewertung solcher an sich neutralen bis positiven Wahrnehmungen bzw. Anzeichen, etwa als unangenehm, problematisch, bedrohlich oder beängstigend, kann wiederum unangenehme Erfahrungen und Erlebnisse auslösen und verursachen. Menschen mit entsprechenden, ungünstigen Voraussetzungen und Faktoren (also Ängsten, Problemen usw.) könnten z. B. die intensiven Empfindungen der Schwere sowie der zunehmenden Taubheit und Unbeweglichkeit der Gliedmaßen in der Entspannung beunruhigen und ängstigen. Sie könnten etwa an ernste Krankheiten mit augenscheinlich oder vermeintlich ähnlichen Anzeichen, wie z. B. an einen „Hirnschlag", denken oder sich an eigene negative frühere Erlebnisse (etwa mit erkrankten oder verstorbenen Verwandten oder Bekannten) oder fremde negative Erfahrungen (etwa an betreffende Berichte und Darstellungen aus den Medien) erinnern. In der Folge können dann mehr oder weniger unangenehme Empfindungen und Wahrnehmungen, wie etwa Schwindel, starkes Herzklopfen, Herzrasen, innere Unruhe, Hitzewallungen, Beklemmungen und Übelkeit, sowie weitere negative Erinnerungen, Vorstellungen, Gedanken, Befürchtungen und Gefühle, wie etwa Unsicherheit, Angst, Hilflosigkeit und Unzufriedenheit, ausgelöst werden und auftreten. Diese sind jedoch grundsätzlich bzw. eigentlich immer noch harmlos und eine verständliche, psychophysiologische Folge der unangemessenen, unzutreffenden Deutungen und Bewertungen der anfangs wahrgenommen Anzeichen tiefer Entspannung. Allerdings sind die (der negativen Bewertung) folgenden inneren Wahrnehmungen eindeutig und deutlich unangenehmer, so dass dies wiederum – fälschlich – als Bestätigung der negativen Deutungen und Bewertungen gesehen und gewertet wird. Negative Deutungen, Bewertungen und negative bzw. unangenehme innere Wahrnehmungen steigern sich dann im Teufelskreis. Negative Gefühle – vor allem die Angst – nehmen zu. Die anfängliche Wahrnehmung von eigentlich positiven körperlichen Entspannungsanzeichen wird auf diese Art und Weise zum Anlass für negatives Erleben. Dadurch werden diese positiven Entspannungsempfindungen mit den folgenden negativen Erfahrungen (im Gedächtnis) verknüpft. Eine negative Deutung und Bewertung der Entspannungsempfindungen wird sich deshalb in Zukunft (mehr oder weniger unwillkürlich) noch eher einstellen und stärker aufdrängen. Die an sich positiven Entspannungsempfindungen lösen also noch wahrscheinlicher, schneller und stärker die besprochenen negativen Reaktionen aus. Entsprechendes lässt sich auch für andere harmlose Körperempfindungen beschreiben. Aber auch Gedanken und Gefühle können einen verunsichern und erschrecken, indem diese nicht als nur Gedanken oder Gefühle angesehen werden, sondern gedeutet, gewertet, hinterfragt und innerlich erörtert werden. Wie komme ich zu diesem Gefühl oder Gedanken? Sind diese oder bin ich noch normal? Werden diese Auswirkungen auf mich, mein Erleben, Verhalten und meine Zukunft haben? Und schon beschäftigen uns die Gedanken und Gefühle. Wir lassen uns von Ihnen einnehmen und ablenken. Wir laden oder blähen sie quasi emotional, bedeutungsmäßig und mental auf. Bei negativer Deutung und Bewertung der Gefühle und Gedanken können diese sich ebenfalls in Teufelskreisen zu negativen Erlebnissen steigern und ausweiten, die uns letztlich das Üben und Erleben von Entspannung, meditativer Versenkung, Sammlung und Trance sogar verleiden könnten. Dabei wären die Gedanken und Gefühle für sich ganz harmlos gewesen und geblieben. Wichtig ist generell, die auftretenden Gedanken, Gefühle und Empfindungen (und alle anderen inneren Wahrnehmungsvarianten) beim Üben nicht gleich zu deuten und zu bewerten, sondern vielmehr zu versuchen, diese (sein) zu lassen, anzunehmen oder wenigstens zu tolerieren und durch das regelmäßige Üben schließlich kennen und verstehen zu lernen.

Insbesondere am Anfang des Übens bzw. zu Beginn der EMS beim Einstieg und Übergang in die Entspannung und Versenkung können vermehrt subjektiv unangenehme Empfindungen, Wahrnehmungen, Gefühle, Gedanken und Vorstellungen auftreten. Dies hängt insbesondere von der Ausgangslage des Übenden ab, den anfänglich, jeweils vor dem Üben gegebenen Bedingungen und Voraussetzungen, etwa der zuvor bestehenden Anspannung und Erregung, den negativen Gefühlen, Gedanken usw., aber auch vom Übungsgrad, Wissen und Können der jeweiligen Person. So treten beispielsweise bei zuvor starker Anspannung und Erregung eher ambivalente, nicht eindeutig angenehme Empfindungen auf, wie z. B. Kribbeln, muskuläre Zuckungen, Zittern, Beklemmungen, Müdigkeit, innere Unruhe, Benommenheit, Schwindelgefühle oder „Herzstolperer". Diese Empfindungen sind jedoch hier – an dieser Stelle und in diesem Fall

– harmlos und richtig, da diese die Beruhigung bzw. den Übergang von Anspannung und Aufregung zur Entspannung widerspiegeln.

Anfangs, bei den ersten wiederholten Versuchen, die Übungen durchzuführen und zu erlernen, werden oft in vielen und vor allem in bestimmten Körperbereichen gar keine Körperempfindungen verspürt. In diesen Körperteilen oder -bereichen werden dann von den Übenden weder die zu erwartenden, erwünschten oder suggerierten noch die ungewohnten, unbekannten und eventuell irritierenden Empfindungen wahrgenommen. Auch die Körperbereiche selbst oder als solche können möglicherweise nicht oder kaum ausgemacht, unterschieden und gespürt werden. Diese werden eventuell nur undeutlich, ungenau, vorübergehend, schwankend, schwach, kaum, unsicher oder eben überhaupt nicht wahrgenommen. Seltener trifft dies für den ganzen Körper zu. In jedem Falle sollte dem mit Geduld und Zuversicht begegnet werden; denn das dazu nötige Können – an innerer Wahrnehmung, Aufmerksamkeit, Konzentration, Entspannung usw. – ist noch zu lernen und wird langsam erworben und entwickelt. Mit dem regelmäßigen Üben wird die Wahrnehmung der Körperbereiche und betreffenden Empfindungen besser und deutlicher.

Wichtig ist (wie bereits erwähnt) generell, Handlungsimpulse, Gedanken, Gefühle, Reaktionen, Empfindungen und andere innere Wahrnehmungen bzw. Bewusstseinsinhalte beim Entspannen, Hypnotisieren und Meditieren möglichst einfach nur zur Kenntnis zu nehmen, ohne sich von ihnen vereinnahmen, steuern, kontrollieren, an- oder aufregen zu lassen (wie in den Achtsamkeitsmeditationen, s. Kap. 3.3). Versuchen Sie dazu, diese möglichst zum einen, in ihrer Existenz anzunehmen, also nicht zu leugnen oder zu ignorieren, und zum anderen, sein- und loszulassen. Dies kann bei Gedanken etwa im Sinne von solchen Aussagen, Bildern oder Analogien erfolgen: „Gedanken kommen und gehen." „Gedanken ziehen wie Wolken am Himmel oder schwimmen wie Blätter im Fluss." Bei Handlungsimpulsen, Gefühlen, Empfindungen oder anderen Wahrnehmungen treten diese an die Stelle von „Gedanken", also beispielsweise: „Empfindungen kommen und gehen." Solche Sätze, Vorstellungen oder Bilder können auch als Suggestionen innerlich gesagt, gedacht bzw. sich vorgestellt und genutzt werden. Diese unterstützen das Annehmen und vor allem das Loslassen.

Bei scheinbar hartnäckigen, mehr oder weniger wichtigen Handlungsimpulsen, Gedanken, Gefühlen, Körperempfindungen kann eine kurze, konstruktive, bewusste, mentale Bearbeitung notwendig sein, wo Sie sich klar machen, dass es sich um etwas handelt, dass Sie auch später erinnern, verfolgen, beachten und bearbeiten können. Sie wenden sich dann bewusst wieder der Übung zu, vielleicht sogar mit der inneren Beruhigung und Gewissheit, nach der Übung (noch) besser handeln, planen, denken, analysieren, fühlen oder empfinden zu können. Trotzdem kann es passieren, dass bestimmte Gedanken, Vorstellungen, Erinnerungen usw. besonders hartnäckig wiederkehren, obwohl Sie versucht haben, diese nach allen Regeln der Kunst nur achtsam wahrzunehmen, anzunehmen und loszulassen (s. auch unten). Versuchen Sie dennoch, geduldig, besonnen, gelassen und ruhig zu bleiben und damit umzugehen. Geben Sie sich einfach mehr Zeit dazu und schauen sich auch Ihre damit verbundenen Gefühle und Reaktionen an, um diese achtsam wahr- und anzunehmen. Mit der Zeit ebben auch diese Gedanken, Gefühle u.a. schließlich ab, so dass Sie wieder bewusst versuchen können, sich auf die Übung bzw. das jeweils eigentliche Ziel (Punkt, Gegenstand, Tun, Vorgang usw.) der EMS zu konzentrieren. Möglicherweise müssen Sie dies nicht nur in bzw. während einer Übung (an einem bestimmten Tag), sondern über viele Übungen und einen langen Übungszeitraum auf diese Art und Weise wiederholen. Auch wenn dies zunächst mühselig und überflüssig anmutet, bestärken Sie sich mit jedem Versuch, den jeweiligen Gedanken anzunehmen und loszulassen, in der Fähig- und Fertigkeit, Ihre Aufmerksamkeit, Ihren Geist, Ihr Bewusstsein auf das zu richten und dort zu sammeln, wo, wann und wie Sie es wollen. Sie lernen zunehmend, nicht den störenden, einnehmenden, ablenkenden oder nur plötzlich auftauchenden Gedanken zu folgen und anzuhaften. Letztlich überwinden Sie den Zustand, Sklave Ihrer Gedanken zu sein. Das Gleiche gilt etwa für Vorstellungen, Gefühle, Handlungsimpulse und körperliche Empfindungen.

Dennoch lohnt es sich, um unser Erleben und Verhalten besser zu verstehen, uns oft noch einmal nach der EMS mit Gedanken, Vorstellungen, Empfindungen und anderen Eindrücken, die emotional besonders aufgeladen waren, bewusst und vertieft auseinanderzusetzen. Vielleicht brauchen diese besonderen Kognitionen oder Introspektionen und Gefühle eine besondere, bewusste Anerkennung und Bearbeitung, wie z. B. die aufsteigenden Erinnerungen an einen Verstorbenen und die damit verbundene Trauer oder ein tiefer Schmerz, an eine sehr schwere Belastung mit folgenden körperlichen Missempfindungen oder an ein schreckliches Erlebnis oder Trauma mit den sehr negativen Gefühlen sowie der extremen Aufregung und Anspannung. Unter Umständen könnte vielleicht sogar eine psychologische oder psychotherapeutische Unterstützung und Bearbeitung sinnvoll und angebracht sein, um diese Gedanken, Vorstellungen, Empfindungen, Gefühle, Impulse und Assoziationen irgendwann wirklich loslassen zu können.

Bei Körperempfindungen reicht es oft, sich deren Harmlosigkeit oder harmlose Herkunft und Verursachung – wie oben dargelegt – zu vergegenwärtigen und klar zu machen, um sich dann bewusst weiter zu entspannen, zu versenken oder zu hypnotisieren. Sie werden dann häufig selbst bei unangenehmen Körperempfindungen nach einiger Zeit und Geduld erfahren, dass diese in der Intensität abnehmen und/oder sich in der Qualität (weniger negativ, eher neutral) verändern. Gleiches erfahren Sie (früher oder später) auch bei Gedanken und Gefühlen, wenn Sie diese nur zur Kenntnis nehmen und auf sich beruhen und los lassen. Mit der Zeit schwinden dann diese Gefühle und Gedanken. In buddhistischen Meditationen werden neben der achtsamen Sammlung auf Atem und Körperempfindungen auch Gefühle und Gedanken achtsam wahrgenommen (s. z. B. Köppler, 2008; Kornfield, 2005; Thich Nhat Hanh, 1994, 1995; s. dazu die Ausführungen über Achtsamkeitsmeditationen im Kap. 3.3, insbes. ab Kap. 3.3.2). Dadurch wird der vergängliche und vorübergehende Charakter auch von Gedanken und Gefühlen bewusst. In den Achtsamkeitsmeditationen werden die vermeintlich störenden Wahrnehmungen, einschließlich wahrgenommener Gedanken und Gefühle, dann vorübergehend zum Gegenstand der bewussten Aufmerksamkeit, Konzentration, achtsamen Wahrnehmung und Meditation. In bzw. unter diesem meditativen Fokus verändert sich diese Wahrnehmung. Wenn diese dann abklingt oder sich sogar ganz auflöst, kann die achtsame Wahrnehmung wieder auf den eigentlichen Übungs- und Meditationsgegenstand (etwa Atmung, Körperempfinden) zurückgeholt oder bewusst auf eine andere, neue onrder zu meditierende Wahrnehmung gerichtet werden. Bei der achtsamen, meditativen Wahrnehmung von Gedanken oder Gefühlen richtet sich die bewusste Aufmerksamkeit und Konzentration dann ganz auf den nächsten, auftauchenden Gedanken oder das nun erscheinende, wahrzunehmende Gefühl.

Ähnlich können in und bei fortgeschrittener Entspannung und Selbsthypnose die vermeintlich störenden Bewusstseinsinhalte wiederum gezielt als Thema, Objekt und Fokus gewählt und genutzt werden.

Im Vipassana-Buddhismus, der sich der Entfaltung der Achtsamkeit durch Achtsamkeitsmeditationen (achtsames Wahrnehmen) und dem Meditieren und Erreichen von Klarblick, Einsicht und Wissensklarheit widmet (s. Kap. 3.3), wird zudem die Benennungstechnik angewandt, die auch als Technik des geistigen Etikettierens oder Notierens benannt oder beschrieben wird. Diese Technik und Methode kann benutzt werden, um mit den auftauchenden inneren Wahrnehmungen (wie z. B. Empfindungen, Gedanken, Gefühlen) achtsam umzugehen, ohne sich jedoch gleichzeitig von ihnen vereinnahmen und stören zu lassen (z. B. Goldstein, 1999; Goldstein & Kornfield, 2001; Gruber, 2001; Köppler, 2008; Kornfield, 2005; Salzberg & Goldstein, 2001). Dazu benennen bzw. beschreiben, kategorisieren, notieren oder etikettieren Sie innerlich direkt Ihre inneren Wahrnehmungen bzw. Erlebnisse. Für die Benennung selbst wird nur ein möglichst geringer Teil der Aufmerksamkeit verwendet. Dies ist wichtig, damit dieser Vorgang nicht wiederum die eigentliche Achtsamkeitsmeditation stört. Die Benennung erfolgt daher weitgehend spontan. Mit der Benennung Ihrer jeweiligen Wahrnehmung erreichen Sie eine gewisse Objektivität, Neutralität und Distanz gegenüber Ihren Wahrnehmungen und behandeln selbst unangenehme Empfindungen, Gedanken und Gefühle eben nur als Wahrnehmungen, Beobachtungen. Nyanaponika (2007) betont auch die fokussierende, bewusstmachende, erkennende, ordnende, heilsame und einsichtsfördernde Wirkung des Benennens. Durch das beiläufige, spontane Benennen werden Ihre psychischen, intellektuellen Ressourcen möglichst geringfügig beschäftigt, so dass Sie weiter möglichst aufmerksam, konzentriert und achtsam in bzw. bei der EMS – also bei Ihrem eigentlichen Meditationsobjekt – bleiben können, ohne anzuhaften und sich in und mit den inneren Wahrnehmungen zu zerstreuen. Mit zunehmender Übung wird das Benennen deutlich leichter fallen und treffender werden. Vor allem bei sehr störenden Wahrnehmungen, Gedanken, Gefühlen und Impulsen kann die Benennung selber auch wesentlich bewusster, aufmerksamer, (geistig) stärker fokussiert erfolgen, um es zuverlässiger bei deren Wahrnehmung und Benennung belassen zu können und nicht weiter darauf zu reagieren. Die Benennung kann sogar selbst wiederum Gegenstand der achtsamen Wahrnehmung und damit zum Meditationsobjekt werden. Um die Benennungstechnik zu veranschaulichen, nehmen wir beispielsweise an, dass das Ein- und Ausatmen als Gegenstand der achtsamen Wahrnehmung und Meditation gewählt wurde. Weiter nehmen wir an oder können sogar davon ausgehen, dass während der Übung trotzdem und entgegen dieser bewussten Konzentration und Sammlung auf das Atmen plötzlich andere Empfindungen, Bedürfnisse, Gefühle oder Gedanken auftreten werden. Dies könnten z. B. ein Hungergefühl und ein Verlangen nach Essen sein. Das Hungergefühl und das Verlangen würden dann nur als solche beobachtet, registriert und benannt werden, etwa mit „Hunger" und „Verlangen". Es könnte aber auch nur eine kategoriale Einordnung oder Etikettierung erfolgen, im Sinne von „Empfindung" und „Bedürfnis" oder „Wunsch". Auf diese Art und Weise werden dem eben nicht weitere Gedanken, Gefühle gewidmet und hinzugefügt sowie wohlmöglich und überflüssigerweise zudem noch Handlungsimpulse entwickelt, wie etwa aufzustehen und etwas zu naschen. Spätestens mit dem Nachgeben und Folgen der Handlungsimpulse wäre die Meditation ansonsten unter- oder sogar abgebrochen. Aber selbst die Wahrnehmung, die eigentlich im Fokus der Achtsamkeit, Bewusstheit und Konzentration steht, kann benannt, etikettiert oder beschrieben werden. In unserem obigen Beispiel war das Ein- und Ausatmen das gewählte Objekt der Achtsamkeit und Meditation. Durch ein „Ein!" und ein „Aus!" könnten diese Vorgänge bzw. deren Wahrnehmung beispielsweise begleitet und benannt oder beschrieben werden (s. dazu Kap. 3.3.2 und 3.4). Die Benennung oder Beschreibung soll in diesem Fall jedoch helfen, die Achtsamkeit, Konzentration, die Präsenz und den gewählten Fokus zu halten und ablenkende Wahrnehmungen und Zerstreuung zu vermeiden.

Die Technik des Benennens kann, wie oben beschrieben, benutzt werden und kann als sehr hilfreich und unterstützend erlebt werden. Aber dies muss nicht der Fall sein. Ob Ihnen das Benennen liegt und hilft, sollten Sie selber ausprobieren, erfahren, für sich prüfen und entscheiden. Im Vipassana-Buddhismus werden, wie im Kapitel 3.3 ausgeführt, Empfindungen, Gefühle und Gedanken generell zum Gegenstand der achtsamen Wahrnehmung und Meditation. Auch vermeintlich störende oder ablenkende Empfindungen und Wahrnehmungen von Gefühlen und

Gedanken können zum Gegenstand der Meditation gewählt und auf diese Art und Weise achtsam bewältigt und konstruktiv genutzt werden. Die Benennungen können Teil der achtsamen Wahrnehmung werden und so die Achtsamkeit und Meditation unterstützen. Schließlich könnten sogar die Benennungen der achtsamen Wahrnehmungen wiederum achtsam wahrgenommen werden und so Teil oder sogar wiederum zum Gegenstand der inneren, bewussten Betrachtung und Sammlung werden.

Sollten körperliche Missempfindungen jedoch nicht abnehmen oder sollten grundsätzliche Zweifel oder Bedenken über die Bedeutung, Ursachen und Folgen dieser unangenehmen Körperempfindungen bestehen, so ist unbedingt zu raten, mit einer entsprechenden Fachkraft (z. B. der jeweilige Trainer, Kursleiter oder Hausarzt) dies zu besprechen. Hören Sie in jedem Falle auf Ihren Körper! Achten und beachten Sie Ihre Körperempfindungen. Versuchen Sie zu lernen, (gegebenenfalls) angemessen, aufbauend und konstruktiv damit umzugehen. Diese Prozesse der Klärung und des Lernens benötigen Zeit, Engagement, Bemühen und Geduld. Sie sollten daher keine „Schalter" suchen, mit denen Sie diese unangenehmen, inneren Wahrnehmungen nur einfach und sofort ab- oder ausschalten könnten. Solche Erwartungen und Ansprüche führen nur unnötig zu Enttäuschungen und Problemen.

Unangenehme Körperempfindungen stehen auch am Anfang negativer körperlicher Entwicklungen und Erkrankungen. Sie sollten daher grundsätzlich beachtet, ernst genommen und nicht ignoriert, abgetan, bagatellisiert, klein oder „schön" geredet werden. Es ist wichtig, jene und deren Ursachen, Bedingungen, Umstände, Zusammenhänge, Folgen und Funktionen klar zu sehen und zu verstehen, mit ihnen bedacht, behutsam, verantwortungsvoll und weise umzugehen. Andererseits ist, wie bereits besprochen, nicht jede (körperliche) Missempfindung bereits der Beginn einer körperlichen oder psychosomatischen Erkrankung, sondern – ganzheitlich gesehen – zunächst und zumeist ein natürlicher Ausdruck, Teil oder Folge einer gesunden körperlich-seelischen Reaktion. Hier gilt es also, aufmerksam, sorgsam, mit Bedacht, Erfahrung und Wissen abzuwägen und zu differenzieren. Erfahrung und Wissen zur Unterscheidung von harmlosen, bedenklichen und sogar auf eine Erkrankung hinweisenden Missempfindungen oder Beschwerden wachsen zwar mit dem regelmäßigen Üben von EMS, sind aber eben – logischerweise – insbesondere für den Anfänger oft unzureichend und ungenügend. Im Zweifelsfall oder bei Unsicherheit also lieber kompetenten Rat und professionelle Unterstützung holen.

Wenn beim Üben frühere, gefühlsmäßig stark belastende, negative Ereignisse bzw. Erinnerungen auftauchen oder auch nur „Zustände" auftreten, die Sie offenbar nicht allein bewältigen können und das Üben für Sie schwer erträglich oder sogar unmöglich machen, so wäre dringend zu raten, dass Sie einen psychologischen oder psychotherapeutischen Experten zur Klärung und Unterstützung sowie ggf. zur Aufarbeitung und Bewältigung hinzuziehen.

Wie im Kap. 2.9 beschrieben, nehmen durch die in diesem Buch vorgestellten Verfahren im Allgemeinen – jeweils mehr oder weniger in Abhängigkeit des einzelnen Verfahrens und der persönlichen Voraussetzungen, Faktoren und Randbedingungen – psychische, aber auch körperliche Fitness, Leistungsfähigkeit und Belastbarkeit zu. Es besteht gerade für leistungsorientierte und -motivierte Personen die Versuchung, insbesondere durch besonders Energie bringende Verfahren die betreffenden Ressourcen noch weiter zu steigern und die persönlichen Leistungs- und Belastungsgrenzen noch weiter auszudehnen. Dazu eignen sich insbesondere etwa aktive Atemübungen (Kap. 3.4, 3.5, 3.6), entsprechende Varianten des Autogenen Trainings (s. Kap. 6.2 und besonders durch entsprechende Suggestionen, Vorsätze der „Mittelstufe", s. Kap. 6.2.2, und Imaginationen bzw. Vorstellungen der Oberstufe, s. Kap. 6.2.3) und die Chakrenmeditationen (s. Kap. 8). Damit können diese Personen jedoch auch ihre bereits bestehende, prinzipielle Tendenz stützen und ausbauen, sich noch weiter zu fordern, ihre Ressourcen für

Erfolg und Leistung noch weiter auszubeuten und dabei ihre anderen Bedürfnisse, Interessen, Belange, ihre geistigen, seelischen und körperlichen Grenzen und Kräfte nicht oder nur unzureichend zu beachten. Die Selbstfürsorge und -pflege, das innere Gleichgewicht und der notwendige Ausgleich zwischen Aktivität und Passivität werden vernachlässigt. Trotz regelmäßigen Übens von EMS können so auf Dauer dennoch Überforderung, Überbelastung, Erschöpfung, Ausbrennen, psychische, psychosomatische und körperliche Probleme und Erkrankungen gefördert werden und in der Folge entstehen. Es ist also allgemein zu empfehlen, die hier vorgestellten Methoden (insbesondere als Anfänger) nicht allein mit dem Ziel und Zweck der Leistungssteigerung zu betreiben. Vorteilhafter wäre es z. B., die Übungen grundsätzlich zur allgemeinen Pflege, Entfaltung, zum Wachstum und zur Reifung Ihrer körperlichen, psychischen und geistigen Kräfte in Ihrem gesamten Leben, also als Selbst- und Lebenspflege durchzuführen. Es ist ratsam, die anderen Bedürfnisse, Motivationen, Interessen, Ressourcen, Grenzen ebenfalls zu beachten und zu achten, für sein gesamtes geistiges, psychisches und körperliches Wohlbefinden zu sorgen, die Weisheit und Verantwortung für sich – einschließlich des Körpers – zu übernehmen, angemessen zu entwickeln und auszuüben. Auf Dauer wird eine solche Einstellung und Entwicklung durch das regelmäßige Üben der EMS begünstigt und gestärkt.

2.10 Selbständiges Üben

Um diese Verfahren zur EMS schließlich selbst anwenden zu können und über alle Fähigkeiten, Fertigkeiten und positiven Wirkungen des Verfahrens zu verfügen, ist es notwendig, auf Dauer allein, für sich bzw. selbständig zu üben. Wichtig ist hier nicht, ob Sie mit anderen zusammen oder einzeln üben, sondern vielmehr, dass Sie es ohne äußere oder fremde Anleitung, sich nur selbst innerlich anleitend und führend, also in Eigenregie tun. In einer Anfangsphase oder zur späteren Kontrolle bzw. Auffrischung kann jedoch die einmalige oder nur wenige Male wiederholte fremde Anleitung – etwa durch einen Trainer, eventuell auch von einer technischen Konserve – sinnvoll und nützlich sein. So können auch Anfänger bereits zu Beginn tiefere Entspannungs-, Meditations- und Trancezustände in bzw. mit der Übung erfahren. Sie können weiter (für ihr eigenes Üben) angemessenere Einstellungen, Vorstellungen, Erwartungen, Perspektiven entwickeln und ein besseres Verständnis und eine hilfreiche Orientierung erlangen.

Sollten Sie sich etwa nur wiederholt durch eine fremde Person oder technische Konserve zur Entspannung, Meditation oder „Selbsthypnose" anleiten lassen, so lernen Sie nur, dieser Anleitung und den darin enthaltenen Anweisungen, Instruktionen, Aufforderungen oder Angeboten zu folgen. Dabei ist es gleichgültig, ob Sie die Konserve selbst verfasst oder besprochen haben oder nicht. Sie lernen dann eben nicht, sich zur und durch die EMS innerlich selbst (achtsam) zu leiten, zu führen und zu instruieren, bewusst zu betreuen, zu coachen und zu begleiten. Aber genau diese Fähig- und Fertigkeiten der Selbstwirksamkeit, der Selbstkontrolle und -steuerung sind oft noch wichtiger als das alleinige mehr oder weniger längere Verweilen in der Entspannung, Trance, Versenkung usw. und sollten daher unbedingt geübt und erworben werden. Deshalb lohnen sich auch die zusätzlichen Mühen, Anstrengungen und Auseinandersetzungen, das Überwinden erhöhter oder vermehrter Schwierigkeiten und Hindernisse, die mit der bewussten Selbstanleitung und -führung bei den Übungen verbunden sind.

Wenn Sie jedoch zur Selbstanleitung aus triftigen, ersichtlichen Gründen – vorübergehend oder dauerhaft – nicht oder kaum in der Lage sein sollten, dann können Sie selbstverständlich auch für diese oder eine längere Zeit solche externen Hilfsmittel benutzen und sich darüber – von außen bzw. extern „selbst" anleiten oder von anderen anleiten lassen. Solche Umstände, Bedingungen können eintreten, wenn Sie etwa durch eine ernste, schwerwiegende Erkrankung (wie etwa eine bösartige Tumorerkrankung), eine Verletzung oder Beschädigung (z. B. ein Schädel-Hirn-Trauma) oder intensive Behandlung (z. B. mit Psychopharmaka, Operation, Chemo, Bestrahlung) stark geschwächt oder beeinträchtigt sind.

Für die bewusste Selbstanleitung und -führung ist es günstig, zuvor genaue Vorstellungen über die einzelnen Aufgaben und den gesamten Verlauf der Übung bzw. Übungen, also einen detaillierten und vollständigen Plan zu haben. Sie sollten also möglichst Klarheit und verinnerlicht haben, wie Sie die Übung beginnen, in dieser vorgehen und diese beenden wollen. So können Sie ein diesbezügliches Nachdenken und Entscheiden während des Übens minimieren und sich ganz auf die Übung selbst bzw. das Üben konzentrieren.

2.11 Beendigung der jeweiligen Übung

Jede bewusst herbeigeführte und in besonderer Art und Weise geübte EMS sollte gezielt, entschlossen bzw. bewusst beendet werden. Dazu führen Sie sich wieder „zurück" in den Alltag. Entsprechend Ihrem Einstieg in die Entspannung, Trance und Meditation „steigen" Sie von dort wieder „aus" und kommen in Ihren Alltag, in die äußere bzw. äußerliche Realität bzw. Welt zurück. Dies hängt also entsprechend vom jeweils benutzten Verfahren und gewählten Einstieg ab. Je sanfter und zarter Sie sich wieder aktivieren, desto nachhaltiger bleiben Ruhe und Entspannung bestehen. Wichtig ist in jedem Falle, dass Sie bewusst zurückkommen. Beim Zurückkommen fühlen Sie sich vielleicht leichter, ruhiger, gelassener, gestärkt und erholt und nehmen Ihre Erfahrungen, wie die Ruhe, Gelassenheit und Kraft, mit in Ihren Alltag. Dies können Sie sich auch bewusst so beim Zurückkommen denken oder innerlich sagen. Durch ein Rekeln und Strecken der Arme und Beine, ein Gähnen und Stöhnen nehmen Sie auf jeden Fall die tiefe Entspannung und Trance zurück. Sie können sich vor und nach dem Rekeln und Strecken gezielt, schrittweise nach außen orientieren. So können Sie davor etwa die Unterlage spüren, Geräusche und Licht (durch die Augenlider schimmern) Ihrer Umgebung wahrnehmen und danach Ihre Augen öffnen und sich am Ort orientieren. Je achtsamer, bewusster, aufmerksamer und konzentrierter die „Rückkehr" in den Alltag und damit die Rücknahme der Entspannung, Trance, Meditation vollzogen wird, desto unwahrscheinlicher bleiben Sie in Trance, meditativer Versenkung, Tiefenentspannung und mit Ihrem Fokus in der Innenwelt. Auch betreffende Empfindungen, Gefühle, Gedanken nehmen dann entsprechend ab. Trotz bewusster, ordentlicher „Rückkehr" können solche Empfindungen, Gefühle, Gedanken noch vereinzelt länger anhalten. Diese verschwinden aber in der Regel nach einiger Zeit und sind zumeist harmlos, wenn nicht gar (bei genauer Betrachtung und Überlegung) eigentlich sogar erwünscht. Sollten Bedenken und Zweifel bestehen (s. auch Kap. 2.9.1), besprechen Sie besser Ihre Erfahrungen mit einer Fachkraft.

Sollten Sie willentlich oder unwillkürlich während oder nach der Übung in den Schlaf gleiten, so lösen Sie sich dadurch (automatisch) aus den Zuständen tiefer Entspannung, Meditation und Trance und gehen eben in die (anderen) Zustände und Phasen des Schlafs über (s. Kap. 2.6). In diesem Falle kann, soll oder braucht keine bewusste Rückführung in den Alltag stattfinden bzw. vollzogen werden.

Jede Übung kann grundsätzlich – aus irgendwelchen dringenden Gründen – vorzeitig oder vorübergehend abgebrochen, beendet werden. Idealerweise würde auch diese Beendigung wie oben beschrieben vorgenommen werden. Förderlich ist es, diese Beendigung möglichst bewusst, entschlossen und aktiv vorzunehmen. Mindestens ballen Sie etwa kurz die Fäuste und machen sich bewusst, dass Sie nun direkt aus der Übung und dem jeweiligen Zustand der inneren Betrachtung, Achtsamkeit, Sammlung, Versenkung, Entspannung oder Trance „zurückkommen". Ungewollte Beendigungen etwa nach Erschrecken oder aus Angst sind die Folge einer Aktivierung und haben bereits zu einer (wenn auch ungewollten) „Rückkehr" bzw. Rücknahme der Entspannung, Trance oder Meditation geführt und sind daher diesbezüglich unproblematisch.

Nach einer Unterbrechung, gleichgültig ob gewollt oder ungewollt, kann die betreffende Übung anschließend oder später in Ruhe fortgeführt und abgeschlossen werden. Um die Wirksamkeit und Wirkungen der gesamten Übung zu erreichen, sollte dies spätestens jedoch noch am selben Tag erfolgen. Die Übung wird dann – nach einem anfänglichen Wiedereinstieg in die Entspannung, Meditation, Trance – dort wieder aufgenommen, wo sie abgebrochen wurde oder kurz davor. Sie wird von dort aus bis zum Ende fortgeführt. Schließlich wird die Übung durch eine gezielte und diesmal am besten vollständige und ordentliche Rückkehr bzw. Rücknahme beendet.

2.12 Wohltuende, harmonisierende, sanfte, lockernde, stärkende Aktivierung mit einfacher Selbstmassage

Zur sanften, wohltuenden Belebung, Stärkung, aber auch Lockerung der eigenen körperlichen, seelischen sowie geistigen Kräfte eignen sich grundsätzlich auch Massagen. Sie bieten sich deshalb auch nach Abschluss einer sehr entspannenden, beruhigenden, konzentrierten, stillen, innerlichen, geistigen Übung an. Aber eigentlich ist eine Massage immer dann hilfreich (abgesehen von den medizinischen Anwendungen), wenn Sie das Gefühl haben, dass Sie eine solche Belebung, Lockerung und Stärkung benötigen, weil Sie etwa müde, passiv, erschöpft, angespannt, unbeweglich, angestrengt, unkonzentriert, geistig und körperlich wenig gegenwärtig sind. In einem solchen Fall kann auch vor einer EMS eine Massage nützlich sein, um sich danach besser spüren, fühlen, konzentrieren zu können sowie wacher, motivierter, lebendiger und frischer zu sein. Bei Massagen werden körperliche Bereiche von außen gedrückt, gestrichen, gerieben, gezupft, gedehnt, geknetet und geklopft. Eine Massage können wir auch allein mit uns selbst durchführen. Dadurch werden wir von Zuwendung und Ressourcen anderer unabhängiger und flexibler. Wir können uns prinzipiell ohne großen Aufwand und besondere Umstände bei Bedarf leicht selbst massieren. In der Praxis bleibt aber auch eine Selbstmassage im Alltag zu organisieren und unterzubringen. Im Unterschied zur Fremdmassage ist die Selbstmassage in einzelnen Bereichen – vor allem im Brustwirbelsäulenbereich des Rückens – wahrscheinlich ohne zusätzliche Hilfsmittel nur eingeschränkt oder gar nicht möglich. Allerdings gibt es hier große individuelle Unterschiede. Es hängt selbstverständlich von Ihrer aktuell bestehenden körperlichen Verfassung und Gelenkigkeit ab, welche Körperregionen Sie überhaupt und wie erreichen können und welche nicht.

Durch eine Massage, wie sie im Qigong ausgeführt wird, werden die wichtigen Energieflüsse angeregt, wie sie die traditionellen Systeme des Yogas und der chinesischen Medizin beschreiben und nutzen (vgl. Kap. 7 und 8). Zur ganzheitlichen und vollständigen Anregung wird der ganze Körper massiert (bis auf die Genitalien, denn dies hätte sehr wahrscheinlich eine sexuelle Erregung zur Folge). In der fortgeschrittenen Praxis werden zudem besondere Energiepunkte und Energiebahnen massiert (s. dazu Jiao, 1988). In Anlehnung an verschiedene Qigong-Meister und -systeme (vgl. z. B. Jiao, 1988; Olvedi, 1994; Schoefer, 1994; Schwarze, 2004), wie ich sie kennen gelernt habe, biete ich meinen Patienten die im Folgenden dargestellte, grundlegende, einfache und für Anfänger geeignete Übung an. Auf die besondere, bewusste Massage bestimmter Energiepunkte und -bahnen wird dabei verzichtet. Für diese Massage können Sie angekleidet bleiben. Allerdings sollten Sie nicht zu dick oder gepolstert angezogen sein, sonst wäre die erwünschte Wirkung geringer oder schwerer zu erreichen. Die verschiedenen Körperbereiche werden in einer bestimmten Ordnung nacheinander massiert. Dazu können Sie die Körperteile mit Ihren Händen auf unterschiedliche Art und Weise drücken, streichen, reiben, dehnen, kneten, klopfen und zupfen. Durch die gewählte Haltung der Hände und Finger und deren Bewegung (Handgriffe) werden Art und Wirkung der Massage festgelegt. Im Qigong sind unterschiedliche Handgriffe bekannt (s. Jiao, 1988). In der folgenden Darstellung werden für die verschiedenen Körperbereiche jeweils einfache und wirksame Handgriffe zum Massieren der jeweiligen Körperbereiche vorgeschlagen. (Andere sind selbstverständlich möglich, auszuprobieren und können ebenfalls wirkungsvoll sein.) Durch den Einsatz von Kraft und Schwung bestimmen Sie weiter die ausgeübte Stärke und Wirkung der jeweiligen Handgriffe. Generell sollte die Massage angenehm und wohltuend sein und bleiben. Handgriffe und Krafteinsatz sollten also in der Regel so gewählt werden, dass jene und ihre Wirkungen (noch) als angenehm und wohltuend empfunden werden.

Die unten vorgeschlagene Qigong-Selbstmassage können Sie ganz oder weitgehend im Stehen ausführen. Vor allem beim Massieren der einzelnen Füße und Zehen (s. unter Punkt 10) könnte es für Sie jedoch hilfreich und wohltuender sein, wenn Sie sich dazu vorübergehend setzen. Wenn diese Übung für Sie jedoch im Stehen – etwa aus gesundheitlichen Gründen oder wegen einer Behinderung – zu schwierig oder nicht realisierbar sein sollte, dann können Sie diese auch gänzlich im Sitzen durchführen.

Wie Sie im Qigong zur Meditation und zur Durchführung dieser Selbstmassage vorteilhaft stehen können, soll nun noch beschrieben werden. Hildenbrand (2007b, S. 328-331; s. auch Jiao, 1988) beschreibt ausführlich und genau eine Grundhaltung im Qigong, die sie „Stehen wie eine Kiefer" nennt. Sie gibt auch alternative Namen wieder: „Stehen wie ein Pfahl" oder „Hängende Arme mit aufspannender Kraft". Diese Art und Weise des Stehens ist aber auch über das Qigong hinaus bekannt und gebräuchlich und wird in der Abbildung 7 gezeigt. Diese Haltung begegnete mir bereits vor langer Zeit beispielsweise auch als „Zen-Stand".

Bei diesem Stand stehen Sie auf beiden Füßen, die das Körpergewicht gleichmäßig tragen und schulterbreit auseinander und parallel zueinander stehen. Die Füße sind tief in der Erde verankert. Sie stehen wie ein stattlicher, kräftiger Baum, der über die Füße tief in der Erde verwurzelt ist, insgesamt sehr stabil und fest, dennoch innerlich flexibel, geschmeidig, lebendig. (Noch genauer steht die Kiefer in der Vorstellung auf einem Felsen und ihre Wurzeln umfassen den Felsen und reichen dann tief in das Erdreich.) Vor allem nach oben wird der Baum leichter und innerlich anpassungsfähiger, geschmeidiger, beweglicher bzw. biegsamer. Er kann daher durch Wind (bei einer vorgestellten Kiefer: insbesondere in und an den Nadeln) bewegt werden und sogar dem Sturm widerstehen, ohne zu brechen. Die Knie sind leicht gebeugt. Das Becken wird entspannt und etwas – wie zum Hinsetzen – gesenkt. Das Gewicht wird gleichsam auf einem vorgestellten Stuhl bzw. Hocker abgelegt. Das Gesäß hängt bzw. sitzt oder stützt sich ab über den Fersen. Der Lenden-Kreuzbein-Bereich sollte entspannt sein. Der Rumpf wird gleichsam aus den Hüften heraus aufgerichtet. Der Rücken ist also aufrecht und gerade. Der Unterbauch und die Brust werden nicht herausgestreckt, sondern bleiben – obwohl entspannt – ein wenig zurückgenommen. Die Schultern bleiben locker und entspannt. Der Kopf ist gerade, das Kinn leicht angezogen und der Nacken aufrecht und entspannt. Der Blick ist entspannt und freundlich und geht geradeaus in die Ferne (zur Augenstellung s. aber auch Kap. 2.4). Der Mund ist leicht geschlossen und die Zunge liegt locker und natürlich im Mundraum. Die Zungenspitze berührt dabei den Gaumen (s. Kap. 2.5). Der Atem kann natürlich fließen (s. Kap. 3.1.1). In der Ausgangsstellung bilden die Arme mit den Händen und Fingern jeweils seitlich zum Körper eine Bogenlinie und sind entsprechend (vor allem über die Ellenbogen) aufgespannt. Die Innenseiten der Arme, Handflächen und Finger sind dem Körper zugewendet. Die Hände haben einen kleinen Abstand zum Körper (Hüfte und Oberschenkel). Die Finger sind locker, entspannt gebogen und gespreizt. Die Fingerkuppen zeigen auf den Oberschenkel und der Mittelfinger in etwa auf die seitliche Hosenbeinnaht.

Abbildung 7: Stehen wie eine Kiefer

Im Folgenden wird nun die Selbstmassage beschrieben. Um diese auszuführen, müssen Sie selbstverständlich diese Ausgangs- und Grundhaltung entsprechend verändern und anpassen. Dies gilt vor allem für die Arme und Hände, mit denen Sie massieren.

Eine einfache Qigong-Selbstmassage:

1. **Reiben der Hände:** Die flachen, sanft gestreckten Hände werden dazu (in einem angenehmen Abstand) vor dem Brustbein zusammengeführt und -gehalten. Die Handinnenflächen und Finger beider Hände liegen spiegelbildlich auf- bzw. aneinander und berühren und decken sich vollständig wie zur Gebetshaltung. Die Finger zeigen gestreckt nach oben. Die Hände (Innenseiten) werden nun mehrmals gegeneinander gerieben und dazu in der Senkrechten nach oben und unten gegeneinander mit leichtem Druck verschoben. Wenn Sie die Hände spüren und diese sich energetisch aufgeladen (z. B. wärmer) anfühlen, können Sie das Reiben der Hände beenden und mit der Massage des – soweit möglich – ganzen Körpers beginnen.

2. **Reiben/Streichen des Gesichts, Halses, um die Ohren:** Legen Sie die Hände (wie beim Waschen oder Erfrischen mit Wasser) auf Ihr Gesicht und streichen (mit angenehmem Druck) mit beiden ganzen Händen über die Wangen, Nase, Augen, Stirn und Kinn. Mit der linken Hand wird die linke Gesichtshälfte und mit der rechten Hand die rechte Gesichtshälfte gestrichen und gerieben. Der vordere Hals bis runter zum Schlüsselbein und zur Halsgrube sowie der Bereich um die Ohren (unter, neben und hinter den Ohren) werden dabei – auf die gleiche Weise – einbezogen. Zum Streichen und Reiben des Kopfes um die Ohren herum können Sie die Ohren mit einem entsprechenden Freiraum zwischen die Finger nehmen. Die Handteller liegen und bleiben dabei unter den Ohren. Die Hände bewegen Sie auf und ab am Kopf (Schläfen und zum Hinterkopf) und damit die Finger entlang den Ohren. Vor allem mit Fingerballen und Fingerkuppen können Sie zudem den sanften Druck und die Reibung – und somit die Tiefenwirkung – gezielt erhöhen. Auf diese Art und Weise können Sie den Druck und die Wirkung seitlich am Kopf, um die Ohren herum, unter den Ohrmuscheln und an den Schläfen gezielt erhöhen. Zusätzlich könnten Sie auch das Gesicht bis zur Stirn noch einmal verstärkt massieren, indem Sie so an bzw. neben der Nase bis zur Nasenwurzel entlang, um die Augen bzw. Augenhöhlen herum, die Wangen und Kieferknochen kräftiger drücken und reiben.

3. **Ohrenmassage:** Dann massieren Sie mit den Fingern Ihre Ohren bzw. Ohrmuscheln. Vor allem die Ränder der beiden Ohrmuscheln und die Ohrläppchen können Sie besonders (Punkt für Punkt) jeweils zwischen Daumen und Zeigefinger drücken und reiben oder ausstreichen. Selbstverständlich massieren Sie mit den linken Fingern das linke Ohr und mit den rechten das rechte Ohr.

4. **Stirnmassage:** Mit den Fingerballen oder – noch druckvoller – mit den Fingerkuppen (die Hände werden dazu entsprechend gebogen, gekrümmt) die Augenwülste, Stirn und Schläfen drücken, streichen und reiben. Vor allem von den Augenbrauen drückend nach oben bis zum Haar bzw. zur Schädeldecke die Stirn und Schläfe streichen oder reiben.

5. **Kopfmassage:** Über den Kopf von der Stirn bis in den Nacken streichen oder reiben Sie wiederholt mit wenig oder mehr Druck. Dazu die Fingerkuppen fest auf die Kopfhaut drücken und die Hände entsprechend biegen und krümmen. In der Mittellinie des Kopfes anfangen, also zuerst von der Nasenwurzel bis am besten zum untersten Halswirbel, dem „Strapazenwirbel". Die Fingernägel beider Hände berühren sich auf bzw. über dieser Mittellinie. Sind Sie mit den beiden Händen möglichst am untersten Halswirbel bzw. am Nackenansatz angekommen, können Sie bereits jetzt und zusätzlich (zu Punkt 6) diesen Bereich besonders massieren, also etwa drücken und reiben. Danach streichen oder reiben Sie bei den Wiederholungen mit den Fingerkuppen der beiden Hände parallel zur – und zunehmend seitlich von der Mittellinie von der Stirn bis tief in den Nacken über den Kopf. Den jeweiligen Endbereich im Nacken können Sie wiederum zusätzlich mit den Fingerkuppen massieren, bevor Sie wieder mit beiden Händen über den Kopf gleiten. Dies wiederholen Sie, bis der ganze Kopf bzw. Schädelbereich massiert wurde, also auch seitlich bis um die Ohren und in den Hals. Es kann auch noch eine entsprechende Klopfmassage des Kopfes angeschlossen werden. Die Klopfmassage könnte auch alternativ zur Reibung über den Kopf angewendet werden, wenn dieses drückende Streichen über den Kopf und die Haare als zu unangenehm empfunden werden würde. Dazu kann der Schädelbereich mit den Fingern oder gerundeten Händen leicht abgeklopft werden. Dies kann wiederum beidhändig von der Stirn bis zum Nacken zunächst auf der der Mittellinie des Kopfes und dann auf den „Parallelen" im zunehmenden Abstand zur Mittellinie über den Kopf erfolgen. Dabei sollte jedoch unbedingt vermieden werden, sich auf die Gehörgänge zu klopfen!

6. **Nacken streichen, reiben oder kneten:** Mit mehr oder weniger gebogenen Händen wird der Nacken – vom Schädel und der Halswirbelsäule her – ausgestrichen, gerieben oder geknetet. Dabei wird der Druck vor allem durch die Fingerballen bestimmt und ausgeübt.

7. **Schultern klopfen oder kneten:** Nacheinander werden mit einer offenen, lockeren, leicht gebogenen Hand der untere Nacken und die jeweils gegenüberliegende Schulter (am Rücken) geklopft. Dieser Bereich kann auch mit der Hand gegriffen und geknetet werden. (Vor allem bei der Schulter: Die linke Hand bearbeitet die rechte Seite und die rechte Hand die linke Seite.)

8. **Arme klopfen oder anders massieren:** Jeder Arm wird einzeln mit einer lockeren, klatschenden, leicht gekrümmten Hand abgeklopft: In der Achselhöhle beginnend, an der Innenseite über den Handteller bis zu den Fingerspitzen, dann weiter über die Fingerspitzen, den Handrücken an der Armaußenseite zurück zur Schulter. Dabei klopft die linke Hand den rechten Arm und die rechte Hand den linken Arm. Die Arme können selbstverständlich auch geknetet, gerieben, gestrichen werden. Bei den Händen – besonders jeden Finger und Handteller – sollten Sie das in jedem Falle zusätzlich zum Klopfen tun.

9. **Rücken bis Gesäß massieren:** Den Rücken hinten und den Rumpf (Rippen und Bauch) seitlich mit beiden Händen gleichzeitig abklopfen bis einschließlich zum Kreuz- und Steißbein, zu den Hüften und dem Gesäß. Sie können bei der Wirbelsäule anfangen, um sich dann in Bahnen von oben nach unten wiederholt und zunehmend seitlich (von der Wirbelsäule) hinab zu klopfen. Statt des Klopfens kann auch gestrichen oder gerieben werden. Dazu können in Abhängigkeit des Gelingens und der gespürten Wirkung und

des zu bearbeitenden Körperbereiches verschiedene Handhaltungen benutzt werden. Wählen Sie einfach die für Sie angenehmen und wirksamen Varianten aus. Mit der lockeren, flachen Hand können Sie – mit der Handinnenfläche, im Rückenbereich aber auch mit der Rück- bzw. Handaußenseite – aufklatschen, streichen und reiben. Auch eine lockere, leicht geschlossene Faust (des Bären) oder eine leicht gerundete oder mit Fingern gewinkelte Hand können vor allem im hinteren, unteren Rücken- und Hüftbereich wertvolle Dienste leisten. Mit einer solchen Handhaltung werden Daumen und Zeigefinger mit der betreffenden äußeren Handseite auf die zu massierenden Körperstellen geklatscht. Im Brustwirbelbereich des Rückens werden sich wahrscheinlich die meisten Übenden mit den Händen nicht direkt erreichen können. Deshalb kann die Massage hier in der Vorstellung fortgesetzt, eine andere Person (für diesen Bereich) um Hilfe gebeten oder auf geeignete Hilfsmittel (z. B. ein Holzkochlöffel, eine Rückenbürste) zurückgegriffen werden.

10. **Beine klopfen:** Beide Beine werden gleichzeitig zunächst von oben nach unten an den Außenseiten über die Füße und Zehen und dann zurück über die Zehenunterseiten, Fußsohlen und Innenseiten der Beine hinauf bis zu den Leisten abgeklopft. Die Beine können selbstverständlich auch etwa gerieben oder gestrichen werden. Bevor wir jeweils weiter unten bzw. weiter oben klopfen, sollten wir den gesamten Außen- bzw. Innenbereich in der betreffenden Höhe abgeklopft haben. Die Unterseite der Füße kann zur Erleichterung auch nacheinander und mit jeweils der anderen Hand abgeklopft werden (während Sie auf einem Bein stehen). Vor allem die Füße – besonders die Zehen und Fußsohlen – können auch nacheinander ausgiebig mit beiden Händen gedrückt, gerieben, geknetet und gestrichen werden. Hinsetzten erleichtert generell das Massieren der Füße. Zum Klopfen bieten sich wieder die lockeren, flach ausgestreckten bis leicht gebogenen Hände an.

11. **Bauch massieren:** Über die Leisten steigen wir weiter mit den lockeren, flachen Händen – links und rechts gleichzeitig klopfend – von der Innenseite der Beine zum Unterbauch. Wir können dann den Bauch etwa mit den flachen bis leicht gebogenen, lockeren Händen in Schichten jeweils handbreit aufsteigend bis zum Brustbeinende (Schwertfortsatz) und zu den Rippenbögen abklopfen. Wir können ihn auch beispielsweise mit den Händen nur streichen oder mehr oder weniger druckvoll reiben.

12. **Brustbereich massieren:** Um die Brüste herum kann aufsteigend – angefangen beim Brustbeinende bzw. Schwertfortsatz bis zum Schlüsselbein – mit den Fingerkuppen der gekrümmten Hände geklopft werden. Der Brustbereich selbst sollte in jedem Falle sanfter mit den eher flachen Händen gestrichen oder gerieben werden.

Wir enden hier nach der Umrundung des Körpers am bzw. auf dem Schlüsselbein und vor der Halsgrube, wo wir uns bereits nach Punkt 2 zu Beginn massiert haben.

3 Entspannen, Meditieren, Selbsthypnose (EMS) über Atmen und Atem

3.1 Über das Atmen

3.1.1 Bauchatmung, Brustatmung und Ihre Atmung?

Im Wesentlichen kann zwischen Bauch- und Brustatmung unterschieden werden. Bei der Bauchatmung hebt und senkt sich entsprechend der Bauch und bei der Brustatmung die Brust. Daneben spielen noch die Atmung in die Brustflanken (Flankenatmung) und Schlüsselbeine (Schlüsselbeinatmung) eine besondere Rolle. Diese Atmungen können mehr oder weniger unabhängig voneinander als solche für sich ausgeführt und etwa geübt werden. Dann hebt sich (nur oder vor allem) der jeweilige Körperbereich ersichtlich mit dem Einatmen und senkt sich wieder mit dem Ausatmen. In einer Atmung, die nicht etwa durch Übung, Selbst- oder Fremdanleitung, Absicht oder nur Bewusstheit verändert und gezielt auf einen bestimmten Körperbereich gerichtet wurde, treten die verschiedenen Atmungen in der Regel mehr oder weniger im Zusammenhang auf. So heben sich mit der Brustatmung auch für gewöhnlich die Brustflanken und die Schlüsselbeine. Der ganze Brustkorb weitet sich dann. Alle drei Atmungen können zudem mit einer Bauchatmung verbunden sein. Bauchatmung und Brustatmung treten dann miteinander in einem Atemzug auf. So heben sich beim Einatmen Bauch und Brust gleichzeitig oder nacheinander. Im letzteren Fall kann sich erst die Brust heben bzw. der Brustkorb weiten und dann der Bauch oder umgekehrt. Wie unten beschrieben und im Kapitel 3.4 ausgeführt werden wird, folgt idealerweise die Brust- der Bauchatmung. Der Atemzug beginnt also zunächst merklich im Bauch und geht dann erst in den Brustkorb. Ein gleichzeitiges Atmen in bzw. Weiten von Brust und Bauch (ein Aufblähen des gesamten Rumpfes) sollte möglichst vermieden werden und fühlt sich auch nicht so angenehm an. Am einfachsten und eindeutigsten lassen sich noch Bauch- und Brustatmung sowohl unterscheiden als auch gesondert, einzeln für sich ausführen. Also wird dann entweder nur in den Bauch oder nur in die Brust geatmet. Bauchatmung und Brustatmung können jeweils höher oder/und tiefer reichen. So kann die Bauchatmung weiter unten im Unterbauch, mittig im Nabelbereich oder darüber im Oberbauch zentriert sein und dort verstärkt zum Heben und Senken der Bauchdecke führen. Die Bauchatmung kann aber auch zum Heben und Senken des gesamten Bauchbereiches führen. Es handelt sich dann um eine vollständige Bauchatmung. Entsprechend kann eine Brustatmung den gesamten Brustkorb, einschließlich des Schlüsselbeinbereiches, erfassen und diesen weiten. Wie bereits oben erwähnt und später im Kapitel 3.4 besprochen, lassen sich die vollständige Bauchatmung und die volle Brustatmung in einer Vollatmung in einer Art Welle kombinieren. In einem Atemzug wird zunächst in den Bauch und dann in den Brustkorb geatmet. Selbstverständlich spüren sie den Atem verstärkt in den Bereichen, die sichtlich durch diesen bewegt (also im Rumpf) oder von ihm berührt oder gestreift werden (etwa Nase oder Mundbereich). Aber auch wenn er nur einen bestimmten Bereich (Bauch oder/und Brust) ersichtlich bzw. deutlich spürbar und kräftig („grob") bewegt, so ist jedoch der Atem bzw. das Atmen prinzipiell im ganzen Körper zu spüren. Eigentlich oder tatsächlich bewegt der Atem nicht nur den Bauch oder die Brust, sondern den ganzen Körper und damit unsere ganze Person. Allerdings sind diese Bewegungen vor allem in der Peripherie des Körpers, d. h. in den Gliedmaßen, feiner und daher schwerer wahrzunehmen.

Ihre Atmung wird sich also gemäß den Ausführungen irgendwo zwischen Bauch- und Brustatmung bewegen. Sie atmen entweder stärker, tiefer in den Bauch oder in die Brust oder Sie atmen sowohl in den Bauch als auch in die Brust. Die Atmung bzw. die Art und Weise des Atmens verändert sich sinnvollerweise mit der Aktivität bzw. Tätigkeit und dem Aktivitätsgrad. Situation, Erleben und Verhalten verändern die Atmung. Die Atmung passt sich und damit uns an Situation, Erleben und Verhalten an. Gedanken, Vorstellungen und Gefühle können unser Atmen entsprechend stark beeinflussen. So können entspannende, beruhigende Gedanken, Vorstellungen, Gefühle unser Atmen beruhigen und beängstigende, ärgernde Gedanken, Vorstellungen und aufregende Gefühle unser Atmen beschleunigen. Da sich der Atem verändert und das Atmen sich an die Gegebenheiten, Bedingungen, Umstände und Erfordernisse anpasst, werden Sie entsprechend unterschiedliche Atembewegungen bei sich beobachten und erfahren. Trotzdem oder zusätzlich lassen sich bei Personen auch allgemeinere, typische Stile, Muster und Tendenzen des Ein- und Ausatmens sowie entsprechende Abweichungen und Unterschiede zwischen Personen finden (s. dazu exemplarisch Kap. 3.1.2).

Bevor nun weitere Darlegungen und Ausführungen über die Atmung und deren Nutzung zur EMS erfolgen, sollten Sie eigene Erfahrungen und Kenntnisse mit dem bzw. Ihrem Atem und Atmen gesammelt und bewusst verfügbar haben. Mindestens Unbewusst verfügen Sie selbstverständlich diesbezüglich bereits über einen riesigen Wissensschatz. Intuitiv dürfte Ihnen bereits vieles klar und selbstverständlich sein. Dennoch lohnt es sich bestimmt, wiederholt über den Tag bewusst und achtsam den Atem, einfach so wie dieser kommt und geht, wahrzunehmen und diesem nachzuspüren. Dazu können auch die Ausführungen zur Atem- und Achtsamkeitsmeditation mit der Atmung (vor allem im Kap. 3.3.2) herangezogen und berücksichtigt werden. Nehmen Sie den Atem bzw. Ihr Atmen einfach nur bewusst wahr, am besten in verschiedenen Situationen, bei verschiedenen Tätigkeiten (nicht nur beim Ruhen), zu unterschiedlichen Tageszeiten usw. Wie atmen Sie dann? Ähnlich oder anders? Lernen Sie so nach und nach Ihre Atmung bewusst kennen und vielleicht verstehen. Vielleicht helfen Ihnen dabei die folgenden Fragen und entwickeln Ihr Gespür. Vielleicht ergeben sich für Sie auch andere, weitere Fragen, Erfahrungen und Gesichtspunkte, wenn Sie Ihre Atmung und Ihren Atem bewusst konzentriert, achtsam wahrnehmen.

Atmen Sie durch die Nase oder durch den Mund? Wechseln sich Mund und Nase beim Ein- und Ausatmen ab? Atmen Sie etwa durch die Nase ein und durch den Mund aus? Fließt der Atem oder stockt er? Fließt er frei und ungehindert? Geht der Atem schneller oder langsamer, kräftiger oder ruhiger? Atmen sie kurz oder lang? Wie beim Einatmen? Wie beim Ausatmen? Gibt es Unterschiede zwischen Ein- und Ausatmen. Machen Sie Atempausen? Keine, kurze oder lange Atempausen? Wo und wie bewegt der Atem Ihren Körper? Atmen Sie stärker in den Bauch oder in die Brust oder sowohl in den Bauch und die Brust? Zeigt sich hier ein Muster? Atmen sie dabei flacher oder tiefer? Wie und wohin geht der Atem, wenn Sie in Ruhe sind? Wie und wohin, wenn sie unruhig, aufgeregt oder aktiv sind? Verändern Empfindungen, Stimmungen, Gefühle, Gedanken, Erinnerungen, Phantasien usw. Ihr Atmen? Wie verändern bestimmte Empfindungen, Stimmungen, Gefühle, Gedanken usw. Ihren Atem. Wie atmen Sie dann?

Während Sie Ihren Atem und Ihr Atmen achtsam beobachten, werden sich diese sehr wahrscheinlich verändern. Sie können sich wiederholt die obigen Fragen stellen, um differenziert und aufmerksam festzustellen, wie und in welchen Zusammenhängen sich Ihre Atmung verändert. Versuchen Sie diese Veränderungen der Atmung einfach nur zuzulassen und bewusst zur Kenntnis zu nehmen. Denn bereits allein durch die achtsame, bewusste Wahrnehmung des Atems und Atmens können und werden sich diese verändern. Sie atmen dann nur noch mehr oder weniger „natürlich".

Nach Hildenbrand (2007b) und Jiao (1988) wird im Qigong bei den Übungen häufig und in der Regel zu Beginn, d. h. hier sowohl bei Anfängern als auch am Anfang der Übungen, natürlich geatmet. Der Übende atmet dann wie gewöhnlich und schenkt dem Atem keine besondere Beachtung. Der Atem fließt von selbst. Die natürliche Atmung ist eine ungestörte und den inneren und äußeren Umständen angepasste, gesunde Atmung. In Ruhe wird der Atem zunehmend sanft, fein, gleichmäßig, tief und lang und wird mehr oder weniger zu einer Bauchatmung. Kobayashi (1989) beschreibt die natürliche Atmung, davon abweichend und von vornherein begrenzt, grundsätzlich als eine Bauchatmung und entsprechend vertiefte Atmung, wie sei bei Kindern nach ihrer Geburt etwa bis zum 7. Lebensjahr ganz natürlich zu finden ist.

Die natürliche Atmung oder das natürliche Atmen gelingt am besten oder eben nur solange, wie diese automatisch, spontan, unbewusst, dem Körper oder sich überlassen, unbeachtet und unkontrolliert bleibt. In dem Moment jedoch, wo die natürliche Atmung aufmerksam wahrgenommen, bewusst und vergegenwärtigt werden soll und dies tatsächlich versucht wird, besteht die große Schwierigkeit und Herausforderung die natürliche Atmung „beizubehalten" und im Grunde genommen nur, eben in natürlicher Art und Weise, weiter sein und geschehen zu lassen. Aber wie es Naranjo und Ornstein (1976, S. 107) formulierten, besteht sofort die Tendenz unseres Ichs, sobald das Atmen bemerkt wird, „dazwischenzufahren", zu beeinflussen und verändernd einzugreifen. Den Atem und das Atmen bewusst und aufmerksam wahrzunehmen und dennoch für sich fließen und passieren zu lassen, braucht also durchaus einige Übung. Es will für gewöhnlich gelernt sein, ein nur spürender und „zulassender Beobachter" der Atmung sein zu können und damit ein Bewusstsein und eine direkte, echte Erfahrung der unbewussten, eigentlichen oder eben natürlichen Atmung zu erlangen. Dennoch können Sie es auch ungeübt jederzeit probieren und werden dabei wertvolle Erfahrungen sammeln, Ihre Atmung achtsam zu beobachten und zu spüren.

Vielleicht nehmen Sie bei der achtsamen Wahrnehmung Ihrer Atmung zudem irritierende oder unangenehme Empfindungen oder Gefühle wahr. So könnte die Nase oder nur ein Nasenloch (links oder rechts?) mehr oder weniger verstopft sein. Verspannungen, Beklemmungen, Druck, Schwere und andere Empfindungen und Gefühle könnten die Atmung und den freien Fluss des Atems behindern oder begleiten. Versuchen Sie diese Empfindungen nur zu registrieren und anzunehmen und weiter bewusst auf Atem und Atmung zu achten. Bei Bedarf fragen Sie einen entsprechenden Experten und bei Problemen Ihren Arzt (s. Kap. 2.9.1).

Durch diese achtsamen Wahrnehmungen des Atmens und Atems werden Sie einiges über Ihre Atmung erfahren. Sie werden feststellen, dass sich Ihr Atmen mit Ihren Empfindungen, Stimmungen, Gefühlen, Gedanken, Ihrem Tun, Ihrer Situation, körperlichen Verfassung usw. über den Tag verändern wird. Es gibt hier wahrnehmbare und klare Zusammenhänge. Dennoch könnte es auch sein, dass Ihnen bestimmte Tendenzen in Ihrer Atmung auffallen. So könnten Sie beispielsweise eher in kurzen, schnellen Atemzügen vor allem im Brustraum atmen oder eher in ruhigen oder langen Atemzügen im Bauchbereich. Nehmen Sie es zunächst nur zur Kenntnis und sammeln Erfahrungen mit Ihrem Atmen und Atem.

3.1.2 Einflüsse und Auswirkungen der Atmung: Atem anhalten, schnelles und langsames Atmen

Während die Einatmung muskuläre Anstrengung und Anspannung erfordert, ist die gewöhnliche, unangestrengte Ausatmung vergleichsweise passiv. Dennoch wird selbst auch die unangestrengte Ausatmung durch muskuläre Aktivitäten – nämlich Kontraktionen der inneren Zwischenrippenmuskeln (vgl. z. B. Brandis, 1999) – gesteuert, kontrolliert und begleitet. In jedem Falle erfordert die Einatmung „wesentlich mehr Kraft" als die Ausatmung (Brandis, 1999, S. 164). Erregung, Anspannung, Stress und entsprechende Gefühle wie Angst, Ärger oder Wut führen zu einer Beschleunigung der Atmung. Im Sinne der damit verbundenen, vorbereiteten Flucht- oder Kampfreaktion nimmt die Brustatmung zu, die zu einer psychophysiologischen Aktivierung führt. Beim Erschrecken kann es sogar zum An- bzw. Verhalten des Atmens (nach kurzem Einatmen) kommen.

Bei etwa ängstlichen, angespannten, unruhigen, getriebenen Personen findet sich auf Dauer eine mindestens ersichtliche Tendenz zur Brustatmung und zu einer vergleichsweise schnellen, mehr oder weniger flachen Atmung. Bei überlasteten, erschöpften, depressiven Personen kann sehr oft eine hastige, herauspressende, -stoßende, quasi erbrechende, stöhnende oder seufzende Ausatmung beobachtet werden. Allerdings erfolgt diese bei jenen – wegen der allgemeinen flachen Atmung, wenn jene in äußerlicher Ruhe sind – oft nur kurz und augenscheinlich ansatzweise. Wenn solche Personen jedoch aus irgendeinem Grund tiefer einatmen, dann wird diese schnelle, stoßende, pressende oder seufzende Ausatmung in der Regel sehr deutlich und auffällig. Weniger häufig anzutreffen ist bei depressiven Patienten nach meiner Erfahrung eine extrem flache Atmung mit zusätzlicher Atemverhaltung. Die Atmung wirkt hier leblos und energielos wie diese Patienten. Atmung und Person sind gleichsam erstarrt. Diese Form der Atmung minimiert für den Betroffenen insgesamt den damit verbundenen Aufwand und die zu spürende, muskuläre Anstrengung und Arbeit, aber minimiert auch die vor allem durch die Einatmung zu erfahrende Belebung und Stärkung. Sie fördert die Haltung und den Zustand einer völligen körperlichen sowie seelisch-geistigen Passivität. Aber auch diese Menschen atmen nach einem absichtlich oder per Aufforderung herbeigeführten, vertieften, stärkeren Einatmen dann eher kräftiger und schneller aus. Die verschiedenen, oben beschriebenen Atemweisen oder -muster werden von den betroffenen Personen oft selbst nicht oder nicht als solche wahrgenommen und erkannt, obwohl diese von außen klar zu beobachten sind. Dies ändert sich in der Regel bald mit den hier vorgestellten Übungen zur Selbstwahrnehmung und Meditation der Atmung.

Kommen wir nun zu einer ersten Selbsterfahrungsübung mit dem Atem, in der das Atmen bewusst und aktiv in einer bestimmten Weise verändert bzw. durchgeführt wird, um die hier vertretenen Ansichten und Positionen besser nachvollziehen und kritisch prüfen zu können. Versuchen Sie einmal tief einzuatmen und gleich anschließend die Luft – bei voller Lunge – anzuhalten. Sie versuchen dann (z. B. nach van Lysebeth, 1988, 1991) ein Verhalten des Atems mit voller Lunge. Versuchen Sie dabei grundsätzlich durch die Nase ein- und auszuatmen (s. dazu Kap. 3.4). Achten Sie während des Anhaltens der Atemluft vor allem auf Ihre Empfindungen und Gefühle. Sie können dann merken, wie sich durch das Anhalten der Luft ein zunehmend spürbarer, innerer und oft als unangenehm empfundener Druck aufbaut. Wenn Sie diesem Druck nachgeben und ausatmen, löst sich dieser innere Druck während der Ausatmung auf. Dies wird dann als eine Entlastung oder Erleichterung empfunden, die während des Ausatmens bis sehr kurz nach dem Ausatmen anhält.

Wie bereits oben beschrieben, neigen depressive, anhaltend schwer belastete, leidende, innerlich ausgebrannte, erschöpfte Menschen eher nach dem Einatmen dazu, die Luft sofort wieder seufzend, stöhnend, kräftig, schnell, pressend oder bzw. und stoßend auszuatmen. Diese Ausatmung wird besonders deutlich nach einem tiefen Einatmen. Je tiefer eingeatmet wird, desto stärker und schneller erfolgt dann für gewöhnlich die Ausatmung. Solche Menschen mit zusätzlichem Druck oder Schwere auf der Brust, Empfindungen der Atembeklemmung oder mit Atemnotgefühlen atmen von selbst gelegentlich tief ein, um sich – in mehr oder weniger unwillkürlicher Reaktion darauf – mehr Luft zu verschaffen und von den unangenehmen Empfindungen und Gefühlen zu befreien. Andere wären dazu jedoch zu überreden, zu motivieren und aufzufordern (wie im Rahmen einer solchen Selbsterfahrungsübung). Da jene betroffenen, depressiven, ausgebrannten, erschöpften, belasteten Menschen kaum eine zusätzliche Belastung ertragen, befreien sie sich offenbar unwillkürlich und reflexartig besonders deutlich von dem empfundenen Druck und der Last, die für sie mit der Atemfülle und der Anspannung der Einatemmuskulatur verbunden sind. Sie atmen schnell und stark aus. Kurzzeitig spüren sie – aber auch andere Personen – dann eine wohltuende Entlastung, Erleichterung und möglicherweise Entspannung. Tatsächlich entspannt sich die Einatemmuskulatur mit der Ausatmung. In der Hypnose bei der Tranceinduktion und Entspannungsvertiefung nutzen Psychotherapeuten, Ärzte und Zahnärzte oft diese Empfindung und Wirkung, indem sie z. B. suggerieren: „Sie atmen (tief) Entspannung ein und (alle) Anspannung aus."

Die schnelle und starke Ausatmung hat jedoch bald und vor allem auf längere Sicht Konsequenzen. Ganz direkt nimmt die Atemfrequenz insgesamt zu, es finden also mehr und eigentlich überflüssige Atemzüge in der Minute oder pro Stunde statt. Der Atem ist beschleunigt. Die Atemfrequenz kann dann noch durch eine nur kurze Atempause nach dem Ausatmen bzw. vor dem Einatmen weiter erhöht oder durch eine längere Atempause – zumindest ein Stück weit – kompensatorisch verringert werden. Aber auch im letzteren Falle bliebe sie letztlich erhöht, da durch das schnelle Ausatmen der Körper jeweils vergleichsweise früher (durch das Einatmen) mit Atemluft versorgt werden muss. Allerdings spart sich die Person durch das schnelle Ausatmen jene Energie, die notwendig ist, um den Zustand der Atemfülle aufrechtzuerhalten oder verlangsamt auszuatmen (s. u.). Durch eine verlängerte Atempause nach dem Ausatmen erspart sie sich entsprechend lange den Aufwand des Einatmens, was sich dann insgesamt wieder lohnen würde. Aber zumeist wird das eben nicht getan, sondern sehr bald wieder eingeatmet.

Die Konsequenzen einer erhöhten Atemfrequenz werden besonders durch die nächste, weiter unten beschriebene Übung zur Selbsterfahrung (Hyperventilation) veranschaulicht und erfahren. In Folge der schnelleren, stärkeren Ausatmung wird insgesamt mehr Energie zur Deckung des Sauerstoffbedarfes des Körpers und zum lebensnotwendigen Gasaustausch aufgewendet; denn es werden in jedem Falle insgesamt mehr Atemzüge pro Zeiteinheit notwendig. Zudem findet eine aktive muskuläre Gegensteuerung beim Ausatmen statt, die aber durch das Entspannen der Einatemmuskulatur mehr als kompensiert wird. Dennoch auch die Ausatmung kostet Energie. Aber weniger die Energie für diese Gegensteuerung, als vielmehr die Energie für das vermehrte Einatmen (aufgrund der schnelleren Ausatmung) müssen dann bereitgestellt und aufgewendet werden. Die Energiekosten bei ungefähr gleichem Ertrag werden somit schließlich deutlich höher.

Dabei hätten Personen nach einem tiefen Einatmen, d. h. die Lungen sind dann voller Luft mit einem vergleichsweise hohen Sauerstoffgehalt, lange bzw. viel Zeit auszuatmen, ohne dass negative Folgen zu erwarten sind. Sie könnten sich somit für den Gasaustausch, bei dem vor allem Sauerstoff aufzunehmen und Kohlendioxid abzugeben ist, ruhig und ohne Bedenken weit mehr Zeit lassen. Dies soll nach z. B. Lysebeth (1982, 1988, 1991) allein schon für den Gasaustausch förderlich sein. Das Anhalten der Luft – und damit die Aufrechterhaltung der vollen muskulären Spannung – ist vergleichsweise anstrengend und energieaufwendig (vgl. Kap. 3.4). Es ist vergleichbar mit einem Gewicht, das Sie an den ausgestreckten Armen vor sich halten. Deutlich weniger Anstrengung und Energie kostete es dagegen, langsam auszuatmen, also dem Druck nach dem Einatmen zwar bald durch den Beginn des Ausatmens nachzugeben, aber nur langsam, achtsam, kontrolliert die Luft aus sich bzw. dem Körper entweichen zu lassen. Sie ergeben sich gleichsam dem Druck und geben ihm behutsam mit und im Ausatmen nach. Sie lösen die Fülle, aber auch die damit verbundene Spannung des vollen (Ein-) Atems sachte, allmählich und sanft (gleitend, fließend) auf. Da dieses langsame bzw. verlängerte Ausatmen jedoch trotzdem etwas Kraft und Energie kostet und mehr als nur das sofortige Herauslassen der Luft, kann es dennoch von ungeübten, geschwächten, müden oder erschöpften Personen als anstrengend empfunden werden. Dies ist vergleichbar mit einem Gewicht, dass Sie mit ausgestreckten Armen vor sich halten, wenn Sie der Schwere behutsam nachgeben, in dem Sie die Arme langsam mit dem Gewicht sinken lassen. Dies kostet auch noch Kraft und benötigt eventuell Übung, aber deutlich weniger, als die Arme nicht zu senken und das Gewicht weiter vor sich in der Höhe zu halten. Letzteres entspräche dem anstrengendsten Zustand oder der Position, mit vollem Atem zu verweilen, ihn zu halten bzw. die Luft anzuhalten.

Die nächste Selbsterfahrungsübung besteht in der Durchführung einer willkürlich beschleunigten Ein- und Ausatmung (Hyperventilation), um die Folgen einer solchen Atmung zu erfahren. Zu dieser Übung sollten Sie sich bequem, fest und sicher hinsetzen oder legen. Ihre Aufgabe besteht nun darin, schnell und gezielt die Luft durch die Nase einzuziehen und gleich, d. h. ohne eine Atempause, wieder über den Mund auszustoßen. Das Ein- sowie das Ausatmen erfolgen verhältnismäßig kräftig, aber nicht unbedingt tief. Die Atmung kann oder sollte für diese Übung sogar vergleichsweise flach bleiben. Eine größere Atemtiefe verstärkt zwar die zu erfahrenden Effekte, aber hier interessieren nur die Auswirkungen einer beschleunigten bzw. hohen Atemfrequenz. Für etwa eine Minute sollte diese schnelle Atmung vollzogen werden, um währenddessen und anschließend die Auswirkungen auf den Körper, vielleicht auch auf Gefühle und Gedanken zu beobachten. Sie werden – je nach Konstitution und Kondition – mehr oder weniger bald entsprechende Auswirkungen wahrnehmen. Vor allem werden sich Körperempfindungen einstellen, die denen der Aktivierung, Erregung und Stressreaktion gleichen. Zudem können auch Gefühle und Gedanken auftreten, die mit solchen Zuständen, Empfindungen verbunden (assoziiert oder konditioniert) sind. Bei Angstpatienten können beispielsweise Ängste und Angstgedanken hinzutreten, die mit diesen Körperempfindungen verbunden sind, wie z. B. dass ich hoffentlich keinen Herzinfarkt oder Schlaganfall bekommen, nicht ohnmächtig oder die Kontrolle über meinen Körper, mich selbst oder die Situation verlieren werde. Aus diesem Grunde dient diese Hyperventilationsübung bei betreffenden Ängsten in der Psycho- und Verhaltenstherapie auch der gezielten Reizkonfrontation und Reizexposition. Durch das schnelle Atmen treten also gezielt Symptome, vor allem Empfindungen der Anspannung und Erregung auf, wie z. B. Benommenheit, verschwommene Sicht, Wärme, Hitzewallungen, Blutdrucksteigerung, Erröten, Schwitzen, Kribbeln, Jucken, muskuläre Anspannung, Beklemmungen, Druck, innere Unruhe, Taubheits-, Ablösungsgefühle, Übelkeit. Diese werden oft auch als eher – in einzelnen Fällen sogar als sehr bis extrem – unangenehm wahrgenommen bzw. bewertet und beurteilt. Die betreffenden Symptome und Empfindungen können einmal auf den erhöhten Gasaustausch und dessen Folgen und die mit der beschleunigten Atmung verbundene körperliche Belastung und Anstrengung zurückgeführt werden, aber zum anderen offensichtlich auch auf die erhöhte Atemfrequenz.

Wenn Menschen seelisch angespannt sind oder sich in Stresssituationen befinden, beschleunigt sich – wie bereits oben angemerkt – der Atem unwillkürlich. Wenn sie sich entspannen, nimmt die Atemfrequenz ab. Wenn die Atemfrequenz nun bewusst reduziert wird, stellen sich zunehmend Entspannung und innere Ruhe ein. Dies kann ebenfalls als Selbsterfahrung nachvollzogen werden, allerdings bedarf es dazu in der Regel etwas mehr Übung (s. vor allem Kap. 3.4). Über die Atemfrequenz haben wir also eine Art Regler, mit dem wir die Atmung beschleunigen und somit unseren Aktivitäts- und Erregungsgrad steigern oder die Atmung verlangsamen und somit Entspannung herbeiführen können. Mit der Verlangsamung der Atmung bzw. Verringerung der Atemfrequenz nehmen Gelassenheit, Entspannung und innere Ruhe zu. Dies kann allein auf der Basis der achtsamen Wahrnehmung des Atems erreicht werden (s. Kap. 3.2, 3.3 und hier insbes. 3.2.2) oder durch eine zusätzliche, bewusste, aktive Veränderung, Formung und Verlangsamung des Atems (s. Kap. 3.4).

Die Verlangsamung bzw. Entschleunigung des Atmens sollte im Allgemeinen über das Ausatmen erfolgen, es sei denn, dass im Besonderen andere Weisen zu atmen ausdrücklich vorgegeben oder andere Wirkungen in oder mit den Übungen erreicht werden sollen. In einer weiteren Selbsterfahrung können Sie versuchen, über mehrere Atemzüge bzw. einige Minuten bewusst tief bzw. voll und möglichst langsam einzuatmen. Denn nur bei einer tiefen, vollen Einatmung können Sie auch vergleichsweise lange und langsam einatmen. Nehmen Sie dabei und in einer kurzen Atempause nach dem Einatmen, wo Sie kurz innehalten, Ihre Empfindungen einfach nur bewusst wahr. Sie können zudem anschließend vergleichsweise zügig tief einatmen und Ihre Empfindungen aufmerksam wahrnehmen und dann vergleichen. Für gewöhnlich wird das langsame Einatmen als anstrengender und vielleicht auch belastender empfunden und kann in der Folge Anspannung bzw. entsprechende Anzeichen hervorrufen. Der ohnehin anstrengende, muskulär-energetisch aufwendige Vorgang des Einatmens wird zusätzlich in die Länge gezogen. Das tiefe, volle Einatmen ist bereits ohnehin schon länger und aufwendiger als das kurze, flache Einatmen, aber sollte für die Selbsterfahrung darüber hinaus bzw. zudem noch verlangsamt, entschleunigt, also möglichst langsam ausgeführt werden. In der Folge nehmen der insgesamt tatsächlich notwendige Aufwand bzw. Verbrauch an Kraft und Energie und die erlebte Anstrengung mit und in Abhängigkeit der Zeit bzw. Dauer noch weiter zu. Je länger bzw. langsamer also eingeatmet wird, desto mehr Kraft, muskuläre Arbeit und Anstrengung kostet das. Je zügiger jedoch eingeatmet wird, umso weniger Kraft und Arbeit müssen für die Einatmung investiert werden. Zügiger einatmen bedeutet nicht, dass weniger Luft, sondern nur schneller eingeatmet wird.

Die Länge eines Atemzuges hängt selbstverständlich und grundsätzlich auch von dem jeweils erreichten bzw. zu erreichendem Atemvolumen ab. Je mehr Luft, also je tiefer, voller eingeatmet wird, desto länger dauert ein Atemzug und desto anstrengender, aufwendiger wird dieser. Die hier beschriebenen Zusammenhänge und Unterschiede zwischen zügigem und langsamem Einatmen gelten zwar auch unter Einbeziehung des Atemvolumens, aber konkret zu vergleichen sind jeweils Atemzüge von bzw. mit (in etwa) gleichem Atemvolumen. Gemäß der beschriebenen Selbsterfahrungsübung sind es also tiefe, volle (Ein-) Atemzüge, also solche mit einem vergleichsweise hohen Atemvolumen.

Das langsame Einatmen kann hier wiederum mit dem Gewichtheben verglichen werden. Anstelle eines zügigen Hebens wird das Gewicht langsam und behutsam in die Höhe gestemmt. (Es wird also langsam eingeatmet.) Je schwerer das zu hebende Gewicht ist (je tiefer, voller also eingeatmet wird), desto schwerer und anstrengender wird dieses langsame Heben. Je langsamer das Gewicht gehoben (eingeatmet) wird und je schwerer das zu hebende Gewicht (bzw. je größer das Atemvolumen) ist, desto anstrengender wird es, das Gewicht in die Höhe zu bringen.

Um ein schweres Gewicht zu heben, sollte dies also möglichst zügig und damit kraftsparend erfolgen. Entsprechend sind die erlebte Anstrengung und der erbrachte muskuläre Kraftaufwand beim zügigen Einatmen jeweils relativ minimal, auch wenn die Atmung tiefer und voller und damit grundsätzlich länger und anstrengender wird.

Langes bzw. vor allem langsames Einatmen erhöht nach Jiao (1988) den Blutdruck und verengt die Blutgefäße. Auch andere Anstrengungs- und Anspannungsreaktionen dürften die Folge und zu erwarten sein. Aber auch das mehr oder weniger langsame Einatmen kann trotz der größeren Anstrengung als angenehm empfunden werden und seine sinnvollen Anwendungen haben (s. auch Kap. 3.4). Allerdings wäre hier besonders – wegen der möglichen negativen Folgen – aufzupassen und sorgfältig, vorsichtig vorzugehen.

3.2 Passive Atementspannung

Allein durch die aufmerksame, achtsame, konzentrative Hinwendung zum Atem und Atmen über das ausschließliche Beobachten, Wahrnehmen und Spüren des Atems und Atmens, kann tiefe Entspannung erreicht werden (z. B. Tausch, 1996). Zum einen kann auf diese Art und Weise direkt, kurzfristig und prinzipiell zu jeder Zeit tief entspannt bzw. tiefe Entspannung erzeugt werden. Dies kann – etwa bei Bedarf – zudem beliebig oft wiederholt werden. Zum anderen kann sich die so erworbene Entspannung mit den damit verbundenen Zuständen und Qualitäten, wie z. B. Gelassenheit und innerer Ruhe, darüber hinaus nachhaltig – in den Lebensalltag hinein – ausweiten. Die Entspannung und ihre Folgen und Wirkungen können selbstverständlich nur anteilig, in einem gewissen Umfang oder Ausmaß über die Zeit erhalten bleiben. Sie werden mit einem Verlust über die Zeit – und vor allem die sich einstellenden und ergebenden Ereignisse und Erlebnisse – transportiert. In ihrer Ausprägung nehmen diese mit dem zeitlichen Abstand zur Übung generell ab. Deshalb sollte die bewusste, achtsame Hinwendung zur Atmung zur passiven Atementspannung mindestens einmal täglich über einen selbstbestimmten Zeitraum in einer ruhigen, angenehmen, selbstgewählten und bevorzugten Haltung durchgeführt werden (vor allem liegend oder sitzend, s. Kap. 2.5). Damit sich eine tiefe Entspannung einstellen und der Übende für eine hinreichende Zeit in dieser tiefen Entspannung verweilen kann, sollte diese Übung mindestens einige Minuten, besser über 15 bis 20 Minuten andauern. Ansonsten gelten die Ausführungen im Kapitel 2.

Der Atem beruhigt sich durch die beschriebene Methode dann wie von selbst und mit ihm beruhigen sich Körper und Geist. Dabei ist wichtig, dass das eigene Atmen bzw. der eigene Atem eben nur wahrgenommen wird. Der Atem bleibt sich selbst überlassen, fließt von selbst und gleichsam natürlich. Das Atmen geschieht einfach. Die Atmung erfolgt bzw. ist (nur) „natürlich" (vgl. Kap. 3.1.1). Die Kunst ist – trotz der intensiven Wahrnehmung – die Atmung einfach nur geschehen zu lassen. Für viele Menschen ist diese Aufgabe bzw. Situation zunächst ungewohnt, schwierig und nicht wirklich bzw. nur vermeintlich einfach. Sie wird aber mit regelmäßiger Übung selbstverständlicher und leichter. Bei der passiven Atementspannung wird also – im Gegensatz zur aktiven Atementspannung (vgl. Kap. 3.4) – bewusst darauf verzichtet, die Atmung aktiv, willentlich, willkürlich zu steuern, zu beeinflussen oder zu verändern. Selbst die Kontrolle des Atems und Atmens wird aufgegeben. Dies ist vergleichbar mit der ursprünglichen Atemübung des Autogenen Trainings (s. Kap. 6.2.1.5). Es wird nur (einfach) das Ein- und Ausfließen des Atems wahrgenommen, gespürt. Es findet im Extrem allein eine bewusste, wahrnehmungs- und aufmerksamkeitsbezogene Hinwendung zur Atmung statt. Nur insofern ist der Übende noch „aktiv". Er steuert und kontrolliert nur noch seine wahrnehmende Aufmerksamkeit, aber nicht die Atmung. In Bezug auf die Atmung selbst bleibt er passiv. Zur bewussten Hinwendung und Wahrnehmung der Atmung kann die Aufmerksamkeit jedoch auch stärker auf bestimmte Körperbereiche oder -punkte, wie z. B. im Bereich der Stirn, Nase, Brust oder des Bauches, fokussiert werden und die Wirkung des Ein- und Ausatems dort wahrgenommen, gespürt werden. Es bestehen also die Varianz und Möglichkeiten, sich mehr auf den Atem in einem Körperbereich zu konzentrieren oder mehr auf den Körperbereich beim Atmen. In jedem Falle wird mehr dem Atem im Körper oder dem Atmen mit dem Körper nachgespürt. Geübt werden entsprechend vor allem die Aufmerksamkeit und Konzentration auf Atmung und Atem, Loslassen und Aufgeben von Steuerung und Kontrolle sowie das Vertrauen in die unwillkürlichen, körperlichen Prozesse. In der Folge stellen sich dann die beruhigenden, entspannenden und meditativen Wirkungen ein.

Die Selbsterfahrung des Atems und die Hinwendung zum Atem betont auch die Atemlehre von Middendorf (1991). Aber auch hier existiert ein umfangreiches, strukturiertes Programm, wo der Übende seinen Atem über verschiedene Haltungen, Bewegungen, Berührungen und innere Lautbildungen (innerliches Sprechen, Singen, Denken, Vergegenwärtigen von Lauten – etwa Vokalen – beim Ein- und Ausatmen) mehr oder weniger erfährt.

Im günstigen Fall beruhigt sich die Atmung bei deren achtsamer Wahrnehmung. Im Sinne des Qigong nach Olvedi (1994) fließt der Atem dann wahrscheinlich ruhig, sanft, angepasst, reduziert und dennoch natürlich und vital. Nach Hildenbrand (2007b) lassen Sie es einfach zu, dass der Atem allmählich länger und tiefer wird und auf natürliche Weise kleine Pausen nach dem Aus- und Einatmen entstehen.

Die Erfahrung vor allem mit Patienten, also im therapeutischen oder klinischen Rahmen, zeigt, dass die Atmung im Zusammenhang mit deren jeweiligen psychischen (etwa eine Angststörung oder/und eine Depression) und körperlichen Problemen, Störungen, Erkrankungen und Schäden (etwa nach einem Un- oder Überfall) in typischer, andauernder und nachteiliger Art und Weise verändert, gestört und möglicherweise beeinträchtigt ist. Einige Zusammenhänge mit psychologischen Problemen und Störungen wurden bereits im vorherigen Kapitel 3.1.2 erwähnt und beschrieben. Die Änderungen solcher eingefahrenen, mehr oder weniger nachteiligen Atemmuster allein durch Selbst- bzw. Atemwahrnehmung sind sehr schwierig und langwierig und daher kaum oder nur nach vergleichsweise langem, beständigem Üben und Bemühen zu erreichen und zu leisten. In solchen Fällen helfen in der Atemtherapie dann vor allem therapeutische Berührungen (mit den Händen), die den Atem dann gezielt steuern, kontrollieren und zu verändern helfen. Berührungen leiten den Atem, führen ihn zu den berührten Körperbereichen hin (s. Kap. 7 und 8.2). Zudem leiten diese entsprechend die eigene Aufmerksamkeit und Wahrnehmung in die betreffenden Bereiche. Neue Atemerfahrungen und -muster werden auf diese Art und Weise vorbereitet und möglich. Wenn auch sanft, wird hier dennoch – sinnvoll und passend – mehr oder weniger aktiv in die Atmung eingegriffen. Unterstützende Berührungen können auch prinzipiell von einem selbst, in eigener Regie und eigenem Ermessen durchgeführt und benutzt werden. Allerdings dürfte in diesem Zusammenhang ein Atemtherapeut oder ein atem- und körpergeschulter Psychotherapeut in der Regel über deutlich mehr Wissen und Erfahrung verfügen.

Wie bereits in den vorangegangenen Kapiteln deutlich wurde, können bestimmte, ungünstige, verfestigte Atemmuster (wie z. B. eine dauerhafte schnelle Brustatmung) Entspannung, Gelassenheit, Beruhigung und neue Entwicklungen des Erlebens und Verhaltens behindern. Auch aus diesem Grunde kann es sinnvoll und ratsam sein, mit aktiveren Atemübungen (s. ab Kap. 3.4) zu entspannen, sich in Trance zu versetzen bzw. zu meditieren.

Durch die achtsame Wahrnehmung des Atems und Atmens und begleitender oder folgender Empfindungen, Gefühle, Gedanken usw. lernt der Übende sehr viel über sich und die betreffenden Zusammenhänge. Aus psychologischer Sicht können die körperlich-seelisch-geistigen (psychosomatischen) und darüber hinaus gehenden bzw. damit verbundenen (psycho-bio-geo-sozialen) Zusammenhänge – von einem und für einen selbst – wahrgenommen und erkannt werden.

3.3 Achtsamkeitsmeditationen

3.3.1 Hintergründe und Grundlagen

Achtsamkeitsmeditationen sind Bestandteil der buddhistischen Praxis und Lebensführung. So finden sich Achtsamkeitsmeditationen und betreffende Aspekte – mit unterschiedlichem Gewicht und Fokus – in den verschiedenen buddhistischen Schulen, so etwa auch im hier bekannteren und verbreiteteren Zen. Die Achtsamkeitsmeditationen verkörpern eine Art und Weise und eine Richtung des Meditierens bzw. eine bestimmte Klasse von Meditationen, die als Vipassana zusammengefasst und charakterisiert werden. „Vipassana" stammt aus der älteren, mittelindischen Literatursprache Pali und lässt sich nach Keown (2005/2003, S. 292) mit „Verständnis" und nach Notz (2007, S.508) mit „klare Einsicht" und „Hellblick" übersetzen. Aus buddhistischer Sicht soll im Wesentlichen mit Hilfe der Achtsamkeitsmeditationen die Wirklichkeit klar gesehen und erkannt sowie die Einsicht in die grundlegenden Erkenntnisse erfahren und gewonnen werden. Danach soll erkannt werden, dass die bedingten und Ursache-Wirkungs-Zusammenhänge unterliegenden Dinge und Daseinsaspekte unbeständig bzw. vorübergehend, leidvoll und ohne Ich, Selbst oder eigenes Wesen sind. Im Folgenden sollen nun zum besseren und tieferen Verständnis nacheinander und aufbauend Aspekte und Zusammenhänge über Achtsamkeitsmeditationen und ihre Bedeutung im buddhistischen Kontext dargelegt und erläutert werden.

Achtsamkeitsmeditationen werden benutzt und geübt, um die gewöhnliche, illusionäre, konditionierte, emotionale, deutende, ordnende, kategorisierende, begriffliche, bewertende, vergleichende, vorurteilsbehaftete, vergangenheits-, erwartungs-, zukunfts-, bedürfnis-, interessen-, ich-, nutzen-, kosten-, zweckorientierte Wahrnehmung der Wirklichkeit zu erkennen, zu durchdringen, zu überwinden und loszulassen. Mit Hilfe der Achtsamkeitsmeditationen soll die Wirklichkeit (sich, andere und die äußere Welt) als solche bewusst, mit ganzer Aufmerksamkeit wahrgenommen und klar gesehen, erfahren, erlebt und erkannt werden. Mit und nach hinreichender Übung – und insbesondere nach erreichter Meisterschaft – sollte die „Welt" bzw. sollten die Dinge (Objekte), Sachverhalte und Zusammenhänge so wahrgenommen und erkannt werden, wie diese eigentlich, tatsächlich bzw. „ursprünglich" sind bzw. ist. Die „Welt" umfasst hier das Ganze sowie die vielen verschiedenen Teile und nach westlichem, psychologischem Verständnis sowohl die innere (introspektive) als auch die äußere (physikalische) Welt. In dieser umfassenden Bedeutung wird die Welt im Sinne buddhistischer Vorstellungen „einfach" nur (bewusst) mit allen 6 Sinnen empfunden bzw. wahrgenommen. Zu unseren fünf Sinnen, nämlich Tasten, Riechen, Schmecken, Hören und Sehen, kommt nach der buddhistischen Psychologie das Sinnestor für Geisteindrücke oder -produkte, wie Gedanken und Gefühle, hinzu. Dieser Sinn für seelische, mentale Objekte und Ereignisse könnte als Geist-Sinn, vielleicht auch als Intellekt, Verstand bezeichnet werden. Öfters wird er auch als „Denken" wiedergegeben. Damit jede Sinnesempfindung auch erfahren werden kann, ist jedem Sinn ein entsprechendes Bewusstsein zugeordnet, also ein Körper-, Nasen-, Zungen-, Ohr-, Augen- und Geistbewusstsein. Durch diese auf die Sinne und das (durch sie) bewusste, achtsame Wahrnehmen und Gegenwärtig- oder Gewahrsein entfallen – bei regelmäßigem Üben von Achtsamkeitsmeditationen – zunehmend die erworbenen, konditionierten Reaktionen und weiteren Ver- und Bearbeitungen der Sinnesempfindungen und damit die oben angesprochenen Konstruktionen, Assoziationen, Selektionen, Reduktionen, Vergleiche, Beurteilungen, Orientierungen und anderen aktiven (beschränkenden, verändernden, konstruierenden usw.), reagierenden, seelisch-geistigen

Leistungen. Wenn diese Aktivitäten, Reaktionen und Prozesse dennoch auftreten, so werden sie in der meditativen Achtsamkeitspraxis wiederum zum Gegenstand oder Ereignis der achtsamen Wahrnehmung und Meditation. Es wird dann z. B. bewusst wahrgenommen, dass etwa das wahrzunehmende Geräusch nun gerade verglichen und bewertet – also nicht nur wahrgenommen – wird und dass sich dann wiederum körperliche, emotionale und gedankliche Reaktionen – eben auf Vergleich und Bewertung hin – einstellen. Mit der Bewusstheit dieser Aktivitäten und Reaktionen bietet sich jeweils die Möglichkeit, ganz bewusst und entschieden davon Abstand zu nehmen und sich wieder ganz der bloßen Wahrnehmung bzw. dem gegenwärtig Wahrzunehmenden zu widmen und zu öffnen. Selbst die geistigen Produkte und Vorgänge werden so nur bewusst, konzentriert, achtsam wahrgenommen, meditiert und vergegenwärtigt. Es wird auf diese Art und Weise nur erfahren, was gerade wahrzunehmen ist, was vorgeht.

In den Achtsamkeitsmeditationen und der allgemeinen Praxis der Achtsamkeit sammeln und richten Sie sich bewusst und aufmerksam ganz auf die Wahrnehmung bzw. Bewusstheit des gegenwärtig Wahrzunehmenden. Wir, genauer, unsere Aufmerksamkeit und unser Bewusstsein bleiben so bei der „sinnlichen" Wahrnehmung und diese wird also ganz und ausschließlich auf sich selbst und damit auf die jeweils zugänglichen, gerade vorhandenen Sinnes- und Geisteindrücke beschränkt. Damit ist die Wahrnehmung auch ganz auf die Gegenwart bzw. den gegenwärtigen Augenblick bezogen, gerichtet und konzentriert und – im idealen Fall sowohl ganz als auch nur dem jeweils im Augenblick Wahrzunehmenden geöffnet. In diesem Sinne wird die Wahrnehmung einfach, pur, ganz, ungetrübt, unverfälscht, ursprünglich und eben „wahr".

Es wird also durch die regelmäßigen Achtsamkeitsübungen und Meditationen kein irgendwie gearteter, übernatürlicher, metaphysischer „Röntgenblick" oder Durchblick gefördert und erworben, sondern eine Wahrnehmung, die möglichst ohne Vorstellungen, Klassifikationen, Abstraktionen, Assoziationen, Überzeugungen, Annahmen, Vermutungen, Erwartungen, Absichten, Begierden, Abneigungen, Wertungen und Urteilen bleibt. Entsprechend wird das übliche psychische, gefühlsmäßige, gedankliche und assoziative Zutun minimiert. Die Wahrnehmung wird dadurch im buddhistischen Sinne, wie noch ausgeführt und verständlicher werden wird, um ichhafte, selbstbezogene und illusionäre Aspekte und Tendenzen bereinigt. Das Wahrnehmen ist und bleibt so nur Wahrnehmung. Es wird in der Folge deutlich bewusst und erkennbar, dass das jeweils Wahrgenommene bzw. jeglicher Wahrnehmungsinhalt nur vorübergehend, unbeständig und veränderlich ist.

Mit Achtsamkeitsmeditationen wird also versucht und geübt, die inneren und äußeren Gegebenheiten und Zusammenhänge (das Dasein) möglichst so wahrzunehmen, wie sie sind bzw. den sechs Sinnen gegeben sind oder sich ihnen darstellen. Entsprechend wird in diesen Meditationen geübt, die Aufmerksamkeit, geistige Konzentration, Bewusstheit und Wahrnehmung darauf auszurichten. Es wird also in diesen Meditationen grundsätzlich „einfach" nur achtsam, d. h. bewusst, voll aufmerksam und konzentriert, mit den Sinnen wahrgenommen, nämlich das und nur das, was (da) „ist" bzw. in einem ursprünglichen, unverfälschten Sinne in einem jeweiligen Augenblick erfahren werden kann. In den Übungen bzw. Achtsamkeitsmeditationen wird, genaugenommen, die achtsame Wahrnehmung jeweils auf einen Sinn oder maximal auf wenige Sinne konzentriert (vgl. Salzberg & Goldstein, 2001). Erst im fortgeschrittenen Stadium, etwa bei den Übungen bzw. der meditativen Achtsamkeit im Alltag (vgl. Kap. 3.3.3), ist eine wahrnehmende, bewusste Präsenz und Konzentration bzw. Weitung auf und über alle sechs Sinne zu erreichen. In jedem Falle wird grundsätzlich versucht und geübt, sich ganz, also mit vollem Bewusstsein, voller Aufmerksamkeit und Konzentration, der Wahrnehmung und dem Wahrzunehmenden zu öffnen und zu widmen sowie nur wahr und zur Kenntnis zu nehmen und es dabei zu belassen. Das Wahrgenommene wird also nicht weiter verglichen, beurteilt, bearbeitet, gedeutet, benutzt usw., es wird so gelassen.

Letztliches Ziel ist bei den Achtsamkeitsmeditationen – wie auch den anderen buddhistischen Meditationen – den Schein des Daseins und die Oberfläche und Relativität der Wirklichkeit bzw. die alltägliche Wahrnehmung mit unseren Konditionierungen, Abhängigkeiten, Illusionen und Konstruktionen zu durchdringen, um die Essenz der absoluten, grundlegenden und allumfassenden Wirklichkeit zu erfassen und zu erfahren. Letztlich ist das das Ziel jeglicher mystischer Erfahrung und Versenkung. In der buddhistischen Lehre ist diese absolute Wirklichkeit, das wahre Wesen aller Dinge und die Buddha-Natur aller Lebewesen die Soheit oder das Sosein. Diese Begriffe versuchen – im Unterschied zu den christlichen und anderen religiösen Mystikern – sich jeglicher metaphysischen, theologischen oder philosophischen Deutung und Spekulation zu enthalten und sich nur auf die mit Hilfe der Meditation zu gewinnende Erfahrung und Einsicht zu beziehen. Zunächst geht es jedoch in den Achtsamkeitsmeditationen darum, sich in der völligen Präsenz im Augenblick bzw. der Gegenwart, dem reinen Wahrnehmen und dem Sein-lassen jeglicher Reaktionen auf das Wahrzunehmende und Wahrgenommene systematisch zu üben.

Nach Nyanaponika (2007) handelt es sich hier um den einen wesentlichen Aspekt der buddhistischen Achtsamkeitsmeditationen, nämlich um das reine Beobachten, das dort (S. 26) wie folgt beschrieben wird: „Reines Beobachten ist das klare, unabgelenkte Beobachten, was im Augenblick der jeweils gegenwärtigen Erfahrung (einer äußeren oder inneren) wirklich vor sich geht. Es ist die unmittelbare Anschauung der eigenen körperlichen und geistigen Daseinsvorgänge, soweit sie in den Spiegel der Aufmerksamkeit fallen." Durch die Achtsamkeitsmeditationen werden die Inhalte der achtsamen Wahrnehmung als Objekte der reinen Beobachtung bzw. Meditation systematisch erschlossen und variiert. Das reine Beobachten bzw. das achtsame Wahrnehmen und Vergegenwärtigen der einzelnen, verschiedenen (bloßen) Wahrnehmungsinhalte wird so gezielt gelernt und verfügbar und schließlich – zunehmend und bewusst – über und für die gesamte Wahrnehmung im Alltag bzw. im täglichen Leben ausgedehnt und verallgemeinert. Das heißt nicht, dass nicht auch andere kognitive Leistungen stattfinden, folgen können, aber der Meister nimmt (die inneren und äußeren Gegebenheiten) zunächst nur achtsam wahr, zur Kenntnis, um dann klar und bewusst zu entscheiden, wie er damit weiter verfährt. Hier spielt der zweite wesentliche Aspekt der buddhistischen Achtsamkeitsmeditationen nach Nyanaponika (2007) eine entscheidende Rolle, nämlich der Klarblick oder die Wissensklarheit. Über die Achtsamkeitsmeditationen werden nämlich auch diese vermittelt. „Der Klarblick ist die direkte und tiefgreifende Einsicht in die drei Merkmale alles Daseins, d. h. in seine Vergänglichkeit, Leidhaftigkeit und Ich- und Substanzlosigkeit" (S. 40), also letztlich die zentralen Erkenntnisse oder Annahmen der buddhistischen Lehre bzw. Wirklichkeitssicht (wie unten noch weiter ausgeführt).

Auch wenn das reine Beobachten, das im Hier-und-Jetzt-nur-Wahrnehmen – selbst nach regelmäßigem Üben von Achtsamkeitsmeditationen – nicht immer gelingt, werden zumindest die über die Wahrnehmung hinausgehenden Aktivitäten, Reaktionen, Konstruktionen, seelisch-geistigen Veränderungen und Leistungen mit der Übung zunehmend bewusster und evident. So wird etwa klar und bewusst, wie Abneigungen, Vorlieben, Gleichgültigkeit und Desinteresse (gegenüber dem Wahrzunehmenden) unser Erleben und Verhalten bei und nach der Wahrnehmung prägen und ausrichten. Diese alltägliche, gewöhnliche, verzerrende, reagierende Wahrnehmung kann dann mit bzw. nach Übung bewusst erkannt und mit zunehmender Übung und Meisterschaft gelassen werden, nämlich zugunsten einer ursprünglichen, freien, offenen, umfassenden, klaren, sinnlichen bzw. sinnesbezogenen Wahrnehmung des jeweils Gegenwärtigen.

Die Wahrnehmungen können im konventionellen Sinne bzw. gemäß dem Alltagsverständnis die innere oder äußere Welt betreffen. Aus akademisch-psychologischer, erkenntnis-philosophischer Sicht konzentriert sich der Meditierende genaugenommen jedoch in jedem Falle auf die bzw. seine innere Welt, nämlich seine Wahrnehmungen und Erfahrungen. Es bleibt ihm eigentlich nur diese Innerlichkeit, auch wenn im Unterschied dazu, zumindest augenscheinlich die Wahrnehmungen die „innere" oder „äußere" Welt betreffen können. Er betreibt also mit den Achtsamkeitsmeditationen eine konsequente und gesteigerte Introspektion, um über diese ein Verständnis der und Einsicht in die Wirklichkeit (das Dasein) zu erlangen, soweit diese wahrzunehmen und zu betrachten ist. Durch regelmäßiges Üben wird z. B. erfahren, dass Empfindungen, andere Sinneseindrücke, Gefühle und Gedanken – und seien sie noch so unangenehm oder auch angenehm – in der achtsamen, meditativen Wahrnehmung vorübergehen, also eigentlich von flüchtiger, vergänglicher Natur sind. Dies kann selbstverständlich psychologisch genutzt werden, etwa bei der Bewältigung von Schmerzen, Verhaltensimpulsen oder negativen Gedanken und Gefühle, oder zur Erfahrung und Bestätigung buddhistischer Grundsätze, nämlich über die Vergänglichkeit, die Ichlosigkeit und Überwindung der Leidhaftigkeit.

In den Achtsamkeitsmeditationen wird auf jeden Fall ganz direkt erfahren, dass die Wahrnehmungs- oder Sinnesinhalte von vergänglicher bzw. vorübergehender Natur sind, wenn man sich auf deren achtsame, bewusste Wahrnehmung konzentriert und beschränkt. Weiter lernt man durch das regelmäßige Üben dieser Achtsamkeitsmeditationen ganz und ausschließlich bei dieser bewussten, achtsamen Wahrnehmung zu bleiben; denn, wenn man sich darüber hinaus weiter auf die jeweils gegenwärtigen Inhalte einlässt, sich mit ihnen mental oder emotional beschäftigt und diese nicht sein- oder loslässt, dann dauern diese in Abhängigkeit des Einlassens und der weiteren Beschäftigung an. Sind diese jedoch nur Gegenstand der bewussten und achtsamen Wahrnehmung, so kommen und gehen sie. Sie ziehen wie Wolken oder Wellen am bzw. im Bewusstsein vorbei. Nach Kornfield (2008) verändern sich die wahrzunehmenden Inhalte, aber es bleibt die Achtsamkeit, das Bewusstsein – wie ein Spiegel der vorübergehenden Wahrnehmungen. Dies entspricht hier übrigens dem Konstrukt des Kurzzeitgedächtnisses oder der Aufmerksamkeitsspanne in der experimentellen Gedächtnispsychologie.

Auf diese Art und Weise kann nach Singer (2016) die Erfahrung, Erkenntnis und Einsicht angestrebt und erreicht werden, dass das Bewusstsein bzw. die Bewusstheit zentral sind und bleiben (zumindest so lange man lebt, entsprechend dem altgriechischem Philosophen Epikur, 1972). Nur die Wahrnehmungs- bzw. Bewusstseinsinhalte kommen und gehen bzw. sind vergänglich und flüchtig. Durch das konsequente achtsame Wahrnehmen und Beobachten dieser können wir verhindern, dass wir uns durch diese definieren, beunruhigen und beschäftigen lassen, uns mit ihnen verstricken und in der Folge durch diese steuern und kontrollieren lassen. Das ausschließliche Bewusstsein über die Bewusstheit (der Wahrnehmung) betrifft dann nach yogischer Vorstellung das höhere oder eigentliche, wirkliche Selbst (Atman). Es führt nach buddhistischer Vorstellung, die ein unabhängiges oder dauerhaftes Selbst grundsätzlich als Illusion auffassen und ablehnen, dennoch zur Auflösung bzw. Überwindung des leidenden und leidverursachenden Ichs oder Selbst und zum Erkennen der ursprünglichen oder grundlegenden Buddha-Natur, zum Erreichen von Erleuchtung und Nirvana (s. u.). Auch Harris (2015) kommt im Sinne der buddhistischen Philosophie, Psychologie und Spiritualität zur Quintessenz, dass das eigentliche Ziel der Meditation und der spirituellen Arbeit das Erleben und die Erkenntnis ist, das letztlich nur Bewusstsein wirklich, grundlegend und wesentlich ist. Alle möglichen Inhalte bzw. Wahrnehmungen des Bewusstseins, wie etwa Empfindungen, Gedanken, Vorstellungen, Emotionen usw., sind vorübergehend, flüchtig, vergänglich, bedingt und selbst wiederum folgende Inhalte und Wahrnehmungen bedingend und verursachend. Das Bewusstsein an sich und als solches ist in jedem Augenblick. Es ist ich- und selbstlos, unabhängig von den jeweiligen und möglichen Inhalten bzw. Wahrnehmungen und nicht-dual, sondern einheitlich, vollständig und ganz.

Weiter werden Achtsamkeitsmeditationen benutzt, um unheilsame Kräfte und Vorgänge zu minimieren und heilsame Kräfte und Vorgänge zu mehren. Dies ist sowohl im buddhistischen Sinne (gemäß vor allem dem weiter unten beschriebenen achtfachen Pfad) als auch im psychologischen, ganzheitlichen und allgemeinen, humanistischen Sinne zu verstehen. Entsprechend helfen diese, uns selbst von unseren tief verwurzelten, bereits früh und häufig konditionierten Reaktionen bzw. Muster des Erlebens und Verhaltens (z. B. der Abneigung, Angst, Ekel, Hass) bewusst zu lösen. Und diese helfen uns, unheilsame Reaktionen, wie z. B. möglicherweise Flucht, Kampf, zu unterlassen und stattdessen bewusst heilsam zu reagieren. Ob beispielsweise eine Reaktion, wie die Flucht, als heilsam – im westlichen, psychologischen Sinne würden wir über ihre Angemessenheit sprechen – einzustufen wäre, hängt m. E. selbstverständlich auch von den Umständen, der Situation und dem gesamten Kontext ab. So kann die Flucht vor dem Tiger durchaus sowohl als angemessen als auch als heilsam eingeschätzt werden. Aber negative Gefühle und im buddhistischen Sinne unheilsame Reaktionen, wie z. B. Abneigung, Angst, Ekel, Hass können mit bzw. durch heilsame Reaktionen wie etwa Offenheit, Güte, Mitgefühl, Liebe, Vertrauen, Weisheit ersetzt und überwunden werden. Durch Achtsamkeitsmeditationen können prinzipiell die nach der buddhistischen Lehre drei grundsätzlichen Trübungen des Geistes und (psychischen) Ursachen für Leid bzw. Leiden, nämlich 1. Gier, 2. Hass und 3. Unwissenheit, erkannt, verringert und schließlich überwunden bzw. losgelassen werden. Gier steht auch für Begierde, Begehren, Durst nach Sinnlichkeit, Verlangen, Hass für Ablehnung, Abwehr, Aversion und Unwissenheit für Verblendung, Nicht-wahrnehmen, -erkennen. In der Folge und schon allein durch ein regelmäßiges Üben der betreffenden Meditationen werden einfach Klarheit, Wissen, Verständnis, Einsicht, Erkenntnis, Weisheit, geistige Sammlung, innere Ruhe, Gelassenheit, Akzeptanz, Freude, Mitgefühl, Herzensgüte usw. entwickelt und wachsen.

Diese können und sollten mit Achtsamkeitsmeditationen wachsen, ohne daran anzuhaften, davon abhängig zu werden bzw. sich davon in unheilsamer Art und Weise wiederum abhängig zu machen. Dazu sind wiederum die Folgen und Wirkungen der Meditation Gegenstand der achtsamen Wahrnehmung und Meditation bzw. der reinen Beobachtung und des Klarblicks. So wird verhindert, dass Erfolge, Fortschritte in der Meditation z. B. zu unrealistischer Selbsteinschätzung, zu Selbstgefälligkeit, Überheblichkeit, Begehren, Abhängigkeit, unangemessener Konzentration auf Nebensächlichkeiten usw. führen. „Misserfolge" und Schwierigkeiten führen so nicht oder zumindest nicht unmittelbar und folgerichtig oder automatisch zu Frustration, Zweifeln, inneren Kämpfen, Ablehnung, Vermeidung und Aufgabe. Es ist nach Nyananaponika (2007) wichtig, selbst auch gegenüber den besonderen, erfreulichen und positiven Folgen und Zuständen einer tieferen Versenkung (s. u.) gegenüber besonnen bzw. wahrnehmend zu bleiben, um nicht bei bzw. an diesen Zuständen stehen zu bleiben, zu haften und damit den weiteren Fortschritt bei den Übungen der Achtsamkeit letztlich zu be- oder sogar zu verhindern. Dagegen erscheint die achtsame Wahrnehmung bei Licht- und Bildererlebnissen, die als sekundäre, psychologische Folgen der Meditation entstehen, schon als nahezu selbstverständlich. Die ist nicht nur nach meiner Einschätzung und Erfahrung (s. Nyanaponika, 2007) zentral und notwendig, um sich nicht (weiter) in assoziativen, psychologischen Traum- und Bilderwelten, in psychologischen (Neben-) Erscheinungen und Schauplätzen, in unbewussten Zuständen und Prozessen zu verlieren und den besonderen inneren Zustand bzw. Vorgang achtsamer Wahrnehmung, bewusster, gezielter Aufmerksamkeit, Präsenz, Sammlung und Konzentration sowie geistiger Ruhe und Gelassenheit zu erhalten. Durch die achtsame Wahrnehmung werden diese psychisch-geistigen Produkte zu „Geistobjekten" der Achtsamkeitsmeditation. Nach ihrer reinen Beobachtung, Zur-Kenntnisnahme und Registrierung wird die achtsame Wahrnehmung und Aufmerksamkeit bewusst wieder dem eigentlichen, gewählten Objekt der Achtsamkeitsmeditation (wie noch weiter ausgeführt werden wird) zugewendet.

In der Haltung der bewussten achtsamen Wahrnehmung und Meditation können aber auch diese psychischen oder geistigen Produkte weiter beachtet und betrachtet werden. Dabei kann es sich auch um sehr belastende oder sehr ergreifende negative Erinnerungen, Gefühle, Gedanken, Imaginationen oder Trauminhalte handeln. Kornfield (2008) zeigt auf, wie diese Geistobjekte und ihre Zusammenhänge, Bedingungen und Abhängigkeiten achtsam studiert, erkannt und mitfühlend, meditativ, im buddhistischen sowie auch gleichsam im psychotherapeutischen Sinne behandelt werden können. Voraussetzung, wichtig und zentral bleibt jedoch auch dafür diese achtsam wahrnehmende, meditative, grundsätzlich wohlwollende, wertschätzende, respektierende und akzeptierende, aber dennoch nicht-bewertende Grundhaltung, um sich nicht mit diesen Geistobjekten zu identifizieren oder von ihnen einnehmen, faszinieren oder beherrschen zu lassen und sich letztlich von ihnen lösen und befreien zu können.

Die Achtsamkeitsmeditationen helfen, wie bereits erwähnt, die grundlegenden, wesentlichen, zentralen buddhistischen Erkenntnisse zu erfassen und zu begreifen. Nach Nyanaponika (2007, S. 72) handelt es sich bei den auf Buddha selbst zurückgeführten Grundlagen der Achtsamkeit (wie diese in seiner großen Lehrrede ausgeführt werden, s. u.) um „eine umfassende und gründliche Anweisung zum tieferen und genaueren Verstehen und zum anschaulichen, aus der Einzelübung gewonnenen Erleben dieser Lehre." In der und über die Meditation werden diese Erkenntnisse direkt erlebt, erfahrbar, verständlich, klar und einsichtig. Bei diesen Erkenntnissen handelt es sich vor allem um die Unbeständigkeit bzw. Vergänglichkeit, die Leidhaftigkeit und die Abhängigkeit, Bedingtheit, Substanz- bzw. Ich-, Selbstlosigkeit (Nicht-Selbstheit) des Daseins. Dazu gehören die edlen vier Wahrheiten über die Existenz des Leidens, dessen Ursprünge, Entstehen und Verursachung und die Möglichkeit der Aufhebung bzw. Auflösung des Leidens und den Weg bzw. die Mittel dazu. Dabei betrifft die Leidhaftigkeit alle fünf Daseinsgruppen, nämlich den Körper, die Empfindung, Wahrnehmung, Geistesformationen und das Bewusstsein (vgl. z. B. Freiberger & Kleine, 2011). Leiden wird durch Schmerzen bzw. schmerzliche Erfahrungen, Veränderungen, Unbeständigkeit, Altern, Krankheit, Tod, aber auch durch Bedingtheit, Abhängigkeit verursacht. Aber auch die Menschen selbst – wie bereits angesprochen – tragen durch unheilsame Reaktionen zum Leiden bei und verursachen es durch die drei Trübungen des Geistes, nämlich Gier, Hass und Unwissenheit. Letzteres meint hier ein Mangel an Weisheit und Erkenntnis bzw. Einsicht in die wirkliche Natur und Zusammenhänge des Daseins. Es bezieht sich auf die Illusionen über die Leidhaftigkeit der Welt, die Beständigkeit des Daseins, über die Unabhängigkeit und Wirklichkeit eines bzw. unseres Egos. Diesen Illusionen oder grundlegenden Fehleinschätzungen hängen die Menschen für gewöhnlich nach und lassen sich von ihnen in ihrem Erleben und Verhalten leiten und bestimmen. In der Folge sowie durch die Gier und den Hass werden immer mehr Leid, Leiden bzw. negative Konsequenzen auf der Welt für die Menschen und anderen Lebewesen erzeugt und ausgelöst, was eigentlich – bei angemessener, heilsamer Lebens- und Geistführung – unnötig und vermeidbar wäre. Dennoch verstricken, verlieren sich Menschen und verhaften durch ihr eigenes Erleben und Tun – eben regelmäßig – in destruktiven, unheilsamen, endlosen, Leid hervorrufenden Ursache-Wirkungszusammenhängen.

Insbesondere die Existenz und Realität eines Ichs, dass unbedingt zu erhalten, zu befriedigen, welches der eigentlich Handelnde, Denkende, Erlebende, Wollende oder/und Beobachter und das Zentrum zumindest meines Seins, Bewusstseins und sogar des gesamten erlebten

Universums ist, erscheint dem Alltagsverständnis und -erleben geradezu selbstverständlich, natürlich und verrückbar. Aber genau dieses Ich, Ego oder Selbst zeigt und erweist sich auch angesichts der zunehmend genaueren, umfassenden, unvoreingenommen und wissenschaftlichen Betrachtung, Analyse und Untersuchung als eine Illusion und Konstruktion, die wiederum und trotzdem unser Erleben und Verhalten mitbestimmt (vor allem Metzinger, 2014; auch Harris, 2015). Bereits der Philosoph David Hume schloss aus der Nichtwahrnehmbarkeit des Selbst bzw. der äußeren und inneren Unbeobachtbarkeit des Beobachters auf dessen illusionären, trügerischen Charakter bzw. eigentliche Nichtexistenz (z. B. Kenny, 2012). Dennoch lassen wir uns von unserem Ich ständig leiten und antreiben. Wir sind unaufhörlich damit beschäftigt, dass es unserem Ich gut geht, etwa dessen Bedürfnisse befriedigt und dessen Belange und Ziele befolgt und erreicht bzw. verwirklicht werden. Andernfalls leiden wir! Ich bzw. dieses vermeintliche, konstruierte Selbst will, möchte nicht oder mehr, ist unzufrieden, enttäuscht, gekränkt oder verletzt, sorgt, ängstigt, ärgert sich, fühlt sich unwohl, trauert, hat Schmerzen usw. usf.

Den Weg zur Lösung oder Befreiung aus dem Leiden und den Leid hervorrufenden Zusammenhängen bietet nach Buddha der achtfache (achtgliedrige) Pfad (Weg). Dieser achtfache Pfad umfasst das Ausüben von und Orientieren an acht Wegen bzw. Aspekten, Bereichen, Mitteln, Methoden, Qualitäten, Kriterien und Maximen des Erlebens, Verhaltens und Handelns bzw. der Lebens- und Geistführung. Jeder dieser acht Wege ist in jeweils „rechter", gemeint ist hier in geeigneter, ganzer, voller, weiser, heilsamer und klarer, Art und Weise anzustreben und zu verwirklichen. Dies sind nach z. B. Bottini (2004), Freiberger und Kleine (2011), Gäng (2002), Köppler (2008), Nyanatiloka und Nyanaponika (1993a,b), Salzberg und Goldstein (2001), Thich Nhat Han (1994) und von Glasenapp (1988) sowie dem Lexikon der östlichen Weisheitslehren im Barth Verlag (2. Aufl. von 1986): 1. Ansicht (Sehen, Sichtweise, Anschauung, Auffassung, Verstehen, Einsicht, Erkenntnis) 2. Absicht (Gesinnung, Entschluss, Denken), 3. Rede, 4. Handeln (Tun, Tat), 5. Leben (Lebenswandel, -führung, -unterhalt und -erwerb), 6. Bemühen (Bemühung, Anstrengung, Streben), 7. Achtsamkeit (Überdenken) und 8. Meditation (meditative, geistige Sammlung, Versenkung, Konzentration). (In den Klammern befinden sich gegebenenfalls die alternativen Bezeichnungen, die auch die Bedeutung des Pfades erschließen helfen.) Die ersten beiden Wege bzw. Orientierungen betreffen die unterscheidende Erkenntnis. Rechtes Reden, Handeln und Leben betreffen die Ethik und die letzten drei Orientierungen die Meditation und Sammlung. Allerdings ist ein angemessenes Bemühen und Streben, also die fünfte Orientierung, auch für die anderen Wege wichtig. Die Achtsamkeitsmeditationen sind demnach ausdrücklich Teil dieses Weges (vgl. z. B. Nyanaponika, 2007). Diese helfen das Leiden, deren Verursachung (Karma) und die Ichhaftigkeit bzw. -bezogenheit und die Unwissenheit bezüglich der Substanzlosigkeit, Abhängigkeit und Unbeständigkeit des Daseins zu überwinden und sich schließlich aus den betreffenden Fesseln, Anhaftungen zu lösen.

Der achtfache Pfad erinnert mich zudem an die verschiedenen Ebenen, Bereiche und Maßnahmen in der heutigen integrativen Psychotherapie und Verhaltenstherapie, um therapeutisch erwünschte, nachhaltige Veränderungen im Erleben und Verhalten eines seelisch leidenden Menschen zu erreichen. So wird heute auch in einer Verhaltenstherapie an und in diesen acht verschiedenen Bereichen mit einem Patienten gearbeitet, ohne dass eine Bezugnahme auf die buddhistische Lehre erfolgen oder notwendig sein würde.

In der abendländischen Tradition kennen wir die antike, philosophische Schule der Stoiker, die ähnliche Ansichten und Auffassungen vertrat. So schrieb Seneca, übersetzt und herausgegeben von Berthold (2011), als ein bedeutender Vertreter und Philosoph dieser Schule, wesentlich über das Ziel sowie Mittel und Wege, wie dauerhaft Weisheit, innere Zufriedenheit und Freiheit, ein „glückliches Leben", Freude, Heiterkeit, Gelassenheit, Ruhe und Gleichmut zu entwickeln, zu fördern, mehren und letztlich zu erreichen sind. Grundsätzlich ging es ihm darum, wie dieses Ziel durch eine entsprechende Lebenseinstellung und -führung verwirklicht werden kann. Dazu sind diese vor allem nach der Vernunft und den Tugenden sowie der Natur bzw. der Natürlichkeit sowie im Einklang mit der Natur auszurichten, wie es nach der Weisheit erfolgen bzw. in idealer Art und Weise von einem Weisen gelebt und vorgelebt werden müsste. In Anwendung dieser Prinzipien – eben in vernünftiger, tugendhafter und natürlicher Art und Weise – sind dabei auch die eigenen Möglichkeiten, Voraussetzungen sowie jeweiligen Gegebenheiten und Umstände zu berücksichtigen. Als Mittel und Wege beschrieb und erläuterte er etwa Betrachten, Nachdenken, Lernen, Gewöhnung, Nachahmung, Fokussierung, Innenwendung, Sammlung, Genügsamkeit, Selbstbeherrschung, Wollen, Bemühen, Konzentration, Beobachtung, Achtsamkeit, Entscheiden, Auswählen, Zielsetzung, Planung und Einsicht. Denken, Reden und Handeln sollten übereinstimmen. Das unerwartete, mögliche sollte möglichst bedacht werden, um auf alle Eventualitäten, Herausforderungen, Versuchungen und schrecklichen Ereignisse und Schicksalsschläge innerlich vorbereitet zu sein. Tägliche Selbstbeobachtung, -prüfung und -erforschung sind notwendig, um zu prüfen, ob die guten Vorsätze, Absichten, Vornahmen, Ziele und Pläne auch in Taten münden, im praktischen Leben angewendet und verwirklicht werden sowie das eigene Leben und die Handlungen ordnen, bestimmen und lenken. Unablässiges, beharrliches Üben und Bemühen, praktisches Erproben, Lernen am Beispiel und vom bzw. mit einem weisen Vorbild, Lesen entsprechend erbaulicher Literatur und vor allem gründliches Studium der Philosophie, der Philosophen und ihrer Werke sind wichtige Voraussetzungen und Bedingungen, um ein glückliches Leben zu entwickeln und führen zu können. Im Zentrum steht die umfassende philosophische und geistige Bildung. Seneca erklärt in seinen Schriften, dass und wie diese Maßnahmen, Strategien und Anstrengungen helfen und bewirken können, Begierden, Affekte bzw. Emotionen und Impulse, Schmerzen, widrige Lebensumstände und -ereignisse sowie selbst Schicksalsschläge, den grundsätzlich zu erwartenden Tod und untugendhaftes, unweises und dem Ziel, ein glückliches Leben zu führen, abträgliches Verhalten und Handeln zu vermeiden, zu überwinden oder zu bewältigen. Diese Prinzipien, Methoden und Mittel werden zwar oft im Zusammenhang und am Beispiel beschrieben, erklärt und vermittelt, aber wie diese letztendlich in der Praxis, ganz konkret und genau zu erreichen, zu realisieren oder umzusetzen, zu entfalten, zu üben und vorzubereiten sind, bleibt eher allgemein oder offen bzw. dem Wissen, Können, der Vorstellung, Kreativität usw. des Lesers überlassen. Obwohl das Studium und Betreiben der Philosophie von Seneca hier nicht nur in sehr grundlegender, sondern auch weiter und umfassender sowie auch auf das praktische Leben und Handeln bezogener Art und Weise verstanden wurde, fehlen hier konkrete, aufbauende Übungen, wie sie im Buddhismus mit den verschiedenen Meditationstechniken und mit den Achtsamkeitsmeditationen im Besonderen zur Verfügung gestellt worden und gegeben sind.

Epiktet war ein späterer, ebenfalls hervorragender Stoiker. Er (nach seiner aktuellen Übersetzung und Auflage von 2015) stellte ebenfalls diverse Empfehlungen zum Verhalten und Erleben, zur Selbstkontrolle und -steuerung sowie zum Umgang mit Schwierigkeiten, Kränkungen, Verlusten, Verlockungen, unangenehmen sowie angenehmen Ereignissen bzw. Erlebnissen, Gefühlen, Gedanken, Vorstellungen, Meinungen, Überzeugungen, Wertungen, Erwartungen, Wünschen, Sehnsüchten, Bedürfnissen und dem Körper zusammen, um andauernd innere Gelassenheit, Freiheit und Gemütsruhe zu erreichen. Im Einzelnen handelt es sich um exemplarisch und vergleichsweise konkret beschriebene Techniken und Strategien, die auch in der heutigen Psychotherapie und vor allem der kognitiven Verhaltenstherapie Verwendung finden, die so im Alltag angewendet, bei Bedarf auch übertragen und geübt werden können. Trotz der Innenwendung, Muße, des Betrachtens, Nachdenkens und Philosophierens wurde meines

Wissens jedoch auch hier keine vergleichbare, systematische Kultur der meditativen Trance, Sammlung, Versenkung und ihrer Übung und Praxis entwickelt wie im Buddhismus. Grundsätzlich wurde die Autonomie und Unabhängigkeit der Person angestrebt und gestärkt und nicht deren konstruierter, illusionärer Charakter, ihre generelle Verbundenheit und Abhängigkeit hervorgehoben. Auch traten bei Epiktet Mitleid, Mitgefühl und Mitfreude zugunsten des Erhalts von Gleichmut, Gemütsruhe und Unabhängigkeit in den Hintergrund und wurden als innere, bindende Reaktionen und Affekte gemieden. Seneca betonte dagegen, trotz der notwendigen und wichtigen Abgrenzung und Autonomie gegenüber anderen Menschen, sozialen Gruppen, Institutionen usw. und deren nicht der Vernunft, Tugend, Weisheit und Natur verbundenen Bestrebungen, Entscheidungen usw., explizit die Einbindung des Menschen in die Natur und das Ganze sowie den Zusammenhang und -halt, die Achtung, Kooperation und Liebe zwischen den Menschen, insbesondere die Liebe zu und Verbundenheit mit Freunden. Während Seneca und Epiktet sich weitgehend und im Wesentlichen auf den Verstand und die Vernunft bzw. die Philosophie berufen und verlassen, geht das buddhistische System gezielt und systematisch darüber hinaus.

Um auf dem achtfachen Pfad und insbesondere auf den Wegen der Achtsamkeit und Meditation sowie speziell mit den Achtsamkeitsmeditationen fortzuschreiten, sind die später im Kapitel 3.3.5 besprochenen fünf Hindernisse der Meditation zu überwinden. Die Kräfte und Voraussetzungen für die Achtsamkeitsmeditationen werden wiederum bzw. gleichzeitig durch diese geübt, aufgebaut, gestärkt und entwickelt. So werden u. a. die fünf (geistigen) Kräfte (Fähigkeiten) und die sieben Faktoren (Glieder) des Erwachens oder der Erleuchtung entwickelt. (In den Klammern werden hier alternative Begriffe bzw. Übersetzungen oder Ergänzungen wiedergegeben, die zugleich dem Verständnis und der Erläuterung dienen.) Die fünf geistigen Kräfte sind 1. Vertrauen, 2. Energie (Willenskraft), 3. Achtsamkeit (Wachsamkeit), 4. (meditative) Sammlung (Konzentration) und 5. wahres Verstehen bzw. Weisheit (vgl. z. B. Bottini, 2004; Nyanatiloka & Nyanaponika, 1993a,c; Thich Nhat Han, 1994). Bei den sieben Faktoren des Erwachens handelt es sich um 1. vollständige Aufmerksamkeit bzw. Achtsamkeit, 2. Unterscheiden von Gegebenheiten, Wirklichkeitsergründung bzw. Erforschung, Ergründung (Untersuchung) des Daseins und der Lehre, 3. Energie und Bemühen (Willenskraft, Anstrengung, Ausdauer, innere Stärke, Tatkraft, Mut), 4. Freude (Begeisterung, Entzücken, Verzückung), 5. Leichtigkeit und Ruhe (Gestilltheit, Zufriedenheit, Stille, Überwindung der Leidenschaften), 6. (geistige) Sammlung und Konzentration und 7. Gleichmut, Gelassenheit und Akzeptanz (vgl. zudem Gäng, 2002; Goldstein & Kornfield, 2001; Köppler, 2008; Nyanatiloka & Nyanaponika, 1993a,d). Mit den Achtsamkeitsmeditationen können auch nach und nach die verschiedenen und allen buddhistischen Schulen gemeinsamen vier Vertiefungen des Bewusstseins oder Stufen der Qualität der Meditation (Sammlung, Versenkung) bzw. beim Meditieren erreicht werden (vgl. z. B. Bottini, 2004; Gäng, 2002; Goldstein & Kornfield, 2001; Köppler, 2008). Mit oder nach dem Erreichen der letzten vierten Stufe werden zudem weitere vier oder fünf Stufen oder Zustände, nämlich die formlosen Vertiefungen, unterschieden (s. dazu Gäng, 2002; Köppler, 2008). Ich möchte mich hier jedoch auf die vier grundlegenden Stufen beschränken, da diese bereits sehr fortgeschrittene Zustände darstellen, aber auch meines Erachtens intuitiv und ohne große Vorkenntnisse noch gut nachvollzogen und verstanden werden können. Mit jeder dieser vier Stufen bzw. der zunehmenden Vertiefung nehmen Konzentration, Sammlung, Bewusstheit, innere Ruhe, Gelassenheit, Klarheit und Gleichmut zu. Auf der ersten stellen sich – nach regelmäßigem Üben mit Achtsamkeitsmeditationen – intensive Zustände der inneren Freude, Glückseligkeit und Verzückung ein, die auf der zweiten Stufe weitgehend durch ein Gefühl der inneren Stille und des ganz Gewahrseins abgelöst werden. Entsprechend der Vertiefung nimmt der Einfluss von störenden, ablenkenden geistigen, mentalen, emotionalen Prozessen oder Wahrnehmungen – und damit auch das entsprechende Anhaften – ab und schwindet schließlich ganz mit sämtlichen Dualitäten und Dualismen (polarisierenden Unterscheidungen, Trennungen). So lösen sich die Trennungen zwischen dem Meditierenden und Meditieren sowie dem Meditationsobjekt im Besonderen und zwischen Subjekt und Tun sowie Objekt im Allgemeinen auf. Auch die vermeintlichen Grenzen zwischen Ich bzw. Selbst und Nicht-Ich bzw. Nicht-Selbst lösen sich auf und werden überwunden. Der Geist, Bewusstsein, Wahrnehmung und Aufmerksamkeit richten sich ganz auf einen Punkt oder Prozess – das augenblickliche Meditationsobjekt – aus, sind vollständig darauf gesammelt, befinden sich im Zustand der sogenannten „Einspitzigkeit des Geistes" und werden schließlich ganz und eins. Zuletzt ist nur noch Geist bzw. Bewusstsein. Es werden völlige Einheit und grenzenloses Bewusstsein erfahren. Nyanatiloka und Nyanaponika (1993b, S.48) schreiben nach Buddha von den „vier Entfaltungen der Geistessammlung" und den vier Vertiefungen. Die erste führt zum „Wohlsein", die zweite zum „Erkenntnisblick", die dritte „zur Achtsamkeit und Wissensklarheit" und die vierte „zur Versiegung der Triebe". In dieser Vertiefung verweilen Sie nur noch in völliger Achtsamkeit, Geistesklarheit und Gleichmut. Die Gefühle, Gedanken, Freud und Leid usw. nehmen mit der Versenkungstiefe ab, sie werden seltener, aber auch immer gleichgültiger, unbedeutender. Schließlich sind diese ohne Belang und Einfluss, spielen keine Rolle mehr und sind überwunden. Für die Zeit in dieser vierten, hier tiefsten Versenkungsstufe sind diese dann sogar versiegt bzw. verschwunden. Nach Thich Nhat Hanh (1994) sind für die Achtsamkeitsmeditationen und für das (buddhistische) Erwachen diese Stufen der meditativen Versenkung jedoch nicht so zentral und bedeutend. Sie bergen die Gefahr, dass diese zu einem letztlich fraglichen und unnötigen Kriterium und somit Hemmschuh für die Praxis und Entwicklung der Meditation und des Erwachens werden können. Wichtig ist, dass mit den Achtsamkeitsmeditationen und der zunehmenden Praxis im Alltag die zur Einsicht und zum Erwachen notwendige vollständige geistige Konzentration und damit eine hinreichende Versenkungstiefe bzw. eine entsprechend tiefe, starke geistige Sammlung, Aufmerksamkeit, Bewusstheit und Gegenwärtigkeit erreicht werden kann.

Nyanaponika (2007, S. 73) stellt die Achtsamkeitsmeditationen („Entfaltung des Klarblicks") den Meditationen zur „Entfaltung der Geistesruhe" als „zwei große Übungswege" gegenüber. Diese grundsätzliche Unterteilung der buddhistischen Meditationen in Übungen zur Geistesberuhigung und Erlangung und Vertiefung der Geistesruhe bzw. -stille versus zum Klarblick und zur klaren Einsicht ist über den genannten Autor hinaus allgemein üblich und verbreitet (s. z. B. Notz, 2007). Im einführenden Kapitel 1.1 wurde diese Unterscheidung von mir bereits diskutiert und ein Versuch unternommen, beide Systeme zusammenfassend, integrierend und als im Grunde genommen und Wesentlichen dennoch übereinstimmend zu beschreiben und zu charakterisieren. Die Meditationen zur Entfaltung der Geistesruhe streben durch die Auswahl (nur) eines geeigneten Meditationsobjektes sehr direkt und wirkungsvoll die vollkommene Sammlung des Geistes mit den zunehmenden Vertiefungszuständen an. Aber auch mit den Achtsamkeitsmeditationen mit wiederholenden oder neuen, wechselnden, sich ergebenden, aktuellen und jeweils ausgewählten Meditationsobjekten lassen sich mindestens annähernd, wenn nicht vergleichsweise tiefe Zustände geistiger, bewusster Sammlung, Konzentration, Gelassenheit, Ruhe und Klarheit erreichen. Nyanaponika (2007) spricht hier entsprechend von „angrenzender Sammlung" (S. 74) oder von der „momentanen Geistessammlung" (S. 75), die „ununterbrochen von Moment zu Moment" verläuft. Sehr wirkungsvoll kann auch die Kombination beider Übungswege sein. Zum (besseren) Erlernen, methodischen Üben und Praktizieren der Achtsamkeitsmeditationen bzw. zur Entfaltung des Klarblicks oder der Achtsamkeitsentfaltung empfiehlt Nyanaponika prinzipiell das regelmäßige Meditieren mit einem Ausgangs- und Hauptobjekt. Dieser primäre Meditationsgegenstand sollte zur Bildung einer soliden Grundlage unbedingt aus dem körperlichen Bereich stammen, wie etwa bzw. vor allem die Atmung, also die körperliche Wahrnehmung des Atmens oder Atems. Damit werden direkt und wirkungsvoll tiefe geistige Sammlung, Konzentration, Versenkung, Bewusstheit, Gelassenheit, Ruhe, Klarheit usw. geübt, erlernt und erreicht. Die weiteren möglichen Inhalte der Achtsamkeitsmeditation, wie Gefühle und andere Bewusstseinszustände und -inhalte, werden dann je nach Gegebenheit, Auftreten und Bedarf als sekundäre oder allgemeine Meditationsobjekte benutzt und einbezogen. Die Einbeziehung eines weiteren Mediationsobjektes kann auf zwei zu unterscheidende Weisen bzw. mit unterschiedlichen Schwerpunkten erfolgen. Zum einen kann das Bewusstsein in der Achtsamkeit des primären Meditationsobjektes, vorzugsweise ist das die Atmung, letztlich verankert bleiben und sich auf dieser Basis oder von diesem Hintergrund aus dem sekundären bzw. einem weiteren, anderen Meditationsobjekt zuwenden. Die Achtsamkeit, die Vergegenwärtigung und Bewusstheit werden dann zusätzlich um bzw. auf das weitere Meditationsobjekt erweitert. Dabei können die Anteile an Bewusstsein und Achtsamkeit bezüglich des primären Objektes von möglichst groß bis möglichst klein gewählt werden. Zum anderen kann aber auch diese Verankerung etwa in der Atmung – zumindest vorübergehend – völlig gelöst und aufgegeben werden, um sich nun mit ganzem Bewusstsein und voller Achtsamkeit diesem anderen Meditationsobjekt uneingeschränkt zuzuwenden und zu widmen. Der Geist bzw. seine Versenkung kann so vollständig gesammelt und ruhig und damit „einspitzig" werden. Nach den konkreten Übungsanweisungen von Nyanaponika (2007) sind auch die sekundären Meditationsobjekte aus dem körperlichen Bereich zu wählen. So kann beispielsweise die Haltung, wie etwa das Sitzen, und die damit verbundenen, verschiedenen, entstehenden und vergehenden Empfindungen als sekundäres Objekt der achtsamen Wahrnehmung und Meditation gewählt werden. Neben dem primären Meditationsobjekt werden auch diese sekundären Meditationsobjekte zum Ausgangspunkt und zur Basis der regelmäßigen Übungen. Diese konsequente Verankerung im körperlichen Bereich stärkt die Sicherheit, Zuverlässigkeit und positive Entwicklung des (selbständigen) Übens. Vor allem den Geist betreffende Bewusstseinszustände und Bewusstseinsinhalte werden dann erst zu tertiären oder allgemeinen Objekten der Meditation. Aber auch Gefühlszustände oder andere Objekte aus dem körperlichen Bereich werden dann tertiär oder allgemein. Diese tertiären oder allgemeinen Objekte können auch außerhalb der regulären Übungen im Alltag Gegenstand einer mehr oder weniger spontanen Achtsamkeit und Betrachtung werden. Wenn die Achtsamkeit über den ganzen Tag – immer dann, wenn möglich und passend – gezielt, wiederholt und bewusst auf solche, jeweils aktuell vorliegenden „Objekte" gerichtet wird, dann können die achtsame Wahrnehmung und Aufmerksamkeit bzw. die reine Beobachtung und Klarblick auch an diesen „Objekten" des Alltaglebens probiert, angewendet und trainiert werden. Auf diese Art und Weise werden die achtsame Wahrnehmung und Aufmerksamkeit bzw. die Achtsamkeitsmeditationen sukzessiv auf alle Sinnesfelder (einschließlich des Fühlens und Denkens) und das gesamte Leben (Erleben und Tun) ausgedehnt und entfaltet. Vor allem durch das regelmäßige, grundsätzliche Üben mit dem primären und den sekundären Meditationsobjekten wird jedoch auch bei den Achtsamkeitsmeditationen die Geistesruhe entfaltet und als Methode bzw. Lösungsweg integriert. Nicht nur durch die volle Konzentration und Achtsamkeit auf ein bestimmtes Meditationsobjekt, sondern auch auf zwei oder mehr gleichzeitig, aber immer auf den jeweiligen, gegenwärtigen Augenblick fokussiert und bezogen, können prinzipiell tiefe Versenkung und Beruhigung des Geistes befördert und erreicht werden. Dies ist im Wesentlichen nur eine Frage des systematischen, regelmäßigen und anhaltenden Übens.

Auch wenn die meditative Achtsamkeit sich auf zwei oder mehr aktuelle Meditationsobjekte bzw. „Sinneskanäle" zu einem bestimmten Zeitpunkt ausdehnt, bleibt es jedoch in einer gewissen, erfahrungsbezogenen Art und Weise und einem Verständnis davon immer noch ein Bewusstseinsinhalt (vgl. Naranjo & Ornstein, 1976). In der Praxis wird die Achtsamkeit auf bestimmte, einzelne oder einfache Inhalte, Gegebenheiten und Vorgänge gelenkt und fokussiert geübt. Auch die bewusste Wahrnehmung bzw. das Bewusstsein konzentrieren sich dann entsprechend auf jeweils bestimmte Einzelheiten und Aspekte. Mit der Übung können, wie beschrieben, sich jedoch die Präsenz, das Gewahrsein und das Bewusstsein erweitern und ausdehnen. So können die bewussten Inhalte komplexer, umfassender und die Aspekte verschiedenartiger bzw. vielseitiger und -fältiger werden. Zunächst wird z. B. fokussiert gesehen, gehört, gerochen, geschmeckt, gespürt oder ein Gefühl, Gedanke oder deren Abwesenheit registriert. Es wird etwa nur die eine Kraft und deren Richtung in der betreffenden Bewegung empfunden. Mit der Übung können dann die Konzentration, Achtsamkeit und Bewusstheit auf die gleichzeitige Wahrnehmung der verschiedenen Sinnesmodalitäten, Kräfte und geistigen Produkte ausgedehnt werden. Im Extrem oder idealerweise umfasst der Bewusstseinsinhalt dann die gesamte innere und äußere Situation des Augenblicks.

Wenn auch die Übungen zur Achtsamkeit, wie sie in den folgenden Kapiteln dargelegt und vermittelt werden, zunächst auf möglichst elementare und einfache Aspekte, Gegebenheiten oder Vorgänge fokussiert und begrenzt sind, so können diese Übungen bald mehre verschiedene Sinnesaspekte umfassen, vor allem wenn die meditative Achtsamkeit sich auf ein Tun oder Handeln richtet. So sind bereits beim einfachen achtsamen Essen von einigen Rosinen, Nüssen oder eines Stück Apfels alle Sinne und auch mehrere gleichzeitig beteiligt (s. Kap. 3.3.4). So ist etwa das Kauen zu hören, während das Gekaute zu spüren, zu schmecken und anfangs auch intensiv zu riechen ist. Alle Sinne und Sinneseindrücke tragen bei, ergeben und verschmelzen zu einem Gesamteindruck und Erleben des Essens. Die gesamte Aufmerksamkeit, Wahrnehmung ist auf das Essen und nur auf das Essen gerichtet und das Bewusstsein hat nur dieses „Objekt" oder diesen „einen" Bewusstseinsinhalt. Das Bewusstsein umfasst und verschmilzt mit dem Essen. Aber auch wenn in den Achtsamkeitsmeditationen nur jeweils der Atem, Körperempfindungen, Gefühle oder Gedanken, also getrennt, einzeln wahrgenommen werden sollen, so wird bald klar und bewusst werden, dass diese verschiedenen Aspekte miteinander zusammenhängen und verbunden sind und zu einem Gesamteindruck und Erleben, zu einem Bewusstseinsinhalt werden können. So geht z. B. ein bestimmtes Gefühl mit entsprechenden körperlichen Empfindungen einher. Das Auftreten eines Gefühls kann das Atemmuster verändern und umgekehrt. Das Gefühl kann durch entsprechende Gedanken ausgelöst oder begleitet werden und umgekehrt, usw. Trotzdem kann auch wiederum verstärkt oder ausschließlich auf einzelne Aspekte geachtet werden. Es ist wie bei einem Musikorchester, das zusammen musiziert und ein Stück spielt. Es kann auf einzelne Aspekte und Wirkungen der Musik konzentriert werden, wie etwa auf Rhythmus oder Melodie oder das Spiel einzelner Musiker, Orchesterteile, wie etwa Bläser oder Streicher, oder eben auf das Ganze. In und mit der Meditation ist das genauso. Atem- und Körperempfindungen können zusammengeführt und in Kombination meditiert werden (z. B. Kap. 7). Komplexere Meditationen, wie in den Kapiteln 8.3.0.2 bis 8.3.3, wo etwa Atem, körperliches Spüren, Mantra- und Klang-Techniken via Vokale in einer Meditation verbunden und integriert werden und auf diese Art und Weise zu einem, wenn auch komplexeren Meditationsgegenstand, besser, zu einem Mediationsvorgang und erfahrenen Ganzen werden. Ganz besonders gilt dies für „Multi-Media-Meditationen" (Naranjo & Ornstein, 1976, S. 59), die verschiedene, einzelne Meditationstechniken, -aufgaben oder Sinnesebenen verbinden und zusammenfügen, wie etwa visuelle Vorstellungen oder Imaginationen mit Techniken der Atem-, Mantra- und Körpermeditation.

In jedem Falle lässt sich mit Hilfe der Achtsamkeitsmeditationen und einer vertieften Meditationspraxis über den eigenen, praktizierten achtfachen Pfad des Buddhas zur angestrebten Erleuchtung und Befreiung gelangen. Buddhistisches Ziel ist es, über die mit Hilfe der Achtsamkeit und Meditation erworbenen Erkenntnisse und Einsichten – in die Zusammenhänge und Abläufe des Seins und der menschlichen Erfahrung – sowie entwickelten körperlichen, psychischen und geistigen Ressourcen (Kräfte, Fähigkeiten) auf dem Weg des achtfachen Pfades und dem entsprechend orientierten Erleben und Verhalten fortzuschreiten, um sich schließlich aus dem Käfig seines Ichs bzw. Selbst und seinem damit verbundenen Leiden zu befreien. Es geht darum, sich auf diesem Weg und mit diesen Mitteln, vor allem aus den Fesseln und Teufelskreisen des Verhaftens und Anhaftens zu lösen, die nach buddhistischem Verständnis grundsätzlich durch Gier, Hass und Illusionen oder Verblendung bzw. Unwissenheit über sich und das Dasein bedingt sind, wie etwa die illusionäre Annahme der Existenz eines unabhängigen, andauernden Ichs. Entsprechend ist die Lösung aus bzw. von den unheilsamen Verstrickungen, dem Verursachen und Bewirken von Leiden, den Kreisläufen und Zusammenhängen sowie Wirkungen früherer, unheilsamer Absichten, Taten und Handlungen – einschließlich des Redens, Denkens und Vorstellens – bzw. den Ursachen-Wirkungsketten des Leidens (Karma) zu leisten. Auch aus bzw. von dem Lebensrad – der ewigen Wiederkehr aus Entstehen bzw. Werden und Vergehen (Geburt und Tod) – gilt es schließlich, sich auf diese Art und Weise zu lösen und zu befreien, um zu erwachen und ein Buddha, d. h. ein Erwachter, zu werden. Dazu ist das Nirvana (auch: Nirwana) bzw. der Zustand der völligen Befreiung, Erleuchtung und Erlösung (vom Leiden und seinen Wurzeln bzw. Ursachen) zu erreichen. Je nach buddhistischer Schule und Anschauung ist dieses Rad dann zu durchdringen, zu transzendieren, zu überwinden oder anzuhalten. In jedem Augenblick werden bzw. würden Sie dann – eben als ein Erwachter – im Hier und Jetzt ganz bzw. voll bewusst, gegenwärtig, aufmerksam, konzentriert, gesammelt, klar, sicher, weise, offen, mitfühlend, gütig, nachhaltig, heilsam sowie innerlich frei sein, entscheiden und handeln. Sie würden mit allem verbunden (eins) und gleichzeitig frei – und damit auch verschieden – sein. Sie würden (bildlich gesprochen) sowohl im Strom des Daseins aufgehen (eins werden) als auch in ihm selbstbestimmt, frei schwimmen und sich bewegen. Sie würden gleichsam sowohl auf den Wellen surfen als auch achtsam am Grund des Sees oder Meeres, also ungerührt von den Wellen auf bzw. an der Oberfläche, ruhen können. Aber dies gilt in dieser Qualität eben nur für Erwachte bzw. sehr große, hervorragende Könner und Meister.

Die Achtsamkeitsmeditationen können direkt auf die Reden von Buddha über die Entfaltung der Achtsamkeit und bewusstes bzw. bedachtsames Atmen zurückgeführt werden. Im Wesentlichen stehen die überlieferten Ausführungen gemäß des im Internet veröffentlichten und zugänglichen Pali-Kanons des Theravada-Buddhismus über die Entfaltung – auch die vier Grundlagen, Erweckungen oder Gewärtighaltungen – der Achtsamkeit in dem „Mahasatipatthana Sutta". Für das bewusste Atmen – auch Achtsamkeit während des Atmens oder die Achtsamkeit auf Ein- und Ausatmung – ist im Pali-Kanon das „Anapanasati Sutta" maßgebend. Ergänzend über bewusstes Atmen und die Entfaltung der Achtsamkeit ist zudem Rahulos Ermahnung II durch Buddha – im Pali-Kanon ist es das „Maha-Raholavada Sutta" – heranzuziehen. Ob und inwieweit bzw. in welchem Ausmaß diese Reden bzw. Lehrreden tatsächlich auf den lebenden, wirkenden Buddha – Siddhartha Gautama bzw. S(h)akyamuni – zurückzuführen sind, kann zwar nach Freiberger und Kleine (2011) grundsätzlich in Frage gestellt werden, aber diese beschreiben dennoch wesentlich den Inhalt und Kern der buddhistischen Lehre. Die Lehrrede Buddha's über das bewusste Atmen wurde von Thich Nhat Hanh (1994) übersetzt, kommentiert und erläutert. Eine zusammenfassende Darstellung bietet auch Nyanatiloka (1999) unter dem nachzuschlagenden Begriff Anapanasati. Eine moderne Übersetzung dieser Lehrrede bietet Köppler (2008, S. 198-203). Die Lehrrede über die vier Grundlagen der Achtsamkeit bzw. die Entfaltung der Achtsamkeit enthält Köppler (2008, S. 204-210) ebenfalls. Eine zusammenfassende Darstellung bietet wiederum Nyanatiloka (1999) unter dem Begriff Satipatthana. Beide Lehrreden und vor allem die betreffenden Meditationen fanden etwa in Thich Nhat Hanh (1995) und (1996) eine auch für Nicht-Buddhisten verständliche sowie anwendbare, praktikable Darstellung und Umsetzung. Nyanaponika (2007) erläutert grundsätzlich, umfassend, in die Tiefe gehend und dennoch klar und verständlich die Grundlagen der Achtsamkeit und der buddhistischen Achtsamkeitsmeditationen. Zudem befindet sich im zehnten Kapitel (ab S. 169) auch eine Übersetzung der größeren „Lehrrede von den Grundlagen der Achtsamkeit: Maha-Satipatthana-Sutta".

Kornfield (2008) unterscheidet zwischen den „vier Grundlagen achtsamen Wandels" (S. 148) und den „Vier Grundlagen der Achtsamkeit" (S. 151). Achtsamer Wandel wird durch erstens Erkennen und zweitens Akzeptieren der Wirklichkeit vorbereitet. Dazu ist die Wirklichkeit bzw. sind die eigenen Erfahrungen drittens genau und systematisch zu erforschen und zu untersuchen. Dies erfolgt nach Kornfield (2008, S. 151-154) mittels der „Vier Grundlagen der Achtsamkeit" bzw. der Achtsamkeitsmeditationen oder achtsamen Betrachtungen in den bzw. der vier buddhistischen Erfahrungsbereiche, nämlich „Körper, Gefühle, Geist und Dharma". „Dharma" bezeichnet sowohl die buddhistische Lehre und die betreffenden Erkenntnisse als auch die Wahrheit bzw. die Prinzipien und Gesetzte unserer Erfahrung und Wirklichkeit. Als letzte, vierte Bedingung und Basis des achtsamen Wandels führt Kornfield das „Nicht-Identifizieren" an. Hier geht es um das Loslassen und Nicht-mehr-anhaften, das Lösen vom Ich, seinen Verstrickungen, den ich-bezogenen An- und Verhaftungen sowie Illusionen.

Wie bereits beschrieben, werden mit den Achtsamkeitsmeditationen die für die spirituelle, buddhistische Entwicklung nötigen und förderlichen körperlichen, psychischen und geistigen Ressourcen, Fähig- und Fertigkeiten geübt und durch regelmäßige, hinreichende Übung aufgebaut, gestärkt und entfaltet. Genau das lässt diese Meditationen auch für andere Bereiche mit anderen oder weniger spirituellen Zielen – etwa für gesundheitliche, medizinische, psychologische und psychotherapeutische Zwecke – interessant und nützlich werden (vgl. z. B. Kabat-Zinn, 2000, 2008). Regelmäßige Achtsamkeitsmeditationen haben auch im gesundheitlichen, medizinischen, psychotherapeutischen Sinne wichtige, positive, weitreichende (Aus-) Wirkungen. Mit ihnen entwickeln sich u. a. innere Stärke, Kraft bzw. Energie, Ruhe, Stabilität, Balance, Mitte, Einklang von Körper und Geist, Gelassenheit, Gleichmut, Geduld, Ausdauer, Belastbarkeit, Harmonie, Zufriedenheit, Freude, Sicherheit, Präsenz, Aufmerksamkeit, Wachheit, Konzentration, Wahrnehmung, Wissen, Verständnis, Klarheit, Einsicht, Bewusstheit, Bewusstsein, Weisheit, Umsicht, Verantwortungsbewusstsein, Vertrauen, Offenheit, Anerkennung, Akzeptanz, Nachsicht, Respekt, Wohlwollen, Mitgefühl, Güte, Herzlichkeit, Großzügigkeit, Zuneigung, Unabhängigkeit und Selbstwirksamkeit. Nicht zuletzt wächst und weitet sich die Selbstregulation, d. h. die Selbstkontrolle und -steuerung, der eigenen, inneren Zustände, Prozesse und Reaktionen. Dies betrifft sowohl die körperlichen als auch psychischen, mentalen, geistigen sowie auch die sozialen Zustände und Vorgänge. Selbstverständlich gilt das nur insofern oder so weit, wie diese überhaupt oder prinzipiell selbst zu kontrollieren und zu steuern sind. Aber sogar körperliche, trieb- und instinkthafte, unbewusste und unwillkürliche, automatisierte und fest konditionierte Vorgänge und Reaktionen können auf diese Art und Weise der Selbstregulation zugänglich und damit verändert werden. Sie lernen, Ihre unheilsamen und heilsamen Erlebens- und Verhaltensmuster bewusst wahrzunehmen, zu unterscheiden, zu erkennen, die unheilsamen zu lassen und zu minimieren sowie die heilsamen zu wählen und zu maximieren. Die Beziehungen zum eigenen Körper, zu den Empfindungen, Gefühlen, Gedanken, zum Tun, zu sich und anderen Menschen, zum Umfeld, zu den Lebewesen und Dingen, zur Welt entspannen und bessern sich, entwickeln sich konstruktiv und heilsam. Im therapeutischen Sinne stellen sich auf allen Ebenen diverse stärkende und heilende Wirkungen ein.

Aus psychotherapeutischer Sicht lernen Sie durch die Achtsamkeitsmeditationen sich bzw. Ihr Erleben und Verhalten, Ihre Aktionen und Reaktionen sowie Ihr Umfeld und die betreffenden Vorgänge, Aktionen und Reaktionen bewusst, aufmerksam, genau, klar, umfassend wahrzunehmen (d. h. zu spüren, hören, sehen, schmecken, riechen sowie auch Gefühle, Gedanken, Vorstellungen usw. zu erkennen, beobachten) und nur wahrnehmend zu folgen, sich also mit ganzer Bewusstheit, Aufmerksamkeit und Konzentration der Wahrnehmung des inneren und äußeren Geschehens zu widmen. Damit offenbaren bzw. zeigen sich auch klar die Zusammenhänge von psychischen und psychosomatischen Beschwerden, Störungen oder Problemen. Es werden dadurch sowohl auslösende als auch grundlegende Ursachen, Bedingungen, Abhängigkeiten, Funktionen usw. sichtbar. Diese werden so direkt erfahrbar, offensichtlich, bewusst und erkannt und müssen nicht hypothetisch – etwa von einem Psychotherapeuten – erschlossen oder unterstellt werden. Entsprechend sind Achtsamkeitsmeditationen nicht nur für die Diagnostik und Selbsterkenntnis zu nutzen, sondern auch und vor allem für die Therapie. Diese wahrgenommenen, beobachteten Zusammenhänge und Muster sowie auch die Beschwerden, Störungen und Probleme können zudem mit Hilfe der zunehmenden und regelmäßigen Übung von Achtsamkeitsmeditationen wiederum losgelassen und bewältigt werden. Also unheilsames, problematisches, störendes Erleben und Verhalten kann auf dieser Basis (besser) abgebaut, vermindert und schließlich vermieden und heilsames, gesundes, angemessenes Erleben und Verhalten aufgebaut, befördert und vermehrt werden.

Entsprechend der beschriebenen Optionen und Wirkungen, die sich aus einer regelmäßigen Praxis von Achtsamkeitsmeditationen ergeben, überrascht es nicht, dass auch in wissenschaftlichen, psychologischen, medizinischen und klinischen Untersuchungen und Kontexten zunehmend Belege für deren positive, heilsame Wirksamkeit gefunden und dokumentiert werden. So konnte nach Yapko (2011, S. 24-25) für Achtsamkeitsmediationen und -techniken gezeigt werden, dass diese auch nach harten wissenschaftlichen Kriterien wirksam zur Behandlung und Besserung u. a. von Stress, Angststörungen, Depression, emotional-instabilen Persönlichkeitsstörungen, Süchten und Abhängigkeitsproblemen, Hauterkrankungen, Problemen des Immunsystems sowie zur Bewältigung von Schmerzen, chronischen Erkrankungen und Krebs beitragen. Nach Sedlmeier (2016, S. 98) sind die erwünschten medizinisch-psychologischen Wirkungen speziell von Achtsamkeitsmeditationen bei Patienten für Angst, negative Emotionen, Schmerz und Depression gesichert. Tendenziell trifft dies auch für das Wohlgefühl, die Lebensqualität und den Schlaf zu. Achtsamkeitsbasierte und Achtsamkeitsmeditationen beinhaltende Therapien wirken sich nachweislich – neben Angst und Depression – auf Stress sowie Lebensqualität aus und haben positive körperliche Effekte (S.101).

3.3.2 Achtsames Atmen

Die Achtsamkeitsmeditationen haben ihren Ausgangspunkt und ihr Zentrum in der achtsamen Wahrnehmung des Atems und Atmens und der bewussten Konzentration auf den Atem und das Atmen (z. B. Bottini, 2004; Gäng, 2002; Goldstein, 1999; Köppler, 2008; Kornfield, 2005; Nyanaponika, 2007; Thich Nhat Hanh, 1994, 1995, 1996). Die Achtsamkeitsmeditationen mit dem

Atem bzw. Atmen sind sowohl das oder mindestens ein Modell als auch die oder mindestens eine Grundlage für die anderen, weiteren Achtsamkeitsmeditationen (s. ab Kap. 3.3.3). Sie dienen als Vorbild, Vorlage, Muster und Hilfe zum Einstieg und fortschreitenden Üben sowie zum Aufbau, Erwerb und zur Entwicklung der dafür nötigen und förderlichen Voraussetzungen, Kompetenzen und Ressourcen. Eine konkrete Anleitung als Beispiel zur Übung der achtsamen Wahrnehmung des Atems finden Sie im Kapitel 12.2.1.

Einatmen und Ausatmen werden einfach nur aufmerksam und bewusst wahrgenommen. Die Atmung wird dabei (möglichst) so gelassen, so hin- und angenommen, wie sie ist. Der Atem fließt so, wie er fließt. Gleichgültig wie Einatem und Ausatem sind, also ob sie z. B. kurz oder lang sind, werden diese einfach nur bewusst so und als solche wahr- und zur Kenntnis genommen. Entsprechend dem Beispiel wird der Atem dann eben jeweils nur kurz oder lang ein- oder ausatmend achtsam wahrnehmend begleitet und gegenwärtig. Aufmerksamkeit, Wahrnehmung und Bewusstsein richten sich ganz auf das und nach dem Ein- und Ausatmen. Das gleiche gilt für Atempausen, die eventuell nach dem Einatmen und wahrscheinlich nach dem Ausatmen auftreten. Die Atempausen können jeweils aber auch als Teil und natürlicher Abschluss des jeweiligen Atemvorgangs, also des Ein- oder Ausatmens, betrachtet, aufgefasst und empfunden werden. Mit fortschreitender Übung werden für gewöhnlich die Atempausen, vor allem die nach dem Ausatmen, länger und die damit verbundenen Wendepunkte und Endphasen deutlicher gegenwärtig und ausgeprägter. Es gelingt mit der Übung auch zunehmend besser mit der Aufmerksamkeit und Achtsamkeit gleichmäßig dem Atemfluss bzw. den Atembewegungen sowie jeweils einem ganzen Atemzug in seinen einzelnen Phasen zu folgen bzw. zu begleiten.

Der Atem wird grundsätzlich im Körper er- und gespürt. Schließlich kann der Atem im ganzen Körper wahrgenommen und erfahren werden. Hilfreich ist es jedoch insbesondere am Anfang, den Atem bzw. das Atmen zunächst an einer bestimmten Körperstelle wahrzunehmen und nicht dem ganzen Weg des Einatmens und Ausatmens zu folgen oder gar der Atmung sowie deren Folgen und Auswirkungen im ganzen Körper nachzuspüren. Nyanaponika (2007) und Fontana (1994) empfehlen dagegen ausdrücklich, auch weiterhin, d. h. beim fortgeschrittenen Üben, den Atem oder das Atmen an ein und derselben Körperstelle achtsam zu spüren und zu meditieren. Danach sollen die achtsame Wahrnehmung, bewusste Aufmerksamkeit und Konzentration in der bzw. zur Atemmeditation über die regelmäßigen Übungen hinweg andauernd nach innen auf einen bestimmten Körperpunkt bzw. -bereich gerichtet sein und bleiben. So kann die bewusste Wahrnehmung, Aufmerksamkeit, Konzentration einfacher und stärker gerichtet, gesammelt und entsprechend geübt werden. Insbesondere beim Folgen des Atems „auf seinem Weg durch den Körper", „würde die Achtsamkeit durch ein Verweilen bei den verschiedenen Stadien dieses Weges" nach Nyanaponika (2007, S. 107) abgelenkt und verhindert werden. Die Achtsamkeit ist ganz bei der jeweiligen Körperstelle, „ohne sich durch das leicht wahrgenommene Kommen und Gehen des Atems durch den Körper ablenken zu lassen." Diese Haltung kann für das Üben der Atmungsachtsamkeit sehr hilfreich sein, sollte aber nach meiner Erfahrung und Kenntnis nicht prinzipiell gesehen und auf jeden Fall nicht generalisiert werden. Das spürende bzw. wahrnehmende bewusste, aufmerksame, konzentrierte Folgen der Atmung oder des Atems im Körper über einen bestimmten Punkt hinaus, über mehrere Punkte, bestimmte Wege, Bahnen durch, in den oder – bis sogar – im ganzen Körper kann selbst ein hervorragender Gegenstand zur Übung und Entfaltung von Achtsamkeit sein. Es ist zudem ein fester Bestandteil vieler anderer wirksamer und nützlicher, vor allem energetischer (s. z. B. Kap. 3.5) oder bewegungsorientierter Meditationsübungen.

Im Zen wird der Atem bzw. die Atmung für gewöhnlich im Bauch, genauer im Hara bzw. mehr oder weniger knapp unterhalb des Bauchnabels, wahrgenommen (vgl. z. B. Loori, 2009).

Im Bauch bieten sich nach meiner Erfahrung auch die körperlichen Bereiche der betreffenden Energiezentren an (vgl. Kap. 8.1), vor allem das mittlere Bauchzentrum im Nabelbereich (deswegen auch Nabelzentrum genannt, s. Kap. 8.1.3) und das untere Bauchzentrum (etwa eine Hand breit unterhalb des Bauchnabels, auch Sakralzentrum genannt, s. Kap. 8.1.2). Nyanaponika (2007, S. 91) weist dennoch zu Recht drauf hin, dass es sich hier dennoch nicht um eine Chakrenmeditation handelt (wie z. B. im Kap. 8.2 ausgeführt), sondern nur um eine achtsame Wahrnehmung des Atmens in einem solchen bzw. betreffenden körperlichen Bereich. Es handelt sich z. B. um den Nabelbereich, wo das Heben und Senken der Bauchdecke im und um den Nabel herum nur achtsam wahrgenommen und vergegenwärtigt wird. Nach Nyanaponika wird weiter bei anhaltender Achtsamkeit auf das Heben und Senken der Bauchdecke weniger der Atem selbst beachtet, als vielmehr das körperliche Empfinden des Atmens, der Atembewegung bzw. der damit verbundenen Bauchdeckenbewegung. Zur achtsamen Wahrnehmung des Atems (selbst) empfehlen Nyanaponika und andere die Konzentration etwa an den Nasenlöchern, Nasenflügeln oder der Nasenspitze (vgl. z. B. Thich Nhat Hanh, 1994). In diesem Bereich kann der Atem direkt gespürt und anhaltend bewusst, aufmerksam, konzentriert wahrgenommen werden. (Weitere Ausführungen befinden sich dazu bereits im Kap. 3.2.) Günstig ist es, zur Atmungs- oder Atemmeditation eine Körperstelle auszuwählen, wo der Atem bzw. die Atmung besonders intensiv, leicht und einfach zu spüren sind (vgl. Kap. 3.1.1). Also werden Sie eher nicht den kleinen Zeh oder Finger zur achtsamen Atmungs- oder Atemwahrnehmung wählen. Vielmehr sollten Sie für sich einen Bereich wählen, der durch das Atmen besonders bewegt wird, wie eben Bauch oder Brust, oder durch den Atem besonders berührt wird, wie etwa die Nasenspitze, -löcher, -flügel innen.

Die Auswahl eines bestimmten Körperbereiches zur achtsamen Atemwahrnehmung bleibt für gewöhnlich nicht ohne Rückwirkung auf die Atmung. So wie die innere Aufmerksamkeit, Wahrnehmung, Konzentration und Bewusstheit dem Atem und Atmen folgen können, so können Atem und Atmen auch diesen folgen und durch diese beeinflusst und verändert werden. Wenn die Aufmerksamkeit, Wahrnehmung und Bewusstheit etwa auf den Bauch (insgesamt) oder – besser und genauer noch – nur auf den mittleren oder unteren Bauchbereich gerichtet und zentriert sind, so werden sich in der Folge auch der Atem und das Atmen in diesem Bereich stärker konzentrieren und dadurch Entspannung und Beruhigung begünstigen (s. Kap. 3.4). Durch eine entsprechende Fokussierung im Brustbereich würden jedoch eher die Brustatmung und damit die innere Aktivierung und Wachheit befördert werden. Diese Effekte hängen wiederum von der Art der achtsamen Wahrnehmung ab: Je inniger und weniger distanziert die Wahrnehmung des Atems und Atmen erfolgt, desto größer ist die ausrichtende und sammelnde Wirkung dieser auf die Atmung bzw. die Wechselwirkung mit der Atmung.

Abgesehen von der Art und Weise der achtsamen Wahrnehmung wird vor allem mit fortschreitender Übung zunehmend erlebt, wie Körper und Atem sich entspannen und beruhigen. Wenn Sie sich mit der achtsamen Wahrnehmung des Atems oder Atmens (anhaltend) zudem im Bauchbereich konzentrieren, wird die Atmung, wie oben ausgeführt, ihrer inneren Wahrnehmung und Aufmerksamkeit folgend, ganz automatisch bzw. wie von selbst tiefer. Die Bauchatmung nimmt also in der Folge zu, was wiederum zu einer schnelleren Beruhigung und Entspannung führt (s. Kap. 3.1.1 und 3.4).

Die Wahrnehmung kann eher aus der Position und Distanz eines inneren Beobachters oder mehr aus der Vereinigung mit dem Atem und Atmen selbst und dem Erleben des Atems und Atmens im und mit dem Körper erfolgen (vgl. z. B. Köppler, 2008). Im letzteren Fall versuchen Sie, sich mit dem Atem bzw. Atmen zu verbinden, besser noch, sich ihm (es) hinzugeben, zu überlassen, sich von ihm tragen zu lassen, sich mit ihm zu vereinigen und ganz Atem bzw.

Atmen zu werden. Dazu lassen Sie sich – so weit wie möglich – ganz und nur auf das Fühlen und Spüren des Atems und Atmens ein. Sie fühlen und empfinden auf diese Art und Weise nur noch Atem bzw. Atmen und werden und sind dann irgendwann Atem bzw. Atmen. Schließlich werden bzw. sind Sie so mit dem Atem und seinen empfundenen Wirkungen eins. Es gibt keinen Unterschied mehr, es gibt – in Ihrem Bewusstsein, Wahrnehmen und Wissen – nur noch Atem oder/und Atmen. Sie sind – nur noch – Atem oder Atmen. Ihr Ich tritt immer mehr zurück. Sie werden geatmet und schließlich atmet es. Dann ist nur noch Atem bzw. Atmen. Bewusstseins- und erlebnismäßig ist da dann auch kein Ich oder Selbst mehr. Alles Ichhafte, -bezogene und die betreffenden Folgen und Konsequenzen entfallen für diesen Zeitraum der geistigen Assoziation und Verschmelzung mit dem Atem und Atmen. Im buddhistischen Sinne werden die Gier, der Hass und die Illusionen und im psychotherapeutischen Sinne die Belastungen, Probleme, Konflikte, Sorgen, Sehnsüchte, Bedürfnisse und Belange losgelassen, überwunden und stattdessen andere heilsame Erfahrungen und Einsichten gewonnen.

Sie können aber auch versuchen, Ihrem Atem und Atmen mehr zuzuschauen. Sie spüren Atem und Atmen zwar noch voll, intensiv, aufmerksam und konzentriert, aber sie erleben dies nicht von innen her, sondern eher von außen, nämlich aus der Sicht des Betrachters oder Beobachters. Auch hier wenden Sie sich bewusst und möglichst ganz mit ihrer Wahrnehmung, Aufmerksamkeit und Konzentration dem Atem bzw. Atmen zu, bleiben aber Betrachter und entsprechend in der Beobachterposition und -perspektive. Die Einnahme der Beobachterperspektive bei der Achtsamkeitsmeditation befördert nach Nyanaponika (2007, S. 111) das Gewahrwerden von zwei unterschiedlichen Vorgängen bzw. Abläufen, nämlich zum einen der „körperliche Vorgang (rupa) des Atmens" und zum anderen „der geistige Vorgang (nama) der achtsamen Feststellung oder des Wissens vom Körpervorgang". Vorteil dieses Vorgehens im buddhistischen Sinne ist, dass eine Identifikation, ein Anheften bzw. Anhaften sowie bereits ein Verstricken und eine irgendwie geartete, ichbezogene oder willentliche Wechselwirkung mit dem Atem, Atmen und den betreffenden Wahrnehmungen und Erfahrungen von vornherein vermieden oder zumindest erschwert werden. Die Atmung bleibt was sie ist und wird nur als solche betrachtet, gegenwärtig und angenommen. Der achtsam Wahrnehmende bzw. Betrachter bleibt auf diese Art und Weise gegenüber den betreffenden, wahrgenommenen körperlichen und geistigen Ereignissen unbeteiligt und passiv – eben ausschließlich beobachtend. Allerdings bleibt er bezüglich seiner Aufmerksamkeit und Wahrnehmung aktiv. Diese betrachtende, beobachtende Vorgehensweise mit dem deutlichen Bewusstsein und der Bewusstheit sowohl der gerade vorhandenen Empfindung selbst als auch darüber, dass diese gerade bewusst wahrgenommen und empfunden wird, ist eigentlich charakteristisch und typisch für die Achtsamkeit und deren Mediationen und wird daher zumeist auch empfohlen und vermittelt. Diese verhindert auch sehr wirksam, sich mit dem Wahrgenommenen zu verstricken, dies zu bewerten, zu beurteilen, darüber nachzudenken, sich aufzuregen usw.

Nach Gäng (2002) beginnt die achtsame Wahrnehmung bzw. Betrachtung „innen", also auf einen selbst bezogen und geht dann nach „außen" weiter. Der Atem, das Atmen, die Atmung oder/ und der achtsam Atmende können dann von außen betrachtet werden. Es kann aber auch das Außen, d. h. das Drumherum, die den Atem und das Atmen betreffende umgebende Welt, betrachtet werden. So kann die Einbindung des Atems und Atmens in das Ganze (die Umgebung, Welt, Universum) achtsam wahrgenommen oder vergegenwärtigt, betrachtet, fokussiert und bewusst werden. So wie wir über die Atmung bzw. Atem und Atmen mit den anderen Lebewesen und deren Atem und Atmen sowie dem Universum verbunden sind. Sie können eventuell auch erkennen, wie die ganze Erde, Planeten, Sterne und Sternensysteme usw. (ein und aus) „atmen" – Materie, Energie, Raum usw. – und schließlich wie offenbar das ganze

Universum atmet. Beide Perspektiven können dann schließlich zusammenfließen und ganzheitlich, in einem achtsam wahrgenommen, gegenwärtig und bewusst werden. Die Grenzen zwischen innen bzw. dem Innen und außen bzw. dem Außen lösen sich auf, die Trennung verschwindet und sie werden eins.

Thich Nhat Hanh (1994) betont (bei den oben beschriebenen, anfänglichen bzw. grundlegenden Atemübungen) die Verbindung mit dem Atem bzw. Atmen. Das achtsame, bewusste, konzentrierte, spürende Folgen des Atemflusses führt zur Einswerdung mit der Atmung und löst die Unterscheidung zwischen Subjekt (Betrachter) und Objekt (Atmung) auf (vgl. auch z. B. Kabat-Zinn, 2008). Sie werden und sind ganz Atem bzw. Atmen. Noch genauer, konzentriert sich Thich Nhat Hanh (1994) in Deutung der betreffenden (buddhistischen) Lehrreden (s. Kap. 3.3.1) bereits bei der achtsamen Wahrnehmung nur des Atems auf die Wahrnehmung des Atems (bzw. Atmens) im Körper. Körper und Geist werden bereits bei diesen Übungen in der wahrnehmenden Meditation verbunden und eins. Dies ist wichtig, um auf Dauer nicht einen „inneren unabhängigen Beobachter" – eine Art „Überich" oder einen übergeordneten, höheren Geisteszustand oder Selbstaspekt – einzurichten. Mit einem solchen würde man wiederum der Illusion einer vermeintlich selbständigen, unabhängigen und dauerhaften Existenz und Wirklichkeit eines – wenn auch übergeordneten – Ich-, Selbst- oder Geistesaspektes unterliegen.

Auch im Rahmen der Psychologie und Psychotherapie sind auch für die Achtsamkeitsmeditationen mit Atem und Atmen im Besonderen und mit eigenen körperlichen Empfindungen und Wahrnehmungen im Allgemeinen (s. Kap.3.3.3, 3.3.4 bis 3.3.4.2) nach meiner Erfahrung vor allem das verbindende bzw. assoziative Vorgehen und Wahrnehmen zu empfehlen (s. auch Kap. 9). Es soll also ruhig versucht werden, sich ganz mit dem Atem, Atmen oder der Empfindung des eigenen Körpers zu verbinden und nur noch das zu sein. Das wird für Schmerzen und andere unangenehme Körperempfindungen zwar nicht immer als angenehm und angemessen empfunden, kann aber selbst auch dann – allerdings begrenzt auf einen angemessenen Zeitrahmen, vor allem während der Zeit bzw. in der Phase der regelmäßigen oder täglichen Übung – durchaus angebracht und sinnvoll sein. Denn nach weiser, innerer Prüfung und einem offenen, hinreichenden Ausprobieren könnte sich dieses verbindende Vorgehen dennoch – also trotz der vordergründigen Aversivität, Unangenehmheit – letztlich als sehr hilfreich, nützlich und heilsam erweisen (s. Kap. 9). Über den restlichen Alltag wäre diesbezüglich aber eher die achtsame Wahrnehmung aus der entfernteren Beobachterperspektive hilfreich. Nachvollziehbar würde sich bei schmerzhaften und unangenehmen Körpererlebnissen auf jeden Fall die zwar akzeptierende und teilnehmende, aber dennoch beobachtende, distanzierte Position und Haltung anbieten. Dennoch sollte bei Achtsamkeit und Meditation mit der eigenen Atmung und dem eigenen Körper unbedingt die verbindende Variante mindestens probiert und – wenn möglich – vorübergehend geübt werden. Dies ist allein schon deswegen nützlich, um den Unterschied zwischen einer verbindenden und verschmelzenden versus nur akzeptierenden, aufmerksamen und begleitenden Wahrnehmung und Konzentration zu erfahren und idealerweise auch bewusst herstellen zu können.

Insbesondere für den Anfänger könnte jedoch bei bestimmten, akuten Beschwerden das assoziative Vorgehen zu Problemen führen und zum Handicap werden. In diesem Falle sollte dann zumindest zunächst bzw. so lange, wie die betreffenden Beschwerden vorliegen, diese Variante durch das distanzierte, beobachtende Wahrnehmen ersetzt werden. Z. B. können akute Atembeschwerden – etwa im Rahmen einer allergischen Reaktion oder eines Asthmaanfalls – als sehr belastend, bedrückend und bedrohlich erlebt und eingeordnet werden. Unter der Voraussetzung, dass keine wirklich lebensbedrohlichen Atemwegsreaktionen vorliegen oder bereits für eine entsprechende medizinische Abhilfe gesorgt worden ist, werden aber selbst bei der Assoziation mit dem Atem oder Atmen jene nur achtsam wahrgenommen. Der Fokus und die Konzentration liegen also ausschließlich darauf – selbst angesichts solcher aversiven und bedrohlich wirkenden Missempfindungen. Mögliche Gefühle, Bewertungen, Befürchtungen, Ängste und alle anderen leidvollen, unheilsamen Reaktionen unterbleiben oder entfallen im Idealfall. Gegebenenfalls werden diese wiederum nur achtsam wahrgenommen und losgelassen, um sich wieder dem Atem oder Atmen zu widmen und zu verbinden. Dies gelingt selbstverständlich in der Regel nur mit zunehmender Übung.

Nach Kornfield (2008) ist bei der beobachtenden Achtsamkeitsmeditation darauf zu achten, dass sie nicht zu einer Einstellung der Distanziertheit, Abtrennung, Abkapselung oder sogar zu Desinteresse oder Gleichgültigkeit gegenüber dem Wahrgenommenen führt, sondern diese bzw. das Bewusstsein auch hier vor allem offen, annehmend, anteilnehmend und mitfühlend, wenn auch ruhig und gleichmütig bleibt. Ansonsten würden Sie wiederum entgegen buddhistische und erfahrungsgemäß bewährte Prinzipien üben und fragwürdige, unheilsame Folgen und Zustände provozieren.

In meiner psychotherapeutischen Arbeit empfehle ich für gewöhnlich nicht nur das Ausprobieren oder anfängliche Üben der assoziativen Variante, sondern darüber hinaus das anhaltende und regelmäßige Üben mit jener. Das liegt daran, dass nicht nur die meisten bzw. fast alle Patienten, sondern auch die mir überhaupt bekannten Menschen eine mindestens distanzierte, funktionale, leistungsbezogene, sachliche, mechanistische, dualistische, überhebliche, asymmetrische, „verkopfte" Beziehung zu sich selber und vor allem zu ihrem Körper haben. Diese Beziehung ist dann eben nicht stützend, innig, wohlwollend, verständnis-, respekt-, vertrauens- und liebevoll, pflegend, fürsorglich und weise, sondern vielmehr negativ, kalt, verständnis-, respekt-, vertrauens- und lieblos, ablehnend, abwehrend, vermeidend, vernachlässigend, überheblich, abwertend, geringschätzend und in verschiedener Hinsicht – mehr oder weniger – unzureichend. Dies zu ändern und zu überwinden hilft das bewusst assoziative Vorgehen bei den Achtsamkeitsmeditationen mit der Atmung sowie der Wahrnehmung des eigenen Körpers.

Zwar besteht hier, wie bereits oben ausgeführt, aus buddhistischer Sicht die Gefahr sich allzu sehr mit seinen Empfindungen, Wahrnehmungen und Erlebnissen zu identifizieren, aber auch dieses Vorgehen kann sehr wohl dazu dienen, das Ich zu überwinden, die Bedingtheit, Leidhaftigkeit, Ichlosigkeit und Vergänglichkeit zu erfahren und zu erkennen. Kurz- und mittelfristig unterstützt es jedoch wirkungsvoll und zumeist notwendig die Entwicklung einer gesunden, guten und reifen Selbst- und Körperbeziehung und entsprechenden Persönlichkeit. Nach Nyanaponika (2007) steht das assoziative Vorgehen dem Weg zur Entfaltung der Geistesruhe nahe und führt schneller zur inneren, geistigen Beruhigung, tiefen Versenkung und zum Erreichen der vier Vertiefungs- bzw. Versenkungsstufen der Meditation (s. vorheriges Kap.). Es stellen sich also eher entsprechende, innerliche Zustände ein, wie Wohlgefühl, Freude, Heiterkeit, Stille, Ruhe, absolute Konzentration, Zuspitzung des Geistes, Klarheit, Achtsamkeit und Gleichmut.

Die Einnahme einer Position zur inneren Beobachtung schafft eine Distanz, die vor allem für die Produktionen der Psyche bzw. des Geistes, wie Stimmungen, Bewertungen, Gefühle, Gedanken, Erinnerungen, Erwartungen, Wünsche usw., sehr wichtig und zentral wird (s. Kap. 3.3.3, 3.3.4). Denn gerade bei diesen Produkten der Psyche bzw. des Geistes ist das Halten eines gewissen Abstandes und die Vermeidung einer Identifikation notwendig oder zumindest hilfreich, um sich nicht von jenen einnehmen, verstricken, bestimmen, vielleicht sogar verführen, dominieren, schikanieren oder quälen sowie zu weiteren Reaktionen und Produktionen anregen oder provozieren zu lassen. Ansonsten bestände das beträchtliche Risiko, sich in den üblichen, konditionierten, erlernten, gewohnten Mustern – des Denkens, Fühlens, Reagierens usw. – zu verfangen und dadurch das Meditationsobjekt bzw. den Zustand der Achtsamkeit und meditativen Vertiefung zu verlieren. Zudem gilt gleichermaßen sowohl für die Patienten in der Psychotherapie als auch für die (Noch-) Nicht-Patienten, dass den meisten Menschen dieser innere Abstand zu den eigenen Produkten der Psyche bzw. des Geistes fehlt und sie diesen auch nicht – selbst bei Bedarf – so ohne Weiteres bewusst und gezielt herstellen können. Mindestens für solche Objekte der Achtsamkeit und Meditation, also wie Bewertungen, Gefühle, Gedanken usw., sollten Achtsamkeitsübungen aus der eher äußeren, distanzierteren Betrachtung und Beobachtungsperspektive geübt werden. Dies gilt insbesondere für Objekte bzw. Inhalte mit einer unheilsamen Wirkung, also z. B. negativen oder destruktiven Gedanken und Gefühlen, wie etwa Selbstabwertungen.

Zur besseren Vorbereitung und zum Erlernen dieser beobachtenden, inneren Haltungen bei der Achtsamkeit und Meditation kann das entsprechende, frühe Üben bereits auch schon beim achtsamen Wahrnehmen und Meditieren des Atems, Atmens und körperlicher Empfindungen beginnen und durchaus sinnvoll, nützlich und hilfreich sein. Da mit dem Üben zunehmend die achtsame Beobachtung des Atems und Atmens gelingt, kann dieses Können auch leichter und besser auf andere körperliche Empfindungen, Vorgänge und Aktivitäten, emotionale, kognitive und wertende Geistprodukte sowie Verhaltens- oder Handlungsimpulse übertragen und angewendet werden, selbst wenn diese als etwa unangenehm, störend, kritisch, problematisch, auffällig oder zwingend empfunden und beurteilt werden. Entsprechend wird in der Lehre und Vermittlung der Achtsamkeit und ihrer Meditation für gewöhnlich frühzeitig oder von vornherein mit der bewusst beobachtenden oder betrachtenden sowie bewussten, aufmerksamen Wahrnehmung begonnen. Also bereits die Atmung und auf andere körperliche Empfindungen bezogene Übungen werden nur aus der „sicheren" Distanz, quasi von außen „objektiv" beobachtet und wahrgenommen.

Bei Menschen allerdings, die bereits eine sehr distanzierte Haltung und Wahrnehmung zu jenen bzw. bestimmten geistigen Produkten und deren unzureichende Wahrnehmung kennzeichnet, kann auch hier besonders – zumindest vorübergehend oder anfänglich – das Üben mit der verbindenden Achtsamkeit hilfreich, nützlich und heilsam sein. Dies trifft bezüglich der Gefühle für einen bedeutenden Teil meiner Patienten zu, vor allem für die selbstunsicheren, zwanghaften, „verkopften" Personen. Hier kann psychotherapeutisch nicht nur die achtsame Beobachtung, sondern auch das Üben des achtsamen innigen Erlebens sehr wichtig und heilsam sein. Sinnvoll, zweckmäßig und zu empfehlen ist aber auch hier das Üben und die Kombination beider Vorgehensweisen und Wahrnehmungen, um den bewussten Ein- und Ausstieg zu üben und zu erlernen sowie die Vorteile beider zu nutzen. Erst wird in der Regel die Beobachterposition eingenommen, dann die Verbindung, Verinnerlichung und Einswerdung versucht bzw. hergestellt und schließlich wieder die Achtsamkeit als Beobachter geübt. Also erst wird das Meditationsobjekt (z. B. Gefühl) beobachtet, dann innerlich erlebt und abschließend wieder beobachtet.

Beim täglichen, festen Üben sind also nach meiner Erfahrung, Praxis und meinem Verständnis beide Modi bzw. Verfahrensweisen einfach und sinnvoll zur bzw. in der Achtsamkeitsmeditation miteinander zu kombinieren und regelmäßig (aufeinander folgend) zu üben. Als Beobachter bzw. im Modus der Betrachtung steigen Sie in die Achtsamkeit bezüglich der Atmung oder innerer körperlicher Empfindungen, Zustände und Vorgänge für einige Zeit (mehrere Minuten) ein. Dann verlassen Sie diese Position und geben diesen Modus auf, um sich in der Meditation für eine mindestens doppelt so lange Zeit ganz und ausschließlich auf das Objekt zu konzentrieren und mit diesem zu verbinden. Nachdem lösen Sie sich aus dieser Verbindung, um dann wieder für einige Zeit die Achtsamkeitsmeditation aus der Beobachterposition zu praktizieren.

Zusätzlich kann vor allem die beobachtende Achtsamkeit wiederholt spontan im Alltag geübt und angewendet werden, indem Sie in Situationen oder Kontexten, die es erlauben, mehr oder weniger kurz bzw. lang innehalten und bewusst, aufmerksam auf Ihre Atem- oder Körperempfindungen achten. Für eine tiefe Versenkung und Verbindung mit dem Meditationsobjekt sind die Bedingungen im heutigen Lebensalltag eher seltener und weniger günstig. Aber auch für diese Variante der achtsamen Wahrnehmung gibt es geeignete Umstände und Anlässe, die spontan dazu genutzt werden können. Somit gewinnen und bewirken Sie nicht nur die jeweiligen Vorteile dieser beiden Meditationsmodi und verringern deren jeweilige Nachteile, sondern Sie üben zudem, sich jeweils bewusst und gezielt von dem einen Modus zum anderen zu bewegen. Sie lernen also, bewusst und gezielt eine dieser inneren Haltungen bzw. Verfahrensweisen zur Achtsamkeitsmeditation einzunehmen und sich wieder davon zu lösen. In der Folge werden die oben angesprochenen Risiken des jeweiligen Verfahrens weiter verringert.

Generell sollte jedoch für die Selbstanwendung und den Hausgebrauch darauf geachtet werden, dass vor allem bei anhaltender und regelmäßig wiederholter Meditation die innige Assoziation und Verschmelzung nur bei letztlich wirklich heilsamen Objekten, Vorgängen und Betrachtungen gewählt und gesucht wird.

Etwa Enomiya-Lassalle (1988, 1992), Sekida (1993), Shunryu Suzuki (1999) und Thich Nhat Hanh (1994, 1995) beschreiben oder empfehlen das Zählen des Atems bzw. der Atemzüge. Die Atemzüge werden von eins bis zehn gezählt und dann wieder von vorne. Entweder werden sowohl der Einatem als auch der Ausatem mit derselben Zahl belegt oder mit unterschiedlichen Zahlen gezählt. Im ersten Fall zählen Sie die gesamten Atemzüge von eins bis zehn. Sie zählen – denken oder benennen innerlich – beim ersten Einatmen „eins" und beim ersten Ausatmen „eins", beim zweiten Einatmen und Ausatmen jeweils „zwei" usw. Sie könnten aber auch nur die Einatemzüge zählen bzw. mit Zahlen benennen. Letztlich zählen Sie auf eine solche Weise die vollständigen Atemzüge bzw. Atemzyklen. Im zweiten, alternativen Fall, also wenn Sie das Ein- und Ausatmen gesondert zählen, fangen Sie mit „eins" beim Einatmen an. Beim Ausatmen zählen Sie „zwei", dann beim Einatmen „drei" und Ausatmen „vier" usw. Die ungeraden Zahlen (eins bis neun) geben das Einatmen und die geraden (zwei bis zehn) das Ausatmen wieder. Das Zählen kann zum einen die Achtsamkeit bzw. anhaltende bewusste Konzentration auf den Atem (sowohl von innen als auch außen) unterstützen und helfen, lästige oder störende Wahrnehmungen, Emotionen und Gedanken, Impulse besser sein- und loszulassen. Es kann aber auch die Verbindung zum Atem und zur Atmung und die betreffende Achtsamkeit, geistige Sammlung und Versenkung stören.

Das Zählen sollte eine Hilfe zur Atemmeditation und zum anfänglichen Üben und Einstieg sein, und aus diesem Grunde und für diesen Zweck nicht selbst zum Gegenstand der Achtsamkeit und Meditation werden. Thich Nhat Hanh (1994) empfiehlt entsprechend das Zählen aufzugeben, wenn die Achtsamkeit und die bewusste Konzentration auf Atem und Atmen auch ohne Zählen erreicht und ausreichend aufrechterhalten werden kann, also dem Atem bzw. Atmen einfach achtsam, bewusst wahrnehmend und konzentriert gefolgt werden kann. Entsprechend bieten bereits Peter und Gerl (1988) das Zählen der Atemzüge als Übung zum Einstieg in die Atemmeditation an. Nach anhaltendem Gelingen des Zählens wird die ganze Aufmerksamkeit und Wahrnehmung dann in einem 2. Schritt bewusst nur auf Atem und Atmen gerichtet und konzentriert. Innere Störungen, Ablenkungen treten zwar auch noch beim Zählen der Atemzüge auf, aber es gelingt zunehmend ihr Loslassen und vor allem die positive, achtsame Zuwendung auf Atem bzw. Atmung. Die Störungen, Ablenkungen werden unwichtig und folgerichtig nimmt zunächst die Dauer des geistigen Verweilens bei ihnen ab. Später werden auch die Störungen und Ablenkungen weniger und werden nach langer Übungspraxis schließlich selten.

Wenn das Zählen als unnötig, überflüssig, störend, lästig oder nicht hilfreich empfunden wird, sollten Sie ganz auf das Zählen verzichten. Loori (2009) empfiehlt dem Anfänger mit dem gesonderten Zählen des Ein- und Ausatmens zu beginnen. Wenn diesbezüglich eine Sicherheit und Zuverlässigkeit erreicht worden ist, können die Atemzyklen gezählt werden. Erst wenn dies wiederum zuverlässig erfolgt und die achtsame bewusste Wahrnehmung des Atems bzw. Atmens (hier im Hara, unterhalb des Bauchnabels) und die bewusste Konzentration und Sammlung darauf mehr oder weniger beibehalten werden können, dann kann das Zählen ganz aufgegeben werden. Sie konzentrieren sich dann nur noch auf den Atem oder das Atmen und sind und bleiben ganz dabei. In der assoziativ, sich verbindend wahrnehmenden Achtsamkeit werden Sie zudem ganz zu Atem oder Atmen.

Sie sollten sich selbst fragen und prüfen, es selbst ausprobieren und entscheiden, ob und wie Ihnen das Zählen hilft und zusagt oder nicht. Wenn Sie sich für eine Art und Weise des Atemzählens entschieden haben sollten, dann wäre unbedingt wie bei der Benennungstechnik (s. vor allem Kap. 2.9.1) darauf zu achten, dass Sie dem nur einen geringen Teil Ihrer Aufmerksamkeit widmen. Denn der überwiegende Anteil Ihrer Aufmerksamkeit sollte beim Atem bzw. Atmen verweilen. Dann verringert sich die Wahrscheinlichkeit, dass Sie das Zählen beim Atmen anstatt – wie eigentlich beabsichtigt – den Atem bzw. das Atmen selbst achtsam wahrnehmen und meditieren. In meiner Praxis mit Patienten und bei Kursteilnehmern verzichte ich im Allgemeinen sogar bei Anfängern auf das Zählen bei jeglicher Form der Atemmeditation, damit die Übenden lernen, sich ganz und nur auf den Atem zu konzentrieren, und mit ihm verbinden können. Obwohl das Zählen nur mit einem geringen Teil der Aufmerksamkeit erfolgen soll, also das Hauptaugenmerk auf Atem und Atmen liegt, kann es dennoch nach meinen Erfahrungen deutlich die innere Verbindung zum Atem und Atmen sowie die betreffende Achtsamkeit, geistige Sammlung und Versenkung stören. Ich empfehle daher generell, es erst wiederholt ohne Zählen der Atemzüge zu probieren, also nur dem Atem bzw. Atmen einfach aufmerksam, bewusst und konzentriert innerlich zu folgen.

In Übereinstimmung mit meiner Praxis beschreibt Nyanaponika (2007, S. 106) das „Zählen der Atemzüge" als eine eigene bzw. „andere Übungsmethode". Das Zählen des Atmens bzw. der Atemzüge kann entsprechend selbst in den Fokus der Meditation rücken. Es wird dann zur Aufgabe und zum Gegenstand der Meditation. Es handelt sich dann aber eben weniger um eine Atemmeditation, sondern vielmehr um ein bewusstes Beachten und Zählen der Atemzüge. Atem oder Atmen werden also weniger begleitet. Noch weniger wird Anteil daran genommen oder gar nur eine Verbindung oder Einswerdung mit dem Atem oder Atmen gesucht und vollzogen. Wie die Atemmeditation kann auch das achtsame Zählen der Atemzüge ein nur präsentes, achtsames Sitzen in geistiger Stille und Versenkung (Zazen), wie es im Zen üblich ist (s. z. B. Suzuki, 1990), vorbereiten helfen. Dieses Zählen wird dadurch noch mehr zu einer findigen und geeigneten Methode, um das mentale, intellektuelle Sytem – den Verstand – zu beschäftigen und zu benutzen sowie gleichzeitig dieses und das Bewusstsein auf eine einfache Art und Weise auf etwas zu sammeln und zu konzentrieren.

In meiner Praxis und den Kursen sitzen oder liegen wir zur Atemmeditation um die 20 Minuten. Den Patienten empfehle ich für gewöhnlich – vor allem am Anfang – im Liegen zu meditieren. Die Patienten können aber auch wie die Kursteilnehmer von vornherein eine andere, von ihnen bevorzugte Meditationshaltung im Sitzen wählen. In den Kursen hängt die Empfehlung zum Liegen davon ab, dass die dafür geeigneten Bedingungen und Voraussetzungen erfüllt sind. So sollten u. a. ausreichend angemessene Unterlagen, genügend Platz sowie eine hinreichende Raum- und Bodentemperatur gegeben sein. Stehen zudem keine anderen, geeigneteren Sitzmöglichkeiten – wie etwa Sitzkissen – zur Verfügung, dann lasse ich die Teilnehmer auf ihren Sitzen meditieren. Zuvor sollten sie jedoch auf ihren Sitzen nach einer besonders passenden und günstigen Position und Haltung für sich suchen und diese einnehmen. Dies ist ganz besonders wichtig, da es sich in anderen Institutionen und Räumen in der Regel um Stühle handelt, die sehr oft weniger bis kaum dafür taugen oder eben nicht an die Bedürfnisse sowie Maße und Proportionen der jeweiligen Person angepasst oder anzupassen sind. Die verschiedenen Haltungen zum Üben bzw. zur Meditation wurden bereits ausführlich im Kapitel 2.5 diskutiert und sind jenem Kapitel zu entnehmen. Wichtige Formen und Varianten des Liegens und Sitzens werden von mir – je nach Bedarf und Umständen – dem Patienten oder Kursteilnehmer dar- und angeboten. Für Zuhause besteht dann die Aufgabe, täglich einmal für etwa mindestens 15, besser für ungefähr 20 Minuten entsprechend zu üben. Darüber hinaus kann mehr und öfters geübt werden. Insbesondere können und sollten auch kurze oder längere, gewollte oder ungewollte Pausen oder Leerläufe im Alltag dazu genutzt werden. Dann kann auch im Stehen (vgl. Kap. 2.5, zum Stand s. Kap. 2.12) oder im Gehen (vgl. auch Kap. 3.3.4, 3.3.4.1) mit dem Atem oder der Atmung meditiert werden. Goldstein und Kornfield (2001) empfehlen sogar zweimal am Tag für jeweils eine halbe bis volle Stunde oder mindestens einmal täglich für eine Stunde zu sitzen und achtsam zu atmen und zu meditieren. Nach Salzberg und Goldstein (2001) sollten die Übenden vor allem frei, d. h. hier ohne sich anzulehnen (vgl. dazu Kap. 2.5), und mindestens einmal täglich für etwa 45 Minuten sitzen und atmen. Allerdings empfehlen sie, mit 20 Minuten anzufangen und sich dann jeweils nach wenigen Tagen um 5 Minuten zu steigern, bis die 45 Minuten erreicht sind.

Wie Sie mit Störungen und Ablenkungen umgehen können, wurde bereits grundsätzlich in den Kapiteln 2.4 und 2.9.1 ausgeführt und wird noch einmal anhand besonderer Hindernisse im Rahmen von Achtsamkeitsmeditationen im Kapitel 3.3.5 thematisiert werden. Wichtig ist, dass Sie – so weit wie möglich – gelassen, ruhig, annehmend und wohlwollend bleiben und immer wieder versuchen, zur achtsamen Wahrnehmung und Meditation des Atems und Atmens zurückzukehren. Störende, ablenkende Wahrnehmungen treten einfach auf. Sie werden nur zur Kenntnis genommen und als bereits eingetretenes, nicht mehr zu veränderndes Ereignis (Sachverhalt, Umstand) an- und hingenommen und losgelassen. Vorübergehend können diese sogar selbst zum Gegenstand der Achtsamkeit und Meditation gewählt werden (vgl. Kap. 3.3.5).

Zur Unterstützung der achtsamen Wahrnehmung und Meditation des Atems und Atmens bieten selbst bekannte und anerkannte buddhistische Lehrer der Achtsamkeit und Meditation sprachliche Beschreibungen an. Diese Beschreibungen werden, den Atem begleitend, innerlich gesprochen oder gedacht. Sie sollen helfen, die bewusste Konzentration und volle Aufmerksamkeit beim Atem und Atmen zu halten. Wie bei der Benennungstechnik im Kapitel 2.9.1 oder oben beim Zählen ausgeführt, sollten auch diese Beschreibungen nur einen geringen Teil der Aufmerksamkeit beanspruchen, außer diese werden als Teil einer besonderen Meditation verstanden und geübt, etwa im Sinne einer Mantra-Atem-Meditation (s. Kap. 8.3). Im günstigen Fall fließen Atem und die sprachlichen Beschreibungen zusammen, im „Gleichklang" und wirken sich gegenseitig verstärkend bzw. synergetisch. Z. B. Thich Nhat Hanh (1999), Salzberg und Goldstein (2001) verbinden mit dem Einatmen „Ein" und mit dem Ausatmen „Aus". Zur Einführung in die Atemmeditation benutze ich auch gerne die Worte: (Der Atem) „Kommt" (und) „Geht"! Besonders anfangs können die Worte in den Klammern still mitgesprochen oder -gedacht werden. Schließlich können sie jedoch wegfallen, so dass nur noch prägnant das „Kommt" das Einatmen oder den Einatem begleitet und das „Geht" das Ausatmen oder den Ausatem. Vor allem beim Wahrnehmen des Atmens im Bauch oder Brustkorb bietet sich auch beispielsweise beim Einatmen „Heben" und Ausatmen „Senken" an. Darüber hinaus könnten Sie, wenn es Ihnen taugt bzw. zusagt, zudem die Atempausen beschreiben. Vor allem die zumeist längere Pause nach dem Ausatmen ließe sich vielleicht passend mit „Ruhe" verbinden und betonen. Bei den obigen Beispielen handelt es sich um sehr einfache, passende Benennungen, die das Atmen auf einer sprachlich-denkenden Ebene treffend und organisch begleiten. In ihrer Einfachheit, Passung und Kraft wirken diese fast wie Mantras (s. Kap. 8.3.0.1) und dürften nur wenig bis kaum eigene, besondere Aufmerksamkeit beanspruchen.

Im Kapitel 3.4 wird jedoch gefragt und diskutiert, inwieweit diese Beschreibungen noch mit der nur achtsamen Wahrnehmung und Meditation des natürlichen, unbeeinflussten Atems und Atmens vereinbar sind. Dies wird umso fraglicher, je suggestiver, instruktiver, bedeutungsgeladener diese Beschreibungen werden, also wenn es sich nicht mehr nur um einfache, zutreffende, klare Beschreibungen der tatsächlich erlebten Empfindungen und Erfahrungen beim Atmen handelt. (Im Kapitel 3.3.4.1 werden im Zusammenhang mit der Gehmeditation beispielhaft auch solche suggestiven, bedeutsamen, über die direkten Empfindungen hinausgehenden Worte sowie auch Begriffe und Vorstellungen genannt, mit denen der Atem bzw. das Atmen dennoch grundsätzlich hilfreich verbunden und begleitet werden könnte.) Nyanaponika (2007) lehnt die Verwendung von Suggestionen und hypnotischen Mitteln für Achtsamkeitsmeditationen grundsätzlich ab. Wobei nach Yapko (2011) auch bei Achtsamkeitsmeditationen im Allgemeinen und geführten oder angeleiteten im Besonderen in jedem Falle – zumindest implizit – Suggestionen beteiligt sind und damit grundsätzlich Gemeinsamkeiten mit der Hypnose (s. Kap. 6) bestehen. Danach wären Suggestionen zwar eventuell zu minimieren, aber nicht völlig zu vermeiden.

Um möglichst nur den Atem oder das Atmen achtsam, meditierend wahrzunehmen und den Atem dabei natürlich fließen und das Atmen nur geschehen zu lassen, könnte es deshalb auch durchaus angemessen, sinnvoll und – langfristig gesehen – sogar nützlicher sein, ganz bzw. von vornherein auf begleitende Beschreibungen zu verzichten. Also einfach nur mit aller bewussten Aufmerksamkeit und Konzentration beim Spüren des Atems und Atmens zu verweilen und zu meditieren. Wie bereits oben ausgeführt, werden Einatmen, Ausatmen und Atempausen (so) gelassen. Sie geschehen ganz von selbst, natürlich und werden nur mit bewusster, voller Aufmerksamkeit und Konzentration annehmend und hingebend er- bzw. gespürt – und zwar im Körper in den jeweils ausgewählten Bereichen. In den Atempausen ist den Nachwirkungen des Ein- und Ausatmens dort im Körper nur achtsam nachzuspüren.

Um in den Zustand der Achtsamkeit zur Atemmeditation zu gelangen, bieten sich verschiedene Einstiege an. Z. B. Kabat-Zinn (2008) und Salzberg und Goldstein (2001) empfehlen u. a. das achtsame Hören als Einstieg, also einfach nur wahrzunehmen und anzunehmen, was da jeweils an Geräuschen, Klängen, Lauten, Stimmen oder auch Stille zu hören ist. Dabei handelt es sich selbst wiederum um eine – wenn auch für diesen Zweck dann für gewöhnlich kürzere – Achtsamkeitsmeditation. (Diese könnte aber auch genauso gut als eigene Übung ausgeweitet und intensiviert werden. Kabat-Zinn, 2009, bietet entsprechend zudem eine vollständige Hörmeditation auf CD.) Wenn wir (zu-) hören, sind die Geräusche – oder eventuell deren Abwesenheit – einfach ohne unser Zutun da und kommen und gehen auch ohne unseren Einfluss. Hören heißt, dass wir uns den akustischen Sinnesreizen nur öffnen, diese empfangen. Da Geräusche, aber auch Stille oft als lästig oder beunruhigend empfunden werden, machen wir uns frühzeitig, gleich zu Beginn mit diesen Reizen in der Umgebung vertraut und stimmen uns in die bloße achtsame Wahrnehmung (auch von diesen und trotz dieser Reize) ein. Wir lernen diese an- und hinzunehmen, was ihnen den störenden Charakter und unsere emotionale Reaktion, vor allem die Aversion, nimmt. Nahezu alle bekannten Autoren und Lehrenden benutzen allerdings den Einstieg über ein Spüren des Körpers. Ich lasse in der Regel die Patienten und Kursteilnehmer ihren Körper spüren, wie sie – mit ihm – eine passende, möglichst angenehme Position, Haltung suchen und einnehmen, im Liegen, Sitzen oder sogar Stehen zum Ruhen kommen, ihren Körper auf der Unterlage, dem Sitz oder Boden spüren, dann wie sie von dem Boden und der Erde gestützt und getragen werden und deshalb frei sind, nun ganz auf den Atem zu achten, der kommt und geht, kommt und geht. Über das Spüren des Körpers, wie er sich nun anfühlt, jetzt empfunden wird, wie er gestützt und getragen wird, wie er Kontakt hat mit der Unterlage, dem Boden oder bzw. und dem Sitz, wird die Atemmeditation auch wieder beendet (vgl. Kap. 2.11).

3.3.3 Weitere Objekte, Wahrnehmungen und Betrachtungen zur Entfaltung der Achtsamkeit

An die achtsame Atemwahrnehmung schließen sich z. B. zusammengefasst nach Bottini (2004) weitere Atemübungen, dann die Achtsamkeit in Bezug auf die vier Körperhaltungen (Gehen, Stehen, Sitzen, Liegen), auf die Empfindungen, auf den Geist und schließlich auf die Geistobjekte an. Kornfield (2008) wurde bereits im Kapitel 3.3.1 erwähnt, wonach sich in Übereinstimmung mit den vier Grundlagen der Achtsamkeit ebenfalls weitere Übungen mit Bezug auf den Körper, dann auf Gefühle, Geist und Dharma anschließen. Nach Gäng (2002) wird die Achtsamkeit erst auf die körperlichen Prozesse, Gefühle und dann geistigen Prozesse angewendet und ausgedehnt. Die körperlichen Prozesse umfassen nach Gäng (2002) zunächst einmal alle körperlichen Haltungen, Bewegungen, Tätigkeiten, Verrichtungen und Handlungen, also wie gehen, stehen, sitzen, liegen, aber auch wie essen, trinken, kauen, schmecken, riechen, ausscheiden. Weiter betrifft es die Zusammensetzung und den Aufbau des Körpers, seine Bestandteile, Organe, Funktionen und seine sowie deren elementaren Kräfte, Aspekte oder Prinzipien. Dazu gehören vor allem die vier Grundelemente und ihre kennzeichnenden Qualitäten, nämlich Festigkeit und das Element Erde, Wärme und Reifung und das Element Feuer, Fließendheit und das Element Wasser sowie Leichtigkeit und Beweglichkeit und das Element Luft. Zu den körperlichen Prozessen zählt zudem die Vergänglichkeit, der Verfall und letztlich die Verwesung und der Zerfall des Körpers. Auch hier kann jeweils die Innenperspektive um eine Außenperspektive erweitert werden (vgl. die Diskussion im vorherigen Kap.). Für bestimmte Objekte kann für die achtsame Betrachtung, Meditation aber auch nur die Außen- bzw. Beobachterperspektive gewählt und eingenommen werden, wie es etwa für die Betrachtung der Vergänglichkeit des Körperlichen und seiner Zusammensetzung aus den Grundelementen angebracht erscheint (s. u.). Auch bei den körperlichen Vorgängen wird – wie beim Atem und Atmen – von außen der (körperliche) Kontakt, die Verbindung zur Umgebung, zur Erde usw. bzw. zu den jeweils anderen (umgebenden) körperlichen Prozessen bewusst und unmittelbar einsichtig. Der Körper wird in der achtsamen Betrachtung zum Teil des ganzen Werden und Vergehens. Da das Atmen selbst ein körperlicher Vorgang ist, bereitet die achtsame Wahrnehmung desselben die Meditation mit den bzw. der körperlichen Zustände und Prozesse exemplarisch vor.

Bottini (2004) und Gäng (2002) halten sich sehr eng an die betreffenden buddhistischen Lehrreden, wie sie im Pali-Kanon (s. Kap. 3.3.1) veröffentlicht sind (vgl. auch Nyanatiloka, 1999). Die körperlichen Achtsamkeitsmeditationen werden zunächst auf die vier Haltungen, Stellungen, nämlich Gehen, Stehen, Sitzen und Liegen, dann auf das Tun (einfache Tätigkeiten und Verrichtungen) und danach auf die verschiedenen Körperteile und -ausscheidungen von der Sohle bis zum Scheitel ausgedehnt. Nyanatiloka (1999, S. 104) nennt insgesamt 32 Körperaspekte: „Kopfhaare, Körperhaare, Nägel, Zähne, Haut, Fleisch, Sehnen, Knochen, Knochenmark, Niere, Herz, Leber, Fell, Milz, Lunge, Gedärm, Darmgekröse, Mageninhalt, Kot, Gehirn, Galle, Schleim, Eiter, Blut, Schweiß, Fett, Tränen, Lymphe, Speichel, Rotz, Gelenköl, Urin." Dann werden die Achtsamkeitsmeditationen (wie oben nach Gäng, 2002, beschrieben) auf die vier (Grund-) Elemente,

Aspekte oder Prinzipien des Körpers, auf die Körperteile und ihre Wesensart (fest, flüssig, feurig bzw. hitzig, luftig) erweitert. Schließlich folgen die Betrachtungen und achtsamen Beobachtungen des Zerfalls und Vergehens des Körpers. Dies kann am Beispiel eines am besten konkreten Leichnams oder eines zu besichtigenden Leichenfeldes mit den Überresten von Verstorbenen geschehen. Nyanatiloka (1999, S. 204) nennt sie die „Friedhofbetrachtungen". Die Achtsamkeitsmeditationen werden also nach der achtsamen Wahrnehmung des Atems und Atmens (im Körper) systematisch auf andere Wahrnehmungen und Betrachtungen des Körpers, körperlicher Empfindungen, Aspekte und Prozesse ausgedehnt.

Die achtsame Wahrnehmung bzw. Achtsamkeitsmeditationen können auch erst nach den Empfindungen, Gefühlen und geistigen Zuständen bzw. Prozessen (als Gegenstand der Achtsamkeit und Meditation) auf das Tun und Handeln und schließlich auf das gesamte Erleben und Verhalten im Leben ausgedehnt werden (vgl. z. B. Kornfield, 2005). Dies hängt u. a. von der Körperbezogenheit der achtsam wahrgenommenen Tätigkeiten ab. Je „geistbezogener", intellektueller oder emotionaler und weniger auf die körperlichen Empfindungen bezogen die Handlungen bzw. Wahrnehmungen sind, also je mehr beispielsweise Motive, Absichten, Folgen (Ursache-Wirkungszusammenhänge) von Handlungen oder Rede betrachtet werden, desto später bzw. erst nach oder mit einem entsprechenden Training des Geist-Sinns (mit etwa Emotionen und Gedanken) sollten solche zum meditativen Üben gewählt werden. Also die achtsame Wahrnehmung körperlicher Haltungen (liegen, sitzen, stehen, gehen) oder einfacher elementarer Bewegungen (wie gehen) oder Tätigkeiten (wie trinken oder essen bzw. kauen, schmecken, riechen, schlucken) kann und sollte nach den obigen Ausführungen sogar relativ früh am Anfang der Achtsamkeits- und Meditationspraxis geübt werden (vgl. dazu auch Köppler, 2008; Nyanaponika, 2007; Thich Nhat Hanh, 1995, 1996). Sie sind auch für den Anfänger hervorragend geeignet, seine Achtsamkeit und bewusste, geistige Sammlung zu üben und auszuweiten. Entsprechend empfehlen Salzberg und Goldstein (2001) zur Schulung und Entfaltung der Achtsamkeit bald nach dem Erlernen der Hör- und Atemmeditation bzw. der achtsamen Wahrnehmung von Geräuschen usw. oder/ und des Atems und Atmens (vgl. Kap. 3.3.2) mit der Gehmeditation zu beginnen (s. dazu Kap. 3.3.4.1). In der Folge wird sehr früh in der Praxis zur Entfaltung der Achtsamkeit täglich zusätzlich zu einer Hör- und Atemmeditation eine Gehmeditation durchgeführt.

Nach den Grundlagen der Achtsamkeit (s. o.) folgt auf die körperbezogenen Achtsamkeitsmeditationen (einschließlich der Atmung) die achtsame Wahrnehmung der Gefühle bzw. gefühlten Empfindungen, das sind „angenehm" bzw. Wohlgefühl, „unangenehm" bzw. Wehgefühl und „weder-noch" bzw. neutral. Weiter werden dann das Bewusstsein, der Geist, das Gemüt sowie die (aufsteigenden) Geistes- bzw. Bewusstseinszustände, wie etwa begehrlich versus begehrlos, gehässig versus hasslos, verblendet versus unverblendet, gesammelt versus zerstreut, zum Gegenstand der Übung und Betrachtung. Schließlich wird die Achtsamkeitspraxis auf Geistobjekte, Erscheinungen, Gegebenheiten, Phänomene bzw. Zusammenhänge in der erlebten, geistigen Wirklichkeit angewendet.

Goldstein und Kornfield (2001; vgl. auch Gäng, 2002; Kornfield, 2005) fangen nach der achtsamen Wahrnehmung des Atems, Atmens und der körperlichen Empfindungen mit den emotionalen „Reaktionen des Geistes" auf das Wahrgenommene an. So werden mit den Wahrnehmungen nach der buddhistischen, aber auch der modernen Psychologie grundsätzliche emotionale Einstellungen, Beurteilungen und Bewertungen bzw. Gefühle verbunden. Die Wahrnehmungen werden danach für gewöhnlich als angenehm, erfreulich oder unangenehm, unerfreulich oder neutral eingestuft oder bewertet. In Abhängigkeit dieser Beurteilung fühlen wir uns zu diesen Wahrnehmungen dann an- und hingezogen oder von ihnen abgestoßen oder bleiben innerlich unberührt. Wir reagieren dann entsprechend der Beurteilung auf solche Wahrnehmungen z. B.

aufsuchend, haftend, zuwendend oder abwendend, vermeidend, aufgeregt oder desinteressiert, unkonzentriert. Weiter reagieren wir etwa mit Zuneigung, Sehnsucht oder Unruhe, Abneigung, Furcht, Flucht, Ekel, Wut oder Langeweile, Trägheit, Müdigkeit. Diese Beurteilungen und emotionalen Reaktionen werden konzentriert und achtsam wahrgenommen. Auf diese Art und Weise werden auch die mit den gefühlten Empfindungen verbundenen Wahrnehmungen (Reize, Auslöser), akustische (das Hören betreffend), visuelle (das Sehen betreffend), olfaktorische (das Riechen betreffend), gustatorische (das Schmecken betreffend), taktile (das Tasten, Berühren und Spüren betreffend) Sinnesreize und -eindrücke, achtsam wahrgenommen und meditiert. Aber auch die jeweiligen erscheinenden und wieder vergehenden mentalen, geistigen, im weitgehenden Sinne das Denken betreffenden Zustände und Prozesse werden wahrgenommen und erzeugen Beurteilungen und emotionale Reaktionen, die wiederum achtsam wahrzunehmen sind. Wobei es sich bereits bei der grundsätzlichen Beurteilung der jeweiligen Wahrnehmung bzw. des Sinnesreizes oder Denkinhaltes als angenehm, unangenehm oder neutral eben um eine zwar elementare, aber dennoch emotionale Reaktion handelt. Es wird jeweils aufmerksam, konzentriert und bewusst das Entstehen und Vergehen der betreffenden emotionalen Reaktion wahrgenommen und verfolgt. Dabei ist es völlig gleichgültig, ob die emotionale Reaktion auf einen Sinnes- oder Denkeindruck als angenehm bzw. positiv, unangenehm bzw. negativ oder indifferent bzw. neutral eingestuft oder erlebt wird. Die achtsame Wahrnehmung bleibt davon ungerührt und in gleichem Maße darauf hoch konzentriert und fokussiert. Wahrnehmungen werden aber auch gesondert als Geistobjekte und besondere Daseinsgruppe (s. u.) meditiert.

Auch in der hinduistischen Tradition und nach den sehr alten, ursprünglichen Schriften, wie der Bahagavad Gita (z. B. nach Easwaran, 2012), wird die reine Achtsamkeit und der Gleichmut gegenüber diesen grundsätzlichen emotionalen Einstellungen, Reaktionen bzw. Bewertungen – vor allem angenehm oder positiv versus unangenehm oder negativ – in der Meditation und gesamten Lebenspraxis empfohlen, geübt und angestrebt. Andernfalls kann das Anhaften, das ichbezogene und selbstsüchtige Handeln und Tun, die Gier, der Hass, die Unwissenheit nicht überwunden sowie die innere geistige Gelassenheit, Ruhe und Freiheit nicht erreicht werden und erhalten bleiben.

Nach dem regelmäßigen Üben der Achtsamkeitsmeditationen mit den grundlegenden Hauptobjekten, hier die Atmung und körperlichen Empfindungen, sollte die achtsame Wahrnehmung und bewusste Aufmerksamkeit, Konzentration auf diese elementaren Gefühlsbewertungen, d. h. angenehm, unangenehm oder neutral, möglichst bald ausgedehnt werden. Denn diese stellen praktisch die erste aktive, konstruierende Reaktion des Wahrnehmenden auf ein beliebiges Wahrnehmungsobjekt – und somit auch auf irgendein mögliches Meditationsobjekt – dar. Mit dieser Reaktion verlässt der Wahrnehmende die reine Wahrnehmung und Betrachtung des jeweiligen Objektes und fängt an, sich – gemäß seinen Erfahrungen, Ansichten, Vorurteilen, Ängsten usw. – gegenüber dem Wahrgenommenen zu positionieren und zu verhalten. Bei dieser Gefühlsbewertung handelt es sich um sehr elementare, zumeist mehr oder weniger automatisierte und entsprechend unbewusste, alte, konditionierte, durch Gewohnheit geprägte oder vielleicht sogar angeborene, instinkthafte Prozesse. Durch die achtsame Betrachtung dieser Gefühlsregungen bei der Wahrnehmung kann dieser Prozess bewusst werden und an dieser Stelle verzögert oder sogar – idealerweise – gestoppt werden. Es bleibt also bei der aufmerksamen und bewussten Wahrnehmung und Feststellung dieser Bewertung ohne (darauf) weiter (wie üblich) zu reagieren. Es kann dann bewusst entschieden werden, ob das eigentliche Objekt – unabhängig von der Gefühlsbewertung – nur weiter oder wieder achtsam wahrgenommen werden soll oder ob, wie und weiter reagiert werden soll. Also nehmen wir an, Sie würden das Brüllen eines Löwen während der achtsamen Wahrnehmung und Meditation Ihrer Atmung hören. Sie nehmen Ihre erste emotionale Bewertung des Gebrülls wahr. Sie können dann idealerweise bewusst entscheiden, ob Sie weiter Ihr Atmen achtsam wahrnehmen oder über weitere Maßnahmen, Reaktionen nachdenken (wie z. B. die Augen zu öffnen und sich zu orientieren) oder Ihren Impulsen und Reflexen (aufzustehen und zu flüchten) folgen wollen. Mit ausreichender Übung gelingt Ihnen das selbst in dieser herausfordernden Situation zunehmend besser. Die achtsame Wahrnehmung und Meditation dieser ersten Gefühlsbewertungen von bzw. bei Wahrnehmungen verschafft eine Distanz, eine zunehmende Unabhängigkeit davon, also einen Gewinn an Unabhängigkeit, Selbstbeherrschung und Entscheidungsfreiheit. Dies ist nicht nur bei entsprechenden psychischen Problemen oder Defiziten, sondern oft generell von Vorteil. Selbst in dem obigen, eher unüblichen Beispiel würde sich die impulsive, reflexhafte Reaktion (Flucht) letztlich als eher nachteilig herausstellen; denn unsere Flucht würde bei einem wirklichen Löwen eher den Jagdimpuls auslösen. Es leuchtet sicher unmittelbar ein, dass für die Achtsamkeitsmeditation hier – wie überhaupt bei Gefühlen und Gedanken als Gegenstand der Achtsamkeit – die Außen- bzw. Beobachterperspektive wichtig und günstig wird. So kann standhaft die nötige Distanz gewahrt und vermieden werden, sich von diesen inneren Beurteilungen, Bewertungen usw. steuern oder vereinnahmen zu lassen, sich mit ihnen zu identifizieren oder weiter zu verstricken.

Kabat-Zinn (2008) spricht im Zusammenhang mit den 6 Sinnen der buddhistischen Psychologie (vgl. Kap. 3.3.1) veranschaulichend von betreffenden Landschaften, die in der Meditation oder auch sonst im Leben achtsam, also bewusst, konzentriert und aufmerksam wahr- und angenommen („gewahr") werden können. Bei ihm finden sich – entsprechend diesen Sinnen – visuelle Landschaften, Geräusch-, Luft- und Berührungs- (beide zum Spür- bzw. Tastsinn gehörig), Geruchs- und Geschmackslandschaften sowie die Landschaft des Geistes und die Landschaft des Jetzt (das Achtsam-, Gegenwärtig- bzw. Gewahrsein im Augenblick). Dieser Begriff, diese Analogie soll die Achtsamkeit und Meditation mit den Sinnen bzw. den Sinnesempfindungen beschreiben und unterstützen. Denn Landschaften sind während des Wahrnehmens oder bei der Wahrnehmung zwar intensiv zu betrachten und manchmal sogar überwältigend, aber dabei eigentlich nur so zu nehmen wie sie sind, also der Wald bleibt Wald, der Berg Berg und der See See usw. Bei angenehmen (Sinnes-) Reizen bzw. Landschaften fällt die verbindende Achtsamkeit leicht und bei unangenehmen schwer. Etwa bei „Lärm" – vor allem je lauter, unangenehmer und schmerzhafter dieser empfunden wird – bietet sich offensichtlich die eher beobachtende Achtsamkeit an. Beim Tinnitus bzw. Ohrengeräuschen (als Meditationsobjekt) liegt diese zwar ebenfalls nahe, aber auch die verbindende, innige Achtsamkeit kann in diesem Falle sehr hilfreich und heilsam sein (s. Kap. 3.3.2 und 9).

Landschaften kann wie jedem Weltausschnitt direkt und achtsam begegnet werden, indem wir diese oder jenen nur mit unseren körperlichen Sinnen, also dem Sehen, Hören, Spüren, Riechen und auch Schmecken, ganz bewusst und konzentriert sowie ausschließlich wahrnehmen. Im nächsten Unterkapitel 3.3.3.1 wird zudem ausgeführt, wie gerade heilsame und angenehme, reale Landschaften, Umgebungen, Orte, soziale oder kulturelle Situationen oder Begegnungen gesucht und genutzt werden können, um diese Achtsamkeit für sich in einfacher Weise und mit positiver Wirkung zu üben und anzuwenden. Selbstverständlich ersetzt dies auf Dauer nicht das systematische und umfassende Training der Achtsamkeit, wie es hier dargelegt und diskutiert wird und welches etwa auch gezielt die unangenehmen sowie uninteressanten Aspekte dieser Welt berücksichtigt und einbezieht.

Nach Gäng (2002) und Goldstein und Kornfield (2001) folgen dann Stimmungen oder Gefühle (wie Trauer, Einsamkeit, Verzweiflung, Angst, Ärger, Hass, Freude, Zufriedenheit, Glück und Liebe), Gedanken (auch Ideen, Vorstellungen, Pläne, Absichten, Vornahmen, Erinnerungen usw.) und die betreffenden geistige Prozesse (wie Denken, Vorstellen, Verstehen, Wollen, Wünschen, Verlangen, Hoffen usw.) als Gegenstand achtsamer Wahrnehmung und Meditation. Nach Salzberg und Goldstein (2001) werden dann auch die Motive, Intentionen, Vornahmen, die Folgen und Ursache-Wirkungszusammenhänge unseres Verhaltens bzw. Tuns achtsam betrachtet. Als letztes werden die achtsamen Wahrnehmungen und Betrachtungen auf alle Prozesse, Erscheinungen und Gegebenheiten gelenkt, wie sie sich dem oder im Geist bzw. Bewusstsein darstellen. Diese werden entsprechend auch als Geist- oder Bewusstseinsobjekte beschrieben. Nach den erwähnten Grundlagen (s. o.) wird die Achtsamkeit dazu zuerst auf die fünf Hemmnisse (dazu weitere Ausführungen und Erklärungen im Kap. 3.3.5), dann auf die fünf Daseinsgruppen, als nächstes auf die 12 Grundlagen der Geistes- oder Bewusstseinsprozesse, weiter auf die im Kapitel 3.3.1 bereits genannten sieben Faktoren des Erwachens und schließlich auf die edlen vier Wahrheiten (über das Leiden, s. ebenfalls Kap. 3.3.1) gerichtet. Es ist jeweils achtsam wahrzunehmen, wie diese jeweils entstehen und vergehen. Die fünf Gruppen des Daseins oder Komponenten des Lebensprozesses sind 1. Form (Körperlichkeit), 2. Gefühl (gefühlte Empfindungen), 3. Wahrnehmung, 4. Geistesformationen (formende Kräfte, geistige Bildkräfte) und 5. Bewusstsein (vgl. Gäng, 2002; Nyanatiloka & Nyanaponika, 1993b; s. auch Nyanatiloka, 1999, unter dem Begriff Khanda). Die Form hängt von den oben erwähnten vier (Grund-) Elementen, Aspekten des Körperlichen ab. Die Gefühle sind (wie bereits beschrieben) als emotionale Reaktionen durch die unterschiedlichen sechs Wahrnehmungseindrücke (Seh-, Hör-, Riech-, Schmeck-, Köper- und Geisteindrücke) bedingt. Entsprechend den sechs Wahrnehmungsfeldern werden sechs Arten der Wahrnehmung unterschieden, nämlich von 1. Formen, 2. Tönen, 3. Gerüchen, 4. Geschmäcken, 5. Tastungen (körperlichen Eindrücken) und 6. Geistesobjekten bzw. Gegebenheiten (durch Denken und Geist vermittelt). Die Gruppen der Geistesformationen und des Bewusstsein sind ebenfalls nach den Wahrnehmungsfeldern differenziert. Auch die 12 Grundlagen der Geistes- oder Bewusstseinsprozesse betreffen im Sinne der akademischen Psychologie die Wahrnehmung und gliedern sich nach den sechs in der buddhistischen Psychologie unterschiedenen Sinnen (s. Kap. 3.3.1), präziser nach den sechs Wahrnehmungseindrükken, -feldern bzw. -arten. Die genaue Bedeutung, Ausdifferenzierung und der Gebrauch dieser grundlegenden Gruppen, Komponenten, Aspekte, Unterteilungen setzt ein genaueres Wissen und Verständnis der buddhistischen Psychologie und Philosophie voraus, was hier nicht weiter vermittelt und vertieft werden kann und soll. Im buddhistischen Sinne wird über die jeweilige betreffende achtsame Wahrnehmung das Entstehen und Vergehen, die Bedingtheit, Vergänglichkeit und letztliche Selbstlosigkeit dieser Wahrnehmungen, (geistigen) Zustände und Gegebenheiten und somit die Sinnlosigkeit des Anhaftens (an ihnen) erfahren, gegenwärtig, klar und evident.

Sehr wichtig ist aus meiner psychologischen Sicht festzuhalten, dass letztlich alle sinnlichen und geistigen (einschließlich der Emotionen!) Wahrnehmungen, Regungen und damit das ganze Universum des Erlebens und Verhaltens Gegenstand der Achtsamkeitsmeditation werden können und werden. Jedes Erleben und Verhalten kann somit achtsam wahrgenommen und betrachtet werden und damit vom Entstehen bis zum Vergehen aufmerksam, bewusst, konzentriert, fokussiert – in eher äußerlicher, distanzierter Perspektive – begleitet oder – in eher verbindender, inniger Art und Weise – als solches erfahren werden. In der Folge eines solchen ausgedehnten Übens und Praktizierens der Achtsamkeit wird schließlich eine anhaltende und vom jeweiligen Meditations- bzw. Wahrnehmungsobjekt unabhängige, bloße, volle, maximale Bewusstheit, Gegenwärtigkeit, Aufmerksamkeit, geistige Sammlung und Konzentration im Hier und Jetzt (Augenblick) – eine generelle Achtsamkeit – aufgebaut und erreicht. Kabat-Zinn (2008) spricht in diesem Zusammenhang von einem wahllosen Gewahrsein (s. auch Kap. 3.3.4, insbes. 3.3.4.2).

In der psychologischen und psychotherapeutischen Praxis sind vor allem anfangs unangenehme (aversive) Wahrnehmungen interessant und sehr häufig Thema. Aufgrund der eigenen Lebensgeschichte sind bestimmte Wahrnehmungen mit negativen (unheilsamen) Gefühlen und Gedanken assoziiert. Dies sind z. B. körperliche Empfindungen, wie Druck, Fülle, Leere, Wärme usw., die z. B. an schwere Erkrankungen, Leiden, mögliche Verluste usw. erinnern können und dadurch bedrohlich wirken. Selbstverständlich zählen auch klare Missempfindungen – wie etwa Schmerzen – dazu. Weiter sind dies z. B. abwertende, abwehrende, ablehnende Reaktionen gegenüber dem Aussehen (z. B. das eigene Aussehen als zu fett, hässlich usw.), störende unangenehme Geräusche, Lärm (z. B. Kindergeschrei, Hundegebell, Kirchenglocken, Ohrengeräusche usw.), Bedürfnisse, Bestrebungen und Impulse (etwa nach Unterhaltung, Befriedigung, Entlastung, Erleichterung, Perfektion usw.), negative, störende Gefühle (wie Ängste, Trauer, Ärger, Hass usw.) und Gedanken (wie Sorgen, Angst- und Zwangsgedanken, Katastrophengedanken und -phantasien, negative, schreckliche Erinnerungen, Erlebnisse und Erwartungen). Alle diese augenscheinlich unheilsamen, störenden und Leiden verursachenden Wahrnehmungen, die konditionierten, emotionalen Reaktionen und betreffenden (negativen, emotionalen) Assoziationen können achtsam wahrgenommen und meditiert werden. Durch die achtsame Wahrnehmung und Meditation jener gelingt es mit zunehmender Übung besser, sich von ihnen immer weniger irritieren zu lassen, diese anzunehmen, zwischen der sinnlichen Wahrnehmung selbst (etwa Schmerz, Hundegebell) und den aversiven Assoziationen und Reaktionen zu differenzieren, sich von ihnen zu lösen und damit frei für neue Erfahrungen und Reaktionen zu werden. In psychologischer Hinsicht bewirken die Achtsamkeitsmeditationen u. a. eine Reizexposition, Habituation, Gegenkonditionierung, Reaktionsunterbrechung und -unterbindung, Löschung, Änderung der Einstellung, des Bezugsrahmens sowie Aufbau konstruktiver, heilsamer Reaktions- bzw. Erlebens- und Verhaltensalternativen oder -muster. Heilsame Reaktionen, Erlebens- und Verhaltensweisen können, wenn sie spontan auftreten oder irgendwie gerade verfüg- und zugreifbar sind, als solche erkannt, gewürdigt, gelassen und durch bewusste Entscheidung bzw. Bejahung und Zuwendung hervorgehoben, unterstützt und verstärkt werden. Diese können zudem aber auch aktiv und bewusst gesucht, gewählt und verwirklicht werden.

Es ist grundsätzlich und zusammenfassend festzuhalten, dass zum Erlernen und zur Entfaltung der vollen Aufmerksamkeit, Bewusstheit, Konzentration, Gegenwärtigkeit die Achtsamkeitsmeditationen am besten in einer gewissen Reihenfolge zu erlernen, auszuweiten und täglich durchzuführen sind. Diese Achtsamkeitsmeditationen haben jeweils bestimmte Wahrnehmungsbereiche als (primäre) Objekte der Meditation zum Gegenstand. Es sollte prinzipiell mit dem Atem bzw. Atmen, Sinneswahrnehmungen (z. B. Hören, s. auch Kap. 3.3.3.1), Spüren des Körpers beim Durchwandern oder Durchfließen (s. Kap. 3.3.4.2) und in Abhängigkeit der Haltung, d. h. Liegen, Sitzen, Stehen und Gehen, angefangen werden. Es folgen etwa achtsame Wahrnehmungen und Meditationen des Tuns, wie wiederum Gehen (s. Kap. 3.3.4.1), aber auch Essen, Trinken usw. (s. Kap. 3.3.4), also alltägliche Verrichtungen, Tätigkeiten und Handlungen, sowie gefühlte Empfindungen (angenehm oder Wohlgefühl, unangenehm oder Wehgefühl, weder-noch bzw. neutral). Weiter können dann Gedanken und Emotionen sowie Motive, Intentionen, Folgen des Tuns als primäre Objekte folgen. Schließlich werden zusätzlich Meditationen etwa des Gleichmuts, der Güte (Herzensgüte), des Mitgefühls und der mitfühlenden Freude durchgeführt (s. Kap. 3.3.4.3). Die Achtsamkeitsmeditationen (bzw. die achtsame Wahrnehmung) können letztlich auf das gesamte Spektrum bzw. Universum des Erlebens und Verhaltens, also auf das ganze Leben und Dasein, ausgedehnt werden. Es wird auch hier – wie bei der

Atem-Achtsamkeitsmeditation (s. Kap. 3.3.2) – der gewählte Gegenstand, Vorgang, Bereich nur anhaltend bewusst, aufmerksam, konzentriert wahrgenommen, ohne diesen zu verändern oder verändern zu wollen. Die sich einstellenden Wahrnehmungen, deren Entwicklungen und Veränderungen werden wohlwollend, freundlich, akzeptierend registriert. Die achtsame Wahrnehmung der Atmung kann diese achtsamen Wahrnehmungen jeweils einbetten oder begleiten. So können die Achtsamkeitsmeditationen grundsätzlich mit der Atmung als Meditationsgegenstand begonnen und beendet werden.

3.3.3.1 Natur, Welt, Leben und Mitmenschen achtsam wahrnehmend begegnen

Diese Achtsamkeitsübungen sind eigentlich sehr einfach aber zugleich auch sehr schwer. Es geht darum, dem jeweiligen Umfeld, der aktuellen Situation, den gegenwärtigen Personen und den betreffenden Inhalten mit aller Offenheit, Präsenz, Aufmerksamkeit, Konzentration und allen Sinnen zu begegnen. Erst nach systematischem, fortgeschrittenem Üben kann dies überall und im Sinne einer Achtsamkeitsmeditation praktiziert werden. In einem für einen selbst uninteressanten, neutralen und vor allem negativen bzw. unangenehmen Umfeld bzw. in einer solchen Situation oder gegenüber solchen Objekten oder Lebewesen lassen sich Offenheit, Präsenz, Achtsamkeit, Konzentration und das Beschränken auf die Wahrnehmung sowie das damit verbundene Enthalten von Beurteilungen ohne hinreichende Übung nur sehr schwer realisieren. Aber es gibt grundsätzlich erfreuliche, erbauliche und heilsame Umstände, in denen die Achtsamkeit auf diese grundsätzliche Art und Weise leichter, einfacher und wirkungsvoller praktiziert, erlebt und aufrechterhalten werden kann. In einem Umfeld oder einer Situation, wo wir uns relativ sicher, geborgen oder angenehm aufgehoben und wohlfühlen, mit Lebewesen und Menschen, die uns selbst lieb oder angenehm oder uns gegenüber wohlgesonnen und freundlich sind, kann die achtsame Haltung und Wahrnehmung vergleichsweise gut – auch ohne Übungpraxis – versucht und verwirklicht werden.

Das Erleben von und in der Natur, der Gang über einen Markt, durch eine schöne oder lebendige Altstadt oder Ausstellung, das Betreten und Erleben eines sakralen Ortes oder Gebäudes, das Sitzen und Schwitzen in der Sauna, ein musikalisches Festival oder Konzert, die Begegnung und das Reden mit einem freundlichen, offenen und wohlgesonnenen Menschen sind Umstände, in denen wir gerne und gut voll aufmerksam und konzentriert wahrnehmend und bewusst erlebend werden und sein könnten. Die Natur ist wie auch die anderen Umstände zu betrachten, zu belauschen, zu erspüren und ertasten, zu riechen und schmecken. Die Natur muss nicht unbedingt ursprünglich und unberührt sein wie ein Urwald oder wild und aufregend wie ein Meer oder erhebend wie hohe Berge und Gipfel oder weit und beschaulich wie eine Marsch, ein Watt, eine Prärie, Steppe oder Wüste. Es reicht auch ein Garten, Stück Rasen, Feld oder Park. Im Grunde genommen genügt ein Baum, eine Blume oder ein Gras im Asphalt oder ein Moos auf dem Stein oder eine Flechte am Holzpfahl, um achtsam Natur wahrzunehmen und auf sich wirken zu lassen. Die einzelnen Pflanzen bis zur Landschaft können achtsam in Augenschein genommen und betrachtet werden. Das Rauschen der Blätter, das Plätschern und Gurgeln von fließenden oder bewegten Gewässern, etwa das Summen und Zwitschern von Tieren oder auch nur die Ruhe und Stille können intensiv und konzentriert gehört werden. Im Wald oder Garten kann der Boden und seine Beschaffenheit mit den Füßen gespürt werden. Der Baum kann umarmt, seine Rinde tastend und greifend er- und gespürt werden. Zudem können die vielfältigen atmosphärischen und wetterbedingten Ereignisse bewusst wahrgenommen werden, wie vor allem Wind, Feuchtigkeit und Temperatur. So können z. B. Regentropfen, Schneeflocken, die

Feuchtigkeit oder Trokkenheit der Luft, der kühlende oder warme Wind, das wärmende Sonnenlicht oder die Kühle des Schattens oder der Dunkelheit auf der unbedeckten Haut des Gesichtes gespürt werden. Das Wasser, die Bergluft, die Pflanzen, der Boden usw. können aufmerksam gerochen werden. Die Salzluft des Meeres, die Früchte der Pflanzen, Blätter von essbaren Kräutern usw. können bewusst probiert, gerochen und geschmeckt werden. Die ganze verfügbare, natürliche Pracht kann wahrgenommen und innerlich aufgenommen und sogar aufgesogen werden. Dabei oder dazu kann gelaufen oder sogar bedächtig geradelt werden. In einem Gewässer könnten Sie entsprechend schwimmen oder in einem Boot rudern oder paddeln. Sie können auch, um die momentanen Wahrnehmungen noch genauer, tiefer und inniger wahrzunehmen, auch stehen bleiben, sich sogar setzen und selbst bewegungslos werden. Wenn Sie in oder auf einem Wasser sind, dann würden Sie nur durch das Wasser, die Wellen oder Strömung bewegt oder getrieben werden. Ihre ganze Wahrnehmung konzentriert sich auf die gegenwärtige Natur. Diese absorbiert Ihr ganzes Bewusstsein. Wenn Sie noch zudem versuchen, selber sich dieser ganz hinzugeben, mit ihr zu verschmelzen und mit ihr eins zu werden, dann können Sie ganz zu dieser werden und schließlich nur noch – diese oder überhaupt – Natur sein. Die achtsame Betrachtung von und Verbindung mit der Natur haben nicht nur nach meiner Erfahrung sehr entspannende, beruhigende, aber auch stärkende und vitalisierende Wirkungen sowie heilsame Gefühle, wie etwa Wohlgefühl, Freude, Zufriedenheit bis zur Glückseligkeit, zur Folge. Auch die empirische, psychologische, wissenschaftliche Forschung bestätigt immer wieder diesen grundsätzlichen Zusammenhang bzw. die positiven Auswirkungen von Bildern und Wahrnehmung der Natur. Durch die vermehrte Konzentration, Achtsamkeit, Bewusstheit und Präsenz werden diese Auswirkungen noch bedeutend verstärkt.

Genauso kann aber auch ein Gang über den Wochenmarkt mit seinen verschiedenen Angeboten und Reizen sowohl zur Übung als auch zum meditativen, heilsamen Erleben genutzt werden und geraten. Auch hier kann man sich mit allen Sinnen öffnen und achtsam wahrnehmen. Das Treiben und die Waren können im Idealfall nicht nur gesehen und gehört werden, sondern auch angefasst, gefühlt, gerochen und – soweit sie ess- und genießbar sind – zudem geschmeckt werden.

Das Betreten und Erleben eines heiligen oder geweihten Ortes oder Gebäudes oder eines natürlichen oder künstlich, architektonisch angelegten Kult- oder Kraftortes kann ebenfalls leicht und gut zur intensiven und achtsamen Wahrnehmung und tiefen Präsenz, Sammlung und Versenkung genutzt werden.

Selbst die Begegnung mit einem Freund oder einer Freundin – aber auch einem noch unbekannten, fremden Menschen – kann durch das Bemühen um volle Öffnung, Konzentration, Achtsamkeit, Bewusstheit und Präsenz bei der und auf die Wahrnehmung des Gegenübers und seiner Äußerungen und Reaktionen zur Übung werden. Wichtig ist – wie bei allen diesen Übungen – sich ausschließlich auf die Wahrnehmung zu konzentrieren und eine grundsätzlich annehmende, respektvolle Haltung und Einstellung einzunehmen. Mögliche Urteile, Wertungen, Ansichten und Meinungen sollten gelassen, d. h. möglichst vermieden oder zumindest nicht weiter beachtet, werden. Im Gespräch ist selbstverständlich zudem diesem geistig achtsam zu folgen und die Wahrnehmung zeitweise zu (ver-) lassen, um angemessen zu antworten und zu reagieren. Je freundlicher oder wohlgesonnener der oder das Gegenüber empfunden wird, umso leichter fällt es natürlich, dessen Position und Perspektive einzunehmen und sich zu verbinden.

Das aufmerksame, konzentrierte Wahrnehmen der äußeren, jeweils präsenten Wirklichkeit in ihrer Gesamtheit oder zumindest in Ausschnitten oder Aspekten wäre das Wesentliche dieser Achtsamkeitsübungen. Dabei kann diese Wirklichkeit auch irgendwelche Artefakte, also etwa

Gebäude, Kunstwerke, Bilder oder Abbilder, beinhalten. Zwar können auch Vorstellungen oder Imaginationen davon wiederum achtsam wahrgenommen werden und somit Gegenstand der Achtsamkeit und Meditation werden, aber bei der gezielten, willkürlichen Vorstellung oder Imagination von Orten, Natur, Landschaften, Situationen usw. zum Zweck der eigenen Erbauung und des Nutzens, handelt es sich nicht um Achtsamkeitsmeditationen, sondern um Übungen der Imagination (s. Kap. 5) oder Hypnose (s. Kap. 6). Dann wird z. B. der erholsame und belebende Strandspaziergang am Meer nur in der Vorstellung imaginiert und erlebt.

3.3.4   Mehr über Achtsamkeitsmeditationen, deren Durchführung und schrittweise Ausdehnung auf das ganze Verhalten und Erleben sowie ihr Bezug zu Atmung, Zen, Zazen, Herzensgebet, Koan, Samadhi, z. B. Essen und Trinken, Erkennen und Selbstregulation

Wie bereits im Kapitel 3.3.3 erwähnt ist auch das Tun Gegenstand der achtsamen Wahrnehmung, bewussten Konzentration und meditativen Übung und Schulung. In Anlehnung an die im Kapitel 3.3.1 erwähnte Lehrrede des Buddha über die Entfaltung der Achtsamkeit werden dazu in typischer und exemplarischer Weise u. a. das Gehen und das Essen benutzt. Achtsames, meditatives Gehen oder Essen werden z. B. von Enomiya-Lassalle (1988), Kabat-Zinn (2008), Köppler (2008), Kornfield (2005), Loori (2009), Nguyen Anh-Huong und Thich Nhat Hanh (2008), Nyanaponika (2007), Salzberg und Goldstein (2001) und Thich Nhat Hanh (1996) beschrieben. Das Tun kann in der bzw. für die Achtsamkeitsmeditation mehr oder weniger ritualisiert sein und werden. Es kann aber auch einfach ein grundlegendes, alltägliches Tun, eine Tätigkeit im Lebens oder Verrichtung des Alltags als solches zum Gegenstand der Achtsamkeitsmeditation gewählt und benutzt werden. So wurde und wird im japanischen Zen das achtsame, meditative Zubereiten und Trinken von Tee als Kunst und Zeremonie streng ritualisiert und zelebriert. Die Zubereitung und das Trinken des Tees kann aber auch im Alltag „nur" achtsam, bewusst konzentriert und gesammelt erfolgen und wird bereits dadurch zu einer geeigneten Achtsamkeitsübung und -meditation (vgl. z. B. Thich Nhat Hanh, 1995, 1996). Da es sich beim Gehen, Essen und Trinken (wie im Kap. 3.3.3 diskutiert) nach der buddhistischen Auffassung vordringlich um körperliche Vorgänge oder dem Körperlichen zugeordnete Prozesse handelt, können Sie dabei wieder prinzipiell zwischen den beiden grundsätzlichen Wahrnehmungsstandpunkten oder -perspektiven differenzieren und wählen. Sie können sich also in der achtsamen Wahrnehmung und Meditation dieses Tuns bewusst innerlich zuschauen oder versuchen, mit diesem Tun ganz eins zu werden. Auch können wieder – nacheinander, aufeinanderfolgend – Übergänge und Kombinationen dieser beiden Perspektiven in der Achtsamkeit und Meditation eingenommen und realisiert werden. Auch Zwischenpositionen und Abstufungen sind denkbar und möglich. Entsprechend könnte etwa versucht werden, das Tun zwar bewusster und stärker von innen zu erleben als von außen zu beobachten, aber ohne ganz mit dem Tun eins zu werden bzw. zu verschmelzen.

Die Grundlage der Zen-Meditation bzw. des Zen sind die einfachen Tätigkeiten des Sitzens und Atmens. Zen (japanisch) bzw. Chan (chinesisch) umfasst eine ganze, historisch und kulturell gewachsene Richtung der buddhistischen Lehre und Praxis, bedeutet aber auch bereits im wörtlichen Sinne „Meditation" (Keown, 2005/2003, S. 305) bzw. bezeichnet „die Sammlung des Geistes und die Versunkenheit" (Diener, 1996, S. 243). Es ist im Zen das Zazen, d. h. die Sitzmeditation, einfach nur still und achtsam oder in Versenkung zu sitzen (vgl. Suzuki, 1990). Für gewöhnlich und vor allem für den Anfänger wird zudem achtsam geatmet (vgl. Sekida, 1993). In jedem Falle gleicht dieses Nur-achtsam-zu-sitzen, und dabei eventuell zudem oder alternativ achtsam auf sein Atmen oder seinen Atem zu achten, sehr einer oder den entsprechenden Achtsamkeitsmeditationen, wie diese in den vorherigen Kapiteln beschrieben und erläutert worden sind. Während – und sehr viel auch in der Folge – des Sitzens und Atmens und des Versuches, darauf zu achten, seinen Geist zu sammeln und zu beruhigen, treten dann die verschiedenen anderen Aspekte und möglichen Objekte der Achtsamkeit und Meditation auf. Hierbei handelt es sich etwa um andere körperliche Empfindungen und Wahrnehmungen, Bedürfnisse, Wünsche, Gefühle, Gedanken, Erinnerungen, Pläne, Erwartungen oder Träume aus der Innenwelt und diverse Wahrnehmungen aus der Außenwelt. Um die Meditation dennoch fortsetzen zu können und in diesem meditativen Zustand zu bleiben, gilt es zu lernen, diese Wahrnehmungen eben nur achtsam wahrzunehmen und diese sowie jegliches weitere Reagieren sein zu lassen. Sollten gegebenenfalls dennoch eigene Reaktionen auftreten, so sind diese wiederum nur achtsam zur Kenntnis zu nehmen, eben wahrzunehmen. Die endlos anmutende Kette aus Reizen bzw. Wahrnehmungen und Reaktionen kann so unterbrochen und schließlich – für die Zeit der Achtsamkeit – beendet bzw. zum Stillstand gebracht werden. Dies wird besonders evident und schwierig bei Wahrnehmungen und Inhalten, die uns besonders unangenehm oder abstoßend erscheinen, die uns aus irgendwelchen Gründen sehr emotionalisieren, aufwühlen und aktivieren. Auf diese Art und Weise kann es dann aber mit der Übung gelingen, geistig nur beim Sitzen und Atmen zu bleiben, ohne sich in seinen (anderen, weiteren) Wahrnehmungen und Reaktionen zu verstricken und schließlich zu verlieren bzw. leidverursachend anzuhaften. Die Folge oder das Ergebnis ist also ein umfassendes Achtsamkeitstraining, das mit dem Sitzen und Atmen sowie der betreffenden Körperwahrnehmung seinen bleibenden Ausgangs-, Anfangs- und Bezugspunkt bzw. sein primäres Meditationsobjekt hat.

Das Sitzen in Ruhe und Stille – auch mit der achtsamen Wahrnehmung des Atems – kennen in langer Tradition z. B. auch die christlich-orthodoxen Kirchen. Allerdings muss es hier nicht aufrecht, sondern kann auch, vielleicht zur Erhaltung einer demütigen, selbstlosen Geisteshaltung oder zur stärkeren Fixierung im Herzbereich, gebeugt erfolgen. So empfiehlt Gregor der Sinait das Sitzen „in halbgebeugter Haltung" (Dietz, 2013, S. 34). In der christlich-orthodoxen Tradition ist das Sitzen in Ruhe und Stille jedoch verbunden mit oder Teil der Praxis des Herzens- oder Jesusgebetes (s. Jungclaussen, 2013, 2014 und die „Aufrichtigen Erzählungen eines russischen Pilgers"). Es dient der Vorbereitung und Durchführung des Herzensgebetes, in und mit dem der Herr Jesus Christus still sprechend oder innerlich denkend, namentlich angerufen und um sein Erbarmen gebeten wird. Im Zentrum der Meditation steht also die Gebetsformel (etwa 2014, S. 30): „Herr Jesus Christus, erbarme dich meiner." Das achtsame Sitzen und Atmen rahmt und bettet das wiederholte innerliche Sprechen oder Denken der Gebetsformel ein, die im Sinne eines Mantras wiederholt und meditiert wird. Es handelt sich also im Wesentlichen um eine Form der Mantra-Meditation, wie im Kapitel 8.3.0.1 ausgeführt.

Mit dem Fortschreiten in der Meditations- bzw. Gebetspraxis können die Worte mit der Atmung verbunden werden, d. h., „Herr Jesus Christus" mit dem Einatmen und „erbarme dich meiner" mit dem Ausatmen (2014, S. 113). Mit fortschreitender Übung wird das Gebet inniger und geistiger. Gemäß dem Mönchsvater, Gregor der Sinait, bedarf es schließlich keiner Worte mehr, denn der Geist ist ganz innig in das Gebet versunken (Dietz, 2013, S. 44). Obwohl keine Bilder vorgestellt und weiter beachtet werden sollen, richten sich die innere Vorstellungskraft und Wahrnehmung (hier neben dem Sehen vor allem das Hören bzw. Hineinhorchen und Spüren) sowie die Aufmerksamkeit, Konzentration, das Bewusstsein und „Denken" auf das Herz (s. Jungclaussen, 2014, S. 31, S. 112-113). Auch die Anwesenheit Gottes bzw. von Jesus Christus kann „vorgestellt" (vgl. S. 30) werden. Dies wird aber vielleicht zutreffender anstatt „vorgestellt" besser mitgedacht, gefühlt oder empfunden, vergegenwärtigt oder bewusst beschrieben; denn diese Anwesenheit wird nicht konkret visualisiert oder bildlich veranschaulicht. Es wird also kein Bild oder Abbild, keine Gestalt, kein Aussehen, keine konkrete Verkörperung von Jesus bzw. Gott vorgestellt oder visualisiert, sondern nur die Anwesenheit oder Präsenz des Herrn bzw. Gottes. Generell werden konkrete, sinnliche oder geistige Bilder oder visuelle Vorstellungen vermieden, da diese ablenken, stören und täuschen können (vgl. z. B. Dietz, 2013, S. 48). Sie können den Betenden in die Zerstreuung, Irre, Sackgasse, auf Abwege, in das Reich der Phantasie, Illusionen und sinnlichen Wünsche sowie zu hinderlichen oder sogar fälschlichen Veranschaulichungen, Überzeugungen oder Sicherheiten – „Einbildungen" – führen. Aus diesen Gründen sind auch dem Meditationsgegenstand bzw. Gebet fremde Gedanken zu meiden bzw. zu lassen. Das gilt sowohl für negative, unangenehme, „häßliche Gedanken" als auch angenehme, positive, „gute Gedanken" (vgl. Dietz, 2013, S. 35).

Über das Herz bzw. den Herzbereich kann dann auch im Einklang mit der Gebetsformel ein- und ausgeatmet werden. Der Atem wird dazu durch die Nase eingezogen. Mit gesammeltem Geist lässt man nach dem Mönchsvater, Nikephoros der Einsiedler, den Atem bis und in das Herz strömen und dort festhalten (vgl. Dietz, 2013, S. 32). Das kann bedeuten, dass der Atem dort konzentriert und angehalten wird oder dass dort bewusst und beherrscht hin ausgeatmet wird. In der Folge können starke Empfindungen auftreten, wie etwa anfänglich ein feiner, angenehmer Schmerz im Herzen und eine sich dann ausbreitende, wohltuende Wärme (vgl. Jungclaussen, 2014, S. 113), wie dies auch später von mir im Zusammenhang mit den Meditationen im Herzzentrum im Kapitel 8.2 beschrieben wird. Zudem können starke Gefühle oder Zustände, wie etwa der Wonne, Freude, Ruhe und Leichtigkeit (vgl. z. B. S. 59) entstehen, wie sie generell – und wiederholt in den vorangegangenen Kapiteln über Achtsamkeitsmeditationen besprochen – anhaltender, großer geistiger Sammlung und tiefer Versenkung folgen und diese auszeichnen.

Die Fortgeschrittenen können auch die Worte bzw. das innere, geistige Gebet mit dem Herzschlag koppeln (S. 112). Aber wie in diesem Buch im Kapitel 6.2.1.4 beim Autogenen Training (AT) im Zusammenhang mit der formelhaften Suggestion und Wahrnehmung des Herzschlages diskutiert, rät entsprechend Jungclaussen (2013) vor allem Anfängern davon ab. Wenn solche direkten Kopplungen mit den grundlegenden körperlichen Rhythmen, wie dem Herzschlag oder Atmen, überhaupt gesucht und geübt werden, dann sollte das innere Sprechen oder die geistige Vergegenwärtigung der Gebetsformeln – insbesondere beim Herzschlag – sich entweder der jeweiligen Rhythmik des Körpers anpassen und folgen und damit der inneren Weisheit des Körpers fügen und vertrauen oder man sich selbst zumindest in einer stabilen, sicheren Haltung der Ruhe anstatt in Bewegung befinden. Der Herzschlag bietet dann den grundlegenden Takt und Beat für das innere Sprechen oder Denken der Gebetsformel. Im Falle einer nichtruhenden Position und Haltung wird die Gebetsformel besser mit der jeweiligen Bewegung, z. B. dem Gehen, in Verbindung und Einklang gebracht; denn Herzschlag- und Atemfrequenz können durch solche Kopplungen deutlich beeinflusst und verändert werden. So gäbe dann die Struktur der Bewegung und – im weiteren Sinne – des Tuns den Takt, Rhythmus und das Timing der Gebetsformel vor. Vor allem eine Orientierung und Bindung an den Herzschlag entfällt dann, die den Herzschlag gegen die Erfordernisse bzw. Natur der Bewegung und des Tuns beschleunigen oder verlangsamen und damit eventuell auch unerwünschte körperliche Empfindungen und Wirkungen hervorrufen könnte.

Wie bei den Achtsamkeitsmeditationen wird der Körper bei einer solchen christlich-orthodoxen Meditation einbezogen. Ziel des Herzensgebetes ist ebenfalls die Ausdehnung auf den Alltag und das ganze Leben. So wird dieses zunehmend über das achtsame, in Stille und Ruhe Beten und Meditieren hinaus ausgeweitet. Es wird schließlich – im Extrem – ohne Unterlass gebetet und begleitet schließlich jegliches Erleben und Tun, sogar das Ausruhen und Schlafen. In dieser Hinsicht weicht es dann wiederum von den Achtsamkeitsmeditationen ab und läuft deren zugrundeliegendem Gedanken, Prinzip bzw. der Aufgabe und dem erstrebten Ziel der absoluten und völligen Präsenz im Hier und Jetzt offenbar zuwider. Zumindest füllt das Gebet willkürlich einen mehr oder weniger großen Teil der achtsamen Wahrnehmung und Präsenz. Immerhin wird die „Achtsamkeit" bzw. „Ruhe des Gemütes", „geistige Nüchternheit" oder „Beobachtung des Geistes" von den Mönchsvätern als notwendig für die geistige Sammlung und Versenkung im Gebet erachtet (vgl. Dietz, 2013, S. 56-57). Dennoch bestehen eben nicht nur wesentliche Gemeinsamkeiten mit einer Mantra-Meditation, sondern auch mit Meditationen der Achtsamkeit und dem Zazen.

Nach Fortschritten im achtsamen Sitzen bzw. Zazen kann dann schließlich wirksam Shikantaza geübt werden, was so viel wie „nichts als treffend sitzen" nach Diener (1996, S. 186) bedeutet und bereits im Kapitel 1.1 erwähnt und beschrieben wurde. Dann wird ausschließlich in einem Zustand der puren Aufmerksamkeit und Bewusstheit verweilt, ohne etwas zu denken, zu fühlen oder sinnlich wahrzunehmen. Die Aufmerksamkeit und das Bewusstsein richten sich nur noch auf sich selbst, das Gewahrsein an sich bzw. auf den Bewusstseinszustand tiefster geistiger Sammlung und Versenkung als solchen. Die Achtsamkeit hat sich nur noch selbst zum Gegenstand und ist gleichzeitig voll und leer.

Je nach Schule und Tradition (vor allem in der japanischen Rinzai-Schule), aber auch nach individueller Entwicklung (Stand, Position) und Eigenart des Schülers, Praktizierenden sowie Lehrers (Meisters) ist im Zen das Koan bzw. sind die Koan von zentraler Bedeutung für die Meditation und spirituelle Entwicklung (vgl. einführend auch Fontana, 1994). Ein Koan gibt eine sehr prägnante, beispielhafte, überlieferte Begebenheit, eine Handlung, das Gespräch, die Frage oder einen Ausspruch eines mehr oder weniger bedeutenden Zen-Meisters wieder. Mindestens bei diesem Meister handelt es sich bereits um eine Person, die im Sinne des Zen erwacht ist, tatsächlich nachhaltig Erleuchtung erfahren und tiefste Einsicht in die Wirklichkeit bzw. das Dasein und Sosein und die Buddha-Natur (Bussho) aller Lebewesen erlangt hat (s. Kap. 3.3.1). Nach buddhistischer Ansicht hat dieser Meister die Oberfläche und das Meer des relativen Wissens über die Wirklichkeit durchdrungen und ist zum absoluten Wissen über die Wirklichkeit und damit zum Grund oder Urgrund des Daseins, der Soheit oder dem Sosein, gelangt. In der Regel ist ein Koan im kurzen Frage-Antwort-Schema gehalten. Also etwa ein Meister fragt einen fortgeschrittenen Schüler oder einen augenscheinlich Fremden, Pilger, Besucher oder Interessenten, der zumeist ebenfalls ein Mönch ist, um dessen buddhistischen oder bewusstseinsmäßigen Entwicklungs- und Erkenntnisstand zu erforschen. Derjenige zeigt also dem Meister durch seine Antwort bzw. durch deren Art und Weise und Qualität, ob oder dass er die meisterliche, sprachlich-geistige Falle erkannt hat und ebenfalls zum Kreis der Erleuchteten bzw. Erwachten und Weisen gehört. Sollte die Antwort oder Reaktion des Gegenübers jedoch aus der Sicht des Meisters unzureichend, ungenügend ausfallen, so kann die befragte bzw. antwortende Person – und damit auch der Hörer, Leser und Meditierende des Koan – dies prinzipiell an der überlieferten, spontan folgenden Reaktion des Meisters erkennen. Da der Hörer, Leser oder Übende für gewöhnlich – und in der Natur der Sache begründet – noch nicht zum Kreis der Erwachten, Erleuchteten und Wissenden gehört, kann er die Antworten und Reaktionen des Meisters oder seines Gegenübers noch nicht wirklich in Gänze für sich verstehen und prüfen. Aber aus dem

Hergang oder Dialog, also der Antwort oder Reaktion des Meisters, wird die Angemessenheit und Qualität der jeweiligen Antwort und Reaktion auch für ihn deutlich. Sollte der Meister etwa mit einem Schlag antworten, so weiß auch selbst der Uneingeweihte und Unwissende, dass ihn die Antwort des Gegenübers nicht wirklich befriedigt und überzeugt hat und aus der Sicht eines wirklich Erleuchteten bzw. Meisters eben ungenügend oder unangemessen gewesen ist. Der Ausspruch oder eine anderweitige Reaktion eines großen Zenmeisters ist selbstverständlich für sich bereits als zutreffend, passend, vorbildlich und von tiefster Weisheit, Klarheit, Einsicht und unmittelbarer Erleuchtungserfahrung geprägt zu sehen und eignet sich daher als meisterliches Vorbild, Beispiel und exemplarisches Kriterium. In den Geschichten führt das dann in der Regel wiederum zur unmittelbaren Einsicht, zum Erwachen und zur Erleuchtung des Befragten. Es besteht demnach also die Hoffnung, dass auch derjenige Schüler, der das Koan nur hört oder liest und bei Bedarf dann weiter studiert, bedenkt und meditiert, diese Einsicht und Erhellung (via Klärung, Verstehen des Koan) schließlich erlangen wird. Das Koan kann auch diesen Dialog auf ein oder zwei Fragen des Meistes verkürzen und verdichten. Die Fragen sind dann anscheinend direkt an uns als Hörer, Leser oder Schüler gerichtet und laden uns zum Überlegen, Betrachten und angemessenen Antworten ein. Oder ein Schüler oder Fragender kommt gemäß dem Koan zum Meister und stellt diesem eine ihn sehr bewegende, wesentliche und schwierige Frage, mit der er sich in Gänze beschäftigt und die ihn offensichtlich in seiner geistigen, spirituellen, bewusstseinmäßigen Entwicklung festhält und ihn am wirklichen Erwachen noch hindert. Dieser Schüler, Mönch, Pilger, Zweifler usw. sucht nicht nur die Klärung seiner Frage, seines geistigen Problems oder Hindernisses, sondern vor allem die – letztlich sowohl grundlegende als auch umfassende, vollständige bzw. absolute – Erfahrung der Wirklichkeit an sich, des Seins oder Daseins sowie das entsprechende Wissen, die Weisheit, Einsicht und Erkenntnis und vor allem seine Erleuchtung oder die Bestätigung seines augenscheinlichen Erleuchtungszustandes bei diesem Meister. So gab und gibt die spontane Antwort des Meisters einen Einblick in die Weisheit, Erkenntnis und Freiheit eines Erwachten und einen Fingerzeig, worauf es hier und im Zen wirklich ankommt. Damit bestand und besteht wiederum die Option, selber – auch nur durch das Bedenken, Betrachten und Vergegenwärtigen des Koans – einen entscheidenden Schritt oder Sprung in Richtung Einsicht, Weisheit, Erwachen und Erleuchtung zu vollziehen. Somit kann bereits nur aus der intensiven geistigen Beschäftigung mit dem Koan ein geistiger, spiritueller, bewusstseinsmäßiger Nutzen gezogen und Fortschritt erlangt werden. In dem Moment, wo ein Koan – nach längerem Bedenken und Meditieren – wirklich in Gänze „verstanden", nachvollzogen wird und eine angemessene Auflösung oder Antwort erfährt, wird dies durch die innere, ganzheitliche, freudige und beglückende Erfahrung einer plötzlichen existentiellen Einsicht, Klarheit und Befreiung – ein tiefgreifendes, erschütterndes Aha-Erlebnis – begleitet.

In den Geschichten bzw. Dialogen führt die Antwort des Meisters selbstverständlich zum Erwachen und zur Erleuchtung des Fragenden oder Schülers und wird deshalb so überliefert. Vor allem die Antworten und Reaktionen können verbal, aber auch nonverbal sein. Die Fragen, Antworten und Reaktionen erscheinen für einen Außenstehenden, Unerfahrenen, Unwissenden oder noch Übenden und Lernenden vermeintlich harmlos oder grob, widersprüchlich, paradox, dadaistisch, unverständlich, unklar, zwei- und vieldeutig, schwierig, rätsel-, puzzlehaft, logisch-analytisch unlösbar. Über intensives, bewusstes, konzentriertes Betrachten und Bedenken eines Koans kann die Auflösung, das tiefe Verständnis und die Erkenntnis des Koans erreicht werden, wodurch generell Verständnis, Einsicht, Erkenntnis, Klarheit und Weisheit – im buddhistischen Sinne – wachsen. Nach Suzuki (1988) handelt es sich nicht nur um ein regelmäßiges Üben und reflektieren mit dem Koan, sondern es wird darüber hinaus zur alles begleitenden und bestimmenden Sinn- und Existenzfrage. Nach völliger Absorbtion durch das Koan zeigt sich früher oder später plötzlich dessen innere, grundlegende sowie umfassende, „wahre" Bedeutung sowie (Auf-) Lösung oder Bewältigung. Dies führt und es kommt zu einem unmittelbaren und tiefen Verständnis, zur Klärung, zu einer Überwindung des dualistischen, analytischen Denkens und Unverständnisses des jeweiligen Koan und zu einer neuen und vertieften Einsicht und Erfahrung in Zen und die Wirklichkeit. Es handelt sich beim Koan also vor allem um ein meditatives Werkzeug, mit dem gezielt und systematisch das analytische, zergliedernde, serielle Denken bzw. die Tätigkeit des Verstandes ad absurdum geführt und überwunden werden kann und soll. Es werden damit die Bedingungen für grundlegende, spirituelle und mystische Erfahrungen und Einsichten über die Wirklichkeit, das Sein oder Dasein befördert und herbeigeführt. Es gibt Ordnungen, d. h. Reihenfolgen und Hierarchien, von Koan die Schüler meditativ und kontemplativ zum Zwecke ihrer Entwicklung zum Erwachen im Zen-Geist „abarbeiten" können. Es gibt einige historisch wichtige, erhaltene und ins Deutsche übertragene Koansammlungen wie z. B. das Mumonkan bzw. die Schranke ohne Tor oder die torlose Schranke. Das Mumonkan umfasst 48 Koans des Meisters Wu-men (Dumoulin, 1975; Yamanda, 2004). Eine andere wichtige Sammlung ist das Bi-Yän-Lu. Das ist die Niederschrift von der smaragdenen oder blaugrünen Felswand des Meister Yüan-wu (Gundert, 1977). Nach Suzuki (1990, S. 34) heißt es „Pi-yen-lu". Einen frischen Ein- und Überblick in das Bi-Yän-Lu gestattet uns Seidl (1988). Suzuki (1988) bietet uns neben der Darstellung und Überlieferung vieler wichtiger Koan einen gründlichen Einblick über die Geschichte, Bedeutung, das Wesen, die Verwendung und Wirkung des Koan. Das jeweils ausgewählte Koan ist das Objekt der Kontemplation. Bei der Betrachtung und dem Bedenken eines Koan sowie der geistigen Versenkung mit einem oder in ein Koan bzw. der Meditation eines Koan handelt es sich zwar grundsätzlich auch um eine Einsichtsmeditation, aber weniger um eine Übung und Meditation der Achtsamkeit, sondern vielmehr um eine auf ein bestimmtes, zumindest bis zur Einsicht konstantes Objekt – eben das Koan – fokussierte Meditation und Kontemplation. Je mehr das Koan auch im Alltag Aufmerksamkeit und Konzentration beansprucht, desto geringer werden sogar Achtsamkeit und Präsenz bezogen auf den Alltag ausfallen.

In den Traditionen des Zen werden darüber hinaus zum einen andere einfache, alltägliche Tätigkeiten oder Handlungen zur Meditation genutzt, wie etwa das Stehen, Gehen, Zubereiten von Essen und Getränken, Essen und Trinken, Reinigen und Waschen, Harken von Kies. Diese lassen sich (wie durch die folgenden Ausführungen noch klarer werden wird) direkt und einfach als Übungen und Meditationen der Achtsamkeit begreifen und nutzen. Zum anderen sind dies auch komplexe, ritualisierte Tätigkeiten, die erst in einem längeren Prozess zu üben und zu erlernen sind. Bei den komplexen Tätigkeiten kann es sich z. B. um die Kalligraphie (Kunst des Schönschreibens), das Blumenstecken (Ikebana) und die Kampfkünste (Budo) handeln. Die traditionelle Tee-Zeremonie, d. h. die meditative Zubereitung und das Trinken von Tee, wurde bereits am Anfang des Kapitels erwähnt. Bei den Kampfkünsten in der japanischen Zen-Tradition handelt es sich um die verschiedenen Künste der Selbstverteidigung, nämlich Aikido, Judo, Ju-Jutsu und Karate, sowie um die Kunst des Schwertkampfes (Kendo) und des Bogenschießens (Kyudo). Im chinesischen Zen, d. h. Chan, ist beispielhaft die Selbstverteidigungskunst Wushu, auch „Kung-Fu" genannt, zu erwähnen. Kung-Fu wurde der Erzählung nach ursprünglich im Shaolin-Kloster vom Begründer des Chan, das war Bodhidharma der erste Patriarch des Zen, entwickelt und wird dort noch heute von Mönchen aktiv betrieben und gelehrt. So beschreiben das Erlernen und die Bedeutung im Geiste des Zen beispielsweise Herrigel (1982) für das Bogenschießen und Herrigel (1979) für das Ikebana. Den Weg des altjapanischen Schwertkampfes und den Bezug zum Zen stellt etwa das Tengu-geijutsu-ron bzw. „Diskurs über die Kunst der Berg-dämonen" von Shissai Chozan dar (Kammer, 1985).

Die damit verbundenen Bewegungs- und Tätigkeitsmuster müssen zunächst erst einmal erlernt und verinnerlicht, also immer wieder bemüht und entschlossen geübt werden. Bereits dieses Erlernen bzw. Üben kann zwar achtsam wahrnehmend, sehr bewusst und meditativ erfolgen, aber der Geist und das Bewusstsein sind für lange Zeit noch mit dem Erlernen, dem Erwerben der korrekten Bewegungen, Ausführungen, Haltungen, der Reduktion und Vermei-dung von Fehlern usw. beschäftigt. Erst wenn die Techniken, Bewegungsabläufe gut beherrscht werden, verinnerlicht und automatisiert wurden, kann der Geist und das Bewusstsein leer und frei werden. Alle bewussten Aktivitäten des Geistes und Anstrengungen des Bewusstseins zur Planung, Organisation, Koordination und Ausführung des Tuns oder der Handlung werden dann unnötig und können entfallen. Bewusster Geist oder Bewusstsein müssen nicht mehr in das Tun aktiv, korrigierend usw. eingreifen. Gedanken, Gefühle, Vorstellungen, Erinnerungen, Erwartungen, Beurteilungen, Pläne usw., die mehr oder weniger im Zusammenhang mit der Tätigkeit stehen, werden überflüssig. Das Tun passiert bzw. geschieht einfach. Es vollzieht sich quasi von selbst. Aufmerksamkeit, Konzentration und Bewusstheit bzw. Bewusstsein werden frei und können entsprechend im Sinne der Achtsamkeit und Meditation ganz auf die Wahrneh-mung oder das Erleben des Tuns bzw. auf das Tun selbst fokussiert und konzentriert werden. Sie können auf diese Art und Weise sogar ganz im Tun aufgehen und schließlich mit dem Tun eins werden. Weiter kann das Tun ganz im Einklang mit der jeweiligen Situation, den Bedingun-gen, dem Umfeld, den jeweiligen Erfordernissen erfolgen, ohne dass darüber Gedanken, Gefühle usw. verschwendet werden müssen. Auch das Tun wird frei und ist dennoch gleichzei-tig dem Fluss und den Erfordernissen des Seins und Werdens angepasst. Das Ich bzw. Ego, der Tätige, Handelnde – das Subjekt – wird überflüssig, löst sich auf (vgl. Dürckheim, 1993). Es gibt dann beim achtsamen Wahrnehmen und Meditieren nur noch das erlebte, bewusste, konzen-trierte Tun. Das Tun vollzieht sich von selbst und ist nur noch und voll Gegenstand der achtsa-men Wahrnehmung, Aufmerksamkeit, Konzentration und des Bewusstseins. Die Grenzen zwi-schen dem Tun, dem Tuenden, dem ganzen Geschehen und den Gegebenheiten lösen sich auf. Die Unterschiede zwischen innen und außen verschwinden. Es gibt schließlich kein Ich oder Selbst mehr, das etwas tut, sondern nur noch Tun bzw. ein Bewusstsein des Tuns. Das Tun wird zum ganzen Sein. Es gibt kein Sein, aber auch kein Bewusstsein neben dem Tun oder getrennt vom Tun. Subjekt bzw. Aktor und Objekt bzw. Tun fallen zusammen und lösen sich auf, werden eins und überwunden. In Vollendung wird ein meditativer Zustand der vollen Präsens, Auf-merksamkeit, Konzentration und Bewusstheit während und in der Handlung erreicht, den Sekida (1973) als „absolutes Samadhi" beschreibt (vgl. auch Fontana, 1994). Sekida grenzt diesen Zustand von dem grundsätzlich angenehmen, wohltuenden, einfacheren, gewöhnlicheren Zustand des Aufgehens, Verlierens oder Sich-selber-Vergessens im Tun, der vollen Aufmerk-samkeit und Konzentration auf und durch das Tun und des bewussten Tätigseins ab. Diesen Geisteszustand beschreibt er als „positives Samadhi". Dieser ähnelt dem Flow-Erleben nach Mihaly Csikszentmihalyi, einem „Zustand des Erlebens eines freudigen Aufgehens in einer Tätigkeit bis zur Selbstvergessenheit und des Verschmelzens von Bewusstsein und Tätigkeit" (Häcker & Stapf, 2004, S. 316). Offensichtlich sind das Flow-Erleben bzw. positive Samadhi Vor-stufen des absoluten Samadhi.

Die einfachen Tätigkeiten haben den Vorteil, dass sie bereits erlernt, verinnerlicht und auto-matisiert sind. Deshalb muss „nur noch" die volle achtsame Wahrnehmung, Bewusstheit und Konzentration darauf gerichtet werden, um daraus einen Gegenstand bzw. eine Übung für die Achtsamkeit und Meditation zu gewinnen. Aus der Innenperspektive kann dann vergleichsweise schnell und einfach das Einswerden mit dem Tun bzw. das Aufgehen im Tun erlebt werden. Aber auch unter der Einnahme der Beobachterposition können die achtsame Wahrnehmung und geistige Sammlung relativ mühelos praktiziert sowie auch tiefere Einsichten und Zusammenhänge erfahren werden, wie etwa die Ich- bzw. Selbstlosigkeit, Veränder- bzw. Vergänglichkeit, aber auch die Veränderbarkeit des jeweiligen Tuns und die mögliche Bewusstheit sowie Unabhängigkeit selbst von automatisierten, gelernten, konditionierten oder gewohnten Reaktionsmustern.

Entsprechend werden wohl auch deshalb in den Erleuchtungsgeschichten des Zen immer wieder gerade die vielversprechenden, hochbegabten Schüler von ihren Meistern vergleichsweise lange oder spät – also nicht nur als Anfänger – etwa in die Küche, zur Garten- und Feldarbeit geschickt oder zu anderen wichtigen, aber gewöhnlichen, einfachen, vermeintlich anspruchslosen Arbeiten oder Verrichtungen verpflichtet. Dies hat sich offenbar für die Entwicklung der bzw. dieser Schüler als sehr nützlich, hilfreich erwiesen und bewährt. Denn dies war dann im Nachhinein bzw. nach den Erzählungen der entscheidende Erfahrungs- und Entwicklungsprozess, um die wirkliche Meisterschaft und Erleuchtung zu erreichen. Die Schüler konnten sich u. a. bei diesen Verrichtungen von ihrem Ego, von ihrer (vielleicht vorhandenen) Selbstverliebtheit, Einbildung, Arroganz usw. befreien sowie aus ihren theoretischen, konditionierten, gedanklichen, emotionalen Verstrickungen, Anhaftungen, Gewohnheiten und Mustern lösen. Sie konnten – durch das Tun – lernen, sich ganz auf das Hier und Jetzt, den Augenblick und damit auf das Wesentliche, das Gegenwärtige zu konzentrieren, ganz achtsam, bewusst und konzentriert da, präsent zu sein, gleichgültig etwa wie angenehm oder unangenehm, interessant oder uninteressant die jeweilige Tätigkeit nun jeweils zunächst bzw. anfangs von ihnen empfunden oder eingeschätzt wurde.

Aber auch andere Weisheitsschriften und -lehren kennen und beschreiben das ich- oder selbstlose Handeln und Tun, bei dem die ganze Aufmerksamkeit, Konzentration, Wahrnehmung, Bewusstheit auf die oder in der Tätigkeit gesammelt ist. Auch etwa in der Bhagavad Gita (nach Easwaran, 2012) wird das Handeln oder Tun beschrieben, wo jeder Akt „mit völligem Gewahrsein", d. h. voller Achtsamkeit, „ausgeführt" (S. 128) wird, ohne dabei selbstsüchtig anzuhaften, ohne Angst, Aversion, Zorn, Begierde, Erwartungen, Beurteilungen und mit Gleichgültigkeit oder Gleichmut gegenüber den Resultaten, also bezüglich Erfolg oder Misserfolg.

Zur Achtsamkeitsmeditation des Essens braucht es z. B. nur ein Stück Obst, eine Scheibe Brot, einige Rosinen oder Nüsse. Diese werden dann achtsam gesehen, berührt, gerochen, bedacht, möglicherweise geteilt und wieder gerochen, nachgespürt und nachgefühlt. Dann wird achtsam abgebissen, im Mundraum gespürt, geschmeckt, gekaut und geschmeckt. Der Vorgang des Spürens, Schmeckens und Kauens wird möglichst oft wiederholt, bis die Nahrung wirklich zerkleinert und ein fließender, wässriger Essensbrei entstanden ist, der weitgehend den Geschmack verloren hat. Erst dann wird dieser Brei bedachtsam geschluckt und ihm nachgespürt und nachgefühlt. Sollte der Mundinnenraum schon zuvor bzw. nach wenigen Wiederholungen „überwässert" sein, d. h. vor Saft und Speichel nahezu überfließen, so kann ein Teil der Flüssigkeit bereits früher achtsam geschluckt werden und damit die Überflutung bedachtsam abfließen und reduziert werden. Dann wird erneut achtsam abgebissen usw. bis die gewählte Portion achtsam aufgegessen worden ist oder sich ein Sättigungsgefühl eingestellt hat. Es kann selbstverständlich auch das Essen einer ganzen (Haupt-) Mahlzeit entsprechend achtsam wahrgenommen und meditiert werden. Allerdings umfasst eine ganze Mahlzeit oft eine größere Menge an Nahrung und bedarf daher eines größeren zeitlichen Rahmens. Die Einnahme von Hauptmahlzeiten erfolgt auch oft in beruflichen, familiären oder sozialen Rahmen und Umgebungen, in denen die Konzentration auf das Essen erschwert wird und ein anderes Verhalten (etwa ein Gespräch mit den Anwesenden) erwartet wird. Zum Einsteigen und Üben sind daher kleine gewählte Zwischenmahlzeiten (wie oben dargestellt) günstig, zu denen Sie sich für eine ausreichende Dauer (mindestens 5 bis 10 Minuten) zurückziehen können, um weitgehend ungestört, bewusst konzentriert, aufmerksam wahrnehmend zu essen und zu meditieren. Später können Sie versuchen, diese geübte Achtsamkeit so weit wie möglich auch auf das Verzehren der Hauptmahlzeiten auszudehnen. Zum Zwecke der größeren Achtsamkeit, aber auch zum Maßhalten und Genießen sowie zur besseren Sättigung und Verwertung sollten Sie bereits grundsätzlich auf alle möglichen, eigentlich überflüssigen, äußeren Ablenkungen, wie etwa Medienkonsum beim Essen, verzichten. Schließlich kann sogar ein Schweigen für die Zeit während des Essens vereinbart und versucht werden.

Alle Verrichtungen, Tätigkeiten und Handlungen im Alltag, prinzipiell alle Aspekte des Erlebens und Verhaltens können zum Gegenstand der Achtsamkeitsmeditation werden (vgl. z. B. Beck, 1990, Goldstein, 1999; Kabat-Zinn, 2008; Köppler, 2008; Salzberg & Goldstein, 2001; Thich Nhat Hanh, 1995, 1996). Die Achtsamkeitsübungen können sich also entsprechend auf das übrige Leben und den Alltag ausdehnen. Als sehr fortgeschrittener, täglich Übender könnten Sie dann sogar ganz im Einklang mit der Lehrrede Buddha's generell und grundsätzlich bewusst, ganz (voll) aufmerksam, konzentriert, gesammelt, achtsam sein und leben (vgl. mit dem „wahllosen Gewahrsein" von Kabat-Zinn, 2008, oder der generellen Achtsamkeit im Kap. 3.3.3). Jedes Erleben und Tun kann so zu einer Meditation (im Alltag) werden.

Nach Abt Muho (2007, auch Thich Nhat Hanh, 1994) ist es dann jedoch wichtig, dabei eins bzw. ganz zu bleiben und nicht auf Dauer einen achtsamen Beobachter in sich abzuspalten. Dieses Ganz-bleiben wird mit dem achtsamen Aufgehen (Einssein) im Erleben und Tun gefördert. Tun und Wahrnehmen werden dann ganz von innen her erlebt. Sie sind dann ganz beim Tun und Wahrnehmen und sind ganz Tun und Wahrnehmen. Dennoch ist gerade, wie bereits im Kapitel 3.3.2 besprochen, bei den geistigen Produkten und Prozessen, die hier auch die wertenden und emotionalen einschließen, eher zu vermeiden, sich mit ihnen bzw. den betreffenden Wahrnehmungen zu verbinden, zu identifizieren oder zu verschmelzen. Hier kann es also sehr wichtig und hilfreich sein, nur die Beobachterperspektive einzunehmen. Bei den Wahrnehmungen des eigenen Körpers sowohl in der relativen Ruhe (im Liegen, Sitzen oder Stehen, nur beim Atmen) als auch im Tun sowie der Wahrnehmung der Welt mit unseren bekannten fünf Sinnen (Sehen, Hören, Riechen, Schmecken, Spüren) sollte dagegen eher oder auch die Verbindung und Einswerdung versucht werden. Auch die achtsame Rückbindung an den Atem, ans Atmen oder die Verbindung des jeweiligen Erlebens und Tuns mit dem Atem oder Atmen (was weiter unten noch erläutert wird) sowie zusätzliche, regelmäßige stille Achtsamkeitsmeditationen vor allem wiederum mit dem Atem, aber auch mit dem Körper und den Empfindungen als Meditationsobjekt fördern die innere Ganzheit, das Einssein und die Aufhebung zwischen Beobachter bzw. Subjekt und Beobachtetem bzw. Objekt.

In jedem Falle ist es sehr schwierig, ständig und anhaltend oder auch nur über einen längeren Zeitraum in jedem Moment gegenwärtig, voll aufmerksam, präsent, bewusst, konzentriert, gesammelt und achtsam zu sein bzw. zu bleiben. Um dies überhaupt im Alltag üben und erlernen zu können, ist es deswegen sehr hilfreich und nützlich, bestimmte Zeiten, Anlässe, Rahmen, Handlungen, Tätigkeiten, Verrichtungen usw. auszuwählen. So kann also beispielsweise (wie oben bereits erwähnt) das Gehen, Essen oder Teetrinken für die Achtsamkeitsmeditation – praktisch stellvertretend für die anderen Aktivitäten und das restliche Tun – benutzt werden. Mit solchen Tätigkeiten kann die Achtsamkeit gezielt in besonderen Situationen oder Rahmen, aber auch im gewöhnlichen Alltagsleben geübt und entwickelt werden. Durch die Achtsamkeit und Bewusstheit werden die so wahrgenommenen Aktivitäten – vor allem von Anfängern – eben deutlich bedächtiger, langsamer und entschleunigt. Bei der Anwendung im Alltag ist deswegen besonders darauf zu achten, ob in der jeweiligen Situation auch wirklich angemessen und passend Achtsamkeit und Meditation geübt werden können oder sollten. So bieten etwa ein Geschäftsessen oder ein Essen mit kleinen Kindern oder vielen zu bewirtenden Gästen im Allgemeinen ungünstige Bedingungen, um Achtsamkeit beim und mit dem Essen zu üben. Im Vergleich dazu erscheint eine längere Pause (Zuhause oder in der Arbeit), in der ein Apfel allein, ohne Zeitdruck und weitere Aufgaben, also ganz in Ruhe langsam verspeist und genossen werden kann, dafür offensichtlich deutlich geeigneter zu sein. Es kann also nicht nur für den Anfänger sehr hilfreich sein, wenn er selbst für diese gewöhnlichen Aktivitäten (wie Gehen, Essen und Trinken) besondere Situationen und Rahmenbedingungen zum Üben der Achtsamkeit und Meditation aufsucht oder schafft. Also beispielsweise zum achtsamen Gehen wird dann regelmäßig ein bestimmter, dafür besonders geeigneter Ort oder Platz aufgesucht. Zusätzlich kann dann versucht werden, auf geeigneten Gängen, wie etwa auf dem Weg von der Arbeit nach Hause oder zu einem Verkehrsmittel, auch direkt, unmittelbar im Lebensalltag bewusst(er) und achtsam(er) zu gehen.

So empfehlen Goldstein und Kornfield (2001) über das bereits im Kapitel 3.3.2 erwähnte zweimalige, tägliche Sitzen, Atmen und Meditieren in Achtsamkeit hinaus, dringend eine tägliche Gehmeditation (wie bereits im Kap. 3.3.3 erwähnt und im Kap. 3.3.4.1 beschrieben) sowie das systematische, wochenweise Ausdehnen der Achtsamkeitsmeditationen auf den Alltag bzw. das alltägliche Tun. Nach jeder Woche wählen Sie einen weiteren Aspekt ihres täglichen Tuns und Handelns aus. Sie üben dann für eine Woche hier bzw. dabei die achtsame, bewusste, konzentrierte Wahrnehmung und Ausführung und fügen auf diese Weise Ihrer bereits bestehenden Achtsamkeitspraxis einen weiteren Aspekt des Alltags bzw. Ihres Tuns hinzu. Auch hier wählen Sie zunächst am besten Tätigkeiten und Situationen, mit bzw. in denen Sie besser oder angemessen üben können. So wächst Ihr achtsames Tun und Üben im wöchentlichen Rhythmus und dehnt sich entsprechend sukzessiv über den Alltag und Ihr ganzes Leben aus.

Nach fortschreitender Praxis der Achtsamkeitsmeditationen wenden Sie sich, wie bereits oben beschrieben, den wahrgenommenen, erlebten Wirklichkeitszusammenhängen, Ihren Reaktionsmustern (auf Ihre Wahrnehmungen jener) und den Folgen zu. Wieder fangen Sie bei den körperlichen Berührungen an, richten dann ihre Achtsamkeit auf die anderen, sinnlichen, sinnesbezogenen Wahrnehmungen und schließlich auf die Wahrnehmungen bzw. Introspektionen ihrer emotionalen und mentalen Vorgänge. Letztlich dehnen Sie dies auf sämtliche Reaktionen (im Erleben und Verhalten) und Zusammenhänge zwischen sich und der wahrgenommenen, erlebten Welt aus. So betrachten Sie achtsam Ihre Wahrnehmungen, Erlebens- und Verhaltensmuster sowie deren Folgen. Sie lernen diese als mehr oder weniger heilsam und unheilsam erkennen. Beispielsweise nehmen Sie achtsam wahr, wie der Gedanke an Süßes mit dem Bedürfnis und der Lust darauf einhergeht. Der Gedanke ist wiederum die Folge entsprechender innerer und äußerer Reize, z. B. nach einer Enttäuschung das Bedürfnis, sich etwas Angenehmes zu gönnen. Das Bedürfnis und die Lust auf Süßes löst ein Wollen aus, das wiederum ein Suchen und Hinwenden nach etwas Süßem und eine ganze Kette von Reaktionen auslöst, die schwer zu unter- bzw. abzubrechen ist. Mit dem Genuss des Süßen entstehen zwar zunächst angenehme Gefühle, aber die gehen bald wieder vorüber und haben das Bedürfnis, Bestreben nach und Anhaften an Süßem (die Abhängigkeit) verstärkt. In der Folge wird das Essen von Süßem häufiger und es entstehen längerfristig negative Konsequenzen (Leid). Etwa werden andere heilsamere Reaktionen auf Enttäuschung nicht entwickelt, das Körpergewicht steigt deutlich, diesbezüglich negative Gefühle, Gedanken, Einstellungen usw. nehmen zu usw. Solche achtsamen Beobachtungen des Erlebens und Verhaltens auf der situativen, körperlichen, emotionalen, mentalen und handelnden Ebene sind auch vor allem in der Verhaltenstherapie Ausgangspunkt für Analysen und Veränderungen kritischen bzw. unheilsamen Verhaltens. Bei solchen Achtsamkeitsmeditationen handelt es sich nach meinem akademischen, psychologischen Verständnis zum einen um achtsame Beobachtungen, Wahrnehmungen, um das Zur-Kenntnis-nehmen und Erkennen von psychologischen Zusammenhängen bzw. Gegebenheiten in der erlebten inneren und äußeren Wirklichkeit. Zum anderen bzw. zusätzlich kommen dann mentale, geistige Leistungen des Verstehens, „Einsehens" oder Erkennens und des Kontemplierens (im Sinne eines meditativen Betrachtens und Nachdenkens) hinzu. So führen die Achtsamkeitsmeditationen auch im psychologischen Sinne zu einem größeren, besseren, tieferen Verständnis und Erkennens der Erfahrungen, des Erlebens und Verhaltens, der Bedingungen und Zusammenhänge und damit über sich bzw. das Leben, die innere und äußere bzw. eine Welt und Wirklichkeit.

Wie die Atmung (s. Kap. 3.3.2) werden Empfindungen, Bewegungen, Gefühle, Gedanken, Handlungen usw. (im Kap. 3.3.3 wurden bereits die verschiedenen Objekte der Meditation und mögliche Reihenfolgen ihrer Verwendung dargestellt und diskutiert) jeweils einfach nur bewusst und fokussiert über längere Zeit wahrgenommen, so wie diese auftreten, da sind, sich ändern und wieder vergehen, ohne diese verändern, beurteilen oder bewerten zu wollen oder es zu tun. Auch ihre Abwesenheit kann festgestellt werden, etwa: keine Gedanken. Es wird nur bewusst wahrgenommen, d. h. beobachtet oder erlebt. Die sich einstellenden Wahrnehmungen und deren Entwicklungen bzw. Veränderungen werden wohlwollend, freundlich, neutral bis fürsorglich, mitfühlend, liebevoll (begleitend, nicht anhaftend!) angenommen, anerkannt, (zu)gelassen oder einfach nur hin- und zur Kenntnis genommen. Während Sie sich als gewöhnlicher Anfänger und Übender mit dem Atem, Atmen und den körperlichen Empfindungen, Haltungen und Tätigkeiten eher achtsam wahrnehmend verbinden (s. o. und Kap. 3.3.2), beobachten Sie bei den Achtsamkeitsmeditationen eher ihre gefühlsmäßigen und mentalen Reaktionen, ihre Stimmungen, Gefühle, Gedanken, Vorstellungen, Reden, Motive, Absichten usw., also Ihre geistigen Produkte und Prozesse. Sie versuchen entsprechend beim Meditieren gegenüber ihren gefühlsmäßigen Reaktionen, Stimmungen, Gefühlen, Motiven, Absichten, Gedanken, Vorstellungen usw. einen gewissen Abstand zu halten, um auf diese Weise eine gewisse Unabhängigkeit, Neutralität zu erhalten und zu wahren. Damit Sie nicht von jenen vereinnahmt und überwältigt werden und sich nicht in Ihren emotionalen und gedanklichen Vorgängen verstricken und verlieren. Wohlmöglich könnten Sie sogar noch beginnen, sich zunehmend mit Ihren geistigen Produkten und Prozessen zu identifizieren und zu verwechseln. Sie sind aber nicht etwa Ihr Gedanke, Ihr Gefühl oder Ihr Impuls. Psychologisch könnten diese geistigen Produkte und Vorgänge höchstens als ein Teil von Ihnen gesehen und gedeutet werden. Buddhistisch handelt es sich jedoch nur um vorübergehende, vergängliche geistige Phänomene. Auch ein vermeintliches denkendes, fühlendes usw. Ich (oder Selbst) existiert nach dieser Auffassung nicht wirklich, sondern ist allenfalls Gewohnheit und Konstruktion. Aber unabhängig von der vertretenen Auffassung ist in der Regel ein gewisser Abstand zu den eigenen Gefühlen, Gedanken usw. nicht nur für das Üben von Achtsamkeit im Besonderen sowie das Meditieren im Allgemeinen angezeigt und wichtig, sondern auch für eine wirksame und tatsächlich erfolgreiche Selbststeuerung und -kontrolle im Erleben und Verhalten. Es entsteht durch ein entsprechendes Üben die Option, inne zu halten, nicht dem ersten Impuls zu folgen, den Gefühlen, Gedanken, gewohnten Reaktionsmustern und Verhaltensweisen nachzugeben, sondern Alternativen zu sehen, zu prüfen, sich bewusst zu entscheiden und zu verfolgen. Erst in dem Moment, wo Sie beispielsweise einen Gedanken (wie „Verkehrsunfall") und ein Gefühl (wie „Angst") – aus der gebührenden Entfernung – nur wahrnehmen können, ohne sich davon vereinnahmen zu lassen, verfügen Sie wirklich und zuverlässig über die Option, dem Impuls – wie etwa „anzuhalten und auszusteigen" – entschieden widerstehen zu können und sich bewusst für etwas (anderes) zu entscheiden – wie z. B. „aufmerksam weiter zu fahren". Vielleicht könnten Sie nach hinreichender Übung sogar das Entstehen eines solchen – ungünstigen, unheilsamen – Impulses unterbinden. Sie nehmen dann nur achtsam wahr, reagieren und agieren nicht weiter und können es bewusst bei der aufmerksamen, konzentrierten Betrachtung dieser mentalen und emotionalen Objekte belassen. Es ist also deshalb grundsätzlich bei der Achtsamkeitsmeditation mit bzw. bei solchen geistigen Objekten (Produkten und Prozessen) zu empfehlen, unbedingt zu üben, diese von außen, gleichsam aus der beobachtenden Perspektive wahrzunehmen (s. auch Kap. 3.3.2). Aber auch aus dieser Beobachterperspektive nehmen wir diese ganz bewusst, aufmerksam, konzentriert und nur achtsam wahr. Wenn es sich um unheilsame, destruktive, negativ wirkende geistige Zustände und Prozesse handelt oder diesbezüglich ein entsprechender begründeter Verdacht oder auch nur Zweifel besteht, sollte (insbesondere im Selbststudium und als Anfänger) nur die beobachtende Achtsamkeit geübt und keine achtsame Verbindung oder Einswerdung gesucht und angestrebt werden. Folgerichtig sollte in einem solchen Fall auch (die bereits im Kap. 3.3.2 ausgeführte) Kombination beider Vorgehensweisen bzw. Perspektiven entfallen. Es sollte dann nur die Beobachterposition zur Achtsamkeitsmeditation eingenommen werden, um die Gelassenheit und Ruhe und die innere Unabhängigkeit und Souveränität diesen gegenüber zu wahren oder zumindest überhaupt wahren zu können. Dies wird jedoch erst nach langer, regelmäßiger Übung gelingen. In jedem Falle werden durch diese Übungen – aus psychologischer und psychotherapeutischer Sicht und Auffassung – die entsprechenden Ressourcen, Fertigkeiten bzw. Kompetenzen der bzw. zur Selbstkontrolle, regulation, -steuerung und -wirksamkeit gestärkt und weiter entwickelt.

Die achtsame Wahrnehmung der Atmung kann (wie bereits oben und am Ende des Kap. 3.3.3 erwähnt) die anderen achtsamen Wahrnehmungen – etwa der Empfindungen – einbetten (vgl. z. B. Goldstein, 1999; Kornfield, 2005) oder begleiten bzw. mit jenen verbunden werden (Thich Nhat Hanh, 1994, 1995, 1996). So beginnen Sie am besten die Achtsamkeitsmeditation mit der Atmung, wie dies im Kapitel 3.3.2 dargestellt worden ist, und kehren nach der achtsamen Wahrnehmung anderer – wie etwa körperlicher, emotionaler, mentaler, geistiger – Meditationsobjekte bzw. Prozesse zur Atmung wieder zurück. Spätestens nachdem der jeweilige Gegenstand Ihrer Achtsamkeit und Meditation sich aufgelöst, erledigt hat oder verschwunden ist, können Sie sich wieder dem Atem oder Atmen zuwenden. Das Meditationsobjekt kann etwa eine Empfindung, Bewegung, Handlung, ein Gefühl oder Gedanke sein. So atmen Sie wieder achtsam, bevor Sie sich einem neuen Meditationsobjekt zuwenden und dieses wiederum achtsam wahrnehmen. Sie können aber auch zwischenzeitlich immer wieder zur Atmung zurückkehren. Durch die achtsame Wahrnehmung und Meditation der Atmung können Sie sich immer wieder (besonders geistig) sammeln, beruhigen, erholen, stärken, vertiefen usw., um sich dann in der Meditation wieder achtsam dem alten oder einem anderen, neuen (gewählten) Objekt (auch Inhalt, Bereich, Ziel usw.) zuzuwenden. Es können aber auch die Empfindungen, die Bewegungen, andere Sinneswahrnehmungen, Gefühle, Gedanken oder Handlungen bzw. das Empfinden, Bewegen, Sehen, Hören, Schmecken, Riechen, Fühlen, Denken oder Handeln – überhaupt – jeweils als Meditationsobjekt betrachtet werden. Es werden also beispielsweise für eine bestimmte Zeit entweder nur auftretende körperliche Empfindungen oder Gedanken beachtet und achtsam wahrgenommen. Dann ergibt sich sowohl zwischen den verschiedenen, einzelnen Empfindungen, Bewegungen, Gefühlen, Gedanken usw. die Möglichkeit der Atemachtsamkeit und -meditation als auch zwischen dem Wechsel des Meditationsobjektes bzw. der beachteten Objektklasse, also etwa vom Empfinden bzw. den Empfindungen zum Denken bzw. den Gedanken.

Wenn Sie sich einem solchen bestimmten Bereich (wie den Gedanken bzw. dem Denken) als Objekt zur Meditation bewusst und achtsam zugewendet haben, so nutzen Sie die Wahrnehmungen, die sich bei oder trotz ihrer bewussten und gezielten Betrachtung in diesem Bereich jeweils spontan einstellen und ergeben. Also, wenn Sie z. B. in der Achtsamkeitsmeditation Gedanken achtsam wahrnehmen wollen, so richten Sie Ihre Aufmerksamkeit und Wahrnehmung auf die jeweils (idealerweise spontan und von allein) erscheinenden Gedanken. Zwischen diesen auftauchenden Gedanken, können Sie weiter auf die Leere zwischen den und von Gedanken und wiederum auf das Entstehen und Vergehen des nächsten bzw. weiterer Gedanken achten. Sie können sich aber auch nach einiger Zeit der Gedankenachtsamkeit zwischenzeitlich wieder achtsam Ihrem Atem oder Atmen zuwenden, um sich für einen oder einige Atemzüge verstärkt geistig zu sammeln und in der meditativen Trance zu vertiefen. Wenn Sie die achtsame Wahrnehmung und Meditation der Gedanken beenden, um sich einem anderen Gegenstand, Ziel- oder Inhaltsbereich bzw. einer anderen Art, Klasse oder Menge von Objekten achtsam wahrnehmend und meditierend zuzuwenden und zu widmen, kann auch dieser Wechsel zum Innehalten und – übergangsweise – zur achtsamen Betrachtung und Rückbesinnung auf den Atem bzw. das Atmen einladen und genutzt werden. Bevor also der neue Gegenstand bzw. Gegenstandsbereich, wie etwa die spontan auftretenden Gefühle oder körperlichen Empfindungen, achtsam wahrgenommen wird, können wenige bis einige Atemzüge einfach nur bewusst und konzentriert vergegenwärtigt und empfunden werden. Dies kann der Wiederherstellung, Aufrechterhaltung und Vertiefung der Bewusstheit, Aufmerksamkeit, Sammlung, Konzentration und Versenkung dienen und den Wechsel vorbereiten helfen und unterstützen.Nach dieser eher kurzen Atemmeditation würden Sie dann Ihre Aufmerksamkeit und Wahrnehmung dem neuen Meditationsobjekt zuwenden. Diese Zwischenübungen sind besonders wirksam und hilfreich, wenn die Achtsamkeit und Meditation mit dem Atem oder Atmen bereits grundlegend und hinreichend geübt worden ist und wenn die Achtsamkeit, Sammlung, Konzentration, Ruhe und Gelassenheit bei dem jeweiligen Objekt aus irgendeinem Grund schwerfällt.

Auf jeden Fall beenden Sie Ihre gesamte Achtsamkeitsmeditation auf die gleiche Art und Weise, wie Sie diese begonnen haben. Bei Einrahmung und Einbettung ihrer Achtsamkeitsübungen mit der achtsamen Wahrnehmung des Atems oder Atmens beschließen sie diese auch damit. Also, jede Sitzung einer Achtsamkeitsmeditation, die mit der achtsamen Wahrnehmung des Atems oder Atmens begonnen wurde, sollte auch mit einer solchen beendet werden.

Sie können auch die achtsame Wahrnehmung von Empfindungen, Bewegungen, Gefühlen, Gedanken, Handlungen usw. direkt mit der achtsamen Wahrnehmung des Atems und Atmens koppeln oder verbinden. So können beispielsweise die Schritte bei einer Gehmeditation, wie diese im nächsten Kapitel genauer beschrieben wird, mit dem Einatmen und mit dem Ausatmen verbunden werden (z. B. Nguyen Anh-Huong & Thich Nhat Hanh, 2008). Das Ein- und Ausatmen wird dort mit den Schritten koordiniert und harmonisiert. Kabat-Zinn (2008) verbindet das Atmen bei der Gehmeditation mit dem Heben, Bewegen, Senken und Aufsetzen der Füße und dem Verlagern des Gewichtes oder nimmt das natürliche, sich beim Gehen einstellende Atmen einfach nur achtsam wahr. Atem und Bewegung werden hier zusammen achtsam wahrgenommen. Das Atmen ist Teil der Bewegung und die Bewegung ist Teil des Atmens. Aber auch andere Wahrnehmungen bzw. Meditationsobjekte können achtsam mit der Atmung verbunden werden. Das jeweilige Meditationsobjekt achtsam wahrnehmend, atmen Sie ein und aus. Auch andere Kopplungen sind möglich, wie einatmend nehmen Sie das Meditationsobjekt (etwa den Gedanken) achtsam wahr und ausatmend lassen Sie dieses (diesen) los. Aber insbesondere für den Einstieg als Anfänger sollte besser nacheinander, ohne Verbindung geübt werden. Also erst wird die achtsame Wahrnehmung der Atmung und dann die des anderen (jeweils gewählten)

Meditationsobjektes und am Schluss wieder die der Atmung geübt. So bleibt die Aufmerksamkeit, Konzentration, Wahrnehmung möglichst maximal bzw. gesammelt, fokussiert und ungeteilt. Sind die achtsame Wahrnehmung der Atmung und des anderen Meditationsobjektes jeweils für sich hinreichend geübt worden, dann lassen diese sich auch einfach und wirkungsvoll kombinieren. Sie können dann die Atmung und das jeweilige Meditationsobjekt in einem achtsam wahrnehmen und üben.

Um allzu viel Nachdenken bei der Achtsamkeitsmeditation zu vermeiden, ist es ratsam, sich zumindest vor und bei den alltäglichen Grundübungen über das Vorgehen in der Meditation grundsätzlich im Klaren zu sein. Die Meditationsobjekte, ihre Reihenfolge, die Einbeziehung des Atems oder Atmens sollten überlegt, ausgewählt, bestimmt, geplant und vorgenommen worden sein. Dennoch sollten Sie sich die Freiheit lassen und nehmen, auf die jeweiligen aktuellen Gegebenheiten und Entwicklungen flexibel und angemessen zu reagieren. Es ist also immer möglich, das geplante Vorgehen zu verfeinern, anzupassen, je nach Bedarf zu verändern oder sogar (ganz) zu verwerfen, zu ersetzen oder abzubrechen. Nehmen wir an, Sie wären mit der Achtsamkeit bezüglich der Atmung eingestiegen und wandern nun mit Ihrer Achtsamkeit, systematisch spürend, durch Ihren Körper. In einem bestimmten Körperbereich treten für Sie nun überraschend nicht nur körperliche Missempfindungen auf, sondern auch negative Gedanken und Gefühle. Sie könnten sich in diesem Fall – abweichend von Ihrem Plan – verstärkt nacheinander, achtsam wahrnehmend, etwa erst den Gefühlen, danach den Gedanken und dann den Missempfindungen zuwenden. Schließlich achten Sie konzentriert und ganz bewusst auf die Atmung, um danach – wieder ruhig, gelassen und geistig gesammelt – mit der achtsamen Körperwahrnehmung und -wanderung fortzufahren.

3.3.4.1 Gehmeditation

Die Gehmeditation ist nach Salzberg und Goldstein (2001) ein Modell für die Achtsamkeit und Meditation in Bewegung, also des Tuns und der Körperwahrnehmung im Tun, und sollte (wie bereits im Kap. 3.3.3 erwähnt) deshalb sehr bald täglich praktiziert werden. Körper, Stellung, Bewegung und Atem werden hier achtsam wahrgenommen und meditiert. Genau dazu bieten sich hervorragend und umfassend aber auch und vor allem die aktiven Übungen aus dem Yoga und Qigong an. Hier finden Sie ein weites Repertoire an Stellungen und Bewegungen, die mit den körperlichen Empfindungen und dem Atem bzw. Atmen achtsam wahrgenommen und meditiert werden können (vgl. auch Kabat-Zinn, 2008). Alternativ zur Gehmeditation könnten Sie daher auch täglich Yoga oder Qigong praktizieren. Allerdings ist die Gehmeditation vergleichsweise einfach, grundlegend und universell. Wichtig für die Gehmeditation wie auch jede andere Meditation ist, dass diese hinreichend bedachtsam und achtsam ausgeführt wird, deshalb wird das Gehen dann für gewöhnlich langsamer. Es sollte aber auch nicht zu Unsicherheit, Instabilität, Stürzen oder Akrobatik führen und ein – wenn auch würdevolles, bedächtiges – Gehen oder Schreiten bleiben. Sie können die Gehmeditation sehr langsam, aber auch zügiger durchführen. Je feiner, genauer, bewusster und weniger geübt Sie die Gehmeditation ausüben, desto langsamer wird Ihr Gehen für gewöhnlich werden. Aber auch ein vergleichsweise zügiges und unauffälliges Schreiten, vor allem in der Öffentlichkeit und bei einem gewissen Übungsgrad, kann hervorragend als Meditationsobjekt und zum Lernen und Praktizieren von Achtsamkeit dienen. Kornfield (2005) rät dementsprechend eine Geschwindigkeit zu wählen und auch aktuell den jeweiligen Gegebenheiten anzupassen, die Ihnen am besten hilft, ganz aufmerksam und achtsam (beim Gehen) zu sein. Wichtig ist weiter, dass das Gehen (also der Weg) das Ziel der Meditation ist und nicht ein zu erreichender Ort. Deswegen kann es hilfreich sein, nur zu gehen, also ohne einen bestimmten Ort verlassen oder erreichen zu wollen oder zu müssen. Dazu reicht sogar und eignet sich vielleicht für Sie gerade besonders gut ein nur etwas größerer oder längerer Raum. Kornfield (2005) empfiehlt entsprechend immer den selben Ort zur Gehmeditation aufzusuchen, wo Sie auf einer Länge von ungefähr 20 bis 30 Schritten hin und her gehen können. Zudem fehlen hier weitgehend die vom Gehen möglicherweise ablenkenden Neuigkeiten und (vermeintlich) interessanten Reize. Auch dies kann helfen, sich ganz auf das Gehen und die betreffenden Empfindungen zu konzentrieren. Auch eine Strecke (ein Weg) – in einer vergleichsweise ruhigen, bekannten und geschützten Umgebung – vielleicht in einem Garten oder Park, die (der) zum Ausgangspunkt der Gehmeditation wieder zurückführt, wäre meines Erachtens besonders günstig. Nach Nguyen Anh-Huong und Thich Nhat Hanh (2008) kann die Meditation aber auch auf dem Weg zu einem bestimmten Ort durchgeführt werden, wenn Sie dabei ganz im Augenblick und beim Gehen verweilen, mit Ihrer ganzen Bewusstheit, Aufmerksamkeit und Konzentration beim oder im Gehen sind. Sollten Sie davon abgelenkt, darin gestört sein, sich etwa in der Zielorientierung oder Gedanken verlieren, so nehmen Sie diese einfach zur Kenntnis und bringen Ihre Achtsamkeit, die bewusste Aufmerksamkeit und gesammelte Konzentration auf das Gehen und die betreffenden Wahrnehmungen bzw. innere Wahrnehmung des Gehens zurück. Dieser Versuch bzw. Vorgang der erneuten achtsamen Wahrnehmung und Konzentration auf das Gehen kann je nach Bedarf und im Prinzip beliebig wiederholt werden. Nach meiner Einschätzung sollten Sie auch – wie bei der Geschwindigkeit – hier pragmatisch vorgehen, also den Ort oder den Weg zur Gehmeditation nutzen, der sich zum einen anbietet und zum anderen Ihnen möglichst die ganze Aufmerksamkeit und Konzentration beim Gehen lässt. Wählen Sie also jeweils einen für sich und unter den Umständen möglichst geeigneten und passenden Ort oder Weg. Aber auch bei einer offenbar ungünstigen Auswahl oder unter schwierigen Bedingungen können Sie wichtige Erfahrungen sammeln und lernen, achtsam zu gehen.

Nach Nguyen Anh-Huong und Thich Nhat Hanh (2008) werden Einatem und Ausatem jeweils in Schritten bemessen. Beim Einatmen werden die Schritte gezählt und beim Ausatmen. Gegen dieses Zählen ließen sich ähnliche Einwände anführen und berücksichtigen, wie gegen das Zählen der Atemzüge in der Atemmediation (s. Kap. 3.3.2). Allerdings hilft dieses, Atem und Gehen in Achtsamkeit zu verknüpfen. Die Schritte beim Einatmen und jene beim Ausatmen können alternativ etwa durch geeignete, passende begleitende Vorstellungen, Worte, Sätze und Suggestionen unterstützt werden (dazu s. kritische Anmerkungen und Diskussion im Kap. 3.3.2 und 3.4). Diese können bei der Achtsamkeit und Sammlung helfen sowie die Erfahrungen und Wirkungen des achtsamen Gehens beschreiben, bestätigen, ausrichten und verstärken. Das Schreiten könnte also mit Vorstellungen verbunden werden, wie z. B. sich von der Erde nähren, stärken, stützen, tragen zu lassen oder mit jedem Aufsetzen eines Fußes bzw. Fußabdruck die Erde zu küssen und Kraft, Energie, Festigkeit, Stabilität usw. aufzunehmen. Die Schritte könnten auch durch eher innerlich gesprochene bzw. gedachte Worte oder mit Worten (etwa 1 Wort pro Schritt) begleitet werden. Die Vorstellungen und Worte können aber auch stärker den Atem bzw. das Atmen beim Gehen betreffen. Einfache beschreibende Worte, wie „ein" können mit jedem Schritt beim Einatmen wiederholt werden und „aus" mit jedem Schritt beim Ausatmen. Die Worte beim Atmen können aber auch wiederum Vorstellungen und Suggestionen ergeben, wie etwa beim Einatmen „Kraft", „Energie", „Freude", „Festigkeit", „Stabilität" „Entspannung" usw. etwa „aufnehmen" und beim Ausatmen „Harmonie" „Gelassenheit", „Ruhe", „Frieden" usw. z. B. „finden". Weiter können nach Nguyen Anh-Huong und Thich Nhat Hanh (2008) ein stilles Lächeln (auf den Lippen, im Gesicht) und eine tiefe Bauchatmung die Gehmeditation und ihre heilende Wirkung unterstützen und verstärken. Solche begleitenden, beschreibenden Worte

(Sätze) bietet Thich Nhat Hanh (z. B. 1995) bereits bei der ausschließlichen Atemmeditation bzw. achtsamen Wahrnehmung des Atems bzw. Atmens an (s. Kap. 3.2.2 und Kap. 3.4).

In der Gehmeditation nach Kornfield (2005) sowie Salzberg und Goldstein (2001) liegt die Achtsamkeit ganz bei den körperlichen Empfindungen des Gehens. Entsprechend empfehlen Peter und Gerl (1988) in einer sehr einfachen und grundsätzlichen Version der Gehmeditation, die gezielte, bewusste und konzentrierte Körperwahrnehmung von den Fußsohlen bis zu den Händen beim Gehen zu üben. Dazu gehören zwar prinzipiell auch die Atemempfindungen, aber der Schwerpunkt liegt eben auf den Empfindungen des Körpers durch das Gehen. Kornfield (2005) empfiehlt entsprechend zu Beginn der Gehmeditation, still zu stehen und den Körper und auch die äußeren Reize auf den Körper achtsam zu spüren und wahrzunehmen.

Nach Salzberg und Goldstein (2001) fällt dieses achtsame Verankern und Spüren im Körper beim Stehen systematischer, gründlicher und deutlich länger aus. Die Autoren nehmen sich gemäß ihrer Anleitung etwa 10 Minuten dazu Zeit, um durch den ganzen Körper achtsam spürend zu gehen bzw. diesen durchzukehren. Dieses achtsam wahrnehmende Durchgehen oder Durchkehren des Körpers wird auch „Body Scan" genannt und u. a. im nächsten Kapitel noch weiter ausgeführt. Die Augen können hierbei geschlossen werden, im Gegensatz zur Gehmeditation, wo die Augen i. d. R. entspannt offen und der Blick leicht gesenkt gehalten werden.

Den Body Scan nach Salzberg und Goldstein führen Sie im Einzelnen wie folgt durch: Sie beginnen mit der achtsamen Körperwahrnehmung ganz oben, auf dem Kopf (Scheitel), wandern dann ins Gesicht, spüren achtsam und nacheinander nach in Stirn, Augen, Nase, Mund, Wangen und Kinnlade. Dann gehen Sie vom Scheitel bis in den Nacken und schließlich vom Scheitel seitlich runter über die Ohren. Danach spüren Sie den ganzen Kopf und gehen mit Ihrer Aufmerksamkeit in das Genick und die Kehle bzw. den vorderen Halsbereich. Nacheinander spüren Sie die Schultern, Oberarme, Ellenbogengelenke, Unterarme, Hände, Handballen, Handrücken, jeden einzelnen Finger, die Fingerspitzen und gehen wieder zurück zum Hals. Dann spüren Sie achtsam im Brustbereich, im ganzen Brustkorb, in den Flanken und im Bauchbereich nach. Vom Genick her spüren Sie dem Rücken (einschließlich der Schulterblätter) bis ins Gesäß und dann im gesamten Beckenraum nach. Dann bewegen Sie Ihre Aufmerksamkeit und Wahrnehmung durch die Oberschenkel, Knie, Unterschenkel, Fußgelenke, Füße. In den Füßen spüren Sie gesondert Rist, Fußsohle und – so weit wie möglich – jeden einzelnen Zeh. Dann nehmen Sie wahr, wie sich der Kontakt – an und in den Füßen – zum Boden anfühlt.

Dann folgen nahezu weitere 5 Minuten, in denen die achtsame Wahrnehmung und Meditation des Gehens vorbereitet und geübt wird. Dazu wird nach einem diesmal schnellen Durchgehen und Verankern im Körper, das Gewicht im Stehen (jeweils aus der Mitte heraus) langsam einmal auf den linken und einmal auf den rechten Fuß verlagert. Es werden die Folgen und Unterschiede erfahren und nachempfunden. Dann wird langsam, vorsichtig und behutsam ein kurzer Schritt (einmal des linken und einmal des rechten Fußes) unternommen und aufmerksam der Bewegung und den Folgen nachgespürt. Nun kann die eigentliche Gehmeditation folgen.

Nach dem wiederholten Üben kann die Gehmeditation offenbar auch ohne diese längere einleitende Meditationsphase erfolgen. Es reicht dann auch hier mit einem achtsamen, aber schnellen Körperdurchkehren und kurzen Verankern im Körper mit der Gehmeditation zu beginnen. Salzberg und Goldstein (2001) gliedern die eigentliche Gehmeditation in drei Teile zu jeweils 10 Minuten. Im ersten Teil gehen Sie noch relativ zügig. Ihre Schritte und Achtsamkeit unterteilen Sie in Schritten. Entsprechend könnten Sie die Schritte etwa mit „links" (ein Schritt mit dem linken Fuß) und „rechts" (ein Schritt mit dem rechten Fuß) oder unabhängig vom jeweiligen Fuß mit „Schritt" benennen. Im zweiten Teil machen Sie sich beim Gehen zudem besonders das Heben und Senken eines jeden Fußes bewusst. Dazu teilen Sie Ihren Schritt in die zwei Phasen.

Entsprechend fällt die Benennung aus: „auf", „ab" oder „Heben", „Senken". Anstelle von „Senken" kann auch „Setzen", „Treten" oder „Stellen" benutzt werden. Z. B. Nyanaponika (2007, S. 98) bietet „Heben" und „Setzen" an. Am differenziertesten fällt die Betrachtung und Wahrnehmung im dritten Teil aus. Hier wird zwischen dem Heben, Vorwärtsbewegen und Absetzen des Fußes unterschieden. Diese drei Phasen eines Schrittes werden erst mit dem einen Fuß vollendet, bevor der Schritt mit dem anderen Fuß beginnt. Also der rechte Fuß bzw. Verse hebt sich erst nachdem der linke Fuß auf den Boden gesetzt wurde und umgekehrt. Entsprechend wird das Gehen hier noch langsamer. Die Benennung fällt entsprechend aus: „auf", „vor", „ab" oder etwa „Heben", „Bewegen", „Setzen". Z. B. Nyanaponika (2007, S. 98) spricht von „1. Heben, 2. Tragen, 3. Setzen". Entsprechend der bereits im Kapitel 3.3.4 erwähnten Untergliederung von Kabat-Zinn (2008) könnten sogar vier Phasen des Schrittes achtsam wahrgenommen und entsprechend benannt werden, etwa „Heben", „Bewegen", „Senken", „Stellen" („Berühren" des Bodens). Dieses differenzierte Benennen ist mindestens übungs- und gewöhnungsbedürftig. Ich finde es persönlich wichtiger, ganz achtsam beim Gehen zu sein, und empfinde es als für mich passender und hilfreicher (wie beim Atmen, s. Kap. 3.3.2), auf die Benennungen ganz zu verzichten. Sie sollten das daher einfach selber für sich ausprobieren und entscheiden, ob Sie mit oder ohne Benennungen bei einer Gehmeditation arbeiten. Auch Salzberg und Goldstein (2001) raten dazu, die Geschwindigkeit und Unterteilungen den jeweiligen Gegebenheiten und inneren Zuständen anzupassen. Ausschlaggebend ist auch für diese Autoren letztlich das Aufrechterhalten einer möglichst großen, maximalen bewussten Aufmerksamkeit und Konzentration bzw. Achtsamkeit bei dieser Übung.

Nach Kornfield (2005) und meiner Erfahrung wäre schon sehr viel gewonnen, wenn Sie einmal am Tag einfach nur bewusst, aufmerksam, konzentriert, achtsam und bedachtsam zwischen 15 bis 20 Minuten im Tempo, am Ort und auf dem Weg Ihrer Wahl gehen würden. Es ist dabei gleichgültig, ob und welches Schuhwerk Sie dabei tragen. Die Arme und Hände lassen Sie wohl am besten entspannt zur Seite hängen bzw. mitschwingen. Es sind grundsätzlich aber auch andere Haltungen möglich. Zu Beginn, zwischendurch und am Schluss können Sie sich besonders achtsam Ihres Atems und Atmens beim Gehen vergewissern. Gehen und Atmen gehören dann zusammen und werden eins. Wie Sie die achtsame Wahrnehmung der Atmung u. a. mit der des Gehens verbinden und üben können, wurde bereits im Kapitel 3.3.4 beispielhaft angesprochen. Bevor Sie die Gehmeditation beginnen und beenden, sollten Sie sich kurz im Stehen in Ihrem (ganzen) Körper bewusst wahrnehmen, sammeln und verankern.

3.3.4.2 Körperwanderung bzw. Body Scan

Der Körper kann zur achtsamen Wahrnehmung in systematischer Weise durchgegangen bzw. „durchgekehrt", auch durchwandert, durchflossen oder bereist werden, wie es in der Tradition nach U Ba Khin und S. N. Goenka (s. Gruber, 2001; Hart, 2001) üblich ist. Ein solcher „Body Scan" wurde bereits im vorherigen Kapitel als Vorbereitung zur Gehmeditation nach Salzberg und Goldstein (2001) vorgestellt. Im Kapitel 7 wird das Thema Body Scan und Körperwanderung weiter vertieft und ausgeführt. Es wird dort u. a. beschrieben und besprochen, wie Kabat-Zinn (1999, 2000, 2008) solche Körperwanderungen durchführt und achtsame Atem- und Körperwahrnehmung dazu miteinander verbindet. Es gibt auch von und nach ihm verschiedene geführte Körperreisen und Körpermeditationen auf CD (z. B. Kabat-Zinn, 1999, 2002, 2009; Kabat-Zinn & Kesper-Grossman, 2009).

Eine von mir 1989 zusammengestellte und angebotene einfache Körperwanderung (s. Kap. 7 und 7.1) kann mit einer entscheidenden Modifikation zur reinen Achtsamkeitsmeditation gewandelt werden. Dabei betrifft die Veränderung nicht die Körperwanderung und -bereiche selbst, sondern das Beschränken des bewussten Tuns und Meditierens auf die achtsame Wahrnehmung, auf das Spüren und Annehmen des jeweiligen Körperbereiches. Jeder Körperbereich wird bewusst, konzentriert, aufmerksam wahrgenommen. Die dabei auftretenden Empfindungen werden nur registriert und angenommen, gleichgültig, ob die Empfindungen für Sie eher angenehm oder unangenehm oder vielleicht auch nur neu oder irritierend sind. Es gilt zu üben, sich der Bewertung, der Beurteilung und weiterer Reaktionen zu enthalten und sich bewusst ausschließlich und ganz auf das Empfinden bzw. die Empfindungen zu konzentrieren. Die achtsame Wahrnehmung und Meditation des Atems und Atmens am Anfang und Ende bettet wiederum auch diese Körperwanderung und -meditation geeignet ein. Eine andauernde Verbindung des Wanderns und der achtsamen Körperwahrnehmung (während der Übung) mit dem Atem und Atmen wird im Kapitel 7 diskutiert und ist nach meiner Erfahrung (wie bereits im Kap. 3.3.4 erwähnt) erst für in der Übung Fortgeschrittene ratsam und günstig. Die einfache Körperreise könnte auch weiter, insbesondere in den Gliedmaßen, im Sinne der komplexen Körperreise (s. dazu Kap. 7.2) verfeinert und differenziert werden. Im Folgenden wird nun diese Körperwanderung aus Kapitel 7.1 (weitere Details, Verweise s. dort) als Achtsamkeitsmeditation beschrieben werden. Nyanaponika (2007, S. 91) betont, dass es sich bei einer diesbezüglichen Achtsamkeitsmeditation nur um Berührungs- und Körperempfindungs-Objekte handelt und nicht um eine Meditation der entsprechenden Körper- oder Energiezentren des tantrischen Yogas (vgl. Kap. 7 und 8). Dennoch wird im Text zur Orientierung auf diese Zentren verwiesen. Zudem können auch diese nur achtsam gespürt und wahrgenommen werden. Dies hat den Vorteil, dass die bewusste, aufmerksame Wahrnehmung der energetisch zentralen und wichtigen Körperbereiche und -wege sowie die geistige Sammlung und Konzentration darauf gelenkt und geübt werden. Auf diese Weise werden die Übungen der Kapitel 7 und 8 vorbereitet und leichter.

Zur Vereinfachung und zur Vermeidung von unnötigen Entscheidungsprozessen während des Übens bietet es sich an, bei einer Wahl bzw. Freiheit in der Reihenfolge zwischen einer linken und rechten Seite bzw. Körperpartie, stets jeweils mit der gleichen zu beginnen. Also entweder grundsätzlich immer mit dem linken Körperteil oder immer mit dem rechten anzufangen. Mit dieser Entscheidung und Festlegung kann das Vorgehen für sich vereinheitlicht und standardisiert werden. Je nach Bedarf und Vorliebe kann diese prinzipielle Lösung jedoch jederzeit wieder geändert, angepasst oder ganz verworfen werden.

Eine Körperwanderung als Achtsamkeitsmeditation:

In jedem Bereich, an jeder Stelle und bei jedem Schritt achtsam spüren und annehmen!

1. Rechter oder linker Arm: 1. Hand, 2. Unterarm, 3. Oberarm
2. Anderer Arm: 1. Hand, 2. Unterarm, 3. Oberarm
3. Schultergürtel (vor allem die Schultergelenke und Schlüsselbeine)
4. Von dort hinunterwandern zu den Füßen.
5. Rechtes oder linkes Bein: 1. Fuß, 2. Unterschenkel, 3. Oberschenkel
6. Anderes Bein: 1. Fuß, 2. Unterschenkel, 3. Oberschenkel
7. Gesäß (erst die eine, dann die andere Gesäßhälfte)

8. Bevor Sie die Wirbelsäule hinauf wandern, sammeln Sie sich vor dem Steißbein auf dem Damm (im „Wurzelzentrum", vgl. Kap. 8.1.1). Dann wandern Sie langsam Punkt für Punkt die Wirbelsäule (WS) bewusst, aufmerksam spürend und annehmend hinauf – vom Beginn der WS über das Steißbein, Kreuzbein, die Lenden-WS, Brust-WS und Hals-WS bis zur Schädelkante. Wenn möglich, fließen oder gleiten Sie die WS ganz langsam und kontinuierlich hinauf. Aber auch punktuelle Halts und abschnittsweise Wiederholungen zur besseren, intensiveren oder vertieften achtsamen Wahrnehmung und Konzentration sind jederzeit möglich.

9. Dann wandern Sie weiter mittig über das Hinterhaupt zum höchsten Punkt bzw. Bereich am Kopf – zum Scheitel. Hier im Scheitelbereich (vgl. „Scheitelzentrum", Kap. 8.1.8) versuchen Sie dann, zu verharren, sich achtsam zu spüren und anzunehmen.

10. Dann wandern Sie weiter mittig über das Schädeldach zur Stirnmitte. In der Stirn (vgl. „Stirnzentrum", Kap. 8.1.7) bleiben Sie und versuchen, sich achtsam zu spüren und anzunehmen.

11. Nun wandern Sie weiter bis zur Nasenwurzel und von dort zum (rechten oder linken) Auge.

12. Dann wandern Sie zurück über die Nasenwurzel zum anderen Auge.

13. Zurück zur Nasenwurzel – von dort zur Nasenspitze, die ganze Nase spüren, annehmen!

14. Von der Nasenspitze über den Nasenflügel zur (rechten oder linken) Wange

15. Von der Wange nun zum nahen Ohr: Versuchen Sie dort, ganz Ohr zu werden, alle Geräusche (außen wie innen) zu hören und einfach anzunehmen, dann das Ohr zu spüren und anzunehmen.

16. Sie wandern zurück zur Nasenspitze, von dort über den Nasenflügel zur anderen Wange.

17. Zum (anderen) Ohr, wie unter Punkt 15!

18. Von der Nasenspitze zum Mund und den Lippen

19. Sie wandern weiter, mittig über das Kinn und den Kehlkopf bis unterhalb des Kehlkopfes (vgl. „Halszentrum", Kap. 8.1.6). Dort verharren Sie, um sich achtsam zu spüren und anzunehmen.

20. Dann wandern Sie weiter das Brustbein hinab bis zur Brustmitte (vgl. „Herzzentrum", Kap. 8.1.5). Dort verharren Sie und versuchen, sich achtsam zu spüren und anzunehmen.

21. Wandern Sie weiter das Brustbein hinab bis zur Magengrube, in den Oberbauch (vgl. „Sonnengeflechtzentrum", Kap. 8.1.4). Dort verharren Sie und versuchen, sich achtsam zu spüren und anzunehmen.

22. Wandern Sie nun in den Bereich des Bauchnabels (vgl. „Nabelzentrum", Kap. 8.1.3). Dort verharren Sie und versuchen, sich achtsam zu spüren und anzunehmen.

23. Weiter geht es dann in den Bereich des Unterbauches – etwa eine Handbreit unterhalb des Bauchnabels (vgl. „Sakralzentrum", Kap. 8.1.2). Versuchen Sie dort zu bleiben, sich achtsam zu spüren und anzunehmen.

24. Am Schluss der Körperreise wandern Sie – auf dem Konzeptionsgefäß der traditionellen chinesischen Medizin (s. Kap. 8.1), also am Genital vorbei – zum Damm am Beckenboden (vgl. „Wurzelzentrum", s. o.). Dort verharren Sie, um sich achtsam zu spüren und anzunehmen.

Diese Körperwanderung können Sie zu jeder Tages- und Nachtzeit – je nach Belieben und Bedarf – durchführen. Am besten üben Sie diese täglich und nehmen sich dafür 20 bis 30 Minuten Zeit. Sie können sich dazu hinlegen oder -setzen. Als Achtsamkeitsmeditation kann die Körperwanderung – im Unterschied zur Entspannungsversion (s. Kap. 7.1) – selbst sinnvoll im Stehen durchgeführt werden.

Im Unterschied zum systematischen Durchgehen beim bzw. zum achtsamen Spüren bzw. Wahrnehmen des Körpers kann auch ganz unsystematisch einfach nur in den Körper hineingespürt oder gehorcht werden. Empfindungen im Körper wird zunächst einmal ganz offen begegnet und nachgespürt. Es werden also mehr oder weniger auffällige Empfindungen, wie z. B. Kribbeln, Schmerzen, Druck, Wärme oder Schwere, irgendwo im Körper ge- sowie erspürt und dann jeweils dort so lange achtsam fokussiert und wahrgenommen, bis diese sich verändern oder verschwinden und andere auftauchen bzw. auffallen (vgl. z. B. Kornfield, 2005).

Entsprechend kann dies nach Goldstein und Kornfield (2001) in dieser Weise auf alle körperlichen, gefühlsmäßigen, mentalen, sozialen, spirituellen Wahrnehmungen bzw. Vorgänge, also alle wahrzunehmenden Zustände und Prozesse ausgedehnt werden. Fokussiert und achtsam meditiert wird (zumindest nach fortgeschrittener Übungspraxis) das, was jeweils auftaucht. Sie unterscheiden deshalb auch zwei verschiedene Arten von Konzentration. Während bei der verbreiteten, üblichen Meditation Aufmerksamkeit und Konzentration regelmäßig auf einen bestimmten Gegenstand oder Vorgang gesammelt werden, richten sich hier Aufmerksamkeit und Konzentration flexibel auf unterschiedliche, aktuelle Vorgänge und Gegebenheiten. Letzteres entspricht der im Kapitel 3.3.3 angesprochenen generellen Achtsamkeit und dem wahllosen Gewahrsein bzw. bewirkt diese. Die beiden Arten der Meditation wurden bereits als die grundsätzlichen Übungswege mit der resultierenden vollkommenen Geistessammlung versus momentanen – im Kapitel 3.3.1 vorgestellt und diskutiert, wobei die momentane Geistsammlung der generellen Achtsamkeit entspricht. Um sich dabei nicht im Chaos der Wahrnehmungen und Möglichkeiten zu verlieren und zu zerstreuen, setzt die letztere Fähigkeit zur Konzentration die einfachere Fähigkeit und Kompetenz voraus, sich eben auf etwas Bestimmtes anhaltend konzentrieren zu können. Dies sollte also erst oder mit erlernt werden und wird auch im Allgemeinen – mehr oder weniger – so praktiziert.

3.3.4.3 Meditationen der Herzensgüte und des Mitgefühls – Metta-Meditationen

Die grundlegende buddhistische Ethik ruht nach Bottini (2004, S. 97-98 u. 351) „auf vier Säulen", das sind die „Vier Erhabenen Zustände" oder „Vier Göttlichen Verweilungszustände": 1. „Güte" allen Wesen gegenüber, 2. „Mitgefühl bzw. Erbarmen" mit den Leidenden, 3. „Freude" darüber, dass andere vom Leid erlöst wurden und 4. „Gleichmut" (im vollen geistigen Gleichgewicht und in vollkommener Achtsamkeit). Köppler (2008, S. 152) schreibt von den „vier göttlichen Eigenschaften", „liebevolles Wohlwollen", „Mitgefühl", „Freude" (über das Wohlergehen und Glück anderer Lebewesen) und „Gleichmut" (umfassendes Annehmen, Akzeptieren aller Lebewesen und umfassende Gelassenheit, innere Ruhe und Freiheit). Gäng (2002, S. 113) spricht diesbezüglich von den „himmlischen Verweilungen" und Thich Nhat Hanh (1994, S. 93) von den „vier ausgezeichneten, wertvollen Geisteszuständen". Sie sind sowohl Gegenstand besonderer Meditationen als auch Ziele buddhistischer Meditationspraxis. Es wird versucht diese Geisteszustände und die entsprechenden inneren Haltungen und Einstellungen in sich zu wecken, zu entwickeln und (auch nach außen) auszudehnen und auszustrahlen. Diese Meditationen gehen über die achtsame, bewusste Wahrnehmung hinaus. Dennoch erwachsen sie und ergeben sich (folgerichtig) aus der Entfaltung der Achtsamkeit und Praxis der Achtsamkeitsmeditationen und unterstützen diese wiederum sowie tragen zu deren Entfaltung, Praxis und Kultivierung im Alltag und Leben bei. Besonders einsichtig und nachzuvollziehen ist dies für den Gleichmut, die innere geistige Ruhe, Harmonie und das innere geistige Gleichgewicht, die im Idealfall völlig unabhängig von dem jeweils Wahrgenommenem und Erlebtem sind und andauern, gleichgültig, ob es angenehm, unangenehm oder indifferent für einen selbst oder andere ist. Die Achtsamkeitsmeditationen stärken und bilden die Grundlage, entwickeln und trainieren direkt den Geist, um Gleichmut zu erreichen, zu erfahren und auch im Alltag und täglichen Leben – angesichts der üblichen Höhen und Tiefen – beizubehalten und auszudehnen.

Alle buddhistischen Meditationen lassen sich auf die überlieferte Lehre von Buddha zurückführen. Die Metta-Meditationen haben z. B. einen direkten Ausgangspunkt in einer überlieferten Lehrrede (Sutra bzw. Sutta) von Buddha, nämlich das Metta-Sutta. Metta bedeutet soviel wie Güte, Herzensgüte, liebende Güte, Liebe, Wohlwollen, Wohltätigkeit und Barmherzigkeit (vgl. u. a. Keown, 2005; Notz, 2007). Übersetzungen des Metta-Sutta sind unter dem betreffenden Stichwort z. B. im Internet im Palikanon und im Lexikon der östlichen Weisheitslehren des Barth Verlags von 1986 zu finden. Unter der Homepage der Buddhistischen Gesellschaft Berlin e. V. fand ich (2014) eine Übersetzung von Vimalo, die ich Ihnen hier wiedergeben und zitieren möchte (anstelle der Schrägstriche im Original habe ich Kommata verwendet):

„Wem klar geworden, dass der Frieden des Geistes
das Ziel seines Lebens ist,
der bemühe sich um folgende Gesinnung:

Er sei stark, aufrecht und gewissenhaft,
freundlich, sanft und ohne Stolz.
Genügsam sei er, leicht befriedigt,
nicht viel geschäftig und bedürfnislos.

Die Sinne still, klar der Verstand,
nicht dreist, nicht gierig sei sein Verhalten.

Auch nicht im Kleinsten soll er sich vergehen,
wofür ihn Verständige tadeln könnten.

Mögen alle Wesen glücklich sein und Frieden finden.

Was es auch an lebenden Wesen gibt:
ob stark oder schwach, ob groß oder klein,
ob sichtbar oder unsichtbar, fern oder nah,
ob geboren oder einer Geburt zustrebend –
mögen sie alle glücklich sein.

Niemand betrüge oder verachte einen anderen.
Aus Ärger oder Übelwollen wünsche man keinem
irgendwelches Unglück.

Wie eine Mutter mit ihrem Leben
ihr einzig Kind beschützt und behütet,
so möge man für alle Wesen und die ganze Welt
ein unbegrenzt gütiges Gemüt erwecken:

ohne Hass, ohne Feindschaft, ohne Beschränkung
nach oben, nach unten und nach allen Seiten.

Im Gehen oder Stehen, im Sitzen oder Liegen,
entfalte man eifrig diese Gesinnung:
Dies nennt man Weilen im Heiligen.

Wer sich nicht an Ansichten verliert,
Tugend und Einsicht gewinnt,
dem Sinnengenuss nicht verhaftet ist –
für den gibt es keine Geburt mehr."

Damit hätte der Buddhist sein Ziel – die Erleuchtung, das Erwachen, das Nirwana und den Ausstieg aus dem ewigen Rad der Wiedergeburt, die Überwindung des Leidens – erreicht und sich aus der Abhängigkeit des Karmas sowie von seinen Aversionen, Begierden, Verstrickungen und Illusionen gelöst und befreit (vgl. Kap. 3.3.1).

Die Meditationen der Herzensgüte, des Mitgefühls und der (Mit-) Freude fangen bei einem Selbst, bei der nächsten Bezugsperson oder einer liebsten Person an. Es ist durchaus sinnvoll, hilfreich und wichtig bei sich anzufangen, da wir nur heilsam, wirklich, echt, stimmig, tief, uneingeschränkt und ganz von Herzen etwa lieben und dementsprechend anderen Liebe, Zuneigung, Herzensgüte schenken können, wenn wir uns (gesund und grundsätzlich) selber lieben und annehmen. Sie können also erst bei sich anfangen und danach zu einer Bezugsperson, liebsten Person oder (etwa nach Salzberg, 2002; Salzberg & Goldstein, 2001) einem Gönner oder Wohltäter wechseln. Der jeweils mit Güte (Herzens-) oder Mitgefühl usw. bedachte Kreis der Lebewesen wird dann schrittweise ausgedehnt, etwa über gute Freunde, entfernte Bekannte, neutrale Personen, zu – für einen selbst – schwierigen, problematischen und – vermeintlich – bedrohlichen oder feindlichen Personen. In dieser Art und Weise könnten auch bzw. anschließend andere Lebewesen einbezogen werden, nämlich erst z. B. die ganz persönlichen Lieblingstiere bis endlich zu den gefürchteten oder gefährlichen Tieren. Zur Steigerung der meditativen Wirkung wird jeweils aus dem Kreis der betreffenden Personen eine bestimmte, konkrete, am besten noch lebende Person ausgewählt. Diese gewählten Personen werden also nacheinander, von der konkreten liebsten oder sehr lieben bis zur schwierigen Person, konkret vorgestellt und beispielsweise mit Herzensgüte bedacht. Ratsam ist es für den Anfänger, aus dem Kreis der schwierigen, bedrohlichen Personen erst eine für ihn weniger schwierige oder bedrohliche, vielleicht nur irritierende Person zu wählen. Dann sind nicht gleich so große negative Reaktionen, Gefühle, Aversionen und Widerstände zu überwinden. Später werden dann auch die eigenen, großen Gegner, Feinde oder Übeltäter angesprochen und vorgestellt bzw. imaginiert (vgl. Kap. 5). Auch andere Lebewesen können – je nach persönlicher Erfahrung und Wissen – dabei zusätzlich vorgestellt bzw. imaginiert werden.

In den verschiedenen Varianten der Metta-Meditation wünschen wir uns und, oder jenen in möglichst inniger Art und Weise beispielsweise Sicherheit, körperliche und seelische Unversehrtheit, Freiheit von Illusionen, Mühsal, Strapazen, Gefahren, Schmerzen, Sorgen und Leiden. Weiter bitten wir um Wohlergehen und -befinden sowie körperliche, seelische und geistige Zufriedenheit, Glück, Freude, Klarheit, Erkenntnis, Weisheit, Frieden, Achtung oder bzw. und Würde. Am Ende werden bewusst alle Lebewesen in die Meditation einbezogen. Dann sind alle Lebewesen eingeschlossen und allgemein Gegenstand dieser Meditation oder Betrachtung. Solche Meditationen können im Einzelnen etwa Verzeihen, Vergeben, Versöhnen, Mitgefühl, Mitfreude, Herzensgüte, Barmherzigkeit, Großzügigkeit, Liebe, Frieden oder Dankbarkeit betreffen und ansprechen. Meditationsanleitungen und Ausführungen dazu bieten u. a. Kabat-Zinn (2008), Köppler (2008), Kornfield (2005, 2008), Salzberg und Goldstein (2001) und Thich Nhat Hanh (1995). Ausführlich, umfassend und verständlich beschreibt Salzberg (2002) die vier „himmlischen Wohnsitze" oder „besten Zuhause" – die Herzensgüte („lovingkindness"), das Mitgefühl („compassion"), die Mitfreude („sympathetic joy") und der Gleichmut („equanimity") – deren Bedeutung, Zusammenhänge und Meditation. Auf der CD (Salzberg, 1996) werden vor allem die Meditationen der Herzensgüte beschrieben und erläutert. Grundlage ist die allgemeine Erfahrung und Erkenntnis, dass prinzipiell alle Lebewesen leiden oder Leid erleben und danach streben, glücklich – also glückselig oder mindestens körperlich, seelisch und geistig zufrieden – zu sein. Zusammenfassend handelt es sich bei diesem Typ von Meditation weniger um achtsame Wahrnehmung als vielmehr um das bewusste, konzentrierte Einnehmen innerer, achtsamer, heilsamer Haltungen und Einstellungen zu sich, anderen Menschen, Lebewesen, dem Umfeld und der Welt.

Kornfield (2008, S. 557) bietet als „Meditation über liebende Güte" die folgenden Worte zur stillen Rezitation bzw. achtsamen, inneren Wiederholung an: „Möge ich von liebender Güte erfüllt sein. Möge ich von äußeren und inneren Gefahren frei sein. Möge ich mich in Körper und Geist wohlfühlen. Möge ich zufrieden und glücklich sein." Die Meditation beginnt hier bei einem selbst und wird dann – wie oben ausgeführt – systematisch auf andere ausgedehnt. Das Ich wird dazu durch ein Du bzw. die jeweils be- und zutreffenden Benennungen ersetzt. Das innere Sprechen bzw. die Worte können durch entsprechende, passende Vorstellungen, z. B. dieser Personen und der erwünschten Zustände, begleitet, veranschaulicht und vertieft werden. Kornfield (ebenda) beschreibt diese Meditationsformeln selbst als „Gebete" oder „Wunschgebet". Sie gewinnen nach und nach durch die Wiederholung, aber auch durch die begleitenden Vorstellungen und den stetigen Versuch, sich diesen Wünschen und Vorstellungen zu öffnen, sie zu akzeptieren, wirklich zu meinen und zu wollen und innerlich zu erleben, an innerer Bedeutung und Kraft und enfalten so ihre psychologische Wirkung.

Alle großen Religionen haben wie der Buddhismus die Verwirklichung von Liebe, Barmherzigkeit, Herzensgüte, Güte, Mitgefühl, Vergebung, Demut, Selbstlosigkeit, Hingabe, Einswerdung, Freude, inneren Frieden, Gleichmut und Freiheit im gesamten Erleben und Verhalten als zentrale, wesentliche Ziele und Aufgaben. Im Unterschied zum Buddhismus wird dies jedoch in der Regel wesentlich in und aus der Beziehung zu Gott realisiert und abgeleitet. Zunächst oder zuvörderst werden Liebe, Barmherzigkeit, Herzensgüte und die anderen genannten Qualitäten, Ziele und Aufgaben in Bezug auf Gott geklärt, gesucht, erkannt und erfahren. Das gilt z. B. nach meiner Kenntnis auch generell für die islamische Mystik und deren Vertreter, die Sufis, und selbst für die herausragenden Sufis und Heiligen des Islam, wie etwa Dschalal ad-Din ar-Rumi (vgl. z. B. Schimmel, 2000). Und es gilt sogar in gleicher Weise für die großen Mystiker und Heiligen des Christentums, wie etwa Franz von Assisi (s. seinen „Sonnengesang" von 1225, auch Plattig, 2010, S. 93-100), Hildegard von Bingen (nach Beuys, 2001) und Gertrud von Helfta (ihre Exercitia spiritualia" bzw. „geistlichen Übungen", entstanden ab ca. 1289, in einer aktuellen deutschen Übersetzung: von Helfta, 2008), die die Liebe zum zentralen Thema haben. Allerdings lösen sich in der mystischen Erfahrung und Vereinigung mit Gott, der Unio mystica, die bzw. alle Gegensätze, Unterschiede, Unterscheidungen und die gesamte Vielheit, also nicht nur in Bezug auf Gott oder dem Göttlichen, sondern auch zu den anderen Menschen, Lebewesen, Dingen bzw. zur Welt, dem Universum und gesamten Kosmos auf, wie etwa von Meister Eckhart und anderen beschrieben. In Übereinstimmung mit dem Bezug auf Gott fordert Thomas von Kempen Christen 1441 (Kempen, 1950, S. 68) auf: „Du sollst alle Menschen um Jesu willen lieb haben, Jesus aber um seiner selbst willen." Obwohl in der Nachfolge von Jesus Christus der

Dienst am und die Liebe des Nächsten schon immer eine besondere, zentrale Bedeutung hatten und eine besondere Aufgabe waren und ein grundlegendes Ziel darstellten. Am Vorbild, im Verständnis und dem Folgen und Nachstreben von Jesus wurde und sollte stets versucht werden, seine Haltung und Gesinnung zu leben und zu verwirklichen, seine bzw. die Liebe, Hingabe, Herzensruhe und -güte, Barmherzigkeit, Großzügigkeit, Vergebung und Anteilnahme gegenüber den Mitmenschen – einschließlich seiner Feinde, Peiniger und Übeltäter – zu praktizieren. So zeigt es in Verwirklichung und Vollendung Gregor der Große (2008) in seinem Buch II der Dialoge am Beispiel der Lebens- bzw. Heiligengeschichte des heiligen Benedikt, das er zwischen 593 und 594 verfasste. Aber diese Liebe zum Menschen, zu anderen Lebewesen und zur ganzen Schöpfung bleibt letztlich auf Gott bezogen oder in Gott begründet. Im Kontext der großen christlichen Kirchen gewann nach meinem Eindruck die Nächstenliebe um ihrer selbst willen, als Wert und Ziel an sich, offenbar in Folge des Humanismus, der Aufklärung und allgemeinen Säkularisierung zunehmend an Gewicht und Kraft. Der Einsatz und die Barmherzigkeit für den und das Bemühen um den Nächsten – auch Fremden, Notleidenden oder Armen, die aktive Liebe, Herzensgüte zu ihm wurden zur zentralen und selbstverständlichen Aufgabe, wie z. B von Frère Roger, Taizé (2011) vertreten und praktiziert. Die Liebe und Verbindung zu Gott, das Einssein in und mit ihm werden diesbezüglich gleichsam zum kraft-, trost- und sinnspendenden Hintergrund oder Rahmen, obwohl dies letztlich immer noch Urgrund und tragendes Fundament bleibt. Bei den christlichen Mystikern bleibt Gott also der gleichzeitig transzendente und immanente, alles – in unendlicher, unerschöpflicher oder ganz als Liebe, Barmherzigkeit, Herzensgüte – tragende und durchdringende Urgrund. Nach dem christlichen Mystiker Thomas Merton (1961) bleibt die Vereinigung mit Gott bzw. die Liebe in Gott immerhin unvollständig und unerreichbar, bis das Mitgefühl und die Liebe und letztlich die Vereinigung auf den Nächsten bzw. Mitmenschen ausgedehnt wird bzw. worden ist. In diesem Zusammenhang ist auch das egoistische, an äußerlichen Wünschen, Zielen, Interessen und Werten orientierte Selbst zu überwinden oder loszulassen und sich dem inneren, wahren Selbst oder Sein zuzuwenden. Während die Buddhisten hier von Ich- oder Selbstlosigkeit sprechen, wird im christlichen Kontext eher vor allem der Begriff der Demut benutzt. Bei Merton entbehrt dieser die negativen Bedeutungen und Zusammenhänge von Abwertung, Kränkung und Strafe und dient der Selbstüberwindung bzw. der eigentlichen, wahrhaftigen Selbstfindung.

Auch nach der heiligen, weisen Schrift des Hinduismus, der Bhagavad Gita (nach Easwaran, 2012), und großen Yogis (wie z. B. Vivekananda, 2012) ist das zumindest im Grundsatz so. Wobei dort noch einmal klar zwischen dem absoluten, wirklichen, ewigen Einem und Sein, nämlich Brahaman, und dessen göttlichen Personalisierungen und Manifestationen, wie etwa Krishna, unterschieden wird. Im Bhakti-Yoga stehen direkt das Leben mit und in Gott, die Demut, Hingabe und Liebe zu und Einswerdung mit Gott im Zentrum. Daraus ergibt sich und folgt die Liebe zu den Menschen, anderen Lebewesen und dem ganzen Sein. Obwohl auch die Gottesliebe sich zunächst ganz praktisch und konkret aus unseren alltäglichen Liebeserfahrungen und -sehnsüchten speist und entwickelt. Sie hat dort psychologisch ihren Anfang und Ausgangspunkt.

Aus der Hingabe und Liebe zu Gott – gleichgültig, ob er nun als Krishna, Jahwe, Allah oder anders angerufen wird – und der Erkenntnis der absouten Wirklichkeit (etwa als Brahman) bzw. von Gott, erwächst und begründet sich die Liebe zum Nächsten, zu allen anderen Lebewesen, zur ganzen Natur bzw. Schöpfung. Neben der gelebten Praxis der Liebe, Barmherzigkeit, Herzensgüte usw. gegenüber dem Nächsten, sind die betreffenden – mehr oder weniger – systematischen Erbauungen, Reflektionen, Betrachtungen, Besinnungen, Sammlungen und geistlichen Übungen der christlichen Mystiker dementsprechend auf Gott, Jesus oder die göttliche Dreifaltigkeit, die Lebens- und Leidensgeschichte von Jesus Christus bezogen und ausgerichtet. In den Gebeten und Fürbitten der Christen an Gott wird jedoch der Liebe und den anderen oben genannten großen Themen auch in Bezug auf die Sphäre der Menschen, Lebewesen und Natur viel Raum gegeben. So können Gebete und Fürbitten ähnlich oder genau so wie in den buddhistischen Meditationen der Herzensgüte und des Mitgefühls formuliert und durchgeführt werden. Ob bewusst oder nicht, in jedem Falle werden auch in christlichen Gottesdiensten oder Andachten entsprechende oder vergleichbare Formeln verwendet, gesprochen und gehört. Im Unterschied zu den Buddhisten richten diese sich in der Regel nicht direkt an eine andere Person oder ein Lebewesen, sondern Gott wird um Liebe, Barmherzigkeit usw. für jene gebeten und angerufen. So kann auch das im Kapitel 3.4.4 beschriebene Herzensgebet auf einfache Weise auf bestimmte andere Menschen oder uns alle ausgedehnt werden, indem Gott bzw. Herr Jesus Christus sich dieser bestimmten Person oder unser erbarmen möchte (vgl. Jungclaussen 2012, 2014). Schließlich ist die Ausweitung des Herzensgebetes, des Betens überhaupt und der Nächstenliebe auf alle Menschen und die gesamte Schöpfung ein wichtiges Herzensanliegen, dass im Neuen Testament fußt.

Allerdings weisen die Bhagavad Gita und in ihrer Tradition und Nachfolge etwa Swami Vivekananda (Vivekananda, 2012) explizit auch darauf hin, dass man selbst ohne Gottesglauben und Gottesliebe durch Karma-Yoga Erleuchtung und die absolute Wirklichkeit erfahren kann. Karma-Yoga besteht im Wesentlichen aus uneigennützigem, selbstlosem Tun und Handeln, das auch das Reden, Denken, die Lebensführung bzw. das Arbeiten einschließt. Das Tun und Handeln sollte – unter den gegebenen Umständen und Verhältnissen – möglichst gut und weise sowie grundsätzlich ohne Anhaftung erfolgen, also ohne sich durch die möglichen Erträge, Wirkungen und Resultate für einen selbst zu motivieren, leiten zu lassen oder darum zu kümmern. Es geht darum, sich ganz – und eben sowie dennoch selbstlos – der jeweiligen Sache bzw. Aufgabe zu stellen und zu widmen sowie dem Dienst am anderen und der Schöpfung hinzugeben. Als herausragendes Vorbild, Meister und Vollender dieses Yoga-Weges ohne einen Gottesglauben sieht Swami Vivekananda übrigens wiederum Buddha.

Vor allem die hier angesprochenen und beschriebenen Meditationen der Mitfreude, Herzensgüte bzw. Barmherzigkeit oder (Nächsten-)Liebe und des Mitgefühls helfen das Ich bzw. Selbst über dessen gewöhnliche Grenzen hinaus zu überschreiten. Das bewusste Erleben und Verhalten, das Bewusstsein und die Bewusstheit als Selbst – nach Metzinger (2014) der „Ego-Tunnel" – werden dadurch sukzessiv auf andere Menschen, dann Lebewesen und schließlich auf die ganze Welt, das Universum und Sein ausgedehnt. Das Selbst und das betreffende Bewusstsein umfasst dann die ganze Welt. Im yogischen Sinne wird dann Atman eins mit Brahman. Das Selbst entwickelt und dehnt sich dann von einem ichbezogenen, phaenomenalen Selbstmodell zu einem phaenomenalen Weltmodell bzw. einem Welterleben und universellen Ganzheitsbewusstsein aus und löst sich darin letztlich auf. Ein solches Erleben und Bewusstsein beschränkt sich für gewöhnlich zunächst auf Momente in der betreffenden Meditation und besondere Augenblicke der Bewusstheit im Leben. Es kann aber durch regelmäßige Übung häufiger, andauernder und ausgeweitet werden.

3.3.5 Die fünf Hindernisse des Meditierens und ihre achtsame, meditative Bewältigung

Um achtsam in der Meditation zu bleiben und mit auftauchenden Empfindungen, Gefühlen, Gedanken, Reizen achtsam umzugehen, wird von vielen Autoren bzw. Meditationslehrern grundsätzlich die Benennungstechnik empfohlen und angewandt (z. B. Goldstein, 1999; Goldstein & Kornfield, 2001; Gruber, 2001; Kornfield, 2005; Nyanaponika, 2007;Salzberg & Goldstein, 2001; vgl. auch Köppler, 2008). Im Kapitel 2.9.1 wurde diese Technik bereits beschrieben. Goldstein (1999), Goldstein und Kornfield (2001) sowie Salzberg und Goldstein (2001) erläutern ausführlich und umfassend, wie selbst die verschiedenen Erschwernisse und Hindernisse beim Meditieren, wiederum als Gegenstand der Achtsamkeitsmeditation sowie auch der Benennung benutzt werden können, um jene konstruktiv für die eigene Meditationspraxis und -entwicklung zu nutzen und schließlich zu überwinden. Goldstein und Kornfield (2001, vgl. auch Gäng, 2002; Köppler 2008; Nyanatiloka & Nyanaponika, 1993a,b,c; Salzberg & Goldstein, 2001) unterscheiden gemäß den im Kapitel 3.3.1 erwähnten Grundlagen der Achtsamkeit fünf Arten von Hindernissen (Hemmnissen, Hemmungen) für die Achtsamkeitsmeditation: 1. Gier (auch Wünsche, Sehnsüchte, Verlangen, Begehren, Begierde, Sinnenlust), 2. Abneigung (wie etwa Übelwollen, Bosheit, Ärger, Wut, Hass, Angst, Ablehnung), 3. Trägheit (auch Erstarren, Starrheit, Faulheit, Mattigkeit, Benommenheit, Abgestumpftheit, Müdigkeit, Langeweile, Unlust), 4. innere Unruhe (auch Rastlosigkeit, Aufregung, Erregung, Aufgeregtheit, Sorgen, Ängstlichkeit, Gewissensunruhe), 5. Zweifel (auch Zweifelsucht und Unsicherheit). Beim fünften Hindernis ist ein zwanghaftes, grundsätzliches Zweifeln, ein tiefer, andauernder und prinzipieller Zweifel gemeint, eine unsichere oder sogar abwehrende Einstellung und Haltung gegenüber dem Tun bzw. Üben und seinen möglichen Ergebnissen und Folgen. Es weist auch auf einen Mangel an innerer Bereitschaft, Entschlossenheit und Offenheit hin, sich auch nur versuchsweise, möglichst ganz und ohne Vorurteile, auf die Übung und die damit verbundenen Erfahrungen einzulassen (vgl. die Diskussion im Kap. 2.5). Gäng (2002) beschreibt die fünf Hindernisse der Achtsamkeitsmeditation grundsätzlich als die fünf Hemmnisse der Erkenntnis oder Einsicht. Sie verwirren, beeinträchtigen, trüben den Geist bzw. die Erkenntnisfähigkeit und den Klarblick und behindern somit die bewusste Aufmerksamkeit, Konzentration und geistige Sammlung (vgl. auch Bottini, 2004). Die stete, anhaltende, bewusste, achtsame, meditative, annehmende und nicht-wertende bzw. nicht-beurteilende Wahrnehmung dieser inneren, zunächst hinderlichen Kräfte, Zustände, Bestrebungen sowie auch ihrer Ursachen und Wirkungen führt mit der Zeit und Übung zu deren Abnahme. Vor allem wird dadurch systematisch ihr störender Einfluss auf Achtsamkeit und Meditation verringert. Die jeweilige Benennung des jeweils akut vorliegenden, störenden und achtsam wahrgenommenen Einflusses unterstützt diesen Prozess. Wichtig und zentral ist wiederum auch hier die bereits in den vorherigen Kapiteln (ab 3.3.2) beschriebene, zusätzliche Einbettung oder Verbindung mit der achtsamen Wahrnehmung des Atmens und Atems. Auch das Zurückkommen auf den gegebenenfalls zuvor gewählten Meditationsgegenstand sollte regelmäßig versucht werden (vgl. Kap. 2.9.1).

Zudem werden wiederum auf diese Art und Weise, also durch die achtsame Wahrnehmung der Hemmnisse und deren bewusste Einbeziehung in die Meditation, wichtige Erfahrungen, Wissen, Erkenntnisse, Einsichten sowohl über diese inneren, hindernden Faktoren als auch darüber hinaus gehend, als grundsätzlicher, -legender und allgemeiner Natur gewonnen. Auch diese für die Achtsamkeit und Meditation hinderlichen emotionalen, psychischen Kräfte, Zustände, Bestrebungen oder Schwächen kommen und vergehen und können sehr wohl erduldet und überwunden, besser, losgelassen werden. Die Stärke dieser störenden Einflüsse hängt von uns ab und nicht so sehr von den Gegenständen und Umständen. So wird auch verständlich und klar, dass sowohl deren Unterdrückung als auch ein Nachgeben gegenüber jenen keine Alternativen zur Achtsamkeitsmeditation darstellen. Letztlich werden durch Unterdrückung sowie Nachgeben diese hinderlichen Faktoren nur ge- oder verstärkt. Achtsamkeit und Meditation würden also so weiter erschwert und gestört werden. Mit fortschreitender Übungspraxis und den gesteigerten Kräften zu Achtsamkeit und Meditation – vor allem zur bewussten, geistigen Konzentration und Sammlung – reicht dann allein die bewusste Zuwendung auf den gewählten Meditationsgegenstand, um die Störfaktoren auszublenden und zu überwinden. Trotz regelmäßigen Übens und entsprechender Fortschritte kann dies für Sie dennoch für einige Zeit bedeuten, dass Sie diese Zuwendung in der konkreten Situation häufiger wiederholen und versuchen müssen, bis diese Ihnen wirklich und dann auch länger anhaltend gelingt. Schließlich können Sie die Störfaktoren einfach sein bzw. stehen lassen. Jene verlieren dadurch an Einfluss und Bedeutung und verschwinden in der Folge. Sie können diese dann einfach direkt loslassen. Aber auch die geistigen Kräfte der bewussten Konzentration und Sammlung sowie die innere Ruhe, Gelassenheit und Balance sind dann so stark geworden, dass das jeweilige Objekt der Achtsamkeits- und Meditationsübung im Fokus bleibt oder eben leicht, zügig, zuverlässig wieder dorthin gebracht werden kann. Aus psychologischer Sicht lernen Sie durch regelmäßiges Üben, die Achtsamkeit und Meditation gegen Störungen aufrechtzuerhalten und mit Störungen so umzugehen, dass diese ihre störende Qualität und an Einfluss und Bedeutung nicht nur für ihre Achtsamkeitsmeditationen verlieren.

Um die hinderlichen Kräfte oder Schwächen, Zustände und Bestrebungen zu minimieren, eignet sich nach Goldstein und Kornfield (2001) auch die Strategie, möglichst deren Gegenteile zu kultivieren. Entsprechend wären also etwa Bescheidenheit, Zufriedenheit, Verständnis, Liebe, Mitgefühl, Freude, Wachheit, Aufmerksamkeit, Offenheit, Neugierde, Lebendigkeit, Entschlossenheit, innere Ruhe, Entspannung, Muße, Mut, Vertrauen, Wissen und Klarheit in Ihrem Leben zu (be-)fördern bzw. in Ihrem Erleben und Verhalten zu mehren (vgl. auch Nyanatiloka & Nyanaponika, 1993a). Obwohl sich dies sehr einfach und einleuchtend anhört, besteht leider für viele Menschen gerade darin ein oder sogar das Problem. Es dient uns immerhin zur Orientierung und als Maxime. Die Achtsamkeitsmeditationen sowie die hier im Buch vor- und dargestellten Übungen zur EMS tragen wiederum mehr oder weniger alle zur Kultivierung dieser heilsamen Kräfte und Faktoren bei. Entsprechend werden die hinderlichen Einflüsse bzw. Faktoren der Achtsamkeit und Meditation – zumindest langfristig – eben durch regelmäßiges Üben der Achtsamkeit und Meditation am wirksamsten überwunden bzw. neutralisiert.

3.4 Aktive Atementspannung: Mit Bauch- oder Vollatmung durch die Nase tief ein und langsam aus!

In den beiden vorangegangenen Kapiteln (3.2 und 3.3 mit Unterkapiteln) wurden verschiedene Weisen und ihre Hintergründe besprochen, wie über die achtsame Wahrnehmung der Atmung entspannt und meditiert werden kann. Dabei fiel vielleicht schon bei der Darstellung der gebräuchlichen atembezogenen Achtsamkeitsmeditationen auf, das einige Vertreter bzw. Lehrende dabei über die alleinige achtsame Wahrnehmung des Atems und Atmens nach unserem „westlichen" psychologischen Verständnis hinaus gehen. Dies kann, wie im Kapitel 3.3.2 dargestellt, auf sehr subtile Art und Weise bereits allein durch das Zählen der Atemzüge oder dadurch erfolgen, dass beim Einatmen „Ein" und beim Ausatmen „Aus" gedacht wird (s. auch im Kap. 3.3.4.1 bzgl. des Atmens beim achtsamen, meditativen Gehen). Hier ließe sich sicher diskutieren, ob und inwieweit diese den Atemvorgang begleitenden Beschreibungen bzw. Benennungen tatsächlich beeinflussend, kontrollierend, steuernd und aktiv sind. In erster Linie wirken diese einfachen Beispiele unterstützend und fügen sich in die Atmung nahtlos und stärkend ein. Es dient der Ausrichtung und Sammlung der bewussten Aufmerksamkeit und Wahrnehmung auf Atem und Atmen. Deutlich aktiver, kontrollierend und steuernd wirken sich (neben der achtsamen Wahrnehmung auf die Atmung) Suggestionen oder Vorstellungen aus, wie etwa: „Mit jedem Atemzug versuche ich mich tiefer und tiefer zu entspannen." „Tief einatmen und langsam aus!" Aber auch solche und noch ganz andere Vorstellungen, Suggestionen, Kontemplationen werden mitunter selbst im Rahmen von Achtsamkeitsmeditationen verwendet und mit dem Atmen verknüpft (vgl. z. B. Thich Nhat Hanh 1995, 1996, 2002, weitere Beispiele wurden im Kap. 3.3.4.1 genannt). Diese führen mehr oder weniger über die Atmung als solche hinaus und von deren purer Wahrnehmung hinweg. Dadurch können zwar auch Verbindungen, Verknüpfungen zwischen Atmung und anderen Wahrnehmungen oder Gegebenheiten zur Meditation hergestellt und bewusst werden, die wiederum achtsam wahrzunehmen sind. Aber in der Folge entfernt man sich in jedem Falle von der einfachen, direkten, ausschließlichen, konzentrierten und achtsamen Wahrnehmung des Atems oder Atmens. Die Grenzen und Übergänge sind also fließend.

Es handelt sich bei der Unterscheidung zwischen passiver und aktiver Atementspannung im Praktischen eher um zwei unterschiedliche Schwerpunkte und Akzentsetzungen. Bereits die aufmerksame, konzentrierte und vor allem bewusste Wahrnehmung des Atems und Atmens ist bereits ein aktiver Vorgang, der sich für gewöhnlich beeinflussend, verändernd, steuernd und kontrollierend auf die Atmung auswirkt. Dennoch kann ich dabei den Atem, das Atmen (mich zurückhaltend, eben passiv) einfach nur bewusst wahrnehmend begleiten und geschehen lassen oder versuchen, bewusst bzw. aktiv zu beeinflussen und zu verändern, um die Entspannung, Trance oder geistige Sammlung und Versenkung gezielt zu vertiefen. Dies kann, wie ausgeführt, eben durch geeignete Vorstellungen, Suggestionen, Kontemplationen jedoch mit der Konsequenz erfolgen, dass man sich von der Atmung als Meditationsgegenstand entfernt. Die bewusste und aktive Beeinflussung und Veränderung des Atems und Atmens kann aber auch ohne diese Konsequenz bzw. eine Distanz oder Aufteilung der Aufmerksamkeit ganz direkt über die Atemweise oder -technik selbst geschehen.

Wie Entspannung, Selbsthypnose (Trance) und Meditation aktiv durch Veränderungen der Art und Weise des Atmens, also durch Atemtechniken vorbereitet und befördert werden können, soll nun Gegenstand der folgenden Ausführungen sein. Dazu werden die in dem gesamten

Kapitel 3.1 vermittelten Erfahrungen und Grundlagen vorausgesetzt. Dort wurde beschrieben, dass bereits mit der Verringerung der Atemfrequenz Entspannung, Gelassenheit und innere Ruhe erzeugt werden können, dass sich dafür vor allem die Verlangsamung der Ausatmung und die anschließende Atempause und weniger das Einatmen und das anschließende Verhalten des Atmens bzw. Anhalten der Luft sowie vor allem die Bauchatmung und weniger die Brustatmung eignen. Da für die Bauchatmung das Zwerchfell verantwortlich ist, wird diese auch als Zwerchfellatmung bezeichnet. Wehrenberg (2012) erklärt die beruhigende, entspannende Wirkung vor allem der verlangsamten Bauch- bzw. Zwerchfellatmung mit der einhergehenden Beruhigung des vegetativen Nervensystems. Danach wird die Erregung im (eher aufregenden) sympathischen Nervensystem verringert und das (entgegenwirkende, eher beruhigende) parasympathische Nervensystem angeregt. Dies wären also Hinweise oder Kennzeichen für ein Atmen bzw. Atemtechniken, mit denen aktiv Gelassenheit, Entspannung und innere Ruhe hergestellt und die zur weiteren EMS genutzt werden können.

Grundsätzlich sollte bei den in diesem Buch vorgestellten stillen (ohne körperliche Bewegung), im Sitzen oder Liegen ausgeführten Übungen durch die Nase ein- und ausgeatmet werden, außer es wird im Text gemäß der besonderen Methode ausdrücklich eine andere Weise angegeben oder empfohlen (s. u.). Dies betrifft dann dort im Besonderen nur die Ausatmung durch den Mund anstatt durch die Nase. Dennoch ist das Ausatmen durch die Nase die Regel und sollte entsprechend für die folgenden, zur EMS empfohlenen Atemübungen (bis einschließlich Kap. 3.6) angewendet werden. Die Einatmung sollte – ausnahmslos – bei allen im Buch vorgestellten und zu erlernden Übungen durch die Nase erfolgen. Zwar ließen die passive Atementspannung des Kapitels 3.2 und die Achtsamkeitsmeditation mit Atem und Atmen des Kapitels 3.3.2 grundsätzlich jegliche Art und Weise von Atmung gelten, eben jene, die dann jeweils aktuell besteht und entsprechend wahrzunehmen ist. Das könnte selbst auch eine Ein- und Ausatmung durch den Mund sein. Aber auch bei diesen Übungen ist ein bewusstes Hinwenden, Wechseln und Geschehenlassen der Atmung durch die Nase vorteilhaft und wohltuend.

Das Einatmen durch die Nase bereitet schon allein aus schulmedizinischer Sicht den Atem für uns vor bzw. auf. Auf diese Weise finden Filterung, Reinigung und Temperaturregulation statt (vgl. z. B. Brandis, 1999). Für gewöhnlich wird die Atemluft vorgewärmt und befeuchtet. Bei sehr warmen und heißen Temperaturen, wird die eingeatmete Luft sogar gekühlt. Aber auch in energetischer, konzentrativer Hinsicht ist ein Einatmen durch die Nase von Vorteil. So ist im Yoga die Nase der Körperbereich in dem hauptsächlich Prana – also Energie – aufgenommen wird (z. B. van Lysebeth, 1988, 1991). Das können Sie leicht nachprüfen, indem Sie die in diesem Buch vorgeschlagenen meditativen Atemübungen (s. ab Kap. 3.2 bis 3.6) einmal durch den Mund atmend und ein anderes Mal durch die Nase atmend versuchen. Sie werden sicher feststellen, dass die Übungen dann besonderes befriedigend und wirksam sind, wenn Sie dabei durch die Nase atmen. Das Ausatmen über die Nase erwärmt und befeuchtet wiederum diese. Nur beim kräftigen Ausatmen würde es zudem die Nase wirksam reinigen. Vor allem wenn in Stille und Ruhe (liegend oder sitzend) entspannt oder meditiert wird, sich die Atmung sehr beruhigen, vertiefen und verlangsamen kann bzw. soll sowie der Atem achtsam wahrzunehmen und der Atemfluss – etwa zur Beruhigung und Entschleunigung – zu kontrollieren ist, dann ist auch das Ausatmen durch die Nase sehr hilfreich und nützlich. Entsprechend empfiehlt z. B. auch Loori (2009) beim Zazen und der betreffenden Atemmeditation im Sitzen, durch die Nase ein- und auszuatmen. Aus diesen Gründen sollte – wie bereits zuvor festgestellt – grundsätzlich bei den hier vorgestellten Übungen durch die Nase ein- und ausgeatmet werden, sofern nicht eine andere Atmung erforderlich und entsprechend im Text beschrieben werden sollte. Bei bestimmten Meditationsübungen kann das Ausatmen durch den Mund gewählt, genutzt und sinnvoll werden. Diese Ausnahme trifft vor allem für die Atem-Vokal-Chakren-Meditation zu (s. ab Kap. 8.3.0.2 bis Kap. 8.3.3), wo der Ausatem über den Mund entweichen muss, um mit Vokalen tönen zu können.

Selbst bei leicht bis mäßig verstopfter Nase, sollte die Nasenatmung angewendet werden. Mit der positiven Wirkung der Atmung und hier vorgestellten Übungen wird die Nase für gewöhnlich – wie von selbst – freier. Auch das Klopfen der beiden Endpunkte des links- und rechtseitigen Dickdarmmeridians nach der traditionellen chinesischen Medizin (s. Kap. 8.1), jeweils neben dem untersten Teil des Nasenflügels, hilft oft die Nase zu befreien und mindestens besser durch die Nase atmen zu können. Hilfreich kann auch die gezielte Körperreise, wie im Kapitel 7 hergeleitet und dargestellt, im Gesicht vor allem um Nase und Wangen sein. Durch die Aufmerksamkeit und Entspannung in diesem Bereich, vor allem durch das kreisende Abtasten der Wangen, jeweils einzeln und nacheinander, beginnend neben dem Nasenflügel im Dickdarmpunkt hinauf bis in die Kiefernhöhle und unterhalb der Augenhöhle bis ins Jochbein, lösen sich oft die dortigen Blockaden und Verstopfungen. Weiter finden sich bei van Lysebeth (1982, 1988, 1991) Übungen zur Reinigung und Befreiung der nasalen Atemwege, z. B. die Nasendusche (Neti). Bei der Nasendusche wird leicht gesalzenes Wasser durch die Nasenlöcher vorsichtig eingesogen oder aufgenommen. Dieses Wasser kann – mit einer entsprechend unterschiedlichen Wirkung – kalt bis heiß sein. Lauwarmes Wasser wirkt sowohl abhärtend als auch lösend und wird zudem zumeist als relativ angenehm empfunden. Das Wasser kann aus einem entsprechenden Gefäß, etwa einer Schale, wiederholt vorsichtig durch beide Nasenlöcher eingesogen, in der Nase gehalten und dann losgelassen werden, so dass es von selbst wieder aus der Nase herauslaufen bzw. -tropfen kann (s. van Lysebeth, 1982, S. 59). Damit das Wasser nur in die Nase gelangt und nicht weiter in den Rachen läuft, sollte das Wasser dabei nur sehr leicht angezogen bzw. kaum merklich eingesogen werden. Es kann auch nacheinander zunächst die eine Hälfte des Wassers durch das linke und dann die andere durch das rechte Nasenloch aufgenommen werden. Im letzteren Fall benutzen Sie am besten eine geeignete Kanne, mit deren Hilfe Sie bei geneigtem Kopf das Wasser durch das eine Nasenloch in den Nasengang hinein- und durch das andere Nasenloch hinauslaufen lassen. Eine genaue und ausführliche Beschreibung und Erläuterung dieser Nasendusche gibt van Lysebeth (1991, S. 69-73 bzw. 2010, S.77-81). Nach den Nasenspülungen lassen Sie grundsätzlich das Wasser durch die Nasenlöcher abtropfen und atmen zudem Reste aktiv und kräftig durch die Nase aus. Van Lysebeth empfiehlt ausdrücklich, anschließend die Nasengänge gründlich zu trocknen. Durch entsprechende Rumpf- und Kopfhaltungen sowie -bewegungen wird dieser Vorgang noch unterstützt.

Wir versuchen also, möglichst durch die Nase ein- und auszuatmen. Zudem versuchen wir, mindestens in den Bauch zu atmen. Die Bauchatmung (wie im Kap. 3.1.1 beschrieben) fördert generell tiefe Innerlichkeit, Versenkung, körperlich-energetische Sammlung, Ruhe, Entspannung, Verankerung im Körper, in der Mitte, Erdung usw. Nur der Bauch hebt und senkt sich deutlich. Der Bauch bleibt dabei (auch in der Phase der Dehnung) locker und entspannt. Im Yoga und Qigong werden (wie unten noch ausgeführt) auch andere Weisen mit muskulärer Anspannung oder Einziehen und Weitung des Bauches oder Unterbauches gegen die natürliche Atembewegung praktiziert. Die Bauchatmung sollte dann geübt und angewendet werden, wenn diese Schwierigkeiten bereitet, also der Atem etwa unzureichend in den Bauch gelangt. Dabei kann es sich um ein eher grundsätzliches bzw. allgemeines Problem bzw. Phaenomen handeln. Die Schwierigkeit kann aber auch nur an bestimmte Situationen, Bedingungen und Zustände gebunden sein, etwa wenn Sie aktuell sehr aufgeregt und angespannt sind. Extreme Unruhe, Erregung und Anspannung (etwa bei Angst, Panik, Wut, Verzweiflung) lassen sich mit einer Bauchatmung leichter verringern bzw. innere Ruhe und Gelassenheit leichter gewinnen. Die

Bauchatmung sollte also prinzipiell so beherrscht werden, dass diese jederzeit, also auch bei großer Aufregung und Anspannung, in den Übungen angewendet und benutzt werden kann. Das schließt also auch ein, dass die Bauchatmung bei Bedarf selbst unter ungünstigen Bedingungen im Alltag mit den hier vorgestellten Verfahren angewendet und eingesetzt werden kann, um auf diese Weise besonders und aktuell zur EMS beizutragen. Die Bauchatmung sollte also so weit regelmäßig geübt und benutzt werden und schließlich vertraut und verfügbar sein.

Darüber hinaus empfehle ich zum Üben bzw. zur Entspannung, Tranceinduktion, d. h. um in die Hypnose zu gelangen, und zur Meditation wegen meiner positiven Erfahrungen in der Psychotherapie und Behandlung psychosomatischer Beschwerden und Erkrankungen sowie aus psychotherapeutischer und ganzheitlicher Sicht vor allem eine Vollatmung. Diese ähnelt sehr der Vollatmung, wie sie im Yoga geübt und angewendet wird (van Lysebeth, 1982, 1988, 1991). Sie integriert bzw. verbindet vor allem die wichtige, zentrale Bauch- mit der Brustatmung und wurde bereits im Kapitel 3.1.1 beschrieben. Das Einatmen beginnt hier im Bauch und setzt sich als Welle in den Brustkorb fort. Mit dem Ausatmen geht diese Welle wieder zurück. Eine solche Vollatmung beschreiben auch Asshauer (2005, S. 68f.) und Thich Nhat Hanh (1995, S. 40, in der Neuauflage von 2009, S. 40 ist der Text korrekt!) Die Vollatmung fördert vor allem die ganzheitliche und vollständige Belebung, Energetisierung, Durchdringung, Wachstum, Harmonisierung, Zusammenklang, Zusammenspiel, -wirken und Integration aller verschiedenen körperlichen, seelischen und geistigen Aspekte und Ressourcen. Mit dieser Atmung werden auch die unterschiedlichen körperlichen, seelischen und geistigen Aspekte, die für Brust und Bauch, Ober- und Unterkörper oder oben und unten stehen (also Triebe, Instinkte, Gefühle, Verstand, Vernunft usw.), in direkter oder zumindest indirekter oder symbolischer Weise umfassend, ganzheitlich angeregt, integriert, organisiert und harmonisiert. Der ganze Körper und die betreffenden psychischen Bereiche werden beatmet und so mit Energie versorgt.

Sollten Sie Ihr Atmen nur unzureichend spüren, so können Sie sich zusätzlich mit einer seitlich an den Brustkorb oder bzw. und Bauch gelegten Hand behelfen. Mit der jeweiligen Hand spüren Sie dann, ob und wie Sie in den Bauch oder die Brust atmen und können Ihre Atmung zusätzlich prüfen und kontrollieren. Mit der Übung sollte diese Hilfe überflüssig werden. Der Atem fließt dann auch ohne diese anfänglich vielleicht nützliche Hilfe, Kontrolle und Rückmeldung der Hände – also frei – als Vollatmung bzw. Bauch-Brust-Welle durch den Körper. Die Hände können dann (je nach Meditationshaltung) gleich zu Beginn und anhaltend in eine bequeme und entspannte Ruheposition gebracht werden. Diese ruhen dann, wenn Sie etwa auf dem Rücken liegen, auf der Unterlage neben den Hüften oder im Sitzen auf den Oberschenkeln (s. Kap. 2.5).

Auch wenn, wie oben bereits ausgeführt, die Bauchatmung zur Reduktion von Erregung und Anspannung zentral und primär ist, können Personen, die die Vollatmung regelmäßig geübt haben und können, bei Bedarf für gewöhnlich auf eine Bauchatmung umschalten, um die genannten Vorteile einer Bauchatmung aktuell zu nutzen. Vor allem bei Anfängern, die mit ihrer Atmung nicht in den Bauch gelangen oder Schwierigkeiten mit einer Bauchatmung haben, lasse ich zu Beginn zunächst die Bauchatmung üben. Diese wird dann so lange geübt, bis jenen diese merk- und ersichtlich leichter fällt und besser bzw. ausreichend gelingt. Wie bereits wiederholt dargelegt, soll der Atem bei der Bauchatmung nur in den Bauchraum fließen. Dieser hebt und senkt sich also sehr deutlich mit der Atmung, während der Brustraum davon unberührt und unverändert bleibt. Danach können jene lernen, die Bauchatmung mit der Brustatmung in der beschriebenen Vollatmung zu koordinieren und zu verbinden. Sollte die Brustatmung selbst ein Problem sein, was selten auftritt, dann kann auch diese wiederholt für einige Atemzüge gesondert geübt werden. Für gewöhnlich besteht jedoch die Schwierigkeit in der angemessenen

Integration der Bauch- und Brustatmung, also in der Atemwelle vom Bauch in die Brust und wieder zurück. Es ist dabei auf ein passendes, mindestens ausgeglichenes Verhältnis von Bauch- und Brustatmung zu achten. Allerdings sollte die Bauchatmung etwas stärker betont sein bzw. werden. Die Vollatmung sollte immer tief unten im Bauch beginnen und dort deutlich wahrnehmbar sein. Eine Betonung der Brustatmung – oder gar nur in die Brust zu atmen – sollte aus bereits (in Kap. 3.1.2) dargelegten Gründen vermieden werden, da dies Aktivierung, Unruhe, Erregung, Anspannung befördert.

Für die Schlüsselbeinatmung ist ein Anheben der Schlüsselbeine kennzeichnend. Diese wird in der vollständigen Yogaatmung ebenfalls integriert und schließt sich der Brustatmung als weitere, bewusst gesteuerte und kontrollierte Atemwelle an. Die Schlüsselbeinatmung ist jedoch von nicht so wesentlicher Bedeutung. Sie ergibt sich mit zunehmender Übung als ein weiterer mehr oder weniger selbstverständlicher Teil der Brustatmung oder als deren mehr oder weniger natürliche, organische Fortsetzung. Eine allzu bewusste und intensive Atmung in die Schlüsselbeine kann insbesondere bei Anfängern die Anspannung, Verspannungen, Aktivierung, Kopflastigkeit, Erregung fördern. Trotz der verhältnismäßig großen Anstrengung für die Schlüsselbeinatmung bringt diese nur einen vergleichsweise geringen Zuwachs an Atemvolumen (z. B. van Lysebeth, 1982). Das entsprechende gilt für die Flankenatmung, die im Yoga für gewöhnlich ebenfalls in die Vollatmung bewusst einbezogen wird. Auch die Flankenatmung ergibt sich letztlich (wie die Schlüsselbeinatmung) beim tieferen Einatmen bei der im Folgenden genauer beschriebenen Vollatmung praktisch von selbst.

Es reicht nach meiner Erfahrung also vor allem am Anfang und für die vorgestellten Übungen sehr bewusst auf die Bauch- und Brustatmung zu achten. Zunächst im Sinne einer Welle wird erst in den Bauch und dann in die Brust geatmet. Dabei ist auf eine angemessene Gewichtung bzw. Atemfülle zu achten: etwa 60% im Bauch und etwa 40% im Brustkorb. Dies sind jedoch nur ungefähre Richtwerte, die der Orientierung dienen. Sie hängen auch von den persönlichen Bedingungen und dem aktuellen Status ab, wie etwa der Kondition und dem sportlichen Trainingsgrad. Daher können diese Orientungswerte auch individuell etwas variieren bzw. wären entsprechend anzupassen. So kann auch ein Verhältnis von 55% des Atems über die Bauchdehnung und 45% über die Dehnung des Brustkorbs völlig in Ordnung sein. Zur besseren Kontrolle und als Anfänger können Sie – wie bereits oben erwähnt – eine Hand seitlich an den Brustkorb und die andere – je nach Wohlgefühl – an die Bauchseite oder auf den Bauch legen. Dabei wölbt sich zuerst der Bauch nach außen. Dazu sollte der Bauch bzw. die Bauchmuskulatur entspannt, weich und locker sein und bleiben. Denn nur dann kann der Atem beim Einatmen empfundener- und gefühltermaßen ungehindert und mit voller Kraft in den Bauch und bis in den Unterleib strömen und dadurch bzw. dabei den Körper bzw. die Bauchdecke bewegen. Während danach der Brustkorb sich hebt, senkt sich der Bauch wieder ein Stück. Es ist wichtig, dass Sie sich und Ihren Körper besonders beim aktiven, kraftkostenden Einatmen nur von Ihrem Atem bewegen lassen. Der Einatem dehnt und hebt zuerst Ihren Bauch danach den Brustkorb. Sie lassen den Einatem bzw. das Einatmen entsprechend geschehen und wirken. Zwar könnte diese Körperbewegung bzw. Bauch-Brust-Welle auch abgekoppelt von der Atmung allein durch willentliche, muskuläre Anspannungen erzeugt werden. Diese Welle wäre aber vergleichsweise sehr anstrengend und kaum von Nutzen. Erst in Verbindung mit dem Atem oder durch die Atmung werden die wohltuenden, stärkenden oder sogar heilsamen Wirkungen erreicht und entfaltet. Beim bzw. mit dem Ausatmen wandert die Welle von der Brust zum Bauch entsprechend wieder zurück. Während des Ausatmens senkt sich zunächst der Brustkorb, dann der Bauch. Wenn mit der Welle eingeatmet wird, stellt sich die Welle fast von selbst auch beim Ausatmen ein. Nach dem Ausatmen warten Sie auf den unwillkürlichen, inneren Impuls (spürbar als ein wachsender innerer Atemdruck) zum Einatmen. Mit der Zeit lernen Sie, diesen inneren, körperlich empfundenen Impuls achtsam wahrzunehmen und auf ihn (und nicht auf Ihre gedanklichen Impulse, Aufforderungen, Erwartungen usw.) zu hören, ihm nachzugeben und die Einatmung geschehen zu lassen. Sie unterstützen damit auch Ihr Vermögen, auf die tatsächlichen, eigenen, grundlegenden, existentiellen, ursprünglichen, bestehenden Bedürfnisse und Notwendigkeiten zu hören und sich verlassen zu können.

Im Unterschied zu Anwendungen im Yoga wird die Bauchdecke weder während noch am Ende der Einatmung bewusst angespannt oder gegen den Einatem gedrückt. (Eine entsprechende Variante ist auch im Qigong als „Gegenbauchatmung" bekannt, s. z. B. Olvedi, 1994, S. 145.) Durch das bewusste Einziehen des Bauches kann noch verbrauchte Restluft aus den Lungen gepresst werden (vgl. van Lysebeth, 1982, 1988, 1991). Zwar würde vor allem letztere Maßnahme eine stärkere Massage und Aktivierung des Bauchraumes sowie Versorgung mit Frischluft und Durchlüftung der Lunge zur Folge haben und das vollständige Einatem noch intensiver vorbereiten, aber die vor allem mit dem Ausatem verbundene Entspannung und der Gewinn an Gelassenheit und Ruhe würden dadurch fraglich werden. Vor allem sind viele Menschen aus unterschiedlichen Gründen ohnehin im Bauchbereich dauerhaft angespannt, verspannt. Diese Anspannung und betreffende ungünstige Entwicklungen könnten unwillkürlich durch Anspannungen und Druck beim Ausatmen noch verstärkt werden. Deshalb verzichte ich bei meinen Patienten und Kursteilnehmern auf diese yogische Variante. Auch etwa Loori (2009) empfiehlt beim Zazen und der betreffenden Atemmeditation im Sitzen die Bauchdecke bzw. die Bauchmuskulatur entspannt zu lassen. Der Bauch wird also, wie bereits ausgeführt, allein durch den Atem bewegt. Durch das Loslassen und die folgende Entspannung der Bauchmuskulatur kann der Atem dann auch den Bauch deutlich bewegen. Atem und Bauchbewegung können dann eins werden.

Es ist generell sehr wichtig auf den inneren, körperlichen Atemimpuls zu achten, also mit dem Einatmen zu warten bis dieser Impuls entsteht und deutlich spürbar wird. Dieser Atemimpuls wirft und treibt den Atemzyklus nach dem Ausatmen und der Atempause von selbst wieder an. Diesem körperlich zu spürenden Impuls und Bedürfnis zum Atmen geben Sie nach und zwar nur diesem. Zwar ließe sich (wie noch erörtert werden wird) das Einatmen noch bewusst und aktiv länger hinauszögern, aber der Atemdruck würde weiter wachsen, sehr stark und unangenehm werden und schließlich ein Einatmen zunehmend erzwingen. Sie folgen aber auch nicht dem gerade für Anfänger häufigen, aber dennoch unzutreffenden Gedanken oder dem vagen Gefühl, dass Sie jetzt gleich wieder einatmen müssten, da Sie doch bereits so lange nicht mehr geatmet hätten und vielleicht ersticken oder an Atemnot leiden könnten? Sie bleiben dann also trotzdem weiter achtsam in der Atempause und konzentrieren sich weiter auf die Atemruhe oder was auch immer Ihr gewähltes Meditationsobjekt sein möge. Wenn dann der Atemimpuls entsteht und deutlich wird, geben Sie ihm einfach nach und lassen das Einatmen nur zu.

Diesen Einatemimpuls spüren Sie als einen wachsenden inneren Druck, Drang zum Atmen, der schließlich zunehmend unangenehm wird. Bis zu diesem Punkt, an dem der Druck oder Drang, wieder einzuatmen, spürbar und deutlich empfunden wird, nehmen Sie die Entwicklung des Einatemimpulses nur achtsam wahr, d. h. ohne zu werten, zu beurteilen oder anderweitig zu reagieren. Bevor oder gerade wenn dieser jedoch unangenehm wird, empfehle ich nicht weiter zu versuchen, noch länger diesen aus- bzw. ihm standzuhalten und das Einatmen zu verzögern, sondern ihm einfach zu folgen. Ansonsten würden Sie dadurch mögliche innere Nöte und Kämpfe sowie Anspannung provozieren und in Kauf nehmen. Sie lassen also deshalb das Einatmen dann besser zu, beginnen und geschehen, geben sich ihm hin, lassen sich durch den Atem bewegen und „es atmen". An dieser Stelle und in dieser Phase können Sie trotz der aktiven

Atemtechnik vergleichsweise passiv bleiben. Der Atemdruck entsteht unwillkürlich, reflexhaft, wenn im Blut der Sauerstoffgehalt abfällt bzw. der Kohlendioxidgehalt (gemessen im Atemzentrum des Stammhirns) wächst. Bevor der Sauerstoffgehalt im kritischen Umfang ab- bzw. der Kohlendioxidgehalt zunimmt, wächst der Atemdruck, wird zunehmend unerträglich und schließlich wird das Einatmen per Reflex ausgelöst. Letztlich müssen Sie also atmen oder werden körperlich dazu gezwungen, gleichgültig, ob Sie wollen oder nicht. Sie werden und können, vorausgesetzt, Sie leiden nicht an einer betreffenden schweren Ausnahme-Erkrankung oder -Schädigung, also durch die hier vorgestellten, empfohlenen Atemtechniken, aber auch diskutierten Varianten nicht ersticken. Selbst wenn Sie versuchen sollten, dem wachsenden Atemdruck möglichst lange und ausdauernd zu widerstehen, oder es sogar vorhätten, das Atmen ganz aufzugeben, wird Ihnen das nicht gelingen. Ein völliger Stillstand der Atmung bzw. ein lebensbedrohliches Verbleiben in der Atempause werden oder würden Sie aus prinzipiellen Gründen nicht erreichen. Ein solches Risiko existiert zumindest für einen mehr oder weniger gesunden Menschen mit Sicherheit nicht und ist daher auszuschließen. Aber selbst bei meinen vielen Patienten in der psychotherapeutischen Praxis oder Teilnehmern in entsprechenden Kursen oder Weiterbildungen habe ich diesbezüglich keine negativen oder einschränkenden Erfahrungen gewonnen. Selbst Menschen mit Atemwegserkrankungen profitierten generell davon und gerieten nicht wirklich durch das Warten auf den Atemimpuls in eine körperlich kritische oder lebensbedrohliche Atemnot. Aber sie müssen grundsätzlich behutsamer und geduldiger üben. Vielleicht oder besser geben Sie in einem solchen Falle bereits früher und schneller dem beginnenden, d. h. dem noch vergleichsweise geringen oder leichten, Atemdruck nach. Das tun die betroffenen Personen (etwa Asthmatiker) für gewöhnlich ohnehin schon automatisch. Dies gilt auch für Frauen in der Schwangerschaft – insbesondere ab dem 5. Monat. Sie können also vielmehr völlig beruhigt sein und bleiben; denn Sie werden grundsätzlich über ausreichend Sauerstoff bzw. Atemluft verfügen, auch wenn das Entstehen eines dringlichen Atemimpulses auf sich lange warten lässt. Erst der dringliche Atemimpuls gibt die körperliche Notwendigkeit zur Einatmung bzw. Sauerstoffaufnahme und Kohlendioxidabgabe wieder. Weiter aber sollte aus diesem Grunde nicht mehr gewartet bzw. das Atmen verzögert werden.

Die Atmung wird durch das Ruhen nach dem Ausatmen (wie empfohlen) bis zum deutlich spürbaren Atemimpuls grundsätzlich verlangsamt und relativ lang. Zudem wird die Atmung bzw. Atemfrequenz auf die gegebenen inneren wie äußeren Bedingungen und Zustände optimal abgestimmt. Das Atmen bzw. die Atemfrequenz wird auf diese Art und Weise so weit verlangsamt, wie es eben die inneren und äußeren Bedingungen erlauben und zulassen. Hierbei handelt es sich um ein Können, eine Kompetenz oder Fertigkeit, die bzw. das bei Erwachsenen erfahrungsgemäß in der Regel erst durch ein längeres regelmäßiges Üben erworben und wirklich beherrscht wird. Die Atemfrequenz wird dann so langsam, wie es körperlich, seelisch, geistig passt und wohltuend, heilsam und angenehm wird und bleibt. Der Atem wird so den innersten körperlichen Bedürfnissen, Erfordernissen, Rhythmen angeglichen bzw. nach diesen ausgerichtet. Das Atmen wird in diesem Verständnis durch das achtsame Abpassen des inneren Einatemimpulses „natürlich" (vgl. mit Ausführungen zum natürlichen Atmen in den Kap. 3.1.1, 3.2 und 3.3.2).

Das Achten auf den inneren Einatemimpuls ist vor allem für Personen schwierig, aber dennoch bzw. gerade für jene wichtig, die den Kontakt zum eigenen Körper, den körperlichen Bedürfnissen, Vorgängen und Rhythmen mehr oder weniger verloren haben oder vermeiden. Wie bereits beschrieben, lässt das Atemzentrum bei tatsächlichem Bedarf unwillkürlich den Einatemdruck zunehmen. Oft erscheint dieser Druck solchen Menschen aufgrund psychischer Erregung, Anspannung, aktivierender Gefühle, „negativer" Gedanken, unzureichender Geduld, mangelnder Belastbarkeit usw. frühzeitig hoch und unerträglich, so dass sie das Gefühl haben, diesem nachgeben zu müssen. Solche Menschen können durch das Warten auf den unwillkürlichen Atemimpuls – und nur diesem schließlich nachzugeben – lernen, auf ihre eigentlichen Bedürfnisse zu hören, zu achten, dem Körper sowie den körperlichen, natürlichen Vorgängen (wieder) Achtung zu schenken und zu vertrauen.

Im Yoga wird in einigen Übungen des Pranayama, d. h. zur Regulierung und Beherrschung des Atems und der Lebensenergie (Prana), nicht nur die Ausatmung bewusst verlangsamt, sondern auch die Atmung bewusst gegen den Atemdruck verhalten (s. van Lysebeth, 1988, 1991). Das Anhalten des Atems (Kumbhaka) kann zwischen dem Einatmen und Ausatmen, d. h. mit voller Lunge, und umgekehrt zwischen dem Aus- und wieder Einatmen, d. h. mit leerer Lunge, erfolgen. Das Anhalten des Atems bzw. die Atempause kann bewusst, willentlich und durch Konzentration ausgedehnt werden. Im yogischen Sinne übernimmt so das Bewusstsein (der Geist) direkt die Steuerung und Kontrolle über die Atmung und damit über die Lebensenergie (Prana). Direkt oder indirekt werden auf diese Art und Weise auch die damit zusammenhängenden körperlichen Vorgänge reguliert oder beeinflusst. Ähnlich wie beim Qi in der traditionellen chinesischen Medizin hängen auch nach yogischer Auffassung alle körperlichen sowie auch die mentalen Vorgänge von der Atmung und der Lebensenergie ab und werden damit in Verbindung gesehen und verstanden (vgl. Kap. 8.1). Auch hier werden verschiedene Arten oder Qualitäten des Prana unterschieden (s. z. B. Huchzermeyer, 2012, S.142). Mit zunehmender Übung werden die bewussten Atempausen länger. Durch das Anhalten des Atems wird im yogischen Sinne Prana angereichert. Die Psychophysiologie schaltet auf Ruhe, Ernährung, Minimierung des Energieverbrauchs um. Yogis üben gezielt das Anhalten des Atems. Sie können ihn dann willkürlich über mehrere Minuten anhalten und atmen im Anschluss noch langsam und ruhig aus. Durch das meditative, lange Anhalten des Atems wird letztlich eine Beruhigung und innere Stärkung erreicht, jedoch erfordert eine solche Atemverhaltung viel und regelmäßige Übung sowie Anleitung und Kontrolle durch einen Lehrer. Das längere Anhalten des Atems kann auch massive Spannungen, Aktivierung, Erregung und aversive Empfindungen verursachen. Vor allem passiert das bei Anfängern. Denn das Anhalten des Atems bzw. des Atmens bei voller Lunge kostet Kraft und Anstrengung (s. u.).

Eine solche Technik kann dadurch zu einer eigentlich vermeidbaren Hürde für den Erwerb von Entspannung, Gelassenheit und innerer Ruhe werden. Die Atemverhaltung bei voller Lunge erzeugt – nach yogischer Auffassung transformiert diese – merklich eine Menge Energie bzw. Hitze. Diese Atemverhaltung ist psychisch wie physisch vergleichsweise anstrengend und kostet entsprechend Mühe und Energie, wie die betreffende Selbsterfahrungsübung und die Ausführungen im Kapitel 3.1.2 gezeigt haben sollten. In der Folge können sich daher vor allem bei Anfängern etwa innere Spannungen, Druckgefühle und andere körperliche Missempfindungen sowie unerwünschte Zustände einstellen und aufbauen. Vor allem ungeübte Personen, die diese Atemverhaltung bisher nicht oder auch nur wenig oder unregelmäßig geübt haben, werden dies besonders deutlich spüren, merken und tun. Nach van Lysebeth (1991) wird so die Freisetzung und Verteilung von Prana verursacht sowie die innere Atmung (Zellatmung) gegenüber der äußeren Atmung (über die Lunge) gesteigert. Zwar entwickelt es langfristig deutlich Atem-, Körper- und Geistbeherrschung, aber es erschwert, eben vor allem bei Anfängern, aber auch etwa bei Menschen, die zu Kontrolle, Leistungs-, Verstandesorientierung und Zwanghaftigkeit neigen, die Entwicklung von Gelassenheit, Ruhe und Entspannung. Diese ohnehin anspruchsvollen Übungen sollten zudem nicht nach dem Essen und nur aufrecht, gerade sitzend durchgeführt werden. Nach der Auffassung von van Lysebeth und anderen Yogis sollten Sie dazu am besten in einem doppelten Lotussitz sitzen. Aber auch hier gelten die Einwände, alternativen

Empfehlungen und Anregungen des Kapitels 2.5. Wirklich wichtig und passend für diese Übung ist nur, dass Sie möglichst aufrecht sitzen. Ihre Haltung darf und kann also dennoch vergleichsweise bequem und angenehm ausfallen. Trotzdem bleiben und sind Übungen mit langen Atemverhaltungen bei voller Lunge, d. h. von über einer Minute, in ihrer Durchführung und hinsichtlich der zu beachtenden Bedingungen und Umstände sehr anspruchsvoll.

Bereits eine bewusste, langsame oder willkürlich gebremste Ausatmung mit einer anschließenden Atempause vor dem Einatem schafft nach van Lysebeth (1988, 1991) Entspannung, innere Ruhe, Erholung. Langes Ausatmen senkt nach Jiao (1988) den Blutdruck und erweitert die Blutgefäße. Vor allem das langsame Ausatmen kann zu jeder Tageszeit geübt werden. Im Unterschied zu van Lysebeth orientiere ich mich aus psychotherapeutischen Gründen weniger oder gar nicht an dem Willen, der Absicht oder Vornahme zur Ausdehnung der Atempause bei leerer Lunge, sondern nur (wie bereits beschrieben) an dem deutlich empfundenen, inneren Impuls oder Drang zum Einatmen. Das Wachsen und die Dringlichkeit zum Einatmen werden (wie bereits oben dargelegt) achtsam abgewartet, um sich dann diesem Drang zu er- bzw. hinzugeben und einzuatmen.

Im Unterschied zu unseren Darlegungen und Erfahrungen im Kapitel 3.1.2 wäre nach van Lysebeth (1982) nicht nur die Ausatmung und die Pause nach dem Ausatmen und vor dem erneuten Einatmen zu verlangsamen, sondern auch die Einatmung. Nach seinen Ausführungen kann die Ausatmung zwar etwa doppelt so lange sein wie die Einatmung, aber auch die Einatmung hat so langsam zu erfolgen, dass auch das Einatmen nicht gehört wird. Ausatmung sowie Einatmung sollen danach jeweils, langsam, gleichmäßig, leise und leicht erfolgen (s. dazu auch Kap. 6.2.1.5). Da mit der Verlangsamung des Einatmens wieder erhöhte Ansprüche, vermehrt ungewollte Folgen und auch Probleme verbunden sein können, rate ich im Zusammenhang mit den hier vorgestellten Übungen davon ab. Dies gilt besonders für Menschen, wie meine Patienten oder Kursteilnehmer, die mit Entspannungs- und Meditationsübungen beginnen wollen bzw. erst begonnen haben oder die die Übungen in ihrem Alltag mit einem überschaubaren Aufwand dauerhaft integrieren und regelmäßig praktizieren möchten und nur einen sanften Weg zur Entspannung und Meditation suchen und beschreiten wollen oder können. Das trifft selbstverständlich für Menschen nicht zu, die sich intensiv, ausgiebig und umfassend dem Yoga, Qigong oder einem anderen, härteren Weg der Meditation oder des Geist-Körper-Trainings widmen. Aber auch jene können von den eher weichen Methoden sehr profitieren.

Je langsamer nun eingeatmet wird, desto länger ist ein verhältnismäßig großer Kraftaufwand und eine Anspannung der betreffenden Atemmuskulatur gegen den Luftdruck zu leisten. Der Aufwand bezüglich des eingeatmeten Atemvolumens nimmt also deutlich zu, ohne dass sich dadurch das Atemvolumen erhöhen würde. Da Sie letztlich die beiden Lungenflügel möglichst füllen sollen bzw. versuchen, viel oder voll einzuatmen, wächst dieser Aufwand dann beträchtlich und wird maximal. Aus diesem Grunde empfehle ich stattdessen generell, zügig und zudem voll und tief einzuatmen. Dies kostet relativ wenig Anstrengung, belebt, stärkt, kräftigt, richtet auf und schafft gute Ausgangsbedingungen für ein langsames bzw. bewusst verlangsamtes Ausatmen. Durch das volle, tiefe Einatmen steht dazu hinreichend viel Atemluft und die damit verbundene Energie zur Verfügung. Da das zügige, tiefe Einatmen kräftigt, stärkt, belebt usw., vermittelt es Lebensbejahung und wirkt entsprechend auch antidepressiv. Deswegen, aber auch wegen des insgesamt deutlich geringeren Leistungsaufwandes und Kraftverbrauches ist diese Einatmung auch besonders für müde, angespannte, verspannte, erschöpfte und eben depressive Personen geeignet.

Das zügige Einatmen kann je nach Übungsgrad und Zweck auch nur mit der Bauchatmung erfolgen. Beim Einatmen mit der Bauchatmung hebt und dehnt sich nur der Bauch, aber sehr deutlich und weit. Bei der Vollatmung bleibt die Bauch-Brust-Welle (spätestens nach einiger Übung) trotz der Tiefe des Atmens und der Atemfülle angenehm. Abweichungen von dieser Welle sind eher weniger angenehm. Vor allem die Blähatmung, also wenn Bauch und Brust sich gleichzeitig heben bzw. mit Atem füllen, erzeugt einen eher unangenehmen Druck und ist anstrengender. Sie kann daher merklich als bedrückend oder belastend empfunden werden. Damit schafft sie ungünstige Voraussetzungen für ein längeres, gelassenes, entspannendes Ausatmen und Ruhen in der Atempause, selbst dann, wenn damit insgesamt etwas mehr Atemvolumen erreicht werden kann. Eine Umkehrung der Reihenfolge bzw. der Wellenrichtung beim Einatmen, also erst hebt sich die Brust und dann der Bauch, fühlt sich zwar weniger unangenehm an, ist aber ebenfalls nicht stimmig. Diese fühlt sich zumindest nicht so angenehm und aufbauend an wie eine ordentliche Bauch-Brust-Welle. Denn Körper und Geist werden mit der Einatmung von unten nach oben gestärkt und aufgerichtet, deshalb beginnt die Welle unten im Bauch und geht nach oben. Weiter fehlt bei der Richtungsumkehr der Hinwelle eine entsprechende Rückwelle, die Welle endet und versickert praktisch im Bauch. Wenn die Bauchatmung und eventuell die Brustatmung trotz richtiger Reihenfolge bzw. Welle bei der Vollatmung nicht hinreichend füllen, dann tritt oft auch ein Hin-und-her-Schaukeln und Aufschaukeln der Welle – eine Schaukelatmung – auf. Also nach dem Atmen in den Bauch und die Brust wird noch einmal in den Bauch und vielleicht in die Brust geatmet – bis sich die Lungen fühlbar gefüllt haben. Eventuell ergibt sich auch noch eine weitere Welle. Diese Schaukelatmung fühlt sich zwar besser als die Blähatmung an, bringt aber vor allem Unruhe in die Atmung. Es ist also darauf zu achten, gleich zu Beginn, bei der ersten Welle das mögliche Atemvolumen in Bauch und Brust weitgehend auszuschöpfen. Es soll tief in den Bauch und weiter tief in die Brust geatmet werden. Die dabei anzustrebende prozentuale Verteilung wurde bereits oben mitgeteilt und diskutiert.

Die hier beschriebenen und andere mögliche Abweichungen von der vorgestellten, idealen Vollatmung werden beim Üben von Ihnen einfach nur zur Kenntnis genommen. Beim nächsten Atemzug nehmen Sie sich vor und versuchen, die Vollatmung angemessener auszuführen, in die gewünschte Richtung zu verändern, zu korrigieren und sich ganz auf die Vollatmung und deren angemessener Ausführung zu konzentrieren. Wichtig ist, dass Sie wegen solcher Abweichungen nicht den Atemzug gleich abbrechen oder vorzeitig beenden, also den Ausatem etwa herauszustoßen, um gleich erneut wieder – vorgenommenermaßen besser – einzuatmen. Dies würde unwillkürlich die Atemfrequenz erhöhen und damit ungewollt zu Aktivierung, Anspannung, Erregung und eventuell zu misslichen Empfindungen (etwa körperlichen Stressanzeichen) führen. Der begonnene Atemzug wird also in jedem Falle in aller Ruhe, wie zuvor vorgenommen, geplant, zu Ende geführt. Auf diese Weise wird ein für die ruhende Situation (im Liegen oder Sitzen) zu schnelles Atmen bzw. eine relative Hyperventilation vermieden. Hilfreich sind das Wissen, die Erkenntnis und Einstellung, dass Sie durch sogenannte „Fehler" lernen können. Indem Sie „Fehler" zunächst nur wahr- und zur Kenntnis nehmen und versuchen, diese bei der nächsten Ausführung zu verringern oder zu vermeiden, trainieren und entwickeln Sie überhaupt eine angemessene Haltung (Widerstandskraft, Toleranz, Neugierde usw.) gegenüber Fehlern und zu deren Bewältigung. Dies gilt in gleicher oder entsprechender Art und Weise bei der Übung und Anwendung der in der Regel einfacheren Bauchatmung.

Mit und nach dem Vollenden des Einatmens sollte gemäß den vorherigen Erläuterungen nur kurz innegehalten werden, um die Atemfülle bewusst wahrzunehmen. Mit dem Gewahrwerden des Einatems findet also eine kleine, minimale Atempause statt. Dann erfolgt behutsam und langsam die Ausatmung. Die (Rück-)Welle, also erst Brust, dann Bauch, geht dann sehr viel langsamer zurück. Während beim Einatmen – vor allem von Anfängern – auf die Welle zu achten ist, kann diese (wie bereits erwähnt) beim Ausatmen vernachlässigt werden, da diese sich praktisch von selbst einstellt, wenn mit der Bauch-Brust-Welle eingeatmet wurde. Vielmehr ist beim Ausatmen auf die Minimierung des Atems zu achten. Der Atem soll möglichst langsam bzw. gering (heraus) fließen. Es tritt also, physikalisch gesehen, kontinuierlich nur wenig Luft aus der Nase. Das Ausatmen durch die Nase erleichtert zudem ein langsames Ausatmen. Dadurch verlängert sich die Phase des Ausatmens erheblich und die Atemfrequenz verringert sich entsprechend. Wichtig ist, dass beim Ausatmen wirklich nur auf den Ausatem selbst oder die mit dem Ausatmen verbundenen Empfindungen geachtet und konzentriert wird. Trotz der Langsamkeit des Ausatmens bzw. der Geringfügigkeit des Ausatems wird so auf die sich einstellenden, direkt damit verbundenen bzw. dadurch entstehenden Empfindungen zunehmender Erleichterung, Leerung und Entspannung fokussiert und nicht auf mögliche Gefühle, Wertungen und Bedenken der noch verbleibenden bzw. restlichen Fülle und Spannung. Nach dem Ausatmen wird die Atempause wieder bewusst wahrgenommen. Im Unterschied zur Atempause nach dem Einatmen wird diese Ruhephase jedoch ausgiebig und möglichst lange ausgekostet. In dieser Zeit wird der Zustand der Atemleere bewusst und konzentriert bzw. achtsam wahrgenommen bis, wie bereits oben ausführlich beschrieben und dargelegt, der innere, körperlich empfundene Impuls oder Druck zum Einatmen stärker wird. Diesem ist dann nachzugeben. Ein neuer Atemzyklus beginnt. Dies gilt gleichermaßen für die Bauchatmung, nur dass hier die Welle beim Ein- und Ausatmen logischerweise wegfällt.

Durch das verlängerte Ausatmen und die anschließende Atempause werden die Atemzüge deutlich länger. Mit der Verlangsamung der Atmung nehmen spürbar Gelassenheit, Entspannung und innere Ruhe zu. In positiver Wechselwirkung und Rückkopplung verlangsamt sich wiederum das Ausatmen und verlängert sich die anschließende Atempause. Atemzüge können sich so schnell auf eine halbe bis eine Minute und sogar noch länger ausdehnen. Mehr als vier Atemzüge pro Minute sind für gewöhnlich bedeutend zu schnell. Allerdings sollten bei dieser Beurteilung auch die eigenen Umstände und Zustände berücksichtigt werden. So haben beispielsweise Raucher, Schwangere und Menschen, die sich in ungewohnter Höhe bzw. „dünner" Höhenluft befinden, natürlich eine deutlich erhöhte Atemfrequenz. Wichtig ist hier und wie auch generell in jedem Falle, auf die inneren Empfindungen zu achten und zu hören. Das langsame Ausatmen und die anschließende Atemruhe sollten nicht unangenehm werden. Für den Anfänger ist dies oft eine Gradwanderung, da die Atemtechnik noch entsprechend ungewohnt ist. Es ist eine Gradwanderung zwischen dem aktiven und nötigen Bemühen, eben um ein langsames Ausatmen sowie eine anschließende Atemruhe, und dem nur Folgen und Gewähren-lassen von Atem und Atmen nach den inneren Bedürfnissen und Gegebenheiten. Ein rechtes, also geeignetes und passendes Bemühen bleibt gelassen, angemessen und sanft bzw. versucht nur auf diese Art und Weise die Atmung zu leiten, zu verändern und zu verlangsamen. Mit der Übung wird diese Atemtechnik in der Regel selbstverständlicher, einfacher, vertrauter, entspannter und angenehmer.

Weiter bestehen auch aus jeweils unterschiedlichen Gründen öfters innere Widerstände gegen die Atem- und Körperwahrnehmung, Verinnerlichung, Entspannung, innere Sammlung, Gelassenheit und Ruhe, obwohl diese Zustände sogar augenscheinlich, bewusst oder teilweise erwünscht oder ersehnt werden. Diese inneren Widerstände sind etwa durch behutsames und stetiges Üben abzubauen. Dennoch verursachen diese gerade für Anfänger beim Üben unangenehme Assoziationen und in der Folge wiederum mitunter unangenehme Empfindungen, Gefühle und Gedanken. Im Zweifelsfall sollte dies mit einer fachlich kompetenten Person besprochen und geklärt werden.

Entsprechend dieser Atemtechnik (zügiges, volles Einatmen und Verlängerung der Ausatemphase mit anhaltender, achtsamer Atempause bei Vollatmung, gegebenenfalls auch Bauch-) und den betreffenden Zielen und Vornahmen formuliere ich zudem die Maxime:

Tief einatmen und langsam aus.

Dieser Satz beschreibt zusammenfassend und treffend die Atemtechnik- bzw. -übung. Deshalb kann der Satz zum einen zur allgemeinen Kennzeichnung und Charakterisierung dieser besprochenen und empfohlenen Atemtechnik verwendet werden. Zum anderen kann dieser zusätzlich als Beschreibung, Benennung, Instruktion, Suggestion, Motto oder Mantra im Einklang mit dieser Atemtechnik bzw. der betreffenden Atmung benutzt werden. Beim Einatmen mit der Voll- oder auch nur der Bauchatmung denken oder sagen Sie sich innerlich „tief einatmen" und beim Ausatmen „langsam aus". In den Atempausen lassen Sie die inneren Worte oder Gedanken am besten noch nachklingen: Nach dem Einatmen nur kurz, um auch die Atemfülle wahrzunehmen, und nach dem Ausatmen länger, um mit der Atemruhe auch die mit der Übung zunehmende innere „Leere", Beruhigung, Stille und Ruhe wahrzunehmen. Etwa störende und ablenkende Gedanken, Gefühle usw. nehmen ab, und an die Stelle tritt das Wahrnehmen etwa des puren Seins, von klarer Bewusstheit und Präsenz, tiefer Konzentration und Aufmerksamkeit sowie geistiger Sammlung oder Versenkung. Dieses innerliche Sprechen oder Denken kann die Atemtechnik bzw. deren Üben, ihre Umsetzung und Wirkung, die Konzentration, Aufmerksamkeit und Wahrnehmung beim Atmen unterstützen und stärken.

Mit der Übung dieser Atemtechnik kürzt sich die Maxime sinnvoller Weise auf die Formel:

Tief ein – langsam aus.

Gerade wegen der längeren Atempause nach dem Ausatmen könnte die Maxime auch noch um das Wort oder den Gedanken „Ruhe" oder „ruhen" ergänzt werden. (Ein entsprechender Vorschlag wurde bereits im Kap. 3.3.2 bei der atembezogenen Achtsamkeitsmeditation zur Beschreibung dieser Atempause genannt.) Die Maxime könnte in abgewandelter Form als Formel dann etwa wie folgt lauten:

Tief ein – langsam aus – ruhen.

Da in oder mit dem „aus" aber schon die Atemruhe, das (vorübergehende) Still- und Anhalten nach dem langsamen Ausatmen angekündigt wird und enthalten ist, kann diese Erweiterung auch entfallen. Damit wird die Beschreibung kürzer, einfacher, aber auch eingängiger und lässt mehr Raum, allein die Ruhe in der Atempause wirklich und ungestört (im Körper) zu (er-)spüren, sich dieser ganz hinzugeben. Verstärkt gilt dies für die sehr kurze Atempause bzw. dem bewussten Innehalten oder Vergegenwärtigen der Atemfülle nach dem Einatmen. Selbstverständlich könnte auch dieser Zustand gesondert durch etwa „Fülle" in dieser Maxime beschrieben, kommentiert und hervorgehoben werden. Aber bereits mit dem „ein" wird die Atemfülle erreicht und abgeschlossen und kann dann für diesen Moment voll bewusst, erspürt werden. Eine weitere, zusätzliche Benennung oder Beschreibung wird hier und dafür erfahrungsgemäß nicht benötigt und könnte sich sogar – wegen der Kürze dieser Phase – störend auswirken. Aber das bleibt letztlich für Sie zu prüfen und zu entscheiden. Aber auch ganz ohne diese inneren Worte und Gedanken, führt einfach diese Atemtechnik, nämlich des zügigen, tiefen Ein- und des langsamen Ausatmens mit der längeren Atempause bis zum Einatemimpuls und Einatmen, zu mehr Gelassenheit, Entspannung und Ruhe.

Mit einer geeigneten Atmung wie der beschriebenen Vollatmung wird für diese Atemübung (tief ein- und langsam ausatmen) die nötige Grundlage bereitgestellt. Wie bereits ausgeführt, kann unter gewissen Umständen oder aus grundsätzlichen Erwägungen auch eine Bauchatmung dazu dienen. So kann vor allem akute psychophysiologische Erregung bzw. Aufregung, wie diese z. B. besonders mit Angst bis zur Panik oder Wut einhergeht, sehr wirksam und vergleichsweise einfach durch eine bewusste Bauchatmung mit dieser Atemübung reduziert werden. In der Folge reduziert sich damit auch das betreffende, unangenehme oder aufwühlende Gefühl. Auch die damit verbundenen negativen Gedanken und Vorstellungen verlieren damit an Kraft und Dominanz und treten in den Hintergrund. Es wird dann zügig und tief nur in den Bauch (ein-) geatmet. Es schließt sich das langsame Ausatmen und das damit verbundene Senken der Bauchdecke an und mündet in einer längeren Atempause bzw. Ruhephase, die bis zum merklichen Spüren des Einatemimpulses oder Druckes gehalten wird. Die oben beschriebenen Maximen finden hier gleichermaßen ihre Anwendung. Zudem sprechen, wie bereits oben angeführt, auch häufig grundsätzliche Überlegungen und Indikationen für ein Üben mit der Bauchatmung unter diesen Maximen. Dies ist besonders dann der Fall, wenn wirksam etwa eine Erdung der übenden Person bzw. ihres Erlebens und Verhaltens, eine tiefe Verankerung im eigenen Körper oder auch nur ein Zugang zur eigenen Leiblich- und Sinnlichkeit oder erst ein Minimum oder eine hinreichende Ausgangsbasis an Konzentration, Beruhigung und Entspannung erreicht werden soll.

Aber auch mit der Vollatmung und der entsprechenden Einbeziehung des Brustkorbes kann tiefste Entspannung und Beruhigung erreicht und somit ebenfalls wirksam und schnell innere Unruhe, psycho-physiologische Erregung und Anspannung reduziert werden. Denn mit Hilfe der Bauch-Brust-Welle kann auf sehr angenehme Art und Weise sehr tief bzw. sehr viel Luft und noch mehr als mit einer tiefen Bauchatmung eingeatmet werden. Dadurch können das Ausatmen und die anschließende Atempause noch deutlich länger werden, was die Entspannung und Beruhigung merklich befördert.

Im Kapitel 12.2.2 befindet sich eine exemplarisch ausformulierte Anleitung zur Übung des bewussten, tiefen Einatmens und langsamen Ausatmens mit der anschließenden Atempause und -ruhe für die Bauchatmung und im Kapitel 12.2.3 für die Vollatmung.

Täglich sollte mindestens einmal ohne Unterbrechung zwischen 10 bis 20 Minuten (besser sind 15 bis 20) im Sitzen oder Liegen geübt werden. Im akuten Bedarfsfall kann die Atemübung zusätzlich (auch mehrmals am Tag) angewendet werden, um sich eben zusätzlich bzw. akut zu beruhigen. Die Atemübung kann auch problemlos jeweils auf 30 Minuten ausgedehnt werden. Zum Einsteigen und Eingewöhnen kann mit einer geringeren Übungsdauer angefangen werden, etwa 10 Minuten oder sogar nur 5 Minuten, die dann nach und nach aufgestockt wird, bis etwa 20 Minuten insgesamt. Beim Üben vor allem dieser Atemtechnik sollte wegen des tiefen Einatmens darauf geachtet werden, dass die Luft möglichst sauber, unbelastet und frisch (unverbraucht) ist. Beim zu wählenden Zeitpunkt für die Übung sind Sie weitgehend frei. Allerdings sollten Sie darauf achten, dass Sie diese Übung nicht generell vor dem Schlafengehen erledigen. Da es sich um eine aktive Atemübung handelt, die nach den obigen Darlegungen aufgrund der tiefen Einatmung auch belebend und stärkend wirken kann und soll, könnte durch diese der Schlaf gestört werden. Liegen Sie allerdings bereits aufgeregt und hellwach im Bett und können nicht einschlafen, dann hilft diese Atemübung zunächst zu Gelassenheit, Entspannung und Ruhe zu gelangen und Bedingungen zu schaffen, unter denen Sie überhaupt erst die Chance haben, müde zu werden und einzuschlafen. In dem letzteren Fall kann die Atemübung sogar das Einschlafen befördern.

Nach Asshauer (2005, S. 68) „verkürzt" eine zu oberflächliche und schnelle Atmung Ihre „Lebenserwartung" bzw. eine verlangsamte Atmung verlängert sie entsprechend (s. auch van Lysebeth, 1982, 1988). Da eine oberflächliche, schnelle Atmung (kurzer Atem) generell mit erhöhter Erregung und Anspannung bzw. vor allem eine verlangsamte Ausatmung (langer Atem) mit Gelassenheit, Ruhe und Entspannung verbunden sind, kann ein solcher Zusammenhang auch medizinisch nachvollzogen werden.

Vor allem nach einer Phase des Übens und Erlernens einer Atemtechnik wird der Atem bzw. das Atmen – in seiner veränderten Art und Weise – wiederum nur noch bewusst, achtsam wahrgenommen und begleitet. So kann durch die Einübung der Bauch-, Voll- und Nasenatmung sowie der Vertiefung und Verlangsamung der Atmung (wie oben besprochen) das Atmen zunächst für die Entspannung und geplante Meditation oder Selbsthypnose vorbereitet und optimiert werden. Im einfachsten Fall findet die achtsame Atemwahrnehmung (wie im Kap. 3.3.2 ausgeführt) nun auf die veränderte Atmung, z. B. tief ein und langsam aus mit Vollatmung, Anwendung. Es wird achtsam wahrgenommen, den Atem begleitend oder nur in bestimmten Körperteilen (wie z. B. dem Bauch), wie der zügige, tiefe Einatem in den Körper einströmt, ihn dehnt usw., wie der Ausatem langsam hinausfließt, den Körper senkt usw. und wie der Atem, das Atmen und der gesamte Körper in der Atempause dann zur Ruhe kommen usw. Schließlich wird achtsam gespürt, wie der Druck oder Impuls zum Einatmen entsteht und deutlich – vielleicht sogar dringlich – und ihm schließlich nachgegeben wird. So erwächst aus der Atemtechnik eine Atem- und letztlich eine Achtsamkeitsmeditation (vgl. Kap. 3.3.2).

3.5 Atemmeditation und Stirn-Wurzelzentrum-Atem-Meditation

Wie bereits in den vorangegangenen Kapiteln angemerkt und vor allem im Kapitel 3.3.2 ausgeführt, können Sie sich bei oder zu einer Atemmeditation auf einen bestimmten Punkt oder Bereich im und am Körper bewusst konzentrieren. Prinzipiell können Sie dazu zwar einen beliebigen Punkt oder Bereich des Körpers auswählen, aber hilfreicher (gerade für Anfänger) ist es, sich dafür einen günstigen oder geeigneten zu suchen. Geeignet wäre vor allem der Stirn-, Nasen-, Brust- oder Bauchbereich; denn hier kann der Atem oder das Atmen als besonders ausgeprägt, stark, also sehr deutlich empfunden werden. Vor allem an einem solchen, durch die Atmung besonders bewegten Ort können Sie achtsam wahrnehmend bzw. meditierend dem Atem und Atmen im Körper nachspüren. Davon abweichend, können Sie aber grundsätzlich auch an jeder anderen, beliebigen, von Ihnen gewählten Körperstelle dem Atem oder Atmen nachspüren. Spätestens mit bzw. nach einiger Übung gelingt Ihnen das auch an Körperteilen, wie z. B. dem kleinen Finger oder großen Zeh, die nicht so offensichtlich am Atemgeschehen teilhaben oder davon weiter entfernt zu sein scheinen. Aber auch hier, wie prinzipiell in jedem anderen Körperteil, ist die Atmung zu spüren und entfaltet ihre Wirkung. Allerdings braucht es hier eben eine feinere Wahrnehmung, größere Konzentration und unter Umständen einige Übung und vermehrte Anstrengung. Unabhängig davon kann die Atmung jedoch in einem Körperbereich zwischen und einschließlich Stirn und Unterbauch am einfachsten und intensivsten wahrgenommen und gespürt werden. Wie der Atem dort entlang fließt, wie er dort wirkt und sich auswirkt, wie dieser Bereich mit dem und durch den Atem bewegt wird, sich verändert, dann zeitweise ruht. Sie können aber auch dem Fließen des Atems durch den Körper, den damit verbundenen Veränderungen, Wirkungen, Empfindungen, also dem Atem und Atmen in mehreren Körperbereichen oder sogar im ganzen Körper achtsam meditierend folgen und nachspüren. Sie spüren zum bzw. beim Meditieren in jedem Falle achtsam Ihrem Atem und Atmen im Körper nach. Sie bleiben dabei in Ihrer Aufmerksamkeit, Konzentration und Wahrnehmung auf einen bestimmten körperlichen Bereich gerichtet oder folgen dem Atem durch mehrere Bereiche oder sogar den ganzen Körper. Vor allem beim Folgen im ganzen Körper spüren Sie, wie der Atem in Ihnen bzw. den Körper hineinfließt, Sie durchströmt, wieder hinaus fließt und der Atem bzw. der Körper anschließend ruht. Sie halten über die Atemzüge die achtsame Wahrnehmung aufrecht und frischen diese mit jedem Atemzug auf. Sie bleiben dabei in dem gewählten Bereich oder/und begleiten bewusst konzentriert den Atem in Ihrem Körper. Wie weiter unten ausgeführt werden wird, kann das wahrnehmende, achtsame Begleiten des Atems in ganz bestimmter, festgelegter Art und Weise erfolgen, also einem bestimmten Schema oder auf einem festgelegten, vereinbarten Weg durch den Körper folgen. Sie können sich aber auch einfach offen dem Atmen und Atem völlig hingeben und sich von ihm bzw. davon im Körper führen lassen. Sie können Atem, Atmen, jeden Atemzug auf die eine oder andere Weise einfach nur bewusst, konzentriert und achtsam im Körper wahrnehmen. Sie können sich auch zudem mit Ihrem Atem und Atmen verbinden. Im Extrem werden Sie ganz Atem und Atmen (vgl. Kap. 3.3.2).

Grundsätzlich kann der Schwerpunkt der achtsamen körperlichen Wahrnehmung bzw. des Spürens dabei auch weniger auf den Atem selbst als vielmehr auf die mit dem Atmen verbundenen wellenartigen Bewegungen (aus Dehnung oder Spannung und Verdichtung oder Entspannung) des Körpers oder deren weiteren Auswirkungen gelegt werden. Dies hängt sicher von verschiedenen Faktoren und Umständen ab. So kann etwa, physiologisch, medizinisch betrachtet, der Atem als Luftzug im Nasenbereich direkt gespürt werden und im Bauchbereich eigentlich nur indirekt, nämlich über die Bewegung und Anspannung des Zwerchfells und den dadurch ausgeübten Druck auf die Bauchorgane. Aber vom inneren Empfinden her ist auch dies prinzipiell als Fließen und Spüren des Atems selbst wahrzunehmen. Beide Perspektiven, Einstellungen bzw. Wahrnehmungsschwerpunkte können jeweils zur Meditation herangezogen und eingenommen werden. Mit beiden kann grundsätzlich die Atmung als Objekt meditiert werden (wie auch schon bei den betreffenden Achtsamkeitsmeditationen im Kap. 3.2.2 angesprochen). Für die weiter unten dargelegte und empfohlene Meditationsübung (Stirn-Wurzelzentrum-Atem-Meditation) und Energie- oder Heilatmungen (s. Kap. 3.6) ist jedoch die Konzentration auf den Atem und das Üben mit dem Atem passend, günstig und dementsprechend empfehlenswert.

Auf eine von Ihnen, im hier beschriebenen Rahmen gewählte Art und Weise meditieren Sie über mehrere Atemzüge etwa von 20 Minuten bis zu einer halben, eventuell sogar bis zu einer ganzen Stunde. Dabei kann der Atem natürlich (s. natürliche Atmung im Kap. 3.1.1) bzw. unbeeinflusst fließen (s. Kap. 3.2, 3.3.2) oder bewusst im Sinne einer Atemtechnik (s. Kap. 3.4) kontrolliert und ausgeführt werden. Im letzteren Fall atmen Sie etwa in der im Kapitel 3.4 beschriebenen und empfohlenen Art und Weise mit der Bauch- oder Vollatmung zügig und tief ein und sehr langsam aus. Sie ruhen dann mit der Atmung bis zum Einatemimpuls. Im Falle der Bauchatmung bietet sich die achtsame Wahrnehmung im Bauch an. Bei der Vollatmung können Sie etwa dem Atem durch den Körper folgen, wie dieser als Welle zunächst in den Bauch und dann in die Brust hineinströmt und dann über Brust und Bauch wieder zurück bzw. hinaus fließt. Weitere Vorschläge zur Atemmeditation befinden sich auch in den Kapiteln 3.6, 7, 8.2, 8.3 – vor allem 8.3.3 (s. auch unter der Atemübung des Autogenen Trainings im Kap. 6.2.1.5).

Neben den achtsam wahrgenommenen und wahrzunehmenden körperlichen Empfindungen beim Atmen tauchen spontan zudem häufig andere innere Empfindungen, Wahrnehmungen, Stimmungen, Gefühle, Gedanken, Ziele, Pläne, Erwartungen, Wünsche, Erinnerungen usw. auf, die eigentlich nicht Gegenstand der Atemmeditation sind. Als mögliche innere Störungen bei EMS wurden sie bereits im Kapitel 2.9.1 allgemein besprochen. Es wurde weiter dort grundsätzlich dargelegt, wie mit Ihnen angemessen umgegangen werden kann, was auch im besonderen Kontext der Atemmeditationen angemessen bleibt und angewendet werden kann bzw. sollte. Logischerweise stehen diese plötzlich auftauchenden Bewusstseinsinhalte, inneren Wahrnehmungen oft in einem Zusammenhang mit der Atmung und der Art und Weise, wie und wo diese achtsam wahrgenommen wird. Aus diesem Grunde könnten diese etwa aus psychologischen oder therapeutischen Gründen wiederum interessant und aufschlussreich sein. Aber aus dem Blickwinkel der Entspannung und Meditation erscheinen diese jedoch eher als störend, ablenkend, begleitend, zusätzlich, nebensächlich oder unwichtig. Beispielsweise können spontan innere visuelle Wahrnehmungen (Visionen) erscheinen, also etwa innere Bilder, Vorstellungen, Erinnerungen, Phantasien. Diese können sogar, wie z. B. eine aufgehende Sonne, ein helles Licht, betreffende Farben, Landschaften, Orte usw., die Erfahrungen der Atemmeditation wiedergeben oder ausdrücken. Entsprechendes gilt für innere auditive Wahrnehmungen, also innere Töne, Klänge, akustische Vorstellungen, Erinnerungen, Klangbilder, Musik usw., wie z. B. der Klang eines Gongs oder einer Klangschale. Neben den inneren visuellen und auditiven Wahrnehmungen können auch andere, wie z. B. den Geschmack oder das Riechen betreffende Empfindungen auftauchen. Alle diese auftauchenden Erscheinungen sollten einfach nur – wie bei Achtsamkeitsmeditationen (vgl. Kap. 3.3) – zur Kenntnis genommen und angenommen werden. Dann versuchen Sie, sich weiter und wieder ganz bewusst auf das Empfinden der Atmung zu konzentrieren. Ansonsten besteht die Gefahr innerer Kämpfe (etwa bei Ablehnung), der

Zerstreuung und Ablenkung. Sie könnten sich dann – mehr oder weniger unbewusst oder ungewollt – beispielsweise in Ihren Gedankenmustern, Vorstellungen, Phantasien oder Erinnerungen
verlieren, sich Ihren Zielen, Plänen, Wünschen ergeben, Ihren Gedanken und Träumen nachhän-
gen und von Gefühlen, Erinnerungen gefangen genommen oder überwältigt werden. Besonders
schwer ist dies bei interessanten oder emotional gefärbten, besetzten Inhalten. Auch diese
gefühlsbeladenen, -betonten, -verbundenen und interessanten Erscheinungen versuchen Sie,
einfach nur wahr- und anzunehmen sowie sein- und loszulassen, also ohne sich weiter mit diesen zu beschäftigen und auseinanderzusetzen, und sich wieder ganz auf das Spüren und Empfinden des Atems oder Atmens in Ihrem Körper zu konzentrieren. Dies erfordert in der Regel ein
längeres und regelmäßiges Üben. Aber auch dann werden Sie immer wieder einmal oder pha-
senweise verstärkt „zurückfallen" und sich in Gedanken, Gefühlen usw. verstricken oder sogar
verlieren. Prinzipiell werden auch dann noch störende, ablenkende oder hinderliche Gedanken,
Gefühle usw. auftauchen. Diese sind also selbst für eine geübte Person noch gewöhnlich und zu
erwarten. Allerdings werden diese mit der Übung insgesamt seltener und schließlich sogar selten. Es hängt von Ihrer Reaktion, Ihrem gewählten und geübten Umgang damit ab, ob diese sich
jeweils zu einer wirklichen Störung oder Ablenkung der Meditation entwickeln werden oder das
bleiben, was sie sind, nämlich nur vorübergehende Gedanken, Vorstellungen, Gefühle usw. Sollten Sie allerdings unter wiederkehrenden und anhaltenden, sehr belastenden Erinnerungen,
Vorstellungen, Gedanken, Gefühlen oder Empfindungen leiden, die regelmäßig bis ausnahmslos in Ihre Meditation „einbrechen" und diese – trotz Ihrer Bemühungen und Anstrengungen –
verhindern oder beenden, Sie also gleichsam dominieren und überwältigen, dann sollten Sie
dies mit einem erfahrenen Meditationslehrer und Psychotherapeuten besprechen.

Eine besondere Meditation ist die Stirn-Wurzelzentrum-Atem-Meditation. Unter achtsamem
Wahrnehmen und Spüren atmen Sie zur Stirnmitte ein und hin, atmen von dort bis zum Damm
bzw. Beckengrund hinab und aus und verweilen dort in der Atempause bis zum erneuten Einatmen. Dann wird diese Atemmeditation wiederholt. Verbunden mit der Vollatmung und dem
tiefen Ein- und langsamen Ausatmen (s. Kap. 3.4) fördert diese Meditation entschieden die geistige Kraft, Wachheit, Klarheit sowie die innere Gelassenheit, Ruhe und den Gleichmut. Anstelle
der Vollatmung kann auch nur mit der Bauchatmung geatmet werden (s. dazu ebenfalls Kap.
3.4). In jedem Falle hat diese Atemmeditation mächtige, große, weite Wirkungen zur Folge.
Gleichzeitig handelt es sich um eine sehr zuverlässige und sichere Methode, mit der sich die
erwünschten Wirkungen einstellen. Auch Anfänger können nach meiner sehr langen Lehr- und
Praxiserfahrung die Stirn-Wurzelzentrum-Atem-Meditation erproben und üben, ohne dass
negative, unerwünschte Wirkungen bzw. Nebenwirkungen auftreten. Bei unzutreffender, unangemessener, abweichender Ausführung bleiben eben schlimmstenfalls die erhofften positiven
Wirkungen aus.

Passend oder idealerweise wird also zur Strin-Wurzelzentrum-Atem-Meditation in der Vollatmung – eventuell auch Bauchatmung – tief und zügig ein und langsam aus geatmet. Auf dieser
Basis atmen Sie spürbar etwa in die Mitte der Stirn hinein. Hier liegt das energetische Stirnzentrum. Ort und Bedeutung werden im Kapitel 8.1.7 genauer erläutert. Die Fokussierung des Einatmens auf, in oder kurz hinter der Stirnmitte ist wichtig, damit, wie dort ausgeführt, u. a. das
Bewusstsein und die geistige Klarheit angesprochen, gestärkt und erweitert werden. Eine Fokussierung in gleicher Höhe, aber mehr ins Schädelinnere zum dritten Auge bzw. zur Zirbeldrüse
hin hätte dagegen andere Konsequenzen zur Folge, wie etwa eine Stärkung der Intuition. Stofflich gesehen, strömt beim Einatmen die Luft über die Nase dort hin. Sie ziehen die Luft durch
und über die Nasenlöcher und Nasenwurzel in die Stirnmitte hinein. Dabei streifen, beatmen
und beleben Sie zudem die wichtigen yogischen Energiepunkte an der Nasenwurzel, was

ebenfalls der Aufnahme und Sammlung von Energie (vgl. Prana, Qi) dient. Von der Empfindung her atmen Sie in das Stirnzentrum. Sie empfinden also direkt das Einströmen der Luft im und ins Stirnzentrum. Dem Empfinden und Gefühl nach atmen Sie über das Stirnzentrum ein und es sammelt und konzentriert sich dort der Atem. Beim und kurz vor dem Einatmen ist die Aufmerksamkeit und Wahrnehmung, das Empfinden dazu ganz in diesem Stirnbereich konzentriert. Das Hinatmen ins Stirnzentrum wirkt geistig erfrischend, kräftigend, stärkend, belebend, klärend und erhellend. Sollten sich dabei innere Empfindungen und Wahrnehmungen einstellen, so nehmen Sie, wie bereits ausgeführt und erläutert, diese grundsätzlich einfach zur Kenntnis und akzeptierend an und konzentrieren sich weiter auf das Wahrnehmen und Erspüren des Atems. Sie versuchen sich also, auf das Erspüren des Atems, auf die körperlichen Empfindungen zu konzentrieren, die sich mit dem und durch das Atmen verändern werden. Etwa in der Mitte der Stirn kann ein Kreisbereich erfühlt werden. Unter dem bzw. durch das Ein- und Hinatmen können Sie dort vor allem einen zunehmenden Druck spüren, der für sich – als Folge des Atmens – völlig harmlos und sogar wünschenswert ist, da er die energetische Ladung bzw. Kraft und Sammlung wiedergibt. Der Atem und damit die Energie (Prana, Qi) des Atems werden beim Einatmen ganz im Stirnzentrum empfangen und gesammelt. Mit zunehmender Übung wird dieses Zentrum wahrgenommen und gespürt. Am Anfang kann das noch sehr schwierig sein. Für gewöhnlich spüren Sie es erst nach regelmäßigem Üben. Wenn Sie nun einige Tage bis Wochen geübt haben, stellen sich in der Regel zunächst sehr leichte, noch undeutliche, ungenaue, verschwommene Empfindungen des Stirnzentrums ein. In dieser Phase sind sich die Übenden oft unsicher, ob sie das Zentrum wirklich spüren. Auch schwankt die Wahrnehmung noch erheblich. Das Zentrum wird entsprechend nicht gleich, sondern erst nach mehreren meditativen Atemzügen oder nur gelegentlich, also nicht bei jeder Übung gespürt. An einigen „guten" Tagen wird es dann beim Meditieren gespürt, an anderen gelingt die Wahrnehmung nicht oder kaum. Es ist anfangs häufiger von einem kleineren Durchmesser oder hat überhaupt keine festen Konturen; es bleibt in diesem Falle eine vage, verschwommene, unklare Andeutung oder Ahnung. Aber mit fortgesetzter, regelmäßiger Übung dieser Atemmeditation werden die Empfindungen deutlicher, stärker, klarer, genauer und zuverlässiger. Zudem wächst das Stirnzentrum mit und durch diese Atemmeditation.

Wenn Sie fertig ins Stirnzentrum geatmet haben, dann nehmen Sie dort kurz (für etwa eine halbe bis eine Sekunde) die Atemfülle achtsam wahr, um dann achtsam und langsam auszuatmen. Beim Ausatmen wandern Sie mit Ihrem Ausatem und Ihrer bewussten Wahrnehmung (Empfinden) und Aufmerksamkeit, möglichst langsam, von der Stirnmitte über die Nasenwurzel, Nasenspitze usw. die Mittellinie Ihres Körpers hinab. Dabei bleiben Sie an bzw. in seiner Vorderseite innen unter der Haut, vergleichbar mit den zentralen Energiegefäßen, die im Kapitel 8.1 beschrieben werden. Dies ist der gleiche „Weg", mit dem Sie nur achtsam wahrnehmend (vgl. Kap. 3.3.4.2) und loslassend, entspannend (s. Kap. 7.1) durch Ihren Körper wandern können. Im Unterbauch verfolgen oder begleiten Sie den Atem bis kurz vor den Anfang Ihres Genitals und weiter nach innen zum Damm und Beckengrund. Hier liegt das energetische Wurzelzentrum, das im Kapitel 8.1.1 beschrieben wird. Dieses langsame, bewusste Ausatmen, Herabsinken, Hinabgleiten oder -streichen des Atems fördert das Loslassen und die Gelassenheit. Es kann sich wie ein inneres, sanftes Streicheln oder wie das Herabsinken einer leichten Daunenfeder anfühlen, die Sie dabei von innen her zart berührt und streichelt. Mit regelmäßiger Übung wird dieses Herabgleiten mit dem Atem leichter fallen. Anfangs können Sie möglicherweise dem Atem nur schwer oder teilweise folgen. So folgen Sie ihm selbstverständlich dort genau und achtsam, wo es vergleichsweise gut geht und versuchen es zumindest dort, so gut es eben geht, wo das Empfinden oder die Konzentration nachlassen oder sich sogar verlieren.

Vielleicht müssen Sie dabei sogar Springen oder von Bereich zu Bereich hüpfen. Mit zunehmender Übung gleiten Sie schließlich am Stück und ohne Unterbrechung oder Hindernisse hinab. Dies kann allerdings einige Wochen oder sogar Monate dauern.

Die auftretenden Unterschiede, Schwierigkeiten, Hindernisse und Blockaden in der Wahrnehmung sind nicht zufällig. Bei vielen und vor allem ungeübten Menschen gibt es im Körper Bereiche, zu denen besteht z. B. eine vergleichsweise „gute", enge Beziehung, und andere Bereiche, zu denen besteht dagegen eine vergleichsweise „schlechte", entfernte Beziehung. Je nach Güte der Beziehung können diese Bereiche dann besser oder schlechter wahrgenommen werden. Daneben existieren noch weitere Zusammenhänge und Abhängigkeiten, die die Wahrnehmung in einem Körperbereich bestimmen, bedingen, fördern oder erschweren. Es kann also sehr gut sein, dass Sie trotz fleißigen Übens mit dem Atem eine ganze Weile etwa nur bis in den Brustkorb oder in den Bauch kommen und nicht tiefer. Für gewöhnlich erlebe ich als Psychotherapeut sowie als Dozent und Leiter von Kursen zur EMS sowie Selbsterfahrung solche Schwierigkeiten beim Üben vor allem und ganz selbstverständlich bei Anfängern. Diese Schwierigkeiten sind zwar nicht beliebig und zufällig, sondern aus psychologischer, psychotherapeutischer, ganzheitlich-medizinischer Sicht bedeutsam, informativ, zu verstehen und zu erklären. Aber grundsätzlich lösen diese sich für gewöhnlich mit dem regelmäßigen, anhaltenden und geduldigen Üben nach und nach auf. Ausnahmen ergeben sich durch entsprechende, schwerwiegende, anhaltende, psychische oder körperliche Störungen, Erkrankungen oder Gebrechen oder durch ein vorzeitiges Nachlassen der Sorgfalt, Geduld sowie Motivation und Aufgeben des Übens. Trotz der Fortschritte in der Atem- und Körperwahrnehmung durch Übung treten selbstverständlich auch sogenannte „Rückfälle" oder Rückschritte auf. Selbst geübte Personen können solche Schwierigkeiten in der achtsamen Wahrnehmung und Konzentration in bestimmten Körperbereichen – zumindest vorübergehend – in Abhängigkeit des persönlichen Zustandes, Verhaltens, der Bedingungen, Erlebnisse usw. erfahren. Sollten Sie deswegen unzufrieden sein oder sich sorgen, vielleicht sogar ängstigen, so sprechen Sie vorsichtshalber darüber mit einem erfahrenen Meditationslehrer und Psychotherapeuten und lassen zudem mögliche körperliche, medizinische Ursachen ärztlich abklären. Zumeist liegen zwar trotz großer Schwierigkeiten, Hindernisse oder Probleme in und bei der achtsamen Wahrnehmung des Atems in bestimmten Körperbereichen keine organischen, medizinisch zu behandelnden Ursachen bzw. Schäden oder Erkrankungen vor, aber solche sollten, vor allem im Zweifelsfall, sicher und zuverlässig ausgeschlossen werden.

Mit dem letzten Rest des Atems gelangen Sie (mit Übung und Geduld) zum Wurzelzentrum bzw. in den Dammbereich und kommen hier mit Ihrem Atem und Ihrer begleitenden Aufmerksamkeit zum Halt. Sie und Ihr Atem sowie die ganze Atmung kommen im Wurzelzentrum zur Ruhe. Nun nehmen Sie sich dort nur noch bewusst, konzentriert wahr, was Ihre innere Ruhe und Ihren Gleichmut stärkt. Erst wenn der innere Atemimpuls deutlich wird (s. dazu Kap. 3.4), geben Sie diesem bewusst nach und beginnen einen neuen Atem- und Meditationszyklus. Es kann auch hier sein, dass Sie erst länger üben müssen, um Ihr Wurzelzentrum zu spüren und dort länger und achtsam wahrnehmend in der Atempause auszuharren. Nachdem mit dem Ausatmen und Hinabgleiten zum Wurzelzentrum alles von Ihnen gedanklich, gefühls- und empfindungsmäßig abgefallen ist, erleben Sie im Wurzelzentrum etwas wie das pure Sein oder Dasein, Sie fühlen sich ganz und nur da, genügend, zufrieden, geborgen, getragen, unbelastet und frei.

Sie können das Einatmen mit geistiger „Wachheit", „Klarheit", „Bewusstheit" oder „Kraft", das Ausatmen mit „Gelassenheit" (auch „Loslassen") und das Ruhen im Wurzelzentrum mit „Ruhe" (auch „Sein") beschreiben und benennen. Dadurch erhalten Sie eine Beschreibung, mit der Sie die Atemmeditation zutreffend und passend in Worten wiedergeben, begleiten und unterstützen können – so wie bei der Achtsamkeitsmeditation (s. Kap. 3.2.2, mit der Benennungstechnik, s. auch Kap. 2.9.1). Innerlich gesprochen oder gedacht kann es zudem wie ein Mantra, eine Instruktion oder Suggestion benutzt werden und wirken. Also etwa in Form von „Kraft – Gelassenheit – Ruhe". (Im Kap. 6.2.1.10 werden diese und weitere Beschreibungen der Stirn-Wurzelzentrum-Atem-Meditation als Suggestionen bzw. Übungsformeln für das Autogene Training genutzt.) Aber auch ohne diese Worte oder Gedanken wirkt sich die Atemmeditation entsprechend aus: Es fördert geistige Kraft und Klarheit (jeweils beim Einatmen ins Stirnzentrum), innere Gelassenheit (beim Ausatmen bis zum Wurzelzentrum) und innere Ruhe (in der Atempause im Wurzelzentrum). Eine Benennung bzw. Begleitung mit den innerlich gesprochenen oder gedachten Worten ist also nicht notwendig, kann aber vor allem den Einstieg in die Atemmeditation erleichtern und unterstützen.

Die Stirn-Wurzelzentrum-Atem-Meditation sollte mindestens einmal täglich zwischen 15-20 Minuten im Sitzen oder Liegen geübt werden. Ein konkretes Beispiel für die Anleitung der Strin-Wurzelzentrum-Atem-Meditation steht im Kapitel 12.2.4. Aufgrund der auch energetisierenden, kräftigenden, belebenden Wirkung durch das tiefe Einatmen ins Stirnzentrum sollte diese Atemmeditation in der Regel nicht vor dem Schlafengehen oder Einschlafen geübt werden; denn diese Übung kann das (Ein-) Schlafen stören. Wie bereits bei der aktiven Atementspannung (im Kap. 3.4) festgestellt wurde, kann dennoch auch diese Atemmeditation sehr hilfreich sein, wenn Sie trotz Müdigkeit und Erschöpfung offenbar gar nicht einschlafen können und unruhig, angespannt, aufgeregt und hellwach im Bett liegen. Nach meinen Erfahrungen trägt unter diesen besonderen Bedingungen gerade diese Atemmeditation wirksam dazu bei, zu innerer Gelassenheit und Ruhe zu finden, dem Schlafbedürfnis und der Schlafentwicklung Zeit und Raum zu geben, um schließlich entspannt einzuschlafen.

Das gesamte Einatmen findet bei dieser Meditation im Stirnzentrum bzw. in jenes hinein statt. In Übereinstimmung mit der Vollatmung (Bauch-Brust-Welle) wandeln gelegentlich Patienten oder Kursteilnehmer bzw. Übende dies jedoch für sich unbewusst oder unwillkürlich ab. Das Einatmen beginnen Sie dann nicht in der Stirn, sondern deutlich weiter unten im Bauch, idealerweise noch tiefer, nämlich im Wurzelzentrum – an und nach innen liegend auf dem Damm. Sie begleiten bewusst, aufmerksam, konzentriert spürend und wahrnehmend den Einatem auf der Mittellinie der Vorderseite des Körpers hinauf bis ins Stirnzentrum. Je nach Beginn und Tiefe der Atemwahrnehmung und Konzentration im Körper gehen oder kommen Sie dann dabei gegebenenfalls über den Bauchnabel. Auf jeden Fall folgen Sie dem Einatem über Brustbein, Halsgrube, Kehlkopf, Kinn, Mund, Nase und Nasenwurzel. Erst am Schluss des Einatmens gelangen Sie dann mit dem Einatem in die Stirnmitte bzw. ins Stirnzentrum. Sie folgen somit offenbar der Atmung und fühlen und spüren sich deutlich im Einklang mit ihrem Atem und Atmen. Auch diese Variante der Atemmeditation stärkt, baut und richtet sehr wirksam auf. Allerdings werden dann die geistige Kraft, Konzentration, Klarheit und das Ruhen im Stirnzentrum erheblich weniger betont und gestärkt.

3.6 Energie- und Heilatmung

Sie können in einen beliebigen Körperbereich atmen und sich dort bzw. dabei achtsam wahrneh-men. Dazu kann die Stirn-Wurzelzentrum-Atem-Meditation (s. vorheriges Kap.) so abgeändert, angepasst werden, dass Sie mit dem Ausatmen direkt in den anvisierten Bereich hinein atmen und dort bis zur Einatmung achtsam wahrnehmend verweilen. Die achtsame Wahrnehmung, bewusste Konzentration und geistige Sammlung wird also zur und während der Ausatmung, über die Atempause bis zum Einatemimpuls auf diesen Körperbereich gerichtet. Sie können den Ausatem dann prinzipiell direkt in diesem Bereich spüren und empfinden (etwa als leichten Druck). Dabei kann es sich grundsätzlich um jeden beliebigen Teil des Körpers handeln. Aller-dings hängt das Wahrnehmen, Empfinden – wie im vorherigen Kapitel besprochen – auch hier vor allem von der Übung, dem Können und inneren Zustand ab. Es dürfte insbesondere bei Anfängern Körperbereiche geben, in denen sie sich und ihren Atem eben gut spüren und andere, wo sie sich damit mindestens schwer tun. Es gibt auch Personen, die – aus verschiedenen Grün-den – überhaupt kaum ihren Körper und Atem spüren. Auch hier kann wiederum regelmäßiges und geduldiges Üben helfen. Im Zweifelsfall reden Sie mit Ihrem Meditationslehrer, Psychothe-rapeuten oder Arzt. Der Ausatem bringt – gemäß der Vorstellung und der inneren Erfahrung – die (Atem-) Energie (Prana, Qi) in den betreffenden Körperbereich. Dies und das annehmende, achtsame, bewusste, konzentrierte Verweilen bewirken dort Entspannung, Stärkung, Belebung und fördern die Regeneration und Heilung. Beim Einatmen konzentrieren Sie sich, wie im vor-herigen Kapitel ausgeführt, im Stirnzentrum, etwa in der Stirnmitte (zur genauen Verortung s. Kap. 8.1.7), und atmen zügig und tief, achtsam spürend dorthin ein. Es besteht zwar grundsätz-lich auch die Option über einen bestimmten gewählten Körperbereich sowohl ein- als auch aus-zuatmen (s. dazu Kap. 7). Z. B. Rehfisch, Basler und Seemann (1989, S. 195) beschreiben dies als Schmerztechnik unter der Überschrift „In den Schmerz atmen": „Einatmen und Ausatmen nur noch durch diese Körperstelle." Aber bereits allein der konzentrierte, bewusste Ausatem in den betreffenden bzw. ausgewählten Bereich nach dem Einatmen über das Stirnzentrum ist sehr wirksam und hinreichend.

Ein Textbeispiel zum Üben der Strin-Wurzelzentrum-Atem-Mediation im Bereich des Nabels können Sie dem Kapitel 12.2.5 entnehmen.

Die Wirkung des Ausatmens wird psychologisch noch durch das Wissen, die Einstellung, innere Überzeugung oder Suggestion verstärkt, dass der Ausatem tatsächlich – also nicht nur vorgestellt – Energie und Heilung (dorthin) bringt. Aus der Placebo-Forschung wissen wir, dass positive (Heilungs-) Erwartungen und ein entsprechendes Vertrauen, das Erfahren von Zuwen-dung, Mitgefühl, Anteilnahme und das Gefühl oder die Überzeugung, in einer heilenden, stüt-zenden Beziehung zu sein, die Heilung verbessern. Weiter ist u. a. aus psychoneuroimmunologi-schen Untersuchungen bekannt, dass und wie die eigene, erlernte, angepasste bzw. passende – eben heilsame, heilende – Körper- und Selbstregulation, aber auch die gefühlte oder angenom-mene Selbstwirksamkeit zur Selbstheilung beitragen. Diese Bedingungen und Kräfte der Selbst-heilung werden auch durch diese Form der Atemmeditation aktiviert. Ob und in welchem Umfang die selbstheilende Wirkung dieser Atemmeditation tatsächlich auf die Beteiligung des Atems und einer diesem innewohnenden Kraft oder damit verbundenen Energie (vgl. Qi, Prana bzw. einer irgendwie gearteten Atem- und Lebensenergie) zurückzuführen ist, kann natürlich grundsätzlich und vor allem theoretisch angezweifelt und in Frage gestellt werden. Es kann und sollte auch empirisch, mit wissenschaftlicher Methodik und Akribie weiter untersucht und geprüft werden. Dessen ungeachtet ist jedoch die innere Erfahrung, also das Empfinden des

Atems und seiner körperlichen Wirkungen, eine ganz direkte, unmittelbare und eindeutige. Diese wird auch neben oder sogar unabhängig von einer mehr oder weniger suggestiven Vorstellung eines heilenden und energiebringenden Atems gewonnen. Diese ist nicht nur beeindruckend und überzeugend, sondern wird subjektiv bzw. innerlich auch als für die Entfaltung einer tatsächlich heilenden Wirkung wesentlich und maßgeblich erlebt. Aber auch die beobachtende und gesammelte Erfahrung im Rahmen meiner Lehrtätigkeit und Arbeit mit Patienten bestätigt dieses subjektive, innere Erleben. Beides deckt sich wiederum mit den tradierten Erfahrungen und Ansichten aus dem Yoga und Qigong. Weiter können Sie auch als ein gewöhnlicher, aber sensiblerer Außenstehender (an oder über den entsprechenden Körperstellen) direkt spüren und wahrnehmen, wo und wie der Übende bewusst und konzentriert hinatmet. Sie spüren dies ebenfalls etwa als Berührung, Wärme oder leichten Druck. Sie können also sogar von außen bei einer anderen Person nicht nur die Wirkung des Atmens, sondern auch des Atems körperlich erspüren und wahrnehmen. Das innere Spüren und Erleben des Atems und seiner Wirkungen ist jedoch für gewöhnlich und ohne große Übung einfacher, klarer und eben unmittelbar und eindeutig bei einem selbst zu erfahren. Schon das Einatmen ins Stirnzentrum vermittelt (dort) innerlich das Empfinden gesteigerter, mentaler Kraft und das Hin- bzw. Ausatmen in einen bestimmten Körperbereich gibt (genau an diesem Ort) das Empfinden der Beatmung, Berührung sowie von Kraft, Stärkung und Belebung. Wie mächtig allein bereits der Ausatem sein kann, ist z. B. im Sport oder Kampfsport zu erfahren. Wenn die Atmung mit dem Bewegungsablauf koordiniert wird und die jeweils kritische Kraftbewegung, wie z. B. ein Stoß, Schlag oder Wurf, bewusst mit dem Ausatem bewegt wird bzw. verbunden ist, dann entwickelt sich eine viel größere Kraft, obwohl insgesamt – zumindest subjektiv bzw. innerlich – deutlich weniger Anstrengung oder sogar eine gewisse Leichtigkeit dabei empfunden wird. Dort richtet sich die Kraft des Ausatems jedoch nach außen. Hier bei der meditativen Heilatmung versuchen wir, den Ausatem und die damit verbundene Kraft durch Bewusstheit, Aufmerksamkeit, Wahrnehmung und Konzentration in der Regel nach innen im jeweiligen, zu heilenden Körperbereich zu bündeln und zu sammeln. Im besonderen Einzelfall oder allgemeiner (wie in der Atem-Bewegungs-Meditation, im Qigong oder Yoga) können diese beiden Richtungen der Kraftentwicklung (nach innen und außen) auch wieder kombiniert oder vereint werden. Weiter unten wird noch konkret und beispielhaft ausgeführt werden, wie diese Atemmeditation und -kraft zur Unterstützung des Geburtsvorganges sowohl nach innen gerichtet und gebündelt als auch dazu benutzt werden kann, um die Bewegung bzw. Austreibung des zu gebärenden Babys nach unten, aus dem Uterus und durch den Geburtskanal zu unterstützen und zu verstärken.

Der Vorteil dieser „Stirnzentrum-Heilatem-Meditation" ist, dass Sie während der gesamten Übung leichter und besser den Über-, Durch- und Klarblick und damit das Gefühl der Selbstkontrolle und -steuerung behalten. Wenn Sie dagegen durch eine bestimmte Körperstelle sowohl ein- als auch ausatmen, wird dies deutlich schwieriger. Es kann dann sehr wohl vorkommen, dass Sie sich in diesem Körperbereich „verlieren" und sich plötzlich mit betreffenden Ängsten konfrontiert sehen. Es können Gedanken, Vorstellungen und Bilder auftauchen, die Sie sehr irritieren und sogar verstören könnten. Das ist zwar grundsätzlich kein Problem und die Auseinandersetzung mit diesen auftauchenden Gedanken, Vorstellungen, Bildern, Gefühlen usw. könnten eine für die persönliche Entwicklung bedeutsame, sinnvolle, wichtige und vielleicht sogar heilsame Herausforderung sein (vgl. auch Kap. 5). Aber dazu bzw. dafür bräuchte es vielleicht – und möglicherweise sogar dringend – eine stützende und erfahrene Begleitung, Besprechung und Rückmeldung, etwa von bzw. mit einem Psychotherapeuten. Denn sonst könnte der Einzelne und allein für sich Übende schnell überfordert, verunsichert und belastet werden.

Unangemessene Reaktionen könnten dann in Teufelskreisen das unangenehme, negative Erleben steigern und ausweiten.

Das achtsame Aus- bzw. Hinatmen in den betreffenden ausgewählten Körperbereich kann wie bei der Stirn-Wurzelzentrum-Atem-Meditation sehr langsam, fein und sehr gering dosiert erfolgen. Das Ausatmen durch die Nase ist dann auf jeden Fall nicht mehr zu hören bzw. bleibt still. Es kann aber auch etwas stärker strömend, leicht hauchend ausgeführt werden. Das Ausatmen durch die Nase kann dann innerlich gehört werden, bleibt aber leise und, von außen betrachtet, sogar sehr leise. Im letzteren Fall ist die Wirkung im Vergleich zum sehr langsamen und stillen Ausatmen etwas kräftiger und grober. Damit der Ausatem in den ausgewählten Körperbereich gelangt und seine Wirkung dort entfalten kann, ist es auch bei dieser Variante unbedingt notwendig, die bewusste Konzentration und Wahrnehmung des Ausatems bzw. Ausatmens in diesem zu beatmenden und zu heilenden Körperbereich zu halten und zu fokussieren. Vor allem bei der letzteren, dynamischeren Variante ist es besonders wichtig, die Atempause bis zum Einatemimpuls auszuschöpfen und achtsam den Wirkungen, Folgen des Aus- bzw. Hinatmens in diesem Bereich nachzuspüren. Auf diese Art und Weise bleiben Ruhe und Entspannung auch in und während dieser Heil- bzw. Atemmeditation gewahrt. Ansonsten bestände das Risiko einer für die Meditation (in ruhender Haltung) zu schnellen Atemfrequenz (Hyperventilation), die – wie im Kapitel 3.1.2 gezeigt und im Kapitel 3.4 ausgeführt – Aktivierung, Aufregung und Anspannung verursachen und befördern würde.

Wie stark Sie aus- und hinatmen, hängt natürlich auch von den Umständen und Ihrem Ziel ab. Besonders kräftig sollten Sie als Frau ausatmen, wenn Sie die Geburt, wie bereits erwähnt, mit dieser Atemübung und -kraft unterstützen wollten. Aber angesichts der wirksamen, gewaltigen, inneren und muskulären Kräfte sowie der großen bis extremen Schmerzen während der Wehen werden Sie natürlicherweise auch gewaltig und stöhnend ausatmen. Die Kunst besteht nun darin, den Ausatem mit den Wehen zu koppeln und dabei zu versuchen, das Baby mit dem Ausatem von oben an, nach unten und schließlich heraus zu schieben. Die Kraft des Aus- bzw. Hinatems kann noch durch ein mit dem Ausatem gehauchtes bzw. gestöhntes oder möglichst tief getöntes „oh" bis „o" verstärkt werden (s. Kap. 8.3.0.2 bis 8.3.3). Der Mundraum wird dazu zum „oh" oder „o" geformt. Je tiefer das Baby bereits liegt bzw. gedrückt und geatmet worden ist, desto eher sollte von „oh" auf „o" gewechselt werden. Folgen Sie dazu und dabei Ihrem inneren Erleben und dem, was sich für Sie stimmig und richtig anfühlt. Dieses gezielte Aus- und Hinausatmen fördert auch die Schmerzbewältigung und Konzentration. Die Einatmung erfolgt über das Stirnzentrum, was ebenfalls der Schmerzbewältigung und Konzentration dient. Im Rahmen meiner psychotherapeutischen Tätigkeit und Begleitung hat sich diese Atemtechnik bei den Geburten vieler Patientinnen bewährt. Die Geburten verliefen erfahrungsgemäß deutlich effizienter, d. h. schneller und besser, und mit weniger Komplikationen. Aber leider gibt es auch hier keine Garantie. Schwierigkeiten und Komplikationen können dennoch auftreten und hängen von verschiedenen anderen Faktoren und Umständen ab. Selbstverständlich und natürlich bleiben prinzipiell vor allem die Begleitung und Arbeit sowie das Wissen und Können einer Hebamme unentbehrlich und notwendig. Sollte der Muttermund sich nicht angemessen öffnen, so können Sie ebenfalls dort hinatmen und sich dabei denken, vorstellen bzw. imaginieren (s. Kap. 5), wie sich der Muttermund entspannt, weitet und ganz öffnet. Auch das kann zusätzlich helfen und unterstützen.

Die Stirnzentrum-Heilatem-Meditation hat sich in meiner Praxis bei verschiedensten Patienten, sowohl bei psychosomatischen als auch körperlichen Beschwerden, Störungen, Erkrankungen und Schädigungen bewährt. Auf diese Art und Weise konnten im Allgemeinen vergleichsweise und offensichtlich deren Intensität, Weite und Dauer vermindert sowie deren Heilung und Genesung – soweit möglich oder überhaupt möglich – beschleunigt und vorangetrieben werden. Im besonderen Falle dennoch negativer Entwicklungen, wie etwa bei schweren Krebs- oder Autoimmunerkrankungen, konnten diese offenbar mindestens abgeschwächt, gemildert und verlangsamt werden. Dies entspricht nicht nur dem persönlichen Erleben und den Einschätzungen der Betroffenen. Vor allem wurde dies im Vergleich zu nicht regelmäßig entspannenden oder meditierenden Patienten mit jeweils gleichen oder ähnlichen bzw. vergleichbaren Schwierigkeiten augenscheinlich und deutlich. Dennoch stehen meines Wissens bis heute systematische, methodisch anspruchsvollere, wissenschaftliche Studien der Stirnzentrum-Heilatem-Meditation aus.

Vor allem experimentelle Studien sind praktisch kaum oder nur sehr schwer zu realisieren. Denn es bräuchte für ein Experiment eine größere Anzahl bereitwilliger Teilnehmer, die das jeweilige in Frage stehende oder zu vergleichende Verfahren hinreichend können und beherrschen. Es wären also Personen gefragt bzw. benötigt, die zuvor ausreichend geübt haben, um überhaupt ein gewisses Niveau an Wirksamkeit zuverlässig erreichen zu können. Gerade für akute Anwendungsbereiche der Stirnzentrum-Heilatem-Meditation (wie z. B. ein Knochenbruch) reicht es eben nicht, das Verfahren erst nach dem Eintritt der Erkrankung oder Schädigung als Anfänger zu erlernen und anzuwenden. Zur wirksamen Anwendung braucht auch dieses vergleichsweise einfache Verfahren eben ein gewisses Maß an Übung, Können sowie hinreichender Atem- und Körperwahrnehmung. Weiter müssten die Teilnehmer auf eine bestimmte Anwendung eines Verfahrens jeweils festgelegt werden. Das ist bei geübteren und erfahrenen Teilnehmern schwer zu erwarten. Denn diese werden grundsätzlich dazu neigen, angesichts eigener Betroffenheit durch Erkrankung oder Beschädigung – nicht einmal unbedingt bewusst, sondern ganz intuitiv – ihre Methoden weiter anzupassen, zu ergänzen (etwa um Suggestionen und Vorstellungen) und mit anderen, ihnen bekannten Verfahren noch zu kombinieren. Es ist zudem – aus meiner Sicht – kaum ethisch zu vertreten und letztlich auch nicht zu kontrollieren, die Teilnehmer einer Kontrollgruppe anzuweisen, zu verpflichten oder hinzuhalten, eine unwirksame oder ineffizientere Anwendung (also wie etwa in einen anderen, gesunden Körperbereich zu atmen oder im betroffenen Körperbereich nur die Atempause nach dem Ausatmen zu verbringen) oder überhaupt keine meditative Anwendung durchzuführen. Auch die Auswahl von bestimmten, etwa ungeübten Teilnehmern und von Placebo-Behandlungen (um zu vergleichen, für die Kontrollgruppe) wäre nicht ohne Probleme und Haken und dürfte ebenfalls in theoretische Abgründe führen.

Wenn wir uns bis auf Weiteres mit der grundsätzlichen Evidenz und der praktischen, therapeutischen Erfahrung zufriedengeben wollen, dann wäre noch unbedingt zu beachten, dass durch die Stirnzentrum-Heilatem-Meditation zwar im Allgemeinen Hilfe und heilsame Unterstützung erwartet, bereitgestellt und geleistet werden kann, aber dennoch Wunder voraussichtlich die Ausnahme bleiben dürften. Im besonderen, individuellen Fall bleibt das jeweils zu erreichende Ausmaß der Wirksamkeit letztlich durch regelmäßige Anwendung und Übung dieser Meditationsmethode individuell zu prüfen und auszuloten. Andere notwendige und adäquate Heilmaßnahmen werden bei körperlichen Erkrankungen durch diese Heilatem-Meditation weder ersetzt noch überflüssig. Bei psychosomatischen Erkrankungen und psychischen Störungen braucht es in der Regel ebenfalls darüber hinaus weitere Anstrengungen, Bemühungen und Maßnahmen, allerdings psychologischer und psychotherapeutischer Art (vgl. Kap. 9.2).

Vor allem in den späteren Kapiteln 7, 7.2, 8.2, 8.3.0.2 bis 8.3.3 finden Sie zur Energiearbeit und Heilung mit dem Atem weitere Hinweise, Erklärungen und Anregungen. So können etwa Konzentration, Aufmerksamkeit, Wahrnehmung und Atem durch eine entsprechende, geeignete Haltung der Hände gelenkt, gebündelt, unterstützt, gestärkt und gesammelt und damit die heilende Wirkung des Atems bzw. Hinatmens verstärkt werden (s. dazu Kap. 3.2, 7 und vor allem 8.2). Dies gilt vor allem für Anfänger und Anwender mit geringer oder unzureichender Übungspraxis. Die Hände werden dazu auf den betreffenden Körperbereich selbst gelegt oder darüber gehalten. Sie können aber auch nur auf diesen Körperbereich hinweisen oder auf ihn zeigen.

Eine wichtige, grundsätzliche Voraussetzung für dieses Verfahren und vor allem für seine regelmäßige Anwendung, wie auch für jede andere hier im Buch vorgestellte Methode und Technik, ist letztlich das Gefühl, die Einstellung, Erfahrung und Erkenntnis der Stimmigkeit, Passung, Angemessenheit, Richtigkeit und Wirkung bei, mit und nach der Übung. Dabei müssen nicht am Anfang die positive Erwartung und Überzeugung stehen, dass das Verfahren hilft, aber man sollte für diese Erfahrung und Erkenntnis zumindest offen sein. Sollten sich also bei Ihnen positive Gefühle der Stimmigkeit, Passung, Angemessenheit, Richtigkeit und Wirkung im Zusammenhang mit der Stirnzentrum-Heilatem-Meditation einstellen, so können und sollten Sie unbedingt weiter üben. Die Konzepte der Entspannung, Unterstützung, Stärkung und vor allem der Heilung sind so allgemein, dass Ihr Körper, Unterbewusstsein, Selbst und ihre innere Weisheit einen und den Weg finden und begehen können und werden, um den Aus- und das Hinatmen so zu nutzen, dass diese Ziele und Zustände möglichst erreicht und mindestens angesteuert und befördert werden. Eigentlich braucht es hier vom Übenden nur hinreichend Vertrauen und Zuversicht. Auch bei etwa einer Warze oder einem bösartigen Tumor wird der Atem dann so zur Wirkung gelangen, dass es aus der Perspektive der Person, für den Übenden Heilung bedeutet und ergibt, also in unseren Beispielen zur Austrocknung und Abstoßung bzw. Verringerung und Auflösung beiträgt oder führt. Sollten Sie nicht das Gefühl, die Einstellung, Erfahrung und Erkenntnis von Stimmigkeit, Passung, Angemessenheit, Richtigkeit und Wirkung erleben und damit verbinden, so sollten Sie von dem Verfahren Abstand nehmen und es lassen. Es hängt zwar bestimmt davon ab, wie Sie es innerlich umsetzen, aber offensichtlich für sich selbst nicht merklich vorteilhaft oder günstig. Dies kann unterschiedliche Gründe haben. So könnten hinderliche oder diesbezüglich negative Gefühle, Gedanken, Ansichten und Vorstellungen existieren und von Einfluss sein. Bereits simple Befürchtungen, wie etwa, dass aus irgendeinem Grund der Krebs gestärkt werden könnte, anstatt die Heilungsvorgänge und die Heilung, können sich hier kontraproduktiv oder negativ auswirken, gleichgültig, ob diese nun wirklich zutreffen oder nicht. Allein eine solche Befürchtung steht dem Gedanken und Modell einer Heilung bewusst oder unbewusst entgegen und verändert den Sinn und die Wirkung der Übung.

Positiv kann dem wiederum auch entnommen werden, wie wichtig und vorteilhaft es ist, sich beim Aus- und Hinatmen in die betreffende Körperregion gedanklich – im Hintergrund oder begleitend – nur auf das Heilen und die Heilung an sich zu beschränken bzw. zu konzentrieren. Dabei ist die eigentliche, wesentliche Konzentration beim Atmen und Spüren. Die Gedanken oder Vorstellungen des Heilens oder der Heilung können dabei völlig abstrakt, allgemein oder offen bleiben, dann – und eben nur dann – können Körper, Unterbewusstsein, Selbst und innere Weisheit die für Sie beste, angemessenste Umsetzung und Lösung finden und realisieren. Spezifischere und konkretere Gedanken und Vorstellungen sind sicher möglich und könnten gezielt als und in Imagination (s. Kap. 5) und Hypnose (s. Kap. 6) entwickelt und benutzt werden, aber dies erfordert weitere Bemühungen und zusätzliche Künste.

4 Progressive Muskelentspannung (PME)

Jacobson (z. B. 1938, 1976) entwickelte die Progressive Muskelentspannung (PME). Im Original wird sie „progressive relaxation" genannt, was so viel heißt wie fortschreitende Entspannung. In Anlehnung an die englische Bezeichnung wird diese im deutschen Sprachraum oft auch als PR oder PMR für „Progressive Muskelrelaxation" abgekürzt. Es findet sich hier auch die Bezeichnung „Progressive Entspannung" (abgekürzt mit PE). Um dieses Verfahren jedoch gegenüber anderen progressiven (d. h. fortschreitenden) Verfahren der Entspannung genauer, zutreffender, eindeutiger abzugrenzen und zu benennen, wird das Charakteristikum und Wesentliche dieser Entspannungsmethode in den Namen mit einbezogen. Denn wie noch ausgeführt und deutlich werden wird, besteht dies nämlich darin, die willkürliche Muskulatur, die Skelettmuskulatur, also die Muskulatur zu entspannen, mit der wir uns aufrechthalten, fortbewegen, gestisch und mimisch ausdrücken, orientieren (insbes. die Augen bewegen, öffnen und schließen), kauen und sprechen. Über die besondere Entspannung dieser Muskulatur erfolgt fortschreitend die allgemeine Entspannung. Deshalb wird hier von mir die ebenfalls gebräuchliche, deutschsprachige Bezeichnung „Progressive Muskelentspannung" mit der Abkürzung „PME" gewählt. Für sein englischsprachiges Werk von 1976, auf das ich mich (neben dem noch ausführlicheren, akademisch-wissenschaftlicheren Werk von 1938) beziehe, existiert eine deutsche Übersetzung (s. Jacobson, 2011).

Seine Annahmen, Beobachtungen, Erfahrungen, wissenschaftlichen Untersuchungen und Messungen führten Jacobsen zur Überzeugung, dass andauernde, überhöhte, überflüssige und eigentlich unnötige, innere Spannung bzw. Anspannung zu einem überhöhten, unnützen, unrentablen und unter Umständen schädlichen Verbrauch neurophysiologischer Ressourcen (Kraft, Energie) führt. Diese innere Spannung kann direkt als neuromuskuläre Anspannung der willkürlichen Skelettmuskulatur erfahren, beobachtet sowie auch neurophysiologisch gemessen und verstanden werden. In der Folge dieser anhaltenden, überhöhten und überschüssigen muskulären Anspannung und des damit verbundenen unnützen Verbrauches an neuromuskulärer Energie ermüden und schließlich erschöpfen sich Menschen psychologisch sowie körperlich. Sie können – im psychosomatischen Sinne und Verständnis – eher erkranken, wie etwa an Herz-kreislauferkrankungen (wie z. B. dem Bluthochdruck oder schließlich sogar einem Herzinfarkt) oder an Beschwerden und Entzündungen des Verdauungssystems. Aber auch nur die anhaltend erhöhte Anspannung führt zu entsprechenden körperlichen Anspannungssymptomen und Empfindungen, wie etwa eine trockene Kehle, Herzklopfen, erhöhter Blutdruck, Druck auf Stirn, Hals, Brust oder Bauch, Blähungen, heftige Darmbewegungen, Durchfall, erhöhte Miktionshäufigkeit, verschwommene Sicht, muskuläre Verspannungen. Diese können als unangenehm erfahren werden. Bei dauerhaft angespannten, „nervösen" Menschen kann dies zu unangenehmen (aversiven), störenden, körperlichen Empfindungen und psychosomatischen Beschwerden führen, ohne dass sich ärztlicherseits ernste organische Befunde oder Erkrankungen finden lassen (s. dazu Kap. 9). Diese Missempfindungen und Beschwerden werden dennoch (zutreffend) wahrgenommen und sind unbedingt ernst zu nehmen. Sie sind als innere Aufforderung zu

verstehen, endlich Abhilfe zu schaffen und die Anspannung wirkungsvoll, merklich und dauerhaft zu reduzieren. Auf lange Sicht werden sonst die Missempfindungen und Beschwerden
chronisch. Die dauerhafte, überhöhte Anspannung führt mit großer Wahrscheinlichkeit schließlich zu Vorgängen, die sogar die körperliche Gesundheit und Unversehrtheit bedrohen und
gefährden können, aber regelmäßig mindestens fortschreitende, ernste, negative Auswirkungen
zur Folge haben. So können etwa die psychosomatischen Beschwerden chronisch und zunehmend schwerer zu behandeln werden, sich zunehmend negativ und auch körperlich auswirken
und schließlich, je nach körperlicher Konstitution und Kondition, auch in körperliche Erkrankungen münden. Aber auch psychologische Störungen – wie etwa die diversen Angststörungen
– werden von Anspannung begleitet.

Um solchen „Überspannungen" und deren negativen Folgen entgegen zu wirken und möglichst zu verhindern, wurde von Jacobson (z. B. 1938, 1976) die „Progressive Relaxation" bzw.
Progressive Muskelentspannung (PME) entwickelt. (Bereits 1929 erschien die erste Auflage seines umfassenden Buches unter diesem Titel). Nach Jacobson (1938, 1976) führt eine regelmäßige
Reduktion der Anspannung durch eine fortschreitende muskuläre Entspannung zur Reduktion
der psychosomatischen Symptome und Folgen der Anspannung. Nach Jacobson (1938, 1976) ist
die PME eine wirksame Methode zur Reduktion der restlichen Anspannung bzw. zum Erreichen
der völligen Entspannung, wie sie oft auch oder selbst noch bei Menschen bestehen bleibt, wenn
sie sich eben nur etwa hinlegen, um sich auszuruhen und abzuschalten. Dies bestätigten die
genauere Beobachtung (sowohl Fremd- als auch Selbstbeobachtung), aber auch wissenschaftliche psychophysiologische Messungen, Prüfungen, Tests (vgl. z. B. Hamm, 2000).

Auch wenn Menschen sich oft bei Tätigkeiten im Alltag bzw. in der Freizeit, wie Fernsehen,
Lesen, Träumen, Liegen, entspannt wähnen, sind sie es nur teilweise (partiell). Der Grund für
solche Einschätzungen, kann z. B. eine fehlende oder ungenügende Körperwahrnehmung sein.
Im einfacheren Falle fehlt oder mangelt es nur an einer entsprechenden, hinreichenden Aufmerksamkeit und Beachtung. Im schwierigeren Falle fehlt oder mangelt es jedoch an Fähigkeiten
und Fertigkeiten zur Wahrnehmung eigener Zustände und Vorgänge, vor allem an genauen und
zutreffenden körperlichen Empfindungen und deren Beschreibung. Letzteres, also genaues,
zutreffendes Empfinden wie Beschreiben kann – wie etwa durch das hier vorgestellte Verfahren
– jedoch gelernt werden. Gerade andauernd angespannte, „überspannte" Personen verlieren mit
der Zeit an Fähigkeiten und Fertigkeiten, sich zu entspannen und ihre Anspannung noch genau
im Körper wahrzunehmen. Es kann aber auch an der Wahrnehmung und möglicherweise auch
einer Überschätzung der verhältnismäßigen Anspannungsreduktion bzw. Entspannung liegen,
die mit der jeweiligen (Freizeit-) Tätigkeit im Vergleich zu vorangegangenen, anstrengenderen,
weniger angenehmen Tätigkeiten (im Allgemeinen oder im Besonderen) verbunden ist. Viele
Körper- und Muskelbereiche, so auch Muskelgruppen der Skelettmuskulatur, sind bei Menschen in diesen Situationen bzw. bei diesen Tätigkeiten dennoch verhältnismäßig angespannt,
also nur mehr oder weniger entspannt. Auch Anzeichen einer inneren, psychischen Anspannung und Unruhe sind oder wären im Allgemeinen noch zu vernehmen. Die noch vorhandene
oder verbliebene muskuläre, körperliche sowie psychische Anspannung bzw. Restspannung ließen sich also noch mehr oder weniger deutlich verringern.

In der PME lernen nun die Übenden, wie sie ihre willkürliche Muskulatur und damit sich
gezielt (willentlich, bewusst) und wirkungsvoll – wieder, noch tiefer und ganz – entspannen
können. Durch die Entspannung verändern wir die inneren Faktoren, Bedingungen von Stress
und unsere Reaktionen auf Belastung, Druck usw. (Zudem kann und wird es oft notwendig oder
sinnvoll sein, äußere Ursachen und Bedingungen der Belastung und Anspannung zu verändern
oder zu reduzieren, aber dies ist nicht Gegenstand des Verfahrens.) In der PME lernt der Übende

zunächst nacheinander und zunehmend simultan die wichtigen Muskeln bzw. Muskelgruppen der willkürlichen Skelett- bzw. Bewegungsmuskulatur zu entspannen (s. u.). Dabei lernt er sowohl bestimmte Körperteile bzw. Muskelgruppen (lokal) sowie schließlich die gesamte willkürliche Muskulatur (generell) zu entspannen. Erstens versucht und lernt der Übende sich in einer bestimmten ausgewählten Muskelgruppe im Körperbereich, wie z. B. im Bizepsmuskel des Oberarms, fortschreitend zu entspannen. Zweitens lernt der Übende nacheinander die verschiedenen Muskelgruppen im Körper zu entspannen. Mit jeder neuen Muskelgruppe entspannt er gleichzeitig die Muskelgruppen, die er schon zu entspannen gelernt hat (Jacobson, 1938, S. 34). Drittens wird mit der täglichen Übung die Entspannung zur Gewohnheit. Entspannung, innere Ruhe und Gelassenheit werden zunehmend automatisch erreicht. Wobei der Transfer in den Alltag wiederum durch betreffende Veränderungen beim Üben der PME vorbereitet wird. Aus diesen Gründen wird die Methode eben „Progressive Muskelentspannung" (PME) oder, wie bereits oben erwähnt, anglisiert „Progressive Muskelrelaxation" (PMR) nach Jacobson genannt. Von z. B. Brenner (1997) und Ohm (1999) wird auch der Begriff „Tiefmuskelentspannung nach Jacobson" benutzt, aber die dort vorgestellten Vorgehensweisen unterscheiden sich, wie weiter unten noch ausgeführt werden wird, deutlich von Jacobson (1938, 1976).

Für Jacobson (1938, 1976) ist die Wahrnehmung der Anspannung in den jeweiligen Muskeln zentral, die auf Kontraktion (Verkürzung, Zusammenziehen) derselben zurückzuführen ist. Die Empfindung (der „Muskelsinn") für diese Anspannung wird geschult. Die Wahrnehmung der Anspannung in diesen Muskeln wird nach Jacobson allerdings in der Regel nicht in, während der oder durch die Bewegung selbst (etwa von Gliedmaßen) geübt, sondern in den ersten Tagen des Übens nach deren Bewegung, also im Halt bzw. in einer bestimmten, eingenommenen Position. (Ausnahmen von dieser Regel wären aus meiner Sicht etwa die fortgeschrittenen Übungen mit visuellen Vorstellungsbildern und dem inneren Sprechen oder die Rumpfübung im Brustkorb mit Atmen, s. u.) Bald wird die Anspannung in den Übungen zur allgemeinen Entspannung nur noch in der Ruhestellung wahrgenommen und geübt. Es wird gelernt diese Anspannung zu lösen bzw. die wahrgenommene Anspannung bis zur Unkenntlichkeit – idealerweise völlig – zu reduzieren und damit zudem die Kontrolle über diese willkürlichen Muskeln zu erhöhen. Jacobson unterscheidet zwischen den Empfindungen, die direkt durch die Kontraktion (als Anspannung) in den betreffenden Muskeln zu spüren sind („tense"), und solchen, die als Folge der Anspannung, auch etwa bei passiver Bewegung (etwa durch jemand anderen) etwa in den Sehnen und Gelenken, als Spannung („strain") zu spüren sind. Oft sind letztere Empfindungen sogar deutlicher und stärker und überdecken die Empfindung der muskulären Wahrnehmung. Da die willkürlichen Muskeln selbst (nur) zu verändern, also anzuspannen bzw. zu entspannen sind, ist es folgerichtig, dass Jacobson sich allein auf die Wahrnehmung der Muskelan- bzw. -entspannung konzentriert. Diese Empfindungen sind je nach Voraussetzungen der Übenden oft schwierig und ungewohnt, aber können mit einiger, vor allem regelmäßiger Übung zunehmend besser wahrgenommen werden.

Mit der Entspannung der willkürlichen Muskulatur folgt dann nach Jacobson (1938, 1976) die Entspannung der unwillkürlichen Muskulatur und inneren Organe, so dass der gesamte Körper und das gesamte Nervensystem sich schließlich maximal entspannen und beruhigen können. Vor allem durch die Entspannung der Augen- und Sprachmuskulatur (s. u.) wird die mentale Aktivität und Anspannung verringert bzw. beruhigt. Weiter sind nach Jacobson (1976) verschiedene Emotionen mit verschiedenen Anspannungsmustern der Muskulatur verbunden. Diesen Zusammenhang zwischen Gefühlen, wie z. B. Überraschung, Freude, Glück, Ärger, Zorn, Trauer, Verzweiflung, Angst, Ekel und Verachtung, dem jeweiligen Gesichtsausdruck und dem dazugehörigen Muster an Ent- und Anspannung der diversen Gesichtsmuskeln, untersuchte und beschrieb ausführlich z. B. Paul Ekman (2010). Durch die Übungen der PME können auch die Zusammenhänge zwischen bestimmten Emotionen und deren körperlicher Entsprechung bzw. Ausdruck als Muskelanspannungsmuster kennen gelernt und wahrgenommen werden. Durch eine passende, entsprechende (differentielle) Entspannung der Muskulatur kann nicht nur den jeweils vorliegenden Anspannungsmustern sondern auch den damit jeweils verbundenen Gefühlen entgegengewirkt werden. Bei der differentiellen Entspannung werden nach Jacobson nur gezielt die Muskelgruppen entspannt, bei denen eine erhöhte, unangemessene Anspannung wahrgenommen wird. In der Übersetzung (Jacobson, 2011, z. B. S. 169) wird auch dementsprechend von gezielter anstatt differentieller Entspannung gesprochen. (Allerdings meint Jacobson mit der differentiellen Entspannung, wie weiter unten ausgeführt, auch tatsächlich die unterschiedliche Entspannung der verschiedenen Muskelgruppen in Abhängigkeit der jeweils minimal möglichen Anspannung.) Die gezielten körperlichen Veränderungen haben danach entsprechende seelische Veränderungen zur Folge. Dies deckt sich mit den Erfahrungen, dass bestimmte Körperhaltungen, -bewegungen, Mimik und Gestik emotionale Wirkungen erzeugen können, wie auch umgekehrt, was auch zunehmend in den Humanwissenschaften allgemeine Anerkennung erfahren hat (s. Kap. 9.1.1). In der Folge können durch die PME auch die schädlichen körperlich-psychischen sowie emotional-mentalen Teufelskreise unterbrochen werden, wie etwa aus Schmerz, Anspannung, Angst und negativen Gedanken und Vorstellungen. Auch die Ängste selbst oder Schlafstörungen sind damit zu reduzieren. In der Folge kann auf Beruhigungs-, Schlafmittel, spannungs- und angstlösende Medikamente schließlich verzichtet werden. Deren unerwünschte Nebenwirkungen und Folgen können so vermieden werden. Selbst bei depressiven, affektiven Störungen wirkt sich die gezielte muskuläre Entspannung nach Jacobson (1976) positiv aus. Über die PME spart der depressive Patient nach seiner Ansicht Energie, zudem wachsen Einsicht, Selbstvertrauen, Selbstkontrolle und Selbstwirksamkeit des Patienten. Er überwindet auf diese Weise die Überzeugung und Erfahrung der gelernten Hilflosigkeit und Ohnmacht, die für die Entstehung und Aufrechterhaltung der Depression oft – neben anderen Faktoren – zentral bzw. (mit-) ursächlich und aufrechterhaltend sind. Nach meinen Erfahrungen kommen noch weitere positive Konsequenzen hinzu. Z. B. lernt der Patient auch, sich selbst konstruktiv zuzuwenden, mit sich selbst zu beschäftigen, sich ernst zu nehmen, aufzubauen, zu pflegen, sich von seinen negativen Gedanken- und Gefühlsketten zu lösen, angenehme Erfahrungen mit sich zu machen usw. Dies gilt grundsätzlich und vergleichbar allerdings auch für die anderen in diesem Buch vorgestellten und empfohlenen Verfahren.

Auch für Jacobson (1976) ist zentral, dass die Übenden lernen, sich jeweils bei Bedarf zu entspannen – also auch in unterschiedlichen Situationen und im Idealfall in jeder Situation. Damit Personen sich selbst entspannen können und eine möglichst große Unabhängigkeit vom Therapeuten, Dozenten oder Trainer erlangen, sollten nach Jacobson (1976) generell alle suggestiven, hypnotechnischen Maßnahmen, Elemente beim Vermitteln, Trainieren der Entspannung vermieden werden. Selbst Erwartungen an die Wirkung und Folgen des Verfahrens sollen möglichst nicht geweckt und vermieden werden, damit Übende sich ganz auf ihre Körperwahrnehmung, besser auf die Empfindung der muskulären Anspannung und das Lockern und Lösen dieser konzentrieren. Die Übenden sind also möglichst ganz auf das eigene körperliche Geschehen und ihre individuelle, körperliche Erfahrung konzentriert und somit möglichst unabhängig von theoretischen, ideologischen und anderen, mehr oder weniger vorgefassten Konzepten. Dies gilt auch für die eigenen Erwartungen und Ansprüche, die die Übenden oft an sich oder das Verfahren stellen und sich damit nur unnötig unter Druck setzen, innere Offenheit und Entspannung erschweren (oder sogar verlieren) und negative Gefühle, wie etwa Unzufriedenheit und Enttäuschung, provozieren können. Die erhöhte Konzentration und Fokussierung der Aufmerksamkeit auf bestimmte Wahrnehmungen, Zustände und Vorgänge ist ebenfalls ein zentraler und grund-sätzlicher Aspekt von Hypnose und hat diese mit der PME gemeinsam (vgl. Peter & Gerl, 1988). Allerdings konzentriert und fokussiert die Hypnose sich nicht vordringlich auf körperliche Vor-gänge und Wahrnehmung wie die PME. Die Anleitungen durch den Übungsleiter sind in der PME nach Jacobson (1938) minimal. Diese beschränken sich auf die Durchführung der einzelnen Übungen und möglichst auf die Lenkung der Aufmerksamkeit bei den Übungen auf die Empfin-dung, Wahrnehmung, Erfahrung und Veränderung von Anspannung bis zur völligen Entspan-nung in den verschiedenen Muskelgruppen, eben möglichst ohne Annahmen, Erwartungen, Bewertungen, Vorstellungen, Gedanken, Ergebnisse usw. nahe zu legen. Diesbezüglich bzw. in ihrer Konzentration auf die bewusste Körperwahrnehmung zeigt die PME eine große Nähe zu den betreffenden Achtsamkeitsmeditationen (s. Kap. 3.3, insbes. Kap. 3.3.4.2, bzgl. PME auch Kap. 4.2). Auch das Spüren der Anspannung in der Atemmuskulatur beim Atmen – genauer beim „Einatmen" – im Brustkorb (eine bzw. die dritte Übung zur Entspannung des Rumpfes nach Jacobson, 2011, S. 158) folgt den Prinzipien der Achtsamkeit in der Atemmeditation (Kap. 3.3.2) und der passiven Atementspannung (Kap. 3.2). Dem Atmen bzw. der betreffenden Anspannung wird nach Jacobson nur bewusst, aufmerksam nachgespürt, wie er von alleine fließt. Dies gleicht auch einer achtsamen Variante der fünften Übung des Autogenen Trainings (Kap. 6.2.1.5).

Schultz (1979) und andere dagegen nutzen dennoch (gezielt) suggestive, hypnotische Techni-ken (s. Kap. 6.1 und 6.2), allerdings zur bzw. in Selbsthypnose. Um die langfristige Unabhängig-keit und Selbständigkeit der Übenden und Anwender zu erreichen, vermeiden sie möglichst Maßnahmen oder Elemente der Fremdhypnose (s. ebenda). Im Unterschied zur Grundstufe des Autogenen Trainings nach Schultz (s. Kap. 6.2.1) steht bei der PME also die Körperwahrneh-mung klar und ausschließlich im Brennpunkt. (Obwohl nicht nur nach meiner Erfahrung, s. z. B. Peter & Gerl, 1988, auch für die Grundstufe des Autogenen Trainings die Körperwahrnehmung zur erfolgreichen Entspannung letztlich primär und zentral ist.) Aus diesem Grunde eignet sich die PME auch so hervorragend und oft vielleicht besser als das Autogene Training für die Ent-wicklung der eigenen Körperwahrnehmung und für Anfänger (vgl. Peter & Gerl, 1988). Überein-stimmend haben jedoch – trotz der unterschiedlichen Wege bzw. Gewichtungen – immerhin beide Verfahren eine möglichst tiefe, umfassende Entspannung und Beruhigung zum Ziel.

Um sich bei Bedarf entspannen zu können und die Fähigkeiten und Fertigkeiten zur Ent-spannung mit der PME aufzubauen, zu erlernen und zu erhalten, ist nach Jacobson (1976) das regelmäßige, besser noch tägliche Üben der PME im tatsächlichen, ggf. auch schwierigem Lebens-umfeld wichtig. So werden auch hier die positiven Wirkungen einer regelmäßigen und geziel-ten Entspannung mit PME erfahren, was wiederum zum regelmäßigen Üben motiviert. Durch die regelmäßige Übung wird das Entspannen zunehmend einfacher, tiefer und stellt sich quasi automatisch, wie von selbst ein. Durch das regelmäßige und systematische Üben wird zudem die Körperwahrnehmung geschult. Der Körper wird so mit der Zeit etwa deutlicher, differen-zierter und stärker gespürt.

Wie die PME geübt werden soll hängt letztlich auch nach Jacobson (1938) von den jeweiligen Bedingungen, Voraussetzungen und Zielen ab. Dennoch empfiehlt er jedem Übenden täglich mindestens etwa eine Stunde bis zu zwei Stunden zu üben. Hinzu kämen bei Anleitung noch die mehrmaligen halb- bis einstündigen Sitzungen in der Woche mit einem Trainer. Insgesamt ergibt sich also ein erheblicher Zeitaufwand. Dieser Aufwand wird sicher aus therapeutischer bzw. gesundheitlicher Sicht belohnt, aber ist aus der Sicht des Übenden und angesichts seiner täglich zu bewältigenden Aufgaben und Anforderungen heutzutage oft kaum aufzubringen und zu realisieren. Deshalb wurde und wird – wie unten noch ausgeführt – in den meisten verbreiteten Anwendungen versucht, die PME zu kürzen, zu vereinfachen und zu beschränken.

Ein Trainer hat diverse Vorteile. So kann er gezielt anleiten bei den Übungen, konzentrieren und Ablenkung vermeiden helfen, durch einzelne Widerstände und Bewegungen der Gliedmaßen des Übenden Erfahrungen erleichtern und unterstützen, Rückmeldungen geben und mehr. Den zu spürenden Widerstand kann er durch ein Drücken oder Ziehen gegen die Bewegung oder das Halten der Gliedmaßen des Übenden erhöhen. So kann er etwa das Heben oder Senken des Unterarmes erschweren oder – mehr in Übereinstimmung mit Jacobson – die Haltung des Unterarms in der jeweiligen Position und damit die erforderliche Anspannung bestimmter Muskeln provozieren und vergrößern. Z. B. in der aufliegenden Haltung der Hand oder des Unterarms könnte er leicht daran ziehen, während der Übende versucht die betreffende Gliedmaße gesenkt zu halten. In der gehobenen, angewinkelten Position der Hand oder des Unterarms könnte er diesen leicht hinabdrücken. In der Folge müsste sich der Übende nicht nur vermehrt anstrengen und eine größere Kraft aufwenden, mehr Anspannung erzeugen und diese merklicher wahrnehmen. Darüber hinaus würde er auf diese Art und Weise vielleicht auch deutlicher und genauer das Wechselspiel der verschiedenen Muskelgruppen, ihrer Anspannungsmuster bezüglich der verschiedene Haltungen erfahren und erkennen. Er könnte diese Haltungen aber auch unterstützen und stützen und damit erleichtern. Gliedmaßen des Übenden könnte er dementsprechend nur sachte bewegen und halten, um so bei einer passiv, mehr oder weniger entspannt bleibenden inneren Haltung des Übenden von außen Anspannung und Entspannung herbeizuführen und erfahren zu lassen. Derra (2007) und Hamm (2000) berichten, dass die persönlichen Anleitungen durch einen Trainer den standardisierten, zuvor aufgenommenen und dann abgerufenen Anleitungen von einem technischen Medium bzw. aus einem externen Speicher (Tonträger) generell deutlich überlegen sind und zu stärkeren und stabileren Entspannungswirkungen führen. In der Folge geraten zudem die Beziehung zwischen Trainer und Übendem (in Einzelsitzungen) bzw. den Übenden (in Gruppen) sowie die Qualitäten, Kompetenzen und das Vorgehen des Trainers sowie die Voraussetzungen und Merkmale (Motivation, Vorerfahrungen, Überzeugungen, Einstellungen, Erwartungen usw.) in den Blickpunkt und sind bezüglich ihrer möglichen Wirkungen auf das Erlernen und Anwenden der PME zu betrachten und zu untersuchen (vgl. Derra, 2007). Derra betont neben der Vorbildfunktion des Trainers die Verfügbarkeit über psychotherapeutische Kompetenzen.

Das Führen eines Entspannungstagebuches kann nicht nur für wissenschaftliche Zwecke nützlich sein, sondern generell das Erlernen einer Entspannungsmethode unterstützen (s. z. B. Ohm, 1999). In einem solchen Tagebuch werden jeweils direkt nach Abschluss der Übung etwa Datum, Uhrzeit bzw. der Beginn und die Dauer der Gesamtübung, ggf. das spezielle, abweichende oder besondere Vorgehen mit den im Einzelnen durchgeführten Übungen und die Erfahrungen mit den Übungen festgehalten. Die Erfahrungen sind oder betreffen Empfindungen, Wirkungen, Folgen, Auffälligkeiten, Besonderheiten und Merkwürdiges. Für die wissenschaftliche Beobachtung, Begleitung und Dokumentation dienen wiederum spezielle Protokollbögen, die zusätzlichen und besonderen Anforderungen und Ansprüchen genügen und dem jeweiligen Anliegen gerecht werden müssen. Bei Jacobson (1938, S. 48) findet sich ein von ihm verwendetes Muster. Ein Tagebuch mit den eigenen Beobachtungen meldet die eigene Entwicklung zurück. Fortschritte können so deutlicher wahrgenommen werden und vielleicht stärker motivieren. Aus der Gesamtsicht der Beobachtungen können häufig leichter und besser Zusammenhänge erkannt und angemessene Schlussfolgerungen gezogen werden. Außerdem können diese beim Erinnern und Verstehen etwa von Störungen, Auffälligkeiten und bei der Entwicklung angemessener Reaktionen und Bewältigung helfen. So werden unter Umständen bzw. auch erst im

Nachhinein wichtige Daten und Beobachtungen etwa für ein späteres Gespräch mit einem Trainer oder Experten, aber auch für einen selbst festgehalten, um Betrachtungen, Reflexionen, Klärungen, Einsichten und Schlussfolgerungen zu erleichtern und zu unterstützen.

Zumindest am Anfang sollte der Übende sich nicht nur regelmäßig, sondern auch ausreichend Zeit für die PME nehmen und zurückziehen, um möglichst ungestört üben zu können. Die zu beachtenden Bedingungen zum Entspannen, Meditieren und zur Selbsthypnose wurden allgemein und ausführlich im Kapitel 2 dargestellt und diskutiert. Sie gelten auch (im Besonderen) für die PME. Zur Übung ist es günstig, sich hinzulegen oder auf einen Stuhl oder Hocker zu setzen. (Jacobson empfiehlt ein Sitz mit Rückenlehne, um sich beim Sitzen anzulehnen und im Rücken stützen zu lassen.) Zum Erwerb der PME und vor allem zum Erlernen und Erfahren der generellen und völligen Entspannung empfiehlt Jacobson (1938, 1976) zunächst das Üben im Liegen (vgl. auch Kap. 2.5). In der Übersetzung (Jacobson, 2011, z. B. S. 166) wird von der „allgemeinen Entspannung" gesprochen, die nach einem bestimmten Programm im Liegen erlernt wird. Nachdem die allgemeine, willkürliche, völlige Entspannung der Bewegungsmuskulatur – nach regelmäßigem Üben im Liegen – gelingt, ist die differentielle oder auch angepasste Entspannung zu lernen. Zum Erlernen dieser differentiellen Entspannung werden dann zunächst die gleichen oder entsprechenden Übungen, wie nach dem Programm zur allgemeinen Entspannung nur nicht im Liegen, sondern im Sitzen geübt. Weiterhin wird jedoch zusätzlich die Entspannung im Liegen fortgeführt und geübt. Mit der Entspannung im Liegen wird begonnen und dann möglichst locker und entspannt in die Sitzposition zum weiteren Üben der differentiellen Entspannung gewechselt. Schließlich kommen Übungen zur Entspannung während des Lesens, Arbeitens oder bei beliebigen Alltagsaktivitäten hinzu. Gerade diese Muskelentspannungsübungen im Sitzen und während geistiger und körperlicher Aktivitäten führen zum Erlernen und Gelingen der differentiellen Entspannung und damit zum weiteren Transfer und zur Generalisierung der muskulären Entspannung auf sämtliche Situationen und Aktivitäten des Übenden bzw. sein Leben. Er erwirbt so also damit die Fähigkeit und Fertigkeit sich in allen Muskelgruppen unterschiedlich und so weit zu entspannen bzw. Anspannung zu reduzieren, wie es die Situation, Bedingungen, seine Haltung, sein Tun gerade noch zulassen und erlauben. Es geht bei der differentiellen Entspannung nämlich darum, die in Bezug auf eine Haltung, Tätigkeit und Situation überhöhte, unnötige Anspannung bestimmter Muskelgruppen völlig oder auf ein eben noch notwendiges Minimum zu reduzieren (vgl. dazu auch Hamm, 2000). So bleiben der muskuläre Gesamtaufwand sowohl angepasst und angemessen als auch minimal und die Person bzw. ihre Muskulatur folglich immerhin – auch im Alltag und Leben – mindestens partiell entspannt. Vor allem die offenbar nicht involvierten, unbeteiligten Muskelgruppen können und sollen nach Jacobson – soweit wie und noch möglich – entspannt werden und bleiben.

Diese Idee einer angepassten, möglichst geringen, auf das Notwendige beschränkten Anstrengung bzw. einer insgesamt maximalen Entspannung und minimalen Anspannung bei der bzw. zur Ausführung und Beibehaltung von Haltungen und Bewegungen findet sich auch im Qigong. Auch das Spüren und Empfinden der notwendigen und wirkenden Kräfte bei minimaler, differentieller Anspannung ist im Qigong zentral. Allerdings werden die inneren und äußeren Kräfte und Spannungen bereits von Beginn an des Übens nicht nur in Ruhe, sondern auch in der Bewegung bzw. in den Bewegungen wahrgenommen. Aber auch im Qigong gibt es vorwiegend statische, ruhende, „stille", geistige Übungen, in denen nicht nur eine differentielle Entspannung, sondern auch eine eher allgemeine Entspannung und Beruhigung geübt wird. Im Qigong wird aber weniger das Maximum der Entspannung betont, sondern mehr die Angemessenheit, Natürlichkeit, Ausgeglichenheit, Passung von Anspannung und Entspannung.

Vor allem zum Erlernen der PME legt sich also der oder die Übende am besten mit dem gesamten Körper flach auf den Rücken, so dass die Arme seitlich locker gestreckt im leichten Abstand jeweils neben dem Rumpf liegen (in etwa so wie in der von mir im Kap. 2.5 vorgeschlagenen, empfohlenen und in Abbildung 6 gezeigten Liegeposition). Die Hände haben über die Handinnenflächen Kontakt zur Unterlage und sind dabei ebenfalls locker ausgestreckt. Die Beine sollten ebenfalls locker liegen und nicht überkreuzt werden, weil sich sonst störende Spannungsempfindungen einstellen. Den Kopf lässt Jacobson (1938, 1976) zwar im allgemeinen auf einem Kissen liegen, überlässt es jedoch letztlich den Übenden selber, ob sie mit oder ohne Kissen liegen bzw. üben wollen. Es sollte jedoch nicht der Kopf zurückfallen und der Hals überstreckt werden. Aus orthopädischen Gründen können weitere Kissen zur Unterstützung (z. B. unter den Knien) benutzt werden. Die verschiedenen und auch andere Haltungen werden im Kapitel 2.5 ausführlich vorgestellt und erörtert. Nach dem Üben und beherrschen der PME im Liegen empfiehlt sich, wie oben bereits beschrieben, das Üben im Sitzen. Wobei hier bzw. von Jacobson im Unterschied zur aufrechten Sitzhaltung im Meditationskontext (vgl. Kap. 2.5) das Anlehnen an bzw. Stützen durch eine Rückenlehne nahegelegt wird. Ungewöhnlich und zum Erlernen der PME augenscheinlich ungünstig sind Sitzhaltungen mit verschränkten oder eng angewinkelten Beinen oder das Stehen. Die Augen dürfen auch offen bleiben (s. dazu auch Kap. 2.4). Geschlossene Augen unterstützen jedoch die innere, aufmerksame Körperwahrnehmung.

Nacheinander lernt der Übende in systematischer Weise die – wenn auch noch so geringe – Anspannung in den jeweils ausgewählten Muskelgruppen wahrzunehmen und so weit wie möglich locker, los zu lassen und zu entspannen, d. h., die Anspannung möglichst weit (bis völlig) zu reduzieren. Dazu werden für mehr oder weniger bestimmte Zeitabschnitte (einige Tage) bestimmte, wenige Muskelgruppen in vorgegebener Weise nacheinander gezielt ange- und entspannt. Bei der jeweiligen Anspannungsübung wird nur die betreffende Muskelgruppe angespannt, alle anderen bleiben soweit wie möglich passiv. In der ersten Übung wird nach Jacobson (2011, S. 121, S.146-149) die Anspannung an der Außenseite des linken Unterarmes gespürt. Die Anspannung wird durch die Beugung der linken Hand (einschließlich der Finger) „im Handgelenk nach hinten" bzw. nach oben hergestellt und in dieser Position für „mehrere Minuten" gehalten. Es wird versucht diese zu spüren. Hier im Unterarm ist die nach Jacobson relevante Anspannung durch Muskelkontraktion zu spüren, während sich im Handgelenk der zwar auffällige, aber nur sekundäre Belastungsdruck (s. o.) bemerkbar macht. Anschließend wird versucht sich für „mehrere Minuten" zu entspannen und der fortschreitenden Entspannung im Außenbereich des linken Unterarmes nachzuspüren. Dazu wird die Hand schlaff aus der Beugung in die Ruheposition auf die Unterlage los – bzw. fallen gelassen. Die Handinnenfläche liegt dann locker auf. Jacobson schlägt vor, insgesamt dreimal die Anspannung durch Beugung und Halten und die anschließende Entspannung durch Fallenlassen und Liegen der Hand zu erkunden. In dieser ersten Übung wird in das Verfahren eingeführt und nur mit einer „Muskelgruppe" geübt, daher sind die Zeiten für die An- und Entspannung hier etwas großzügiger bemessen. Nach Hamm (2000) wird grundsätzlich jeweils eine der zu übenden Muskelgruppe etwa für ein bis zwei Minuten angespannt und anschließend für drei bis vier Minuten entspannt. Beim ersten Mal des Übens mit einer Muskelgruppe wird diese in drei Durchgängen wiederholt angespannt und danach entspannt. Später bzw. ab dem zweiten Mal des Übens mit dieser Muskelgruppe erfolgt dies nur noch einmal. In der Regel ist nach der ersten Übung, d. h. hier beim Üben mit den folgenden Muskelgruppen, die Anspannung nur noch für 1 Minute zu halten und wahrzunehmen. Die Zeiten für die Anspannung und Entspannung sind jeweils als Empfehlungen, Anhaltspunkte und zur hilfreichen Orientierung zu verstehen. Letztendlich ist im Einzelnen den eigenen Empfindungen, Gefühlen, Bedingungen und Fortschritten zu folgen. Diese

Übungen werden dann fortgeführt und wiederholt, auch in erneuten Sitzungen, bis die Anspannung angemessen (auch leichteste Anspannungen werden gespürt) wahrgenommen und folglich bewusst bzw. gespürt reduziert werden kann. Der Anspannung-Entspannung-Zyklus wird dann aber nur noch einmal durchgeführt. Es kann mit bis zu drei Muskelgruppen auf diese Weise (anspannend-entspannend) geübt werden. Es sollten also nach Jacobson nicht mehr als drei Muskelgruppen wiederholt angespannt-entspannt werden. Eigentlich sollte erst nach dem erfolgreichen Erlernen von Anspannung und Entspannung (bei) einer Muskelgruppe diese durch eine folgende, neue Muskelgruppe ersetzt werden. Nach dem generellen Übungsplan von Jacobson (2011, zusammengefasst S. 166-167) zur allgemeinen Entspannung kann auch täglich, bis auf die Entspannungstage, wo nur entspannt wird, eine neue, die als nächstes vorgesehene Übung bzw. Muskelgruppe einbezogen werden. Dafür werden die Anspannung-Entspannung-Zyklen für die Muskelgruppe ganz weg gelassen, mit der bereits an drei Tagen so geübt wurde. Das ist offenbar in der Regel hinreichend. Nach Übung und Erfolg werden also neue Muskelgruppen ausgewählt. Es wird dann mit jenen (maximal drei) die Anspannung und Entspannung geübt, bis hier wiederum die Anspannung und die Anspannungsreduktion wahrgenommen und vorgenommen werden kann.

Zwischendurch werden beispielsweise beim Arm zudem noch Übungen (jeweils in der dritten und sechsten Übung) durchgeführt, wo der Arm und vor allem der Oberarm nur daliegen und entspannen. Dann folgen beim Erlernen nach zwei neuen Anspannung-Entspannungsübungen oder in jeder dritten Übungsstunde regelmäßig reine Entspannungsübungen. Während dieser Entspannungsübung werden der jeweilige, zur Zeit geübte Körperteil und die betreffenden Muskeln nur wahrgenommen und entspannt. In diesen Übungsstunden entfällt dann jegliches Anspannen.

Während der Entspannung der betreffenden Muskelgruppe, mit der jeweils geübt wird, werden gleichzeitig auch die Muskelgruppen entspannt, mit denen bereits zuvor in früheren Phasen (Übungen) geübt worden war. Da die Entspannung mit der Übung zunehmend wie von selbst gelingt, kann diese gleichzeitige Entspannung der anderen, bereits trainierten Muskelgruppen gelingen. Zudem findet durch die langen Phasen zur Entspannung der Übende zudem ausreichend Zeit sich bei Bedarf auch noch sukzessiv in den anderen Muskelgruppen zu entspannen. Nachdem nämlich alle jeweils zu übenden Muskelgruppen ange- und entspannt worden sind, wird weiter in der jeweiligen Haltung (im Liegen oder Sitzen) entspannt. Nach den Übungen mit den Muskelgruppen im Liegen bzw. zur allgemeinen Entspannung schließt sich prinzipiell eine mindestens halbstündige Ruhe- und Entspannungsphase an. Die erfahrene Entspannung soll dann auf die jeweils restliche Muskulatur bzw. den ganzen Körper ausgebreitet werden. Hier wird die Verallgemeinerung (Generalisierung) der Entspannung gelernt. Weiter soll bereits zum Einstieg bzw. zu Beginn der PME zunächst für drei bis vier Minuten in der ersten Übung und etwa 10 Minuten in den folgenden Übungen nur geruht werden. Später wenn nicht mehr gezielt Muskelgruppen in Anspannung-Entspannung-Zyklen zu üben sind, wird sogar nur noch geruht und entspannt.

Je nachdem wie schnell die PME nach Jacobson tatsächlich individuell erlernt wird, dauert es nach den Schätzungen von Hamm (2000) etwa drei bis sechs Monate und nach den Programmen von Jacobson (1976, 2011) zur allgemeinen und differentiellen bzw. gezielten Entspannung etwa fünf Monate, wenn täglich mindestens etwa 1 Stunde geübt werden würde.

Nur zum und daher bis zum Erlernen der Wahrnehmung der Muskelspannung (in der jeweiligen Muskelgruppe) werden die entsprechenden Anspannungsübungen gezeigt und durchgeführt. Später können diese zwar gelegentlich, zwecks Übung wiederholt werden, aber im Unterschied zu den bis heute zumeist zur progressiven Muskelentspannung nach Jacobson angebotenen Verfahren (s. z. B. Brenner, 1997; Ohm, 1999; vgl. zusammenfassend Hamm, 2000, 2009), sind diese – bei Jacobson im Allgemeinen minimalen Anspannungen – nicht als Hilfsmittel zur Entspannung selbst gedacht. Vielmehr dienen diese bei Jacobson (1938, 1976) nur zur Schulung der Wahrnehmung und der Erfahrung, wie Entspannung sich muskulär eben nicht anfühlt. Vor einer Entspannung der Muskelgruppen ist daher nach Jacobson (1938, 1976) eben ausdrücklich nicht – bis auf die beschriebene Ausnahme zum Beginn des Erlernens – jeweils die betreffende Anspannungsweise durchzuführen. Nach dem Erlernen der PME (mit Hilfe der minimalen Anspannungen) fallen selbst jene also weg und es bleibt nur noch das Entspannen von Muskeln bzw. Muskelgruppen. Eine Anspannung muss nicht mehr vor und zur Entspannung erzeugt werden. Das betreffende Körperteil muss und soll nicht mehr bewegt und in der Anspannung gehalten werden, um sich anschließend fortschreitend, Stück für Stück – und vielleicht noch ein Stück weiter – zu entspannen, bis jegliche restliche Anspannung schwindet und die Muskeln und damit das betreffende Körperteil völlig entspannt sind.

Bereits nach der Auffassung und Darstellung von Jacobson würden selbst solche minimalen Anspannungen (wie zum Erlernen) regelmäßig die Gesamtentspannung mindestens leicht stören oder beeinträchtigen. Je stärker die Anspannung ausfällt, umso deutlicher wird die allgemeine Entspannung und im Besonderen die Entspannung in den angespannten Muskeln gestört oder beeinträchtigt (vgl. auch Derra, 2007). Die Entspannung kann nicht maximal werden. In der Praxis der PME wurde entgegen dieser Erfahrung nicht nur sehr oft (für jede Muskelgruppe) eine Anspannung vor der Entspannung empfohlen oder instruiert, sondern zudem noch eine mehr oder weniger feste oder kräftige Anspannung (vgl. auch die kritischen Anmerkungen von Hamm, 2000). Unter speziellen Bedingungen und Umständen könnte auch ein stärkeres Anspannen – vor allem zum Erlernen der PME – für bestimmte Personen angemessen und hilfreich sein. Dies könnten beispielsweise nach meiner Erfahrung Personen sein, die etwa sehr angespannt und unruhig sind, eine unzureichende Körperwahrnehmung und eine distanzierte oder negative Beziehung zum eigenen Körper haben (vgl. auch Peter & Gerl, 1988). Die stärkere Anspannung könnte im Sinne einer Abreaktion, das bedeutet Abbau von Stress durch körperliche Anstrengung, oder einer provozierten Gegenreaktion, d. h. auf die Anspannung eines Muskels folgt mehr oder weniger reflexhaft die Gegenreaktion, also Entspannung, wirken. Weiter könnte diese zur (besseren) Ablenkung (etwa von störenden Impulsen, Gefühlen und Gedanken) und zur Fokussierung der Wahrnehmung auf die betreffende Muskelgruppe und das jeweilige Körperteil beitragen. Es kann entsprechend auch in Situationen helfen, in denen Menschen sehr erregt, angespannt und unruhig sind. Also zum Einstieg in regelmäßige Entspannungsübungen oder bei sehr großer innerer Anspannung, Erregung oder Unruhe könnte die Variante mit einem festen, kräftigen Anspannen dennoch hilfreich sein. Allerdings sollten auch hier erfahrungsgemäß die Anspannung nicht übertrieben und vor allem Schmerzen vermieden werden, um eventuelle, negative Auswirkungen der verstärkten Anspannung zu vermeiden und auszuschließen (s. u.). Besonders vorsichtig und behutsam sollten Sie mit der Anspannung sein, wenn das Körperteil oder die Muskelgruppe bereits schmerzen. Sind innere Anspannung, Erregung und Unruhe jedoch überhaupt zu mächtig und zu sehr ausgeprägt, so kann selbst der Versuch scheitern, die Entspannung jeweils über ein festes, kräftiges Anspannen (bzw. nach diesem) zu erreichen (vgl. Derra, 2007). In diesem Fall könnte vielleicht eine sportliche Betätigung und Abreaktion vor der PME Abhilfe schaffen. Bei diesbezüglichen Problemen sollten jedoch unbedingt ärztliche und psychotherapeutische Expertise, Analyse, Einschätzung und Empfehlung eingeholt werden.

Jacobson (2011, S. 153-154) selbst weicht allerdings in der 7. Übungsstunde von seinem Schema bzw. Prinzip ab und lässt die übende Person den liegenden Arm zunehmend (für

30 Sek.) bis zu einem Maximum anspannen, um ihn dann allmählich entspannen zu lassen bis er dann völlig entspannt. Diese eine Übung dient ebenfalls der Wahrnehmungsschulung bzw. dem Erkennen, Einschätzen von Anspannung und er weist ausdrücklich in diesem Zusammenhang daraufhin, dass diese und andere gezielte Anspannungen bzw. Kontraktionen nur dem anfänglichen Training dienen und dann völlig entfallen. In der Angabe der Übungsstunden oder Tage für die Armübungen im Programm für die allgemeine Entspannung scheint diese Übung augenscheinlich nicht mitgezählt bzw. berücksichtigt worden zu sein. Derra (2007, S.51) dagegen führt diese stärkere Anspannungsübung explizit sogar auch mit den Beinen durch. Die Art der Mimik in der Augenregion, um sich hier die Anspannung in den betreffenden Muskeln zu vergegenwärtigen, hat nach meinem Empfinden in einigen Übungen eine eher kräftigere Anspannung zur Folge. Dem kann nach meiner Erfahrung zwar durch eine bewusstere, vorsichtigere, den Gesichtsausdruck nur andeutende Vorgehensweise entgegengewirkt werden. Die Anspannung bleibt dann leicht bzw. minimal. Aber dazu gibt Jacobson meines Wissens hier selbst keinen Hinweis.

Nach Jacobson (1938) kann die Wahrnehmung und Beobachtung unterstützt werden, wenn die Empfindungen bei den Übungen möglichst genau und zutreffend beschrieben werden. Ähnlich wie bei den im Kapitel 3.3 vorgestellten Achtsamkeitsmeditationen sind die körperlichen Empfindungen aufmerksam, bewusst konzentriert wahrzunehmen, zu spüren und können zudem passend benannt werden. Konzentration, Beobachtung, Wahrnehmung und Verständnis werden so geschärft. Unter Anleitung tragen diese zudem zur wirksamen und nützlichen Verständigung und Unterstützung etwa durch den Trainer und ggf. in Gruppen bei. Dabei gehen z. B. Peter und Gerl (1988, S. 183-186) in einer Variante des PME über Jacobson hinaus. Denn Sie lassen die jeweiligen erspürten, wahrgenommenen, gefühlten Entspannungsreaktionen (etwa leichte Schwere oder Wärme) nicht nur innerlich feststellen und benennen, sondern in Übereinstimmung mit der Grundstufe des Autogenen Trainings (s. Kap. 6.2.1) zudem mehr oder weniger suggestiv unterstützen und verstärken. Danach ist beispielsweise bei der entsprechenden Wahrnehmung von Wärme in der (rechten) Hand, diese nicht nur beschreibend als „Wärme" oder als „leichte Wärme" zu kennzeichnen, sondern etwa mit „(die Hand wird) immer wärmer und wärmer" und schließlich „angenehm warm" zu kommentieren bzw. im wahrsten Sinne des Wortes „anzufeuern". Wie bereits oben ausgeführt und weiter unten noch diskutiert, lehnte Jacobson jedoch prinzipiell jegliches suggestives, hypnotisches Element oder Mittel für die PME ab.

Das genaue Vorgehen, die Pläne, die Körperbereiche und betreffenden Muskelgruppen, die Bewegungen und Haltungen zur Anspannung und Muskelkontraktion, die Entspannungsübungen zur allgemeinen und zur differentiellen Entspannung, ihre Reihenfolge sind Jacobson (1976 bzw. 2011) zu entnehmen. Der Vorteil dieses Werkes besteht nicht nur in der aktuellen Verfügbarkeit einer deutschen Übersetzung, sondern in dem Umstand, dass die „Progressive Relaxation" bzw. PME dort von Jacobson für den Selbsterwerb dargestellt wurde. Die Übungen weichen zwar etwas und in der Reihenfolge von Jacobson (1938) ab. Aber die Abweichungen dürften – wie jeder für sich prüfen und nachvollziehen kann – jedoch letztlich unerheblich und unbedeutend sein. Hamm (2000, S. 307-308) listet die verschiedenen Übungsgruppen mit den betreffenden Muskelgruppen und Bewegungen (zur Erfahrung der Kontraktion bzw. Anspannung) in den betreffenden Muskeln bzw. Körperteilen für das Üben im Sitzen übersichtlich auf. Derra (2007, S. 47-58) beschreibt ebenfalls ausführlich die praktische Durchführung der PME nach Jacobson. Diese Darstellung beinhaltet den genauen Ablaufplan mit allen Übungen bzw. das komplette Lernprogramm zur allgemeinen Entspannung. Entsprechend sind hier auch die Ruheübungen mit aufgeführt, die ausschließlich der Entspannung dienen.

Das Erlernen der PME wird mit den sieben Übungen im linken Arm begonnen, dann folgen die gleichen Übungen im rechten Arm. Zweitens folgen neun Übungen erst im linken und dann im rechten Bein. Es folgen die Übungen im Rumpfbereich (Bauch, Rücken, Atemmuskulatur im Brustkorb), danach das weitere Üben im Schulter- und Brustbereich sowie anschließend im Nakken bzw. der Halsregion. Dann wird mit den Muskeln in der Augenregion (zur Mimik bzw. zum Gesichtsausdruck, zum Lidschluss und zur Augenbewegung) und danach mit der Augenmuskulatur durch visuelle Vorstellungen (Visualisierungen) bewegter oder unbewegter Objekte geübt. Schließlich wird mit der Sprechmuskulatur bzw. den Muskeln der Sprachregion (also bezüglich Wange, Kiefer, Mund, Lippen, Zunge) und schließlich mit verschiedenen einfachen Sprechübungen (erst laut bis nur noch vorgestellt) – zu entspannen – geübt.

Wie bereits erwähnt, dauert dieses Erlernen der PME – aufgrund der vielen einzelnen Übungen und Muskelgruppen und des schrittweisen Vorgehens und Übens – vergleichsweise lange. Es kann immerhin bis zu einem halben Jahr dauern. Um den Aufwand – unter Beibehaltung des Nutzen – zu verkürzen, wurden deshalb für die Praxis viele verschiedene Kurzfassungen der PME entwickelt (vgl. Derra, 2007; Hamm, 2000).

Wie zuvor ausgeführt, sind bereits nach Jacobson (1976) verschiedene Emotionen mit entsprechenden, unterschiedlichen Anspannungsmustern der Muskulatur verbunden und können direkt durch die PME entspannt und verändert bzw. besänftigt, verringert werden. Umgekehrt können gezielte Bewegungen bzw. Anspannungen von Muskelgruppen – etwa im Sinne der Einnahme einer bestimmten Körperhaltung, Mimik, Gestik – emotionale Wirkungen erzeugen. Da bei der PME im Original, wie beschrieben, die Anspannung der existierenden Muskelgruppen sehr systematisch und praktisch vollständig erfolgt, die Anspannung allgemein sehr gering bzw. minimal bleibt und bald zugunsten der alleinigen Entspannung ganz aufgegeben wird, ist die Auswahl der Übungen und Muskelgruppen bezüglich der bewirkten, induzierten Emotionen hier vernachlässigbar. Werden jedoch in Abwandlung und Verkürzung der PME einzelne Übungen und Muskelgruppen ausgewählt oder hervorgehoben und bleibt zudem die Anspannungsphase Teil des Entspannungstrainings, dann wird die Auswahl geeigneter Muskelgruppen zentral und kritisch. Dann ist es beim Erlernen und insbesondere beim regelmäßigen Üben dieser PME sehr wichtig, darauf zu achten, welche Muskelgruppen wie angespannt werden, um die mögliche Induktion, Auslösung oder Verstärkung unerwünschter, negativer Emotionen zu vermeiden. Dies wird umso wichtiger, je intensiver (stärker) und länger mit einer Anspannung vor der Entspannung der Muskelgruppen geübt wird. Es ist also darauf zu achten, welche Muskeln aufgrund des jeweils bestehenden Anspannungsmusters bevorzugt an- und entspannt werden sollen. Dies wurde bei meinem Vorschlag zur verkürzten Durchführung der PME nach Jacobson im Kapitel 4.1 berücksichtigt.

Die PME ist vor allem für Personen geeignet, die wenig Erfahrung mit gezielter Entspannung, eine unzureichende Körperwahrnehmung und überhaupt größere Schwierigkeiten haben, sich zu entspannen, für einige Zeit einfach nur still zu liegen oder zu sitzen und sich körperlich zu spüren, die sich durch eine große innere Unruhe, einem geringeren Konzentrationsvermögen, großen Beschäftigungs- oder Bewegungsdrang auszeichnen. Allerdings gilt dies vor allem oder nur für eine verkürzte Version der PME nach Jacobson (wie etwa in Kap. 4.1). Denn mit dem langen Liegen und Entspannen von etwa einer Stunde (und mehr), wie es Jacobson vorschlägt, kommt dieser Personenkreis – zumindest beim Erlernen – nicht oder nur sehr schwer zurecht. Die Schwierigkeiten entstehen vor allem beim selbständigen Üben. Unter Anleitung eines Trainers, gleichgültig ob in der Einzel- oder Gruppensitzung, treten diese erfahrungsgemäß deutlich seltener und weniger auf.

Schließlich lernt der Übende, wann und wo er gespannt ist und wie er sich dann und dort entspannen kann. Dazu kann er sich generell entspannen, indem alle oder zumindest alle wichtigen Muskelgruppen entspannt werden. Es können aber auch nur – örtlich, teilweise, eben differentiell (s. o.) – die betroffenen, angespannten Muskelgruppen entspannt werden.

In anderen Varianten und Kurzformen der PME (nach Jacobson) erfolgt die Entspannung bei der progressiven Muskelentspannung ebenfalls über die Wahrnehmung der Muskelspannung (vgl. z. B. zusammenfassend und im Überblick bei Hamm, 2000; Derra, 2007). Generell werden bei diesen Varianten bzw. Kurzformen nacheinander die Muskulatur verschiedener Körperteile oder, noch genauer, bestimmte Muskeln von Körperteilen für zumeist kurze Zeit (wenige oder einige Sekunden) zunächst angespannt. Ausgewählte Muskeln werden dabei verkürzt und deren Gegenspieler gedehnt. In der jeweils nachfolgenden, wesentlich längeren Phase wird dann der Entspannung der betreffenden Muskulatur (Muskeln) in den jeweiligen Körperteilen nachgespürt. Die Anspannung sollte nach meinen obigen Ausführungen generell nicht zu fest, sondern leicht, behutsam, sanft und achtsam erfolgen. Je leichter, behutsamer, sanfter, achtsamer die Anspannung erfolgt, desto weniger wird auf Dauer die (Gesamt-) Entspannung gestört und desto tiefer kann diese werden und bleiben. Die Körperwahrnehmung wird dadurch differenzierter und verfeinert. Zudem werden dadurch zusätzliche Anspannungs- und Verspannungsimpulse vermieden, die gerade bei Schmerzpatienten in eine weitere Spirale und verstärkte Rückkopplung des Schmerz-Anspannungskreislaufes münden können. Die Schmerzen würden dann verschlimmert und die Wirkung der anschließenden Entspannung begrenzt werden. Entsprechend und nachweislich ist darauf bei Rückenschmerzpatienten zu achten (vgl. Derra, 2007; Hamm, 2000). Auch Patienten mit Fibromyalgie reagieren auf selbst geringe Anspannung mit Schmerzen, die eine Entspannung völlig blockieren können (vgl. Derra, 2007). Wenn hier überhaupt mit Anspannung geübt werden soll, dann sollte diese wirklich minimal bleiben, nur jeweils einmal erfolgen und bald zu Gunsten der Entspannung ganz aufgegeben werden.

Wie oben bereits ausgeführt, kann im Besonderen bzw. Einzelfall dennoch, ein stärkeres, festeres Anspannen angemessen sein und vorübergehend gewählt werden. Während Jacobson, wie dargestellt, die Anspannungsbewegungen und -haltungen sinnvollerweise sehr bald ganz unterlässt, bleiben diese Bestandteile vieler Übungsanleitungen zur PME in der Praxis. Die Anspannungsphase geht bei jenen im Gegensatz zu Jacobson und zum Nachteil der Entspannung dauerhaft der Entspannungsphase voran. Dieses Vorgehen bzw. das Beibehalten der Anspannungsphasen stört und behindert – auch nach meiner Erfahrung, Kenntnis und Auffassung – im Allgemeinen nachhaltig die Entspannung.

Brenner (1997) und Ohm (1999) bieten immerhin für Fortgeschrittene an, die zunächst als Anfänger deutlich zu spürende Anspannung mit fortschreitender Übung in drei Schritten zu reduzieren. In einem ersten Schritt wird nur noch leicht angespannt. In einem zweiten Schritt wird nur noch innerlich, andeutungsweise – kaum merklich und äußerlich nicht mehr sichtbar – angespannt, so als wenn die jeweilige Anspannungsbewegung vorbereitet und (noch) ausgeführt werden soll. In einem letzten Schritt wird die Anspannung nur noch vorgestellt. Ohm (1999) bietet auch noch die Möglichkeit einer an die PME anschließenden Körperreise an, in der die angespannten Muskelgruppen und Körperbereiche nacheinander noch einmal nur wahrgenommen und tiefer entspannt werden.

Wegen solcher entscheidender Unterschiede in der Durchführung der PME sind die Ergebnisse aus wissenschaftlichen Studien über die Wirkungen und Wirksamkeit der PME nur schwer zu vergleichen und kaum in ein übereinstimmendes, klares Wirkungsbild zusammenzufassen (vgl. Derra, 2007; Hamm, 2000). Dennoch ließ sich in wissenschaftlichen Untersuchungen nachweisen, dass die PME wirksam und bedeutend bzw. erfolgreich die Muskelspannung,

Blutdruck, Herz- und Atemfrequenz senken und emotionale Belastung abbauen kann und vor allem die Häufigkeit, Dauer und Intensität von Spannungskopfschmerzen reduziert sowie die essentielle Hypertonie behandelt (vgl. Derra, 2007; Hamm, 2000, 2009). In Kombination mit anderen Verfahren hilft es auch bei der Migräne, bei rheumatischen und Phantomschmerzen (vgl. zudem Klinkenberg im Nachwort von Jacobson, 2011). Auch Schlafstörungen, vor allem nachweislich Einschlafstörungen, werden nach den beiden Autoren mit der PME wirksam behandelt. Darüber hinaus wird die PME, zumeist im Zusammenhang mit weiteren Maßnahmen und Verfahren, in einem weiten Bereich zur Wiedergewinnung, Erhaltung, Förderung von sowohl körperlicher als auch psychischer Gesundheit mehr oder weniger erfolgreich angewendet. Im klinischen Kontext umfasst das Spektrum Anwendungen bei diversen psychischen Störungen, wie etwa Depression, Angst-, Zwangs-, Suchterkrankungen und Ess-Störungen, über psychosomatische Erkrankungen, wie etwa Tinnitus, Schwindel, funktionelle Magen-Darm-Beschwerden und diverse Schmerzstörungen, bis zu organisch klassifizierten Erkrankungen, wie etwa koronare Herzerkrankungen, Multiples Sklerose, Parkinson und Diabetes Typ II (vgl. Derra, 2007). Selbst bei letzteren trägt die PME erfahrungsgemäß zur Krankheitsbewältigung bei und bessert offensichtlich den weiteren Krankheitsverlauf (über die aktive Stressreduktion und -bewältigung). Positive Vorerfahrungen mit der PME und eine positive Einstellung zur PME begünstigen das Erlernen und die Wirkung.

Die PME soll nach Derra (2007) nicht bei akuten oder chronifizierten psychotischen Zuständen oder Erkrankungen angewendet werden (Kontraindikation!). Bei neuromuskulären Erkrankungen, bei denen sich eine muskuläre Anspannung verbietet oder unbedingt zu vermeiden ist, wie etwa bei einer Muskelentzündung, gilt die PME ebenfalls – zumindest in der Variante mit Anspannung – als nicht angezeigt.

Eine zuverlässige und stabile Entspannungsfähigkeit wird durch regelmäßiges und längeres Üben erreicht. Dies gilt unbedingt für jedes Entspannungsverfahren bzw. Verfahren der Meditation und Selbsthypnose, mit dem auch Entspannung, Gelassenheit und innere Ruhe erreicht wird bzw. werden soll. Es ist klar, einleuchtend und direkt zu erfahren und extrem wichtig, um tatsächlich und nachhaltig Fortschritte, Wirkungen und Erfolge mit dem jeweiligen Verfahren zu erleben und verzeichnen, und wird deshalb auch wiederholt in diesem Buch angesprochen und betont, obwohl es bereits grundlegend im Kapitel 2.7 dargelegt wurde.

Nach Derra (2007) erhöht sich die Wirksamkeit der PME, wenn diese sich nicht nur einseitig auf die Wahrnehmung der Muskeln und Muskelspannung bzw. -entspannung bezieht, sondern zudem um Elemente aus anderen Entspannungsverfahren angereichert, ergänzt werden würde. So könnten Übungen beispielsweise aus dem Autogenen Training (s. Kap. 6.2), der passiven und aktiven Atementspannung (aus Kap. 3.2 und 3.4) und den Achtsamkeitsmeditationen (s. Kap. 3.3, etwa über die Atmung und Beachtung anderer Körperteile, -aspekte, -empfindungen) oder geeignete, passende Visualisierungen und Imaginationen (Kap. 5, zur Entspannung s. Kap. 5.1) mit einbezogen werden. Für gewöhnlich werden diese Kombinationen bereits in der Praxis, der Vermittlung und Anwendung der PME vorgenommen und genutzt.

In meiner Praxis (s. Kap. 4.1) geschieht dies regelmäßig grundlegend durch die besondere Einleitung in die PME und dem entsprechenden Ausstieg bzw. der Rückführung aus der PME in den Alltag (vgl. Kap. 2.11). Die PME wird hier wie die Körperreise (im Kap. 7 ausgeführt und dort nachzulesen) vor allem durch ein bewusstes, aufmerksames Einnehmen der Haltung (zum Entspannen bzw. zur „Rückkehr"), ein Spüren auf der Unterlage und des Getragenseins sowie eine achtsame Atemwahrnehmung und suggestive, achtsame Atemübung oder Atemmeditation eingebettet. Bei entsprechendem Können wähle und empfehle ich vorzugsweise die Strin-Wurzelzentrum-Atem-Meditation des Kapitels 3.5. Weiter kann die PME durch sprachliche

Anleitungen, Beschreibungen oder Suggestionen erweitert und bereichert werden, die die muskuläre Entspannung der jeweiligen Muskeln und des Körperteils verstärken und begünstigen. Ich begleite und unterstütze diesen Prozess in der Lernphase in der Regel mit den Worten: „Spüren, loslassen und entspannen". Nach meiner Erfahrung ist dies sehr hilfreich und wirksam. Wobei diese Worte anfangs zur Demonstration und zum Erlernen auch von außen gehört bzw. von mir als Trainer oder Therapeut gesprochen und vorgesagt werden können. Aber bald sollten diese nur noch vom Übenden selbst innerlich gesprochen, gedacht oder vergegenwärtigt werden. Ergänzt wird die PME, vor allem bei fortschreitender Übung oder bereits bestehenden Erfahrungen mit Atemübungen oder Atemmeditation, mit der angebotenen Verbindung des Loslassens und Entspannens mit dem Ausatmen. Mit dem Ausatmen bzw. dem betreffenden Atem werden das jeweilige Körperteil und die zugehörigen Muskeln losgelassen und entspannt. Auch das für alle Empfindungen, Wahrnehmungen offene Hineinspüren in die (zunehmende) Entspannung – sowohl im betreffenden Körperteil als auch dessen Muskeln – kann den Fokus und Horizont über die Muskelspannung hinaus erweitern. Auch hier sind Angebote (die als Suggestionen wirken können) nach Empfindungen (wie etwa Wohlgefühl, Wärme), die eben nicht nur die Muskeln betreffen, nach meiner Erfahrung, sinnvoll, passend und hilfreich. Mit solchen Ergänzungen und bei einem entsprechenden Vorgehen erreichen bereits Anfänger mit der Kurzversion des folgenden Kapitels ein vergleichsweise tiefes Entspannungserleben. Über das Spüren hinaus könnten natürlich auch die anderen Sinne und deren Wahrnehmungen und Vorstellungen einbezogen und genutzt werden. Bei Patienten und Anfängern bleibe ich jedoch im Rahmen der PME bewusst beim Spüren und Wahrnehmen des Körpers, um die Körperwahrnehmung, -präsenz, -kontrolle, -beziehung, -entspannung und -fürsorge zu stärken und zu entwickeln und das Ablenken, Verlieren und Flüchten in Gedanken-, Phantasie-, Gefühls- und Traumwelten möglichst zu lassen bzw. nicht zu fördern. Dies entspricht offenbar auch dem Vorgehen bei Derra (2007), der im Sinne von Jacobson möglichst neutrale, beschreibende Entspannungsinstruktionen empfiehlt und auf suggestive Elemente möglichst verzichtet.

Da die PME, wie bereits ausgeführt, im Original nach Jacobson ein sehr umfangreiches und sowohl im Erlernen als auch beim jeweiligen Durchführen ein vergleichsweise aufwendiges Verfahren ist, wurden danach verschiedene kürzere Versionen – mit ihren spezifischen Vor- und Nachteilen gegenüber dem Original – entwickelt (vgl. Derra, 2007; Hamm, 2000). Die im Kapitel 4.1 vorgestellte und angebotene PME geht ursprünglich weitgehend auf die PME nach Bernstein und Borkovec (2007, zusammenfassend in Derra, 2007; Hamm 2000) zurück, die in einer ersten deutschen Fassung bereits 1975 erschienen ist. Im Unterschied zu Bernstein und Borkovec (2007) bleiben die anfänglichen Muskelanspannungen bzw. Bewegungen sehr leicht bis – wie bei Jacobson selbst – möglichst gering (minimal). Entsprechend sind die minimalen Bewegungen zur Anspannung der betreffenden Partien wieder stärker am Ursprung der PME nach Jacobson orientiert. Die Reihenfolge der zu entspannenden Muskel- und Körperpartien wurde – unter anderem im Sinne des Originals von den Gliedmaßen in den Rumpf und Kopf – ebenfalls abgewandelt. Einige Teile werden bei der von mir angebotenen Variante (gegenüber Bernstein & Borkovec, 2007) hervorgehoben und gesondert entspannt, während andere Teile zusammengefasst wurden. So sind etwa die Arme (nach Kap. 4.1) feiner und differenzierter zu entspannen, nämlich erst die Hand und dann der Unterarm (also getrennt und nicht zusammen), während jeweils ein ganzes Bein mit Fuß zu entspannen (anfangs auch anzuspannen) ist. Differenzierungen können bei Bedarf selbstverständlich jederzeit vorgenommen werden. So könnten z. B. Fuß, Unterschenkel und Oberschenkel gesondert ange- und entspannt werden. Auf diese Art und Weise kann die PME wiederum im Sinne des Originals erweitert und differenziert werden. Allerdings nimmt dadurch auch wieder der Aufwand für das Verfahren zu, was bei einer erwünschten regelmäßigen Übungspraxis schnell und verständlicherweise an Grenzen und zu Problemen führen kann.

Die Verbindung des Ausatmens mit dem Loslassen und Entspannen der jeweiligen Muskel- bzw. Körperpartien, nutzten ebenfalls bereits die Autoren Bernstein und Borkovec. Die bereits unwillkürliche, erleichternde, loslassende und entspannende Wirkung des Ausatmens wird so mit der beabsichtigten, zu leistenden Entspannung der Muskelgruppe und des betreffenden Körperbereiches gekoppelt und konditioniert (Derra, 2007, S. 126, spricht von „Ausatmungsver-stärkung"). Erwerb, Gelingen und Abruf der Entspannungsreaktion werden unterstützt und erleichtert. Zusätzlich können passende, geeignete sprachliche Beschreibungen, Konzepte, Auf-forderungen (wie o. und im Kap. 4.1: „Spüren", „Loslassen" und „Entspannen") verwendet wer-den, die zudem den späteren Abruf der Entspannungsreaktion vorbereiten und erleichtern sol-len, also auch bei Belastung und Anspannung, in alltäglichen Situationen bis schwierigen Lebenslagen. Dies geschieht aufgrund der Konditionierung bzw. erlernten Verbindung zwi-schen der Entspannung und den gewählten Worten. In den vorangegangenen Übungen wurden wiederholt die Worte mit der entsprechenden Entspannung erfahren und gekoppelt. Zudem sind diese mit dem entspannenden Ausatmen verbunden und konditioniert worden. Die Worte sollten, wie erwähnt, selbst innerlich, still gesprochen, vergegenwärtigt oder gedacht werden. Bei einer anfänglichen Anleitung der PME werden diese vom Therapeuten oder Dozenten ange-boten und gesprochen. Um die achtsame Körperwahrnehmung – ganz im Sinne von Jacobson – zu betonen und zu entwickeln, sollten die begleitenden Worte, wie die hier vorgeschlagenen, möglichst beschreibend, sachlich, offen und hinweisend bleiben. Suggestionen sollten, wie oben ausgeführt und im Autogenen Training üblich (vgl. Kap. 6.2), vermieden werden (vgl. auch Derra, 2007). Wie jedoch im Rahmen der Atmung im Kapitel 3.4 und der Körperreise im Kapitel 7 diskutiert wird, können auf diese Art und Weise zwar Suggestionen (bzw. der suggestive Cha-rakter von Aussagen) und Vorstellungen gegenüber, anstelle der oder zusätzlich zur Wahrneh-mung des Körpers und der Entspannung minimiert, aber nicht wirklich ausgeschlossen oder ganz vermieden werden. Also auch die inneren oder geleiteten Aufforderungen oder Hinweise, zu spüren, loszulassen und zu entspannen, können suggestiv wirken und beinhalten (Ziel-) Vor-stellungen. Trotzdem kann und soll darauf – aus den dargelegten Gründen – nicht verzichtet werden. Letztlich sind passende Beschreibungen oder Anleitungen selbst zum Erlernen und zur Durchführung der ursprünglichen PME notwendig und unentbehrlich.

Die Entspannungsphase fällt bei zweimaliger kurzer Anspannung (pro Körperteil bzw. Mus-kelgruppe) in der im Kapitel 4.1 vorgeschlagenen Version zwar jeweils kürzer aus als die einma-lige, längere Entspannungsphase (45-60 Sekunden) nach Bernstein und Borkovec (2007), aber insgesamt ist die Zeit zum Entspannen vergleichbar. Bei einer einmaligen Anspannung verlän-gert sich dann auch bei dieser die Entspannungsphase entsprechend auf etwa eine knappe bis ganze Minute. Wie auch bei Bernstein und Borkovec sind sowohl das Erlernen einer gezielten und verbesserten Entspannung als auch Körperwahrnehmung die beiden zentralen Ziele dieser PME.

Weitere Reduktionen oder Vereinfachungen bezüglich der gezielt zu entspannenden Mus-kelgruppen oder Körperpartien sind hier allerdings nicht vorgesehen und nach meiner Auffas-sung und Erfahrung nicht zu empfehlen. Da die Anspannungsphase grundsätzlich nach dem anfänglichen Erlernen wegfällt und sich damit der zeitliche Gesamtaufwand verringert, besteht aus meiner Sicht und Erfahrung auch kein überzeugender Anlass oder Grund mehr, die PME hinsichtlich der anzuspannenden und zu entspannenden Muskelgruppen noch weiter zu redu-zieren. Alle Muskelgruppen bzw. Körperbereiche werden bald idealerweise nur noch entspannt. Die Zeit der Entspannung könnte dann pro Körperteil bei Bedarf aktuell reduziert werden, so dass die Zeit der Entspannung aller Muskelgruppen etwa in der Hälfte oder einem Viertel der Zeit erfolgen könnte. So könnte der zeitliche Aufwand beim täglichen Üben bei großem Druck ausnahmsweise auch einmal auf 10 bis 15 Minuten reduziert werden. Nach regelmäßiger Übung könnte auch nur eine allgemeine Entspannungsreaktion aller willkürlichen Muskeln bzw. des gesamten Körpers in und für kurze Zeit, d. h., etwa für eine halbe bis 3 Minuten, hergestellt werden. Diese allgemeine Kurzentspannung kann auch zusätzlich zur täglichen PME und wiederholt durchgeführt werden und sehr sinnvoll und nützlich sein. Die Zeit der Ganzkörperentspannung kann selbstverständlich auch ausgedehnt werden, aber es empfiehlt sich dann, die Muskelgruppen oder Körperpartien wieder systematisch durchzugehen, um achtsam, konzentriert und fokussiert bei der Körperwahrnehmung und Entspannung zu bleiben. Auch können angespannte Bereiche bei Bedarf besonders, zusätzlich ("differentiell", s. o.) entspannt werden. Aber zum Erwerb und Erhalt einer wirklichen und wirksamen Kultur der Entspannung, Achtung, Pflege usw. seiner selbst, seines Körpers, seines Wohlergehens, seiner Gesundheit usw. ist ein Minimum regelmäßigen Übungsaufwandes nötig.

Nach meiner Erfahrung ist die PME, wie im Kapitel 4.1 vorgeschlagen, mindestens einmal täglich vollständig zu üben. Darüber hinaus können über den Tag verteilt selbstverständlich noch kurze oder „differentielle" Entspannungen gesucht und durchgeführt werden. Dabei benötigen Sie für die Durchführung der im Kapitel 4.1 beschriebenen PME selbst etwa 20 Minuten. Unter Einbezug der Anspannung (beim Erlernen der PME, je nach Häufigkeit und Länge der Anspannung) kommen zwischen 1-4 Minuten hinzu. Da aber auch die Einleitung und Rückführung aus der PME etwas Zeit beanspruchen (jeweils etwa 1 Minute, eventuell – vor allem die Einleitung – je nach Bedarf auch länger), sind insgesamt immerhin ungefähr 25 Minuten zu veranschlagen. Die Generalisierung der betreffenden Ressourcen zur Entspannung, Stressreduktion, Selbstkontrolle und -steuerung bzw. Selbstwirksamkeit usw. in den Alltag – in unser tägliches Erleben und Verhalten – geschieht dann von selbst und muss dann nicht mehr gesondert gelernt und geübt werden.

4.1 Durchführung einer bewährten verkürzten PME

Für kurze Zeit, d. h., wenige, etwa fünf Sekunden, bei Bedarf eventuell auch etwas länger, wird jeweils ein Körperteil bzw. die betreffenden Muskeln (wie im Folgenden angegeben) nur möglichst leicht angespannt. Dazu sind die Ausführungen und Anmerkungen im vorherigen Kapitel zu lesen und zu befragen. Die Anspannung sollte – auch im Sinne von Jacobson – dabei gerade noch oder schon wahrnehmbar werden. Um sich in die minimale, geringe Anspannung hineinzuspüren, kann es bei den ersten Malen hilfreich sein, mit der geringfügigen Anspannung (je nach Einstellung) zu spielen oder zu experimentieren. Sie können dazu, auch im Unterschied zu Jacobson, die Anspannung und anschließende kurze Lockerung ein bis zweimal wiederholen, um ein zuverlässigeres Gefühl für eine minimale, geringfügige Anspannung zu gewinnen. Nehmen Sie sich dafür ausreichend und unter Umständen nötigenfalls auch mehr Zeit als hier jeweils angegeben ist. Es können dann für die Anspannung auch deutlich mehr – etwa 10 bis 15 Sekunden – verwendet oder in Anspruch genommen werden. Gerade wenn Sie die Anspannung und Bewegung aus irgendeinem Grunde (s. dazu im vorherigen Kap.) dennoch etwas fester, stärker und kräftiger benötigen oder ausführen und spüren möchten, so können Sie die Anspannung auch etwas länger (etwa 10 Sekunden) anhalten, um nach Derra (2007, S. 117) „den Effekt der sog. postisometrischen Relaxation der Muskulatur zu nutzen". Diesen Gegeneffekt erzielen Sie vor allem bei stärkerer Anspannung. Deshalb lohnt sich zur Erzielung dieses Effektes nur dann, also bei verstärkter Anspannung, die Verlängerung der Anspannungsphase.

Anschließend wird für etwa eine halbe Minute (eventuell länger) gezielt entspannt. Dazu wird das betreffende Körperteil locker und in die Ausgangs- bzw. Ruheposition zurück bzw. los gelassen. Das Körperteil kann dabei mehr im Sinne von Jacobson in die Ruheposition bzw. Entspannung fallen gelassen werden oder auch nur sanft, behutsam gleiten. Während der Entspannung wird das Körperteil nicht bzw. kein Körperteil mehr bewegt. Danach wird noch bei den ersten Übungssitzungen ein zweites Mal für etwa 5 Sekunden geringfügig angespannt und anschließend wie beim ersten Durchgang für etwa eine halbe Minute entspannt. Während dieser zweiten Anspannung sollte möglichst auch wirklich nur noch einmal achtsam bewegt und angespannt werden, um überhaupt sowie besser und tiefer in die Entspannung zu gelangen. Anfänger neigen gelegentlich dazu kurzfristig hintereinander, wiederholt und häufiger anzuspannen und erschweren oder verhindern auf diese Weise ihre Entspannung.

Sollten Sie die zweimalige Anspannung wählen, so könnten Sie auch die erste Entspannungsphase zugunsten der zweiten etwas verkürzen, also z. B. zuerst nur 20 bis 25 Sekunden entspannen und dann dagegen 35 bis 40 Sek. Oder Sie können nach einem regulären Anspannungs-Entspannungszyklus einfach nur die zweite Entspannungsphase für sich noch etwas verlängern, um so in Ruhe der Entspannung nachzuspüren und diese besser auszukosten und zu genießen.

Gemäß den Ausführungen im vorherigen Kapitel kann das Entspannen einer Muskelgruppe bzw. das Lösen und Zurückführen aus der Anspannungshaltung mit dem Ausatmen eingeleitet und verbunden werden. Zudem können mit dem Ausatmen die innerlich gesprochenen oder gedachten Worte „Loslassen" und „Entspannen" verbunden werden. „Spüren" kann anfangs auch auf die Anspannungsphase bezogen werden und erst später nur auf die Entspannung. Es ist sowohl der Anspannung in den Muskeln des betreffenden Körperbereiches während der entsprechenden Bewegung und Haltung als auch der anschließenden Entspannung nachzuspüren.

Sie können aber bereits von Anfang an nur die Entspannungsphase mit „Spüren, loslassen, entspannen" oder eben nur mit „Loslassen, entspannen" (gedanklich, innerlich sprechend) begleiten. Dies ist bereits ohne die Bindung an den Atem bzw. das Ausatmen wirkungsvoll und einfacher.

Zur Orientierung der Aufmerksamkeit und Wahrnehmung dienen im Sinne von Jacobson Fragen, wie sich jeweils die Anspannungs- und Entspannungszustände sowie die Unterschiede und Veränderungen in den betreffenden Muskeln bzw. Körperbereichen – abschließend auch im ganzen Körper – anfühlen. Etwa: Wie fühlt sich die Anspannung bei dieser Bewegung und in dieser Haltung an? Wie fühlt es sich an, wenn Sie sich in die anfängliche, ruhende Haltung bzw. Ausgangsposition (zurück) bewegen und wenn die Anspannung hier zunehmend abnimmt? Wie fühlt sich dort zunehmende Entspannung und schließlich tiefe bzw. möglichst vollständige Entspannung an. Welche Unterschiede bestehen zur Anspannung? Usw. Sie spüren auf diese Art und Weise zusätzlich bewusst, fragend, wahrnehmend, beschreibend, zur-Kenntnis-nehmend und differenzierend in sich bzw. ihren Körper hinein.

Nach bereits wenigen bis einigen Durchführungen der PME, in denen ein Gefühl für eine geringfügige, minimale Anspannung gewonnen worden ist, reicht in der Regel die einmalige Anspannung. Dafür wird die Entspannung dann auf etwa eine knappe Minute ausgedehnt. Dieser kann dann entsprechend länger und ohne Unterbrechung in dem jeweiligen Körperbereich nachgespürt werden. Vor allem nach Fortschritten in der Entspannung sowie Muskel- und Körperwahrnehmung in der PME kann und sollte schließlich eine irgendwie geartete bzw. jegliche Anspannung entfallen. Es wird dann nur noch – möglichst tief und so weit wie möglich – entspannt. Dies kann bereits nach wenigen Tagen bzw. Durchführungen der Fall sein oder sich einige Wochen hinziehen. In der Regel dauert dies bei täglichem Üben ein bis zwei Wochen. Es wird dann etwa für eine ganze Minute jeder ausgewählte Muskel- und Körperbereich nur noch entspannt – und zwar möglichst tief und soweit wie möglich. Nach der Entspannung eines Bereiches wandert die Aufmerksamkeit und Wahrnehmung in den nächsten Bereich, um hier zu spüren, loszulassen und zu entspannen.

Die obigen zeitlichen Angaben sind nur als Orientierungsvorschläge zu verstehen. Diese haben sich in der Praxis zwar generell bewährt. Letztlich sollten Sie jedoch auf Ihre inneren Gefühle, Wahrnehmungen, Rhythmen hören und Ihrer Empfindung, inneren „Uhr" bzw. Taktung folgen und nicht äußeren oder äußerlichen Zeitgebern, Vorgaben oder Signalen. Insbesondere die Entspannungsphase kann individuell und je nach Bedarf mit positiven Konsequenzen verlängert werden. Beim Entspannen sollte versucht werden, das betreffende Körperteil loszulassen und zu entspannen. Dies fällt mit zunehmender Übung leichter. Am besten wird das Körperteil mit dem Ausatmen losgelassen und noch im Ausatmen mit dessen Entspannung begonnen. Auch dies ist zu üben.

Die Körperteile können auf verschiedene Weise angespannt werden. Diese Haltungen und Bewegungen zur Anspannung haben als Gestik und Mimik jedoch (wie im vorherigen Kap. ausgeführt) unterschiedliche emotionale Bedeutungen. Beim Anspannen wird im Folgenden also nicht nur darauf geachtet, dass die Bewegungen und Haltungen zur Anspannung bzw. die Anspannung gering bleiben können, sondern zudem mit eher neutralen oder sogar positiven Gefühlen verbunden sind.

Die Übungen sind gut im Liegen oder Sitzen durchzuführen. Unter Umständen – bei entsprechender Anpassung – wären diese aber auch im Stehen oder Gehen anzuwenden (s. Kap. 2.5). Im Liegen kann die Entspannung für gewöhnlich am leichtesten und besten tief sowie wahrgenommen und genossen werden. Im Sitzen ist die muskuläre Entspannung schwieriger und eben prinzipiell nicht im vergleichbaren, vollen Umfang wie beim Liegen zu erreichen.

Allerdings kann (s. vorheriges Kap.) im Sitzen die Entspannung – gegen Widerstände – gelernt werden und damit eventuell eine Verallgemeinerung und Übertragung der muskulären Entspannung in den Lebensalltag besser vorbereitet und unterstützt werden. Nach meiner Erfahrung reicht jedoch dazu ein Erlernen und regelmäßiges Üben im Liegen und ein gelegentliches Durchführen der PME im Sitzen und in anderen Umgebungen und Situationen, nachdem die Grundlagen der PME im Liegen erlernt worden und die Anspannungsbewegungen überflüssig geworden und weggefallen sind. So können Sie sich z. B. beim längeren Sitzen in einem öffentlichen Verkehrsmittel oder beim Warten mit der PME nur entspannen.

Gleich von Anfang an können alle Muskelgruppen und Körperbereiche in die PME, wie diese hier vorgeschlagen und dargelegt wird, einbezogen werden. In meinen Kursen oder Einzelsitzungen hilft dabei bzw. dazu ein vorangegangenes Durchsprechen und spielerisches Ausprobieren und die anschließende Anleitung der PME, die in einer Folgesitzung wiederholt wird. Sie können natürlich auch, wie häufig üblich, die PME für sich sinnvoll unterteilen und erst einen Teil üben und lernen und dann schrittweise weitere Teile (bis zum Ganzen) hinzufügen. Im letzteren Fall benötigen Sie entsprechend zunächst weniger Zeit und können sich vielleicht so besser an die regelmäßige, tägliche Durchführung der PME gewöhnen. Um nicht während der Übung nachlesen zu müssen und sich mit den Körperbereichen, Muskelgruppen und Anspannungsbewegungen selbst sowie deren Reihenfolge vertraut zu machen, sollten diese von Ihnen zuvor wiederholt spielerisch (auch in der Vorstellung) durchgegangen und geübt werden. Nach einigen Versuchen sind diese in der Regel so präsent und werden zuverlässig erinnert, dass die PME intensiv und gezielt geübt werden kann. Angebotene alternative Bewegungen zur Anspannung sollten oder können (im Zweifelsfall) während der anfänglichen Übungen ausprobiert werden, um schließlich die für einen jeweils passendste und angenehmste Variante auszuwählen. Diese wird dann zur Anspannung benutzt, bis die Anspannung schließlich ganz aufgegeben wird. Bei Bedarf oder einem entsprechenden inneren Bedürfnis kann die Anspannung selbstverständlich jederzeit wieder aufgegriffen und vorgeschaltet werden. Dies kann etwa nach einem mehrtägigen Aussetzten der täglichen Übungen oder gar einer noch längeren Übungspause oder bei großer innerer Anspannung und Unruhe gegeben und hilfreich sein.

Zumindest am Anfang sollten Sie sich nach der Übung vergewissern, ob Sie sich ausreichend Zeit genommen haben und alle Übungsteile in der vorgeschlagenen Ordnung durchgeführt haben. Gegebenenfalls nehmen Sie sich für die nächste PME etwa vor, sich bei der Entspannung mehr Zeit zu lassen oder eine bestimmte Muskelgruppe dann unbedingt zu berücksichtigen oder die Reihenfolge zu ändern und anzupassen. Insgesamt sollten Sie für die vollständige, achtsame Ausführung der PME, in der hier angebotenen Form, etwa 25 Minuten (wie im vorherigen Kap. ausgeführt) veranschlagen. Um ohne Zeitdruck üben zu können, geben Sie sich vielleicht anfangs besser noch ein Zeitfenster von 30 Minuten. Sehr gestresste Personen in sehr belastenden Situationen oder Personen, die etwa große Schwierigkeiten haben, sich zu entspannen, zu konzentrieren oder ruhig zu halten, sich und ihrem Körper länger zuzuwenden, können – zumindest vorübergehend – die ganze PME etwa in der halben Zeit üben. Dies gelingt Ihnen, indem Sie nur einmal an- (für 5 Sekunden) und nur einmal für eine halbe Minute entspannen und etwa 1 Minute am Schluss der PME ruhen („Ruhephase"). Mit der Übung wachsen für gewöhnlich das innere Zeitgefühl, das Entspannungsvermögen, die Achtsamkeit und innere Selbstwirksamkeit, so dass insgesamt 20 Minuten selbst zur ganzen Durchführung der PME reichen können. Die Anspannungsphasen fallen dann ganz weg, die Entspannungsphasen können etwas und die Phasen zum Ein- und Ausstieg sogar erheblich verkürzt werden. Notfalls kann dann die PME zusätzlich durch eine Verringerung der Entspannungsdauer, z. B. jeweils nur eine halbe Minute pro Körperbereich, aktuell verkürzt werden.

In meinen Kursen fange ich generell grundsätzlich mit dem rechten Körperteil an und lasse die öfters verwirrende Beschreibung bzw. Wahl des „dominanten" oder „anderen" Körperteils weg. Allerdings weise ich darauf hin, dass wir bzw. die Kursteilnehmer genauso gut, auch links anfangen könnten. Bei meinen Patienten oder Einzelsitzungen richte ich mich nach dessen Händigkeit. Bei einem Linkshänder fange ich dann eben grundsätzlich links an. Wirklich wichtig ist nur, dass letztlich jeweils sowohl das linke als auch rechte Körperteil einbezogen wird (vgl. auch Derra, 2007). Sie wählen also bitte Ihre Anfangsseite (links oder rechts) und klären, vereinfachen und korrigieren für sich entsprechend die folgende Liste mit Anleitung zur PME.

Die Bewegung und Haltung zur Anspannung einer Muskelgruppe bzw. eines Körperteils wird dann zur und während der Entspannung einfach losgelassen, aufgelöst und zurückgenommen. Zur und in der Entspannung wird also die jeweils vorangegangene, betreffende Ausgangs- und Ruheposition eingenommen. Z. B. liegen die Hände und Finger dann ganz locker im Sitzen auf dem Oberschenkel und im Liegen neben dem Rumpf auf dem Boden bzw. der Unterlage. Die Handrücken zeigen dabei nach oben und die Handinnenflächen also nach unten. Wenn die Anspannung entfällt und nur noch entspannt wird, dann werden nur noch in der vorgegebenen Reihenfolge die betreffenden Muskeln und Körperpartien gespürt und entspannt. Die Körperteile bleiben wie der ganze Körper in der jeweils gewählten Entspannungs- und Ruhehaltung. Wie oben ausgeführt, ist das idealerweise ein Sitzen oder Liegen.

Eine vollständige, exemplarische Anleitung einer solchen PME für Anfänger mit jeweils einer kurzen, sanften Anspannung und einer ausgiebigen Entspannung, der zusätzlichen Verbindung sowie dem Einstieg (in die PME) und Ausstieg (aus der PME) mit der Atmung finden Sie als Vorschlag im Kapitel 12.3. Die Zeiten geben Sie dann bei der Durchführung selbst durch die Geschwindigkeit und Pausen ihres Vortages vor. Achten Sie auf hinreichend Zeit und Raum zur Umsetzung der einzelnen Instruktionen.

Reihenfolge der ange- und entspannten Körperteile bzw. Muskelgruppen mit Anleitungen zur leichten Anspannung:

1. *Dominante oder rechte Hand*
   Die Hand wird höchstens zu einer lockeren, offenen, angedeuteten Faust geformt. Noch besser werden die Finger nur ansatzweise leicht gekrümmt.

2. *Unterarm der dominanten Hand*
   Die Hand wird aus dem Handgelenk heraus leicht an-, nach oben gehoben bzw. angewinkelt. Die Finger bleiben dabei ganz entspannt und locker. Der Unterarm wird dabei nicht bewegt und bleibt in der Ruheposition.

3. *Oberarm der dominanten Hand*
   Der Arm wird leicht gebeugt. Es reicht ein leichtes Anheben des Unterarmes. Dabei hängt die Hand mit den Fingern locker nach unten. Der Ellenbogen bleibt im Liegen auf dem Boden und im Sitzen hängen.

4. *Andere Hand*
   Wie bei der ersten Hand.

5. *Anderer Unterarm*
   Wie beim ersten Unterarm.

6. *Anderer Oberarm*
   Wie beim ersten Oberarm.

7. *Schulter mit Schlüsselbeinen*

   Die Schultern können leicht zurückgedrückt werden – im Sitzen nach hinten und im Liegen nach unten. Die Anspannung kann auch durch ein bewusstes Atmen oder Wahrnehmen der Atmung in Brust und Schlüsselbeinen gespürt und verstärkt werden. Durch die Stärke des Einatmens in Brust und Schlüsselbeine wird der Grad der Anspannung festgelegt. Je leichter und sanfter die Atmung erfolgt, desto geringer fällt die Anspannung durch das Einatmen aus. Durch ein kurzes Anhalten und Verhalten der Atmung nach dem Einatmen bzw. eine Verzögerung des Ausatmens dauert die Anspannung entsprechend an.

8. *Dominantes oder rechtes Bein*

   Der Fuß wird in Richtung Oberkörper leicht angewinkelt bzw. angezogen. Sollten die Füße und Beine im Liegen in der entspannten Ruheposition leicht nach außen zur Seite fallen, so würde es reichen, das Bein mit dem Fuß nach oben bzw. vorne – aber nicht weiter nach innen – zu drehen. Wenn Sie gegrätscht sitzen, kann das auch entsprechend im Sitzen durchgeführt werden. Das Bein bzw. Fuß und Knie werden etwas mehr nach vorne gezogen und gestellt. Sollten andere Teile oder besondere Muskeln des Beines gesondert an- und entspannt werden, so können z. B. der Fuß und die Zehen leicht, ansatzweise geballt bzw. gekrümmt werden.

9. *Anderes Bein*

   Wie das vorangegangene Bein.

10. *Bauch*

    Der Bauch kann selbstverständlich leicht über die Bauchmuskeln, etwa durch Anspannen, Einziehen oder Wölben des Bauches, gespannt werden. Ich empfehle hier jedoch, wenn es Ihnen mit einigem Probieren gelingt, ein tieferes bzw. kräftigeres Atmen in den Bauch und eine bewusste Wahrnehmung der Bauchatmung. Über das Ausatmen und der sich anschließenden Atempause können sich dann reflexartig Entspannung und Ruhe einstellen. Es bietet sich an dieser Stelle zusätzlich ein fließender Übergang in die Atemmeditation an (s. Kap. 3). Durch die Tiefe bzw. Stärke des Einatmens bestimmen Sie hier die empfundene Spannung, die Sie durch ein Verzögern des Ausatmens anhalten und verstärken können.

11. *Brust*

    Auch hier sollten nach meiner Empfehlung weniger direkt die Brustmuskeln angespannt werden, sondern indirekt durch ein aufmerksames Herausstrecken und öffnen, weiten der Brust oder durch eine bewusste Brustatmung, wie zuvor unter Punkt 7 ausgeführt. Zum Zwecke der besseren Entspannung kann diese auch als Teil bzw. im Rahmen einer Vollatmung erfolgen (s. dazu Kap. 3, insbes. Kap. 3.4).

12. *Unteres Gesichtsdrittel*

    Mund und Kiefer können durch ein Spitzen des Mundes angespannt werden. Ich empfehle vor allem zu lächeln. Mit einem Lächeln kann dieser untere Bereich minimal und zudem emotional positiv gespannt werden. Ober- und Unterkiefer einschließlich der Zunge und Zähne bleiben dabei vergleichsweise entspannt.

13. *Mittleres Gesichtsdrittel*

    Der Bereich von Nase, Wangen und Augen kann durch ein leichtes, angedeutetes Rümpfen der Nase angespannt werden. Sie bleiben dabei im Rahmen der vornehmen Mimik eines englischen Aristokraten! Die Augenbrauen werden nur andeutungsweise angespannt. Alternativ rate ich hier, nur einfach ganz bewusst einzuatmen und dabei den frischen Atem an den Nasenflügeln zu spüren.

14. *Oberes Gesichtsdrittel*
    Stirn bis Nacken werden durch ein mehr oder weniger leichtes Heben der Augenbrauen angespannt, als wenn Sie sich freudig überrascht, neugierig oder interessiert zeigen würden.

15. *Nacken und Halswirbelsäule*
    Der Kopf wird nur leicht zurückgedrückt bzw. das Kinn bewegt sich nur etwas zum Hals.

16. *Schultern und Brustwirbelsäule*
    Die Schultern werden leicht und behutsam auf die Unterlage oder nach hinten gedrückt.

17. *Rücken und vor allem Lendenwirbelsäule*
    Die Wirbelsäule wird vorsichtig, sanft und nur geringfügig, in ein mehr angedeutetes Hohlkreuz gewölbt. Durch ein leichtes Zurückdrücken der Schultern bzw. Vorstrecken des Brustkorbes kann die leichte Anspannung auf die ganze Wirbelsäule ausgedehnt werden.

18. *Gesäß und Beckenraum*
    Die Pobacken werden leicht zusammen- bzw. angezogen.

19. *Ruhephase*
    Hier ist jegliche Anspannung zu vermeiden. Diese Phase wird für etwa 2 oder auch mehr Minuten ausschließlich zum Nachspüren, Entspannen, Wohlfühlen und Genießen im ganzen Körper genutzt. Währenddessen können Sie zudem den Körper und die Bereiche noch einmal gezielt spüren und durchgehen, um eventuell bei Bedarf bzw. gespürter Restspannung noch einmal im betreffenden Körperteil gezielt loszulassen und zu entspannen.

4.2 Erweiterungen der PME

Die PME wird, wie im Kapitel 4 ausgeführt und diskutiert, bereits durch das von Jacobson angestrebte Weglassen der Anspannungsphasen in Richtung Tiefenentspannung und Meditation
verändert. Durch die Konzentration allein auf die bewusste Wahrnehmung sowie das Loslassen
und die Entspannung eines jeden Körperteils wird die aktive PME zur passiven PME. Sie ähnelt
dann den Achtsamkeitsmeditationen bezüglich des Körpers (s. Kap. 3.3, insbes. Kap. 3.3.4.2)
oder einer Körperreise wie etwa aus dem Yoga oder Qigong (s. dazu Kap. 7). Peter und Gerl
(1988, S. 180-183) bieten eine fortgeschrittene PME-Variante als „Sightseeing (Reise durch den
Körper)" an. Dabei werden die einzelnen Körperbereiche bzw. Muskelgruppen nacheinander –
ganz im Sinne der PME, aber auch einer Achtsamkeitsmeditation – nur aufmerksam, konzentriert, beobachtend und annehmend (also achtsam) wahrgenommen. Durch das Weglassen der
jeweiligen Anspannung stellt sich vor allem bei fortgeschrittenem Übungsgrad eine insgesamt
vertiefte Entspannung und bei anhaltender bewusster Wahrnehmung, Aufmerksamkeit und
Konzentration im Körper auch ein entsprechend tiefer, geistiger Versenkungs- bzw. Samm-
lungszustand ein. Dieser Schritt kann, wie im Kapitel 4 erwähnt, auch durch das Üben mit einer
vorgestellten Anspannung der jeweiligen Muskeln oder des betreffenden Körperteils vorbereitet
werden. Bevor die Anspannung ganz aufgegeben wird, kann sie noch für einige Durchführungen der PME allein in der Vorstellung vollzogen werden. Schließlich wird dann bei jeder Muskelgruppe bzw. jedem Körperteil auf die entsprechende Vorstellung der Anspannung sowie der
damit verbundenen Bewegung und Haltung verzichtet, um sich ausschließlich der Entspannung
zu widmen.

Durch die Verwendung von Suggestionen aus der Grundstufe des Autogenen Trainings (s.
Kap. 6.2.1) können, wie bereits im Kapitel 4 beispielhaft erwähnt, die Entspannungsreaktionen
gefördert und verstärkt werden. Vor allem in den Gliedmaßen, aber auch in den anderen Körperteilen bieten sich vor allem herkömmliche wie alternative Schwere- und Wärmeformeln
sowie die Formeln der Bauch-, Herz- und Atemübung an (s. zusammenfassend Tabelle 1 und 2
im Kap. 6.2.1.10). Die Verbindung mit dem Atem und Atemmeditationen (s. Kap. 3) wurde
bereits in den beiden vorangegangenen Kapiteln über die PME erwähnt und beschrieben. Diese
Verbindung kann noch weiter ausgebaut und intensiviert werden. Auch geeignete visuelle Vorstellungen, Imaginationen (s. dazu generell Kap. 5) – wie etwa Entspannungsbilder (s. Kap. 5.1),
insbesondere die Entspannungsfarbe (s. Kap. 5.1.1) oder ein Entspannungsort (s. Kap. 5.1.2) –
können zur Ergänzung der PME und Steigerung der Wirksamkeit sowie Vermehrung der Wirkungen hinzuge- und einbezogen werden.

5 Imaginative Verfahren – Imagination, Visualisierung, Vorstellen

Bildliche und symbolische Darstellungen – in zweidimensionaler Form als Bilder bis in dreidimensionaler Form als Reliefs und Skulpturen – in einzelner, zusammengestellter oder in sukzessiver, folgender Art und Weise begleiten die Entwicklung des Menschen als intelligentes, soziales, kulturelles und spirituelles Wesen. Die gefundenen prähistorischen, steinzeitlichen Höhlen- und Felsenmalereien sowie Schnitzereien und Skulpturen aus Elfenbein oder Knochen beeindrucken, begeistern und nehmen bis heute den Betrachter ein und „sprechen" ihn an. Bilder können schnell und erheblich auf den Betrachter wirken. Sie können in uns starke Reaktionen (Gefühle, Wertungen, Gedanken, Motivationen, Impulse usw.) hervorrufen und unser Erleben und Verhalten verändern bzw. beeinflussen. Bis heute sind ganze Industrien und Dienstleistungen damit beschäftigt. Sie versuchen Menschen etwa zu unterhalten, gezielt in bestimmte (von wem und für was erwünschte, gewollte?) emotionale Zustände zu bringen, zu erbauen, zu überzeugen, zu informieren, zu motivieren, zu bewegen. Bilder können vergleichsweise direkt und sehr wirksam Einstellungen, wie etwa angenehm versus unangenehm, vermeiden, angreifen oder suchen, Bewertungen nach Schönheit, Bedrohlichkeit usw. sowie Stimmungen und Gefühle, wie Freude, Ärger, Trauer usw., auslösen. Über Erfahrung und Wissen über die Welt verfügen wir vor allem in Form innerer Vorstellungen und Bilder von bzw. über die Welt. Die Welt selbst oder an sich wird uns grundsätzlich – also im philosophischen, erkenntnistheoretischen Sinne – zwar dennoch ein Geheimnis bleiben, aber Menschen machen sich und haben Bilder von der Welt. Menschen neigen für gewöhnlich dazu, ihre Bilder und Vorstellungen von der Welt mit der Welt selbst, an sich oder als solche zu identifizieren und zu verwechseln. Sie halten also ihre Bilder und Vorstellungen für die Welt und das Dasein selbst und eben nicht für subjektive oder sozial, kulturell vermittelte Anschauungen und Konstruktionen. Oft genug sind diese nicht nur dem Menschen hilfreich oder dienlich, sondern erscheinen auch angemessen zu sein und zu passen. Sie stehen dann nicht im Widerspruch zur eigenen Welterfahrung und idealer Weise auch nicht zu der von anderen. Menschen neigen auch dazu, im Sinne eines magischen oder suggestiven Denkens an den Einfluss und die (Rück-) Wirkung ihrer Bilder und Vorstellungen auf die Realität zu glauben. Und tatsächlich wirken diese Bilder auf die Menschen, ihre Psyche und ihr Soma, ihr Tun und Zusammenleben zurück, wenn auch sicher oft anders als gedacht. In jedem Falle haben Bilder und Vorstellungen Einfluss, Kraft und Wirkung auf Menschen, nämlich zunächst einmal auf einen selbst. Wenn sie geeignet kommuniziert und dargestellt werden, dann können sie auch andere Menschen beindrucken, auf diese wirken, Einfluss gewinnen, mehr oder weniger Macht entfalten und jene sogar überwältigen. Bilder und Vorstellungen dienen entsprechend auch den menschlichen Gemeinschaften, Gesellschaften und Kulturen zur Kommunikation, Tradierung, Speicherung, Veranschaulichung, dem Ausdruck und (Durch-) Setzen sowohl von Können und Wissen als auch von Ansichten, Übereinkünften und Überzeugungen. Bereits die aus den Anfängen der Frühgeschichte überlieferten und dokumentierten Erzählungen und Texte, wie etwa das Gilgamesch-Epos, gewinnen ebenfalls ihre Wirkung und den Eindruck auf Menschen über die beschriebenen, angesprochenen oder vermittelten Bilder oder Sinnbilder (Analogien, Allegorien, Metaphern). So wirken die alten Märchen, Mythen, Sagen kraft ihrer beschriebenen oder innewohnenden Bilder. Auch heilige, weise und besonders spirituelle Menschen berichteten über die Jahrtausende hinweg wiederholt von ihren religiösen oder göttlichen Erfahrungen, Eingebungen und Visionen, die von entsprechenden Bildern begleitet, symbolisiert, veranschaulicht oder verkörpert wurden. Diese Bilder und Vorstellungen wurden zwar in der Regel als tatsächliche, äußere, sinnliche Erfahrungen erlebt, können aber eben auch als innere Bilder und Vorstellungen wahrgenommen, gedeutet und verstanden werden. So erlebte etwa Hildegard von Bingen ihre Visionen, die sie im Werk „Scivias" („Wisse die Wege") von 1141 bis 1152 niederschrieb (und schreiben ließ), sammelte und veröffentliche, als direkte Schau, Eingebung und Offenbarung bzw. Mitteilungen von Gott. Sie sah sich selbst als Werkzeug Gottes und als seine Seherin bzw. Prophetin (z. B. Beuys, 2001).

Bilder werden entsprechend auch nachweislich und bekanntermaßen seit Jahrtausenden zur Entwicklung des Menschen, seiner Persönlichkeit, zur Erhaltung und Wiedergewinnung der körperlichen, seelischen und geistigen Gesundheit bzw. zur Stärkung und Heilung be- und genutzt. Auch in der Medizin und Psychotherapie wurden immer und wieder zunehmend Bilder zur Heilung und Selbstheilung eingesetzt (vgl. z. B. Friebel, 1993; Kast, 1995; Lazarus, 1984 bzw. 2006 in Deutsch in einer leicht abweichenden Textversion; Petermann, Kusch & Natzke, 2009; Reddemann, 2009; Rehfisch, Basler, Seemann, 1989; Simonton, Simonton & Creighton, 1992). Vor allem in der bzw. zur Hypnose finden heilende, lösende, bewältigende, klärende, überzeugende, leitende, alternative Bilder und Bildfolgen eine systematische und intensive Verwendung (z. B. Bongartz & Bongartz, 1998; Kaiser Rekkas, 1998a, 2001; Susen, 1996; s. auch Kap. 6). Entsprechend wird in der Oberstufe des Autogenen Trainings die Imagination entwickelt und benutzt (s. Kap. 6.2.3). Imagination steht grundsätzlich für ein bildliches, anschauliches Vorstellen (Denken). Thomas (1989, ab S. 212) bietet auch einen knappen Überblick und eine Auflistung über frühere, ähnliche Arbeiten, Ansätze und Verfahren zur Imagination im Vergleich zur Bilderschau in der Oberstufe des Autogenen Trainings. Mit inneren Bildern wird auch in der aktiven Imagination nach C. G. Jung (z. B. Kast, 1995; Roth, 2011; Vogel, 2008) sowie im Katathymen Bildererleben und der Weiterentwicklung zur Katathym-imaginativen Psychotherapie (z. B. Leuner & Wilke, 2011) gearbeitet. Mit diesen Bildern können neue, angemessenere Erlebens- und Verhaltensweisen innerlich vorbereitet, probiert, gelernt, vermittelt und entwickelt werden. Weiter werden innere – sowohl körperliche als auch psychische – Zustände und Prozesse abgebildet, anschaulich, bewusst, verfüg- und zugreifbar, beeinflusst und verändert. Aber auch etwa im Yoga, Qigong und buddhistischen Traditionen sowie anderen traditionellen Systemen, Kulturen der Heilung, Gesunderhaltung, Lebenspflege und psychischen, spirituellen Entwicklung wird gezielt mit Vorstellungen und Bildern gearbeitet und meditiert. So nutzten Schamanen seit jeher innere Bilder und rituelle Handlungen zur Heilung (z. B. Faulstich 2006, 2010).

Bevor zwei- bis dreidimensionale Bilder in schneller Abfolge bzw. als bewegte Bilder technisch als Film realisiert, verfügbar, handhabbar und präsentiert wurden, gab es bereits die Darstellung in Form von Ritualen, Zeremonien, Tanz sowie Nach- und Schauspiel. Auch dies kann wiederum innerlich vorgestellt und erlebt werden und fand ausgiebige Anwendung und Nutzung in den verschiedenen Systemen der Lebenspflege, Heilung und Entwicklung.

Fontana (1994) gibt einen verständlichen, praxisorientierten Über- und Einblick, wie das Visualisieren bzw. die Visualisierung, das ist das Herstellen innerer Anschauungen, Bilder und auf das Sehen bezogener Vorstellungen, zur Entspannung und Meditation genutzt und geübt werden kann. Weiter gibt er darüber Auskunft und Einblick, welchen Anteil die Visualisierung in verschiedenen Systemen und Kontexten der Meditation jeweils einnimmt. So verweist er (S. 126-132) vor allem explizit auf Ignatius von Loyola, der in seinen Exerzitien bzw. geistlichen Übungen, viele Elemente und Prinzipien der Visualisierung, Imagination, Hypnose bzw. Selbsthypnose (s. Kap. 6) nutzt und anwendet. Abgesehen von den besonderen, christlichen, religiösen Inhalten und einigen sehr altertümlichen, heute nach Aufklärung, Liberalisierung und Säkularisierung extrem anmutenden, moralischen Einstellungen und Auffassungen, wie etwa die Betonung von Schuld, Sünde und Sühne, nutzte Loyola (2010/1548; gemäß der Übersetzung von H. U. von Balthasar des spanischen Urtextes, verfasst von Loyola vor bzw. bis 1548) bereits Tranceinduktionen vor der bzw. zur Visualisierung. Die Trance wurde etwa durch ein Gebet induziert. Die eigentliche Visualisierung wurde dann mit einer konkreten, dinglichen Vorstellung eines Ortes, Schauplatzes, Sachverhaltes, Vorgangs begonnen. Als Ausgangspunkt bzw. -bild dienten bei den Exerzitien vor allem jeweils ausgewählte Geschichten, Ereignisse, Szenen aus dem neuen Testament, also etwa bekannte Stationen aus dem Leben und Wirken von Jesus Christus. Hier wurden mindestens für die damalige Zeit und bestehenden Verhältnisse bekannte und unter Christen allgemein verbindliche bzw. verfügbare Ressourcen zur geistlichen, spirituellen, moralischen Gewinnung und Entfaltung von Erkenntnis und Einsicht sowie zur Entwicklung der Person, ihres Erlebens und Verhaltens sowie ihrer gesamten Lebenshaltung und -führung benutzt ("utilisiert"). Die Visualisierung wurde dann weiter in der Kontemplation und Meditation verfeinert, konkretisiert, angereichert, erweitert, spezifischer und genauer mit weiteren visuellen und sinnlichen Details ausgearbeitet bzw. ausgemalt. Beim Visualisieren wurden zudem gezielt weitere Sinne – bis zu allen fünf, nämlich Schauen, Hören, Riechen, Schmecken und Tasten – einbezogen. Es wurde sowohl aus der beobachtenden Perspektive als auch der aktiv teilnehmenden visualisiert. Die Visualisierung fand in der Regel zunächst aus der Beobachterposition statt. Schließlich visualisierte der Übende zur eigenen, mitfühlenden Anteilnahme oder die handelnde, interagierende Teilnahme am vorgestellten Sachverhalt oder Geschehen. In der Visualisierung wurden Entscheidungen, Handlungen, Verhaltensweisen, Situationen, Sachverhalte sowie ihre Folgen und Konsequenzen versuchsweise erfahren, erlebt, durchgespielt und geprüft. Diese wurden zwar nur vorgestellt, aber waren dennoch – in Abhängigkeit der Qualität und Lebendigkeit der Vorstellung – direkt sowie in ihren Auswirkungen sinnlich und emotional zu erleben und zu erfahren. Es gab innere, vorgestellte Aussprachen, Gespräche mit den jeweils vorgestellten Personen – vor allem auch mit heiligen, also auch offenbar extrem barmherzigen und weisen Personen (wie der Jungfrau Maria, Mutter Gottes) und mit Jesus Christus oder sogar Gott selbst. Es fanden, zeitlich oder von der Ereignisabfolge her betrachtet, vorwärts gerichtete und rückwärtige Betrachtungen statt. Es gab sogar Kombinationen, wie es etwa sein würde, wenn der Übende nach der betreffenden Wahl, Entscheidung (etwa beim oder nach seinem Tod) auf diese zurückblicken würde. Das Sprechen jeweils eines einzelnen Wortes (aus einem Gebet) und die besondere Beachtung der Bedeutung oder Betrachtung der adressierten Person wurde, ganz im Sinne der asiatischen Meditationssysteme, mit dem Ausatmen und der Atempause verbunden (vgl. Loyola, 2010/1548, S. 77). Mit jedem Atemzug wurde ein neues "Mantra" (s. Kap. 8.3.0.1) bzw. das nächste Wort (des Gebetes) gesprochen, betrachtet und meditiert. Die Verbindung des Atems und Atmens mit dem Wort und Beten entspricht auch der im Kapitel 3.3.4 angesprochenen mystischen und meditativen Tradition und Praxis des Herzensgebetes der christlichen Ostkirchen. Allerdings wurden dort dabei konkrete Veranschaulichungen und Visualisierungen vermieden und nicht entfaltet. In den Exerzitien wurden die Visualisierung und Trance entsprechend der Einleitung (etwa mit einem Gebet) wieder beendet. Und es gab abschließend auch Bitten, die aus heutiger Sicht als posthypnotische Suggestionen und Aufträge zu verstehen sind und entsprechend wirken konnten.

Nach Kast (1995) umfasst die aktive Imagination nach Jung im Besonderen (s. auch Vogel, 2008) und die Imagination im Allgemeinen nicht nur die Visualisierung oder die Imagination im engeren Sinne, also ausschließlich das Vorstellen oder innere Sehen von Bildern. Vielmehr umfasst Imagination (wie auch schon bei Loyola, s. o.) auch die anderen sinnlichen Aspekte des Erlebens, wie das innere Riechen, Schmecken, Fühlen, Empfinden, Hören und sogar das innere Verbalisieren und Denken. Dies entspräche auch den sechs Sinnen oder Geisttoren der buddhistischen Psychologie (s. Kap. 3.3.1). Imagination ginge – so definiert – auch über in die alte psychologische Tradition der Introspektion, der Selbstbeobachtung, in der die eigenen Denk- und Bewusstseinsinhalte systematisch beobachtet und untersucht wurden. Nach Petermann, Kusch und Natzke (2009) beschränkt sich die Imagination allerdings auf die unterschiedlichen, akademisch-psychologischen Sinnesqualitäten, also ohne das Verbalisieren oder Denken. Nach Kraft (2004, S.190) ist für die aktive Imagination (ähnlich wie beim Katathymen Bildererleben) zudem charakteristisch, dass „der Imaginierende sich als aktiv Handelnder in seine Imagination einbringt".

Auch etwa Lazarus (1984) erweitert das Imaginieren bzw. die Imagination um diese anderen sinnlichen Vorstellungen oder Vorstellungsaspekte. Nach einer solchen weiten Auffassung von Imagination werden, genau genommen, die visuellen Vorstellungen bzw. die Visualisierungen, inneren Bilder, Imaginationen im engeren Sinne durch andere oder die anderen Vorstellungen bzw. Sinnesaspekte (-qualitäten, -eindrücke) begleitet. Die Visualisierungen werden innerlich hörend, spürend bzw. körperlich empfindend, riechend, schmeckend, fühlend, denkend, sprechend ergänzt oder vervollständigt. Im Extremfall könnten die Visualisierungen sogar durch die anderen sinnlichen Aspekte dominiert oder ersetzt werden. Dann würden die Imaginationen ohne ein Bild bzw. eine Visualisierung vorgestellt werden. Z. B. könnte der Klang einer Glocke ohne das oder ein Bild von der Glocke oder etwa eines Kirchturms „imaginiert" bzw. vorgestellt werden. Zwar können wir auch hier im übertragenen Sinne etwa von einem Klang- oder Hörbild sprechen, aber es handelt sich eigentlich nicht mehr um ein vorgestelltes, inneres Bild oder eine Vorstellung im Rahmen und in Bezug auf ein innerlich vorgestelltes Bild. Ich persönlich würde in diesem Zusammenhang dann nicht mehr von einer „Imagination", also im Sinne von einer „Verbildlichung", „sich ein Bild machen/denken", „Innenschau" sprechen, sondern von einer auditiven bzw. hörenden Vorstellung. Grundsätzlich können verschiedene Wahrnehmungs- und Vorstellungsaspekte mehr oder weniger gesondert vorgestellt werden oder es kann zumindest versucht werden, darauf in der Vorstellung zu fokussieren. Also es kann das betreffende Ereignis, Thema, Objekt – bewusst, willentlich, gezielt oder auch einfach aufgrund des Fehlens eines inneren Bildes – alternativ oder nur gehört, gerochen, gespürt, gedacht usw. werden. Dann würde die bildliche Vorstellung fehlen, ausbleiben oder mindestens weit in den Hintergrund fallen. In diesem Falle würde es sich kaum noch um eine Imagination handeln. Vielmehr um ein etwa auditives (akustisch), olfaktorisches (riechend), gustatorisches (schmeckend), taktiles (tastend), haptisches (berührend, ergreifend), kinästhetisches (die Bewegung betreffend) usw. Vorstellen. Entsprechend kann aber auch umgekehrt – aus irgendeinem Grunde – nur bildlich, visuell, also auf das Sehen bezogen vorgestellt bzw. beim Vorstellen fokussiert werden. Dann würde es sich um eine Visualisierung („Visualisation") bzw. Imagination im engeren Sinne handeln. Die anderen Wahrnehmungs- und Vorstellungsaspekte treten dann zugunsten des visuellen mindestens weit in den Hintergrund. Erfahrungsgemäß sind die verschiedenen Wahrnehmungs- und Vorstellungsaspekte in Bezug auf etwas (aus der Erinnerung, Phantasie oder dem Denken heraus) Vorzustellendes verknüpft, miteinander verbunden (assoziiert) und stellen sich mehr oder weniger beiläufig, automatisch ein. So stellen sich auch mit den inneren Bildern bzw. bildlichen Vorstellungen, soweit solche von der jeweiligen Person visualisiert bzw. vor dem inneren, geistigen Auge gesehen werden können, für gewöhnlich andere sinnliche Vorstellungen bzw. Vorstellungsaspekte ein. Beispielsweise sehen wir uns – vorgestelltermaßen – am Strand und blicken auf das Meer (vgl. auch z. B. Lazarus, 1984, S. 45-46): Ein leichter Wind erfrischt uns in der angenehm wärmenden Sonne. Beides spüren wir auf der Haut. Die angenehme Wärme dringt tief nach innen und ist auch dort zu spüren. Einige Möwen segeln entfernter im Wind und kreischen. Das auf und ab der Meereswellen wird von einem entsprechenden, an- und abschwellenden Rauschen begleitet. Kleine Wellenausläufer umspülen und benetzen die Füße mit kühlerem, belebendem Meerwasser. Wir bzw. Sie spüren auch das leichte Einsinken der Fußsohlen in den weichen, nassen, aber dennoch tragenden Sand. Ohne dieses Beispiel (Strand am Meer) weiter ausführen zu müssen, werden die reichhaltigen, verschiedenen Vorstellungsaspekte deutlich, die mit einem Bild bzw. Bildern verbunden sind oder sein können. Zutreffender, umfassender sollte vielleicht nur von „Vorstellen" oder „aktivem Vorstellen" gesprochen werden, wenn gezielt (nach Vorgaben) vorgestellt oder nach eigenen Vorstellungen gesucht wird. Dies gilt vor allem dann, wenn eine Imagination im engeren Sinne bzw. Visualisierung nicht primär oder unbedingt notwendig sein muss. Also etwa, wenn mit dem Gedanken oder Wort (wie „Strand") nicht das Bild, aber die anderen Vorstellungen oder Sinnesaspekte auftauchen würden. („Visuelle" Menschen oder solche, die einfach und häufig visualisieren, können sich selbstverständlich den „Strand" kaum ohne Bilder vorstellen.) Da die hier vorgestellten Verfahren jedoch ihren Ausgangs- oder Bezugspunkt im Wesentlichen im Bild, der visuellen Vorstellung bzw. Visualisierung haben, soll auch weiterhin von Imagination bzw. imaginativen Verfahren gesprochen werden. In diesem Rahmen können die verschiedenen Vorstellungen bzw. Vorstellungsebenen als wahrnehmungsbezogene Aspekte des jeweils Vorgestellten gesehen werden. Wir erleben innerlich bzw. vorgestelltermaßen im Idealfall das jeweils Vorzustellende oder Vorgestellte ganzheitlich. Wir erleben bzw. „imaginieren" also die vorgestellte Situation, das Ereignis, den Sachverhalt, das Ding usw. dann, wie bei der Wahrnehmung der äußeren Wirklichkeit, mit all unseren Sinnen. Zusammen mit der bildlichen Vorstellung, dem visualisierten Bild oder den Bildern, stellen sich auch mehr oder weniger die anderen Sinnesvorstellungen ein oder sind zumindest grundsätzlich damit verbunden und verfügbar. Sie ermöglichen so das ganzheitliche, möglichst lebendige, wirklichkeitsnahe Erleben einer Erinnerung, Phantasie, also einer Vorstellung (von etwas). Wie bereits oben erwähnt, ist dieser Zusammenhang schon lange bekannt: Mit je mehr Sinnen etwas vorgestellt wird, desto lebendiger, wirklichkeitsnäher, realistischer erscheint das Vorgestellte bzw. die Imagination zu werden! Im Idealfall umfasst die Imagination dann die visuellen, akustischen, kinästhetischen sowie gegebenenfalls olfaktorischen und gustatorischen Sinnes- bzw. Vorstellungsaspekte, wobei hier unter dem Kinästhetischen die verschiedenen inneren Sinne (ihre betreffenden Wahrnehmungen, Vorstellungen) bzw. körperlichen Empfindungen und das Tasten, also das gesamte innere und äußere Spüren zusammengefasst sind. Etwa Grindler, Bandler und Andreas (1981) redeten hier von den entsprechenden Sinneskanälen und Repräsentationssystemen. In ihnen werden die inneren und äußeren Wahrnehmungen, Erfahrungen, Erinnerungen aber auch konstruierten Vorstellungen vertreten und dargestellt. Der Eindruck von Lebendigkeit und der Wirklichkeitscharakter des Vorgestellten bzw. der Imagination lässt sich zudem durch eine Zunahme der Genauigkeit, Detailliertheit und Differenziertheit der jeweiligen Vorstellungsaspekte bzw. Vorstellungen bezüglich der einzelnen Sinnesmodalitäten steigern (vgl. z. B. Fontana, 1994; Peter, 2009). Je mehr und je deutlicher unterschiedliche Sinnes- bzw. Vorstellungsaspekte in der Imagination erscheinen oder hervorgebracht werden, umso größer ist nicht nur der (sinnliche) Eindruck, sondern auch die Wirkung der Imagination auf die ganze Person und ihre Reaktionen (vgl. auch z. B. Alman & Lambrou, 1996).

Durch eine entsprechende Fremd- oder Selbstanleitung können diese unterschiedlichen Vorstellungsaspekte beim Imaginieren systematisch (etwa von der Visualisierung ausgehend der Reihe nach) gezielt angesprochen und somit suggeriert, angestoßen, probiert und gegebenenfalls (bei Erfolg) erlebt, also aktiviert und entfaltet werden. Im Kapitel 5.1 sowie 5.1.2 wird dies am Beispiel von (mit Hilfe der Phantasie und Erinnerung) imaginierten Reisen und Orten zur Entspannung noch weiter beschrieben und ausgeführt werden.

Die meisten Menschen können prinzipiell innere visuelle Vorstellungen bzw. Anschauungen und Bilder entwickeln. Aber nur ein Teil dieser Menschen tut sich beim Imaginieren im engeren Sinne bzw. inneren Visualisieren, visuellen Vorstellen, Erinnern oder Phantasieren usw. wirklich leicht bis sehr leicht. Der Rest hat mehr oder weniger große Mühe oder Schwierigkeiten dabei bzw. damit. Für einen kleineren Teil der Bevölkerung erscheint diese Aufgabe des Visualisierens kaum möglich. Letztere haben oft andere Schwerpunkte (vor allem beim Vorstellen) und können innerlich auf den anderen Wahrnehmungskanälen, etwa auditiv, haptisch, kinästhetisch usw., oder im abstrakten Denken (sprachlich oder gedanklich) arbeiten und sogar brillieren. Zwar könnte sicher ein großer Teil von jenen mit viel Aufwand und regelmäßiger Übung auch ihr visuelles Vorstellungsvermögen entwickeln und entfalten. So werden in der Oberstufe des Autogenen Trainings nach Schultz (1979) verschiedene Übungen angeboten, um die bildliche Vorstellungskraft bzw. das Imaginationsvermögen systematisch, aufbauend zu trainieren (s. Kap. 6.2.3). Auch Lazarus (1984, S. 44-46) bietet verschiedene Übungen an, um u. a. das Visualisieren und Imaginieren zu entwickeln. Seine dritte Übung ist mir aus dem Yoga bekannt, wo ein tatsächlich existierendes, mehr oder weniger gewöhnliches Objekt ausgewählt, im Wechsel angesehen und dann innerlich (aus dem Gedächtnis) gesehen und vorgestellt wird. Durch den Vergleich des äußerlich Gesehenen und des innerlich Vorgestellten bzw. Erinnerten wird die Imagination zunehmend differenzierter und vollständiger. Die vierte Übung entspricht unserem obigen Strandbeispiel. Auch bei Fontana (1994, S. 155-175) wird das visuelle Vorstellungsvermögen in der imaginativen Meditation systematisch geübt und entwickelt. So wird mit einfachsten geometrischen Formen und Farben begonnen. Über zunächst einfache symbolische, bedeutungsvolle Diagramme, Formen („Yantras") bis zu komplexen, vielseitig kombinierten Formen und Farben („Mandalas"), dann über einfache Objekte bis zu komplexen, vertrauten oder erdachten Objekten, weiter über bekannte, erinnerte bis unbekannte, phantasierte (zunächst) Menschen und (danach) Landschaften wird die Imaginationsfähigkeit bzw. visuelle Vorstellungskraft systematisch gefordert, aufgebaut und entfaltet. Ebenfalls werden dabei äußere Bilder und das Vergleichen (mit den inneren Bildern) zur Hilfe und Unterstützung genommen. Aber es steht letztlich dennoch die Frage im Raum, ob sich der Aufwand dafür wirklich lohnt. Diese Frage ist selbstverständlich nur individuell und von jedem selbst – vor dem Hintergrund der eigenen Umstände, Belange usw. – zu beantworten. Umgekehrt können Personen, die leicht, mühelos visualisieren, wiederum bei bzw. mit den anderen Vorstellungsarten mehr oder weniger Mühe oder Schwierigkeiten haben. Hier bestehen einfach große individuelle Unterschiede, die auch so in Ordnung, zur Kenntnis zu nehmen, zu akzeptieren und schließlich zu berücksichtigen sind.

Um entscheiden zu können, ob der Aufwand für das Training der Imagination im engeren Sinne bzw. des Visualisierens (des bildlichen, anschaulichen Vorstellens, inneren oder geistigen Sehens, der inneren Betrachtung und Anschauung) für einen selbst in Frage kommt und sich lohnt, sollte der Stand des aktuellen Imaginationsvermögens und der davon abhängende, voraussichtliche Trainingsaufwand bekannt sein oder zumindest zuverlässig eingeschätzt werden können. Vor allem um Menschen, die sich mit visuellen Vorstellungen und inneren Bildern sehr schwer tun, nicht unnötig zu frustrieren, sollte vor der Durchführung eines imaginativen Verfahrens das aktuelle Vermögen der betreffenden Person zum Imaginieren im engeren Sinne bzw.

zum Visualisieren geprüft werden. Es sollte zuvor geklärt werden, ob diese Person zum gegenwärtigen Zeitpunkt überhaupt, prinzipiell hinreichend in der Lage ist, zu visualisieren, sich irgendetwas bildlich vorzustellen. Menschen mit einem ausreichenden visuellen Vorstellungsvermögen (Vorstellungskraft) können dann grundsätzlich die folgenden, dargestellten (aber auch andere) Imaginationsübungen mehr oder weniger einfach ausführen und anwenden. Sie sehen dann mehr oder weniger klare Bilder vor ihrem inneren, geistigen Auge bzw. in ihrer Vorstellung. Es ist dabei jedoch dringend zu beachten, dass es sich um Vorstellungen handelt. Entsprechend werden die vorgestellten Bilder – trotz einer hinreichenden Vorstellungskraft – hinsichtlich Klarheit, Deutlichkeit, Vollständigkeit, Detailliertheit, Zusammenhalt, Stabilität, Lebendigkeit und Farbigkeit in der Regel deutlich bis weit gegenüber dem (äußerlichen) Sehen zurückfallen. Zudem braucht es oft auch etwas Geduld und Zeit bis sich erkennbare Imaginationen einstellen. Also versuchen Sie grundsätzlich, allzu hohe Erwartungen an sich und Ihre Imaginationen und einen damit verbundenen unnötigen Druck möglichst zu vermeiden.

Je unschärfer, undeutlicher, unvollständiger, skizzen-, schemenhafter oder instabiler diese inneren Bilder, visuellen Vorstellungen – trotz des ersichtlichen Bemühens – jedoch bleiben, desto geringer ist die aktuelle, individuelle, visuelle Vorstellungskraft (Vorstellungsvermögen). Im Extremfall könnten Sie sogar nichts sehen oder es bleibt vor Ihrem inneren, geistigen Auge dunkel, schwarz, irgendwie einfarbig oder flimmernd, rauschend, chaotisch. Allerdings sei noch einmal darauf hingewiesen, dass Sie sich beim bildlichen Vorstellen auch wirklich ausreichend, genügend Zeit lassen. Zeigt sich bei den prüfenden Übungen dennoch nur ein geringes oder ungenügendes Vorstellungsvermögen und entstehen eventuell sogar gar keine inneren Bilder oder visuellen Vorstellungen, dann würden sich folgerichtig auch dementsprechend bei den eigentlichen, beabsichtigten Imaginationsübungen größere Schwierigkeiten und Hindernisse beim Visualisieren einstellen. Es wäre dann zu überlegen, ob verstärkt oder nur mit den anderen Vorstellungsaspekten – also etwa hörend, tastend, spürend oder verbalisierend, gedanklich – gearbeitet und geübt und ob nicht von vornherein auf nichtimaginative Verfahren zurückgegriffen werden sollte. In den Kapiteln 3, 4, 6, 7 und 8 werden solche nichtimaginativen Verfahren bzw. Übungen zur EMS beschrieben. Vielleicht wären diese für die jeweilige Person passender, geeigneter, nützlicher und damit wirkungsvoller. Das muss nicht für jeden anderen, avisuellen Vorstellungsaspekt gelten. Auch hier wäre vergleichbar zu untersuchen und letztlich zu erproben, ob und inwieweit eine diesbezügliche Vorstellungskraft besteht und entsprechend genutzt werden kann. Wenn sich auch das visuelle Vorstellungsvermögen bei einer Person als gering oder unzureichend gezeigt hat, so können sich auch noch die anderen Vorstellungskräfte als sehr unterschiedlich erweisen. Nur weil die visuelle Vorstellungskraft gering ist, müssen nicht notwendig alle anderen Vorstellungskräfte zureichend oder sogar hervorragend sein. Aber grundsätzlich existiert bei einem gesunden Menschen mindestens ein Sinnes- bzw. Repräsentationssystem, wo das Vorstellungsvermögen stärker und hinreichend ausgeprägt ist. In der Regel wäre das dann – bei deutlichen Defiziten in der Visualisierung – die auditive oder taktil-kinästhetische Vorstellungskraft.

Im Kapitel 8.4 wird zur Verfügbarkeit einer notwendigen und hinreichenden visuellen Vorstellungskraft einfach nur geprüft, ob eine Person in der Lage ist, sich nacheinander verschiedene Farben mit geschlossenen Augen vorzustellen oder innerlich zu sehen. Der Person sollte jeweils für die Farbvorstellung etwas bzw. mindestens einige Sekunden Zeit gelassen werden. Je schneller ihr die Visualisierung einer genannten Farbe gelingt und sie dies bestätigen kann, umso größer ist die visuelle Vorstellungskraft. Zu beachten ist dabei aber auch die Qualität der Farbvisualisierung. Wichtig ist, dass nicht nur ein Farbtupfer, ein Hauch von oder etwas Farbe gesehen werden, sondern in Gänze oder großflächig und deutlich die betreffende Farbe.

Bewährt hat sich in meiner Praxis die etwas komplexere Aufgabe, sich zunächst eine rote Flä-
che, dann ein blaues Dreieck vor oder auf diesem rotem Unter- bzw. Hintergrund vorzustellen.
Schließlich sollte es noch gelingen, das blaue Dreieck vor dem inneren Auge rotieren zu lassen.
Diese Testübung könnte auch mit anderen prägnanten Farben (z. B. gelb oder grün) durchgeführt werden. Wenn jemand dies imaginieren bzw. visualisieren kann, dann wird er sich auch
bei den imaginativen Verfahren, Übungen grundsätzlich leichter tun.

Leuner und Wilke (2011, S. 21, 77-79) bieten zum Einstieg ins Katathyme Bildererleben bzw.
in die Katathym-imaginative Psychotherapie den „Blumentest" zur Prüfung der aktuellen Imaginationsfähigkeit an. Die betreffende Person wird in einer bequemen (sitzenden oder liegenden) Körperhaltung dazu aufgefordert, sich eine Blume vorzustellen und diese dann bis in alle
Einzelheiten zu beschreiben. Abschließend ist auch noch (vorgestelltermaßen) der Blütenkelch
dieser Blume mit einer Fingerspitze zu berühren und sind die Vorstellungen begleitenden
Gefühle und Stimmungen zu beschreiben. Hier werden also auch andere Vorstellungsaspekte
geprüft. Im Katathymen Bildererleben wird (wie bereits oben erwähnt, s. auch Kap. 5.1) wie in
der aktiven Imagination nach Jung auch gehandelt. In der Vorstellung wird der Vorstellende
(wie bei Loyola, 2010/1548) auch selbst tätig, z. B. geht auf etwas bzw. jemanden zu, grüßt, redet,
nimmt etwas in die Hand usw. Deshalb wird dort auch dieser Aspekt des Vorstellens und der
Imaginationsfähigkeit untersucht und geprüft.

Lazarus (1984, S. 9-11) bietet als Test die „Imagery Vividness Scale" an (in der übersetzten
Variante, 2006, S. 14-16, die „Bildschärfe-Skala", allerdings fehlt hier das 11. Item bezüglich der
Vorstellung des Hundebellens). Danach sind verschiedene, insgesamt 20 Situationen (Sachverhalte, Ereignisse) mit geschlossenen Augen möglichst klar bildlich sowie – ab der 11. Aufgabe
(Item) auch bzw. vor allem hörend, fühlend bzw. spürend, schmeckend und riechend vorzustellen. (In der deutschen Fassung sind es eben nur 19 Situationen.) Diese Vorstellungen sind jeweils
in ihrer Klarheit, von unerkennbar mit 0 Punkten bis zu sehr klar mit 4 Punkten, einzuschätzen
und zu beurteilen. Um imaginativ weiter zu arbeiten und zu üben, reicht es völlig, wenn die
Imaginationen im Schnitt ziemlich oder mäßig klar ausfallen bzw. bewertet wurden.

Eine Übung, die ebenfalls nicht nur die Voraussetzungen, das Vermögen, die Kraft bzw.
Fähigkeit zum bildlichen Vorstellen (Visualisieren) testet, sondern auch noch alle anderen Sinnesempfindungen oder -vorstellungen (wie unten ausgeführt) und deren Auswirkungen abfragt,
ist die Zitrone-Übung. Aber vor allem wird die Wirkung und Wirksamkeit der Visualisierung
bzw. visuellen Vorstellung durch diese Übung erfahren, erprobt und veranschaulicht. Gegenstand der Vorstellung und Imagination ist eine gelbe, reife Zitrone. Diese Übung habe ich gemäß
meiner Erinnerung zuerst in der Supervision bei Frau Dr. Dipl.-Psych. Christine Felder (1992,
per mündlicher Mitteilung) kennen gelernt und etwa bei Jungnitsch (1992, S. 104) und später in
einer sehr ausführlichen Fassung bei Derra (2007, S. 35-36) wieder gefunden. Diese Übung
beginnt damit, sich zu Beginn zunächst möglichst deutlich, klar, genau, bildhaft und plastisch
eine reife, gelbe Zitrone vorzustellen. Um dies vor dem inneren, geistigen Auge besser zu sehen
oder zu imaginieren, sind die Augenlider am besten zu schließen. Dann wird innerlich vorgestellt, wie die Zitrone mit einem Messer zerschnitten wird, nachdem zuvor das Messer in eine
Hand genommen wurde und die Zitrone dazu mit der anderen Hand auf einer Unterlage festgehalten wird. Beim Festhalten der Zitrone werden die Oberfläche und der Zustand (Temperatur,
Festigkeit usw.) der Zitrone gespürt. Es wird zudem versucht, sich das Geräusch des Schneidens
durch die Zitrone zu vergegenwärtigen bzw. vorzustellen. Es wird imaginiert, wie beim Schneiden der Saft aus der Frucht quillt und an der Messerschneide entlang läuft. Dabei können vor
allem auch die entweichenden kräftigen, herben, säuerlichen Düfte der Zitronenschale und des
Saftes vorgestellt und innerlich erlebt werden. Selbstverständlich können diese Vorstellungen

auch direkt erinnert sein. Sie nehmen dann weiter (imaginiert) eine Zitronenhälfte und führen diese zum Mund, wobei der Geruch stärker wird. Bereits jetzt könnte Ihnen vielleicht schon Wasser im Munde zusammenlaufen und sich der Mund zusammenziehen. Im Unterschied zu Derra (s. o.) lasse ich die Menschen danach in der Vorstellung an der saftigen Zitronenhälfte lutschen und schließlich mit Hilfe des Pressens mit den Fingern die Zitronenhälfte auslutschen und nicht hineinbeißen. Letzteres ist meines Erachtens noch unangenehmer, vor allem an den Zähnen. Es reicht die Vorstellung des sauren Zitronensaftes im Mundraum, der geschmeckt und dann geschluckt wird. Jungnitsch (s. o.) lässt die Zitrone und das Schneiden und Zerteilen auf einem weißen Porzellanteller vorstellen. Dieser weiße Untergrund erhöht den Farbkontrast und hebt die eigentlichen Imaginationen (Zitrone, Zitronensaft) deutlich, zusätzlich hervor. Auch kann noch zudem ein Geräusch vorgestellt werden, wenn nämlich am Ende des Zerschneidens der Zitrone die Metallklinge auf das Porzellan trifft. Diese Übung wird nicht nur mit der visuellen, bildlichen Vorstellungskraft lebendig, sondern beinhaltet oder betrifft, aktiviert und prüft auch noch die Vermögen, etwas in der Vorstellung zu hören, zu schmecken, zu riechen sowie zu greifen, anzufassen, zu halten, zu bewegen und zu spüren.

Damit Imaginationen maximale Wirkungen entfalten können, sind nicht nur ihre möglichst umfassende sinnliche Wahrnehmung, Deutlichkeit und Lebendigkeit zu beachten bzw. vorzustellen, sondern auch das Erleben der damit verbundenen (assoziierten) Gefühle, Gedanken, Erfahrungen, Bedeutungen, Reaktionen Tätigkeiten und Folgen (vgl. z. B. Petermann & Kusch, 2000). Dabei betrifft die vorgestellte Wahrnehmung nicht nur die äußere Sinneswahrnehmung (Exterozeption) sondern auch die innere (Interozeption), die vor allem zur Entspannung und, allgemeiner betrachtet, zur Veränderung körperlich-seelischer Zustände wichtig ist. Allerdings gibt es durchaus Bedingungen und Umstände, wo es wiederum angebrachter wäre, sich mehr auf die Wahrnehmung zu konzentrieren und weniger auf die assoziierten Gefühle und Gedanken, vor allem wenn diese sehr negativ und belastend sind. Auch der Schwerpunkt der Wahrnehmung, mehr nach innen oder nach außen oder hinsichtlich der einzelnen Sinne, kann je nach Bedarf, Voraussetzungen usw. verschoben und angepasst werden.

5.1 Entspannen, Erholen und Wohlfühlen

Bestimmte Vorstellungen, Bilder, Symbole lösen in uns emotionale und körperliche Reaktionen der Entspannung, Beruhigung, Geborgenheit, Erholung, (inneren) Stärkung, Zufriedenheit, des Wohlbehagens und Wohlfühlens aus. Dabei können diese Vorstellungen, Bilder, Symbole aus dem Schatz der eigenen oder überlieferten, beschriebenen, dargebotenen, medial vermittelten Erinnerungen und Erlebnisse stammen oder aus dem Bereich der Phantasie, Wünsche, Sehnsüchte und Träume. Entsprechend sind die Zusammenhänge und Verbindungen individuell. Zwar können viele Menschen etwa beim vorgestellten Anblick, Spazieren oder Ruhen auf einer Almblumenwiese mit einem Fernblick auf die Berge sich ausruhen, wohlfühlen, loslassen und entspannen, aber eben nicht alle. Vor allem Menschen, die diese Aussicht mit unangenehmen Erfahrungen, Erlebnissen oder mit Sorgen, Befürchtungen, Ängsten usw. in Verbindung bringen, also diesbezüglich negative Assoziationen haben (wie etwa vielleicht ein Pollenallergiker oder jemand, der dort ein schweres, bedrohliches Gewitter erlebt hat), werden bei dieser vorgestellten Landschaft anders, vielleicht sogar gegenteilig reagieren. Die imaginierte Landschaft, die den einen Menschen zur Ruhe und Entspannung kommen lässt, kann einen anderen extrem aufwühlen, im medizinischen Sinne psychophysiologisch erregen bzw., umgangssprachlich formuliert, aufregen sowie belasten und anspannen lassen. Selbst bildliche Vorstellungen, die augenscheinlich, vermeintlich menschheitsübergreifend, grundsätzlich und ursprünglich mit Entspannung, Beruhigung, Geborgenheit, Erholung, Stärkung, Zufriedenheit, Wohlbehagen und Wohlgefühl verbunden zu sein scheinen, hängen von der individuellen Lebens- und Erfahrungsgeschichte bzw. von den individuell erworbenen Erfahrungen ab. So können beliebige negative Erfahrungen, einschließlich der damit verbundenen Einschätzungen, Erwartungen und Bewertungen, die eine Person mit der jeweiligen bildlichen Vorstellung und Imagination (bewusst oder unbewusst) in Zusammenhang bringt, die erwünschten angenehmen Reaktionen und Wirkungen überschreiben oder verhindern. So können im Allgemeinen beliebig schöne, ansprechende, wohltuende usw. bildliche Vorstellungen im Besonderen bzw. Einzelfall genau die gegenteilige Reaktionen und Wirkungen hervorrufen. Wie im Kapitel 8.4 bezüglich der Farben und einfacher Symbole zur Chakrenmeditation hervorgehoben wird, sind selbst solche grundlegenden bildlichen Vorstellungen in einem deutlichen bis wesentlichen Umfang auch kulturell vermittelt. Die Bedeutung und Verwendung sogar von einfachen Farben, Formen und Symbolen und somit auch deren Vorstellung werden durch die jeweilige Kultur geprägt, mitbestimmt, wenn nicht gar festgelegt. Dadurch werden die Unterschiede in den Reaktionen auf solche Bilder und Symbole sowie deren visueller Vorstellung zwischen den Menschen verschiedener Kulturen in systematischer Art und Weise vergrößert und denen einer gemeinsamen Kultur verringert. Prinzipiell können dadurch sehr große Unterschiede – bis zu Gegensätzen – entstehen. Besonders deutlich wird dies bereits bei einfachen graphischen, religiös oder ideologisch vereinnahmten Symbolen (wie z. B. dem Kreuz). So kann jeder bildlichen Vorstellung, wie etwa auf einem heiligen Berg mit verschränkten Beinen zu sitzen, kulturell sowie individuell ganz unterschiedliche Bedeutungen beigemessen werden. In der Folge stellen sich dann unterschiedliche Reaktionen und Wirkungen ein. So können beispielsweise, bereits aufgrund der unterschiedlichen Gewöhnung, wahrscheinlich Menschen des Okzidents seltener in einer solchen Sitzhaltung (tatsächlich oder nur vorgestellt) wirklich zur Ruhe kommen als Menschen des Orients. Bei Personen mit Höhenangst bricht bei dieser offenbar bzw. vermeintlich erhabenen Vorstellung sogar Angst bis Panik aus.

Die Visualisierungen und Imaginationen wirken also individuell. Deshalb sind für eine bestimmte Person, die jeweils geeigneten, passenden, wirksamen, nützlichen Visualisierungen und Imaginationen zu finden. Dabei sind auch die anderen Vorstellungsaspekte (auditiv, fühlend, spürend, schmeckend, riechend), die mit der bildlichen Vorstellung gegeben oder verbunden sind, zu beachten und zu berücksichtigen. Die Imagination sollte als Ganzes und in allen Vorstellungsaspekten übereinstimmend in die erwünschte Richtung wirken. Es ist wenig nützlich, wenn etwa die Almblumenwiese zwar als schön anzusehen empfunden wird, aber der dabei individuell erinnerte, assoziierte Geruch von frischen Kuhfladen als unangenehm. Aber selbst für eine Person sind die Wirkungen von Imaginationen nicht stabil, sondern können sich verändern, d. h. intraindividuell variieren. Dieselben Personen befinden sich zudem in unterschiedlichen bzw. besonderen Rahmen, Umfeldern, Umständen, Verhältnissen, Situationen, Zuständen, Befindlichkeiten und Entwicklungen. In der Folge variiert selbst auch für eine Person die zu erwartende Eignung, Passung, Nützlich- und Wirksamkeit bestimmter Vorstellungen und Bilder. Zu einem Zeitpunkt kann bei einem Menschen beispielsweise das Bild eines Berggipfels mehr Entspannung, Gelassenheit, Ruhe, innere Balance und Wohlgefühl auslösen und hervorbringen als der Blick auf das Meer. Unter Änderung der äußeren und inneren Umstände kann sich dies beispielsweise – für eine gewisse Zeit oder sogar auf Dauer – verändern und sogar umkehren. Gemäß dem Beispiel würde dann der Blick auf das Meer besser, deutlicher, wirksamer entspannen, beruhigen, ausgleichen und positiv stimmen.

In der Regel kennen und verfügen die Personen bereits selbst über Vorstellungen und Bilder, bei denen sie sich ausruhen, beruhigen, entspannen und wohlfühlen können. Weiter wissen sie oder können mehr oder weniger zutreffend einschätzen, welche Vorstellungen und Bilder ihnen im gegenwärtigen Augenblick voraussichtlich besonders gut tun würden. Es geht dann also nur darum, auf diese Vorstellungen und Bilder zuzugreifen und diese gezielt für die Entspannung, Stressreduktion, -bewältigung, zum Wohlfühlen und Erholen zu nutzen. Im Idealfall ist die Person nur aufzufordern, sich für diesen Zweck eine passende, geeignete Vorstellung bzw. ein inneres Bild zur Entspannung, zum Erholen und Wohlfühlen zu suchen und zu imaginieren. Um sich dabei nicht nur vom persönlichen Willen, Denken, von den bewussten Überzeugungen, Wertungen, (Vor-)Urteilen und Erwartungen leiten zu lassen, sondern auch von seinen inneren Gefühlen, unbewussten Ressourcen und Aspekten, ist es hilfreich, dabei in einer offenen, achtsamen Haltung vorzugehen. Menschen haben für gewöhnlich mehr oder weniger feste, explizite Überzeugungen und Erwartungen darüber, was Ihnen augenscheinlich gut tun und was entspannend wirken würde, was Ihnen gut zu tun oder was entspannend zu wirken hat, was dafür, dazu richtig, passend oder angemessen ist. Aber diese Überzeugungen und Erwartungen können etwa an der Oberfläche bleiben, nur einen Teil der Person betreffen und eben nicht ganz bzw. für die ganze Person zutreffen. Um diese Öffnung und Achtsamkeit nach innen, diese offene, achtsame Haltung zum Finden und Auswählen authentischer, ganzheitlicher, wirklich für sich geeigneter, passender Imaginationen, Bildern und Lösungen (etwa zum Entspannen, zur Ruhe und zum Wohlfühlen) zu erreichen und einzunehmen, empfiehlt sich das folgende Vorgehen: Versuchen Sie sich zum und vor dem Imaginieren zuerst in einen mindestens leichten Trance-, Meditations- oder Entspannungszustand zu begeben (s. u.). Dann öffnen Sie sich mit Ihrer Aufmerksamkeit, Konzentration und Wahrnehmung möglichst weit und nur achtsam, also nicht wertend, analysierend, kommentierend usw. (s. Kap. 3.3), nach innen, um zu schauen, welche bildlichen Vorstellungen sich zum erwünschten Zielzustand bzw. Motto vor dem inneren Auge dann tatsächlich einstellen werden. Der Zielzustand oder das Motto könnte z. B. Entspannung, Beruhigung, Gelassenheit, Ausgeglichenheit oder Wohlgefühl oder eine Kombination davon sein. Schauen Sie nach innen, fragen oder bitten sich, Ihr Unterbewusstsein, Selbst oder

Inneres, Ihnen die Vorstellung zu zeigen, mit der oder durch die Sie sich gut oder am besten etwa entspannen, beruhigen, ausgleichen, wohlfühlen, eventuell auch erholen und stärken können. Dabei sollten Sie die innere, helfende Instanz (Aspekte) so wählen und benennen, dass es sich für Sie stimmig anfühlt, klingt und erscheint. Sie brauchen sich also nicht auf Ihr „Unterbewusstsein", „Selbst" oder „Inneres" zu beziehen bzw. beschränken. Im Kapitel 5.2.2 werden auch noch andere Instanzen, Aspekte (des Selbst) als Ratgeber, Helfer angesprochen und vorgestellt, wie etwa die innere Weisheit. Das Unterbewusstsein oder Unbewusste wird hier in der Tradition des Hypnotherapeuten Milton H. Erickson im Sinne von Peter (2009, S. 21) „als weise, kluge, wissende und wohlwollende Instanz innerhalb der Person" verstanden, die eben nicht nur auf die bewussten, rationalen, mehr oder weniger leicht verfügbaren, gewohnten Kompetenzen, Ressourcen, Vermögen, Erinnerungen und Sichtweisen zurückgreifen kann.

Auf diese Art und Weise können auch ganz neue, unerwartete Bilder vor dem inneren Auge auftauchen, die aber gemäß der Methode uns dem Zielzustand – ganzheitlich gesehen – näher bringen. Sollten keine Vorstellungsbilder zur Entspannung erscheinen, könnten Sie sich auch behelfen, indem Sie vermeintliche, augenscheinliche Entspannungsbilder innerlich imaginieren, ausprobieren und auf ihre Wirkung prüfen. Zwar wären dann die Bilder bewusst, mehr oder weniger systematisch vorgegeben, können aber hinsichtlich ihrer Stimmigkeit, unter Einbezug der Gefühle und des Fühlens, der inneren Stimme und des Unterbewusstseins, in der Imagination erfahren und schließlich ausgewählt werden. Mit dem stimmigen oder stimmigsten Bild würde dann weiter gearbeitet bzw. sich entspannt, beruhigt und wohlgefühlt werden.

Durch Vorstellungen aus der Phantasie oder Erinnerung an Orte, Situationen oder Ereignisse können Entspannung und positive (angenehme, stützende, stärkende) Gefühle ausgelöst werden. Im einfachen Fall braucht das auch nur eine passende Farbe zu sein, die etwa mit Entspannung oder Wohlgefühl verbunden ist. Deutlich komplexer sind dagegen ganze Phantasiereisen, an denen ein oder mehrere Orte in der Vorstellung aufgesucht und imaginiert werden und wo verschiedene Aufgaben und Tätigkeiten ausgeführt und erlebt werden. Dabei können auch mehr oder weniger große Anteile der eigenen biographischen Erinnerung und Erfahrung entstammen. Das innerliche Ausführen und Erleben von Aufgaben und Tätigkeiten dient nicht nur dem Ziel, sich besser zu entspannen und wohler zu fühlen, sondern die Vorstellungen, Imaginationen möglichst lebendig, real wirken zu lassen. Dazu dient, wie bereits im Kapitel 5 ausgeführt, neben der möglichst intensiven, farbigen und plastischen Visualisierung auch die systematische Einbeziehung der anderen Sinne bzw. Vorstellungsaspekte. So kann der Blick in den weiten hellblauen Himmel (ganz klar oder mit wenigen weißen Wölkchen) und in die weite Ferne beruhigen und entspannen. Aber das Hören der Stille oder angenehmer Naturgeräusche, das Spüren der freundlich wärmenden Sonne am Körper, das befreite Einatmen der u. a. frischen, reinen Luft usw. ergänzen und bereichern die visuelle Vorstellung um weitere Vorstellungsaspekte. Diese erlauben und ergeben ein ganzheitliches Erleben der Vorstellung bzw. des Vorgestellten und verstärken und vervollständigen die Wirkung(en) der Imagination. Die erwünschte und gesuchte möglichst entspannende, beruhigende und ausgleichende Wirkung der Vorstellung wird noch gesteigert, wenn zudem die Entspannung, innere Ausgeglichenheit, Ruhe und Gelassenheit bzw. die betreffenden körperlichen und psychischen Reaktionen, Veränderungen, Zustände gleich mit vorgestellt werden. Sie stellen sich also nicht nur vor, wie Sie etwa in der Badewanne, im Thermalbad oder am Strand liegen, die betreffende Situation und sich wahrnehmen, sondern auch wie Sie sich in der Situation vor allem gut, ganz oder vollkommen entspannen. Wenn Sie dann die Wirkung dieser Vorstellungen am eigenen Leib erfahren, also eine Entspannungsreaktion körperlich spüren, dann können Sie damit die Vorstellung der eigenen Entspannung in der vorgestellten Situation bestätigen und deren positive Wirkungen steigern. Also, Sie stellen sich nicht nur vor oder erinnern eine körperliche Entspannungsreaktion, wie etwa ein wärmer und schlaffer Werden der Gliedmaßen und des Rumpfes, sondern Sie spüren und erleben dies auch zunehmend ganz aktuell in Ihrem Körper. Durch die bewusste, aufmerksame Wahrnehmung dieser Entspannungsreaktion steigern sich in Wechselwirkung und positiver Rückkopplung die Lebendigkeit und Wirkung der Imagination, die Entspannungsreaktion und das Empfinden und Gefühl von Entspannung. Schließlich liegen Sie dann nicht nur in der Vorstellung am Strand, in der Badewanne usw. und entspannen dort, sondern Sie liegen oder sitzen zudem entsprechend entspannt in Ihrer jeweiligen Wirklichkeit, z. B. im Schlafzimmer, im Büro, in der Bahn usw.

Bei Phantasiereisen ist es oft üblich, die Orte und Vorstellungen mehr oder weniger direkt vorzugeben. Dies hat aber gemäß den obigen Ausführungen den Nachteil zur Folge, dass die individuelle Passung dann offen bzw. fraglich ist und im Einzelfall sogar sehr ungünstig ausfallen kann. Selbst der passende Ort und vor allem die damit verbundenen einzelnen innerlichen Vorstellungen bzw. Wahrnehmungen können jedoch offen bleiben und ganz dem Übenden überlassen werden. Der Ort und die jeweilige Situation werden in diesem Fall also ganz individuell selbst gesucht und bestimmt. Damit die Imaginationen auch dann möglichst lebendig, plastisch und, wie ausgeführt, wirksam sind, wird der Übende nur noch gezielt angeleitet bzw. gebeten, diese Orte mit all seinen Sinnen zu erleben und sich dort auch selbst wahrzunehmen oder/und zu verhalten.

Gleichgültig, ob, wie besprochen, die folgende Imagination nun selbst entwickelt oder entsprechend angeleitet wird, erläutert diese beispielhaft das Erleben mit all seinen Sinnen, die Selbstwahrnehmung und das Verhalten in der Imagination. Nehmen wir also an, Sie sehen vor Ihrem inneren, geistigen Auge eine wunderschöne, farbenprächtige Almblumenwiese mit verschiedenen Wildblumen, -kräutern und -gräsern. In der Ferne sehen Sie viele Berge. Die Sonne steigt über den Bergen auf in einen klaren blauen Himmel mit wenigen weißen Wölkchen. Sie wandern über die Almblumenwiese, spüren das weiche Gras unter Ihren Füßen und wie die Blumen und Gräser ihre Unterschenkel streifen usw. Vielleicht wandern Sie ja auch barfuß in der Morgensonne und spüren den kühlen, prickelnden Morgentau an den Füßen. Sie schauen sich die weiten Wiesen – die Alm – vielleicht angrenzende Sträucher und Bäume an. Zunehmend gleitet Ihr Blick weiter und erfasst die umliegenden Berge bis zu den fernen Gipfeln am Horizont. Sie können sich spürend hinsetzen oder hinlegen in das Gras oder vielleicht auch auf eine ausgebreitete Decke. Sie können das weiche Gras oder, auf der kuscheligen Decke, vielleicht nur den weichen Untergrund spüren. In jedem Falle spüren Sie die bereits wärmende Sonne, die angenehme Wärme auf und in Ihrem Körper, einen leichten erfrischenden Windhauch usw. Sie blinzeln vielleicht noch in den hellblauen Himmel. Sie riechen den Duft der Gräser, Blumen und Wildkräuter. Vielleicht schließen Sie ganz die Augen und hören möglicherweise das Summen von Bienen, die den frischen Nektar der Wiesenblumen trinken und in köstlichen, stärkenden Honig verwandeln. Entfernt hören Sie das leise Läuten von Kuhglocken oder einer Kirche. Sie können spüren, wie Sie sich und Ihren Körper zunehmend loslassen und entspannen. Gelassenheit, Ruhe, Entspannung und innerer Frieden breiten sich in Ihnen aus und wachsen. Sie können vollkommen gelassen, ruhig und entspannt werden, sich wohlfühlen und diesen Zustand genießen.

Beim Katathymen Bildererleben und der Katathym-imaginativen Psychotherapie wird in der Grundstufe die Wiese als erstes Motiv angeboten (z. B. Leuner & Wilke, 2011). Diese Motive bzw. die Imaginationen dienen hier jedoch zur psychotherapeutischen Arbeit und Veränderung und nicht vordringlich dem Entspannen und Wohlfühlen. Zumindest die Umsetzung und Beibehaltung des Motivs bleiben hier weitgehend beim Patienten. Der Patient beschreibt dem Therapeuten seine Imaginationen und inneren Erlebnisse (Empfindungen, Vorstellungen, Gedanken und Gefühle). Die Entwicklung und Entfaltung der Imaginationen werden vom Therapeuten nur einfühlend begleitet und angeregt. Durch Fragen, etwa nach Einzel- und Besonderheiten, wird der Patient zur intensiven und detaillierten inneren Wahrnehmung, Auseinandersetzung und Tätigkeit angehalten. Auf diese Weise verdeutlichen und vertiefen sich dann die Imaginationen und das innere Erleben.

Zum Zwecke der Erzeugung von Entspannung, positiver Gefühle und Wirkungen wäre also in einer einfachen Art und Weise vom Übenden in der Vorstellung bzw. Imagination nur ein solcher Ort zu sehen und, noch besser, aufzusuchen. Dieser Ort kann eine Landschaft, aber auch nur etwa ein Raum oder Gebäude sein. Der Übende sollte darauf seinen inneren Blick und zusätzlich seine anderen Sinne richten. Weiter kann und sollte er sogar versuchen, sich (vorgestelltermaßen) ganz dorthin zu versetzen, dort zu verweilen, etwas zu tun, wenn auch nur zu sitzen oder zu liegen und sich zu entspannen, und dies zu erleben. Per Vorstellung, Imagination „beamt" er sich hin und erlebt dies am besten dort direkt aus der Ichperspektive, also so, als ob er tatsächlich dort anwesend wäre. Das innere Spüren des Körpers betrifft zunächst das vorgestellte oder erinnerte Erleben, aber auch zunehmend oder schließlich das aufmerksame Wahrnehmen und Erleben erwünschter, aktueller und tatsächlicher körperlicher Reaktionen und Empfindungen. Aus der Vorstellung oder Erinnerung heraus entwickeln sich dann entsprechende wirkliche, gegenwärtige Empfindungen, Gefühle und Zustände, wie Entspannung. Während der Übende diesen Ausflug, die Aussicht und Situation erlebt und genießt, wirkt dies entsprechend auf seine Psyche und seinen Körper. Damit die erwünschten Wirkungen sich auch hinreichend entfalten können, sollte diese Vorstellungsübung am besten über möglichst mehrere Minuten andauern sowie in einer bequemen, angenehmen, ruhenden Haltung, sitzend oder liegend und mit geschlossenen Augen ausgeführt werden (vgl. Kap. 2.5). Diese Übung braucht aber vor allem einen oder den jeweils passenden, geeigneten Ort und eine Situation, bei dessen Vorstellung und Imagination sich die erwünschten Wirkungen besonders gut und ausgeprägt einstellen. Nur durch die Vorstellung bzw. Imagination eines solchen Ortes und einer solchen Situation können die erwünschten Wirkungen erzielt und – quantitativ sowie qualitativ – maximiert werden.

Wie bei den anderen Übungen (s. vor allem Kap. 7 und 7.1) kann diese oder eine andere Imagination in eine Phase der Ein- (zur Vorbereitung) und in eine der „Ausleitung" (zur Nachbereitung und Rückführung in den Alltag bzw. die äußere Realität) eingebettet werden. Das Imaginieren bzw. Üben kann besonders wirkungsvoll und tief, eindringlich nach einer körperlichen Entspannungsphase (über Atmung, Muskulatur, Körperreise) erfolgen und erlebt werden. Dies bietet sich für das regelmäßige Üben und insbesondere beim ersten Mal zum Finden der passenden, geeigneten Imaginationen an (s. u.). Bei akutem Bedarf und zur akuten Entspannungshilfe im Lebensalltag braucht nur noch die betreffende Imagination abgerufen und aktiviert werden. Einleitung und Rückführung können hier wegfallen und es werden dann nur noch die Bilder – zur Entspannung, Beruhigung, Stärkung usw. – vorgestellt, imaginiert. Das gezielte, bewusste Öffnen des inneren, geistigen Auges zum Beginn der Imagination und das Schließen am Ende sollten jedoch auch hier als ein Minimum an innerer Vorbereitung und Lösung bleiben. Beim regelmäßigen Üben fördert jedoch eine umfangreichere, gründlichere Einbettung der Imaginationen bzw. des Imaginierens in entsprechende, einfache Übungen zur Entspannung und Meditation die Wirkung bzw. Wirksamkeit. Wie bereits im Kapitel 4 ausgeführt, bietet sich als Einleitung ein bewusstes, aufmerksames Einnehmen der Haltung (zum Entspannen), das Spüren auf der Unterlage und des Getragenseins und dann eine achtsame Atemwahrnehmung (s. Kap. 3.2 und 3.3.2), eine suggestive, achtsame Atemübung (s. Kap. 3.4 und 6.2.1.5) oder – bei

entsprechendem Können – eine besondere Atemmeditation an, vorzugsweise die Strin-Wurzelzentrum-Atem-Meditation (s. Kap. 3.5). Anschließend kann zudem ein systematisches gezieltes
Loslassen und Entspannen der Körperbereiche (zur Vertiefung der Entspannung und meditativen Versenkung bzw. Trance) erfolgen und von Nutzen sein. Für die im Kapitel 5.1.3 beschriebene Baummeditation ist dies sogar dringend zu empfehlen. In Abweichung zu den umfangreichen, genauen und entsprechend aufwendigen Körperreisen nach Kapitel 7.1 und 7.2 reicht in
diesem Rahmen allerdings eine verkürzte, vereinfachte und zügigere Fassung aus. Es werden
nacheinander die Arme, Schultern, Beine, Gesäß, Rücken, Nacken, Kopfbereich bis zur Stirn,
Augen, Nase, Wangen, Ohren, Mund, Hals-, Brust-und Bauchbereich für die Zeitdauer von
jeweils etwa ein bis zwei Atemzüge gespürt, losgelassen und entspannt. Das innere Loslassen
der betreffende Körperbereiche kann zusätzlich mit dem Ausatmen verbunden werden. Bei
einem entsprechenden, fortgeschrittenen Übungsgrad kann der Bauchbereich auch feiner unterteilt und entspannt werden. Dann werden einzeln und nacheinander der obere, mittlere und
untere Bauchbereich gespürt, losgelassen und entspannt. Auch der Beckenboden bzw. Dammbereich kann zudem noch am Schluss auf diese Art und Weise berücksichtigt und einbezogen werden. Das Zurückkommen aus der Imagination in das Außen bzw. den Alltag ist entsprechend zu
gestalten (vgl. Kap. 2.11). Allerdings bräuchte es dafür nur ein kurzes Erspüren der bestehenden
Entspannung im ganzen Körper und nicht aller Bereiche nacheinander, um anschließend auf die
Atmung zu achten und sich dann innerlich auf den bewussten Ausstieg bzw. das Ende der
Übung vorzubereiten. Wichtig ist dabei weniger die Rücknahme der erzeugten, gefühlten – idealerweise tiefen – Entspannung, als vielmehr das Zurücknehmen der – idealerweise ausschließlichen – Innenorientierung und der inneren Versenkung. Wahrnehmung, Aufmerksamkeit,
Bewusstsein und Konzentration werden dazu (wieder) nach außen orientiert und mit der
Außenwelt, dem Alltag gekoppelt. Wie im Kapitel 4 dargelegt, sollte selbst die muskuläre Entspannung mindestens teilweise (partiell) und angepasst in den Alltag übernommen und erhalten werden. Der erreichte Entspannungszustand sollte auch nach meiner Ansicht und Erfahrung
dementsprechend nur vorsichtig, graduell, angemessen und soweit zurückgenommen (korrigiert) werden, wie es die innerlich gelassene und ruhige Bewältigung der jeweils aktuellen
Umstände, Situation und Tätigkeit gerade noch (minimal) erfordert.

   Die Strin-Wurzelzentrum-Atem-Meditation (s. Kap. 3.5) eignet sich nicht nur generell zur
Einleitung und Einnahme eines meditativen Trancezustandes, sondern insbesondere auch zur
inneren Vorbereitung auf Visualisierung und Imagination. Mit dem Ein- und Hinatmen zum
Stirnzentrum oder der Stirnmitte aktivieren wir gleichsam das innere, geistige Auge bzw.
Schauen, Betrachten, Vorstellen. Dies wird noch gefördert, wenn anschließend für einige Atemzüge meditativ nur über das Stirnzentrum ein- und ausgeatmet oder sowohl mit dem Einatem
als auch mit dem Ausatem ins Stirnzentrum hinein geatmet wird. Aufmerksamkeit, Konzentration, Bewusstheit, innere Wahrnehmung sind dann ganz im Stirnzentrum oder der Stirnmitte.
Zur Innenschau, geistigen Visualisierung, Imagination öffnen Sie hier Ihr inneres geistiges Auge
bzw. versuchen, hier an dieser Stelle innerlich zu sehen bzw. vorzustellen. Trotz Ihres Bemühens
bleiben Sie dabei möglichst entspannt, gelassen und achtsam. Den Atem lassen Sie dazu weiter
fließen und widmen Ihre Aufmerksamkeit und Konzentration nun der inneren Schau, Betrachtung, Vorstellung. Die Stirn wird augenscheinlich zur Leinwand Ihrer geistigen, visuellen Pro-
jektionen, die Sie von innen (innerhalb Ihres Kopfes) her betrachten (vgl. Fontana, 1994). Das
innere, geistige Auge können Sie immer auf diese Art und Weise öffnen, auch wenn Sie dies
nicht mit der eben dargestellten oder einer anderen Atemmeditation speziell vorbereiten. Als
Ausgangspunkt dafür bzw. am Anfang sollte dann die Aufmerksamkeit, Konzentration,

Bewusstheit und innere Wahrnehmung dem Stirnzentrum bzw. der Stirnmitte innerlich zugewendet werden.

Alternativ zur Einleitung und inneren Vorbereitung des Imaginierens über die Atmung, Körperwahrnehmung und -entspannung könnte auch eine beliebige andere wirksame Tranceinduktion benutzt werden. Es kann z. B. irgendeine Art und Weise eines Stufenmodells oder einer
Stufentechnik verwendet werden. So könnten Sie typischerweise einfach in etwa 5 bis 10 Stufen
schrittweise tiefer in die Entspannung, Trance, innere Aufmerksamkeit oder Versenkung gehen.
Bei Bedarf können es auch wenige Stufen mehr sein, etwa 12 Stufen. Das Reden und Vorstellen
von Stufen, um in die Entspannung oder Trance zu gelangen, bietet grundsätzlich die Möglichkeit, sich das ganze Geschehen bzw. Vorhaben wirklich konkret veranschaulichen und vorstellen zu können. Mit dem Zählen von 1 bis 10 (oder etwa 12) können Sie zwar alternativ ebenfalls
zunehmend und schrittweise bzw. stufenweise tiefer in die Entspannung oder Trance gleiten.
Aber die Vorstellung bleibt beim Zählen vergleichsweise abstrakt oder gedanklich, verbal. Dies
kann jedoch für den einen oder anderen auch einen Vorteil bedeuten. In jedem Falle können das
Zählen und Vorstellen von Stufen auch miteinander kombiniert werden. Es werden dann Stufen
etwa in die Entspannung oder Trance hinabgestiegen und zusätzlich gezählt. Das ganze kann
zudem sehr plastisch und lebendig als ein Herabsteigen auf den Stufen einer bekannten oder
phantasierten, irgendwie gearteten Treppe vorgestellt werden (vgl. z. B. Alman & Lambrou,
1996). Die beiden Autoren (S. 79-80) bieten dieses Herabsteigen auf einer „Treppe der Entspannung" zudem von einem Berggipfel an, der im Nebel oder Wolken liegt. Damit bleibt das Ziel
der Treppe offen für die Imagination in bzw. nach Erreichen der Entspannung (am Grund) und
es vermeidet den möglicherweise angstauslösenden Blick aus der Höhe in die Tiefe. Die Treppe
führt bei den Autoren gleich an einen oder Ihren entspannenden, angenehmen, sicheren und
friedlichen Ort, vergleichbar dem Ort der Ruhe und Kraft (s. u.). Unten angekommen kann
zunächst auch eine Tür oder ein Tor erreicht bzw. vorgestellt werden, was geöffnet werden kann
und in die innere Welt der Vorstellungen und zu den Imaginationen führt. Diese Tranceinduktion beinhaltet bereits das Imaginieren und kann vergleichsweise schnell erfolgen. Aber es kann
schwierig werden, damit selbst bzw. allein in einen tiefen bis sehr tiefen Entspannungs-, Trance-
und Meditationszustand zu gelangen. Zur Rückkehr in die äußere Wirklichkeit und Umgebung
können diese Stufen dann wieder hinaufgestiegen oder/und rückwärts gezählt (etwa von 10 bis
1) werden. Sollte eine Angst davor, in die Tiefe, den Untergrund, geschlossene oder verborgene
Räume usw. zu steigen, bestehen oder erlebt werden, so kann nach Peter (2009, S.41) die Treppe
auch hinauf gestiegen werden. Sollten diesbezüglich ebenfalls Ängste bestehen oder eine grundsätzliche Angst vor Stufen und Treppen überhaupt, so sollte diese eben nicht, sondern eine
andere Alternative zur Tranceinduktion benutzt werden.

Alman und Lambrou (1996, S. 74-76) bieten etwa eine praktikable Technik der Augenfixie-
rung zur Tranceinduktion an (Augenfixationsmethode allgemein s. auch Kap. 2.4). Im einfachsten Fall wird dabei ein Punkt oder Gegenstand vor den Augen bzw. im Sehfeld gewählt. Auf
diesen wird der Blick fokussiert und fixiert, möglichst ohne Blinzeln und Augenzwinkern. In der
Folge ermüden die Augen und werden trocknen . Das Bedürfnis und Bestreben, die Augen zu
schließen, wächst merklich. Zum und mit dem Schließen der Augenlider werden Entspannungsreaktionen und -empfindungen suggeriert und verstärkt. Mit dem Augenlidschluss fällt die sich
so selbst hypnotisierende Person oder der Hypnotisand sehr wahrscheinlich in eine erste Trance.

Damit das Zählen wirksamer in die Entspannung und Trance führt und sinnlich erfahrbar
wird, kann es mit der Atmung verbunden werden. Es kann grundsätzlich mit dem Einatmen
oder/und Ausatmen gezählt werden (s. Kap. 3.3.2). Am wirkungsvollsten ist es, wenn das
Ausatmen bewusst wahrgenommen und mit dem Loslassen und Entspannen gekoppelt wird.

Deshalb ist es einfacher, wenn beim Einatmen gezählt wird und mit dem Ausatmen nur das Loslassen und Entspannen gedacht oder/und vollzogen wird. Wenn Sie sich an einem bestimmten Punkt der Übungseinleitung also entschließen, nun Ihre Atmung bewusst wahrnehmend zu begleiten und zu zählen, um entschieden in die Entspannung und Trance zu gehen, dann denken Sie beim ersten Einatmen: Eins! Mit dem ersten Ausatmen beginnen Sie, bewusst loszulassen und in die Entspannung zu gehen. Mit dem zweiten Einatmen denken Sie: Zwei! Mit dem folgenden Ausatmen vertiefen Sie das Loslassen und die Entspannung. Wenn Sie wieder Einatmen zählen Sie: Drei! Mit dem Ausatmen lassen gehen Sie dann noch tiefer in die Entspannung. Sie zählen das folgende Einatmen: Vier! Mit dem anschließenden Ausatmen gehen Sie tiefer und tiefer in die Entspannung. Das fünfte Einatmen begrüßen Sie mit: Fünf! Mit dem fünften Ausatmen versuchen Sie, ganz loszulassen und so tief wie möglich oder sehr tief in die Entspannung und Trance zu gelangen. Ganz loslassen und entspannen! Sie spüren nun deutlich die Tiefe der Entspannung und Trance, die Sie erreicht haben. Sie spüren auch das damit verbundene Wohlgefühl und die zunehmende innere Ruhe. Angenehme Entspannung, Wohlgefühl und Ruhe können sich nun in Ihrem ganzen Körper ausbreiten, ihn durchströmen. Ihr Bewusstsein und Geist sind voller Entspannung, Wohlgefühl und Ruhe. Es ist sinnvoll zur Beendigung der eigentlichen Übung aus der Entspannung und Trance in den Alltag wieder in diesen 5 Schritten, auch rückwärts zählend von 5 bis 1, mit der Atmung verbunden zurückzukehren. Mit jedem Atemzug kommen Sie dann wieder zählend, schrittweise und bewusst in das äußere Hier und Jetzt zurück.

Es kann aber auch von Vorteil sein, wenn das Zählen nur mit dem Ausatmen verbunden wird. Dann konkurrieren zwar zunächst Zählen und die Konzentration auf das Ausatmen sowie damit verbundene Loslassen und Entspannen um die Wahrnehmung und Aufmerksamkeit. Es werden diese aber auf längere Sicht direkt und fest miteinander verbunden, psychologisch gesehen konditioniert und assoziiert, so dass dann das Zählen bereits zunehmend wirksamer Loslassen und Entspannung auslösen kann. Gedankliche oder andere Abschweifungen werden durch das Zählen während des Ausatmens unwahrscheinlicher. Wenn das Zählen des Ausatmens von außen angeleitet wird, dann würde die notwendige Aufmerksamkeit und Konzentration dafür geringer ausfallen. Wird dieses Zählen jedoch innerlich von einem selbst geleistet, kann der Aufwand deutlich höher und unter Umständen beeinträchtigend werden. Das intensive, aufmerksame Wahrnehmen des Ausatmens, Loslassens und Entspannens wird entsprechend geringer oder schwieriger. Allgemein gilt jedoch auch hier, dass mit der Übung bzw. Wiederholung diese Vorgänge, also auch das Zählen des Ausatmens, weniger Aufmerksamkeit erfordern und „automatisieren". Nach meiner Erfahrung wird jedoch mit der Übung auch jegliches Zählen überflüssig, um in den Zustand sogar tiefer Entspannung, Trance, geistiger Sammlung und Versenkung zu gelangen. Es reicht dann lediglich das Atmen oder der Atem als Gegenstand der achtsamen Wahrnehmung, Konzentration und Meditation.

Um aus irgendwelchen Gründen das Gefühl und den Gedanken von einem konkreten Hinab- oder Hinaufsteigen zu vermeiden, könnte auch der Akzent bzw. Fokus etwas verändert werden. So können aus den Stufen auch ein Weg und Schritte werden. Diese Stufen oder dieser Weg führen nach innen, ganz zu sich selbst, zur Mitte oder ins Unterbewusstsein. Jeder Schritt führt mehr und mehr zu einem selbst, zum Innersten usw. Und mit jedem Schritt können Sie ausatmen und tiefer und tiefer entspannen, um zu sich selbst zu gelangen und schließlich ganz innerlich und bei sich zu sein.

Sollten für diese einzelnen Vorgehensweisen nicht nur Vorlieben, Neigungen oder Abneigungen, sondern sogar merklich oder erhebliche Befürchtungen oder Ängste be- oder entstehen, so gilt auch hier wie grundsätzlich die weise Regel, zunächst davon Abstand zu nehmen und sich deswegen mit einem kompetenten Therapeuten zu besprechen und bei Bedarf gegebenenfalls unterstützen zu lassen. In jedem Falle suchen und stellen Sie sich das Vorgehen, um in die Entspannung und Trance zu gelangen, nach Ihren individuellen Bedingungen, Voraussetzungen, Belangen und Neigungen zusammen.

Eine Phase bzw. der Zustand möglichst tiefer, innerer Entspannung, Ruhe, Bewusstheit, Aufmerksamkeit, Konzentration, Sammlung und Versenkung befördert wiederum die innere Suche und das Finden eigener, individuell passender und geeigneter Imaginationen zur Entspannung, Erholung und zum Wohlfühlen. In diesem Zustand werden leichter und zuverlässiger bestimmte Imaginationen gefunden, die auch tatsächlich individuell zu Entspannung, Erholung und Wohlfühlen führen und dies bewirken. Dies kann z. B. der jeweils geeignetste und passendste Ort oder eine besondere Farbe zur Ruhe- oder Entspannung sein.

In den folgenden Unterkapiteln werden nacheinander drei grundlegende, einfache Beispiele zur Imagination dargestellt, nämlich erstens das Suchen, Entdecken und Nutzen einer eigenen Entspannungsfarbe im Kapitel 5.1.1, zweitens das Finden, Besuchen und Nutzen eines persönlichen Ortes der Ruhe und Kraft im Kapitel 5.1.2 und drittens die Baummeditation im Kapitel 5.1.3. Die beiden ersten Übungen eignen sich hervorragend auch für Anfänger, um Teil einer regelmäßigen Entspannungsübung zu werden. Sie können – soweit es der Rahmen und die Situation jeweils zulassen – bei akuter Anspannung, Erregung und innerer Unruhe, aber auch bei Langeweile, überhaupt bei negativen Empfindungen, Gefühlen, Gedanken und in unangenehmen Situationen angewendet werden. Sie können aber auch als Ausgangspunkt, Rückzugspunkt und als grundlegende Ressource für eine weitergehende meditative, hypno- oder psychotherapeutische Arbeit dienen, gleichgültig, ob Sie diese mit sich selbst durchführen oder dabei von jemandem angeleitet und begleitet werden.

Es sollte grundsätzlich beachtet werden, dass die Imaginationen auch immer mehr oder weniger Ausdruck der aktuellen Situation und Lage und des aktuellen Zustandes der Person sind.

Zum zeitlichen Rahmen und Verlauf der vorgestellten und anderer Imaginationsübungen ist noch grundsätzlich anzumerken, dass Sie sich immer ausreichend bzw. soviel Zeit nehmen sollten, wie Sie benötigen, um die jeweiligen Imaginationen zu erzeugen, zu erleben und deren Wirkungen merklich für sich entfalten zu lassen. Sicher sollten grundsätzlich Extrema, so auch bezüglich Geschwindigkeit und Dauer, eher vermieden werden. Aber das zeitliche Maß sowie überhaupt das gesamte Vorgehen sollten sich in jedem Falle innerlich stimmig, angemessen, angenehm anfühlen und nach den eigenen Bedingungen, Bedürfnissen und Belangen richten. Auf diese Art und Weise könnten Sie zum regelmäßigen Üben mit der Entspannungsfarbe, am Ort der Ruhe und Kraft oder vor dem und im bzw. als Baum nur wenige Minuten oder doch deutlich länger verbringen. Zusammen mit der ein- und ausleitenden Phase können dann auch etwa 15 bis 25 Minuten meditiert sowie individuell als angemessen und passend erlebt werden.

5.1.1 Entspannungsfarbe

Im Folgenden wird ein grundlegendes, einfaches und sicheres Beispiel zur Imagination und zur Erlangung von innerer Entspannung, Gelassenheit und Ruhe dargestellt, nämlich das Finden und Nutzen einer eigenen Entspannungsfarbe. Diese Vorstellungsübung eignet sich hervorragend nicht nur zur langfristigen sondern auch zur kurzfristigen Entspannung, Erholung, psychischen Stabilisierung, Stressreduktion und -bewältigung. Die Entspannungsfarbe kann auf die gleiche Weise weiter um Vorstellungen bzw. Empfindungen der anderen Sinne ergänzt werden, es kann also auch etwa nach dem persönlichen Entspannungsklang bzw. -geräusch (oder nur der Stille), -geruch, -geschmack und der -empfindung gesucht werden. Auf diese Art und Weise wird die Visualisierung der Farbe durch andere entspannende Vorstellungsaspekte ergänzt und in ihrer Entspannungswirkung verstärkt. Die Entspannungsfarbe selbst kann auch als ein entsprechend farbiges Licht visualisiert und vorgestellt werden. In jedem Fall entsteht durch diese Übung bzw. Form der Anleitung eine Vorstellung zur Entspannung und Ruhe. In diesem Zusammenhang wird (in Fachkreisen) auch allgemeiner von einem Entspannungs- oder Ruhebild bzw. einer Entspannungs- oder Ruheimagination gesprochen.

Zuerst geht es nun darum, die für sich passendste, geeignetste und entsprechend wirksamste Entspannungsfarbe zu finden. Dazu versuchen Sie, in einen deutlichen oder sogar möglichst tiefen Zustand der Entspannung oder Trance Entspannungszustand zu gelangen. Dies können Sie auf eine der Ihnen vertrauten oder genehmen Art und Weise erreichen. Dazu lassen sich vorzugsweise die im vorherigen Kapitel beschriebenen und diskutierten oder nur erwähnten Vorgehensweisen benutzen. Aber auch jede andere Methode, mit der Sie wirksam in die Entspannung oder Trance kommen, bietet sich hier an. So können Sie sich auch mit irgendeiner anderen Technik etwa über die Atmung (Kap. 3), die Progressive Muskelentspannung (s. Kap. 4), eine Körperreise (s. Kap. 7) oder die Grundstufe des Autogenen Trainings (s. Kap. 6.2.1) gründlich entspannt, beruhigt, in Trance, innere Fokussierung, Aufmerksamkeit und Sammlung gebracht haben. Wenn Sie einen solchen Zustand erreicht haben, dann können Sie selbst versuchen, Ihre Entspannungsfarbe, eventuell auch Ihr Entspannungslicht (s. u.), zu finden. Sie öffnen dazu Ihr inneres, geistiges Auge. Sie warten und schauen dann, welche Farbe sich Ihnen zeigen wird, die für Sie – Ihr ganzes Selbst und Unterbewusstsein – Entspannung bedeutet bzw. die Sie entspannt. Um sich und auch Ihren unbewussten Ressourcen eine passende Wahl zu ermöglichen, lassen Sie sich vielleicht überraschen oder versuchen sich innerlich zu öffnen, erwartungsvoll zu sein oder sind einfach nur neugierig darauf, welche Farbe (Ihnen) erscheinen wird. Es kommen auch oft Farben, die der- oder diejenige gar nicht erwartet hätten. Unabhängig davon ist die Farbe, die sich schließlich zeigt, einfach nur als (Ihre) Entspannungsfarbe anzunehmen und zu akzeptieren. Erscheint zunächst keine Farbe oder nicht deutlich oder eindeutig, so lassen Sie sich Zeit. Geben oder schenken Sie sich die Zeit, die Sie benötigen oder es braucht. Bei zwei oder mehreren Farben können Sie warten, bis eine sich von selbst festigt, überwiegt oder durchsetzt. Schließlich könnten Sie auch sich selbst, für die deutlichere, klarere, überzeugendere Variante entscheiden. Gelegentlich treten auch Farbmuster oder -kombinationen auf. Auch das kann einfach so angenommen und akzeptiert werden. Mit den Wiederholungen und dem geduldigem Üben steigt in der Regel die Wahrscheinlichkeit der Visualisierung einer Entspannungsfarbe. Wiederholungen bieten auch die Chance, die Zuverlässigkeit, Konstanz, Allgemeinheit und Bedeutsamkeit der anfangs gefundenen Farbe (oder des Farbmusters) zur Entspannung (eben als Ihre Entspannungsfarbe) zu prüfen. Entspannungsfarben können sich prinzipiell wie die Person und ihre geistigen, seelischen, körperlichen Zustände ändern. In jedem Falle wird die jeweilige gefundene Farbe sehr zu Ihnen, Ihrem Zustand und Ihrer Situation passen und für Sie aktuell Entspannung bedeuten und bewirken. Um letzteres zu verstärken, sollten Sie versuchen, sich diese Farbe möglichst deutlich und klar vor Ihrem inneren, geistigen Auge vorzustellen bzw. zu sehen. Schließlich können Sie zudem versuchen, ganz in diese Farbe einzutauchen und sich mit ihr zu füllen. Versuchen Sie also ruhig, ganz zu Ihrer Entspannungsfarbe zu werden. Das passiert zwar in der Vorstellung, kann aber auch vorübergehend ganz innig, direkt und echt erlebt werden. So werden Sie bzw. sind Sie beispielsweise ganz dunkelblau oder grün. Um die Farbe auf sich wirken zu lassen, sollten Sie sich beim Anschauen der Farbe sowie beim Eintauchen und Füllen immer genügend Zeit lassen. Anschließend bleibt das Vergnügen, das „Entspannungsbad", die „Entspannungsfülle" und das Entspanntsein – die damit verbundenen Gefühle, wie

Gelassenheit, Ruhe, Ausgeglichenheit, Wohlgefühl und Erholung, sowie körperlichen Empfindungen und Reaktionen – zu genießen. Abschließend sehen Sie sich die Entspannungsfarbe noch einmal nur noch äußerlich an und schließen letztlich dankbar Ihr inneres, geistiges Auge. Dann wird die Übungssitzung in Abhängigkeit der gewählten Einleitung beendet (vgl. Kap. 2.11).

Visualisieren Sie die Farbe eher als Licht oder empfinden Sie die entspannende Wirkung auf diese Art und Weise stärker, so ist das in Ordnung. Sie ändern günstigerweise nur die obige bzw. Ihre Selbstanleitung dementsprechend ab. Sie sehen dann eben das besondere Licht der oder zur Entspannung. Sie tauchen in dieses Licht ein und lassen sich von und mit diesem füllen. Vielleicht gelingt es Ihnen sogar, ganz zu einem Lichtkörper oder leuchtenden Wesen in dieser Farbe zu werden. Zur Beendigung nehmen Sie zuvor bewusst Abschied von dieser innigen Vorstellung und versuchen, das Entspannungslicht wieder (nur) vor Ihrem inneren, geistigen Auge zu schauen. Dann brauchen Sie wie bei der Entspannungsfarbe nur noch das innere, geistige Auge schließen, um sich damit von der inneren Betrachtung und den jeweiligen, entspannenden Vorstellungen zu lösen.

Eine konkrete Anleitung zur Imagination der Entspannungsfarbe finden Sie im Kapitel 12.4.1. Bevor in diesem Beispiel die Suche nach der passenden Farbe oder des betreffenden Lichts beginnt, werden Entspannung und Trance hier vor allem über das schrittweise Loslassen und Entspannen von Teilen – und schließlich des gesamten Körpers ausgedehnt und vertieft.

In folgenden, späteren Übungen oder auch nur bei einem aktuellen Entspannungsbedarf brauchen Sie die Entspannungsfarbe oder das betreffenden Licht vor Ihrem inneren, geistigen Auge nur noch abrufen, imaginieren und, wie oben beschrieben, auf sich wirken lassen. Dafür ist dann im Einzelfall – vor allem für eine möglichst sofortige Entspannung – keine längere meditative Einleitung, Vorbereitung oder Einstimmung mehr notwendig. Sie können sich dann allein mit der bzw. über die Ruhe- oder Entspannungsimagination, also der betreffenden Farbe oder dem Licht, entspannen und beruhigen. Der Ausstieg könnte dann ebenfalls entsprechend knapp und zügig erfolgen. Für einen kurzen Einstieg in die – und Ausstieg aus der Entspannungsimagination würde das bewusste Öffnen und Schließen des inneren, geistigen Auges sich anbieten und ausreichen. Dieses bewusste Öffnen und Schließen ist grundsätzlich unbedingt zu empfehlen und beizubehalten, um die Bewusstheit, Selbstkontrolle und Selbstregulation zu wahren. Für das regelmäßige, gewöhnliche Üben mit dem Entspannungsbild oder -licht und den Erhalt einer möglichst großen, tiefen Entspannungswirkung ist jedoch eine sorgfältige, gründliche, feste Einbettung dieser Imaginationsübung ratsam. Ein längerer, systematischer und intensiverer Einstieg in die Entspannung und Trance festigt, verstärkt und erweitert die Entspannungswirkung der Farbe bzw. des Lichtes. Deshalb sollten also auch weiterhin regelmäßig eine ausführliche Hinführung in die Entspannung und Trance sowie eine entsprechende Hinausführung in den Alltag durchgeführt und geübt werden, wie es zum Entdecken der Farbe oder des Lichtes angezeigt und oben beschrieben worden ist.

5.1.2 Ort der Ruhe und Kraft

Im Folgenden wird ein anderes grundlegendes, einfaches Beispiel zur Imagination dargestellt, nämlich das Finden und Nutzen eines persönlichen Ortes der Ruhe und Kraft. Nach Jungnitsch (1992, S. 102) wäre es die „Phantasiereise an den Ort von Ruhe und Kraft". Rehfisch, Basler und Seemann (1989, S. 190) reden ausschließlich vom „Ort der Ruhe und Entspannung". Der Ort der Ruhe und Kraft ist ein sicherer Ort aus der Phantasie oder Erinnerung, wo besonders gut und umfangreich Ruhe und Kraft gesammelt werden können. Oft wird anstelle dieses Ortes auch der „innere sichere Ort" gewählt, der besonders bei psychisch schwer traumatisierten und instabilen Menschen sehr angebracht, angezeigt und hilfreich ist (vgl. Reddemann, 2009, S. 45). Bei Kaiser Rekkas (1998a, S. 187) ist es sogar „der sicherste und geschützteste Ort", bei derselben Autorin später (2001, S. 157) einfach nur „der sichere Ort". Bei anderen Personen verbindet der Ort der Ruhe und Kraft in vorteilhafter, synergetischer Weise den ruhenden, entspannenden Aspekt mit dem aufbauenden, stärkenden und nährenden Aspekt. Die Sicherheit des Ortes ist hier (je nach Instruktion) weniger explizit oder vordringliches, zentrales Ziel der Imagination. Sie ist daher eher implizit, innewohnend, im Hintergrund, als Rahmen, Grundlage oder Voraussetzung gegeben. Dies ist jedoch für die meisten Menschen ausreichend. Die Sicherheit und Geborgenheit des Ortes sowie auch die Gelassenheit und Entspannung am Ort lassen sich aber auch durch die Instruktion gesondert betonen und ausdrücklich hervorheben. Im Prinzip lässt sich ein oder Ihr persönlich sicherer Ort auf die gleiche Art und Weise finden wie der Ort der Ruhe und Kraft. Im Unterschied zu dem Letzteren würde Sie dann aber den Ort suchen, der Ihnen zuverlässig völlige Sicherheit und Geborgenheit gewährt und gibt. Sicherheit und Geborgenheit stünden dann im Vordergrund und Fokus.

Die Vorstellungsübung mit dem Ort der Ruhe und Kraft eignet sich – wie die mit der Entspannungsfarbe des vorherigen Kapitels – sehr gut sowohl zur längerfristigen als auch kurzfristigen Entspannung, Erholung, psychischen Stabilisierung, Stressreduktion sowie -bewältigung. Im Unterschied zur Entspannungsfarbe wird beim Ort der Ruhe und Kraft die visuelle Vorstellung, das Bild bzw. die Anschauung von vornherein systematisch um die Vorstellungen bzw. Empfindungen der anderen Sinne ergänzt und vervollständigt. In der Folge wird durch diese Übung eine komplexere, umfassendere, sinnenreiche und lebendigere Imagination gewonnen. Auf der Grundlage der Sicherheit und Geborgenheit kommt neben der Entspannung ausdrücklich noch die Kräftigung und Stärkung hinzu. Es handelt sich also dementsprechend nicht nur um eine Entspannungs- oder Ruheimagination, sondern auch um eine Art Stärkungs-, Kraft- oder Energieimagination.

Bevor Sie Ihren persönlichen Ort der Ruhe und Kraft zu suchen beginnen, sollten Sie zunächst in einen Trance- oder Entspannungszustand gelangen. Dazu können oder sollten Sie sich, wie zuvor im Kapitel 5.1.1 bei der Entspannungsfarbe angesprochen oder beschrieben, entspannen.

Dann öffnen Sie Ihr inneres, geistiges Auge, um einen Ort bzw. die Vorstellung davon zu finden, an dem Sie sich sicher und geborgen fühlen, an dem Sie loslassen und gelassen sein können, an dem Sie Ruhe und Kraft finden, sammeln und in sich aufnehmen können. Lassen Sie sich bitte Zeit bis dieser Ort der Ruhe und Kraft aus Ihrem Unterbewusstsein, Ihrer Phantasie oder Erinnerung aufsteigt und vor Ihrem inneren, geistigen Auge erscheint. Sollten zunächst nur etwa Farbmuster oder undeutliche, verzerrte Bilder auftauchen, so warten Sie akzeptierend und geduldig, bis diese sich zu einem erkennbaren, stabilen Ort bzw. Bild formen. Haben Sie den Ort bzw. das Bild, so können Sie versuchen, genauer hinzusehen und den Blick bzw. das Bild scharf zu stellen. Sollten zwei oder mehrere Orte vor ihrem inneren, geistigen Auge auftauchen, sich abwechseln

und Ihre Aufmerksamkeit bemühen, so geben Sie den Vorstellungen, sich und Ihrem Unterbewusstsein Zeit und Raum, sich zu klären und letztlich die geeignetste Vorstellung auszuwählen
und festzuhalten. Sollte sich dennoch kein Bild bzw. Ort herauskristallisieren, so könnten Sie
sich zur Not auch bewusst für die deutlichere, passendere, zutreffendere, überzeugendere Imagination entscheiden. Falls bei Ihnen, selbst nach längerem geduldigem innerem Schauen, jedoch
gar kein Ort vor dem inneren, geistigen Auge erscheinen sollte, können Sie sich schließlich auch
bewusst einen Ort wählen, an dem Sie sich früher besonders wohl, entspannt, ruhig und gestärkt
gefühlt haben. Ansonsten genießen Sie einfach Ihren Entspannungszustand und denken:
„Sicherheit, Geborgenheit, Ruhe und Kraft!" oder nur „Ruhe und Kraft!". Falls schließlich ein
Ort vor Ihrem inneren, geistigen Auge auftaucht, wird dieser genauer mit allen Sinnen wahrgenommen. Zunächst wird der Ort und seine Umgebung genauer angeschaut. Sie schauen sich
entsprechend am Ort der Ruhe und Kraft genau um. Dann wird versucht, diesen Ort zusätzlich
und nacheinander mit den anderen Sinnen möglichst deutlich innerlich wahrzunehmen. Es wird
an diesem Ort nach dem Sehen zuerst gehört, dann gerochen und geschmeckt und schließlich
gespürt und gefühlt, was typisch, charakteristisch, besonders für diesen Ort ist. Dann wird der
Ort – so weit wie möglich – mit allen Sinnen, also ganz, innerlich wahrgenommen und erlebt.
Verstärkt und erst voll möglich wird dieses ganzheitliche Erleben, wenn Sie sich bewusst selbst
bzw. als ganze Person an oder in diesem Ort wahrnehmen, sich also dort innerlich hin und hinein begeben und aufhalten. Dann können Sie sich hier innerlich ganz, also auch körperlich,
sowie diesen Ort ganz von innen, aus ihrer persönlichen Mitte, Innen- bzw. Individualperspek-
tive heraus wahrnehmen, so als wären Sie wirklich dort bzw. hier. Sie können innerlich spüren,
wie Sie sich dort umschauen, bewegen, verweilen und wie dieser Ort auf Sie wirkt. Sie erleben
diesen Ort! Erst danach bzw. nach der intensiven Wahrnehmung mit allen Sinnen werden für
eine von Ihnen selbst bestimmte Weile die Ruhe und Kraft des Ortes empfunden, in sich aufgenommen, gesammelt und gespeichert. Wenn hinreichend Ruhe und Kraft gesammelt und
gespeichert wurden, kann die Übung, wie unten ausgeführt, beendet werden.

Vor allem beim spontanen Auftauchen eines Ortes (bzw. des Bildes) ist es unbedingt wichtig,
dass dieser einfach nur dankbar zur Kenntnis genommen und als Ort der Ruhe und Kraft akzeptiert wird. Innere Beurteilungen, Kritik, Erörterungen usw. sollten möglichst unterbleiben.

Ergänzend kann vielleicht versucht werden, die Ruhe und Kraft etwa als Wärme im Bauch
zu spüren. Dieses Wärmegefühl kann über die Vorstellung, etwa einer freundlichen, angenehmen Sonne, die wärmend auf den Bauch scheint, oder einer anderen Wärmequelle an diesem
Ort, gefördert werden. Zum Beispiel kann aber auch direkt die Hand als Verstärker der Wärme
sowie als Anker (spätere Erinnerungshilfe) auf den Bauch gelegt werden.

Wenn Sie es möchten, kann Ihnen die Hand später helfen, sich Ihren sicheren Ort vorzustel-
len und Ruhe und Kraft zu sammeln. Dazu legen Sie dann die Hand wieder auf den Bauch.
Machen Sie sich klar, dass Ihnen die Hand helfen wird, diesen Ort vor Ihrem inneren, geistigen
Auge erscheinen zu lassen und Ruhe und Kraft zu erleben und in sich aufzunehmen. Dieses
Wissen und Können und Ihre Erfahrungen können Sie selbständig auch noch vertiefen. Legen
Sie die Hand wieder neben sich. In ähnlicher Art und Weise könnte die Hand auch beim ersten
Beispiel mit der Entspannungsfarbe oder mit anderen Imaginationen – etwa zur Entspannung –
gekoppelt, konditioniert und zum Abruf genutzt werden. Je häufiger Sie nun die Handberüh-
rung des Bauches mit der Wärmevorstellung, mit Ruhe und Kraft oder/und Entspannung sowie
einer bestimmten Imagination, wie etwa einer Farbe oder eines Ortes, im Verlauf Ihrer Übungspraxis gekoppelt haben, desto stärker werden diese Verbindung (Assoziation) und die Wirkung
als Anker werden. Dies kann dann dazu führen, dass eine Hand-Bauch-Berührung auch in jeder
anderen Situation bzw. in jedem Falle die betreffenden Vorstellungen, Empfindungen und

Gefühle hervorrufen wird. Statt der Berührung des Bauches könnten selbstverständlich prinzipiell auch andere Körperberührungen oder Handbewegungen und -haltungen gewählt werden.

Aber auch ohne Einbeziehung, Involvierung der Hand gelingen Ihnen die spätere Wiedererinnerung bzw. -vorstellung des Ortes der Ruhe und Kraft sowie die Aufnahme, Sammlung und Speicherung von Ruhe und Kraft, wann immer Sie es möchten oder brauchen.

Dann schließen Sie Ihr inneres, geistiges Auge wieder im Bewusstsein, Ihre Erfahrungen und mehr Ruhe und Kraft mit in den Alltag zu nehmen. Spüren Sie der Entspannung im Körper noch einmal nach. Gegebenenfalls können Sie diese noch vertiefen. Wenn Sie etwa mit der meditativen Atmung in die Entspannung eingestiegen sind, beenden Sie auch wieder mit ihr die Entspannung. Sie bereiten sich darauf vor, ruhiger, gelassener, entspannter und gestärkt in das äußere Hier und Jetzt, in Ihren Alltag zurückzukommen.

Im Kapitel 12.4.2 befindet sich exemplarisch ein Text, wie er zur Vorbereitung, zum Finden und zur Nutzung des persönlichen Ortes der Ruhe und Kraft verwendet werden kann. Die Einleitung der Trance und Vorbereitung der Imagination erfolgt in diesem Beispiel vor allem über die Atmung.

Sie haben sicher, wie bereits im Kapitel 5 besprochen, unterschiedliche Wahrnehmungs- und Vorstellungsstärken und -vorlieben. Versuchen Sie zu akzeptieren, dass Sie vielleicht besser sehen, hören, riechen, schmecken, spüren oder fühlen. Wie diese Übung oder etwa die Vorstellung des Auslutschens einer Zitrone (s. Kap. 5) zeigen kann, lösen Vorstellungen Gefühle und körperliche Reaktionen aus. Dabei hängt die Wirksamkeit von der Lebendigkeit der Vorstellungen ab. Je mehr konkrete Einzelheiten wahrgenommen werden, also je mehr ihre Vorstellungen einem inneren Wahrnehmen (Sehen, Hören usw.) gleichen, desto wirksamer lösen die Vorstellungen Gefühle und Körperempfindungen aus. Deswegen sollte auch versucht werden, den Entspannungsort innerlich möglichst mit allen Sinnen so lebendig wie möglich wahrzunehmen bzw. vorzustellen. Die Hand auf dem Bauch wird durch die Verbindungen und Suggestionen zum zusätzlichen, nutzbaren Auslöser (Anker) des Entspannungsbildes und der Entspannungsreaktion. Solche Auslöser können beim Wiedererleben und Üben helfen.

5.1.3 Baummeditation

Bereits in meiner Weiterbildung als Psychotherapeut sind mir wiederholt Baummeditationen begegnet. Wie etwa bei Kast (1995, S. 35-36), Reddemann (2009, S. 49) sowie Rehfisch, Basler und Seemann (1989, S. 129-132) ging es darum, sich einen Baum in einer Landschaft vorzustellen. Wie sieht dieser Baum aus und in welcher Umgebung und Landschaft steht er? Wie ist das Wetter? Und dies weiter differenzierend etwa: Ist es mehr oder weniger bewölkt? Scheint die Sonne? Weht mehr oder weniger Wind oder herrscht Windstille? Fallen Niederschläge? In welcher Jahreszeit befindet sich der Baum und die umgebende Natur? Im Winter, Frühling, Sommer oder Herbst? Steht er allein oder ist er von anderen Bäumen umgeben? Sind diese weiter entfernt oder stehen sie ihm nahe. Was ist das für ein Baum? Ein Laub- oder Nadelbaum? Welche Baumart? Wie sieht dieser Baum nun genau aus? Mit einem Tiefen- oder Röntgenblick ist sein Wurzelwerk zu untersuchen und zu erfassen. Ist es tief oder flach, breit und fest in der Erde verwurzelt? Handelt es sich um ein eher enges, kleines oder weites, großes Wurzelwerk? Hat es kräftige Wurzeln, die sich immer weiter verzweigen und verfeinern? Danach ist der Stamm genauer wahrzunehmen und zu untersuchen. Ist dieser fest, eher schmal oder kräftig, breit, niedrig oder hoch, gerade oder gekrümmt usw.? Wie sieht die Rinde aus? Ist sie glatt, fein, dünner oder stärker, grob? Wie ist sie gemustert? Wie gestaltet sich das Astwerk? Mit wenigen oder vielen Verzweigungen, zur Seite, nach oben, eng am Stamm oder weit ausladend? Bildet es eine eher kleine oder große, vielleicht sogar eine mächtige Krone? Schließlich ist das Blattwerk zu betrachten. Gibt es Knospen, Blätter oder Nadeln, Blüten oder Früchte? In welcher Menge, Dichte, Farbe, Form usw.? Rehfisch, Basler und Seemann (s. o.) lassen den Baum zusätzlich noch durch die Jahreszeiten imaginieren. Es werden dann also nacheinander die unterschiedlichen jahreszeitlichen Zustände, Charakteristika, Besonderheiten und Veränderungen wahrgenommen bzw. vorgestellt.

Nach dem genauen Schauen und visuellen Untersuchen kann auf den Baum zugegangen werden, um den Baum, die Erde usw. zu riechen, vielleicht seinen Sonnen- oder Wind-Schatten zu spüren, die Stille oder das Rascheln von Laub oder Blättern oder sogar das mehr oder weniger leise Rauschen von Wind im Ast- und Blattwerk zu hören. Schließlich kann die Rinde direkt mit den Händen berührt und gefühlt werden. Der Baum bzw. der Stamm ist – so weit wie möglich – mit den Armen und Händen zu umfassen und zu umarmen. Eventuell, soweit überhaupt gemäß der Imagination erreichbar und möglich, kann auch eine starke Wurzel oder ein kräftiger Ast berührt, angefasst und befühlt werden.

In einem weiteren Schritt kann dann versucht werden, in den Baum zu gehen, mit dem Baum eins zu werden bzw. selber zum Baum zu werden. Es kann aber bei sich möglicherweise einstellenden Schwierigkeiten und Problemen auch nur weiter von außen imaginiert werden. Wenn die Identifikation und Einswerdung mit dem Baum jedoch gelingt, so kann gespürt werden, wie sich der Baum von innen anfühlt, also etwa wie er in der Erde verwurzelt ist, sich der Stamm mit seinen Ästen in den Himmel wiegt, verzweigt und reicht, wie er das Ast- mit dem Blattwerk bzw. die Krone trägt, wie sich das Wetter bzw. Wind, Regen, Sonnenlicht, -wärme usw. anfühlen und auswirken. Weiter kann nachempfunden werden, wie Wasser und Mineralien aufgenommen werden, wie dieser Lebenssaft nach oben strömt zu den Blättern oder Nadeln. Wie diese wiederum sowohl das für Menschen sichtbare als auch unsichtbare Sonnenlicht, die Wärme und Kohlendioxid in sich aufnehmen, verwerten und in Form von Nährstoffen als Energie speichern. Selbst bei dichter Bewölkung, ohne die Sonne zu sehen, geschieht dies. Wie der Strom mit dieser gespeicherten Energie bzw. den Nährstoffen wieder hinab bis in die Wurzeln strömt und alles auf seinem Weg ernährt. Diesem kreisenden Energie- und Lebensstrom, von unten nach oben und von oben nach unten, und der damit verbundenen Belebung, Nährung, Stärkung, Kräftigung, Entfaltung und dem Wachstum kann eine Weile innerlich nachgespürt werden. Mit einem Blick (aus der Sicht des Baumes) nach außen kann dann weiter vorgestellt und erlebt werden, ob und wie der Baum mit anderen Lebewesen, Organismen um sich herum verbunden ist. Wie er etwa mit Tieren, Pilzen, Flechten und anderen Pflanzen in Wechselwirkung – und möglicherweise zusammenwirkend, kooperativ und synergetisch, zum gegenseitigen Nutzen – zusammenlebt.

Am Ende sollten Sie sich von der Vorstellung, dieser Baum zu sein, lösen. Sie treten dazu aus dem Baum heraus und schauen diesen dann vor Ihrem inneren, geistigen Auge wieder von außen, eventuell aus einiger Entfernung an. Dann schließen Sie bewusst Ihr inneres, geistiges Auge und wenden sich entsprechend der zu Beginn gewählten und durchgeführten Einleitung der Rückführung zu. Auf diese Art und Weise gelangen Sie sanft und behutsam zurück in Ihren äußeren Alltag. Dabei können Sie, soweit erwünscht, aber sicherlich die positiven Eindrücke und Erfahrungen mit in Ihren Alltag nehmen. Zur Vorbereitung und Vertiefung der Imaginationsübung kann diese wiederum (wie auch die bereits in den vorangegangenen Kapiteln beschriebenen Übungen) in andere Entspannungs- oder Meditationsübungen eingebettet werden.

Ich führe diese Imaginationsübung mit dem Baum – mit einer kleinen zusätzlichen Instruktion bzw. Information, wie weiter unten beschrieben – gerne mit Patienten durch, wenn diese offenbar kurz vor einem erfolgreichen Abschluss ihrer Psychotherapie stehen und ich mich davon überzeugen konnte, dass jene inzwischen auch wirklich mindestens weitgehend psychisch gesund und stabil sind. Auch körperlich sollten diese weitgehend gesund und unbeeinträchtigt sein. Unter diesen Voraussetzungen und Bedingungen kann ich sehr sicher davon ausgehen und erwarten, dass entsprechend positive Erfahrungen, insgesamt und selbst beim Identifizieren und Einswerden mit dem Baum, überwiegen werden. Die Baummeditation wird dann sehr wahrscheinlich und sicher als aufbauend, stärkend und bereichernd erlebt werden. Unbedingt wichtig ist für diese Variante die vorbereitende und vorangehende Entspannung sowie meditative Versenkung und Verankerung im eigenen Körper, die etwa mittels einer Atemübung und einer Kurzkörperreise (wie im Kap. 5.1 ausgeführt) zu erreichen wären. Wir erhalten dann nach meiner Erfahrung mit dieser Baummeditation, auf eine bildliche bzw. sehr anschauliche Art und Weise, eine zuverlässige und zutreffende Rückmeldung über den aktuellen Stand der Entwicklung sowie der psychischen und körperlichen Gesundheit des Patienten. Im besten Fall wird ihm oder ihr eindringlich, anschaulich ein positiver bzw. gesunder Zustand zurückgemeldet und dargestellt, der sich in Form und Erleben eines gesunden, vitalen Baumes niederschlägt, zeigt und verkörpert. Gelegentlich werden auch noch einige schwächere Punkte in der insgesamt positiven Entwicklung deutlich und erkennbar. Sie werden entsprechend über einzelne Schwächen, Abstriche und Schwierigkeiten im Bild und Erleben des Baumes widergespiegelt und offensichtlich. Auf diese Punkte wird noch in den letzten Sitzungen gemeinsam oder/ und nach dem Ende der Psychotherapie vom Patienten weiter zu achten sein.

Die Aufgabe ist dann eben nicht nur, vor dem inneren geistigen Auge einen Baum zu sehen, sondern einen Baum zu sehen, der einen selbst symbolisiert, darstellt oder verkörpert. Dies ist dem Patienten oder Imaginierenden am besten vor der Übung zu vermitteln und mitzuteilen, damit er sich bereits frühzeitig darauf vorbereiten und einstellen kann. Selbstverständlich ist ihm das in jedem Falle vor dem Vorstellen und Erscheinen eines Baumes zu sagen. Damit der zutreffende Baum auch gefunden wird, ist der Imaginierende nach oder mit dem Öffnen des inneren, geistigen Auges aufzufordern, nur innerlich zu warten und zu schauen, welches Bild eines Baumes bzw. welcher Baum sich einstellen wird, der ihn selbst symbolisiert, darstellt und sogar verkörpert. Dieser Baum braucht vielleicht noch Zeit, um sich zu bilden, Gestalt anzunehmen und aufzutauchen, aber tief innen gibt es bereits ein genaues Wissen und eine Vorstellung wie der aussieht. Wichtig ist dazu den Raum für die Imagination des Baumes völlig offen zu lassen! Auch werden die Jahreszeiten dann nicht systematisch durchgespielt. Die Jahreszeit bleibt gänzlich offen bzw. ergibt sich ausschließlich durch die vom Patienten gefundenen Bilder.

Etwa nach Kast (1995) sind grundsätzlich alle Bilder, die bei einer Baumimagination bzw. -meditation oder auch anderen Imagination aufsteigen, als Ausdruck von Aspekten des aktuellen Zustandes, aber auch der Entwicklung der Person zu sehen, zu verstehen und, z. B. für die Diagnostik oder Therapie, zu nutzen. Demnach könnte die zusätzliche Aufforderung, einen Baum zu sehen, der einen selbst verkörpert, darstellt oder/und symbolisiert, zwar entfallen. Aber eine solche unterstützt, verstärkt und fokussiert – zudem explizit und damit bewusst – zusätzlich diesen Ausdruckscharakter und Zusammenhang. Kast (1995, S. 64) empfiehlt selbst zur besonderen Stimulierung eines Selbstbildes: „Sie sehen sich als einen Baum irgendwo stehen." An anderer Stelle (S. 59-60) empfiehlt sie nach dem Vorstellen eines Baumes immerhin, sich in diesen einzufühlen.

Entsprechend interessant, aufschlussreich und bereichernd kann die nachfolgende Betrachtung und Erörterung der in der Imagination bzw. Meditation gefundenen und erlebten Vorstellungen sein. Aber während oder für die Vorstellungsarbeit ist es dann umso wichtiger, wirklich nur zu imaginieren und vorzustellen. Also gegenüber den Imaginationen und anderen sinnlichen Vorstellungen bzw. Vorstellungsaspekten grundsätzlich offen, annehmend, akzeptierend zu bleiben sowie etwa Nachdenken und Beurteilungen zu lassen. Sollten sich jedoch wider Erwarten unangenehme, verstörende, einen überfordernde Bilder und Vorstellungen einstellen, so kann letztlich jederzeit die Imagination beendet und das innere, geistige Auge geschlossen werden. Das Bewusstsein über den jederzeit möglichen Ausstieg aus der Imagination kann helfen, auch bei anfangs unangenehm, negativ erscheinenden Bildern bzw. Vorstellungen die Gelassenheit und Ruhe zu bewahren und diese sich zunächst erst einmal gründlich anzuschauen und vielleicht auch noch die anderen Vorstellungsaspekte innerlich wahrzunehmen und abzuwarten. Auf dieser Basis kann immer noch entschieden werden, ob der Abbruch, das Ende der Imagination angemessener erscheint oder ob nicht doch versucht werden sollte, die eigenen Bilder, Vorstellungen und Reaktionen weiter auszuhalten, anzunehmen und damit konstruktiv umzugehen und zu arbeiten. Letzteres setzt jedoch eine hinreichende innere Stabilität und Sicherheit voraus sowie ein Selbstvertrauen, dies zu können, und eine Zuversicht, dass einem dies gelingt. Auch diesbezügliche positive (Selbst-) Erfahrung sowie Gewöhnung und Übung sind nützlich und hilfreich.

Vor allem bei hinreichender Gesundheit und psychischer Stabilität können Sie auch allein bzw. ohne Hilfe und Beistand versuchen, einen Baum zu finden und zu schauen, der Sie selbst verkörpert, darstellt oder/und symbolisiert. Aus dem Unterbewusstsein, dem Inneren, aus der Erinnerung oder Phantasie wird dann bei einem hinreichenden visuellen, bildlichen Vorstellungsvermögen in der Regel nach einiger Zeit die Vorstellung bzw. das Bild eines Baumes auftauchen. Vielleicht ist der Baum zunächst noch unklar zu erkennen. Gelegentlich erscheinen auch zwei Bäume bzw. Bilder quasi zur Auswahl. Lassen Sie sich in jedem Falle Zeit. Für gewöhnlich wird das zutreffendere Bild schließlich überwiegen und bleiben. Das zutreffende Baumbild wird klarer und deutlicher werden. Bei dieser Übung ist die vorgestellte und gefühlte Einswerdung mit dem Baum sehr wichtig. Der weitgehend Gesunde oder genesende Patient sollte sich als Baum (wie auch als Mensch) überall spüren und wahrnehmen können. Die Aufnahme, Speicherung bzw. Umwandlung und Verteilung von Energie, Sonnenlicht, Wärme, Wasser, Mineralien, Nährstoffen, das Fließen und Zirkulieren der Energie und des Lebenssaftes von der Wurzel bis in die Blätter und wieder zurück, also die aufsteigenden und hinabfließenden Energie- und Lebensströme und deren Kreisen, sollte er als Baum (wie auch als Mensch) in sich spüren und wahrnehmen können. Weiter ist natürlich sehr wichtig, dass der vorgestellte Baum vollständig, ganz, stabil und vital ist. Er sollte also über ein hinreichendes Wurzelwerk bzw. eine gute Verankerung in der Erde sowie einen soliden Stamm, ein größeres und dichteres Ast- sowie Blätterwerk verfügen. Diesbezügliche Schwächen im Bild zeigen oder verweisen, wie auch beim Erleben des Baumes von innen, symbolisch oder analog auf entsprechende, noch bestehende Schwächen in der eigenen Entwicklung und Gesundheit. So kann etwa ein für die ausladende Baumkrone etwas zu dünner Stamm auf Probleme im Bauchbereich der Person hinweisen. Vielleicht fehlt es der Person oder dem Patienten noch an entsprechender Stabilität, Struktur oder Kraft in diesem Bereich. Vielleicht hat dieser/diese als ehemalige Ess-Störung seinen/ihren Bauch noch nicht hinreichend angenommen und akzeptiert? Vielleicht fehlt es noch an Selbstsicherheit und Selbstvertrauen? Vielleicht bestehen soziale Ängste? Auch geben Art und Form des Baumstammes diesbezüglich weitere Hinweise. Steht der Baumstamm gerade und aufrecht oder ist er vielmehr gebeugt, gekrümmt? Ist er nur kurz oder lang? Das Fehlen an innerer Stabilität und Kraft in diesem Bereich taucht dann wiederum im inneren Erleben des Baumes bzw. als Baum auf. Beispielsweise wird mindestens ein Lebensstrom in diesem Bereich geringer oder als weniger, eventuell sogar als unterbrochen oder gar nicht wahrgenommen. Der Baum sollte bei einem gesunden, vitalen Menschen eher reichlich belaubt bzw. benadelt sein. Jahreszeit, Blüten- und Fruchtstand hängen aber nicht nur vom psychischen, sondern auch vom physischen Entwicklungsstand und damit letztlich auch vom Alter der betreffenden Person ab. So werden junge Leute, im Gegensatz zu Menschen im mittleren oder reiferen Alter, sich eher als Baum ohne Früchte sehen und vorstellen. Aber dennoch kann der Einzelfall davon abweichen und dies individuell ganz anders ausfallen bzw. aussehen. Die Art des Baumes (z. B. Kiefer, Eiche, Kastanie oder Apfelbaum) ist für die Einschätzung der Gesundheit eher nebensächlich. Allerdings kann die Baumart auch zu interessanten, aufschlussreichen Assoziationen, Betrachtungen und Überlegungen Anlass geben und genutzt werden (vgl. Kast, 1995). So gibt die Art des Baumes meines Erachtens eher über den Charakter, die Art und Eigenschaften der Persönlichkeit Auskunft. Dabei kann es sich auch um Aspekte des Strebens, der Erwartung, des Wünschens, der Sehnsucht, Hoffnung und Versuche der inneren Stabilisierung, Kompensation, Ergänzung und Heilung handeln.

5.2 Imaginationen zur Lebenshilfe und -bewältigung

Wie in den vorherigen Kapiteln (ab 5.1) gezeigt, entfalten sich in uns bereits bei der Vorstellung bzw. Imagination von Farben, Orten, Situationen, die uns beruhigen, entspannen, stärken, aufbauen, nähren, erfreuen usw., ganzheitlich bzw. sowohl psychisch als auch physisch die entsprechenden Kräfte und Aspekte. Allein die Imagination einer Farbe, eines Ortes oder einer Situation, bei der, an dem bzw. in der man gut zur Ruhe kommen und entspannen kann, ruft diese inneren Zustände hervor. Nach der Imagination und vor allem dem inneren Erleben einer solchen individuell geeigneten und wirkungsvollen Ruhe- und Entspannungsvorstellung nehmen die innere Ruhe und Entspannung zunächst zu. Je länger diese Vorstellung bzw. Imagination zunächst andauert und erlebt wird, desto stärker werden in der Regel innere Ruhe und Entspannung wachsen. Irgendwann überschreitet man jedoch den Zeit- und Höhepunkt, von dem ab diese Übung nicht mehr zu einem weiteren Anwachsen (zur Kumulation) von innerer Ruhe und Entspannung führen wird. Es wird dann günstig und ratsam, diese Übung (Imagination) abzuschließen. Infolge der bis dahin gewachsenen inneren Ruhe und Entspannung wurden durch diese Übung innerer Stress, Erregung und Anspannung entsprechend abgebaut. Es handelt sich also um eine gezielte, aktive Übung zur Stressbewältigung. Weiter werden in der Folge bestehende, bevorstehende oder unerwartete Belastungen bzw. belastende Reize, Situationen, Umstände, Erfahrungen, Probleme und Konflikte psychisch und gesundheitlich besser sowie länger ausgehalten und ertragen. Durch diese Übung werden also die Belastbarkeit, Stressresilienz und Selbstwirksamkeit erhöht. Auf dieser Basis der inneren Gelassenheit, Ruhe und Entspannung können sich dann auch weitere, andere Vorstellungen und Imaginationen anschließen bzw. gezielt durchgeführt werden, wie sie im Folgenden und auch den nächsten Unterkapiteln beschrieben und erläutert werden.

Es besteht nicht nur die Möglichkeit, zur Entspannung und Erholung die individuell geeignetsten, passendsten und wirkungsvollsten Vorstellungen zu finden, sondern es kann dieses Prinzip grundsätzlich auch auf alles ausgedehnt werden, was einen (innerlich) betrifft, was verändert oder erreicht werden soll. Die Idee besteht darin, für etwas, was einen belastet, stört, unangenehm ist, in Frage steht, stabilisiert, gestärkt, verändert, unterbunden, erreicht oder angestrebt werden soll, über das Vorstellen und Imaginieren möglichst geeignete, passende und wirkungsvolle innere Bilder zu erhalten. Diese inneren Bilder sollen helfen, unterstützen, stärken, stabilisieren, verhindern, befördern sowie innere Antworten, Lösungen und Bewältigungen darstellen, anbieten und vieles mehr. Es zeigt sich nun in der Praxis und aus Erfahrung, dass Menschen über das Vorstellen und Imaginieren tatsächlich häufig solche bildlichen „Lösungen" ihrer Schwierigkeiten, Probleme, Belange usw. finden. Im Unterschied zum bewussten, gezielten Nachdenken können beim lösungsorientierten Imaginieren, wie beim Imaginieren überhaupt, stärker die unbewussten Ressourcen (Kräfte, Leistungen) aktiviert und einbezogen werden. Um möglichst voll auch die unbewussten Ressourcen zum Suchen und Finden geeigneter Vorstellungen bzw. Lösungen zu mobilisieren, wird es notwendig, sich vor dem Imaginieren in einen besonderen, tieferen Entspannungs-, Trance- bzw. Meditationszustand zu begeben. In diesem Zustand wird dann nicht nachgedacht, sondern nur nach innen nach einer geeigneten Lösung bzw. Imagination gefragt und meditiert. Also mit einer geeigneten, passenden Einleitung zur Imagination, wie etwa im Kapitel 5.1 beschrieben, die eventuell noch um eine entspannende und stärkende Imagination einer Farbe (s. Kap. 5.1.1) oder eines Ortes (s. Kap. 5.1.2) ergänzt und vertieft wird, ist eine hinreichende Entspannungsphase und -tiefe oder angemessene Tranceindukion, ein meditativer Zustand geistiger Sammlung, Konzentration und Versenkung zu erreichen. Unter dieser Voraussetzung bzw. in diesem Zustand könnte beispielsweise das Unterbewusstsein innerlich gebeten werden, entsprechende Bilder zu schenken oder zu offenbaren oder/ und vor dem inneren, geistigen Auge auftauchen, erscheinen zu lassen. So kann etwa nach einem Bild, auch nur nach einer Farbe bzw. einem Licht, gefragt werden, das den Heilungsprozess etwa nach einer Verletzung oder nach einem Knochenbruch unterstützt, befördert. Simonton, Simonton und Creighton (1992) führten diese heilungsbezogenen Imaginationen im Rahmen der Krebstherapie ein. Anstelle oder in Ergänzung von Bildern können beim Imaginieren auch etwa Gedanken, geschriebene oder gesprochene Worte oder Sätze als innere Antworten bzw. Lösungen auftauchen.

Es kann der Prozess der Heilung, Besserung, Entspannung, Problemlösung usw. oder das betreffende Ergebnis, Ziel oder beides imaginiert werden (vgl. Alman & Lambrou, 1996). Es kann also beispielsweise eine Vorstellung, Imagination (Bild, Farbe usw.) für die Gesundheit bzw. einen gesunden oder geheilten Zustand (Ziel) gefunden und benutzt werden oder für den Vorgang der Besserung, des Heilens oder Gesundens (vgl. auch Susen, 1996). In der Kombination beider Methoden würde z. B. eine „Gesundheitsfarbe" sowie eine „Heilungsfarbe" gesucht und imaginiert werden. Alternativ kann auch vorgestellt werden, wie etwa eine Krankheits- oder Anspannungsfarbe sich stetig zur Gesundheits- oder Entspannungsfarbe färbt (weitere Ausführungen im Kap. 5.2.3). Wie zur Entspannung kann anstelle der Farbe auch ein betreffendes Licht oder eine Lichttransformation visualisiert werden (s. Kap. 5.1.1).

Eine bestimmte Heilfarbe oder ein Heillicht kann direkt und bewusst gesucht, gefunden, angewendet und genutzt werden. Es könnte aber auch indirekt und unbewusst erfolgen und bleiben. Ausgangspunkt dazu könnte die Vorstellung eines weißen, warmen, freundlichen Lichtes, vielleicht auch Sonnenlichtes, sein. Etwa das Unterbewusstsein – oder eine andere, in der Kompetenz vergleichbare „Instanz", wie die innere Weisheit – wird gebeten und aufgefordert, sich aus diesem Licht diejenige Farbe oder Farben herauszunehmen, zu filtern, die es zur Heilung benötigt und nutzen kann. Denn wie im Regenbogen sind in diesem weißen Licht alle anderen Farben enthalten, wenn auch verborgen, dennoch geborgen. Das Unbewusste kann sich die geeigneten Farben herausnehmen und -filtern, um zu helfen, zu unterstützen und zu heilen. Zudem kann es diese Farben optimal wirksam im Körper konzentrieren und verteilen, ohne dass wir uns bewusst darum kümmern müssten. Allerdings müssten wir uns dazu ganz dem Unterbewusstsein hingeben, ihm vertrauen und würden oder könnten vergleichsweise passiv bleiben. Das freundliche Sonnenlicht oder auch ein weißes Licht einer beliebigen Quelle oder eben gerade alle möglichen Farben in Gänze, aber selbst ein Schwarz könnten vom Unterbewusstsein als zutreffend und passend oder aus einer Gesamt- und Übersicht der inneren Weisheit und Heilung als adäquat, hilfreich und heilend ausgewählt und angesehen werden.

Weitergehend könnte generell zu jedem gesundheitlichen Problem das Unterbewusstsein befragt oder gebeten werden, vor dem inneren, geistigen Auge heilende oder die Heilung unterstützende Vorstellungen und Bilder erscheinen zu lassen. In einfachster Art und Weise wird nur nach einer heilenden Farbe oder einem heilenden Licht gefragt. Diese Farbe oder dieses Licht kann dann in regelmäßigen Übungen imaginiert werden. Am besten bzw. zur erhöhten und erweiterten Wirksamkeit werden diese Imaginationen zusätzlich in Entspannungsübungen eingebettet. Diese Farbe, dieses Licht kann zunächst und zum einen innerlich, vor dem inneren, geistigen Auge gesehen werden. Zum anderen und zusätzlich sollte die Farbe, das Licht in dem oder einem betreffenden Körperbereich, der etwa krank, zu stärken oder zu heilen ist, imaginiert werden. Dazu gehen die innere Aufmerksamkeit und Wahrnehmung zudem sowie das Spüren und körperliche Empfinden ganz in dieses Körperteil. Farbe und Licht können danach oder auch, alternativ, gleich von Anfang an im ganzen Körper oder als ganz in einem selbst imaginiert werden. Es kann auch gespürt und vorgestellt werden, wie die Farbe oder das Licht sich von einer gewählten oder bevorzugten Stelle im Körper ausbreitet und schließlich den ganzen Körper er- und umfasst. Die Farbe oder das Licht können dabei den Körper erleuchten, durchströmen, füllen, durch ihn pulsieren, kreisen, fluten usw.

Im Kapitel 12.4.3 befindet sich als Vorschlag und Muster eine vollständig ausformulierte Übungsanleitung, um ein stärkendes und heilendes Licht für einen ausgewählten Bereich des Körpers vor dem inneren, geistigen Auge zu finden, zu visualisieren und zu nutzen. Letzteres wird durch die Einbeziehung des Spürens und Atmens unterstützt und verstärkt.

Im Kapitel 12.4.4 wird eine solche Übung beispielhaft auf den ganzen Körper bezogen und ausgedehnt. Es wird das angenehme, weiße, helle Licht einer freundlichen, wärmenden Sonne vorgestellt, das in erholender, belebender, stärkender und heilender Art und Weise den Körper bescheint, von ihm aufgenommen wird und ihn durchströmt. Die Imagination wird hier weiter so geführt und entwickelt, dass letztlich jede Person, jeder einzelne Teil oder Aspekt des Körpers sowie der Körper insgesamt – trotz der zu erwartenden, diversen Unterschiede und Eigenheiten – von diesem weißen, hellen Licht als allgemeine Ausgangsvorstellung profitieren kann. Die Einleitung der Trance erfolgt in diesem Beispiel im Wesentlichen über den Ort der Ruhe und Kraft.

Die Beschränkung auf einen bestimmten Körperbereich oder die Ausweitung auf bzw. im ganzen Körper richtet sich auch danach, ob und inwieweit das gesundheitliche Problem und dessen Heilung einem solchen oder mehreren bestimmten Bereich zuzuordnen ist und eine solche Begrenzung versus Ausdehnung möglich, sinnvoll und passend erscheint. Sollten diesbezüglich Zweifel und Unsicherheit bestehen, so kann und sollte sogar dazu ebenfalls das Unterbewusstsein befragt und herangezogen werden. Es würde dann gebeten werden, nicht nur jeweils die geeignete Farbe bzw. Licht zu finden und zu zeigen, sondern zusätzlich auch den körperlichen Bereich, indem dies zu visualisieren ist. Zunächst wäre dabei Zurückhaltung geboten. Es wird also in dieser Phase von der aktiven, gezielten Visualisierung im ganzen Körper oder in einem bestimmten Körperbereich Abstand genommen, bis sich in Trance sowohl die entsprechenden Farben oder Lichter als auch die körperlichen Bereiche deutlich offenbart und gezeigt haben.

Wie Sie gezielt zu der geeigneten, passenden und wirkungsvollen Farbe bzw. Licht gelangen und damit regelmäßig meditieren bzw. imaginieren können, zeigt und erläutert Ihnen bezogen auf die Energiezentren (Chakren) auch das Kapitel 8.4. Anstatt sich in dem jeweiligen Energiezentrum (Chakra) körperlich zu verankern und zu konzentrieren, wählen Sie hier jedoch die betroffene (kranke bzw. zu heilende) Körperstelle. Wenn eine Zuordnung zu einem bestimmten Körperteil nicht erfolgen kann oder soll, so bleiben Sie in sich selbst verankert. Körperlich bzw. mit Ihrer inneren Aufmerksamkeit und Ihrem Spüren, Empfinden sind Sie dazu am besten in Ihrer Körpermitte, dem Bauch. Sie können sich und Ihren Körper aber auch als Ganzes spüren und wahrnehmen. Ansonsten versuchen Sie einfach nur von innen auf Ihre Stirnmitte, wie auf eine Leinwand, zu schauen. In jedem Falle bleiben Sie ruhig und entspannt und öffnen nur Ihr inneres Auge, um mit der entsprechenden inneren Anfrage oder Bitte an das Unterbewusstsein die heilende Farbe oder das heilende Licht zu finden und zu imaginieren. Sie sollten sich und Ihrem Unterbewusstsein hinreichend Zeit geben, in aller Ruhe und Sorgfalt für Sie die „richtige", geeignete Farbe bzw. Licht zu suchen, zu wählen und Ihnen visuell mitzuteilen, d.h., zu zeigen. Es empfiehlt sich jedoch spätestens bei größeren gesundheitlichen Problemen und komplexeren Imaginationen, einen diesbezüglich erfahrenen und mit der Kunst der Imagination vertrauten Psychotherapeuten, Arzt oder anderen kompetenten, ausgewiesenen Heiler zu Rate zu ziehen oder/ und sich von einem solchen dazu von vornherein begleiten zu lassen.

Wie bereits oben erwähnt und im Kapitel 5.1 angeregt und beschrieben, wird das Imaginieren eingeleitet und vorbereitet. Entsprechend wird zur Beendigung aus dem Imaginieren wieder herausgeführt.

Es ist bei der oben beschriebenen Imaginationsmethode einerseits wichtig, hinsichtlich der vom „Unterbewusstsein" angebotenen bzw. der in Trance sich formenden Bilder völlig offen und akzeptierend zu bleiben. Denn diese Bilder sind beim ersten Erscheinen oft für einen selbst sehr unerwartet, überraschend und zunächst fremd oder rätselhaft, vielleicht sogar unverständlich. Andererseits sollten die Fragen und der Wunsch nach inneren Bildern in einem Rahmen bleiben, der dem bzw. Ihrem Unterbewusstsein real gegeben und möglich ist, sonst könnten Sie leicht ins Wunschdenken, kindliche Phantasieren und Tagträumen – und damit in ein anderes Imaginationsverfahren – abgleiten (vgl. Kast, 1995). Nur bei einer tatsächlichen und nicht nur erwünschten inneren Bereitschaft und Lösbarkeit, können und werden dann im idealen Fall auch vor Ihrem inneren, geistigen Auge Vorstellungen bzw. Bilder erscheinen, die zu oder bei Ihrer Frage-, Problem- oder Zielstellung tatsächlich geeignet, passend, hilfreich und wirkungsvoll sind. Liegt die innere Bereitschaft dazu nicht vor, Psychotherapeuten sprechen in diesem Zusammenhang auch gerne u. a. von inneren Widerständen, Verdrängung, Abwehr, Vermeidung, Hemmungen, Selbstschutz und Lösungen, dann werden keine deutlichen Vorstellungen und Bilder vor dem inneren, geistigen Auge erscheinen bzw. gefunden und gesehen werden. Es bleibt dann etwa neblig, grau, schwarz, violett, verschwommen, verzerrt. Dies passiert auch bzw. die innere Bereitschaft ist auch für den Fall nicht gegeben, wenn die so übende, imaginierende Person noch nicht in der Lage ist, die unbewussten, inneren, in Trance gefundenen oder kreierten Botschaften und Imaginationen zu verkraften und angemessen damit umzugehen oder zu nutzen.

Wenn mindestens eine heilende Vorstellung oder ein lösendes, bewältigendes oder helfendes Bild gefunden worden ist, wird es täglich mindestens einmal für 5 bis 10 Minuten imaginiert. Je nach Bedarf kann die Zeitdauer ausgedehnt oder/und die Imagination nochmals oder sogar öfters am Tag wiederholt werden. Am besten wird diese Imagination, wie auch bei den anderen Übungen, zusätzlich in Achtsamkeits-, Atem- oder/und Entspannungsübungen eingebettet. Dies erhöht bzw. vertieft und erweitert die Wirkung.

Entfällt der Grund, Anlass, Sinn, Zweck oder die Relevanz für diese oder eine andere Imagination, so kann diese offenbar ganz unterbleiben und die Zeit für andere, passendere oder geeignetere Übungen verwendet werden. Aus Gründen der Vorbeugung und des Erhalts kann beispielsweise dennoch ein mindestens gelegentliches Üben mit dieser Imagination angebracht und nützlich sein und bleiben. Sollten sich die Bedingungen und Sachverhalte offensichtlich oder merklich ändern, so kann in Trance erneut nach geeigneten, passenden und wirksamen Vorstellungen und Bildern gefragt und gesucht werden, um dann mit diesen weiter zu üben. Dabei können wieder die alten Imaginationen auftreten und bestätigt werden oder aber sich auch andere, neue Imaginationen einstellen.

5.2.1 Probeerleben und -verhalten

Auf der Basis größerer innerer Gelassenheit, Ruhe und Entspannung, die sich nach einer Entspannungsphase eingestellt haben, kann weiter vorstellend und imaginativ mit dem eigenen Erleben und Verhalten gearbeitet werden. Dabei ist es grundsätzlich gleichgültig, mit welchem Entspannungs- oder Meditationsverfahren dieser Entspannungszustand erreicht worden ist. In der Praxis kann es aber durchaus von Vorteil sein, wenn dieser einleitende Entspannungsprozess mit einer Vorstellung und Imagination zur Entspannung, wie solche in den Kapiteln 5.1 bis 5.1.2 beschrieben wurden, abgeschlossen wird, also etwa mit der Entspannungsfarbe oder dem Ort der Ruhe und Kraft. Damit wird das weitere Vorstellen und Imaginieren vorbereitet. Vorstellen und Imaginieren werden – als mentaler Modus – bereits mit einem Ruhe- und Entspannungsbild (oder auch mehreren solcher Bilder) auf eine angenehme, positive Art und Weise eingeführt und begonnen. Zudem bietet diese Entspannungsimagination eine gute Rückzugsmöglichkeit, um sich vom Probeerleben und -verhalten auszuruhen und dabei immer noch im Modus des Vorstellens und Imaginierens zu bleiben. Zwischendurch oder am Ende könnten Sie immer wieder mit Ihrer Vorstellungskraft Ihr Entspannungsbild (etwa Farbe, Licht, Ort) imaginieren, um sich wieder zu beruhigen, zu entspannen, zu stärken und zu erholen. Dies ist vor allem dann wichtig, wenn beim Probeerleben und -verhalten – erwartet oder unerwartet – negative, unangenehme Gefühle und Vorstellungsinhalte überhand nehmen und für den Übenden schwer oder nicht mehr zu ertragen und imaginativ, innerlich zu handhaben sind.

Nach dem Entspannungsteil der bzw. vor, während oder zwischen und nach der eigentlichen Übung sollte die Person im idealen Falle jeweils wesentlich entspannter, gelassener, ruhiger, gefasster, konzentrierter, gestärkter und erholter sein. Damit bestehen erfahrungsgemäß günstigere Voraussetzungen und eine größere Kompetenz sowie weitere, andere Ressourcen und Zugänge, sich in der Imagination mit dem eigenen Erleben und Verhalten in kritischen Situationen, Verhältnissen und bei Problemen sowie mit diesen auseinanderzusetzen. Wie im Kapitel 5.2 beschrieben, werden so erfahrungsgemäß neben den bewussten, kognitiven, mentalen Leistungen vermehrt, stärker und umfassender die unbewussten Prozesse, Ressourcen und Leistungen in das Vorstellen einbezogen und befördert. Die bewussten, kognitiven, mentalen, systematischen und analytischen Prozesse und Leistungen können in der Imagination sogar zugunsten der ganzheitlichen, kreativen, intuitiven und unbewussten zurücktreten. Es kann auf diese entspannte, ruhige Art und Weise der Umgang (die vorgestellte Konfrontation, Exposition usw.) mit unangenehmen Situationen, Verhältnissen und den eigenen unangenehmen Gefühlen, Gedanken, Erwartungen und Erinnerungen eher gewagt sowie besser, leichter und länger ausgehalten werden und schließlich gelingen. Auch werden die Bilder und Vorstellungen zur Lösung oder Bewältigung der jeweiligen Probleme ganzheitlicher, auf einer breiteren Basis gefunden, erlebt und genutzt, eben durch die verstärkte Einbeziehung unbewusster, intuitiver Ressourcen und Leistungen.

In der Verhaltenstherapie wird diese Methode der Imagination unter Einbeziehung der gezielten, begleitenden bzw. wiederholten Entspannung in systematischer Art und Weise zur schrittweisen Konfrontation und erlebenden Auseinandersetzung mit den eigenen Ängsten bzw. Angstreizen etwa in der „systematischen Desensibilisierung" nach Wolpe genutzt (z. B. Fliegel, Groeger, Künzel, Schulte & Sorgatz, 1981, S.152-175; Lazarus, 1984; Linden, 1996; Maerker, 2000; Reinecker, 1999, S. 153-168). Dinge, Situationen, Sachverhalte, Erlebnisse, die einen mehr oder weniger ängstigen, werden nach dem Ausmaß der Angst geordnet, dass diese bei einem auslösen. So entsteht eine Angsthierarchie der Angstauslöser bzw. -reize. Diese beginnt mit den Dingen, Situationen, Sachverhalten, Erlebnissen, die bei der von den Ängsten betroffenen Person noch vergleichsweise wenig bzw. eine nur geringe Angst verursachen. Im Besonderen fängt diese jeweils mit der minimalen bzw. geringsten Angst an. Die ausgelöste Angst kann zwar, absolut gesehen, noch als gering erlebt werden, wird aber bereits hier beim betreffenden Angstreiz merklich wahrgenommen und liegt daher in Prozenten der gefühlten Angst über 0%. Die Angsthierarchie endet mit den Dingen, Situationen, Sachverhalten, Erlebnissen bzw. Angstreizen, die bei derjenigen Person verhältnismäßig viel bis eben maximale Angst erzeugen. Die erlebte oder gefühlte Angst kann dann auch in absoluter Hinsicht das Maximum erreichen. In Prozenten ausgedrückt würde diese Angst dann 100% betragen. In der Entspannung werden nun nacheinander diese Angstreize der Hierarchie möglichst deutlich vorgestellt, imaginiert. Angefangen wird mit dem minimalen Angstreiz. Mit dem maximalen Angstreiz wird aufgehört. Die Vorstellung bzw. Beschäftigung mit dem jeweiligen Angstreiz soll so lange dauern, bis die Angst davor schwindet und nicht mehr empfunden und gefühlt wird, also „gelöscht" ist. Dazu ist möglicherweise eine längere Zeit, der jeweilige Angstreiz zu imaginieren und wiederholt mit einem zuvor erlernten Verfahren zu entspannen. Erst nach dem Ausbleiben (Löschung) der Angst bei der Vorstellung des ehemaligen Angstreizes wird wieder gezielt entspannt und zum nächsten Angstreiz übergegangen, der dann wieder möglichst lebendig und echt vorgestellt und imaginiert wird. Auf diese Art und Weise werden nacheinander alle Angstreize mit und in der Entspannung imaginiert und bearbeitet, bis auch beim „schlimmsten" bzw. stärksten Angstreiz die Angst erfolgreich gelöscht worden ist. Bis zum erfolgreichen Abschluss der systematischen Desensibilisierung können einige Sitzungen zum Imaginieren und Entspannen notwendig werden.

Es ist sehr wichtig darauf zu achten, dass die Vorstellung des Angstreizes, d. h. des Objektes, der Situation usw., möglichst lebendig, realistisch, umfassend und genau erfolgt, weil nur so eine wirksame Konfrontation und damit Behandlung bzw. Löschung und Bewältigung der Angst stattfinden und geleistet werden kann. Angstpatienten neigen dazu, Angstreize zu meiden. Dies gelingt jenen auch in der systematischen Desensibilisierung oder anderen Varianten der Imagination, wenn diese vorgestellten Angstreize, eben zur Vermeidung der Angst, nur sehr vage, skizzen-, schemenhaft, verschwommen, entfernt, partiell, wenig echt, lebendig oder kaum erkennbar bleiben. Dies gelingt Ihnen sogar – und daran kann man auch ermessen, wie groß deren Vermeidungsbestreben wirklich ist – trotz des grundsätzlich vorhandenen, oft überdurchschnittlichen Vorstellungsvermögens dieser Personen. Dann verursachen diese undeutlichen, unklaren Imaginationen zwar deutlich weniger Angst, aber die Konfrontation und die Desensibilisierung wirken auch deutlich weniger. Im Alltag, Leben würden die Angstreize bzw. -situationen nach einer solchen unzureichenden Imagination und Bearbeitung immer noch mindestens ein gewisses Maß an Angst auslösen. Obwohl die Wirkfaktoren und die Wirksamkeit der systematischen Desensibilisierung im Einzelnen immer wieder hinterfragt und untersucht wurden (s. die oben zitierten Autoren sowie Petermann & Kusch, 2000; Petermann, Kusch & Natzke, 2009), hat sich ganz allgemein die imaginative Bewältigung von Angstreizen bzw.-situationen in der verhaltens- und psychotherapeutischen Praxis bzw. Arbeit etabliert und bewährt. Dabei beschränkt sich die imaginative Angstbewältigung nicht mehr nur auf Entspannung versus innere Vorstellung und das Aushalten der Angstsituation. Sondern es wird zusätzlich auch etwa vorgestellt, wie die Angstsituationen und vor allem die diesbezüglichen eigenen Reaktionen, d. h. Empfindungen, Gefühle, Gedanken, Vorstellungen und Verhaltensweisen, sowie negative oder sogar schlimmste Erwartungen und Erlebnisse angemessen bewältigt und verändert werden.

In der Vorstellung und Imagination können generell die Folgen und eigenen Reaktionen der Nähe und des Umganges mit bestimmten „problematischen" Situationen spielerisch, virtuell und ohne die negativen Konsequenzen der Wirklichkeit erfahren und geprüft werden. Selbst auch ohne eine größere vorangegangene Entspannung kann die mehr oder weniger systematische, vorgestellte bzw. imaginierte Konfrontation, etwa mit unangenehmen oder ängstlich gemiedenen Situationen, Gedanken, Gefühlen oder Empfindungen, der Stressimpfung, Desensibilisierung und Gewöhnung (Habituation) dienen. Auf diese Weise werden angemessenere Erlebens- und Verhaltensweisen für den tatsächlichen Kontakt und Umgang im Leben und Alltag vorbereitet und unterstützt.

Zudem können ganz neue, andere, alternative Reaktionen und Reaktionsmuster bzw. Erlebens- und Verhaltensweisen gefahrlos in der Vorstellung und Imagination gesucht, entwickelt, ausprobiert und geprüft werden (s. z. B. Lazarus, 1984). Weiter können diese schließlich für die Realität und Zukunft mental gebahnt, vorbereitet und, etwa durch Wiederholung der betreffenden Vorstellungen und Imaginationen, gezielt gelernt werden. Angemessenere Lösungen und Bewältigungen – aber auch überhaupt jegliche Veränderungen des Erlebens und Verhaltens – können in der Vorstellung und Imagination bezüglich eigener, bestehender Belastungen, Probleme, Konflikte, negativer Erfahrungen usw. gesucht, ausprobiert, gefunden, ausgewählt und vorbereitet werden. In der Vorstellung und Imagination können also wirklich ganz neue Kompetenzen, Reaktions- oder Verhaltensmuster bezüglich bestimmter belastender Situationen, Probleme, Konflikte und Ereignisse entwickelt, ausprobiert, durchgespielt, eingeübt und erworben werden. Dies kann erheblich zur Stressreduktion und -bewältigung beitragen. Eine wichtige Voraussetzung dafür ist jedoch, dass diese neuen, veränderten Erlebens- und Verhaltensweisen nicht nur unseren Zielen, Erwartungen, Bedürfnissen und Wünschen entsprechen, sondern im Einklang mit dem Rest der Person, dem Unterbewusstsein, den unbewussten Belangen und Bedürfnissen stehen sowie im Rahmen unserer inneren Bereitschaft, Ressourcen und Möglichkeiten bleiben. Das bedeutet, dass diese Erlebens- und Verhaltensweisen für die betreffende Person und ihre Umstände und Möglichkeiten grundsätzlich realistisch und tatsächlich erreichbar sein sollten. Ansonsten würde dieses gezielte zweck-, lösungs- und bewältigungsorientierte Imaginieren sehr wahrscheinlich ins angenehme, phantasiereiche, aber realitätsferne Tagträumen und Wunschdenken münden. Das kann selbstverständlich menschlich und therapeutisch dennoch sehr sinnvoll sein und genutzt werden, würde aber ein anderes Umgehen und Bearbeiten der Imaginationen erfordern. Vor allem wären die Imaginationen nicht direkt als oder zur Lösung und Bewältigung im Alltag und Leben zu verwenden, durchzuführen oder umzusetzen.

Zum Beispiel können Sie sich in und mit der Imagination gezielt auf einen Auftritt, Vortrag oder ein Referat vor einer mehr oder weniger großen Gruppe an Zuschauern und Zuhörern vorbereiten. Sie können damit zum einen Ihre möglichen, bekannten, erwarteten oder befürchteten mentalen, emotionalen und körperlichen Reaktionen bzw. Schwierigkeiten und Probleme bearbeiten und schließlich lösen und bewältigen lernen. Dazu gehört, dass viele Menschen beim Auftritt und Hervorheben (Exponieren) vor einer Gruppe, in Gesellschaft oder in der Öffentlichkeit, also wenn die Aufmerksamkeit und Wahrnehmung mehrerer Mitmenschen auf diese gerichtet sind, verstärkt Selbstunsicherheitsgefühle, Anspannung, psychophysiologische Erregung („Aufregung") bis zu Ängsten und sogar Panik entwickeln. Damit sind auch diverse körperliche Empfindungen und Symptome, wie z. B. Schwitzen, erhöhter Puls und Blutdruck, Erröten usw. (s. Kap. 9 zu körperlichen Missempfindungen als Ausdruck und in der Folge von Stress), und negative Gedanken, wie z. B. die Kontrolle zu verlieren, zu versagen, sich zu blamieren, zusammenzubrechen sowie an Flucht, verbunden. Zum anderen können Sie Ihren Auftritt, Vortrag oder Ihr Referat in der Imagination inhaltlich, sachlich durchspielen, konzipieren, planen, ordnen und organisieren, verfeinern und optimieren. In jedem Falle ist es günstig, wenn die Imagination zur Erreichung einer passenden, hinreichenden bis tiefen Entspannung bzw. eines geeigneten Trance- oder Meditationszustandes, wie bereits in Kapitel 5.1 angeboten und beschrieben, eingeleitet wird. (Entsprechend wird dieser Zustand dann auch am Schluss der Imagination zurückgenommen.) In diesem besonders aufmerksamen, konzentrierten und entspannten Zustand können dann beispielsweise der Vortrag sowie das Vortragen selbst geübt werden. Sie erleben sich also in der Imagination. Dabei sehen und nehmen Sie sich weniger von außen wahr, sondern erleben sich vielmehr und am besten von innen heraus, also so, als ob Sie den Vortag tatsächlich vor diesen Leuten halten würden. Aus dieser Innen- oder Ichperspektive imaginieren Sie vor allem, wie Sie in ruhigen, klaren, verständlichen Worten Ihren Vortrag deutlich vernehmbar halten bzw. vortragen, die jeweiligen zusätzlichen, darstellenden, unterstützenden und technischen (Hilfs-) Mittel nutzen und in die Runde Ihrer Zuhörer bzw. Zuschauer blicken.

Je nach Bedarf kann darüber hinaus der angemessene Umgang mit der entstehenden Aufregung, Anspannung, Erregung, Ängsten und deren Folgen, eigenen Fehlern (etwa bei der Präsentation der Bilder) sowie äußeren Störungen und Schwierigkeiten durchgespielt und geübt werden. Dazu sind von vornherein nicht nur die für einen typischen, sondern die unterschiedlichsten und andere mögliche und Störungen, Schwierigkeiten und inneren sowie äußeren Probleme zu bedenken und in der Imagination zu berücksichtigen, wie z. B. Verkehrslärm, Beleuchtungsprobleme, Mikrofonausfall und andere technische Probleme, Unterhaltungen, Zwischenfragen und -rufe, kritische Diskussionsbeiträge von Hörern, Verlust des roten Fadens, Heiserkeit, kein Zugriff auf die vorbereiteten Abbildungen, der Abruf unpassender Abbildungen, Zittern der Hand und Schwitzen. Je mehr Sie davon berücksichtigt, durchgespielt und geübt haben, desto breiter, fester und besser sind Sie aufgestellt, trainiert und vorbereitet. Aber selbst dennoch unerwartete, unbedachte und ungeübte Probleme werfen Sie dann bei der tatsächlichen Durchführung weniger aus der Bahn bzw. Ihrer Mitte. Diese werden, wie die anderen bereits bedachten und geübten Probleme, dann eher gelassen und ruhig gelöst oder bewältigt. Dieser Sachverhalt ist wichtig, da man von vornherein nicht alle tatsächlich auftretenden, relevanten Probleme bedenken, kennen und vorhersehen kann. Es reicht und lohnt sich also, sich und das geplante Vorhaben, wie in unserem Beispiel den Vortrag, gründlich, detailliert und vielseitig – sowohl hinsichtlich der angestrebten Positiva als auch möglicher Negativa – zu bedenken und in der Imagination zu üben, ohne dabei perfekt und hellseherisch zu sein oder werden zu müssen.

Auf dieser Basis kann es bereits ausreichen, wenn Sie sich nur wiederholt – etwa über einige Tage jeweils mindestens einmal am Tag – vorstellen, wie Sie diese inneren und äußeren Störungen und Schwierigkeiten ertragen, aushalten und sich auf diese Weise an jene zunehmend gewöhnen (habituieren). Durch das wiederholte Imaginieren und Erleben gewöhnen Sie sich auch tatsächlich daran. Weiter können Sie zudem imaginieren, wie Sie jeweils mögliche, geeignet erscheinende, auch selbst für Sie neue Strategien zur Lösung und Bewältigung ausprobieren (s. dazu auch Kap. 5.2.3). Strategien und Vorgehensweisen, die sich nicht nur in der Überlegung und Betrachtung, sondern auch in der Imagination und im Erleben als sinnvoll, hilfreich, nützlich, günstig und praktikabel erwiesen haben, können dann in der Imagination weiter und wiederholt angewendet, geübt, verfeinert und auf diese Art und Weise gefestigt, verinnerlicht und gelernt werden. Sie üben also beispielsweise nicht nur, wie Sie trotz der Aufregung, Anspannung und Angst in der Situation bleiben, sondern zudem sich kurz auf Ihren Atem konzentrieren und versuchen, damit zu beruhigen, wie Sie vielleicht kurz Ihr Problem z. B. der Aufregung oder Irritation vor Ihrem Publikum offen ansprechen und um Nachsicht oder Verständnis bitten, sich gedanklich wieder auf den eigentlichen Vortragsinhalt besinnen und konzentrieren und fortfahren, bestimmt und adäquat vorzutragen. Sie erleben in der Imagination, wie Sie in den

Vortragsfluss gelangen usw. Schließlich nehmen Sie in der Konsequenz weniger Aufregung und Angst bei sich wahr und empfinden deutlich, wie Ihre Selbstsicherheit und Ihr Selbstvertrauen zunehmen und wachsen.

5.2.2 Innere Ratgeber und Helfer – vor allem die innere Heilerin, Weisheit und Freundin

In der Psychotherapie wird in der Imagination häufig auch mit inneren Ratgebern und Helfern gearbeitet. Diese werden in der Imagination gesucht, gefunden, etwa um Hilfe, Mitarbeit, Unterstützung gebeten und um Auskünfte oder Rat befragt. Dabei handelt es sich um vorgestellte, imaginierte Wesen, die einem bei der Lösung, Verarbeitung und Bewältigung von selbst oder gerade schweren Belastungen, Problemen, Konflikten, negativen Erfahrungen helfen, beraten, unterstützen, leiten, motivieren oder in Situationen der Gefahr und Bedrohung beschützen und zur Seite stehen können. Diese Wesen können als Personen, Tiere oder sogar Pflanzen, Figuren, Gestalten sowie als irgendwie belebte, agierende, wirkende und reagierende Verkörperungen, Dinge vorgestellt werden. In schweren und anhaltenden Krisensituationen werden diese – vor allem von Kindern – auch spontan gefunden und benutzt. Auch ein Kuschel- oder Stofftier kann bei Kindern diesen Platz einnehmen und die Funktion eines Helfers übernehmen und erfüllen. Bei Erwachsenen handelt es sich dann eher um Talismane, Amulette und heilbringende, beschützende religiöse Figuren oder Symbole. Solche ratgebenden und helfenden Wesen können bei Erwachsenen spontan auch im Rahmen eines unangenehmen oder angenehmen Traumgeschehens auftreten. In der Entspannung, Imagination, Hypnose und Selbsthypnose kann gezielt nach inneren Ratgebern und Helfern bzw. ihren verkörpernden, darstellenden, symbolisierenden Wesen gesucht und mit ihnen gearbeitet sowie kommuniziert werden.

Im Unterschied dazu werden solche inneren Helfer und Ratgeber beim schamanischen Heilen und Reisen als wirklich angesehen und erlebt (vgl. z. B. Faulstich, 2006, 2010). Sie sind danach eben nicht nur imaginiert, sondern Teil einer Wirklichkeit und Welt, besser von Welten, Räumen oder Sphären, die erst in Trance wirklich zu Bewusstsein gelangen, bereist und genutzt werden können. Nach dem schamanischen Verständnis sind diese anderen Welten, zusammengefasst in Ober- und Unterwelt, jedoch immer existent und mit dem Geschehen und Leben in der Alltagswelt, der Mittelwelt, verwoben. Diese Wesen existieren und verhalten sich entsprechend autonom. Der Schamane kommuniziert nicht nur, sondern handelt, interagiert und tut etwas mit Ihnen oder bittet diese, etwas zu tun, das zur Heilung beim Patienten führen soll. Diese Wirklichkeitsannahme bedingt wahrscheinlich für viele Menschen im Grunde genommen eine noch größere Überzeugungskraft und damit Heilungswirkung als es mit und unter der Annahme der Vorstellung und Imagination dieser Wesen und ihres nur repräsentativen Charakters der Fall wäre. Aber letzteres bindet nicht in magischen Zusammenhängen und es bleibt, gerade im Zusammenhang mit Selbstanleitungen und -versuchen, eine gewisse, beobachtende, bewusste Distanz und dadurch mehr Raum und Option zur eigenen Kontrolle und Regulation. Die Wahrscheinlichkeit und das Risiko sich in diesen anderen Welten oder Sphären allein bzw. ohne einen erfahrenen und kompetenten Heiler oder Schamanen zu verlieren und nachteilig zu verstricken, wird so deutlich geringer. Vom Standpunkt der Heilung, Problemlösung oder Bewältigung aus gesehen, wäre es jedoch gleichgültig, ob diese inneren Helfer und Ratgeber nur vorgestellt oder in irgendeiner Art und Weise wirklich sind, kommunizieren und agieren, ob sie stellvertretend, vertretend, symbolisierend, verkörpernd oder tatsächlich sind.

Diese inneren Ratgeber und Helfer können als zusätzliche Ressourcen gedacht und vorgestellt werden. Sie können aber auch als Anteile oder Aspekte unserer Persönlichkeit oder unseres gesamten Selbst (einschließlich der unbewussten Ressourcen bzw. des Unterbewusstseins) gesehen und imaginiert werden. Diese Wesen betreffen, sammeln, bündeln und verkörpern dann diese Aspekte, d. h. Teile, Leistungen, Funktionen, Ressourcen usw., der Person bzw. des Selbst.

So kann z. B. die innere Heilerin bzw. der innere Heiler das gesamte, also auch unbewusste Erkennen, Können und Wissen um die inneren sowie äußeren Bedingungen, Zustände, Vorgänge, Einflüsse und Veränderungen bezüglich der Gesundheit und tatsächlicher oder möglicher Störungen oder Erkrankungen umfassen und als Wesen verkörpern oder vertreten und umfassen. Dies betrifft vor allem die eigene Realität, Person und körperlich-seelische Gesundheit bzw. die auf sich bezogenen Zustände, Sachverhalte, Vorgänge, Zusammenhänge, Belange und Möglichkeiten. Es beinhaltet oder verkörpert auch und vor allem alle Optionen, Möglichkeiten, Ressourcen der Selbstregelung und -beeinflussung zur Erhaltung, Verbesserung oder Wiedererlangung der Gesundheit bzw. zur Heilung bei Erkrankungen oder Verletzungen und Mobilisierung der Selbstheilungskräfte. Nach Cousins (1981), der sich dabei auf Dr. Albert Schweitzer beruft, steckt in jedem Menschen bzw. Patienten auch ein eigener Arzt bzw. eine Ärztin. Dieses besondere, eigene „ärztliche" System an Wissen, Können und Ressourcen bzw. Selbstheilungskräften gilt es im Fall von Erkrankung oder Verletzung bzw. zur Heilung sowie zur Gesunderhaltung möglichst umfassend zu aktivieren, einzubringen und zu nutzen. Auch ist mit dem bewussten Ansprechen des inneren Heilers oder Arztes bzw. dieser Rolle die innerliche Einnahme und Realisierung der entsprechenden Perspektive sowie die Fokussierung auf die betreffenden, besonderen Einstellungen, Aufgaben und Ziele verbunden.

In der Vorstellung bzw. durch die Imagination wird dieser (Leistungs-) Komplex oder Aspekt des Selbst zu einem Wesen und erhält eine Gestalt. Genauer symbolisiert, vertritt, repräsentiert dieses imaginierte Wesen jenen Aspekt oder diese Ressourcen, Leistungen und Fähigkeiten. Die innere Heilerin oder Ärztin könnte in der Imagination beispielsweise die Gestalt einer alten, weisen und heilkundigen Frau annehmen. Die „Gestaltung", Veranschaulichung bzw. das konkrete Aussehen ist eine individuelle Leistung des Vorstellenden. Diese hängt u.a. von seinen Erfahrungen, Vorlieben und Sehnsüchten ab. So kann diese weise, heilkundige Frau auch jünger oder augenscheinlich etwa als Hexe, Nonne, Hebamme oder gar als eine ehemalige, erinnerte oder bekannte Ärztin oder Kinderärztin oder als die eigene, bereits verstorbene Groß- oder Urgroßmutter visualisiert werden bzw. vor dem inneren, geistigen Auge erscheinen. Sie kann völlig der Phantasie entstammen oder sich auf eine tatsächlich gelebte oder sogar noch lebende Person beziehen, die als besonders wissend, einfühl-, heil- und wirksam sowie liebe- und verständnisvoll erlebt wurde oder gedacht wird. Die Heilerin kann aber auch geschlechtslos oder männlich in der für einen persönlich, selbst und ganzheitlich stimmigen Version und Variante erscheinen und gesehen werden, z. B. als Schlange, Engel, Bader, Yogi oder Schamane. Durch eine entsprechende sprachliche Vorgabe und Betonung kann eine bestimmte Version bzw. Variante bevorzugt und nahegelegt werden. Durch das explizite Offenlassen des Geschlechtes oder das Anbieten und Ansprechen oder Denken beider Geschlechtsformen zur fremden oder eigenen Anleitung der Imagination, d. h. in unserem Beispiel sowohl „Heilerin" als auch „Heiler", kann der Übende diesbezüglich leichter seinen eigenen Vorlieben, Belangen und Bedürfnissen folgen. Also auch sprachliche Formen bzw. Formulierungen haben einen großen Einfluss auf die Gestaltung und Verwirklichung der Imagination und sind daher für die fremd- oder selbstgeführte Anleitung mit Bedacht zu wählen. Für den Fall der Fremdanleitung sollten Form und Inhalt der Anleitung zuvor mit der anzuleitenden, zu imaginierenden Person durch-, abgesprochen sowie abgestimmt und angepasst werden. Diese kann dann die ihr genehmen und passend erscheinenden Inhalte und Formen auswählen. Im Falle der Selbstanleitung sollte man sich zuvor selber überlegen, fragen und prüfen, welche Inhalte und Formen einem persönlich liegen sowie stimmig, geeignet und angenehm anmuten. Am besten wählen Sie jeweils die für sich passendste und zutreffendste Version und leiten sich dementsprechend an. Also könnten Sie bewusst etwa sich – wie ich im und mit dem Titel – für die „Heilerin" entscheiden oder sowohl die „Heilerin" als auch den „Heiler" in sich ansprechen. Letztlich und im Grunde genommen geht es jedoch bei diesem Beispiel nur darum, eine glaubwürdige, passende und akzeptable Repräsentanz, Stellvertretung und Verkörperung bzw. eine äußere, bildliche Form für sich zu finden, die die „innere Instanz", den „Komplex", das eigene „System" oder die innerlichen Aspekte, Ressourcen und Kompetenzen des Selbst für Heilung vertritt und vor allem das gesamte zugrundeliegende, konstituierende und betreffende Können und Wissen zur Heilung verfüg-, erkenn-, mitteil-, regulier-, nutz- und verhandelbar macht sowie wirksam werden lässt.

Den inneren Helfern kann also in der Imagination jeweils eine bestimmte Verkörperung, Form, Gestalt gegeben werden. Eine solche hat den Vorteil, dass in der Imagination mit dieser Gestalt – innerlich wahrnehmbar, vor allem und besonders wichtig vor dem inneren, geistigen Auge und Ohr – geredet werden kann. Dieses konkrete Wesen kann dann vorgestelltermaßen direkt angesprochen und befragt werden. Es kann entsprechend auch direkt, zwar in der Vorstellung, aber dennoch wahrnehmbar, reagieren. Die Antworten dieses konkret imaginierten, personalisierten, helfenden Wesens sind nicht nur sprachlich, mündlich (verbal). Sie beinhalten auch mehr oder weniger nonverbale, also gestische und mimische Elemente, wie etwa ein Lächeln, Kopfnicken oder -schütteln, eine Berührung mit der Hand, ein Zeigen auf etwas oder auch nur ein beredtes Schweigen. So könnte sich beispielsweise die innere Heilerin Ihnen zuwenden und Sie diagnostizierend oder heilend an einer bestimmten Stelle Ihres Körpers berühren. Sie könnte Sie aber auch nur einfach tröstend in den Arm nehmen. Auch Sie könnten ihr wiederum über Mimik und Gesten etwa Ihre inneren „Wunden" zeigen und erläutern oder Ihr Anliegen verdeutlichen. In der Imagination kann also ein zwischenmenschlicher, kommunikativer Austausch oder/und ein Gespräch stattfinden, wie dies idealerweise mit einer einfühlsamen, erfahrenen, vertrauenswürdigen Heilerin oder Ärztin bzw. einem Heiler oder Arzt geführt werden würde. Weiter kann sich über das Gespräch hinaus, aber auch anstelle eines Gespräches, ein heilsames Tun, Berühren, Halten und Behandeln entfalten.

Es kann aber aus irgendeinem Grund auch ganz auf eine Verbildlichung und Konkretisierung in Form einer Gestalt des inneren Ratgebers oder Helfers verzichtet werden. Dies bietet sich z. B. dann an, wenn es sich nach der eigenen Auffassung und Wahrnehmung um Ressourcen, Konstruktionen, Instanzen oder Aspekte des eigenen Selbst oder Unterbewusstseins handelt und wenn eine Abneigung gegen die Verbildlichung, Veranschaulichung, Konkretisierung und Aufteilung des Selbst bzw. Arbeit mit Teilen bestehen würde. Unter solchen Bedingungen könnten Sie es beispielsweise vorziehen, sich selber – als Person, Selbst oder Ganzheit – innerlich anzusprechen und zu befragen. Sie könnten auch – zusätzlich oder alternativ – versuchen, besonders und gezielt die betreffenden Aspekte in sich – z. B. des Heilens – direkt, also ohne eine vorgestellte Veranschaulichung, anzusprechen, wachzurufen und zu befragen. Zu einer Selbstbefragung als Ganzheit und zu jedem möglichen Thema, Problem eignet sich nach meiner Erfahrung vor allem die „innere Weisheit" (Reddemann, 2009, S. 48). Anstatt der inneren Weisheit könnte auch die „innere Stimme" an sich oder des Unterbewusstseins, des Selbst oder der Ganzheit befragt und um Antwort, Rat oder Auskunft gebeten werden. Der Dialog wird dann allerdings eher gedanklich oder eben auditiv geführt und nicht mehr im engeren Sinne imaginiert bzw. visualisiert. Es wird dann nur ein inneres Zwiegespräch, ein Dialog mit dieser „Instanz" bzw. diesem Teil oder ein inneres Selbstgespräch geführt und innerlich wahrgenommen und erlebt. Wobei sowohl dieses innere Zwie- als auch Selbstgespräch in hinreichender – idealerweise tiefer – Entspannung, meditativer Sammlung oder Versenkung bzw. Trance geführt werden sollte. Denn in diesem Zustand werden besonders viele, auch unbewusste Fähigkeiten, Leistungen und Ressourcen aktiviert, verfügbar und zugänglich und werden dann automatisch für und in diesem inneren Gespräch einbezogen und genutzt.

Die innere Weisheit kann aber auch wie jeder andere innere Ratgeber und Helfer als Wesen vorgestellt und visualisiert werden und somit eine Gestalt erhalten. Die Vorstellung und Durchführung eines inneren Dialoges, in unserem Beispiel mit den weisen Aspekten, Kompetenzen und Ressourcen des Selbst, fällt vielen Personen leichter, wenn das Gegenüber bzw. der „Gesprächspartner" zusätzlich imaginiert, d. h. in einer Gestalt, als Wesen, objektiviert bzw. personalisiert wird. Etwa in der Form der alten Weisen oder des alten Weisen, aber auch als tierische Verkörperungen und Symbolisierungen, wie etwa die alte, weise Eule oder Schildkröte, begleiten sie die Menschheits- und Kulturgeschichte. Sie können nach C. G. Jung entsprechend als verschiedene Ausdrucksformen, Darstellungen, Inszenierungen eines grundlegenden, ursprünglichen Motivs, Bildes, Themas, nämlich hier z. B. der oder die Weise, gesehen werden, das als Archetypus Bestandteil des kollektiven Unbewussten ist (z. B. Kast, 1995; Roth, 2011). Als Archetypus bzw. Teil des kollektiven Unbewussten ist es allen Menschen, also vor jeder individuellen Erfahrung, gemeinsam und kann als Teil des vererbten (Menschheits-) Gedächtnisses oder als biologisch verankertes, phylogenetisches Kulturerbe angesehen werden. Selbst angesichts eines solchen Archetypus bzw. Urmotives der Weisheit bliebe in jedem Falle, die bzw. eine konkrete Gestalt, Verbildlichung, Ausdrucksform der inneren Weisheit vor bzw. zu Beginn der imaginativen Arbeit individuell zu suchen und zu finden. Letztlich wird jede Person ihre ganz eigene, individuell passende, konkrete Vorstellung bzw. Darstellung von der inneren Weisheit hervorbringen. Dann könnte es auch z. B. ein schwarz schillernder Kolkrabe, etwa auf einem hohen Baum, oder ein meditierender, tibetischer Einsiedlermönch, etwa in einer Berghütte oder Felsenhöhle, oder eine Jungfrau Maria, etwa in einer alten Kapelle, Kirche oder Felsengrotte, sein.

Für die Klärung und Unterstützung bezüglich diverser seelischer und körperlicher Probleme und ein weites Spektrum persönlicher, eigener Fragen und Belange bieten sich neben der inneren Weisheit oft auch die bereits angesprochene, innere Heilerin bzw. der innere Heiler oder nach Susen (1996) auch der innere Freund bzw. die innere Freundin an. Das Geschlecht kann, wie bereits erläutert, für den eigenen Gebrauch zur Imagination nach eigener Maßgabe und Vorliebe besonders betont oder bewusst offen gelassen werden. Für diese Repräsentanten bzw. so benannten Selbstaspekte kann genauso wie für die innere Weisheit in der Imagination eine Gestalt gefunden werden, mit der dann weiter imaginativ kommuniziert und vor allem therapeutisch gearbeitet werden würde. Die innere Weisheit, Heilerin und Freundin haben als Ratgeber bzw. Helfer das gesamte Selbst, also den Körper eingeschlossen, dessen Wohlergehen und gesamte Einbettung, Vernetzung sowie Wechselwirkung im Umfeld und der Welt im Blick. Mitteilungen, Vor- und Ratschläge dieser drei „Instanzen" bzw. Repräsentanten der betreffenden Aspekte, Leistungen, Kompetenzen und Ressourcen des Selbst berücksichtigen nicht nur einen weiten Seinshorizont und haben eine entsprechende Bedeutung und ein großes Gewicht, sondern sie bewahren auch davor, allzu kurzfristige, einseitige und, insgesamt betrachtet, fragwürdige oder nachteilige (Ab-) Wege zu beschreiten oder (Teil-) Lösungen zu verfolgen. Mit diesen drei Ratgebern sind Sie beim Imaginieren grundsätzlich auf der bzw. einer sicheren Seite. Diese drei Helfertypen werden als Wesen in der Imagination, aber auch ohne Gestalt und nur als Anrufung nach innen, Ihnen nur dann und solche Auskünfte geben, die für den Wohlerhalt Ihres Selbst und Ihre umfassende Gesundheit tauglich, ratsam, förderlich, zu verkraften und zu verantworten sind. Sollten Sie etwa die Wahrheit (noch) nicht aushalten und würdigen können, so wird diese Ihnen von diesen drei Helfertypen nicht oder nur in Aspekten oder auf eine Art und Weise mitgeteilt, dass Sie damit angemessen und nutzbringend umgehen können. Es werden nur dies berücksichtigende, Sie beschützende und stützende Auskünfte gegeben.

Bevor Sie die innere Weisheit, Heilerin oder Freundin befragen wollen, sollten Sie sich dennoch genau überlegen, was Sie eigentlich bzw. wirklich wissen wollen und ob Sie die Reaktionen, Antworten auch tatsächlich verkraften und bereit sind, diese zu erfahren und zu berücksichtigen. Sind Sie wirklich bereit, auch unangenehme, negative Mitteilungen zu hören und zu verarbeiten? Möchten Sie sich – sowohl bewusst als auch unbewusst – der in Frage stehenden Realität stellen und die betreffenden Dinge, Sachverhalte erfahren, erkennen und wissen? Werden und wollen Sie die erhaltene Information annehmen, beherzigen, befolgen oder umsetzen? Wollen Sie überhaupt sich oder etwas ändern? So können bzw. konnten beispielsweise Patienten mit Krebsverdacht, einer ärztlichen Krebsdiagnose oder möglichen Krebsrezitativen, Metastasen sich nach meiner Erfahrung mehrheitlich nicht wirklich und ehrlich der inneren Prüfung nach dem Vorhandensein eines Krebs, dem Risiko einer diesbezüglichen Bestätigung und weiterer negativer, unangenehmer Information unterziehen und stellen. Dies traf und trifft zu, obwohl diese Personen zuvor explizit an einer entsprechenden, geführten Imagination und Hypnose interessiert gewesen sind und dies mit sich haben durchführen lassen wollen. Dieser innere Widerspruch ist menschlich durchaus nachvollziehbar und verständlich. Er sollte aber auch verstanden und akzeptiert werden, um möglichen Druck, Enttäuschungen usw. zu vermeiden. Denn die zunächst erwarteten Imaginationen bleiben dann aus oder gelingen eben nur teilweise und unzureichend.

Weiter sollten die Fragen an die innere Weisheit, Heilerin oder Freundin sowohl generell bzw. prinzipiell als auch im Besonderen von jener zu beantworten sein. Sie sollten also im Bereich des möglichen Wissens und Erkennens liegen. Die bzw. Ihre innere Weisheit, Heilerin oder Freundin sollte mit der Frage nicht von vornherein überfordert werden, sondern eine reale Chance haben, eine tiefe, weise, zutreffende und hilfreiche Antwort oder Lösung zu finden. Weiter sollten die beabsichtigten Fragen und gesuchten Antworten dem allgemeinen Wohl sowie dem Wohl des Fragenden dienen. Vor allem Ihre innere Weisheit hat nicht nur im Besonderen Ihr kurzfristiges sowie langfristiges Wohlergehen im Auge, sondern auch das Ihrer Mitmenschen und Umwelt im Allgemeinen. Deshalb sollte von Interessen, Fragen und Zielen in der Kommunikation vor allem mit der Weisheit Abstand genommen werden, die in ihrer Absicht oder Konsequenz andere oder das Umfeld etwa benachteiligen oder schaden könnten, würden oder sollen.

Von der inneren Bereitschaft, der Angemessenheit der beabsichtigten Fragen, gesuchten Antworten und des Ziels der Kontaktaufnahme hängt es ab, ob Sie die innere Weisheit, Heilerin oder Freundin überhaupt imaginieren können, ob und wie jene mit Ihnen reden wird. Sie sollten, um Enttäuschungen zu vermeiden, nachdem Sie dieses Wesen gefunden und konkret imaginiert haben, zuerst fragen, ob es überhaupt bereit sei, Ihnen Fragen zu beantworten. Aber selbst wenn dieses Wesen grundsätzlich dazu bereit ist und Ihnen dies signalisiert, können etwa innere Ängste, Hemmungen, Widerstände den weiteren Dialog noch behindern, stören oder sogar stoppen. Das Wesen beantwortet die in der Imagination gestellte Frage dann nicht, schweigt, weicht aus, wird unverständlich oder orakelhaft.

Obwohl nach meiner Erfahrung und Ansicht vieles dafür spricht, dass unsere Psyche, unser Geist, Selbst, Unterbewusstsein oder Gehirn und Nervensystem im Grunde genommen sehr wohl über sämtliche relevanten körperlichen Zustände und Vorgänge, vor allem was Störungen und Erkrankungen betrifft, informiert ist, gelangen wir bewusst nicht so einfach an diese

Information. Auch andere Autoren, Dozenten, Heiler, Weisheitssuchende und Meditationslehrer sind aufgrund ihrer Überlegungen, Nachforschungen und Erfahrungen zu einer solchen Einschätzung und Erkenntnis gekommen, wie z. B. pointiert Faulstich (2009). Gerade die enge und detaillierte Verwobenheit, Rekursivität und Rückkopplung des Gehirns und Nervensystems nicht nur mit sich selbst, sondern auch mit dem und über den restlichen Körper und den anderen Systemen, wie z. B. dem Immunsystem, schaffen dafür die Grundlage. Die strikte Trennung zwischen Geist und Körper hebt sich hier auf und jene werden zu zwei Seiten oder Aspekten einer Wirklichkeit, eines Selbst oder Gesamtsystems (vgl. z. B. Faulstich, 2010). Dieses bzw. diese umfasst sowohl Körperliches als auch Geistiges. Alles Geistige ist mindestens mit dem Körperlichen verbunden und ist folgerichtig über jene Aspekte im Bilde. Der Geist bzw. die Psyche kennt oder weiß um die bzw. alle eigenen körperlichen Zustände und Vorgänge oder diese sind ihr bzw. ihm prinzipiell verfügbar. Diese Information, Kenntnis bzw. dieses Wissen ist jedoch unserem alltäglichen Bewusstsein für gewöhnlich nur schwer – und schon gar nicht dem Verstand oder gewöhnlichen Nachdenken – direkt oder so ohne Weiteres zugänglich. In der Regel bedarf es bei uns entsprechender Übung, eines besonderen, regelmäßigen Trainings, einer inneren Schulung, betreffender äußerer Anleitung, Unterstützung und Hilfe, um diese Information als solches Wissen einfach, direkt und klar ins Bewusstsein zu heben und zu erkennen. Aber selbst, wenn diese Information in Form von inneren Bildern – etwa beim Träumen – quasi von selbst in die Wahrnehmung und Aufmerksamkeit gelangt und als Botschaft gedeutet und verstanden werden könnte, braucht es in der Regel der systematischen Öffnung, Zuwendung und Unterstützung, um sich den Inhalt und das betreffende Wissen zu erschließen und bewusst zu machen. Ein Hilfsmittel zum Erschließen, Vergegenwärtigen und Erkennen dieses körperlichen Wissens sowie auch des anschließenden Arbeitens und Umgangs damit wäre die betreffende geistige Sammlung und Versenkung in der Meditation oder die Trance mittels der Hypnose (s. Kap. 6). Ich habe in meinen Psychotherapien aber auch gelegentlich Patienten erleben dürfen, die bereits auch ohne ein solches großes, spezielles Training und eine irgendwie geartete ärztliche oder anderweitige, äußere bzw. fremde Diagnostik offenbar sehr präzise um ihre körperlichen Zustände und Vorgänge Bescheid wussten und diese zutreffend beschreiben sowie beurteilen konnten. So waren bestimmte Patienten z. B. völlig eigenständig und von sich aus in der Lage, das Auftreten oder Wiederauftreten eines Tumors in ihrem Körper festzustellen und zu verorten, der sich im Nachhinein bei den medizinischen Untersuchungen jeweils als noch sehr klein, unscheinbar, eigentlich schwer zu identifizieren und für gewöhnlich noch nicht zu spüren und zu merken, herausstellte. Diese Fähigkeit, ernste pathologische Prozesse bei sich bereits zu Beginn und noch im Anfangsstadium zu erkennen, war in diesen besonderen Fällen nicht mit hypochondrischen Ängsten und Tendenzen verbunden, alle möglichen Zustände, Vorgänge, Empfindungen und Wahrnehmungen des Körpers ängstlich als Ausdruck von ernsthaften Fehlfunktionen, möglichen Ausfällen und Erkrankungen zu deuten und zu begleiten, wie diese vergleichsweise häufig bei meinen anderen Patienten vorkommen, die ärztliche Untersuchungen und Diagnosen einfordern.

Aber sehr oft ist dieses Wissen und Bewusstwerden gestörter oder krankhafter, körperlicher Zustände und Entwicklungen nicht nur ein grundsätzliches Problem des Zugriffs oder des Bewusstwerdens, sondern vor allem ein emotionales Problem. So kann es, wie bereits angesprochen, an innerer Bereitschaft, Stabilität oder Reife zum Erkennen und Ertragen der Information bzw. der inneren Antworten, Botschaft oder Wahrheit mangeln. Es kann sich schlicht um einen einfachen Selbstschutz handeln, um psychisch stabil, gut gestimmt, zuversichtlich usw. zu sein und vor allem zu bleiben. Die Weisheit – wie auch die Heilerin oder Freundin – hält sich unter solchen Bedingungen und Verhältnissen sinnvollerweise, bedeutungs- sowie erfahrungsgemäß mit den Antworten zum Wohle und Schutze der Person zurück. Vor allem innere Weisheit und Heilerin (Heiler) verhalten sich als Wesen eben zutiefst weise, verantwortungsvoll, heilsam, behütend und aufbauend. So wird eben eine Frage an die innere Weisheit oder Heilerin, wie z. B., ob derzeit noch ein Krebsherd oder Metastasen im Körper existieren, nachdem die Ärzte nichts mehr diagnostizieren konnten, selten direkt und klar beantwortet. Bereits allein aufgrund der Absicht und des Vorhabens, so etwas zu fragen, stellen sich oft bereits zu Beginn der Imagination schon Schwierigkeiten ein, etwa die Weisheit oder Heilerin zu imaginieren oder zur Kommunikation zu bewegen. Für das Selbst, besser Ego, kritische und bedrohliche Fragen werden auf diese Art und Weise abgewehrt oder vermieden, obwohl das Unterbewusstsein, die Gesamtheit, der Geist oder/ und das Gehirn über die betreffende Information prinzipiell verfügen und eigentlich die Antwort kennen.

Im Unterschied dazu führt etwa die geplante Frage, was sollte getan werden, um Heilungs-, Genesungsprozesse zu unterstützen, zu fördern, in der Regel zu einer Imagination des betreffenden Wesens. Sehr viel häufiger gibt dieses Wesen dann zudem genaue, kompetente, klare, nützliche und verwertbare Mitteilungen und Hinweise. Auf der Basis des der Psyche bzw. dem Geist verfügbaren, gesamten Wissens kann die imaginierte Weisheit, Heilerin oder auch Freundin sehr wohl gute, zutreffende oder passende, heilsame Rat- oder Vorschläge geben. Diese setzen eben keine bewusste Auseinandersetzung und zur Kenntnisnahme der möglicherweise sehr unangenehmen, ängstigenden oder bedrohlichen Diagnosen und Gründe voraus und werden selbst als eher angenehm, befreiend, aufbauend und unterstützend erlebt. Dies entspricht auch der von Faulstich (2006) beschriebenen Erkenntnis, dass Heilung immer passieren und dabei auf die innere Intelligenz, das innere Wissen und Können zur Selbstheilung, hier vertreten und dargestellt vor allem durch die imaginierte Weisheit oder Heilerin, zurückgegriffen werden kann. Dieser Rückgriff selbst kann unbewusst bleiben und erfolgt in der Regel auch unbewusst. Nur die Rat- und Vorschläge und jenes, was das imaginierte Wesen sonst noch sowohl verbal als auch nonverbal mitteilt oder tut, wird der bewussten Wahrnehmung und Aufmerksamkeit bzw. dem Bewusstsein dann zugänglich.

Zukunftsfragen, die etwa ein Hellsehen voraussetzen würden und vernünftigerweise eigentlich nicht zu beantworten sind, werden verweigert oder – vor allem von der Weisheit – nach meiner Erfahrung entsprechend vorsichtig, unklar oder orakelhaft beantwortet. So könnten vor allem die innere Weisheit oder Heilerin sehr wohl – wie bereits erklärt, zumindest prinzipiell – zum gegenwärtigen Gesundheitszustand umfassend und zuverlässig Auskunft geben, aber eben nicht oder nur bedingt und eingeschränkt über einen zukünftigen Gesundheitszustand, eine zukünftige Erkrankung oder körperliche, seelische Entwicklungen, das Sterben, die Art und den Zeitpunkt, wenn diese noch nicht begonnen haben. Also eine Frage, etwa ob und wann Sie an Krebs erkranken werden, kann auch von der Weisheit oder Heilerin nicht beantwortet werden, wenn Sie noch nicht an Krebs erkrankt sind bzw. ein entsprechender Erkrankungsprozess nicht begonnen hat und auch nicht unterschwellig „in Vorbereitung" ist. Im Falle, dass Sie sich bester Gesundheit erfreuen (und darüber sollten Sie sich auch wirklich freuen), überfordert eine solche Frage die bzw. Ihre betreffenden Erkenntnis- und Wissenssysteme und ergibt bzw. macht von daher keinen Sinn. Allerdings kann eine Frage in der Art wie, was passiert mit mir, wenn ich weiter das und jenes tue, etwa rauche, trinke, zu schnell Auto fahre, hungere usw., durchaus sinnvoll und angebracht sein. Einfache, realistische Fragen nach Unterstützung und Hilfe, wie z. B., was kann mir helfen oder nützlich sein, was kann ich selbst dazu tun, beitragen, was sollte ich besser lassen, damit ich gesund bleibe, sind dagegen generell eher unproblematisch und werden in der Regel in der Imagination von dem jeweiligen Wesen entsprechend klar, verständlich und zufriedenstellend beantwortet. Das befragte Wesen gibt dann sehr wahrscheinlich hin- und ausreichend Auskunft.

Wichtig ist während der Imagination generell, diesen Wesen, ihren Antworten und ihrem Tun offen, annehmend, wohlwollend und wertschätzend zu begegnen, es geschehen zu lassen und auf Wertungen und Beurteilungen zu verzichten, sich also ganz auf die Imagination, das Vorstellen und Erleben der Vorstellung zu konzentrieren und einzulassen. Um besser zu verstehen und klarer zu sehen, kann auch beim Wesen nachgefragt, um Erklärung und Erläuterung gebeten werden. Nach Beendigung der Imagination können die Erfahrungen dann auch analysiert, eingeordnet und beurteilt und zum Gegenstand des Nachdenkens und der Reflexion werden.

Wie kann diese innere Weisheit, Heilerin oder Freundin nun gefunden und als Wesen visualisiert werden und damit Gestalt bekommen? Zunächst sind auch dazu wieder die Entspannung und der Zustand einer Meditation und Selbsthypnose bzw. entsprechenden Trance einzuleiten, wie es im Kapitel 5.1 beispielhaft ausgeführt wurde. Das Zurückführen in die äußere Realität zum Ende erfolgt dann entsprechend – zumeist jedoch verkürzt – in der umgekehrten Reihenfolge. Es wird zudem im Bewusstsein vorgenommen, dass wir die Erfahrungen aus der Trance und Imagination mit in den Alltag nehmen und jederzeit, wenn wir es brauchen oder möchten, wieder für uns anwenden und nutzen können. Das beinhaltet auch, dass wir in einer erneuten Trance und Imagination wieder unserer „inneren Weisheit", Heilerin oder Freundin bzw. dem betreffenden Wesen in der gefundenen, vorgestellten, konkretisierten Form und Gestalt begegnen können, um zu fragen, zu sprechen und Antworten zu erhalten.

Nach der Einleitung, dem Hineinführen oder Hineingleiten in die Entspannung und Trance oder meditative Sammlung bis Versenkung kann das innere, geistige Auge zunächst für oder mit der Vorstellung des inneren Ortes der Ruhe und Kraft geöffnet werden. Dieser Ort sollte, wie im Kapitel 5.1.2 beschrieben, zuvor gesondert, in einer eigens dafür durchgeführten Imagination gesucht und gefunden worden sein und deshalb für diese Übung bereits verfügbar und verwendbar sein. Dieser Ort sollte wieder mit möglichst allen Sinnen innerlich wahrgenommen bzw. vorgestellt werden. Schließlich sollte dieser dafür besonders geeignete Ort auch noch genutzt werden, um nach Belieben Ruhe und Kraft innerlich aufzunehmen, „zu tanken", zu sammeln und zu speichern. Entsprechend entspannter, ruhiger und gestärkt kann sich nun, wie im Folgenden ausgeführt, imaginativ der inneren Weisheit zugewendet werden. Anstelle der inneren Weisheit kann auf die gleiche Art und Weise die innere Heilerin oder Freundin imaginiert werden.

Die innere Weisheit kann nun direkt an diesem Ort der Ruhe und Kraft gefunden und vorgestellt werden. Dies hätte zur Folge, dass die Weisheit direkt mit diesem Ort verknüpft und verbunden wäre. Soll dies vermieden werden und eine gewisse Unabhängigkeit zwischen beiden Vorstellungen bzw. dem Ort und der Weisheit gewahrt bleiben, so sollte die innere Weisheit nicht direkt an diesem Ort gesucht und imaginiert werden. Dazu sollten Sie davor versuchen, sich in Ihrer Vorstellung von Ihrem Ort der Ruhe und Kraft etwas zu entfernen. Es reichen in der Imagination für gewöhnlich einige Schritte. Der Ort kann somit in Ihrer Nähe und leicht erreichbar bleiben. Nun können Sie auch in diesem Falle gezielt nach Ihrer inneren Weisheit Ausschau zu halten, d. h. einem Wesen, das Ihre innere Weisheit verkörpert, darstellt oder vertritt. Wichtig ist, dass Sie zu dieser inneren Begegnung auch wirklich bereit sind, sich dafür weit öffnen und es geschehen lassen. Dieses Wesen kann Ihnen bereits auf diesem Weg beim oder nach dem Entfernen vom Ausgangspunkt etwa nach einer Wegbiegung, beim Blick auf einen weiteren, vielleicht auch neuen Landschaftsteil begegnen. Es steht dann in einiger Entfernung oder in der Nähe mehr oder weniger direkt und deutlich erkennbar vor Ihnen. Vielleicht ist das Gesicht anfangs noch verdeckt. Aber selbst wenn Sie an Ihrem Ort der Ruhe und Kraft bleiben und dort nach der inneren Weisheit suchen, könnte es gegebenenfalls hilfreich und lohnend sein, etwas umherzugehen, sich zu bewegen, um noch gezielter und genauer zu schauen.

Es kann aber auch sein, dass Sie nur in der Ferne, vielleicht sogar am Horizont, etwas mehr oder weniger deutlich und klar wahrnehmen. Wenn Sie zur Imagination der inneren Weisheit an dem Ort der Ruhe und Kraft weiter verweilen, wird dies sogar sehr wahrscheinlich sein. Es ist unter dieser Bedingung sogar oft sinnvoll und hilfreich in die Ferne zu schauen, ob da etwas erscheint oder sich verändert, was sich bei näherem Ansehen bzw. nach Annäherung als ein solches Wesen herausstellen könnte. Aber genauso gut könnten Sie an einem anderen Ort nach diesem Wesen in der Ferne Ausschau halten, wenn Sie es bis dahin noch nicht auf Ihrem Weg angetroffen oder bemerkt haben. Zunächst kann Ihnen dieses Wesen sogar nur unförmig, konturlos, etwa als Punkt, Wolke, Licht usw., erscheinen. Es kann aber auch bereits eine mehr oder weniger erkennbare Gestalt angenommen haben. In jedem Falle stellen Sie sich vor oder lassen einfach nur zu, dass sich dieses Objekt bzw. Wesen Ihnen zunehmend nähert und dabei an Kontur, Gestalt, Einzelheiten und Lebendigkeit gewinnt. Schließlich steht oder schwebt es Ihnen erkennbar gegenüber. Sie können auch selbst wenige Schritte auf dieses Wesen zugehen, wenn dies bereits an einem geeigneten, nahegelegenen Ort Platz genommen hat und auf Sie wartet.

Haben Sie die innere Weisheit bzw. das Wesen anschaulich vor Ihrem inneren, geistigen Auge vor sich, so können Sie es nun begrüßen, fragen und bitten, ob es bereit ist, mit Ihnen zu reden, zu helfen und Ihre Fragen, die Sie sich zuvor überlegt haben, zu beantworten. Erst nach einer klaren Bejahung oder anderen verbalen oder nonverbalen Bestätigung, wie etwa einem Nicken des Kopfes, sollten Sie Ihre erste, vorbereitete Frage stellen. Sollte diese Bereitschaft verneint werden, können Sie mit diesem Wesen dennoch versuchen in einen Dialog zu treten und zu klären, ob es nur die von Ihnen vorbereiteten Fragen nicht beantworten möchte oder andere Probleme mit Ihrem Vorhaben hat. Vielleicht ist Ihre innere Weisheit ja dennoch grundsätzlich für einen Dialog mit Ihnen offen und bereit? Sie würde vielleicht auf andere, geeignetere oder nur veränderte Fragen oder Formulierungen verständlich reagieren, Ihnen wichtige Mitteilungen und Erklärungen geben. Vielleicht braucht es auch einfach nur noch etwas Zeit und Übung bzw. einen erneuten, späteren Versuch des Kontaktes und Gespräches. Das können Sie versuchen in der Kommunikation mit diesem Wesen auszuloten und in Erfahrung zu bringen.

Wenn Ihnen während des Dialoges neue, unvorbereitete Fragen einfallen oder Sie nur zu Ihrem Verständnis etwas klären oder präzisiert haben möchten, dann können Sie das selbstverständlich immer tun und probieren. Sie sollten sich vor und für diese sowie während der Imagination vergegenwärtigen, dass Sie diesen Dialog wie mit einem anderen Individuum, einer Person führen. Letztlich bleibt und reagiert die innere Weisheit autonom und frei. Sie muss nicht Ihren Ansprüchen und Erwartungen genügen. Sie können oder sollten von ihr nichts einfordern oder erzwingen. Erteilter Rat und Hilfe sind und bleiben Geschenke, denen Sie grundsätzlich annehmend, achtsam, mit Offenheit, Respekt und Dankbarkeit begegnen sollten. Also auch andere unbefriedigende, unverstandene, unbequeme und und selbst unangenehme Antworten und Reaktionen sollten achtsam angenommen und akzeptiert werden. Entsprechend sollten Sie sich in jedem Falle am Schluss, noch vor dem Verabschieden von der inneren Weisheit, bei ihr bedanken. Weiter sollten Sie sie noch bitten und fragen, ob sie, wenn Sie es wieder möchten und benötigen, bei ihr Rat und Hilfe suchen, wieder kommen und mit Ihnen reden wird. Dies wird nach einem konstruktiven Dialog in der Regel bestätigt. Nun können Sie sich von ihr verabschieden. Je nach Bedarf können Sie zu Ihrem Ort der Ruhe und Kraft zurückkehren oder/und dort für einige Zeit verweilen, um noch Ruhe und Kraft aufzunehmen, sich zu beruhigen, zu entspannen, zu erholen und zu stärken.

5.2.3 Imagination erwünschter Veränderungen und Entwicklungen

Um Veränderungen in Richtung von unerwünschten, problematischen Istzuständen zu erwünschten, gesunden Zielzuständen mit dem Imaginieren zu erreichen, wird häufig nach einem bestimmten Muster, Schema verfahren. Zunächst wird der zu verändernde Istzustand imaginiert. Die Imagination kann diesen Zustand mehr oder weniger direkt bildlich, lebendig wiedergeben, ab- oder nachbilden. Sie kann aber auch nur auf einer indirekten, beispielhaften, veranschaulichenden, analogen, symbolischen, metaphorischen oder übertragenden Ebene diesen Zustand repräsentieren. Dies hängt unter anderem auch von der Art und Weise des betreffenden Zustandes ab.

So können z. B. die angstbesetzte Situation und die Angstreaktionen als Istzustand direkt und lebhaft vor dem inneren, geistigen Auge visualisiert und er- bzw. nachgelebt werden. Wie bereits im Kapitel 5.2.1 beschrieben und am Beispiel der systematischen Desensibilisierung ausgeführt, würde bereits allein dies zu einer besseren Bewältigung der Angst und der ge- bzw. befürchteten Situation und somit in die Richtung des für gewöhnlich erwünschten Ziels führen. Selbst die gezielte, zusätzliche Verbindung, Kopplung mit Trance- bzw. besonderen Entspannungsinduktionen oder Entspannungsübungen ist dazu nicht unbedingt notwendig, wenn auch trotzdem oft hilfreich.

Im Unterschied zum erinnerten Erleben von Angst in bestimmten Situationen, scheint es sich beim Schmerz weniger um ein zu sehendes oder zu visualisierendes Ereignis zu handeln. Aber auch Schmerzen können wie die Angst oder auch andere Gefühle, wie etwa die Wut, Enttäuschung, Trauer oder Verzweiflung, mit bestimmten Ereignissen, Sachverhalten und Tätigkeiten verbunden sein oder zumindest zusammenhängen. Dennoch sind Schmerzen zunächst oder in erster Linie – in bestimmten Körperteilen oder sogar im ganzen Körper – zu spüren. Aber auch die Angst und andere unangenehme, deshalb zu ändernde oder bewältigende, Gefühle sind an sich und prinzipiell innerlich zu empfinden und zu fühlen. Trotz dieser Basis des innerlichen Spürens und Fühlens können sowohl Schmerzen als auch störende Gefühle visualisiert oder visuell veranschaulicht werden. Dies gilt in gleicher Art und Weise auch für andere unangenehme Körperempfindungen, wie z. B. ein Jucken, und sogar für störende, auditive Wahrnehmungen und Beeinträchtigungen, wie z. B. Taubheit und Ohrengeräusche. Unangenehme Empfindungen und Gefühle werden dazu mit einer passenden, geeigneten, zutreffenden Farbe oder mit einem entsprechenden Bild verbunden (assoziiert) und vorgestellt. Farbe oder Bild verkörpern, veranschaulichen, symbolisieren oder stellen die betreffende Empfindung oder das Gefühl dar. So kann in der Imagination beispielsweise ein helles, feuriges Rot den Schmerz an oder in einer bestimmten Körperstelle darstellen.

Um eine wirklich zutreffende und passende Farbe auszuwählen oder ein entsprechendes Bild zu finden, sollte danach in Entspannung, Trance oder meditativer Sammlung oder Versenkung gesucht werden. In den vorherigen Kapiteln (insbes. 5.1) wurde beschrieben, wie ein solcher Zustand hinreichend zu erreichen ist. Die unangenehme Empfindung oder das störende Gefühl würden zunächst, d. h. vor der Visualisierung, innerlich gespürt, vergegenwärtigt oder erinnert werden. Dann würde das innere, geistige Auge geöffnet werden, um zu schauen, welche Farbe oder welches Bild – etwa aus dem Unterbewusstsein oder innerem Wissen heraus – erscheinen wird, das diese Empfindung bzw. dieses Gefühl verkörpert, darstellt oder symbolisiert.

Im Falle von Schmerzen sowie anderen unangenehmen, störenden oder belastenden Empfindungen oder Gefühlen gäbe es auch die Möglichkeit, sich mit den vermeintlichen oder tatsächlichen Auslösern, Gründen, Ursachen und den eigenen Vorstellungen darüber zu beschäftigen und auseinanderzusetzen (s. Kap. 9). Es könnte versucht werden, diese in der Imagination und Trance mehr oder weniger konkret und direkt zu entdecken, zu veranschaulichen und zu visualisieren. Diese Arbeit erfordert aber in der Regel sehr viel Erfahrung und Kompetenzen und sollte professionell von einem entsprechend ausgewiesenem Psychotherapeuten begleitet werden.

In einem zweiten Schritt wird der Zielzustand auf eine vergleichbare Art und Weise imaginiert. Es werden also möglichst direkt und lebhaft bzw. echt die erwünschten Zustände und Reaktionen visualisiert oder die entsprechenden repräsentierenden, veranschaulichenden oder symbolisierenden Farben oder Bilder. Auch hier kann die vorangehende und gleichzeitige Entspannung, Trance oder meditative Sammlung bis Versenkung sehr förderlich und hilfreich sein. Für das angenehme, eben schmerzfreie Wohl- und Körpergefühl kann dann z. B. ein Blau oder Grün gefunden und vorgestellt werden. Diese angenehme Empfindung ist davor in dem betreffenden Körperbereich innerlich vorzustellen oder zu erinnern. Wenn als Istzustand weniger der Schmerz, sondern vielmehr der erkrankte Körperbereich durch eine Farbe oder ein Bild dar- und vorgestellt wurde, dann müsste folgerichtig nach der Farbe oder dem Bild eines gesunden, geheilten Körperteils oder Körpers gesucht und damit entsprechend imaginiert werden.

In einem dritten Schritt kann dann der Prozess bzw. die Veränderung vom Ist- in den Zielzustand imaginiert werden. So kann geschaut oder vorgestellt werden, wie der Ist- in den Zielzustand verwandelt und überführt wird. Im einfachsten Fall wird die Farbe des störenden Schmerzes, Gefühls oder einer anderen unangenehmen Empfindung in die Farbe des erwünschten, angenehmen Zustandes transformiert. Also wenn die Farbe des Schmerzes, wie oben beispielhaft erläutert, ein helles Rot wäre, würde dann vorgestellt werden, wie sich diese Farbe zunehmend in die Farbe des gesunden, angenehmen Zustandes verwandelt. Gemäß unserem Beispiel wäre das etwa Blau oder Grün. Also aus dem Rot würde vor dem inneren, geistigen Auge zunehmend ein Blau oder Grün werden. Für eine möglichst große Wirksamkeit ist es wichtig, dass die jeweilige Farbe oder das Bild des Zielzustandes schließlich und für einige Zeit klar, deutlich und eindeutig visualisiert wird. Zudem kann es hilfreich und nützlich sein, sich den Prozess der Transformation vom Ist- in den Zielzustand wiederholt vorzustellen.

Im komplexeren Fall kann vorgestellt, zugeschaut und erlebt werden, wie etwa eine unangenehme Situation, mit unangenehmen Gedanken und Gefühlen, vielleicht auch mit schwierigen Personen, Themen, Aufgaben, Tätigkeiten, Handlungen oder Auseinandersetzungen angemessen gelöst oder bewältigt wird (s. Kap. 5.2.1). Diese Bilder können sich mit der jeweiligen Problemstellung und dem erwünschten Zielzustand mehr oder weniger aufdrängen oder von selbst ergeben. Sie können aber auch erst Gegenstand der tieferen inneren Befragung, Betrachtung und Sammlung in Trance sein. Entsprechend können die konkreten, heilsamen Vorgänge, Veränderungen, Antworten, Handlungen, Lösungen und Bewältigungen, wie bereits die Imaginationen der Ist- und Zielzustände, in meditativer oder hypnotischer Trance zunächst gesucht werden, um diese dann in der Vorstellung durchzuführen, anzuwenden und auszuprobieren.

Die Veränderungen könnten aber auch das Ergebnis einer mehr bewussten Analyse und Problemlösung der Ist- und Sollzustände sein. Z. B. könnte es um Vermeidung und Ängste (Schüchternheit) bei der Kontaktaufnahme mit einer fremden Person in einem öffentlichen oder sozialen Raum gehen, z. B. in einem Tanzlokal, Biergarten, Schwimmbad, einer Bibliothek, auf einem Konzert oder einer Geburtstagsparty. Es kann der Ist- bzw. Angstzustand vorgestellt werden. Dann kann der Ziel- oder Sollzustand vorgestellt werden, wie die Kontaktaufnahme flüssig und kompetent vorgenommen wird. Bereits die aktive und lebendige Vorstellung des Zielzustandes kann oft im hinreichenden Ausmaß Veränderungen in Richtung Ziel bewirken (s. Kap. 5.2.1). So könnte allein mit der öfters, für einige Zeit wiederholten Imagination des Zielverhaltens dasselbe wahrscheinlicher werden. Also gemäß unserem Beispiel gelingt es dem Betroffenen und Übenden danach tatsächlich, eine fremde Person anzusprechen und mit ihr Kontakt aufzunehmen. Um die Veränderung und den Ziel-Zustand noch wahrscheinlicher und besser, sicherer, angemessener zu erreichen, ist es jedoch oft sinnvoll und hilfreich, sich diesen Veränderungsvorgang genauer und sorgfältiger zu vergegenwärtigen und vorzustellen.

In unserem Beispiel kann also vorgestellt werden, wie die Erwartungsangst vor dem Ansprechen beim Zuwenden oder Zugehen auf die Person und die Angst während des Ansprechens aktiv ist. Als Ausdruck und in Folge der Angst, als sehr unangenehmes Gefühl sowie der damit verbundenen Anspannung und psychophysiologischen Erregung, entstehen diverse körperliche und seelische Anzeichen oder Beschwerden. Es kann nun imaginiert werden, wie Sie dennoch den körperlichen und seelischen Angstanzeichen angemessener begegnen. Dazu stellen Sie sich Ihre Maßnahmen und Vorgehensweise möglichst konkret vor. Wie Sie sich etwa durch bewusste Konzentration auf die Atmung, Verstärkung der Bauchatmung, Verlangsamen des Ausatmens und Verlängerung der Atempause bis zum Einatmen oder Fokussierung der Aufmerksamkeit auf das notwendige Tun – hier Zuwenden und Ansprechen – beruhigen. Wie Sie eben nicht weiter auf die unangenehmen Empfindungen, Gefühle, Gedanken und Vorstellungen achten und diese vielmehr los und sein lassen. Sie sehen sich also in der Imagination zu und erleben, wie Sie diese körperlichen und seelischen Angstanzeichen aushalten, aktiv und selbstregulierend minimieren oder zumindest eine weitere Steigerung der Angst bis zur Panik anhalten und unterbinden. Sie imaginieren, wie Sie frühzeitig aus den Teufelskreisen (positiven Rückkopplungen) der Angst aussteigen. Also wie Sie nicht weiter z. B. die weichen Knie, den Magendruck, das Schwitzen, Herzrasen, Beklemmungs- oder Benommenheitsgefühl oder Gefühl der zugeschnürten Kehle oder eines Fremdkörpers (Kloß, Knödel) im Hals zum Anlass und Ausgangspunkt weiterer angstvoller, mehr oder weniger katastrophaler Betrachtungen, Gedanken und Vorstellungen nehmen bzw. werden lassen. Betrachtungen, Gedanken und Vorstellungen, wie z. B. die Kontrolle zu verlieren, anfangen zu stottern, sich zu blamieren oder vor dieser Person ohnmächtig zusammenzubrechen, nehmen Sie in der Imagination, wie therapeutisch erwünscht, nur als solche zur Kenntnis und lassen Sie los und sein. (Andernfalls würden solche Gedanken die Angst befördern, was wiederum wahrgenommen und vermeintlich als Bestätigung der negativen Befürchtungen gewertet werden würde.) Es wird also etwa alternativ vorgestellt, wie die ersten Anzeichen von Angst nur als solche verstanden und angenommen werden, wie die Angst ausgehalten und mit dieser aufbauend und angemessen gearbeitet wird. Weiter wird vorgestellt, wie etwa die Atmungsübung die Angst und Anspannung begrenzt, eventuell sogar deutlich verringert und insgesamt erleichtert. Schließlich ist zu imaginieren, wie die eigentliche Handlung – trotz der anfänglichen und noch verbleibenden Angst – erfolgreich ausgeführt wird. In der Imagination wird also im geschützten Rahmen und Raum der inneren Vorstellung nicht nur dieses Verhalten in der Angstsituation können, sondern auch das Umgehen und Bewältigen der Angst, ihrer Bedingungen, Anzeichen und Folgen geübt. Das ganze Vorgehen, die Veränderung des Erlebens und Verhaltens in der Angstsituation kann weitgehend ohne negative Wirkungen, aber mit positiven Auswirkungen für das zukünftige, tatsächliche Erleben und Verhalten imaginiert und ausprobiert werden.

Zur Festigung und Stabilisierung können – und sollten nach meiner Erfahrung – zusätzlich andere als unangenehm, negativ, kritisch bewertete Entwicklungen der Situation und Ausgänge durchgespielt werden. Diese Situationen sollten im Bereich des Möglichen liegen. So könnte gemäß unserem obigen Beispiel die angesprochene Person unfreundlich, ablehnend oder sogar abweisend reagieren. Ganz im Sinne des Kapitels 5.2.1 kann wiederum in der Imagination ganz konkret, direkt geübt und erlebt werden, wie mit diesen kompetent und angemessen umgegangen und wie betreffende, mögliche Belastungen und Probleme individuell ebenfalls gelöst oder bewältigt werden würden. Die Lösungen oder Bewältigungen können wiederum das Ergebnis eher einer gezielten, bewussten Analyse oder einer inneren Suche und Schau in einer mehr oder weniger tiefen EMS sein.

Wichtig und zu beachten ist generell, dass diese erwünschten, angenehmen Ziel-Zustände nicht nur den eigenen Erwartungen und Wünschen entsprechen, sondern den (inneren, persönlichen) Zuständen, Ressourcen, Möglichkeiten und Entwicklungen entsprechen und im Bereich des tatsächlich Erreichbaren liegen. Die Ziel-Zustände sollten also der inneren sowie der äußeren Realität nicht zuwider laufen und ihr Rechnung tragen. Ansonsten würden mit den Imaginationen nur innere, unerfüllbare oder unrealistische Wünsche, Sehnsüchte und Phantasien ausgedrückt sowie letztlich innere Spannungen, Konflikte, Diskrepanzen, Dissonanzen und negative Erlebnisse und Gefühle befördert werden. Es bestände dann das erhöhte Risiko, sich in eigenen, unrealistischen, unangemessenen Wunsch-, Tagträumen und Phantasiewelten zu bewegen und letztlich zu verlieren sowie seinen Illusionen (über sich und die Welt) nachzuhängen und (möglicherweise folgenschwer) zu erliegen. Vielleicht sind besser die eigenen, betreffenden Erwartungen, Anforderungen und Wünsche zu prüfen und gegebenenfalls zu reduzieren und anzupassen, als diese bzw. sein eventuell naives Wunschdenken, Wollen und Trachten in das Problemlöseschema zu spannen und zu imaginieren.

So wie Menschen ihre eigenen Ressourcen und Möglichkeiten überschätzen können, so gibt es auch das Phänomen und Problem der Unterschätzung. Vielleicht wären Zielzustände möglich und erreichbar, die man sich selber oder andere einem – noch – nicht zutrauen. Hier wäre dann etwas mehr Kühnheit und Wagemut vertretbar oder angebracht, denn man würde sich damit eben nicht überfordern. Zielzustände, wie etwa Heilung und Gesundheit, können aber auch, wie beim Vorliegen eines bestimmten Krebs, sehr sinnvoll und hilfreich sein, obwohl sie, etwa aus der medizinischen Sicht und Erfahrung, als wenig oder kaum aussichtsreich und realistisch erscheinen. Obwohl der Zielzustand an einem Wunder grenzen würde, kann es unter diesen bzw. bestimmten Umständen durchaus hilfreich und nützlich sein, bewusst mit solchen „utopischen" Zielzuständen und deren Imaginationen zu arbeiten bzw. zu üben, wie im Kapitel 5.2 beschrieben. Deren suggestive Kraft und die damit verbundene geistige, psychische und körperliche Sammlung und Ausrichtung können dennoch entscheidend zur Heilung, mindestens aber zur Besserung der Lebensqualität beitragen (vgl. auch Faulstich, 2006, 2010). Wichtig ist jedoch, dass die Imaginationen der Veränderung und zur Erreichung des Zielzustandes wiederum eine in sich schlüssige, „realistische", überzeugende Darstellung oder Symbolisierung bieten. So kann vielleicht ein edler, starker Recke oder Ritter einem Drachen Einhalt gebieten und ihn töten, aber nicht Tausende von Ratten (vgl. Simonton, Simonton & Creighton, 1992). Dieser Kämpfer mit Schwert und Rüstung als Symbol für das Immunsystem und die Selbstheilungskräfte kann – z. B. gemäß der Siegfried- und Nibelungensaga – einen gefräßigen, selbst feuerspeienden Lindwurm oder Drachen als Symbol für den Krebs besiegen. Aber bei einem Heer aus Ratten muss er allein oder selbst mit Unterstützung weiterer Kämpfer für gewöhnlich selbst in unserer Phantasie scheitern. Hier sind die Eigenschaften und Qualitäten der Imaginationen zu prüfen und bei Bedarf, entsprechend zu verändern und anzupassen. In unserem Beispiel könnte das Bild eines Rattenfängers, etwa dem von Hameln, passender und geeigneter sein.

Die Imaginationen von Ist-, Sollzuständen, Prozessen und Veränderungen werden – wie in den vorherigen Kapiteln ausgeführt – durch Entspannung, Trance bzw. Meditation eingebettet.

Etwa nach der Visualisierung der Entspannungsfarbe oder der Imagination des Ortes der Ruhe und Kraft kann das innere Auge sich schließen und erneut öffnen, um mit der Visualisierung bzw. der Imagination des am besten zuvor gewählten, in Frage stehenden Istzustandes zu beginnen. Dabei ist wichtig, sich den inneren Vorgängen und Lösungen möglichst weit zu öffnen. Das ist insbesondere dann wichtig und notwendig, wenn Sie in der Visualisierung oder Imagination noch zutreffende und geeignete Darstellungen und Lösungen suchen und finden möchten. Sie lassen sich also vor allem dann überraschen und sind nur neugierig, welche Visualisierung oder Imagination Sie bzw. Ihr Selbst, Unterbewusstsein oder/und Ihre Weisheit jeweils finden werden. Sie können dennoch den Rahmen für zu findende Lösungen begrenzen bzw. festlegen. So könnten Sie sich aktiv vornehmen, sich auf einen bestimmten Bereich an Imaginationen und Lösungen zu beschränken. Bei Schmerzen könnte das z. B. auch nur sein, dass es sich jeweils um eine verkörpernde, symbolisierende Farbe oder ein entsprechendes Licht handeln soll.

6 Hypnose

Es gibt bereits hervorragende Werke, die kompetent über die Hypnose informieren. So geben etwa die Lehrbücher von Kossak (1993a oder in einer neueren Auflage) und Revenstorf und Peter (2001, in der überarbeiteten 2. Auflage 2009 oder der 3. 2015) einen ausführlichen und umfassenden Überblick und Einblick über die Grundlagen, Erklärungen, Zusammenhänge, Charakteristika, Methoden, Varianten, Entwicklungen, Anwendungen und Wirkungen der Hypnose. Bongartz und Bongartz (1999) führen allgemein verständlich in die Hypnose und ihre Wurzeln und Geschichte ein. Die Hypnose als psychotherapeutisches Verfahren und ihr Vorgehen (als Hypnotherapie) werden z. B. zudem in Bongartz und Bongartz (1998) und Kaiser Rekkas (1998a) anschaulich erläutert. Auch Peter (2009) bietet Ein- und Ansichten in die Grundlagen und Prinzipien der heutigen Hypnotherapie. Knapp, einführend und dennoch informativ geben die Aufsätze von Hole (1997) und Kossak (1993b, 2009) über die Hypnose Auskunft und Übersicht.

Heute verfügen wir über ein großes Angebot an Autoren und Verlagen, die Hör-CD mit angeleiteten Hypnosen für die verschiedensten Ziele, Zwecke und Indikationen mit den unterschiedlichsten Inhalten und Techniken zur Trancearbeit in mehr oder weniger hoher Qualität anbieten. Diese vermitteln konkret und exemplarisch einen Eindruck und ein Verständnis wie in und mit Hypnose bzw. Trance gearbeitet werden kann. Eine typische Hypnose zur vertieften Entspannung bietet etwa Bökmann (1998). Weiter lässt er in der zweiten Hypnose den Hörer in der Vorstellung und Trance die Gestalt eines Tigers annehmen. Der Hörer wird eingeladen, sich und seine Welt mit der Kraft, Geschmeidigkeit und den scharfen Sinnen eines Tigers und damit auch anders als sonst wahrzunehmen. In dieser Hypnose werden Ressourcen aktiviert und neue Sichtweisen und Einstellungen ausprobiert und eingenommen. Zum oben zitierten Buch von Kaiser Rekkas (1998a) existiert eine Hör-CD (Kaiser Rekkas, 1998b), auf der drei Muster- bzw. Lehrbeispiele für eine moderne Hypnoseanleitung zu hören sind. Davon ist ein Beispiel für die Anwendung bei Kindern ausgerichtet und vorgesehen. Auf der Hör-CD von Kaiser Rekkas (2000) befinden sich vier Hypnoseanleitungen aus ihrem zweiten Buch (Kaiser Rekkas, 2001), die zur besseren Bewältigung psychosomatischer Krankheitsbilder und zur Aktivierung der Selbstheilungskräfte dienen. Die beiden Hör-CD von Eberwein (1996a,b) geben nicht nur gute Beispiele, wie verschiedene Hypnosetechniken raffiniert und effektvoll kombiniert und angewendet werden können, sondern wie die Anleitungen zur Hypnose mit Hilfe stimmlicher Effekte und musikalischer Untermalung zudem zu einem kleinen, aber dennoch beeindruckenden, wundervollen Kunstwerk geraten können. Über diverse, auch märchenhafte Suggestionen und Imaginationen, so tritt u. a. auch die alte weise Frau als Helferin und Ratgeberin auf (vgl. Kap. 5.2.2), stößt Eberwein (1996a) beim Zuhörer die Entwicklung von Entspannung, Trance, angstbewältigenden Ressourcen, Sicherheit, Gelassenheit, Vertrauen, Zuversicht, Mut und Veränderungen an. Eberwein (1996b) versucht beim Zuhörer tiefe Entspannung und Trance zu erzeugen, aufrechtzuerhalten und die Selbstheilungskräfte zu aktivieren.

Es wird hier mit diesem Buch ausdrücklich nicht der Versuch unternommen werden, ein weiteres Werk über die Hypnose zu verfassen und zusammenzustellen. Vielmehr soll hier nur in das Thema eingeführt und ein notwendiges Verständnis vermittelt werden, um uns dann der

Selbsthypnose im Allgemeinen und dem Autogenen Training im Besonderen zuwenden und widmen zu können.

Im Grunde genommen ist bereits die Hypnose eine psychotherapeutische Methode, also unabhängig davon, ob diese im Rahmen einer Psychotherapie als Hypnotherapie angewendet wird oder nicht. Wenn die Hypnose in, zur oder als Psychotherapie bzw. zu psychotherapeutischen Zwecken verwendet wird, dann wird allgemein von Hypnotherapie – oder seltener auch von Hypnosetherapie – gesprochen. Nach Yapko (2011) kann sogar grundsätzlich festgestellt und begründet werden, dass es keine wirksame Psychotherapie ohne Elemente der Hypnose bzw. hypnotherapeutische Aspekte gibt. Elemente und Vorgehensweisen der Hypnose und Hypnotherapie sind demnach, wenn auch in unterschiedlichem Ausmaß, Bestandteil jeglicher Art und Form von Psychotherapie. Yapko bezieht sich dabei vor allem auf Suggestionen, die jeweils explizit verwendet werden oder mindestens implizit beinhaltet sind, und die Fokussierung der Aufmerksamkeit als wesentliche Charakteristika der Hypnose (s. u.).

Die Hypnose kann auf eine lange Geschichte und Tradition zurückblicken. Sie kann bis in die uns heute bekannten alten, antiken Kulturen, Heil- und Weisheitssysteme zurückverfolgt werden. Sie findet ebenfalls im Rahmen der Kulturen sogenannter Naturvölker oder menschlicher Gemeinschaften mit ausschließlich mündlicher Überlieferung bzw. direkt erzählter und vorgelebter Tradition (also ohne schriftliche Aufzeichnungssysteme) zu spirituellen, heilenden, sozialen und gesellschaftlichen Zwecken Verwendung.

Entsprechend wird im Schamanismus mit Hypnose und ihren Anwendungen gearbeitet und geheilt. Schamanen benutzen für sich und ihre Patienten nicht nur gezielt innere Bilder und Imaginationen zur Heilung, wie bereits im Kapitel 5 erwähnt, sondern vor allem Trancezustände, wie sie für die Hypnose und Hypnotherapie kennzeichnend sind (z. B. Faulstich 2006, 2010). Umgekehrt lassen sich entsprechend selbst noch in der heutigen, modernen oder psychologischen Hypnose und Hypnotherapie viele strukturelle Gemeinsamkeiten und Ähnlichkeiten etwa mit dem schamanischen Vorgehen finden. Allerdings bestehen auch wichtige Unterschiede, wie etwa die Übereinkunft mit dem Patienten, dass es sich in der Hypnose nur um Vorstellungen und Imaginationen, letztlich um geistige bzw. erinnerte, gedachte, vorgestellte, also psychische und mentale Konstruktionen und Rekonstruktionen handelt und eben nicht um die tatsächlich erfahrene oder wahrzunehmende Wirklichkeit oder Wahrheit. Zumindest im Kontext der heutigen verantwortungsvollen Anwendungen von Hypnose in Psychologie, Psychotherapie, Medizin und Zahnmedizin bleibt es klar, dass die im Rahmen einer Hypnose wahrgenommenen und erlebten Imaginationen innerlich und psychisch sind und nicht mit der physikalischen, äußeren Realität zu verwechseln sind. Erkenntnistheoretisch, philosophisch gilt dies bereits für die Wahrnehmung der vermeintlichen Realität selbst. Aber generell und evident trifft es für die in Hypnose – oder anderweitig aktivierten – wahrgenommenen Vorstellungen, Imaginationen zu (vgl. Kap. 5.2.2). Einer heutigen Hypnose und Hypnotherapie wird zugrunde gelegt oder es herrscht – im Gegensatz zum Schamanismus – mit dem Patienten die stille oder explizite Übereinkunft, Vereinbarung und Überzeugung (Annahme), dass dies, d. h. vor allem die inneren Bilder, Klänge, Geräusche, Stimmen und Gerüche, in der Hypnose, nur imaginativ bzw. in der Vorstellung erlebt wird. Es kann zwar, besonders bei großer Trancetiefe (s. u.), sehr wirklich anmuten und erscheinen, aber es bleibt dennoch psychisch, vorgestellt. So wird beispielsweise der Ort der Ruhe und Kraft (aus Kap. 5.1.2) in der Hypnose nur vorgestelltermaßen aufgesucht und erlebt. Kinästhetische Empfindungen, wie z. B. einer angenehmen, körperlichen Entspannung im Allgemeinen und etwa eines Wärmegefühls im Besonderen, aber auch Gefühle, wie z. B. der inneren Ruhe und eines Wohlgefühls, können in der Folge aber dennoch auch innerlich ganz real wahrgenommen werden und damit die Lebendigkeit, Echtheit, Wirklichkeitsnähe und

Wirkung der Imagination erhöhen und unterstützen. Diese Empfindungen und Gefühle werden zwar durch die Imagination des Ortes in der Regel hervorgerufen oder verstärkt und könnten auch – zumindest teilweise und anfänglich – aus früheren Erfahrungen und Erlebnissen mit dem Ort erinnert sein, aber sie haben die Tendenz wirklich zu werden und zu sein. Die Entspannungsreaktion bleibt also im erfolgreichen Fall nicht vorgestellt, sondern geschieht aktuell und tatsächlich. Der Körper entspannt sich dann. Die Entspannungsempfindungen werden bzw. sind real und echt. Allerdings führt dies im Regelfall – bei einer gesunden, psychisch stabilen, drogenfreien Person – zu keinem prinzipiellen Verlust des Bewusstseins oder Wissens, dass der Ort nur vorgestellt ist und imaginiert wird. Dennoch kann dieses Bewusstsein und Wissen vorübergehend zugunsten des vollen Erlebens der Imagination – und einer damit verbundenen maximalen Wirkung – auch bei einer solchen Person weit in den Hintergrund gedrängt werden oder treten oder einfach nicht mehr beachtet werden. Die alte Anschauung, dass in oder bei der Hypnose im Wesentlichen irgendwelche Formen von Energie, Substanz oder Geist übertragen, vermittelt, aufgenommen werden, findet sich nicht im heutigen wissenschaftlichen, medizinisch-psychologischen Kontext. Dass in der Hypnose und Trance spürbare, energetische Veränderungen erzielt werden können, ist dennoch auch hier eine grundlegende Erfahrung.

Hypnose wird heute als Hypnotherapie oder in Ergänzung anderer Methoden und Behandlungen vor allem in den Bereichen der Medizin, Zahnmedizin und Psychotherapie verantwortungsvoll, professionell und nachweislich wirksam angewendet und erforscht. Daneben findet die Hypnose auch mehr oder weniger seriöse Anwendungen etwa in der Pädagogik, Arbeitsorganisation, im Coaching und Sport. Bedauerlicherweise wird sie zu fragwürdigen Zwecken und mit zweifelhaften Wirkungen und Nebenwirkungen auch im Verkauf und zur Unterhaltung („Showhypnose") benutzt.

Hypnose und Hypnotherapie können bei den verschiedensten somatischen, psychosomatischen und psychischen Leiden generell zur Linderung der Beschwerden und Symptome, zur Bewältigung und oft sogar auch zur Heilung und zu ursächlichen Veränderungen und Besserungen beitragen (s. dazu auch Revenstorf, 2006). Betreffende aktuelle Informationen finden Sie unter *www.dgh-hypnose.de* der Deutschen Gesellschaft für Hypnose und Hypnotherapie e. V. (DGH). Auch unter der Homepage *www.meg-hypnose.de* der Milton Erickson Gesellschaft für klinische Hypnose e. V. (M.E.G.), finden Sie Texte und Informationen über die Hypnose und Hypnotherapie und ihren aktuellen Stand in der Therapie.

Die Grenzen des Möglichen sind noch längst nicht sicher ausgelotet und der Bereich nachgewiesener Wirkungen und indizierter Anwendungen dehnt sich auch noch heute rapide weiter aus. Allein aufgrund des sich derzeit dynamisch entwickelnden und erweiterndes Repertoires an Techniken bzw. Vorgehensweisen, Können und Wissen bezüglich Hypnose und Hypnotherapie dürfte diese positive Entwicklung anhalten. So wird Hypnose in der Medizin mit Erfolg etwa in der Anästhesie, Therapie akuter Schmerzen, zur Vorsorge und Nachsorge bei Operationen, Schwangerschaftsbegleitung und Geburtsvorbereitung (s. dazu auch Hüsken-Janßen, 2005), Behandlung von akutem und chronischem Tinnitus, rheumatoider Arthritis, Autoimmunkrankheiten, Allergien, Endokrinopathien (durch hormonale Störungen bedingte Erkrankungen), Blutdruckerkrankungen, Stützung des Immunsystems und Krebs- bzw. Tumorerkrankungen. So kann bei Tumorerkrankungen insgesamt bzw. allgemein zwar weniger die Überlebenszeit, aber vor allem eine Besserung des Befindens und der Lebensqualität, Reduktion von negativen Gefühlen (wie etwa Angst), Schmerzen und Nebenwirkungen der medizinischen Behandlung (wie etwa Übelkeit, Erbrechen) erreicht werden. Heilungsprozesse, wie z. B. etwa nach Verbrennungen oder Knochenbrüchen, können deutlich unterstützt und beschleunigt werden. Im medizinischen wie auch im zahnärztlichen Rahmen kann die Hypnose zu einer Entspannung, zur

Reduktion sowie Kontrolle und Regulation von Angst, Anspannung, Unruhe, Abneigung, Unwohlsein, Ekel, Vermeidung, Schmerzen, Medikamenten (vor allem Schmerz-, Betäubungs- und Beruhigungsmittel), negativen Erinnerungen und unwillkürlichen Körperreaktionen (wie etwa Speichelfluss, Übelkeit, Ohnmachtsneigung, Herzsynkopen, Würgen, Blutungen, Schwellungen, Schockreaktion) benutzt werden. Aber auch Zähneknirschen, Kiefer-Muskel-Gelenk-Erkrankungen, ungünstige Gewohnheiten (wie Daumenlutschen, Zungenpressen) sowie die Gewöhnung an Veränderungen und Maßnahmen im Zahn-Mund-Kiefer-Bereich (z. B. Zahnspangen, Zahn- und Gebissprothesen) lassen sich mittels Hypnose behandeln. In der Psychotherapie kann die Hypnose bzw. Hypnotherapie prinzipiell fast ausnahmslos bei allen bekannten und nach der 10. Internationalen Klassifikation psychischer Störungen, dem ICD-10 Kapitel V (F), beschriebenen und kategorisierten psychischen Störungen (Erkrankungen) angebracht sein bzw. angewandt werden (Revenstorf, 2006). Allerdings sollte in einer hoch akuten Phasen einer Psychose oder Schizophrenie von einer solchen Behandlung Abstand genommen werden. Es besteht nach Revenstorf (2006) für diesen Fall eine klare Kontraindikation. Angezeigt und nützlich ist eine Hypnotherapie bei Depressionen, Ängsten, Phobien, Zwängen, psychosomatischen oder somatoformen Störungen (wie etwa Kopfschmerzen, Migräne, Übelkeit, Erbrechen, Schwindel, chronische, somatoforme Schmerzen, Reizdarm, Bluthochdruck, Asthma, Neurodermitis, Tinnitus, Fibromyalgie, s. auch Kap. 9), der Bewältigung somatischer Krankheiten, von Missempfindungen und Schmerzen (gleichgültig, ob diese akut oder chronisch, überwiegend organisch oder psychisch bedingt sind), Belastungs- und Anpassungsstörungen (in Folge schwerer Belastung oder Traumatisierung), Kontakt- und Beziehungsstörungen, sexuellen Störungen, Schlafstörungen, Verhaltensauffälligkeiten (bei Kindern und Erwachsenen), Ess-Störungen (vor allem zur Behandlung von Essattacken und des negativen Körperbildes), Süchten bzw. Abhängigkeiten sowie Lern-, Leistungs- und Aufmerksamkeitsstörungen (sowohl bei Kindern als auch Erwachsenen). Auch Persönlichkeitsstörungen und selbst hirnorganische Erkrankungen sowie Störungen aus dem schizophrenen und psychotischen (wahnhaften) Formenkreis lassen sich unter Beachtung der jeweils gegebenen Bedingungen, Einschränkungen (wie oben ausgeführt, besteht gegebenenfalls auch eine Kontraindikation) und Schwierigkeiten hypnotherapeutisch behandeln. Für die Wirksamkeit und Effizienz bei diesen genannten Störungsbildern gibt es zwar im Allgemeinen diverse positive Hinweise, umfangreiche, dokumentierte Erfahrungen und empirische Belege (vor allem Revenstorf, 2006, bezüglich Angststörungen s. auch Flammer, 2006). Aber im Besonderen beschränkte die (methoden-) kritische, wissenschaftliche Prüfung und Anerkennung der Wirksamkeit der Hypnotherapie 2006 sich in nachvollziehbarer Weise auf einen deutlich kleineren Anwendungsbereich der psychischen Störungsbilder (Rudolf & Schulte, 2006), nämlich auf psychische und soziale Faktoren (psychologische Faktoren und Verhaltensfaktoren) bei andernorts (somatisch) klassifizierten Erkrankungen sowie bei Abhängigkeiten und Missbrauch (nachweislich von Tabakabusus und bei Methadonentzug).

Charakteristisch und wesentlich ist für Hypnose, nicht nur nach meiner Auffassung und Erfahrung, die bzw. eine Trance. (Bei genauer Betrachtung können verschiedene Zustände oder Qualitäten und Ausprägungen von Trance in der Hypnose unterschieden werden. Die bzw. eine durch die Hypnose herbeigeführte, erzeugte Trance wird von z. B. Kraft, 2004, S.6, auch als (das) „Hypnoid" und von z. B. Revenstorf, 2006, S.12, als „hypnotische Trance" bezeichnet.) Es gibt diesbezüglich zwar auch einzelne abweichende oder gegensätzliche Einschätzungen und Positionen (s. dazu z. B. Kossak, 1993b, 2009), aber die weit überwiegende Mehrheit der fachlich ausgewiesenen und -gezeichneten Autoren und Anwender teilt diese Ansicht. Seit und nach Revenstorf (2006) besteht diesbezüglich sogar ein breiter Konsens. Mit der Trance ist im Wesentlichen eine Fokussierung – im Sinne von Ausrichtung, Bündelung, Sammlung, Zentrierung und

Konzentration – der Aufmerksamkeit verbunden (s. u.). Sowohl die Trance als auch die Aufmerksamkeitsfokussierung können gezielt durch Suggestionen hervorgerufen, gesteuert und beeinflusst werden, was ebenfalls nach Yapko (2011) kennzeichnend für die Hypnose wäre (s.o.). In und mit der Hypnose wird die bzw. eine Trance, das ist dieser veränderte, bestimmte Bewusstseinszustand, mehr oder weniger erzeugt und eingenommen. Durch die und während der Hypnose befindet sich der Hypnotisand, d. h. derjenige, der hypnotisiert wird, in einer (hypnotischen) Trance. Diese Trance kann sehr ausgeprägt, d. h. tief, oder eher mäßig und oberflächlich ausfallen. Peter (2009) bringt die Tiefe der Trance auch mit dem Erleben der bzw. von Unwillkürlichkeit zusammen. Die verschiedenen Reaktionen in der Hypnose werden also nicht mehr als willentlich oder willkürlich erlebt.

Die Trance und ihre Tiefe hängen auch von den individuellen Eigenschaften und Einstellungen des Hypnotisanden ab. Entsprechend seiner Hypnotisierbarkeit kann jener in Hypnose gehen oder hypnotisiert werden. Die Hypnotisierbarkeit ist zwar individuell unterschiedlich (variiert), aber nur ein kleiner Teil der Menschen lässt sich überhaupt nicht oder nur sehr schwer hypnotisieren. Nach Revenstorf (2006, S. 36) „gelten 10% der Normalbevölkerung als ungeeignet für die hypnotische Trance". Generell muss etwa eine gewisse Bereitschaft und Motivation zur Hypnose und Trance vorliegen. Die individuelle Fähigkeit bzw. das aktuelle Vermögen, in Trance zu gehen, und der jeweilige Grad der Fertigkeit bzw. der Erfahrung und Übung bestimmen ebenfalls das Erreichen und die Tiefe einer Trance in Hypnose. Hypnotisanden mit einer hohen Suggestibilität (Beeinflussbarkeit) lassen sich durch einen Hypnotiseur, das ist die Person, die hypnotisiert, leichter und tiefer hypnotisieren bzw. in eine Trance führen als weniger suggestible Personen. Dagegen lassen sich in der Regel Personen mit einer geringen Suggestibilität oder geringen Motivation schwerer oder eben gar nicht durch einen Hypnotiseur in die Hypnose bzw. Trance leiten. Die Hypnose war in ihrer früheren, klassischen Form autoritärer und suggestiver. Daher waren Suggestibilität und Hypnotisierbarkeit des Hypnotisanden ehemals besonders wichtige Merkmale und Voraussetzungen für das Gelingen der Hypnose, die mit standardisierten Verhaltenstests gemessen und geprüft wurden.

Das Gelingen einer Hypnose und damit das Einleiten einer Trance sowie deren Aufrechterhaltung, Vertiefung, und schließlich Beendigung werden selbstverständlich nicht nur entscheidend von Bedingungen, Zuständen, Einstellungen, Erwartungen und Reaktionen des Hypnotisanden bestimmt. Sondern, neben den Einflüssen der jeweiligen Umgebung und des äußeren Rahmens, sind, wie weiter unten noch beschrieben, Voraussetzungen, Eigenschaften, Einstellungen usw. des Hypnotiseurs sowie die verbale und nonverbale Kommunikation und die gesamte soziale Interaktion mit dem Hypnotisanden relevant. Da uns hier aber im Wesentlichen die Selbsthypnose, also die Hypnose von und mit einem selbst und ohne einen Hypnotiseur, und deren individuelle Anwendung und Nutzung interessiert (s. Kap. 6.1), werden die Ausführungen dazu zusammenfassend bleiben. Die Hypnotisierbarkeit betrifft jedoch grundsätzlich auch die Selbsthypnose, obwohl sich diese vor allem im Einzelfall deutlich von der Hypnotisierbarkeit in der Hypnose durch einen Hypnotiseur unterscheiden kann. Die Trance durch und in Selbsthypnose kann u. U. vergleichsweise sehr viel schwieriger oder leichter fallen.

Entsprechend den Merkmalen und Charakteristika einer Trance, wie diese im Folgenden ausgeführt werden, hängt die Hypnotisierbarkeit nach Peter (2009, S.99) nachweislich von den Persönlichkeitseigenschaften ab: 1. „Absorptionsfähigkeit", d. h. dem Vermögen, sich in eine Sache zu vertiefen, 2. „Imaginationsfähigkeit", d. h. dem Vermögen, sich Dinge und Sachverhalte lebhaft vorzustellen, und 3. „Dissoziationsfähigeit", d. h. dem Vermögen, Eindrücke außerhalb des Fokussierten auszublenden.

Die Absorptionsfähigkeit hat nach meiner Erfahrung und Auffassung wiederum sowohl etwas mit der Fokussierung der Aufmerksamkeit, inneren Sammlung der Konzentration und Versenkungstiefe gemein. Die Aufmerksamkeit ist sowohl in der Meditation als auch in der Hypnose nach innen und für gewöhnlich zudem auf etwas auszurichten, dabei ist die gesamte Aufmerksamkeit zu bündeln, zu sammeln und zu konzentrieren. Wenn und soweit wie möglich sind diese Sammlung und damit nicht nur die relative Aufmerksamkeit und Konzentration, sondern auch die absolute, gesamte bzw. verfügbare Aufmerksamkeit und Konzentration zu erhöhen, zu verstärken. Zudem sollten diese Veränderungen und Zustände möglichst über die Zeit aufrechterhalten werden und voranschreiten. Während in der Hypnose die einzelnen Objekte der Aufmerksamkeit wechseln können, bleiben diese in einer typischen Meditation oft über die eigentliche Übung hinweg, bis auf die Rituale zum Einstieg und zur Beendigung, konstant. Dadurch kann in einer solchen Meditation leichter eine innere Sammlung und Konzentration und eine stärkere, tiefere Versenkung oder Trance erreicht werden. Der Wechsel des Objektes erfordert zudem eine diesbezügliche Flexibilität dieser Aufmerksamkeitsprozesse. Vor allem für die Selbsthypnose sind dann wiederum höhere und entsprechende Anforderungen an die Kontrolle und Steuerung bzw. Selbstregulation der Aufmerksamkeit gegeben. In der Hypnose mit einem Hypnotiseur oder in einer von jemand anders geführten, angeleiteten Meditation wird der Hypnotisand bzw. Meditierende dabei unterstützt. Es fällt dann grundsätzlich leichter, die Absorption bzw. die Fokussierung der Aufmerksamkeit überhaupt und trotz Objektwechsels aufrechtzuerhalten und zu vertiefen. Ausrichtung, Konzentration, Erhöhung, Aufrechterhaltung und Flexibilität der Aufmerksamkeit sind mentale Leistungen, die eindeutig eine Hypnose und die Trance in der Hypnose kennzeichnen und bestimmen. Deren Güte – sowohl in Bezug auf Qualität als auch Ausprägung – determiniert wiederum die Qualität und die Ausprägung der Trance und damit der Trancetiefe. Die Trancetiefe hat viel mit der Tiefe der Versenkung (oder auch Präsenz; vgl. dazu Kap. 1.1 sowie auch 3.3.1, 3.3.2) in der Meditation gemein. Auch die Meditation, innere Sammlung, Konzentration und Versenkung sowie deren Tiefe werden von den gleichen Aufmerksamkeitsfaktoren vergleichbar wie in und mit der Hypnose gesteuert und bestimmt. Sowohl die Tiefe der Trance in der Hypnose als auch die Tiefe der Versenkung in der Meditation werden nach meiner Erfahrung und Auffassung wesentlich von der Qualität und dem Ausmaß der Fokussierung der Aufmerksamkeit sowie der inneren Sammlung und Konzentration, also der Ausrichtung, Konzentration, Erhöhung und Aufrechterhaltung der Aufmerksamkeit, festgelegt. Trancetiefe und Versenkungstiefe spiegeln in gleicher Weise wider und geben wieder, mit welchem Erfolg und in welchem Umfang diese Aspekte oder Prozesse der Aufmerksamkeit in der Hypnose oder Meditation jeweils reguliert, angewendet und verwirklicht worden sind. Sie sind beide Folge und Ausdruck davon und werden in der Hypnose oder Meditation von einem selbst gleichsam eben als „Tiefe" oder etwa „Absorption" wahrgenommen.

Die Dissoziationsfähigkeit ließe sich, in ihrer oben beschriebenen Bedeutung, ebenfalls positiv als Resultat dieser Aufmerksamkeitsleistungen beschreiben und erklären. Es könnte aber auch auf das Vermögen hinweisen, loslassen und sich fallen lassen zu können. Erfahrungsgemäß ist dies für die Erreichung einer meditativen, bewussten, konzentrativen, geistigen Sammlung, Präsenz oder Versenkung sowie einer tiefen hypnotischen Trance wichtig.

Die Suggestibilität hängt nach Peter (2009, S.100) von dem Vermögen zur effektiven Kontrolle und Steuerung der eigenen Aufmerksamkeitsprozesse ab. Daneben dürften weitere individuelle, persönliche Eigenschaften, wie etwa Neugierde, Offenheit, ein allgemeines Vertrauen in Menschen und Welt und insbesondere in sich und den Hypnotiseur, die Hypnose oder Hypnoti-

sierbarkeit im Einzelnen eher fördern, während andere, wie z. B. Ängste, Vorurteile oder Abneigungen, diese eher stören, beeinträchtigen oder hemmen können.

Dieser Bewusstseinszustand bzw. die Trance in der Hypnose zeichnet sich durch eine Fokussierung der Aufmerksamkeit und Wahrnehmung, Sammlung des Bewusstseins, der geistigen
Konzentration auf innere Zustände und Vorgänge aus. Er wird sowohl als eine Fokussierung als
auch als eine Erweiterung im Sinne einer Stärkung und eines Wachsens der Aufmerksamkeit
erlebt (vgl. Revenstorf, 2006, S. 14). Die gesamten psychischen, mentalen Ressourcen und Prozesse werden für die hypnotische Arbeit nach innen gebündelt und ausgerichtet. Im einfachen
Fall könnte die hypnotische Arbeit darin bestehen, einen Entspannungsort zu finden und zu
imaginieren. Die gesamte Wahrnehmung und Aufmerksamkeit ist (idealerweise) auf die innere
Aufgabe, das innere Tun und Erleben gerichtet. Die Wahrnehmung und Bewusstwerdung des
Umfeldes und der äußeren Realität, die aktuelle Orientierung und Ausrichtung in und nach dieser äußeren Welt wird zugunsten der inneren Wahrnehmung und des inneren Erlebens eingeschränkt, reduziert, zurückgestellt. Die Außenwelt kann nahezu und bestimmte, äußere Ereignisse können sogar gezielt völlig irrelevant, ausgeblendet werden oder verschwinden. Die
Aufmerksamkeit, Konzentration, Wahrnehmung und Bewusstheit werden nach innen geöffnet
und auf innere, psychische Zustände und Vorgänge (Empfindungen, Gefühle, Gedanken, Vorstellungen usw.) gerichtet, gelenkt. Aber Aufmerksamkeit, Konzentration, Wahrnehmung und
Bewusstheit erfahren nicht nur allgemein eine Innenwendung, sondern werden zudem in der
Regel noch auf bestimmte innere, psychische Zustände und Vorgänge gerichtet. Sie verlieren
sich also nicht in dem oder einem inneren Universum, sondern sind vielmehr auch hier wiederum gesammelt und fokussiert. Die ganze Vorstellung konzentriert sich beispielsweise auf die
Vorstellung eines Ortes der Entspannung und dann weiter auf das Erleben einer bzw. der Entspannung. Dadurch oder in der Folge bleiben wiederum andere, innere Zustände und Vorgänge, körperliche und psychische Ereignisse sowie mögliche Empfindungen und Wahrnehmungen unbeachtet, unerkannt, irrelevant, ausgeblendet, unbewusst, im Dunkeln.

In einer solchen Trance bestehen wiederum eine erhöhte Vorstellungskraft oder Imaginationsfähigkeit, Suggestibilität, Kreativität, Phantasie, Flexibilität, Zugänglichkeit zu inneren,
unwillkürlichen, unbewussten, emotionalen, psychischen und/oder körperlichen Prozessen und
Ressourcen sowie verminderte Dominanz, Priorität, Neigung oder Ausprägung von bzw. zu
Rationalität, Vernunft, Willkür und rationaler Kritik und Zensur. Es wird auch von einer besonderen „Trancelogik" gesprochen. Zusammenhänge, Assoziationen und Imaginationen können
sehr phantasievoll und traumhaft werden und den Regelmäßigkeiten und Erfahrungen in der
Alltagswelt und des Denkens widersprechen. Es besteht z. B. eine größere Toleranz gegenüber
logischen Widersprüchen oder Verletzungen der Realitäts- und Alltagserfahrung, des betreffenden Verständnisses und Wissens. So können beispielsweise Tiere in der Imagination sprechen,
Menschen durch Zeit und Raum fliegen oder über andere zauberhafte, übernatürliche oder para-
psychische Fähigkeiten verfügen. Vermeintlich feste, bestehende Gesetzmäßigkeiten und Grenzen der Erfahrung und des Wissens können überschritten, überwunden oder irrelevant werden.
Das Denken wird anschaulicher, bildlicher, konkreter, phantasievoller, kreativer und emotionaler. Es besteht eine veränderte Raum- und Zeitwahrnehmung. Die Zeit während der Trance bzw.
Hypnose kann z. B. gedehnt oder verkürzt wahrgenommen werden. Es kann sich leichter in frühere Stadien, Zustände, Situationen, Erlebnisse und Erlebens- und Verhaltensweisen der eigenen
Lebensentwicklung und -geschichte zurückversetzt werden. Passives, implizites oder mehr oder
weniger unbewusstes, schlecht verfügbares, unzugängliches Wissen und Können kann überhaupt oder besser verfüg- und nutzbar werden. Nähe und Zugang zum Körper, zu den Gefühlen, Bedürfnissen, Zielen, Wünschen, Erinnerungen, Wissen, inneren An- und Einsichten usw.

können gesteigert (assoziiert), aber auch deutlich vermindert (dissoziiert) werden und sein. Die Körperwahrnehmung (die körperlichen Empfindungen) und das Körpergefühl können sich in Trance deutlich verändern. Der Körper oder Bereiche, Teile des Körpers können z. B. kribbeln, jucken, sich ausdehnen, größer, schwerer, leichter, taub und starr werden. Unbewusste oder unwillkürliche psychische oder körperliche Aspekte, Zustände oder Prozesse können in Trance durch Hypnose beeinflussbar bzw. beeinflusst werden. Sie können so überhaupt und im Einzelnen mehr oder weniger für eine Kontrolle und Steuerung, d. h. Regulation, zugänglich werden. In der Trance können also selbst unwillkürliche, körperliche Zustände und Vorgänge des Immun-, Hormonsystems, der Organe, des Herzkreislaufsystems (wie z. B. Herzschlag, Durchblutung, Blutdruck) usw. erfahren und gezielt beeinflusst bzw. verändert werden. Es findet zudem eine „Harmonisierung des inneren Milieus" statt (Revenstorf, 2006, S. 25). Allgemein werden "trophotrope", also ernährende, erholende, aufbauende Prozesse, wie auch in der Entspannung und Meditation, befördert (s. Kap. 1.1, 2.6). Die Reduktion der Rationalität und die erhöhte Suggestibilität führen jedoch nicht zu einer Selbstaufgabe in der Hypnose. Das Risiko einer Beeinflussung und Manipulation gegen den eigenen Willen, die eigenen Interessen und Moralvorstellungen ist in der Hypnose nicht gegeben bzw. gegenüber anderen Formen der Kommunikation oder Psychotherapie nicht erhöht. Auch wenn die logischen, verstandesmäßigen, realitätsorientierten Kriterien an Gewicht verlieren, so verbleibt auch in Hypnose mit einem Hypnotiseur die Kontrolle über das eigene Tun beim Hypnotisanden.

Diese Trancezustände existieren nicht nur in der Hypnose. Sie lassen sich ganz ähnlich – wie bereits in den beiden einführenden Kapitel 1 und 1.1 diskutiert – auch durch meditative oder entspannende Übungen erreichen. Deshalb eignen sich auch Methoden, Übungen zur Entspannung und Meditation zur Erzeugung einer Trance. Diese Methoden, Übungen eignen sich sogar in gleicher Art und Weise zur Herstellung einer Trance, also einem Bewusstseinszustand, in dem je nach Bedarf und Anwendung dann weiter entspannt, meditiert oder hypnotisiert werden kann. Die Hypnose umfasst aber noch besondere Rituale und Vorgehensweisen, wie z. B. die verschiedenen, mitunter sehr ausgefeilten, bereits im Kapitel 2.4 erwähnten Augenfixationsmethoden, mit denen die Trance bzw. Hypnose ebenfalls eingeleitet werden kann. Nach der Einleitung der Hypnose bzw. der Tranceinduktion beginnt dann die eigentliche therapeutische, hypnotische Arbeit. In dieser Arbeit kann aber auch nur der Trancezustand, etwa zum Zwecke der größeren und vertieften Innenwendung, Entspannung, Beruhigung und Gelassenheit, weiter vertieft und entwickelt werden. So kann z. B. die anschließende Imagination eines Entspannungsortes oder, noch allgemeiner, eines Ruhebildes den Zustand und die Wirkung der Entspannung intensivieren. Nach der hypnotischen Arbeit ist der Hypnotisand aus der Hypnose bzw. Trance wieder in seinen Alltag, die Außenwahrnehmung und -orientierung zurückzuführen. Dieses Zurückführen (Rücknahme, „Ausstieg", Reorientierung) richtet sich wie bei den Übungen zur Entspannung und Meditation nach der Art und Weise der Tranceinduktion bzw. des Einstiegs.

Es gibt auch Hypnoseinduktionen und Hypnosen, die nicht Entspannung zum Mittel, Gegenstand oder Ziel haben, aber dennoch wird eine Trance eingeleitet, erreicht und bis zum Ende der Hypnose beibehalten und für die jeweilige hypnotische Arbeit genutzt. Es bleibt also auch hier eine Trance bzw. ein für die Hypnose geeigneter und mehr oder weniger wesentlicher Bewusstseinszustand. Dieser geistige Zustand gleicht dann jedoch noch immer einem Bewusstseinszustand (Trance) in einer entsprechenden Meditation und – soweit möglich – in einer bewusst und wach durchgeführten Entspannungsübung. Entsprechend sind solche geistigen Zustände nicht auf die Hypnose beschränkt, sondern sie sind auch für andere Übungen und Verfahren, wie der Meditation, geeignet und charakteristisch. Darüber hinaus sind diese geisti-

gen Zustände, Einstellungen und Haltungen nicht auf Hypnosen, Meditation, Entspannungsübungen, Kontemplation usw. beschränkt, sondern werden auch im Alltag – oft eher unbewusst
– eingenommen, erreicht, verwirklicht und verwendet. Also auch im beruflichen oder privaten
Alltag oder in der Freizeit treten solche konzentrierten, fokussierten, mehr nach innen, auf das
eigene Erleben oder Tun gerichteten Bewusstseinszustände – mehr oder weniger spontan, beiläufig, unwillkürlich – auf. Wie bereits im einführenden Kapitel 1.1 besprochen, sind die betreffenden Bewusstseins-, Trancezustände zwar speziell bzw. besonders, aber dennoch üblich und
ubiquitär, d. h. überall verbreitet. Die Trance in der Hypnose kann zwar, wie bei der Meditation
und Entspannung, in einen Schlaf münden, ist aber von jenem deutlich abzugrenzen und verschieden (vgl. auch Kap. 2.6).

Alman und Lambrou (1996) beschreiben wie bei Anspannung und allgemeiner Erregung,
Gedankenflucht, negativen, störenden Gefühlen (z. B. Angst) und Gedanken dennoch eine
Trance induziert werden kann. Durch Annehmen und achtsame Wahrnehmung und Beobachtung (bewusste, fokussierte Wahrnehmung und Aufmerksamkeit) – wie bei den Achtsamkeitsmeditationen im Kapitel 3.3 besprochen – können diese zunächst relativiert und schließlich überwunden werden. Oder es werden Assoziationen, Vorstellungen geschaffen oder aktiviert, mit
denen dann dennoch in eine Trance mit einer gewissen, hinreichenden Entspannung geführt
werden kann.

Durch die Strategie der Utilisation können solche zunächst oder eigentlich störenden inneren, aber auch äußere Ereignisse bzw. Wahrnehmungen wiederum in und für die Hypnose
genutzt werden. Durch das Annehmen und die Veränderung des Rahmens, der Perspektive,
Einordnung, des Verständnis und der Deutung des jeweiligen Ereignisses verlieren diese den
störenden, problematisch, belastenden, unangenehmen Charakter und wird ein anderes Erleben
möglich und befördert. Negative Reaktionen, wie etwa innere Kämpfe, Konflikte, Abwehr, Aufregung, Nachdenken, negative Gefühle und Empfindungen, wie z. B. Ärger, Anspannung,
Unruhe usw., können in der Folge vermieden werden. Idealerweise kann das störende Ereignis
so benutzt und umgedeutet werden, dass letztlich sogar die erwünschten Reaktionen bzw. Veränderungen und Wirkungen gefördert oder hervorgerufen werden. Dazu ist das umgedeutete
Ereignis wiederum in vorteilhafter, förderlicher Art und Weise mit dem eigentlich verfolgten
Ziel bzw. der eigentlich angestrebten, beabsichtigten Reaktion, Veränderung in Beziehung zu
setzen. Die Wahrnehmung und Aufmerksamkeit wird letztlich wiederum – sanft, aber bestimmt
– auf das eigentliche Thema oder Anliegen gelenkt. Im einfachen Fall könnte beispielsweise ein
sehr lautes Flugzeug gehört werden. In der und für die Tranceinduktion und -vertiefung kann
dieser möglicherweise störende Reiz aktiv genutzt werden. In der Anleitung zur Hypnose
könnte nun ausdrücklich auf diesen aktuellen Umstand Bezug genommen und auf ein großes
Flugzeug hingewiesen werden, welchem der Hypnotisand nun seine ganze Last an Sorgen, Belastung, Anspannung usw. anvertrauen und überlassen kann. Und während das Flugzeug sich
hörbar entfernt und entsprechend leiser wird, könnte dies weiter utilisiert werden. Z. B. indem
suggeriert wird, dass dieses Flugzeug diese Ladung mit sich fort und weit weg nimmt und es an
einen fernen, sicheren Ort transportiert. Dann wird der Hypnotisand wieder per „Trancelogik"
je nach Art und Weise der Tranceinduktion vom Hypnotiseur auf die Entspannung, den Atem
oder eine andere Wahrnehmung oder Imagination bzw. die Trance und deren Vertiefung fokussiert. Zum Beispiel: Und weil das Flugzeug diese Last zuverlässig und sicher weg trägt und entfernt, kann jetzt weiter und noch tiefer in die Entspannung und Trance gegangen werden. Sie
können sich wieder ganz auf Ihren Atem konzentrieren. Dieser trägt, führt, geleitet Sie mit jedem
Ausatem weiter, tiefer und tiefer in die Entspannung und Trance. Der genaue Wortlaut sollte
nicht nur zur gewählten Tranceinduktion passen, sondern auf die gesamte, aktuelle Situation

und den Hypnotisanden abgestimmt werden. Überhaupt sollten Inhalt sowie Wortlaut zur Person, Situation, zum Zustand, Prozess und Vorhaben passen.

Die imaginativen Verfahren, wie im Kapitel 5 vorgestellt, können vollständig im Rahmen einer Hypnose oder Hypnotherapie benutzt werden. Wenn die Imaginationen, wie üblich, zudem zuvor durch meditative, entspannende, beruhigende, eine Trance induzierende Übungen, Rituale oder Maßnahmen (entsprechende Instruktionen, Suggestionen usw.) eingeleitet werden, handelt es sich gleichermaßen um Hypnosen oder Hypnotherapien. Dies wird noch gesteigert, wenn während der Imagination der Zustand der Trance beachtet, erhalten oder vertieft wird. Wird dagegen auf eine Tranceinduktion von vornherein verzichtet und beschränkt man sich auf das Vorstellen, so verliert das Imaginieren an hypnotischem Charakter. Da eine Imagination sich jedoch auf das innere Erleben fokussiert und konzentriert und genau dies impliziert und voraussetzt, ist damit eigentlich, also auch ohne eine besondere Tranceinduktion, eine gewisse, wenn auch u. U. nur leichte oder minimale Trance verbunden. Da Hypnosen und Hypnotherapie oft oder zum Teil auch in leichten, geringfügigen Trancen noch durchzuführen sind und wirksam sein können, besteht vielleicht selbst dann kein wirklicher Unterschied zur Imagination.

Je mehr auf eine Induktion, den Erhalt und die Vertiefung einer Trance bei der Hypnose oder der Imagination verzichtet werden würde, umso weniger handelt es sich noch um eine Hypnose oder Hypnotherapie und umso mehr ähnelt das Vorgehen grundsätzlich dann dem Arbeiten in einer anderen gesprächsbezogenen Psychotherapie. Allerdings verfügt die heutige Hypnotherapie über spezifische Vorgehensweisen, worin sie sich von anderen Psychotherapieformen im Einzelnen dennoch unterscheiden würde. Aber auch andere Psychotherapieformen leiten den Patienten direkt oder indirekt an oder laden ihn zumindest ein, seine Aufmerksamkeit und Wahrnehmung in irgendeiner Art und Weise zu fokussieren. Weiter benutzen oder erzeugen auch diese, wenn auch – je nach Therapie – nur indirekt oder implizit, Suggestionen und Erwartungen. Dennoch fehlt dem gewöhnlichen psychotherapeutischen Gespräch diese für die Hypnose typische Trance. Da jedoch auch diese anderen Psychotherapien nachweislich bei der Behandlung somatischer, psychosomatischer und psychisch erkrankter bzw. gestörter Menschen erfolgreich und wirksam sein können und überwiegend sind, könnte selbst eine „Hypnose" ohne Trance, was also eigentlich nach unserer obigen Definition keine Hypnose mehr wäre, noch bewältigende oder heilende Wirkungen und Erfolge erzielen.

Der Erfolg oder die Wirksamkeit von Hypnose und Hypnotherapie hängt wie im Allgemeinen bei Psychotherapien sehr entscheidend von der Güte und Qualität der therapeutischen Beziehung und allgemeiner therapeutischer Variablen ab. Also ist der Therapeut bzw. Hypnotiseur vertrauenswürdig, zuwendend, einfühlsam, verständnisvoll, wohlwollend, echt, respektvoll, kompetent, verständlich, überzeugend, offen usw. und besteht grundsätzlich eine gute, vertrauensvolle, therapeutische Beziehung zwischen Hypnotiseur und Hypnotisand und ist diese auch noch während der Hypnose merklich aktuell. Wie in jeder Psychotherapie behält auch der Hypnotisand in der Hypnose, wie bereits oben ausgeführt, letztlich die Kontrolle und Steuerung über sich. Er gibt sie nur zeit- und leihweise soweit an den Hypnotiseur ab, wie es sich mit seiner Motivation, seinen Bedürfnissen, Interessen, Zielen, Wünschen usw. vereinbaren lässt. Deswegen kann der Hypnotisand auch nicht in Trance von einem Hypnotiseur zu Handlungen veranlasst werden, die ihm deutlich widerstreben oder die er nicht will. Dennoch erfordert die Arbeit in Trance vom Hypnotiseur eine besondere Behut- und Achtsamkeit, Rücksichtnahme und Fürsorge gegenüber dem Hypnotisanden; denn in der Trance nehmen in der Regel Sensibilität, Emotionalität usw. zu. Der Hypnotiseur hat darauf zu achten, dass es dem Hypnotisanden in und während der Hypnose gut geht, dass er mit ihm in Kontakt und einer gewissen Übereinstimmung bezüglich des Vorgehens und der Inhalte ist. Dazu achtet er auf die Reaktionen, holt sich Rückmeldungen und Rückversicherungen und stimmt sich so immer wieder mit dem Hypnotisanden und dessen „Unterbewusstsein" ab, also auch mit seinen unbewussten, unwillkürlichen Bestrebungen, Zuständen und Prozessen. Er bemüht sich um Einverständnis, Übereinoder Abstimmung, Gemeinsamkeit, Einklang, Resonanz und Synchronizität. Letzteres spricht die Zusammenhänge, Interaktionen, die Verbundenheit und Übereinstimmung seines Tuns und Erlebens mit den Reaktionen und dem Erleben des Hypnotisanden auch hinsichtlich Zeit, Abfolge, Takt und Rhythmus an. Hypnotiseur und Hypnotisand sollten also nicht nur grundsätzlich, sondern auch konkret während der ganzen Hypnose in einem möglichst guten Kontakt (Rapport) zueinander stehen und sich befinden. Dazu versucht der Hypnotiseur sich in seinem Tun und Verhalten – verbal sowie nonverbal – an den Hypnotisanden und dessen wahrzunehmenden Aktionen und Reaktionen bzw. Zuständen und Prozessen zu orientieren und anzupassen. Es wird klar mit dem Hypnotisanden, für ihn und vor allem mit ihm zusammen gearbeitet. Hypnotisand und Hypnotiseur bilden in der Hypnose ein gutes, starkes Team.

Hypnosen und Hypnotherapie sind heute erlebnis- und ressourcen-, symptom-, konflikt-, lösungs- und ursachenorientiert. So wird generell mit dem und im Erleben des Hypnotisanden gearbeitet. Im Besonderen werden beispielsweise in einer Hypnose zur Entspannung die Imaginationen, also etwa Entspannungsfarbe (s. Kap.5.1.1), Ort der Ruhe und Kraft (s. Kap. 5.1.2) oder ein anderes Entspannungs- oder Ruhebild, sowie die damit verbundenen, körperlichen Empfindungen und Gefühle auf sinnliche, anschauliche Art und Weise innerlich erlebt. Zudem werden die durch die Imaginationen aktuell ausgelösten und sich einstellenden Entspannungsreaktionen, also die betreffenden körperlichen Empfindungen und Gefühle, ganz direkt innerlich wahrgenommen und erlebt. Es wird auf bestehende Ressourcen, das sind z. B. Erfahrungen, Verhaltensweisen, Leistungen, Fähigkeiten, Kompetenzen, Fertigkeiten, Stärken, Gefühle, Motivationen und Ziele, einer Person bzw. des Hypnotisanden zurückgegriffen. Dies könnten z. B. zur Entspannung und Beruhigung Erinnerungen an Situationen sein, in denen der Hypnotisand sich in seinem Leben sehr wohl, entspannt und ruhig gefühlt hatte. Diese Ressourcen werden erschlossen, aktiviert, genutzt, anders bzw. neu verknüpft und organisiert. Zum Beispiel wird nach solchen intensiven Entspannungserlebnissen in der Lebensgeschichte bzw. im autobiographischen Gedächtnis gesucht. Die Erinnerungen werden dann gezielt wieder erlebt und etwa mit der aktuellen Anspannungssituation verknüpft. Durch diese neue Verknüpfung kann Entspannung oder zumindest weniger Anspannung in der Imagination der ursprünglichen Anspannungssituation erlebt werden. Es können aber auch in der Hypnose neue Ressourcen vorbereitet, aufgebaut und entwickelt werden. So können etwa neue Verhaltensweisen und Kompetenzen, über die die Person offenbar noch nicht verfügt, in der Imagination vorbereitet und erlernt werden. Störende Symptome, wie z. B. körperliche Missempfindungen der Erregung und Anspannung, können mehr oder weniger direkt verringert werden. Innere Probleme und Konflikte können aber auch gelöst oder bewältigt werden. So kann etwa trotz oder neben einer ausgeprägten Leistungsorientierung eine positivere, angemessenere Einstellung zu Ruhe, Entspannung, Muße und Erholung und damit zu mehr Entspannung, Stressbewältigung und Selbstfürsorge erreicht werden. Es können „einfach" nur für die Person subjektiv stimmige, hilfreiche, hinreichende, befriedigende, andere oder neue, geeignetere, passendere und funktionierende, aber nicht-störende Lösungen innerliche Veränderungen gefunden werden. Weiter können sie in der Hypnose und erlebten Imagination erprobt, studiert, verbessert, geübt usw. werden. Es können aber auch in der Hypnose die eigentlichen inneren sowie äußerlichen Ursachen, Bedingungen, Wirkungszusammenhänge und Wechselwirkungen für die störenden Symptome und Beschwerden gefunden und erkannt werden. Mit der Hypnose kann über induzierte

Veränderungen des individuellen Erlebens und Verhaltens darauf gezielt und wirksam Einfluss genommen werden. In der Folge können die Symptome, Beschwerden ebenfalls abnehmen und sogar ganz verschwinden. Mit der Hypnose kann also sowohl direkt auf der Ebene der erlebten Störungen und Beschwerden als auch auf „tieferen", zugrundeliegenden Ebenen, die die Symptome und Beschwerden offenbar verursachen, bedingen, befördern oder aufrechterhalten, therapeutisch gearbeitet werden.

Der Ablauf bzw. das Vorgehen bei einer Hypnose oder Hypnotherapie beginnt mindestens mit einem Vorgespräch. In diesem werden das zu behandelnde Problem geklärt, das zu erreichende Ziel festgelegt und vereinbart sowie negative, unzutreffende oder unrealistische Ansichten und Erwartungen bezüglich der Hypnose erkannt und berichtigt. Weiter werden Informationen mitgeteilt und vom Hypnotiseur gesammelt. Die Hypnosebehandlung wird geplant, ab-, eingestimmt und vorbereitet. Gegebenenfalls werden vom Hypnotiseur schon einstimmende, vorbereitende, prähypnotische Suggestionen gegeben. Es folgen dann in einer ersten Hypnose die Induktion und Vertiefung der Trance über Fokussierung, Entspannung, Ritualisierung usw. und eine Phase der Sicherung sowie des Aufbaus und der Nutzung von Ressourcen (wie etwa Entspannung, Wärme, Hand- bzw. Armlevitation, Gewöhnung und Vertrauen aufbauen, sicherer Ort der Ruhe und Kraft, Klärung der Funktion von Symptomen, Bereitschaft, ideomotorische Abfragen). Dann werden zur Bearbeitung und Behandlung des eigentlichen Problems weitere hypnotherapeutische Techniken, wie z. B. Utilisation, Reframing, Progression, Regression, Dissoziation, Assoziation, Suggestionen, Imagination und Arbeit mit Teilen, eingesetzt. Abschließend werden posthypnotische Suggestionen gegeben, die der weiteren Wirkung und Regulation des Erlebten und der Hypnose dienen, etwa für den Transfer in den Alltag. Mit der Rücknahme erfolgt die Rückführung aus der hypnotischen Trance (mit ihren Folgen) in den Alltag und die gewöhnliche Außenorientierung. Im Nachgespräch werden dann die Erlebnisse und ihre Konsequenzen besprochen und eventuell noch nachbearbeitet.

Die Hypnose und Hypnotherapie kann nicht nur bei Erwachsenen, sondern auch bei Kindern und Jugendlichen angewendet werden. Das Vorgehen ist selbstverständlich dem jeweiligen Alter und Entwicklungsstand des Hypnotisanden anzupassen. Eine Hypnose kann einzeln, mit nur einem Hypnotisanden, aber auch in und mit einer Gruppe durchgeführt werden. Eine genaue und umfassende Individualisierung bzw. Ausrichtung und Anpassung der Hypnose auf die jeweilige Person, ihre Bedürfnisse, Belange, Nöte usw., kann jedoch nur im Einzelverfahren geleistet werden.

Wird die Hypnose von und mit einem anderen, dem Hypnotiseur, durchgeführt, handelt es sich genaugenommen um eine Heterohypnose. Wird dagegen die Hypnose allein, von einem selbst und mit sich selbst angewandt, dann liegt eine Selbsthypnose vor.

6.1 Selbsthypnose

Im Unterschied zur Hypnose bzw. Heterohypnose wird in der Selbsthypnose die Trance und die Arbeit mit und in der Trance ausschließlich durch einen selbst bewirkt. Die Trance und die Hypnose werden von einem selbst angestoßen, begonnen, ein- und angeleitet, instruiert, geführt, beobachtet, begleitet, beaufsichtigt und entsprechend ganz allein, selbst, für sich kontrolliert und gesteuert. Der Hypnotisand, d. h. die- oder derjenige, die bzw. der hypnotisiert wird, übernimmt in der Selbsthypnose zusätzlich den Part und die Rolle des Hypnotiseurs (s. Kap. 6). Er muss sich also selber den Hypnotiseur „geben", seine Funktionen, Aufgaben und Tätigkeiten erfüllen und durchführen, sich also selber motivieren, instruieren, anleiten, prüfen usw. und vor allem zuverlässig, sicher und wirkungsvoll in die Trance, dann durch die Hypnose (in der Trance) und schließlich aus der Trance führen. In der Selbsthypnose herrscht während der Hypnose völlige Eigenregie und besteht nur die Option der Selbst- bzw. Eigenregulation bzw. der Selbstkontrolle und -steuerung.

Durch das Abspielen einer Anleitung, etwa nach einem Skript, auf einem Tonträger (mit oder ohne Bild, Film), die von einem selbst zuvor gesprochen und aufgenommen wurde und nun mit dem Ziel einer Hypnose bzw. „Selbsthypnose" wiedergegeben wird, könnte die betreffende Person zumindest um die für die Instruktion bzw. Anleitung nötige Aufmerksamkeit und Gedächtnisleistung entlastet werden. Gleichgültig, ob die Anleitung und z. B. das betreffende Skript für die Selbsthypnose selbst entworfen und verfasst oder von anderen übernommen, eher allgemein gehalten oder stärker individualisiert, angepasst worden ist, wird die Hypnose auf diese Art und Weise wieder zu einer extern angeleiteten Hypnose. Die Anleitung wird via (über) Tonträger und -konserve, also einem externen Speicher, abgerufen und dargeboten. Dies ist meines Erachtens und nach meinem Verständnis also selbst dann der Fall, wenn diese Anleitung bzw. der betreffende Text von einem selbst auf den Speicher gesprochen und aufgenommen wurde. Die für die Durchführung konservierte, gespeicherte Anleitung übernimmt beim Abspielen die Rolle und Funktion des Hypnotiseurs. Die durchgeführte Hypnose verliert so den Charakter der Selbsthypnose und gewinnt, psychologisch und funktional betrachtet, den zur Fremdhypnose. Wichtige Aspekte der Selbstwirksamkeit, -organisation, -kontrolle und -steuerung bzw. -regulation werden externalisiert und in der Folge nicht gebraucht, aber auch nicht geübt, gelernt und gestärkt (s. Kap. 2.10). Wie überhaupt bei der Externalisierung kognitiver, geistiger Leistungen und Funktionen ist die betreffende innere, psychische Entlastung der offensichtliche, große Vorteil. Nachteilig ist jedoch in der Folge die entsprechende Abhängigkeit von der Externalisierung und der Verlust an entsprechender innerer, psychisch-mentaler Verfügbarkeit und Kompetenz (Piekara, 1990a,b).

Zudem werden bei der Verwendung und dem Abspielen vorgefertigter Anleitungen Abweichungen von derselben schwierig. Prinzipiell wird dadurch die Flexibilität eingeschränkt. Notwendige, sinnvolle oder hilfreiche Veränderungen und Anpassungen an die jeweilige Situation, den Bedarf und aktuelle Reaktionen, Entwicklungen und Störungen, die eben beim Verfassen und Speichern nicht erwartet oder berücksichtigt wurden und auch nicht in Gänze vorweggenommen werden können, sind dann prinzipiell erschwert und nur, je nach vorgefasster Instruktion, mehr oder weniger begrenzt zu leisten. Aktuell hat der Hypnotisand dann die Aufgabe oder eben das Problem, die jeweils vorgegebene Anleitung zur Hypnose den bzw. seinen jeweiligen Gegebenheiten, Bedingungen, Bedürfnissen usw. innerlich anzupassen und angemessen für sich und die Situation zu transformieren, zu übersetzen sowie umzusetzen und anzuwenden. Dem kann die externe Anleitung u. U. sehr entgegenstehen.

Mit der Eigenregie wird in der Selbsthypnose auch die Verantwortung des Hypnotiseurs für sich und sein Tun mit übernommen. Vor einem unangemessenen Gebrauch dieser Verantwortung schützt einen jedoch erfahrungsgemäß die Weisheit des eigenen Unterbewusstseins. Das Unterbewusstsein oder Unbewusste wird solche unangemessenen Anwendungen in der Regel auf seine Weise verhindern und zu blockieren und boykottieren verstehen. Grundsätzlich können wir ihm vertrauen. Es wird versuchen, sich sowie auch uns bzw. den Hypnotisanden zu schützen, möglichst vor Unglück und Leid zu bewahren und psychisch, emotional stabil bzw. in Balance zu halten. So können in der Folge etwa die Aufmerksamkeit oder die Trancetiefe abnehmen, sich Ablenkungen oder Störungen einstellen, die Schläfrigkeit zunehmen und sogar zum Einschlafen führen oder es stellen sich keine oder nur diffuse Imaginationen ein. Dennoch gilt es, diese Verantwortung und Führung mit der nötigen Vorsicht, Weisheit, Einfühlung, Achtung, Fürsorge, Rücksichtnahme sowie mit Bedacht, Umsicht, Verantwortungsbewusstsein, Respekt, Wertschätzung und Wohlwollen sich selbst gegenüber zu nutzen und zu vollziehen.

Der große Vorteil der Selbsthypnose besteht offensichtlich und nachvollziehbar in der Selbstverfügbarkeit und -wirksamkeit sowie der Unabhängigkeit von einem Therapeuten oder Hypnotiseur. Zumindest muss zur Selbsthypnose kein Hypnotiseur anwesend sein. Zum Erlernen der Selbsthypnose sowie zur Planung, zum Vorgehen, Verständnis usw. einer Selbsthypnose kann jedoch ein erfahrener Hypnotiseur bzw. Hypnotherapeut sehr sinnvoll und hilfreich sein.

Nach meiner Erfahrung und Einschätzung kann zwar prinzipiell jegliche Hypnose auch als Selbsthypnose durchgeführt werden, aber das ist grundsätzlich durch die zusätzlichen Aufgaben an Steuerung und Kontrolle (Selbstregulation) bzw. die Übernahme und Verinnerlichung der äußeren Führung und Anleitung zur Hypnose deutlich schwieriger. Durch regelmäßige und über einen längeren Zeitraum anhaltende Übung von Selbsthypnose kann dies zwar deutlich einfacher und besser werden. Aber in der alltäglichen Praxis sind die psychologischen Selbstregulationsfertigkeiten und -leistungen – vor allem zu anspruchsvolleren Selbsthypnosen – zumeist deutlich begrenzt und unzureichend. Insbesondere wenn emotional belastende, schwierige Probleme oder Themen bearbeitet und behandelt werden sollen, wie z. B. traumatische, emotional sehr belastende Erleb- oder Ereignisse, bietet sich die Hypnose mit Hilfe eines erfahrenen Hypnotherapeuten an. Alleine bzw. mit Selbsthypnose wären hier die meisten Menschen überfordert.

Selbsthypnosen stellen zwar unterschiedliche Voraussetzungen und Ansprüche bezüglich Fähigkeiten, Fertigkeiten, Kompetenzen und Leistungen an einen selbst, dennoch sind Selbsthypnosen, wie Entspannungs-, Meditationstechniken und auch andere mentale Verfahren, grundsätzlich durch Übung zu erlernen, zu vereinfachen und zu verbessern (vgl. Alman & Lambrou, 1996). Übung macht auch hier den Meister (s. Kap. 2.7). Letztlich wäre danach prinzipiell jede Hypnose als Selbsthypnose zu erlernen. Es bleibt aber jeweils individuell und im Einzelnen zu prüfen, ob, inwieweit und wann sich dieser Aufwand für einen selbst lohnt. Dabei ist unbedingt zu beachten, dass das Üben von Selbsthypnose auch grundsätzlich die Fähigkeiten und Fertigkeiten der und zur Selbstregulation (-kontrolle und -steuerung) bzw. -wahrnehmung, -achtung, -wirksamkeit, -beherrschung usw. trainiert und entwickelt. Dies dürfte gemeinhin aus den unterschiedlichsten Gründen erstrebens- und wünschenswert sein.

Nach Revenstorf (2006, S. 26) bietet sich die Selbsthypnose vor allem zur „Aktivierung der Vorstellung, Veränderung der Wahrnehmung" und „Harmonisierung des inneren Milieus" an und eignet sich entsprechend „z. B. bei körperlicher Heilung, Bewältigung von Schmerzen, Stress, Schlafstörungen, chronischen psychosomatischen Leiden". Entsprechend kann mittels der Selbsthypnose sowohl wirksam als auch relativ einfach und schnell bzw. effizient, das bedeutet ohne allzu viel Übung bzw. Lernen, Entspannung geübt und erreicht werden.

Im Rahmen einer Selbsthypnose lassen sich (gemäß Kap. 6) sämtliche als Imaginationen (im Kap. 5) beschriebenen und erörterten Übungen und Verfahrensweisen verwenden. In jedem Falle geht den Imaginationen bei der Selbsthypnose obligatorisch eine Tranceinduktion voran und eine entsprechende Trancerücknahme nach. Die im Kapitel 5 besprochenen Imaginationen können zur Selbsthypnose in gleicher Art und Weise wie mit den im Kapitel 5.1 beschriebenen Tranceinduktionen begonnen und eingebettet werden. Durch diese können Sie in eine mehr oder weniger tiefe Trance bzw. in einen entsprechend tiefen Entspannungs- oder/und Meditationszustand gelangen, d. h. in einen Zustand innerer Gelassenheit und Ruhe oder/und bewusster, geistiger Konzentration, Sammlung und Versenkung oder Präsenz.

Zum Einstieg in die Trance nehmen Sie zunächst eine als geeignet gewählte und empfundene, angenehme, sitzende oder liegende Ruhehaltung ein (s. Kap. 2.5). Sie schließen am besten die Augen, damit Sie die Wahrnehmung und Aufmerksamkeit möglichst bewusst nach innen lenken können. Dies wird durch das gezielte Fühlen und Spüren des Körpers befördert, also etwa, ob und wie die Haltung sich anfühlt, ob sie angenehm ist, wie der Körper sitzt oder liegt und durch die Unterlagen und den Boden gestützt und getragen wird usw. Das Gefühl des Getragenseins gibt zudem die Sicherheit, das Vertrauen und die Freiheit sich – unter Vernachlässigung der Außenwelt bzw. des Äußeren – weiter nach innen zu wenden. Zum Erreichen einer Trance biete ich für gewöhnlich, passend zu den Vorerfahrungen und zum individuellen Übungsgrad, mindestens eine Atemübung oder -meditation aus dem Kapitel 3 an. Nach einer achtsamen Atemwahrnehmung (s. Kap. 3.2 und 3.3.2), einer suggestiven, achtsamen Atemübung (s. Kap. 3.4 und 6.2.1.5) oder – bei entsprechendem Können – einer Atemmeditation, vorzugsweise die Strin-Wurzelzentrum-Atem-Meditation (s. Kap. 3.5), können Sie sich im Idealfall (insbesondere nach regelmäßigem Üben) bereits mit wenigen Atemzüge in einer tiefen Trance befinden. Je nach Bedarf und Übungsgrad lassen Sie sich einfach mehr und solange Zeit oder gönnen sich eben so viel Atemzüge, bis Sie einen für sich ausreichenden Trance- oder Entspannungszustand erreicht haben oder – aus irgendeinem Grund – zu einer anderen, für sie befriedigenden, passenden, wirkungsvollen Methode der Tranceinduktion oder -vertiefung wechseln wollen. Anschließend können zusätzlich systematisch die Körperteile nur achtsam wahrgenommen, gespürt oder zudem noch losgelassen und entspannt werden. Dazu kann vollständig eine Progressive Muskelentspannung (s. Kap. 4), eine Körperwanderung bzw. Körperreise (s. Kap. 3.3.4.2 und 7) oder die Grundstufe des Autogenen Trainings (s. Kap. 6.2.1) angewandt werden, was aber einigen Aufwand und Zeit beanspruchen würde. Für den Zweck der Tranceinduktion und -vertiefung und für die Selbsthypnose ist gemeinhin bereits ausreichend eine im Kapitel 5.1 beschriebene, vereinfachte, gröbere, verkürzte Fassung und Ausführung einer Körperentspannung und -reise. In der aufgeführten Reihenfolge werden nacheinander die Arme, Schultern, Beine, Gesäß, Rükken, Nacken, Kopfbereich bis zur Stirn, Augen, Nase, Wangen, Ohren, Mund, Hals-, Brust-, Bauchbereich und Beckenboden jeweils gespürt, losgelassen und entspannt.

Suggestionen stabilisieren dann den erreichten Trancezustand – wie zum Beispiel, dass der Atem weiter für Gelassenheit, Entspannung und Ruhe sorgt, der Körper weiter entspannt und ruhig bleibt, mit der Gelassenheit, Entspannung und Ruhe im Körper, auch die geistige Gelassenheit, Entspannung, Ruhe zunehmen und wachsen. Auch das Zunehmen und Wachsen anderer passender Ressourcen, wie z. B. des Wohlgefühls, die dann gesondert zu benennen und hervorzuheben wären, kann entsprechend suggeriert werden.

Nun kann die imaginative Übung oder Arbeit in der Selbsthypnose beginnen. Dies kann in einfacher Art und Weise auch nur ein Ruhebild sein, wie etwa eine Farbe, ein Licht (s. Kap. 5.1.1) oder ein Ort zur Entspannung und zum Wohlfühlen. Nach Kapitel 5.1.2 kann ein zudem stärkender und kräftigender Ort gesucht und imaginiert werden. Zuvor, also vor der Imagination, wäre dann noch das innere, geistige Auge zu öffnen.

Alman und Lambrou (1996) haben ein umfassendes Handbuch über und zur Selbsthypnose verfasst. Es wird dort ausführlich, verständlich und anschaulich beschrieben, wie die Selbsthypnose zum einen prinzipiell und allgemein anzuwenden ist. Zum anderen wird für verschiedene Themen und Anliegen ganz konkret und exemplarisch gezeigt, wie eine Selbsthypnose angemessen aussehen und durchgeführt werden könnte. Die Autoren stellen im Einzelnen dar, wie die Selbsthypnose zur Leistungssteigerung, Zielerreichung, Stärkung des Selbstvertrauens, Stressbewältigung, Schmerzkontrolle, Gewichtsabnahme, Geburtsvorbereitung, bei Ängsten und Phobien, Allergien, Asthma und Hauterkrankungen und Schlafproblemen genutzt und erlernt werden kann. Zudem hat Alman (2009) eine kurze Einführung in die Selbsthypnose im Rahmen eines Lehrbuches verfasst, welche einen Ein- und Überblick bietet und einige nützliche Tipps für das Erlernen von Selbsthypnose gibt. Die dort für die Selbsthypnose beschriebenen, verschiedenen Tranceinduktionen ähneln sehr, bis auf das bewusste Entspannen der Atmung und das kurze Anhalten der Atmung nach dem Einatmen und Zählen bis drei, den Achtsamkeitsmeditationen (s. Kap. 3.3). Zur weiteren Information über Selbsthypnose und ihren Anwendungen, einschließlich des konkreten Vorgehens und der Anleitung, sollten unbedingt Alman und Lambrou (in der oben zitierten oder einer späteren Auflage) herangezogen werden.

Alman und Lambrou (1996) arbeiten ebenfalls u. a. mit der Wahrnehmung und Verlangsamung des Atmens und der Körperwahrnehmung und -entspannung (via progressiver Entspannung der einzelnen Körperteile) zur Tranceinduktion und -vertiefung. Das Verhalten des Atmens nach dem tiefen Einatmen, währenddessen von eins bis drei gezählt wird, erzeugt einen inneren Atemdruck (s. Kap. 3.1.2). Ein solcher und noch größerer Druck würde auch entstehen, wenn kürzer bzw. weniger Luft eingeatmet werden würde. Da dieser sich nachteilig auf den Atemfluss und die Entspannung auswirken kann, empfehle ich als grundlegende Atemtechnik nur ein kurzes bewusstes Innewerden der Atemfülle, das sogleich in die langsame, bewusste Ausatmung mündet (vgl. Kap. 3.4). Selbst ein nur kurzes Verhalten des Ausatmens, über ein bis zwei Sekunden hinaus, würde ich für gewöhnlich lassen und dafür lieber noch langsamer kontinuierlich und länger ausatmen und in der anschließenden Atempause und -leere verharren. Entscheidend ist jedoch, wie Sie persönlich jeweils am besten in die Trance gelangen. Zwar empfehlen die Autoren (S. 42), dass grundsätzlich „langsamer aus- als einzuatmen" ist, aber sie schreiben auch (S.41): „Atmen Sie langsam durch Ihre Nase ein und wieder langsam durch Ihren Mund aus." Im Unterschied zu diesen Autoren, lasse ich in der Regel durch die Nase ein- und ausatmen, damit die Atmung weiter entschleunigt werden kann (vgl. Kap. 3.4). Weiter empfehle ich auch nicht, langsam – tief und voll – einzuatmen, da eine langsame Einatmung generell anstrengender ist, die innere Anspannung deutlich erhöhen bzw. der Entspannung zuwiderlaufen kann und ausgerechnet die entspannenden, beruhigenden Phasen des Ausatmens und der Atempause nach dem Ausatem tendenziell verkürzen würde (vgl. Kap 3.1.2). Vielmehr wird nach Kapitel 3.4 zur Verlangsamung des Atmens dennoch bzw. eben gerade zügig sowie tief und voll eingeatmet. Das tiefe und volle Einatmen schafft einfach das hinreichende Luftvolumen und die Voraussetzungen für einen langen Atem bzw. eine lange Dauer des Ausatmens und der folgenden Atempause. Ein wirklich langsames Ausatmen und dann längeres Verbleiben in der Atemruhe führen sicher in die Entspannung und Trance. Allerdings können diese für einige Menschen noch ungewohnt und schwierig sein. Es wäre also erst und unter Umständen mehr bis viel zu üben.

Revenstorf und Zeyer (1997) führen ebenfalls verständlich, anschaulich und anwendungsbezogen in die Hypnose und Selbsthypnose ein und beschreiben, wie die Selbsthypnose zur Stressbewältigung, zur Überwindung von Ängsten und zum Lernen genutzt werden kann.

Ein bekanntes, wirkungsvolles, psychologisches Verfahren zur Entspannung und Selbsthypnose ist das Autogene Training. Es benutzt, im Unterschied zur PME (s. Kap. 4), gezielt Suggestionen und wird nun im nächsten Kapitel ausführlich dargestellt und besprochen.

6.2 Autogenes Training (AT)

Das Autogene Training (AT) wurde von Johannes Heinrich Schultz (1979, die 1. Auflage erschien bereits 1932) aus den Erfahrungen und Prinzipien der Fremdhypnose als ein psychotherapeutisches Verfahren zur Selbsthypnose entwickelt. „Autogenes Training" bedeutet, dass der Anwender dieses Verfahren selbst für sich gestaltend und systematisch übt und benutzt (vgl. z.B. Kraft, 2004). Bereits Oskar Vogt hatte (nach Schultz, 1979; Vaitl, 2000b) festgestellt, dass Menschen in (Fremd-) Hypnose Ruhe und Entspannung sowie Schwere und Wärmeempfindungen erfahren. Menschen sollten nun für sich selbst und durch regelmäßige Übung in die Lage versetzt werden, sich bewusst und willkürlich in „hypnotische Zustände" (Trance) zu bringen und sich gezielt bzw. gewollt psychisch und körperlich zu entspannen. Sie sollten es lernen und beherrschen, Seele und Körper auf Entspannung und Erholung „umzuschalten" und dazu die eigenen körperlichen Prozesse entsprechend zu beeinflussen. Sie sollten die hypnotische und posthypnotische Wirkungen von Suggestionen sowie die Wirkungen von Vorstellungen, Imaginationen sowie der Meditation mit Gefühlen, Gedanken und inneren Fragen zum Erhalt, zur Besserung und Entwicklung der seelischen und körperlichen Gesundheit, Ressourcen und Persönlichkeit nutzen können.

Dazu ist nach Schultz (1979) zunächst eine „spezielle Körperhaltung" einzunehmen, die Umgebung zweckmäßig zu gestalten, um ablenkende oder störende Außenreize zu verringern und mögliche Störungen zu vermeiden, und für eine bequeme und angemessene Bekleidung zu sorgen. Im Kapitel 2 (vor allem in den Kap. 2.1 bis 2.11) finden Sie von mir ganz allgemein, d. h. die einzelnen Verfahren übergreifend, die Bedingungen und Voraussetzungen zur gezielten EMS zusammengestellt und beschrieben. Dort werden also nicht im Besonderen die möglichen und geeigneten Bedingungen und Umstände des AT dargestellt und besprochen. Dennoch können die dortigen Ausführungen und Empfehlungen vollständig auf das AT übertragen werden und hier Anwendung finden. Als spezielle Körperhaltungen für das bzw. beim AT werden von Schultz (1979) drei vorgeschlagen und beschrieben: eine „Liegehaltung", eine „passive Sitzhaltung" (von Kraft, 2004, S. 66, als „Lehnsesselhaltung" bzw. „Fernsehsesselhaltung" beschrieben) und die „Droschkenkutscherhaltung". Bei der „Liegehaltung" liegt der Übende auf dem Rücken mit seitlich angewinkelten Armen, so dass die Hände locker mit den Handinnenflächen aufliegen. Im Unterschied zur im Kapitel 2.5 vorgestellten, bevorzugt empfohlenen Liegehaltung, das ist die leicht veränderte „Totenstellung" aus dem Yoga, liegt nach Schultz (1979, S.19) die Person prinzipiell mit leicht erhöhtem Kopf. Weiter fällt der Winkel zwischen Rumpf und Oberarm etwas größer aus und der Unterarm ist deutlich zum Rumpf hin angewinkelt, so dass die Hände direkt neben dem Rumpf zum Liegen kommen anstatt ein Stück weit von diesem entfernt. Bei der „passiven Sitzhaltung" sitzt man mit dem Körper aufrecht, aber bequem angelehnt, etwa in einem Lehnsessel. Bei der „Droschkenkutscherhaltung" handelt es sich um eine Sitzhaltung, ohne Rückenstütze bzw. sich anzulehnen. In dieser lässt man sich, senkrecht sitzend, in sich selbst zusammensacken, wobei die Arme seitlich herunterhängen und der Kopf leicht nach vorne fällt. Genaue Beschreibungen mit Abbildungen der Droschkenkutscherhaltung finden sich bei Schultz (1979, ab S. 16, 2000, S. 20), wobei die Abbildungen sich augenscheinlich etwas voneinander unterscheiden (s. differenziert auch bei Kraft, 2004, S. 67-68). Bei allen drei Körperhaltungen handelt es sich um Ruhehaltungen, die Entspannungsvorgänge vorbereiten und fördern können. Nach meiner Erfahrung behindert jedoch insbesondere die dritte Variante, die Droschkenkutscherhaltung, den freien Atemfluss. Sie beklemmt die Atmung sogar und ist deshalb den vorgestellten Übungen und Wirkungen meines Erachtens nicht besonders zuträglich. Müller

(2001) warnt vor dieser Haltung Menschen mit Nacken- und Rückenverspannungen, da diese Schmerzen verstärken kann. Brenner (1999, S.44) weist darauf hin, dass „dieser Sitz für Trainierende mit Wirbelsäulenbeschwerden ungünstig ist".

Die im Kapitel 2.5 vorgestellten und favorisierten Haltungen können nach meiner Erfahrung auch im AT mit Gewinn angewendet werden. So zeige und empfehle ich auch für die Übungen des Autogenen Trainings, wegen der positiven Erfahrungen, aber auch aus grundsätzlichen Überlegungen und Prinzipien, die bereits oben erwähnte liegende Haltung, die der „Totenstellung" (aus dem Yoga) sehr ähnelt bzw. nachempfunden ist. Wenn Sie beim AT lieber sitzen anstatt liegen wollen, so rate ich grundsätzlich zum aufrechten Sitzen, gleichgültig, ob angelehnt oder nicht.

Um zunächst das Verfahren einzuüben, ist es förderlich zu einer bestimmten Zeit, an einem bestimmten Ort, in einer bestimmten Haltung, in einer bestimmten Art und Weise, täglich zu üben (s. dazu Kap. 2). Um aber auf lange Sicht etwas mehr Flexibilität zu erreichen, sollte vor allem versucht werden, auch in anderen Kontexten und Haltungen zu üben, um auch dort und woanders die Entspannungsreaktionen erzielen zu können (vgl. auch Kap. 2.3, 2.4; wie beim PME gezielt, s. Kap. 4). Obwohl Sie z. B. regelmäßig auf dem Teppich mittags im Arbeitszimmer liegend üben, sollten Sie auch an anderen Orten, zu anderen Zeiten, im Sitzen usw. prinzipiell ein AT durchführen können und dies auch, mindestens gelegentlich, auch tun. Wenn Sie beispielsweise abends in der S-Bahn sitzen, um etwa nach Hause oder zu einer Veranstaltung zu fahren, sollte es Ihnen möglich sein, ein AT durchzuführen. Um die Flexibilität zu vergrößern und die Anwendung des AT für sich zu erweitern und zu verallgemeinern, sollten Sie solche Situationen, wenigstens ab und zu, gezielt zusätzlich oder alternativ zum Üben nutzen.

Da es sich beim AT um eine Selbsthypnose handelt und die zu erlernenden Fertigkeiten jedem für sich selbst, d. h. allein und ohne Hilfsmittel, verfügbar sein sollten, empfiehlt Schultz (1979) ebenfalls das regelmäßige, selbständige Üben (s. dazu auch die Kapitel 2.7, 2.10 und 6.1). Also auf fremde oder aufgenommene, technisch reproduzierte Anleitung sollte auch nach seiner Empfehlung verzichtet werden (vgl. Kap. 2.10).

Am Anfang, zum Einsteigen, Erlernen und besseren, genaueren Erinnern des AT kann jedoch vorübergehend eine äußere Anleitung sinnvoll sein (vgl. Vaitl, 2000b, Thomas, 1989). Nach meiner Erfahrung bietet auch die angeleitete Übung dem Übenden die Möglichkeit, einmal zu Beginn bzw. vorab, also auch bevor der Übende das selbst kann, tiefe bzw. verstärkt Entspannungserfahrungen zu machen. Diese können ihm dann zur Orientierung bei seinen eigenen Bemühungen helfen. Das AT kann grundsätzlich auch selbst in eigener Regie nach kompetenten schriftlichen oder mündlichen Anleitungen und Ratgebern erlernt und erworben werden. Idealerweise steht Ihnen jedoch für den Erwerb die Anleitung, das Wissen und Können, der Rat und die Rückmeldung eines Fachmannes bzw. einer Fachfrau zur Verfügung. Das Erlernen im Einzelunterricht oder der Einzelbehandlung hat den Vorteil der ungeteilten, individuellen Aufmerksamkeit und Zuwendung des Trainers auf die Ziele, Interessen, Bedürfnisse, Voraussetzungen, Bedingungen, Erfahrungen, Fragen, Schwierigkeiten des Übenden. Übungsgruppen von 8-12 Teilnehmer sind zum Erlernen des AT effizient (vgl. z. B. Kraft, 2004); denn sie bieten neben der gemeinsamen Vermittlung von Inhalten zudem eine Erweiterung an Erfahrungen, Rückmeldungen und Motivationen.

Das AT umfasst nach Schultz (1979) zwei Übungsstufen, nämlich die Grundstufe, früher auch als „Unterstufe" bezeichnet, und die Oberstufe. Die formelhafte Vorsatzbildung wird danach der Grundstufe zugeordnet, aber auch im Rahmen der Oberstufe genutzt und erweitert. Oft wird dieser Teil des AT auch als „Mittelstufe" bezeichnet (z. B. Kraft, 2004) und auf diese Weise sprachlich gegenüber den standardisierten Körperübungen auf der einen Seite und den deutlich imaginativen, visuellen, vorstellungsbezogenen, meditativen, psychischen, individuelleren, offeneren, flexibleren Übungen der Oberstufe auf der anderen Seite abgegrenzt und hervorgehoben.

6.2.1 Grundstufe

In der Grundform (Grundstufe) gibt sich der Übende selbst lautlos, innerlich sprechend, denkend oder vorstellend sprachliche Suggestionen über einzutretende körperliche Zustände bzw. Empfindungen, wie vor allem Ruhe, Schwere und Wärme, die er nach einem Muster wiederholt. Er lernt durch das systematische Üben der Suggestionen sowie der Konzentration auf diese, zunehmend die entsprechenden Körperempfindungen und Entspannungsreaktionen herzustellen, bis er schließlich gezielt und selbstbestimmt nach kurzer Zeit mit seiner Konzentration auf diese Suggestionen die erwünschten Empfindungen und Reaktionen erzeugen kann. Die Grundstufe des Autogenen Trainings (AT) besteht aus bestimmten Grundformeln, das sind grundlegenden Basis- oder Ausgangssuggestionen, die das „Umschalten" in einen körperlich-seelischen Entspannungszustand, d. h. die „organismische Umschaltung", bewirken oder auslösen sollen. Nach entsprechender Übung mit diesen Formel tun sie das dann in der Regel auch (s. u.). Auffällig ist die Konzentration des AT in der Grundstufe auf die körperlichen Vorgänge und Funktionen. Durch die Herstellung der körperlichen Entspannungsreaktionen wird, wie z. B. auch bei der PME (s. Kap. 4), nicht nur der Körper, sondern auch die Psyche entspannt. Der Bewusstseinszustand wird zudem in für die Hypnose typischer Weise verändert: Die Person geht mehr oder weniger in Trance (s. Kap. 6). Wichtig sind die körperlichen Empfindungen in der Grundstufe als Anzeichen der körperlichen Veränderungen bzw. betreffenden Entspannungsreaktionen. Dabei ist die Konzentration auf die jeweiligen Bereiche, Vorgänge und Zustände des Körpers, also die Empfindungen neben der Konzentration auf die jeweilige Suggestion – auch nach Schultz (1979) selbst – für das erfolgreiche Üben und wirksame Entspannen wichtig. Dies gilt insbesondere für die Herzübung (s. dazu Kap. 6.2.1.4) und die Atemübung (s. dazu Kap. 6.2.1.5), wo die Wahrnehmung der betreffenden körperlichen Empfindungen ins Zentrum rückt. Im Yoga und in den hier vorgestellten Körperreisen (s. Kap. 7) sowie auch bei der PME (s. Kap. 4) und entsprechenden Achtsamkeitsmeditationen (s. insbes. Kap. 3.3.4.2) sind die Empfindungen generell zentral. Über die achtsame Konzentration auf Empfindungen entsteht dann fast beiläufig tiefe körperliche und seelische Entspannung. Zusätzliche Suggestionen und Vorstellungen können dort höchstens helfen und unterstützen. Im AT bleibt es jedoch eine typische und mitunter schwierige Gradwanderung zwischen der konzentrativen Entspannung über Empfindungen und Körperwahrnehmung und der Regulation körperlicher Entspannungsprozesse über Suggestionen (vgl. Vaitl, 2000b). Einige Autoren (wie z. B. Kraft, 2004) betonen jedoch ebenfalls den erlebenden, wahrnehmenden Charakter des AT. Die Suggestionen dienen danach nur der Unterstützung der Konzentration, der Hinwendung der Aufmerksamkeit auf die betreffenden Körperteile und -reaktionen und als Konzentrationshilfen, etwa gegen ablenkende Gedanken und Vorstellungen. Die Suggestionen sollten auch nach dieser Auffassung sehr bewusst und aufmerksam verwendet werden. In jedem Falle haben die Suggestionen im Sinne des AT den Vorteil, dass mit ihnen die betreffenden Entspannungsreaktionen ausgelöst werden können, wenn diese zuvor regelmäßig zusammen geübt worden sind. Es fand dann durch das Üben eine automatisierte Kopplung (Konditionierung) zwischen Suggestion und betreffender Entspannungsreaktion statt. Die Suggestionen können auch die jeweiligen körperlichen Entspannungsempfindungen bzw. -reaktionen – verbal, gedanklich, vorgestellt – betonen, unterstützen und verstärken. Denn zudem sind mit den sprachlichen Formeln etwa generell Bedeutungen, auch Vorstellungen sowie früheres Verhalten und Erleben, Erfahrungen, Erinnerungen, Wissen und Erwartungen verbunden und aktiviert, die eine betreffende Entspannungsreaktion erleichtern können. Solche bestehenden Assoziationen werden als „Ressourcen" beim Imaginieren, Visualisieren, in der Hypnose und insbesondere in der fortgeschrittenen Oberstufe des AT auch direkt benutzt.

Die Grundformeln des AT und ihre Benutzung werden (nach Schultz,1979, vgl. auch Schultz 2000) nun im Einzelnen vorgestellt. Die ursprünglichen, zentralen Formeln sind jeweils durch Fettdruck hervorgehoben. In den Klammern stehen mögliche Ergänzungen oder Alternativen. Alternativen können auch durch Schrägstriche markiert werden. Sie sollten erst alle Formeln durchgelesen haben und sich auch mit der Rückführung bzw. Rücknahme der Trance und Entspannung beschäftigt haben, um sich dann einen individuellen, passenden Übungsplan zusammenzustellen. Dazu werden im Kapitel 6.2.1.10 noch Hinweise gegeben. Zur passenden Formulierung und Wahl der Formeln bzw. Suggestionen sollte auch das Kapitel 6.2.1.9 studiert und befragt werden.

6.2.1.1 Ruheformel

Begonnen wird mit einer Formel zur „Einstimmung" und konzentrativen Sammlung: **Ich bin ganz ruhig.** Diese Formel kann bei Bedarf wiederholt werden (s. z. B. Müller, 2001). Es finden sich bei anderen Autoren auch andere Ruheformeln, wie etwa bei Lindemann (1991): „Ich bin vollkommen ruhig und gelassen". Nach den verschiedenen Übungsformeln sollte die Ruheformel jeweils einmal wiederholt werden, um den dann erreichten allgemeinen Ruhezustand zu erleben, zu erhalten, zu vertiefen und gegebenenfalls auf die nächste Übungsformel oder das Ende und die Rücknahme vorzubereiten. Ist die Einstimmung gut geübt und wird leicht vollzogen, ist diese also automatisiert, so kann die Formel wie folgt verkürzt werden: **Ruhe.** Eine passende Alternative wäre auch: „ruhig". Bei wiederholt anfänglicher, größerer Unruhe und Anspannung vor dem AT und Schwierigkeiten, sich mit der klassischen Formel ruhig zu stimmen oder zumindest innerlicher auf die folgenden Übungsformeln einzustellen und vorzubereiten, empfiehlt Kraft (2004, S. 72) die folgenden Ruheformeln sich nur als eine Art Zielvorstellung oder Motto zu vergegenwärtigen: „Ruhe kommt von selbst."/„Ruhe kehrt ein." Sie können nach Kraft auch erst nach der Schwereübung, die im nächsten Kapitel beschrieben wird, benutzt werden. Unpassende, ablenkende, andere Gedanken sollte man ruhig erscheinen und vorübergehen bzw. vorbeiziehen lassen. Auch hier können verschiedene, sich selbst innerlich vorgesprochene Suggestionen helfen, wie etwa: **Gedanken sind ganz gleichgültig. Gedanken kommen und gehen. Gedanken sind wie Wolken am Himmel und ziehen vorbei. Gedanken sind wie Blätter auf einem Fluss und werden davongetragen.** Die letzten zwei Suggestionen bedienen sich metaphorischer Vorstellungen.

6.2.1.2 Schwereformel(n)

Ausgangspunkt des AT ist – wie bei der PME (s. Kap. 4) – die Entspannung der willkürlichen Muskulatur, also der „Bewegungsmuskeln" oder der Skelettmuskulatur. Die Entspannung dieser Muskeln kann vor allem als Gliederschwere wahrgenommen werden. Nach Vaitl (2000b) wird der neuromuskuläre Tonus dort gesenkt. Je nachdem, ob Sie Rechtshänder oder Linkshänder sind, wird der betreffende, dominante Arm für die erste Übungsformel gewählt: **Der rechte (linke) Arm ist (ganz) schwer.** Sollten Sie mit dem linken Arm beginnen, so passen Sie diese Formel entsprechend an. Die Verwendung von „ganz" ist optional und steht deshalb ebenfalls in

Klammern. Es betont und verstärkt die Schwere. Es kann auch prinzipiell, wie bei der PME im Kap. 4.1 dargelegt, mit dem rechten Arm begonnen werden. Wählen Sie sich einfach den Ihnen genehmen aus. Die jeweils verwendete Formel wird etwa 5-6 mal innerlich „wiederholt", d. h. hier, 5 bis 6-mal (aufeinanderfolgend) innerlich gesprochen, gehört, gelesen, vorgestellt oder gedacht bzw. vergegenwärtigt. Nach meiner Erfahrung ist es sinnvoll und wichtig, sich dabei – vor allem als Anfänger – hinreichend Zeit zu lassen. Das gilt auch und besonders für die Pausen zwischen bzw. nach den Wiederholungen, um die Suggestion der Schwere im Körper bzw. anfangs im Arm wirken zu lassen, ihr dort nachzuspüren und sie möglichst aufmerksam und deutlich zu empfinden.

Die Formel kann mit dem Ein- und Ausatmen in Anlehnung an Langen (1983) so verbunden werden, dass die Entspannungssuggestion „(ganz) schwer" mit dem Ausatmen in ihrer Wirkung verstärkt wird. Also etwa beim Einatmen sagen Sie sich „Der rechte Arm", nach dem Einatmen halten Sie beim „ist" kurz inne, um dann mit „(ganz) schwer." auszuatmen. Diese Kopplung mit Atem und Atmen bietet sich vor allem für Fortgeschrittene an, die die Schwere gut und schnell spüren bzw. erzeugen können.

Nach der Ruheformel kann diese Schwereformel – insbes. beim Übungsbeginn und Erlernen (s. u.) – wieder 5 bis 6-mal wiederholt werden. Beim ersten Üben und Erlernen der Ruhe und Schwere, d. h. in ihren ersten Übungssitzungen, können nach diesem Muster, etwa 1-x Ruheformel, 6 x Schwereformel, mehrere Zyklen durchlaufen bzw. wiederholt werden. Die Schwereformel käme so etwa 12-, 18- oder sogar bis 24-, 30- oder maximal 36-mal zur Anwendung.

Ziel dieser Übung ist letztlich die Ausdehnung der Schwere als Ausdruck der (Muskel-) Entspannung auf sämtliche Gliedmaßen (vgl. Schultz, 1979, 2000) und den ganzen Körper (vgl. z. B. Müller, 2001, Kraft, 2004). Nach Schultz (1979, 2000) treten Schwereempfindungen spontan auch in anderen Gliedmaßen auf. Diese Schwereempfindungen werden durch die entsprechenden Formeln kommentiert und somit die Verbreitung („Generalisierung") der Schwere eingeübt. Formeln sind dann diese: **Der linke (rechte) Arm ist (ganz) schwer. Beide Arme sind (ganz) schwer. Die Beine sind (ganz) schwer. Alle Glieder sind (ganz) schwer.** Nach Müller (2001) auch: „Der ganze Körper ist schwer." (Nach Kraft, 2004, S.77: „Körper ganz (angenehm) schwer.") Diese Formeln können jeweils mehrmals wiederholt und gezielt nach der ersten Armschwereformel (s. o.) zur Generalisierung geübt und benutzt werden. Es wäre dazu auch möglich, diese Formeln und die Entwicklung der Schwere systematisch in der vorgegebenen Reihenfolge zu üben. Denn nicht immer stellen sich die Generalisierungen für Anfänger wie von selbst ein. Nach Kraft (2004, S. 77) „bahnt" der Übende mit Hilfe dieser Formeln dann die Ausbreitung des Schwereerlebnisses im Körper.

Auch für das spätere Üben, wenn die Entspannungsreaktion und das allgemeine Schwereerleben im ganzen Körper im Besonderen sowie die grundlegende psychophysiologische Umschaltung auf Entspannung im Allgemeinen gleich bzw. nahezu ohne Verzögerung und auf Anhieb gelingen, kann ein systematisches Durchgehen, Empfinden und Ansprechen der Schwere im Körper sehr sinnvoll und hilfreich sein und bleiben. Die Schwere wird so in den einzelnen Körperteilen, in der ursprünglichen Form des AT sind das vor allem Arme und Beine, aber auch der Rumpf, explizit, bewusst, konzentriert, achtsam wahrgenommen und vertieft. Die Gliedmaßen im Unterschied zum Rumpf und ganzen Körper werden in der Wahrnehmung und im Empfinden gezielt fokussiert. Wie unten diskutiert und dargelegt können auch noch weitere, genauere körperliche Differenzierungen bezüglich der Wahrnehmung und Suggestion der Schwere vorgenommen werden. In einer anschließenden „freien" Phase könnte dann immer noch der Schwere im Körper und in den verschiedenen Körperteilen bzw. -bereichen, so wie diese sich jeweils einstellt, für eine Weile achtsam nachgespürt werden.

Wird ein anderer Körperteil – überraschend – als schwer wahrgenommen als suggeriert wurde, also z. B. das rechte Bein oder die linke Schulter anstatt der rechte Arm, dann kann dies ebenfalls als Erfolg bei der Wahrnehmung und Ausbreitung der Schwere im Körper angesehen und genutzt werden. Nach meiner Erfahrung kann – wie bei den Armen – auch sinnvoll zwischen dem rechten und linken Bein unterschieden werden. Dies hilft die Körperwahrnehmung gezielt zu verfeinern. Dann wäre etwa zunächst, „das rechte Bein schwer" und dann „das linke Bein schwer" zu suggerieren und möglichst zu empfinden. Das Schweregefühl kann auch in anderen Körperbereichen besonders wahrgenommen und suggeriert werden. Von Müller (2001, S. 39) wird z. B. angeboten: „Nacken und Schulter sind (ganz) schwer". Diese Suggestions- bzw. Schwereformeln können wiederum, wie oben bezüglich des Arms ausgeführt, passend mit dem Einatmen und Ausatmen verbunden werden.

Schultz (1979, S.104) selbst empfiehlt wie Müller (s. o.) eine vergleichbare Suggestion zur Teilentspannung des Schulternackenfeldes im Alltag, nämlich: „Schultern schwer. Ich bin ganz ruhig." Die Schwere und Entspannung am ganzen Körper bzw. ein völliges Entspannen wäre je nach Situation möglicherweise zu viel und unangemessen und ein Hinlegen oder Hinsetzen (im Alltag) nicht immer möglich bzw. der Situation angemessen. Um diese partielle Entspannung im Alltag auch zu können, wäre es nur konsequent und angebracht diese auch entsprechend bei jedem AT der Grundstufe mit der besonderen Formel, zusätzlich zu den anderen und wie die anderen, zu üben. Schultz (1979) schlägt jedoch vor, diese Suggestion gesondert im Stehen zu üben und mit dem Ausatmen und dem Absenken des Schultergürtels zu verbinden, was die Anwendung im Alltag erleichtern könnte. Vor allem die erfahrungsstimmige Verbindung der Suggestion mit dem Ausatmen erscheint mir als besonders wirkungsvoll. Auf der anderen Seite könnte die Schwere in den beiden Armen als Einstieg in die Teilentspannung reichen und durch die Wärmesuggestionen, die im nächsten Kapitel beschrieben werden, je nach Bedarf, etwa für Arme und Bauch, vertieft werden.

Wollen Sie die Schwere speziell mit Schultern und Nacken üben, so würde ich gerade hier darauf achten, dass die Formel bei Anfängern unbedingt mit „angenehm schwer" benutzt wird. So wird das Risiko gesenkt, die Formel als negative Suggestion eventuell miss zu verstehen, im Sinne von „beschweren" oder „belastet sein", dass man sich also noch mehr auf die Schultern laden oder ihre (schwere) Last spüren könnte, anstatt sich zu entspannen. Schultz (2000, S.44) bietet zudem (allerdings erst nach der Stirnübung, s. Kap. 6.2.1.7) als eine weitere Übungsformel an: „Unterkiefer und Zunge sind ganz schwer." Auch dieser spezielle Körper- bzw. Gesichtsbereich darf (wie auch andere, s. u.) anstatt „ganz" auch „angenehm" schwer sein.

Peter und Gerl (1988) üben und suggerieren die Schwere noch wesentlich differenzierter. Dazu werden (mit zunehmender Übung) nacheinander die verschiedenen Körperbereiche (wie in ihrer Variante der PME) durchgegangen und entspannt. Angefangen wird mit der rechten Hand, dann rechter Unterarm, Oberarm, dann linke Hand, Unterarm, Oberarm, dann verschiedene Bereiche im Gesicht, das sind Augen, Nase, Lippen und Wangen, danach Hals, Nacken, Rücken, Brust, Bauch, Becken und Gesäß, beide Ober- und Unterschenkel. Mit den Füßen wird die Schwereübung schließlich beendet. Bei jedem einzelnen Körper- und Muskelbereich wird jedoch nicht nur die Schwere sondern zusätzlich die Wärme (s. nächstes Kap.) suggeriert („ganz schwer und warm", S. 193). In Brust und Bauch kann die Schwere bei unangenehmen Empfindungen und Gefühlen auch entfallen, so dass nur noch die Wärme suggeriert und betont wird. Vergleichbar könnten Sie auch sukzessiv die Körperteile durchgehen, wie diese für die PME im Kapitel 4.1 aufgelistet sind.

Die Schwere wird in jedem Falle durch das regelmäßige Üben immer leichter und zügiger auf die anderen Glieder bzw. auf den ganzen Körper ausgedehnt, d. h. generalisiert. Die

Formeln werden dann durch Weglassen von Artikeln, Hilfsverben usw. zunehmend verkürzt. Schließlich braucht man nur noch die Kurzform zu verwenden, um die Schwere in den Gliedmaßen bzw. im ganzen Körper zu spüren: **Schwere**. Eine passende Alternative wäre: „schwer". Das Schweregefühl kann sehr intensiv werden. Es hilft oft, sich klar zu machen, dass es sich hier um einen wünschenswerten, ausgeprägten und intensiv wahrgenommenen, erlebten Entspannungszustand handelt. Vielleicht hilft Ihnen hier auch die Ergänzung „angenehm schwer". Sie kann helfen, sowohl das Empfinden einer lastenden oder belastenden Schwere als auch negative Deutungen und Assoziationen zu vermeiden. Entsprechend bietet Kraft (2004) für die Schwereformeln generell die Ergänzung „angenehm" an.

Andere Entspannungsempfindungen sind ebenfalls in Ordnung und können als solche begrüßt werden. (Auch Schultz, 1979, S. 206, stellt fest, dass gute Entspannung auch ohne ein Schwereerlebnis bestehen kann!) Vielleicht bereiten diese die Schwereempfindung, z. B. Kribbeln, vor oder gehen über diese hinaus, wie z. B. Taubheit, Leichtigkeit, Schwerelosigkeit. Gefühle der Leichtigkeit und des Schwebens können die Folge und Ausdruck einer tiefen, anhaltenden Entspannung und Ruhe sein. (Kraft, 2004, S. 81, führt dies auf das Fehlen „neuer Informationen" an den neuromuskulären Rezeptoren zurück, die das „Gefühl für die Lage der Gliedmaßen zueinander sowie auch die Raumorientierung" verringern.) Vaitl (2000b, S. 213-214) empfiehlt den Inhalt der Formeln an die „augenblicklich erreichten funktionalen Zustände" also an die aktuellen Empfindungen des Übenden anzupassen. Also z. B. beim Empfinden von Leichtigkeit im rechten Arm sich etwa zu sagen: „Mein rechter Arm ist leicht." Die möglichst genaue Beschreibung von aktuellen Körperempfindungen in einzelnen Körperbereichen ist auch als „Benennungstechnik" (s. Kap. 2.9.1) bei (für, in) Vipassana- bzw. Achtsamkeitsmeditationen bekannt, wie sie im Kapitel 3.3 dargestellt worden sind. Die Technik selbst und ihre Vor- und Nachteile wurden zudem in den Kap. 3.3.2, 3.3.4, 3.3.4.1, 3.3.5 und 3.4 erläutert. Allerdings dienen die Meditationen weniger, wie hier beim AT, der gezielten Entspannung als vielmehr der geistigen Sammlung, Konzentration, Präsenz und Bewusstwerdung. Der Vorteil solcher Anpassung der Übungsformeln an die aktuell erlebten Entspannungsempfindungen bzw. die Wahl passender Beschreibungen (Formulierungen) ist, dass die Aufmerksamkeit ganz auf die jeweilige, aktuelle Empfindung gerichtet ist und die Beschreibungen oder Benennungen die Körperempfindung – im Idealfall nur – begleiten. Der Nachteil ist jedoch zunächst ein Verlust an suggestiver, entspannungsauslösender Wirkung der wechselnden gegenüber den bleibenden, standardisierten und daher automatisierten Formeln. Allerdings können diese abgewandelten, angepassten Beschreibungen bzw. Formeln bei fortlaufender AT-Praxis langfristig, nämlich durch die wiederholt erlebte Kopplung zwischen Empfindung und Beschreibung bzw. Konditionierung, ebenfalls an auslösender und suggestiver Kraft und Wirkung gewinnen.

Die Schwere des Körpers kann vor allem auch an (in) Brust und Bauch als bedrückend empfunden werden. Deshalb ist es meines Erachtens ratsam und dringend zu empfehlen, die Schwere vor allem an der Körperseite/-fläche zu spüren, wo der Körper aufliegt, aufsitzt, gestützt oder getragen wird. In der Regel sind das neben den Gliedmaßen der Rücken, Schultern, Nacken und/oder das Gesäß. Dies ist möglicherweise auch ein Grund, warum Kraft (2004, S.77) im Gesicht nicht die üblichen Schwereformeln anbietet, sondern: „Gesicht ruhig und entspannt" oder „Gesichtszüge glatt und gelöst". Auf jeden Fall kann auch beim Rücken und Gesäß – wie auch bei Schultern und Nacken oder jedem anderen Körperteil (s. o.) – ein „angenehm" zu „schwer" hinzugefügt werden.

Durch die zunehmende, sich einstellende Entspannung können sich auch ganz andere Körperempfindungen einstellen und wahrgenommen werden, wie z. B. ein vermehrter Speichelfluss oder Verdauungsgeräusche. Selbst Zuckungen von Gliedmaßen oder einzelner Muskeln oder ein Jucken in der Haut oder an der Nase können als Folge der nachlassenden Anspannung auftreten. Das Volumen der Gliedmaßen nimmt bei der Schwereübung, wie auch Wärmeübung, nachweislich zu (Kraft, 2004). Auch kann vor oder mit der Schwere bereits Wärme auftreten (s. nächstes Kap.). Auch diese Reaktionen sind als solche anzunehmen und zu begrüßen (s. dazu auch Kap. 2.9 und 2.9.1). Bei anfänglichen Schwierigkeiten oder Problemen mit oder während der jeweiligen Schwereformel kann jene zunächst auch weniger wiederholt bzw. vergegenwärtigt werden (Kraft, 2004).

6.2.1.3 Wärmeformel(n)

Ziel dieser Übung ist es, über die Suggestion und das Erlebnis von Wärme in den Gliedmaßen einen weiteren Entspannungsaspekt, nämlich die vaso-muskuläre Entspannung, gezielt herzustellen. Die Wärme in den Gliedmaßen wird nach Schultz (1979, 2000) als eine Folge der Gefäßentspannung gedeutet. Die unwillkürlichen Muskeln, die die Blutgefäße umgeben, entspannen sich. Die Blutgefäße erweitern sich und geben dem Blutstrom durch den vergrößerten Durchmesser mehr Raum. Der Widerstand der feinen und äußeren (arteriellen) Blutgefäße sinkt und dadurch kann – nach dieser Auffassung – vermehrt Blut fließen und Wärme dorthin gelangen. In die Peripherie, d. h. äußeren Teile des Körpers, fließt also mehr warmes Blut (s. Kraft, 2004). Die Arme und Beine werden und fühlen sich dann wärmer an. Umgekehrt soll über die Suggestion und das Erleben der Gliederwärme diese Gefäßentspannung erreicht werden. In Folge der Wärmeübung des AT wurde in empirischen Untersuchungen tatsächlich eine gesteigerte Temperatur an bzw. in den Gliedmaßen gemessen (Schultz 1979, 2000; Vaitl, 2000b; Wilk, 1999). Nach Kraft (2004) steigt die Hauttemperatur etwas an und die Körperkerntemperatur nimmt geringfügiger ab. Vaitl (2000b) weist daraufhin, dass bereits die Schwereübung zu einer Gefäßentspannung führt und dadurch der Blut- bzw. Wärmetransport in die Gliedmaßen zunimmt.

Die sich anbahnende und zunehmende Gefäßerweiterung und der vermehrte Blutdurchfluss können die Empfindungen des Prickelns oder Kribbelns auslösen. Die Erweiterung der Gefäße und der vermehrte Blutdurchfluss können dann dazu führen, dass die Gliedmaßen als größer und ausgedehnter wahrgenommen werden (was sie auch geringfügig nach Kraft, 2004, schon bereits nach der Schwereübung sind, s. vorheriges Kap.), was ebenfalls als ein Erfolg der Übung gewertet werden kann. Das Wärmegefühl kann bei dieser Übung unter Umständen sehr intensiv werden. Es kann hier wieder helfen, sich klar zu machen, dass es sich um einen sehr wünschenswerten und vitalen Zustand handelt, der eben nur intensiv wahrgenommen und erlebt wird. Vielleicht hilft Ihnen die Ergänzung „angenehm warm". Sie stellen dann in den unten vorgestellten Formeln dem „warm" jeweils ein „angenehm" voran und spezifizieren und charakterisieren die Suggestion der Wärme damit eben als angenehm. Ich und andere (z. B. Kraft, 2004) bieten diese Wendung bzw. zusätzliche Charakterisierung generell zum Üben an.

Sie können die Wärmesuggestion und das Wärmeempfinden schließlich auch auf den ganzen Körper ausdehnen (etwa Kraft, 2004; Müller, 2001), indem sie am Schluss der Wärmeformeln hinzufügen: „Mein ganzer Körper ist (angenehm) warm." Die Formel können Sie wie die anderen wiederholen. Sie können dann die Wärme auch an anderen Stellen des Körpers spüren oder sogar am ganzen Körper wahrnehmen und sich mit der Wärme angenehm und tief entspannen. Kraft (2004) weist darauf hin, dass der Kopf von dieser Suggestion und Vorstellung ausgespart bleiben soll, um die Wärme und Hitze hier nicht (noch weiter) zu steigern (s. Stirnübung des AT, Kap. 6.2.1.7).

Um zu üben, „stellen" Sie sich nach der Schwereübung bzw. vor der Wärmeübung wieder „ein" bzw. sammeln sich mit der Ruheformel und beginnen dann mit Ihrem rechten oder bevorzugten Arm: **Der rechte (linke) Arm ist (ganz) warm.** Wie bei der Schwereübung beschrieben (s. Kap. 6.2.1.2), können Sie die Worte der Formel den Gegebenheiten und Ihren Vorlieben anpassen. Wenn Sie also beispielsweise mit dem linken Arm beginnen und „ganz" weglassen möchten, dann würde als Formel zutreffen: „Der linke Arm ist schwer." Die jeweils zutreffende Formel wird etwa 5- bis 6-mal innerlich, ruhig „wiederholt", d. h. hier, 5 bis 6 mal innerlich gesprochen, gehört, geistig gelesen, vorgestellt, gedacht oder vergegenwärtigt. Diese Formel wird also etwa 6-mal hintereinander zur und als Suggestion benutzt. Wieder können Sie sich dabei – wie bei der Schwereformel – genügend Zeit lassen.

Die innere Wiedergabe oder Vergegenwärtigung der Formel kann wieder so mit dem Ein- und Ausatmen verbunden werden, dass die Entspannungssuggestion „(ganz) warm" mit dem Ausatmen verbunden wird. Diese Verknüpfung sollte (wie bei der Schwereübung) aber besser erst nach Fortschritten mit der Wärmeübung versucht und geübt werden. Bei Problemen mit und nach dem Wärmeerleben kann nach Schultz (1979, S. 218) auch die Wärmeformel anfangs zunächst auf eine Hand begrenzt und nur 3-mal innerlich gesprochen, gedacht oder vergegenwärtigt werden. Eine solche „abgeschwächte Wärmeformel" – je nach Bedarf auch mit weniger (etwa nur mit 1 oder 2) Vergegenwärtigungen – kann nach Kraft (2004, S. 89) etwa bei Neigung zu Kopfschmerzen oder speziell Migräne grundsätzlich sinnvoll sein.

Die Ausdehnung des Wärmeerlebnisses auf die Gliedmaßen wird dann mittels der folgenden Formeln begleitet: **Der linke (rechte) Arm ist (ganz) warm. Beide Arme sind (ganz) warm. Die Beine sind (ganz) warm. Alle Glieder sind (ganz) warm.** Statt „ganz" kann auch „strömend" und statt „alle Glieder" kann auch „Arme und Beine" verwendet werden. Diese Formeln können ebenfalls mehrmals wiederholt werden. Diese Suggestionen können auch systematisch nach der ersten Armwärmeformel (s. o.) zur Erleichterung und Bahnung der Generalisierung der Wärme geübt und benutzt werden. Sie können also auch diese Formeln und die Ausdehnung der Wärmeentwicklung konsequent in der vorgegebenen Reihenfolge üben. Sie können (wie für die Schwere im Kapitel 6.2.1.2 diskutiert) diese – oder auch jede andere von ihnen gewählte, individuell zusammengestellte, angepasste – Reihenfolge und damit das Nacheinander der gezielten Wahrnehmung und Suggestion von Wärme in den einzelnen Körperbereichen auf Dauer beibehalten, also auch nach deren Automatisierung und Generalisierung bezüglich des ganzen Körpers.

Wie bei der Schwere kann auch bei der Wärme zwischen dem rechten und linken Bein differenziert werden – zum Beispiel: 1. „Das rechte Bein ist warm." 2. „Das linke Bein ist warm." Wie bei der Schwereübung können auch andere Körperteile besonders hervorgehoben werden, z. B. „Nacken und Schulter sind (ganz) warm" (in Anlehnung an Müller, 2001 und die Teilentspannung nach Schultz, 1979) oder nach Kraft (2004, S. 91): „Schulter-Nacken-Feld angenehm weich und warm". Wie bereits im vorherigen Kapitel ausgeführt, können nach Peter und Gerl (1988) auch systematisch die einzelnen Körperteile fokussiert wahrgenommen und entspannt bzw. schwer und warm werden. Die Übung bzw. Formel mit dem Sonnengeflecht (vgl. Kap. 6.2.1.6) wird dabei integriert, nämlich nach der Wärme im Bauch.

Die Wärme wird sich mit der Übung immer leichter in allen Gliedern einstellen. Die Formeln werden dann durch Weglassen der Hilfsverben, Artikel usw. verkürzt, und schließlich braucht nur noch die Kurzform angewandt werden, um die Wärme in allen Gliedmaßen oder im ganzen Körper zu spüren: **Wärme** oder alternativ „warm". Mit entsprechender Übung und Erfahrung können die Schwere- und die Wärmeformel und das entsprechende Erleben auch zusammengefasst werden, wie etwa durch die Formel: „Schwer und warm!" Nach längerer, hinreichender

Übung kann diese komprimierte Fassung schließlich ausreichen, um die Schwere und Wärme als körperliche Entspannungsreaktionen auszulösen und zu begleiten.

Eine anhaltend tiefe Entspannung kann bei Übenden nach einiger Zeit – unter bestimmten körperlichen und seelischen Bedingungen – zu kalten Händen und Füßen und bis sogar zum Frieren am ganzen Körper führen. Wenn Sie der Empfehlung nach Schultz (1979, 2000) folgen, zu Beginn nur wenige Minuten zu üben (s. genauer Kap. 6.2.1.10), werden sie eine solche Entspannungserfahrung – zumindest als Anfänger – eher nicht erleben. Aber mit der Übung und der Verlängerung der Entspannungs- und Übungsphasen werden solche „Kälteerlebnisse" wahrscheinlicher. Dem kann durch eine stärker warmhaltende bzw. besser isolierende Unterlage, wärmeres Anziehen oder Zudecken abgeholfen werden. Aufgrund der anhaltenden, tieferen Entspannung sowie der abnehmenden Aktivität und Anspannung erzeugt der Körper bzw. die Bewegungsmuskulatur weniger Wärme. Auf Dauer wird mehr Wärme abgegeben als erzeugt wird und das Blut, trotz des anfänglich vermehrten Blutdurchflusses in den Gliedmaßen, zunehmend im Rumpf und den inneren Organen zentralisiert. Mehr Blut – und damit Wärme – wird im Rumpf in den inneren Organen, etwa zur Verdauung, gehalten.

Wärmeempfindungen können durch ein inneres Bild, durch geeignete Vorstellungen, Imaginationen, Erinnerungen unterstützt werden, wie z. B. sich von einer angenehm warmen, freundlichen Sonne bescheinen zu lassen, eine Wärmflasche aufzulegen, in einem angenehm warmen Bad zu liegen, ein warmes Getränk zu trinken usw. (s. Kap. 5). Kraft (2004) empfiehlt im Sinne der Stirnübung des AT (s. Kap. 6.2.1.7) den Kopf bei solchen Bildern auszunehmen bzw. kühler zu halten. Z. B. können Sie in Ihrer Vorstellung nur den Rumpf, die Gliedmaßen und vielleicht noch den Hals von der Sonne bescheinen und den Kopf dagegen im Schatten lassen. Beim Vorstellen eines warmen Bades würde der Kopf sicher ohnehin aus dem Wasser ragen.

Wärme kann auch trotz der wahrgenommenen Kühle oder Kälte gespürt werden. Wärme kann nach fortgeschrittener Übung und Erfahrung auch in den sogenannten Energiezentren, -punkten und -bahnen der traditionell chinesischen oder indischen Medizin und des Yogas wahrgenommen werden (s. mehr dazu ab Kap. 7). Hier können Sie eine fließende bis strömende Energie als Wärme in bestimmten Bereichen und Bahnen spüren, obwohl etwa die Füße, Hände oder sogar der ganze Körper als insgesamt eher kühl bis kalt wahrgenommen werden. Diese Energiebahnen sind unabhängig von den Suggestionen wahrzunehmen. Die Suggestion von Wärme oder die Suche nach Wärme im Körper können jedoch das Auffinden und Spüren dieser Energiebahnen erleichtern.

6.2.1.4 Herzformel(n)

Nach Schultz folgt als „dritte Übung" die „Herzruhigstellung" (1979, S. 80) bzw. die „Herzregulierung" (2000, S. 36). Der Übende hat mit der vorherigen Wärmeübung nach Schultz gelernt, die Blutgefäße als unwillkürliches Körpersystem bzw. das periphere Kreislaufsystem zu beeinflussen und zu entspannen. So ist es danach nur konsequent, dass sich der Übende nun dem Zentrum des Kreislaufsystems, dem Herzen, zuwendet.

Übende die kein Herzerlebnis haben, können auch den Pulsschlag irgendwo im Körper wahrnehmen und sich daran orientieren und darauf konzentrieren. Zum Einüben können Sie auch die Wahrnehmung und Konzentration zum Herzempfinden unterstützen, indem Sie die rechte, falls bevorzugt, auch die linke, Hand auf die Herzgegend legen. Der betreffende Ellenbogen kann dazu durch eine Unterlage gestützt werden. Nach Fortschritten im Herzerleben empfiehlt es sich, dass Sie selbst beim Üben mit der Herzformel den rechten – oder gegebenenfalls den linken – Arm und die Hand wieder neben sich auf der Unterlage liegen lassen. Denn durch die Arm- und die Handbewegung entstehen wieder muskuläre Anspannung und Unruhe. Ohne die Hilfe der Hand wird die direkte Innenwahrnehmung im Allgemeinen und das direkte Empfinden des Herzschlages und Pulses im Besonderen geschult und geschärft.

Nachdem Sie sich wieder mit der Ruheformel gesammelt haben, wenden Sie die folgende Herzformel an: **Herz schlägt ruhig und kräftig.** Wenn Sie auf den Puls achten, so könnten Sie die Formel auch etwa so anpassen: „Puls geht ruhig und kräftig." Diese Formel wird etwa 5- bis 6-mal innerlich, ruhig „wiederholt ", d. h. genauer, 5 bis 6 mal innerlich gesprochen, gehört, geistig gelesen, vorgestellt, gedacht oder/und vergegenwärtigt. Wieder lassen Sie sich dafür hinreichend und angemessenen Zeit.

Als alternative Formel wird von Schultz (1979, S. 84) angeboten: „Das Herz schlägt ganz ruhig." Entsprechend könnte die obige Ausgangsformel auch verkürzt werden: „Herz schlägt ruhig." Im Kapitel 6.2.1.9 gibt es dazu eine Erläuterung und Entscheidungshilfe. Es wird auch die Formel benutzt: „Das Herz schlägt ruhig und gleichmäßig." (Anstatt „gleichmäßig" wird auch „regelmäßig" verwendet.) Die beiden letzten Formeln können der Körperwahrnehmung deutlich widersprechen und somit zu unnötigen inneren Widersprüchen und unwirklichen Zielzuständen führen. Ein vitales, schlagendes Herz ist nie ganz ruhig und nie (ganz) gleichmäßig. Es schlägt vielmehr dynamisch, kraftvoll, mal leicht beschleunigend, mal leicht verzögernd, wie etwa der Rhythmus beim Jazz.

Die Herzformel kann wieder so mit dem Ein- und Ausatmen verbunden werden, dass mindestens mit der entspannenden, eigentlichen Suggestion „ruhig und kräftig", „ruhig" oder „ganz ruhig" ausgeatmet wird. Das Einatmen kann auf „das Herz" oder „Herz", gegebenenfalls „Puls", begrenzt werden, während „schlägt" bzw. „geht" die kurze Atempause nach dem Einatmen markiert oder bereits das Ausatmen begleitet. Eine solche Koordination mit der Atmung kann prinzipiell auch unterbleiben und sollte nur gesucht werden, wenn diese einem passend, stimmig und angenehm erscheint. Sie kann auch deutlich später erfolgen, etwa wenn die Herzformel hinreichend geübt worden ist und eine entsprechende Wirkung hervorruft oder erzielt wird.

Einige Menschen werden bei der Wahrnehmung ihres eigenen Herzschlages unsicher, unruhig, gespannt oder sogar angespannt, aufgeregt und bekommen vielleicht sogar Angst. Sie haben dann etwa Angst, dass etwas mit ihnen bzw. dem Herzen nicht stimmen könnte oder würde, dass sie die Kontrolle verlieren und in Ohnmacht fallen könnten. Möglicherweise stellt sich sogar die Befürchtung oder Angst ein, dass sie einen Herzinfarkt oder Schlaganfall erleiden könnten. Durch die Unsicherheit, Unruhe, Aufregung, Anspannung und die unangenehmen, negativen Gedanken und Gefühle, vor allem bei Angst, beschleunigt sich jedoch der Herzschlag, was dann etwa als unregelmäßigeres, unruhiges, stärkeres, schnelleres oder beschleunigendes Herzklopfen oder gar als starkes Herzklopfen oder Herzrasen wahrgenommen werden kann. Diese auffälligen „Herzempfindungen" können zum einen wiederum Angstgedanken und -gefühle (wie oben beschrieben) auslösen. Zum anderen werden sie fälschlich als Bestätigung für die Angstgedanken wahrgenommen und gewertet. In jedem Falle werden dadurch die Unruhe, Anspannung, Erregung und Angst sowie der Herzschlag weiter zunehmen. In diesem Teufelskreis der Angst entstehen dann schnell starke Anspannung und hohe Erregung. Die Angst kann sich bis zur Panik steigern. In der Folge kann auch der Blutdruck deutlich bis erheblich steigen. Das Herzklopfen und der Puls, auch in den Bereichen der Hauptschlagadern – etwa im Bauch oder Hals, werden kräftiger, was die beschriebenen Wahrnehmungen, Reaktionen und unzutreffenden Einschätzungen, Befürchtungen noch verstärkt. Die körperlichen Anzeichen und Folgen (der Unruhe, Anspannung, Erregung, Angst) werden auch durch die Fixierung der Aufmerksamkeit und Wahrnehmung darauf noch stärker empfunden (vgl. Kap. 2.9.1), was das

Unbehagen und Unangenehme der Empfindungen weiter zunehmen bzw. schlimmer erscheinen lässt. Dabei hat das Unbehagen und Unangenehme, wie hier angenommen und vorausgesetzt, weniger mit der körperlichen Empfindung (als solche) zu tun, sondern vielmehr mit der negativen bzw. unzutreffenden Einschätzung, Bewertung und Beurteilung der körperlichen Empfindungen als mindestens irritierend bis maximal lebensbedrohlich. Es ist zunächst die verbundene negative Bewertung (Beurteilung) und die damit veränderte Qualität und Bedeutung, die die Wahrnehmungen als unangenehm (aversiv) erscheinen lässt, nicht ihre Intensität und die Empfindung als solche. Wenn – durch die Teufelskreise und negative Bewertung – Unruhe, Anspannung, Erregung und Angst deutlich wachsen, werden auch die betreffenden körperlichen Empfindungen und Anzeichen selbst (als solche) zunehmend und entsprechend unangenehm. Aber wie beschrieben, können solche unangenehmen Herz-Kreislauf-Empfindungen bzw. solche negativen Bewertungen auch bei einer bezüglich Herz und Kreislauf gesunden Person auftreten. Unter bestimmten ungünstigen Umständen und Reaktionen, eben etwa infolge von Unruhe, Anspannung, Erregung, Angst, können diese selbst im Sitzen oder Liegen entstehen, sich entfalten und als etwas bis extrem unangenehm wahrgenommen werden, obwohl diese grundsätzlich völlig harmlos sind. Der Übende sieht sich vielleicht dennoch genötigt, während solcher unangenehmen Erlebnisse oder nach solchen die „Entspannungsübungen" abzubrechen. Durch diese unangenehme Erfahrung und die Flucht aus der jeweiligen Übung oder gar aus dem AT steigert sich jedoch die Wahrscheinlichkeit, dass sich diese eigentlich harmlosen Erfahrungen wiederholen. Betroffene vermeiden dann vielleicht ganz die Übungen, was gerade für diese Menschen nur kurzfristig Erleichterung bringt (vgl. Kap. 9). Langfristig lernen diese Menschen eben nicht, mit ihren Herzempfindungen, der Unruhe, Anspannung, Erregung, dem Angstgefühl und ihren Angstgedanken umzugehen und sich – trotzdem – zu entspannen. Gerade für Herzangstpatienten kann mit dieser Formel in einer Verhaltenstherapie eine starke Konfrontation mit dem Angstreiz hergestellt werden. Der Patient kann so lernen, die Herzempfindungen entspannt anzunehmen. Das setzt jedoch stetiges, anhaltendes und geduldiges Bemühen und Üben voraus und bedeutet Arbeit an und mit sich selbst.

Wenn jedoch Zweifel oder Bedenken bezüglich der eigenen Herz-Kreislauf-Gesundheit und der Harmlosigkeit Ihrer Herzempfindungen bestehen sollten, wenden Sie sich – ungeachtet unserer obigen Ausführungen – unbedingt und umgehend an einen Arzt (Kardiologen), um dies fachlich kompetent abklären zu lassen und eine Herz-Kreislauf-Erkrankung mit größtmöglicher Sicherheit auszuschließen.

Schultz (1979) empfiehlt bei zu erwartenden oder bestehenden Schwierigkeiten die Herzformel quasi „einzuschleichen", indem sie anfangs eben nur 1- oder 2-mal suggeriert wird und erst nach zunehmender Praxis, Gewöhnung und Akzeptanz schrittweise häufiger innerlich wiederholt wird. Schultz (1979, 2000) warnt zudem vor der suggestiven Verlangsamung (oder auch Beschleunigung) des Herzschlages, weil so Herzarhythmien provoziert werden können. Eine solche suggestive Verlangsamung könnte etwa durch die folgende Formel direkt ausgedrückt und provoziert werden: „Herz schlägt (ganz) langsam." Davon ist also abzuraten.

Schwierigkeiten beim Üben mit der Herzformel sind offensichtlich der Grund, warum die Herzformel auch später, etwa nach der Atemformel oder erst als letzte Formel, oder gar nicht benutzt wird. So verzichten z. B. Peter und Gerl (1988) ganz auf die Herzformel. Z. B. Wilk (1999), Müller (2001) und Kraft (2004) bieten die Herzübung erst nach der Atemübung (s. folgendes Kapitel) an. Durch die Atemübung werden idealerweise Körper und Geist noch einmal wirksam beruhigt und entspannt, so dass die Herzformel erfolgreicher angewendet und umgesetzt werden kann. Auch der Herzschlag bzw. Puls kann sich durch die Atemübung des AT mindestens etwas beruhigen.

Bei fortgeschrittenem Übungsgrad können sich Puls und Blutdruck durch meditative Atemübungen, wie im Kapitel 3 vor- und dargestellt wurden, unter Umständen – insbesondere bei einem anfänglich hohen oder überhöhten Blutdruck – deutlich bis erheblich auf ein angemessenes, hinreichendes bzw. niedriges Niveau senken lassen. Meditative Atemübungen entspannen, regulieren und optimieren erfahrungsgemäß, mindestens für die Dauer der Übung und bei regelmäßiger Übung zudem darüber hinaus, auch den Herzschlag und Blutdruck.

Wilk (1999, S. 87) nutzt für die Herzübung auch die Wärme als Entspannungsauslöser und Entspannungsreaktion: „Mein Herz ist angenehm warm durchströmt." Kraft (2004, S. 110) empfiehlt – allerdings nur bei „pektanginösen Beschwerden" – eine ähnliche Formel: „Brustraum weit und warm". In diesem Zusammenhang und für einen solchen Zweck, nämlich zur Beseitigung von Extrasystolen, zur verbesserten Durchblutung des Herzmuskels und Erweiterung der Koronararterien, bietet Thomas bereits (1989, S. 73) eine vergleichbare Formel als formelhaften Vorsatz der Mittelstufe des AT (s. Kap. 6.2.2) und im Sinne einer organbezogenen bzw. -spezifischen Formel (s. Kap. 6.2.1.11) an: „Das Herz ist (und bleibt) strömend warm."

In Übereinstimmung mit den im Kapitel 7 vorgestellten Körperreisen werden auch von mir regelmäßig Suggestionen in der Art vorgeschlagen, wie z.B. „Herzbereich entspannt/ entspannen, angenehm warm" oder „Herzzentrum angenehm warm". Diese auf Entspannung und Wärme im „Herzbereich", alternativ auch „Herz-„ oder „Brustzentrum" sowie „Brustmitte", bezogenen Suggestionen werden erfahrungsgemäß von den Übenden gut und gerne angenommen und benutzt. Beim Herz- oder Brustzentrum handelt es sich um ein yogisches Energiezentrum in der Brustmitte. Es liegt etwa, eben „brustmittig", in der Höhe der Brustwarzen auf dem Brustbein und reicht in die Tiefe und wird im Kapitel 8.1.5 genauer beschrieben. Aufgrund der oft anfänglich bestehenden Anspannungen, Probleme und Schwierigkeiten meiner Patienten und Kursteilnehmer mit dem bzw. in dem Herzbereich formuliere ich auch diese Formelvarianten möglichst individuell abgestimmt in der Einzelbehandlung oder zumindest vorsichtig und für möglichst viele akzeptabel und umsetzbar in der Gruppe – vor allem im Sinne eines Prozesses (s. dazu Kap. 6.2.1.9). Also als Einstiegsformel biete ich eventuell nur etwa folgendes an: „Ich versuche mich im Herzbereich zu entspannen und vielleicht kann ich (schon) eine gewisse Wärme spüren und verstärken." Nach anfänglichen Fortschritten wird die Suggestion angepasst und mehr im Sinne bzw. in der Art des ursprünglichen AT formuliert, wie etwa: „(Im) Herzbereich loslassen, entspannen, wärmer". Oder schließlich nur noch ganz knapp: „Herzbereich warm". Mit der Wärme im Herzzentrum bzw. in der Brustmitte wird zudem unterstrichen, dass eben nicht nur das Herz als Organ entspannt und beachtet wird, sondern auch die damit verbundenen seelischen Aspekte.

Es kann in der Suggestion aber auch ganz auf die Begriffe bzw. Worte „Herz" oder „Zentrum" – und somit auch auf die damit verbundenen Bedeutungen und Implikationen – verzichtet werden, indem nur die Brustmitte angesprochen wird. Das kann dann etwa wie folgt geschehen: „Brustmitte – angenehm warm".

Die Wärme im Herzbereich, Herz-, Brustzentrum oder in der Brustmitte würde dann folgerichtig zur nächsten Übung, nämlich der Bauchwärme, überleiten. Die Aufmerksamkeit bliebe so in erleichternder Weise auf die Wärme gerichtet. Nach Vaitl (2000b, S. 208) besteht grundsätzlich „keine physiologische Notwendigkeit" die Übungsformeln des Autogenen Trainings „in einer fest vorgeschriebenen Reihenfolge und Form durchzuführen". Jedenfalls sprechen gegen solche sinnvoll gewählten Veränderungen des AT keine gewichtigen Gründe und Wirkungen.

Mit fortschreitender Übung können wieder Kurzformen gebildet und angewandt werden, wie etwa: **Herz ruhig**. Bei Verwendung der „Herzwärme" als Formel, wie bereits für „Herzbereich" schon erwähnt, kann diese etwa lauten: „Herz/Herzbereich/Herz-/Brustzentrum warm".

Kraft (2004) betont aus psychotherapeutischen und psychosomatischen Gründen die Wichtigkeit des (körperlichen) Herzerlebens. Wohl auch um die Schwierigkeiten und Probleme mit den Herzformeln, der Herzwahrnehmung und vor allem einer suggestiven Herzregulierung zu entgehen, aber sicher auch um die Vorteile einer achtsamen Wahrnehmung körperlicher Vorgänge zu gewinnen (s. Kap. 6.2.1), vertritt er eine ausschließlich auf die Wahrnehmung des Herzschlages und Pulses ausgerichtete Haltung bzw. Einstellung bei der Vergegenwärtigung der jeweils gewählten Herzformel (entsprechend wie bei der Atemübung, s. nächste Kap.). Ziel ist also danach nur die Wahrnehmung des eigenen Herzschlages. Um diese achtsame Wahrnehmung zu unterstützen, schlägt Kraft (2004, S. 107) auch noch andere Herzformeln vor, wie etwa: „ Mein Herz schlägt, ich bin ganz ruhig." „Es pulsiert." Zudem empfiehlt auch Kraft (2004, S. 106) eine stärker individuelle Anpassung der Herzformel.

Atem- und Herzfrequenz sind prinzipiell unterschiedlich schnell bzw. langsam und das sollte auch so angenommen und von Ihnen akzeptiert werden. Wie etwa die Einzählung des Taktes und der Grundschläge, vergleichbar mit der Atmung, viel langsamer sein kann als der geschlagene Rhythmus, vergleichbar mit dem Herzschlag, etwa im Jazz oder der afrikanischen, orientalischen oder lateinamerikanischen, musikalischen Folklore.

6.2.1.5 Atemformel(n)

Nach Schultz (1979, 2000) folgt als vierte „Übung" die Atemübung oder Atemeinstellung. Die Atemübung entspricht hier der passiven Atementspannung (s. Kap. 3.2) oder der Atemachtsamkeitsmeditation (s. vor allem Kap. 3.3.2). Atem und Atmung werden nur aufmerksam beobachtet bzw. wahrgenommen. Es wird versucht, die Atmung unbeeinflusst, geschehen zu lassen bzw. diese sich selbst zu überlassen. Geübt wird die Aufmerksamkeit und Konzentration auf die Atmung, das Loslassen, Geschehen- und Einlassen, das Aufgeben von Steuerung und Kontrolle, das Vertrauen in den eigenen Körper, seine Weisheit und prinzipielle Richtigkeit. In der Folge stellen sich dann die bekannten beruhigenden, entspannenden und meditativen Wirkungen ein. Es wird also bei dieser Übung im Unterschied zur Schwere- und Wärmeübung bewusst darauf verzichtet, die Atmung aktiv, willentlich, willkürlich zu steuern, zu beeinflussen oder zu verändern. Wie bereits bezüglich der Entspannung und Meditation mit Atem und Atmen (insbes. in den Kap. 3.3.2 und 3.5) ausgeführt, ist es zur Unterstützung der Wahrnehmung der Atmung sehr hilfreich, sich auf bestimmte Körperregionen zu konzentrieren. Nämlich dort, wo Sie die Atmung bzw. den Atem zunächst besonders gut oder leicht spüren können, also vor allem im Bereich der Stirn, Nase, Brust oder des Bauches. Wie im Kapitel 3.4 angemerkt, können Sie als Anfänger zusätzlich etwa bei Brust und Bauch jeweils eine Hand oder beide Hände zur Hilfe nehmen. Dadurch können Sie sich das Heben und Senken beim Atmen bzw. durch den Atem leichter und besser und vergegenwärtigen. Die Hand oder Hände sollten beim Liegen aber nur seitlich am oder auf dem Brustkorb oder Bauch liegen, so dass die Ellenbogen sich auf die Unterlage stützen, um das möglicherweise störende Eigengewicht der Hände oder gar des Armes zu begrenzen und zu minimieren. Nachdem Sie sich zunächst wieder mit der Ruheformel gesammelt haben, wenden Sie die folgende Atemformel an: **(Die) Atmung (ist) ganz ruhig (und gleichmäßig).** Es werden bei anderen Autoren/Übungsleitern auch Formeln, wie etwa „(der) Atem (fließt) ruhig (und gleichmäßig)" verwendet. Vor allem mit fortschreitender Übung kann die Atemübung mit der Formel unterstützt werden: **Es atmet mich.** Diese Formel unterstreicht den wahrnehmenden Charakter der Atemübung. Alternativ werden in Schultz (2000, S. 39-40) auch noch die Formeln vorgeschlagen: „Es atmet in mir." „Jeder Atemzug vertieft die Ruhe."

(Die erstere benutzen auch Langen, 1983, S. 36, und Lindemann, 1991, S. 55.) Die jeweils gewählte Atemformel wird etwa 5-6 mal innerlich, ruhig wiederholt bzw. innerlich vergegenwärtigt. Für das innerliche Sprechen oder Vergegenwärtigen sowie für das Wiederholen und die Pausen dazwischen lassen Sie sich ausreichend und angemessen Zeit. Die Formel kann wieder so mit dem Ein- und Ausatmen verbunden werden, dass mindestens mit der entspannenden Suggestion „ganz ruhig ..." ausgeatmet wird. Die Übungsformeln können dann mit zunehmender Übungspraxis – schließlich bis zu einer Kurzform – wieder vereinfacht und zusammengefasst werden: **Atmung ruhig** oder nur **Atmung**. Statt „Atmung" bietet sich auch „Atem" an.

Andere Alternativen wie etwa „Atem fließt" betonen die aufmerksame Beobachtung. Wilk (1999, S. 81) bietet entsprechend an: „Ich überlasse mich meinem Atem." Kraft (2004, S. 99) schlägt ebenfalls verschiedene Formeln vor, die nach seiner Erfahrung und Meinung den passiven, erlebenden Charakter beim Üben, neben der Formel „Atmung ruhig und regelmäßig", betonen und fördern sollen, wie etwa: „Es atmet – ganz ruhig – in mir", „Atmung frei (und von selbst)" oder „Atmung ruhig und zuverlässig".

Auch wenn Kraft (2004) in der Regel davon ausgehen kann, dass zumindest Fortgeschrittene nach den ersten beiden Übungsformeln sich bereits mehr oder weniger entspannt haben und deshalb bereits (vor der Atemformel) ruhiger und entspannter atmen (s. u.) und tatsächlich eine beobachtende, wahrnehmende Haltung einnehmen können, so haben dennoch die meisten Übungsformeln grundsätzlich einen suggestiven, normierenden und determinierenden Charakter. Überzeugendste Ausnahme bleibt meines Erachtens die alternative Formel von Schultz (1979, S. 87): „Es atmet mich." Die Atemwahrnehmung kann auch durch die beschreibende Beobachtung wie bei den buddhistischen Atemmeditationen unterstützt werden (s. Kap. 3.3.2 und diskutiert am Anfang des Kap. 3.4), etwa durch „(der) Atem kommt" beim Einatmen „und geht" beim Ausatmen, oder noch einfacher, „ein" beim Einatmen und „aus" beim Ausatmen.

Während der Atemwahrnehmung können sich sowohl eine tiefe Ruhe und Entspannung als auch eine gesteigerte innere, geistige Aufmerksamkeit und Wachheit einstellen. Dabei wird die Atmung in der Regel ruhiger und im übertragenen Sinne ausgeglichener und gleichmäßiger. Tatsächlich verlangsamt sich in der Regel insgesamt die Atemfrequenz, die Atemzüge werden insgesamt länger (vgl. auch Vaitl, 2000b, S. 228-229). Einatmen, Ausatmen und vor allem das Ruhen in der Atempause nach dem Ausatmen bis zum erneuten Einatmen können deutlich länger werden. Die Atmung vertieft sich, die Bauchatmung nimmt eher zu, während die Brustatmung sich eher verringert. Der Ausatmungszyklus ist jedoch generell gegenüber dem Einatmungszyklus verlängert (s. ebenda). Auch können sich das Ausatmen und die anschließende Atempause – bei meditativer Tiefenentspannung – deutlich gegenüber dem Einatmen verlängern. Schließlich hängt das von der angewendeten Methode des Atmens und Meditierens ab und wurde im Kapitel 3.4 diskutiert. Es gibt auch Atemmeditationen die zur Angleichung des Einatmens und Ausatmens führen (vgl. z. B. Thich Nhat Hanh, 1995, S. 41). Nach van Lysebeth (1991, S. 151-157) werden bei einer Atemübung mit vier gleichlangen Phasen zwischen dem Einatmen und Ausatmen 2 Phasen mit Atemverhaltung zwischengeschaltet – einmal vor dem Ausatmen, mit voller Lunge und einmal nach dem Ausatmen, mit leerer Lunge – so dass die Phase des Ausatmens sich letztlich doch – gegenüber dem Einatmen – insgesamt verdreifacht. Aber auch ohne eine besondere Atemtechnik und -meditation bei nur achtsamer Wahrnehmung des Atems oder Atmens kann und wird sich mit etwas Übung die Atmung für gewöhnlich so beruhigen, dass das Ausatmen und die anschließende Atempause die Dauer des Einatmens um ein Vielfaches übersteigen. Dadurch wäre die Gleichmäßigkeit der Atmung auf dieser konkreten Ebene spürbar verletzt. Um unnötige Widersprüche beim AT zu den eigenen Empfindungen und Wahrnehmungen zu vermeiden, erscheint mir, wie bei der Herzformel im vorherigen

Kapitel, das Beschränken auf den Ruheaspekt bei den betreffenden Übungsformeln zur Atmung sinnvoll zu sein. Also es reicht sich auf das „ruhig" zu konzentrieren und kann das „und gleichmäßig" einfach weglassen (wie es auch bei Schulz, 1979, S. 87, formuliert wurde), deshalb wurde es auch von mir bewusst in den oben wiedergegebenen Atemformeln in Klammern gesetzt.

Wie leicht nachvollziehbar, findet durch die Suggestion eines „ruhigen Atmens" dennoch eine gewisse „Einstellung" und Lenkung der Atmung statt. Lenkende Atemeinstellungen, -formeln, -techniken, wie sie etwa im Yoga (van Lysebeth, 1991), Qigong (Jiao, 1988) und zur aktiven Atementspannung (s. Kap. 3.4) Verwendung finden, haben ebenfalls wichtige meditative, entspannende und beruhigende Wirkungen, so dass nach meiner Erfahrung je nach Ziel und gewünschter Wirkung statt einer herkömmlichen Atemformel des AT und einer passiven Atementspannung auch eine Technik und Suggestion der aktiven Atementspannung gewählt werden kann. Aber selbst bei den buddhistischen Atemmeditationen finden sich, wie etwa im Kapitel 3.4 besprochen, neben der reinen Aufmerksamkeit auf den Atem und Wahrnehmung des Atmens auch einstellende, lenkende Elemente (vgl. z. B. Sekida, 1993; Thich Nhat Hanh, 1995.) So hat sich die Formel „tief einatmen und langsam aus (-atmen)" mit Vollatmung, aber auch nur mit Bauchatmung in meiner langjährigen Praxis bewährt (s. dazu ebenfalls Kap. 3.4). Um schnell und wirksam zur Ruhe, Konzentration und in die Entspannung zu kommen, nutze ich bereits in der Regel zu Beginn von Entspannungsübungen – und folglich im Allgemeinen und im Besonderen beim AT – passive und aktive Atemübungen mit entsprechenden Suggestionen. Diese dienen noch vor der Ruheformel des AT (s. Kap. 6.2.1.1) zum Einstieg in die Entspannung und zur Tranceinduktion und werden dann im bzw. beim AT – gemäß der jeweils gewählten Reihenfolge – noch einmal besonders während der Atemübung vertieft.

Jede bewusste, achtsame Wahrnehmung des Atmens kann die Atmung verändern! So wie jede Selbstwahrnehmung und -aufmerksamkeit das Wahrgenommene beeinflussen und verändern kann (vgl. auch dazu Kap. 2.9.1). Rechnen Sie also mit Veränderungen der Atmung allein durch ihre betreffende Selbstaufmerksamkeit. Da Sie „nur" beobachten, lassen Sie sich von ihrer Atmung zeigen, ob, wie, wann und wo sie sich ändert. Um Störungen oder zu erwartenden, möglichen oder bestehenden Schwierigkeiten zu begegnen, können gewählte Atemformeln individuell angepasst und (zunächst) in geringerer Häufigkeit innerlich wiederholt und ausprobiert werden.

6.2.1.6 Bauchformel(n)

Nach Schultz (1979, 2000) folgt als fünfte „Übung" die Regulierung bzw. die Entspannung der Bauchorgane durch eine Wärmeempfindung in der gesamten Bauchgegend. Dazu soll sich der Übende auf das nervliche Sonnengeflecht etwa in der Mitte zwischen Brustbeinende bzw. Schwertfortsatz des Brustbeins und Bauchnabel – im Bauch liegend – einstellen. Das Sonnengeflecht verkörpert eine wichtige Umschaltstelle des sympathischen Nervensystems für die Bauchorgane (vgl. z. B. Vaitl, 2000b). Nach der Ruheformel kann der Übende sich nun etwa 5-6 mal – wie bei den früheren Formeln in ruhiger und passender Art und Weise – die Formel suggerieren: **(Das) Sonnengeflecht (ist) ganz warm/strömend warm.**

Schultz (1979) vermeidet das Wort „Bauch", wohl aus sozial-kultur-historischen Gründen wie Kraft (2004) erklärt. Andere Autoren, wie etwa Wilk (1999) benutzen den Begriff „Bauch". Die Beziehung zum Bauch sollte, wie auch zu anderen Körperbereichen, generell positiv sein oder sich – unabhängig von der Leibesfülle und vom Körpergewicht – positiv entwickeln. Dazu ist ein bewusstes Üben mit dem „Bauch" hilfreich. Außerdem ist das Sonnengeflecht ein medizinisches Gebilde und bleibt – trotz der suggestiven Kraft des Wortes „Sonnengeflecht" – im Grunde genommen abstrakt. Deshalb wäre die folgende alternative Formel mindestens gleichwertig (vgl. auch Kraft 2004, S.117): **(Der) Bauch (ist) ganz warm/strömend warm.** Die Strömung bzw. das Strömen kann z. B. im Sinne des Yogas als vom Rükken, von innen her oder als im jeweiligen Zentrum oder Fokus der Aufmerksamkeit kreisender Wärmefluss, -strudel gespürt und wahrgenommen werden. Selbstverständlich könnte auch der „Bauch weich und locker" sein und dies entsprechend suggeriert werden. Durch die Ergänzung „angenehm warm" können wieder angenehme Empfindungen, Assoziationen, Vorstellungen usw. wahrscheinlicher werden. Schultz (2000, S. 41) bzw. Dr. Dr. Klaus Thomas als Bearbeiter dieser Auflage schlägt den Begriff „Leib" vor (entsprechend auch Thomas, 1989). Da der Leib nicht nur den Bauch umfasst, wird die Formel hier zur Wärmegeneralisierung der 2. Übung auf den ganzen Körper. Die Generalisierung bietet sich schon bei der 2. Übung von den Gliedern auf den Rumpf bzw. ganzen Körper an (vgl. Kap. 6.2.1.3). Der Formel mit „Leib" mangelt also dann die Konzentration auf den Bauch. Die Empfindung und Vertiefung der Wärme im Bauch ist jedoch gerade für eine tiefe und innige Ruhe und Entspannung förderlich.

Da das Sonnengeflecht im Oberbauch liegt und bis in die Bauchmitte reicht, kann zudem sinnvoll zwischen Oberbauch und Unterbauch differenziert werden. Also entweder kann der „ganze Bauch" warm werden und die Einstellung über das Sonnengeflecht hinausgehen und sich über bzw. im ganzen Bauch erstrecken oder die Formel wird – mit entsprechender Aufmerksamkeit auf die Körperteile – erstens für den „Oberbauch" und dann noch einmal für den „Unterbauch" angewandt. Dies kann bei Verwendung der gleichen Bauchformel, wie etwa „Bauch strömend warm", nur durch die Ausrichtung der inneren Wahrnehmung und Aufmerksamkeit erfolgen. Es können aber auch zudem die Formeln entsprechend differenziert und angepasst werden. Es wird also gezielt zuerst etwa „Oberbauch strömend warm" wiederholt und danach etwa „Unterbauch strömend warm" suggeriert. Dadurch wird das Autogene Training zwar insgesamt aufwendiger und länger, aber auch sowohl im für die Entspannung und das Wohlergehen wichtigen gesamten Bauch- als auch den beiden Teilbereichen des Bauches wirksamer. Dieser Weg bzw. eine solche Differenzierung erweist sich nach meiner jahrzehntelangen Erfahrung mit AT, Meditation, Psychotherapie und Psychosomatik als hilfreich und sinnvoll.

So bietet auch Kraft (2004, S. 118) an, bei der Konzentration der Bauchformel sich „einmal mehr auf den Oberbauch" zu konzentrieren und damit mehr die inneren Organe des Oberbauches anzusprechen, zu wärmen und zu durchbluten, wie Magen, Zwölffingerdarm, Bauspeicheldrüse, Leber und Galle. Und sich „ein anderes Mal mehr auf den Unterbauch" zu konzentrieren, mit den Organen wie Blase, Enddarm, Gebärmutter und Eierstöcke. Dies kann zusätzlich, wie ausgeführt, durch entsprechende Suggestionsformeln unterstützt werden. Auch Thomas (1989) spricht mit der Wärmeformel („… ist strömend warm" oder nur „… ist warm") direkt verschiedene innere Organe des Bauchbereiches an, wie Magen, Bauchspeicheldrüse, Galle, Leber, Darm, Niere und Blase. Aber auch die Bereiche der Sexualorgane – im engeren Sinne, wie Glied bzw. Penis oder Scheide bzw. Vagina, oder im weiteren Sinne, wie Unterleib und Becken – und des Halses, wie etwa Rachen, Stimmbänder und Kehlkopf, können direkt angesprochen und fokussiert werden. Hier handelt es sich wie beim „Herz" mit Wärmesuggestion (s. Kap. 6.2.1.4) um Formeln, die die Wärme und damit involvierten Entspannungsreaktionen (wie etwa die stärkere Durchblutung) direkt auf ein Organ beziehen (s. Kap. 6.2.1.11). Dies kann bei besonderem und entsprechendem medizinischen Bedarf sehr sinnvoll und hilfreich sein. Allerdings spricht, wie bereits beim Herzen erwähnt, die Konzentration der Wärme auf den betreffenden, zugehörigen körperlichen Bereich – und eben nicht auf ein bzw. das jeweilige Organ beschränkt – auch die psychischen Aspekte dieses körperlichen Bereiches und Organs an.

Als Kurzform käme z. B. in Frage: **Sonnengeflecht/Bauch warm**. Entsprechend der beschriebenen Alternative und Unterscheidung der beiden Bauchbereiche wäre diese anzupassen und zu differenzieren: 1. „Oberbauch warm", 2. „Unterbauch warm".

Um den verschiedenen energetischen und bedeutungsvollen Zentren des Bauches in vollem Umfang Rechnung zu tragen, so wie bei den Körperreisen, dort rede ich von „Zentren" oder „Energiezentren" (s. Kap. 7), schlage ich meinen Patienten und Kursteilnehmern sogar die dreifache Differenzierung der Suggestion und Konzentration beim Bauch vor (vgl. auch Kap. 8.2): 1. „Oberbauch angenehm warm" (mit Konzentration zwischen Brustbein und Bauchnabel), 2. „Bauchmitte angenehm warm" (mit Konzentration auf und um den Bauchnabel), 3. „Unterbauch angenehm warm". Bei der letzten Suggestion liegen Wahrnehmung, Aufmerksamkeit und Konzentration deutlich unterhalb des Bauchnabels, etwa fast eine ganze Hand breit darunter, und damit nicht im bzw. noch merklich über dem Genital. Andernfalls würde diese Übung und Formel sehr wahrscheinlich ihren reinen Entspannungscharakter verlieren und sich sexuell anregend auswirken. In der Kurzform würden sich die Formeln schließlich etwa wie folgt reduzieren: 1. „Oberbauch warm", 2. „Bauchmitte warm" und 3. „Unterbauch warm".

Bei Übenden, die mit den energetischen Zentren vertraut sind oder vertraut werden wollen und mit diesen Zentren arbeiten sollten, rede ich dann von vornherein von Zentren. Ich bitte die betreffenden Personen, sich in den betreffenden Zentren – jeweils nur in einem und nacheinander – zu konzentrieren, wahrzunehmen, zu entspannen und Wärme zu empfinden. Dies kann auch nur beschreibend und neutral, d. h. ohne Rückgriff oder Bezug auf die großen asiatischen Systeme wie Yoga und Qigong, erfolgen, indem ich nur vom oberen, mittleren und unteren Bauchzentrum spreche. Durch die Beschreibung und Benennung der Zentren werden Wahrnehmung, Konzentration, Achtsamkeit sowie deren Entspannung und Wärme entsprechend auf diese und in diesen Bereichen ausgerichtet, gebündelt und verdichtet. Der jeweilige Bereich des Bauches wird also auf den betreffenden zentrierten und kleineren, körperlich und psychologisch aber hoch sensiblen und energetisch wirksamen Bereich konzentriert. Auf diese Art und Weise geht das AT in die meditative, energetische Arbeit des Kapitels 8.2 über.

Wählen Sie also ein Ihnen genehmes Vorgehen und suchen sich für Ihre Grund- und Kurzformen die passenden Begriffe aus. Die jeweilige Formel kann dann wieder passend mit dem Ein- und Ausatmen verbunden werden. Das Einatmen wird mit der Benennung des Körperbereiches, z. B. „Bauch", verbunden und das Ausatmen mit der eigentlichen Suggestion und Beschreibung der Wärme, z. B. „strömend warm".

Wenn die Magen-Darmtätigkeit angeregt wird, entsprechende Bewegungen und Geräusche wahrgenommen werden, so ist dies generell als ein Erfolg ihrer Übung, also als eine Folge der Entspannung, zu sehen. Diese sollten entsprechend positiv begrüßt werden, auch wenn jene anfangs Sie oder andere irritieren könnten. Wärmeempfindungen können wieder durch eine angenehme Vorstellung usw. gefördert werden (s. Kap. 6.2.1.3).

6.2.1.7 Stirn- und Kopfformel(n)

Nach Schultz (1979, 2000) folgt als sechste „Übung" die Stirnkühle. Sie basiert auf der Erfahrung, dass manche unruhige, erregte, hyperaktive, cholerische Menschen, sogenannte „Hitzköpfe", sich durch kühle Kompressen auf der Stirn beruhigen lassen. Auch die Erfahrung, dass eine Kühlung der Stirn in einem sehr warmen Bade, angenehm erfrischend und belebend wirken kann, spricht für eine solche Übung. Einen „kühlen Kopf" bewahren, kann Erregung und Aktionismus entgegen wirken. Nun erwärmen sich zunächst bei der Entspannung über die Übungen mit Schwere und Wärme – gemäß den Formeln, ihrem Verständnis, ihrer Anwendung und der Konzentration auf die Glieder und den Rumpf offenbar beiläufig – auch der Gesichts- und Stirnbereich. Kraft (2004, S. 120) zitiert eine Arbeit nach der zumindest ein leichter Temperaturanstieg im Stirnbereich bedeutend häufiger als ein Gleichbleiben oder eine Erniedrigung der Stirntemperatur zu erwarten sei. Vaitl (2000b) führt dies auf die Gefäßerweiterungen und Mehrdurchblutung, eben auch in diesen Körperbereichen, bei der Entspannung zurück. Da eine Mehrdurchblutung auch zu neuen, möglicherweise unangenehmen Körperempfindungen führen kann, wie etwa zu einem „dicken, dumpfen Kopf", kann dem durch die Stirnkühle grundsätzlich entgegen gewirkt werden. Meines Erachtens wäre hier jedoch wichtiger, die Empfindung konstruktiver, angemessen zu kommentieren und die Einstellung entsprechend zu ändern, sich also klar zu machen, dass es sich hier um eine natürliche und willkommene Entspannungsreaktion handelt. Der Übende kann lernen, dass sowohl eine Entspannung als auch eine Erregung zu einer Erwärmung im Kopfbereich führen kann, dass sich die Erwärmung in Folge einer Anspannung, Erregung aber anders anfühlt als die Erwärmung bei der Entspannung. Schultz (1979, S. 95) schlägt selbst vor für Patienten, die sich kritisch und zuverlässig selbst beobachten und für die die Wärme wohltuend ist: „Stirn angenehm warm". Eine solche Formel würde eigentlich die Entspannung im Stirnbereich vertiefen und den sehr wahrscheinlichen Unterschied zwischen der Kühle-Formel (s. u.) und der eigenen Stirnempfindung, wie etwa eine leichte Wärme, vermeiden. Suggestion und Körperempfinden wären dann in Übereinstimmung. Es besteht zudem die Gefahr, mit der Stirnkühle, eine Anspannungsreaktion, zumindest eine Anspannung der Gefäße im Kopfbereich, auszulösen. Je kühler bzw. kälter die Stirn suggeriert oder empfunden wird, desto größer ist die Wahrscheinlichkeit und die Ausprägung dieser Anspannungsreaktion. Menschen mit der Tendenz zu Kopfschmerzen und Migräne ist deshalb entweder von der Formel mit Verwendung einer Kühlesuggestion im Stirnbereich abzuraten oder eine noch größere Vorsicht nahe gelegt.

Aus diesen Gründen schlagen Schultz (1979, 2000) hier generell ein sehr vorsichtiges Vorgehen vor (vgl. auch Kraft, 2004). Also die Stirnkühleformel nach der Ruheformel, ähnlich wie bei Problemen mit der Herzformel (s. Kap. 6.2.1.4), zunächst nur 2 mal zu benutzen und dann schrittweise, langsam mit den Übungstagen die Häufigkeit der Wiederholungen zu steigern, bis sich das Kühleempfinden einstellt. Die Stirnformeln selbst werden daher vergleichsweise vorsichtig, mäßigend, mildernd, feinfühlig formuliert: **Die Stirn ist angenehm kühl.** (Kurzform: **Stirn angenehm kühl**) Alternative: **Die Stirn ist ein wenig kühl.** Da solche Abstufungen bei der Hypnose bzw. in Trance auch „überhört" werden können, ist es ratsam zudem mit der Vorstellung eines leichten Hauches bzw. Luftzuges zu arbeiten, der die Stirn leicht kühlt/erfrischt. Eine solche Empfindung kann wiederum auch tatsächlich auftreten, z. B. in Folge der vermehrten Wärmeabgabe durch die vermehrte Durchblutung, ähnlich wie auch bei den Gliedmaßen (s. dazu mehr unter Kap. 6.2.1.3). Kraft (2004) erklärt die Erfahrung einer kühleren Stirn mit der in Untersuchungen nachgewiesenen größeren Erwärmung anderer Körperteile, etwa Hände, Bauch, sogar der Wangen, im Vergleich und Unterschied zur Stirn. Die Stirn ist danach also verhältnismäßig kühl geblieben bzw. nur weniger warm geworden. Kraft (2004) empfiehlt diese Stirnkühleübung nicht vor dem Einschlafen zu verwenden, da diese zu Einschlafproblemen führen kann. Sind dagegen erhöhte Wachheit, Leistungsfähigkeit und Konzentration gefordert, ist diese Übung dagegen besonders geeignet.

Um die oben beschriebenen Probleme mit der Stirnkühle zu vermeiden, kann die folgende alternative Formel angewandt werden: **Kopf (ist) leicht/frei und klar.** Schultz (1979, S. 92) nennt auch die Variante: „Kopf leicht und klar, Gesichtszüge ganz glatt und entspannt". Kraft (2004, S. 124) schlägt zudem noch die folgende Abwandlung vor: „Kopf frei und leicht". Wilk (1999, S. 94) bietet alternativ die Formel an: „Meine Stirn ist angenehm weit." Ich benutze ebenfalls gerne statt „Kopf" „Stirn", also z.B. in der folgenden Weise: „Stirn frei, klar und entspannt". Die gewählte Kopfformel bzw. alternative Stirnformel können Sie gleich mehrmals (etwa 5-6 mal) in passender Ruhe, Dynamik und Rhythmik wiederholen. Aber auch diese Formel könnte das Einschlafen erschweren oder behindern und kann deshalb unter diesen Umständen weggelassen werden. Die Kurzform kann gemäß der herkömmlichen Formel dann lauten: **Kopf leicht/frei, klar (,Gesicht glatt, entspannt)**. Die anderen Formeln sind entsprechend zu kürzen, wie etwa: „(Stirn angenehm) weit" oder „(Stirn) frei, klar, entspannt". Die jeweils gewählte Stirn- oder Kopfformel lässt sich wie die vorherigen Übungsformeln mit dem Ein- und Ausatmen verbinden. Etwa „Stirn" oder „Kopf leicht" mit dem Einatmen und „angenehm kühl" oder „frei, klar und entspannt" mit dem Ausatmen.

Thomas (1989, S. 48) empfiehlt grundsätzlich „bei allen äußeren Schmerzen (an Haut und Schleimhäuten, einschließlich der Zahnschmerzen) das Kühlstellen". Auch Kraft (2004, S.140) betont, „dass eine kühle und trockene Haut Schmerzempfindungen und Juckreiz eher abklingen lässt", wie etwa bei einer Neurodermitis. Als eine weitere organspezifische Übung (s. Kap. 6.2.1.11) oder Suggestion im Sinne der Mittelstufe (s. Kap. 6.2.2) empfiehlt er dort (für Fortgeschrittene) entsprechend: „Haut kühl und trocken", „Haut ganz ruhig und angenehm kühl". Solche kühlenden Suggestionen werden zwar durch die Vorerfahrung und das Üben mit einer Kühle-Suggestion im Stirnbereich vorbereitet und erleichtert, sind aber grundsätzlich auch unabhängig davon zu erlernen. In der Schmerzhypnose werden solche Kühlesuggestionen prinzipiell durch entsprechende Vorstellungen und Imaginationen der Kühlung und Kälte begleitet und unterstützt, was deren Wirksamkeit, selbst bei ungeübten, aber hypnotisierbaren Personen, deutlich erhöht und vervielfältigt.

6.2.1.8 Rücknahmeformel(n)

Die Rücknahme ist wichtig, um vergleichsweise schnell orientiert, wach und reaktionsfähig aus der Entspannung in den Alltag zu gelangen. Sollten Sie anschließend einschlafen, erübrigt sich die Rücknahme, schlafen Sie ruhig weiter. Auch ohne Rücknahme kommen Sie aus dem Entspannungs- und Trancezustand zurück, jedoch kann dieser Prozess dann etwas länger dauern. Die Rücknahme erfolgt über formelhafte Vornahmen (nach Schultz, 2000): 1. **Arme fest!** Dabei beugen und strecken Sie aktiv die Arme und ballen die Hände zu Fäusten. Die Arme, optional zudem die Beine, werden kurz angespannt. 2. **Tief atmen!** Sie atmen tief ein und aus. 3. **Augen auf!** Sie öffnen die Augen.

Um etwas mehr von der Entspannung in den Alltag zu nehmen und nicht gleich wieder das hohe Aktivitäts- bzw. Erregungsniveau zu erreichen, können Sie auch etwas gemächlicher und sanfter zurückkehren, indem Sie die Befehlsform vermeiden, sich mehr gut zureden und sich etwas entspannter, sanfter räkeln und strecken, vielleicht dabei Gähnen.

Posthypnotische Suggestionen, wie „ich komme jetzt ruhiger, entspannter, leichter, gelassener, vielleicht auch erholter und gestärkt in das Hier und Jetzt zurück", helfen ebenfalls nach meiner Erfahrung zur angenehmen Rückfindung und Orientierung. Wichtig ist meines Erachtens, dass diese Suggestionen auch mehr oder weniger passen. Also passen Sie ruhig die Formulierungen dieser posthypnotischen Suggestionen an Ihre Empfindungen, Erfahrungen, Gefühle, Bedürfnisse an, so dass diese für Sie stimmig und passend werden und dennoch ihre Wirkungen möglichst erhalten bleiben. Auf diese Weise können Sie möglichst viele Positiva, wie Ruhe, Gelassenheit usw., aus der Übung und Entspannung in den Alltag mitnehmen.

Die Schwere wird durch die suggerierte Leichtigkeit („leichter") im obigen Beispiel zudem direkt zurückgenommen. Die jeweils direkte Rücknahme einer Übungsformel bzw. der betref-

fenden Entspannungsreaktion vermindert die Wahrscheinlichkeit von solchen Entspannungsempfindungen nach dem AT. Weitere direkte Zurücknahmen sind jedoch zumeist nicht notwendig. Schultz (2000, S. 28) gibt für alle Fälle noch Vorschläge für eine „ausführliche
Zurücknahme"; zum Beispiel: „Beine sind leicht." „Arme sind leicht." „Atmung und Herz sind
ganz normal." „Die Stirn hat die normale Temperatur." Nach meinen Erfahrungen können die
Wärmezustände im allgemeinen bleiben. Die „angenehme Wärme" kann in der Regel mit in den
Alltag genommen werden. Der Atemfluss wird durch das tiefe Ein- und Ausatmen, gemäß der
zweiten inneren Aufforderung bei der Rücknahme des AT, ohnehin aktiv verändert. Der Kopf
kann auch weiterhin leicht, frei oder/ und klar, frisch oder sogar angenehm kühl bleiben, soweit
Sie nicht nach dem AT einschlafen wollen (s. dazu das vorherige Kap.). Sollten sich dennoch
wider Erwarten im Alltag störende (Entspannungs-) Empfindungen aus dem AT hartnäckig halten, wie z. B. eine schwere, taube, rechte Hand, so wird allgemein empfohlen, die Übung kurz zu
wiederholen, um in den betreffenden Ausgangszustand zu gelangen, um die Rück- bzw.
Zurücknahme dann sehr bewusst, entschieden und aktiv vorzunehmen. Das wäre in unserem
Beispiel sinnvollerweise die Aufmerksamkeit und Konzentration auf den bzw. im rechten Arm
und dem innerlichen Sprechen, Denken oder Vergegenwärtigen der von Ihnen gewählten Variante zur Suggestion von Schwere im rechten Arm, also z. B. „rechter Arm schwer".

Sollten ernste innere, z. B. sehr unangenehme starke Beschwerden (s. dazu Kap. 2.9), oder
äußere Störungen (s. dazu Kap. 2.4) während des AT auftreten, so besteht – wie generell im
Kapitel 2.11 ausgeführt – prinzipiell die Möglichkeit, über die formelhafte, ritualisierte Rücknahme jederzeit aus dem AT in den Alltag zurück zu gelangen. Der Umstieg erfolgt in der Regel
umso schneller und wirksamer, je fester, aktiver, kräftiger, betonter Sie die Rücknahme vornehmen (s. ausführlich Kap. 2.11).

6.2.1.9 Konzentration auf die Übungsformeln und Imaginationen und auf das Ziel oder den Weg?

Die Formeln der Grundstufe beschreiben Zielzustände der Körperwahrnehmung und Entspannung. Durch die Konzentration auf die jeweilige Formel und genaue „Vorstellung" dieser Formel werden nach Schultz (1979, 2000) und Langen (1983) die körperlichen Reaktionen, Empfindungen und Stimmungsänderungen bewirkt und gelernt. Dazu werden diese etwa bildlich mit
dem inneren, geistigen Auge gelesen, innerlich gesprochen und gehört oder/und innerlich
geschrieben oder nur fest gedacht. Durch die Konzentration auf bestimmte Gedanken und Vorstellungen werden entsprechende körperliche und emotionale Reaktionen hervorgerufen. Diese
Wirkungsrichtung wird seit jeher in der Hypnose und in neuerer Zeit etwa in der kognitiven
Verhaltenstherapie benutzt, um körperliche und emotionale Zustände zu verändern und zu
erzeugen.

In diesem Sinne ist es daher nur konsequent, wenn andere, jüngere Autoren (wie z. B. Kraft,
2004; Müller, 2001; Wilk, 1999) gezielt die Vorstellungen der sprachlichen Suggestionen durch
bedeutungshaltige, anschauliche Vorstellungen, Imaginationen (s. Kap. 5), Erfahrungen und
Erinnerungen ergänzen und damit deren Wirkung – insbesondere für Übungsanfänger – deutlich verstärken. So kann die Gliederschwere beispielsweise nach einer befriedigenden, erfüllen-
den sportlichen Anstrengung, Leistung oder einem warmen Entspannungsbad (etwa im Bett
oder auf einer Liege) erinnert und vorgestellt werden. Die Wärme kann durch die Erinnerung
und Vorstellung eines Wärmespenders, eines Wärmeerlebens (z. B. warmes Wasser- oder
Sonnenbad), wie im Kapitel 6.2.1.3 bereits beschrieben, gefördert werden. Und auch bei den restlichen Übungsformeln lassen sich unterstützende Vorstellungen, Bilder, Analogien, Metaphern,

Erlebnisse, Erinnerungen finden. Dem Übenden sei deshalb mindestens selber überlassen, ob er solche Hilfen (Ressourcen) für sich finden und nutzen möchte. Etwa bei Wilk (1999) wird er dazu ausdrücklich ermutigt. Kriterium sollte die dadurch selbst erfahrene bzw. gespürte Erleichterung, Steigerung und Wirksamkeit bezüglich der Entspannung und gewünschten Körperreaktionen und -empfindungen, also die eigene Körperwahrnehmung sein.

Auch betonen neuere, jüngere Autoren (wie z. B. Müller, 2001; Wilk, 1999) genereller die Konzentration auf die entsprechende Wahrnehmung des Körpers. Wie bereits im Kapitel 6.2.1 ausgeführt, stellen sich durch die bewusste, aufmerksame und achtsame, konzentrierte Wahrnehmung des Körpers Entspannungsreaktionen wie von selbst ein, wie dies bei den Körperreisen (s. Kap. 3.3.4.2 und 7) genutzt wird. Wilk (1999) betont entsprechend die Körperwahrnehmung im Autogenen Training. In der so regelmäßig geübten, gezielten Entspannung werden Entspannungsreaktionen erzeugt und entsprechende Körperempfindungen wahrgenommen, die durch Übungsformeln fokussiert und mit diesen verbunden (assoziiert) werden. Auch nach Kraft (2004, S. 76) dient die Vergegenwärtigung der Übungsformeln „der Unterstützung der Konzentration, der Hinwendung der Aufmerksamkeit auf den zu beeinflussenden Teil des Körpers" und als „Konzentrationshilfe", die abschweifende Gedanken und Ablenkungen durch andere Wahrnehmungen und Empfindungen fern hält. Deswegen sollten die Suggestionen auch nicht heruntergeleiert werden. Durch die wiederholten (Entspannungs-) Übungen werden zudem die betreffenden Entspannungsreaktionen, Körperempfindungen und Übungsformeln immer enger miteinander verbunden, also im psychologischen Sinne „konditioniert", so dass letztere schließlich selbst in kritischen, stressenden Situationen als Auslöser für Entspannungsreaktionen und entsprechende Empfindungen genutzt werden können und wirken (s. Kap. 6.2.1). Auch aus diesem Grunde sollten die Formeln bzw. Suggestionen beim Üben mehrmals wiederholt werden. Die Übungsformeln dienen danach also auch als Anker und Auslöser für die wieder zu gewinnende innere Ruhe und Entspannung.

Nehmen Übende ihren Körper aufmerksam und genau wahr, so können die augenblicklichen Körperempfindungen von den formulierten Zielzuständen mitunter deutlich abweichen, etwa wenn der Übende noch sehr aufgeregt und angespannt ist. Dies kann dann – insbesondere bei Anfängern – als störender innerer Widerspruch wahrgenommen werden, im Sinne von: Ich rede mir etwas ein, was (noch) gar nicht der Fall ist. Dieses Widerspruchserleben erzeugt dann eine innere Spannung, eine sogenannte „kognitive Dissonanz", und befördert Erregung und Anspannung, was erfahrungsgemäß bis zum Abbruch und Unterlassen der Übung führen kann. Diesen Personen kann helfen, die Suggestionen bzw. Ziele als Vorgang, Prozess, als angestrebt und in der Zukunft liegend zu beschreiben. Im Sinne von Alman und Lambrou (1996) würden die Suggestionen dann weniger ergebnisorientiert als vielmehr prozessorientiert formuliert werden. Anstatt das erwünschte Ergebnis, den angestrebten Zielzustand in bzw. mit der Formulierung der Suggestion vorwegzunehmen und als bereits erfüllt, vorliegend, gegenwärtig und ein Ist-Zustand zu beschreiben, wird der zu erreichende Zustand als Soll- bzw. zukünftiger Ziel-Zustand oder eben der betreffende Vorgang dahin angesprochen. Beispielsweise, anstatt „der Arm ist schwer", wird dann etwa die Formulierung „der Arm wird schwer" oder „der Arm wird schwerer" benutzt. Das hätte also den Vorteil, dass keine störenden Widersprüche zwischen der angestrebten und tatsächlichen Körperwahrnehmung formuliert werden. Insbesondere für Anfänger und relativ Ungeübte wäre das wichtig und kann oft hilfreich und sogar entscheidend sein. Viele Anfänger verändern dementsprechend von selbst und mehr oder weniger intuitiv die konventionellen Formulierungen in ihnen gemäße, passendere bzw. zutreffende Varianten.

Zum Beispiel Langen (1983, S. 19) lehnt diesen Bezug auf den Prozess ab, da der zu erreichende Zustand als „gegenwärtig" vorgestellt werden „muss". Dies wird aus seiner Sicht verständlich, die eben (wie oben ausgeführt) den Schwerpunkt bei den Suggestionen sieht und die körperlichen Prozesse (Vorgänge, Veränderungen) wesentlich als Folge der Konzentration auf die Suggestionen begreift. Aber auch z. B. Kraft (2004, S. 76) betont die Zweckmäßigkeit und Wichtigkeit der Gegenwartsform für die Wirkung und den Erfolg mit den Formeln beim Üben. Lindemann (1991, S. 55) verweist entsprechend auf Erfahrungen, dass die Atemformel mit „ist" wirksamer sei als mit „wird". Da spätestens mit dem Fortschreiten der Übung bzw. des Übungs-grades die Hilfsverben ohnehin weggelassen werden und schließlich nur noch die Kurzformeln Verwendung finden, entfallen die Unterschiede und mögliche Probleme früher oder später. Zumal nach Kraft (2004, S. 123) die Formeln schließlich ganz wegfallen sollen. Nach meinen Erfahrungen mit Kursteilnehmern und Patienten können für gewöhnlich ohne irgendwelche Schwierigkeiten oder Nachteile bereits von Anfang an jegliche Hilfsverben weggelassen, also weder „ist" noch „wird", noch deren Plurale „sind" und „werden" verwendet werden. Dann reduziert sich die anfängliche Schwereformel von vornherein auf etwa: „Rechter Arm schwer".

Aus den Erfahrungen mit indirekten und direkten Formulierungen der Suggestionen in der Hypnose (z. B. Bongartz & Bongartz, 1998) sind zwar Unterschiede in der Wirksamkeit möglich, aber nicht entscheidend. Entscheidend ist nach meiner Auffassung und nach meiner Erfahrung vielmehr, mit welcher Formelvariante (ergebnis- oder prozessorientiert) der einzelne Übende besser und schneller voran und zum Erfolg, also zu betreffenden Entspannungserfahrungen kommt. Hier gibt es erfahrungsgemäß individuelle Unterschiede, die beim Erlernen des AT und der Formulierung der Suggestionen bzw. Übungsformeln berücksichtigt werden sollten. Letzt-lich sollte und kann dies meines Erachtens jeder Übende nur für sich selbst prüfen und entschei-den. Wählen Sie also die oder eine Ihnen genehme und hilfreiche Formulierungsvariante. Viel-leicht würden insgesamt mehr Personen das AT erlernen und regelmäßig üben, wenn Ihnen solche persönlich sinnvollen und letztlich zweckdienlichen Abweichungen ermöglicht und angeboten werden würden, vor allem um den Anfang zu erleichtern.

Die Ausgangsformeln können zur Konzentration auf den Prozess etwa wie folgt umformu-liert werden:

(Ich) werde ruhig/ruhiger.

(Mein) rechter (linker) Arm wird schwer/schwerer.

(Mein) rechter (linker) Arm wird warm/wärmer.

(Mein) Herzschlag wird ruhig/er (und kräftig/er).

(Mein) Atem wird ruhig/ruhiger.

(Mein) Bauch wird warm/wärmer.

(Mein) Kopf wird leicht/er und klar/er.

Die Formeln zur Generalisierung der Schwere und Wärme können entsprechend geändert werden.

Der Herzschlag ist bei einem gesunden Herz grundsätzlich kraftvoll (kräftig). Dieser kann als solches – insbesondere wenn Geist und Körper zur Ruhe kommen und die Aufmerksamkeit auf das Herz gerichtet ist – innerlich wahrgenommen und eindrucksvoll erlebt werden. Sollten diese Empfindungen, die Herzschläge, das Herzklopfen, eher beunruhigen oder verunsichern (s. dazu auch das entsprechende Kap. 6.2.1.4), so kann die Beschreibung mit „wird kräftig/er" als wahrnehmungskongruent (mit der Wahrnehmung übereinstimmend) und im Sinne der Formel und Erwartung als adäquat erlebt und interpretiert werden. In der Folge können die Herzempfindungen besser angenommen werden und sich innere Beruhigung und Sicherheit wieder einstellen. Sollte der kräftige Herzschlag jedoch weiterhin beunruhigen, verunsichern oder stören, so kann es helfen, auf diese Beschreibung einfach zu verzichten und sich nur zu suggerieren, dass der Herzschlag ruhig(er) wird. Dies gilt in gleicher Weise auch für die entsprechende ergebnisorientierte Formulierung der Suggestion (s. Kap. 6.2.1.4).

6.2.1.10 Übungsplan mit klassischen oder alternativen Formeln oder in Verbindung mit Atem- und Chakrenmeditation

Setzen wir voraus, dass Sie sich die Formeln aus den vorherigen Kapiteln ausgewählt haben, die für Sie zunächst stimmig und passend sind und mit denen Sie nun üben möchten. Sie können selbstverständlich beim anfänglichen sowie beim späteren Üben auch verschiedene Formeln ausprobieren, um jeweils die für Sie am besten passenden und wirksamen Formeln zu finden. Die herkömmlichen Formeln in Orientierung nach Schultz (1979, 2000) sind in der Tabelle 1 noch einmal zusammengestellt.

Am Ende des vorherigen Kapitels wurden bereits im Vergleich zu den herkömmlichen Formeln alternative Formeln vorgestellt, die den Prozess beschreiben und vergegenwärtigen helfen. Die Tabelle 2 führt nun, wie in den einzelnen Kapiteln zu den Formeln und Übungen der Grundstufe dargestellt und diskutiert, weitere Alternativen zu den klassischen Formeln auf. Dazu passend werden diese in einer anderen Reihenfolge angeboten. Auch die Suggestionen zum Einstieg und zur Rücknahme bzw. Beendigung des AT werden hier als Übungen aufgefasst und mitgezählt. Auf diese Art und Weise werden für die Diskussion und den Gebrauch alle Positionen und die gesamte Reihenfolge im AT explizit und transparent. Vor allem wird nach Tabelle 2 die Wärme nach der Generalisierung auf den Körper und noch vor der Atemübung jeweils besonders in der Brustmitte bzw. dem yogischen Herzbereich (s. u.) und entweder im gesamten Bauch oder den einzelnen Bauchbereichen wahrgenommen und suggeriert. Die auf das Organ bezogene Herzformel wird durch die Suggestion und Empfindung von Wärme im Herzbereich ersetzt. Die Stirnformel wird nach Tabelle 2 nicht mehr auf die Temperatur bezogen, sondern auf vor allem im Stirnbereich empfundene oder mit diesem verbundene, phänomenale Qualitäten einer mentalen Entspannung und eines entspannten Bewusstseins. Die Tranceinduktion und der Einstieg in das AT sowie die Beruhigung während des AT und zwischen den einzelnen Übungen kann, wie in Tabelle 2 vorgeschlagen, auch von Anfang an sehr wirksam über die Atmung erfolgen und damit verbunden werden. Anstatt sich nur einfach „Ruhe" oder „ruhig" zu suggerieren, kann alternativ auch losgelassen und entspannt werden. Zudem könnte die Beruhigung und Entspannung über die Atmung explizit mit der Suggestion zum Loslassen und Entspannen kombiniert werden. Wie bereits erwähnt, wird im Unterschied zu ursprünglichen Klassifizierung und Zählung nach Schulz (1979, 2000) diese alternative Einstiegs- und Beruhigungsform nicht mehr von den anderen Formeln und Übungen abgegrenzt und deswegen bereits als erste Übung gewertet und gezählt. Es handelt sich dementsprechend grundsätzlich um die erste, wenn auch noch allgemeinere, Tranceinduktion und Entspannungssuggestion. Auch die Entspannungssuggestionen in den weiteren Übungen vertiefen demnach nur konsequent die Tranceinduktion und Entspannungstrance. Allerdings werden dort bestimmte Entspannungsreaktionen und -aspekte spezifischer suggeriert und fokussiert. Dies gilt selbstverständlich nicht für die Beendigungsformeln, mit denen zwar auch geübt wird, aber Trance und Entspannung eben nicht befördert, sondern zurückgenommen werden.

Tabelle 1

Formeln des Autogenen Trainings in Anlehnung an Schultz (1979, 2000)

0. Zur Einstimmung und wiederholten Einstellung die Ruheformel: **Ich bin ganz ruhig.** Kurzform: **Ruhe/ruhig**

1. Übung mit Schwere: **Der rechte/linke Arm ist (ganz) schwer.** Generalisierung mit: **Der linke/rechte Arm ist (ganz) schwer. Beide Arme sind (ganz) schwer. Die Beine sind (ganz) schwer. Alle Glieder sind (ganz) schwer.** Kurzform: **Schwere/schwer**

2. Übung mit Wärme: **Der rechte/linke Arm ist (ganz) warm.** Generalisierung auf die Gliedmaßen: **Der linke/rechte Arm ist (ganz) warm. Beide Arme sind (ganz) warm. Die Beine sind (ganz) warm. Alle Glieder sind (ganz) warm.** Kurzform: **Wärme/warm**

3. Herzübung: **Herz schlägt ruhig und kräftig (/"gleichmäßig").** Kurzform: **Herz ruhig**

4. Atemübung (beobachtendes Wahrnehmen der Atmung): **(Die) Atmung (ist) ganz ruhig (und gleichmäßig). / Es atmet mich.** Kurzform: **Atmung (ruhig)**

5. Bauchübung (statt „(der) Bauch" auch „(das) Sonnengeflecht" möglich): **(Der) Bauch (ist) ganz warm/strömend warm.** Kurzform: **Bauch warm**

6. Die Stirnübung: **Die Stirn ist angenehm kühl/ein wenig kühl.** Kurzform: **Stirn angenehm kühl** als Kopfübung: **Kopf ist leicht/frei und klar (,Gesichtszüge (ganz) glatt und entspannt).** Kurzform: **Kopf leicht/frei, klar (,Gesicht glatt, entspannt)**

0. Beendigung/Rücknahme: 1. **Arme fest!** (Dabei die Arme beugen und strecken und die Hände zu Fäusten ballen, Arme (und Beine) kurz anspannen.) 2. **Tief atmen!** (Tief einatmen und ausatmen.) 3. **Augen auf!**

Anmerkungen: Nur die zu verwendenden, innerlich zu vergegenwärtigenden Formeln sind fett gedruckt. Alternative Wort- und Satzwendungen sind zudem mit Schrägstrich getrennt. Mögliche Ergänzungen und Anpassungen der Formeln befinden sich (ebenfalls fett gedruckt) in Klammern.

Tabelle 2

Formeln und Vorgehen zum abgewandelten Autogenen Training

1. Zur Einstimmung in die Ruhe und Entspannung etwa: **Mit jedem Atemzug versuche ich ruhiger (und ruhiger) zu werden/tiefer (und tiefer) zu entspannen.** / **Mit jedem Atemzug kann ich ruhiger (und ruhiger)/ruhig werden/tiefer (und tiefer)/tief entspannen.** / **Mit jedem Atemzug (werde ich) ruhiger (und ruhiger)/tiefer (und tiefer) entspannt.** / **Loslassen und entspannen**
zur wiederholten Einstellung und als Kurzform (eher): **Ruhig, entspannt /Ruhe/ Loslassen, entspannen**

2. Übung mit Schwere: **Rechter (linker) Arm angenehm schwer**
Generalisierung: **Linker (rechter) Arm angenehm schwer, (Arme angenehm schwer), Beine angenehm schwer, (Arme und Beine angenehm schwer), Körper angenehm ruhig, entspannt (und schwer)**
Kurzform: **(angenehm) schwer**

3. Übung mit Wärme: **Der rechte (linke) Arm angenehm warm**
Generalisierung auf die Gliedmaßen: **Der linke (rechte) Arm angenehm warm, (Arme angenehm warm), Beine angenehm warm, (Arme und Beine angenehm warm), Körper angenehm (ruhig, entspannt und) warm**
Kurzform: **(angenehm) warm**

4. Herzübung abgewandelt als besondere Wärmeübung mit Konzentration auf den Herzbereich bzw. das yogische Herz-/Brustzentrum (dabei etwa brustmittig konzentrieren):
Herzbereich/ Herz-/Brustzentrum/Brustmitte angenehm warm
Kurzform: **Herzzentrum/Brustzentrum/Brustmitte warm**

5. Bauchübung: **Bauch angenehm warm**
Empfohlene Differenzierung:
1. **Oberbauch angenehm warm** (mit Konzentration zwischen Brustbein und Bauchnabel),
2. **Bauchmitte angenehm warm** (mit Konzentration auf und um den Bauchnabel),
3. **Unterbauch angenehm warm** (hier etwa eine Hand breit unterhalb des Bauchnabels)
Kurzform: **Bauch warm** (oder jeweils die entsprechende Differenzierung)

6. Atemübung:
A) mehr passiv, beobachtend – wobei die achtsame Wahrnehmung des Atmens und Atems auf den gesamten Atemvorgang, -fluss oder auf ausgewählte Teile/Stellen des Körpers (z.B. im Bauch als Heben und Senken, Füllen und Leeren usw.) konzentriert werden kann, etwa wo die Atmung gut zu spüren ist: **Atem kommt/ein** (beim Einatmen) **und geht/aus** (beim Ausatmen).
Kurzform: **Atem – kommt, geht/** Mit Konzentration auf den Atem nur: **Kommt – geht/ Ein – aus**
B) mehr aktiv, verändernd (entsprechend Kap. 3.4): **Tief einatmen und langsam aus (-atmen).** Nach dem Ausatmen (in der Atempause) nachspüren und ruhen bis der Atemimpuls kommt und dann wieder tief einatmen und langsam aus.
Kurzform mit Konzentration auf den Atem: **Tief ein – langsam aus**

7. Kopf-/Stirnübung: **Stirn angenehm weit / Stirn frei, klar und entspannt**
   Kurzform: **(Stirn angenehm) weit / (Stirn) frei, klar, entspannt / Stirn**

8. Zurückkommen/Beenden: Mit dem Atem können wir uns nicht nur entspannen, sondern auch aktivieren: **Tief einatmen und tiefer/fester aus.** Sich bewusst vornehmen zurückzukommen, etwa: **Ich komme jetzt ruhiger, entspannter, leichter, gelassener, (vielleicht auch) erholter und gestärkt in das (äußere) Hier und Jetzt zurück.** Dazu räkeln, strecken, gähnen und vielleicht (lustvoll, genießerisch) stöhnen, dann die Augen öffnen und sich orientieren.

Anmerkungen: Nur die zu verwendenden, innerlich zu vergegenwärtigenden Formeln sind fett gedruckt. Alternative Wort- und Satzwendungen sind zudem mit Schrägstrich getrennt. Mögliche Ergänzungen und Anpassungen der Formeln befinden sich (ebenfalls fett gedruckt) in Klammern. Die Übungsformeln von Punkt 2 (Schwere) bis 5 (Bauchwärme) und 7 (Kopf-/Stirnübung) können durch ein „ist/ sind" oder „wird/ werden" oder eine noch vorsichtigere Formulierung (wie bei Punkt 1) individuell ergänzt werden.

Je nach Erfahrung, Wissen und Übungsgrad können Sie früher oder später andere Formeln auswählen, Ihre Formeln ändern, vereinfachen oder zusammenfassen oder sogar eigene Formeln bilden. Um diese Formeln und die betreffenden Körperreaktionen und -wahrnehmungen zu üben, sind diese Formeln in eine Reihenfolge zu bringen, in der die einzelnen Übungen durchgeführt und erworben werden. Die Übungen bzw. Formeln sollten nach Schultz (1979, 2000) in der Anordnung der Kapitel erfolgen. Also erst die Ruhesuggestion mit einer Ruheformel, dann die Schwereübung mit einer Schwereformel (und den Generalisierungen), dann die Wärmeübung mit einer Wärmeformel (und den Generalisierungen) usw. Die Reihenfolge ist jedoch nach Vaitl (2000b) nicht zwingend. Allerdings hat sich die folgende Ordnung am Anfang Ruheformel, dann 1. Übung mit Schwere, 2. mit Wärme, 3. mit Atmung in der Praxis bewährt. Die Entspannung und die Trance wird auf diese Art und Weise mehr oder weniger aufbauend, organisch vertieft. Auf die restlichen Übungen könnte auch unter Umständen verzichtet werden (vgl. Langen, 1983); denn bezüglich der Entspannungstiefe bringen diese kaum noch einen Zuwachs (vgl. auch Vaitl, 2000b). Sollen jedoch alle durchgeführt werden, wird die Kopfformel in der Regel als letzte bzw. sechste geübt. Zu beachten ist bei dieser Nummerierung wie auch bei den nun folgenden Positionsangaben, dass diese, wie in Tabelle 1, sich an die ursprüngliche bzw. klassische Art und Weise von Schulz anlehnen, wo die Ruheformel – in Funktion der Tranceinduktion und eines Tranceankers – sowie die Rücknahmeformeln bzw. das Beendigungsrituals – in Funktion der Trancerücknahme – nicht als Übungen des AT gewertet und mitgezählt wurden. Die Herzübung kann auch, anstatt die dritte Stelle einzunehmen (wie in Tabelle 1), als vierte und die Bauchübung an fünfter Stelle der Atemübung folgen. Die Atemformel wird dann zuvor als dritte geübt. Die Herzformel geht nach Schultz jedoch als dritte Übung der Atemübung als vierte voraus. Z. B. Wilk (1999) und Kraft (2004) ziehen dagegen die Atemübung als dritte Übung der Herzübung als vierte vor (s. dazu Kap. 6.2.1.4).

Bei der Verwendung von Wärme für Herz und Bauch, können Sie diese Formeln dann als dritte und vierte Übung vor der Atemübung benutzen (s. Kap. 6.2.1.4 und 6.2.1.6). Nach Tabelle 2 wird diese Lösung angeboten, in der sich die Wärme im Herz- und dann im Bauchbereich der Wärme in den Gliedmaßen und im ganzen Körper anschließen. Dies erscheint in der Bedeutung einer weiteren gezielten und bewussten Ausdehnung und Spezifizierung des Wärmeerlebens über die Gliedmaßen hinaus sinnvoll und folgerichtig. Es unterstützt entsprechend das Erlernen und Wahrnehmen dieser wärmebezogenen Entspannungsreaktionen. Deswegen folgt erst nach sämtlichen Wärmeformeln die besondere Atemübung. Aus der Erfahrung mit Yoga und Qigong könnte auch die Bauchwärme (als dritte) sinnvollerweise der Herzwärme (als vierte Übung) vorangehen. Sollten Sie die Wärme-Formel auch für die Stirn benutzen wollen, wie im Kapitel 6.2.1.7 diskutiert, so wäre diese konsequenterweise als fünfte Übung ebenfalls vor der Atemübung durchzuführen. Im letzten Fall würde die Atemübung zur letzten bzw. sechsten eigentlichen Übung des AT werden; denn alle Körperbereiche des AT wurden über die Wärme bereits angesprochen und entspannt. Danach ist nur noch einmal die anfängliche Ruheformel oder Beruhigungsformel zu suggerieren und dann erfolgt die Rücknahme und das Beendigungsritual. Auch ein „Absteigen" mit der Wärme vom Stirn- oder Herzbereich bis in das untere Bauchzentrum nach der Wärmegeneralisierung auf den ganzen Körper, wie noch weiter ausgeführt, ließe sich rechtfertigen, würde aber nur die Reihenfolge der Suggestionen und Wahrnehmungsfokussierungen bezüglich der Wärme ändern bzw. umkehren. Die Wärmesuggestion in den einzelnen Bereichen von etwa Stirn bis Bauch, nach Tabelle 2 bis Unterbauch, könnte zwar auch vor der Wärmegeneralisierung auf den ganzen Körper und direkt nach der Generalisierung der Wärme auf alle Gliedmaßen erfolgen, aber diese Generalisierung der Wärme auf den ganzen Körper bereitet die für gewöhnlich schwierigere Fokussierung und Wahrnehmung der Wärme in einzelnen, bestimmten Bereichen des Rumpfes vor. Danach ist es für Anfänger, Kursteilnehmer und Patienten in der Regel einfacher zusätzlich besonders konzentriert und intensiv, Wärme in den speziellen Körperbereichen des Rumpfes, aber auch des Kopfes und Halses zu suggerieren und zu spüren.

Ergänzt werden könnte diese Reihe noch um die Wahrnehmung und Suggestion von Wärme im Bekkenboden- bzw. Dammbereich (vgl. mit dem Wurzelzentrum Kap. 8.1.1 und der Chakrenmeditation mit Wärme im Kap. 8.2). Die zusätzliche Übungsformel nach den Wärmeempfindungen und -suggestionen in den drei Bauchbereichen, nämlich Oberbauch, Bauchmitte und Unterbauch, oder Bauchzentren kann etwa wie folgt lauten: **Wurzelzentrum/Beckenboden/Damm (ist/wird) (angenehm) warm.**

Ebenso einbeziehen ließe sich, allerdings vor oder nach der Wärme im Herzbereich, grundsätzlich auch noch das Wahrnehmen und Suggerieren der Wärme vorne, mittig, im unteren Halsbereich, nämlich der Drossel- oder Halsgrube (vgl. mit dem Halszentrum im Kap. 8.1.6). Wenn die Wärme im Stirnbereich bzw. Stirnzentrum nicht suggeriert werden sollte (vgl. Kap. 6.2.1.7 und 8.1.7), dann würde mit der Wärme im Halszentrum entweder begonnen, also vor der Suggestion und Wahrnehmung der Wärme im Herzbereich bzw. -zentrum, oder geendet werden, also nach der Wärme im Herzzentrum. Dies hängt davon ab, ob die Wärme im Rumpf nacheinander von unten nach oben oder von oben nach unten suggeriert und empfunden wird. Die Übungsformel im Halsbereich wäre dann:
Halsgrube/-zentrum (ist/wird) (angenehm) warm.

Jede neue Formel bzw. Übung, bis auf die Rücknahme, wiederholen Sie innerlich mehrmals (bis zu insgesamt etwa 6 mal, bei Verwendung der Stirnkühle als Formel weniger, s. dazu Kap. 6.2.1.7). Die Anzahl der Formelwiederholungen können Sie vorher festlegen. Die Festlegung kann – zum Erlernen – helfen. Die genauen Wortlaute der Formeln für die Übungen stellen Sie sich bitte nach den betreffenden, vorangegangenen Kapiteln zusammen. Nach jeder Übung vertiefen Sie noch einmal die Ruhesuggestion. Am Schluss folgt dann zudem die Rücknahme, in der gewählten und angemessenen Art und Weise.

Sollten Sie nach der Tabelle 2 oder überhaupt mit den alternativen Formeln üben und sich anfangs über die Atmung beruhigen, dann sollten Sie zwischen den einzelnen Übungen immer wieder einmal zur ersten, einleitenden Atemberuhigung zurückkehren und sich die diesbezügliche Suggestion geben bzw. vergegenwärtigen. Zwischen den verschiedenen Wärmeübungen und -suggestionen kann diese wiederholte Rückbesinnung jedoch entfallen, um sich stärker weiter auf die Wärme konzentrieren und fokussieren zu können.

Im Folgenden wird zuerst ein klassischer Übungsplan (nach Schultz,1979, 2000) und dann ein alternativer, individuell angepasster zum Vergleich aufgeführt.

Beispiel für einen klassischen Übungsplan:

Beginn/Einstimmung: Ruhe (mehrmals)

1. Übung: Schwere (mehrmals)

Ruhe (einmal)

2. Übung: Wärme (mehrmals)

Ruhe (einmal)

3. Übung: Herz (mehrmals)

Ruhe (einmal)

4. Übung: Atem (mehrmals)

Ruhe (einmal)

5. Übung: Sonnengeflecht/Bauch (mehrmals)

Ruhe (einmal)

6. Übung: Stirn/Kopf (zweimal bis mehrmals)

Ruhe (einmal)

Beendigung mit bewusster Rücknahme

Beispiel für einen individuellen Übungsplan:

Beginn/Einstimmung: Ruhe (mehrmals)

1. Übung: Schwere (mehrmals)

Ruhe (einmal)

2. Übung: Wärme bezogen auf Gliedmaßen bis ganzen Körper (mehrmals)

Ruhe (einmal)

3. Übung: Wärme bezogen auf Bauch (mehrmals)

Ruhe (einmal)

4. Übung: Wärme bezogen auf Herz bzw. Brustmitte (mehrmals)

Ruhe (einmal)

5. Übung: Atem (mehrmals)

Ruhe (einmal)

6. Übung: Kopfformel etwa: „Kopf frei und klar" (mehrmals)

Ruhe (einmal)

Beendigung mit bewusster Rücknahme

Im Unterschied zur Tabelle 2 wurde in unserem individualisierten Beispiel die Bauchwärme der Herzwärme bzw. Wärme in der Brustmitte vorgezogen. Beide Reihenfolgen sind wie oben bereits besprochen möglich. Entweder generalisieren und suggerieren Sie im Rumpf die Wärme von unten nach oben, das ist in energetisch aufbauender Art und Weise, oder von oben nach unten, das ist in energetisch rückführender, sammelnder Art und Weise. Beides kann sehr angenehm und wohltuend sein.

Sie können auch das AT sehr wirkungsvoll mit der Stirn-Wurzelzentrum-Atem-Meditation (s. Kap. 3.5) als alternative, meditative Ruhe-, Atem- und Stirnübung kombinieren (s. Tabelle 3). Diese Atemmeditation dient dann für wenige oder einige Minuten bzw. Atemzüge als Einstieg in das AT und die Entspannung. Die Ruheformel sowie die Atem- und Stirnformel wären hier entsprechend an die Atemmeditation anzupassen. Das Ein- und Hinatmen ins Stirnzentrum kann in Anlehnung an Kapitel 3.5 – und die Bedeutung und Wirkung sowohl beschreibend als auch suggerierend – durch „(geistige) Wachheit/Klarheit/Bewusstheit/Präsenz/Kraft/Stärke" begleitet werden. Es könnten auch die betreffende Adjektive „wach, klar, bewusst, präsent" oder „stark" verwendet werden oder nur ein einfaches „Ein!" oder „Da!". Wenn es vor allem als ein spirituelles Er- oder Aufwachen, Bewusstwerden, Wachsen gesehen und erlebt wird, dann böte sich z. B. auch an: „(bewusst/ klar) Werden!". (Die Ausrufezeichen betonen das zügige und tiefe Einatmen. Sie können aber auch jederzeit weggelassen werden, wenn dadurch z. B. zuviel, unnötig oder unangenehm Druck erzeugt werden sollte.) Das Ausatmen kann etwa mit „Gelassenheit/gelassen/Loslassen/Lassen/Entspannen" oder einem „Aus" innerlich besprochen, gedacht, vorgestellt werden. Das Ruhen im Wurzelzentrum in der Atempause würde passend mit „Ruhe/Sein" kommentiert werden. Dieses Ruhen im Wurzelzentrum gleichzeitig mit dem Ruhen des Atmens kann auch als spirituelle Erfahrung erlebt und entsprechend benannt werden: „Einssein". So können Sie diese Atemmediation beispielsweise mit der Übungsformel „(geistige) Kraft/Klarheit – Gelassenheit – Ruhe" oder bei Belieben etwa in der spirituellen Variante „Werden – Lassen – Einssein" innerlich begleiten. Eine mit dem Zen übereinstimmende und vom Zen inspirierte Formulierung und Begleitung dieser Atemmeditation mit „Werden – Vergehen – Einssein" hätte zwar eine tiefe spirituelle Bedeutung, aber auch Wirkung. Sie ist daher auch nicht unbedingt für den gewöhnlichen AT-Nutzer stimmig und geeignet. Diese sollte daher nur gewählt werden, wenn die inneren und äußeren Voraussetzungen und Umstände dafür passen und gegeben sind. So braucht es zuvor ein gewisses Verständnis, eine innere Prüfung, Reifung, Haltung und vor allem eine hinreichende psychische und mentale Stabilität. Wie im Kapitel 3.5 ausgeführt, kann zwar die Stirn-Wurzelzentrum-Atem-Meditation selbst auch ohne Suggestionen durchgeführt werden, aber im Sinne des AT kann, wie bereits im Kapitel 6.2.1 diskutiert wurde, es jedoch sinnvoll und hilfreich sein, auf entsprechende Suggestionen bzw. Übungsformeln einen besonderen Wert zu legen und solche zu benutzen.

Wenn das Atmen zu Beginn der Übung noch sehr flach, unruhig oder schnell ist oder Sie sich noch innerlich (körperlich oder psychisch) zu unruhig, aufgeregt oder unkonzentriert fühlen, können Sie sich auch zuerst bzw. zuvor mit der bewusst vertieften und verlangsamten, aber zudem achtsamen Bauch- oder Vollatmung aus Kapitel 3.4 einstimmen und beruhigen. Sie begleiten dann sinnvoller Weise diese Atmung mit einer zugehörigen und dort hergeleiteten Maxime als Übungsformel: **Tief einatmen und langsam aus**. Etwas verkürzt auch: **Tief ein – langsam aus**. Die Ruhephase bzw. Atempause kann noch besonders betont und hervorgehoben werden durch die Wendung: **Tief ein – langsam aus – ruhen**. Wenn Sie die Atmung und sich hinreichend beruhigt haben, würden Sie dann weiterhin so atmen und zudem zur Stirn-Wurzel-zentrum-Atem-Meditation übergehen (s. Tabelle 3).

Kapitel 12.5.1 gibt eine exakte Anleitung als Beispiel und Muster wieder, wie sie mündlich zum Durchführen und Üben der Grundstufe für Einsteiger von Ihnen verwendet werden kann. Es wird hier von vornherein mit der Ruhe, Schwere, Wärme und verschiedenen Atemvarianten sowie kurzen, einprägsamen und m. E. sehr passenden und geeigneten Formeln geübt. Der Text im Kapitel 12.5.2 dient dann zur Orientierung und Anleitung zur Fortsetzung, Ausweitung und Vervollständigung des Übens der Grundstufe nach dem hinreichenden Üben und Erfolg mit der Einstiegsversion. Hier werden bewusst in einfacher und grundlegender Art und Weise auch mehrere alternative Aspekte bzw. Formeln und Vorgehensweisen integriert und verwendet.

Sie können auch anstatt der bewussten Vertiefung und Verlangsamung der Atmung und Wahl einer Bauch- oder Vollatmung nur mit einer achtsamen Atmung bzw. Wahrnehmung ihres Atems oder/und Atmens einsteigen. Nur kommen so, vor allem bei innerer Aufregung und Unruhe, nach meiner Erfahrung eher weniger, vor allem weniger geübte Personen, zur Entspannung und Ruhe. Dann kann die aktive Atementspannung oder Atemmeditation recht nützlich und hilfreich sein. Dennoch bleibt die achtsame Atemwahrnehmung bzw. die passive Atementspannung nach Kapitel 3.2 und die achtsame Atemmeditation nach Kapitel 3.3.2 eine Option und ein angemessener Weg, sich zu beruhigen, zu entspannen und in die Trance zu gelangen. Das achtsame Atmen könnte auch prinzipiell bis zur Schwereübung fortgesetzt werden, ohne das zur Stirn-Wurzelzentrum-Atem-Meditation gewechselt werden würde.

Nach dem beschriebenen Einstieg mit der Atemmeditation folgt die Wahrnehmung und Suggestion von Schwere, in ursprünglicher Art und Weise zunächst in den Armen, dann Beinen und schließlich im ganzen Körper. Ich biete dazu gerne die folgenden knappen Übungsformeln an, die nacheinander jeweils wiederholt innerlich gesprochen, gedacht, vorgestellt werden (s. Tabelle 3): 1. **rechter Arm schwer**, 2. **linker Arm schwer**, 3. **rechtes Bein schwer**, 4. **linkes Bein schwer** und 5. **Körper (angenehm) schwer**. Die Nummerierung unterscheidet sich hier im Text von der in Tabelle 3, da die Links-Rechts-Varianten für die Arme und Beine hier gesondert aufgeführt und mitgezählt wurden. Die Schwere ergänze ich auch gerne um den Fokus bzw. die Worte „Ruhe" und „Entspannung". Damit die Empfindung der Schwere im ganzen Körper auch auf jeden Fall positiv bleibt, füge ich bei Kursteilnehmern oder Patienten gerade an dieser Stelle in der Regel noch ausdrücklich „angenehm" hinzu. Für die Wahrnehmung und Suggestion der Schwere im gesamten Körper ergibt sich dann etwa die Formel: **Körper angenehm, schwer, entspannt und ruhig**. Das innerliche Sprechen, Denken oder Vorstellen dieser Suggestionen erfolgt unbedingt in Verbindung mit dem inneren, achtsamen Spüren und Hineinspüren in die betreffenden Körperteile. Zum Schluss wird die schwere im ganzen Körper aufmerksam nachgespürt. Die ausdrücklichen Rechts- und Links-Hinweise bzw. -Variationen können nach einiger Übung entfallen. Im Sinne der gelernten Generalisierung werden dann praktisch beide Arme oder Beine gleichzeitig wahrgenommen und schwer. Wenn dies nicht geschieht, dann reicht es seine innere, wahrnehmende Aufmerksamkeit verstärkt und bewusst auf den Arm oder das Bein zu richten, der bzw. das noch schwerer und entspannter werden sollte.

Tabelle 3

Ein Autogenes Training in Verbindung mit Atem- und Chakrenmeditation

1. Zum Einstieg bewusste Bauch- oder Vollatmung mit vertiefter Ein- und verlangsamter Ausatmung sowie anschließender Atempause durchführen: **Tief einatmen und langsam aus/ Tief ein – langsam aus/ Tief ein – langsam aus – ruhen,** bei nur achtsamer Wahrnehmung des Atems/ Atmens etwa: **Ein – Aus/ Ein – Aus – Ruhe.**
Dann oder gleich zu Beginn zur Stirn-Wurzelzentrum-Atem-Meditation (Kap. 3.5): **Tief über das Stirnzentrum ein (-atmen), langsam** (mit dem Ausatem körpermittig hinab über Nase, Mund, Kehlkopf, Halsgrube, Brustbein, Bauch und Bachnabel, bis kurz vor das Genital, dann nach innen zum Damm) **aus (-atmen), im Wurzelzentrum – (zur) Ruhe** (bis zum Einatemimpuls, diesem nachgeben, wieder tief einatmen und wiederholen). Diese Atmung kann auch durch die Worte begleitet werden: **(geistige) Kraft/ Klarheit** (beim Einatmen) **– Gelassenheit** (beim Ausatmen) **– Ruhe** (in der Atempause und -leere) oder **Werden – Lassen – Sein/ Einssein/ Ruhe/ Gleichmut.** Alternativ könnte das achtsame Atmen mit **Ein – Aus (– Ruhe)** fortgesetzt werden.

2. Übung mit Schwere: 1. **(rechter,** dann **linker) Arm schwer,** 2. **(rechtes,** dann **linkes) Bein schwer,** 3. Generalisierung: **Körper (angenehm) schwer (ruhig und entspannt)**

3. Übung mit Wärme: 1. **(rechter,** dann **linker) Arm (angenehm) warm,** 2. **(rechtes,** dann **linkes) Bein (angenehm) warm,** 3. **Körper (angenehm) warm**
Dann entweder in aufsteigender (von 4 bis 9) oder absteigender (von 9 bis 4) Reihenfolge:
4. **Halsgrube/ -zentrum (angenehm) warm,**
5. **Herzbereich/ Brustmitte/ Herzzentrum (angenehm) warm,**
6. **Oberbauch/ Sonnengeflecht/ oberes Bauchzentrum (angenehm) warm,**
7. **Bauchmitte/ Nabelbereich/ mittleres Bauch-/ Nabelzentrum (angenehm) warm,**
8. **Unterbauch/ unteres Bauchzentrum/ Sakralzentrum (angenehm) warm,**
9. **Dammbereich/ Wurzelzentrum (angenehm) warm**

4. In die beiden Zentren bzw. Bereiche des Kopfes hineinspüren, erst in den mittleren Stirnbereich, danach in den Scheitelbereich und jeweils dort: **Loslassen und entspannen.** Dies kann in einem weiteren Schritt auch auf den ganzen Körper generalisiert werden.

5. Wieder Entspannung und Meditation mit dem Atem und Atmen und den entsprechenden Formeln (s. Punkt 1). In jedem Falle wird die Stirn-Wurzelzentrum-Atem-Meditation wieder durchgeführt. Gegebenenfalls (je nach Einstieg) zudem noch anschließend die bewusste vertiefte und verlangsamte Bauch- oder Vollatmung oder die achtsame Wahrnehmung der Atmung.

6. Zurückkommen/Beenden: Mit dem Atem können wir uns nicht nur entspannen, sondern auch aktivieren: **Tief einatmen und tiefer/fester aus.** Sich bewusst vornehmen zurückzukommen, etwa: **Jetzt – (vielleicht) ruhiger, entspannter, gelassener und gestärkt – in das (äußere) Hier und Jetzt zurück!** Dazu räkeln und strecken, vielleicht gähnen oder stöhnen, die Augen öffnen und sich orientieren.

Anmerkungen: Nur die zu verwendenden, innerlich zu vergegenwärtigenden Formeln sind fett gedruckt. Alternative Wort- und Satzwendungen sind zudem mit Schrägstrich getrennt. Mögliche Ergänzungen der Formeln befinden sich (ebenfalls fett gedruckt) in Klammern.

Anschließend wird die Wärme wiederum, wie bei der Schwere, in den Armen, Beinen und dem ganzen Körper empfunden und suggeriert. Im Unterschied zur Schwere werden danach zusätzlich noch besondere Körper- und Energiebereiche, sogenannte Chakren, angesprochen. Es wird auch dort jeweils versucht die Wärme zu spüren und zu suggerieren. Dies sollte unbedingt im Herzbereich, den drei Bauchbereichen und dem Wurzelzentrum erfolgen. Zur Wärmeübung biete ich also zuerst in der Regel die folgenden Suggestionsformeln an: 1. **rechter Arm warm**, 2. **linker Arm warm**, 3. **rechtes Bein warm**, 4. **linkes Bein warm**, 5. **Körper (angenehm) warm**. Zudem werden dann die besonderen Bereiche im Rumpf bezüglich Wärme gesondert wahrgenommen und angesprochen: 6. **Herzbereich/ Brustmitte/ Herzzentrum warm**, 7. **Oberbauch/ Sonnengeflecht/ oberes Bauchzentrum warm**, 8. **Bauchmitte/ Nabelbereich/ mittleres Bauch-/ Nabelzentrum warm**, 9. **Unterbauch/ unteres Bauchzentrum/ Sakralzentrum warm** und 10. **Dammbereich/ Wurzelzentrum warm**. Je nach Vorlieben und Bedarf werden eher die anatomischen Bereiche bzw. Lagen oder die energetischen Charakterisierungen bzw. Bezeichnungen gewählt. Bei Bedarf oder hinreichendem Übungsgrad empfehle ich zudem, wie bereits in Tabelle 3 geschehen, auch noch extra das Halszentrum vor dem Herzzentrum (wird dann Nummer 6b) zu berücksichtigen und einzubeziehen: 6a. **Halsgrube/ -zentrum warm**. Die hier im Text verwendeten Nummern weichen von denen in der Tabelle 3 ab, da im Text wieder explizit und gesondert die Rechts-Links-Varianten aufgeführt und mitgezählt wurden und die den Hals betreffende Formel optional angeboten wird. Es lohnt sich dennoch sicher von vornherein oder bald auch das Halszentrum in die Wärmeübung einzufügen.

Diese absteigende Wärmegeneralisierung über die einzelne Energiebereiche, angefangen beim Halszentrum und endend im Wurzelzentrum, entspricht zum einen der Rückführung bzw. Sammlung der Energie bzw. des Qi in seinem energetischen Ursprung (s. dazu Kap. 7 und 8). Zum anderen kann die maximal gefühlte Wärme in den Zentren prinzipiell mit der Tiefe im Rumpf zunehmen. Also das Wurzelzentrum kann im Unterschied zum Halszentrum deutlich wärmer, sogar vergleichsweise als heiß, empfunden werden. Dies muss aber im besonderen bzw. individuellen Fall – vor allem bei Anfängern – nicht der aktuellen Wahrnehmung entsprechen. Es bietet sich bei der Generalisierung der Wärme und Fokussierung in den Energiebereichen bzw. -zentren auch, wie bereits oben angesprochen, das umgekehrte Vorgehen an, also eine von unten, vom Wurzelzentrum ausgehende, aufsteigende Reihenfolge an. Dieses Vorgehen entspricht der systematischen Entfaltung der Energie bzw. des Qi (vgl. Kap. 7 und 8).

Schwierigkeiten mit der Wärmeempfindung sind, vor allem zu Beginn des Übens, zu erwarten und sollten einfach so hin- und angenommen werden. Dies gilt auch für Schwierigkeiten, sich in diesen besonderen Bereichen wahrzunehmen und zu spüren. Trotzdem sollte geduldig und wie oben beschrieben weiter geübt werden. Mit dem regelmäßigen Üben werden diese Schwierigkeiten nach einiger Zeit abnehmen und seltener.

Der Scheitelbereich bzw. -zentrum (vgl. Kap. 8.1.8) sollte zur Wärmegeneralisierung und für die Wärmesuggestion unberücksichtigt bleiben (mehr dazu im Kap. 8.2). Da die Stirnmitte bzw. das -zentrum (vgl. Kap. 8.1.7) bereits bewusst über die Atemmeditation zu Beginn fokussiert und einbezogen wurde, kann nicht nur auf eine gesonderte und eventuell unpassende Wärmesuggestion und -generalisierung in diesem Zentrum verzichtet werden. Um aber eine vollständige Chakrenmeditation (vgl. Kap. 8) in die Grundübungen des AT zu integrieren, sollen in einer weiteren Übung die beiden besonderen energetischen Zentren des Kopfes, also im Stirn- sowie Scheitelbereich, noch gesondert, bewusst wahrgenommen und angesprochen werden (s. Tabelle 3). Entsprechend der Grundstufe des AT steht auch bei dieser Meditation und Übung die Entspannung im Vordergrund. Es geht darum, sich auch in diesen beiden Zentren achtsam wahrzunehmen, zu spüren und zu entspannen, ohne jedoch auf den Aspekt bzw. die Qualität der Wärme wie in der vorangegangenen Übung zu achten oder zu fokussieren. Deshalb wird zuerst in den mittleren Stirnbereich bzw. das Stirnzentrum achtsam hineingespürt und danach in den Scheitelbereich bzw. das Scheitelzentrum. Um das auch körperlich zu spürende und wahrzunehmende Entspannen in den jeweiligen Zentren zu unterstützen und zu begleiten, biete ich die Formel – etwa wie bei der PME (s. Kap. 4) und der Körperreise (s. Kap. 7) an: **Loslassen und entspannen**. Dieses Loslassen und Entspannen kann zudem noch auf den ganzen Körper bezogen, gespürt und suggeriert werden (Generalisierung).

Die expliziten inneren Wiederholungen der jeweiligen Suggestionen (Formeln) für die Schwere, Wärme oder das Loslassen und Entspannen in den einzelnen Körperbereichen sowie im ganzen Körper können nach längerem, täglichem Üben und der zunehmenden Gewöhnung und Automatisierung abnehmen. Wichtig bleibt aber weiterhin das systematische achtsame Wahrnehmen und Entspannen im Körper. Deshalb sollte die Struktur bzw. die jeweils gewählte Reihenfolge als Grund- und Ausgangslage erhalten bleiben und so, d. h. in dieser Anordnung nacheinander, weiter geübt werden. Sollte aus irgendeinem, guten Grund diese Struktur bzw. Reihenfolge jedoch verändert, ergänzt oder differenziert werden, so würde dann entsprechend weiter nach dieser neuen Struktur geübt werden.

Nach der letzten Entspannungsübung wird wiederum die Stirn-Wurzelzentrum-Atem-Meditation für wenige bis einige Minuten bzw. Atemzüge angewendet (s. Tabelle 3). Diesmal dient diese nicht mehr zum Einstieg und weniger zur Beruhigung, sondern zur weiteren, wirksamen Vertiefung der Entspannung und Meditation. Sie ersetzt als wirksame Alternative wiederum die wiederholte Ruheübung und, vor allem an dieser Stelle, die Atem- sowie Stirnübung des AT. Die betreffenden Formeln des AT bezüglich Ruhe, Atem und Stirn erübrigen sich also und können deshalb entsprechend wegfallen. Zum Schluss folgt dann noch die bewusste Rücknahme.

Die gesamte Meditations-AT-Übung kann nach meiner Empfehlung und im Unterschied zum klassischen AT nach Schultz, wie unten ausgeführt, bereits zu Beginn vollständig geübt werden. Dies setzt selbstverständlich voraus, dass die Bauch- und Vollatmung – gegebenenfalls bzw. alternativ das achtsame Atmen – und die Stirn-Wurzelzentrum-Atem-Meditation in einem gewissen, ausreichenden Umfang und in einer minimalen Qualität durchgeführt werden können. Ansonsten wären diese (am günstigsten zum Erwerb) zuvor in einer Phase von einigen, etwa 6 bis 10 Wochen täglich zu üben und zu lernen (s. dazu auch die betreffenden Kap. 3.4, 3.5). Die vollständige, hier beschriebene Kombination aus Atem-, Chakrenmeditation und AT sollte etwa 20 Minuten dauern, bei Bedarf, nach Wunsch und Gefühl auch länger. Diese kann, vor allem bei einem entsprechenden Übungsgrad, sicher auch einmal in deutlich kürzerer Zeit durchgeführt werden. Um jedoch eine nachhaltige, andauernde Wirkung, also Beruhigung, Entspannung, Stärkung usw., zu erreichen, sollten jedoch – wie nach meiner Empfehlung für das AT überhaupt – langfristig Zeiten zwischen mindestens 15 bis zu 30 Minuten täglich eingeplant werden.

Die hier dargestellte, besondere Kombination aus Atem-, Chakrenmeditation und AT bietet sich erfahrungsgemäß besonders für Menschen an, die sehr kopf-, denk- und verstandesorientiert, gedanklich sehr beschäftig, leicht ablenkbar und unkonzentriert sind, sehr unter Belastung,

Druck und Anspannung stehen sowie über verhältnismäßig wenig innere, körperliche (Selbst-) Wahrnehmung und Einfühlung verfügen.

Gleichgültig, welche Variante Sie nun wählen und für sich individuell zusammenstellen, sollten Sie grundsätzlich und möglichst jeden Tag das AT üben.

Nach Schultz (2000) sollten Sie am Anfang – bis Sie dann zügig die suggerierten Entspannungsreaktionen und -empfindungen erreichen – jeweils etwa 4 Minuten mindestens einmal, besser aber zwei- bis dreimal pro Tag üben. (Kraft, 2004, S. 69, weist darauf hin, dass die gesamte Übungszeit mit der Anzahl der Übungen bzw. Übungsformeln zunehmen kann.) Sie beginnen idealerweise mit der Ruhesuggestion (s. Kap. 6.2.1.1), wiederholen diese für sich mehrmals, um zur Ruhe zu kommen. Sie wiederholen dann mehrmals (bis zu 6-mal) innerlich die Schwereformel (s. Kap. 6.2.1.2) für ihren „dominanten" Arm und versuchen, das Schweregefühl zu empfinden. Falls nötig wiederholen Sie währenddessen auch noch mal die Ruheformel. Auf jeden Fall wiederholen Sie am Schluss noch einmal die Ruheformel und vollziehen dann die Rückkehr aus der Entspannungstrance mit der Rücknahme. Wie im Kapitel 6.2.1.2 ausgeführt kann gerad beim anfänglichen Üben (mit der ersten Übungsformel) vor der Rücknahme die Schwereübung fortgesetzt werden. Die Zyklen aus 6-mal Schwereformel und einmal Ruheformel werden dann wiederholt durchlaufen. Stellt sich das Schweregefühl in folgenden Sitzungen in anderen Gliedmaßen ein, so generalisieren Sie die Schwere auf die betreffenden Gliedmaßen (s. Kap. 6.2.1.2). Stellt die Schwere sich nicht so ohne Weiteres spontan ein, so unterstützten Sie die Generalisierung durch eine gezielte Verwendung und Wiederholung der Schwereformeln für die anderen Glieder (s. ebenda).

Nach etwa 6-14 Tagen stellen sich die suggerierten Entspannungsreaktionen und -empfindungen in der Regel ein und es kann die nächste Übung mit Formel in das tägliche Übungsprogramm integriert werden. (Die neue bzw. nächste Formel kann nach Kraft, 2004, S. 70, auch problemlos integriert werden, falls die suggerierten Empfindungen sich noch nicht eingestellt haben, wie es z. B. im Rahmen von Kursen passieren kann.) Da die Formeln sich dann zunehmend vereinfachen, verkürzen, integrieren, die Reaktionen bzw. Empfindungen schneller kommen, die Generalisierungen sofort da sind (etwa z. B. „alle Glieder schwer", dann „alle Glieder warm" oder sogar „alle Glieder schwer und warm") und weniger Wiederholungen notwendig werden, kann die gewählte Gesamtzeit des Übens weitgehend konstant bleiben. Es wurde allerdings schon bei der Schwere- und Wärmeübung darauf hingewiesen, dass die einzelnen Formeln zur Generalisierung der Schwere und Wärme und die so nacheinander auf die einzelnen Körperbereiche gerichtete, fokussierte, konzentrierte achtsame Wahrnehmung prinzipiell beibehalten werden können.

Sollten sich die erwünschten Entspannungsempfindungen nicht sogleich oder mal nicht einstellen, so wäre das auch in Ordnung und zu akzeptieren. Bedenken Sie, dass Sie diese Fertigkeit wahrscheinlich erst erlernen müssen. Vielleicht sind Sie auch nur an diesem Tag zu aufgeregt, zu angespannt oder zu unkonzentriert. In der Regel ist auch dies übungsabhängig. In jedem Falle ist es günstig mit dem, was Sie wahrnehmen, zufrieden zu sein. Wenn Sie die Empfindung erzwingen, ungeduldig oder unzufrieden werden oder sich ärgern usw., dann regen Sie sich auf und spannen an, so dass eine Entspannungsreaktion (Gefühl oder Empfindung) nur unwahrscheinlicher wird. Sie werden erfahren, dass mit zunehmender Übung die gewünschten Entspannungszustände insgesamt leichter und schneller zu erreichen sind. Sie können also nach der letzten Wiederholung der betreffenden Formel (Suggestion) getrost zur nächsten Formel gehen und sich mit dieser versuchen (vgl. Thomas, 1989).

Nach etwa 2-4 Monaten können Sie in Abhängigkeit ihrer Übungshäufigkeit, aber auch der Dauer und Intensität der Übungen, die Übungsformeln weitgehend umsetzen, also die Entspannungsreaktionen und -empfindungen gezielt in kurzer Zeit herstellen bzw. nach Schultz (1979, 2000) auf Entspannung „umschalten". Insbesondere mit der Übung und der gewonnenen Erfahrung im AT können die Formeln so weit verkürzt und verdichtet werden, dass nur noch die Kurzformen verwendet werden. Das Vorgehen kann dann insgesamt flexibler und mehr den Bedürfnissen und Umständen angepasst werden. Wichtig ist jedoch, dass Sie zum Erlernen und regelmäßigen Üben eine weitgehend feste, ritualisierte Form bzw. Grundstruktur finden, damit Sie sich beim Üben auf die Entspannungsreaktionen konzentrieren können, diese automatisieren und nicht zu viel über das Vorgehen und die Durchführung nachdenken müssen. Später im fortgeschrittenen Zustand wird die Reihenfolge „beliebig" (Schultz, 1979, S. 94). Sie können dann „in den Übungen spazieren gehen".

Allerdings kann auch dann eine gewisse Struktur im Vorgehen bzw. ein festes, grundlegendes Gerüst aus Formeln sowie ihrer Anordnung, Wiederholung und den jeweiligen Zeitspannen und Abläufen sehr hilfreich und nützlich bleiben, um sich nicht in oder zwischen den Möglichkeiten oder vielleicht sogar in Tagträumen zu verlieren. Diese feste, standardisierte und gewissermaßen ritualisierte Grundstruktur bleibt dann Gegenstand und Mittel der regelmäßigen Übung mit den entsprechenden positiven Wirkungen und Folgen, unabhängig von den persönlichen Fortschritten. Dieses ritualisierte Üben dient auch dem Erhalt des grundlegenden, erworbenen Übungsgrades bzw. der Aufrechterhaltung und Verstärkung der damit verbundenen, sich angeeigneten und erlernten Kompetenzen. Gleichzeitig und darüber hinaus kann das AT flexibel an die individuellen Bedürfnisse und Gegebenheiten angepasst und diesbezüglich modifiziert und erweitert werden. Dies kann vor dem jeweiligen AT überdacht, entschieden und vorgenommen werden oder, angesichts und aufgrund bestimmter Wahrnehmungen, Erlebnisse und Erkenntnisse, auch spontan während des AT. So können beispielsweise einzelne Formeln und Entspannungsreaktionen früher oder später suggeriert oder weniger oder häufiger wiederholt werden. Körperbereiche können explizit berücksichtigt und via entsprechend anzupassenden Formeln direkt angesprochen werden, die nach und mit dem standardisierten oder regelmäßig geübten AT keine besondere Beachtung bekommen hätten. Z. B. kann so etwa speziell der Rücken in Gänze oder nur ein bestimmter Teil des Rückens oder ein einzelner Finger wahrgenommen und angesprochen werden, z. B., dass dieser angenehm warm werden und folglich entspannen soll. Im nächsten Kapitel wird gezielt diese Erweiterung und Spezifizierung der Formeln im AT durch den Bezug auf bestimmte Körperteile oder einzelne Organe ausgeführt und diskutiert.

Nun, frühestens nach den ersten 2-4 Monaten, können Sie nach Schultz (1979, S. 97) die „Versenkung" in dem gelernten Entspannungszustand auf eine halbe Stunde ausdehnen, soweit keine Probleme damit bzw. dabei auftreten. Nach einem weiteren etwa vierteljährlichen, erfolgreichen Üben kann diese Versenkung auch auf bis zu einer Stunde und länger ausgedehnt werden. Schultz (1979, 2000) legt großen Wert darauf, dass in der ersten Trainingsphase nur wenige oder einige Minuten geübt wird. Die Vorteile sind, dass der Übende konzentriert und motiviert bleibt sowie lernt, gezielt, schnell und konzentriert die Formeln umzusetzen und sich schnell und wirkungsvoll zu entspannen. Erst nach dem sich der Übende effizient in Entspannung versetzen kann, wird die Entspannungsphase bedeutend ausgedehnt.

Eine Verlängerung der Entspannung ist jedoch notwendig, um durch das AT ausreichend Ruhe, Erholung, Gelassenheit, Entspanntheit, Kraft usw. für den Alltag zu sammeln. Eine längere, tiefe Entspannung, etwa von einer halben Stunde, bringt logischerweise deutlich mehr als drei kurze Entspannungen am Tag, von z. B. 4 Minuten. Aber bei diesem erreichten Übungsgrad (nach etwa 3 Monaten) können Sie selber herausfinden, was Ihnen gut und not tut. Schultz (2000, S.28) behauptet, dass wer sich am Anfang mehr Zeit, etwa 10 Minuten, ließe, der bräuchte auch noch nach Monaten entsprechend länger, also dann 10 Minuten, bis zum Erleben der Schwere und bekäme die Umschaltung auf Entspannung nicht in den Griff. Dies gilt nach meiner Erfahrung nur für Personen, die in diesen Minuten nicht konzentriert nach Übungsplan üben oder üben können. Ich habe zudem positiv erfahren, dass viele Menschen, gleichgültig ob nur Kursteilnehmer oder Patienten, bereits von Anfang an mit mehr Zeit, etwa zwischen 10 bis 20 Minuten, und mehreren Formeln in der Gruppe oder für sich üben können und zurechtkommen. Zu diesen Formeln gehören von Anfang an insbesondere eine Ruhesuggestion, Übungen der Schwere und Wärme und der Atmung. Schwere und Wärme können zunächst noch auf die Gliedmaßen begrenzt und angewendet werden. Aber bereits die jeweilige Generalisierung auf den ganzen Körper kann zusätzlich noch empfohlen und entsprechend suggeriert und probiert werden. Sie erlernen so ebenfalls, schnell und gut in die Entspannung zu gelangen, diese wiederholt zu vertiefen und in ihr für längere Zeit – mit den positiven Wirkungen – zu bleiben. Vor allem führt das längere In-sich-Ruhen so frühzeitiger zu wichtigen, erwünschten positiven Effekten, die über das Entspannen weit hinausgehen, wie z. B. verbesserte Körper- und Selbstwahrnehmung, mehr Körper- und Selbstakzeptanz, besseres Selbstwert- und Körpergefühl.

Tägliches und mindestens regelmäßiges Üben ist auch nach Beherrschen des AT nicht nur wegen der positiven Effekte des AT wichtig, sondern um die erlernten Fertigkeiten, sich mit dem AT zügig, zuverlässig und tief zu entspannen, die körperlichen Entspannungsreaktionen und -empfindungen herzustellen usw., möglichst gut verfügbar zu erhalten. Nach längeren Übungspausen nehmen diese Fertigkeiten nach und nach ab. Wenn das AT jedoch ausreichend und für einen längeren Zeitraum, etwa ein halbes Jahr, täglich gelernt wurde, wird es nach Ansicht und Erfahrung von Kraft (2004, S. 69) nicht mehr ganz verlernt und nur noch partiell vergessen. Es würde dann zwar schneller und leichter wieder erlernt werden, aber es fällt mit zunehmendem Abstand nach meiner Erfahrung grundsätzlich schwerer, die Entspannungsreaktionen hervorzurufen. Vor allem bei stärkerer innerer Unruhe, Belastung, Anspannung usw. und eigentlich entsprechend größerem oder dringlicherem Bedarf an Entspannung , gelingt genau dies mit dem AT weniger oder eben nicht mehr in zufriedenstellendem Umfang oder befriedigender Qualität.

In einem Tagebuch zum AT können im Anschluss an das jeweilige Training wichtige und auffällige Daten, Umstände, Erfahrungen und Wirkungen beschrieben und festgehalten werden. Dazu gehören notwendig der Übungsrahmen, wie z. B. das Datum, Uhrzeit bzw. der Beginn, die Dauer, gegebenenfalls der Ort, wie z. B. Bett zu Hause oder Stuhl im Büro. Auch Besonderheiten des Kontextes, der Situation und des Ortes sowie etwaige Störungen können sehr aufschlussreich sein und sollten deshalb dokumentiert werden. Weiter sollte die Art und Weise des Übens, wie die speziellen Übungen bzw. benutzten Formeln und ihre Wirkungen notiert werden. Das betrifft sowohl die erwarteten Empfindungen und Wahrnehmungen, wie z. B. Schwere, Wärme, als auch andere, wie z. B. Kribbeln, Leichtigkeit, Ausdehnung. Auch weitere erlebte, eventuell mehr indirekte Folgen während oder auch nach dem AT sollten in diesem Tagebuch Eingang finden. Dazu gehören überraschende, verwirrende, unbekannte, unverstandene Wahrnehmungen, wie z. B. Druckgefühle, Klänge, Lichter, Farben und Bilder, sowie deren Qualität und Intensität. Es könnte sich dabei z. B. auch um Entspannungsreaktionen handeln, die nach dem AT noch etwas länger anhalten oder später im Alltag spontan bewusst werden und auftreten. Für die wissenschaftliche Dokumentation und Verwertung würden dann daran zusätzliche Ansprüche und Anforderungen gestellt werden. Die Protokollbögen von Schultz (1979) sind dort auf S. 397-399 abgebildet. Ein Übungstagebuch kann den Erwerb des Verfahrens und die Entwicklung einer eigenen Expertise unterstützen. Die eigene Entwicklung, Fortschritte, Abhängigkeiten, Zusammenhänge und Probleme können so leichter und besser rekonstruiert, überblickt, erfasst, reflektiert, verändert und geprüft werden.

6.2.1.11 „Organspezifische" Formeln

Hier können z. B. körperliche Entspannungsreaktionen in speziellen Körperbereichen, -teilen oder -systemen – im ursprünglichen Verständnis und Ausdruck, eben in bestimmten „Organen" – in vergleichbarer Art und Weise nach den Standardübungsformeln gezielt und direkt angesprochen und suggeriert werden. Dazu finden Sie in den Kapiteln mit den Übungsformeln viele Vorschläge und Erweiterungen. So werden Schwere (s. Kap. 6.2.1.2) und Wärme (s. Kap. 6.2.1.3, 6.2.1.4, 6.2.1.6 und 6.2.1.10) als Suggestionen sowie Entspannungsreaktionen und -empfindungen gezielt und sogar systematisch auf einzelne Körperbereiche oder -teile bezogen. Es werden dann nicht nur Arme, Beine, Rumpf, Körper oder Sonnengeflecht bzw. Oberbauch angesprochen und wahrgenommen, sondern darüber hinaus – mehr oder weniger detailliert – bestimmte Körperbereiche oder -teile. In der klassischen Variante des AT handelt es sich bei der Herzübung bzw. -formel bereits um eine organspezifische Formel, da diese sich direkt auf das Herz als Organ bezieht (s. Kap. 6.2.1.4). Im Kapitel 6.2.1.7 wurden Probleme mit der Haut, wie z. B. Jucken, Schmerzen und Ausschläge, angesprochen und Suggestionen zur Kühlung, Trocknung und Beruhigung der Haut angeboten. Da die Haut als ein Organ, wenn auch ein sehr komplexes und vielfältiges, zu betrachten ist, handelt es sich hier ebenfalls um organbezogene oder -spezifische Formeln.

Zur Bildung von angemessenen Übungsformeln liefert auch das Kapitel 6.2.2 über Vorsatzbildungen Anregungen und Hinweise. Mit „Gleichgültigkeitsformeln", wie etwa „Schmerz ganz gleichgültig" sollte m. E. jedoch sehr vorsichtig umgegangen werden, da solche „Indifferenzformeln" eine wichtige Auseinandersetzung mit dem Schmerz und erwünschte Entwicklungen behindern oder sogar verhindern bzw. unterbinden können (s. dazu auch Kap 2.9). Das gilt gleichermaßen auch für andere aversive Empfindungen, wie etwa Kribbeln oder Taubheit, sowie für die Ergänzung und Spezifizierung des Körperteils bzw. des augenscheinlichen – möglicherweise vermeintlichen – Ursprungs und Ortes der betreffenden Empfindung in der Formel, z. B. „im Zahn" oder „im Magen". So könnte z. B. die von Kraft (2004, S. 17) zitierte Indifferenzformel, „Herz in jeder Situation völlig gleichgültig", auch zum Übersehen, Überhören und Nichtspüren von Herzreaktionen und -empfindungen beitragen oder führen, die den Übenden sonst auf wichtige emotionale, situationale, gedankliche und körperliche Zusammenhänge hätten hinweisen können. So könnten etwa auch ernste Entwicklungen und Erkrankungen am Herzen nicht oder nicht mehr hinreichend beachtet und wahrgenommen und quasi – aus psychologischer Sicht – „verdrängt" werden (s. dazu auch Kap. 6.2.1.12, 6.2.1.4, 2.9 und 9).

Es empfiehlt sich daher, solche organspezifischen Formeln mit möglichst viel Sachverstand, Wissen, Kenntnissen, Erfahrung, Voraussicht und Einfühlungsvermögen zu formulieren und einzusetzen. Es kann weiter ratsam und erforderlich sein, sich dazu bzw. dabei Hilfe und Rat von geeigneten, erfahrenen Fachleuten zu holen. Dies lohnt sich umso mehr, da mit den organspezifischen Formeln gezielt innere Ressourcen zur Funktion, Leistung, Erhaltung, Erholung, Stärkung und Heilung von Organen (wie Magen, Leber usw.), körperlichen Teilen (wie z. B. Oberbauch oder Unterbauch, aber auch das linke Sprunggelenk oder die Achillessehne) und Systemen (wie z. B. das Immunsystem) angesprochen, aktiviert und genutzt werden können. Durch diese Formeln werden bezüglich der angesprochenen Organe, Körperteile und -systeme innere (Selbst-) Regulations-, Erhaltungs- und Heilungskräfte aktiviert und mobilisiert. Entsprechende Prozesse werden angestoßen, unterstützt und befördert. Instruktionen, Suggestionen, Vorstellungen usw., dass sich ein bestimmtes, aus irgendeinem Grund explizit zu beachtendes Organ des Körpers oder ein Körperteil während des AT entspannen und auch ausdrücklich erholen, regenerieren oder heilen kann, werden im Allgemeinen ohne negative Folgen bleiben.

Sie sind so allgemein und grundsätzlich positiv gehalten und entsprechend so formuliert bzw. so zu formulieren, dass prinzipiell nur – allerdings im Rahmen des Möglichen – positive Wirkungen auf das Organ oder den Körperteil zu erwarten sind und die Folge sein werden. Deswegen sollten beispielsweise organbezogene allgemeine Entspannungssuggestionen ohne Probleme und mit Gewinn zu verwenden sein. Bereits auf der Ebene der einzelnen Entspannungsanzeichen, wie z. B. Wärme, kann sich jedoch die Frage nach Angemessenheit, Sinn, Zweck, Nutzen und Implikationen dieser stellen. So kann die Kühle, also die Abwesenheit von Wärme, trotz der allgemeinen Entspannungswirkung von Wärme im Besonderen beispielsweise (wie oben erwähnt) bei Hautproblemen oder -erkrankungen – zumindest kurzfristig – Schmerzen nehmen, entspannen und beruhigen. Unter bestimmten Bedingungen kann das Gegenteil von Wärme oder einem anderen, bestimmten Entspannungskennzeichen zu einer Entspannung und Entlastung in einem Organ oder Körperbereich führen. Eine allgemein gehaltene, organspezifische Formel, die die Art und Weise der Entspannungsreaktion und -anzeichen offen lässt und dem unbewussten Selbst und Körper überlässt, wie etwa „Blase entspannt", sollte prinzipiell problemlos und wohltuend sein. Die Erweiterung und Spezifizierung im Sinne von „Blase strömend warm und entspannt" kann und sollte ebenfalls sehr positiv wirken (vgl. Kap 6.2.1.6), wäre aber für jeden Einzelnen zu überdenken und zu prüfen. Bei einem guten Körpergefühl und einer zuverlässigen Körperwahrnehmung kann die Eignung und Passung einer angesprochenen Körperreaktion durch und beim Ausprobieren schnell und leicht erfahren und entsprechend entschieden werden. Andernfalls oder auch dennoch kann es angebracht und ratsam sein, die Konsequenz, Eignung und Passung einer Formel und deren einzelne, suggerierte Entspannungs- oder Körperreaktion zuvor ärztlich abklären und sich als angemessen, indiziert oder mindestens nicht kontraindiziert bestätigen zu lassen. Dies gilt auf jeden Fall für Formeln, die sich auf einzelne Organe beziehen.

Hier zeigt sich am Beispiel der Harnblase übrigens auch wieder der Vorteil, wenn mit den betreffenden energetischen Körperbereichen anstatt mit den einzelnen Organen gearbeitet und meditiert wird (s. auch Kap. 6.2.1.10). Für die Harnblase wäre dieser Körper- bzw. Energiebereich das untere Bauchzentrum. Bezüglich der Zuordnungen zwischen Energiebereichen bzw. -zentren und Organen sowie deren Bedeutungen und funktionale Zusammenhänge können die Unterkapitel ab Kapitel 8.1 konsultiert werden. Diese Körper- bzw. Energiebereiche dürfen grundsätzlich – in jedem Falle sicher ab Hals- oder Herzzentrum – strömend warm werden bzw. sein (vgl. Kap. 6.2.1.10). Entsprechende Suggestionen von Wärme in diesen Bereichen bzw. Zentren sind also dort generell sicher und in Bezug auf die Folgen und Wirkungen sowohl körperlich als auch psychisch positiv und können entsprechend im AT generell genutzt werden (s. zudem Kap. 6.2.1.6 und 8.2). Für die organbezogene Herzformel wurde das im Kapitel 6.2.1.4 besonders ausgeführt und besprochen. Dort wird die dementsprechende Veränderung und Anpassung der Wärmeformel für den Herzbereich bzw. das Herzzentrum beschrieben. Die Suggestion von Entspannung und Wärme im unteren Bauchzentrum wäre also grundsätzlich unproblematisch und positiv. Diese kann – und sollte im Zweifelsfall sogar – im obigen Beispiel anstelle einer bestimmten, möglicherweise kritischen Harnblasensuggestion bzw. organspezifischen Formulierung verwendet und genutzt werden.

Die Dringlichkeit zur ärztlichen Kontrolle gilt noch mehr für eine Organformel, wie etwa „Blase dicht und entspannt", wie diese bei einer vorliegenden Inkontinenz, „neurotischen" oder „schwachen" Blase nahe liegen und passen könnte. Obwohl diese einem selbst zunächst eingängig, sinnvoll, überzeugend und adäquat erscheinen kann, sollte diese vielleicht besser zusätzlich ärztlich auf bekannte und mögliche Wirkungen und Nebenwirkungen gecheckt werden. Denn die so formulierte Aussage und die beinhalteten Vorstellungen, Voraussetzungen und Erwartungen können letztlich aus medizinischer Sicht dennoch ungünstig, unzutreffend oder möglicherweise sogar kontraindiziert, schädlich sein.

In und mit Hilfe der Imagination und Selbsthypnose, z. B. durch die Befragung der inneren Weisheit, Heilerin oder des Unterbewusstseins (s. Kap. 5.2.2), oder im Rahmen der Oberstufe des AT (s. Kap. 6.2.3) könnte im Anschluss an die Grundstufe des AT bzw. der Entspannung mit AT auch ganz gezielt nach einer geeigneten, angemessenen Organformel für einen selbst gefragt und gesucht werden. Mit diesen Verfahren kann auch eine bereits bewusst zusammengestellte, formulierte, augenscheinlich passende Suggestionsformel auf Eignung und Passung bzw. innere Stimmigkeit und Angemessenheit geprüft werden. Auf diese Art und Weise werden zur Konstruktion bzw. Prüfung der Formel verstärkt ganzheitlich die unbewussten, auch gefühls- und körperbezogenen Ressourcen und Grundlagen der Wahrnehmung, des Wissens, Erkennens, Entscheidens usw. einbe- und herangezogen. Damit stehen die formelbezogenen Konstruktionen und Prüfungen für die jeweilige Person erfahrungsgemäß auf einer breiteren, festeren, sicheren Basis. Ein solches, über das bewusste Denken und Fühlen hinausgehende Vorgehen empfiehlt sich daher grundsätzlich und zusätzlich zur eigenen Absicherung und Sicherheit. Denn auch das medizinische Wissen, die Diagnostik und Mediziner, wie auch jeder andere Heiler oder Experte und grundsätzlich jeder Mensch sowie dessen Wissen und Können sind prinzipiell begrenzt und fehlbar bzw. nicht fehlerfrei. Selbst die eingeholte, kompetente medizinische Empfehlung kann, vor allem im Einzelfall, unzureichend bzw. nicht hinreichend sein.

Innere sowie ganzheitliche Stimmigkeit und Angemessenheit können aber auch direkt bei der Anwendung und inneren Wiederholung der Übungsformeln erfahren – gewissermaßen erspürt und erfühlt – werden. Im positiven Fall stellen sich dann bei oder infolge der jeweiligen Formel etwa Wohlgefühl, Entspannung, Erleichterung, die angesprochene, suggerierte Wirkung ein. Die Formel rührt bzw. berührt einen angenehm und eben innerlich stimmig, zutreffend, passend und überzeugend. Sie fühlt sich nicht nur als Formel, sondern auch in ihrer erlebten Anwendung und Wirkung „richtig" und „gut" an. Unpassende Formeln erzeugen im Unterschied dazu keine oder (mehr oder weniger) unangenehme Empfindungen, Gefühle und Wirkungen. Dieses begleitende, sich einstellende positive, neutrale oder negative Empfinden und Gefühl gibt auch aus Auskunft über die innere Stimmigkeit und Angemessenheit der jeweils konkret gewählten Form bzw. Formulierung in Bezug auf Inhalt, Ziel und Wirksamkeit. So kann sich im AT bei der Anwendung und beim Ausprobieren der Formel dann zeigen, dass jemand beispielsweise die obige, organspezifische Variante bezüglich der Blase („Blase dicht und entspannt") besser lässt und sich für die für ihn günstigere, stimmigere und angenehmere Formulierung, z. B. „Blase entspannt und dicht", entscheidet. Oft sind nur kleine oder oberflächlich anmutende Modifizierungen und Änderungen notwendig, hinreichend und zufriedenstellend. Es könnte aber auch sein, dass über das Ausprobieren und Einfühlen letztlich eine neue, inhaltlich leicht oder stärker veränderte Formel, wie etwa „Blase entspannt und ruhig", gefunden wird. Auch ganz neue, andere Formeln, wie „Blase in Ruhe", können dabei entstehen und sich individuell bewähren.

Wie hier vorgestellt, handelt es sich bei den organspezifischen Formeln um direkte, hypnotische Suggestionen und versuchte Einflussnahmen und Veränderungen bezüglich des Körpers und seiner Teile, die nach meinem Empfinden und Verständnis weniger den Charakter von Vorsatzbildungen bzw. posthypnotischen Suggestionen haben (s. Kap. 6.2.2 – über die Mittelstufe des AT). Im Unterschied dazu verfasst und kategorisiert Thomas (1989) diverse organspezifische Formeln als formelhafte Vorsatzbildungen. Grundsätzlich sind die Grenzen und Übergänge selbstverständlich auch hier fließend und somit auch unterschiedlich zu interpretieren oder zu akzentuieren.

Die Grundform des AT, wie in den vorangegangenen Kapiteln dargestellt, wird gegebenenfalls um diese organspezifischen Formeln ergänzt und erweitert. Die Formeln werden an passenden, geeigneten Stellen in die Grundform und den betreffenden Übungsplan ein- oder angefügt.
Auf jeden Fall geschieht das vor der Rücknahme. An der jeweils gewählten Stelle im Übungsplan wird die betreffende organspezifische Formel mit der entsprechenden Konzentration auf
das jeweilige Organ und die jeweilige Bedeutung der Suggestion innerlich gesprochen, gedacht
oder vergegenwärtigt und dann bis zu fünfmal wiederholt. Werden die Suggestionen in ihrer
Bedeutung und ihren Konsequenzen, Auswirkungen darüber hinaus imaginiert, so würde die
Grundstufe (nach Thomas, s. o., auch die Mittelstufe) verlassen und die Oberstufe des AT betreten und genutzt werden (s. dazu Kap. 6.2.3).

6.2.1.12 Leistungen, Anwendungen, Indikationen, Kontraindikationen der Grundstufe AT

Die Grundstufe des AT – gegebenenfalls in Ergänzung von suggestiven Vorsätzen (s. Kap. 6.2.2)
– führt nach Schultz (1979) zur „Selbstruhigstellung" (z. B. S. 101), Entspannung, Verringerung
der affektiven, emotionalen Erregung, sowohl akut als auch prophylaktisch, sowie zur „Resonanzdämpfung der Affekte" (S. 102). Kraft (2004, S. 18) redet zur Vermeidung von Missverständnissen von der „Resonanzdämpfung überschießender Affekte". Weiter bewirkt oder befördert
diese nach Schultz Gelassenheit, Erholung, Erfrischung, Konzentrations- und Leistungssteigerung, Selbstbeherrschung sowie den Zugriff, das Erschließen und Nutzen der inneren Uhr, z. B.
für ein gezieltes Erwachen nach dem Schlafen (s. Kap. 6.2.2). Unwillkürliche, psychophysiologische Reaktionen werden durch die Konzentration auf solche bzw. betreffende Körperempfindungen und Suggestionen beeinfluss- und lenkbar. Nach z. B. Kraft (2004) werden die psychon-
europhysiologischen Vorgänge zur Anspannung, Arbeit, Leistung, Flucht oder zum Angriff (die
ergotrope Reaktion) reduziert und jene zur Entspannung, Wiederherstellung, Erholung (die trophotrope Reaktion) gestärkt, so dass es zu einer ausgleichenden, vorteilhaften Regulierung beider Reaktionsformen, der ergotropen und der trophotropen, für die jeweilige Person kommt. In
der Folge nimmt die Herzfrequenz angemessen ab. Die Blutgefäße erweitern sich, der Blutdruck
nimmt ab. Der Atem beruhigt sich. Es werden vermehrt Speichel und andere Verdauungssäfte
gebildet und abgesondert, die Magen-Darmtätigkeit wird angeregt usw. Es werden also solche
Veränderungen verursacht, die auch für andere bzw. effektive Entspannungsverfahren überhaupt typisch und für die die Entspannung wesentlich sein sollte. Für die Person und ihren Körper werden mit der Grundstufe des AT zudem ungünstige Extrema vermieden. Schultz (1979, S.
105) berichtet von medizinischen Erfahrungen, dass eine Spannungsregulierung zu einem positiven Leistungsminimum und nicht zu einem absoluten Minimum, d. h. völlige Passivität, Schlaff-
heit usw., hin erfolgt. Es wird – vergleichbar mit der PME (s. Kap. 4) – danach also (nur) die für
die Erbringung von Leistung unnötige oder überflüssige Spannung abgebaut bzw. bis auf das
dafür eben noch unbedingt notwendige Spannungsniveau reduziert. Das AT eignet sich entsprechend auch zur gezielten Minderung, Gegenwirkung und zum Ausgleich negativer Stressreak-
tionen und -folgen, also zur Stressbewältigung. Schlafeinschränkungen werden durch AT ausge-
glichen.

Thomas (1989, S. 9) berichtet über eine deutliche Reduktion der durchschnittlichen Schlafdauer durch regelmäßiges AT. Durch das AT werden wie bei den anderen hier vorgestellten
meditativen Übungen auch gezielt Kraft, Energie, Erholung, innere Ruhe gesammelt bzw. gefördert. Dadurch kann sich die nächtliche Schlafdauer entsprechend auf natürliche Art und Weise

verkürzen. Thomas schreibt aber nicht nur von einer Verkürzung der Schlafdauer, sondern auch von einem besseren und tieferen Schlaf. Das AT wie auch die anderen vorgestellten Übungen sollten aber nach meiner Erfahrung nicht – zumindest nicht regelmäßig – mit dem Ziel und der Motivation benutzt werden, die Schlafdauer möglichst zu verkürzen. Eine aktive, bewusste Konkurrenz zwischen Schlaf einerseits und Meditation, Entspannung oder Selbsthypnose andererseits könnte den Schlaf und damit auch Ihr Wohlbefinden und inneres Gleichgewicht – auf längere Sicht – beeinträchtigen und sollten Sie deshalb vermeiden. Der Schlaf sollte also auf jeden Fall nicht aktiv, gezielt verkürzt werden. Eine gesunde Schlafverkürzung sollte sich eben nur von selbst einstellen oder einstellen können. Es sollte also mit dem AT weder eine Schlafverkürzung erwartet, erhofft oder erzielt noch in irgendeiner Art und Weise angestrebt, forciert oder versucht werden. Auch eine gleichbleibende oder sogar eine zunehmende Schlafdauer wären zu akzeptieren und könnten im Einzelfall völlig in Ordnung und angemessen sein. Sollten Sie aber aus irgendeinem Grund nicht schlafen können (s. auch Kap. 2.1 und 2.6) oder nicht schlafen dürfen, etwa wegen einer Nachtwache oder Nachtarbeit, so können Sie selbstverständlich gewinnbringend das AT oder andere Verfahren anwenden, um sich in dieser Zeit Entspannung und Erholung zu schenken.

Weiter kann mit dem AT auch die Wachsamkeit eingestellt werden, nämlich von hellwacher Aufmerksamkeit bis zum Einschlafen. Entsprechend wird das AT auch mit Erfolg bei Einschlafproblemen und Schlafstörungen angewandt. Körperliche Empfindungen können durch die „konzentrative Hinwendung" (Schultz, 1979, S. 113) verstärkt oder abgeschwächt werden. Störende, schmerzende Empfindungen können mittels AT gedämpft werden, unter Umständen sogar bis zum wahrnehmungsmäßigen „Verschwinden" derselben. Bereits die Grundstufe des AT wirkt über Entspannung und Beruhigung, zumindest nach einiger Zeit und Übung (vgl. Kap. 2.9.1), im allgemeinen schmerzlindernd. Bereits durch beteiligte psychologische, selbsthypnotische Prozesse werden offenbar die Wahrnehmungsschwelle für den Schmerz erhöht – und damit die wahrgenommene Schmerzintensität verringert – sowie die Qualität des wahrgenommenen, erlebten Schmerzes verändert. Solche grundlegenden psychologischen, selbsthypnotischen Prozesse sind die Aufmerksamkeitsänderung (etwa zum Schmerz hin oder von ihm weg, Hinwendung auf andere Erlebnisinhalte), die Dissoziation (Distanz, Entfernung, Neutralisierung, Abkoppeln von negativen Emotionen, Bewertungen, Erwartungen, Gedanken, Vorstellungen usw.) und die Assoziation (Gewöhnung, Verknüpfung mit konstruktiven, positiveren Erlebnisinhalten, Gegenkonditionierung). Der Schmerz wird dadurch deutlich nüchterner, gelassener, neutraler, eben „cooler" wahrgenommen. Zudem können, wie auch in der Fremdhypnose gebräuchlich (vgl. Kap. 6), Suggestionen als sprachliche Anleitungen oder Vorsätze (s. Kap 6.2.1.11 und 6.2.2) oder Vorstellungen, Imaginationen (vgl. Kap. 6.2.3) benutzt werden. Diese können über das innere Erleben, z. B. je nach Bedarf etwa von Kühle, aber auch Wärme, und die Steuerung der Aufmerksamkeit, Wahrnehmung, Einstellung und Bewertung das Schmerzerleben reduzieren oder sogar ganz „auflösen". Die Körperwahrnehmung wird durch das AT auch genauer, verfeinert, vertieft, erweitert und reicher (s. u.). Schwere oder ernste organische Veränderungen oder Erkrankungen können in der Folge auch frühzeitiger wahrgenommen, erkannt und entsprechend (ärztlich) diagnostiziert werden (vgl. Kap. 2.9). Gefühls- und erregungsabhängigen, aber auch temperaturbedingten Kreislaufreaktionen kann mit dem AT in erwünschter Weise nach Schultz (1979) entgegengewirkt werden. Bei Wärme- und Kühleformeln, auch im Sinne organspezifischer Suggestionen (s. Kap. 6.2.1.11) oder suggestiver Vorsätze (s. Kap. 6.2.2), sollten die vorliegenden, tatsächlichen Temperaturverhältnisse berücksichtigt und gegebenenfalls angepasst werden. So könnten beispielsweise die Wärmeformeln des AT bei zu großer Hitze, z. B. in den Tropen oder an einem sehr warmen Sommertag, zu unangenehmen

Empfindungen führen. Vielleicht sollten diese dann eher weggelassen oder umgedeutet werden: „Die Hitze ist ganz gleichgültig" (Schultz, 1979, S. 116). Insbesondere die Wärmeformel kann Mitmenschen mit kalten Händen und Füßen helfen, „eine dauerhafte, anhaltende Besserung" zu erreichen (Kraft, 2004, S. 87). Positive Auswirkungen auf das Gedächtnis vor allem das Erinnern und Reproduzieren werden erleichtert. Aber auch die Festigung des (zuvor) Gelernten, ähnlich wie durch den Schlaf, könnte vielleicht gefördert werden. Das AT fördert weiter die „Selbstschau" (Schultz, 1979, S. 124), den Zugang zu inneren Bildern und zur Traumwelt. Nach den von Schultz (1979) zitierten Untersuchungen und klinischen Erfahrungen können funktionelle Störungen und diverse psychosomatische Beschwerden und Erkrankungen, wie z. B. Asthma, Allergien, Hautjucken bei chronischen Ekzemen, nervöser Magen oder Darm, Colitis ulcerosa bzw. chronische Dickdarmentzündung, Einnässen, Stuhlverstopfung, nächtliches Zähneknirschen, verschiedene Verkrampfungen und Krämpfe, Tinnitus, Kopfschmerzen und psychische Potenzstörungen, sowie psychische Störungen und Probleme, wie z. B. Ängste, Phobien, Selbstunsicherheit, Selbstwertprobleme, erhöhte Sensitivität bzw. Reizbarkeit, Zwangsstörungen, affektive Störungen und selbst nicht akute Störungen des schizophrenen Formenkreises, durch das AT positiv, d. h. in gewünschter Art und Weise, verändert, beeinflusst oder/und reduziert werden.

Vaitl (2000b) bestätigt den Einfluss der Grundstufe des AT auf verschiedene psychologische, diagnostische Messungen bzw. Dimensionen. So nehmen in der Folge regelmäßigen AT etwa Depressionswerte, Neurotizismuswerte, psychotische Tendenzen, Ängstlichkeit, Erregtheit ab und – sowohl körperlich als auch seelisch, geistig – nehmen Entspannung, Wohlbefinden und Frische zu. Die körperlichen Effekte gehen dabei den seelisch-geistigen voraus. Gefühle von Ruhe, Muße, Ausgeglichenheit, Zufriedenheit mit dem Körper, angenehmes Körpergefühl und eine gehobene Stimmung stellen sich bereits nach dem Üben ein. Mit Erfolg wird das AT nach Vaitl (2000b) gegen Asthma bronchiale, Bluthochdruck (quantitativ wird besonders der systolische Blutdruck, also der obere Wert reduziert, aber auch der diastolische nimmt ab, s. auch Kraft, 2004, S. 86-87), funktionelle Herzbeschwerden (z. B. Herzangstsyndrom), zur Prävention und Rehabilitation bei Herzerkrankungen (sicher bei Angina pectoris und wahrscheinlich nach Myokardinfarkt), bei Störungen der peripheren Durchblutung und Kopfschmerzen (insbes. Migräne) angewandt. Eine schmerzlindernde Wirkung hält Vaitl (2000b, S. 248) auch in anderen Fällen als Kopfschmerzen für möglich und wurde auch schon gezeigt. Einschlafzeiten werden wirksam verkürzt und wahrscheinlich Angstreaktionen besser bewältigt. Andere Verfahren, wie die Progressive Muskelentspannung (s. Kap. 4), wirken diesbezüglich jedoch erwartungsgemäß vergleichbar. Bei Störungen oder Erkrankungen des oberen und unteren Verdauungstraktes, wie etwa (funktionelle) Dyspepsie (Reizmagen), Obstipation (Stuhlverstopfung), Ulkuserkrankung (chronische Schleimhautentzündung in Magen oder Zwölffingerdarm), irritables Colon (Reizkolon oder Reizdarmsyndrom, funktionelle Darmstörung mit Bauchschmerzen, Stuhlgangverstopfung oder/und Durchfall), Colitis ulcerosa (chronische Entzündung der Dickdarmschleimhaut) und Morbus Crohn (chronisch-entzündliche Erkrankung, die den gesamten Verdauungstrakt befallen kann, insbes. den Darm), hat sich das AT im klinischen Kontext bisher nur als unterstützendes Verfahren bewährt. Dennoch sieht Kraft (2004, S. 114) aufgrund der Wärmeübungen, insbesondere des Bauches, eine typische Indikation des AT für „Völlegefühl, Magendruck, Magenschmerzen bis hin zu Magenschleimhautentzündungen und Ulkus-Erkrankungen" (Magengeschwüren). Er empfiehlt jedoch bei „akuter Gastritis, Ulcus pepticum, Colitis ulcerosa und anderen akuten psychosomatischen Baucherkrankungen" – also in der akuten Phase – auf die Bauchübung (s. Kap. 6.2.1.6) zu verzichten. Auch in einer Phase ohne akute, bewusste Beschwerden, sogar ohne Erkrankung können dann „alte Schmerzen" wieder vorübergehend aufflakkern und erlebt werden (vgl. auch Kap. 2.9, 2.9.1). Der Körper und die Seele erinnern sich dann in der Konzentration und Entspannung gleichermaßen an die mit dem Körperteil verbundenen (assoziierten), früheren Schmerzen – entsprechend eines körperlich-seelischen Schmerzgedächtnisses. Zur Geburtsvorbereitung und Entbindung wird das AT ebenfalls angewandt. Nachweislich lindert es Wehenschmerzen, verkürzt die Gesamt-Wehendauer und die Dauer der Eröffnungsperiode. Die Austreibungszeit wird in Kombination mit Atemtechniken verkürzt (s. Vaitl, 2000b, S. 249). Nach Kraft (2004, S. 19) eignet sich das AT auch zur Unterstützung von Entzug und Abstinenz von Drogen. Wegen der blutdrucksenkenden Wirkung (allein der Wärmeübung!) empfiehlt Kraft (2004, S. 89) bei ausgeprägter Neigung zum Blutunterdruck (Hypotonie) oder zum (Kreislauf-) Zusammenbruch das AT im Liegen zu üben. Bei schweren körperlichen Erkrankungen, wie etwa Krebs, und zur Milderung der unerwünschten Nebenwirkungen der medizinischen Behandlung kann das AT, wie die betreffende Literatur über Hypnose und Krebs nahe legt (z. B. Susen, 1996; auch Kaiser Rekkas, 2001) wahrscheinlich hilfreich sein. Allerdings wären dazu zusätzlich entsprechende, individuell darauf abgestimmte, geeignete Suggestionen, also im Sinne der organspezifischen Formeln nach Kapitel 6.2.1.11 und der formelhaften Vorsätze der Mittelstufe nach Kapitel 6.2.2, und Imaginationen der Oberstufe (Kap. 6.2.3) hinzuzuziehen. Schultz (1979, S. 139) warnt beim Thema Herzstörungen auch vor der Möglichkeit, bestehende ernste organische Erkrankungen und Entwicklungen zu übersehen und indizierte Behandlungen zu unterlassen. Die Gefahr ist umso größer, je suggestiver bzw. weniger wahrnehmend mit dem AT geübt wird. Dennoch kann auch das AT bei vielen Menschen überhaupt erst eine Basis schaffen, den Körper aufmerksam und angemessen wahrzunehmen und kennenzulernen und so negative, mehr oder weniger bedrohliche körperliche Entwicklungen zu erkennen und von eigentlich harmlosen oder nur emotionalen Reaktionen, etwa als Ausdruck oder Folge von Angst, zu unterscheiden (vgl. Kap. 2.9.1). Aber selbst zur Behandlung, Prävention und Rehabilitation verschiedener Herz-Kreislauferkrankungen (Angina pectoris, Herzrhythmusstörungen, Herzinfarkt, Bluthochdruck) kann das AT hilfreich und nützlich sein. „Die konzentrative Hinwendung auf das Körpererleben" führt auch nach Schultz (1979, S. 161-162) nicht zu hypochondrischen Störungen; denn durch das regelmäßige Üben wachsen, wie bereits angesprochen, vielmehr Erfahrung, Kenntnis, Verständnis, Vertrautheit und Selbstwirksamkeit bezüglich der eigenen Körperempfindungen. Mit dem fortschreitenden Training wird die Wahrnehmung des Körpers zwar genauer und feiner, aber auch zutreffender. Körperempfindungen werden angemessener eingeordnet, gedeutet und verstanden. Hierzu tragen selbstverständlich auch andere Maßnahmen der bewussten Selbstbeobachtung und Introspektion bei. Durch das AT nimmt zudem das Wissen und vor allem das Können zu, auf Körperempfindungen angemessen zu reagieren und diese erwünscht zu verändern, also unangenehme Empfindungen besser zu ertragen, zu vermindern, zu verkürzen und zu neutralisieren und angenehme Empfindungen zu verstärken, zu vermehren, zu verlängern. Körperliche Empfindungen – und die damit zusammenhängenden körperlichen Zustände und Prozesse – werden nicht nur besser kontrolliert, sondern auch besser gesteuert.

Unter Bezugnahme auf Stetter und Kupper (2002) stellt Bregenzer (2014) systematisch verschiedene Arbeiten vor, die die Wirksamkeit des AT untersucht hatten. Belege für die Wirksamkeit fanden sich danach bei Kopfschmerzen, Darmerkrankungen, Hypertonie, Asthma, unspezifischen somatoformen Schmerzstörungen, Epilepsie, Neurodermitis (atopisches Ekzem), funktionellen Schlafproblemen, bei Alkoholabhängigkeit, Angst, Depression und beim Glaukom (grauen Star) sowie zur Geburtsvorbereitung und Reduktion von Erregung, Anspannung, Nervosität und Erschöpfung. Bregenzer stellt zudem noch weitere, neuere Arbeiten vor. Diese zeigen, dass AT langfristig die Frequenz und Intensität von Kopfschmerzen senken, Angst und

Depression reduzieren, bei psychosomatischen Brustschmerzen, Reizdarmsyndrom, Fibromyalgie, rheumatoider Arthritis bzw. chronischer Polyarthritis und sogar bei Brustkrebs im Frühstadium helfen kann. Im letzteren Fall wirkt es nicht nur positiv auf die Psyche, sondern nachweislich auch auf das Immunsystem.

Nach Schultz (1979, S. 196) setzt das AT ein „Verständnis" desselben, die „innere Bereitschaft und Fähigkeit zu der notwendigen konzentrativen Hingabe" dazu voraus. Es handelt sich um ein „inneres Einwilligen in naturhafte Verläufe erwünschter Richtung" und nicht um ein „irgendwie spannendes oder gar verkrampftes Wollen" (ebenda). „Jedes spannende Wollen geistig denkerischer oder motorischer Art hebt das Training in sich selbst auf" (Schultz, S. 205). Für die Voraussetzungen des AT gelten die Angaben und Ausführungen im 2. Kapitel. Die intellektuellen Voraussetzungen des AT sind – mit Vereinfachung und Anpassung der Art und Weise der Vermittlung – auf ein Minimum zu senken. Auch das Alter spielt bis auf ein gewisses Mindestalter kaum eine Rolle. Nach Kraft (2004, S. 14) liegt dieses etwa bei 6 Jahren und schwankt ebenfalls nach Art der Vermittlung und Anpassung. „Absolute Kontraindikationen" des AT, d. h. mit Schäden für den Übenden, gibt es nach etwa Kraft (S. 13) nicht. Allerdings ist dazu darauf zu achten, dass das AT regelrecht vermittelt und auf die Bedürfnisse des Übenden zugeschnitten wird. Akut oder chronisch psychotischen Patienten rät Kraft (S. 15) dennoch vom Erlernen des AT ab, da sie aufgrund ihrer psychischen Erkrankung, zumindest für die Zeit ihrer akuten Erkrankung, zum Erlernen des AT nicht in der Lage bzw. damit überfordert sind. Dringend zu empfehlen wäre beim Vorliegen oder Auftreten einer schwerwiegenderen Erkrankung die ärztliche Abklärung und Beurteilung vor Beginn oder Fortführung des AT (s. Kap. 2.9). Idealerweise sollte dieser Arzt bzw. diese Ärztin sich mit dem und über das AT auskennen. Psychische Schwierigkeiten und Probleme können ebenfalls – sowohl kurzfristig als auch langfristig – das Üben und Erlernen des AT beeinträchtigen, erschweren und behindern (s. auch Kap. 2.9.1). Auch hier wäre eine – jedoch eher psychologische, psychotherapeutische – Abklärung, Beurteilung und (bei Bedarf) Unterstützung und mögliche Hilfestellung zu empfehlen.

6.2.2 „Mittelstufe": formelhafte Vorsatzbildung

Die formelhafte Vorsatzbildung wird nach Schultz (1979) der Grundstufe zugeordnet, aber auch im Rahmen der Oberstufe in angepasster, erweiterter Weise genutzt (s. Kap. 6.2.3). Zur Abgrenzung und Hervorhebung gegenüber den standardisierten, allgemein bzw. interindividuell verbindlichen körperlichen Suggestionen und Übungen sowie den offeneren, individuellen, mehr psychischen, vorstellungsgeleiteten, imaginativen Übungen der Oberstufe reden wir hier von der Mittelstufe. Schultz (1979, S. 119) vergleicht die formelhafte Vorsatzbildung mit der posthypnotischen Suggestion in der Fremdhypnose (s. Kap. 6). Kraft (2004, S. 141) spricht – im Sinne des heutigen Hypnoseverständnisses – passend auch vom „posthypnotischen Auftrag". Im Idealfall werden beide im „konzentrativ versenktem Zustand", also in tiefer Trance, so stark an-, aufgenommen und verinnerlicht, dass sie später in gewünschter Art und Weise unwillkürlich zur Wirkung gelangen. Deshalb setzt die Mittelstufe bzw. die formelhafte Vorsatzbildung die Beherrschung, das Können, Anwenden und Gelingen der zuvor bereits dargestellten Grundstufe des AT oder einer anderen adäquaten Methode voraus, um wirksam in eine hinreichende Trance zu gelangen. Denn mit einer solchen Methode oder eben mit der AT-Grundstufe gelangt der geübte Anwender in einen vertieften, hypnotischen Zustand der Entspannung, Trance, Selbsthypnose bzw. Meditation, in dem er für diese formelhaften Vorsätze, also Suggestionen oder posthypnotischen Aufträge, besonders empfänglich, sensitiv und beeinflussbar ist oder zumindest sein sollte. Bei diesen formelhaften Vorsätzen selbst, handelt es sich grundsätzlich nur um sprachlich formulierte (verbale) Suggestionen, die – wie auch die Grundformeln – innerlich gesprochen, gedacht, vergegenwärtigt oder auditiv oder/und geschrieben vorgestellt und wahrgenommen werden.

Wie in der Fremdhypnose sollten auch diese Suggestionen möglichst einfach und positiv formuliert werden. Thomas (1989, S.30-44) führt die Merkmale und Kriterien einer solchen Suggestion auf und aus, die sie haben bzw. erfüllen sollte, um den Anforderungen eines formelhaften Vorsatzes im AT zu genügen. Es kann sich um eine allgemeine Indifferenzformel nach dem Schema handeln, etwas bzw. „X ist ganz gleichgültig" (z. B. auf S. 99: „Schnarchen ist ganz gleichgültig"). Es kann sich um kurze Kommandos, Befehle, feste Verbote, aber auch lösende Umleitungen, Begrenzungen handeln. Sie sollten einprägsam, kurz, positiv, rhythmisch, klangvoll, reimend und eventuell humorvoll gehalten sein. Inhalt und sprachliche Form stehen miteinander im Einklang. Sie sollten sowohl objektiv richtig als auch subjektiv, individuell (von der jeweiligen übenden Person) als stimmig, wahrhaftig, passend und zutreffend empfunden werden. Kraft (2004, S. 144) betont noch die Formulierung in der Gegenwartsform sowie die aktivierende, auffordernde, handlungsorientierte, die das sich selbst regulierende Ich in den Mittelpunkt stellende Verwendung von „ich" anstatt „es" in den Formeln der Mittelstufe. Auch er weist darauf hin, dass – wie in der Hypnose überhaupt – die Suggestion möglichst positiv, also ohne eine Verneinung, zu formulieren ist. Weiter sollte entsprechend auch „das zu Verneinende oder zu Vermeidende nicht in der Formel genannt" werden. Also anstatt „Ich habe keine Angst mehr", wäre beispielsweise besser zu wählen: „Ich bin ruhig, sicher und frei." Denn allein die Nennung solcher in Frage stehender, kritischer Begriffe, wie etwa Angst oder Schmerz, oder Aufforderungen, wie etwas nicht zu tun, zu denken oder zu erinnern, aktivieren bzw. evozieren für gewöhnlich oder unwillkürlich entsprechende körperliche, emotionale und mentale, kognitive Reaktionen. Sollte die erwünschte Wirkung von Formeln ausbleiben, sollte dies auch ein Anlass sein, sich mit dem Wortlaut bzw. sprachlichen Ausdruck der Formel zu befassen. Und diesen bei Bedarf entsprechend zu ändern und anzupassen.

Selbstverständlich soll auch die Aussage bzw. der Inhalt und die Bedeutung des Vorsatzes möglichst – individuell bzw. für einen selbst – zutreffen und passen. Dies wäre gegebenenfalls ebenfalls zu prüfen, anzupassen und zu ändern. Letztlich sind Wortlaut und Inhalt (Bedeutung, Botschaft, Auftrag usw.) des Vorsatzes miteinander verquickt und praktisch kaum zu trennen.

Wichtig ist, dass nur mit wenigen, maximal drei Vorsätzen im AT über einen gewissen Zeitraum geübt wird. Wenn mit mehreren Vorsätzen geübt wird, dann sollten diese zudem einem gemeinsamen Ziel dienen oder einen inhaltlichen Bereich betreffen, wie z. B. mehr Selbstsicherheit bei Vorträgen oder sozialen Kontakten, Entwöhnung des Rauchens, Lernschwierigkeiten überwinden, geringere Ablenkbarkeit durch Störungen. Es handelt sich dabei in der Regel um ein zu erreichendes Erleben oder Verhalten oder eine innere, körperliche Reaktion bzw. Veränderung. Kraft (2004, S. 142) empfiehlt beim AT, grundsätzlich nur eine formelhafte Vorsatzbildung zu verwenden. Allerdings betrifft dies nur Suggestionen, posthypnotische Aufträge, die bewusst inhaltlich über die jeweilige Durchführung und Anwendung der Grundstufe des AT hinaus zielen. Zusätzliche Formeln, die der Anwendung und Wirksamkeit der Grundstufe dienen, wie z. B. „Geräusche ganz gleichgültig", können nach Kraft „recht frei gehandhabt werden". Die zumindest vorübergehende Beschränkung auf einen Vorsatz oder bei mehreren Vorsätzen auf einen bestimmten Bereich oder ein bestimmtes Ziel erhöht die Konzentration, Kraft und Wirksamkeit dieser posthypnotischen Suggestion(en). Ansonsten besteht das wahrscheinliche und mit den verschiedenen Vorsätzen zunehmende Risiko einer Verzettelung, Verflachung, Zerstreuung und Beliebigkeit.

Diese formelhaften Vorsätze werden den Übungen der Grundstufe angefügt, also nachdem die Entspannung, die Trance bzw. ein meditativer Zustand, nach Schultz (1979) und Thomas (1989) die „hypnotische" oder auch „organismische Umschaltung" erreicht worden ist und bevor die Rücknahme dieses Zustandes erfolgt und das AT wieder beendet wird. Weiter sind diese im AT über einen längeren Zeitraum zu üben und anzuwenden, damit und bis diese eine entsprechende Wirkung entfalten. Diese sind am wirkungsvollsten konzentriert und innerlich für wenige bis einige Minuten mehrmals zu wiederholen. Neben der bereits angesprochenen Trancetiefe gewinnen und entfalten die formelhaften Vorsätze durch die Wiederholung in der Übung selbst, aber vor allem durch das über einen längeren Zeitraum wiederholte, regelmäßige Üben ihre Wirkung und Kraft.

Beispiele für formelhafte Vorsätze wären: „Die Geräusche bleiben ganz gleichgültig und vertiefen die Ruhe und Konzentration." „Harndrang/Blasendruck ist völlig gleichgültig." „Ich bleibe ruhig, sicher und frei." „Ich spreche mit Menschen: Ruhig, sicher und frei." „Ich handle klar, bestimmt, sicher und fest – bleibe ruhig, gelassen, mutig und selbstbewusst." „Ich weiß, was ich will." „Ich schaffe es/das!" „Schritt für Schritt!" „Ganz ruhig – eins nach dem anderen!" „In der Ruhe liegt die Kraft." „Zu jeder Zeit: Ruhe und Gelassenheit!" „An jedem Ort, zu jeder Zeit: Ruhe, Mut, Gelassenheit!" „Ich arbeite/lerne gerne/mit Freude/leicht." „Ich lerne/arbeite gerne und fühle mich wohl dabei." „Ich bin ganz bei mir – in meiner Mitte." „Ich bin ganz da und hier!" „Ich bin ganz dabei!" „Ich bin gut/okay!" „Ich nehme mich so an, wie ich bin." „Ich liebe mich und andere und werde geliebt." „Es ist so, wie es ist." „Ich vertraue meinem Körper – der Schlaf kommt ganz von selbst/allein." „Mit jedem Atemzug/Ausatmen/Ausatem gehe ich tiefer und tiefer in die Entspannung."

Thomas (1989) bietet ähnliche und eine reichliche Vielzahl anderer, weiterer Vorsätze zur Suggestion an. Diese werden dort auch für die jeweiligen, verschiedensten Anwendungen in den Bereichen vorwiegend körperlicher Störungen und Erkrankungen (vgl. auch mit organspezifischen Formeln im Kap. 6.2.1.11), ungelöster Affektbindungen und vorwiegend seelischer Störungen oder Erkrankungen an- und ausgeführt. Zudem werden vom Autor viele nützliche Hinweise gegeben und Erfahrungen bezüglich der Formulierung, Verwendung und Wirkung von Vorsätzen bei bestimmten Problemen, Störungen, Bedingungen, Zielen und Personen mitgeteilt. Entsprechend empfiehlt der Begründer des AT, I. H. Schultz (1979), diese formelhaften Vorsatzbildungen auch zu Einstellungsänderungen , wie z. B. (S. 124): „Ich vertrete mein Recht." Oder: „Ich weiche keiner Situation aus."

In Diskrepanz zur möglichst positiven Formulierung der suggestiven Vorsätze berichten sowohl Schultz (1979) als auch Thomas (1989), dass auch negative, verneinende oder neutralisierende Aussagen ihre suggestive Wirkung entfalten können, wie z. B. zur Raucherentwöhnung (Schultz, 1979, S. 123): „Zigaretten sind ganz gleichgültig." Thomas (1989) empfiehlt wiederholt z. B. auch zur Bewältigung des Rauchens sowie anderer Süchte bzw. Abhängigkeiten und zur Schmerzbewältigung negativ formulierte Vorsätze, wie z. B. (auf S.116): „Ich trinke keinen Alkohol, ...", „Ich trinke nicht!" und „Alkohol ist ganz gleichgültig". Zum einen ist in diesen Bereichen, vor allem im Suchtbereich, eine ausschließlich positive Formulierung des Ziels mitunter sehr schwierig oder gar praktisch unmöglich. Wie soll hier letztlich die Rauch- oder eine andere Suchtfreiheit bzw. das Unterlassen des betreffenden Suchtverhaltens ohne eine Erwähnung oder Verneinung desselben genau, klar und zutreffend beschrieben werden? Kraft (2004, S. 144) sieht auch entsprechend vor allem für diesen Bereich die Ausnahme von dieser Regel und gibt sogar die Empfehlung zu einer strikten Verneinung, im Sinne z. B. von: „Ich trinke nie!" Aber selbst neben dem positiv formulierten Vorsatz bietet Thomas (1989) mitunter auch den negativ formulierten an. So steht z. B. (S.99) neben „Ich schlafe ganz ruhig, geräuschlos und still" auch „Ich schnarche nicht". Auch zum Umgang mit Störungen beim AT beschreibt Kraft (2004, S. 95) die folgenden Suggestionen als weit verbreitet: „Geräusche ganz gleichgültig." „Gedanken ganz gleichgültig." „Geräusche unvermeidbar." Auch diese sprechen das zu reduzierende, zu bewältigende, nicht mehr zu störende „Problem" an und versuchen es zu neutralisieren. Dies gilt übrigens grundsätzlich auch für die Gesamtheit der Gleichgültigkeits- bzw. Indifferenzformeln (s. o.). Weiter bietet auch Kraft (2004, S. 147) negativ formulierte, verneinende Formelstrukturen an, wie etwa: „Ich lasse es." „Ich brauche nicht." Es bleibt also letztlich auch eine individuelle, auf den Einzelfall bezogene Entscheidung, ob vom Schema der positiven, zielbezogenen Formulierung abgewichen wird oder nicht. Zum anderen vertrete ich selber die Auffassung und habe diese als Erfahrung aus der jahrzehntelangen Arbeit mit Patienten in der Psychotherapie gewonnen, dass ein Erkennen und Annehmen des jeweiligen „Störungsverhaltens" (z. B. Suchtverhalten) oder Problems (z. B. Schmerzerleben, psychosomatische Beschwerden) eine notwendige Voraussetzung, Bedingung für dessen nachhaltiger, angemessener Behandlung ist (s. Kap. 9). Nur so lassen sich diese langfristig möglichst frei von negativen Konsequenzen, unerwünschten Nebenwirkungen und unter Maximierung der positiven, erwünschten Konsequenzen, Wirkungen verändern. Und nur so werden letztlich wirklich (für die Patienten) befriedigende Veränderungen, Lösungen oder Bewältigungen gefunden. Demnach könnte auch deswegen das direkte Ansprechen von den Problemen, wie Trinken, Alkohol, Zigaretten, Rauchen, Schnarchen, Schmerzen, Geräusche, Gedanken usw., im formelhaften Vorsatz durchaus sinnvoll und hilfreich sein. Es muss also einer positiven Wirkung nicht entgegenstehen und kann diese unter Umständen sogar bedingen und befördern. In der Praxis von Entspannungsübungen, Selbsthypnose, Meditation und vor allem Achtsamkeit bzw. Achtsamkeitsmeditationen hat sich zudem gezeigt und erwiesen, dass das (nur) achtsame, meditative, entspannte Wahrnehmen, Betrachten und Benennen von Störungen und Problemen diese für den Übenden mit zunehmender Praxis neutralisieren helfen und können (s. vor allem bei Achtsamkeitsmeditationen im Kap. 3.3). Diese verlieren dadurch zunehmend ihren Charakter einer Störung, Gewohnheit, eines Problems, Zwanges oder Automatismus. Die vorherigen kritischen Reaktions-, Erlebens- und Verhaltensmuster werden unbedeutender und können gelassen, gelöst, bewältigt und alternativ durch angemessenere Reaktions-, Erlebens- und Verhaltensweisen ersetzt werden. Entsprechend erfreuen sich Achtsamkeitsmeditationen und die konzeptuellen Grundlagen der Achtsamkeit und Meditation nicht nur zunehmender Beliebtheit und Verbreitung, sondern auch zunehmenden Erfolges in der Psychotherapie, Psychosomatik sowie Prävention und Rehabilitation.

Zum Zeigen und Vorführen der Wirksamkeit formelhafter Vorsatzbildungen benutzten Schultz und Kollegen das „Terminerwachen" (ebenda, S. 121). Die innere Uhr kann mit einer größeren Erfolgswahrscheinlichkeit durch eine entsprechende Suggestion bzw. Vornahme während oder vor der Beendigung des AT für das gezielte Aufwachen zu einer bestimmten Zeit aus dem Schlaf oder das Auftauchen aus der Entspannung bzw. meditativen Versenkung benutzt werden. Über die Trance und entsprechende Vorsätze kann auf die innere Uhr zugegriffen und verfügt werden. Zeiten können über die Vorsätze abgegriffen und Weckreaktionen quasi programmiert, gesteuert werden.

Wichtig ist, bei dieser wie auch bei jeder anderen Vorsatzbildung und -anwendung zu beachten, dass Bedingungen, Umstände, Verhältnisse sich so ändern können, dass eine bewusste Anpassung bzw. Änderung des gewohnten, zuvor benutzen Vorsatzes sinnvoll oder sogar notwendig wird. Ansonsten könnte die ehemalige Suggestion eben unpassend und selbst zu einer Störung oder Störquelle werden. Vielleicht sollte ein Vorsatz von vornherein flexibler oder differenzierter, bedingter, d. h. in Abhängigkeit von bestimmten Bedingungen und Kontexten, formuliert oder geübt werden. Also z. B. anstatt sich nur auf eine bestimmte Zeit festzulegen, etwa

„Ich schlafe bis sechs Uhr morgens – ruhig und tief", sollte vielleicht auch der zeitliche Kontext, nämlich heute und diese Nacht, vorgegeben bzw. definiert werden: „Heute bis zum nächsten Morgen um sechs – schlafe ich ruhig und fest." Das lässt für andere Tage und Situationen die Zeit offen, die dann im konkreten Vorsatz und AT zuvor jeweils angepasst und aktualisiert bzw. verändert werden kann.

Nach Ohm (1999, S. 72) sollen die Vorsätze „eine Problemlösung beinhalten oder eine gewünschte Einstellungs- oder Verhaltensänderung beschreiben." Beispiele: „Ich achte auf jede Freude. Ich spüre meinen Wert."

Zur Entwicklung „zweckmäßiger" Vorsatzformeln empfiehlt Schultz (1979, S.161) eine genaue Erforschung der subjektiven Beschwerden. Es sind also zudem deren Zusammenhänge, Bedingungen, Konsequenzen, Auslöser, Gründe usw. zu beobachten, zu beachten, zu analysieren, zu erkennen, zu verstehen und zu berücksichtigen, um schließlich unerwünschte Effekte und Nebenwirkungen nicht zu befördern und zu vermeiden.

Die mit den Vorsätzen bzw. Suggestionen verbundenen Erwartungen sollten prinzipiell realistisch sein und auch für die betreffende Person im Bereich des Möglichen und Realisierbaren liegen. Die damit formulierten Zielzustände sollten – wie beim Imaginieren (s. dazu insbes. Kap. 5.2.3) – für die jeweilige Person unter den gegebenen Bedingungen, Umständen und vorhandenen Ressourcen auch tatsächlich zu erreichen sein. Die formelhaften Vorsätze beschreiben, unterstützen und suggerieren also etwas, was die Person grundsätzlich auch so, ohne diese – wenn auch dann eben schwerer oder schlechter – erreichen kann. Sollten dagegen die formelhaften Vorsätze für die jeweilige Person utopische, kaum erfüll- oder erreichbare Ansprüche, Erwartungen, Wunschvorstellungen, Illusionen, Größen-, Allmachtphantasien, magische Fähigkeiten und Vorstellungen, Wunder sowie nicht vorhandene Ressourcen, Kompetenzen, Fertig- oder Fähigkeiten suggerieren bzw. heraufbeschwören wollen, so würden sich in der Folge früher oder später etwa Misserfolgserlebnisse und Frustrationen einstellen. Aus diesem Grunde habe ich oben, im früheren Beispiel zur Angstbewältigung bewusst nicht eine Wendung gewählt, wie etwa: „Ich bin mutig und tapfer." Denn das hätte im Einzelfall eine Person unnötig oder über Gebühr heraus- und überfordern können.

Brenner (1999) gibt auch zu bedenken, ob die mit den Vorsätzen verbundenen Zielzustände auch wirklich positiv sind und den Aufwand, das Bemühen lohnen. Die Konsequenzen der formulierten Vorsätze und der Zielerreichung sollten – für einen selbst, aber auch für die Mitmenschen und das Umfeld – gut überlegt, genau betrachtet und bedacht werden und vergleichsweise (zum Istzustand) deutlich positiv ausfallen. Die formulierten Vorsätze und die damit angestrebten Zielzustände und ihre Folgen können zudem innerlich, vor allem im Zustand tieferer Entspannung, Meditation bzw. Trance, auf ihre Realisierbarkeit, innere Stimmigkeit, Passung, Akzeptanz und Erwünschtheit geprüft werden. So sollten sich diesbezüglich beim Formulieren, daran Denken und Vorstellen nur bzw. mindestens weitgehend entsprechende, positive Gefühle, Empfindungen und Assoziationen einstellen. Betreffende negative Gefühle, Empfindungen oder Assoziationen sollten jeweils zum Überdenken und Verändern des Vorsatzes veranlassen. Gegebenenfalls ist der anfangs angestrebte Vorsatz bzw. das damit beschriebene oder verbundene Ziel sogar grundsätzlich aufzugeben oder zu verwerfen.

6.2.3 Oberstufe

Nachdem die Grund- (Kap. 6.2.1) und die Mittelstufe (Kap. 6.2.2) des AT regelmäßig, am besten täglich, über einen längeren Zeitraum geübt wurden und in der Folge gelernt worden sind, kann nun das Üben, Erlernen und schließlich Anwenden der Oberstufe des AT erfolgen. Unbedingte Voraussetzung dafür ist nach Schultz (1979) und Thomas (1989), dass die Grundstufe bzw. - übungen und die formelhafte Vorsatzbildung zuverlässig und erfolgreich durchgeführt und angewandt, also auch wirklich gekonnt und beherrscht werden. Vor allem ist dazu die organismische bzw. hypnotische Umschaltung vom Übenden selbst effizient, zuverlässig, sicher, spürbar und eindeutig herzustellen. Schultz (S. 228) spricht in diesem Zusammenhang sogar davon, dass die Person in der Lage sein muss, durch „einen kürzesten Akt innerer Konzentration schlagartig die spezifische Umschaltung zu vollziehen". Wenn diese das kann, hat sie ohne Frage einen hohen Übungsgrad erreicht, selbstreguliert und eigenständig in eine hinreichende Trance der Entspannung und Hypnose zu gehen. Aber nach meiner Auffassung und Erfahrung reicht es auch, selbständig vergleichsweise bald, zügig und tief in einen solchen Zustand zu gelangen. Also ein nahezu sofortiges Umschalten ist nicht notwendig, wird sich aber ohnehin mit fortgeschrittener Übung zunehmend und wie von selbst einstellen. Weiter beschreibt Schultz (ebenda) einen Zustand der Trennung zwischen dem Kopf, der kühl und konzentriert ist, und dem (restlichen) Körper, der ruhenden, schweren, warmen „Leibmasse". Wichtig ist meines Erachtens, dass – trotz der erreichten, körperlichen Entspannung und Ruhe – das Bewusstsein und der Geist, vor allem zur Führung der Selbsthypnose bzw. durch die Oberstufe, konzentriert und klar bleiben, gleichgültig, ob der Körper nun als eher getrennt vom „Kopf" oder mehr eins mit dem „Kopf" (bzw. einem selbst und dem Geist) erlebt wird. Eigentlich geht es (entsprechend meiner Ausführungen im Kap. 6.1) im Wesentlichen nur darum, dass der Übende sich zur Oberstufe des AT in einem Zustand der mehr oder weniger tiefen Entspannung und meditativen Versenkung bzw. hypnotischen Trance befindet und dass dieser Zustand selbständig, gezielt und bewusst erreicht, aufrechterhalten sowie auch verlassen werden kann. Wir sollten uns also selbst (autonom) gezielt entspannen, nach innen konzentrieren und sammeln bzw. in Trance versetzen sowie wieder aktivieren und nach außen wenden und dies ganz allein, ohne Hilfe und Hilfsmittel, eben selbstwirksam und -regulierend vollziehen können.

Wie bei der Hypnose (s. Kap. 6) wird eine mehr oder weniger tiefe, körperliche Entspannung zwar letztlich auch für die Oberstufe nicht unbedingt notwendig oder zwingend sein, aber diese grundsätzlich und im Allgemeinen befördern und unterstützen. Brenner (1999, S. 59-60) weist zudem darauf hin, dass die Oberstufe selbst nicht das Ziel hat, prinzipiell „Ruhe und Entspannung zu fördern", sondern „zu helfen, nach innen zu schauen, angenehme und unangenehme Eigenheiten wahrzunehmen und ein Stück mehr vom eigenen Wesen zu erkennen". Dennoch fördert und bewirkt eine tiefe, körperliche Entspannung auch tiefere, innere, geistige Gelassenheit und Ruhe sowie Versenkung und Trance (vgl. Kap. 1.1). Eine tiefe, körperliche Entspannung und die bewusste Wahrnehmung der Entspannung im Körper erzeugen, verursachen – oder zumindest stärken und fördern – Gefühle, Überzeugungen und innere Zustände der Ruhe, Gelassenheit, Harmonie, Sicherheit, Geborgenheit, Stabilität, Verankerung und Erdung. Tiefe körperliche und geistige Entspannung, Gelassenheit und Ruhe, verbunden mit geistiger Konzentration und Sammlung, bewusster Aufmerksamkeit und Klarheit, schaffen in jedem Falle ideale bzw. günstige Voraussetzungen für die Übungen der Oberstufe. Weiter muss der Übende gelernt haben, sich dazu, aber auch in der übrigen bzw. gesamten, hypnotischen Trance, also im Verlauf der gesamten Selbsthypnose, selbst anzuleiten und zu führen. Dazu gehört auch, dass er den Zustand der Entspannung und meditativen Sammlung und Versenkung bzw. Trance autonom aufrechterhalten und je nach Bedarf anpassen und vor allem vertiefen kann. Diese Selbstanleitung und -führung kann gerade für das Imaginieren in der Selbsthypnose bzw. Oberstufe des AT zentral und anspruchsvoll werden, insbesondere dann, wenn – erwartet oder nicht – so etwas wie der „innere Couch oder Psychotherapeut" notwendig werden und es einer etwa einfühlsamen, überlegten, vorausschauenden, verantwortungsvollen, weisen Begleitung und Anleitung bedarf. Genau dann werden diese schwieriger und zu einem Kunsthandwerk, dass wiederum noch zu erlernen ist, obwohl Sie bereits über das grundsätzliche Handwerkszeug des AT, nämlich die Grund- und Mittelstufe, verfügen.

Wie bereits im Kapitel 6.1 aufgezeigt, kann das Erlernen der Voraussetzungen und nötigen Fertigkeiten für die Oberstufe prinzipiell auch entsprechend mit anderen, vergleichbaren Methoden aus diesem Buch erfolgen und erlernt werden, aber das AT bietet jedoch dafür eine systematische, schrittweise aufbauende, wirksame (Gesamt-) Struktur und Methode. Auch nach Kraft (2004, S. 183) ist die Grundstufe des AT (in Anlehnung an K. R. Rosa) nicht der einzige mögliche Zugang zur Oberstufe, allerdings ist generell „die Voraussetzung der Bewusstseinsfokussierung auf somatische Binnenerlebnisse" auch von den alternativen Zugängen bzw. Verfahren bereit zu stellen und mit ihnen zu erlernen und zu erreichen.

Bis zum Erlernen dieser selbsthypnotischen Fertigkeiten, d. h. zur Entspannung, Tranceinduktion, Selbstanleitung usw., wird individuell zwar unterschiedlich viel, aber für gewöhnlich doch einige Übungszeit benötigt. Sie sollten sich zudem auch selbst ausreichend Zeit dafür einräumen. Bei täglichem Üben von etwa 20 Minuten – anfangs vielleicht nur 15, bald bis zu 30 Minuten – benötigen Sie nach meinen Erfahrungen mindestens 10 bis 12 Wochen, zumeist jedoch noch einige Wochen mehr, um diese Fertigkeiten allein zuverlässig, sicher und selbstverständlich anzuwenden und zu beherrschen. Bestimmte, vergleichsweise einfache und sichere Übungen, wie das Imaginieren einer Farbe oder Eigenfarbe (s. u.) oder der persönlichen Entspannungsfarbe (s. Kap. 5.1), könnten dennoch allein – und sehr wahrscheinlich ohne negative Erlebnisse und Folgen – bereits schon früher ausprobiert und gegebenenfalls geübt werden. Entsprechend könnte auch früher versucht werden, spontan aufsteigende bzw. erscheinende Imaginationen – im Sinne einer Achtsamkeitsmeditation (s. Kap. 3.3) – wirklich nur achtsam, bewusst und konzentriert wahrzunehmen, ohne sich weiter gedanklich, imaginativ, emotional usw. auf diese einzulassen und diese zu bewerten. Nach Schultz (1979) und Thomas (1989) erlernen und üben Sie die Grund- und Mittelstufe des AT, also in der klassischen bzw. ursprünglichen Version, zuvor insgesamt deutlich länger, mindestens etwa ein halbes Jahr (vgl. Kap. 6.2.1.10 und auch Kraft, 2004).

In der Oberstufe wird die bisher im AT erlernte Selbsthypnose um die Imagination bzw. das gezielte Arbeiten mit Imagination, d. h. inneren Bildern, Vorstellungen usw., erweitert, wie es im Kapitel 5 vorgestellt und dargelegt wurde. Thomas (1989, z. B. S. 221) nennt entsprechend auch die „Bilderschau der Oberstufe" des AT abgekürzt „autogene Imagogik". Kraft (2004, S. 249) wählt die Bezeichnung „Autogene Imagination". Vaitl (2000b, S. 239-240) beschreibt diesen Prozess als Entwicklung autogener (spontan auftretender) „Entladungen" bzw. „visionärer Erscheinungen" von elementaren Mustern, wie z. B. bestimmte einheitliche Farben, zu komplexeren, differenzierteren Mustern, wie etwa über innere Bilder zu ganzen inneren Filmen. Das freie oder gezielte, systematische Imaginieren soll für die innere, psychologische Arbeit mit sich selbst nutzbar, angewendet und wirksam werden. Durch die imaginative Arbeit bzw. das Imaginieren in der Oberstufe des AT soll die betreffende Person in die Lage kommen, die eigene Entwicklung, Stabilisierung und Harmonisierung (des Selbst, der Persönlichkeit, des Charakter usw.), Selbsterkenntnis, -verständnis, -bewusstsein, (Stress-) Bewältigung, Wohlbefinden und gegebenenfalls Heilung zu begleiten, zu unterstützen und zu befördern. Unbewusste Zustände,

Prozesse, Ressourcen, Leistungen, Funktionen sollen so erkennbar, bewusst, aktiviert, nutzbar, gegebenenfalls beeinflusst, mobilisiert, gestärkt, unterstützt, beruhigt, harmonisiert usw. werden. Krankheiten, psychische bzw. psychosomatische Störungen, innere Belastung, Anspannung, Probleme, Konflikte und negative Ereignisse bzw. Erlebnisse sollen auf diese Art und Weise Anpassung, Linderung, Besserung, Verarbeitung, Lösung oder Bewältigung erfahren. Zunächst ist jedoch die Oberstufe des AT bzw. das Imaginieren bzw. die Imagination in der Entspannung, Versenkung bzw. hypnotischen Trance zu erlernen und dazu bieten Schultz (1979) und vor allem Thomas (1989) ein systematisches Vorgehen bzw. Lern- und Übungsprogramm.

In der Oberstufe des AT wird also zunächst gezielt und systematisch geübt und gelernt, in Selbsthypnose zu imaginieren und sich dazu selber anzuleiten und zu führen. Dazu werden zunächst erste und einfache Übungen sowie Techniken, Strategien und Methoden unter Anleitung und in erfahrener Begleitung und Betreuung vermittelt und geübt. Dann werden diese eigenständig geübt und angewandt. Erst nachdem notwendige und hinreichende Kenntnisse, Fertigkeiten, Ressourcen, Fähigkeiten, Kompetenzen aufgebaut und verfügbar sind, kann und sollte in der Oberstufe selbstverantwortlich und eigenständig die Selbsthypnose und das freie oder gezielte Imaginieren um weitere Übungen, Methoden und Themen erweitert werden. Während beim freien Imaginieren, vergleichbar mit dem freien Assoziieren, eher geschaut wird, was an Imaginationen, Assoziationen überhaupt kommt, kann diese Innenschau unter Einbeziehung der anderen Sinne bzw. Vorstellungsaspekte auch eher zunehmend gezielt, bewusst, mehr oder weniger systematisch ausgerichtet, eingegrenzt und strukturiert werden. Das Imaginieren kann also im Extrem völlig frei sein, dann wird einfach nur geschaut und beachtet, was da in Bildern und Vorstellungen spontan innerlich auftauchen und kommen würde. Im Gegensatz dazu könnte die Imagination auch in funktionaler, thematischer, inhaltlicher, vorgehens- oder verfahrensmäßiger usw. Hinsicht festgelegt und bestimmt werden. Diese Festlegungen können vor dem AT getroffen werden oder während des AT oder des Imaginierens erfolgen, also aktuell von einem selbst in der Phase der Selbsthypnose. Die Festlegungen können sehr allgemein und abstrakt bleiben oder im Unterschied dazu sehr spezifisch, konkret ausfallen und bis ins kleinste Detail gehen. Aber selbst im Extrem maximaler Zielvorgaben, Systematik, Festlegungen, Konkretisierungen und Spezifizierungen bleibt die Freiheit in der jeweiligen Wahl und Entscheidung dafür bestehen. Der Prozess des Imaginierens selbst ist dann jedoch eben nicht mehr frei, sondern mehr oder weniger bestimmt und gelenkt. Das freie Imaginieren und das gezielte, bestimmte, systematische Imaginieren können auch kombiniert werden. Wenn beispielsweise eine interessante oder wichtige Imagination im freien Modus gefunden bzw. entdeckt worden ist, dann könnte diese weiter systematisch, imaginativ untersucht, bearbeitet und benutzt werden. Mindestens die diesbezüglich betreffende Beurteilung, Auswahl und Entscheidung wären während des Imaginierens bzw. AT zu treffen, alles weitere könnte zuvor geplant worden sein oder wird ad hoc in der Situation geleistet und improvisiert.

Gleichgültig welche Art und Weise der Selbsthypnose und Imagination nun im Einzelnen gewählt wird, besteht prinzipiell, bei der Oberstufe des AT wie bei der Imagination überhaupt, das Risiko, dass Vorstellungen auftreten können, die einen irritieren, verstören, beunruhigen, ängstigen usw., die mehr oder weniger unangenehm sind oder unangenehme, negative Assoziationen, Erlebnisse, Erinnerungen, Erkenntnisse wachrufen. Dies gilt insbesondere, wenn diese Vorstellungen für einen neu oder überraschend sind. Je unabhängiger, abweichender Sie von den in diesem Buch angebotenen einfachen, vergleichsweise sicheren und harmlosen, aber dennoch wirksamen Übungen die Oberstufe des AT bzw. das Imaginieren in der Selbsthypnose praktizieren, desto wichtiger werden die folgenden Punkte: 1. Sind die Voraussetzungen dafür zu erfüllen und zu beherrschen. Vor allem das AT oder die betreffenden selbsthypnotischen

Fertigkeiten, die Selbsthypnose und Imagination wurden, wie hier vorgestellt, erlernt und werden zuverlässig, sicher und vertraut angewandt und beherrscht. 2. Sie (als Übender) sind psychisch – mindestens weitgehend – stabil und gesund. Das ist zwar relativ und eine Frage des jeweiligen Standpunktes und der Perspektive, aber kann im Zweifelsfall von einem Psychotherapeuten oder Psychiater vergleichsweise zuverlässig und korrekt geprüft und beurteilt werden. 3. Sie verfügen über einen erfahrenen Ansprechpartner und anerkannten Lehrer, im Idealfall einen Arzt oder Psychotherapeuten, mit dem Sie solche negativen, unangenehmen, irritierenden oder überraschenden Erfahrungen und Erlebnisse bei Bedarf besprechen und klären können. Ein einfacher Trainer der Entspannung oder Grundstufe des AT reicht hier nicht. Derjenige sollte nicht nur mit der Oberstufe und Selbsthypnose Erfahrungen gesammelt haben und vertraut sein, sondern auch über ein größeres psychologisches, psychotherapeutisches Wissen und Können verfügen.

In jedem Falle sollten Sie auch bei solchen kritischen oder problematischen Vorstellungen das innerlich Gesehene und Wahrgenommene auch weiterhin so und als das nehmen, was und wie es ist: Es sind nur Imaginationen! Und es bleiben Imaginationen, auch wenn diese, eben in diesem besonderen Fall, als irritierend, unangenehm oder negativ empfunden und bewertet werden. Es sind bloß Vorstellungen, auch wenn sie von negativen, unangenehmen Assoziationen, Gefühle, Vorstellungen und Erinnerungen begleitet werden und solche wiederum hervorrufen können. Es ist grundsätzlich empfehlenswert, sich dem zu stellen, dies zur Kenntnis zu nehmen und anzunehmen. Es ist so! Sie können es ohnehin nicht oder nicht mehr ändern. Gegebenenfalls kann nach eigenen Überlegungen und einer inneren Prüfung, Entscheidung oder in Absprache oder vielleicht sogar mit Anleitung hinzugezogener fachlicher Kompetenz dann in einer späteren, zukünftigen Übungssitzung damit weiter gearbeitet bzw. imaginiert oder/und meditiert werden. Auch diese zunächst belastenden, negativ anmutenden Imaginationen könnten dann gezielt als Ausgangspunkt für ein weiteres Imaginieren und Meditieren in der Oberstufe des AT genutzt werden, um eine innerliche Klärung, Lösung oder Bewältigung zu finden, zu erfahren oder herbeizuführen. Im akuten Falle unangenehmer Gefühle, Imaginationen oder Assoziationen kann es sehr hilfreich sein, bewusst und gezielt die Position und Rolle eines Beobachters einzunehmen, um sich dadurch grundlegend oder mindestens besser von den eigenen Wahrnehmungen, Vorstellungen und dem Erleben zu distanzieren und zu lösen. Dann gehen und kommen einem selbst die negativen Gefühle, Erinnerungen usw. nicht mehr so nahe. Die Distanzierung (Entfernung) kann dann zusätzlich in der Beobachterposition noch vergrößert werden, indem der eingenommene bzw. vorgestellte (Beobachtungs-) Abstand zum innerlich Wahrgenommenen und Vorgestellten einfach noch vergrößert wird. Das Negative, Belastende oder Bedrohende wird dann aus einer großen, sicheren Entfernung betrachtet. Es bleibt so in der Ferne und berührt und betrifft nicht mehr so. Zum Selbstschutz könnte weiter die betreffende Imagination ver- bzw. gelassen und bewusst eine angenehme Imagination angestrebt werden. Eine solche angenehme und wieder aufbauende, stärkende und stützende Imagination wäre z. B. die Entspannungsfarbe (s. Kap. 5.1.1) oder der Ort der Ruhe und Kraft (s. Kap 5.1.2). Es kann auch bewusst die Imaginationsebene, die Innenschau bzw. die Oberstufe des AT verlassen und die körperliche Wahrnehmung und Entspannung in der Grundstufe des AT (oder mit einem anderen Verfahren) gesucht und gestärkt werden. Notfalls könnte aber auch das AT bzw. die Übung und Trance ganz – mit oder ohne gezielte Rücknahme – abgebrochen und beendet werden. Also im Extrem können die Oberstufe und das AT ohne Probleme einfach und selbst ohne Rücknahmeritual sofort verlassen und beendet werden.

Kraft (2004) benutzt die autogene Imagination über das freie Imaginieren gezielt als Instrument der Selbsterfahrung, -analyse und -organisation. Vor dem inneren Auge entwickelt sich eben ein nicht zuvor festgelegtes, vereinbartes Bild, was dann immer klarer wird. In Rückgriff auf analytische Psychologie, Tiefenpsychologie und Psychoanalyse wird die Imagination in der Entspannung und Trance, in Anlehnung an den Nachttraum und in Abgrenzung zum wunscherfüllenden, ablenkenden, realitätsvermeidenden Tagtraum, als Wachtraum begriffen. In diesem werden – ähnlich wie beim Nachttraum – in den jeweiligen Imaginationen, also den Bildern und Erlebnissen des Traums, auch unbewusste Themen, Probleme und Konflikte zum Ausdruck und zur Bearbeitung kommen. Diese können klar bis unkenntlich, versteckt und von Tagesresten, bewussten Inhalten des Tagesgeschäftes begleitet sein. Anschließend werden die so gefundenen Imaginationen weiter assoziativ oder auch wieder in Wachträumen entspannt und imaginativ bearbeitet. Zwar kann das Imaginieren und Assoziieren immer noch relativ offen und frei geschehen, aber es wird nun in der Folge durch die anfänglichen und jeweils vorangegangenen Imaginationen bedingt, ausgelöst oder hervorgerufen. Es erfolgt damit grundsätzlich eingeschränkt, abhängig, bezogen, gebunden oder anknüpfend an die vorangegangenen, erschienen Bilder und Erlebnisse bzw. Wachtrauminhalte. Aus der Sicht des Beobachters und Übenden kann er sich jedoch dem assoziativen Prozess anvertrauen, überlassen und ihm nur folgen oder er kann ihn gemäß seiner Interessen, Ansichten, Vermutungen, Erkenntnisse usw. bewusst lenken und steuern. Nur im ersten Fall beschränkt sich das Bewusstsein auf die achtsame Wahrnehmung der Inhalte und erfolgen die Assoziations- und Imaginationsprozesse offenbar unbewusst. Sie sind damit, so die Annahme, stärker Ausdruck oder Konsequenz des Unbewussten oder bieten einen direkteren Zugang – ein „Fenster" zum Unbewussten oder Unterbewusstsein. Ein solcher tiefenpsychologischer oder psychoanalytischer Schwerpunkt beim Üben und Anwenden der Oberstufe des AT setzt mit Sicherheit die Begleitung, Betreuung und Führung durch einen entsprechend ausgebildeten, erfahrenen Lehrer, Leiter oder Psychotherapeuten voraus. Vor diesbezüglichen Selbstversuchen und Alleingängen wird hier entsprechend gewarnt.

Während in der direkten Tradition von Schultz (1979) die Oberstufe bzw. die Imagination zunächst in verschiedenen Übungen mehr systematisch aufbauend, gezielt, geplant, suggestiv, vorgebend und direktiv vermittelt und gelernt wird, existieren nach Kraft (2004, ab S. 181) auch alternative, weniger systematische, suggestive, direktive bzw. offenere, freiere Ansätze und Wege, die Oberstufe zu erlernen. Ähnlich wie bei den Achtsamkeitsmeditationen (s. Kap. 3.3) ist bei jenen nur wichtig, abzuwarten, wahrzunehmen und anzunehmen, gleichgültig was an Vorstellungen überhaupt kommt. Die Imaginationen können aus Farben, Formen, Mustern, Objekten, Bildern, Szenen usw. bestehen. Was auch immer vor das innere, geistige Auge gelangt bzw. in der Vorstellung erscheint, ist hin- und anzunehmen. Es ist „richtig", in Ordnung oder ist einfach so. Diese freien, quasi von selbst erscheinenden Vorstellungen werden dann (in Anlehnung an K.R. Rosa) jeweils von einem selbst oder (bei Anleitung) von einem lehrenden Therapeuten bestätigt und verstärkt. Weiter wird zur Wiederholung solcher sowie zum Erleben anderer Imaginationen angeregt.

Brenner (1999) unterscheidet zwischen der tiefenpsychologisch orientierten Oberstufe und der transpersonal orientierten Oberstufe. Während die erstere sich eher auf die Bewusstwerdung, Verarbeitung, Neubewertung, Veränderung, Anpassung, Vorbereitung auf persönliche, psychologische Erfahrungen, Probleme, Konflikte, Erwartungen usw. konzentriert, geht die letztere über die Person hinaus. Über die tiefe Innenschau in der Versenkung werden dann auch spirituelle, interpersonale und transpersonale (soziale, kosmische, mystische usw.) Erfahrungen und Einsichten über sich, die Welt und das Sein gewonnen. So etwa kann die Einheit in der Vielheit in der Meditation erkannt und erlebt werden. Wichtig ist vor allem die innere Öffnung und Akzeptanz für solche transpersonalen Erfahrungen und Einsichten. Die Oberstufe im AT wird dann zur „autogenen Meditation" (s. ebenda). Dazu können bereits die gleichen Übungen, wie sie im Folgenden beschrieben werden, benutzt werden. Diese wurden für diesen Zweck von Brenner (1999) – offensichtlich noch deutlich darüber hinaus gehend – systematisch bearbeitet, spezifiziert, erweitert, ergänzt, vervollständigt, variiert und angepasst. Zum Studium und zur Vermittlung der autogenen Meditationen mit Farben, Formen, Klängen, Begriffen, Personen und des Seins sei dem Leser deshalb auch ausdrücklich sein Werk empfohlen.

Schultz (1979) beschränkt sich in seinen konkreten Ausführungen auf einzelne Übungen zum Erlernen der Oberstufe. Diese sind zudem erfahrungsgemäß sehr sicher, harmlos und dennoch wirkungsvoll und erhellend. Als ersten Schritt in die Oberstufe und zur Vertiefung der „Selbstumschaltung" bzw. Trance leitet Schultz (S.229-230) seine Übenden an, die Augäpfel bis zur Umschaltung nach „innen-oben zu drehen", also „nach der Stirnmitte zu sehen" („Innen-Obenstellung der Augäpfel"). Hierbei handelt es sich um eine alte wirksame und schnelle Hypnosetechnik, wo die Augen entsprechend – unter Anspannung der Augenmuskulatur etwa mit einem Gegenstand oder Finger oben vor den Augen – auf einen Punkt zur Stirnmitte hin fixiert werden. Mit dem baldigen Ermüden, dem Nachgeben, d. h. Schließen der Augenlider und Loslassen der Augen, der entspannenden Gegenreaktion und der entsprechenden suggestiven, beschreibenden, begleitenden Kommentierung und Aufforderung, wie schließlich etwa, loszulassen, ganz nach innen und in die Entspannung zu gehen, gleiten die Hypnotisanden zumeist in eine Trance. Auch dieser Einstieg sollte meines Erachtens nur als Option verstanden, gesehen und bei Bedarf oder Eignung angewendet werden. Zur Tranceinduktion in der Meditation, aber auch in der Hypnose werden übrigens auch andere Augenfixationen, etwa wie der Blick nach unten mittig zentriert oder in die Ferne zentriert oder sich dort verlierend, benutzt. Peter und Gerl (1988, S. 208-209) empfehlen alternativ auch den Blick auf die eigene Nasenspitze. Durch das gleichbleibende Schauen, bewusste Richten der Aufmerksamkeit und geistigen Konzentration auf ein äußeres Objekt wird bereits eine „visuelle Meditationstechnik" bzw. eine „Tratakam-Meditation" durchgeführt.

In der vertieften Trance, Versenkung soll nach Schultz (S. 331) nun „irgendeine gleichförmige Farbe vor dem geistigen Auge erscheinen", die sogenannte „Eigenfarbe". Im Unterschied zu Schultz betont Thomas (1989, S. 148-149) per Kontext und Instruktion stärker den Zusammenhang dieser Farbe mit dem Selbst bzw. dem Wesen der eigenen Persönlichkeit. Entsprechend wird die anfängliche Selbstinstruktion („Vor meinem inneren Auge entwickelt sich eine Farbe") „später" durch den Zusatz („es ist meine Farbe") ergänzt. In einer ersten Übung haben sich nach Thomas die Übenden zudem zuvor grundsätzlich mit dem Raum bzw. Spektrum der Farben, vertreten durch ein Gesamt einzelner Farbbeispiele, auseinandergesetzt und ihre Lieblingsfarbe (daraus) ausgewählt. Die „Eigenfarbe" ist erfahrungsgemäß oft oder für gewöhnlich eine andere. Die Instruktionen bzw. suggestiven Formeln („Die Farbe wird immer deutlicher" und schließlich „Die Farbe steht klar vor mir") begleiten das Sehen bzw. Vorstellen der Farbe vor dem inneren, geistigen Auge. Wenn die Farbe wenige Minuten – mehr oder weniger klar und deutlich – gesehen worden ist, dann erfolgt die Zurücknahme der Formeln bzw. Imagination: „Die Farbe zieht sich allmählich zurück", „Die Farbe ist verschwunden". Ich steige zudem generell und gezielt per Selbstinstruktion oder Anleitung zur Selbstinstruktion in die Imagination – und folglich auch in das Imaginieren der Oberstufe des AT – mit dem bewussten Öffnen des inneren, geistigen Auges ein und mit dem bewussten Schließen des inneren, geistigen Auges aus (s. Kap. 5, 5.1, 6.1). Letzteres schließt dann wirksam und sicher alle noch restlichen imaginativen Aktivitäten, Tätigkeiten, Vornahmen, Aufgaben, Vorstellungen usw. ab. Dies wird zudem durch die anschließende gezielte und bewusste Zuwendung (Wechsel) der Aufmerksamkeit, Wahrnehmung und Konzentration auf körperliche Empfindungen, Zustände und Vorgänge (etwa Entspannung, Atmung) unterstützt und komplettiert.

Brenner (1999) beschränkt sich nicht auf die Visualisierung der Farbe, sondern lässt diese zudem ganzheitlich und mit allen Sinnen wahrnehmen. Entsprechend leitet er (S. 81) an: „ Ich sehe die Farbe … Ich begreife die Farbe … In meinem Inneren erlebe ich die Farbe … Ich bin durchströmt von der Farbe … Ich spüre die Farbe …" In einer weiteren Anleitung (S. 85) werden die anderen Sinnesqualitäten entsprechend systematisch angesprochen, mit der jeweiligen Farbe assoziiert und erlebt: „Ich sehe die Farbe … Ich erlebe die Farbe … In mir erlebe ich die Farbe … Ich spüre das Leuchten der Farbe … Ich höre den Klang der Farbe … Ich erlebe den Klang der Farbe … Ich rieche den Duft der Farbe … Ich erlebe den Duft der Farbe … Ich schmecke die Würze der Farbe … Ich erlebe die Würze der Farbe …" Danach wird dort zudem die Identifikation bzw. Einswerdung mit der Farbe geübt und meditiert: „Ich bin in der Farbe … Ich bin eins mit der Farbe … Ich bin die Farbe …" (Die Punkte bedeuten, dass die Instruktionen bzw. Suggestionen jeweils innerlich langsam wiederholt und meditiert werden.) Die Farbe, die sich dann wiederholt bzw. zuverlässig beim Üben dieser Imagination und Meditation vor dem inneren, geistigen Auge einstellt, wird mit größerer Wahrscheinlichkeit bereits die Eigenfarbe sein. Dies ist eine Farbe, die mit einem selbst, mit der Persönlichkeit, mit dem eigenen Charakter und Wesen zu tun hat und dies im Idealfall verkörpert, symbolisiert, deutet, zusammenfasst oder exemplifiziert. Um speziell, gezielt diese Eigenfarbe zu suchen, zu finden und mit dieser zu meditieren, adaptiert Brenner (S. 88) die Anleitung bzw. Suggestionen wie folgt: „Ich sehe meine Farbe … In mir sehe ich meine Farbe … Ich tauche in meine Farbe ein … Meine Farbe breitet sich in mir aus … Meine Farbe durchströmt mich … Meine Farbe ist Bestandteil meines Selbst … Meine Farbe bin ich … Ich bin meine Farbe …"

Vielfältige, -seitige, mehrdimensional, komplex, umfassend, weit, ganzheitlich, harmonisch entwickelte und entfaltete Persönlichkeiten bzw. Personen lassen sich unter Umständen schwieriger, unzureichender oder unvollständiger mit nur einer Farbe darstellen und charakterisieren. Die Personen hätten bzw. bräuchten dann möglicherweise viele „Eigenfarben". Alternativ könnten die Farben auch in einer kombinierten Form oder Mischung auftreten, also etwa als ein entsprechendes Braun oder Weiß. Wie im Kapitel 8.4 ausgeführt wird, können in Selbsthypnose individuell geeignete Farben für die Chakrenmeditation gefunden werden. Diese auf das jeweilige Energiezentrum bezogene selbsthypnotische Suche nach den zugehörigen, passenden Farben erlaubt eine differenziertere Repräsentation der unterschiedlichen Aspekte bzw. „Ebenen" des Selbst, der Persönlichkeit und des eigenen geistig-körperlichen Seins. In der Chakren-Farben-Meditation gemäß Kapitel 8.4 wird jedoch weniger die Eigenfarbe des jeweiligen Zentrums gesucht, gefunden und benutzt, die den jeweiligen Ist-Zustand darstellt, sondern vielmehr jene, die das jeweilige Zentrum aufbaut, stärkt und harmonisiert, also eher ein Mittel oder einen erwünschten Zielzustand beschreibt. Durch eine entsprechende, leichte Veränderung der (Selbst-) Instruktion zur und bei der Suche nach den Eigenfarben der Chakren, nämlich eine Farbe zu finden, die den gegenwärtigen Zustand des jeweiligen Chakras zutreffend abbildet oder charakterisiert, kann dies jedoch entsprechend geändert und erreicht werden.

In weiteren Übungen nach Schultz und Thomas wird versucht, zunächst jeweils eine bestimmte, vom Übungsleiter willkürlich gewählte Farbe aus der Erinnerung oder nach deren vorangegangener Darbietung zu visualisieren. Dann wird systematisch das ganze Farbspektrum durchgegangen und jede einzelne Farbe (von Violett bis Rot) imaginiert. Dies kann auch – vergleichsweise einfach – allein, d. h. ohne externe Anleitung, mit Instruktionen wie oben bei der „Eigenfarbe", jedoch im Unterschied dazu, mit den entsprechenden Farbvorgaben systematisch und wiederholt probiert und geübt werden. Schultz weist darauf hin, dass (zunächst) nicht nur Farbflächen, sondern auch typische Objekte mit den jeweiligen Farben auftauchen können. Damit die Sicherheit und Festigkeit des inneren Farberlebens zunimmt, empfiehlt Schultz (S.238) gezielte, nicht nur visuelle, sondern auch akustische „Störungsversuche". Nach meinen Erfahrungen reicht das gelegentliche Üben unter wechselnden Bedingungen aus, damit diese Fähigund Fertigkeiten generell, also auch unter ungünstigeren, äußeren Umständen, verfügbar und anwendbar sind (s. Kap. 2.4). Aus diesem Grunde und zu diesem Zweck sollten Sie nicht nur in einem besonders dafür hergerichteten, abgedunkelten, ruhigen, abgeschirmten Zimmer zu Hause oder immer an dem gleichen, ausgesuchten und besonderen Ort üben und imaginieren, sondern zudem – mindestens gelegentlich – andere Orte ausprobieren. Vielleicht üben Sie alternativ in einem öffentlichen Verkehrsmittel, Garten, Park oder Warteraum. Dieses Üben des Sehens, Verinnerlichen, inneren Visualisierens von Farben und Bildern und schließlich deren anhaltende, aufmerksame, konzentrierte äußere sowie innere Betrachtung und Meditation ähnelt den buddhistischen Kasinaübungen (vgl. Naranjo & Ornstein, 1976). Es handelt sich hier um 10 Meditationsobjekte oder -bereiche als Hilfsmittel zur Sammlung des Geistes, zu denen ausdrücklich die Farben Blau, Gelb, Rot und Weiß gehören (Erhard & Fischer-Schreiber, 1993). Diese werden extern jeweils etwa auf einer entsprechenden Farbscheibe an- und dargeboten. Aber auch andere Meditationsbereiche, wie vor allem die Erde, das Wasser oder das Feuer, können als bzw. via Farben gut dargestellt oder symbolisiert und meditiert werden.

In der nächsten Übung geht es nach Schultz (S. 239) darum, sich „bestimmte Objekte innerlich erscheinen zu lassen". Wenn bestimmte konkrete Gegenstände nicht zu visualisieren sind, sollte nur versucht werden, „irgendein Objekt" innerlich zu schauen. Vielleicht erscheinen auch erst nur „Objektteile", die sich erst später zu einem Bild (Innenschau) des gesamten Objekts vervollständigen. Thomas (1989) übt dagegen zuvor (wie z. B. aus Yoga und buddhistischen Meditationen bekannt) mit angebotenen, gegenwärtigen Gegenständen, wie z. B. eine brennende Kerze, das Wahrnehmen und anschließende Erinnern und innere Sehen dieser Gegenstände. Erst danach werden Dinge oder Personen aus der Erfahrung bzw. Erinnerung vorgestellt. Brenner (1999) lässt ebenfalls „bestimmte Formen" bzw. Gegenstände oder Objekte – mit einem gewissen Bedeutungs- und Symbolgehalt – aus dem Leben und der Natur zunächst betrachten, mit allen Sinnen wahrnehmen, erleben und erst dann verinnerlichen, imaginieren und meditieren. Diese Objekte werden also erst tatsächlich dargeboten, gezeigt und in der äußeren Wirklichkeit wahrgenommen, bevor diese innerlich repräsentiert, erinnernd visualisiert und vorgestellt werden. Naturobjekte oder -bilder, wie etwa eine Rose, eine Blüte oder eine Landschaft, werden bei ihm auch gleich und direkt (aus der Erinnerung oder Phantasie) imaginiert. Nach z. B. Peter und Gerl (1988, S. 208-210) handelt es bei der anhaltenden Konzentration und achtsamen Wahrnehmung von bzw. auf ein äußeres Objekt, wie z. B. eine Kerze, um die bereits oben erwähnte „Tratakam-Meditation". Bei Trataka oder Tratakam wird im Prinzip ein konzentriertes, anhaltendes, gleichbleibendes Schauen auf verschiedene, zumeist äußere Punkte oder Objekte, wie z. B. eine Kerze, geübt und entwickelt (z. B. Huchzermeyer, 2012; Naranjo & Ornstein, 1976). Zudem werden Menschen für gewöhnlich bereits allein durch den Anblick und die Wahrnehmung von angenehmen, bevorzugten oder geliebten Naturlandschaften und -objekten, wie etwa besonderen Pflanzen, beruhigt, besänftigt und harmonisiert (s. Kap. 3.3.3.1).

Brenner (1999) erweitert die Oberstufe gezielt um die autogene Klangmeditation. Innere Klänge sollen innerlich, d. h. mit dem „inneren Ohr", gehört, erlebt, gespürt und als „Klangbild" gesehen und wahrgenommen werden (S. 115). Analog zur oben beschriebenen Farbmeditation soll auch der „Eigenton" gehört und meditiert werden (S. 117). Es ist „mein Ton", also der Ton, „der Ihr Wesen als Klang ausdrückt". Dieser Ton ist nicht mit dem in dem Kapitel 8.3.1 zur Atem-Vokal-Chakren-Meditation beschriebenen „Eigenton" zu verwechseln. Jener Eigenton hängt mit der physikalisch-anatomisch bedingten Eigenresonanz zusammen. Er steht für den tiefst möglichen, selbsterzeugten, prinzipiell noch hörbaren Ton, in dem der ganze Körper und

damit die Person als Ganzheit tönt und maximal schwingt und sich akustisch – ganz und einein-
deutig – auf sich selbst bezieht. Beide Eigentöne könnten, müssen sich aber deshalb nicht gleichen. Der tiefe „Eigenresonanzton" der körperlich-geistigen Ganzheit wird für gewöhnlich erst
durch ein geeignetes, besonderes Üben erschlossen und erfahren. Er ist erfahrungsgemäß vielen
ungeübten Personen (zunächst) unbekannt und fremd. Weiter können Sie sich als Klang- und
Resonanzkörper erfahren, indem Sie einer ausgewählten, für Sie passenden, geeigneten Musik
zur Meditation lauschen. Brenner (S. 126) empfiehlt, die Klänge bzw. Musik in sich hineinzuneh-
men, (die Resonanz) zu spüren, sich von ihnen bzw. ihr füllen, tragen, bewegen zu lassen und
mit ihr schließlich zu verschmelzen („Ich bin Klang … "). Mit dem Ende der Musik endet dann
die „Klangreise" und es erfolgt die Rücknahme bzw. Aktivierung. Auch andere Autoren (wie z.
B. Peter und Gerl, 1988, S. 210) empfehlen die Meditation mit Musik. Wichtig ist, sich dabei
bewusst, aufmerksam und konzentriert ganz auf die ausgesuchte bzw. ausgewählte Musik
einzulassen, sich dieser ganz zu widmen und zu öffnen, sich in und mit ihr zu versenken, sich
von ihr tragen und erfüllen zu lassen.

In einem weiteren Schritt werden nach Schultz (S. 240) nun „abstrakte Gegenstände" visualisiert. Eigentlich handelt es sich nach den Beispielen von Schultz, nämlich „Gerechtigkeit" und
„Glück", dabei um abstrakte Begriffe, die „in intensiver Versenkung nach innen zu schauen"
sind. Übende erleben dann typische, beispielhafte, konkrete, stellvertretende, sinnbildliche,
gleichnishafte oder/und symbolische Imaginationen zu diesen Begriffen. Thomas (1989, S. 158)
spricht hier von der „Schau abstrakter Werte". Einleitend übt er dies mit den Werten bzw.
Begriffen „Frieden" sowie „Ruhe" und „Stille". Er instruiert, dass sich vor dem inneren Auge ein
Bild entwickelt und der Friede gesehen und erlebt wird. Danach wird dies mit der Ruhe und
dann mit der Stille probiert. Entsprechend übt Thomas weiter mit „der Schau existentieller
Werte" (S. 160, wie etwa „Freiheit, Harmonie, Kraft, Gesundheit") und „der Schau geistiger
Werte" (S. 161, wie „Schönheit, Wahrheit, Güte, Gerechtigkeit"). Bei religiösen Menschen und
Übungsgruppen lässt er auch die „Schau religiöser Werte" üben (S. 162, wie „Glaube, Hoffnung
und Liebe"). In jedem Falle soll also versucht werden, den jeweiligen „Wert" zu sehen und zu
erleben. Auch wenn die Bezeichnungen und Kategorisierungen (als Gegenstand, Wert oder
Begriff sowie als existentiell oder geistig bzw. religiös) zu hinterfragen und zu diskutieren sind,
können diese imaginativ veranschaulicht, mit Vorstellungen und Erinnerungen assoziiert und
belebt und so auf diese Weise – im günstigen Fall intensiv – erlebt werden. Brenner (1999) lässt
ebenfalls nach und mit einem „frei auftauchenden Begriff" (S. 129) und persönlich bedeutungsvollen Symbolbegriffen und -bildern meditieren. Wichtig ist, dass diese möglichst auf verschiedene Art und Weise – wie bei der Imagination, Hypnose und Selbsthypnose üblich (s. auch Kap.
5) – bzw. ganzheitlich wahrgenommen werden, also gesehen, betrachtet, gespürt, gefühlt,
gehört, erkundet, genossen, erlebt usw. Wie auch bei seinen anderen „autogenen Meditationen"
wird schließlich versucht, die Verbindung und Identifikation mit dem so vorgestellten und
erlebten Begriff oder Symbol herzustellen und zu erfahren, also etwa ganz Licht, Meer, Brücke,
Kraft, Frieden, Harmonie, Stille zu werden.

Steht auch diese Fertigkeit bzw. nach Schultz (S. 241) „Objektschau fließend zur Verfügung",
dann bekommt der Übende die Aufgabe, „in Analogie" zur „Eigenfarbe" das „Eigengefühl" zu
finden. Der Übende soll sich irgendein „Erlebnis für die Innenschau" suchen, „das für ihn Ausdruck oder Sinnbild des intensivsten und erwünschtesten Gefühlszustandes ist". Hier können
wieder Erinnerungen aus dem Leben oder mehr oder weniger phantasiehafte Vorstellungen auftauchen. Entsprechend der Aufgabe können hier sehr starke und bewegende Gefühle und Imaginationen erlebt werden. Sie sollten sich innerlich also darauf einstellen. Da es sich um

erwünschte Gefühle, wie z. B. Liebe, innerer Frieden und Glückseligkeit, handelt, sind negative Nebenwirkungen kaum zu befürchten.

Thomas (1989, ab S. 163) beginnt an diesem Punkt mit den „Übungen zur Charakterbildung". Es handelt sich um „Übungen zur vertieften Selbsterkenntnis" (S.164) und „zur Selbstverwirklichung" (S. 167). Vor dem inneren, geistigen Auge entwickelt sich ein Bild. Das Bild zeigt mir, wer ich bin (vgl. S. 164). In diesem Zusammenhang können spontan auch Tiere auftauchen, die einen selbst idealisiert, gleichnishaft, symbolisch, in Bezug auf typische Eigenschaften und Charakteristika verkörpern, darstellen oder repräsentieren. Als „Eigentier" kann dieses Tier analog (wie oben beschrieben) zur Eigenfarbe und zum Eigengefühl gesucht und gefunden werden. Zum gezielten Finden seines Eigentieres empfehle ich, etwa (zuvor in der Imagination) den Ort der Ruhe und Kraft aufzusuchen (s. dazu Kap. 5.1). Die Imagination eines „Eigentieres" kann im Sinne von Schultz dann sehr offen erfolgen, etwa dass irgendein Tier vor dem inneren, geistigen Auge erscheint. Sie kann aber auch von vornherein weniger offen, spezifischer und gezielter auf ein oder das Tier begrenzt und fokussiert sein, was einen selbst verkörpert, darstellt, symbolisiert, repräsentiert oder zutreffend charakterisiert. Im Unterschied zum Eigentier verkörpern oder vertreten die im Kapitel 8.5 behandelten Krafttiere der Energiezentren (Chakren) jeweils systematisch unterschiedliche Ressourcen und nur Aspekte des Selbst. Überhaupt spiegeln Krafttiere weniger das Selbst oder Teile davon, vielmehr begleiten, unterstützen und stärken sie diese – dem Namen entsprechend. Sie stehen dem Selbst oder dessen Aspekten zur Seite und können es auch bereichern und ergänzen. Diese Bilder zur Selbsterkenntnis können alternativ auch dazu dienen, andere wichtige Fragen der und zur Person zu beantworten oder Lösungen, Bewältigung, Wege, Mittel und Ziele aufzuzeigen – vor allem bei Problemen und Konflikten mit sich selbst. Solche Fragen zur Imagination könnten etwa lauten: Was suche ich eigentlich? Was will ich wirklich? Was sollte ich tun?

Bei den „Übungen zur Selbstverwirklichung" (ab S. 167) handelt es sich nach Thomas (1989) eigentlich um formelhafte Vorsätze (wie bereits im Kap. 6.2.2 beschrieben), in denen Ziele der Selbstentwicklung innerlich suggeriert und meditiert werden, wie etwa: „Ich nehme mich an". „Ich vertraue mir selbst". „Ich ruhe in mir selbst". „Ich denke klar und frei". „Ich schaffe und halte Ordnung". Es bietet sich jedoch nach meiner Ansicht und Erfahrung zudem an, diese konstruktiven bzw. aufbauenden und stärkenden sowie affirmativen bzw. bejahenden und bestätigenden Zielaussagen zusätzlich durch entsprechende Vorstellungen und Bilder exemplarisch, repräsentativ zu veranschaulichen, zu konkretisieren, zu beleben und auf diese Weise in der Imagination zu erleben. Das Erreichen und die Verwirklichung des beschriebenen Zielzustandes, wie z. B. Selbstannahme, Selbstvertrauen, klares und freies Denken sowie Ordnung, kann dann zusätzlich (wie im Kap. 5.2.3 ausgeführt und diskutiert) veranschaulicht und imaginiert werden. In der Anleitung bzw. Selbstanleitung wäre nur zusätzlich – und selbstverständlich passend, geeignet zu den Aussagen bzw. den betreffenden Vornahmen, Intentionen und angestrebten Zuständen der Selbstverwirklichung – zur Assoziation und Imagination anzuregen und aufzurufen. Neben Vorstellungen, die das Ziel und den angestrebten Zustand der Selbstverwirklichung bzw. -entwicklung zeigen, darstellen oder symbolisieren, können auch betreffende bzw. zutreffende Erlebnisse aus der Lebensgeschichte erinnert werden. In jenen Situationen, Momenten oder Phasen wurde dieser Zielzustand von einem selbst tatsächlich, überzeugend und beispielhaft erreicht, verwirklicht, erfahren und erlebt. Hier wird also assoziativ und erinnernd auf die eigenen positiven, guten Erfahrungen und (Erfolgs-) Erlebnisse mit sich selbst – also auf die eigenen, bereits vorhandenen Ressourcen – zurückgegriffen. Deren Erinnerung und bewusstes Wiedererleben unterstützt und stärkt erheblich die Wirkung der gedachten oder innerlich gesprochenen Suggestionen und Zielbeschreibungen. Die sprachliche oder begriffliche Zielbeschreibung und die erlebte Zielerreichung werden miteinander verbunden (assoziiert) und verstärken sich auf diese Art und Weise (bezüglich der Wirkung) gegenseitig. Obwohl zunächst kein Erfolgserlebnis in der Lebensgeschichte nahe zu liegen oder vorhanden zu sein scheint, fallen in der Trance dann dennoch zumeist solche wieder ein. Sollte dies jedoch nicht gelingen, so kann die betreffende Zielerreichung bzw. Selbstentwicklung oder -verwirklichung zumindest in der Phantasie als aktive Imagination vorweggenommen, dar- bzw. vorgestellt werden.

Nach Brenner (1999) können leitende Sätze, Ideen oder Motive auch frei in der Oberstufe gesucht, gefunden und dann meditiert werden. Es entwickelt sich dann in der Trance und vor dem inneren, geistigen Auge ein Leitsatz, -motiv oder -bild, das bzw. der entsprechend gesehen, wahrgenommen, erlebt wird und schließlich einen einnimmt und erfüllt.

Nach Schultz (S. 242) folgt auf die Übungen, die das eigene Innenleben und Selbst tiefer haben erfahren lassen, nun die Auseinandersetzungen mit dem Gegenüber oder Anderen. Es wird nun geübt, „in tiefversenktem Zustande das Bild eines bestimmten anderen Menschen ganz konkret plastisch vor sich erscheinen und in sich auswirken zu lassen". Es soll dabei auch versucht werden, sich in diese (vorgestellte) Person einzufühlen, sie zu verstehen und dabei die eigenen Gefühle gegenüber dieser Person zu kontrollieren und die Beziehung zu „versachlichen". Dies gelingt nach Schultz am besten bei neutralen, uns gleichgültigen Personen. Liegt der Schwerpunkt jedoch mehr beim Einfühlen und weniger bei der distanzierten, emotional kontrollierten Betrachtung, dann fällt (im Gegensatz zu Schultz, S. 243) die Einfühlung, das Verstehen und die Vorstellung eines geliebten Menschen erfahrungsgemäß besonders leicht. Dann bietet es sich bei dieser Übung – im Sinne der Meditationen der Herzensgüte und des Mitgefühls in der Tradition der Achtsamkeitsmeditationen (s. Kap. 3.3.4.3) – an, mit einer geliebten Bezugsperson oder sehr nahen Person anzufangen. Dann werden schrittweise zunehmend entferntere bis zu schwierigen, unsympathischen, feindlichen Menschen imaginiert. Bei Brenner (1999) wird als Einstieg in die „autogene Personenmeditation" eine „spontan auftauchende Person" (S. 139) geschaut und meditiert. Nachdem der Übende seine „Aufmerksamkeit nach innen" gelenkt und sich seiner „inneren Wirklichkeit" geöffnet hat, kann sich vor dem inneren, geistigen Auge eine Person „entwickeln" und „erscheinen", die dann gesehen, betrachtet, erlebt und – als Person sowie in der Beziehung und Verbundenheit – gespürt wird (S. 140). Weiter kann dann gezielt mit bestimmten Personen, Prototypen, Gattungen von Personen, wie etwa Freunde oder Kollegen, oder über das Bild und die Beziehung zu einem Selbst meditiert werden.

Als letzte systematische (Ein-) Übung der Oberstufe bietet Schultz (ab S. 243) das Hereinnehmen fragender Einstellungen in die Versenkung oder, einfach und konkreter, „Fragen an das Unbewusste" an. Es werden innerliche, persönlich oder existentiell wichtige Fragen an das eigene Unterbewusstsein gestellt, wie etwa: „Was mache ich falsch?" Ist diese Entscheidung, der Weg, das Ziel oder Vorhaben usw. wirklich gut, befriedigend oder richtig usw.? Werde ich mit dieser Entscheidung wirklich zufrieden oder glücklich (sein)? Gibt es eine andere/ bessere Lösung? In der Versenkung wird geduldig auf klärende, entscheidende, lösende, bewältigende, richtungsweisende oder hilfreiche Antworten gewartet. Idealerweise können dann in der Trance innere Klärungen, Gewissheiten, Einsichten erlebt werden. Das Unterbewusstsein kann ganzheitlich, d. h. mit allen Sinnen und Vorstellungsaspekten, aber auch sehr unterschiedlich, nämlich etwa über die „innere Stimme", Gefühle, Empfindungen, gedankliche Eingebungen oder Bilder antworten. Die Befragung des Unterbewusstseins, der inneren Weisheit und anderer innerer Ratgeber und der Dialog mit diesen Instanzen, Aspekten und Ressourcen des Selbst wurde bereits im Rahmen der Imagination im Kapitel 5.2.2 dargestellt und diskutiert. Schultz verzichtet bei dieser Übung auf eine Gestaltgebung und Visualisierung, während etwa Brenner (1999, S. 33-34) für den inneren „therapeutischen Dialog" die Imagination des Gesprächspartner (als weise

Frau, weisen Mann oder Ratgeber) empfiehlt. In der „autogenen Seinsmeditation" (S. 148) stellt er ebenfalls nur bestimmte Fragen an das Sein oder bezüglich des Seins („Seinsfragen", S. 153) oder lässt zunächst Fragen an das Sein sich entwickeln und auftauchen, um diese dann zu meditieren und nach innen wirken zu lassen. Vielleicht erhalten Sie daraufhin innere Antworten. Dabei ist zu beachten, dass solche Antworten ein Geschenk sind und sich nicht erzwingen lassen. Die gefundene oder gewählte Seinsfrage sollte wieder auf verschiedene Art und Weise innerlich wahrgenommen und erlebt werden.

Bevor das Imaginieren im eigenen Ermessen weiter ge- und ausgeübt wird, führt Thomas (1989) nach den oben beschriebenen Übungen zur „Charakterbildung" noch systematisch zwei weitere Imaginationsübungen durch. In der ersten Übung (ab S. 172), der „Weg auf den Meeresgrund", wird vom „Ufer des Meeres" schrittweise hinunter zum tiefen Meeresgrund gewandert. Gleichsam wird hier mit den unteren, grundlegenden Kräften des Selbst, dem Unterbewusstsein, dem „Grunde der Menschenseele" Kontakt aufgenommen, hergestellt. Gegen die Dunkelheit und möglichen „Gefahren", wie etwa Raubtiere oder Seeungeheuer, bzw. zur besseren Orientierung, zum Schutz und zur Abwehr werden auf diese Wanderung ein Zauberstab und leuchtender Zauberring imaginiert und mitgenommen. Hilfsmittel, Werkzeuge, Waffen usw. können nach meiner Erfahrung auch einem imaginierten See-, Tauch- oder Rucksack entnommen werden, der alternativ zu den märchenhaft anmutenden Utensilien gewählt und auf die Wanderung mitgenommen wurde. Sollten die in der Imagination erlebten Vorstellungen und Abenteuer einem als zu gefährlich und – trotz der mehr oder weniger zauberhaften, mächtigen Werkzeuge – nicht mehr zu bewältigen anmuten, dann bliebe auch nach Thomas (S.180) „als letzter Ausweg" schließlich „immer noch das energetische und sofortige Zurücknehmen", also der Ausstieg aus dem AT. Zumeist reicht es bereits aus der betreffenden Imagination zu gehen und stattdessen (in der Vorstellung) an den persönlichen Ort der Ruhe und Kraft oder einen anderen, besonders sicheren Ort (s. Kap. 5.1.2). Das innere, geistige Auge kann aber auch sofort ganz geschlossen und dann versucht werden, die Entspannung mittels der Grundstufe des AT oder eines anderen als Einstieg gewählten Verfahrens wieder zu erlangen, zu erleben und zu vertiefen. Bei Bedarf kann das Schließen des inneren, geistigen Auges auch etwas länger und intensiver als bei der gewöhnlichen Rücknahme erfolgen (s. u.). Die Dauer der anschließenden Entspannungsphase richtet sich ebenfalls nach Bedarf und Gelingen. Notfalls wird auch dieser Versuch einfach abgebrochen. Am besten wird die Beendigung jedoch mit der gewöhnlichen und regelmäßig geübten Rücknahme durchgeführt. Nach dem Erreichen und Erleben des Meeresgrundes wird sorgfältig und schrittweise wieder bis zum Ufer (Strand usw.) zurückgegangen. Nach Thomas (S. 183) gelingt dies „zuverlässiger", wenn der gleiche Weg zurückgegangen und „bewusst die einzelnen Stationen des Hinweges erinnert und" innerlich „genannt" bzw. benannt werden. Entsprechend der (Selbst-) Instruktion löst sich der Imaginierende dabei allmählich von seinen Erlebnissen. Schließlich sollen sich die Bilder zurückziehen und verschwinden. Sollten deutliche Ängste vor dieser Wanderung, dem Wasser oder der Tiefe bestehen, dann sollte von der Übung – zumindest zunächst – Abstand genommen werden. Dies gilt selbstverständlich in gleicher Weise auch für die Berg- oder eine andere Imaginationsübung. Im Gespräch mit einem Psychotherapeuten sollte dieses Problem (zuvor) besprochen und geklärt werden. Auch sollte bei Schwierigkeiten, sich die Wanderung vorzustellen oder zum Meeresgrund hinab zu gelangen, die Imagination nie erzwungen werden. Die Imagination sollte sich nur bzw. maximal mit ausdauerndem Bemühen, wiederholten Versuchen, Geduld und Beharrlichkeit, ohne Druck und Zwang, offenbar von selbst einstellen. Dies gilt gleichermaßen auch für die anderen Übungen und Motive.

In der zweiten Übung (ab S. 184), der „Weg auf die Bergeshöhe", wird ein Berg ruhig und schrittweise bestiegen. Vor dem inneren, geistigen Auge soll sich das Bild eines „hohen" Berges entwickeln. Dieser hohe „Berg" wird vorgestellt oder gesehen, das Bild bzw. der Berg wird deutlicher und steht schließlich klar vor einem. Thomas verzichtet hier auf Zauberstab und -ring, „denn die Höhendimension der oberen Himmelswelt wirkt freundlich". Passiver könnte etwa auch eine Gondel oder ein Ballon imaginiert und zur Gipfelbesteigung oder zur Reise in das Reich der Wolken benutzt werden. Es können bei der Bergbesteigung zu Fuß – oder eben einer anderen gewählten Art des Aufstiegs – auch intensive Licht- und Wärmeerlebnisse, spirituelle Erlebnisse, besondere Begegnungen, Klärungen und Einsichten erfahren werden. Entsprechend der Suche und Imagination der inneren Weisheit im Kapitel 5.2.2 wird auf der Bergeshöhe nach Thomas (S. 188) standartmäßig nach der „Höhle eines Einsiedlers" gesucht. Nach dem Entdekken und Aufsuchen des Eremiten wird ein Gespräch mit ihm gesucht. Als „weiser Eremit" (S. 188) verkörpert er „die Stimme des eigenen Gewissen" (S. 189) und „weiß bei schweren Lebensfragen Rat" (S. 188). Am Schluss wird die allmähliche Lösung von den Erlebnissen begonnen und der Rückweg ruhig und schrittweise – oder gegebenenfalls mit der Gondel oder einem Ballon – angetreten.

Beim Berg handelt es sich ebenfalls um ein Standardmotiv, nämlich das dritte, der Grundstufe der Katathym-imaginativen Psychotherapie (z. B. Leuner & Wilke, 2011). In einem ersten Schritt wird der Berg zunächst imaginiert und nur genau betrachtet und beschrieben. In einem zweiten Schritt wird dieser dann in der Imagination bestiegen.

Z. B. Kabat-Zinn und Kesper-Grossman (2009) bieten auf CD ebenfalls ähnlich thematisierte Imaginationsübungen als Achtsamkeitsmeditationen (s. Kap. 3.3) an. Es handelt sich ebenfalls um einen Berg und anstatt eines Meeres um einen See. Hier werden jedoch im Unterschied zu Thomas keine mehr oder weniger unbewusste Ressourcen und Konflikte repräsentierende „Reiseabenteuer" angestoßen, erlebt und bestanden. Es wird nicht das Imaginations- bzw. Meditationsobjekt hinab und hinauf gewandert. In der Imagination und im Erleben werden ein See oder Berg (aus der Erinnerung oder Phantasie) vielmehr im Ganzen bzw. als Ganzes wahrgenommen und meditiert – zunächst in der Außensicht, d. h. in der Betrachtung von außen, und dann aus der Innensicht, d. h. aus dem erlebten Sein – der Identität als See oder Berg selbst. Über die Anleitung wird das jeweilige Meditationsobjekt (See oder Berg) in seiner Einheit und Vielfalt, in seiner Einbindung (den natürlichen Gegebenheiten und Rhythmen) und seinen Einflüssen und Veränderungen imaginiert und erlebt. Es werden auf diese Art und Weise – auch suggestiv – entsprechende (Selbst-) Erfahrungen, Wahrnehmungen, Beobachtungen, Einstellungen, Vergegenwärtigungen und Einsichten vermittelt und gewonnen.

Als letzten Baustein für das Erlernen und Anwenden der Oberstufe beschreibt Thomas (1989, ab S. 191) das freie und gesteuerte Bilderleben „mit bestimmter Zielsetzung" an. Diese Übungen setzen entweder eine sehr gute und robuste psychische Stabilität und Gesundheit voraus, um diese allein in Selbsthypnose durchzuführen, oder sollten unbedingt unter psychotherapeutischer Expertise ausgewählt und – bei Bedarf – angepasst, vorbereitet, angeleitet oder, bei Selbsthypnose, zumindest begleitet werden. Für die Nachbereitung und gegebenenfalls notwendige Be- und Verarbeitung der Bilderlebnisse kann ein Psychotherapeut nicht nur hilfreich, sondern möglicherweise auch dringend angebracht und sogar notwendig sein. So sollte die Vergegenwärtigung einer bestimmten Zeit, Situation oder eines beliebigen Ortes aus der eigenen Lebensgeschichte in der Selbsthypnose nicht ohne psychotherapeutische Absprache und Begleitung erfolgen, wenn an dieser, bewusst oder unbewusst, noch in irgendeiner Art und Weise bis heute gelitten wird. Insbesondere wenn es sich in der Lebensgeschichte um emotional schwer belastende, schreckliche, traumatisierende Erfahrungen handelt, wie z. B. schwere Unfälle, lebensbedrohliche Erkrankungen, Misshandlungen, Verlassen-werden und Vernachlässigung von bzw. durch Bezugspersonen. Hier werden die Übungen der Selbsterforschung und -analyse und zu mehr Selbstverständnis und -einsicht zum psychotherapeutischen Werkzeug und Verfahren. In der Hand eines erfahrenen Psycho- und Hypnotherapeuten können die Anleitungen nach Thomas dann sehr aufschlussreich sein und als Ausgangspunkt für die weitere psychotherapeutische Arbeit dienen, wenn etwa vor dem inneren, geistigen Auge Bilder „entwickelt" werden, die aus der Zeit entstammen oder/und von dem Ort oder aus der Situation, als bzw. wo die Störungen, Probleme oder Beschwerden begannen. Entsprechend lässt Thomas, ganz in der Tradition der Hypnose und Selbsthypnose, in der Oberstufe imaginativ nach den Gründen, Ursachen, Funktionen oder Bedeutungen körperlicher oder emotionaler Beschwerden oder Auffälligkeiten, wie etwa körperlicher Missempfindungen, psychosomatischer Erkrankungen, Ängsten und anderer negativer Gefühlszustände sowie Depression, oder von Trauminhalten fragen und suchen. Symbolische Szenen, Landschaften oder Orte können aufgesucht werden und es kann geschaut werden, welche symbolischen Bilder bzw. Erlebnisse auftauchen werden. So kann etwa dem Fluss, als Metapher für den Lebensstrom und das eigene Leben, in der Imagination von der Quelle (für die Geburt) bis zur Mündung ins Meer (für das Sterben) gefolgt und dabei wahrgenommen bzw. vorgestellt werden, d. h. innerlich geschaut, gehört, gefühlt, empfunden usw. Trauminhalte können auch wieder aufgegriffen und in der Oberstufe bewusst wiedererlebt werden. Als eine zusätzliche Erkenntnisstrategie beschreibt Thomas die symbolische Identifikation mit Elementen, Lebewesen oder Handelnden in diesen Traumbildern und -szenen. Also Sie werden dann symbolisch bzw. vorgestelltermaßen etwa, wie im Kapitel 5.1.3 dargestellt und diskutiert, zum Baum.

Die Bilder sind – selbstverständlich in Abhängigkeit u.a. der Trancetiefe, des Übungsgrades, der Offenheit und des Selbstschutzes – mehr oder weniger aufschlussreiche, klärende, zutreffende, bedeutungsvolle Antworten oder Assoziationen aus dem Selbst und Unterbewusstsein. Die Bilder bzw. imaginativen Antworten können aber eben auch tief beunruhigen, verunsichern und emotional aufwühlen. Sie sollten dann mit einem Psychotherapeuten besprochen werden. Bei Bedarf wäre diesbezüglich weiter oder sogar gründlich, umfassend und systematisch psychotherapeutisch zu arbeiten.

Bei Schwierigkeiten mit der Vorstellungskraft empfiehlt Thomas, zunächst die Imagination einfacher geometrischer Figuren, die bereits oft einen hohen symbolischen Bedeutungsgehalt haben. Im Kapitel 8.1 zur Einführung und Beschreibung der Grundlagen der Chakrenmeditation werden solche geometrischen, symbolhaften Figuren in einfacher („Yantras") und komplexerer Ausführung („Mandalas") beschrieben und in ihrer grundlegendsten Form (als Yantra) jeweils den Energiezentren Chakren (von Kap. 8.1.1 bis 8.1.8) zugeordnet. Diese werden äußerlich dargestellt, wahrgenommen und meditiert sowie innerlich imaginiert und meditiert. Brenner (1999) beginnt seine autogene Formmeditation, analog zu seiner oben beschriebenen Farbmeditation, mit einfachen geometrischen Grundformen. Eine bzw. die Form entwickelt sich vor dem inneren, geistigen Auge, wird gesehen, begriffen, gespürt und erlebt. In einem weiteren Schritt wird dann versucht, die „Eigenform" („Ich sehe meine Form", S. 102) zu imaginieren und zu erleben, wiederum schrittweise sich nähernd, zunächst von außen aus der Distanz bis zur völligen Identifikation und Einswerdung mit dieser Form.

Am Schluss der Oberstufe des AT kann nach dem Schließen der Vorstellungen und letztlich des inneren, geistigen Auges wieder in die Grundstufe des AT gewechselt werden. Die Ruhe kann noch einmal suggeriert und der Entspannungszustand, das bedeutet hier bezüglich Schwere, Wärme, Atmung, wahrgenommen, erlebt und genossen werden. Die körperliche Entspannung – und damit vor allem auch Schwere, Wärme sowie ruhige Atmung – kann dazu noch einmal gezielt gestärkt und vertieft werden. Dazu können gegebenenfalls und je nach Bedarf auch die entsprechenden Formeln der Grundstufe des AT benutzt und vielleicht ein bis zweimal wiederholt werden. Diese werden zusammengefasst im Kapitel 6.2.1.10 in Tabelle 1 in der ursprünglichen, klassischen Form und in Tabelle 2 und 3 in alternativer Art und Weise aufgeführt. Dann sowie bei der direkten Rückkehr aus der Oberstufe erfolgt die Rücknahme wie bei der Grundstufe (s. Kap. 6.2.1.8). Nach Thomas (1989) sollten zudem die suggerierten Entspannungsaspekte direkter, einzeln, differenzierter angesprochen und zurückgenommen werden, also etwa Beine und Arme leicht, Herz und Atmung „ganz normal", Stirn „normale Temperatur" bzw. klar und wach, Arme fest, tief Luft holen, Augen auf.

Wurden ein anderer Einstieg und Weg in die Oberstufe zur Entspannung und Tranceinduktion gewählt, so wäre über jene der entsprechende Rückweg zu beschreiten. Der Weg in die Oberstufe legt den Rückweg fest und sollte zu den entsprechenden Stationen, Punkten und Rücknahmen führen!

7 Wanderungen, Reisen und Tasten durch den Körper

Vor allem aus dem Yoga, aber auch aus dem Qigong und anderen Meditationssystemen sind Wanderungen oder Reisen durch den Körper bekannt. Eine Körperreise mit Selbstmassage aus dem Qigong wurde im Kapitel 2.12 vorgestellt. Körperwanderungen aus oder im Sinne der buddhistischen Vipassana-Tradition wurden bereits im Kapitel 3.3.4.2 als Achtsamkeitsmeditationen vorgestellt und besprochen. Zudem wurde im Kapitel 3.3.4.1 eine Körperwanderung nach Salzberg und Goldstein (2001) dargestellt. Mit der Progressiven Muskelentspannung bzw. Entspannung (PME) nach Jacobson (z.B. 1938, 1976) werden ebenfalls bestimmte Muskeln und Körperteile nacheinander im Körper „bereist", wahrgenommen und entspannt (s. Kap. 4). Ich biete die Reise oder Wanderung durch den Körper (neben der PME) auf eine einfache, grundlegende und eine komplexere, verfeinerte Art und Weise an. Bei der einfachen wie auch bei der verfeinerten Form der Körperreise wandern oder gleiten wir aufmerksam und wahrnehmend – von Körperteil zu Körperteil oder von Körperpunkt zu Körperpunkt – durch unseren Körper. Wir versuchen den jeweiligen Körperbereich genau und achtsam wahrzunehmen, zu spüren. Die einfache oder auch grundlegende Körperreise wird im Kapitel 7.1 vollständig vorgestellt und genau beschrieben. (Eine vollständig, musterhaft ausformulierte Variante zur Anleitung dieser Körperreise befindet sich im Kap. 12.6.) Diese ist praktisch – und in weiten, wichtigen Teilen bzw. „Routen" übereinstimmend – in der verfeinerten, komplexen Körperreise enthalten. Letztere wird ausführlich im Kapitel 7.2 beschrieben und besprochen. In der komplexen Körperreise werden die Wanderungen durch den Körper – im Wesentlichen in den Armen, Beinen und etwas im Gesicht – noch weiter verfeinert, spezifiziert und damit umfassender. Auch der Ausgangspunkt der beiden Körperreisen wird unterschiedlich gewählt. Während die komplexe Körperreise in der Stirnmitte beginnt (s. auch Stirnzentrum, Kap. 8.1.7), wird die einfache Körperreise in der bevorzugten Hand (rechts oder links) begonnen, die auch ungeübte Personen vergleichsweise schnell, leicht und gut spüren. Für den Übenden ist eine komplexe Körperreise aus diesen Gründen – vor allem als Anfänger – etwas schwieriger und insgesamt zudem länger und aufwendiger. Für den Anfänger bietet sich also entsprechend die einfachere Variante zur Körperreise zum Üben als Einstieg an. Nach fortgeschrittener Vertrautheit und Übung der einfachen Körperreise lässt sich die Körperreise und deren Wirkung durch die komplexe Variante verfeinern und ausdehnen. Die einfache Körperreise bzw. -wanderung des Kapitels 7.1 wurde bereits im Kapitel 3.3.4.2 in der Form und zur Durchführung einer reinen Achtsamkeitsmeditation bzw. eines achtsamen „Body-Scans" beschrieben.

Prinzipiell kann eine Körperreise in jeder Haltung durchgeführt werden (s. Kap. 2.5). Allerdings hat sich das Liegen auf dem Rücken – mit leicht und angenehm gegrätschten Beinen und leicht abgewinkelt, neben dem Rumpf liegenden Armen sowie Handinnenflächen auf dem Boden (s. ebenda) – in meiner Arbeit mit Patienten und Kursteilnehmern bewährt. Diese hat sich für die innere achtsame Wahrnehmung, das Loslassen und Entspannen als besonders günstig und unterstützend erwiesen und wird in der Regel als besonders wohltuend und angenehm empfunden. Allerdings droht bei großer Müdigkeit und Erschöpfung eher das Einschlafen (s. auch Kap. 2.6). Ein entspanntes, aber aufrechtes, gerades Sitzen – idealerweise etwa auf einem

Hocker oder Stuhl mit oder ohne Rükkenlehne, mehr oder weniger angenehm auseinander gegrätschten Beinen, die Füße fest auf dem Boden – ist aber auch möglich und wird generell als noch hinreichend angenehm empfunden. Mit einigen Abstrichen und Anpassungsversuchen kann eine Körperreise sogar in einem beliebigen Sitz (etwa eines öffentlichen Verkehrsmittels oder Wartezimmers) oder auf irgendeiner anderen Sitzgelegenheit (etwa Parkbank) vergleichsweise noch angenehm, gelassen und entspannend erfolgen. Die Augen sind besser geschlossen und der Blick sowie die gesamte bewusste Wahrnehmung und Aufmerksamkeit nach innen auf den jeweiligen Körperbereich oder -punkt gerichtet und konzentriert. Wegen ihrer Sanftheit kann die Körperreise bedenkenlos zu jeder Tages- und Nachtzeit durchgeführt werden.

Bei einer Körperreise sollten, wie bei den Achtsamkeitsmeditationen (s. Kap. 3.3), grundsätzlich alle möglichen Körperreaktionen und -empfindungen achtsam wahr- und angenommen werden. Eine möglichst offene, achtsame, wohlwollende, vertrauens- und liebevolle Einstellung unterstützt die Wanderung durch den Körper und ihre Wirkungen. Selbst unangenehme Empfindungen sollten einfach nur zur Kenntnis genommen und angenommen werden. Sollten Sie sich nämlich über Empfindungen beispielsweise ärgern, so fangen Sie an, sich über diese Empfindungen aufzuregen, was einer Entspannung sehr abträglich wäre. Angenehme Empfindungen haben dagegen für gewöhnlich eine erfreuliche, motivierende, positive Wirkung. Aber selbst diese könnten sich – unter bestimmten Umständen – störend oder negativ auswirken. Das gilt besonders auch für angenehme Gedanken und Gefühle. Zum Beispiel könnten uns selbst angenehme Gedanken und Gefühle vom Üben ablenken und etwa zum Tagträumen verleiten, anstatt konzentriert im Körper zu wandern. Der Umgang mit störenden – zumeist unangenehmen, „negativen" – Empfindungen, Gedanken, Erinnerungen und Gefühlen bei Entspannung und Meditation wurde bereits im Kapitel 2.9.1 ausführlich besprochen und soll hier nicht wiederholt werden. Auch im Rahmen der Achtsamkeitsmeditationen (Kap. 3.3) wurden dazu Anleitungen gegeben. Vor allem werden diese hier selbst zum Gegenstand der Meditation und achtsamen Betrachtung. Negative oder störende Empfindungen, Gefühle und Gedanken verschwinden dann auf diese Art und Weise in der Regel von selbst. Dies entspricht der grundsätzlich vorübergehenden, vergänglichen Natur bzw. der begrenzten Dauer von Empfindungen, Gefühlen und Gedanken (s. Kap. 3.3.1).

Selbst bei unangenehmen, störenden Empfindungen während der Körperwanderung sollte versucht werden, sich trotzdem oder gerade deswegen zu entspannen, um auf diese Weise innere Ruhe und Kraft zu sammeln, Erholung zu gewinnen und – bei Bedarf – Heilung zu fördern. Genau dadurch sollten störende und unangenehme Empfindungen schließlich allgemein bzw. insgesamt abnehmen und seltener werden. Im Besonderen kann die Wirkung der Entspannung auf unangenehme Empfindungen erfahren und studiert werden. Oft werden sich unangenehme Empfindungen mit oder nach der Entspannung in einem Körperbereich auflösen. Häufig sind dazu auch Wiederholungen bzw. tägliches Üben der Entspannung bzw. Körperreise nötig. Im Falle einer Erkrankung (vor allem einer schweren oder ernsten) oder chronischer Schmerzen oder Missempfindungen werden die störenden, unangenehmen Empfindungen durch einmalige, aber selbst durch wiederholte achtsame Wahrnehmung und Entspannung nicht einfach verschwinden, sondern sogar im günstigen Fall nur abnehmen bzw. sich bessern. Dennoch wären gerade hier regelmäßige, am besten täglich geübte, achtsame Wahrnehmung und Entspannung so wichtig und längerfristig hilfreich.

Zu diesem Zweck kann die „konzentrative" bzw. bewusste, aufmerksame und konzentrierte Entspannung in dem betreffenden Körperbereich durch einen längeren Halt in der Körperreise verlängert und vertieft werden. Dies gelingt ganz einfach und folgerichtig, wenn dieser Bereich auf der gewählten bzw. vorgeschlagenen Reise- bzw. Wanderroute (s. Kap. 7.1, 7.2) liegt.

Befindet sich dieser Körperbereich, also derjenige mit unangenehmen oder irritierenden Empfindungen, jedoch abseits der Route, so ist dieser während der Körperreise zusätzlich bewusst anzusteuern und zu besuchen, um sich dort ebenfalls achtsam wahrzunehmen und konzentriert zu entspannen. Dies kann durch einen möglichst kurzen, günstigen Abstecher von der Reiseroute erfolgen. Nach der Wahrnehmung und Entspannung in dem betreffenden Körperbereich gehen Sie zum Ausgangspunkt Ihres Abstechers zurück und setzen auf der regulären Route Ihre Reise bzw. Wanderung fort. Dieses Vorgehen ist besonders dann zu empfehlen, wenn es sich um einen bestimmten, begrenzten Bereich handelt, der neben der eigentlichen Reiseroute bzw. dem empfohlenen Weg liegt. Z. B. könnten Sie sich, nachdem Sie sich auf dem Weg im Bereich des oberen Bauchzentrums (Sonnengeflecht) achtsam wahrgenommen und entspannt haben, etwa auf einem Abstecher seitlich rechts zu einem eventuell schmerzenden Bereich unter dem Rippenbogen bewegen, um genau dies auch hier zu tun. Nach Wahrnehmung und Entspannung würden Sie dann zum Ausgangspunkt, hier dem oberen Bauchzentrum, zurückkehren und die Körperreise auf dem empfohlenen Weg weiter fortsetzen. Wenn die abseits der empfohlenen Route achtsam wahrzunehmenden und zu entspannenden Körperbereiche größer werden und sich weiter über den Körper hinziehen, kann es besser sein, der Reiseroute erst bis in die Tiefe oder Höhe des „abseitigen" Körperbereiches zu folgen, wo dieser zusätzlich zu entspannende Körperbereich endet. Sie würden beispielsweise erst entsprechend der empfohlenen Route die ganze Wirbelsäule bis zum Hinterkopf bzw. der „Schädelkante" hinauf wandern, bevor Sie sich etwa den Rückenschmerzen seitlich der Wirbelsäule zuwenden würden. Sie könnten dann etwa zusätzlich den Rücken langsam achtsam und entspannend von unten nach oben – je nach Bedarf – seitlich (links oder/und rechts, auch mehrmals) hinaufwandern. Am Schluss würden Sie zum Ausgangspunkt, nämlich dem obersten Wirbel der Halswirbelsäule bzw. an den Beginn des Hinterkopfes in der Mitte bzw. zur gefühlten Mitte der unteren Schädelkante zurückkehren, um die Körperreise gemäß der empfohlenen Reiseroute zum Scheitelzentrum fortzusetzen. Dafür würden dann sogar zwei Varianten, d. h. entweder weiter durch das Gehirn oder mittig über den Hinterkopf (s. Kap. 7.1), zur Verfügung stehen. Es wäre allerdings auch möglich und sinnvoll, solche Körperbereiche, die nicht auf der Standardroute liegen, nach dem Abschluss der regulären Körperreise aufzusuchen, um sich dort zusätzlich aufmerksam wahrzunehmen und zu entspannen. Dies gilt selbstverständlich nicht nur für Körperbereiche mit unangenehmen, irritierenden Empfindungen, die also beispielsweise irgendwie schmerzen, jucken, kribbeln oder sich pelzig anfühlen sondern insbesondere auch für Körperbereiche, die Ihres Wissens oder nach ärztlicher Diagnose erkrankt oder geschädigt sind oder dies gemäß Ihrer oder ärztlicher Vermutung oder Befürchtung sein könnten. Dann werden eben auch solche Körperbereiche zusätzlich achtsam wahrgenommen und entspannt, gleichgültig, ob diese nun zu dem Zeitpunkt (akut) mit unangenehmen, irritierenden Empfindungen verbunden sind oder nicht. Die achtsame Meditation und Entspannung dieser Bereiche kann so die aufbauenden, stützenden, heilenden Vorgänge dort befördern.

Die einfache (Kap. 7.1) sowie auch die komplexe Körperwanderung (Kap. 7.2) können nach unseren Ausführungen also – je nach und bei Bedarf – auch auf andere Bereiche (außerhalb der regulären, empfohlenen Reise- bzw. Wanderroute) am und im Körper erweitert und ausgedehnt werden. Dies sind also Körperbereiche, die aus irgendeinem Anlass oder Grund unserer achtsamen und heilsamen Entspannung und Zuwendung bedürfen und nicht unmittelbar auf dem empfohlenen Weg liegen. Wichtig ist, dass trotz dieser Erweiterung oder Ausdehnung grundsätzlich der gesamte empfohlene Weg in der angegebenen Art und Weise erwandert bzw. die ganze Route durch den Körper bereist (durchgekehrt) wird, ohne dass durch die zusätzlichen (erforderlichen) Abstecher, Wege diesbezüglich etwa Lücken, Auslassungen auf der empfohlenen Route entstehen. Dies trifft zu und gilt auch, wenn die von mir empfohlenen Varianten der Körperreise nur im Sinne einer Achtsamkeitsmeditation, d. h. nur achtsam wahrnehmend, durchgeführt werden (s. u. und Kap. 3.3.4.2).

Für die Abstecher, Wege in und durch weitere Körperbereiche, abseits bzw. außerhalb der vereinbarten Route, und deren achtsame Wahrnehmung und Entspannung wird zusätzlich Zeit benötigt. Das gilt auch für die Besuche solcher Körperregionen im unmittelbaren Anschluss an die reguläre Körperwanderung. Aber selbst wenn nur bestimmte Körperbereiche innerhalb bzw. auf der Route stärker, länger achtsam wahrgenommen und entspannt werden (sollen), verlängert sich dadurch die Dauer der Körperreise. In jedem Falle ist dann also zu beachten und zu berücksichtigen, dass sich der zeitliche Gesamtaufwand für die Körperwanderung entsprechend vergrößert. Planen Sie deshalb also gegebenenfalls entsprechend mehr Zeit ein oder schenken sich von vornherein einen großzügigeren Zeitrahmen, um einen möglichen Zeitdruck zu vermeiden.

Ein größerer Zeitpuffer erlaubt Ihnen auch noch während der Körperwanderung, flexibel zu reagieren und die achtsame Wahrnehmung und Entspannung im Körper nach den erspürten Erfordernissen zu richten und auszuweiten. Also wenn Sie beispielsweise erst nach dem Hinaufwandern der Halswirbelsäule zur Schädelkante einen verspannten Nacken bemerken sollten, so könnten Sie sich zusätzlich in aller Ruhe hier im gesamten Nacken – also auch neben der eigentlichen Route – achtsam wahrnehmen und entspannen. Erst danach würden Sie wieder zur Mitte der Schädelkante zurückkehren, um dann achtsam wahrnehmend und entspannend weiter auf dem regulären Weg, das wäre hier die Mittellinie über den Hinterkopf hinauf zum Scheitel, zu wandern. Es wäre, wie bereits ausgeführt, aber auch möglich oder vielleicht sogar ratsam, zunächst in diesem gewählten Beispiel nach der Halswirbelsäule noch diese Mittellinie ganz bis zum Scheitel hinaufzuwandern, um erst dann zusätzlich den Nacken bis über den Hinterkopf hinauf achtsam wahrzunehmen und zu entspannen. Danach würden Sie zum Scheitel zurückkehren, um auch diesen Bereich, soweit noch nicht geschehen, gezielt wahrzunehmen und zu entspannen und schließlich weiter zu reisen.

Allein durch die langsame Wanderung mit der bewussten Aufmerksamkeit und Wahrnehmung durch den Körper können sich Entspannungsreaktionen in dem jeweiligen Körperbereich sowie Entspannung und innere Ruhe im Ganzen einstellen. Im Kapitel 3.2 wurde das für die passive Atementspannung und im Kapitel 3.3.2 über die Achtsamkeitsmeditationen mit dem Atem beschrieben. Vor allem im Kapitel 3.3.4.2 werden direkt nur auf Achtsamkeit und bewusste Wahrnehmung beruhende Körperwanderungen zur Meditation dargestellt, die zu Entspannung, Gelassenheit, Ruhe, Gleichmut führen. Zusätzlich zur achtsamen Wahrnehmung können Sie in dem jeweiligen Körperteil versuchen, sich bewusst loszulassen und zu entspannen. Die Konzentration, Aufmerksamkeit, die Bewusstheit auf diesen Körperbereich und dessen Wahrnehmung werden jedoch fortgesetzt und gehalten, also nicht losgelassen. Losgelassen wird vielmehr nur die Anspannung sowie alles Störende, Belastende. Mit einer entsprechenden inneren, verbalen Formel, wie „Loslassen und entspannen" oder „Versuchen, loszulassen und zu entspannen", die den Entspannungsprozess begleitet, kann die Konzentration und Entspannung – ähnlich wie im Autogenen Training (s. Kap. 6.2) – suggestiv unterstützt werden. Um auch die achtsame Wahrnehmung einzubeziehen und zu unterstützen, kann die beschreibende, anleitende oder suggestive Formel auch noch erweitert werden, etwa: „Spüren, loslassen und entspannen". Die gewählte Formel wird hier wie im AT innerlich – also lautlos – gesprochen oder gedacht und bei bzw. je nach Bedarf wiederholt. Im Vordergrund steht bei der Körperreise jedoch ganz klar die Wahrnehmung der körperlichen Entspannung. Die Empfindungen, die sich in Folge der Wahrnehmung, des Loslassens und der Entspannung einstellen, bleiben hier zudem offen. So kann sich die Entspannung – je nach Zustand, Situation und Körperteil – sehr unterschiedlich anfühlen: etwa als Kribbeln, Schwere, Leichtigkeit oder/und Wärme. Sie lernen mit der regelmäßigen Übung, sich und Ihre Körperteile wahrzunehmen, zu empfinden, anzunehmen, loszulassen und zu entspannen.

Um diese Wahrnehmungen und Veränderungen zuzulassen und zu ermöglichen, benötigen Sie ausreichend Zeit. Lassen Sie sich also immer Zeit bei einer bzw. Ihrer Körperreise. Entsprechend sollten Sie sich grundsätzlich auch für eine geplante, nur reguläre bzw. standardmäßige Körperreise (vgl. oben) genügend Zeit nehmen und geben. Schenken Sie sich einen hinreichenden Zeitpuffer, einen möglichst großzügigen Zeitrahmen, um möglichst keinen inneren Zeitdruck während einer Körperreise zu begünstigen oder gar zu verursachen. Ohne die oben erwähnten, zusätzlichen Abstecher und eine deutlich darüber hinaus gehende Meditation und Entspannung in Körperbereichen sollte die einfache Körperreise zwischen 20 bis 40 (im Schnitt etwa 30) Minuten dauern. Für eine solche komplexe Körperreise sind dagegen mindestens 30, besser 40 bis 60 (im Schnitt 45) Minuten zu veranschlagen. Auf jeden Fall sollte der minimal zur Verfügung stehende bzw. gestellte, zeitliche Rahmen entsprechend bemessen und ausgerichtet werden.

Nach fortgeschrittenem Üben werden Sie zunehmend in die Lage kommen, auch kürze Zeitintervalle für eine entsprechend verkürzte bzw. beschleunigte Körperreise zu nutzen, um sich im ganzen Körper achtsam wahrzunehmen, zu entspannen und körperlich sowie geistig zu beruhigen und zu erholen. So kann dann eine Wartepause selbst von nur 5 Minuten ausreichen. Allerdings sollten solche „Kurztrips" durch den Körper nicht das bedachtsame, sorgfältige, intensive und ruhige, standardmäßige Üben ersetzen, sondern nur ergänzen.

Zur Körperreise kann grundsätzlich auf verschiedene Weise bzw. Wege durch den Körper gegangen werden. Wie bereits erwähnt, wurde bereits im Kapitel 3.3.4.1 im Zusammenhang mit Achtsamkeitsmeditationen als Vorbereitung auf die Gehmeditation ausführlich ein Weg von Salzberg und Goldstein (2001) vor- und dargestellt. Die einfache Körperreise, wie ich diese mit Interessenten und Patienten seit 1987 übe (erste schriftliche Fassung erst 1989), wurde im folgenden Unterkapitel als reine Achtsamkeitsmeditation bereits beschrieben. Sie können nun beispielsweise – wie etwa oft und gern im Yoga praktiziert – Ihre Körperreise bei bzw. in den Füßen anfangen lassen. Ich bevorzuge dagegen den Beginn der einfachen Körperreise in den Händen und Armen; denn bezüglich Körperentspannung und -meditation ungeübte Menschen können diese, wie bereits schon angemerkt, für gewöhnlich besser und leichter spüren als etwa die Füße und Beine. Gerade Personen mit wenig Übung oder großen Schwierigkeiten mit Entspannung oder Körperwahrnehmung, mit wenig Körpergefühl und größerer Distanz zum eigenen Körper haben mit bzw. in ihren Händen und Armen erste positive Erfahrungen und Erfolgserlebnisse, die sie zur Fortführung der Körperreise und zum regelmäßigen Üben – trotz ihrer grundsätzlichen Schwierigkeiten – motivieren. Bei der komplexen Körperreise beginne ich dagegen die Reise in der Stirnmitte bzw. im Stirnzentrum (s. Kap. 8.1.7). Dieses yogische Energiezentrum bietet sich aufgrund seiner Eigenschaften zur geistigen Beruhigung, Sammlung, Aufmerksamkeit, Wahrnehmung, Klarheit, Einsicht und Bewusstwerdung als Ausgangspunkt zur Körperreise an. Durch eine zur Beruhigung, Sammlung und Klärung vorangehende und einstimmende Meditation mit der Stirn-Wurzelzentrum-Atmung nach Kapitel 3.5 bietet sich dieses Zentrum ebenfalls als Ausgangspunkt an (s. u.). Dies kann noch verstärkt werden, wenn vor der Körperreise über das Stirnzentrum tief ein- und langsam ausgeatmet, also im Unterschied zur Stirn-Wurzelzentrum-Atem-Meditation sowohl über das Stirnzentrum ein- als auch ausgeatmet wird.

Bei der Reise durch den Körper ist es förderlich, einer möglichst passenden, organischen, natürlichen Gestalt oder Struktur zu folgen. Auf diese Weise ist die Körperreise besser zu behalten und leichter selbst und ohne Hilfe anzuwenden. Zudem sind die Energieflüsse (genauere Ausführungen dazu im Kap. 8.1) sowie Zusammenhänge im Körper besser nachzuspüren und der Körper ist als Ganzes besser wahrzunehmen und zu entspannen. Ein fließendes Spüren, Tasten und Wandern durch den Körper wird so möglich und ein Hüpfen und Springen im bzw. durch den Körper vermieden. Dazu kann der Körper, ähnlich wie bei der Progressiven Muskelentspannung (s. Kap. 4.1), aber generell ohne Anspannung, durchgegangen werden. Die in den folgenden Kapiteln zur Körperreise angebotenen Reihenfolgen haben sich vor allem bei Anwendern bewährt, die selber regelmäßig über einen längeren Zeitraum üben. Erst zum Schluss der einfachen Körperreise gelangen wir deshalb im Unterschied zur vorgeschlagenen Reihenfolge bei der Progressiven Muskelentspannung (s. Kap. 4.1) in den Brustkorb, dann in den Bauch und schließlich zum Beckenboden bzw. dem Wurzelzentrum (s. Kap. 8.1.1). Die Progressive Muskelentspannung soll sich besonders für in Entspannung ungeübte und stark psychophysiologisch erregte, d. h. unruhige und aufgeregte, und angespannte Personen eignen, deshalb erscheint die andere Reihenfolge dort gerechtfertigt und angemessen.

Bei einer Körperwanderung kann zudem auf das Empfinden von Wärme fokussiert werden. Wärme stellt sich im Körper – vor allem in Rumpf und Gliedmaßen – als Folge und Ausdruck von Entspannung, Wohlgefühl, Kraft, Energie und Gesundheit bei der achtsamen Wahrnehmung und Entspannung von selbst ein. Wärme kann im Körper überhaupt, etwa nach der Körperwanderung zum Spüren der Entspannung im gesamten Körper vor Beendigung der Meditation, oder auf der Wanderung gezielt im jeweiligen Körperbereich nachgespürt werden. Durch die innerliche Begleitung mit offenen oder zutreffenden Beschreibungen oder Suggestionen kann die Fokussierung auf und Wahrnehmung von Wärme im jeweiligen Körperbereich über die Achtsamkeit hinaus gefördert werden, wie etwa „die rechte Hand", „der linke Fuß" etc. „(kann) angenehm warm (werden/sein)". Auf diese Art und Weise kann die Körperreise als eine sichere Basis und Ausgangspunkt – praktisch als Grundgerüst – benutzt werden, um ähnlich wie beim Autogenen Training (vgl. vor allem mit den betreffenden diskutierten Wärmeformeln des Autogenen Trainings im Kap. 6.2.1.3, für den Herzbereich im Kap. 6.2.1.4, den Bauchbereich im Kap. 6.2.1.6, diese und weitere Anwendungen im Kap. 6.2.1.10) mit der Wärme zu arbeiten. Wie im Autogenen Training lassen sich dazu etwa die Wärme direkt unterstützende, verstärkende, aber auch darüber hinaus gehende (z. B. das Sammeln, Speichern oder Wachsen von Kraft und Energie, das Nähren, Stärken, Heilen und Gesunden von Körperbereichen) verbale Suggestionen, Imaginationen und spezielle Selbsthypnosen finden und benutzen. Die Wahrnehmung, Suggestion und Imagination von Wärme ist besonders im Brustkorb, Herzbereich, in der Brustmitte sowie im Bauch und Beckenboden, aber auch in der Drossel- bzw. Halsgrube lohnend und angebracht. Im Besonderen sind das die Energiezentren Halszentrum (Kap. 8.1.6), Herzzentrum (Kap. 8.1.5), oberes (Kap. 8.1.4), mittleres (Kap. 8.1.3) und unteres Bauchzentrum (Kap. 8.1.2) sowie das Wurzelzentrum (Kap. 8.1.1). Auch das Spüren anderer mit Entspannung verbundener Reaktionen oder Empfindungen, wie z. B. Schwere oder Leichtigkeit, oder das Spüren und Empfinden der Körperbereiche selbst könnte mit passenden, geeigneten verbalen Suggestionen, Imaginationen und Selbsthypnosen (etwa der Erholung, Stärkung, Heilung) verbunden werden. Bedingung, Grund- und Ausgangslage für diese Arbeit bleibt jedoch in jedem Falle die achtsame Wahrnehmung und Entspannung des betreffenden Körperbereiches. Es ist also auch bei einer solchen – um Suggestionen, Imaginationen und spezielle Selbsthypnosen erweiterten – Körperreise jeder einzelne Bereich achtsam zu spüren, wahrzunehmen, (zur Entspannung) loszulassen und (eben) zu entspannen.

Durch die Körperreise trainieren und verbessern Sie grundsätzlich – neben der Entspannung, Gelassenheit und inneren Ruhe – zum Beispiel auch Ihre Körperwahrnehmung und das

Körpergefühl. Wissen über und Vertrauen in Ihren Körper nehmen zu. Ihre Einstellung zum eigenen Körper wird differenzierter, angemessener, akzeptierender und positiver. Ihr Selbst- und Körperbild wird um ein inneres, angemessenes Bild ergänzt. Sie lernen Ihren Körper, seine Reaktionen und die Empfindungen kennen und akzeptieren, um nur einige sehr wichtige und zentrale Wirkungen der Körperreise zu nennen.

Bereits mit der einfachen Körperreise versuchen wir zudem auf eine spielerische, zulassende, entdeckende Weise einen Zugang zu wichtigen energetischen und meditativen Zentren und Bahnen zu finden, einen zuverlässigen Kontakt zu bekommen, ein sicheres Empfinden und Gefühl für diese Zentren und Bahnen zu entwickeln, ohne dass dazu ein (theoretisches) Wissen und betreffende Beschreibungen, Erklärungen, Vorstellungen und Erwartungen notwendig wären. In beiden Varianten der Körperreise wird mit einer sehr langsam wandernden, achtsamen Wahrnehmung den beiden außerordentlichen, übergeordneten Meridianen der „traditionellen chinesischen Medizin" (vgl. z. B. Hempen, 2002), abgekürzt mit TCM, nämlich dem vorderen Konzeptionsgefäß („Ren Mai") und dem hinteren Lenkergefäß („Du Mai"), oder/ und dem yogischen Wirbelsäulenkanal („Sushumna") bzw. den betreffenden Körperbereichen nachgespürt (s. Kap. 8.1). Dies sind übergeordnete, zentrale Leitbahnen, in denen die Lebensenergie, d. h. Qi im Qigong und Prana im Yoga, gesammelt und verteilt wird. Das Konzeptionsgefäß wird dem Yin zugeordnet. Es ist der „Sammelort aller Yin-Leitbahnen" (Jiao, 1996, S. 222). Das Lenkergefäß wird dem Yang zugeordnet und „herrscht über alle Yang-Leitbahnen" (Jiao, 1996, S.222). In beiden Leitbahnen fließt die Energie vom Beckenboden – genau vom yogischen Wurzelzentrum (s. Kap. 8.1.1) – aufwärts in Richtung Kopf. Trotz der gleichen Flussrichtung (zum Kopf hin) bilden beide Energieleitbahnen zusammen den kleinen Energiekreislauf – auch kleiner himmlischer Kreislauf genannt (s. auch Kobayashi, 1989; Olvedi, 1994). Eine ausführlichere Darstellung der Energiebahnen mit Literaturverweisen wird im Kapitel 8.1 zur Erläuterung und zum Verständnis der Energiezentren bzw. „Chakren" gegeben. (In der TCM wird nicht von Chakren, sondern von zentralen Energie- bzw. Qi-Speichern, -Feldern oder -Seen gesprochen, in denen die Qi-Leitbahnen oder -Kanäle zusammenkommen.) Durch die achtsame, konzentrierte und im Idealfall fließende Wahrnehmung des Körpers bzw. im Körper können die Energien in diesen Bahnen entsprechend vor allem zum Fließen angeregt werden. Insbesondere durch das zusätzliche, achtsame und meditative Verweilen an bestimmten Körper- bzw. Energiepunkten kann in diesen Bereichen zudem jeweils das Sammeln und Wachsen der Energie angeregt und gefördert werden. Aber auch das achtsame, meditative, spürende Wandern auf den Energiebahnen stärkt den Energiestrom. Die Energie folgt der Achtsamkeit, geistigen Konzentration und bewussten Wahrnehmung. In der Folge können sich auch energetische Blockaden auflösen und energetische Unterschiede zwischen den Energiezentren ausgleichen. Die Energiezentren, d. h. Chakren oder Qi-Speicher, werden nämlich durch die mit der Körperwanderung bereisten Energiebahnen miteinander verbunden. Durch das zu lernende bewusste Spüren, achtsame Wahrnehmen, Konzentrieren, Loslassen und Entspannen in den jeweiligen Körperbereichen führen wir bereits einfache, eher passive Meditationen in und mit den Energiezentren durch und schaffen die psychologischen Voraussetzungen und Grundlage für aktivere Meditationen in diesen Zentren. Solche „aktiven" Meditationen werden im Kapitel 8 (ab Kap. 8.2) vorgestellt und erklärt. Mit diesen (bis Kap. 8.4.1) werden die Zentren energetisch aufgeladen und gestärkt. Aber bereits das achtsame Spüren, Loslassen, Entspannen des Körpers und des Qi im Körper hat eine beruhigende, ausgleichende, stärkende und vitalisierende Wirkung (vgl. z. B. Kammer, 1985, ab S. 80, redet dort allerdings vom „Fluidum").

Entsprechend der zentralen Bedeutung des oben dargestellten kleinen Energiekreislaufes (auch nur „Energiekreis") in der TCM gibt es ähnliche Übungen zur Aktivierung und Verteilung der Lebensenergie im stillen Qigong (vgl. z. B. Jiao, 1988, 1996; Olvedi, 1994). Beide Autoren und Lehrsysteme bewegen die Energie (Qi) im Lenkergefäß hinauf und im Konzeptionsgefäß hinab. Im Konzeptionsgefäß wird das „Yin-Qi" also gegen die eigentliche aufsteigende Fließrichtung (s.o.) nach unten zu den großen Yin-Speichern gedrückt. (Peter & Gerl, 1988, bieten im Unterschied dazu eine Meditationsübung an, bei der die Wirbelsäule – und dies betrifft dann auch entsprechend die zugehörigen energetischen Bahnen – mittels achtsamer Körperwahrnehmung vom Scheitelzentrum bis zum Steißbein hinuntergewandert wird, also gegen die Fließrichtung des Lenkergefäßes.) Während Jiao (1996) eine solche Übung als achte Brokatübung im Sitzen im yogischen Nabelzentrum, das ist das mittlere Bauchzentrum (s. Kap. 8.1.3), beginnen und enden lässt, wählt Meister Zhi-Chang Li nach Olvedi (1994) dazu das yogische Sakralzentrum, das ist das untere Bauchzentrum (s. Kap. 8.1.2). Im Unterschied zu beiden benutze ich bei der einfachen Körperreise – nach den Armen, Beinen und Gesäß – als Quelle und Ziel zur Durchwanderung des kleinen Energiekreises das yogische Wurzelzentrum, das am bzw. auf dem Damm liegt und in die Tiefe zum Steißbein nach innen reicht (s. Kap. 8.1.1). Bei der komplexen Körperreise verwende ich das yogische Stirnzentrum in etwa in der Stirnmitte (s. Kap. 8.1.7) als Ausgang und Ende der Wanderung. Auch hier erfolgt das Wandern oder Gleiten – je nach Perspektive – durch den, im, auf oder mit dem Energiekreis.

Nach allen oben genannten Autoren wird achtsam und somit langsam und behutsam vorgegangen. Das Kreisen soll deshalb mindestens mehrere Minuten (vgl. Jiao, 1996) in Anspruch nehmen. Hildenbrand (2007c) empfiehlt 5-7 Minuten. Allein durch das achtsame Verharren und Wahrnehmen in den jeweiligen Körperbereichen, wo die Energiezentren liegen, dauern die Körperreisen, wie ich sie durchführe, bereits deutlich länger. Es kommen aber auch noch mindestens die Sinnesorgane und Gesichtsbereiche hinzu (s. Kap. 7.1).

Nach einem Hörbuch von Jochum (2006), was ebenfalls eine Meditation auf und mit dem kleinen Energiekreislauf nach Meister Li Zhi-Chang beschreibt und anleitet (vgl. mit Olvedi, 1994), erfolgt die Reise hier noch wesentlich schneller, nämlich in etwa anderthalb Minuten, obwohl ebenfalls neun wichtige Energiepunkte auf dem Lenker- und Konzeptionsgefäß – jedoch vergleichsweise sehr kurz – anvisiert und vergegenwärtigt werden. Ausgangspunkt ist, wie nach Olvedi (1994), das untere Bauchzentrum. In der Meditation nach Jochum wird der kleine Energiekreis bereist bzw. es wird nacheinander etwa im 10-Sekundentakt von Energiepunkt zu Energiepunkt – auf diesem Kreis – fortgeschritten. Allerdings wird der kleine Energiekreislauf mit den Energiepunkten wiederholt und insgesamt mindestens sechsmal durchlaufen. Die Kürze bzw. Eile beim Reisen bzw. Durchschreiten auf dem kleinen Energiekreis ist vor allem für Anfänger eine Schwierigkeit und steht einer achtsamen Wahrnehmung, Gelassenheit, Ruhe und Entspannung entgegen. Es betont jedoch das Kreisen der Energie in diesem Kreislauf und zwischen den Energiepunkten. Die Energiepunkte betreffen weitgehend auch die achtsam vergegenwärtigten und entspannten Energiebereiche bzw. -zentren nach der von mir beschriebenen und vorgeschlagenen Körperreise (s. Kap. 7.1). Im Unterschied dazu werden von Jochum vor allem das Halszentrum gar nicht sowie das obere Bauch- bzw. Sonnengeflechtzentrum und das mittlere Bauch- bzw. Nabelzentrum nicht direkt und von vorne, sondern nur über betreffende hintere Akupunkturpunkte auf dem Lenkergefäß angesprochen.

Wichtig ist, dass beim Reisen durch den Körper keine Lücken auf den Energiebahnen entstehen. Sie gleiten, fließen, zeichnen die Wege, Bahnen, Flüsse also idealerweise vollständig und kontinuierlich, also ohne Sprünge und Lücken, entlang bzw. nach. Wie bereits oben erwähnt, ist besonders bei Abstechern und Erweiterungen der Körperreise darauf zu achten. Vor allem der kleine Energiekreis sollte unbedingt vollständig und ganz – vom Ausgangspunkt bis wieder zu ihm hin – achtsam bereist worden sein. Sollten Sie also an irgendeiner Stelle vor der Beendigung des Energiekreises von demselben abzweigen, so kehren Sie auf jeden Fall zu dieser Stelle zurück, um von dort aus die Wanderung auf dem Energiekreis fortzusetzen.

Wie Sie räumlich ohne Unterbrechung durch den Körper reisen sollten, so sollten Sie auch versuchen, zeitlich die Reise – bis auf die achtsamen Zwischenhalte – nicht einfach zu unterbrechen oder gar abzubrechen. Sicher können uns z. B. Gedanken und Gefühle ablenken. Auch wenn immer wieder neue Gedanken und Gefühle auftauchen und auf uns einströmen, bleiben diese vorübergehend, solange wir uns davon nicht beeindrucken und einnehmen bzw. diese annehmen und loslassen lassen und uns stetig bewusst um eine Wiederaufnahme und Fortsetzung der Körperreise bemühen. Aber es könnten auch bestimmte Störungen oder Probleme auftreten, die sogar eine Unterbrechung oder einen vorübergehenden Abbruch der Körperreise erfordern oder zumindest nahelegen. So kann etwa eine Problemlösung im Umfeld ratsam oder notwendig sein, also z. B. bei einem Gewitter das Fenster zu schließen, ein sich beim Spielen verletztes Kind zu versorgen oder auch nur das Paket vom klingelnden Postboten an der Tür anzunehmen. Es könnte auch der eingestellte Wecker klingeln und etwa auf das Ende der Mittagspause oder das zu erreichende, bald abfahrende öffentliche Verkehrsmittel hinweisen. Die Ansage des Zielortes im öffentlichen Verkehrsmittel kann den nötigen Ausstieg ankündigen usw. Sollte sich eine Unterbrechung oder ein Abbruch nicht vermeiden lassen, so sollten Sie anschließend versuchen, die Körperreise von dem bereits zuvor bzw. zuletzt erreichten Punkt aus fortzusetzen, um die Körperreise vollständig abzuschließen. Dieser vollständige Abschluss der Körperreise sollte wegen der Wirkung auf jeden Fall noch am gleichen Tag erfolgen. Um bei einer Störung aus der Körperreise hinauszugehen, ist es ratsam, dies bewusst und achtsam zu tun, vielleicht mit der Vornahme, von dort nach Behebung der Störung die Reise weiter fortzusetzen (s. auch Kap. 2.11). Um wieder (an der betreffenden Stelle im Körper) einzusteigen, könnten ein paar vorbereitende, meditative Atemzüge hilfreich sein (s. auch unten zum Einstieg in die Körperreise). Die Körperreise kann auch später – aber noch am gleichen Tag – fortgesetzt und zu Ende gebracht werden, etwa wenn wieder Zeit und Raum dafür gefunden bzw. festgelegt werden. Sind einige Stunden bis dahin vergangen, so kann nach einem erneuten Einstieg, etwa über eine kurze Atemmeditation, ein achtsamer Schnelldurchgang der Körperreise bis zur Stelle erfolgen, an der die Körperreise dann langsam und behutsam fortgesetzt werden soll. Ein Schnelldurchgang bis zu jener Abbruchstelle erleichtert den meditativen Wiedereinstieg und aktiviert gleichsam die zuvor und bis dahin in möglichst tiefer Entspannung, Achtsamkeit, Trance, Sammlung und Versenkung erreichten Zustände und Vorgänge.

Im augenscheinlichen Kontrast zur hier beschriebenen einfachen Körperreise arbeiten die Qigong-Meister nach Jiao (1996) und Olvedi (1994) ausdrücklich vor allem mit der Vorstellungskraft, also dem Vorstellen und Vorstellungen. Ich dagegen benutze und betone die direkte und bewusste Konzentration und Wahrnehmung (das Spüren) des Körpers, wie auch im Sinne der Achtsamkeitsmeditationen (s. Kap. 3.3), und orientiere mich an der Empfindung bzw. am Empfinden. Vorstellen (als kognitive, mentale Aktivität und Leistung, einschließlich des Erinnerns) und Vorstellungen (als Produkt des Vorstellens) können jedoch prinzipiell – etwa mit fortgeschrittener Übung oder als zusätzliche Hilfe und Unterstützung – neben Konzentration bzw. gesammelte Aufmerksamkeit und Wahrnehmung hinzugezogen werden. Wie die folgenden theoretischen Überlegungen und Ausführungen zeigen sollen, handelt es sich um unterschiedliche Akzentuierungen, deren Unterschiede sich letztlich jedoch verwischen oder sogar auflösen können. Es folgt also ein kurzer Exkurs über Vorstellungen und Vorstellungskraft versus Empfindungen und Wahrnehmungen und deren Bedeutung und Verständnis für die Körperreise.

Vorstellungen werden in der Psychologie von den Wahrnehmungen und Empfindungen unterschieden, wobei es sich bei Empfindungen um elementare, einfache Wahrnehmungen handelt. Während die Wahrnehmungen die aktuellen, gegenwärtigen Sinnesinhalte zum Gegenstand haben, handelt es sich bei den Vorstellungen um erinnerte, konstruierte, gedachte, erschaffene, auf die Sinne und Wahrnehmung zwar bezogene, dennoch seelische, mentale, geistige Inhalte. Vorstellungen können, ebenso wie die Wahrnehmungen, unterschiedliche Sinnesbereiche betreffen, also etwa das Sehen, Hören, Riechen, Schmecken, Tasten. Diese Sinnesbereiche werden traditionell dem Wahrnehmen und Vorstellen der äußeren Welt zugeordnet, obwohl diese Sinne auch zur inneren Wahrnehmung benutzt werden können. So können sich Menschen auch von innen her, d. h. körperlich, vor allem „sehen" (als Bild), hören und tasten. Die traditionell „inneren Wahrnehmungssinne" erlauben die (propriozeptiven) Wahrnehmungen aus und in dem Körper, also Bewegungs-, Haltungs-, Gleichgewichts- und Organempfindungen. Wobei diese auch auf äußere Einwirkungen, Einflüsse reagieren und solche letztlich auf diese Weise wahrnehmen. Dies kann mehr indirekt, aber auch direkt erfolgen, wie bei bzw. nach einem Tritt des Gegners gegen das Schienbein oder die Ferse beim Fußball. Temperatur- und Schmerzwahrnehmungen können sowohl das Außen als auch das Innen betreffen. Bei genauer, kritischer Betrachtung verwischen die Grenzen zwischen den inneren und den äußeren Sinnen, Wahrnehmungen und den betreffenden Vorstellungen. Die Vorstellungen und damit die Vorstellungskraft können nun in Erinnerung oder Konstruktion, d. h. als Produkt der mentalen, seelischen Gestaltung, der Kreativität, Phantasie, des Denkens usw., die verschiedenen Wahrnehmungs- bzw. Sinnesbereiche betreffen. Wie die Psychologie heute inzwischen nachweislich weiß, handelt es sich bereits allein bei der Erinnerung ebenfalls um einen konstruktiven bzw. rekonstruktiven, psychischen Prozess. Für gewöhnlich handelt es sich bei den Vorstellungen zwar um mehr oder weniger anschauliche (konkrete, genaue, reichhaltige, lebendige), innere, erinnerte, gedachte, mehr oder weniger geschaffene, erfundene oder phantasierte Bilder (Imaginationen), aber auch Vorstellungen, beispielsweise des Fühlens und Spürens oder Kombinationen (z. B. in einem Spürbild), sind möglich. Obwohl das gegenwärtige Sein betreffend und augenscheinlich – von unserem Erleben her – erfassend, sind aber auch unsere Wahrnehmungen seelische, geistige Konstruktionsleistungen, an denen unter anderem Erinnerungen, Kreativität, Denken und somit Vorstellungen und Vorstellungskraft beteiligt sind. Wie die Psychologie seit Längerem wiederholt zeigen konnte, ist unsere Wahrnehmung eben nicht nur selektiv und eingeschränkt, sondern bezogen auf Erwartungen, Annahmen, Erfahrung, Wissen, Können usw. und prinzipiell konstruktiv bzw. konstruierend. Dies kann auf anschauliche Art und Weise z. B. bei den optischen Täuschungen und den gestaltbildenden Wahrnehmungsprinzipien gezeigt und erlebt werden, wie sie bereits in der Gestaltpsychologie exemplarisch beschrieben, analysiert und untersucht wurden (z. B. umfassend und grundlegend bei Metzger, 1975, 1986). Sowohl der selektive als auch der konstruktive Aspekt des Wahrnehmens und der Wahrnehmungen werden jeweils auch von Gewohnheiten, erlernten Automatismen, Vorlieben, Bedürfnissen, Emotionen, Stimmungen sowie inneren Einstellungen und Haltungen bestimmt und geprägt. Dies gilt in gleicher Weise für das Vorstellen und die Vorstellungen.

Im Unterschied dazu wird zwar in der buddhistischen Psychologie und Meditation versucht, die sinnliche Wahrnehmung von den verändernden, gewohnten, konstruktiven, kategorisierenden, bewertenden, ichbezogenen Leistungen und Prozessen, d. h. dort von den bedingten Konditionierungen, zu unterscheiden und schließlich zu befreien (s. dazu Kap. 3.3.1). Aber dies erfordert ein spezielles, sehr langes, ausdauerndes und intensives Training der Achtsamkeit, Meditation und Introspektion und ist nur als ein Näherungs- und Minimierungsprozess zu begreifen, der nicht einfach grundsätzlich die psychologischen Prinzipien der Wahrnehmung aufhebt und außer Kraft setzt. Es bleibt nämlich die Frage, ob die Wahrnehmung der Wirklichkeit dadurch auch tatsächlich direkter ist bzw. der Realität näher kommt (vgl. Naranjo &

Ornstein, 1976). Auf jeden Fall werden durch dieses Training einzelne Stufen und Prozesse der Wahrnehmung für den Übenden unterscheidbarer, bewusster und schließlich kontrollier- und steuerbarer. Somit kommt der Praktizierende zunehmend in die Lage, seinen Wahrnehmungsprozess gezielt und bewusst selbst zu organisieren und zu regeln und sich vor allem der ichbezogenen Konstruktionen, Selektionen, Bewertungen und Motivationen zu entledigen und zu enthalten.

Die Wahrnehmung ist also nicht nur wie die Vorstellung prinzipiell konstruktiv, sondern Vorstellungen können wiederum auch die Wahrnehmung leiten, führen, orientieren und so erst zu bestimmten, sinnlichen Wahrnehmungen und Erfahrungen führen. Die Unterschiede und Grenzen zwischen Vorstellung und Wahrnehmung als Vorgänge und Funktionen sowie zwischen Vorstellungen und Wahrnehmungen als deren Ergebnisse und Leistungen fangen also bei genauer, kritischer Betrachtung ebenfalls – wie zwischen innen und außen – an zu fließen und unschärfer zu werden.

Die Unterschiede im Vorgehen bei der Körperreise, also wahrnehmend versus vorstellend, sind danach im Grunde genommen als fließend und angemessener, als unterschiedliche Schwerpunkte, Akzente setzend, zu verstehen. So ist auch streng genommen beim nur achtsamen, wahrnehmenden Reisen durch den Körper eine gewisse, minimale Vorstellung (Erinnerung, Plan, Schema, Ordnung usw.) über den Ausgangspunkt, die Reiseroute, den Ablauf bis zum Endpunkt und eine Markierung bzw. ein Bewusstsein über die jeweils aktuelle Position auf dieser Route notwendig. Entsprechend umfassend und weit wird der Begriff „Vorstellungskraft" von Jiao (1988, S. 64) offenbar auch verstanden und verwendet. Dort bedeutet er „geistige gedankliche Aktivität", „Inhalt und Bewegung unserer Gedanken". Es entspricht so dem alltäglichen Verständnis und Sprachgebrauch, von „mit den Gedanken ganz bei der Sache zu sein", hier eben bei der Körperreise. Die Vorstellungskraft umfasst dann auch die gerichtete Aufmerksamkeit, die gesammelte Konzentration und achtsame Wahrnehmung bei einer Körperreise. Dem entspricht auch die bei Jiao (1995, S. 47) erwähnte Übersetzungs- bzw. Bedeutungsvariante der „Vorstellungskraft" als „Bewusstsein". Engelhardt und Hildenbrand (2007, S.32-33) weisen darauf hin, dass der zugrundeliegende chinesische Begriff „yi" entsprechend weit gefasst wird bzw. „mehrere Bedeutungen wie Gedanke, Vorstellung, Aufmerksamkeit oder Intention" und „verschiedene geistige Aktivitäten" umfasst.

Dennoch können die unterschiedlichen Akzente für die praktische Arbeit Konsequenzen haben. Je mehr Vorstellungen und Vorstellungskraft bei der Körperreise oder überhaupt zur Bewegung, Leitung und Sammlung der Energie (Qi) benutzt und hervorgehoben werden, desto wichtiger werden die Vorstellungen und damit wiederum – nach unserem psychologischen Verständnis – deren theoretische, ideelle, gedankliche, begriffliche und anschauliche Grundlagen. Abgesehen davon, dass solche Vorstellungen unangemessen, hinderlich und unzutreffend sein können, setzt die Verwendung solcher Vorstellungen ein Wissen, Verständnis, eine Akzeptanz bei den Übenden oder einen Glauben oder ein entsprechendes Vertrauen in den Lehrenden, das System oder die eigene Vorstellungswelt voraus. Diese kritische, ideologische Voraussetzung für die Anwendung entfällt umso mehr, je weniger Vorstellungen für die Körperreise notwendig oder verwendet werden. Auf der anderen Seite können jedoch geeignete Vorstellungen, etwa über die Energie und deren Verteilung und Sammlung im Körper, die Erfahrungen und Wirkungen einer Körperreise erleichtern, verstärken und vergrößern. Das Konzentrieren allein auf die achtsame Wahrnehmung – das Spüren und Entspannen – wirkt dagegen eher sanfter und beruhigender, lässt mehr Raum für die eigene Erfahrung und Entwicklung, setzt nur die Bereitschaft zum Üben und die Offenheit für Erfahrungen voraus. Dem Energiefluss – vorhanden oder nicht – wird nur entspannend nachgespürt, nicht mental oder imaginativ – eben durch Vorstellungen

– nachgeholfen. Entsprechend sind die Erfahrungen mit der wahrnehmungs-, entspannungsbezogenen Körperreise auch etwa bei Frauen in der Schwangerschaft oder während der Menstruation, bei Schlaflosigkeit oder nächtlicher Unruhe grundsätzlich und generell positiv, während Olvedi (1994) bei der vorstellungsorientierten Variante „des kleinen Kreislaufes", wie sie im Qigong praktiziert wird, davon eher abrät.

Gegebenenfalls kann die achtsame, entspannende Körperwahrnehmung bei der Körperreise noch mit der konzentrierten Wahrnehmung und Lenkung des Atems, wie es unten weiter ausgeführt wird, verbunden werden. Dadurch erhöht und verstärkt sich allerdings nach meiner Erfahrung noch die prinzipielle – und vor allem die aktivierende, stärkende Wirkung. Das Qi kann im Sinne der Vorstellungen der TCM in den Energiebahnen und -zentren mit dem Atem vermehrt sowie bewegt werden. Auf der Ebene des Spürens und der persönlichen Erfahrung werden entsprechende Wirkungen und Folgen wahrgenommen. Diese sind weitgehend auch ganz direkt – und damit ohne jegliche theoretische Voraussetzungen oder Grundlagen – wahrzunehmen. Während diese Technik und Option nach meiner Erfahrung mit Patienten und allgemeinen Kursteilnehmern erst bei fortgeschrittenen Übenden angeboten und geübt werden sollte, da diese erst hier vergleichsweise einfach große, helfende Wirkung und Kraft entfaltet, spielen Atem und Atmung im Qigong bei solchen Übungen – im Gegensatz zur Vorstellungskraft (s. dazu obige Ausführungen) – mit der Übung eine immer geringere Rolle (vgl. z. B. Olvedi, 1994). Der Atem fließt – nach der dort vertretenen Auffassung – nach Fortschreiten einfach auf „natürliche" Art und Weise, und das Qi wird durch die Vorstellungskraft (mehr oder weniger automatisch) bewegt und vermehrt (vgl. auch Jiao, 1996). Das Qi folgt der Vorstellungskraft und somit der Atem als ein Aspekt des Qi (vgl. Jiao, 1988). Danach folgt der Atem bei zunehmender Übung der Vorstellungskraft. Vorstellungskraft, Atem und Qi werden durch die Übung zunehmend gemeinsam, übereinstimmend gesammelt und bewegt. Sie wachsen gleichsam zusammen. Allein durch die Konzentration auf energetische Bahnen und Zentren können in jedem Falle, also wahrnehmend oder vorstellend sowie mit oder ohne bewusste Atemkopplung, sehr intensive Wärme- und Hitzeempfindungen erlebt werden. Eine solche Wärme kann besonders schnell, einfach und deutlich im Brust-, oberen und unteren Bauchraum, Beckenboden und in den Gliedmaßen, aber auch im Hals und Kopf erlebt werden.

Frau Dr. Hildenbrand wies in einem Seminar der SMS zum Spiel der fünf Tiere im Mai 2013 in München darauf hin, dass im Qigong sehr wohl auch die Wechselwirkung zwischen der Vorstellung bzw. Vorstellungskraft („yi") und dem Qi gesehen wird. Das Qi folgt der Vorstellung, aber die Vorstellung folgt auch dem Qi. Vorstellung und innere Aufmerksamkeit und Wahrnehmung, also die Introspektion der inneren Kräfte, Zustände und Vorgänge, wirken in positiver Rückkopplung auf- und miteinander und verstärken sich gegenseitig. Weiter gibt es auch im Qigong Bemühungen und Verfahren, sich nur auf das Qi zu konzentrieren und diesem achtsam wahrnehmend, bewusst zu folgen (vgl. etwa dem Zifagong oder Youfagong, vgl. Jiao, 1995). Hier werden die Aufmerksamkeit und Wahrnehmung bewusst, achtsam nach innen auf die inneren Kräfte, Zustände und Vorgänge, etwa auf die entstehenden, spontanen Bewegungsimpulse, gerichtet und gesammelt. Auf diese Art und Weise können Vorstellungen und Vorstellungskraft – nach unserem psychologischen Verständnis – weit in den Hintergrund treten.

Im Qigong ist mir auch die Auffassung begegnet, dass das Qi und damit auch der Atem der „Willenskraft" folgt. Dies entspricht auch der oben erwähnten Übersetzung von „yi" bzw. Vorstellungskraft als Intention. Auch diese Beschreibung trifft einen wesentlichen Kern. Nach meiner Erfahrung und meinem Verständnis folgt das Qi grundsätzlich der fokussierten und konzentrierten wahrnehmenden Aufmerksamkeit. Diese Fokussierung (das Ausrichten und Bündeln) sowie die Konzentration (das Halten und Sammeln) der Aufmerksamkeit und des Bewusstseins beim Wahrnehmen sind im Rahmen einer Qigong-Übung oder der hier besprochenen Körperwanderung ebenfalls bewusst und eben willentlich geleitet und geregelt. Durch die willentliche Fokussierung, Konzentration und Leitung der Aufmerksamkeit und Wahrnehmung bewegen wir uns bei der Körperreise wahrnehmend, präsent und selbstregulierend durch den Körper und bewegen und zentrieren gleichzeitig das Qi und den Atem. Der Atem kann, wie zuvor erwähnt, dabei noch zusätzlich bewusst gesetzt und wahrgenommen werden, muss aber nicht. Insofern wir für den Willen und die Leitung, Konzentration, Fokussierung, das Ausrichten und Aufrechterhalten einer mindestens ausreichenden Bewusstheit, Aufmerksamkeit und Wahrnehmung geistige Energie benötigen, könnte das unter dem Konzept „Willenskraft" zusammengefasst werden. Dafür sprechen auch die zunehmenden empirischen, wissenschaftlichen Befunde, die mit der Erfahrung und Introspektion übereinstimmen, dass Wille, Willenskraft, Aufmerksamkeit, Konzentration und Bewusstseinsspanne mindestens sehr eng zusammenhängen. Andererseits sollte dies nicht zum Irrtum, Missverständnis und noch weit verbreiteten Wunschdenken verleiten, dass die achtsame Aufmerksamkeit, Körperwahrnehmung, Körperentspannung, das Qi und der Atem allein dem Willen und der Willenskraft unterworfen sind und gehorchen. Sie können noch so heftig etwas wollen, dies allein wird im Körper und seiner Wahrnehmung nichts in die gewollte, intendierte Richtung bewegen. Das funktioniert so einfach nicht und würde eher das Gegenteil bewirken.

Bevor Sie eine Körperreise durchführen, sollten Sie sich mindestens ein wenig sammeln und zur Ruhe kommen. Sie können etwa das Spüren Ihres Körpers auf der stützenden und tragenden Unterlage und die Atmung benutzen, um zunächst die nötige Konzentration und Ruhe für eine Körperreise zu gewinnen. Als Einstieg (vgl. am Ende des Kap. 3.3.2, um in die Atem-Achtsamkeitsmeditation einzusteigen) kann es sehr nützlich sein, sich klarzumachen, dass die Unterlage (Sessel, Teppich, Bett usw.) Sie stützt und trägt. Und weiter, dass Sie deswegen frei sind, sich stützen und tragen zu lassen, sich bewusst zu spüren, achtsam durch Ihren Körper zu wandern, loszulassen und zu entspannen. Danach können innere Konzentration und Ruhe durch eine spezielle Atem- und Meditationstechnik verstärkt werden. Dies kann etwa durch tiefes Einatmen und langsames Ausatmen, wie im Kapitel 3.4 ausgeführt, oder/ und – wie bereits oben erwähnt – mit der Stirn-Wurzelzentrum-Atem-Meditation aus Kapitel 3.5 erfolgen. Es kann aber auch eine Entspannungsinduktion etwa aus dem Autogenen Training (s. Kap. 6.2) – insbesondere die Ruheformel (s. Kap. 6.2.1.1) – oder der Selbsthypnose (s. Kap. 6.1) verwendet werden. Kabat-Zinn (1999, 2002) benutzt zudem die suggerierte bzw. gespürte Schwere des Körpers, das Nachgeben der Schwerkraft und das (tiefer) Sinken des Körpers in die Unterlage, den Boden mit jedem Ausatmen. Hier wird die Schwere wie im Autogenen Training (vgl. Kap. 6.2.1.2) zur Entspannung benutzt, allerdings – im Unterschied zum klassischen AT – in Verbindung mit dem Ausatmen. Es reicht oft nur in einfacher Weise – allerdings bewusst und konzentriert – auf Ihren Atem zu achten (s. dazu Kap. 3.2 und 3.3.2), der kommt (beim Einatmen) und geht (beim Ausatmen). Nur spüren, wie die Luft bzw. der Atem ein- und ausströmt und gegebenenfalls pausiert! Spüren in Körperbereichen, wo die Atmung besonders aktiv und auffällig ist (vgl. Kap. 3.2.2). Entsprechend leitet auch Kabat-Zinn seine Körperwanderungen (bzw. „Body-Scans") vor allem mit bzw. durch die achtsame Wahrnehmung und Meditation des Atems und Atmens ein (vgl. z. B. Kabat-Zinn, 1999, 2000, 2002, 2009; Kabat-Zinn & Kesper-Grossman, 2009). Atem und Atmen lässt er am Anfang der geführten Body-Scans (1999, 2002) im Bauch achtsam wahrnehmen, was bereits eine gewisse Entspannung beinhaltet oder induziert (vgl. Kap. 3.1.2, 3.4). Sie können zudem bei einigen Atemzügen sich vorstellen oder suggerieren, Entspannung ein- und Anspannung auszuatmen. Schließlich gehen Sie dann „mit jedem Atemzug tiefer und tiefer in die Entspannung", auch in die innere Wahrnehmung, Bewusstheit, Achtsamkeit und Konzentration. Haben Sie die nötige Ruhe und Konzentration erreicht, dann können Sie mit der Körperreise beginnen. Um sich ganz auf die Reise im Körper und das Spüren der Körperteile zu konzentrieren, können Sie nun den Atem weiter fließen lassen. Wenn die Atemübung, Konzentration und innere Wahrnehmung (des Körpers) fortgeschritten sind, dann kann die konzentrierte Wahrnehmung des Körpers mit der Atmung (wie weiter unten ausgeführt) verbunden werden.

Am Ende der Körperreise sollten Sie wieder zu den anfänglichen Einleitungen der Entspannung und Körperreise, also zu den anfänglichen Entspannungsinduktionen, zurückkehren und zwar in der umgekehrten Reihenfolge wie beim Anfang, so dass Sie mit dem ersten Einstieg in die Entspannung letztlich aus der Entspannung aussteigen (vgl. Kap. 2.11). Zum Beispiel: Nun achten Sie wieder auf Ihren Atem, der kommt und geht, entspannen mit jedem Atemzug tiefer und tiefer (und genießen die Entspannung). Eventuell: Sie atmen tief (über die Nase zum Stirnzentrum hin/ in das Stirnzentrum hinein) ein und langsam (bis zum Wurzelzentrum) aus (vgl. Kap. 3.5). Schließlich nach Verlauf einer gewissen Zeit: So wie Sie den Atem genutzt haben, um in die Entspannung zu gehen, können Sie den Atem nutzen, um sich wieder zu aktivieren. Dazu reicht es, etwas fester ein- und auszuatmen. (Nun orientieren Sie sich – mit Ihren Sinnen – im umgebenden Hier und Jetzt.) Sie spüren deutlich Ihren Körper und die Unterlage, die Sie trägt und stützt. Vielleicht hören und sehen Sie etwas (einen Lichtschimmer durch die noch geschlossenen Augenlider). Die Rückkehr erfolgt dann ganz bewusst: „Ich komme jetzt zurück!" Sie dürfen/können sich rekeln und strecken, leise oder lauter, herzhaft gähnen (s. auch Kap. 2.11) und öffnen schließlich die Augen, um sich (in Ihrer Umgebung) zu orientieren.

Die konsequente Einbettung der Körperreise mit meditativen Atemübungen (vor allem mit der Stirn-Wurzelzentrum-Atem-Meditation, s. Kap. 3.5) vor und nach einer Körperreise übt gleichzeitig die Aufmerksamkeit und Konzentration auf den und mit dem Atem sowie die bewusste Verfügbarkeit, Ausrichtbarkeit und Lenkung des Atems, wie es für die fortgeschrittene Verbindung der Körperreise mit der Atmung (s. u.) und andere komplexe Meditationsformen (vor allem die Atem-Vokal-Chakren-Meditation, s. Kap. 8.3) hilfreich und notwendig ist. Meditative Atemübungen eignen sich besonders zur geistigen Beruhigung, Sammlung, Klärung und haben für sich bereits diverse positive, körperliche, seelische sowie geistige Wirkungen und können bereits zu tiefer Entspannung führen.

Im Qigong wird am Schluss nach einer Reise auf den Energiebahnen die Energie bzw. das Qi bewusst in einem besonderen (Speicher-) Bereich eingesammelt bzw. zurückgeführt und gesammelt (vgl. z.B. Jiao, 1988). Dies kann das yogische Wurzel- (s. Kap. 8.1.1), Sakral- (s. Kap. 8.1.2) oder Nabelzentrum (s. Kap. 8.1.3) sein. Aufmerksamkeit, Konzentration, bewusste Wahrnehmung und Empfinden sowie „Vorstellungs- und Willenskraft" (s. o.) lassen die Energie in dem jeweiligen Bereich spürbar sammeln und wachsen. Zusätzlich können dazu die Bewegung und Haltung vor allem der Hände, aber auch des ganzen Körpers zu Hilfe genommen werden. Bereits die Bewegung der Hände hin zu einem bestimmten Körperbereich, aber vor allem das Legen oder Halten der Hände auf, an oder über einem bestimmten Körperbereich führt die Energie, d. h. im Qigong Qi und im Yoga Prana, dorthin, bündelt und sammelt diese dort (vgl. auch Kammer, 1985, dort wird allerdings vom „Fluidum" gesprochen, sowie Kap. 3.2, 8.2). Haben Sie das Sakralzentrum bzw. untere Bauchzentrum oder das Nabelzentrum bzw. mittlere Bauchzentrum gewählt, so können Sie – gleichgültig, ob Sie zur Körperreise liegen oder sitzen – die beiden Hände einfach auf den gewählten Bereich legen oder darüber halten. Die Hände liegen dann ausgestreckt, entspannt und überkreuzt so aufeinander, dass der Handinnenteller der einen Hand möglichst vollständig über dem Handrücken der anderen Hand zum Liegen kommt, die Daumen sich weit unten oder im Grundgelenk kreuzen und die anderen Finger seitlich weggestreckt von der jeweils anderen Hand zum Liegen – auf oder über dem Bauch – kommen. Im Kapitel 2.5 wird das für das mittlere Bauch- bzw. Nabelzentrum erläutert und in Abbildung 3a gezeigt. Es gibt zwar Vorschläge, etwa abhängig vom Geschlecht, welche Hand „oben" und welche „unten" liegen sollte, aber wählen Sie einfach die für Sie angenehmere, stimmigere Variante (s. Kap. 2.5). Die Handteller liegen so übereinander, dass die Handmitten und somit die „Laogong"-Punkte der TCM (vgl. z. B. Hempen, 2002) zur optimalen Deckung gelangen. Das Wurzelzentrum ist auf diese Art und Weise jedoch schwerlich direkt mit den Händen zu erreichen, vor allem nicht im Liegen. Hier können Sie sich durch Handhaltungen behelfen, die auf das Wurzelzentrum (hin-) weisen und dadurch zur besseren Fokussierung der Aufmerksamkeit beitragen. Im Kapitel 8.2 wird dazu ein geeignetes Beispiel vorgeschlagen.

Aus der Tradition des Vipassana im Buddhismus (vgl. dazu Gruber, 2001) und dem „body sweeping" oder „Körperdurchkehren" nach U Ba Khin und S. N. Goenka (s. Gruber, 2001; Hart, 2001) entwickelte Jon Kabat-Zinn (2000, S. 82-97, s. bzw. höre auch 1999, 2002) die Methode des „Body-Scan" (vgl. Kap. 3.3.4.2). Diese Methode verbindet die genaue Konzentration jeweils auf einen kleinen Teil oder Bereich des Körpers und dessen achtsame Wahrnehmung mit dem Atem, indem in den jeweils aufmerksam wahrgenommen Körperbereich hinein eingeatmet und aus ihm heraus ausgeatmet wird. Ähnlich wie bei der von mir vorgestellten, empfohlenen Körperreise wird der Körper auch hier im Detail (Stück für Stück), aufmerksam und sukzessiv abgetastet und wahrgenommen. Sie bemühen sich dabei um die Wahrnehmung, das Spüren und Empfinden eines jeden einzelnen Körperteils bzw. -bereiches. Dazu verweilen Sie einige Zeit bzw. für einige Atemzüge in dem jeweiligen Körperbereich und nehmen diesen achtsam – Augenblick für Augenblick – wahr. Sie lassen diesen dann mit einem vertieften Ausatmen los und wandern weiter und fokussieren Ihre Wahrnehmung und Aufmerksamkeit im nächsten Körperbereich. Empfindungen, Gedanken, Gefühle usw. werden jeweils nur wahr-, zur Kenntnis genommen. Auch wenn keine Empfindungen, Gedanken oder Gefühle sich einstellen sollten, ist dies anzunehmen und völlig in Ordnung. Fülle wie auch Leere, die Wahrnehmungen von psychischen Produkten wie auch von deren Abwesenheit werden als solche angenommen, bleiben unbewertet und unkommentiert, werden so gelassen und (dann) losgelassen. Sie bleiben offen, ohne Erwartungen, müssen nichts erreichen, sollten allerdings trotz der gegebenenfalls tiefen Entspannung klar und wach bleiben. Nach Kabat-Zinn (2002) atmen Sie über die Nase und den ganzen Körper in den betreffenden Körperbereich hinein und von dort aus wieder mit dem Ausatem zurück bis zur Nase. Sie spüren wie der Ein- und der Ausatem den Körper durchströmt. Das Atmen wird bei Kabat-Zinn (1999, 2000, 2002, 2009; Kabat-Zinn & Kesper-Grossman, 2009) mit unterstützenden Suggestionen verbunden (s. o. und dazu die Diskussion im Kap. 3.4). Mit dem Einatmen werden dem Körperbereich etwa Energie, Lebenskraft, Nahrung und Heilung zugeführt (vgl. auch Kap. 3.6). Mit dem Ausatem werden Müdigkeit, Mattigkeit, Anspannung hinaus geatmet. Mit dem Ausatmen bzw. Ausatem lassen Sie die Spannung im betreffenden Körperbereich los und entspannen. Unangenehme Empfindungen, Gefühle, Gedanken können sich mit dem Ausatmen auflösen. Nach älteren, etwa yogischen Traditionen könnten Sie auch direkt über den Körperbereich ein- und ausatmen, als wenn dieser Bereich selber atmen würde. Dann strömen der Atem, die Energie, Lebenskraft usw. direkt hinein. Diese Technik, Betrachtungsweise oder Vorstellung kann jedoch zu Problemen führen (vgl. deshalb mit der vorgeschlagenen Energie- und Heilatmung im Kap. 3.6). Nach Kabat-Zinn (2008, S. 256) können Sie die einzelnen Körperbereiche zudem „vor dem inneren Auge visualisieren". Dies könnte nach meiner Erfahrung aber auch das innige, bewusste und achtsame Spüren des Körpers beeinträchtigen und eine distanzierte Beobachtung, eine Beobachterperspektive, eine Distanz zum Körper fördern, wie dies bereits im Zusammenhang mit den Achtsamkeitsmeditationen im Kapitel 3.3.2 und 3.3.4

diskutiert wurde. Am Schluss des Body-Scans nehmen Sie den ganzen Körper bewusst wahr, wie er als Ganzes atmet und zu spüren ist sowie seine Ganzheit und Vollständigkeit. Ähnlich empfiehlt es sich auch am Schluss bei den von mir im Kapitel 7.1 und 7.2 beschriebenen Körperreisen, d. h. vor dem Ausstieg, Verlassen oder der Rückführung aus der Übung bzw. der Meditation, Entspannung oder Trance, noch einmal den erreichten Zustand insgesamt, ganz und bewusst wahrzunehmen und zu genießen und der Gelassenheit bzw. Lockerheit, Ruhe und Entspannung im ganzen Körper nachzuspüren.

Begonnen wird der Körper-Scan nach Kabat-Zinn (1999, 2000, 2002, 2008) in den Zehen des linken Fußes. Man bewegt sich von dort das linke Bein hinauf, dann ins Becken, von dort in die Zehen des rechten Fußes, wandert nun das rechte Bein hinauf und spürt sich sukzessiv spiralig den Körper hinauf bis in die Schlüsselbeine und Schultern, danach von den Fingern beider Hände die Arme hinauf und weiter in den Hals (Nacken und Kehle), über Gesicht und Hinterkopf bis zum Scheitel. Nach Goenka (s. Hart, 2001, S.115) wird dagegen im Kopf begonnen, wandert bis zu den Füßen und von dort zurück zum Kopf. Kabat-Zinn empfiehlt ebenfalls (wie ich), dieses Körperdurchkehren auf dem Rücken liegend durchzuführen. Im Unterschied zu meiner Empfehlung für die Körperreise werden jedoch die Hände bei bzw. nach ihm „gehimmelt", d. h., die Handinnenflächen zeigen also nach oben und die Handrükken liegen auf dem Boden, anstatt diese umgekehrt zu „erden" (vgl. Kap. 2.5).

Kabat-Zinn (1999) bietet einen sehr ausführlichen, detaillierten Body-Scan in deutscher Sprache (in einer offenbar neueren Auflage wird zudem Frau Kesper-Grossman als Sprecherin gewürdigt), auf den im Folgenden Bezug genommen wird und der hier im Wesentlichen wiedergegeben werden soll. Eine kürzere Variante befindet sich z. B. in Kabat-Zinn und Kesper-Grossman (2009). Was die Körperbereiche und ihre Reihenfolge angeht, stimmt dieser mit dem Body-Scan (in Englisch) von Kabat-Zinn (2002) überein. Allerdings verbindet die englische Version – im Unterschied zur deutschen – die achtsame Wahrnehmung eines jeden Körperbereiches, wie oben bereits dargestellt, konsequent mit der Atmung. In dieser geführten, deutschsprachigen Body-Scan-Meditation wird mit der achtsamen Wahrnehmung des Atems im Körper (Bauchdecke) begonnen und dann dem Aufliegen des Körpers auf dem Boden und seiner Schwere nachgespürt (s. o.). Alle auftretenden bzw. wahrgenommenen Empfindungen, also gleichgültig, ob angenehm unangenehm oder neutral, sind an- und hinzunehmen, einfach sein, da, so zu lassen (s. o.). Die bewusste Aufmerksamkeit und achtsame, annehmende Wahrnehmung wird dann auf die Zehen des linken Fußes gerichtet und den dort auftretenden Empfindungen nachgespürt, dann auf die linke Fußsohle, Ferse, den Fußrücken und schließlich auf den ganzen linken Fuß, dann auf das Fußgelenk, den Unterschenkel (Schienbein und Wade), das Knie (-scheibe, -seite, -kehle, -gelenk), den Oberschenkel, weiter die Leistengegend, die linke Hüfte, die rechte Hüfte. Von dort wird zum rechten Fuß hinabgeglitten und wieder achtsam – wie im linken Fuß und Bein – nun rechts hinauf wahrgenommen. Es wird versucht, die Zehen einzeln zu spüren. Die Bereiche sollen nicht nur in der Oberfläche, sondern auch in der Tiefe, das bedeutet bei den Gliedmaßen bis zum Knochen, und von innen her gespürt werden. Von der rechten Hüfte geht es dann in das Gesäß, die aufliegenden Gesäßhälften, den Genitalbereich, Anus, Beckenboden, Beckenraum, die linke Beckenhälfte, Schambeingegend, rechte Beckenhälfte, Rückseite des Beckens, das Kreuzbein, Steißbein. Anschließend wird die Atmung im Beckenraum wahrgenommen und danach der untere Rücken. In Bereichen mit unangenehmen Empfindungen wird ohne Erwartungen, wahrnehmend und annehmend hinein- und hinausgeatmet. Dann wird wieder die Aufmerksamkeit in den unteren Rücken gelenkt, in den mittleren und schließlich in den oberen Rücken, weiter in und zwischen die Schulterblätter und in den ganzen Rücken. Wieder wird hier die Atmung wahrgenommen. Anschließend wird die Aufmerksamkeit auf den Bauch konzentriert und hier die Atmung wahrgenommen, dann auf Magengegend, Brustkorb, Brustbein, alle Rippenbögen, danach wird im Brustkorb die Atmung gespürt und schließlich der Bereich der Brust und des Herzens. Mit dem Bereich verbundene Gefühle und Gedanken werden ebenfalls achtsam wahrgenommen. Weiter wird die Aufmerksamkeit auf die Schlüsselbeinregion gerichtet, dann auf die Schultern, beide Arme werden hinabgeglitten zu den Händen, um zunächst die Fingerspitzen, ganzen Finger, Daumen, Handflächen, Handrükken, ganzen Hände, Handgelenke, Unterarme, Ellenbogen, Oberarme, Achselhöhlen und wieder Schultern zu spüren. Dann werden achtsam nacheinander (in Reihenfolge der Nennung) Hals, Nacken, Halswirbelsäule, Kehle, Schlucken, Atemempfindungen in der Kehle, Gesicht, Unterkiefer, Kinn, Kiefergelenke, Lippen, Mund, Zähne, Zahnfleisch, Zunge, Gaumen, Rachen, Mundraum, Wangen, Ohren, Ohrmuscheln, Gehörgänge, Nase, Nasenrücken, -flügel, Atem in den Nasenlöchern, Augen, Augenlider, -äpfel, -brauen, der Raum zwischen den Augenbrauen, die gesamte Umgebung der Augen, Schläfen, Stirn, das ganze Gesicht, Hinterkopf, oberer Teil des Schädels, Kopfhaut im Kontakt mit der Schädeldecke, Haarwurzeln und schließlich der Scheitelpunkt (vgl. mit Scheitelzentrum auf dem Kopf, s. Kap. 8.1.8) achtsam gespürt. Den (Ein-) Atem zum Scheitelpunkt hinströmen lassen, dann wieder zurück und zur Nase ausatmen, dann ist in der Vorstellung der Scheitelpunkt zu öffnen. Durch das Scheitelzentrum ist die Luft ein- und durch den ganzen Körper hindurch- und schließlich über die Fußsohlen hinausströmen zu lassen. Danach ist über die Fußsohlen ein-, durch den Körper hindurch und über das Scheitelzentrum auszuatmen. Dann beginnt der Atemzyklus von neuem und es wird anfangs wieder über den Scheitelbereich eingeatmet. Der Atemzyklus wird einige Male wiederholt. Der Atem durchströmt so den Körper und wird als solcher sowie als Energiestrom achtsam wahrgenommen. Der Körper wird weiter atmend wahrgenommen und erlebt. Der Körper wird vom Scheitel bis zu den Fußsohlen gespürt. Aufmerksamkeit und Achtsamkeit werden für alle Empfindungen, Gefühle und Gedanken geweitet, um sich am Ende ganz anzunehmen. Dann erfolgt die Rückführung (vgl. Kap. 2.11).

In Ergänzung zu einer nur wahrnehmenden Meditation können zusätzliche Suggestionen und Vorstellungen den Heilungsprozess fördern und unterstützen. So wird, wie bereits oben beim Body-Scan ausgeführt, oft und gern etwa suggeriert, dass mit dem Einatmen über das betreffende Körperteil (Heil-, Lebens-) Energie, Kraft aufgenommen und – im Unterschied zur von mir im Kapitel 3.6 empfohlenen Heilatmung – mit dem Ausatmen Abbauprodukte, negative Energien, Gefühle, Empfindungen usw. abgeben werden. Kabat-Zinn (1999, 2000) arbeitet bei Patienten begleitend mit der Vorstellung, dass bei der Körperdurchkehrung Spannungen und Schmerzen bis zum Scheitel hinauf gesammelt und schließlich dort ausgeatmet werden und ein gereinigter, entgifteter Körper zurück bleibt. Zudem bietet er die Vorstellung und Übungsvariante an, direkt an einem betroffenen Körperteil sammelnd ein- und negative Empfindungen, wie z. B. Schmerzen oder Unwohlsein, oder Aspekte, z. B. Gifte, auszuatmen. Aber solche sehr vereinfachenden, polarisierenden Metaphern – im Prinzip von Gut und Böse – könnten sich unter Umständen auch nachteilig auswirken. Thich Nhat Hanh (2002, S. 242-249) bietet wohl daher bei einer „Tiefenentspannung" mit Körperreise an, sich beim Einatmen des betreffenden Körperteils bewusst zu werden und beim Ausatmen loszulassen und zu entspannen. Beim Einatmen kann zudem dem Körperteil etwa Liebe (hineinfließen lassen) und beim Ausatmen ein dankbares, anerkennendes, liebevolles Lächeln geschenkt werden. Achtsame Wanderungen durch den Körper, die mit dem Atem verbunden werden, und konzentratives, meditatives oder heilendes Ein- und Ausatmen in und über die betreffenden Körperbereiche sind ebenfalls im Yoga und Qigong gängige Praxis. So führt z. B. Jiao (1988) aus, wie die Aufmerksamkeit, Wahrnehmung in bestimmten Körperbereichen mit dem Ein- und Ausatmen und zudem mit weiteren Vorstellungen (Überzeugungen, Bildern, Suggestionen usw.) zur Stärkung, Entspannung, Heilung verbunden werden können.

Allein das gleichzeitige Achten auf Atmung und Körperempfindungen zum Loslassen und Entspannen überfordert erfahrungsgemäß viele ungeübte Personen und ist zunächst leichter getrennt zu üben. Also kann man dazu mit Atemübungen anfangen. Dann werden zeitweise Atemübungen und Körperreisen getrennt oder nacheinander durchgeführt und erst später, eben nach einer hinreichend langen Übungsphase, wird die Atmung mit der Körperreise verbunden. Im Unterschied zum Body-Scan nach Kabat-Zinn (s. o.) oder der „Tiefenentspannung" nach Thich Nhat Hanh (s. o.) atme ich – und entsprechend meine Patienten sowie Kursteilnehmer – über das Stirnzentrum (s. Kap. 8.1.7 und vgl. Kap. 3.5) ein und wandere mit dem Ausatem langsam und aufmerksam spürend die Körperteile bzw. -bereiche ab (vgl. mit der Heilatmung im Kap. 3.6). Bei den Energiezentren atmen wir, nach dem Einatmen in das Stirnzentrum, wiederholt in den betreffenden Körperbereich aus bzw. hinein (vgl. Kap. 8.3.3). Die Einatmung über einen bestimmten Körperbereich kann – vor allem für Anfänger – unwillkürlich die Vollatmung und somit die Gesamtenergieaufnahme einschränken und stören. Die Einatmung über die Nase in das Stirnzentrum mit Konzentration im Stirnzentrum (vgl. Kap. 3.5 und Kap. 8.3.3) lässt sich mit der Vollatmung vergleichsweise leicht und vorteilhaft verbinden, also ohne diese und die Atem- bzw. Energieaufnahme zu stören. Helfen kann zur Unterstützung, Beschleunigung und Wirksamkeit von Heilungsprozessen auch eine zusätzliche Suggestion, Vorstellung und Einstellung, dass mit dem gespürten Ausatem etwa Atemkraft oder Heilenergie an die jeweilige Körperstelle gebracht und so Heilung gefördert wird (s. Kap. 3.6).

Es gibt Atem- bzw. Meditationstechniken, die mit dem Einatem die Wirbelsäule oder das Lenkergefäß des Qigong bzw. der TCM hoch atmen und mit dem Ausatem das Konzeptionsgefäß hinunter. Das Lenkergefäß und das Konzeptionsgefäß bilden zusammen den oben bereits dargestellten kleinen Energiekreislauf. Nach Lade (2004, S. 132-133) soll mit dem Einatmen die Vorstellung verbunden werden, wie aus dem yogischen Wurzelzentrum die Energie die Wirbelsäule, Nacken und Kopf heraufsteigt und dabei das Lenkergefäß entlang bis ins Stirnzentrum wandert (s. Kap. 8.1 zu den Energiezentren und -gefäßen). Mit der Ausatmung soll vorgestellt werden, wie die Energie dann weiter die Mittellinie des Körpers – also das Konzeptionsgefäß (nach dem Mund) bis zum Wurzelzentrum wieder hinab wandert. Das Kreisen dauert dann einen ganzen Atemzug. Mit jedem Atemzug wird diese vergleichsweise sehr schnelle Reise wiederholt. Soll diese Meditation nicht nur vorgestellt, sondern auch wirklich wahrgenommen, gespürt und erlebt werden, so setzt sie einige Atem- und Körpererfahrung bzw. -übung voraus und kann deshalb erst Fortgeschrittenen empfohlen werden. Olvedi (1994, S. 204-206) benutzt die bewusste Einatmung oder nur die Vorstellungskraft (quasi „geistige Atmung") ebenfalls, um die Energie (Qi) vom Wurzelzentrum zum Scheitelzentrum über den Rückenmarkskanal hinaufsteigen zu lassen und damit das Gehirn energetisch zu „nähren". Damit die Energie dort bleibt, wird mit dem tatsächlichen oder vorgestellten Ausatem jede Vorstellung losgelassen oder über das „Jadekissen" am Hinterkopf ausgeatmet. Das Jadebein ist ein Bereich in der Mitte des unteren Hinterhaupts, in dem die beiden Blasenpunkte „Yuzhen" der TCM liegen.

Sollten Sie zunächst – an einer bestimmten Stelle – nichts oder nur wenig spüren, bewahren Sie ebenfalls, wie selbst bei unangenehmen Empfindungen, Ihre Ruhe und Gelassenheit, bleiben geduldig und offen; denn mit der Übung gelingen zunehmend Empfindungen. Sollten Sie bei einer Wanderung durch den Körper spezielle Blockaden oder Widerstände, vor allem auf den Energiebahnen, spüren, so können Sie versuchen, sich mit Konzentration, Wahrnehmung, Entspannung, Loslassen, eventuell mit dem Ausatem durch diese hindurch zu bewegen oder jene sogar aufzulösen. Ansonsten wandern Sie in möglichst kleinen Schritten darüber hinweg.

7.1 Die einfache Körperreise

Wie bereits im Kapitel 7 besprochen und ausgeführt wurde, sollte für die Durchführung der einfachen Körperreise bzw. -wanderung erfahrungsgemäß etwa eine halbe Stunde veranschlagt werden und entsprechend zur Verfügung stehen. Denn nur so kann die Übung in Ruhe und mit Gewinn durchgeführt werden. Vor allem können unter dieser Voraussetzung – in Bezug auf das Ausmaß bzw. Tiefe, Dauer und Umfang – hinreichend Entspannung, Beruhigung und Regeneration erreicht und erfahren werden. Zeitliche Kürzungen, Beschleunigungen oder Verlängerungen, Dehnungen und Verlangsamungen sind dennoch selbstverständlich immer möglich. Es sollte auch genügend Zeit für die innere Vorbereitung zur Körperreise, also den Einstieg, und für das Zurückkommen aus ihr, also den Ausstieg, eingeplant werden. Während die eigentliche Körperreise etwa gute 25 Minuten beanspruchen wird, sollten für einen geruhsamen, einstimmenden Ein- und Ausstieg mindestens wenige Minuten, insgesamt etwa 4 bis 5 Minuten, veranschlagt werden. Wie im Kapitel 7 ausgeführt, bieten sich zur inneren Vorbereitung und Einstellung auf die Körperreise hervorragend meditative Atemübungen an. Diese und verschiedene weitere Optionen des Einstiegs – und damit des Ausstiegs – werden dort beschrieben und besprochen. (Denn in der umgekehrten Reihenfolge, wie Sie in die Körpereise einsteigen, kehren Sie wieder zurück in Ihre äußere Situation, Umgebung und Ihren Lebensalltag.) Ich favorisiere nach dem Spüren und Tragen-lassen durch die Unterlage und den Boden neben der achtsamen Wahrnehmung des Atems (vgl. Kap. 3.2 und 3.3.2) vor allem das tiefe Einatmen und langsame Ausatmen mit Atempause (wie im Kap. 3.4 ausgeführt) und die damit kombinierte Stirn-Wurzelzentrum-Atem-Meditation (s. Kap. 3.5). Sie beginnen dann die Körperreise, indem Sie die Aufmerksamkeit, Konzentration und innere Wahrnehmung vom Atmen auf den ersten Körperbereich der Reise, hier eine Hand, richten. Den Atem lassen Sie dazu am besten einfach weiter fließen und sind nun mit Ihrer ganzen Wahrnehmung und Aufmerksamkeit nur in Ihrer Hand. Wenn Sie mit Körperwanderungen und Atemmediationen fortgeschritten sind, dann können Sie die Körperwanderung – wie im Kapitel 7 beschrieben – mit Ihrem Atmen und Atem zusätzlich verbinden. Aber zumindest für den Anfang konzentrieren Sie sich besser nur auf die Körperwahrnehmung, das Loslassen und Entspannen bzw. die betreffenden Empfindungen in dem jeweiligen Körperbereich. Der Körper kann zwar auch im Sitzen oder Stehen durchwandert werden, aber ich empfehle, wenn nichts dagegen spricht, es im Liegen und am besten mit geschlossenen Augen zu probieren und zu üben (s. Kap. 7 und 2.5). Sie beenden die Körperreise – gemäß Ihrem Einstieg – etwa wieder mit der achtsamen Wahrnehmung oder Meditation des Atems und Atmens und spüren anschließend etwa dem Getragensein nach, um schließlich bewusst ganz in die bzw. Ihre äußere, umgebende Realität zurück zu gelangen. Sie können dazu etwa den Atem nutzen, um sich zu aktivieren, also nun etwas fester, kräftiger sowohl ein- als auch ausatmen, und sich bewusst strecken, räkeln, gähnen usw. (s. Kap. 7).

Bevor wir nun im Detail zur Reihenfolge bzw. Reiseroute bei der einfachen Wanderung durch den Körper gelangen, wie ich diese praktiziere und vermittle, sollte noch einmal die eigentliche Aufgabe hervorgehoben und erklärt werden. In jedem Bereich, Abschnitt, an jeder Stelle, bei jedem Verweilen und auch bei jedem Schritt, Weitergehen oder Gleiten, gleichsam Punkt für Punkt sollten Sie sich achtsam körperlich spüren, loslassen und entspannen. Zumindest sollten Sie dies versuchen. Um dies zu erreichen, sollten Sie sich an dem jeweiligen, fokussierten Ort innerlich dazu anleiten, auffordern oder ermutigen, sich eben dort zu spüren, loszulassen und zu entspannen, also indem Sie etwa innerlich denken oder still zu sich sagen: „Spüren, loslassen, entspannen". Genauso leiten Sie sich auch innerlich an, mit Ihrer ganzen

Aufmerksamkeit, Konzentration, Wahrnehmung und Ihrem Bewusstsein zu einem oder in einen bestimmten Körperbereich zu gehen, d. h., sich dort entsprechend zu sammeln und zu fokussieren. Zum Beispiel, indem Sie sich sagen oder denken: „Ich gehe jetzt mit meiner ganzen bewussten Aufmerksamkeit und Wahrnehmung in die rechte Hand und versuche mich hier achtsam wahrzunehmen und zu spüren." Danach käme dann die Formel: „Spüren, loslassen, entspannen". Oder nur noch: „Loslassen, entspannen". Auch Ergänzungen können individuell hilfreich sein, wie etwa: „Spüren, annehmen, loslassen und entspannen". Vor allem für den Anfänger oder etwa bei Konzentrationsproblemen sind solche Formeln nützlich und unterstützend. Im Wesentlichen geht es aber um das Tun, also sich jeweils in systematischer Art und Weise (s. u.) konzentriert, aufmerksam, bewusst und achtsam durch seinen Körper zu bewegen und ihn dabei wahrzunehmen, zu spüren, loszulassen und zu entspannen. Dies kann auch einfach nur getan werden, ohne jegliche Form der innerlichen, sprachlichen oder gedanklichen Anleitung oder Führung. Mit zunehmender Übung gelingt dies auch immer besser. Die Formeln, innerlichen Orientierungen, Anleitungen oder Suggestionen werden entsprechend überflüssig. Sie kennen im Idealfall Ihren Weg, wissen, wo Sie sich jeweils befinden und wo Sie hin wollen, was Sie tun werden, und tun bzw. können es einfach. Aber in der Praxis gibt es beispielsweise ein Nachlassen der Konzentration und Aufmerksamkeit oder gedankliche Abschweifungen usw. und da wiederum helfen uns die inneren Formeln oder Selbstinstruktionen. Da diese besonders am Anfang engmaschig und oft benutzt und wiederholt wurden, stehen sie uns auch noch später, selbst wenn sie länger nicht bewusst verwendet wurden, zur Verfügung und können von uns bei Bedarf einfach angewendet werden.

Sie können sich prinzipiell auch auf dem Weg zur Hand oder einem anderen Körperteil achtsam wahrnehmen, also nicht nur im Zielbereich. Das ist besonders wichtig, wenn der Weg selber das Ziel ist. Das betrifft vor allem das Wandern, Gleiten oder Fließen auf dem kleinen Energiekreislauf oder der Sushumna, die im vorherigen Kapitel beschrieben wurden, also, wenn Sie z. B. die Wirbelsäule, einem wichtigen Abschnitt bzw. Teil davon, hinaufwandern. Dann können Sie sich, auf dem Weg wandernd, gleitend oder fließend, dort und dabei im Körper spüren, loslassen und entspannen. Es kann sich dabei um den jeweils „erreichten" bzw. fokussierten Ort handeln, der wiederum gleichzeitig zur Zwischenstation und zum Ausgangspunkt für die Fortsetzung des Weges und das Erreichen des nächsten Punktes bzw. Körperbereiches wird. Sie spüren dann etwa Punkt für Punkt und lassen zudem jeweils los und entspannen. Sie könnten sich dabei beispielsweise für die Lendenwirbelsäule (LWS) etwa wie folgt selbst instruieren: „Ich wandere jetzt meine LWS Punkt für Punkt achtsam wahrnehmend hinauf und versuche mich dabei in jedem Punkt, zu spüren, loszulassen und zu entspannen." Verstärkend vielleicht noch einmal, wie an jedem Punkt und in jedem Körperbereich möglich, können Sie Ihre Anleitung und auch Suggestion wiederholen, wie: „Spüren, loslassen, entspannen." Weiter sollten Sie versuchen, gleichgültig, ob an einem Ort oder auf einem Weg, ganz bewusst und achtsam das Loslassen und Entspannen bzw. deren in der Regel angenehmen Folgen und Wirkungen im Körper wahrzunehmen und zu erspüren, vielleicht auch sich daran zu erfreuen und es zu genießen. Das braucht natürlich auch Übung. Jedenfalls können Sie sich nun auf diese Art und Weise auf die Reise durch Ihren Körper begeben. Die Wege und Stationen Ihrer Wanderschaft, die ich Ihnen dazu vorschlage, werden Ihnen nun im Folgenden genau dargelegt und beschrieben. (Eine umfassende, wörtlich zu verwendende Anleitung zur Durchführung dieser Körperreise mit Hin- und Hinausführung in die Trance bzw. Meditation befindet sich als Beispiel im Kap. 12.6.)

Stationen und Wege der einfachen Körperreise (-wanderung):

1. **Rechter oder linker Arm: 1. Hand, 2. Unterarm, 3. Oberarm**
   Sie sind also mit Ihrer inneren Wahrnehmung, Aufmerksamkeit und bewussten Konzentration erst in Ihrer gewählten Hand, wandern dann weiter in den Unterarm und schließlich in den Oberarm. Anstatt jeweils die Hand, den Unter- oder Oberarm ganz zu spüren, loszulassen und zu entspannen, können Sie – vor allem bei fortgeschrittener Praxis – auch alternativ und verfeinernd langsam (dabei spürend, loslassend und entspannend) von den Fingerspitzen bis zum Schultergelenk wandern. Das Gleiche würden Sie dann beim anderen Arm tun. Die Körperreise wird dadurch komplexer und feiner, aber auch aufwendiger (vgl. mit Kap. 7.2). Es vereinfacht für Sie das Vorgehen, wenn Sie bei der möglichen Wahl einer Körperseite, wie hier beim Arm, sich vorab und grundsätzlich für den Beginn auf einer Seite entscheiden, also entweder immer rechts oder links.

2. **Anderer Arm: 1. Hand, 2. Unterarm, 3. Oberarm**
   Wie unter Punkt 1! Nach dem Spüren, Loslassen und Entspannen im Oberarm können Sie zusätzlich Entspannung aus dem jeweils entspannteren Arm in den anderen fließen lassen. Beide Arme können nun (tief) entspannen.

3. **Schultergürtel, vor allem im Schlüsselbeinbereich bis zu den Schultergelenken**
   Eine entsprechende vorangehende Instruktion bzw. Suggestion kann helfen (s. Punkt 2): Während die Entspannung zwischen den Armen fließt, können Sie den Schulter- und Schlüsselbeinbereich auf leichte Weise entspannen. Dann dort spüren, loslassen und entspannen! Während des Entspannens im Schultergürtel hilft vielleicht ebenfalls die Vorstellung, dass die Entspannung jetzt zwischen den Armen fließen kann, so dass Sie von der rechten bis zur linken Hand und von der linken bis rechten Hand loslassen und entspannen.

4. **Rechtes oder linkes Bein: 1. Fuß, 2. Unterschenkel, 3. Oberschenkel**
   Das Loslassen und Entspannen der Beine und vor allem der Füße kann mit der folgenden Wahrnehmung, Suggestion oder Vorstellung bei der Wanderung zu den Füßen vorbereitet und unterstützt werden: Nun lassen Sie die bisher erreichte Entspannung in den Armen und Schultern bewusst – so gut es geht – auch hinab zu den Füßen fließen und sich dort ausbreiten. Wie bei den Armen (s. Punkt 1) können Sie bei fortgeschrittener Übung alternativ die Beine eben nicht teilweise, sondern fließend hinaufwandern, sich also von den Zehen bis zum Hüftgelenk (Punkt für Punkt oder gleitend) achtsam spüren, loslassen und entspannen. Auf jeden Fall spüren Sie sich, lassen los und entspannen sich zuerst in dem Fuß des betreffenden Beins, erst danach im Unterschenkel und endlich im Oberschenkel.

5. **Anderes Bein: 1. Fuß, 2. Unterschenkel, 3. Oberschenkel**
   Wie unter Punkt 4! Anschließende Vertiefung, Hilfe zur Entspannung: Beide Beine können sich nun entspannen.

6. **Gesäß (erst die eine, dann die andere Gesäßhälfte)**
   Sie versuchen also nacheinander erst die eine, dann die andere Gesäßhälfte zu spüren, loszulassen und zu entspannen.

Zusatzhilfe: Machen Sie sich klar, dass Gesäß und Rücken von Ihrer Unterlage gestützt und getragen werden und Sie deswegen frei sind, Gesäß und Rücken loszulassen und zu entspannen.

7. **Wirbelsäule (Rücken) bis zum Scheitel**

Sie können nun den Rücken und Ihre gesamte Wirbelsäule loslassen und entspannen. Sie wandern dazu nach und nach, bewusst, achtsam, langsam, konzentriert, spürend die ganze Wirbelsäule von unten nach oben hinauf. Sie beginnen am Anfang bzw. untersten Punkt des Steißbeins und wandern die Wirbelsäule bis (einschließlich) zum höchsten, obersten Halswirbel, also bis zur mittleren, hinteren „Schädelkante" hinauf. Vom obersten Ende der Wirbelsäule können Sie dann weiter ganz innen durch das Gehirn zum höchsten bzw. obersten Punkt bzw. Bereich des Kopfes (zum Scheitel) reisen. Das wäre die **Variante 1**. Auf diese Art und Weise wandern Sie den Hauptenergiekanal des Yogas, d. h. die Sushumna, entlang (s. Kap. 7), spüren nach, lassen los und entspannen. Sie verbinden auf diese Weise auf dem direktesten Weg das unterste yogische Energiezentrum (Chakra), das Wurzelzentrum (s. Kap. 8.1.1), mit dem obersten Energiezentrum (Chakra), das Scheitelzentrum (s. Kap. 8.1.8). Aber auch die anderen yogischen Energiezentren (Chakren), die dazwischen liegen, werden so konzentriert meditierend, achtsam spürend und entspannend miteinander verbunden (vgl. Kap. 8.1).

Die Wanderung entspricht bis in den Nacken (bis zur Höhe der Schädelkante) auch mehr oder weniger dem Lenkergefäß (Du Mai) der traditionellen chinesischen Medizin (TCM) (s. Kap. 7). Bei genauer Differenzierung liegt das Lenkergefäß jedoch weiter außen zur Körperoberfläche hin, aber noch im Körper unter der Haut. Das Spüren, Loslassen und Entspannen kann jedoch weitgehend beide Energiekanäle gleichzeitig umfassen. Beim Hinaufgehen fließt im Idealfall ein warmer Strom hinauf, der sowohl die Sushumna als auch das Lenkergefäß umfasst. Vor allem mit zunehmender Übung verbreiten und vertiefen sich die beiden Energiebahnen und fließen zusammen. Ab der „Schädelkante" bzw. Beginn des Hinterkopfes verläuft jedoch das Lenkergefäß – im Unterschied zur Sushumna – mittig um den Schädel herum, also auf der Mittellinie über den Nacken, das Hinterhauptsbein und Schädeldach, bestehend aus den beiden Scheitelbeinen, bis zum Scheitel. Um auch diesen Energiekreis zu schließen und mögliche Nackenverspannungen besser loszulassen und zu entspannen, sollten Sie zusätzlich das Lenkergefäß ab dem untersten Halswirbel (C7) bis zum Scheitel entlang wandern. Das wäre dann die **Variante 2**.

Durch die Sushumna, also in der Variante 1, kann – mehr oder weniger spontan – sehr viel Energie nach oben ins Hirn und Scheitelzentrum fließen. Etwa bei empfindlichen, emotional instabilen, ängstlichen, aber auch unerfahrenen Personen kann dies zu mehr oder weniger starken Irritationen führen. Im Yoga wäre dieses Aufsteigen der Energie aus dem Wurzelzentrum, dort als Kundalini- bzw. Schlangenkraft beschrieben, zwar erwünscht, aber wird dort durch einen geeigneten halt- und richtungsgebenden Rahmen sowie den regelmäßigen Kontakt zu einem Lehrer oder Meister begleitet und unterstützt. Der yogischen Vorstellung nach rollt sich die Schlange aus dem Wurzelzentrum auf und gleitet bzw. schlängelt sich die Sushumna hinauf bis ins Scheitelzentrum. Im Zweifelsfall kann auch nur der Weg über das Lenkergefäß bzw. den Hinterkopf gewählt werden, also die Variante 2. Sie wandern dann eben nur bis zum Ende der Halswirbelsäule hinauf bzw. die Mittellinie im Nacken bis zum Beginn des Schädels – der von Ihnen empfundenen Schädelkante – und wandern dann weiter mittig über den Hinterkopf bis zum Scheitel. Diesen Weg bzw. diese zweite Variante wähle und empfehle ich grundsätzlich für Einsteiger, Anfänger, eignet sich aber auch für Fortgeschrittene. Also üben Sie am besten erst wiederholt diese bzw. die zweite Variante, wo Sie um den Hinterkopf zum Scheitel hinauf gehen. Wenn Sie damit eine hinreichende Zuverlässigkeit und Sicherheit erworben haben, dann können Sie zusätzlich die Variante 1 ausprobieren, die durch das Hirn direkt in den Scheitel und das betreffende Zentrum führt. Nach einigen, wiederholten Versuchen mit positiven Erfahrungen mit der Variante 1 können Sie entweder beide üben oder wechseln. Selbstverständlich können Sie auch dauerhaft bei nur einer Variante bleiben. Mit der Variante 2 folgen Sie strikt und vollständig dem kleinen himmlischen (Energie-) Kreislauf der TCM und sorgen so dafür, dass dieser mit der beschriebenen Körperreise komplett durchgegangen und geschlossen wird (s. u. Punkt 23).

Bevor Sie die Wirbelsäule hinaufwandern, sammeln Sie sich vor dem Steißbein auf dem Damm, d. h. im Wurzelzentrum. Sie sollten sich auch spätestens dann im Klaren sein, welche Variante(n) Sie eigentlich bzw. zunächst durchführen möchten. (Spätere Änderungen, Anpassungen, Ergänzungen bleiben dennoch möglich.) Dann wandern Sie langsam Punkt für Punkt, in möglichst kleinen Schritten die Wirbelsäule hinauf, spüren sich, lassen los und entspannen. Wenn möglich, sollten Sie sogar versuchen, die Wirbelsäule langsam spürend hinauf zu fließen oder zu gleiten. Dieses Gleiten oder Fließen durch den Körper ist, wie oben ausgeführt, vor allem auf der Route des gesamten kleinen Energiekreislaufes günstig und wichtig.

Sollten Sie beim Fortschreiten oder Fließen die Spur verlieren, sich gar nicht mehr oder nicht mehr so gut oder genau spüren, auf Hindernisse stoßen, so sollten Sie es mehrmals erneut probieren. Dazu setzen Sie noch einmal erneut kurz vor dem betreffenden Bereich bzw. Schritt an, um von dort – spürend, loslassend und entspannend – weiter zu gelangen. Sie können sich das wie das Anstreichen der Wirbelsäule mit einem Pinsel und Farbe vorstellen. Sie streichen die Wirbelsäule von unten ein Stück an und wenn sich die Farbe verliert (bzw. Spüren, Konzentration, Loslassen und Entspannen), dann streichen Sie die Farbspur erneut nach. Sie wiederholen dies, bis die Farbe deckt. Im Idealfall wird nach und nach die Farbspur länger und die ganze Wirbelsäule hochgezogen. Am Schluss wurde der gesamten Wirbelsäule, selbstverständlich anstatt mit Pinsel und Farbe mit der bewussten Konzentration und achtsamen Wahrnehmung sowie zudem loslassend und entspannend, nachgespürt. Sollten Sie dennoch nicht spürbar weiterkommen, so können Sie es nach dem Fließen zunächst mit möglichst kleinen und schließlich mit größeren Schritten versuchen, um diesen Bereich dennoch zu durchschreiten und weiter wandern zu können. Aber auch dann sollten Sie versuchen, sich so weit wie möglich zu spüren, loszulassen und zu entspannen.

Fangen Sie als also in jedem Falle mit dem Steißbein an. Dann gehen bzw. gleiten Sie das Kreuzbein, weiter die Lendenwirbelsäule, die Brustwirbelsäule und anschließend die Halswirbelsäule hinauf und schließlich in der Variante 1 durch Ihr Gehirn zum Scheitelpunkt oder/ und in der Variante 2 vom untersten Halswirbel mittig über den Nacken, Hinterkopf zum Scheitel.

8. **Scheitel**
   Hier im Scheitelbereich (vgl. Scheitelzentrum, Kap. 8.1.8) versuchen Sie dann zu verharren, sich zu spüren, loszulassen und zu entspannen.

9. **Stirnmitte**

Dann wandern Sie weiter – spürend, loslassend und entspannend – schädelmittig bzw. auf dem Lenkergefäß zur Stirnmitte. In der Stirn, vor allem in der Stirnmitte bis zwischen den Augenbrauen (vgl. Stirnzentrum, Kap. 8.1.7), bleiben Sie, versuchen sich dort zu spüren, loszulassen und zu entspannen.

10. **Nasenwurzel – Auge**

Nun wandern Sie weiter bis zur Nasenwurzel und von dort zum ausgewählten – also rechten oder linken – Auge und dann in das Auge. Sie versuchen es zu spüren, loszulassen und zu entspannen. Sie können es auch innerlich abtasten und umwandern (wie bei der komplexen Körperreise) sowie dabei loslassen und entspannen.

11. **Nasenwurzel – das andere Auge**

Sie gehen dann zurück zur Nasenwurzel und wandern von dort zum anderen Auge. Dies versuchen Sie ebenso zu spüren, loszulassen und zu entspannen (s. Punkt 10).

12. **Nasenwurzel – Nasenspitze – Nase**

Sie wandern wieder zurück zur Nasenwurzel und von dort – spürend, loslassend, entspannend – zur Nasenspitze. Nachdem Sie die Nasenspitze erreicht haben, versuchen Sie zudem die ganze Nase zu spüren, loszulassen und zu entspannen.

13. **Nasenflügel – Wange**

Von der Nasenspitze geht es weiter über den Nasenflügel zur rechten oder linken Wange. Diese wird innerlich abgetastet, losgelassen und entspannt.

14. **Ohr**

Von der Wange wandern Sie nun weiter zum jeweils nahen Ohr. Versuchen Sie dort ganz Ohr zu werden, alle Geräusche – so gut es geht – außen sowie innen anzunehmen und (dennoch oder gerade deswegen) in diesem Ohr sich zu spüren, loszulassen und zu entspannen.

15. **Zur anderen Seite: Nasenflügel – Wange**

Sie wandern zurück zur Nasenspitze und von dort über den Nasenflügel zur anderen Wange und weiter wie unter Punkt 13.

16. **Das andere Ohr**

Zum anderen Ohr wie unter Punkt 14!

17. **Mund, Lippen**

Von der Nasenspitze gehen Sie zum Mund. Sie versuchen die Lippen zu spüren, innerlich abzutasten, loszulassen und zu entspannen. Der Mund kann gerade noch geschlossen bleiben. Die Lippen berühren sich nur noch oder öffnen sich ganz leicht. Der gesamte Mundraum wird und bleibt entspannt. Oberkiefer und Unterkiefer sind und bleiben locker. Die Zahnreihen berühren sich nicht. Zwischen den Zähnen des Unter- und Oberkiefers bleibt also ein kleiner, „entspannter" Zwischenraum bzw. Spalt.

Bei Bedarf könnten Sie zusätzlich mehr oder weniger systematisch und detailliert (vgl. auch Kap. 7, Kabat-Zinn, 1999, 2002) den inneren Mundraum, etwa die Zahnreihen oben und unten, vorne und hinten durchgehend und die Zunge, erspüren, loslassen bzw. (hier!) seinlassen und entspannen. (Dies erfordert allerdings zusätzlich Zeit!)

18. **Kinn – Kehlkopf – Halsgrube**

    Sie wandern weiter von den Lippen mittig über das Kinn und den Kehlkopf bis unterhalb des Kehlkopfes in die Halsgrube (vgl. Halszentrum, Kap. 8.1.6). Dort verharren Sie, um sich zu spüren, loszulassen und zu entspannen.

19. **Brustbein – Brustmitte – Herzbereich**

    Dann wandern Sie weiter auf der Mittellinie das Brustbein hinab bis zur Brustmitte – dem Herzbereich oder -zentrum (s. Kap. 8.1.5) – etwa in Höhe der oder zwischen den Brustwarzen auf dem Brustbein liegend und in die Tiefe reichend. Dort verweilen Sie und versuchen sich zu spüren, loszulassen und zu entspannen.

20. **Oberer Bauchbereich bzw. Sonnengeflecht**

    Sie wandern weiter körpermittig das restliche untere Brustbein hinab und über den Schwertfortsatz des Brustbeins hinaus bis zur Magengrube, etwa in Höhe von Magen, Leber und Bauchspeicheldrüse, in den Oberbauch (vgl. Sonnengeflechtzentrum, Kap. 8.1.4). Dort verharren Sie dann und versuchen sich zu spüren, loszulassen und zu entspannen.

21. **Mittlerer Bauch- bzw. Nabelbereich**

    Wandern Sie nun auf der Mittellinie des Rumpfes in den Bereich des Bauchnabels, d. h. im und um den Nabel herum (vgl. Nabelzentrum, Kap. 8.1.3), und verweilen dann dort, um zu versuchen, sich hier zu spüren, loszulassen und zu entspannen.

22. **Unterer Bauchbereich**

    Weiter geht es mittig hinab in den Bereich des Unterbauches – etwa eine Handbreit unterhalb des Bauchnabels (vgl. Sakralzentrum, Kap. 8.1.2). Versuchen Sie dort zu bleiben, sich hier zu spüren, loszulassen und zu entspannen.

23. **Dammbereich**

    Am Schluss der Körperreise wandern Sie weiter auf der gedachten und gefühlten Mittellinie bzw. auf dem entsprechenden Konzeptionsgefäß (Ren Mai) der TCM (vgl. Kap. 7) – am Genital vorbei – zum Damm am Beckenboden, den Bereich zwischen Anus und Vagina bzw. Hodensack, nach innen und bis zum End- bzw. Anfangspunkt der Wirbelsäule bzw. des Steißbeins reichend (vgl. Wurzelzentrum, s. Kap. 8.1.1). Dort verharren Sie, um sich hier zu spüren, loszulassen und zu entspannen.

    Der Energiekreislauf vom Dammbereich hinten über die Wirbelsäule bis zum Scheitel und von dort vorne über die Mittellinie im Körper wieder zum Dammbereich hinab – und damit der Energiefluss vom Wurzelzentrum zum Scheitelzentrum und wieder zurück – ist geschlossen und spürend, loslassend und entspannend bereist worden. Gemäß der Variante 2 (s. Punkt 7) ist genau der kleine himmlische Kreislauf bzw. der Energiekreislauf aus Lenker- (Du Mai) und Konzeptionsgefäß (Ren Mai) der TCM geschlossen worden (s. Kap. 7). In der Variante 1 umfasst der Energiekreis beim Aufstieg vollständig die mehr nach innen liegende, yogische Sushumna und dann beim Abstieg vom Scheitelzentrum das restliche Lenker- und das gesamte Konzeptionsgefäß. Die Energie kann nun mindestens besser und stärker in dem gewählten und bereisten Kreislauf bzw. in den betreffenden Energiebahnen fließen. Dies können Sie sich bewusst machen und eventuell noch einmal wahrnehmen und erleben, indem Sie diesem Energiekreislauf und dem betreffenden Energiefluss noch einmal kurz nachspüren, bevor Sie die Körperreise dann ganz beenden und sich wieder – wie oben und im Kapitel 7 vorgeschlagen – zurück in Ihren Alltag führen.

7.2 Komplexe Körperreise

Die komplexe Körperreise integriert die einfache Körperreise und erweitert und verfeinert sie in besonderer Weise. Die Unterschiede wurden bereits im Kapitel 7 zusammenfassend beschrieben und teilweise begründet. So wurde zum Beispiel der Beginn der Körperreise in der Stirnmitte bei der komplexen Form besprochen. Die Verfeinerungen – vermehrt in den Gliedmaßen und wenige im Gesicht – wurden dort jedoch nicht beschrieben, erklärt und erläutert. Insbesondere das soll nun in diesem Kapitel nachgeholt und geleistet werden.

Wie in der zweiten Variante der einfachen Körperreise wird exakt der kleine Energiekreislauf, verkürzt „Energiekreis", der traditionellen chinesischen Medizin (TCM) und Lebenspflege (Yangsheng) vollständig „durchwandert" und dadurch energetisch geschlossen. In der ersten Variante orientiert sich der Aufstieg dagegen vordringlich an der mehr nach innen liegenden, yogischen Sushumna, also dem Energiefluss aus dem Wurzelzentrum etwa in der Wirbelsäule durch das Gehirn bis direkt ins Scheitelzentrum. Nur der Abstieg vom Scheitelzentrum zurück in das Wurzelzentrum folgt dann exakt entlang der Hauptleitbahnen bzw. des kleinen Energiekreislaufs der TCM (vgl. Kap. 7 und 7.1.) Darüber hinaus wird in der komplexen Körperreise auch der große Energiekreislauf bzw. „Energiekreis" unter Einbeziehung der äußeren Gliedmaßen, d. h. Arme und Beine, durchwandert und damit energetisch geschlossen. Dazu werden die Gliedmaßen eben nicht – wie in der einfachen Körperreise – nur als ganze Teile wahrgenommen, sondern aufmerksam, achtsam, wahrnehmend, von innen spürend sukzessiv, fließend, geistig bzw. innerlich „abgetastet", d. h. ohne sich äußerlich zu bewegen oder die Hände zu benutzen. Dabei oder vielmehr dadurch wird zudem entspannt. Ein bewusstes, zusätzliches Loslassen und Entspannen ist nach einiger Übung in der Regel nicht mehr erforderlich, sondern passiert beim oder durch das achtsame Abtasten und stellt sich einfach als Folge bzw. Wirkung ein. Für den Anfänger kann jedoch ein bewusstes, vielleicht auch innerlich gesprochenes oder suggeriertes Loslassen und Entspannen noch hilfreich und nützlich sein.

Als erste, grundsätzliche Übungs-Variante der komplexen Körperreise biete ich das Abtasten der Gliedmaßen von außen nach innen an. Dies entspricht generell der Wanderung und dem Prinzip von Yang zum Yin. Dieses Vorgehen fördert nach meiner Erfahrung die innere Sammlung von Bewusstsein, Kraft, potentieller Energie und Ruhe, konzentriert und spürbar im mittleren oder unteren Bauchraum und der Körpermitte. Im Sinne des Qigong Yangsheng (vgl. Jiao, 1988, S. 100) wird die Energie (Qi) aus der Peripherie nach innen geleitet und kann so in den wichtigen inneren Energiebereichen zentriert und gesammelt werden. Dieses „Schließen" hat grundsätzlich eine nährende, kräftigende und aufbauende Wirkung (ebenda). Arme und Beine können dazu einfach von außen nach innen abgetastet, bereist werden, d. h. hier, diese werden an ihrer jeweiligen Außen- bzw. Oberseite hinab und an ihrer Innen- bzw. Unterseite hinauf gewandert. (Wie noch weiter unten zu erläutern ist, werden jedoch im Kontext der TCM sowie im Qigong – im Unterschied dazu – regelmäßig die Arme von der Innenseite zur Außenseite abgetastet.) Die bewusste Konzentration und achtsame Wahrnehmung bleiben dabei – wie auch sonst bei der Körperreise – immer im Körper, also sowohl bei der Außen- als auch bei der Innenseite mindestens in der Haut, jedoch eher noch tiefer, unter der Haut bis in die Faszien und eventuell Muskeln. Am besten folgen Sie den inneren, zu spürenden Energieströmen. Bei Hautproblemen kann eine zusätzliche Wanderung in der Haut, um besonders hier anzunehmen, loszulassen und zu entspannen, angeraten und nützlich sein.

Der Arm wird an der Außenseite von der Schulter, Oberarm, Ellenbogen, Unterarm und bis zum Handgelenk oder Handrücken bewandert. Um Finger für Finger innerlich abzutasten, kann

bzw. sollte auch jeder Finger der Hand von außen – vom Fingerrücken – nach innen – zur Fingerinnenfläche – abgetastet werden. Erst wird also vollständig der Fingerrücken bis zur Fingerspitze und dann von dort weiter die ganze Fingerinnenfläche bis zum Handteller bereist. Um
zum jeweils nächsten Finger zu gelangen und diesen ebenfalls von außen nach innen abtasten zu
können, ist wieder nach außen zu wandern.

Um die Handreflexzonen sanft und vollständig zu spüren und innerlich abzutasten, quasi
geistig zu massieren, sollte dazu nicht allein der bzw. nur jeder Finger abgetastet werden. Sondern jene sollten zudem jeweils auf der gedachten und gespürten Verlängerung über die Handinnenfläche bis einschließlich zum Handgelenk, also noch über die Handwurzel hinaus, abgetastet werden, um erst dann „durchzustoßen" und nun wiederum außen über die Handwurzel
und den Handrücken die gedachte und gespürte Kraftlinie des nächsten Fingers nachzufahren
und erst anschließend weiter von außen den eigentlichen Finger bis zur Fingerspitze. Von dort
geht es dann innen über den Fingerballen zurück bis über die Handwurzel und dem Handgelenk. Von dort wird wieder durchgewandert nach außen zum nächsten Finger und seiner Kraftlinie. Begonnen wird mit dem kleinen Finger, dann werden Ringfinger, Mittelfinger, Zeigefinger
und schließlich Daumen bewandert. Da Sie zum kleinen Finger über die Außenseite des Armes
und im Besonderen des Unterarms und der Hand gelangen, folgen Sie damit bereits notwendig
dessen Kraftlinie vom Handgelenk aus. Bei den anderen Fingern wäre jedoch darauf zu achten,
dass dies jeweils immer auch vom bzw. bis zum Handgelenk geschieht. Beim Wechsel vom Zeigefinger zum Daumen ist kein Durchstoßen mehr nötig. Es reicht am Handgelenk ein kurzes
Stück nach außen zu wandern, um dann den Daumen von außen nach innen abzuwandern.
Schließlich wird die Innenseite des Armes hinaufgewandert bis zur Achselhöhle.

Die Füße mit den Zehen werden auf die gleiche Art und Weise innerlich abgetastet, angefangen beim kleinen Zeh und abgeschlossen mit dem großen Zeh. Hier wandern Sie vom Zeh über
die Fußsohle und Ferse bis zum Fußknöchel bzw. -gelenk. Sie kreisen dann bei den äußeren
Zehen um den Knöchel, um über den Fußrücken zum nächsten Zeh zu wandern, oder Sie durchstoßen oder durchqueren dazu entsprechend das Fußgelenk. Auf jeden Fall ist das Fußgelenk zu
durchqueren, um zu den mittleren Zehen zu gelangen. Durch die auf jeden einzelnen Zeh bezogene, gesonderte und wiederholte Wanderung über den Fußrücken und die Fußsohle wird
zudem eine „Fußzonenreflexmassage" per achtsamer Wahrnehmung, bewusster Konzentration,
Loslassen und Entspannung durchgeführt.

Zur weiteren Verfeinerung und Differenzierung können zur Wanderung in den Armen und
Beinen auch einzelne, ordentliche Meridiane bzw. Leitbahnen der TCM als Wege nachgefahren
und so das Qi bewegt, der Fluss des Qi gesteuert und kontrolliert werden (s. dazu Kap. 8.1). So
bieten sich in beiden Armen zur Realisierung und Verfeinerung der oben vorgeschlagenen Variante der Dünndarmmeridian (ein Hand-Yang-Meridian) zur „Anreise" – außen am Arm über
Ellenbogen bis in den kleinen Finger – und der Lungenmeridian (ein Hand-Yin-Meridian) zur
„Rückreise" an – innen vom Daumen am Arm über Ellenbeuge bis über die Achselfalte wieder
zum Schlüsselbein (vgl. z. B. Atlas nach Hempen, 2002, oder Focks, 2006). Prinzipiell könnten die
Finger und Hände bzw. die Zehen und Füße auch nur nach den Meridianen und Meridianpaa-
ren abgewandert werden (s. dazu Kap. 8.1). So wäre es etwa möglich, zur Anreise den Dünndarmmeridian und zur Rückreise den zugehörigen Herzmeridian – beide befinden sich im kleinen Finger – zu benutzen und den anderen Meridianen in der Hand zusätzlich einfach
nachzuspüren. Dies wären dann noch der „Herzbeutel" im Mittelfinger und „Dreifacher Erwärmer" im Ringfinger sowie „Lunge" im Daumen und „Dickdarm" im Zeigefinger. Es kann selbstverständlich auch ein anderes Meridianpaar, also Herzbeutel-Dreifacher Erwärmer oder Lunge-
Dickdarm, zur An- und Abreise im Arm benutzt und jeweils die anderen nur in der Hand

vergegenwärtigt werden. Aber es ergäbe sich auf diese Art und Weise dann kein Abtasten der Handzonenreflexzonen mehr. Hier muss man sich entscheiden: entweder Handzonen oder Meridiane.

Haben Sie die oben vorgeschlagene Reiseroute über den (erst einen, später den anderen) Arm, Hand und Finger von außen nach innen gewählt und sind etwa zusätzlich über den Dünndarmmeridian außen den Arm hinab bis zum kleinen Finger gewandert und innen über den Daumen und Arm den Lungenmeridian hinauf, so sind sie prinzipiell von einem Yang-Meridian (außen), hier dem Dünndarmmeridian, zu einem Yin-Meridian (innen), hier der Lungenmeridian, gewandert. Denn auch im Arm liegen grundsätzlich die Yin-Meridiane innen und die Yang-Meridiane außen. In den Hand- und Armmeridianen fließt das Qi nach den Vorstellungen der TCM jedoch in die entgegengesetzte Richtung. In den äußeren Yang-Meridianen der Arme – also dem Dünndarmmeridian, Dreifachen Erwärmer und Dickdarmmeridian – fließt das Qi danach vom jeweiligen, betreffenden Finger zur Schulter bis in den Kopf. Das Qi wird danach bis in den Kopf zurück transportiert. In den inneren Yin-Meridianen – also dem Lungen-, Herzbeutel- bzw. Perikard- und Herzmeridian – fließt dagegen das Qi aus dem Brust- oder Schulterbereich zur Hand in den jeweiligen, betreffenden Finger. Das Qi wird danach in die Finger transportiert. Entsprechend dieser Flussrichtung werden im Qigong für gewöhnlich die Arme, eben im Gegensatz zur oben beschriebenen Körperreisevariante, von innen nach außen massiert (s. wie im Kapitel 2.12 ausgeführt) oder nur mit der achtsamen, konzentrierten Wahrnehmung bzw. „Vorstellungskraft" oder/und dem Atem (vgl. Jiao, 1988; Olvedi, 1994) abgetastet. Es wird also innen begonnen und der Arm von der Achselhöhle über die Arminnenseite, Hand-, Fingerballen bis zu den Fingerkuppen abgeklopft, massiert oder abgetastet und dann weiter nach außen über Fingernägel, Handrücken, Armaußenseite bis zur Schulter. Das Qi würde danach entsprechend der angenommenen Fließrichtung aus dem Brustraum über die Yin-Leitbahn (innen) bis in die Hand und über die Yang-Leitbahn zurück aus Hand, Arm und hin zum Kopf transportiert (vgl. Focks, 2006). Nach meiner Erfahrung ist dieses Vorgehen eher belebend und aktivierend. Das Qi gelangt ja auch entsprechend nach oben in den Kopfbereich. In Übereinstimmung damit nutze ich dieses Vorgehen beim Vorbereiten auf Qi-Gong-Übungen in Bewegung, bei der Selbstmassage (s. Kapitel 2.12) und etwa beim Abtrocknen nach dem morgendlichen Duschen. Ich biete deshalb entsprechend als eine alternative Variante bzw. Vorgehensweise (Route) bei der Körperreise an, die Arme (im Unterschied zu den Beinen, wie noch unten ausgeführt werden wird) zuerst innen hinunter und dann außen wieder hinauf zu wandern. Dabei kann etwa der Lungenmeridian zum Daumen hinab und der Dünndarmmeridian vom kleinen Finger hinauf bis zur Schulter benutzt werden. Die Reihenfolge der Finger und des Vorgehens kehrt sich also im Vergleich zur ersten vorgeschlagenen Variante nur um. Auch andere Varianten oder spezielle Meridianpaare wären entsprechend den vorherigen Ausführungen möglich. Zu beachten ist nur deren Umkehrung von innen nach außen.

Ob Sie die Arme jeweils von außen nach innen oder von innen nach außen abwandern, können und sollten Sie zunächst von Ihren Überlegungen, Vorlieben, Neigungen, Zielen abhängig machen. Auch beim Konzeptionsgefäß wandern wir bei der Körperreise generell im Einklang mit Lehrsystemen des Qigong hinab (s. Kap. 7; Jiao, 1988; Olvedi, 1994), obwohl die Energie auch hier nach der TCM und heutigen Akupunkturlehre von unten nach oben aufsteigt. Aber auch hier steht offensichtlich die zurückführende, zentrierende, sammelnde, stärkende, beruhigende und nährende Wirkung im Vordergrund. Ähnlich bzw. vergleichbar würden Sie das Qi zum Ausgangspunkt bzw. Ursprungsort zurückführen, wenn Sie (wie ich anfangs vorgeschlagen habe) entgegen der Fließrichtung der Hand-Yang-Leitbahnen die Außenseite des Armes hinunter und entgegen dem Fluss der Hand-Yin-Leitbahnen die Innenseite des Armes hinaufwandern.

Letztlich sollten Sie meines Erachtens das Vorgehen mit Ihren Empfindungen und Erfahrungen abstimmen. Sie sollten die Variante wählen, die zu Ihnen, Ihrer momentanen Situation und Kondition am besten passt und die sich nach Ihren Erfahrungen, bezogen auf die jeweiligen inneren und äußeren Bedingungen und Umstände, bewährt und als besonders hilfreich, wohltuend für Sie erwiesen hat. Es bietet sich für den Anfänger an, zunächst eine einfache, grundlegende Variante wiederholt zu üben, um dann mit dieser Erfahrungen zu sammeln und ein zuverlässiges Empfinden und Gefühl für die Wirkungen zu entwickeln. Erst dann sollten Sie die bzw. eine andere Variante (wiederholt) ausprobieren, um mit jener Erfahrungen zu gewinnen. Auf dieser solide wachsenden Grundlage und durch Ihr systematisches Vorgehen können Sie dann selber sehen, erfahren, was, wann Ihnen wie wohl tut, um sich schließlich selber für die Ihnen jeweils genehmere und angemessenere Variante zu entscheiden. Es könnte sein, dass Sie sich grundsätzlich für das Üben in der einen Form bzw. mit einer Variante entscheiden werden. Es könnte aber auch sein, dass Sie je nach Situation, Befinden, Bedarf variieren werden, also einmal die eine Variante und ein anderes Mal die Alternative bevorzugen und wählen werden. Ihr Körper bzw. Körpergespür und -empfinden wird Sie letztlich sicher auf den passenden Weg weisen und führen.

In beiden Varianten werden jedoch die Beine von außen nach innen abgetastet. Hier sind beide in Übereinstimmung mit dem Qi-Fluss von außen nach innen, von Yang zum Yin sowie mit den Meridianen und deren angenommener Fließrichtung nach den Auffassungen der TCM (vgl. z.B. Atlas nach Hempen, 2002; Focks, 2006). Bei den Beinen wandern wir an der Außenseite des Beines hinab: Im Extrem ist das der Magenmeridian, der über das Knie geht, oder der Blasenmeridian, der am Knöchel vorbei in den kleinen Zeh mündet. Dazwischen und außen liegt der Gallenblasenmeridian, der allerdings in die vierte Zehe (neben der kleinen Zehe) mündet. Wir wandern danach die Innenseite des Beins hinauf, entsprechend dem Leber-, Milz- oder Nierenmeridian im Bein.

Über die Wanderung an den Energiebahnen hinaus können durch Halts und entsprechende Aufmerksamkeit, achtsame Wahrnehmung an den einzelnen Energie- bzw. Akupunkturpunkten zusätzlich die Energien dort reguliert, angeregt, beruhigt und harmonisiert werden. In Verbindung mit Atemübungen, vor allem durch Hinatmen, wie bereits im Kapitel 7 beschrieben, können ähnliche Effekte wie bei der Moxibution (äußerlichen Erwärmung bzw. Erhitzung), der Massage (Drücken, Klopfen usw.) und dem Nadeln (Akupunktur) von Akupunkturpunkten erreicht werden. Durch geeignete Suggestionen und Vorstellungen lassen sich die energetischen Effekte des konzentrierten Atmens bzw. Hinatmens noch verstärken (wie bereits im Kap. 7 angeführt). Zudem können durch passende, entsprechende Vorstellungen und Suggestionen die spezifischen Wirkungen einer bestimmten Moxibution, Massage oder Akupunktur eines Akupunkturpunktes – zumindest in einem gewissen Umfang – hervorgerufen werden. Im einfachsten Fall wird die Moxibution, Massage oder Akupunktur des betreffenden Akupunkturpunktes vorgestellt oder/und die entsprechende Wirkung (dort) suggeriert.

Weiter können bei der gesamten Körperreise, also nicht nur in den Gliedmaßen, sondern auch im Gesicht, restlichen Kopf, Nacken, Hals und Rumpf, von vornherein die Energiebahnen und Energiepunkte der TCM und heutigen Akupunkturlehre, also die sechs Hauptmeridianpaare (s. Kap. 8.1), achtsam „durchwandert" und wahrgenommen werden. Auf diese Art und Weise wird der große Energiekreislauf auch im engeren, traditionell chinesischen Sinne wirklich geschlossen. Ein solches die verschiedenen, ordentlichen, einzelnen Meridiane und deren Akupunkturpunkte berücksichtigendes Vorgehen würde ein umfangreiches betreffendes Wissen und Verständnis voraussetzen. Dieses Wissen und Verständnis betrifft nicht nur die Verläufe der Energiebahnen und die Orte der Energiepunkte, sondern auch deren Funktion, Eigenschaften, Zusammenhänge und Auswirkungen und darüber hinaus das Wissen und Können zur Anwendung der TCM (zur Diagnostik und Heilung). Im Unterschied zu den beiden übergeordneten Meridianen, dem Konzeptions- und dem Lenkergefäß, des kleinen Energiekreises und den übergeordneten Energiebereichen bzw. yogischen Chakren (s. Kap. 7 und 8) sind die ordentlichen Meridiane, d. h. die sechs Hauptmeridianpaare, nicht selbstorganisierend. Mit bestimmten Meridianen und Akupunkturpunkten werden sehr unterschiedliche, spezifische Wirkungen und Nebenwirkungen erzielt, deren Bedingungen, Folgen und Nutzen vor einer konkreten Anwendung im jeweils konkreten Einzelfall geklärt werden sollten. Jiao (1988, S. 274-292) schlägt eine Wanderung zur ganzheitlichen Qigong-Massage vor, die generell wichtige Energiebahnen und -punkte mit einer im allgemeinen positiven, heilenden Wirkung berücksichtigt. Diese kann entsprechend auch rein durch achtsame Wahrnehmung und unter Hinzuziehung der Atmung (durch Beatmung) ausgeführt und so für eine Körperreise genutzt werden. Die Berücksichtigung aller ordentlichen Meridianpaare der TCM bei der sanften Körperreise würde den Nutzen sicher erhöhen und unbeabsichtigte, unerwünschte Nebenwirkungen minimieren, aber den Aufwand für die Körperreise sehr deutlich erhöhen. Der jeweils verfügbare Zeitrahmen zum Üben setzt diesem Vorgehen in der Praxis enge Grenzen – zumindest dann, wenn die Reise bewusst, konzentriert, genau, sorgfältig, behutsam, achtsam, sehr fein, detailliert wahrnehmend und dadurch langsam erfolgt. Durch die Konzentration bei der komplexen Körperreise in Rumpf, Hals und Kopf auf den kleinen Energiekreis mit seinen wichtigen, selbstorganisierenden Energiebereichen (s. Kap. 7 und 8.1) – wie bei der einfachen Körperreise beschrieben (s. Kap. 7.1) – werden solche Überlegungen und Einschränkungen im Prinzip und auch nach meiner Erfahrung gegenstandslos. Die komplexe Körperreise bleibt dann auch noch in einem – für einen gewöhnlichen Lebens- und Berufsalltag – zumutbaren und realisierbaren Zeitrahmen, obwohl sie sehr bewusst konzentriert und achtsam wahrnehmend durchgeführt wird.

Nun zum Ablauf der komplexen Körperreise in ihrer grundlegenden Form:

Wie bereits im Kapitel 7 ausgeführt, sollten Sie sich für die komplexe Körperreise etwa 45 Minuten Zeit nehmen. Der Einstieg in die Körperreise und der Ausstieg aus ihr wurden bereits im Kapitel 7 beschrieben. Nachdem Sie sich etwa mit der Atmung zur inneren Ruhe und geistigen Sammlung gebracht haben, beginnen Sie die eigentliche Körperreise, indem Sie sich länger in Ihrer Stirnmitte, noch genauer, im Stirnzentrum (s. Kap. 8.1.7), dem Ausgangspunkt der Reise, bewusst, konzentriert, achtsam spüren und wahrnehmen. Wie oben ausgeführt, sollten Sie zudem versuchen, sich hier, wie auch an bzw. in jedem folgenden Punkt der Reise, nicht nur zu spüren, sondern zudem loszulassen und zu entspannen. Die betreffende innere Aufforderung, Anleitung oder Suggestion dazu können sich bei Bedarf selbst geben oder sich einfach nur so spüren, loslassen und entspannen. Von dort werden im Gesicht die gleichen Gesichtsteile in der gleichen Reihenfolge bereist wie in der einfachen Körperreise (s. Kap. 7.1 Punkt 10-17). In Ergänzung zu jener werden jedoch die Augen – ausgehend von der Nasenwurzel – auf jeden Fall nicht nur als Ganzes wahrgenommen, sondern vor allem spürend und fühlend umkreist und dabei losgelassen und entspannt. In der Folge können etwa die Tränenflüssigkeit zunehmen und sich sogar Tränen wohltuend lösen. Dies kann übrigens auch bei der Konzentration und Entspannung in anderen Bereichen passieren und sollte während der Körperreise als solches nur wahr- und angenommen werden. Die Richtung der Umrundung der Augen, also im Urzeigersinn oder dem entgegen, können Sie dabei, wie auch später beim Kreisen in den Wangen, nach Ihrem

Gefühl wählen. Eine Richtung werden Sie wahrscheinlich jeweils bevorzugen oder wird Ihnen angenehmer sein. Nach dem Umwandern der Augen, jedes für sich, reisen wir, wieder spürend, wahrnehmend sowie loslassend und entspannend, weiter von der Nasenwurzel zur Nasenspitze und gehen dann bewusst über den einen Nasenflügel zur zuerst gewählten Seite und Wange. Diese Wange kreisen Sie – vergleichbar wie die Augen – wahrnehmend, spürend sowie loslassend und entspannend ab. Auch hier spielt, wie erwähnt, die Richtung des Kreisens wieder eine Rolle. Im Zweifelsfall können Sie beide ausprobieren und die angenehmere, wohltuendere Kreisrichtung bewusst wiederholen. Dabei können sich Nasenverstopfungen lösen, wozu speziell dieses Wangenkreisen auch in anderen Übungen oder Kontexten benutzt werden kann. Von der Wange wandern Sie dann ins betreffende Ohr weiter und werden, wie bei der einfachen Körperreise, ganz Ohr. Sie wandern anschließend über den Nasenflügel zur Nasenspitze zurück, um dann über den anderen Nasenflügel auf die gleiche Art und Weise zur anderen Wange und zum anderen Ohr zu wandern. Bis zum Halszentrum sind die beiden Reiseformen identisch (s. Kap. 7.1 Punkt 18). Nach dem Halszentrum wandern Sie, wie bereits zuvor bei Auge und Wange, zu der als erstes gewählten Seite, also zuerst entweder wieder rechts oder eben links, über das Schlüsselbein zum Arm. Der Einfachheit halber fangen Sie am besten immer auf der gleichen Seite an, also etwa immer rechts. Allerdings können Sie natürlich nach Belieben oder aus irgendwelchen Gründen davon abweichen, wechseln und variieren. Den erreichten Arm wandern Sie dann auf eine Weise, wie bereits oben ausführlich dargelegt und besprochen, in einer der beiden Grundvarianten ab. Zum Übungseinstieg und Erfahrungssammeln würde ich vor allem die zuerst beschriebene Variante vorschlagen. Danach wandern Sie den Arm zuerst außen von oben über das Schultergelenk nach unten hinab bis in die Hand und von dort wieder nach oben, allerdings jedoch dann innen hinauf bis zur Achselhöhle. Sie beziehen dabei die Hand und jeden einzelnen Finger ein. Sie fangen mit dem kleinen Finger an und tasten jeden Finger außen vom Handgelenk über den Handrücken bis zur und dann über die Fingerspitze nach innen, über den Handteller bis zum Handgelenk ab. Anschließend dringen Sie jeweils mit Ihrer Aufmerksamkeit und Wahrnehmung durch das Handgelenk, um auf die Linie des nächsten Fingers zu gelangen. Sie reisen auf diese Art und Weise bis zu Ihrem Daumen und schließlich durch Ihre ganze Hand. Von der Achselhöhle kehren Sie über das Schlüsselbein zum Halszentrum zurück, um dann über das andere Schlüsselbein zum anderen Arm zu reisen. Diesen tasten Sie innerlich auf die gleiche Art und Weise ab und wandern über das Schlüsselbein schließlich wieder zum Halszentrum zurück. Dann wird die Reise vom Halszentrum bis zum Wurzelzentrum wie bei der einfachen Körperreise fortgeführt (s. dazu Kap. 7.1 Punkt 19-23). Nach dem Wurzelzentrum wandern Sie zur als erstes gewählten Seite über die Leiste zur Außenseite und Beginn des Oberschenkels und wandern, wie oben bereits beschrieben, außen das Bein hinab bis zum Fuß und dem kleinen Zeh. Sie tasten dann jeden Zeh einzeln unter Einbeziehung des Fußes von außen nach innen ab, also jeweils über den ganzen Fußrücken bis zur Zehenspitze und von dort über die Fußsohle und Ferse bis zum Fußgelenk. Nach dem Abtasten des großen Zehs bis zum Fußgelenk, wandern Sie nun die Innenseite des Beines bis zum Dammbereich bzw. Wurzelzentrum hinauf. Von dort bereisen Sie das andere Bein auf die gleiche Art und Weise. Schließlich gelangen Sie erneut ins Wurzelzentrum. Hier versuchen Sie sich jetzt bewusst innerlich zu sammeln, um wie bei der einfachen Körperreise die Wirbelsäule achtsam wahrnehmend, spürend sowie zudem loslassend und entspannend hinauf zu wandern, zu gleiten bzw. – im Idealfall – zu fließen (s. Kap. 7.1 unter Punkt 7). Um zum bzw. in den Scheitelbereich zu gelangen, können Sie dann wie bei der einfachen Körperreise auch hier die Variante 1 oder/ und 2 wählen. Sie gehen dann entsprechend weiter durch das Gehirn oder/ und mittig am Hinterkopf über den Schädel zum Scheitel hinauf. In jedem Falle sollten Sie anfangs erst mit der

Variante 2, d. h. über den Hinterkopf und Schädel, üben und Erfahrungen gesammelt haben. Nach dem Halt im Scheitelbereich wandern Sie zum Ausgangspunkt Ihrer Reise zurück – zum Stirnzentrum – und nehmen sich dort noch einmal achtsam wahr und sammeln sich. Sie lassen sich im Stirnzentrum, wie in der einfachen Form der Körperreise beschrieben (unter Punkt 9 im Kap. 7.1), wie auch prinzipiell während der gesamten Körperreise gleichzeitig los und entspannen. Mit dem Spüren, Loslassen und Entspannen im Stirnzentrum haben Sie nun wieder den Ausgangspunkt Ihrer Körperreise erreicht und diese vollendet. Entsprechend Ihrem Einstieg können Sie nun aus der Körperreise und Meditation wieder aussteigen, um Ihre Übung zu beenden.

8 Chakrenmeditationen

Zunächst werden im Kapitel 8.1 „Chakren" als Energiezentren erklärt und erläutert. Alternativ wird in der Literatur zwar überwiegend der Plural von einem „Chakra" mit „Chakras" wiedergegeben, aber ich empfinde die per Duden „erlaubte" Pluralfassung im Deutschen als sprachlich passender. In den Kapiteln 8.1.1 bis 8.1.8 werden insgesamt acht wichtige Chakren bzw. Energiezentren einzeln vorgestellt. Diese wurden als Körperbereiche zur achtsamen Wahrnehmung und Entspannung bereits im Kapitel 7 und 7.1 zur Körperreise bzw. -wanderung benutzt und vorgestellt. Die Abbildung 8 im Kapitel 8.1 veranschaulicht die Lage der Chakren aus der Vorderansicht eines Menschen. In den dann folgenden Kapiteln 8.2 bis 8.5 und dortigen Ausführungen wird gezeigt, wie diese acht Energiezentren und die Kenntnisse darüber angemessen sowie vergleichsweise einfach, wirksam, hilfreich und sicher zur Meditation und Selbsthypnose benutzt werden können. Durch diese Übungen der Meditation und Selbsthypnose sollen die wichtigen, übergeordneten feinstofflichen Energiezentren präsent und bewusst sowie unterstützend, aufbauend und heilend aktiviert und energetisch – eben mit Qi bzw. Prana – versorgt werden. In selbstorganisierender Art und Weise wirken sich diese Übungen generell vorteilhaft und je nach Bedarf stärkend oder/und harmonisierend aus. Sie wirken zunächst auf die Zentren und darüber weiter auf die damit verbundenen Funktionen, Vorgänge, Strukturen und Bereiche. Aufgrund der Stellung und Funktion der Chakren zwischen körperlichen und psychischen bzw. geistigen Strukturen und Prozessen werden dadurch sowohl die körperlichen als auch die psychischen Vorgänge, Entwicklungen positiv, d. h. heilsam und gesund, unterstützt, gestärkt und harmonisiert. Die Übungen und das genaue Vorgehen werden im Einzelnen hergeleitet und dargelegt. Die beschriebenen Formen, Weisen, Einzelheiten und Besonderheiten wurden aus verschiedenen, darzulegenden Gründen gewählt und haben sich seit 1989 in meiner täglichen psychotherapeutischen Praxis mit Patienten und in vertieften Gesundheitskursen, etwa zur Entspannung, Stressbewältigung, Selbsthypnose und Meditation, bewährt. Jahre davor wurden diese von mir im Studium der Theorie und Praxis und vor allem in bzw. mit Selbsterfahrung angewendet, geprüft, verändert, angepasst, entwickelt und geübt. Aber auch mit meiner Partnerin, Freunden und Bekannten durfte ich zuvor diesbezüglich probieren und Erfahrungen sammeln. Neben den hier dargelegten Verfahren und Vorgehensweisen gibt es noch viele verschiedene, mir bekannte und sicher mir (noch) nicht bekannte Varianten und auch alternative oder andersartige Möglichkeiten, Wege, die zum gewählten Ziel führen oder für Ihre individuellen Voraussetzungen und Belange geeignet sein können.

8.1 Chakren

Chakren oder Chakras stehen wörtlich übersetzt für Räder oder Kreise und sind yogische Energiezentren. Es sind übergeordnete, höhere Zentren des feinstofflichen menschlichen Energiesystems wie sie die traditionelle indische, tibetische und chinesische Medizin kennen und beschreiben. In der indischen Weise wird diese feinstoffliche Energie vor allem als „Prana", in der chinesischen als „Qi" beschrieben. Diese Energiezentren sind mehr oder weniger übereinstimmend auch in anderen Kulturen und Traditionen zu finden, werden dort aber kaum in dieser Ausführlichkeit und Systematik beschrieben und vor allem nicht eingebettet. So konnte ich die üblichen sieben Chakren (s. u.) etwa vor vielen Jahren sogar im katholischen Kontext besichtigen, nämlich vorne als Ornamente abgebildet auf der schwarzen Madonna in Altötting (Bayern). Allerdings wurde das unterste Chakra, nämlich das Wurzelzentrum, offenbar um den dort vorherrschenden religiösen Anstand und die Schamgrenze zu wahren, nicht vorne oben im Schritt, sondern weiter unten zwischen den Beinen, fast Füßen abgebildet bzw. symbolisiert. In der traditionellen chinesischen Medizin (TCM), im Qigong oder Tai Chi werden in der Regel dagegen nur drei vergleichbare Hauptzentren bzw. Energiefelder im Körper angenommen, nämlich das untere, mittlere und obere „Dantian" (oft auch in davon abweichender Schreibweise). Deren Zuordnung zu den Chakren weicht je nach Autor und Schule ab und wird bei der Darstellung der einzelnen Chakren (Kap. 8.1.1 bis 8.1.8) versucht. Die Chakren liegen nach der TCM und der heutigen medizinischen Akupunktur auf und zwischen den beiden außerordentlichen Meridianen. Diese übergeordneten Meridiane sind z. B. nach Stux (1989) das vordere Konzeptionsgefäß, der „Ren Mai", auch Kontroll- oder Zentralgefäß genannt, und das hintere Lenkergefäß, der „Du Mai", auch Gouverneurgefäß, und bilden zusammen den kleinen Energiekreislauf. Dieser Energiekreis wurde bereits im Kapitel 7 und 7.1 zur Körperwanderung verortet und beschrieben. Die Chakren – bis auf die beiden äußersten – reichen von vorne jeweils nach hinten in die Tiefe und umgekehrt. Sie sind verbunden mit der und durch die Sushumna und kreuzen zudem mindestens die Wirbelsäule. Die Sushumna wurde ebenfalls bereits zur Körperwanderung im Kapitel 7 und 7.1 beschrieben und benutzt. Die beiden äußersten Chakren, nämlich unten das Wurzelzentrum (s. Kap. 8.1.1) und oben das Scheitelzentrum (s. Kap. 8.1.8), bilden die energetischen Grenzbereiche der Sushumna und sind ebenfalls über diese miteinander verbunden. Die Sushumna ist im Yoga der wichtigste Energiekanal (Nadi), der sich etwa nach dem Lexikon der östlichen Weisheitslehren des Barth Verlages (2. Aufl. von 1986) und diversen anderen Autoren (z. B. Govinda, 1991; Pandit, 1985) in der Wirbelsäule – im Zentralkanal des Rückenmarks – von ihrem unteren Ende bis zum Gehirn erstreckt. Andere Quellen verorten diese eher in der Mitte des Rumpfes, also vor der Wirbelsäule (z. B. Asshauer, 2005). Nach Lade (2004) handelt es sich dabei eher um buddhistische Schulen und Traditionen. Um den zentralen Energiekanal, die Sushumna, winden sich die beiden polarisierten (Seiten-) Energiekanäle Ida und Pingala. Ida nimmt Prana durch das linke Nasenloch auf und Pingala durch das rechte (vgl. z. B. van Lysebeth, 1991). Ida ist dem Mond, der Beruhigung, Kühlung, Erfrischung und dem Wasser zugeordnet. Ida entspricht dem Parasympathikus des sympathischen Nervensystems sowie dem Yin des Taoismus (Daoismus) und der TCM. Es findet sich auch als „weibliches Prinzip" zusammengefasst (jedoch gegensätzlich bei Vollmar, 1994). Pingala steht dagegen für Sonne, Wärme, Feuer, Antrieb und Aktivierung. Pingala entspricht dem Sympathikus des sympathischen Nervensystems sowie dem Yang des Taoismus und der TCM. Es wird auch als „männliches Prinzip" benannt. An den Stellen, wo Ida und Pingala sich kreuzen, begegnen und in besonderer Weise wechselwirken, liegen die Chakren. Im untersten Chakra, dem Wurzelzentrum (s. Kap. 8.1.1), sind sie noch vereint. Im Stirnzentrum (s. Kap. 8.1.7) fließen Ida und Pingala wieder zusammen, bilden dort wiederum eine Art von „Knoten" und fließen danach getrennt weiter zu den jeweiligen Nasenlöchern (Pandit, 1985, S.46). Im obersten Chakra, dem Scheitelzentrum (s. Kap. 8.1.8), sind die energetischen Gegensätze aufgelöst. Die Chakren werden als Energieräder beschrieben, deren Naben bzw. Achsen durch die Sushumna gehen bzw. in ihr verankert sind und sich dann wieder – bis auf die Endzentren – zur anderen Seite als Energieräder nach außen öffnen. Das unterste Chakra (Wurzelzentrum) öffnet sich nur von einer Seite, nämlich vom Steißbein zum Damm, nach außen. In einer aufrechten Haltung des Rumpfes, also im Sitzen oder Stehen, öffnet sich das Wurzelzentrum nach unten, zur Erde, zum Boden. Das oberste Chakra (Scheitelzentrum) öffnet sich nach außen in einer aufrechten Haltung nur nach oben, zum Himmel. Bei diesen Angaben zur Richtung und Öffnung des Wurzel- und Scheitelzentrums ist zu beachten, dass in einer aufrechten Haltung diese Beschreibungen mit „nach unten" versus „nach oben" wörtlich zu nehmen sind, während diese für eine liegende Haltung nur im übertragenen Sinne zu verstehen sind. Davon unabhängig erweitert sich jedes Chakra zur Körperoberfläche bzw. verengt und konzentriert sich nach innen. Die Chakren drehen sich entweder im oder entgegen dem Uhrzeigersinn (dazu mehr z. B. bei Sharamon & Baginski, 1988).

Die Energiekanäle (Nadis) leiten und verteilen die feinstoffliche Energie, die hier im Wesentlichen für Lebenskraft oder -energie steht. Nach van Lysebeth (1991, S. 78) handelt es sich nach „der yogischen Anatomie" um ein „Netz von 72000 Nadis", d. h. wörtlich „Röhren", die den Körper zu diesem Zweck durchziehen. Die feinstofflichen Energiezentren und insbesondere die Chakren sammeln, transformieren und verteilen die durchströmende Energie. Gerade die Chakren stehen und verbinden zwischen den stofflich-körperlichen und den seelisch-geistigen Strukturen und Prozessen. Seelisch-Geistiges und Stofflich-Körperliches gehen hier ineinander über und durchdringen sich. Sie haben zwar ihre Entsprechungen und vor allem Auswirkungen im stofflichen, körperlichen Bereich, sind aber damit nicht identisch. „Sie beeinflussen, kontrollieren und regen entsprechende Körperzonen mit den darin gelegenen Organen, Nerven und Geflechten an" (Pandit, 1985, S.56). Die Chakren sind – je nach Begabung und Training – mit den verschiedenen Sinnen wahrzunehmen. Am direktesten, zuverlässigsten und einfachsten sind die Chakren zu spüren (vgl. Kap. 7 und 7.1). Sie haben selbstorganisierenden Charakter. Dies unterscheidet die Chakren von den untergeordneten, noch feinstofflichen Energiepunkten und -kanälen des Yogas (s. z. B. Pandit, 1985), der traditionellen indischen, tibetischen Medizin und etwa den 12 Hauptmeridianen (Energieleitbahnen) der TCM (vgl. z. B. Focks, 2006; Hempen, 2002; Platsch, 2000; Porkert, 1989; Stux, 1989). Wie noch ausgeführt und klarer werden wird, eignen sich aufgrund des selbstorganisierenden Charakters vor allem die Chakren gegenüber diesen anderen, vergleichsweise untergeordneten Energiepunkten und Leitbahnen zur harmonisierenden und stärkenden Meditation und Selbsthypnose. Der Bedarf etwa bezüglich Aufwand, Vorsicht, Genauigkeit, Vorwissen sowie das Ausmaß unerwünschter Wirkungen und Nebenwirken können hier je nach Art und Weise bzw. entsprechender Eignung der Vorgehensweise deutlich verringert werden. Was das Vorwissen und die Risiken bestimmter und in den folgenden Kapiteln (ab Kap. 8.2) von mir dargestellter und empfohlener Vorgehensweisen und Übungen zur energetischen Chakrenmeditation betrifft, sind diese sogar vernachlässigbar. In der Körperreise (s. Kap. 7 und 7.1) können das achtsame Wahrnehmen, Spüren, Ruhen, Loslassen und Entspannen in den Chakren bzw. betreffenden Körperbereichen, also bei einer weitgehend nur wahrnehmenden, harmonisierenden, beruhigenden, entspannenden Chakrenmeditation, entsprechend sogar als völlig gefahr- und harmlos betrachtet und eingestuft werden. Es sollten hier also prinzipiell keine negativen, unerwünschten, unheilsamen Neben- und Auswirkungen auftreten. Die Sicherheit wäre danach nicht nur maximal, sondern sogar total gegeben. Dies hat sich auch in meiner jahrzehntelangen Arbeit und Praxis bisher bestätigt und bewährt. Es trifft auf jeden Fall für psychisch gesunde Menschen zu, aber auch für jene mit psychischen Problemen und Erkrankungen, wie etwa Störungen aus dem Angst-, Zwangs-, Depressions-, Verhaltens- und Psychosomatikbereich sowie einer Selbstwert-, Körper-, Leistungs- oder/und Belastungsproblematik. Bei solchen Störungen und Problemen dienen die hier dargestellten Chakrenmeditationen sogar als wichtige psychotherapeutische Intervention – eben zur psychischen Bewältigung, Besserung, Heilung, Stabilisierung und langfristigen Gesunderhaltung (s. auch Kap. 9.2). Bei Patienten allerdings, die sich in einer akuten psychotischen oder schizophrenen Phase oder Erkrankung befinden und an einem deutlichen, wahnhaften Realitätsverlust leiden, war und wäre ich dennoch generell vorsichtig und würde diesen – zumindest in einer solchen Phase – keine speziell auf die Chakren gerichtete Meditation vermitteln, lehren oder empfehlen. Dies gilt insbesondere für die energetischen Chakrenmeditationen (ab Kap. 8.2) und unbedingt für die vorstellungsbezogenen, imaginativen Meditationen mit Farben und Krafttieren (s. ab Kap. 8.4). Deshalb habe ich für diesen speziellen Fall nur sehr wenig Erfahrung. Vielmehr greife ich dann bei Bedarf auf einfache, körperlich orientierte Atem- oder Entspannungsübungen aus den früheren Kapiteln, wie die PME, zurück.

Ein Vorwissen um die Energiezentren und -leitbahnen ist für die hier dargestellten und vorgeschlagenen Chakrenmediationen ebenfalls nicht nötig. Bereits im Kapitel 7.2 wurde – im Unterschied dazu – im Zusammenhang mit der Erweiterung der Körperwanderung bzw. Meditationen und Selbsthypnosen mit den 12 Hauptmeridianen (bzw. den 6 betreffenden Paaren) und deren Energiepunkten der TCM auf mögliche Schwierigkeiten und Probleme hingewiesen. Dies wird durch die folgenden Ausführungen und Erklärungen deutlich und verständlich.

Die Hauptmeridianpaare der TCM, auch „Funktionskreise" genannt, bestehen aus einer Yin-Leitbahn und einer Yang-Leitbahn, die jeweils einem bestimmten Organ und zusammen einer Wandlungsphase zugeordnet sind. Andere Autoren, wie z. B. Hempen (2002), beschreiben bereits den jeweiligen Meridian in einem organbezogenen Funktionskreis. Danach bestünde also ein Meridianpaar aus zwei organbezogenen Funktionskreisen, die zwar zusammengehören und -hängen, aber keinen einheitlichen oder elementaren Funktionskreis bilden. Die fünf Wandlungsphasen sind Wasser, Holz, Feuer, Erde und Metall (s. auch ausführlich Hempen, 1991). Diese sind wiederum durch bestimmte Yin-Yang-Verhältnisse gekennzeichnet und stehen zueinander in bestimmten Folgen des Überganges und der Ablösung und Zusammenhängen der Bedingung, Abhängigkeit, Wirkung, Beeinflussung, Steuerung und Kontrolle. Die Hauptmeridianpaare sind 1. Niere-Blase (Wasser), 2. Leber-Gallenblase (Holz), 3. Herz-Dünndarm (Feuer), 4. Milz(Pankreas)-Magen (Erde), 5. Lunge-Dickdarm (Metall) und 6. der zusätzliche Funktionskreis Herzbeutel(Perikard)-Dreifacher(Dreiteiliger) Erwärmer. Letzterer ist dem Funktionskreis Herz-Dünndarm unter- und damit der Wandlungsphase Feuer zugeordnet. Im Kapitel 7.2 wurden bereits im Zusammenhang mit der im Wesentlichen in den Gliedmaßen verfeinerten bzw. komplexen Körperreise und dem Schließen des großen Energiekreislaufes die Yin- sowie Yang-Meridiane der Hand und der Füße erwähnt und deren Fluss besprochen. Danach fließen, sowohl in der rechten als auch linken Hand, drei Hauptmeridianpaare, nämlich Herz-Dünndarm, Lunge-Dickdarm und Herzbeutel-Dreifacher Erwärmer in die Finger und aus den Fingern. Die anderen drei Hauptmeridianpaare enden und beginnen in den Zehen – sowohl des rechten als auch des linken Fußes. Die Hauptmeridianpaare bzw. Funktionskreise sind zwar feinstofflich und den Chakren zuordenbar (dazu Stux, 1994), stehen aber den körperlichen Prozessen näher. Allerdings sind selbst diesen Funktionskreisen psychische Aspekte, nämlich z. B. „Emotionen" zugeordnet: 1. Angst, Furcht, Schreck, 2. Ärger, Zorn, Wut, 3. und 6. Freude, Lust, 4. Sorgen, Grübeln, Nachdenken und 5. Trauer, Kummer (vgl. z. B. Hempen, 1991, 2002; Platsch,

2000; Porkert, 1989; Stux, 1989). Auf den Meridianen befinden sich dann an genau definierten Stellen die Energiepunkte, die etwa zur Akupunktur bzw. Nadelung, Moxibustion, d. h. Erwärmung, Erhitzung durch Verbrennen von Räucherkegeln oder Räucherzigarren, und zur Massage, etwa durch Reiben, Drücken oder Klopfen, benutzt werden können. Diese Energiepunkte haben unterschiedliche und genau beschriebene Funktionen. Werden die betreffenden Energiepunkte angeregt oder energetisiert, etwa durch Nadeln, Reiben, Drücken, Klopfen und Erhitzen, so ist auch deren Wirkung – entsprechend der Funktion – sehr unterschiedlich, spezifisch und unbedingt in Bezug auf das energetische Gesamtsystem, des Ausgangszustandes und der erwünschten und beabsichtigten Entwicklung zu beachten. Ansonsten können – wie oben bereits angesprochen – leicht unerwünschte, nachteilige Effekte ausgelöst werden. Die energetische Wirkung beispielsweise einer Nadelung kann – je nach Punkt – etwa beruhigend, ausgleichend, stärkend oder aktivierend sein. Deshalb ist vor solchen Maßnahmen eine Erfassung und Analyse der Aspekte, Zustände und Vorgänge des gesamten, betreffenden Energiesystems (der jeweiligen Person) notwendig. Durch verschiedene Methoden, wie etwa Geruchsanalysen von z. B. Schweiß und Ausatem, Zungendiagnose, Pulstasten, Temperaturbefinden, Beschau bzw. Beschreibung von Stuhlgang und Urin usw., können Hinweise auf und Informationen über die vorliegenden energetischen Zustände und Verhältnisse gesammelt werden. Nur nach einer mehrdimensionalen Diagnostik des Ist-Zustandes des Energiesystems und auf der Basis des Wissens über die Energiepunkte und deren Zusammenhänge können dann die (Aus-) Wirkungen und Angemessenheit solcher Maßnahmen abgeleitet, eingeschätzt und vorhergesagt werden. Erst dadurch wird im Einzelfall klar und deutlich, welche speziellen Energiepunkte auszuwählen und anzuregen sind sowie ob und welche davon durch Wärme zu energetisieren wären.

Dem übergeordneten und selbstorganisierenden Charakter der Chakren entspricht deren Verbindung mit den beiden außerordentlichen Meridianen, vorne mit dem Konzeptionsgefäß und hinten mit dem Lenkergefäß der TCM (s. Stux, 1989, s. o.). Neben diesen beiden gibt es noch sechs weitere außerordentliche Meridiane. Sie haben generell die Funktion des Speicherns, Ausgleichens und Harmonisierens des Qi. Sie können beispielsweise überschüssige Energie aufnehmen, speichern und bei Bedarf abgeben. Vor allem beim Konzeptions- und Lenkergefäß kommen noch steuernde und organisierende Funktionen des gesamten Energiesystems hinzu. Das Konzeptionsgefäß ist den 6 Yin-Meridianen (Niere, Leber, Herz, Milz bzw. Pankreas, Lunge und Herzbeutel) und das Lenkergefäß den 6 Yang-Meridianen (Blase, Gallenblase, Dünndarm, Magen, Dickdarm, Dreiteiliger Erwärmer) übergeordnet.

Die selbstorganisierende Qualität der Chakren hat den Vorteil, dass die Anregung und Energetisierung des jeweiligen Chakras, wie bereits angesprochen, ohne eine aufwendige Diagnostik und unerwünschte Nebenwirkungen erfolgen kann. Zwar lässt sich der energetische Zustand des jeweiligen Chakras mit einiger Übung einfach und direkt wahrnehmen (wie ab Kapitel 8.2 ausgeführt), aber es ist nicht notwendig und auch diesbezüglich möglicherweise ungenaue oder unzutreffende Einschätzungen wären ohne negative Konsequenzen für die Meditation und den Zustand danach. Zur Anregung und Stärkung der Energie in den Chakren sind dennoch bestimmte Bedingungen und Vorgehensweisen einzuhalten, damit dies zum einen auch besonders wirksam und gut gelingt und zum anderen auch langfristig möglichst auf positive Wirkungen beschränkt bleibt. Durch das Berücksichtigen und Einhalten geeigneter und passender Regeln und Methoden sind also auch auf Dauer negative Neben- und Auswirkungen zu vermeiden bzw. auszuschließen.

Im Kundalini-Yoga oder trantrischen Yoga sind die Chakren mit bestimmten Bewusstseinsstufen, -ebenen, -qualitäten, -erweiterungen verbunden. Ziel ist hier, mit der schöpferischen Lebenskraft bzw. Lebensenergie aus dem untersten Zentrum, dem Wurzelzentrum, bis in das höchste Zentrum, dem Scheitelzentrum, aufzusteigen, um so von der einfachsten, grundlegend-sten Bewusstseinsebene oder -stufe bis zur komplexesten, höchsten zu gelangen. Dazu wird die Energie im untersten Zentrum aktiviert und über die Sushumna meditativ von Zentrum zu Zen-trum geleitet. Dabei wird Zentrum für Zentrum aktiviert und die jeweils nächst höhere Bewusst-seinsebene bzw. -erweiterung mit entsprechenden seelischen und geistigen Qualitäten und Kräf-ten erreicht. Steigt die Energie bis ins höchste Zentrum, werden hier ganz besondere spirituelle Erfahrungen und Bewusstseinszustände möglich, wie kosmische Einheits-, Allseins- und Erleuchtungserfahrungen. Die schöpferische (Ur-) Lebenskraft wird im hinduistischen Kundalini-Yoga als zusammengerollte, zunächst ruhende oder schlafende Schlange und als Göt-tin Shakti, die Gemahlin Shivas, personifiziert bzw. symbolisiert vorgestellt. Diese steigt nach der Aktivierung durch Yoga, was auch durch oder bei bestimmten sexuellen Praktiken ausgelöst und erreicht werden kann, und vor allem durch Meditation in der Sushumna auf und entfaltet von Chakra zu Chakra ihre schöpferische Kraft und Wirkungen. Im Scheitelzentrum vereinigt sich dann diese Ur-Natur bzw. Ur-Kraft mit dem Ur-Bewusstsein, vorgestellt und personifiziert durch den Gott Shiva, um den höchsten, spirituellen Bewusstseinstand (etwa Erleuchtung oder göttliche bzw. kosmische Einsseins-Erfahrung) zu erreichen. Ziel des Yoga ist generell letztlich die spirituelle Erleuchtung, das spirituelle, absolute Erwachen und Erkennen. Die tantrischen Verfahren sind deswegen auf dieses Ziel ausgerichtet. Entsprechend werden die Verfahren im Yoga genutzt. Die Aktivierung der Chakren entspricht hier einem spirituellen Entwicklungs-, Reifungs-, Ganzwerdungs- und Vervollkommnungsprozess.

Entsprechend werden den Chakren im tibetischen und indischen, tantrischen Yoga unter anderem Gottheiten oder/und Meditationsbuddhas sowie Sinnbilder und Symbolbilder bzw. Yantras, also geometrische Formen oder Muster, und Mandalas, also komplexere, symbolische Darstellungen, zugeordnet (s. z. B. Asshauer, 2005; Avalon, 1974; Govinda, 1991; Vollmar, 1994). Diese werden in der Meditation und zur Meditation (neben den tatsächlichen künstlerischen, religiösen Darstellungen) innerlich, also vor dem inneren, geistigen Auge, vorgestellt, vergegen-wärtigt oder visualisiert. Die Visualisierung etwa von Gottheiten oder betreffenden Buddhas soll zur Verfügung des entsprechenden Könnens und Wissens und zur Übertragung der in Frage ste-henden Qualitäten und Ressourcen, eben dieser Gottheiten oder Buddhas, führen oder minde-stens beitragen. Zur Verwendung solcher Bilder, Vorstellungen, Metaphern, Symbole ist oft jedoch ein entsprechendes (Bedeutungs-) Wissen notwendig. Zudem sind die Vorstellungen, Visualisierungen mit besonderer Vorsicht einzusetzen, da die Arbeit mit solchen Bildern einer entsprechenden, besonderen Erfahrung und Anleitung bedarf, die über das allgemeine Arbeiten mit Bildern und Vorstellungen hinausgeht. Hier besteht auch die besondere Gefahr, sich in den Vorstellungen, Bildern, Visionen und möglicherweise Illusionen zu verlieren. Der jeweilige kul-turelle Rahmen und Hintergrund wird bei solchen Vorstellungen und Visualisierungen sehr wichtig und entscheidend. Das gilt offensichtlich weniger für Farben (s. Kap. 8.4) und nach mei-ner Erfahrung noch weniger für die in den Kapiteln 8.1.1 bis 8.1.8 zugeordneten (Keim-) Man-tras, das sind heilige Silben oder Worte, und am wenigsten für die zugeordneten Laute und Vokale (s. Kap. 8.3.0.2). Gleichzeitig korrespondieren Farben und Mantras direkt mit den energe-tischen und funktionellen Aspekten der Chakren, also der Art der Energie, ihrer Schwingung usw.

In diesem Rahmen sollen die Energien der betreffenden Chakren nur auf einfache, wirksame und positive Art und Weise angeregt und gestärkt werden. Es wird hier kein vollständiges Kundalini-Yoga betrieben, wo die Warnungen vor den möglichen negativen Wirkungen zu beachten und die anhaltende (geistige) Führung durch einen erfahrenen Lehrer (Meister) not-wendig wären. Auch deshalb sollen hier im Folgenden (Kap. 8.2 bis 8.5) nur Zuordnungen und

Methoden Verwendung finden und ausgeführt werden, die eine verantwortungsvolle psychologisch-medizinische und vergleichsweise einfache Nutzung zur Stärkung dieser Chakren bzw. der betreffenden Energien und (dadurch) körperlich-seelisch-geistigen Stärkung, Gesundung und Heilung erlauben.

Den Chakren werden entsprechend den besonderen geistig-körperlichen Eigenschaften, Funktionen und Wirkungen entsprechende Aspekte und Symbole zugeordnet, das sind hier (sofern zugeordnet – in den Kap. 8.1.1 bis 8.1.8) jeweils unter anderem ein Mantra, Vokal (im Überblick s. Tabelle 4 im Kap. 8.3.0.2), eine Farbe (zusammengefasst in Tabelle 5 im Kap. 8.4), ein Yantra bzw. geometrisches Symbol oder Diagramm, ein Element, Symboltier und betreffende, zugehörige Organe und eine Sinnesfunktion. Die Symboltiere können auch als Krafttiere bezeichnet werden. Sie entstammen zunächst der hier berücksichtigten, kollektiven, kulturellen und spirituellen Überlieferung, können aber auch ganz individuell sein (s. dazu Kap. 8.5). Die Anzahl der Blütenblätter einer Lotosblume symbolisieren das jeweilige Chakra mit den jeweils ausstrahlenden Energiekanälen. Jedem Blütenblatt bzw. Energiekanal ist ein heiliger Laut bzw. Mantra zugeordnet (vgl. z. B. Pandit, 1985). Auf die Angabe dieser vielfältigen, beigeordneten Mantras wird hier verzichtet. Die Beschreibung beschränkt sich im Folgenden auf das jeweilige „Keimmantra" (Bija-Mantra), das jeweils die wesentliche Kraft des Chakras darstellt oder verkörpert und aktiviert. Asshauer (2005, S.85) stellt zu Recht fest, dass es weder für die Chakren noch für die wichtigsten Kanäle in der indischen Literatur eine letztlich „verbindliche, allgemeingültige Beschreibung" gibt. Die Angaben variieren offensichtlich zwischen den Autoren und Experten in Abhängigkeit der kulturellen, traditionellen Kontexte, Schwerpunkte und Verfahren. Dennoch ergeben sich Übereinstimmungen, die bezüglich der Chakren im Folgenden für unsere Zwecke dargestellt werden. Auf Unterschiede, Abweichungen wird ebenfalls hingewiesen. Govinda (1991) und Lade (2004) weisen darauf hin, dass es sich um dynamische energetische Systeme handelt, die sich deshalb auch – entsprechend den persönlichen Voraussetzungen und Entwicklungen – individuell unterscheiden können. Dies ist besonders bei der Verortung der Chakren zu beachten. Eine idealisierte, standardisierende Darstellung hat dennoch ihre Berechtigung, da die Menschen diesbezüglich – gemäß der Erfahrung – letztlich weitgehend übereinstimmen, sich ähneln und daran – zunächst einmal – orientieren können.

Die Abbildung 8 veranschaulicht die Verortung der acht Energiezentren (von vorne). Es sind die dazugehörigen Vokale bzw. Laute angegeben. Die Chakren werden in bestimmten Farben und Symbolen dargestellt. Dazu wurden aus verschiedenen Systemen bzw. Kontexten – indisch, tibetisch und christlich – Farben und Symbole ausgewählt und in angemessener, sinnstiftender und kreativer Art und Weise zusammengestellt bzw. kombiniert. Andere Auswahlen und Zusammenstellungen wären genauso denkbar und auch angemessen. Bezüglich der Farben wird im Kapitel 8.4 diskutiert und aufgezeigt, wie mittels Hypnose oder Selbsthypnose bzw. Meditation individuell passende und zutreffende Farben für jedes Chakra gefunden werden können.

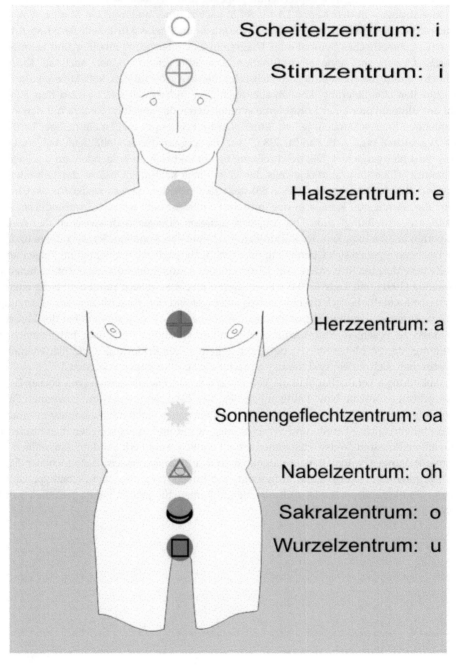

Abbildung 8
Chakrenmeditation mit Farben,
Symbolen, Vokalen und Atem

Scheitelzentrum: i

Stirnzentrum: i

Halszentrum: e

Herzzentrum: a

Sonnengeflechtzentrum: oa

Nabelzentrum: oh

Sakralzentrum: o

Wurzelzentrum: u

8.1.1 Wurzelzentrum

Das Wurzelzentrum (Muladhara-Chakra), auch Basiszentrum genannt, liegt am Ende der Sushumna bzw. am Ende des Steißbeins. Das ist zwischen dem Damm (Perineum), der sich zwischen Anus und Genital bzw. Hodensack befindet, und dem Ende der Wirbelsäule. Wie bereits oben im Gesamtzusammenhang im Kapitel 8.1 erklärt, öffnet es sich nach unten und innerlich zur Sushumna. Nach der TCM (vgl. Hempen, 2002; Stux, 1989; Focks, 1998) liegt dies zwischen dem Ren/KG 1 („Huiyin", „Zusammenkunft des Yin"), dem untersten Anfangspunkt des Konzeptionsgefäßes auf dem Damm, und dem Du/LG 1 („Changqiang", „Wachstum und Stärke"), dem Anfangspunkt des Lenkergefäßes am Steißbeinende. Nach meiner Erfahrung reicht dieses Zentrum vom Damm aus auch in den mittleren Beckenraum hinein. Es liegt oder ruht als Energiebereich, vereinfacht etwa in der Form einer Kugel oder Wolke, auf dem Beckenboden in der Beckenmitte. Allerdings ist diese Form zum Damm hin abgeflacht und umfasst nicht nur den Akupunkturpunkt (Ren/KG 1). Das Wurzelzentrum steht für die Lebensenergie an sich und ist Grundlage und Ausgangspunkt der elementar-vitalen Kräfte sowie der feineren und höheren Energien. Es steht inhaltlich dem Nieren-Qi der TCM sehr nahe. Bei depressiven, ausgebrannten und/oder somatisch ernst bis lebensbedrohlich erkrankten Patienten ist diese Energie – je nach Schwere – entsprechend vermindert, unzureichend bis erschöpft. Tiefe Existenz- und Todesängste korrelieren ebenfalls mit einer verminderten, unzureichenden Energie im Wurzelzentrum. Positiv drückt es eben Lebenskraft, Lebens- und Urvertrauen, Erdung, Naturverbundenheit, Sicherheit, Geborgenheit, Körperbewusstsein, Lebenswillen, Ausdauer und Durchhaltevermögen aus. Im Tantra-Yoga ist es der Speicherort für die Kundalinikraft, symbolisiert durch die Kundalini bzw. Schlange, die durch meditative Übungen erweckt werden und durch den Zentralkanal (Sushumna) über die Chakren aufsteigen kann (s. Kap. 8.1).

Vier Nadis gehen von diesem Chakra aus. Deswegen wird es durch 4 Lotosblütenblätter symbolisiert. Zugeordnet werden weiter das Mantra „LAM", der Vokal „U", als Yantra unter anderen ein Quadrat. Das Quadrat steht für Irdisches, Materielles, Erde, Mensch, Orientierung, Ordnung und Stabilität (vgl. z. B. Biedermann, 2004). Hinduistische Yogis (z. B. Maheshwarananda, 2002, S. 82) ordnen als Symbol auch das auf der Spitze stehende (gleichseitige) Dreieck zu. Als weibliches Schamdreieck steht es für die mütterlichen, weiblichen, schöpferischen, nährenden Ressourcen der Göttin Shakti. Im weiteren Sinne steht es für die „weibliche" Seite, die weiblichen Aspekte, Eigenschaften des Seins und Werdens. Aus abendländischer oder christlicher Sicht könnte etwa auch ein Gabelkreuz gewählt werden, das zum einen auf Christus und zum anderen auf den Weltenbaum und Lebensbaum weist. Ein Elefant symbolisiert dieses Zentrum. Nach Maheshwarananda (2002, S. 85) handelt es sich genau genommen um einen mythologischen Elefanten mit sieben Rüsseln (nach Pandit, 1985, S. 47: „Airavata"). Govinda (2013, S. 4) nennt zudem „Stier" und „Ochse". Aber auch eine bzw. die zusammengerollte Schlange dient als Tiersymbol (s. o.). Vielleicht eignen sich auch noch andere Tiere, wie etwa eine Elefantenschildkröte. Zugeordnet ist das Element Erde, körperlich sind es z. B. Dickdarm und Enddarm, Beckenboden, Verdauung und Stuhlgang, Knochen, Beine, Füße und der Geruchssinn. Nebennieren und ihre Drüsenfunktionen werden, wie von Govinda (2013, S. 6), dazugehörig betrachtet, aber auch, wie z. B. von Hamel (1981, S. 141) und Maheshwarananda (2002, S. 92), dem Sakralzentrum zugeordnet. Beispielsweise gehen nach meiner Erfahrung chronische Schmerzen in den Beinen und Füßen, vor allem in den Knien und Fußgelenken, in der Regel mit einem entsprechenden Energiedefizit im Wurzelzentrum einher. Als Farbe wird von Avalon (1974, S. 141) und Govinda (1991, S. 167) Gelb, von Asshauer (2005, S. 90), Govinda (2013, S. 4), Lade (2004, S. 64) und Vollmer (1994, S. 102) Rot, von Sharamon und Baginski (1988, S. 85) Feurigrot, von

Fontana (1994, S. 99) ein leuchtendes Rot, von Sieczka (1990, S. 40) Dunkelrot und von Brenner (1999, S. 48) Rotbraun zugeordnet. Ich bevorzuge ein Rot, hell und feurig, wie glühendes Magma. Im tibetischen Yoga wird das Wurzelchakra mit dem folgenden, höher liegenden Sakralchakra zusammengefasst. Asshauer (2005, S. 109) ordnet diesem umfassenden Chakra im Unterschied zum Govinda (1991), aber in Übereinstimmung mit Tenzin Wangyal Rinpoche (2009) die Farbe Grün zu. Entsprechend der Erdung und dem Element Erde ist das Wurzelchakra mit (der) Festigkeit und dem Festen verbunden. Als unterstes, innerliches Zentrum besitzt es nach der TCM den maximalen Yin-Charakter und steht daher auch am deutlichsten für das Yin, die entsprechende potentielle, ruhende, passive, struktive Energie und die betreffenden Eigenschaften und Aspekte (Mond, Nacht, unten, dunkel, Erde, weiblich usw.). Aber auch diese Seite hat einen Yang-Aspekt. Trotz der substantiellen, festen, erdigen und tragenden Eigenheit dieses Energiezentrums kann es durch Rot sowie auch durch Feuer repräsentiert oder belebt werden.

8.1.2 Sakralzentrum

Das untere Bauchzentrum, Sakral- oder Sexualzentrum genannt (Svadhisthana-Chakra, auch in der Schreibweise vorkommend: Svadhishthana), liegt etwa eine Handbreit unter dem Bauchnabel, öffnet sich nach vorne zum Unterbauch, verengt sich nach hinten zum Zentralkanal (Sushumna) und öffnet sich wieder nach hinten zum Kreuzbein (Sakrum) und fünften, untersten Lendenwirbel. Nach der TCM (vgl. Hempen, 2002; Stux, 1989) liegt dies vorne im Bereich von Ren/KG 2 („Qugu") bis Ren/KG 5 („Shimen") des Konzeptionsgefäßes und hinten zwischen Du/LG 2 („Yaoshu") und Du/LG 3 („Yaoyangguan") des Lenkergefäßes. Es deckt sich im vorderen Bereich mit dem unteren Dantian des Qigong nach Olvedi (1994) und zum Teil mit einer Verortungsalternative von Engelhardt und Hildenbrand (2007). Es steht für Lebensfreude, -lust, Libido, Sexualität, Fortpflanzung, Sinnlichkeit, Freude an Berührungen und Zärtlichkeit, schöpferische Lebensenergie, Schaffenskraft, sexuelle, körperliche, partnerschaftliche Bindung und Beziehung, Differenzierung und Vereinigung von „ich" und „du". Etwa Patienten mit Depressionen, Sexualstörungen, wie z. B. Störungen der Potenz, der Fruchtbarkeit, Verminderung und Ausbleiben des Lustempfindens, Ablehnung der eigenen Sexualität oder der Sexualität überhaupt, Persönlichkeitsstörungen (vor allem mit Näheproblemen, Ausdruck von Gefühlen, Berührungen und Zärtlichkeit), tiefen Beziehungsstörungen, Ängsten, allein zu sein, verlassen zu werden, Harnblasenproblemen, Infektionen der Geschlechtsorgane und des Harnsystems, Menstruationsbeschwerden, Fruchtbarkeitsproblemen usw. haben hier Energiedefizite. Auch Kreuzschmerzen in diesem Bereich weisen auf entsprechende Probleme und ein energetisches Defizit hin. Govinda (2013, S. 6-7) bringt es zudem u.a. in Verbindung mit übersteigerter Triebhaftigkeit, Aggressivität, Zerstörungswut sowie Suchtgefährdung. Es hängt auch nach meiner Erfahrung mit der Tendenz und Entwicklung von Abhängigkeiten zusammen. Sechs Nadis gehen von diesem Chakra aus. Es wird entsprechend durch 6 Lotosblütenblätter symbolisiert. Zugeordnet werden das Mantra „VAM", als Vokal ein geschlossenes „O", als Yantra etwa eine liegende Mondsichel, als Tiersymbol ein Krokodil, das Element Wasser. Als alternative Tiersymbole könnten sich vielleicht auch Fische oder Delphine eignen. Der Mond wird mit dem Weiblichen, der Fruchtbarkeit, mit Werden und Vergehen und im christlichen Kontext mit der Jungfrau und Gottesmutter Maria verbunden (vgl. Biedermann, 2004). Die liegende Mondsichel verkörpert zudem das Becken, die Schale, den Brunnen, in dem bzw. der die Lebenssäfte gesammelt sind. Beim Sakralzentrum würde sich auch (wie beim Wurzelzentrum) die Zuordnung des weiblichen Schamdreiecks anbieten, zumal es auch als Wassersymbol gilt (vgl. Biedermann,

2004). Aus abendländischer oder christlicher Sicht könnte vielleicht auch ein Taukreuz bzw. Antoniuskreuz als Yantra benutzt werden. Es verweist zum einen auf Christus und zum anderen auf die Erde und die fruchtbaren Kräfte des Himmels: Sonne und Regen. Körperlich werden zumeist etwa Beckenraum, Fortpflanzungsorgane, d. h. Uterus, Hoden bzw. Eierstöcke usw., Harnsystem mit Harnwegen, Blase und Niere, Blut, Lymphe, der Geschmackssinn (Zunge) zugeordnet. Maheshwarananda (2002, S. 82) schreibt die Keimdrüsen im Unterschied dazu dem Wurzelzentrum zu. Im weiteren Sinne steht es für das Flüssige. Als Farbe wird von Avalon (1974, S. 141) und Govinda (1991, S. 167) Weiß angegeben, dagegen von Asshauer (2005, S. 92), Govinda (2013, S. 6), Lade (2004, S. 64), Sharamon und Baginski (1988, S. 95) und Vollmer (1994, S. 102) Orange und von Fontana (1994, S. 99) Zinnoberrot. Ich bevorzuge hier Orange. Wie bereits im vorherigen Kapitel ausgeführt, wird im tibetischen Yoga das Sakralchakra mit dem Wurzelchakra zusammengefasst.

8.1.3 Nabelzentrum

Das mittlere Bauchzentrum, Nabelzentrum (Manipura-Chakra) spielt in der Praxis des Qigong, (z. B. nach Jiao, 1992) – etwa zur Sammlung des Qi – eine zentrale Rolle. Im Nabelbereich entspricht es dem „vorderen Dantian", im Körperinneren dem unteren bzw. „mittleren Dantian" und nach hinten zum Rücken dem „hinteren Dantian" des Qigong Yangsheng nach Jiao (1992, S. 258; vgl. Engelhardt & Hildenbrand, 2007). Es gibt jedoch andere Autoren, wie z.B. Olvedi (1994), die davon abweichende Zuordnungen haben. Nach Kobayashi (1989) gehört das Nabelzentrum noch zum unteren Dantian. Das Nabelzentrum liegt vorne zwischen Ren/KG 6 („Qihai") und bis Ren/KG 9 („Shuifen") des Konzeptionsgefäßes. In der Mitte des Bereiches im Nabel liegt Ren/KG 8 („Shenque"). Hinten im Rückenbereich liegt es im Bereich des Du/LG 4 („Mingmen") des Lenkergefäßes (Akupunkturpunkte nach Hempen, 2002; Stux, 1989). Der „Mingmen" liegt unterhalb des Dornfortsatzes des 2. Lendenwirbels (Focks, 2006). 10 Nadis gehen von diesem Chakra aus. Es wird daher mit 10 Lotosblütenblättern symbolisiert. Dem Nabelchakra werden das Mantra „RAM", ein offenes „O", ein auf der Spitze stehendes gleichseitiges Dreieck (wie bereits schon beim Wurzelzentrum), der Widder, das Element Feuer, Organe wie Magen, Milz, Zwölffingerdarm, Bauchspeicheldrüse, Leber, Gallenblase, Dünndarm, die Lendenwirbelsäule, das vegetative Nervensystem und der Sehsinn zugeordnet. Die Nieren könnten von der anatomischen Lage her ebenfalls dem Nabelchakra zugeordnet werden. Aufgrund der somatischen und energetischen Bedeutungen (Wasser, Angst, Lebenskraft) können sie jedoch auch sinnvoll dem Sakral- und Wurzelchakra zugeordnet werden. Aufgeführt wurden die Nieren hier z. B. nach Sharamon und Baginski (1988) unter dem Sakralzentrum (s. Kap. 8.1.2). Vergleichbar ließen sich die Nebennieren auch dem Nabelzentrum zuordnen, lassen sich aber aufgrund ihrer hormonellen Funktionen offensichtlich auch dem Sakral- und Wurzelzentrum (s. Kap. 8.1.1) zuordnen. Die von mir gewählte Zuordnung zum Wurzelzentrum (s. Kap. 8.1.1) findet sich auch z. B. bei Sharamon und Baginski (1988) und Vollmar (1994). Entsprechend dem Feuer wird dieses Chakra auch mit der Veränderlichkeit und der transformierenden Kraft des Feuers verbunden. Das Nabelzentrum symbolisierende Dreieck wird von den yogischen Autoren generell als auf der Spitze stehend beschrieben und drückt hier etwa Erweckung und Entfaltung aus (z. B. Maheshwarananda, 2002, S. 110). Es steht hier – im Unterschied zum Wurzelzentrum – eher für die transformierenden Kräfte und weniger als Symbol der Weiblichkeit, des Gebärens und der Yin-Aspekte. Aufgrund der großen energetischen Bedeutung dieses Zentrum und der Nähe zu Feuer und Sonne könnte dieses Dreieck aber auch nach europäischem, abendländischem Verständnis als Dreieck mit der Spitze nach oben (für Feuer, Energie und die entsprechenden Aspekte, vgl. Biedermann, 2004) dar- oder vorgestellt werden. Auch ein Andreaskreuz oder Schrägkreuz könnte sich dafür eignen; denn ursprünglich gilt es als Symbol für die gekreuzten Hölzer des Feueropferaltars. Bezüglich der Farben unterscheiden sich die Autoren, etwa Rot bei Avalon (1974, S. 141) und Govinda (1991, S. 167, übereinstimmend mit Tenzin Wangyal Rinpoche, 2009), Scharlachrot und Grün bei Fontana (1994, S. 99), Gelb bei Lade (2004, S. 64) und Vollmer (1994, S. 102), Gelb/Orange bei Asshauer (2005, S. 94) und Gelb bis Goldgelb bei Govinda (2013, S. 8) und Sharamon und Baginski (1988, S. 105). Ich bevorzuge ebenfalls ein Gelb. Die tibetischen Chakren-Lehren haben davon mehr oder weniger abweichende Zuordnungen, auch unterschiedlich z. B. Govinda (1991, S. 217) und Asshauer (2005, S. 109). Das Manipura-Chakra steht für Selbstvertrauen, Selbstbewusstsein, Selbstsicherheit, Durchsetzungsfähigkeit, Willensstärke, Zielstrebigkeit, Machtstreben, Konfliktfähigkeit, Ich-Entwicklung. Betreffende Ängste schwächen diese Energie und umgekehrt fördert eine defizitäre Energie hier Selbstunsicherheit, Ängstlichkeit, soziale Vermeidung bzw. Rückzug sowie selbstwertbezogene, soziale Ängste. Letztere sind z. B. die Angst vor Misserfolg, Versagen, Schwäche, Kritik, Kontrollverlust, Ablehnung und davor, nicht den Erwartungen und Ansprüchen zu genügen, nicht anerkannt zu werden, unangenehm aufzufallen oder sich zu blamieren. Etwa Personen mit körperdysmorphen Störungen (also einem unangemessenen, problematischen Körperbild und -erleben sowie diesbezüglichen, negativen Einstellungen, Überzeugungen und Ängsten), Essstörungen, diversen Angststörungen, selbstunsicherer, abhängiger Persönlichkeit, Selbstwertproblemen haben hier in der Regel energetische Defizite. Auch Rückenbeschwerden bzw. -schmerzen in dem hinteren Bereich des Nabelzentrums können zusammen mit einem energetischen Defizit auftreten und die Folge bzw. der Ausdruck der beschriebenen seelischen Probleme und Störungen sein. Ein Übermaß an etwa Machtstreben, Kämpfen, Durchsetzung, Leistungsstreben, Zwanghaftigkeit und Willensstärke (Starrsinn) weist auf eine entsprechende überschießende und einseitige Energie hin.

8.1.4 Sonnengeflechtzentrum

Das Manipura-Chakra wird oft auch als Solarplexus- oder Sonnengeflecht- oder einfach Sonnenzentrum bezeichnet. Damit umfasst es explizit auch den oberen Bauchraum. Entsprechend dem nervlichen Sonnengeflecht, das etwa zwischen dem Brustbeinende und dem Bauchnabel liegt, wird es von mehreren Autoren auch mehr oder weniger deutlich über dem Bauchnabel lokalisiert (z. B. Govinda, 2013, S. 8). Es liegt danach also zwischen dem Brustbeinende, genauer, ab etwa 2 cm darunter, und dem Bauchnabel, ab 2 cm darüber, z. B. 4 cm oder zwei Finger breit oberhalb des Bauchnabels (vgl. z. B. von Sharamon & Baginski, 1988, S. 104). Das Sonnengeflechtzentrum kann im Nabelzentrum aufgehen oder wie bei Master Choa Kok Sui (1989) davon unterschieden werden. Das Sonnengeflechtzentrum wird von Master Choa Kok Sui (1989, S.17) unterhalb des Brustbeins „in der Höhlung zwischen den Rippen" lokalisiert. Auch nach meiner Erfahrung lässt sich hier deutlich ein Energiezentrum wahrnehmen und orten, auch im Sinne des Sonnengeflechtes beim Autogenen Training (vgl. betreffendes Kap. 6.2.1.6). In Wikipedia (der deutschen Version, Stand: 07.11.09) wurde es ebenfalls als Nebenchakra („Kalpa-Taru") in der Mitte zwischen dem Nabelzentrum und Herzzentrum lokalisiert. Von Kobayashi (1989) wird dieser Energiebereich ebenfalls vom Nabelzentrum – als zum mittleren Dantian gehörend – unterschieden. Allerdings wird dort bzw. von ihm das mittlere Dantian dem im nächsten Kapitel beschriebenen Herzzentrum zugeordnet und nicht (wie das Nabelzentrum) dem unteren

Dantian. Die übliche, nicht-differenzierende Zusammenfassung beider Zentren, also des Nabel-
und des Sonnengeflechtzentrums, hätte den Vorteil, das konventionelle und allgemein übliche
Modell mit den sieben Chakren zu wahren. Auf der anderen Seite besteht dann die große Unsicherheit mit der genauen Lokalisierung des zentralen Bauchzentrums, liegt es also um den
Bauchnabel oder deutlich höher? Nach meiner Erfahrung ist es sinnvoll und nützlich, zwischen
dem mittleren und oberen Bauchzentrum bzw. dem Nabel- und dem Sonnengeflechtzentrum zu
unterscheiden. Das Sonnengeflechtzentrum liegt vorne im Bereich etwa von Ren/KG 11 („Jianli")
und Ren/KG 14 („Juque") des Konzeptionsgefäßes und im Rückenbereich etwa um Du/LG 6
(„Jizhong") und Du/LG 7 („Zhongshu") bis Du/LG 8 („Jinsuo") des Lenkergefäßes (vgl. Aku-
punkturpunkte nach Hempen, 2002; Stux, 1989). Nach Focks (2006) befindet sich der Zhonghu-
Punkt selbst unter dem Dornfortsatz des 10. Brustwirbels und der gesamte Bereich des oberen
Bauchzentrums zwischen den Brustwirbeln 12 bis 9. Nach meiner Erfahrung beginnt das obere
Bauch- bzw. Sonnengeflechtzentrum etwa zwei Finger unterhalb des Schwertfortsatzes bzw.
Brustbeinendes und reicht bis etwa eine Hand breit über dem Bauchnabel hinab. Es steht nach
meiner Erfahrung vor allem für die im heutigen, globalisierten Leben so wichtigen Ich-Funktio-
nen – wie etwa für Leistungs- und Handlungsmotivation, Zielsetzung, -orientierung und -stre-
bigkeit, kompetentes Durchsetzen eigener Ziele, Interessen, Wollen und Wünsche – und die
betreffenden Energien. Es steht also vor allem stärker bzw. besonders für Selbstsicherheit,
Durchsetzungsfähigkeit, Selbstbehauptung und Willensstärke, während das Nabelzentrum
deutlich mit dem zugrundeliegenden Selbstvertrauen, der Selbstakzeptanz und Selbstzufrieden-
heit einer Person verbunden ist. Diese Funktionen, wie auch die damit verbundenen psychischen, psychosomatischen und körperlichen Beschwerden, etwa vorne im Magenbereich oder
hinten im Rückenbereich, lassen sich nach meiner Erfahrung wirksamer durch eine gesonderte
Meditation in diesem Zentrum in gewünschter Weise beeinflussen. Auch liegen die Organe
Magen, Zwölffingerdarm, Bauchspeicheldrüse, Leber und Gallenblase nicht nur im Bereich und
in der Höhe dieses Zentrums, sondern hängen mit diesem energetisch merklich zusammen. Entspannung und Meditationen in dem oberen Bauchzentrum wirken sich entsprechend auch auf
diese Organe aus. Die zugeordnete Farbe ist ein helleres Gelb. Der Vokal O öffnet sich noch weiter zum A hin, ohne ganz ein A zu werden. Es handelt sich also – aus der Sicht des Hochdeut-
schen – um einen „Kunstvokal" zwischen O und A, der genau in diesem Bereich schwingt (s.
Kap. 8.3.0.2). Als Symbol bietet sich eine Sonne an.

8.1.5 Herzzentrum

Das Herzzentrum (Anahata-Chakra), auch Brustzentrum genannt, liegt vorne in der Brustkorb-
mitte, auf dem Brustbein etwa in der Höhe zwischen den Brustwarzen (vgl. z. B. Govinda, 1991,
S. 165; Master Choa Kok Sui, 1989, S. 18). Nach der Kartographie der energetischen Leitbahnen
der TCM (vgl. Hempen, 2002; Stux, 1989) liegt dies vorne im Bereich von Ren/KG 16 („Zhong-
ting"), Ren/KG 17 („Shanzong") und Ren/KG 18 („Yutang") des Konzeptionsgefäßes. Es deckt
sich hier mit dem mittleren Dantian des Qigong nach Engelhardt und Hildenbrand (2007, S. 44).
Auch Kobayashi (1989, S. 66) ordnet das yogische Herzzentrum dem mittleren Dantian zu. Nach
hinten öffnet es sich zum Du/LG 11 („Shendao") des Lenkergefäßes und (nach dem Akupunktu-
ratlas von Focks, 2006) zur Brustwirbelsäule zwischen dem 7. und 4. Brustwirbel zwischen den
Schulterblättern. Andere Darstellungen und Autoren (z. B. Sharamon und Baginski, 1988, S.
116.) legen das Herzzentrum etwas höher, mehr in Höhe der Thymusdrüse. Dieser Bereich kann
energetisch auch sehr wichtig sein bzw. werden und entsprechend – als Nebenchakra –
zusätzlich zum Gegenstand der Meditation gewählt werden, hängt er doch deutlich mit dem

Funktionieren und der Gesundheit des Immunsystems und vor allem der unteren Luftröhre, den oberen Bronchien und Lungenteilen zusammen. Die Lokalisierung und Empfindung tiefer im Herzbereich und brustmittig, etwa in der Höhe und zwischen den Brustwarzen, entspricht den symbolischen Darstellungen des Herzens Jesu, also seiner Kraft und Liebe, wie sie sich häufig in Christusdarstellungen in katholischen Kirchen finden lassen. Es wird oft als ein roter Kreis mit einem goldenen Strahlenkranz und darin einem oder mehreren Symbolen, etwa einem Lamm, Wein bzw. Kelch und Brot, Alpha und Omega oder Kreuz, dargestellt bzw. symbolisiert. Daneben oder stattdessen gibt es gelegentlich „naive" bzw. direkte Darstellungen eines Herzens als körperliches Organ, das sich dann mitunter auch etwas höher oder weiter links befinden kann. Sowohl das Herz Jesu sowie das Herzzentrum als solches sind mit der Liebe, dem Mitgefühl, mit Zuneigung, Güte, Barmherzigkeit, Großzügigkeit, Freundlichkeit, Verständnis, Frieden, seelischer Hingabe, aber auch mit geistiger Freude und Mitfreude verbunden. Nach der TCM ist die feinstoffliche Herzenergie wesentlich mit der Freude und den kognitiven, geistigen Funktionen – insbesondere dem Bewusstsein – verbunden (vgl. Platsch, 2000). Als mittleres Chakra vermittelt es zwischen den drei bzw. – nach meiner Beschreibung, zusätzlichen Unterscheidung und Hervorhebung des Sonnengeflechtzentrums – vier unteren, eher erd- und lebensorientierten Chakren und den drei oberen, eher geistig, spirituellen Chakren. Von dem Herzzentrum gehen 12 Nadis aus. Es wird durch einen 12-blättrigen Lotos und ein Sechs-, Davidstern bzw. Hexagramm symbolisiert. Dieser Sechsstern besteht aus zwei gleichseitigen, ineinander stehenden Dreiecken, wobei das eine mit der Spitze nach oben zeigt, für die aufsteigende Energie, und das andere nach unten, für die absteigende Energie. Das Hexagramm steht nach Biedermann (2004) auch für die Durchdringung der Weiblichkeit mit dem männlichen Feuer. Es kann auch als zunehmende Entfaltung, Verfeinerung, Bewusstwerdung und Umwandlung der ursprünglichen und grundlegenden Lebensenergie verstanden werden. Als Symbol für das Herzzentrum eignet sich auch ein Kreuz. Sollen die 12 Nadis berücksichtigt werden, so wären etwa ein Brabanter oder Tolosaner Kreuz, Kleeblatt- oder Wiederkreuz zu wählen. Diesen Kreuzen ist gemein, dass der vertikale und der horizontale Balken in der Regel gleich lang sind und an jedem Ende wiederum mit einem Kreuz abschließen. (Beim Tolosaner Kreuz münden die insgesamt 12 Kreuzenden oder -spitzen zudem jeweils in eine kleine Kugel bzw. einen Kreis.) Stehen Herz, Barmherzigkeit, Mitgefühl und Liebe im Vordergrund, so reichen auch etwa ein griechisches Kreuz oder ein Tatzenkreuz. Sollen zudem etwa Ausstrahlung, Universalität, Durchdringung, Verbundenheit und Einheit symbolisiert werden, so wäre ein keltisches Kreuz dienlich. Dieses sollte dann auf jeden Fall symmetrisch sein, das bedeutet, dass es gegenüber dem üblichen Kreuz nach unten und seitlich so verkürzt wird, so dass die vier Balken, Arme des Kreuzes gleichlang sind und als Achsenkreuz außen von einem breiten Kreis umrandet werden. In vereinfachter Art und Weise wäre dies ein Rad- oder Sonnenkreuz, was sich auch oder vor allem zur Symbolisierung des Stirnzentrums eignet (s. dort). Weiter werden diesem Chakra das Mantra „YAM", ein „A", die Gazelle oder Antilope – auch Taube oder Vögel nach Govinda (2013, S. 10.), das Element Luft (Wind, Bewegung), die Organe, Körperteile und -systeme Herz, Blutkreislauf, Thymusdrüse, Lunge, Brustwirbelsäule, Brustkorb, Schultern, Arme, Hände und Haut sowie der Tastsinn zugeordnet. Bezüglich der Farben ordnen Avalon (1974, S. 141; s. auch Pandit, 1985, S. 50) und Govinda (1991, S. 164) ein Rauchgrau bzw. Graublau (nach Tenzin Wangyal Rinpoche, 2009, ein hell und klar leuchtendes Blau), Vollmer (1994, S. 102) und Lade (2004, S. 64) Grün, Govinda (2013, S. 10) sowohl Grün als auch „Rauchfarbe", Asshauer (2005, S. 95) Himmelblau (auch Grün), Fontana (1994, S. 99) ein strahlendes Gold, Sharamon und Baginski (1988, S. 117) Grün („auch rosa und gold") und Sieczka (1990, S. 46) Hellrot zu. Govinda (1991, S.217) ordnet diesem entsprechend der tibetischen Symbolik auch das Feuer, den Herzensbuddha und das (Hell-) Rot zu. Auch im Qigong wird damit übereinstimmend vom Herzfeuer gesprochen. In meiner Praxis haben sich die Farben Graublau, ein kräftiges (eher helles, frisches) Rot sowie Rosa (auch flieder- bis lilafarben) bewährt. Auch in unserem deutschsprachigen Kulturkreis steht Rot für das Herz und die Liebe.

Menschen, die Probleme mit und in Beziehungen haben sowie damit, Zuneigung und Liebe anzunehmen oder zu empfinden, sich und andere zu lieben, zu mögen, anzunehmen oder zu akzeptieren (so wie sie sind), und Personen mit fehlender Herzlichkeit, mangelnder Güte, Mitfreude, unzureichendem Mitgefühl, großer Ichbezogenheit, Atembeklemmungen und -problemen, Asthma, Herz- und Kreislaufbeschwerden und -erkrankungen sowie Hautproblemen weisen in der Regel im Herzzentrum deutliche Energiedefizite auf. Entsprechend können Schmerzen, Verspannungen zwischen den Schulterblättern, gefühlter Druck, Gewichte, Ketten, Ringe auf oder um den Brustkorb die Folge eines befürchteten, drohenden oder erlebten Mangels oder Verlustes an Zuneigung und Liebe, anhaltender Einsamkeit, unerfüllter bzw. unerwiderter Liebe sowie ungestillter Sehnsucht nach Zuneigung und Liebe sein. Entsprechend können sich etwa Verlustängste, Sorgen um eine geliebte Person, Tod oder Trennung einer geliebten Person, Trauer, Liebeskummer, aber auch nur die unzureichende Wärme, Herzlichkeit, Zuwendung und Zuneigung einer Bezugsperson oder eines Partners offenbaren. Auch ein entsprechender Mangel an Selbstliebe oder eigener Liebesfähigkeit kann sich so auswirken und würde ebenfalls mit einem energetischen Problem bzw. Defizit im Herzzentrum einhergehen. Aber auch Menschen, die anderen viel Liebe geben, helfen, sich kümmern, sorgen und aufopfern, können sich energetisch im Herzzentrum – in einem für das eigene Wohlergehen kritischen Umfang – verausgaben und quasi ausbrennen. Dies ist insbesondere dann der Fall, wenn diese sich dabei selber vergessen oder vernachlässigen und in ihrem Leben bisher auch von anderen nur unzureichend Zuwendung und Liebe erfahren haben, also selber in ihrem Leben bezüglich Liebe und Zuneigung zu kurz gekommen sind und kommen. Entsprechend konnte ich beispielsweise bei meinen Brustkrebspatientinnen generell beobachten, dass sie in ihrer Kindheit unzureichend bis gar nicht geliebt wurden und sich dennoch in der liebevollen Zuwendung, Fürsorge, Erziehung, Pflege, Hilfe usw. für andere (vor allem Familienmitgliedern) verausgabt, verzehrt oder aufgeopfert und sich selbst dabei entsprechend vernachlässigt und zurückgestellt haben. Hinzu kam bei diesen Frauen noch ein weiteres grundsätzliches Problem (bis zur Ablehnung) mit den eigenen Brüsten oder/und der eigenen Weiblichkeit bzw. Sexualität. Sie besaßen also eine unzureichende bis negative Beziehung zu den körperlichen Aspekten ihrer Weiblichkeit und Sexualität. Dies betrifft dann zwar das Sakralzentrum (Kap. 8.1.2), aber dennoch fehlt es offenbar auch hier an Liebe und Akzeptanz in Bezug auf sich, ihren Körper oder bestimmte Körperteile bzw. der eigenen Geschlechtlichkeit. Es sollte jedoch prinzipiell klar sein, dass nicht jede Frau, zu der dieses Muster passt, in ihrem Leben an Brustkrebs erkranken werden wird. Denn das hängt natürlich noch von ganz anderen, etwa physikalischen, chemischen und biologischen Bedingungen, Ursachen und Faktoren ab und letztlich auch vom Zufall. Außerdem steht in Frage und wäre zu klären, inwieweit die in meiner psychotherapeutischen Praxis beobachteten Zusammenhänge auch für andere Brustkrebspatientinnen zutreffen.

Die gezielte Meditation und die energetische Stärkung und Harmonisierung im Herzzentrum hilft – wie auch bei den anderen Zentren – sowohl bei den betreffenden, spezifischen psychischen als auch den körperlichen Beschwerden und Problemen. So können dadurch hier vor allem die Zuneigung und Liebe zu sich selbst und auch zu anderen Menschen sowie das grundsätzliche Gefühl, gemocht und geliebt zu sein, unterstützt und entwickelt werden. Aber auch psychosomatischen und körperlichen Beschwerden, Störungen und Erkrankungen, wie z. B. Herzangst, Herzrasen und Bluthochdruck, kann so merklich entgegengewirkt werden.

8.1.6 Halszentrum

Das Halszentrum oder Kehl- (Vishuddha-Chakra) wird unterschiedlich lokalisiert. Nach Govinda (1991, nach der dortigen Abbildung auf S. 165) und Vollmar (1994, S. 69) liegt es am unteren Ende des Halses bzw. am „Halsansatz" (Pandit, 1985, S. 50). Es öffnet sich nach vorne zur Drosselgrube, auch Kehlgrube genannt, und nach hinten zum Übergang zwischen Brust- und Halswirbel. Nach Sharamon und Baginski (1988, S. 129) liegt es etwas höher zwischen Drosselgrube und Kehlkopf und öffnet sich nach hinten zum Genick und zu den unteren Halswirbeln. Das Halszentrum wird von mir entsprechend zur Meditation unter dem Kehlkopf lokalisiert. Es umfasst jedoch auch die gesamte Drosselgrube und reicht vorne bis zum Kehlkopf und nach hinten im Wesentlichen zum untersten Halswirbel. Nach der TCM (vgl. Hempen, 2002, Stux, 1989) liegt dies vorne im Bereich von Ren/KG 22 („Tiantu") des Konzeptionsgefäßes und nach hinten zum Du/LG 14 („Dazhui") des Lenkergefäßes. Nach Focks (2006) liegt der Dazhui unterhalb des Dornfortsatzes des siebten bzw. untersten Halswirbels. Von Asshauer (2005, S. 96) wird es als Kehlkopf-Chakra", von Govinda (2013, S. 12) und Master Choa Kok Sui (1989, S. 20) als „Halschakra" und von Lade (2004, S. 85) als „Kehlkopfzentrum" in der Mitte des Halses etwa im Bereich des Kehlkopfes lokalisiert. Zusätzlich wird von Master Choa Kok Sui (1989) ein Halsnebenchakra in der Kuhle am Anfang des Halses oberhalb des Brustbeines, also in der Drosselgrube, angegeben. Damit würde meine favorisierte Lokalisation des Halszentrums eher zum Nebenchakra des Halses und nur ein Teil zum Hauptchakra im und um den Kehlkopf gehören. Wenn das so von mir verortete Halschakra jedoch gut gespürt und entwickelt ist, dann liegt es nicht nur mittig im unteren Halsbereich, sondern reicht mindestens bis an den Kehlkopf und zur Halsmitte. Damit erscheint mir die Differenzierung in ein Haupt- und ein Nebenchakra des Halses als weitgehend überflüssig. Zumindest in meiner Praxis haben sich meine Auffassung, Kennzeichnung, Lokalisierung und Konzentration bezüglich des Halschakras bewährt und bestätigt. Aber das können natürlich auch andere Autoren für sich in Anspruch nehmen und behaupten. Vielleicht bestehen ja auch einfach nur entsprechende individuelle Abweichungen und Unterschiede. Deshalb sollten diese Angaben letztlich nie als absolut, sondern als wohlbegründete Angebote und Orientierungshilfen verstanden und benutzt werden.

Das Halszentrum ist mit der Sprache, dem Ausdruck, der Mitteilung, der Kommunikation, Stimme verbunden. Insbesondere die Energie in der unteren Halsmitte ist zudem mit der inneren Kongruenz, Stimmigkeit, Übereinstimmung von Tun, Fühlen, Denken und Reden, Echtheit, Authentizität und Wahrhaftigkeit verbunden. Nur dann fühlt sich das Zentrum stark und angenehm an. Vom Halszentrum gehen 16 Nadis aus. Es wird entsprechend mit einem 16-blättrigen Lotos dargestellt. Dem Halszentrum werden das Mantra „HAM", der Vokal „E", ein Kreis, Elefant, das Äther-Element, die körperlichen Teile Schilddrüse, Nebenschilddrüse, Hals, Kehlkopf, Nacken, Rachen, Mundbereich, Kiefer, Ohren, Halswirbelsäule, Speiseröhre und Luftröhre und der Hörsinn zugeordnet. Ein Elefant mutet nicht nur uns Europäer als tragend und basal an und wird entsprechend im indischen, yogischen Rahmen bereits dem Wurzelzentrum zugeordnet (s. Kap. 8.1.1). Und tatsächlich handelt es sich beim Halszentrum weniger um einen gewöhnlichen Elefanten, sondern im Einzelnen vielmehr um besondere Elefanten – bzw. deren Darstellungen – aus den indischen Mythen. Diese verkörpern kulturell tradierte Bedeutungen und sind mit besonderen Eigenschaften versehen, wie etwa weiß und damit besonders heilig zu sein, auch mit vier oder sechs Stoßzähnen oder auch mehreren Köpfen, das Firmament, den Regen, die Weisheit oder/und das Glück verkörpernd usw. Aus einem europäischen oder abendländischen Kontext und Verständnis heraus könnten sich daher vor allem andere Tiere, wie z. B. ein Kolkrabe, als passend und stellvertretend herausstellen. Aber auch andere Symbolzuordnungen könnten sich als geeignet erweisen. Unabhängig von dem asiatischen Kulturkontext drückt jedoch ein Kreis für dieses Zentrum sehr treffend die Integration, die innere Übereinstimmung und Harmonie aus, im idealen Fall die Einheit zwischen Tun, Fühlen, Denken und Reden. Ein Kreis eignet sich aber ebenso und m. E. in besonderer und hervorragender Weise für die beiden noch folgenden, höheren Zentren (s. dort). Als Scheibe weist der Kreis auch auf den Mond, der das Licht der Sonne und damit ihre Bedeutungen, wie etwa Erkenntnis, Erleuchtung, Lebens- und Willenskraft und Werden, spiegelt, also in gewisser Weise kommuniziert und ausdrückt. Dazu passend ordnen Avalon (1974, S. 141) und Govinda (1991, S. 164) dem Halszentrum die Farbe Weiß zu, dagegen Vollmer (1994, S. 102; vgl. auch Lade, 2004, S. 64) Blau und an anderer Stelle (S.99) auch Hellblau, Asshauer (2005, S. 97) Blauviolett, Sharamon und Baginski (1988, S. 129) Hellblau („auch silbrig und grünlich-blau"), Fontana (1994, S. 99) Silbrig-Blau, Govinda (2013, S. 12) sowie Sieczka (1990, S. 48) Hellblau und Tenzin Wangyal Rinpoche (2009, S. 52) ein rotes Licht. Ich selbst ziehe ein Himmelblau, wie bei Sonnenwetter, bzw. Hellblau vor.

Sprach- und Kommunikationsprobleme, das Fehlen, Unterdrücken oder Zurückhalten von Mitteilungen, Meinungen oder Überzeugungen, unzureichender, gehemmter Ausdruck von Gefühlen und Gedanken, aber auch Rede- und Selbstdarstellungsdrang, Lügen, Halsschmerzen, Entzündungen und Probleme im Rachen-, Kiefern-, Mund-, Nasen- und Wangenbereich, Würge- und Engegefühle sowie Schluck- und Atemschwierigkeiten im Hals und Schilddrüsenerkrankungen hängen zumeist mit energetischen Problemen vor allem in diesem Zentrum zusammen. Dabei gehen die psychischen Probleme und körperliche Erkrankungen nicht nur ausdrucks- und empfindungsmäßig mit den energetischen Defiziten einher, sondern wirken gemäß der Überlieferung und Erfahrung mit diesen interaktiv, d. h. in gegenseitiger Wechselwirkung, sich jeweils bedingend, hemmend oder verstärkend. Auch Nackenverspannungen und Schmerzen im Bereich der Halswirbelsäule stehen in einem solchen Zusammenhang. Aber auch ein nur beruflich bedingtes und gefordertes Viel-Reden und -Mitteilen kann die Energie des Halszentrums merklich verbrauchen und aufzehren. In der Folge kann sich die Stimme verändern. Sie wirkt etwa belegt, rau oder heiser.

8.1.7 Stirnzentrum

Das Stirnzentrum (Ajna-Chakra) wird von Govinda (1991, S.168) „zwischen den Augenbauen", nach Sharamon und Baginski (1988, S. 140) „einen Fingerbreit über der Nasenwurzel in der Mitte auf der Stirn" lokalisiert. Maheshwarananda (2002, S. 183) nennt es entsprechend auch „Augenbrauenzentrum". Nach Stux (1989, S. 181) öffnet sich es nach vorne zum Extrapunkt 1 „Yintang" und nach hinten zum Du/LG 15 („Yamen") des Lenkergefäßes. Im Kopf zwischen den Augenbrauen wird auch das obere Dantian des Qigong von Engelhardt und Hildenbrand (2007, S. 44) lokalisiert. Dies gilt als „Sitz der geistigen Kräfte" und wirkt auf diese beruhigend und klärend. Einige Systeme unterscheiden das Ajna-Chakra und das Stirn-Chakra (z. B. Master Choa Kok Sui, 1989). Während das Ajna-Chakra im unteren Stirnbereich zwischen den Augenbrauen (als drittes Auge) verortet wird, befindet sich das Stirn-Chakra etwa in der Mitte der Stirn. Wenn man in die Tiefe des Hirns (etwa Zirbeldrüse) vom Ajna-Chakra aus meditiert, dann stärkt es vor allem die Intuition. Die Konzentration auf den mittleren Stirnbereich erschließt dagegen eher den Verstand, das Bewusstsein, die Vernunft, Vorstellungskraft, Wahrnehmung, die klare Sicht der Dinge (als solche, so wie sie sind), den geistigen Überblick und Durchblick, geistige Freiheit und Klarheit, Verstehen, Erkenntnis und Selbsterkenntnis, Selbstbewusstsein, Wissen, Weisheit, Akzeptanz, Gleichmut. Wenn dieser Bereich energetisch stark wird, kann er zu einem größeren

Kreis auf und in der Stirn anwachsen, den man auch als Druck entsprechend auf und in der Stirn spüren kann. Dann umfasst und beinhaltet dieser Bereich auch das Ajna-Chakra, wenn es oberhalb der Nasenwurzel und zwischen den Augenbrauen verortet wird. Wir erfahren dann eben nur etwa stirnmittig ein energetisches Zentrum. Entsprechend erübrigt sich aus dieser Sicht und Erfahrung eine weitere Unterscheidung. Allerdings öffnet sich dieses Zentrum nach hinten deutlich über dem Akupunkturpunkt „Yamen", nämlich etwa in Höhe des Du/LG 18 („Qiangjian", vgl. Hempen, 2002).

Das Stirnzentrum wird nach meinen Kenntnissen und Erfahrungen am treffendsten auf der unteren bis mittleren Stirnmitte verortet. Hier konzentriere, meditiere und übe ich auch mit meinen Patienten, Kursteilnehmern usw. Es reicht dann nach unten bis zwischen den Augenbrauen und nach oben bis über die Mitte der Stirn. Ist dieses Zentrum in einem energetisch sehr starken, aufgeladenen Zustand so kann es sich weiter etwa bis zum Haaransatz ausdehnen. Nach hinten öffnet es sich mittig zum Hinterkopf, bezüglich der Höhe genau im obersten Dreieck des Hinterhauptbeins (Ossa occipitale) und im an- und umliegenden untersten Scheitelbein (Ossa parietalia). Nach tibetischer Tradition gehört es energetisch zum Scheitelzentrum (s. nächstes Kap.). Dem Stirnzentrum werden in der yogischen Literatur 2 Lotusblätter zugeschrieben. Die zwei „gegensätzlichen", zentralen, yogischen Energieströme Ida und Pingala, die sich spiegelbildlich um die Chakren und die Sushumna winden, fließen hier zusammen (s. Kap. 8.1). Damit finden Gegensätze, Dualismen, Unterschiede, wie sie Ida und Pingala verkörpern, etwa zwischen weiblichen und männlichen Aspekten, aber auch zwischen Objekt und Subjekt oder dem Ich und Du bzw. Rest des Universums, ihre Auflösung und Synthese. Entsprechend seiner Abstraktheit, „Geistigkeit" und Bewusstheit wird im yogischen Kontext auch kein Element oder Symboltier mehr zugeordnet. Als Tiersymbol des Stirnzentrums bietet sich dennoch nach meiner Erfahrung etwa ein Adler an, obwohl dieses Tier als Symbol selbstverständlich nur bestimmte Aspekte des Stirnzentrums beschreibt und hervorhebt. Als Sinnesorgan wird das dritte Auge angenommen. Entsprechend befindet sich in christlichen Darstellungen im Stirnzentrum häufig das Auge Gottes abgebildet. Dies versinnbildlicht auch die Eigenschaft und Ressource des Zentrums, das Sein – im christlichen Sinne die Schöpfung – wirklich, umfassend, verstehend, akzeptierend, rein und nur zu schauen, wie es ist. Als Yantra wird von den hinduistisch orientierten Autoren (z. B. Maheshwarananda, 2002, S. 182) ein Phallus (Lingam) benutzt, der hier für die väterlichen, männlichen, himmlisch-kosmischen, geistigen Ressourcen des Gottes Shiva bzw. für die „männliche" Seite, die männlichen Aspekte, Eigenschaften des Seins und Werdens steht. Allerdings würde damit wieder eine Dualität bzw. eine Seite betont werden, die es jedoch im Kontrast vor allem zum Wurzelzentrum darstellt und bedeutet. Zur Symbolisierung eignet sich nach meinen Ausführungen auch ein mehr oder weniger symbolisiertes drittes Auge (s. z. B. Sharamon & Baginski, 1988, S. 140). Im einfachsten Fall ist dies ein stehendes gleichschenkliges, in der Spitze rechtwinklig bis stumpfes Dreieck mit einem größeren Kreis im Dreieck. Govinda (2013, S. 15) wählt in der Abbildung im Kreis ein gleichseitiges Dreieck mit der Spitze nach unten, wobei der Kreis seitlich von zwei Lotusblättern eingerahmt wird. Ein einfaches Radkreuz, auch ein Licht- und Sonnensymbol, wie es bereits zur Symbolisierung des Herzzentrums angesprochen wurde (s. Kap. 8.1.5), sowie das Yin-Yang-Symbol im Taoismus verkörpern das tiefe Bewusstsein, Wahrnehmen, Erkennen und Verstehen von Sein und Werden, wie es mit diesem Zentrum erlangt werden kann. Als Mantra ordnen z. B. Asshauer (2005, S. 98) und Avalon (1974, S. 142) das „OM" zu. Govinda (1991, S. 168) nennt dagegen „das kurze A". Tenzin Wangyal Rinpoche (2009, S.19) gibt ebenfalls das „A" an und weist darauf hin, dass es als „Ah" ausgesprochen bzw. gesungen wird. Nach den Aufnahmen auf der beiliegenden CD weicht dieses „A" oder „Ah" allerdings sehr auffällig von einer deutschen Form bzw. Lautbildung ab und wird dort sehr nasal wiedergegeben und gesungen. Bei Sharamon und Baginski (1988, S. 148) ist es das Mantra „KSHAM", das jedoch nach Pandit (1985, S. 51) nur einer der beiden, den Lotosblättern zugeordneten, heiligen Laute bzw. Mantras ist. Auch nach Govinda (2013, S. 14) wäre der andere Laut „HAM" und grundsätzlich neben „KSHAM" auch „OM" zutreffend. Nach Pandit (1985, S. 52) steht „OM" für das Stirnchakra selbst bzw. in seiner Gesamtheit. Der Vokal ist ein „I". Die Lippen und Mundwinkel bleiben dabei entspannt. Als Organe werden – auch in Abhängigkeit der Verortung des Chakras – vor allem die Augen, weniger Nase und Ohren, (vor allem das unwillkürliche) Nervensystem, die Hirnanhangsdrüse (Hypophyse) und auch (von z. B. Lade, 2004, S. 88; aber nicht von allen Autoren, s. Kap. 8.1.8 über das Scheitelzentrum) die Zirbeldrüse (Epiphyse) zugeordnet. Je mehr zur Mitte der Stirn hin das Zentrum verortet wird und entsprechend meditiert wird, desto stärker wirkt sich dies auf die komplexeren, höheren kognitiven, mentalen Funktionen, auf Verstand, Vernunft und Bewusstsein aus. Nach meiner Erfahrung und oben beschriebenen Position des Zentrums sind Nase, Ohren und Kiefernhöhlen bzw. Wangen im Wesentlichen mit dem Halszentrum verbunden. Allerdings gehören die Stirnhöhlen eindeutig zum Stirnzentrum. Wahrnehmungs-, Aufmerksamkeits-, Konzentrations-, Gedächtnisprobleme, geistige, mentale Schwächen und Unruhe, Gedankenträgheit, Gedankenflucht, Realitätsverneinung sowie -verlust, Kopfschmerzen, Gehirn-, Nervensystem- und Augenerkrankungen sind mit einem energetischen Miss-Zustand bzw. Defizit des Stirnzentrums verbunden.

Govinda (1991) ordnet keine Farbe zu, Asshauer (2005, S. 99) ein milchiges Weiß (für „Klarheit, Reinheit" nach Maheshwarananda, 2002, S. 182), Fontana (1994, S. 99) ein strahlendes Weiß, Tenzin Wangyal Rinpoche (2009, S. 34) ein weißes Licht, Vollmer (1994, S. 102) und Sieczka (1990, S. 50) Violett, Sharamon und Baginski (1988, S. 141) Indigoblau („auch gelb und violett"). Lade (2004, S. 64) gibt ebenfalls ein „Indigo" an, benutzt aber zur Meditation (S. 99) einen dunklen, klaren Nachthimmel (mit Sternen usw.). Fast übereinstimmend nennt Govinda (2013, S. 14) „Indigoblau" und „Dunkelblau". Ich bevorzuge zur Meditation und Stärkung des Stirnzentrums ein helles Weiß. Ein tiefes, dunkles Blau wirkt beruhigend, klärend, öffnend und weitend. Es kann aber ebenso das Bild eines Nachthimmels mit weiß-glitzernden Sternen verwendet werden, das die beiden Farben und unterschiedlichen Bedeutungsaspekte sinnvoll und im jeweils gewünschten oder erforderlichen Verhältnis miteinander kombiniert.

8.1.8 Scheitelzentrum

Das Scheitelzentrum (Sahasrara-Chakra), auch Kronenchakra genannt, liegt auf der Höhe und Mitte des Scheitels bzw. Schädeldaches. Es befindet sich am und um den höchsten Punkt, oben in der Mitte auf dem Kopf und spürbar an sowie auf der Schädeldecke. Nach Stux (1989, S. 181) entspricht es dem Akupunkturpunkt Du/LG 20 („Baihui") auf dem Leitergefäß und den vier umliegenden Akupunkturpunkten Ex 6 („Sishencong" bzw. „Die vier geistigen Weisen", S. 156) und nach Kobayashi (1989, S.66) dem oberen Dantian im Qigong oder Tai Chi (s. Kap. 8.1). Es öffnet sich, wie bereits oben in der Gesamtdarstellung erwähnt, als einziges Chakra nach oben. Wörtlich bzw. physikalisch gilt das natürlich nur dann, wenn sich eine Person oder diese mindestens mit ihrem Oberkörper und Kopf aufrichtet. Es ist über die Sushumna geradewegs mit dem Wurzelzentrum verbunden. Auch zu den anderen Zentren erfolgt die Verbindung über die Sushumna, allerdings kreuzt sich hier der Energiestrom mit dem jeweiligen Energiespeicher bzw. Chakra. Als oberstes Zentrum besitzt das Scheitelzentrum im Sinne der TCM den maximalen Yang-Charakter und steht daher auch für das Yang, die entsprechende kinetische, aktive Energie und die betreffenden Eigenschaften und Aspekte, wie Sonne, Tag, oben, hell, Himmel,

388   8 Chakrenmeditationen

männlich usw. Durch die Öffnung nach oben weist es über das Individuum in das kosmische, übergeordnete Sein hinaus. Es steht entsprechend für die spirituellen Kräfte und die Güte der kosmischen Einbindung. Ich nenne es deswegen auch erklärend „Zentrum der kosmischen Einbindung". Diese Beschreibung hat zudem den Vorteil, dass diese sich eben nicht auf bestimmte, religiöse Konzepte, Inhalte oder Deutungen bezieht, sondern auf die grundsätzliche Funktion und Bedeutung des Zentrums sowie auf die betreffenden subjektiven und psychologischen Erfahrungen damit. So können Personen verschiedenster Glaubensinhalte, einschließlich Agnostiker, Atheisten, Empiristen und Materialisten und sogar Skeptiker, prinzipiell sowie auch nach meiner Erfahrung kosmisch eingebunden sein. Die Güte Ihrer Einbindung hängt von ihrer „Spiritualität" (vgl. z. B. Harris, 2007, 2015) ab und eben nicht von ihrer jeweiligen Religion oder Religiosität. Die Güte, in ihrer Qualität aber auch in ihrem Umfang bzw. Ausmaß, deckt sich erfahrungsgemäß mit dem energetischen Zustand des Chakras, der sich ebenfalls sowohl in qualitativer als auch quantitativer Hinsicht beschreiben und erfahren lässt. Dieser Zustand bzw. Qualität und Ausmaß der Energie in diesem Zentrum sind, wie auch in jedem anderen Zentrum, mit geeigneter Introspektion bzw. Innenschau und Meditation zu spüren, wahrzunehmen und zu erfassen. Selbst basale Gegensätze, wie etwa Yin und Yang, werden mit Hilfe dieses spirituellen Zentrums, also trotz seines grundsätzlichen Yang-Charakters, überwunden, aufgelöst und transzendiert. Sie finden dann, wie etwa Yin und Yang im Tai-Chi und Tao, Überwindung, Einbindung, Vereinheitlichung, werden ganz und eins. Positiv steht dieses Zentrum für Spiritualität, Gottes- und/oder Erleuchtungserfahrungen, Erleuchtung, Vollendung, vollkommenes Bewusstsein, kosmische Verbundenheits- und Einheitserfahrungen sowie Gott- und/oder Weltvertrauen, tiefer innerer Frieden, Zufriedenheit und Glückseligkeit, tiefes spirituelles Wissen, umfassende und tiefe Weisheit, willkürliches Nervensystem, Großhirn und vor allem die Großhirnrinde. Zwar werden mit diesem Zentrum die psychologisch konventionellen und beschriebenen Sinne bzw. Sinnesfunktionen weit überstiegen, aber in übertragener Bedeutung könnte es auch für einen spirituellen, das Ganze oder den Kosmos betreffenden „Sinn" stehen. Die Zirbeldrüse (Epiphyse) wird entgegen ihrer Nähe zum Stirnzentrum (wie bereits im Kap. 8.1.7 erwähnt) als angenommenes, übergeordnetes Drüsen-Steuerungsorgan auch von anderen Autoren (z. B. Maheshwarananda, 2002; Sharamon & Baginski, 1988; Vollmar, 1994) dem Scheitelzentrum zugeordnet. Etwa Angst vor dem Tod, Paranoia, fehlendes Vertrauen, Unsicherheit, Zweifel, Unbehagen, Ablehnung, Abneigung, Verzweiflung, Trauer bezüglich des kosmischen Geschehens und der Einbindung sind mit energetischen Defiziten in diesem Zentrum verbunden.

Govinda (2013, S. 16) bringt mit diesem Zentrum zudem u. a. die Depression, Eskapismus, Immunschwäche, Krebserkrankungen, chronische sowie lebensbedrohlich Erkrankungen, aber auch Autoimmunerkrankungen, wie Multiples Sklerose, neuronale Erkrankungen und Kopfschmerzen in Zusammenhang. In meiner Praxis stand die Depression ausnahmslos in einem direkten Zusammenhang zum energetischen bzw. negativen Zustand des Wurzel- und/oder des Sakralzentrums. Das Scheitelzentrum bzw. dessen negativer, energetischer Zustand kann sich zwar ebenfalls begünstigend auf die Entwicklung einer Depression auswirken, ist aber letztlich nach meiner Kenntnis und Beobachtung von inzwischen weit über tausend Patienten mit Depressionen nicht wesentlich, ausschlaggebend, typisch, notwendig oder kennzeichnend für dieses Störungsbild. Auch leidet natürlich durch und infolge einer Depression u. a. die Energie des Scheitelzentrums. Welcher anhaltend depressive Mensch fühlt sich kosmisch gut und umfassend eingebunden? Aber welcher von diesen Patienten ist mental hellwach und rege, mitteilsam, liebt sich selbst und sprüht vor Willenskraft und Selbstvertrauen? Also auch bezüglich der übrigen Zentren sind merkliche Defizite zu verzeichnen. Eine Depression zieht die ganze Person und all ihre Aspekte in Mitleidenschaft. Zentral und bestimmend sind aber eben dennoch die wesentlichen Energiedefizite des Wurzel- und/oder Sakralzentrum.

Zwar wirkt sich der Grad der kosmischen Einbettung, vor allem über den inneren Frieden und die erlebte Zufriedenheit und Glückseligkeit, sicher generell stärkend und harmonisierend auf das Immunsystem aus. Aber ebenso wirken sich nach meinen Erfahrungen diesbezüglich generell auch die anderen Zentren sowie zudem – damit wiederum zusammenhängend und wechselwirkend – diverse andere psychologische, soziale und biologische Faktoren aus. Die Entwicklung einer bestimmten Krebs- oder Autoimmunerkrankung ist danach sehr viel individueller und spezifischer zu sehen und zu begreifen. Solche Erkrankungen sind nicht einfach – und schon gar nicht generell oder ausschließlich – auf das Scheitelzentrum zu beziehen und zurückzuführen bzw. dessen negativem Energiezustand anzulasten. Im Kapitel 8.1.5 wurde beispielsweise der Brustkrebs von Frauen mit den energetischen Zuständen und inhaltlichen Aspekten des Herz- und Sakralzentrums in Verbindung gebracht. Allerdings kann das Vorliegen, das Erleben und Wissen oder auch nur die Befürchtung einer behindernden oder sogar lebensbedrohlichen Erkrankung oder Schädigung deutliche Auswirkungen auf die kosmische Einbindung und die diesbezügliche Auseinandersetzung einer Person haben. Die Angst vor dem Tod bzw. zu sterben korreliert merklich negativ mit der Energie im Scheitelzentrum, d. h., mit dem Wachsen dieser Angst nimmt die Energie dort ab.

Übereinstimmend ordnen die Autoren (z. B. Govinda, 1991, S. 168) als Mantra „OM" und den tausendblättrigen Lotos zu. Als Vokal-Analogon ordnen Vollmar (1994, S. 93) und Sharamon und Baginski (1988, S. 158) das stimmhafte, gesummte „M" zu. Da das „I" im gesamten Kopfraum schwingt (vgl. Hamel, 1981, S. 140; Middendorf, 1991, S. 64), kann dieser Vokal auch, nur etwas anders betont und deutlicher formuliert als im Stirnzentrum, für das Scheitelzentrum benutzt werden (s. Kap. 8.3.0.2). Die Mundwinkel werden oder sind beim „I" – im Unterschied zum Stirnzentrum – leicht angehoben. Dies können Sie leicht durch ein bewusstes, inneres Lächeln oder den Anflug eines Lächelns hervorbringen. Als Yantra wird hier wiederum von den hinduistisch orientierten Autoren (z. B. Maheshwarananda, 2002, S. 212) ein Phallus (Lingam) oder eben der tausendblütenblättrige Lotos benutzt. Alternativ kann auch ein Kreis oder Heiligenschein dienen, der die Einheit, Vollkommenheit, Ganzheit, Grenzenlosigkeit, Ewigkeit, das Absolute ausdrückt (vgl. z. B. Biedermann, 2004). Der Kreis oder die Kreisfigur (japanisch: „Enso") versinnbildlicht im Zen nach Dumoulin (1985, S. 201) die Wesensvollkommenheit, das Absolute und „die vollkommene Erleuchtung". Der Kreis wird im Zen in meditativer Weise mit einem einzigen, fließenden Pinselstrich ausgeführt und aufgetragen. Solche Darstellungen finden sich in und auf vielen Zenbüchern, z. B. in mehreren Variationen zur Meditation bei Seidl und Holitzka (1992). Dieses Zentrum wird passenderweise durch kein Tier oder Element (im Sinne der traditionellen, historischen Elemente-Lehren) mehr veranschaulicht. Allerdings könnte eine weiße Taube (über dem Scheitel), die im christlichen Glauben den Heiligen Geist verkörpert, dieses Zentrum zumindest symbolisieren.

Govinda (1991) ordnet wie bereits beim Stirnzentrum keine Farbe, Vollmar (S. 100) Weiß („Summe aller Lichtfarben") und Purpur („Steigerung aller Farben"), Asshauer (2005, S. 99) ein farbloses Weiß bzw. Diamantenweiß (nach Maheshwarananda, 2002, S. 212), Fontana (1994, S. 99) ein „Meer von Licht" bzw. „silbernes Licht" (S.100), Govinda (2013, S. 16), Sharamon und Baginski (1988, S. 153) sowie Sieczka (1990, S. 52) Weiß, Violett und Gold, Lade (2004, S. 64) nur Violett zu. In meiner Praxis hat sich ein sehr helles, strahlendes, glitzerndes, funkelndes, diamantenes Weiß bewährt. Damit sich ein gewähltes Kreissymbol im Weiß abhebt, kann dies mit den oben genannten, anderen Farben (z. B. Violett) dargestellt oder vorgestellt und dadurch erkennbar und hervorgehoben werden.

8.2 Halten, Berühren, Kreisen, Reiben, Atmen, Wärmen

Wie bereits im Kapitel 3.2 und 3.6 ausgeführt, kann durch die Haltung der Hände der Atem auf einen bestimmten Körperbereich gelenkt werden. Im Kapitel 7 wurde für die drei untersten Chakren – genauer für Sakral- und Nabelzentrum – beschrieben, wie die Konzentration und Sammlung von Energie bzw. Qi, Prana dort durch die Einnahme geeigneter Haltungen der Hände unterstützt und befördert werden kann. Durch das Halten mindestens einer Hand über oder auf dem Körperbereich fließt der Atem unwillkürlich dort hin. Kleidung schwächt diese Wirkung nur ab. Wenn keine Berührung bzw. kein unmittelbares oder, etwa durch das Tragen von Kleidung, nur mittelbares Aufliegen der Hand stattfindet, sollte der Abstand zwischen Hand und Köperbereich jedoch gering bleiben, um eine größere Wirkung zu erzielen. Durch die Achtsamkeit, Bewusstheit bzw. die bewusste, aufmerksame Wahrnehmung und Vergegenwärtigung dieser Haltung wird die Sammlung des Atems in dem durch die Hand markierten oder berührten Körperbereich zusätzlich verstärkt. Mit der achtsamen, bewussten Handhaltung wachsen zudem die Wahrnehmung, Aufmerksamkeit, Konzentration, Sammlung in diesem Körperbereich. Auch das Empfinden von Entspannung und Wärme wird in diesem Bereich dadurch wirksam unterstützt. Durch die Handhaltung wird ein Körperbereich ausgewählt, ausgezeichnet, hervorgehoben und dessen Fokussierung mit allen Sinnen und der ganzen Aufmerksamkeit vorbereitet und unterstützt. Durch die zusätzliche bewusste Wahrnehmung mit den inneren, aber auch den äußeren Sinnen, durch die Achtsamkeit, Konzentration auf diesen ausgewählten Bereich wird diese Fokussierung ganzheitlich, also körperlich, psychisch und mental vollzogen. Wenn die Wahrnehmung bewusst, achtsam auf einen Körperbereich gerichtet wird, so nehmen Sie diesen über Ihre inneren Sinne wahr, spüren hin und richten auch die äußeren Sinne dort hin. Mit dem Auge blicken und dem Ohr hören Sie gleichsam in diesen Körperbereich. Bei entsprechender Handhaltung nehmen Sie auch die Hände und den Raum bzw. die Beziehung (Energie) zwischen den Händen und dem jeweiligen Körperbereich wahr.

Durch das Halten der Hände über oder in Bezug auf ein Chakra oder durch ihr einfaches Auflegen lässt sich jenes einfacher wahrnehmen, spüren und energetisch stärken. Achtsamkeit, Konzentration, Sammlung, Meditation, Selbsthypnose, Entspannung, Imaginationen, Vorstellungen, Suggestionen werden in diesem Chakra einfacher, unterstützt und lassen sich auch einfacher über längere Zeiten aufrechterhalten. Die Wirkung ist noch stärker, wenn beide Hände dazu benutzt werden, etwa indem beide Hände übereinander auf den Körperbereich gelegt oder darüber gehalten werden. Im Kapitel 7 wurde ausgeführt, dass beide Hände dazu so übereinander liegen sollen, dass die Handteller und vor allem die beiden Handtellermitten („Laogong"-Punkte der TCM, vgl. z. B. Hempen, 2002) zur Deckung gelangen. Die Handtellermitten liegen dann direkt übereinander und befinden sich über oder auf dem Körperbereich der gespürt, wahrgenommen, beatmet, energetisiert werden soll. Als „Handherzen" bzw. „Handchakren" eignen sich die Handtellermitten dafür besonders gut. Liegen diese Energiepunkte bzw. -bereiche zur Entspannung, Selbsthypnose, Meditation direkt über oder auf einem Chakra, so werden Wahrnehmung, Empfindungen, Aufmerksamkeit, Sammlung und Wirkungen erleichtert und – vor allem für Anfänger – deutlich intensiver. Wenn die Übungen im Sitzen oder Liegen erfolgen, ist es in jedem Falle sehr viel einfacher, entspannter und angenehmer, die Hände auf den Körper zu legen, also den Körper direkt oder zumindest mittelbar durch die Kleidung zu berühren, anstatt sie vom Körper – wenn auch nur gering – entfernt zu halten. Wie bereits im Kapitel 7 erwähnt, wird diese Handhaltung beim Wurzelzentrum (s. Kap. 8.1.1) schwierig und unprak-tisch. Hier helfen Handhaltungen, die auf das Wurzelzentrum weisen. Um sich im Wurzelzen-trum besser zu fokussieren, können Sie die Arme hängen oder neben dem Rumpf liegen lassen. Die beiden Hände spannen sich mit den Fingern zu einem gedachten oder gefühlten Bogen – im Sinne einer Schale. In deren vorgestellter bzw. durch die Fingerspitzen angezeigter und empfun-dener Mitte und deren Grund befindet sich das Wurzelzentrum. Sie halten, tragen und empfin-den Ihr Wurzelzentrum zwischen und gleichsam in den Händen.

Die oben beschriebenen Handhaltungen bündeln zudem wahrnehmbar die Energie in dem so markierten Körperbereich bzw. Chakra. Sie eignen sich deshalb besonders für Anfänger zur meditativen, energetischen Stützung und Stärkung der Chakren. Dies kann etwa durch bewuss-te Atmung, reibende Bewegungen, Wärme, Imaginationen, Vorstellungen, Suggestionen unter-stützt und gefördert werden. Wenn die Hände auf die oben beschriebene Art und Weise über ein Chakra gehalten werden, auf ein Chakra zeigen oder auf dem Chakra zum Liegen kommen und damit den Atem, die Wahrnehmung, Aufmerksamkeit und Bewusstheit ohnehin im Chakra sammeln helfen, kann bewusst in das Chakra geatmet und meditiert werden.

Durch die Beatmung eines Chakras wird dieses mit Energie (Prana, Qi) versorgt, genährt, quasi aufgeladen. Wie im Kapitel 3.6 grundsätzlich beschrieben, kann die Stirn-Wurzelzentrum-Atem-Meditation (vgl. Kap. 3.5) auch für diese Art der Chakrenmeditation und Energetisierung verändert und angepasst werden. Die Einatmung erfolgt ins Stirnzentrum und die Ausatmung direkt in das jeweilige Zentrum. Die Energie wird mit dem Ausatem in das jeweilige Chakra geatmet. Wichtig ist prinzipiell, dass bei täglichen Übungen jedes einzelne Chakra auf diese Weise beatmet und energetisiert wird und nicht nur einzelne, bestimmte Chakren. Die Einbezie-hung aller Chakren in die Übung bzw. Beatmung vermeidet auf lange Sicht (neue) Einseitigkei-ten, Unausgewogenheiten, Missverhältnisse und Extrema. Es befördert auf lange Sicht die har-monische, ausgewogene, ganzheitliche, günstige Entwicklung aller Chakren bzw. ihrer betreffenden Energien und Qualitäten. Unter besonderen, schwierigen Umständen oder Aus-nahmesituationen, also bei akutem Bedarf, können aktuell auch zusätzlich zur täglichen Übung einzelne, die aktuell besonders relevanten Chakren ausgewählt und beatmet werden. Das Vor-gehen beim täglichen Üben (unter Einbeziehung aller Chakren) ist analog zum Vorgehen bei der Chakrenmeditation mit Vokalen und Atem (s. Kap. 8.3). Sie würden nach einer meditativen Ein-leitungsphase, z. B. mit der Stirn-Wurzelzentrum-Atem-Meditation, mit der Beatmung der Cha-kren bzw. der Atem-Chakren-Meditation im Wurzelzentrum anfangen, es mindestens sechsmal beatmen und dann zum Sakralzentrum wechseln. Sie würden in jedes Zentrum mindestens sechsmal atmen und jeweils danach zum nächst höheren bzw. darüberliegenden Chakra wech-seln. Nachdem Sie das Scheitelzentrum erreicht und beatmet haben, beenden Sie Ihre Medita-tion, etwa wieder mit der Stirn-Wurzelzentrum-Atem-Meditation. Sie können extrem langsam und fein, aber auch sehr kräftig, stark und grob ins Chakra hin- bzw. ausatmen. (In jedem Falle sollten sie vor einem neuen Einatmen auf eine lange Atempause achten bzw. den Einatemimpuls abwarten, s. Kap. 3.4!) Zwischen diesen Extremen kann gewählt und variiert werden. Weitere Beschreibungen und Ausführungen zur Atem-Chakren-Meditation befinden sich im Kapitel 8.3.2. und 8.3.3. Eine sehr langsame, feine Ausatmung erfordert Übung und Können, um spürbar Energie aufzubauen. Eine etwas stärkere Ausatmung kann zwar spürbar starke Wirkungen in den Bereichen erzeugen, setzt aber dazu ebenfalls die Konzentration und Fokussierung des Atems und der bewussten Aufmerksamkeit im jeweiligen Chakra voraus. Dies fällt erfahrungs-gemäß und natürlich vor allem in den Chakren schwer, in denen der energetische Zustand pro-blematisch oder kritisch ist und die energetische Arbeit – eben deswegen – eigentlich besonders wichtig wäre. Gerade hier fällt die Atem-Chakren-Meditation dann besonders schwer oder zeigt kaum die erwünschte Wirkung im Vergleich zum Aufwand. Deshalb wird von mir zum Einstieg in die energetische Chakrenmeditation vor allem der im nächsten Kapitel ausgeführte Weg über die Verwendung und Hinzuziehung von Vokalen empfohlen. Durch die geeignete Einbeziehung von Vokalen in die Atem-Chakren-Meditation werden Konzentration und Fokussierung des Atems sowie die achtsame Wahrnehmung und Bewusstheit in den Chakren erleichtert und befördert. Bei der Atem-Chakren-Meditation handelt es sich also eher um eine Meditation für Fortgeschrittene. Zudem sind noch andere Beatmungsweisen der Chakren möglich. Diese werden im Kapitel 8.3.3 diskutiert.

Einstellungen, Imaginationen, Vorstellungen, Suggestionen beim Beatmen der Chakren können die energetische Wirkung des Atems, also Aufbau, Stützen, Stärken und Heilen des jeweiligen Chakras selbst und seiner zugehörigen körperlichen sowie psychischen Aspekte und Funktionen, unterstützen (s. u., Kap. 8.4) oder eben auch Mantras und Vokale (Kap. 8.3). Durch Übung kann die „Chakrenbeatmung" bzw. die Atemmeditation in den Chakren allein mental, d. h. durch bewusste Aufmerksamkeit, Konzentration und achtsame Wahrnehmung, ohne eine besondere, auf das jeweilige Chakra bezogene Handhaltung oder andere Hilfsmittel erfolgen (s. auch Kap. 8.3.3). Die energetische Wirksamkeit ist dann trotzdem gegeben. Allerdings ist diese stärker vom Übungsgrad und von der momentanen körperlich-geistigen Verfassung, vor allem von der verfügbaren Aufmerksamkeit und Konzentration abhängig. Denn die gesamte Wahrnehmung, Bewusstheit, Aufmerksamkeit, Konzentration sind dann eben allein mental, willkürlich und gezielt über einen längeren Zeitraum, d. h. mindestens zwei, besser drei Minuten oder mindestens sechs Atemzüge pro Chakra, auf den Atem und den jeweils betreffenden Körperbereich zu richten. Körper und Geist können jedoch über die ganze Chakrenmeditation maximal in Ruhe bleiben, da etwa die Veränderungen der Handhaltung für jedes Chakra während des Übens wegfallen. Dafür können sich etwa Selbstwirksamkeit, Selbststeuerung und -kontrolle, Wahrnehmungs-, Aufmerksamkeits- sowie Konzentrationsvermögen auf Dauer wesentlich stärker und weiter entwickeln und entfalten.

Genau aus diesem Grunde sollte auch in der Regel grundsätzlich auf externe Hilfsmittel, wie z. B. Steine, Öle, äußere Lichter- oder Wärmequellen, verzichtet werden. Unter der Verwendung solcher Hilfsmittel können sich eben vor allem Selbstwirksamkeit sowie Selbststeuerung und -kontrolle kaum oder nur gering entwickeln. Allerdings gäbe es auch hier sinnvolle Ausnahmen und Abweichungen von der Regel, nämlich dann, wenn die geistig-seelische Verfassung sehr schlecht oder aus irgendwelchen Gründen extrem reduziert wäre. Wenn notwendige Ressourcen, wie etwa Wahrnehmung, Wachheit, Aufmerksamkeit, Konzentration, Achtsamkeit, Bewusstheit und Wille, nicht im minimalen, ausreichenden Umfang verfügbar oder abrufbar sein oder sehr störende, beeinträchtigende Faktoren, wie z. B. extreme Schmerzen, vorliegen sollten, so kann unter solchen ungünstigen Bedingungen eben selbst der Rückgriff auf externe Hilfsmittel gerechtfertigt und sinnvoll sein. Dies kann z. B. für Personen gelten, die aufgrund eines hirnorganischen Problems oder einer neuronalen Erkrankung vorübergehend oder sogar dauerhaft nicht zu einer anhaltenden, willentlichen Fokussierung und Konzentration in der Lage sind. In vielen Fällen reicht dann dennoch die – zudem grundsätzlich kostenlose – Verwendung und Unterstützung der eigenen Hände, die zum inneren Bereich der Person gehören und nicht zu den externen Hilfsmitteln. Es besteht trotzdem grundsätzlich das Risiko der Gewohnheitsbildung und des anhaltenden Abfindens und Sich-Einrichtens in der bequemeren und weniger Ansprüche und Anforderungen stellenden, dafür aber hinsichtlich der Wirkung auch eingeschränkten Übungsvariante. Deshalb sollte immer wieder neu geprüft und versucht werden, ohne zusätzliche Hilfsmittel zu üben. Oft sind solche nicht mehr wirklich nötig oder ratsam und es erfordert eben nur etwas, aber dennoch merklich, mehr Geduld und Bemühen.

Durch wiederholte, achtsame, kleine kreisende, reibende Bewegungen der Handtellermitten direkt über oder auf dem Chakra bzw. dem betreffenden Körperbereich kann dies zusätzlich aktiviert oder beruhigt werden. Diese Bewegung kann wiederum mit der Atmung verbunden und damit wirksamer werden. Die Einatmung kann wiederum ins Stirnzentrum erfolgen. Wahrnehmung, Aufmerksamkeit und Ausatem folgen dann achtsam der Bewegung und sind zudem im jeweiligen Chakra (in der Mitte des Kreises) zentriert und verankert. In der Atempause nach dem Ausatmen (vor dem erneuten Einatmen) können Sie im bzw. auf dem Chakra konzentriert und achtsam wahrnehmend ruhen, um dann mit dem Einatmen wieder anfangen zu kreisen. Alternativ können das Einatmen und der Einatem mit der kreisenden aufsteigenden Bewegung und das Ausatmen und der Ausatem mit der kreisenden absteigenden Bewegung verbunden werden. Wenn das Ausatmen sehr viel langsamer als das Einatmen erfolgt, können mit dem Ausatem auch mehrere Kreise bis in die Position der Atempause und -ruhe vollzogen werden. Im Qigong hat die Richtung der Drehung, also entweder entgegen dem oder im Uhrzeigersinn, etwas damit zu tun, ob die Energie eher verteilt (auch zerstreut) oder mehr konzentriert, gesammelt wird. Es können grundsätzlich nacheinander beide Drehungsrichtungen verwendet werden oder nur die Richtung gewählt werden, die sich bei diesem Chakra angenehmer, stimmiger, besser anfühlt. Letztere sollte auch jeweils als zweite, abschließende Drehrichtung für das Chakra gewählt werden, also z. B. zunächst mehrmals (etwa viermal) gegen den Uhrzeigersinn kreisen, dann entsprechend oft im Uhrzeigersinn. Jedes Chakra ist auf diese Weise zu reiben, wobei die Drehrichtungen und ihre Reihenfolge von Chakra zu Chakra wechseln können. Das Reiben der Chakren kann auch aber zur täglichen Übung in einer bestimmten, festgelegten, standardisierten Art und Weise erfolgen. Dies ist vor allem Anfängern und Menschen zu empfehlen, die sich noch nicht so sicher und gut in allen Chakren spüren und sich bezüglich ihrer dortigen inneren Zustände, Vorgänge und Bedürfnisse noch nicht sicher, klar und bewusst sind. Beispielsweise würde dann jedes Chakra zuerst viermal entgegen dem und dann viermal im Uhrzeigersinn gerieben werden. Das Chakra wird auch in der Regel gerieben, wenn kein direkter oder nur ein mittelbarer Kontakt oder sogar eine – wenn auch nicht zu große – Distanz zwischen Hand und dem betreffenden Körperbereich besteht. Denn das Chakra reicht für gewöhnlich energetisch und entsprechend wahrnehmbar über die Haut nach außen hinaus. Der Abstand sollte daher generell so gewählt oder ganz auf diesen verzichtet werden, dass das Reiben bzw. die Wirkungen des Reibens gut bis maximal wahrgenommen und gespürt werden können. Es sollte in jedem Falle mit dem Wurzelzentrum angefangen werden und dann nacheinander aufsteigend jedes Chakra gerieben werden. Beim Wurzelzentrum reicht für gewöhnlich – und muss aufgrund unserer kurzen Arme auch reichen – das Reiben vor dem Chakra, also in einigem Abstand in der Höhe des Damms. Dies ist vergleichsweise leicht und bequem im aufrechten Sitzen mit angenehm gegrätschten Beinen (die Füße fest auf dem Boden) auszuführen.

Im Tantrayoga wird für jedes Chakra, wörtlich übersetzt mit „Kreis" oder „Rad", eine bestimmte Richtung angenommen, also im oder gegen den Uhrzeigersinn, in die sich das jeweilige Chakra dreht bzw. in der die Energie kreist. Es kann danach auch versucht werden, diese Drehrichtung (neben der Farbe oder dem betreffenden Licht, vgl. Kap. 8.4) wahrzunehmen und zu visualisieren. An dieser Stelle sei aber noch einmal ausdrücklich empfohlen, beim Kreisen der Hände entweder ganz der inneren Intuition und dem eigenen (Wohl-) Empfinden und Gefühl zu folgen oder sich eines systematischen, ritualisierten Vorgehens, wie zuvor beschrieben, zu bedienen. Wenn Sie die jeweilige Richtung Ihres Kreisens und gegebenenfalls den Wechsel und die Reihenfolge als für sich stimmig(er), passend(er) und angenehm(er) erfahren, dann ist das so in Ordnung und eben richtungsweisend. Positive Wirkungen werden so wahrscheinlicher. Zu beachten ist, dass das für jedes Chakra im Einzelnen individuell zu prüfen und festzustellen ist, da es sich zwischen den Chakren einer Person sehr wohl unterscheiden kann. Es sollte auch in späteren Übungen bzw. bei fortgeschrittenem Übungsgrad immer wieder für jedes einzelne Chakra nachgespürt und gelegentlich ausprobiert werden, ob das jeweilige Vorgehen beim Kreisen – auch im Vergleich mit der jeweils umgekehrten Option – sich noch möglichst stimmig, passend und angenehm anfühlt. Für diesen Fall befinden Sie sich im maximalen Einklang mit den jeweiligen aktuellen Gegebenheiten und Bedürfnissen.

Achtsames Halten der Hände vor den Chakren, Atmen in die und Reiben der Chakren energetisiert, stärkt die Zentren und kann als Wärme in den betreffenden Körperbereichen empfunden werden. Die Wärme kann besonders intensiv in den unteren Zentren werden. So kann die Wärme im Wurzelzentrum sogar richtig heiß werden. Auch die drei Bauchzentren und das Herzzentrum können sehr warm werden. Dies hängt entscheidend von dem energetischen Zustand des jeweiligen Zentrums ab. Grundsätzlich hängt es auch von der Fertigkeit und Fähigkeit ab, sich jeweils dort zu spüren und wahrzunehmen. In der Praxis und Regel sind jedoch der energetische Zustand und die Qualität und Intensität der Empfindung und Wahrnehmung in einem Chakra zu einem großen Anteil kovariiert, d. h., sie ändern sich gemeinsam oder übereinstimmend. Dies gilt zumindest für grundsätzlich neutrale bis angenehme Empfindungen und Wahrnehmungen. Bei schmerzhaften und sehr unangenehmen Empfindungen ist es dagegen komplizierter und wäre daher weiter zu differenzieren. Je besser und intensiver nun ein Chakra – prinzipiell neutral bis angenehm – gespürt wird, umso gesünder, stärker, vitaler ist es erfahrungsgemäß (und umgekehrt). Gesunde, starke Energiezentren werden – ab Stirnzentrum – eher als warm wahrgenommen. Die anderen, höheren Zentren – ab Halszentrum – können also auch als warm wahrgenommen werden. Aber vor allem im Stirn- und Scheitelzentrum sollte die Wärme sehr fein und dezent bleiben. Es ist ungünstig, wenn die Hitze – und damit die Energie – uns im zu großen Umfang oder Ausmaß zu Kopf steigt. Die Energie (-Fülle) vor allem der unteren Chakren – ab Herzzentrum – lässt sich mit einiger Übung und bei hinreichender Stärke einfach und direkt als Wärme in dem betreffenden Körperbereich wahrnehmen. Es reicht dann das achtsame Wahrnehmen und Konzentrieren in diesem Körperbereich (wie bei der Körperreise, s. Kap. 7), um die Wärme zu empfinden. Je größer die Kraft und energetische Fülle des Chakras ist, desto wärmer und größer fühlt sich der betreffende Körperbereich an.

Die Wärme in den Händen – insbesondere der Handtellermitten – und die Wärme in dem jeweiligen Chakra können sich allein beim achtsamen Halten in Ruhe gegenseitig leicht bis sehr deutlich verstärken und steigern. Die Reibung von Chakren mit den Händen erzeugt zusätzlich Wärme. Mit der Einstellung, Überzeugung, Vorstellung, Erwartung oder Suggestion, dass diese Maßnahmen, also Halten, Berühren, Reiben und Atmen, Energie ins jeweilige Chakra bringen, die das Zentrum wärmen, stützen, stärken und heilen, lässt sich die Wirkung jener Maßnahmen noch verstärken. Wird die Energie bewusst mit Wärme assoziiert und wird Wärme im Chakra wahrgenommen, so lässt sich die Wärme und damit die Energie im Chakra in einer positiven Rückkopplung aus Wärmeempfindungen und Erwartungen über die Wirkung der energetisierenden Maßnahmen verstärken und steigern. Die Wärme wird infolge der Beatmung, Reibung usw. wahrgenommen, gespürt und die diesbezüglichen Einstellungen, Überzeugungen, Vorstellungen usw. sowie das eigene Tun werden bestätigt und somit deren Wirkung verstärkt. Die Wärmewahrnehmung wird intensiver bzw. das jeweilige Chakra wird wärmer.

Aber auch allein Vorstellungen, Imaginationen, Suggestionen angenehmer Wärme im jeweiligen Chakra können die Wärme und damit die Energie des Chakras bei achtsamer Wahrnehmung und Konzentration im betreffenden Körperbereich mehren. So kann etwa die Vorstellung einer freundlichen, wärmenden Sonne, die den betreffenden Körperbereich bzw. das Chakra bescheint, diesen deutlich wärmer werden lassen, wie beim Autogenen Training (AT) ausgeführt (Kap. 6.2.1.3). Aber auch verbale Suggestionen oder „Wärmeformeln" wie sie beim AT (s. Kap. 6.2.1.3) und im Besonderen im Herzzentrum (s. Kap. 6.2.1.4) oder im Bauchbereich (s. Kap. 6.2.1.6 und auch Kap. 6.2.1.10 – insbes. Tabelle 2) verwendet und vorgeschlagen wurden, können die Wärme fördern und erhöhen. Vom Wurzelzentrum bis zum Halszentrum lassen sich die Chakren – mit ausschließlich positiven Wirkungen – auf diese Art und Weise energetisch füllen, stärken, unterstützen und heilen. Die achtsame Wärmewahrnehmung mit den betreffenden Wärmeformeln – wie z. B. „Wurzelzentrum angenehm warm" bis „Halszentrum angenehm warm" – lässt sich auch gut in das AT als Generalisierung und Spezifizierung der Wärme integrieren (s. Kap. 6.2.1.10). Nach der Wärme in den Gliedmaßen und Ausdehnung in den ganzen Körper wird die Wärme der Reihe nach in den Chakren wahrgenommen und suggestiv durch betreffende Wärmeformeln verstärkt (s. dort Tabelle 3). Besonders günstig für den energetischen Aufbau der Chakren ist der Beginn beim untersten Zentrum, also dem Wurzelzentrum. Mit dem Halszentrum endet die suggestive Wärmewahrnehmung. Aber auch die umgekehrte Reihenfolge, die im Halszentrum beginnt, ist zu vertreten. Dieses Vorgehen bietet sich vor allem im Rahmen des AT an.

Unabhängig davon, für welche Reihenfolge man sich bei der Durchführung entscheidet, sollte man sich in jedem Falle für jedes Chakra hinreichend Zeit nehmen. Das bedeutet, dass man mindestens ungefähr zwei Minuten oder – noch besser – drei Minuten im jeweiligen Chakra bzw. Körperbereich bleibt.

8.3 Über Mantrameditation und Vokale als „Ur-Mantras" zur Chakrenmeditation

8.3.0.1 Mantrameditation

Im hinduistischen sowie buddhistischen Yoga werden Mantras zur Meditation benutzt. (Das Fremdwörterbuch von Duden, 2010, lässt im Unterschied zu „Chakren", nicht „Mantren", sondern nur „Mantras" als Plural zu.) Dies sind besondere Silben, Worte oder Wortfolgen. Ein wichtiges und bekanntes Mantra ist das OM MANI PADME HUM, dem Govinda (1991) ein ganzes Buch gewidmet hat, mit dem er einen tiefen und gründlichen Einblick in die Grundlagen der tibetischen Meditationspraxis gibt. Bei ihm wird dieses Mantra später noch um das HRIH erweitert. OM MANI PADME HUM wird indisch so gesprochen, wie geschrieben; tibetisch wird PADME zum englischen „pay". Von Easwaran (2010, S. 58) wird es als „OM, Juwel im Lotos" übersetzt und in seiner essentiellen Bedeutung erläutert (bis S. 60). Mantras sind Werkzeuge zur Meditation, mit denen allgemein die Aufmerksamkeit, Konzentration, Wahrnehmung, das Denken, das Bewusstsein, die gesamten geistigen Aktivitäten ausgerichtet, gebündelt, geschärft, gehalten und deren Steuerung und Kontrolle geübt werden kann. Bestimmte, geeignete und passende Mantras werden zur Meditation ausgewählt und in bestimmter Art und Weise meditiert bzw. „rezitiert". Nach Easwaran (2010) sollte man möglichst ein und sein passendes und wirkmächtiges Mantra suchen und finden und dann konsequent nur dieses rezitieren und damit üben. Werden diese Meditationen oder „Rezitationen" regelmäßig wiederholt, so entfalten sie nach einiger Zeit des Übens im idealen Fall und in der Regel auch ganz praktisch und real bestimmte Wirkungen. Mantras sowie die Art und Weise ihrer Anwendungen werden jeweils über betreffende Traditionen, Anwender und Lehrer, eben dieser Traditionen, vermittelt. Das „Rezitieren" erfolgt generell achtsam und konzentriert. Es kann still und innerlich gedacht oder gesagt werden, aber auch hörbar gesprochen oder in irgendeiner Art und Weise gesungen bzw. „gechanted" werden. Generell empfiehlt sich zum selbständigen, regelmäßigen Üben und Meditieren ein stilles Rezitieren eines Mantra, während es unter besonderen Bedingungen, wie zum Einüben oder Vertiefen in der Gruppe oder bei akuter emotionaler Belastung und Aufregung, großer Unruhe, Konzentrationsproblemen und bei geistiger Schwäche, auch gut und hilfreich leise bis kräftig verbalisiert oder gesungen werden kann. Bei einer entsprechenden geistigen und körperlichen Haltung und Einstellung, wie sie zum Meditieren überhaupt vorauszusetzen bzw. als Vorbedingung zur Meditation zu schaffen ist (s. Kap. 2.5), lassen sich besondere Wirkungen der Meditation mit einem Mantra entwickeln und erfahren (vgl. Govinda, 1991). Aber selbst das innerliche Aufsagen und Konzentrieren auf das gewählte Mantra in beliebigen Alltagssituationen, die das erlauben, wie des Wartens, Leerlaufes, der Langeweile, sogar in Begleitung von Aufgaben oder Tätigkeiten, die (für einen selbst) keine oder kaum Aufmerksamkeit oder geistige, kognitive Anstrengung erfordern, wie etwa dem Gehen oder Joggen, ist möglich und kann zur Entfaltung des Mantras und seiner Wirkungen beitragen (vgl. Easwaran, 2010). Allerdings sollte beachtet werden, dass dies der Achtsamkeit in der Situation und bei den jeweiligen Aufgaben und Tätigkeiten mehr oder weniger zuwiderläuft. So sollte daher unbedingt davon Abstand genommen werden, wenn man sich selbst oder anderen damit erhöhten Risiken oder Gefahr aussetzen könnte, wie z. B. beim Autofahren.

Im Besonderen bedarf es darüber hinaus noch für das jeweils gewählte Mantra bestimmter Bedingungen, um die besondere Wirkung des Mantras mit der Meditation zu entfalten. Dies ist

z. B. in der Regel – und vor allem bei komplexeren, umfangreicheren, zusammengesetzten Mantras im Vergleich zu kurzen, einfachen (s. u.) – ein Wissen über die Bedeutung und Wirkung des Mantras. In Übereinstimmung damit schreibt Pandit (1985, S. 39): „Hinter dem gesprochenen Wort steht die Macht der Idee; diese wird durch das Wort in die grobe Ausdrucksform übertragen. Unter günstigen Umständen versetzt das gesprochene Wort diese Bewusstseinskraft in Tätigkeit." Erwartungen bezüglich der Wirkungsweise sind zwar nicht in jedem Falle notwendig, können aber die Wirkungsweise einer Mantrameditation mindestens allgemein verstärken. Ein rein mechanisches Wiederholen oder Hersagen eines Mantra ohne Aufmerksamkeit erzielt keine oder die geringste Wirkung. Aber dabei handelt es sich eben nicht um eine Meditation bzw. eine meditative Rezitation eines Mantras. Nach Pandit (1985, S. 40) ist zuvor „das hinter dem Mantra stehende Bewusstsein, seine wahre Kraft" zu „erwecken". Das Mantra kann, wie oben beschrieben, zur Meditation still, schweigend, innerlich gesprochen, gedacht, vorgestellt, gehört, leise bis laut gesprochen oder gesungen werden. Dies kann kurz und knapp bis sehr lang hingezogen bzw. anhaltend erfolgen. Die Art und Weise des Hörens, Sprechens, Singens, der Vorstellung, der Wahrnehmung, Aufmerksamkeit können variieren. Das Rezitieren eines Mantras kann mit anderen Mitteln, Vorgehensweisen zur Meditation verbunden werden. Wohl um eine größere Wirkung zu erreichen, ist dies auch gängige Praxis. So können z. B. die Ein- und die Ausatmung mit dem Mantra verbunden, Klang und Tonhöhe abgestimmt und eingestellt, die Fokussierung im Körper und Vorstellungen hinzugezogen werden. Eine solche Vorstellung kann im einfachen Fall das Schriftbild des rezitierten Mantras in entsprechender(n) Farbe(n) oder nur (ohne das Schriftbild des Mantras) die dazugehörige(n) Farbe(n) sein. Es können aber auch z. B. in der Komplexität bzw. Einfachheit, Abstraktion und Konkretheit variierende symbolische Darstellungen oder Bilder sein (wie Yantras, Mandalas, s. Kap. 8.1). Weiter können bestimmte Haltungen, insbesondere der Hände (Mudras, s. Kap. 2.5), eingenommen und die Aufmerksamkeit auf passende Körperbereiche, Gedanken, Gefühle gelenkt werden.

Schwäbisch und Siems (1976) lassen beispielsweise zur Meditation das Mantra OM AH HUM mit dem Atmen denken. Beim Einatmen denken Sie OM, beim Ausatmen AH und in der Atempause HUM. Auf diese Art und Weise soll das Mantra für eine bestimmte Zeit wiederholt geatmet, meditiert und geübt werden und kann so seine innere Wirkung voll entfalten. Auch nach meiner Erfahrung kann es sehr gut und synergetisch mit dem Atmen und der Wahrnehmung des Atems verbunden und verknüpft werden. Besonders eignet sich dafür die Vollatmung bzw. Bauch-Brust-Atmung (s. Kap. 3.4): Beim OM den Atem bzw. die Welle von unten, also vom Wurzel- über das Sakral- bis hin hinauf in Stirn- und Scheitelzentrum bewusst begleiten und spüren, mit dem AH die Welle dann von oben über das Herzchakra bis hinab in das Wurzelzentrum und beim HUM mit der Atempause dort im Wurzelzentrum verweilen und ruhen. Der Rhythmus des Atmens bestimmt den des Mantras. Peter und Gerl (1988, S. 204) sehen geradezu in einem Mantra auch einen „Zweck" bzw. ein Mittel zur „Atemregulation": „Dadurch, daß es synchron zur Atmung ausgesprochen oder gedacht wird, beruhigt oder lenkt es den Atem." Allerdings warnt Easwaran (2010, S. 29) auch zu Recht – vor allem vor der willkürlichen – Kopplung des Rezitierens des Mantras an körperliche Prozesse und Rhythmen der Atmung oder des Herzschlages, weil diese nicht unbedingt und immer im Einklang und Passung mit dem Körper getroffen werden und stehen. Dadurch können diese sogar den körperlichen Bedürfnissen und Erfordernissen widersprechen und körperliche Vorgänge negativ beeinflussen oder stören. Dies könnte natürlich auch dadurch vermieden werden, dass die Art und Weise der Rezitation des Mantras eben im Einklang und Passung – zumindest in einer adäquaten Anpassung oder Abstimmung – mit den individuellen körperlichen Vorgängen und Voraussetzungen erfolgt, wie oben beim OM AH HUM.

Ein Mantra wirkt prinzipiell und grundsätzlich ganz unspezifisch als ein Meditationsobjekt (s. Kap. 1.1). Wie mit anderen Objekten oder Inhalten zur Meditation wird hier geübt und geschult, den Geist, die Wahrnehmung, Aufmerksamkeit, das Bewusstsein gezielt zunächst auf diesen Inhalt und im Weiteren bzw. in Übertragung auf beliebige Inhalte zu richten, zu sammeln, zu konzentrieren, zu vertiefen und zu versenken. Allein deswegen stellen sich in der Folge grundlegende und typische Effekte des Meditierens ein, wie etwa größere Konzentration, Willenskraft, innere Beruhigung, Ausgeglichenheit, Selbstkontrolle usw. Darüber hinaus bringen ein Mantra sowie das Rezitieren und die Meditation desselben spezifische auf den besonderen Inhalt und Gehalt des jeweiligen Mantra bezogene Aspekte und Wirkungen mit sich.

Das jeweilige Mantra verkörpert, transportiert gleichsam und verursacht zum einen selbst, eben allein durch die bestimmte, besondere Rezitation, Energie, Information und andere Wirkungen. Diese mehr oder weniger unmittelbare, direkte Wirkung hängt, wie in den folgenden Kapiteln deutlicher werden wird, mit dem Atem-, Schwingungs- bzw. Resonanzraum des Mantras zusammen. Resonanz ist genau genommen die durch äußere Schwingungen erzeugte Eigenschwingung. Das Mantra – bzw. die betreffenden Schwingungen – erzeugt danach in bestimmten Bereichen oder Räumen des Körpers, der Psyche und des Geistes Resonanzen bzw. Eigenschwingungen. Dies gilt erfahrbar und nachweislich zumindest für die ganz elementaren Mantras, vor allem für einfache, einzelne Laute. Bereits Peter und Gerl (1988, S. 204) haben darauf hingewiesen, dass in der „Mantrameditation" die „Eigenschaft des Körpers zum Mitschwingen ausgenützt" wird und „bestimmte Laute und insbesondere die Vokale … unterschiedliche Wirkungen in unterschiedlichen Körperräumen" auslösen. Aber selbst für diese einfachen, grundlegenden Mantras gibt Govinda (1991) zu bedenken, dass ein Mantra tiefe, innere, geistige Schwingungen erzeugt und anspricht, die nicht mit den physikalischen Schwingungen gleichzusetzen oder zu verwechseln sind. Das Mantra verursacht also sowohl grobe als auch feine, körperliche wie auch psychische, geistige Schwingungen.

Zum anderen hängen Energie, Information und Wirkungen eines Mantras – wie bereits oben eingeführt – von dessen Bedeutung und Gebrauch ab, die das betreffende Mantra in dem jeweiligen kulturellen, traditionellen, spirituellen, meditativen (Verwendungs-) Rahmen hat bzw. erfährt (vgl. auch Govinda, 1991; Hamel, 1981). Also hängt nicht nur die Verwendung, sondern auch die Wirkung eines Mantras von dem entsprechenden Wissen über das Mantra, seine Bedeutung, seinen Gebrauch, dem betreffenden Verständnis, Können und den Einstellungen (dazu) des Anwenders bzw. Übenden ab. Vor allem bei komplexeren Mantras, wie sie im hinduistischen oder tibetischen Kontext für zahlreiche Zwecke Verwendung finden, wird die kulturelle, geschichtliche, soziale, tradierte Einbettung der Mantras immer wichtiger für die Wirkung. Ein komplexes Mantra – wie z.B. „YA DEVI SARVA BHUTESHU BUDDHIRUPENA SAMSTHITA NAMASTASYEI NAMASTASYEI NAMASTASYEI NAMO NAMAHA" nach Marshall (1992) zur Erhöhung der Intelligenz und Weisheit – zeigt und entfaltet vermutlich nur in dem entsprechenden bedeutungsgebenden Rahmen oder mit der zusätzlichen Bedeutungszuschreibung entsprechende Kräfte und Wirkungen beim und nach dem regelmäßigen Meditieren bzw. Rezitieren des Mantras. Es ist also zu wissen und besser – für die Wirkung – noch zu glauben, dass hier im obigen Beispiel eben eine bestimmte Göttin, nämlich die der Weisheit, mit diesen Fähigkeiten, Aufgaben und Funktionen angerufen wird.

Das Anrufen und Gedenken des Namens oder der Benennungen des Göttlichen oder dessen Personifizierungen, Verkörperungen, Versinnbildlichungen oder Aspekte finden wir in allen großen Religionen (z. B. Easwaran, 2010). Als Gesang, Gebet, heiliges Wort usw. sowie als Gegenstand und Methode der Ausrichtung, Besinnung, Betrachtung und Meditation wird es verwendet. So ist das wiederholte bis unaufhörliche Ansprechen eines bzw. des Gottes oder

Heiligen nicht das Unikat einer bestimmten Religion. Dabei wird – zumindest für eine bestimmte Zeit – der betreffende Name wiederholt. Dies kann als laute bis leise oder sogar stille Anrufung, Rezitation erfolgen. Der Name kann dazu, wie eben ein beliebiges Mantra, in ganz verschiedener Art und Weise gerufen, gesungen, gesprochen, gehaucht, gedacht oder betrachtet werden. Dieser Name dient als bzw. ist ein Mantra. Es ist ein heiliges oder sogar das heiligste Wort und steht für etwas oder jemanden Heiliges oder sogar das Heiligste oder eben das Allerheiligste, das diese Religion oder spirituelle Gemeinschaft kennt und verehrt. Dieses Mantra wirkt sicher nicht nur durch seinen Laut, sondern auch und vor allem durch seine immense Bedeutung und Pragmatik, die mit dem Namen verbunden sind. Die Verwendung eines solchen Mantra ist jedoch bzw. daher auf Personen beschränkt, die die betreffende Bedeutung und Verwendung teilen, mindestens akzeptieren, besser noch befürworten und gutheißen, also letztlich der betreffenden Tradition und Glaubensgemeinschaft angehören oder eng verbunden fühlen. Wird dann dieser Name in Form eines stillen Gebetes innerlich wiederholt, so wird dies zu einer typischen Mantrameditation.

„Nembutsu" bedeutet wörtlich nach Suzuki (1988, S. 139) „des Buddha eingedenk sein". Es besteht in der Rezitation des Namens von Buddha „Amitabha" bzw. „Amida". Am Anfang war diese Praxis stärker vom gesammelten Denken an den Buddha, der Kontemplation und Vergegenwärtigung sowie auch Vorstellung bzw. Visualisierung des Buddha und seiner Tugenden, Eigenschaften, Kennzeichen, seiner überlieferten Taten und Reden geprägt und weniger durch das stille oder laute Sprechen des Namens (S. 151, 167). Aber auch das nur konzentrierte, aufmerksame Rezitieren des Namens hat seine Vorteile und führt zur Meditation – im Besonderen zu einer typischen Mantrameditation – und zu entsprechenden Bewusstseinszuständen. Der Geist bzw. die Aufmerksamkeit und das Bewusstsein sammeln sich dann ausschließlich auf den Namen (S. 168). Dies ist grundsätzlich wesentlich einfacher und benötigt ein geringes Maß an innerer und geistiger Sammlung (S. 167). Die Lautstärke hilft zusätzlich die Aufmerksamkeit und Konzentration zu halten (S. 166).

Das zusätzliche Denken, Vorstellen und Vergegenwärtigen, hier über oder von Buddha und betreffenden Aspekten oder Assoziationen, würde über die einfache Rezitation und konzentrierte, bewusste Wiederholung eines Mantras hinausgehen und würde die Mantrameditation und ihr jeweiliges Objekt um weitere Aspekte bzw. Aufgaben und Techniken erweitern und diese in die gewählte Form der Meditation einfügen. Dadurch würde die Meditation auf jeden Fall komplexer werden.

Zudem wäre die Vergegenwärtigung und Visualisierung „des Buddha mit allen seinen Attributen … voller Gefahren, da man hier leicht irgendwelchen Halluzinationen zum Opfer fallen kann" (S. 168). Hier spricht Suzuki die Nachteile bzw. Risiken an, die vor allem mit dem Visualisieren in der Meditation verbunden sind. Diese regt und fordert eben stark die Phantasie und Kreativität der menschlichen Vorstellungskraft an und weniger die meditative Sammlung und Versenkung. Zudem kann sich der Visualisierende in seine eigenen Vorstellungen, Bilder, Einbildungen, geistigen Produkte verstricken, sich von ihnen einnehmen, ein- und beschränken, täuschen und in die Irre bzw. Phantasie- und Traumwelt führen oder vielmehr ver- oder sogar entführen lassen. Nach meiner Erfahrung gilt dies unbedingt für Anfänger der Meditation. Aber selbst für Personen, die deutlich mehr Erfahrung haben, jedoch nicht hinreichend und ausdauernd regelmäßig meditieren und in der Geist-Körper-Wahrnehmung und -Regulation geschult worden sind oder sich geübt haben, ist dies zu beachten, da es auch bei ihnen zu einer Falle, Ablenkung oder zu einem Hindernis für das Meditieren werden kann. Aus den gleichen Gründen werden auch beim christlichen Herzensgebet, wie im Kapitel 3.3.4 ausgeführt, Visualisierung, bildliche Vorstellungen und Veranschaulichung vermieden. Aus dieser Sicht kann es sogar vorteilhaft sein, dass ein Mantra weniger an Bedeutung und visuellen Assoziationen beladen ist, wie es mit einem einfachen stimmlichen Laut oder Vokal gegeben sein kann. Entsprechend stellt Suzuki (1988, S. 170) fest: „Werden sinnlose Laute rezitiert, so steht uns der Verstand bald still, da ihm jeder Anlaß zum Abschweifen fehlt. Die Gefahr, daß Einbildungen und Täuschungen sich einstellen, ist geringer." Interessant ist weiter, dass „die Formel, in welcher der Name des Buddha ausgesprochen wird, sowohl in China als auch in Japan ihre ursprüngliche Sanskrit-Form beibehalten hat" (S. 169). So wurde die indische Version „Namo Amitabhaya Buddhaya" nicht in die sinnerhaltende, sondern lautgestalterhaltende japanische Form „Namu Amida Butsu" überführt (s. auch S. 170). Suzuki (ebenda) führt das zwar auf die positive Wirkung der Sinnfreiheit zurück, aber es könnte auch mit der Wirksamkeit und der besonderen Wirkung von Lautbildern zusammenhängen, wie diese von mir für Mantras im Allgemeinen und Vokalen im Besonderen (s. die folgenden Kapitel bis Kap. 8.3.3) diskutiert und vertreten werden.

Die Wirkung von Mantren, und dies gilt insbesondere für die Wiederholung religiöser Formeln, Prinzipien und Namen, die Anrufungen heiliger Personen und Vorbilder oder eines oder des Gottes, ist auch oder sogar wesentlich durch deren Bedeutung, Gebrauch usw. geprägt und davon abhängig (vgl. z. B. Naranjo & Ornstein, 1976). Deshalb sollten die jeweilige – soweit vorhanden, verfügbar und bekannt – Semantik und Pragmatik, die individuelle und kulturelle Erfahrung und das betreffende Wissen, die positive Einstellung zum Mantra und eben das, wofür es steht, nicht nur die bewusste Auswahl des Mantras bestimmen, sondern auch dessen Meditation als Grund begleiten, stützen und gleichsam tragen und im Hintergrund mitschwingen können. Dieses Mitschwingen des Hintergrundes kann jeweils gezielter und bewusster einbezogen, wahrgenommen und auf diese Art und Weise genutzt werden oder eben weniger.

In der Tradition des Christentums wird zu dem Zwecke der Besinnung, Betrachtung, Meditation bzw. Kontemplation, der mystischen Erfahrung und Vereinigung mit Gott seit der Spätantike und dem Mittelalter namentlich Jesus Christus angerufen und gedacht. Dies wurde sowohl im Rahmen der römisch-katholischen Kirche, z. B. von Bernhard von Clairvaux, der zwischen 1090 bis 1153 lebte (nach Plattig, 2010, S. 70-71), als auch der orthodoxen, östlichen Kirchen betrieben. Das Herzens- oder Jesusgebet der christlich-orthodoxen Kirchen wurde bereits im Kapitel 3.3.4 beschrieben. Es geht bis auf die alten Wüstenväter und -mönche bzw. Mönchsväter zurück, die sich ab Ende des 3. Jahrhunderts und verstärkt über das ganze 4. Jahrhundert nach Christus (n. C.) in die Wüste, Berge und Einöde Ägyptens, der Sinaihalbinsel, Palästinas und Syriens und in die Einsamkeit zurückzogen (z. B. Jungclaussen, 2014). Sie suchten dort Lebenshaltungen und -weisen und Wege, um zu sich, innerer Genügsamkeit, Einkehr, Gelassenheit, Ruhe, Besinnung, Sammlung, Befreiung sowie Einsicht, Erlösung und vor allem und letztlich zu Gott sowie zur Nachfolge von Jesus Christus zu finden und zu gelangen. Namentlich bekannt hat dieser Rückzug in die Wüste zu sich und zu Gott angefangen mit dem Einsiedler (Eremit, Anachoret) und Heiligen Antonius dem Großen, der etwa von 250/251 bis 356 lebte (vgl. auch Nyssen, 2012, Clauss, 2015). Nach Merton (1960) waren es vor allem diese erfahrenen, weisen und heiligen Einsiedler und Persönlichkeiten, die in der Selbst- und Gotteserfahrung sowie Selbst- und Gotteserkenntnis, in der Entwicklung von Weisheit, Meditation, Kontemplation, Besitz- und Selbstlosigkeit, Liebe (Nächsten- und Gottesliebe) und Herzensgüte sowie Erleuchtung, Erlösung – bis zur Meisterschaft oder Vollendung – voranschritten und Beispiel sowie entsprechend Zeugnis in Tat und Rat gaben. Zudem gab es hier auch schon die ersten Wüstenmönche und Mönchsväter, die sich jedoch stärker in einer Gemeinschaft von Gleichgesinnten zusammentaten und organisierten, um diese spirituellen Entwicklungen und Ziele zu erreichen. So gilt Pachomios der Große und Heilige (etwa 287/292 bis 346 n. C.) als der Begründer der klösterlichen Lebensform und -gemeinschaft. In dieser fanden sich die Wüstenväter und -mönche

320 n. C. zusammen und organisierten sich nach seiner Regel. Bald entstanden in der Wüste oder den Bergen – abseits von den Städten und dem hektischen Treiben – weitere klösterliche Lebensgemeinschaften. An diesen Bewegungen hatten nicht nur Männer ihren Anteil, so dass eigentlich auch von Wüstenmüttern, Wüstennonnen und Nonnenmüttern zu reden wäre.

Im Buch „Aufrichtige Erzählungen eines russischen Pilgers" (Jungclaussen, 2014) werden verschiedene Haltungen, Einstellungen, Voraussetzungen, Faktoren genannt und besprochen, die beim Herzensgebet helfen und nutzen und die betreffenden Wirkungen und Entwicklungen befördern. Dazu gehören z. B. rechter Eifer und Bemühen, mit Geist, Herz und Körper, ohne Zweck und Ichbezogenheit, mit Andacht, innerer Anteilnahme, Hingabe, Aufmerksamkeit, Konzentration, in Ruhe, Stille und Frieden und vor allem Achtsamkeit zu beten, wie dies auch für jede andere Meditation im Allgemeinen und jede Mantrameditation im Besonderen typisch, ratsam und förderlich ist. Aber letztlich entscheidend und wesentlich sind, wie bei jeder Mantrameditation, auch hier die Häufigkeit und anhaltende Dauer und – im Extrem – die Unablässigkeit des Gebetes bzw. Betens (z. B. S. 191). Wie für Nembutsu und jede andere Mantrameditation ist die Anzahl der Wiederholungen des Mantras bzw. des Herzensgebetes letztlich entscheidend für dessen meditative Wirkung. Beachtenswert ist, dass sich dieses Buch eines russischen Pilgers direkt und ausdrücklich auf Aussagen im Neuen Testament und die Philokalie beziehen. Die Philokalie stellt die schriftlichen Zeugnisse, Überlieferungen und Ratschläge der alten Wüsten- und Mönchsväter, aber auch die Ausführungen der nachfolgenden, mittelalterlichen, weisen und heiligen Autoritäten, Väter und Lehrer bezüglich des Herzensgebetes zusammen. Hier sind deren Erfahrungen und Wissen über das Herzensgebet und seine Praxis, An- und Verwendung, Voraussetzungen und Wirkungen gesammelt. Eine Auswahl davon bietet die „Kleine Philokalie" von Dietz (2013).

Auch im Islam kennt man entsprechende meditative Formen und Wege der namentlichen Anrufung, des Gedenkens und Betens an Gott (z. B. Naranjo & Ornstein, 1976, Schimmel, 2000). Diese sind ebenfalls mit der Atmung in Verbindung zu bringen und können gedacht, vergegenwärtigt, still bis laut gesprochen oder gesungen werden. Zusätzlich kann das Ganze noch mit Musik bzw. Klängen, Melodien und Rhythmen sowie mit einfachen, sich wiederholenden körperlichen Bewegungen oder einem Tanz verbunden werden, wie es von den sich drehenden, tanzenden Derwischen bekannt ist. Schließlich können auf diese Art und Weise die gesamte Person, alle Sinne und Ausdrucksformen sowie der Körper und der Geist in die Mantrameditation, ins Gebet bzw. Beten eingebunden werden und selbst und ganz zum Mantra bzw. Gebet werden.

Aber auch aus dem persönlichen Lebenszusammenhang, der eigenen Lebensgeschichte, den individuellen Voraussetzungen, Bedingungen und Entwicklungen ergeben sich Faktoren, die die Wirkung eines Mantras beeinflussen, fördern, begrenzen oder behindern. Ein gewähltes Mantra sollte für die betreffende Person in einer bestimmten Situation mit besonderen, erwünschten Zwecken und angestrebten Zielen bzw. Wirkungen möglichst geeignet, passend und treffend sein. Aber auch darüber hinaus, wenn die Situationen, persönlichen Voraussetzungen, Erlebens- und Verhaltensweisen und die betreffenden Grundlagen und Muster sich ändern, sollte das Mantra einen weiter in der Entwicklung begleiten und einem möglichst noch taugen und nutzen. Es sollte also auch nachhaltig, langfristig passend, zutreffend und geeignet sein. Ist ein solches Mantra zu finden, so stellt das vor allem für den Anfänger oder Laien eine schwierige, kaum lösbare Aufgabe und Herausforderung dar. Deshalb kann es dazu ratsam, angebracht, hilfreich und nützlich sein, einen diesbezüglichen Experten um Rat zu fragen und um Unterstützung zu bitten. Dies wird vor allem dann erforderlich, wenn nur mit einem Mantra – abgestimmt auf die Bedürfnisse, Wünsche, individuellen Voraussetzungen usw. des Rezitierenden – meditiert werden soll. Diese Beschränkung beim Üben auf ein Mantra befördert dessen Wirksamkeit und Auswirkungen, aber auch eben die Abhängigkeit von und die Bindung an das Mantra. Deswegen sollte dann die genaue, zuverlässige und positive Prüfung auf Passung und Eignung vor einer andauernden Auswahl und Bindung des Mantras erfolgen.

Das Mantra ist praktisch das Vehikel zur Meditation für eine bestimmte Person und Entwicklung. Die Wirkung – und vor allem deren Ausmaße – des Vehikels hängt darüber hinaus entscheidend von der Art und Weise des Rezitierens ab. So wie die Wahl eines geeigneten, speziellen Mantras ist die Art und Weise der angemessenen, möglichst passenden Rezitation eine Kunst, die gemeinhin viel Übung, Erfahrung, Können und Wissen voraussetzt. Auch die Meditation des Mantras benötigt für gewöhnlich wiederholte Anleitung, Begleitung und Prüfung und Korrektur des Übenden durch einen Experten oder Lehrer. Allerdings kann, wie oben angesprochen, bereits ein wiederholtes, einfaches, konzentriertes, stilles, innerliches Sprechen, Denken oder Vergegenwärtigen des erwählten Mantras dessen Wirkungen beim und vor allem durch das tägliche Üben zur Entfaltung bringen.

8.3.0.2 OM, AUM, AMIN, AMEN, Laute und Vokale sowie deren Resonanzen in Körper und Chakren

Um die Chakren anzuregen, zu aktivieren, zu stärken, zu unterstützen und zu harmonisieren, könnten wir zum einen die zugeordneten Mantras (s. Kap. 8.1) benutzen. Bei angemessener Rezitation (s. z. B. Hamel, 1981) entfalten sie – auch nach meiner Erfahrung – tatsächlich die erwünschten, meditativen Wirkungen im jeweiligen Zentrum. Mehr oder weniger auffällig und präsent – und daher auch im medizinisch-psychologischen Kontext zu beachten – wären bei der Verwendung dieser Mantras jedoch deren religiöse, spirituelle Bedeutung und Herkunft. Eine Rezitation dieser Mantras gehört meines Erachtens eher in einen spirituellen Kontext und sollte auch unter entsprechender Anleitung eines entsprechenden spirituellen Lehrers (Meister, Swami, Yogi, Lama, Rimpoche/Rinpoche usw.) gelernt werden. Allerdings bieten die den Chakren zuordenbaren bzw. zugeordneten Laute bzw. Vokale einen Weg (s. Kap. 8.1 bzw. 8.1.1-8.1.8), weitgehend unter Ausklammerung bestimmter religiöser, spiritueller Formeln und Kontexte zu meditieren. Die Vokale selbst können, wie im Folgenden noch ausgeführt und deutlicher werden wird, ganz unmittelbar und direkt (also ohne eine spirituelle Bedeutung oder einen spirituellen Gebrauch) wahrnehmbar zu Schwingungen, Resonanz in den betreffenden Zentren führen und zur Aktivierung, Energetisierung der Energiezentren benutzt werden. Für die Einführung der Vokale zur Chakrenmeditation benutze ich jedoch gerne das Amen – auch etwa Amin, Aum oder Om – vor allem zur Selbsterfahrung, um Zusammenhänge und Hintergründe zu erklären und zu veranschaulichen. Als Therapeut bietet dies mir auch, wie unten noch ausgeführt werden wird, einen ersten Ein- und Überblick, vor allem ob und wo sich die Patienten beim Singen des AMEN (oder eines anderen oder weiteren Mantras) spüren.

Wie bereits im vorherigen Kapitel beschrieben, befinden sich in der christlichen und muslimischen Tradition Mantras, die in bestimmter Weise ihre Wirkung entfalten. Bei Qawwali-Gesängen pakistanischer und nordindischer Sufis werden ebenfalls Mantras – mehr oder weniger eingebettet und vertieft in weiteren Gesängen – über längere Zeit wiederholt gesungen und dabei von Rhythmus- und Melodieinstrumenten begleitet, wie z. B. von dem leider inzwischen verstorbenen Nusrat Fateh Ali Khan und Mitsängern in einer instrumentell herkömmlicheren Aufnahme „SHAHEN-SHAH" (1989 erschienen bei REALWORD) im ersten Stück der CD das Mantra „SHAMAS-UD-DOHA, BADAR-UD-DOJA" und im zweiten „ALLAH, MOHAMMED,

CHAR, YAAR" usw. Eine vielleicht für abendländische Ohren bzw. Hörgewohnheiten eingängigere, allerdings musikalisch „verpop-rockte" Version von solchen Gesängen finden wir von Nusrat Fateh Ali Khan auf „MUSTT MUSTT" (1990 erschienen bei REALWORD), wo u. a. das gleichnamige Mantra entsprechend gesungen wird. Nach Schimmel (2000, S. 77) handelt es sich um „Mast Qalandar" und im Zentrum des Gesanges steht „Dam mast qalandar must must". In den christlichen Kirchen kennen wir das AMEN, in muslimischen Moscheen das AMIN. Das AMEN – und entsprechend auch das AMIN – ist nach Hamel (1981) und Berendt (1983) mit dem hinduistischen und buddhistischen Urmantra OM, auch als AUM gesprochen, gesungen oder meditiert, verwandt. Joachim-Ernst Berendt vollzog dies in einer entsprechenden Radiosende-reihe des SWF (1988) – damals erschienen auf 4 CDs unter dem gleichnamigen Titel „Die Welt ist Klang: Nada Brahma" (bei Network-Medien-Cooperative im Vertrieb von Zweitausendeins, 2007 neu aufgelegt bei Auditorium Netzwerk) – hörbar nach. Nach den Upanischaden steht OM für den Ursprung, Ausdruck, die Verkörperung, das Wesen, Prinzip und Bewusstsein des schöpferischen, göttlichen, kosmischen Seins und Werdens, der Entfaltung des Höchsten und Absoluten im Individuellen sowie im Allgemeinen bzw. Universellen (vgl. Berendt, 1983; Govinda, 1991; Hamel, 1981). Wobei die Upanischaden ein besonderer, auf spirituelle, philosophische, existentielle und weisheitliche Grundlagen und Zusammenhänge bezogener Teil und Anhang der Veden sind, die wiederum die älteste, religiöse, indische Textsammlung darstellen und umfassen. AMEN und OM sind zudem – bzw. abgesehen von ihrer traditionellen, historischen, kulturellen, spirituellen und religiösen Bedeutung und Verwendung – bezüglich Umfang und Form einfache, ursprüngliche bzw. elementare Mantras, an denen die unmittelbaren, direkten Wirkungen eines Mantras veranschaulicht und studiert werden können.

In meinen Selbsterfahrungsübungen mit Patienten oder Seminarteilnehmern benutze ich gerne das AMEN, das in unserem Kulturkreis bekannt und noch oft vertraut ist. Aufgrund negativer Erfahrungen im Zusammenhang mit Kirche und einer religiösen Erziehung kann allerdings das AMEN individuell mit negativen Erinnerungen, Gedanken und Gefühlen assoziiert sein. In diesem Falle könnte beispielsweise auch das OM und AUM (gesprochen am besten als A – U – M, also erst das A, dann das U und zum Schluss das M) gewählt werden. Aber selbst diese hinderliche Ausgangssituation kann oft zu einem neuen Verständnis des AMEN führen. AMEN bietet einen günstigen Einstieg, um zunächst die Schwingungen, den Resonanzraum eines Mantras und dann von Lauten – im Besonderen von Vokalen – im Körper zu erspüren und damit mindestens eine Wirkung ganz direkt, als körperliche Empfindungen zu erfahren. Für den Übenden ist es eine vielleicht neue Erfahrung und ungewohnt, dass ein Wort und vor allem AMEN in ihm schwingt und körperlich empfunden werden kann. Für den Experten, Trainer, Lehrer, Psychotherapeuten, aber auch den Anwender selbst, kann es gleichzeitig ein brauchbares und hilfreiches Diagnostikum sein.

So führen beispielsweise selbstwertbezogene, soziale Ängste, Selbstunsicherheit zu einer generellen Vermeidungstendenz in der Situation, im Beisein einer lehrenden, kontrollierenden, prüfenden Person zu singen, dann auch noch auf sich selbst zu achten und sich bemühen, die Aufgabe zu erfüllen. Bei ausgeprägter Angst, aber auch einem unzureichenden Vertrauensverhältnis zieren sich solche Personen, verhalten sich gehemmt und versuchen, das Singen vor bzw. bei einem Therapeuten oder Trainer möglichst ganz zu vermeiden. Solche Personen haben aber auch oft grundsätzlich Hemmungen, sich Raum, Zeit, Aufmerksamkeit zu nehmen und vor allem in irgendeiner Weise laut zu werden und dadurch aufzufallen.

Zudem und noch wichtiger ist es, dass Therapeuten oder Trainer ihre Wahrnehmung öffnen können, vor allem genau hinhören und spüren, um dann unmittelbar Informationen über den jeweils Singenden zu erfahren und um ihm etwa entsprechende Rückmeldungen geben und ihr therapeutisches oder lehrendes Vorgehen individuell besser ausrichten und anpassen zu können. Denn mit dem Singen eines Mantras oder bereits eines einfachen Lautes wird nicht nur eine Resonanz im Körper des Singenden, sondern auch im Körper des Zuhörers erzeugt. Diese Resonanz kann also sowohl vom Singenden als auch vom Zuhörer – jeweils im eigenen Körper – erspürt, im Körper bzw. in bestimmten Bereichen des Körpers verortet und in Bezug auf Qualitäten, Merkmale und Ausprägungen wahrgenommen und schließlich eingeschätzt werden. Dabei wird das Schwingungs- und Resonanzbild des Sängers auf den Hörer eben nicht nur akustisch, sondern auch ganz körperlich übertragen und verursacht beim Hörer diverse, spezifische Empfindungen. Während der Übende singt, kann auf dieser Grundlage der jeweilige Therapeut oder Trainer nicht nur hören, sondern auch vor allem ganz praktisch und direkt spüren und nachvollziehen, wie und wo es dem Singenden mit diesem Mantra oder Laut geht, wo er es im Körper wahrnimmt und wie es sich dort für ihn anfühlt, mit welchen Empfindungen es verbunden ist. Dies können unter Umständen auch unangenehme Empfindungen, wie Kälte, Druck oder sogar Druckschmerz, beinhalten. Möglich wären aber auch neutrale oder angenehme Empfindungen, wie etwa Wärme. Dem ist wiederum, wie weiter unten noch ausgeführt werden wird, zu entnehmen, in welchem energetischen und gesundheitlichen Zustand bzw. in welcher körperlich-seelischer Verfassung sich die betreffende körperliche Region und ihre gesamte Psychosomatik befindet. Es ergeben sich also erfahrbare Hinweise wo bzw. in welchem Körperbereich der Übende vermutlich energetische, körperlich-seelische Schwierigkeiten oder Schwächen hat. Genauso können jedoch auch seine Stärken verortet, wahrgenommen und nachempfunden werden. Zwar erzeugt auch bei entsprechender Sensibilität und Übung allein das Hören des Gesanges, wie es bei einer raum-zeitlichen Vermittlung, etwa über eine gute Telefonverbindung oder Tonkonserve, geschehen kann, ein körperlich spürbares Resonanz- und Empfindungsbild. Aber am günstigsten für die Übertragung der Resonanz mit ihren körperlichen Empfindungen und Gefühlen ist sicher die gemeinsame Anwesenheit an einem Ort bzw. die räumlich-körperliche Nähe zum Singenden. Also Sänger und der einfühlende, mitempfindende Zuhörer sitzen sich z. B. gegenüber oder nebeneinander. Da man für gewöhnlich und auch ganz praktisch sich selbst am nächsten ist, kann man auch selbst in die Position des Beobachters gehen und in die Rolle eines aufmerksamen, wohlwollenden Therapeuten schlüpfen, um dem eigenen Gesang eines Mantras oder Lautes zuzuhören, zu lauschen und der Resonanz und den damit verbundenen Empfindungen und Gefühlen im eigenen Körper nachzuspüren. Auch dies funktioniert und wird mit der Übung besser und leichter.

Ebenso setzt das Hören und die Wahrnehmung der Resonanz sowie der damit verbundenen Empfindungen und Gefühle eines Mantra- oder Lautsingenden im Allgemeinen Übung und Erfahrung voraus. Zudem sind eine Einstellung, Konzentration, Fokussierung und ein voraussetzungsloses Eingehen auf den Singenden und eine Haltung des achtsamen Zuhörens, Annehmens, Mitempfindens und Mitfühlens ihm gegenüber notwendig. Die eigenen, selbstbezogenen, ablenkenden und davon unabhängigen Empfindungen, Wahrnehmungen, Gefühle und Gedanken sind dementsprechend zurückzustellen. Es geht darum, sich ganz für den Singenden, seinen Gesang und dessen Aus- und Eindruck und Wirkung bei ihm und mir (als Beobachter) und vor allem in seinem und meinem Körper zu öffnen, wie ein Musikinstrument, das im Klang eines anderen einfach mitschwingt, hallt und klingt. Dazu versetze ich mich als Beobachter und Therapeut kurz und begleitend in einen entsprechenden Zustand der inneren Ruhe und Gelassenheit, Konzentration und Sammlung, der Achtsamkeit und des offenen Gewahrseins für bzw. auf den anderen. Dies sollte über EMS bereits gelernt worden und für sich sehr gut und schnell verfügbar und realisierbar sein. Um die Übertragungseffekte von den möglichen eigenen Reaktionen, Empfind- und Befindlichkeiten sowie Hinzufügungen des Beobachters zu trennen, ist wiederum grundsätzlich noch mehr Übung und Erfahrung angesagt. Ich selbst habe sehr lange diese hier beschriebenen Zusammenhänge mit meinen Patienten studieren dürfen. Dabei habe ich diese nur zur Kenntnis genommen und therapeutisch zur Entwicklung von Selbst-/Körperwahrnehmung, -kenntnis, -wirksamkeit usw. genutzt. Als Diagnostikum für die Psychotherapie habe ich jedoch auf andere, übliche oder anerkannte Verfahren und Vorgehensweisen in der Psycho- und vor allem Verhaltenstherapie zurückgegriffen und mich darauf verlassen. Dadurch konnte ich wiederum für mich kritischer prüfen und feststellen, wie genau, zuverlässig, bedeutsam und nützlich diese Zusammenhänge auch für eine psychotherapeutische und psychosomatische Diagnostik sein könnten.

Hilfreich wäre auch ein generell positiver Energie- und Gesundheitszustand des Beobachters. Da dies leider auch für Therapeuten und Trainer nicht zuverlässig und allein in ihrer Macht liegt und von ihrer Selbstwirksamkeit abhängt, ist es viel wichtiger, dass man sich sehr gut selbst kennt, wahrnimmt und versteht. Auch daran ist eigentlich grundsätzlich und auf Dauer zu arbeiten. Dann kann einem – nach meiner Erfahrung – als Beobachter i. d. R. sehr bewusst und klar sein, was nun mit dem Gegenüber und was mit einem selbst zu tun hat. Um dieses Bewusstsein, die Klarheit, eigene Wahrnehmung und Sensibilität, das Differenzierungs- und Einschätzungsvermögen sowie Verständnis zu schärfen und zu entwickeln sowie nicht einer aktuellen oder sogar anhaltenden Fehlinterpretation oder Selbsttäuschung zu unterliegen, sollte man sich selbst immer wieder diesbezüglich prüfen und korrigieren lassen. Da ist entscheidend, mit dem Beobachteten in einen klärenden Dialog zu gehen. Zum einen mit sich selbst in den Dialog zu gehen, etwa, was habe ich wann, wo und wie wahrgenommen und gespürt, wie ging es mir vor dem, während und nach dem Singen des Mantra oder Lautes, welche Gefühle, Gedanken usw. tauchten wann auf, in welchem genauen und differenzierten, körperlichen und psychischen Gesundheitszustand, „Film", Entwicklungsprozess usw. befinde ich mich derzeit grundsätzlich sowie aktuell davor, währenddessen und danach? Usw. Genauso kann ich mit meinem Gegenüber, mit dem Sänger, in einen klärenden Dialog treten und mit der Frage beginnen: Was hat er wann, wo und wie wahrgenommen und gespürt? Es gibt jedoch nicht wenige Personen, die aus verschiedensten Gründen über eine nur unzureichende, mangelnde oder sogar sehr schlechte Selbstwahrnehmung im Allgemeinen oder/und Körperwahrnehmung im Besonderen verfügen. Sie können dann nicht, kaum oder nur teilweise, unzureichend, unangemessen, unzutreffend oder irreführend berichten und rückmelden. Die Selbstwahrnehmung und insbesondere die Körperwahrnehmung werden wiederum mit den in diesem Buch vorgestellten Verfahren zur EMS geübt und verbessert. Deshalb bestehen prinzipiell auch für diese Menschen gute Aussichten und Chancen auf eine positive Veränderung und Entwicklung ihrer Selbst- und Körperwahrnehmung, wenn sie sich wirklich der Anstrengung des regelmäßigen Übens von EMS unterziehen.

Bei Schwächen, Schwierigkeiten oder Problemen in den Resonanzbereichen des jeweils gesungenen Mantras oder Lautes verändert sich beim Übenden selbst, also schon intraindividuell und nicht nur im Vergleich zu anderen Personen, sein Gesang bzw. seine Stimme. Diese wird dann dünner, rauer, krächzender, brüchiger, bricht früher oder sogar ganz ab usw. Dabei können diese Schwächen, Schwierigkeiten oder Probleme sowohl psychischer als auch körperlicher Herkunft und Art sein. Es kann sich also um psychische Faktoren, Probleme und Störungen handeln, die sich hier im körperlichen Resonanzbereich auswirken, niederschlagen, widerspiegeln oder ausdrücken. Es kann auch direkt um körperliche Erkrankungen und Defizite in diesem Körperbereich gehen oder mehr indirekt um solche, die diesen in Mitleidenschaft ziehen. Es kann aber auch irgendein negatives Zusammenspiel zwischen Körper, Psyche bzw. Geist verursacht, aufrechterhalten und/oder verstärkt sein. Diese lassen sich auch als energetische

Schwächen, Schwierigkeiten oder Probleme – bezüglich Ausmaß oder Umfang und Qualität – wahrnehmen und beschreiben. Gemeinhin fehlt es in diesen körperlichen Bereichen bzw. „Problemzonen" dementsprechend an Energie.

Zudem berichten die Übenden über ihre Sing- und Schwingungserfahrungen und den Ort der Schwingungen in ihrem Körper. Sie sollten dazu gezielt aufgefordert und ermuntert werden. Dieser Bericht kann, wie oben angesprochen, mit dem Wissen und Wahrnehmungen des Therapeuten – Lehrers oder Trainers – abgeglichen werden. Also erfährt der Übende die Wirkung des Amens und der anderen Laute in den üblichen, angenommen oder in anderen Bereichen? Die körperlichen Zuordnungen des Amens wie auch anderer Mantras und später der Vokale beruhen zwar auf tradierten Erfahrungen, können aber im Einzelfall individuell auch (wo-) anders liegen. Da die Energie dem Geist und der Aufmerksamkeit folgt (s. Kap. 7), können die Lautbilder oder Laute auch insbesondere bei Anfängern – willkürlich oder unwillkürlich – an ganz anderen Stellen gespürt werden. Wenn der Therapeut, wie oben beschrieben, sich ganz dem Singenden öffnet sowie versucht achtsam, mitfühlend und vor allem mitempfindend zu sein, gelingt es in der Regel auch ihm, die Resonanz des Gesungenen im Körper zu spüren. Oft stimmen dann die empfundenen Resonanzbereiche zwischen Übenden und Therapeuten überein. Die behandelnde, trainierende Person spürt dann die Schwingungen im gleichen Körperbereich wie die probierende, singende Person.

Vereinfachenderweise wird hier angenommen, dass nur der Anfänger oder Patient ernste Energiedefizite in einzelnen oder mehreren Zonen aufweist. Sollte jedoch, wie bereits angesprochen, der Therapeut selbst Problemzonen bzw. Problembereiche besitzen, so ist auch bei ihm dort jeweils seine Wahrnehmung eingeschränkt. Durch seinen Übungsgrad, sein Wissen und Können kann er dies jedoch in der Regel weitgehend kompensieren.

In Problemzonen nehmen sich zumindest Anfänger oder Patienten in der Regel gar nicht wahr. Das Amen, ein anderes Mantra oder ein Laut werden dann für gewöhnlich jeweils in einem anderen, weniger problematischen Bereich im Körper wahrgenommen oder (laut Mitteilung) verortet und nicht in dem erwarteten, jedoch problematischen Bereich. Öfters wird es dann überhaupt erst nach einigen wiederholten Versuchen und seltener gar nicht bzw. nirgendwo im Körper gespürt. In den überwiegenden Fällen wird der Therapeut die Resonanz bzw. das gesungene Amen, ein anderes Mantra oder einen gesungenen Laut ebenfalls in dem berichteten Körperbereich körperlich spüren. Therapeut und Singender stimmen dann in ihrer Empfindung bzw. Erfahrung überein. Auch wenn die Resonanz nicht im erwarteten Bereich des Mantras oder Lautes bzw. außerhalb des Problembereiches liegt, so nimmt in diesem Falle der Singende offenbar die Resonanz zumindest zuverlässig und zutreffend bei sich wahr. Dabei wird allerdings die Wahrnehmung des Singenden an der Wahrnehmung des Therapeuten gemessen und mindestens vorausgesetzt, dass die Wahrnehmung des Therapeuten entsprechend hinreichend zuverlässig und zutreffend ist.

Oft genug spürt der Therapeut die Resonanz entgegen des Berichtes des Sängers dennoch im Problembereich (dann jedoch für gewöhnlich nur sehr schwach) oder in einem ganz anderen Bereich (als erwartet und vom Sänger berichtet). In diesen Fällen kommt neben der energetischen Schwäche in jenem Körperbereich auch eine grundsätzlich unzureichende Körperwahrnehmung in Frage, wie dies bereits oben diskutiert wurde. Diese unzureichende Körperwahrnehmung kann wiederum unterschiedliche Ursachen haben, z. B. angstbezogenes Vermeidungsverhalten. Es kommt auch vor, dass die Sänger sich in mehreren, verschiedenen Bereichen mehr oder weniger deutlich spüren, was ebenfalls Hinweise auf energetische Schwächen und Mängel gibt. Insbesondere wenn diese mehr oder weniger von den vom Zuhörer bzw.

Therapeuten empfundenen Bereichen abweichen, können wiederum auch Defizite in der Körperwahrnehmung vorliegen.

Zudem gibt die empfundene, gefühlte Qualität der Resonanz direkten Aufschluss über den energetischen Zustand des körperlichen Bereiches. Fühlt sich die Resonanz in dem betreffenden Körperbereich angenehm an, so liegt ein günstiger, positiver energetischer Zustand vor. Fühlt sich diese jedoch unangenehm an, so kann von einem ungünstigen, mangelhaften, negativen energetischen Zustand in diesem Körperbereich ausgegangen werden. Vielleicht liegt in diesem Bereich zudem eine psychosomatische oder körperliche Erkrankung vor. Vor allem bei schmerzhaften Empfindungen wäre auch daran zu denken und der betreffende Bereich ärztlich gründlich zu untersuchen, um eine organische Erkrankung möglichst sicher auszuschließen.

Da mir als Psychotherapeut – oder auch heilkundiger oder ärztlicher Behandler – die körperlichen und seelischen Problemzonen und -bereiche eines Patienten in der Regel bereits bekannt sind, können die therapeutischen Annahmen und Erwartungen direkt an der Art und Weise des Gesungenen und der Empfindungen – direkt in Übertragung sowie berichtet – überprüft werden. Zum Beispiel würde bei einem Patienten mit unzureichender Selbstsicherheit bzw. ausgeprägter Selbstunsicherheit und selbstwertbezogenen, sozialen Ängsten eine Problemzone in jedem Falle sowohl im mittleren (Nabelbereich) als auch oberen Bauchbereich (Sonnengeflecht) liegen. Die verhaltensbezogene Selbstunsicherheit, Ängste, wie vor Misserfolg, zu versagen, etwas nicht zu schaffen, sich (nicht) durchzusetzen, vor oder mit anderen Menschen zu reden, zu verhandeln, nicht den Erwartungen und Ansprüchen zu genügen, negativ aufzufallen, wirken sich eher im oberen Bauchzentrum aus. Ein fehlendes oder unzureichendes Selbstvertrauen, Ängste, (von anderen) nicht akzeptiert oder sogar abgelehnt zu werden, und vor allem eine negative Selbstbeziehung bzw. Haltung sich selbst gegenüber (sich selber nicht zu achten und anzunehmen, nichts zuzutrauen, abzuwerten oder sogar abzulehnen, zu verachten) spiegeln sich dagegen eher im mittleren Bauchzentrum wider. Hier spürt sich im ausgeprägten bis extremen Fall der Patient nicht. Das offene O (s. Kap. 8.1.3) und der Laut zwischen O und A (s. Kap. 8.1.4) würden bei einem solchen Patienten dort nicht oder kaum schwingen oder von ihm nicht wahrgenommen werden. Der Vokal bzw. Laut würde sich entsprechend kraftlos, schwach, verzerrt, gebrochen usw. anhören. Er würde deutlich kürzer bzw. mit kürzerem Atem gesungen werden. Dies verstärkt sich noch oder wird auffälliger, wenn überhaupt möglichst anhaltend gesungen werden soll oder wird.

Energetisch mangelhaft und negativ würden sich die beiden oberen Bauchchakren aber auch anhören und anfühlen, wenn etwa betreffende – mehr oder weniger gravierende – körperliche Funktionsstörungen oder Erkrankungen vorliegen. So würde sich z. B. eine akute Gastritis oder Bauchspeicheldrüsenentzündung entsprechend negativ vor allem auf das Sonnengeflechtzentrum und in der Folge auf das Singen und Spüren des Lautes zwischen O und A auswirken. In weitgehend gesunden und energetisch zureichenden Bereichen werden dagegen die betreffenden Mantras und Laute – von vornherein und spontan – deutlich, kraftvoll und anhaltend bzw. länger gesungen und wahrgenommen. So werden Ressourcen entdeckt oder bestätigt. Entsprechendes gilt auch für die anderen Chakren und die betreffenden Mantras oder Laute. Die Zuordnungen der Chakren zu den Mantras und Lauten sowie zu den körperlichen und psychischen Aspekten wurden gesondert für jedes einzelne Chakra in den betreffenden Kapiteln 8.1.1 bis 8.1.8 beschrieben.

Die oben und vor allem im Folgenden beschriebenen Zusammenhänge ergeben sich nicht nur aus theoretischen Annahmen und Zusammenhängen über Chakren, Mantras, Laute, Singen, Resonanz, Spüren, energetische und gesundheitliche Zustände in qualitativer und quantitativer Hinsicht sowie der betreffenden psychischen und körperlichen Aspekte bzw. Bereiche, sondern zeigten (und zeigen) sich eben auch – erfahrbar, deutlich, ganz direkt und offenbar unabhängig davon – entsprechend in der bzw. meiner Praxis. Die jahrzehntelange eigene kritische Prüfung und Erfahrung, vor allem im Rahmen meiner betreffenden Arbeit als Psychotherapeut mit Patienten, bestätigten und konkretisierten die in diesem Kapitel dargelegten, erklärenden, theoretischen und tradierten Aussagen und Zuordnungen. Allerdings ist klar und offensichtlich, dass dies leider nicht den Kriterien einer empirischen und vor allem experimentellen Wissenschaft genügt. Aus deren Sicht bleibt dies nur ein subjektiver Bericht über eben letztlich „objektiv" ungeprüfte Annahmen, Vermutungen und Erfahrungen. Dies gilt selbst dann, wenn es sich bei diesen theoretischen Annahmen und Zusammenhängen weitgehend um kulturell tradierte Erfahrungen handelt. Und es bleibt dennoch subjektiv und auf die eigene Erfahrung und Wahrnehmung beschränkt, auch wenn ich sehr viel und lange Erfahrung gesammelt und dies in systematischer, methodischer, kritischer, erwartungsneutraler und ergebnisoffener Art und Weise versucht habe. So führte ich mit anderen die hier betreffenden Übungen seit 1989 in vielen Kursen durch und konnte dies seit 1991 intensiv und exzessiv mit – inzwischen sehr vielen – Einzelpatienten ausweiten und vertiefen. Wie bereits oben angesprochen, habe ich vor allem bei diesen Übungen zur Chakrenmeditation immer zunächst erst nur beobachtet, was der Patient (wo, wie usw.) berichtet, was er spürt und was ich spüre, um dies erst danach mit den möglichen Erwartungen und „Vorhersagen" – aufgrund meiner psychologisch-medizinischen Kenntnis des Patienten und den Vermutungen, Annahmen und Zusammenhängen über Chakren, Mantras, Vokalen, Resonanzen, Energien usw. – zu vergleichen. Aber diese Einschätzungen können natürlich dennoch angezweifelt werden und ich im Besonderen kann trotz allem prinzipiell oder teilweise der Täuschung, Fehldeutung, Selbstillusion, dem Wunschdenken oder/ und der selbsterfüllenden Prophezeiung erlegen gewesen sein. Diese Annahmen und Erfahrungen sind dennoch meines Erachtens so wichtig, schlüssig, zuverlässig und nützlich, dass sie hier unbedingt dargestellt und ausgeführt werden sollen. Selbst wenn Sie weiter skeptisch bleiben oder ihnen gar nicht trauen möchten oder können, besteht dennoch die Option, durch geeignete Übungen und regelmäßiges Üben zumindest selbst für sich eigene Erfahrungen zu sammeln und Einsichten, Erkenntnisse zu gewinnen. Mit Ihrer Selbsterfahrung können Sie dann Ihre Zweifel bzw. meine hier verfassten Aussagen und Beschreibungen für sich prüfen und gegebenenfalls widerlegen, bestätigen, ergänzen oder/und differenzieren.

In einer ersten Übung soll zunächst versucht werden, ein Amen lang, gedehnt, die Laute jeweils anhaltend zu singen (etwa A – M – E –N oder anders notiert: AAAAA-MMMMM-EEEEE-NNNNN), um die Schwingungen des gesungenen Amen im Körper zu spüren und zu berichten. Bevor die Luft zum Singen ausgeht, wird das Amen (oder die später gesungenen einzelnen Laute A, M usw., s.u.) mit der restlichen Luft ausgehaucht. AMEN schwingt regulär im Brustbereich und hat die Tendenz sich im ganzen Körper, aber vor allem im Brustbereich und Oberkörper (Hals, Kopf) auszudehnen. Danach wird das Amen zerlegt. Für jeden Laut A, M, E und N wird jeweils nachgespürt, wo es schwingt, wenn jener anhaltend gesungen wird. In Ergänzung folgen dann noch U, O und I. In Übereinstimmung mit den Zuordnungen der Vokale zu den Chakren (s. Kap. 8.1, insbes. 8.1.1 bis 8.1.8 und die folgende Tabelle 4) werden vorwiegend das A im Brustraum, dort idealerweise mittig und von hier aus nach allen Seiten hin ausstrahlend, E vor allem im Halsbereich und U im Beckengrund, Damm- sowie unteren Rumpfbereich, O vor allem im unteren Bauchbereich und I im Kopfbereich bis zum Hals gespürt. Beim O hängt der Schwingungsbereich im Bauch von der genauen Formung und Aussprache des O ab (s. Tabelle 4). Nur wenn das O betont wird und die Lippen entsprechend zu einer kleinen Öffnung und Rundung gespitzt werden, schwingt das O idealerweise im unteren Bauchbereich und -zentrum. Das M kann nach meinen Erfahrungen im ganzen Körper schwingen. Das N schwingt vor allem im Kopf- und Hals- und Nackenbereich (bis zum Schultergürtel). Tatsächlich werden die gesungenen Laute von den Übenden, zumindest in körperlich-seelisch stärkeren oder dominanten Körperbereichen, auch für gewöhnlich entsprechend gespürt. (Das gilt aber eben nicht, wie oben angesprochen, für die betreffenden Laute in Problemzonen.) Zur Veranschaulichung der Wirkung selbst kleiner Veränderungen in Betonung, Lautbildung oder Mimik lasse ich zudem das M einmal entspannt singen, d. h. eher mit leicht hängenden Lippenwinkeln, und einmal eher lächelnd, d. h. mit etwas leicht gehobenen Mundwinkeln. Übende mit hinreichender Körperwahrnehmung berichten dann beim gelächelten M einen gegenüber dem entspannten M erhöhten Körperbereich (z. B. Hals versus Brustkorb). Das M bzw. dessen Resonanz wird bereits dann vergleichsweise höher bzw. weiter zum Kopf hin gespürt.

Tabelle 4

Zuordnung von Vokalen zu Chakren

Chakra	Vokal
Scheitelzentrum:	I (mit leicht gehobenen Mundwinkeln)
Stirnzentrum:	I (mit entspannten Mundwinkeln)
Halszentrum:	E
Herzzentrum:	A
Sonnengeflechtzentrum:	zwischen O und A („oa")
Nabelzentrum:	offenes O („oh")
Sakralzentrum:	geschlossenes O („ooo")
Wurzelzentrum:	U

Diese Bereiche decken sich auch weitgehend mit den Atembereichen der entsprechenden Laute bzw. Vokale nach der Atemlehre von Middendorf (1991). Unterschiede können durch die dort unterbliebene Lautbildung, denn diese werden dort nur gedacht, innerlich bzw. schweigend gesungen oder kontempliert, und die Art und Weise der Vorstellung, des Denkens, der Vergegenwärtigung der Laute erklärt werden. Zum Beispiel werden die Laute sowohl bei der Ein- und Ausatmung bei frei fließendem, jedoch bewusstem Atem still gedacht, gesungen oder vergegenwärtigt, aber ohne eine besondere Atem- und Meditationstechnik begleitet. Im Unterschied zu unserer Einordnung wird das E nach Middendorf (1991, S. 60-64) auch und vor allem in den Flanken des Brustraumes wahrgenommen und das O im oberen Bauchbereich.

Allein durch das Singen der Vokale und dem Nachspüren der Schwingungen bzw. Resonanz im Körper werden Zusammenhänge bewusst und lassen sich Wirkungen von Mantras und Lauten erahnen. So breitet das A-M-E-N die Kraft des Herzzentrums, nämlich die Liebe, die Herzensgüte, das Mitgefühl und die Mitfreude, in uns in bestimmter Weise aus (vgl. mit drei der „vier göttlichen Eigenschaften", „himmlischen Wohnsitze" bzw. „ausgezeichneten, wertvollen

Geisteszustände" im Kap. 3.3.4.3). Nämlich, etwa im Sinne von: Die Liebe (A) erfasst uns ganz (M) oder etwas mystischer, wir werden ganz zu Liebe, also Reden, Fühlen, Denken und Tun (E) und selbst das Bewusstsein/der Geist (N) sind voller echter Liebe und damit voller Herzensgüte, Mitgefühl und Mitfreude. Auf knappe Weise verkörpert und aktiviert das Mantra AMEN die Frohe Botschaft des Christentums oder des (japanisch) Amida-Buddhas (er symbolisiert Mitgefühl, Erbarmen und Weisheit, im Sanskrit: Amitabha, auch geschrieben „Amithabha") und vor allem des ihm zugeordneten Bodhisattvas Avalokiteshvara für Mitgefühl und Barmherzigkeit. Wobei prinzipiell sich alle Bodhisattvas als Erleuchtete durch Barmherzigkeit, Mitgefühl, Altruismus – getragen durch Einsicht und Weisheit – auszeichnen, aber Avalokiteshvara verkörpert und steht ganz, herausragend und besonders dafür. Das AMEN hilft als Mantra, genau diese Kraft und Botschaft in uns zu entfalten. Diese Kraft und Botschaft werden hier nicht durch den rituellen Gebrauch und die sprachliche Bedeutung (hebräisch, etwa: So sei es! / So soll es geschehen!) vermittelt, sondern durch die Aktivierung der Resonanzräume. Wenn Sie also jeden Tag das Amen wiederholt für einige Zeit bewusst singen, dann werden in ihnen bzw. in ihrem Erleben und Verhalten mit großer Wahrscheinlichkeit die Liebe und entsprechend Herzensgüte bzw. Barmherzigkeit, Mitgefühl und Mitfreude wachsen. Durch eine Optimierung der Art und Weise des Singens und Meditierens mit dem AMEN ließe sich die Wirkung dann noch um einiges steigern und beträchtlich verstärken.

Wir wollen hier jedoch weder das christliche Amen noch das hinduistische oder buddhistische Om oder Aum meditieren. Vielmehr wollen wir, wie bereits angeführt, die von einem religiösen Kontext möglichst unabhängigen Vokale nutzen. Als Urmantras oder anthropologische Urlaute wollen wir sie nutzen, um die betreffenden Chakren bzw. Zentren in Schwingung bzw. Resonanz zu versetzen und dadurch energetisch zu stärken, zu harmonisieren und zu entspannen. Im Unterschied zur Atemlehre von Middendorf (1991) nutzen wir dazu bewusst die erfahrungstradierte Zuordnung der Vokale zu den Zentren (s. Kap. 8.1 und Abbildung 8 sowie Kap. 8.1.1 -8.1.8, zusammengefasst, s. o., in Tabelle 4). Es werden also die angemessenen Vokale und die Konzentration auf den betreffenden Körperbereich bzw. das jeweilige Zentrum zur Meditation vorgegeben. Dieses Muster ist dennoch nur als ein Angebot zu verstehen, mit dem man sich die Meditation vereinfachen kann. Es muss keiner glauben und einfach übernehmen. Sie können alles selbst für sich kritisch prüfen und entsprechend entwickeln und verändern. Bevor Sie jedoch einen eigenen Weg gehen, kann es sehr hilfreich sein, vor allem unter der Bedingung, dass Sie diesbezüglich noch relativ wenig Erfahrung oder Routine haben, mit Hilfe eines solchen angebotenen Musters erst grundlegende Erfahrungen zu sammeln und sich hinreichend Wissen und Können anzueignen. Durch das anfängliche Üben nach diesem Muster können viel Zeit und Energie bzw. Aufwand und Mühen gespart werden und die verfügbaren Ressourcen möglichst sparsam und wirkungsvoll eingesetzt werden.

Gerade im Störungs- oder Krankheitsfall fehlt es mehr oder weniger an der Wahrnehmung, Aufmerksamkeit und Konzentration in den von der Krankheit oder Störung betroffenen Bereichen (Problemzonen) im Allgemeinen und in den betroffenen Energiezentren im Besonderen. In jenen Energiezentren tun sich die Betroffenen, wie bereits angesprochen, mehr oder weniger schwer, irgendwelche Schwingungen wahrzunehmen und den passenden Vokal zum Körperbereich bzw. dem jeweiligen Energiezentrum zu finden. Wobei auf der Chakren-Ebene selbst zwischen seelischen und körperlichen Störungen, Erkrankungen, Gebrechen nicht unterschieden werden kann. Umgekehrt wirkt sich eine Meditation in diesen besonderen Körperbereichen und Energiezentren entsprechend sowohl auf die körperliche als auch seelische Erholung, Stärkung und Heilung aus. Obwohl das jeweilige Zentrum energetischer, feinstofflicher Natur ist, kann es im betreffenden Körperbereich wahrgenommen und gespürt werden (s. auch Kap. 7).

Die Vokale bzw. stimmhaften Laute haben als Urmantras nach meiner langjährigen Erfahrung den klaren Vorteil, dass diese – etwa gegenüber den Farben (s. Kap. 8.4) und vor allem komplexeren Mantras (s. o.) – grundsätzlich von jedem Menschen, also unabhängig von deren ethnischen und kulturellen Zugehörigkeiten und individuellen Erfahrungs- und Lebensgeschichten, in den betreffenden Chakren gespürt und erfahren werden können. Zwar haben auch einzelne Yantras bzw. grundlegende, einfache geometrische Formen, wie etwa der Kreis, offensichtlich eine grundsätzlich oder weitgehend archetypische und die Menschheit und ihre jeweiligen Traditionen übergreifende Bedeutung und Symbolik. Aber selbst dies wird durch die jeweilige Kultur und eigenen Lebenserfahrungen beeinflusst und eventuell sogar überschrieben bzw. wesentlich verändert (vgl. auch Brenner, 1999, S. 97). Spätestens nach einiger, regelmäßiger Übung werden die Vokale gemeinhin und zuverlässig entsprechend ihrer Zuordnung in den Chakren gespürt und erfahren.

Eine Ausnahme von der Regel fand ich bei Tenzin Wangyal Rinpoche (2009, ab S. 31) der mit der „Silbe" und dem „Klang A" das Stirnchakra in Schwingung versetzt. Mit dem von ihm aufgenommenen Gesang des A auf der in seinem Buch beiliegenden CD bringt er tatsächlich den Raum über der Nasenwurzel und zwischen den Augenbrauen zum Schwingen. Das A singt er aber auch deutlich anders, als wenn Sie es im Herzzentrum bzw. in der Brustmitte spüren. Sein A hört und spürt sich – im Unterschied zu einem A in deutscher Sprache – sehr deutlich nasaliert an und über der Nasenwurzel in der unteren Stirnmitte konzentriert. Interessant ist hierbei der Zusammenhang, dass in der traditionellen chinesischen und tibetischen Medizin die Herzenergie nicht nur der Freude, sondern auch dem wachen, lebendigen Verstand und Geist zugeordnet ist (vgl. mit dem Stirnzentrum, Kap. 8.1.7). Singen Sie das A jedoch ohne Nasalierung, offener und lassen es fließen, so schwingt es schwerpunktmäßig brustmittig in Ihrem Brust- bzw. Herzzentrum.

Zur Vorbereitung und Ergänzung dieser Selbsterfahrung kann auch das Hören und Erspüren von Musik und Klängen dienen und benutzt werden. Bestimmte Musik, Klänge, Gesänge, Instrumente, Spielweisen usw. schwingen vorwiegend in bestimmten Körperbereichen und somit in bestimmten Zentren. Diese musikalischen Beispiele können benutzt werden. So bieten sich beispielsweise für den Kopfbereich etwa Gregorianische Gesänge an. Im Herzbereich und Herzchakra schwingt die sakrale Musik – vor allem die der Messen – von Wolfgang Amadeus Mozart. Mit tönenden tibetischen Klangschalen gelingt es, prinzipiell in jedem Körper- und Chakrenbereich Resonanzen zu erzeugen bzw. erzeugen zu lassen und – eventuell aber erst nach einiger, regelmäßiger Übung – sicher zu spüren. Das Hören einer tibetischen Klangschalenmeditation, wo unterschiedliche Klangschalen in gewisser Systematik angeschlagen und dadurch zum Klingen gebracht werden, kann sich durch die Konzentration und Wahrnehmung des Körpers – also über das achtsame Spüren der entsprechenden Resonanzen in den Körperteilen und Chakren – zu einer wohltuenden, sanften, ganzheitlichen Seele-Körper-Massage entwickeln. Auch das Achten auf solche Zusammenhänge beim Hören und Spüren neuer, unbekannter Musik kann zur Wahrnehmung und Sensibilisierung solcher Zusammenhänge dienen. Aber selbst das achtsame Empfinden und Nachspüren im Körper und in Chakren beim Spielen und Hören von bereits bekannter oder geliebter Musik kann diesbezüglich noch zu neuen, bewussten Eindrücken, Erfahrungen und Einsichten führen.

Um die Wirkung der Vokale zur Chakrenmeditation zu nutzen und zu optimieren, gelangen die in den folgenden Unterkapiteln (Kap. 8.3.1- 8.3.3) erläuterten und begründeten Techniken und Prinzipien zum Einsatz. Durch die Verbindung mit dem Atem über das dritte Prinzip wird aus der Chakrenmeditation mit Vokalen sogar eine Atem-Vokal-Chakren-Meditation. Durch die gezielte Einbindung des Atems und Atmens wirkt diese Meditation energetisch besonders aufbauend und stärkend. Bevor diese Chakrenmeditation zur Anwendung gelangt und geübt wird, sollte der eigene Atem mindestens ein Stück weit vertraut sein sowie beherrscht (reguliert und mit ihm meditiert) werden können. Also vor allem die Atemtechniken aus Kapitel 3.4 und die Atemmeditation aus Kapitel 3.5 sollten vertraut sein und angewendet werden können. Durch regelmäßige Körperreisen (s. Kap. 7) sollten weiter das aufmerksame Wahrnehmen und Spüren des Körpers, vor allem auch der Chakren und möglicher Schwingungen, Vibrationen bzw. Resonanzen vorbereitet und geübt sein.

Im Qigong habe ich erst 2009 das Üben mit den sechs Lauten in zwei Seminaren der SMS – der Internationalen Gesellschaft für Chinesische Medizin mit Sitz in München – bei Frau Dr. Engelhardt kennen gelernt. Von Engelhardt (2007a), Jiao (1988) und Jochum (2006) werden diese Übungen, ihre Grundlagen und Hintergründe beschrieben und erläutert. Auf CD sind diese Laute bei Engelhardt (2005) und Jochum (2006) zu hören. Die Laute und Übungen unterscheiden sich in einigen Einzelheiten. Im Unterschied zu der von mir hier entwickelten und dargelegten Chakrenmeditation mit Vokalen betreffen diese Laute die 6 Meridianpaare bzw. Funktionskreise der traditionellen chinesischen Medizin, die mit den Wandlungsphasen, d. h. Holz, Feuer, Erde, Metall und Wasser, und den Jahreszeiten verbunden sind (s. dazu Kap. 8.1). Präziser sind es im Einzelnen 5 Yin-Leitbahnen bzw. Yin-Meridiane (Niere, Leber, Herz, Milz und Lunge) und eine Yang-Leitbahn (Dreifacher Erwärmer) dieser Paare, die den 6 Lauten zugeordnet sind. Nach Engelhardt (2007a, S. 414) ist es 1. „xu" für (den Funktionskreis – hier im Sinne von „Meridian") Leber, (Wandlungsphase) Holz und (Jahreszeit) Frühling, 2. „ke" für Herz, Feuer, Sommer, 3 „hu" für Milz, Erde, alle Jahreszeiten, 4. „xie" für Lunge, Metall, Herbst, 5. „chuyu" für Niere, Wasser, Winter und 6. „xi" für Drei Wärmebereiche (Dreifacher Erwärmer), ministerielles Feuer, alle Jahreszeiten. Milz und Erde werden für gewöhnlich auch gesondert dem Spätsommer – quasi als fünfter Jahreszeit – zugeordnet. Die Laute können im Liegen, Sitzen, Stehen oder in Bewegung mit dem Ausatmen erzeugt werden. Nach Engelhardt (2007a) werden die 6-Laute-Übungen mit einer Bewegungsübung zur Harmonisierung der Atmung eingeleitet und beendet und jeder Laut mit einer besonderen Bewegungsübung im Stand verbunden. Es wird durch die Nase eingeatmet und durch den entsprechend geformten Mund mit dem Laut aus. Dabei kann der Laut kürzer oder länger nur gedacht ausgeatmet oder leise bis laut mit dem Ausatmen erzeugt werden. Dabei kann die jeweilige Qi-Leitbahn und Wirkung des Lautes (auf die betreffende Qi-Leitbahn bzw. den betreffenden Qi-Fluss und alle Aspekte des Funktionskreises) vorgestellt oder/und achtsam, bewusst vergegenwärtigt, erspürt und wahrgenommen werden (vgl. Diskussion über Vorstellung versus achtsame Wahrnehmung im Kap. 7). Da den betreffenden Wandlungsphasen bzw. Funktionskreisen auch Farben zugeordnet sind, bestände zumindest auch hier die Möglichkeit – wie auch bei den Chakrenmeditationen mit Farbe (s. Kap. 8.4) – sich darüber hinaus jeweils die dazugehörige, passende Farbe vorzustellen bzw. zu visualisieren. Mindestens für die 5 Yin-Leitbahnen ginge dies problemlos. Standardmäßig wäre dies also für Niere die Farbe Schwarz, für Lunge Weiß, für Leber Grün, für Milz Gelb, für Herz Rot (z. B. Jiao, 1988, S. 294). Hempen (1991, S.76) gibt für die Leber „blau/grün" an, während Porkert (1989, S. 133) neben „grün" auch noch „blaugrün" aufführt. Jochum (2006) ordnet dem Funktionskreis Niere zusätzlich, also neben dem Schwarz, noch die Farbe Dunkelblau zu. Der Dreifache Erwärmer dagegen hat keine Farbe. Diese Übungen haben sowohl einen ausleitenden, reinigenden als auch einen aktivierenden, regenerierenden, kräftigenden, nährenden Aspekt. Welcher Aspekt überwiegt, hängt von der Art und Weise des Übens, also der konkreten Durchführung ab. Je leiser und stiller die Laute gebildet werden, desto weniger leiten sie überschüssige oder negative Energie aus und umso mehr wirken sie auf das betreffende Qi bzw. den Funktionskreis nährend, kräftigend, stärkend. Dies gilt auch für die Atem-Vokal-Chakren-Meditation – zumindest soweit sie allein, für und mit sich durchgeführt wird (vgl. Kap. 8.3.2). Dies entspricht einfach den allgemeinen Erfahrungen und grundlegenden Zusammenhängen und Wirkungen meditativer, energetischer Atemarbeit mit Lauten und Mantras. Je länger der Laut ausgeatmet wird, desto stärker ist nach Engelhardt (2007a) die ausleitende Wirkung. Dies wird für die Atem-Vokal-Chakren-Meditation jedoch zu differenzieren sein (s. Kap. 8.3.3). Jeder einzelne Laut soll wiederholt, etwa sechsmal gebildet und ausgeatmet werden. Im akuten Krankheitsfall können zwar die akut betroffenen Laute ausgewählt und geübt werden, aber grundsätzlich wird auch hier empfohlen, alle 6 Laute nacheinander täglich zu üben. Es zeigt sich also auch hier wieder, dass bestimmte und mindestens ähnliche Prinzipien des Vorgehens bei EMS und ihrer Wirkung sich offenbar aus der Erfahrung ergeben, in der Anwendung bewähren und entsprechend empfohlen sowie beim Üben besser berücksichtigt werden.

8.3.1 Das 1. Prinzip zur Atem-Vokal-Chakren-Meditation: Möglichst Tief!

Um die einzelnen Zentren im Rumpf überhaupt durch ein irgendwie geartetes Singen des jeweils zugehörigen Vokals in Schwingung oder Resonanz zu bringen und möglichst deutlich spüren zu können, sind diese tief zu singen. Es handelt sich also um die Chakren vom Wurzelzentrum bis zum Herzzentrum und deren zugehörige Vokale U bis A, die der Tabelle 4 im vorherigen Kapitel und der Abbildung 8 am Ende des Kapitels 8.1 zu entnehmen sind. Je tiefer das Zentrum liegt, das Sie mit einem Vokal anregen wollen, desto tiefer müssen Sie prinzipiell singen, um es spürbar und kräftig in Schwingung versetzen zu können. Sie können mit der Tonhöhe – besser Tontiefe – selber experimentieren, um Ihre Erfahrungen und ein eigenes Verständnis zu gewinnen. Wählen Sie sich ein Zentrum im Rumpf aus, zu dem Sie einen relativ guten Zugang haben, welches Sie also leichter, deutlicher und angenehm spüren. Vielleicht eignet sich beispielsweise bei Ihnen besonders das Herzzentrum mit dem Vokal A und Sie nehmen und fokussieren es versuchshalber. Jetzt singen Sie das A einmal anhaltend bewusst sehr hoch und spüren im Herzzentrum, d. h. brustmittig, nach. Anschließend singen Sie dieses A sehr tief und spüren der Resonanz im Herzzentrum nach. (Wenn Sie wollen, können Sie die beiden Übungen natürlich auch in umgekehrter Reihenfolge ausprobieren, also erst tief, dann hoch singen. Wichtig ist nur der Vergleich. Allerdings bahnt das tiefe A die Empfindung des hohen A und begünstigt so dessen Wahrnehmung.) Sie werden entdecken, dass nur das tief gesungene A deutlich im Herzzentrum schwingt und Kraft und Wirkung entfaltet. Das hoch gesungene A bleibt dagegen in diesem Bereich schwach, genauer, es wird hier nur wenig oder schwach empfunden. Obwohl es prinzipiell hier schwingt und hingehört, entwickelt es dann kaum bzw. nur noch wenig Resonanz und Kraft im Herzzentrum. Es bleibt und schwingt vielmehr ab einer gewissen Tonhöhe fast nur noch im Hals-Kopf-Bereich. Dieser Zusammenhang gilt auch für die anderen gesungenen Vokale bzw. Laute im Rumpfbereich. So erzeugt etwa nur ein tiefes O eine deutliche Resonanz im Sakralzentrum und ein sehr hohes O bleibt offenbar, entgegen oder trotz der Zuordnung nach Tabelle 4, weitgehend im Kopf. Genau das passiert zum Beispiel bei gregorianischen Gesängen. Trotz der Verwendung der ganzen Palette an „christlichen Mantras" und Vokalen schwingt diese Musik vorwiegend im Kopfbereich bis maximal zum Hals. Bei diesen Gesängen entsteht bei mir unwillkürlich das Bild langsam und anmutig über den Boden schwebender Geister oder Mönche. Deren Köpfe sind deutlich in hellen, weißen Kutten eingehüllt oder erstrahlen mit Tonsur, die Körper dagegen werden in hellen, weißen, fallenden Kutten oder

Gewändern nur angedeutet. Das Gefühl des Schwebens, der Leichtigkeit und Körperlosigkeit entsteht auch durch die bewusst hohen und im Kopf zentrierten Stimmen der singenden Männer. Hinzukommen und verstärkend wirken der Hall und die Klangwirkung der großen, weiten, sphärischen Kirchenräume, in denen so gesungen wird. Wie die Selbsterfahrung zeigen sollte, bleiben wir mit sehr hohen Gesängen im Kopfbereich und gelangen erst gar nicht in den Rumpfbereich. Mit tiefen Stimmen, Gesängen gelingt uns das einfach auf natürliche Art und Weise. Mit tiefem Singen gelangen wir aber auch überhaupt erst spürbar und kraftvoll in die Zentren des Rumpfes.

In den höheren Zentren, also ab Halszentrum und insbesondere in den beiden Kopfzentren könnten dagegen die betreffenden Vokale (E und I) jeweils auch hoch gesungen werden, um möglichst viel Resonanz zu erzeugen. Im Stirn- und Scheitelzentrum könnte das I sogar sehr bis extrem hoch gesungen werden. Die Wirkung einer hohen und sehr hohen Stimme („Kopfstimme") können Sie ebenfalls ausprobieren und selbst erfahren, indem Sie sich beispielsweise auf das Stirnzentrum konzentrieren und möglichst hoch, anhaltend ein I singen. Sie können dann feststellen, dass bei einem solchen und hinreichend hohen I nicht nur das Stirnzentrum schwingt, sondern auch Kiefern- oder Schädelknochen anfangen zu schwingen. Die Resonanz kann auf diese Weise sogar unangenehm werden. In jedem Falle wird die Resonanz so stark, dass innere Klarheit, Ruhe und Konzentration zugunsten rauschartiger Gefühle und Empfindungen abnehmen, vielleicht sogar verloren gehen. Während die meditativen Merkmale sowie auch das Zu-sich-kommen, Bei-sich-sein und In-sich-ruhen abnehmen, nehmen die ekstatischen, rauschhaften (Trance-) Merkmale zu, wie Euphorie, Zustände des Sich-entäußerns, Aus-sich-herausgehens und des Außer-sich-seins. Um den meditativen Charakter dieser Übungen zu erhalten, kann es also durchaus sinnvoll sein, auch bei diesen Zentren tiefer zu singen, um allzu starke Schwingungen mit den Vokalen zu vermeiden. Bei tiefen Tönen bleiben die Schwingungen der gesungenen Vokale (E und I) im Hals- und in den beiden Kopfzentren sanft, angenehm und quasi „überschaubar". Innerliche Klarheit, Ruhe, Gelassenheit und Konzentration bleiben so erhalten. Die Schwingungen bzw. Resonanz, die im Hals und Kopf erzeugt werden, bleiben trotzdem deutlich spürbar und hinreichend stark.

Hamel (1981) veranschaulicht die hier wichtigen akustischen Zusammenhänge und Gesetzmäßigkeiten des menschlichen Resonanzkörpers am Monochord. Das Monochord besteht aus einem kastenförmigen, verstärkenden Resonanzkörper, über den eine Saite gespannt ist. Zum einen existiert der Eigen- oder Grundton, das ist der Ton, wenn die ganze Saite schwingt. Die Tonhöhe hängt von der Spannung, Länge, Durchmesser und Materialdichte/-festigkeit ab. Ähnlich hat jeder Mensch einen Eigenton, das ist der Ton, mit dem sein ganzer Körper bzw. sein ganzes Sein in Resonanz gerät. Physikalisch hängt dieser Eigenton entsprechend (u. a.) von der Körpergröße und dem Körperumfang ab und liegt bei erwachsenen Menschen im Infrabereich, also nicht mehr hörbar tief. Es lässt sich jedoch musikalisch und meditativ die Erfahrung machen, dass es für jeden Menschen einen hörbaren individuellen tiefsten „Eigenton" gibt, der den Körper und mit ihm die Psyche und den Geist in eine spürbare, größtmögliche, eben die ganze Person betreffende (Eigen-) Resonanz versetzt. Wir können uns dazu an den tiefen tibetischen Gesängen und Rezitationen von Mantras und heiligen Texten tibetischer Mönche – beispielhaft an den bekannten OM-Gesängen – orientieren. Diese sehr tiefen Gesänge bzw. Töne werden jedoch mit speziellen Techniken erreicht. Sie werden nicht einfach in der üblichen, abendländisch-musikalischen Art und Weise gesungen. Um diesen Eigenton erreichen und mit ihm meditieren zu können, werde ich im Kapitel 8.3.3 im Zusammenhang mit dem dritten Prinzip zur Atem-Vokal-Chakren-Meditation ebenfalls eine besondere Technik des Atmens und Tönens mit den Vokalen noch darlegen. Unabhängig von den einzelnen, speziellen Techniken werden die verwendeten Laute, Mantras oder Rezitationen dann nicht mehr im üblichen Sinne gesungen, sondern diese (und damit auch Sie) erklingen und tönen dann idealerweise in ihrer individuellen, maximalen Tiefe im und aus dem Körper der Person. Zur Chakrenmeditation schwingt dann spürbar und tönt hörbar der jeweilige Laut bzw. Vokal sowohl in seinem Zentrum als auch – über den Eigenton – im ganzen Körper. Denn in Ihrer Tiefe bzw. im Eigenton schwingen Sie ganz – als Person schwingen und tönen Sie (selbst) als Ganzes. Nach diesem eher weniger singbaren Eigenton richten wir auch unser „Vokalsingen" – eben besser „Vokaltönen" – aus. Sie kennen ihn vielleicht noch nicht. Sie werden ihn jedoch mit der Zeit erfahren und zunehmend sicherer erkennen und anwenden können. Er ist wahrscheinlich noch wesentlich tiefer, als Sie es als Anfänger vermuten werden. Vielleicht geht es ja noch ein wenig tiefer, mehr zum Eigenton hin? Durch den Eigenton oder das möglichst tiefe – idealerweise eben tiefst mögliche – Tönen bleibt das jeweilige Zentrum mit dem zugeordneten Vokal in der Ganzheit, der Person eingebunden, quasi „geerdet". Die Person als Ganzes bildet den schwingenden Hintergrund und das jeweilige Zentrum den fokussierten Vordergrund. Das Zentrum mit dem betreffenden Vokal schwingt auf diese Art in Resonanz mit dem ganzen Körper und Selbst und wird gleichsam so getragen und eingebettet, was zur Sicherheit und positiven Wirkung dieser Chakrenmeditation beiträgt.

Mit den Chakren werden mehr oder weniger Verhältnisse zum Eigenton eingegangen, die den Obertönen des Grundtons eines Monochords entsprechen. In Übereinstimmung damit – allerdings im Unterschied zu meinem Vorgehen – lässt Peter Michael Hamel die Vokale zwar so tief wie möglich beginnen, also im Wurzelzentrum, am besten mit dem Grund- bzw. Eigenton, um dann aber mit jedem Chakra und dem betreffenden Vokal etwas höher, also zunehmend höhere Obertöne des Grund- bzw. Eigentones, zu singen. Aus dem jeweiligen musikalischen Verständnis und Wissen heraus können zum Singen und zur musikalischen Chakrenarbeit und -meditation bestimmte Zuordnungen von Tönen und Tonverhältnissen zu den Chakren vorgenommen werden (vgl. auch Hamel, 1981). Z. B. empfehlen Vollmar (1994, S. 92) und Sharamon und Baginski (1988, S. 234) in einfacher Weise die Intonierung (das Anstimmen) der Chakren entsprechend der Tonleiter, also vom Wurzelzentrum mit einem C aufwärts bis zum Scheitelzentrum mit einem H. Durch eine solche Zuordnung werden die unterschiedlichen Chakren mehr hörbar symbolisiert aktiviert als direkt über eine spür- und fühlbare Resonanz angesprochen. Zur Umsetzung bestimmter Tonzuordnungen ist ein musikalisches Können und Wissen notwendig. Für unsere Arbeit und unser Vorgehen ist dies nicht erforderlich. Es reicht dazu, als Maxime oder Ziel zu beachten, die Vokale möglichst tief anzustimmen (s. auch Kap. 8.3.3), und sich entsprechend zu bemühen. Obwohl jeweils bzw. mit jedem Chakra dieser tiefste, ureigenste, persönliche Ton, also der Eigenton, angestrebt wird, ist die genaue Tonhöhe bzw. -tiefe nicht so wichtig. Wichtig ist vielmehr, dass das innere Gefühl und Empfinden, mit dem Ton ganz bei sich zu sein, zu schwingen und zu vibrieren, erreicht wird. Die Zentren können dennoch in der Praxis bezüglich der Tontiefe etwas differieren.

Anfänger haben nicht nur häufig Probleme, überhaupt in die Tiefe oder sogar maximal hinab zu ihrem erzeug- und hörbaren Eigenton zu gelangen. Zudem variiert diese Schwierigkeit für gewöhnlich für jeden Anfänger individuell zwischen den einzelnen Zentren. Es gibt also für den einzelnen Anfänger Zentren, wo er sich vergleichsweise leicht mit dem Spüren und dem Erzeugen eines tieferen Tones bzw. Lautes tut, und Zentren, in denen ihm das eben weniger oder gar nicht gelingt. Im letzteren Fall kann u. U. nichts gespürt werden und der Ton bzw. Laut bleibt vergleichsweise hoch. Diese Unterschiede sind erfahrungsgemäß unabhängig von der Höhe des Zentrums, das bedeutet z. B., dass auch der Laut eines körperlich höher liegenden Zentrums von einer bestimmten Person viel tiefer gesungen und erklingen kann als beim Laut eines tieferen Zentrums. Ein Patient kann beispielsweise beim Sakralzentrum mit dem O – trotz seines

Bemühens um maximale Tiefe – vergleichsweise hoch bleiben, während er beim Stirnzentrum keine Schwierigkeiten hat, das I wesentlich tiefer zu singen bzw. zu tönen. Im Stirnzentrum ist er offensichtlich viel präsenter, wirksamer und stärker als im Sakralzentrum. Einem solchen Muster stehen sogar die physikalischen, anatomischen Verhältnisse entgegen, wonach es umgekehrt einfacher sein sollte, in den unteren Zentren, wie dem Sakralzentrum, tiefer zu werden. Aber auch die mögliche Vermutung, dass der Patient mit jedem Chakra, das er anstimmt, besser wird und daher die Reihenfolge beim Probieren oder Üben eine Rolle spielen könnte, lässt sich in der Praxis nicht halten und wird durch die Erfahrung widerlegt. Denn eine Zunahme der Tiefe mit jedem weiteren angestimmten oder höheren Chakra passiert nicht regelmäßig und nicht zuverlässig. So kommt es häufig vor, dass das E im Halszentrum oder das I im Scheitelzentrum, obwohl vergleichsweise spät bzw. nach den unteren angestimmt, relativ hoch bleibt. Auch kann es vorkommen, dass die Laute unterer Zentren, obwohl früher oder zuvor angestimmt, tiefer gesungen und intoniert werden als höhere Zentren. Aber auch hier bestehen dann zumeist intraindividuelle Unterschiede, die nicht auf die Reihenfolge oder Häufigkeit des Intonierens und die anatomische Höhe im Körper zurückgeführt werden können.

Diese Probleme und Unterschiede sind letztlich und wesentlich abhängig von der Stärke bzw. Energie des Zentrums. Der energetische Zustand eines Zentrums hängt wiederum direkt mit der geistigen, seelischen und körperlichen Stärke und Gesundheit des betreffenden Bereiches und seiner zugehörigen Funktionen zusammen. Der energetische Zustand eines Zentrums kann dabei als Ausdruck, Spiegel oder Folge des gesundheitlichen und leistungsmäßigen Zustandes desselben gesehen werden. Es kann aber auch als grundlegende, bedingende Größe verstanden werden, die die Gesundheit und Leistung des Zentrums und der beinhalteten geistig-körperlichen Aspekte und Funktionen nicht nur zusammenfassend beschreibt, sondern auch festlegt und bestimmt. Bei diesem Begriff der Energie handelt es sich logischerweise um einen theoretischen Begriff und ein Konzept. Dieser ist, wie insbesondere im Kapitel 8.1 deutlich werden sollte, nicht unbedingt mit dem oder einem materiellen, physikalisch-naturwissenschaftlichen Energiebegriff gleichzusetzen und bleibt sogar im Unterschied dazu intuitiv, analog oder sogar metaphorisch. Allerdings passen dieser Begriff und sein Verständnis, seine Bedeutung und Verwendung sehr gut zu dem inneren Erleben und Empfinden. Er stimmt mit den subjektiven Erfahrungen überein und beschreibt diese sehr treffend und angemessen. Je intensiver, stärker und angenehmer ein Zentrum sich anfühlt, desto tiefer und spürbarer gelingt unmittelbar der Laut in diesem Zentrum und desto leistungsfähiger und gesünder sind die betroffenen Aspekte und Funktionen. All diese unterschiedlichen Erfahrungen lassen sich mit dem Energiestand des jeweiligen Zentrums in Zusammenhang bringen und erklären.

Durch psychologische und medizinische Analysen ließen sich zuvor Erwartungen bzw. Hypothesen für den jeweiligen Patienten, seine Zentren, deren Energiezustände und ihren beobachtbaren sowie zu prüfenden Konsequenzen ableiten. Insbesondere über die mentale Leistungsfähigkeit, die seelische und psychosomatische Gesundheit, Kompetenzen und Ressourcen kann ich mir als Psychologe und Psychotherapeut eine sehr umfassende, präzise und detaillierte Kenntnis verschaffen und entsprechend genaue Aussagen und Vorhersagen für die einzelnen Zentren einer Person folgern. Aber auch die körperlichen Aspekte sind dementsprechend – in Zusammenarbeit mit den untersuchenden und behandelnden Ärzten – gut dokumentiert, abgeklärt und zu berücksichtigen. Meine betreffenden Erwartungen bzw. Vorhersagen über mögliche Schwierigkeiten, die Laute möglichst tief zu singen oder tönen zu lassen und in den Zentren zu spüren, und entsprechend die damit verbundenen Annahmen und Vermutungen wurden in der Erfahrung bisher regelmäßig bestätigt. Allerdings kenne ich meine Patienten in der Regel auch wirklich sehr gut, bevor ich auf eine solche Art und Weise mit ihnen arbeite. Wurden meine

Erwartungen jedoch ausnahmsweise nicht bestätigt, so lagen in diesen sehr seltenen Fällen neue, aktuelle und noch nicht berichtete bzw. besprochene oder bis dahin unerkannte körperliche, psychische oder soziale Entwicklungen (wie z. B. eine körperliche Erkrankung) vor. Diese konnten dementsprechend von mir noch nicht zur Formulierung der Erwartungen und Vorhersagen berücksichtigt und herangezogen werden. Rückblickend führten solche unerwarteten Ergebnisse im therapeutischen Prozess zu wichtigen Klärungen und neuen Erkenntnissen, wie etwa z. B. zur Entdeckung einer ernsten körperlichen Erkrankung.

Aber eine unzureichende, vergleichsweise geringe Tontiefe ist nur ein Hinweis – wenn auch ein grundlegender und entscheidender – auf energetische, gesundheitliche Probleme eines Zentrums. Es gibt noch weitere Qualitätsmerkmale des Vokaltönens, wie die Dauer und Stärke, die nach meiner Erfahrung über den energetischen Zustand und die zugeordneten körperlichen und seelischen Funktionen Auskunft geben. Anfänger schieben das gerne auf ihre momentane Zerstreutheit, fehlende Konzentration, Übung usw. zurück. Aber warum verändern sich dann die Qualitätsmerkmale des „Vokalsingens" bei einer Person intraindividuell zwischen den Chakren und zwar genau im Sinne der Erwartungen, die in Kenntnis der Stärken und Schwächen der Person aufgestellt wurden?

8.3.2 Das 2. Prinzip zur Atem-Vokal-Chakren-Meditation: Leise!

Grundsätzlich gilt der Zusammenhang, dass je lauter Sie den Vokal im betreffenden Zentrum ertönen lassen, desto stärker sind die Schwingungen, die Sie erzeugen und spüren können. Wenn Sie jedoch sehr laut, anhaltend und zudem tief tönen, dann müssen Sie, eben um die Lautstärke zu erreichen, sehr viel Anstrengung und Energie aufwenden. Die inneren Aufwendungen – die Kosten – steigen mit der Lautstärke stark an. Je lauter Sie werden, desto mehr wendet sich die aufgewendete Kraft als Schall nach außen, umso stärker – lautstärker – entäußern Sie sich dieser Kraft. Ein zunehmender Teil wird für die Lautstärke und damit eigentlich für die möglichst weite oder kräftige Übertragung des Lautes im Umfeld aufgewendet. Genau dieses möglichst weite, ferne oder kräftige, wachrüttelnde bis wahrlich erschütternde Hören und Verbreiten des Vokals im äußeren Umfeld verliert aber beim individuellen Meditieren – allein mit sich selbst – an Wichtigkeit und Bedeutung. Dies stellt sich natürlich wiederum anders da und müsste genauer differenziert werden, wenn die Vokale gemeinschaftlich, d. h. von mehreren Personen zusammen in einem Raum, meditiert und intoniert werden würden. Dies wären jedoch andere, besondere Bedingungen. Aber selbst laute, kräftige Schallschwingungen ließen sich prinzipiell durch eine entsprechende bewusste Konzentration und Aufmerksamkeit weitgehend oder zumindest stärker im Inneren und jeweiligen Zentrum bündeln. Aber dies würde wiederum sehr viel Übung und Konzentrationsfähigkeit voraussetzen und aktuell – zur Ausführung – eben sehr viel Konzentration, Aufmerksamkeit, Bewusstsein und Wille benötigen. Eine solche Kraft bzw. Kraftanstrengung scheint zwar weniger körperlich als vielmehr geistig, kognitiv zu sein. Dennoch handelt es sich auch hier um eine Form der Energie, die wiederum bzw. zusätzlich aufgewendet werden müsste und deren Verbrauch auch ganz körperliche Konsequenzen zur Folge hätte, gespürt werden und letztlich zu Ermüdung und Erschöpfung führen kann. Außerdem führt die körperliche, stimmliche Anstrengung zur Lautstärke zu einer größeren Gesamtaktivierung, die einer entspannenden, meditativen Versenkung eher entgegenläuft. Um die eigenen körperlichen sowie konzentrativen Kraftanstrengungen zu reduzieren und möglichst in innerer Gelassenheit und Ruhe zu bleiben, wäre es also sehr nützlich und ratsam, möglichst leise zu sein.

Danach wäre es sogar am besten, ganz leise, also still zu meditieren. Wenn die Vokale mit dem Ausatmen in die betreffenden Zentren nur noch gedacht werden, würde zumindest die körperliche, stimmliche Anstrengung sich erheblich – in Bezug auf Lautbildung und -ausdruck sogar völlig – reduzieren. Die Vokale werden hier bei der darzustellenden Methode verwendet, um die jeweiligen Zentren in eine möglichst spürbare Resonanz zu versetzen, die die Zentren besser wahrnehmen lässt und zudem energetisch effizient stärkt. Werden die Vokale mit der Ausatmung ins Zentrum nur still gedacht, so würden sich bei einem geübten Anwender ebenfalls Schwingungen bzw. Resonanzen in den betreffenden Zentren einstellen. Dies setzt jedoch einen fortgeschrittenen Stand des Übens und vergleichsweise hohen Grad der bewussten Konzentration, Aufmerksamkeit und des inneren Empfindens voraus. Je leiser die Vokale jeweils gesungen bzw. getönt werden, desto feiner werden die erzeugten und zu spürenden Schwingungen bzw. Resonanzen. Die Feinheit erreicht ein Maximum, wenn die Vokale nur noch mit dem Ausatem gedacht, d. h. ganz still, meditiert werden. Diese feinen Schwingungen werden von einem Anfänger oder von Menschen, die sich grundsätzlich körperlich schlecht spüren oder auch nur in den jeweiligen Bereichen, weil sie dort oder darauf bezogen somatische oder psychische Probleme haben, kaum oder nur sehr schwer wahrgenommen. Diese Menschen hätten in der Folge erhebliche Schwierigkeiten, das Verfahren im Stillen anzuwenden und zu erlernen. Das hörbare, leise und damit leichter im Körper wahrzunehmende und zu bestimmende Intonieren der Vokale kann dagegen diesen Menschen bei der Anwendung und dem Erlernen deutlich helfen.

Bei einem noch weiter fortgeschrittenen Stand der Übung könnten sogar die Vokale selbst weggelassen werden und die Zentren nur mit dem Ausatem langsam fließend angeatmet oder stärker angehaucht werden (s. dazu auch Kap. 8.2 und 8.3.3). In den Zentren wären dann ebenfalls feine, allein durch den Atem verursachte Schwingungen sowie etwa Wärme oder andere Empfindungen zu spüren. Je langsamer bzw. feiner hingeatmet wird, desto feiner werden die wahrzunehmenden Schwingungen. Durch die Mächtigkeit des Aus- bzw. Hinatmens kann die Resonanz und die Wahrnehmung derselben also noch einmal verstärkt werden. Wird jedoch sehr leicht, fein und langsam und entsprechend lange anhaltend in einen bestimmten Körperbereich oder ein Zentrum aus- bzw. hingeatmet, so steigen noch einmal deutlich die Ansprüche zur Wahrnehmung der resultierenden Resonanz und Wirkungen des Atems in diesem Bereich. Für den sehr geübten Anwender reicht jedoch grundsätzlich der bzw. jeder Ausatem zur „Beatmung" und damit zur Energetisierung der Zentren und Chakren-Meditation. Aber ein Anfänger und vor allem ein Patient mit Problemen in bestimmten energetischen Bereichen würde sich damit sehr – und auch unnötig – schwertun. Man braucht für gewöhnlich viel Geduld und eine lange Zeit der Übung, um auf diese stille Art und Weise mit dem Atem und den Chakren meditieren zu können.

Für weniger fortgeschrittene Übende wird offensichtlich die Resonanz und Wirkung des bewussten Hinatmens durch den für das jeweilige Zentrum geeigneten Vokal verstärkt. Allein durch die stille Hinzunahme des Vokals werden auch ablenkende Gedanken und Gefühle unwahrscheinlicher. Aber die Wirkung des Vokals besteht vor allem in seiner zielführenden Qualität. Der Vokal hilft die bewusste Aufmerksamkeit, Konzentration, Wahrnehmung und den (Aus-) Atem in dem zugehörigen Bereich zu halten und zu fokussieren (s. auch nächstes Kap.). Diese Unterstützung würde ohne den Vokal wegfallen und wäre dann allein mental durch bewusste Konzentration zu leisten.

Die körperlichen, physikalischen Schwingungen, die durch ein hörbares Tönen der Vokale im jeweiligen Zentrum erzeugt werden, helfen uns, vor allem am Anfang, aber selbst nach regelmäßiger Übung, uns dort zu konzentrieren, zu spüren und die erwünschten Wirkungen zu erfahren. Dazu reicht es aber, die Vokale leise tönen zu lassen. Wie Sie durch eigenes Experimentieren nachvollziehen können, sparen Sie auf diese Weise viel körperlichen und stimmlichen Aufwand, erhalten aber doch noch vergleichsweise gut wahrnehmbare Schwingungen und Wirkungen. Die Resonanzen sind hinreichend kräftig und stärkend, ohne aber zu viel Kraft und Aufwand zu benötigen. Die „Kosten-Nutzen-Bilanz" ist insbesondere für den Anfänger optimal. Aber auch angesichts und aufgrund aktueller Probleme etwa in der Aufmerksamkeit und Konzentration im Allgemeinen oder in und mit bestimmten Zentren im Besonderen kann die leise Intonierung und Nutzung der Vokale selbst bei fortgeschrittener Praxis sehr lohnend, angemessen und passend sein.

Wählen Sie für ein erstes Selbstexperiment ein Zentrum, dass Ihnen liegt und in dem Sie sich stark fühlen. Nur hier werden Sie als Anfänger sich überhaupt und die Unterschiede ausreichend wahrnehmen können. Tönen Sie dann einmal laut mit dem Vokal und einmal leise, in jedem Falle jedoch – wie im vorherigen Kapitel ausgeführt – sehr tief, am besten maximal tief. Auch beim leisen Erklingen des Vokals werden Sie wahrscheinlich noch verhältnismäßig gut die Schwingungen spüren. Das reicht zur Chakrenmeditation völlig aus. Mit dem leisen Tönen bleiben Sie stärker bei sich. Sie fallen auch in der Umgebung mit Ihren sehr tiefen, oft gewöhnungsbedürftigen Eigen- und Urtönen weniger auf. Anders wäre dies, wenn Sie, wie bereits erwähnt, in Gemeinschaft oder/und in entsprechend besonders dafür geeigneten Räumlichkeiten, wie etwa Kirchen, Konzertsälen oder Höhlen, mit den Vokalen tönen. Hier bekämen Sie die vermehrte Aufwendung für eine höhere Lautstärke sozial oder/und physikalisch als Echo und Resonanz mehr oder weniger zurück.

8.3.3 Das 3. Prinzip zur Atem-Vokal-Chakren-Meditation: Intensiv! & Durchführung und Anwendung

Ein zentrales Ziel ist, möglichst spürbare und wirksame Schwingungen in dem jeweiligen Zentrum zu erzeugen und somit eine optimale Kräftigung der Zentren zu erreichen. Aus den beiden vorangegangenen Unterkapiteln war zu entnehmen, dass die Vokale zur Chakrenmeditation möglichst tief und leise intoniert werden sollten und an die Ausatmung zu koppeln sind. Die Vokale sind also offenbar nicht (nur) einfach zu singen. Ein herkömmliches Singen hätte den Vorteil, dass die Vokale lange andauern und klingen könnten, um Schwingungen in den Zentren zu verursachen und wahrzunehmen. Beim Singen schwingen aber vor allem die Stimmbänder. Ein großer Teil der Energie und Vibrationen konzentriert sich im Stimmapparat und nicht – wie erwünscht – in den Zentren. Die Tiefe ist mit dem Singen schwer zu erreichen und belastet beim Singen zudem mehr oder weniger die Stimmbänder. Dies gilt umso mehr, je tiefer gesungen wird und je näher man zu seinem Eigenton gelangt. Einen Ausweg bietet das Tönen der Vokale in dem jeweiligen Körperbereich und Zentrum. Wenn das Tönen in noch darzulegender, angepasster Weise durchgeführt wird, bleiben die Stimmbänder und der gesamte Stimmapparat – je nach Können – weitgehend bis ganz in Ruhe, nichtbetroffen, unbelastet und geschont, auch wenn die Vokale, wie im Kapitel 8.3.1 ausgeführt, sehr tief und im Idealfall mit dem persönlich tiefsten Ton, eben dem Eigenton, erklingen. Sie tönen dann in – und für den Hörer aus – dem Körperbereich und Zentrum des betreffenden Vokals.

Es geht aber nicht nur darum, mit dem betreffenden Vokal im Zentrum zu tönen und dadurch Schwingungen bzw. Resonanz zu erzeugen. Schon allein das hätte eine positive

Wirkung vor allem in diesem Bereich und auf seine betreffenden Aspekte zur Folge und könnte etwa in diesem Bereich als eine angenehme, erwärmende innere Massage empfunden werden. Sondern es geht bei der hier vorgestellten und in meiner inzwischen über 30-jährigen psychologischen und psychotherapeutischen Praxis bewährten Version der Vokalmeditation zudem und sogar ganz wesentlich darum, die Energie des Atems (also Prana, Qi) zu nutzen und in das jeweilige Chakra mit dem Vokal zu bringen. Denn vor allem der Atem belebt, kräftigt, nährt und heilt das Chakra. Der Vokal und das Tönen dienen bei dieser Verwendung bzw. Methode vordringlich als Mittel, die bewusste Aufmerksamkeit, achtsame Wahrnehmung und den Atem im jeweiligen Energiezentrum zu konzentrieren und dort energetisch wirken zu lassen. Der Vokal dient vor allem als Vehikel des Atems und Zielvorrichtung für den Atem. Der so transportierte Atem selbst ist oder gibt die Kraft und Energie. Wie bei einem Pfeil dient der Vokal dem Transfer und Treffen der Energie in einem bestimmten Ziel, hier dem jeweiligen Chakra. Aber die Kraft, vergleichbar mit dem Atem, entsteht durch das Spannen des Bogens bzw. der Bogensehne, vergleichbar mit dem Atmen, und wird nur auf den und von dem Pfeil übertragen. Um dies mit einem anderen Bild zu veranschaulichen, handelt es sich bei dem Vokal im Wesentlichen um die hervorragend passende und geeignete Leitung, das Kabel, und beim Atem um den elektrischen Strom. Beides gehört und wirkt zusammen und kann sich gegenseitig sehr unterstützen und befördern. Das Tönen mit Vokalen einerseits und das Atmen und der Atem andererseits lassen sich über die drei vorgestellten und beschriebenen Prinzipien so verbinden und verknüpfen, dass diese in besonders passender, geeigneter, sicherer, zuverlässiger, einfacher, ergiebiger, positiver und sich gegenseitig stützender und verstärkender Art und Weise wirken und eben zusammenwirken.

Wie ist dazu nun vorzugehen, um das zu erreichen?

Sie atmen entsprechend der im Kapitel 3.5 beschriebenen Stirn-Wurzelzentrum-Atem-Meditation über das Stirnzentrum, d. h, über der Nasenwurzel etwa in der Stirnmitte (s. Kap. 8.1.7), kräftig und zügig ein. Dabei oder dazu atmen Sie – stofflich oder anatomisch gesehen – durch die Nase ein. Beim und kurz vor dem Einatmen ist die Aufmerksamkeit jedoch ganz im Stirnzentrum. Der Atem und damit die Energie (Prana, Qi) des Atems werden beim Einatmen ganz im Stirnzentrum empfangen und gesammelt. Von der Empfindung her atmen Sie in das Stirnzentrum ein. Dies fördert die geistige Wachheit, Kraft und Sammlung.

Sie atmen dazu, atemtechnisch gesehen, am besten mit der Vollatmung bzw. Bauch-Brust-Welle ein. Sie können aber auch prinzipiell die Bauchatmung wählen und vorziehen. In den unteren Chakren, auf jeden Fall bis zum Nabel- bzw. mittlerem Bauchzentrum, eignet sich die Bauchatmung sogar besonders gut, da diese den Atem – und damit auch Aufmerksamkeit und Konzentration – hier direkt sammelt und bündelt. Ab dem oberen Bauch- bzw. Sonnengeflechtzentrum können Sie dann passenderweise zur Vollatmung wechseln.

Mit dem bewussten Ende der Einatmung in das Stirnzentrum wechselt Ihre Aufmerksamkeit ganz zu dem betreffenden, gewählten Zentrum. Dann lassen Sie den Ausatem in das Zentrum fließen und dabei sowie dadurch den passenden Vokal bzw. Laut ertönen. Den Ort eines jeden Zentrums finden Sie im Überblick auf der entsprechenden Abbildung 8 zur Chakrenmeditation mit Farben, Symbolen, Vokalen und Atem am Ende des Kapitels 8.1. Den zugehörigen Vokal bzw. Laut für jedes Zentrum finden Sie genauer beschrieben in der Tabelle 4 im Kapitel 8.3.0.2 zur Übersicht aufgeführt. Dieser (wie auch jeder andere gewählte) Vokal bzw. Laut soll möglichst tief und leise – aber hör- und spürbar – tönen und wird in das betreffende Zentrum gehaucht. Deswegen atmen Sie – stofflich und anatomisch gesehen – auch durch den Mund aus. Von der Empfindung her atmen Sie in das beachtete und tönende Zentrum. Wichtig ist dabei, dass Vokal und Ausatem durch die Aufmerksamkeit im gewählten Zentrum konzentriert werden. Durch Aufmerksamkeit und Konzentration wird der Ausatem mit dem Vokal gleichsam in das Zentrum gesetzt und erzeugt dort Vibrationen. Durch ein hauchendes Ausatmen wird mehr Atem in das betreffende Zentrum geschickt. Der Vokal tönt dann zwar kürzer, aber die gespürten Vibrationen werden stärker. Die Atmung und – in der Folge – die Vibrationen werden intensiv(er). Das tiefe, leise und eben intensive Hinhauchen des Vokals ermöglicht auch ein entsprechendes Tönen aus dem betreffenden Energiezentrum bzw. Körperbereich, ohne die Stimmbänder zu beteiligen. Bei der Ausatmung ist die achtsame Aufmerksamkeit und Wahrnehmung möglichst vollständig im betreffenden Zentrum zu halten und zu konzentrieren. Ausatem und Vokal werden nur durch die bewusste Aufmerksamkeit geleitet und nicht – durch anderweitige, willentliche oder stimmliche Anstrengungen – ins Zentrum gezwungen oder gepresst. Ausatem und Vokal fließen, tönen und sammeln sich gelassen und entspannt im betreffenden Zentrum.

Sollten Ihre bewusste Aufmerksamkeit, achtsame Wahrnehmung sowie Ihr vokales Tönen und der damit verbundene Ausatem nicht oder nur unzureichend im jeweiligen Zentrum konzentriert und gebündelt sein, so kann dort keine oder kaum Energie erfahren und gesammelt werden. Dies kann sogar dann geschehen, wenn Sie selbst das Gefühl oder die Überzeugung hätten, die Prinzipien korrekt anzuwenden. Dennoch helfen Ihnen die Prinzipien, d. h. tief, leise und intensiv, grundsätzlich wirksam bei der Atem-Vokal-Chakren-Meditation und bei Aufbau und Sammlung der Energie.

Wenn der Vokal aus dem Stimmapparat erklingt, haben Sie sich vielleicht nicht ausreichend im Zentrum konzentriert oder/und atmen Sie nicht intensiv bzw. hauchen Sie nicht in das Zentrum. Selbst beim Halszentrum sollte das E nicht im bzw. – aus der Perspektive eines Hörers – aus dem Stimmapparat tönen, sondern genau aus dem Halszentrum (unterm Kehlkopf, vgl. Kap. 8.1.6). Die Stimmbänder bleiben also selbst hier entspannt, locker und die betreffenden Muskeln (der Stellknorpel, vgl. Brandis, 1999) passiv und das selbst angesichts der Schwingungen im Halszentrum. Wenn sich die Atemluft zum Ende neigt, sollte die restliche Luft mit dem Vokal nur noch leise aus- bzw. hingehaucht werden. Das tiefe Tönen endet im Aushauchen des Vokals (im betreffenden Zentrum). Dann verbleiben Sie im Zentrum, spüren der Wirkung des Tönens und Hinatmens und schließlich der Ruhe in der Atempause nach. Kurz bevor Sie dem inneren Impuls zum Einatmen folgen, wechselt ihre Aufmerksamkeit zum Stirnzentrum, wo Sie den Einatem wieder bewusst empfangen werden. Es beginnt dann ein neuer Zyklus des Atmens und Tönens. Sie geben also dem inneren Einatemimpuls nach und atmen wieder in das Stirnzentrum hinein und das Vorgehen zum Atmen und Tönen wiederholt sich, wie bereits beschrieben.

Sollten Sie in den Übungen fortschreiten oder die Situation es erfordern, so können Sie den Vokal, wie bereits im Kapitel 8.3.2 besprochen, beim Ausatmen auch nur denken, sich vorstellen oder innerlich tönen lassen. Noch weiter fortschreitend lässt sich, wie dort ebenfalls ausgeführt, auch allein der Ausatem, also ganz ohne Vokal, im Zentrum konzentrieren. In jenen Fällen kann mehr oder weniger intensiv aus- bzw. in das jeweilige Zentrum geatmet, gehaucht werden. Es handelt sich dann nur noch um eine reine Atem-Chakren-Meditation, wie im Kapitel 8.2 beschrieben. Das Vorgehen bleibt in der Struktur, wie weiter unten für die Atem-Vokal-Chakren-Meditation noch ausgeführt, gleich. Sie würden also ebenso nach dem Einstieg in die Meditation mit dem Wurzelzentrum anfangen, würden ihr Hinatmen sechsmal bis achtmal (pro Zentrum) wiederholen und dann zum nächsten, höheren Zentrum wechseln usw.

Im extremen Fall wird die Ausatmung wie bei der Atemtechnik verlangsamt (s. Kap. 3.4). Der Atem fließt dann sehr langsam und lange in das jeweilige Zentrum. Bei ausreichender Konzentration und Übung kann dies ebenfalls – allerdings feinere – Schwingungen, eine energetische Aufladung des Zentrums (Stärkung, Kräftigung) und entsprechende Empfindungen verursachen, wie z. B. von Vibrationen, Wärme bis Hitze, Weitung, Öffnung, auch Druck- und Kraftgefühle. Bei einer deutlichen Verlangsamung des Atems sollten Sie nicht mehr durch den Mund, sondern – wie grundsätzlich beim Einatmen – auch durch die Nase ausatmen. Das Aus- und Hinatmen in die Chakren kann dann wie bei der „Stirnzentrum-Heilatem-Meditation" (im Kap. 3.6) durchgeführt werden. Beim ausgewählten Körperbereich handelt es sich dann jedoch jeweils um ein Chakra.

Middendorf (1991) lässt bei ihren Atemmeditationen die Laute auch beim Einatmen denken, vorstellen, still innerlich sprechen oder singen, kontemplieren. In der Übertragung auf die Chakrenmeditation würde die Aufmerksamkeit auf die Laute auch beim Einatmen im betreffenden Zentrum gehalten werden. So würde im jeweiligen Zentrum mit dem passenden Vokal still ein- und tönend ausgeatmet werden. Es gibt auch andere Chakrenmeditationen, die gezielt über die Zentren ein- und ausatmen (vgl. auch betreffende Diskussionen in den Kap. 3.6 und 7). Oft wird dies auch noch mit Vorstellungen verbunden, dass vorzugsweise positive, d. h. „gute" bzw. hilf- reiche, stützende und stärkende, Energie oder Aspekte, wie etwa Prana oder Qi, mit dem Ein- atem aufgenommen werden. Und weiter, dass im Gegenzug negative, d. h. „schlechte" bzw. ungünstige, störende oder schädigende, Energie oder Aspekte mit dem Ausatem abgegeben – quasi „ausgeschieden" – werden.

Die Unterteilung in positive und negative Energie oder Aspekte des Seins und die entspre- chende Verbindung mit der Ein- und Ausatmung befördert meines Erachtens eher ein allzu sehr vereinfachendes, naives Verständnis von uns und der Welt. Da wird im Schema des Märchens oder unter Bezugnahme auf irgendeinen Anspruch, eine Sicht, Idee oder ein Wissen zwischen positiv und negativ unterschieden und geurteilt. Aber nach welchen Kriterien und Gesichts- punkten erfolgt diese Unterscheidung? Eine Unterscheidung nach individuell passenden und zutreffenden Kriterien und Gesichtspunkten würde zumindest aus psychologischer und psycho- therapeutischer Sicht zunächst als sinnvoll und nützlich erscheinen. Demnach würde sich diese Differenzierung nach den jeweiligen Zuständen, Bedürfnissen, Interessen, Zielen, dem Ver- ständnis, den Ansichten, Wertungen und Bewertungen der betreffenden Person richten. Diese – und damit auch die Aufteilung in positiv und negativ – können sich aber wiederum mit den Bedingungen, Situationen, Erfahrungen, Einsichten, dem Können und Wissen sowie dem Kon- text und der Perspektive erheblich ändern. Dementsprechend können sich die Beurteilungen von positiv und negativ sogar umkehren. So kann sich allein durch die Beachtung einer Zeitper- spektive der individuell positive Aspekt in einen negativen wandeln. So, wie beispielsweise die erwünschte, beruhigende oder enthemmende Wirkung eines Biergenusses oder Medikamentes kurzfristig durchaus positiv beurteilt werden könnte, obwohl sie später oder langfristig nicht selten erheblich negative Auswirkungen zur Folge hat.

Es könnte auch leicht der Eindruck und die Überzeugung entstehen, dass die positiven Kräfte sich außen befinden und von dort aufzunehmen sind und dagegen innen negative Kräfte entstehen, die abzugeben sind. Also, positive Energie und Aspekte werden von außen eingeat- met, während negative Energie und Aspekte – aus dem Inneren und Selbst – einfach ausgeatmet werden. Da liegt die Schlussfolgerung und Ansicht nahe, dass außen „gut" ist und innen „schlecht" – zumindest außen positiv und innen negativ. Dies passt wiederum in das Denk- und Werteschema von Patienten, die an Depressionen, Selbstwert- oder/und Körperproblemen lei- den, und würde sie darin bestärken. Obwohl das Einatmen von frischer Luft mit Sauerstoff und das Ausatmen von verbrauchter Luft bzw. Kohlendioxid natürlich lebensnotwendig sind und die in Frage stehende Unterscheidung aus individuell biologischer und konkreter Sicht stützen und untermauern, greift dies aus einer übergeordneten, ganzheit-weisheitlichen oder philosophischen Perspektive zu kurz. Danach sind z. B. alle Lebewesen durch ihre Atmung miteinander in Verbindung und außen versus innen und positiv versus negativ relativieren sich.

Es gibt noch einen weiteren, wichtigen Punkt, der beim Einatmen und Ausatmen vor allem über ein Chakra zu beachten und zu bedenken wäre: Beim konzentrierten Ein- und Ausatmen in einem bzw. über ein Zentrum wären wir ganz und ausschließlich auf dieses Zentrum fokussiert und fixiert. Wir können dadurch in diesem Zentrum vollständig aufgehen und ganz zu diesem Zentrum werden. Wahrnehmung, Aufmerksamkeit, Konzentration und Bewusstsein beziehen sich dann ganz auf dieses Zentrum. Wir bzw. unsere aufmerksame Wahrnehmung und unser Bewusstsein sind ganz und ausschließlich darauf konzentriert und damit verbunden und können uns bzw. sich darin gleichsam verlieren und aufgehen. Dies geschieht vor allem, wenn wir das Bewusstsein, dass wir uns und den Atem dort bewusst wahrnehmen und sammeln, zugunsten der Versenkung und Einswerdung minimieren und loslassen. Ein Ich-, Selbst-, Kontroll- und Überblicksgefühl kann – was eigentlich wünschens-, erstrebenswert und beabsichtigt wäre – in der Folge verschwinden und vorübergehend verloren gehen. Dies kann einem jedoch plötzlich und überraschend auffallen und bewusstwerden. Im günstigen Fall wird es einfach angenommen und akzeptiert. Im ungünstigen Fall wird es jedoch als unangenehm empfunden und bewertet und kann weiter Unsicherheit, Beunruhigung oder sogar Angst auslösen. Der Verlust dieser ich- oder selbstbezogenen Gefühle und die folgenden Reaktionen können besonders in den beiden untersten Zentren zu einer kritischen Herausforderung werden. Zudem können dadurch sowie auch allein durch die Wahrnehmung des Einatmens und Ausatmens in diesem Zentrum andere Kräfte, Gefühle, Gedanken, Vorstellungen, Erinnerungen, Phantasien ausgelöst, aktiviert und – gefühlt – sehr mächtig werden. Möglicherweise bzw. im Fall von Unachtsamkeit oder negativer Bewertung können wir dann wiederum die bewusste Steuerung und Kontrolle darüber verlieren und könnten uns weiter verunsichern, beunruhigen oder sogar ängstigen. Wir bräuchten dann und vor allem nachträglich dringend kompetente Anleitung, Unterstützung und Hilfe, etwa zur Be- und Verarbeitung der betreffenden Erlebnisse und zum angemessenen Umgang damit.

Durch das Hinatmen in das Stirnzentrum werden jedoch – im Unterschied dazu – die eigene bewusste, geistige Steuerung und Kontrolle gestärkt. Den Ausatem – und damit die Energie, die Sie aufgenommen haben – können Sie – so eingebunden – dann bewusst, gezielt und kontrolliert in den jeweiligen Körperbereich bzw. das betreffende Zentrum schicken. Den Ausatem und die damit involvierte Energie können Sie dann hier auch voll und ausschließlich bewusst empfangen, aufnehmen, sammeln und genießen, ohne dass solche irritierenden Verlustgefühle bezüglich Selbst, Selbstwirksamkeit oder Kontrolle auftreten. Zumindest werden diese Gefühle sehr unwahrscheinlich und unbedeutend. Auch mit anderen verunsichernden oder sogar unangenehmen Assoziationen oder Erlebnissen können Sie dann besser, achtsamer und gelassener umgehen. Dies gilt selbst für die begleitende Versenkung und Einswerdung beim Ein- und Ausatmen. Außer für die Meditation im Stirnzentrum wird jedoch vor und nach dem Einatmen das Chakra und die diesbezügliche Wahrnehmung und Konzentration konsequent gewechselt.

Ihre Zentren befinden sich sehr wahrscheinlich in unterschiedlichen energetischen Zuständen. Dabei verändert sich die Energie der Zentren bereits schon durch die jeweiligen alltäglichen Anforderungen, Erlebnisse und Reaktionen. So wird sich für gewöhnlich die Energie eines Zentrums allein schon deswegen ändern. Wenn Sie zum Beispiel in Ihrem Beruf, wie z. B. als Psychotherapeut, stärker in der Kommunikation sowie im Be- und Nachdenken gefordert werden, dann verbrauchen Sie folglich vermehrt Energie im Hals- und Stirnzentrum. Obwohl es Ihre grundsätzlich starken und robusten Chakren und Ressourcen sein mögen, können Sie dies nach einem Arbeitstag oder bereits unmittelbar nach besonderen diesbezüglichen Anstrengungen entsprechend in der Meditation spüren und hören. Da diese Energieverluste nach alltäglichen Aufgaben, Tätigkeiten und Belastungen in der Regel nicht ernst oder dramatisch ausfallen und harmlos sowie oberflächlich bleiben, könnten die Auswirkungen zwar bereits deutlich wahrgenommen werden, würden aber dennoch unspektakulär und leicht bleiben. Anders sieht es schon aus, wenn vergleichsweise diese Anforderungen konstant höher und Ausgleich, Entspannung und Erholung anhaltend unzureichend wären. Dann kann schon allein dies über einige Zeit zu ernstzunehmenden, energetischen Defiziten und Erschöpfungen führen, was Sie direkt und entsprechend stark und schwerwiegend in der Meditation spüren und hören könnten.

Es gibt aber leider auch schwerwiegendere Ursachen für energetische Defizite und Mängel, die wir weniger oder gar nicht steuern und kontrollieren können bzw. konnten. So können etwa seelische, aber auch körperliche Entbehrungen, Vernachlässigungen und Verletzungen selbst aus der Kindheit bis ins Alter nachwirken und die Energie nachhaltig verringern bzw. auf einem geringen Niveau begrenzen. So zeigen sich Defizite hinsichtlich etwa Selbstliebe, Bindungsfähigkeit, Selbstvertrauen, Selbstsicherheit, Echtheit, Offenheit, Vertrauen in andere, bekannte oder fremde Menschen und in die Welt auch als Energiedefizite in den betreffenden Chakren (s. dazu Kap. 8.1.1 bis 8.1.8). Aber auch spätere negative Erlebens- und Verhaltensweisen können zu einem aktuellen oder regelmäßigen Energieverlust und fehlendem Energieaufbau führen. Sehr schlimm wirken sich nach meiner Erfahrung Verluste von Menschen aus, mit denen man sehr eng in Liebe verbunden ist bzw. war. Ein solcher Verlust verursacht tiefe „Wunden" und schlägt sich als energetisches Defizit in den Chakren wieder. Dabei bestimmen die Art und Weise der Beziehung, des Verlusterlebens sowie der Verlustreaktion und -verarbeitung die genauen energetischen Auswirkungen. So kann eine Person, etwa nach einer überraschenden Trennung des geliebten Partners, besonders beim A im Herzchakra starke aversive Empfindungen spüren, wie etwa Schmerzen, Beklemmungen, Spannung, Druck, Schwere, Stechen oder/und Taubheit, und erleben, wie der Atem hier vergleichsweise sehr kurz und das Tönen des Vokals A zudem schwach, brüchig, krächzend usw. wird. Extrem wirken sich z. B. auch selbstverständlich schwere, als Opfer erlittene Gewalt oder Misshandlungen aus. Das spiegelt sich entsprechend und differenziert im Empfinden, Atmen und Tönen in den jeweiligen Chakren. Handelt es sich um fremde Täter, so wäre weniger das Herzzentrum betroffen als vielmehr das Sakralzentrum, das besonders für menschliche, körperliche Nähe und Offenheit sowie sinnliche Lebensfreude steht. Aber auch das Wurzel- und Scheitelzentrum und die beiden anderen Bauchzentren könnten dadurch sehr wohl in Mitleidenschaft gezogen worden sein, weil in grundlegender Art und Weise nicht nur der Körper, sondern auch das Vertrauen in das Leben, die Welt, in sich und andere Menschen bedroht und verletzt wurden. Zudem wurden eine gewisse Hilflosigkeit sowie existentielle, soziale und spirituelle Verunsicherung und Ängstlichkeit erfahren, konditioniert bzw. erlernt.

Jedoch auch im Positiven lassen sich Beispiele für die Beeinflussung des energetischen Zustandes der Zentren finden. Eine liebevolle Beziehung kann zusätzlich Energien – nicht nur im Herzzentrum – schaffen und erhalten.

Ist die Energie in einem Zentrum gering, so wird die Beachtung der drei Prinzipien und die damit verbundene Art und Weise zur Atem-Vokal-Chakren-Meditation wichtig. Genau in solchen Problemzentren fallen die Konzentration und Wahrnehmung, aber auch das hier beschriebene Vorgehen schwer. Sie haben dann vielleicht sogar sehr große Schwierigkeiten, sich hier überhaupt wahrzunehmen. Der Atem wird hier schwach und kurz oder gelangt erst gar nicht zum oder ins Zentrum. Der Vokal tönt nicht in diesem Zentrum. Er bleibt uns möglicherweise im Hals stecken. Das Tönen wird nicht tief oder/und intensiv genug. Es wird mehr gesungen als getönt. Die Vokale tönen in einem solchen Zentrum vergleichsweise unangenehm, misslich.

Betroffene brechen dann oft aus Schreck über die vermeintlichen Misstöne das Tönen ganz ab. Sie fangen dann eventuell an, das Tönen überhaupt oder die kritischen Laute bzw. Zentren oder nur die Missklänge zu vermeiden. Sie beginnen dazu häufig etwa den Atem mehr zu pressen oder einen angenehmeren, schöneren Klang auf irgendeine Weise zu erzwingen oder zu singen. Durch Pressen und Drücken der Atmung wird die Übung sehr anstrengend. Innere Ruhe und Gelassenheit sowie der meditative, achtsame Charakter und deren Wirkungen gehen verloren. Der Atem sollte – allein durch Wahrnehmung, Aufmerksamkeit und Konzentration gelenkt – ganz achtsam und entspannt in das Zentrum fließen und sich dort ergießen. Ein erhöhtes oder irgendwie anderweitig „geschöntes" Tönen oder Singen bringt uns um die Fokussierung, Sammlung und Entfaltung der Resonanz und des Atems bzw. der Energie in diesem Zentrum. Dies mag sich dann zwar in diesem Moment besser anfühlen und anhören, aber verfehlt in dem Chakra jegliche energetische Wirkung.

Wichtig ist es also, auch hier zu lernen, den jeweiligen Zustand seines Zentrums und Übungsgrades wahrzunehmen, auszuhalten und möglichst anzunehmen, zu akzeptieren, um ihn auf dieser Grundlage durch angemessenes Tönen und Hinatmen wohlwollend und geduldig zu verändern. Dabei dienen Ihnen Ihre Empfindungen und Ihr Spüren zur Orientierung. Werden Atem, Vokal, Schwingungen und andere Empfindungen im Zentrum gespürt, so ist die Meditation erfolgreich. Weiter wird geprüft und innerlich kontrolliert, ob die Technik des Tönens passt. Gegebenenfalls wird auch diesbezüglich korrigiert. Je nach Bedarf kann also versucht werden, z. B. den Vokal noch tiefer oder intensiver tönen zu lassen. Vielleicht dröhnt oder vibriert der Vokal ja schon sehr tief in einem Zentrum, aber es wird dabei noch kaum oder unzureichend hingehaucht. Vielleicht ist wiederum das Spüren oder sind Aufmerksamkeit und Konzentration beim Ausatmen in das Chakra zu steigern?

Die Ästhetik, also die Schönheit des Klanges dient nur der Diagnostik und verrät etwas über den Zustand des jeweiligen Zentrums und damit über den betreffenden körperlichen und seelischen Gesundheitszustand des Tönenden. Die Erfahrung zeigte, dass sich ein Vokal in einem Problemzentrum mitunter sehr „schlimm" anhören kann, obwohl – oder aber gerade weil – der Atem, die Aufmerksamkeit, die Wahrnehmung, die Vibrationen im Zentrum gesammelt sind. Das Tönen spiegelt dann die bestehenden Verhältnisse nur wider. Auch kann der gesundheitliche, energetische Zustand so beeinträchtigt sein, dass unangenehme Empfindungen auftauchen. Es kann dabei der Eindruck entstehen, als ob das meditative Hinatmen und leise, tiefe Tönen mit dem Vokal in diesem Zentrum die körperlichen Missempfindungen verursachen und auslösen würden. Das tun sie aber nicht. Allenfalls der bereits bestehende defizitäre energetische Zustand dieses Zentrums und damit verbundene Probleme wirken sich hier aus, kommen so zum Vorschein und Tragen und werden eben dadurch besonders deutlich und merklich. Bei körperlicher sowie psychischer Gesundheit und Fitness im Allgemeinen und bezüglich des betreffenden Zentrums im Besonderen geschieht dies dagegen nicht. Missempfindungen sowie Misslaute entstehen dann nicht. Bei Patienten stößt man jedoch häufiger auf den Sachverhalt, dass sie selbst Empfindungen und Klänge, die völlig natürlich, positiv und Ausdruck von Gesundheit, guter Verfassung und Leistungsfähigkeit sind, dennoch als negativ oder indifferent ansehen und interpretieren. Aber dieser Irrtum geht wiederum einher mit ihren eigentlichen Problemen.

Wie oben in unserem Beispiel angesprochen, können nach Verlusten von Beziehungen oder Bezugspersonen Schmerzen oder Missempfindungen im Herzzentrum auftreten. Nach etwa einem Kaiserschnitt können auch noch lange nach der Wundheilung Schmerzen im Sakralzentrum wahrgenommen werden. Auch lösende Prozesse, wie Weinen, sind dann zu erfahren. In jedem Falle sollten unangenehme Empfindungen genau beobachtet und gegebenenfalls mit einem Experten durchgesprochen und ärztliche Abklärungen veranlasst werden. Psychisch bedingte und psychosomatische Probleme bzw. Defizite lösen sich in der Regel nach einiger Zeit des täglichen Übens auf. Wenn dann trotz der Missempfindungen und Missklänge gemäß den hier beschriebenen Prinzipien und Empfehlungen weiter konzentriert und regelmäßig geübt wird, bessert und erhöht sich jeweils die Energie in den problematischen Chakren und missliche Sensationen nehmen entsprechend merklich ab und verschwinden schließlich. Aber selbst bei bestehenden, nachweislich körperlichen Problemen oder Erkrankungen wirkt sich die Verbesserung und Erhöhung der Energie in den betreffenden Chakren grundsätzlich positiv aus, d. h. unterstützend und hilfreich. Zwar können unangenehme Empfindungen in der Praxis zur Vermeidung führen oder verführen, aber dies würde die eigentlichen, zugrundeliegenden Störungen, Probleme oder Erkrankungen so belassen und eine aussichtsreiche und mindestens wirksame Bearbeitung sowie Stützung durch diese Meditation ausschließen und verhindern. Deswegen sollte auch bei unangenehmen Empfindungen erst einmal nur geprüft, geklärt und angenommen werden, um die Atem-Vokal-Chakren-Meditation selbst unter und nach solchen kritisch erlebten Bedingungen und Folgen weiter fortzusetzen und zu üben.

Selbstverständlich gilt dies nicht für den Ausnahmefall eines während der Übung akut auftretenden, sich verschlimmernden und letztlich lebensbedrohlichen, körperlichen Prozesses, wie etwa bei einem Herzinfarkt oder allergischen Schock. Da wäre natürlich sofort zu unterbrechen und der Notarzt und Rettungswagen zu rufen. Dies ist mir bei meinen Patienten und Kursteilnehmern aber noch nicht vorgekommen und generell sowie auch speziell aufgrund der grundsätzlich beruhigenden und stärkenden Wirkung dieser Übung extrem unwahrscheinlich. Nur vermeintlich bedrohliche – eigentlich harmlose – körperliche Empfindungen, Hinweise, Veränderungen sowie betreffende, schreckliche Befürchtungen entwickelten und steigerten bisher Teilnehmer und Patienten während der Übung etwa in Teufelskreise der Anspannung, Erregung und Angst. Aber dank der vorangegangenen und begleitenden Maßnahmen oder Psychotherapie und dem schrittweisen Aufbau der Meditationspraxis blieben selbst auch diese Reaktionen vereinzelt und selten.

Wie bereits im Kapitel 7 und 8.2 ausgeführt wurde, können Handhaltungen helfen, den Atem und die Wahrnehmung in dem jeweiligen Zentrum zu konzentrieren. Dies kann einen Anfänger unterstützen, aber auch einen etwa durch Erkrankung, Unfall oder negative Erlebnisse mehr oder weniger traumatisierten Menschen. Im Kapitel 8.2 wurde ausgeführt, wie sie die Hände halten können, um sich im Wurzelzentrum zu fokussieren. Bei den anderen Zentren können die Hände auf das jeweilige Zentrum gelegt werden. Die beiden Hände werden dazu so übereinander gelegt, dass die beiden Handtellermitten bzw. Handchakras über das jeweilige Zentrum zum Liegen kommen (s. Kap. 8.2). Da die Hände zu jedem Chakra hin zu bewegen und deren Haltungen jeweils für dieses zu verändern und anzupassen wären, entstehen während der eigentlich ruhenden Meditation vergleichsweise viel Bewegung und Unruhe. Allein durch eine ausreichende bewusste, gerichtete, fokussierte und gesammelte Aufmerksamkeit bei der Übung werden die Hände als Hilfe und Unterstützung zur Lenkung, Fokussierung und Konzentration ohnehin überflüssig. Aber vor allem ein Üben ohne Hände auf den Chakren übt und befördert genau diese zentrale und grundlegende, geistige Kraft, also zur Bewusstheit, Lenkung, Fokussierung und Sammlung der Aufmerksamkeit sowie zur gezielten Konzentration und Versenkung. Deshalb bleiben besser die Hände beim gewöhnlichen, regelmäßigen Üben – je nach der anfangs eingenommenen Meditationshaltung – über die ganze Meditation in der betreffenden Grundhaltung (s. Kap. 2.5). Für die Atem-Vokal-Chakren-Meditation bietet sich das entspannte, flache Liegen auf dem Rücken an, so dass die Arme und Hände neben dem Rumpf auf dem Boden zum Liegen kommen. Wird die Meditation in aufrechter Sitzhaltung durchgeführt, so sind die im Kapitel 2.5 für den jeweiligen Sitz beschriebenen und angemessenen Handhaltungen auszuwählen und einzunehmen. Beispielsweise beim aufrechten Sitzen auf einem Hocker oder Stuhl können die Hände mit den Handinnenflächen auf den Oberschenkeln liegen.

Es sollen in der Meditation grundsätzlich alle Zentren angesprochen bzw. beatmet werden, um alle Chakren und die damit verbundenen, unterschiedlichen Ressourcen zu stärken. Langfristig können so auch das Gleichgewicht und die energetische Ausgewogenheit zwischen den Zentren und damit die innere Harmonie und Ausgeglichenheit gestärkt und gefördert werden. Durch das Meditieren mit allen Chakren ergeben sich eine Vollständigkeit und Ganzheitlichkeit der Meditation und ihrer Wirkungen.

Die Atem-Vokal-Chakren-Meditation wird im untersten Zentrum begonnen. Mindestens sechsmal (bis zu zehnmal) hintereinander wird in dieses Zentrum mit einem U geatmet und getönt. „Zwischenatmer" sind zwar nicht vorgesehen; sollten sie dennoch auftreten, werden sie nicht gezählt. Überhaupt dient die Anzahl nur zur Orientierung. Es sollte nicht dazu führen, dass sich zu viel Aufmerksamkeit auf das Zählen richtet. Eigentlich sollte die ganze bewusste Aufmerksamkeit auf das Spüren bzw. Wahrnehmen der Schwingungen und weiteren Empfindungen durch das Tönen und Hinhauchen (Hinatmen) des Vokals im jeweiligen Energiezentrum konzentriert sein. Im Zweifelsfall sollten Sie lieber auf ein Zählen ganz verzichten und sich nach Ihrem Gefühl für die „richtige" Anzahl richten. So behalten Sie besser Ihren Fokus und bleiben maximal auf das Wesentliche konzentriert (vgl. die Diskussion über das Zählen bei der Atemmeditation im Kap. 3.3.2). Auf ein Tönen (immer mit Hinatmen) mehr oder weniger kommt es nicht an. Die Wiederholung des Tönens erleichtert das Konzentrieren und Einschwingen auf das Zentrum, das Erfahren von Ruhe und Entspannung. Die Energie wird wirksamer aufgebaut. Dann wird zum Sakralzentrum gewechselt und hier ungefähr sechsmal – oder eben noch wenige bis einige Male mehr, aber ungefähr ebenso oft wie im vorangegangenen Zentrum und in den folgenden Zentren – getönt und anschließend zum Nabelzentrum gewechselt. Auf diese Weise wird von Zentrum zu Zentrum fortgeschritten, bis das Tönen im Scheitelzentrum schließlich beendet wird. Noch einmal zur Erinnerung: Die zu tönenden Laute bzw. Vokale sind für alle Chakren in der Tabelle 4 im Kapitel 8.3.0.2 aufgeführt und sind zudem im Einzelnen den Kapiteln 8.1.1 bis 8.1.8 zu entnehmen, in denen die Zentren genau beschrieben werden. Abbildung 8 am Ende des Kapitels 8.1 zeigt im Überblick zudem die Lage der Chakren.

Dieses von unten aufsteigende Vorgehen ist zu wählen, weil die Ressourcen des jeweils höheren Zentrums die des niedrigeren Zentrums voraussetzen. Die Energien der Zentren werden so in systematischer und organischer Weise aufgebaut. Wie bei einem Haus wird erst der Grund gelegt und befestigt, dann der Keller erbaut und nicht beim Dach angefangen. Die Stockwerke werden nacheinander von unten nach oben bis zum Dach gebaut. Ähnlich verhält es sich hier bei den Chakren. Dieses Vorgehen schafft zusätzlich Erdung und verhindert somit übersteigerte Reaktionen.

Gezielt und am besten unter begleitender Expertise können zusätzlich einzelne defizitäre Zentren in der Meditation unterstützt werden. Dem kann durch eine erhöhte Frequenz der Atemzüge bzw. des Vokaltönens, in etwa zwei bis zu vier mehr, im jeweiligen Zentrum Rechnung getragen werden. Die Anzahl der zusätzlichen Atemzüge sollte sich nach der akuten Schwere und Bedrohlichkeit des Energiedefizites richten: Je schlimmer, desto mehr! Aber auch dann sollten die Wiederholungen nicht übertrieben werden. Dies bedeutet, dass diese eben auf zusätzlich maximal vier – eventuell in Ausnahmefällen auch bis zu sechs – begrenzt werden. Denn die Meditation würde sonst bezüglich der Chakren und betreffenden Wirkungen übermäßig einseitig werden und sich zudem entsprechend insgesamt in die Länge ziehen. In den meisten und gewöhnlichen Fällen kann auf zusätzliche Wiederholungen sogar verzichtet werden, wenn nur regelmäßig und anhaltend, wie oben beschrieben, geübt wird.

Zum Einstieg in diese Meditation und zum Ausstieg bietet sich die Atemmeditation aus Kapitel 3.5 an, nämlich die Stirn-Wurzelzentrum-Atem-Meditation. Es wären aber auch andere Ein- und Ausstiege möglich. Wichtig ist, dass damit am Anfang ein gewisses Maß an innerer Ruhe und Sammlung erreicht wird. Das Ende der Meditation, die Rücknahme oder Rückkehr in den Alltag wird dann wieder über die Stirn-Wurzelzentrum-Atem-Meditation – oder eben eine andere als Einstieg verwendete Methode, Tranceinduktion – vorbereitet. Die Rückkehr wird dann letztlich bewusst vorgenommen, etwa durch eine Aktivierung der Atmung, Rekeln, Strekken, Gähnen und Stöhnen (s. Kap. 2.11).

Sollten sich während der Chakrenmeditation mit Vokalen und Atem spontan, beiläufig innere Bilder, Vorstellungen, Farben, Formen, Erinnerungen, Pläne usw. einstellen, so sollten Sie diese einfach nur wohlwollend und akzeptierend zur Kenntnis nehmen, um sich dann jeweils wieder auf das Spüren, Atmen und Tönen zu konzentrieren. In den folgenden beiden Kapiteln werden im Besonderen innere Imaginationen von Farben und Krafttieren zur Meditation und Selbsthypnose in Chakren vorgestellt und erläutert.

8.4 Farben zur Chakrenmeditation

Wie im Kapitel 8.1 grundsätzlich und in den Kapiteln 8.1.1 bis 8.1.8 für jedes Energiezentrum beschrieben, wird jedem Chakra eine bestimmte Farbe zugeordnet. Die betreffende Farbe symbolisiert, veranschaulicht und verkörpert möglichst treffend und passend die Bedeutung und Funktion des jeweiligen Chakras bzw. der dort gespeicherten und organisierten Energie. Mit Hilfe dieser Farbe lassen sich aber nicht nur die jeweils dort gespeicherte und organisierte Energie und deren Leistungen, Zusammenhänge und Wirkungen prägnant beschreiben, veranschaulichen und zusammenfassen, sondern auch in unterstützender, nährender, stärkender, harmonisierender und heilender Weise beeinflussen, verändern und entwickeln. Mit der zugehörigen oder zugeordneten bzw. geeigneten und passenden Farbe lässt sich das betreffende Chakra energetisch füllen („aufladen"), stabilisieren und harmonisieren. Das wird etwa auch in verschiedenen Kontexten ganz direkt, physikalisch durch Farbbestrahlungen auf die entsprechenden Körperregionen versucht. Dies kann aber auch in psychologischer Art und Weise meditativ, psychisch (mental, geistig) wirksam mit Hilfe der inneren Vorstellungskraft oder des inneren, geistigen Auges, also über Imaginationen erfolgen (vgl. Kap. 5, auch Oberstufe des Autogenen Trainings, Kap. 6.2.3). Im Kapitel 5.1.1 wurde über die Imagination einer geeigneten und passenden Farbe oder eines entsprechend gefärbten Lichtes Entspannung erzeugt.

Wie bereits in den Ausführungen zu den jeweiligen Chakren (Kap. 8.1.1 – 8.1.8) deutlich geworden sein dürfte, unterscheiden sich die zugeordneten Farben zwischen den Experten und den verschiedenen Schulen bzw. Lehren. Hier wirken sich offensichtlich soziokulturelle, historische Unterschiede und Traditionen, aber auch möglicherweise psychologische Faktoren aus, wie z. B. subjektive Vorlieben und Bedürfnisse, aber auch der jeweilige Übungsgrad und Entwicklungsstand. „Farbbedeutungen sind kulturell beeinflusst, im Selbst gewachsen und individuell verschieden" (Brenner, 1999, S. 89). Der Vorteil dieser von Experten, fachlichen Autoritäten vorgeschlagenen Farbzuordnungen ist, dass dahinter viele und lange Erfahrungen – oft sogar langbewährte Erfahrungstraditionen – stehen. Zudem könnten diese Farben gleich von Beginn an für die eigenen Zwecke zur Meditation verwendet werden. Es bleibt jedoch auch dann noch aus den verschiedenen Angeboten eine bzw. die geeignete Farbe für jedes Chakra auszuwählen. Zusätzlich kann man sich dazu noch an Farbordnungssystemen orientieren, wie den Spektralfarben oder dem Farbkreis mit den Grund- und Mischfarben. Die Spektralfarben erstrecken sich im Sinne des Regenbogens von der Farbe Rot bis Lila und die Farben Violett und Weiß ergeben sich als Summen aus Spektralfarben. Diese Farbsysteme geben die Ordnung bzw. Beziehungen zwischen den Chakren wieder. Letztlich muss man sich bei der Auswahl auf die eigene Entscheidung per Intuition, Eingebung, Einsicht, Erfahrung, Vorlieben usw. verlassen oder/und eben einer bestimmten Vorgabe von Farbauswahl bzw. -zuordnung vertrauen. Letzteres erfolgt dann etwa durch einen bestimmten Lehrer oder ein Lehrsystem, der oder das die Farben für den oder die Übenden zur Meditation zusammenstellt und somit vorgibt und bestimmt.

Die Abbildung 8 am Ende des Kapitels 8.1 zeigte die Chakren in bestimmten Farben und einfachen Symbolen (Zeichen, Formen). Die Farben und Symbole wurden aus indischen, tibetischen und christlichen Traditionen ausgewählt und in einer möglichen, m. E. sinnvollen und passenden Art und Weise kombiniert und zusammengestellt. Mit den so gewählten Farben und Symbolen könnte eine Chakrenmeditation durchgeführt werden. Die folgende Tabelle 5 gibt das Spektrum an Farben wieder, wie es in den Kapiteln 8.1.1 bis 8.1.8 für die einzelnen Chakren beschrieben und dokumentiert wurde und wie es mehr oder weniger in heute angebotenen Chakrenmeditationen gebräuchlich ist. Die folgende Abbildung 9 zeigt eine mögliche Auswahl und

Zusammenstellung von Farben aus diesem Fundus für eine Chakrenmeditation, die sich weitgehend an einem Farbkreis und den Regenbogen- bzw. Spektralfarben des weißen Sonnenlichtes
orientieren. Aber auch andere Zuordnungen bzw. Varianten – einzeln oder insgesamt – wären
möglich, sind durchaus üblich und gebräuchlich. Einige sehr verbreitete, häufig verwendete und
bewährte Alternativen werden in der Abbildung 9 bei einigen Chakren in Klammern zusätzlich
genannt.

Tabelle 5

Farben der Chakren zur Meditation (zusammengefasst nach Kap. 8.1.1 bis 8.1.8)

Chakra	Farbe
Scheitelzentrum:	diamantenes, strahlendes bis farbloses Weiß, Licht, Violett, Purpur, Gold, keine
Stirnzentrum:	milchiges bis helles, strahlendes Weiß, Blau bis Nachtblau, Indigoblau, Violett, Gelb, keine
Halszentrum:	Weiß, Hellblau bis Blau, Silbrig-Blau
Herzzentrum:	Rauchgrau, Graublau, Blau (hell), Grün, Rot (hell), Rosa, Gold
Sonnengeflechtzentrum:	Gelb (hell)
Nabelzentrum:	Gelb bis Orange, Goldgelb, Rot, Scharlachrot, Grün
Sakralzentrum:	Orange, Weiß, Zinnoberrot
Wurzelzentrum:	Rot (hell/feurig/leuchtend) bis Dunkelrot, Rotbraun, Gelb, Grün

Zur energetischen Arbeit und Meditation mit den Chakren eignen sich gegenüber den Symbolen vor allem die Farben. Die Farben sind direkt mit den Sinnen und der sinnlichen Wahrnehmung verbunden. Ihre Vorstellung ist vergleichsweise einfach und ihre Wirkung auch direkt
und unvermittelt, vorausgesetzt, dass eine geeignete, passende und zutreffende Wahl sowie hinreichende Visualisierung, Imagination bzw. Vorstellung der Farben gelungen sind. Farben korrespondieren – ähnlich wie Mantras oder Laute im Allgemeinen oder Vokale im Besonderen –
direkt mit den energetischen und funktionellen Aspekten der Chakren. Ihre energetische Wirkung, insofern die jeweilige Farbe für das jeweilige Chakra einer Person auch wirklich passt und
stimmt, ist unmittelbar und benötigt keine weiteren bedeutungsgebenden, theoretischen, traditionellen, narrativen, kognitiven oder psychologischen Überzeugungen, Vermittlungen oder
Brücken. Die Wirkung der Farbe oder eines entsprechenden Lichtes ist dann einfach direkt mit
der Imagination und Meditation in diesem Körperbereich oder Zentrum hervorzurufen, zu

spüren, wahrzunehmen und gegeben. Sie ist also damit Gegenstand des Bewusstseins und subjektiver Erfahrung. Allerdings bleiben die Auswahl, Eignung und Passung der Farben und deren Zuordnung zu den Chakren kulturell geprägt und sogar individuell unterschiedlich.

Abbildung 9

Typische Farben zur Chakrenmeditation

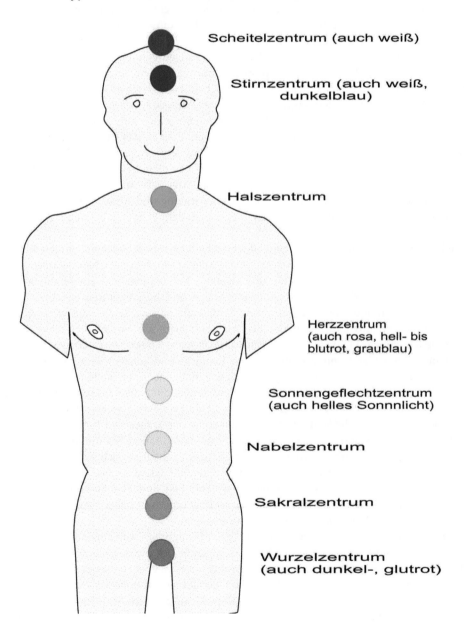

Scheitelzentrum (auch weiß)

Stirnzentrum (auch weiß, dunkelblau)

Halszentrum

Herzzentrum
(auch rosa, hell- bis
blutrot, graublau)

Sonnengeflechtzentrum
(auch helles Sonnnlicht)

Nabelzentrum

Sakralzentrum

Wurzelzentrum
(auch dunkel-, glutrot)

Selbst bei einfachen Symbolen, Sinnbildern, Zeichen und Formen werden die Bedeutung und Wirkung weitgehend über die gesammelte Erfahrung, das Wissen, den Glauben usw. vermittelt und geleitet. So hat der für das Stirn- oder Scheitelzentrum verwendete und symbolisierte männliche Phallus, eigentlich des Gottes Shiva, im hinduistisch-yogischen Kontext eine klare Bedeutung, seinen Sinn, Stellenwert und sicher eine entsprechende Wirkung. Seine Verwendung in der Meditation dürfte aber in anderen kulturellen Kontexten zu deutlichen Missverständnissen und vielleicht Hindernissen und Problemen führen. Zwar wären auch grundlegende, archetypische oder anthropologische Ur-Zeichen und -Symbole aus der Menschheitsgeschichte bzw. aus dem kollektiven Unbewussten oder Gedächtnis, d. h. entsprechende Yantras, geometrische Grundgestalten oder Urformen, denkbar, aber auch hier müsste eine angemessene, gerechtfertigte Auswahl getroffen werden. Denn, wie bereits im Kapitel 8.3.0.2 erwähnt, können selbst hier die individuellen Bedeutungen, Symboliken, Verbindungen von den kulturell vermittelten und diese wiederum jeweils von den archetypisch vermuteten mehr oder weniger abweichen. Mit einem gedachten, vorgestellten Symbol wird das Chakra aber noch nicht notwendig energetisch gestärkt, harmonisiert, sondern eben zunächst nur symbolisiert, bezeichnet, assoziiert. Damit es Wirkung erlangen kann, müsste es wiederum für den Einzelnen sehr überzeugend sein und mit der Vorstellung verbunden sein oder werden können, dass es das Chakra energetisch auflädt und stärkt. Die Auswahl und Wirkung erscheint mir hier noch wesentlich abhängiger und variabler zu sein als bei den Farben. Bereits bei diesen ist, wie oben beschrieben, festzustellen, dass deren Bedeutungen und Wirkungen ebenfalls – trotz ihrer Sinnesnähe – deutlich kulturell vermittelt, beeinflusst, ge- und überformt sind. Die Gewinnung und Arbeit mit geeigneten Symbolen könnten jedoch dennoch grundsätzlich analog nach dem Vorgehen bei und mit Farben erfolgen.

Für einen selbst mehr oder weniger bedeutungsvolle Symbole, Zeichen, Formen, Bilder, Vorstellungen, Erinnerungen usw. können spontan bei der Meditation mit Chakrenfarben auftreten. Durch die Benutzung der Imagination und visuellen Vorstellungskraft zur Meditation könnte man vermuten, dass diese sogar verstärkt angeregt und hervorgerufen werden. Durch die bewusste Konzentration auf eine bestimmte Farbe kann aber auch die Auftretenswahrscheinlichkeit für solche unwillkürlichen Visualisierungen gleichzeitig wirksam reduziert werden. In jedem Falle nehmen wir diese, wie auch bei den anderen Chakrenmeditationen (s. z. B. Kap. 8.3.3), nur wohlwollend und akzeptierend zur Kenntnis und konzentrieren uns weiter auf die Meditation mit den Farben. Öfters scheinen diese Einfälle auch wertvolle Hinweise und Informationen oder Ergänzungen zu geben, die dann nach dem Ende der Chakrenmeditation mit Farben noch genauer und länger betrachtet, analysiert und reflektiert werden könnten. Dies kann sogar noch gleich anschließend vor der Zurücknahme der Trance und Rückkehr in den Alltag erfolgen, also im Zustand der tiefen Entspannung und Meditation, der unmittelbares Verständnis und direkte Erkenntnis befördert. Wichtig ist jedoch vor allem, sich während der Chakrenmeditation nicht in den eigenen Bildern, Vorstellungen, Gedanken usw. zu verlieren, so dass diese fortgesetzt wird und nicht in einem (Tag-)Träumen und Phantasieren endet. Letzteres kann zwar plausiblerweise durchaus auch seinen Reiz und Wert haben, steht aber der eigentlichen Chakrenmeditation und ihren Wirkungen entgegen.

Anstatt in der Chakrenmeditation nun mit einer bestimmten, von außen vorgegebenen Auswahl an Farben und Zuordnungen zu üben, ziehe ich es vor, meine fortgeschrittenen Patienten oder Teilnehmer von Kursen oder Seminaren mit ihren eigenen passenden Farben (für jedes Chakra) meditieren zu lassen. Ähnlich wie die Eigenfarbe im Autogenen Training, also die passende Farbe zu einem und für einen selbst (s. Kap. 6.2.3), lässt sich für jedes Chakra eine Eigenfarbe finden und nutzen. Es geht also darum, die für jedes Chakra persönlich bzw. individuell passende und zutreffende Farbe zu suchen, zu finden oder auszuwählen und schließlich für die bzw. in der Meditation zu nutzen. In einer entsprechenden Meditation, Selbsthypnose kann die zutreffende Farbe für jedes Chakra individuell entdeckt, vorgestellt oder innerlich gesehen werden. Unter Umständen sind dazu wiederholte Versuche notwendig, bis schließlich für jedes Chakra eine Farbe gefunden werden konnte. Eine angeleitete Selbsthypnose – eigentlich eine Fremdhypnose – kann diesen Vorgang sehr beschleunigen und erleichtern. Ich biete diese deshalb als Vorbereitung auf die Chakren-Farben-Meditation meinen Patienten und Teilnehmern an. Die verschiedenen Farben, die so in den Selbsthypnosen unter meiner Anleitung für die Chakren gefunden worden sind, gibt die Tabelle 6 wieder. Bitte verstehen Sie diese Tabelle als Anregung und Ermunterung, um wirklich Ihre eigenen, ganz persönlichen Farben für jedes Chakra zu finden und zu benutzen.

Auch trotz der Unterstützung und Hilfe durch diese Anleitung sollten Sie – oder die betreffende Person – in der Meditation oder dem Üben bereits deutlich fortgeschritten sein. Sie sollten sich nicht nur generell achtsam wahrnehmen und bewusst konzentrieren können, sondern im Besonderen auch speziell in den betreffenden Körper- bzw. Energiebereichen. Diese sollten also dem Übenden unbedingt gut vertraut und wahrnehmbar sein. Der Übende sollte sich in jedem dieser besonders energetischen, aber auch körperlichen Bereiche bewusst, konzentriert und aufmerksam spüren sowie die Wahrnehmung, Aufmerksamkeit, Bewusstheit ausrichten und sammeln können. Vom Erleben her sollte es möglich sein, sich in jedem Chakra bzw. betreffenden Körperbereich ganz zu verankern und bewusst, mental sowie wahrnehmend vollständig zum Chakra zu werden. In der Regel gelingt dies, wenn zuvor für längere Zeit regelmäßig Atemmeditationen und Körperreisen geübt worden sind. Die Körperreisen sollten dazu, wie von mir im Kapitel 7.1 und 7.2 vorgeschlagen, also unter besonderer Berücksichtigung der Hauptenergiekanäle und Energiezentren (Chakren), durchgeführt werden. Als Atemmeditation reicht zunächst die Stirn-Wurzelzentrum-Atem-Meditation aus Kapitel 3.5. Erfahrungsgemäß hilfreich ist es für gewöhnlich, vor den Farbmeditationen regelmäßig Atem-Vokal-Chakren-Meditationen (Kap. 8.3) geübt zu haben. Dies führt in der Regel zu einer tiefen, sicheren, zuverlässigen Empfindung, Wahrnehmung der einzelnen Chakren sowie zur Verankerung in und Verbindung mit den Chakren. Es wird so gelernt, in den einzelnen Chakren bewusst mit der ganzen Aufmerksamkeit, Konzentration und Wahrnehmung zu verweilen, sich also mental ganz auf das jeweilige Chakra zu fokussieren. Verankerung, Verbindung und Fokussierung gelingen in der Regel dann schließlich selbst auch bei Chakren, bei denen der Bezug, die Wahrnehmung, Konzentration usw. sich anfangs sehr schwierig gestalteten. Dies dürften vor allem jene Chakren sein, mit denen der Übende – aus den unterschiedlichsten Gründen – ohnehin bzw. prinzipiell seine Schwierigkeiten hat, wobei es sich also um seine sogenannten „Problembereiche" handelt.

Unter der Voraussetzung einer hinreichenden Übungspraxis sind die individuell zu findenden bzw. gefundenen Farben dann wirklich individuell passend, treffend und echt bzw. authentisch. Andernfalls bestände das erhöhte Risiko, dass unter der Wirkung der Suggestion und des Ziels, eine Farbe zu finden, irgendeine aus dem Farbenraum mit Hilfe der Phantasie ausgewählt werden würde. Der visuelle Sinn ist einerseits sehr einfach und schnell wirksam, aber auf der anderen Seite ist er auch vergleichsweise kreativ und beliebig. Er ist psychologisch der Sinn, der am schnellsten zu täuschen ist und entsprechend auch täuscht und vortäuscht. Der visuelle Sinn und damit der Übende erliegen sehr schnell der Kraft und dem Eindruck der jeweils gefundenen Bilder bzw. Farben, gleichgültig, ob sie nun wirklich, tatsächlich hilfreich und angemessen sind. Mit einer entsprechenden Meditationspraxis sinkt die Wahrscheinlichkeit, weniger geeignete, beliebige, nur phantasievolle und konstruierte Farben oder Bilder für jedes Chakra zu finden. Der Bezug, die Passung, Angemessenheit und Echtheit nehmen zu und erreichen ein akzeptables, zuverlässiges, hinreichendes Niveau. Dies drückt sich dann auch darin aus, dass die einmal gefundenen Farben über die wiederholten Übungen für jedes Chakra stabil und konstant bleiben. Die Farbe eines Chakras ändert sich dann eben auch nicht mehr spontan und überraschend während einer späteren bzw. zukünftigen Meditation.

Tabelle 6

Chakrenfarben aus angeleiteten Selbsthypnosen

Chakra	Farbe
Scheitelzentrum:	Weiß bis sehr hell, glitzernd, strahlend oder silbern glänzendes Weiß, Silber, Elfenbein, Hellblau, Grün, Zitronengelb bis sehr kräftiges Gelb, Umbra, Rosa, Flieder bis Violett, Gold, Regenbogen, keine Farbe
Stirnzentrum:	Weiß, Weiß-Rosa, Silber, Neonblau, Blau, Ultramarinblau, Dunkelblau bis Nachtblau, Flieder bzw. helles bis dunkles Violett, Flieder, blasses Rosa, Rot, Purpur, Gelb, Orange, Grün
Halszentrum:	Weiß, helles Blaugrau, Hellblau bis Dunkelblau, Türkis, Dunkelgrün bis Hellgrün, Gelb, Orange, Rosa, Flieder, Rot bis Dunkelrot, Ocker
Herzzentrum:	Graublau, Hellblau bis Blau, Türkis, Hellgrün bis Dunkelgrün, Orange, Rot bis Dunkelrot, Dunkelbraun, Weinrot, Rosa, Pink, Flieder bzw. helles Violett, Grau, Schiefergrau, Schwarz, Weiß
Sonnengeflechtzentrum:	Hellgelb bis Orange bis Rot, Hellgrün, Grün, Hellblau bis Blau, Türkis, Pink, Gold, Grau
Nabelzentrum:	Hellgelb bis Orange bis Rot, Rosa, Pink, Blauviolett, Hellblau bis Blau, Grünblau, Dunkelgrün bis Hellgrün, Grüngelb, Grau
Sakralzentrum:	Orange, Ocker, Hellrot bis Dunkelrot, Rotbraun, Kupfer, Goldbraun, Umbra, Braun, Flieder bis Violett, Blau bis Dunkelblau, Gelbgrün, Hellgrün bis Dunkelgrün, Weiß
Wurzelzentrum:	Hellrot bis Dunkelrot, Dunkelpurpur, Rotbraun bis Braun, Dunkelbraun, Weinrot, helles bis dunkles Violett, Rosa, Gelb bis Orange, Hellgrün bis Dunkelgrün, Hellblau bis Dunkelblau, Blauschwarz, Silber

Trotz aller intensiven Bemühungen und Erfolge sind Farbänderungen in einem Chakra nicht prinzipiell auszuschließen. Alles Dasein ist in Bewegung und kann sich – bevor es letztlich vergeht – ändern, auch die Bedingungen, Voraussetzungen, Zusammenhänge und Zustände eines Energiezentrums. So kann es auch aktuell relevante, aber vielleicht noch nicht bewusste Gründe geben, die früher gefundene und imaginierte Farbe eines Chakras zu modifizieren, etwa das Rot etwas dunkler oder heller zu visualisieren, oder sogar ganz zu ändern, etwa von Rosa zu einem leuchtenden Hellrot oder Graublau. In der tiefen Trance bzw. Sammlung und Versenkung würde sich die Farbe dann entsprechend unwillkürlich anpassen oder verändert haben. Dies wäre – trotz der möglichen momentanen persönlichen Überraschung – einfach nur hinzunehmen und zu akzeptieren. Werden die Gründe nicht unmittelbar wahrgenommen und klar, kann man später im Anschluss an die Übung versuchen, noch einmal ins Chakra achtsam hinein zu spüren, zu fühlen und zu horchen und dabei seinen Geist und sein Bewusstsein zudem für diesbezügliche Einsichten zu öffnen. Ein Verstehen oder Erkennen der Gründe ist aber nicht automatisch die Folge und für die Verwendung und Achtung der modifizierten oder neuen Farbe auch nicht notwendig.

Es können auch grundsätzlich Schwierigkeiten bestehen, sich überhaupt Farben vorzustellen bzw. diese innerlich zu visualisieren oder zu imaginieren (dazu s. Kap. 5). Dann sollten Sie vielleicht – zumindest zunächst – besser auf die grundlegenden, generell am Spüren orientierten Verfahren zur Chakrenmeditation zurückgreifen, die in den vorherigen Kapiteln vorgestellt worden sind. Gemäß Kapitel 8.3 kann auch der auditive Sinn mit einbezogen oder herangezogen werden. Ob Sie Schwierigkeiten mit dem Visualisieren, Imaginieren oder Vorstellen von Farben haben, können Sie ganz leicht selbst überprüfen. Versuchen Sie einfach, sich verschiedene Farben mit geschlossenen Augen einzeln nacheinander vorzustellen oder innerlich bzw. vor Ihrem inneren, geistigen Auge zu sehen. Gelingt Ihnen dies ohne Mühen oder mit etwas Geduld, vielleicht auch nach etwas Übung bzw. nach wenigen, wiederholten Versuchen, so können Sie sich prinzipiell Farben vorstellen bzw. visualisieren. Andernfalls würden Sie sich mit einer Chakren-Farben-Meditation grundsätzlich sehr schwer tun.

Im Folgenden wird nun die Selbsthypnose beschrieben, die Sie wirksam und zuverlässig zu den eigenen Chakrenfarben führen kann. Zudem wird gezeigt, wie Sie in jedem Chakra dann mit der jeweils gefundenen und zutreffenden Farbe meditieren können. Nach einer Tranceinduktion, Entspannungsphase oder Meditation (etwa mit der Stirn-Wurzelzentrum-Atem-Meditation aus Kap. 3.5), um in einen geeigneten Trance- oder Meditationszustand zu gelangen, wird zunächst das erste Chakra oder die betreffende Körperregion möglichst intensiv bewusst, aufmerksam, konzentriert wahrgenommen, vor allem gespürt. Sie fangen beim untersten Chakra, nämlich dem Wurzelzentrum, an. Nachdem Sie hier die für Sie zutreffende Energiefarbe gesucht und im günstigen Fall auch gefunden und visualisiert haben, gehen Sie zum nächsten Chakra, dem Sakralzentrum, und wiederholen das Vorgehen. Wenn Sie dies wiederum abgeschlossen haben, wechseln Sie zum nächsten Zentrum und wiederholen Suche und Visualisierung der Farbe, bis Sie schließlich zum letzten Chakra, dem Scheitelzentrum, gelangen und die Suche und Visualisierung der Chakrenfarbe auch hier abschließen. Je nach Einstieg und Vorbereitung der Chakrenmeditation beenden Sie dann die ganze Übung.

Zuerst konzentrieren Sie sich ganz auf den betreffenden Bereich im Körper und versuchen, sich hier möglichst bewusst, aufmerksam und achtsam innerlich wahrzunehmen, zu empfinden und zu spüren. Erst wenn Sie tatsächlich auf diesen Körperbereich bzw. das Energiezentrum – möglichst vollständig – aufmerksam konzentriert und fokussiert sind und diesen bewusst und deutlich empfinden und spüren, also dort fest verankert und gut begründet sind, öffnen Sie zudem Ihr inneres, geistiges Auge, um innerlich zu sehen oder vorzustellen, zu visualisieren bzw. zu imaginieren. Sie bleiben also auch weiterhin während dieser Öffnung und der folgenden Visualisierung spürbar mit einem Teil Ihrer Konzentration und bewussten Aufmerksamkeit in diesem Körperbereich verankert und mit dem Energiezentrum verbunden. Genau diese körperliche, gespürte Verankerung und Verbindung schafft die Grundlage und Voraussetzung dafür, dass auch mit größerer Zuverlässigkeit und Sicherheit die passendste und geeignetste Farbe für das jeweilige Chakra gefunden wird.

Um das Finden genau dieser Farbe zu erleichtern und zu unterstützen, wird die innere Weisheit oder eine andere geeignete, passende Instanz, d. h. ein Aspekt des Selbst, gebeten, vor diesem inneren Auge genau diejenige Farbe erscheinen zu lassen, die die Energie des jeweiligen Zentrums verkörpert, stärkt, unterstützt, aufbaut, auflädt, positiv entwickelt. Je nach Vorlieben, innerer Überzeugung usw. könnten Sie anstelle Ihrer inneren Weisheit auch alternativ etwa Ihr Unterbewusstsein, Inneres, höheres oder wissendes Selbst, Ihre Ganzheit oder Gesamtheit aller inneren, persönlichen Ressourcen wählen und bitten. Diese gebetene Instanz, Verkörperung, Symbolisierung oder Bezeichnung, wie z. B. die innere Weisheit, muss dazu nicht selbst und extra vorgestellt, visualisiert bzw. imaginiert werden. Sie benötigen also kein Bild bzw. keine konkrete Vorstellung, Darstellung oder Gestaltung davon. Es reicht gemeinhin, diese innerlich, gedanklich anzusprechen bzw. „anzurufen".

Auf eine Anrufung, ein Erbitten, den Appell an eine geeignete Instanz, Repräsentanz oder einen Aspekt des Selbst kann verzichtet werden. So kann man sich jeweils nur fragen, welche Farbe vor dem inneren, geistigen Auge erscheinen wird, die das fokussierte und gespürte Energiezentrum (energetisch) intensiv und umfassend aufbaut/ auflädt und stärkt. In der Folge kann jedoch die Tendenz zunehmen, über die kreative Tätigkeit des Verstandes oder der Phantasie nach Lösungen zu fahnden und zu entscheiden. Dies steht dem Finden einer persönlich und ganzheitlich wirklich geeigneten und zutreffenden Farbe eher entgegen und lässt sich nur durch den Verbleib in möglichst tiefer, innerer Sammlung und Versenkung beim Fragen sowie offenen Warten auf eine innere Antwort bzw. das Erscheinen einer Farbe vor dem inneren, geistigen Auge vermeiden. Gemildert werden kann diese Schwierigkeit bereits durch eine bloße Bezugnahme auf einen solchen Selbstaspekt, wie die innere Weisheit, das Unterbewusstsein oder Innere. Die Frage nennt dann diesen nur noch als Urheber oder Ort der Entstehung und Herkunft, es fehlt also die explizite Anrufung oder Bitte. Dies ermöglicht ein gewisses Lösen vom Verstand und der kreativen Phantasie und erweitert den Fokus bei der Suche und Auswahl auf andere, wie unbewusste, intuitive und körperliche Prozesse und Aspekte. Die Frage, die man sich dann entsprechend innerlich selbst stellen würde, kann dann beispielsweise wie folgt lauten: Welche Farbe wird aus dem Unterbewusstsein oder Inneren vor meinem inneren, geistigen Auge für das Chakra auftauchen, die dieses verkörpert, aufbaut und stärkt?

Die Farbe könnte auch grundsätzlich – in religiöser Art und Weise – von einer höheren, übergeordneten, das eigene Selbst überschreitenden Macht oder Instanz erbeten werden. Allerdings werden dann Prozesse, die aus Sicht der Psychologie und Psychotherapie zur Selbstentwicklung und -entfaltung aus einer unabhängigen, individuellen und nach innen auf die Person gerichteten Perspektive beitragen und letztlich in der Person selbst angestoßen und geleistet werden, aus dieser Person und ihrem Selbst nach außen ins Spirituelle verlagert und projiziert.

Sollte keine Farbe gesehen werden bzw. erscheinen, so braucht es offensichtlich noch Zeit und Übung, die Sie sich und Ihrem Inneren großzügig zugestehen sollten. Allerdings könnte es im Scheitelzentrum und Stirnzentrum auch vorkommen, dass das Ausbleiben einer Farbe oder das Erscheinen einer Nichtfarbe bzw. die völlige Durchsichtigkeit, Klarheit und Transparenz genau die Vorstellung, Imagination, Visualisierung, die farbliche Eigenschaft oder der farbliche Zustand ist, der bzw. die die Energie eben des betreffenden Zentrums individuell verkörpert, stärkt, unterstützt, aufbaut, fördert und (bei Bedarf) heilt. Also gleichgültig, ob eine oder keine Farbe erscheint bzw. gesehen wird, sollte das Ergebnis akzeptierend und wohlwollend an- und zur Kenntnis genommen, in seiner Qualität erkannt und gemerkt werden. Da die Farben gemäß der inneren Weisheit, Ressourcen und Psychologie sowie ihrer inneren, energetischen Bedeutung für die Chakren zusammengestellt werden, müssen diese nicht den eigenen Erwartungen und Vorlieben genügen. Sie können diesen sogar widersprechen. Überraschungen sind hier deshalb durchaus an der Tagesordnung und einzuplanen. Wichtig ist generell, die jeweils entdeckten, gesehenen Farben – oder eventuell auch Nicht-Farben – prinzipiell als innere Einsichten, Erkenntnisse, Mitteilungen und Schenkungen zu akzeptieren, zu würdigen und zu respektieren. Sie sind im Idealfall eben der passendste und zutreffendste Ausdruck der inneren Weisheit, körperlich-geistigen Organisation, des Unterbewusstseins, der persönlichen Ganzheit usw. Deshalb sollten Sie sich auch im Anschluss an jedem Versuch, eine Farbe zu erhalten, bei der betreffenden Instanz innerlich bedanken – und zwar gleichgültig, ob Sie nun eine bestimmte Farbe finden und sehen konnten oder nicht und ob Sie dies oder diese erwartet haben oder nicht. Selbstverständlich gilt dies unbedingt nur für den Fall, dass Sie eine bestimmte Instanz, Repräsentanz oder irgendeinen Aspekt Ihres Selbst, wie die innere Weisheit, gebeten oder angerufen haben. Aber, selbst wenn Sie diese Instanz, Repräsentanz bzw. diesen Aspekt ihres Selbst nur zur Angabe über die Herkunft der Farbvision benutzt haben sollten, ist das Zeigen und Ausdrücken von innerer Demut und Dankbarkeit sinnvoll. Also auch dann könnten Sie sich etwa bei Ihrem Unterbewusstsein oder Inneren bedanken. Dies hilft nicht nur das jeweilige Resultat zu akzeptieren, sondern es befördert zudem den notwendigen Abstand zu den verstandesmäßigen, willkürlichen, ichbezogenen Prozessen und vergrößert gleichzeitig den Raum und die Option für intuitive, unbewusste, ganzheitliche und unwillkürliche Prozesse und Lösungen.

Man braucht nicht nur in vielen Fällen einige Zeit, bis sich die Farbe für das betreffende Chakra bildet und zeigt, sondern öfters zeigt sich die Farbe am Anfang nicht immer gleich eindeutig. Farben erscheinen manchmal abwechselnd oder mit anderen in einem mehr oder weniger bestimmten Muster gemeinsam oder vermischt. Vertrauen und überlassen Sie sich ruhig den inneren Prozessen. Lassen Sie die Farbe sich entwickeln oder die Farben sich ausprobieren, auswählen, eindeutiger, deutlicher und stärker werden. Vielleicht können Sie sich selbst oder Ihre innere Weisheit (oder eine andere von Ihnen gewählte Instanz oder Repräsentanz) fragen, welche Farbe sich wohl entwickeln, herausstellen oder bleiben wird. Diese Frage lässt Sie geduldig, offen und neugierig in der Rolle eines rezipierenden bzw. aufnehmenden Zuschauers warten und unterstützt sanft den meditativen Prozess des Auswählens und Findens einer Farbe. Im Laufe des Prozesses stellt sich dann schließlich in der Regel eine bestimmte Farbe ein. Die Farbe kann auch als ein entsprechendes Licht wahrgenommen werden. In diesem Klärungsprozess und mit der zunehmenden Deutlichkeit der Farbe bzw. dem entsprechenden Licht wächst auch die innere Überzeugung und Sicherheit, dass es sich nun tatsächlich um die Energiefarbe des jeweiligen Chakras handelt.

Die für die einzelnen Chakren gefundenen Farben sind, wie bereits angesprochen, entsprechend auch in späteren, wiederholten Meditationen relativ zuverlässig und stabil. Dennoch sollten Sie versuchen, offen zu sein und zu bleiben, falls sich farbliche Veränderungen in späteren Meditationen ergeben und zeigen sollten. Die einmal gefunden Farben könnten auch jederzeit gezielt einer bewussten, erneuten Prüfung unterzogen werden, indem Sie das Prozedere – wie hier dargestellt – wiederholen oder während der Meditation die Farbe innerlich auf Passung, Eignung und Angemessenheit prüfen.

Haben Sie jedoch eine bestimmte Farbe für ein Chakra gefunden, dann sollten Sie diese auch (bis auf Weiteres) für das Chakra in der Meditation nutzen. Haben Sie einmal für jedes Chakra

Ihre Farbe erkannt, kann also die oben dargestellte und ausgeführte innere Suche und Befragung (von sich selbst, des Inneren, der inneren Weisheit usw.) entfallen. Sie öffnen dann nach dem achtsamen Spüren, Fokussieren und Verankern im betreffenden Körperbereich des Energiezentrums sofort Ihr geistiges, inneres Auge mit der entsprechenden, passenden Farbe. Sie visualisieren dann achtsam die Farbe und verbinden diese, wie im Folgenden noch ausgeführt werden wird, mit dem Energiezentrum.

Haben Sie nun klar eine Farbe – oder ein entsprechendes Licht – für das Energiezentrum wahrgenommen, dann können Sie die Farbe zunächst bewusst weiter vor Ihrem inneren, geistigen Auge möglichst klar, intensiv und deutlich sehen bzw. sich vorstellen. Diese Farbe kann dabei auch, räumlich betrachtet oder gedacht, noch vor Ihnen bzw. Ihrem inneren, geistigen Auge stehen. Anschließend versuchen Sie sie bewusst und konzentriert in den betreffenden Körper- und Energiebereich fließen zu lassen. Auch dies versuchen Sie. möglichst klar, intensiv und deutlich innerlich zu sehen bzw. sich vorzustellen. Dieser Bereich ist ganz mit der Farbe (Licht) auszufüllen, damit sie auf das Chakra stärkend, stützend, aufbauend, harmonisierend und heilend wirken kann. Aus dem gleichen Grund ist die Farbe (Licht) sowie die Füllung damit für eine gewisse, ausreichende Weile in dem Chakra zu halten und weiter zu visualisieren bzw. vorzustellen; denn es ist grundsätzlich etwas Zeit nötig, für gewöhnlich mindestens ein bis zwei Minuten, damit die Farbe sich auf das Chakra merklich sowie bedeutsam energetisch auswirken kann. Je länger das konzentrierte Sehen, Vorstellen des Chakras voll mit der zugehörigen Farbe (Licht) andauert, desto größer fällt plausiblerweise die Wirkung aus, also umso mehr Energie kann dadurch geladen und gespeichert werden. Bedenken Sie jedoch, dass sich durch ein längeres Verweilen in jedem Chakra die Gesamtdauer der Meditation entsprechend ausdehnt. Hier gilt es abzuwägen. In der Regel reicht ein Verweilen mit der jeweiligen Farbe etwa zwischen 2 bis 3 Minuten pro Chakra.

Gemäß Ihrem Bemühen spüren Sie sich im Idealfall auch während des gesamten Visualisierens in dem jeweiligen Chakra weiter aufmerksam. Sie sehen gleichzeitig, wie dieser Körper- und Energiebereich sich mit der Farbe des Chakras gefüllt hat oder in diesem Licht erstrahlt, und können dort in der Folge die stärkende, stützende, aufbauende, harmonisierende und heilende Kraft und Wirkung auch körperlich spüren, z. B. als Zunahme der Wärme oder des Wohlgefühls. Diese anhaltende, grundlegende, körperliche Empfindung und Aufmerksamkeit im Chakra bzw. dessen Körperbereich ist wichtig und unterstützend. Denn darüber findet die visualisierte Farbe oder das Licht sein Ziel bzw. den Wirkort. Wenn die Farbe oder das Licht besser und direkt ins Chakra gelangt und es füllt, kann zudem wiederum die energetische Wirkung dieser Visualisierung als in der Regel angenehme Veränderung direkt körperlich gefühlt werden. Dies führt zu einer erwünschten, positiven, sich verstärkenden Rückkopplung. Die Farbvisualisierung und die Empfindungen werden intensiver und die Energie im Chakra wächst dementsprechend.

Wenn die Visualisierung der Farbe im betreffenden Körperbereich nicht gelingt, können Sie auch nur das Licht oder die Farbe vor Ihrem geistigen, inneren Auge präsent lassen und halten und zudem mit Ihrer Empfindung im Körper- bzw. Energiebereich gewahr bleiben und sich – mehr beschreibend oder suggestiv, vielleicht weniger vorstellend und eher gedanklich – klarmachen, dass die Farbe bzw. das Licht mit diesem Chakra verbunden ist und dieses energetisch lädt, stärkt, stützt, aufbaut, harmonisiert und heilt. Der Spürsinn bleibt grundlegend im Körperbereich des Energiezentrums verankert, während das innere Sehen bzw. visuelle Vorstellen achtsam, konzentriert bei der betreffenden Farbe (Licht) verweilt. Zwischen dem körperlichen Empfinden und dem visuellen Vorstellen kann dann auch mit der vollen Aufmerksamkeit gewechselt werden, also wiederholend jeweils zunächst im Chakra gespürt, danach die Farbe

(Licht) wahrgenommen. Dieser Wechsel zwischen Spüren und Visualisierung sollte bei diesem Vorgehen unbedingt einige Male wiederholt werden, um dennoch eine möglichst enge Kopplung bzw. Verbindung zwischen diesen beiden meditativen Tätigkeiten herzustellen, wobei die Verweilzeit für die jeweilige, einzelne Tätigkeit nicht zu lange, aber je nach Belieben ausreichend sein sollte. Auch auf diese Art und Weise kann eine hinreichende Verbindung zwischen der Farbe bzw. dem Licht und dem Chakra sowie dessen körperlicher Präsenz hergestellt und eine energetische Wirkung erreicht werden.

Schließlich könnten Sie sogar noch probieren, sich ganz mit der Farbe des Chakras zu füllen, zu verbinden, damit sich die betreffende Energie – günstig und passend selbstorganisierend – vollständig auf und über den ganzen Körper und Ihre Person (Ganzheit) ausdehnen und verteilen und sich stärkend, stützend, aufbauend, harmonisierend, heilend auswirken kann. Die betreffende Energie sowie die Funktionen und Leistungen des Chakras sollen so für alle somatischen und psychischen Prozesse einer Person besser und reichlicher verfügbar werden.

Sollten wir noch in der Phase sein, unsere passenden und geeigneten Farben für die Chakren zu entdecken, dann können und sollten wir uns, wie bereits oben ausgeführt, an dieser Stelle für das bis dahin Gefundene und Erreichte – möglicherweise auch Nichtgefundene oder Nichterreichte – innerlich bedanken. Das kann also an die angesprochene innere Weisheit oder eine andere gewählte innere Instanz oder Repräsentanz gerichtet sein oder auch nur an unserer Inneres. Anschließend wiederholt sich jeweils das Vorgehen mit dem Wechsel zum nächsten, höheren Chakra und schließt mit dem letzten bzw. höchsten Chakra ab, dem Scheitelzentrum.

Beim Finden Ihrer individuellen Chakrenfarben kann auch die Vorstellung hilfreich sein, dass Sie jeweils aus dem weißen, hellen Sonnenlicht das für jedes Chakra geeignete, passende und zutreffende Licht – mittels der inneren Weisheit usw. – herausfiltern. Ich arbeite auch mit Bildern der Sonne und des Himmels, die die zugehörigen Chakrenfarben zeigen und verbildlichen, also z. B. der dunkelroten Sonnenglut beim oder kurz nach dem Sonnenuntergang, der roten Sonne beim und kurz vor dem Sonnenuntergang bis zur orangen Abendsonne, der satten, gelben Sonne am Nachmittag, der hellen, gelben Tages- bzw. Mittagssonne, dem hellen, weißen Licht der Sonne, das am späten Vormittag durch weiße Nebelschwaden (Wolken) dringt, und dem gleißenden, strahlenden, weißen Licht der Mittagssonne im Juni oder Juli, dem blauen, wolkenlosen Frühlings- oder Sommerhimmel, einem graublauen Himmel über der friesischen Nordsee sowie dem schwarzblauen, klaren, grenzenlosen Nachthimmel (vielleicht auch mit funkelnden Sternen oder/und weißem Mondlicht). Das betreffende Licht strahlt dann von dieser vorgestellten Sonne oder Lichtquelle spürbar und wirkungsvoll auf das jeweilige Chakra.

Es kann auch hilfreich sein, die zu findende oder gefundene Farbe eines Chakras in Verbindung etwa mit der vollen Blüte einer Blume innerlich zu sehen oder vorzustellen. Dies wäre dann also ein „Farbbild", das der betreffenden Farbe eine einfache, stimmige, überwältigende, kraftvolle Form verleiht. Dabei kann für alle Chakren nur eine Blumenart, etwa die Rose, benutzt werden. Es sind dann nur die passenden Farben – eben beispielsweise der Rosen – zu finden. Ganzheitlicher kann aber auch für jedes Chakra nach der wirklich passenden Blüte einer Pflanze mit der zutreffenden, geeigneten Farbe gesucht werden. Es werden in der Folge auch unterschiedliche Blütenpflanzen meditiert, also sehr wahrscheinlich nicht nur Rosen. In jedem Chakra würde mit dem Farbbild bzw. der entsprechend farbigen Blüte meditiert werden. Das innere Sehen und Vorstellen beschränkt sich sinnvollerweise jeweils auf die volle Blüte im Chakra oder den Vorgang, wie die Blüte – und damit die Kraft und Energie – im Chakra üppig aufblüht, wächst und gedeiht.

Wir beginnen die Chakrenfarbenmeditation nach dem meditativen Einstieg, etwa mit der Stirn-Wurzelzentrum-Atem-Meditation aus Kapitel 3.5, wie bei der Atem-Vokal-Chakren-Meditation (s. Kap. 8.3.3) beim Wurzelzentrum. Zentrum für Zentrum wird auf eine der oben beschriebenen Arten und Weisen jeweils wahrgenommen und die zugehörige Farbe oder das entsprechend farbige Licht visualisiert. Insgesamt verweilen Sie so etwa bis zu drei Minuten pro Chakra. Wichtig ist auch hier, wie im Kapitel 8.3.3 bezüglich der Atem-Vokal-Chakren-Meditation ausgeführt wurde, dass bei den regelmäßigen, am besten täglichen Übungen alle acht Energiezentren in die Meditation eingeschlossen werden. Bei besonderem Bedarf kann allerdings ausnahmsweise, gelegentlich oder vorübergehend noch zusätzlich und verstärkt mit einem bestimmten Chakra gearbeitet werden. Nach dem Wahrnehmen des Scheitelzentrums und seiner Farbe endet die eigentliche Chakrenmeditation und wird meditativ – je nach Beginn und Einstieg – etwa wieder mit der Stirn-Wurzelzentrum-Atem-Meditation abgeschlossen. Insgesamt dauert die Meditation dann ungefähr eine halbe Stunde.

Zur energetischen Bewertung und über die günstigen Bedingungen der Anwendung der Chakrenfarbenmeditation informiert auch das folgende Kapitel.

8.4.1 Farben-Atem-Chakren-Meditation

Das Meditieren mit Farben bzw. mit dem inneren Sehen und Imaginieren von Farben oder Lichtern oder entsprechenden Farb- oder Lichtbildern kann unter bestimmten Bedingungen günstig und angezeigt sein. So kann vor allem die grundsätzliche Unabhängigkeit des Meditierens mit Farben, Lichtern und entsprechenden Bildern von der Atmung zum großen Vorteil werden, wenn der Atem und das Atmen in irgendeiner Weise gestört, beeinträchtig oder schwierig sind. Das kann innerlich, etwa durch eine schwere Erkrankung der Atemwege oder einen vorübergehenden unstillbaren Hustenreiz, oder äußerlich, etwa durch verbrauchte oder verschmutzte Luft, verursacht sein. Diese Variante der Chakrenmeditation stellt auch eine hilfreiche, nützliche und immerhin zufriedenstellende Alternative dar, vor allem wenn Sie mit dem tiefen, leisen, intensiven Tönen von Vokallauten grundsätzlich nicht zurechtkommen. Obwohl die angesprochene Atem-Vokal-Chakren-Meditation (insbes. Kap. 8.3.1-8.3.3) bei adäquatem Gebrauch nach meiner langen Erfahrung regelmäßig – prinzipiell sowie vergleichsweise – eine sehr große energetische Stärkung und Stabilisierung und entsprechend wesentliche, erwünschte sowie heilsame, therapeutische Erfolge bewirkt und entfaltet, setzt dies voraus, dass diese Meditationsform zum Üben auch zu einem gewissen Grad angenommen, akzeptiert und vor allem offen, zuverlässig und bemüht benutzt wird. Wenn jedoch bei einer Person z. B. eine sehr große Inakzeptanz oder Abwehr besteht, so würde das Üben mit Atem-Vokal-Chakren-Meditation – ungeachtet aller möglichen Erfolge – eben nicht als sinnvoll, angenehm oder hilfreich empfunden, erfahren und beurteilt werden. Spätestens dann wird die Chakrenmeditation mit Farben zu einer zweckmäßigen Alternative.

Auf der anderen Seite kann die zusätzliche Verbindung der Chakrenfarbenmeditation mit Atem und Atmen die energetische Wirkung sehr verstärken und zudem das Sehen und Vorstellen der Farbe, des Lichtes oder betreffender Bilder merklich unterstützen und anfeuern. Das ist unmittelbar plausibel und einleuchtend; denn durch die Hinzu- und Einbeziehung des Atems und Atmens in diese Chakrenfarbenmeditation wird nun eine weitere grundlegende, zentrale und besonders potente Energiequelle erschlossen und genutzt. Durch eine geeignete Einbeziehung der Atmung nähert sich diese auf Farben und deren Visualisierung bezogene Chakrenmeditation, was die energetische und therapeutische Wirksamkeit betrifft, für gewöhnlich deutlich der Atem-Vokal-Chakren-Meditation an. Im Einzelfall hängen die Wirkungen und diesbezügliche Unterschiede ja bekanntlich von den individuellen Bedingungen, Faktoren und Umsetzungen ab und können deshalb in positiver wie in negativer Hinsicht von diesem allgemeinen Trend abweichen. Über die vielen Einzelfälle hinweg zeigt und bestätigt sich jedoch in der Erfahrung dieser Trend. Aus diesem Grunde kann die Verbindung der Chakrenfarbenmeditation mit dem Atem und Atmen zu einer Farben-Atem-Chakren-Meditation grundsätzlich nur empfohlen werden. Im Allgemeinen dürften die Bedingungen dafür auch günstig und gegeben sein. Im Besonderen würden Sie mögliche Gegenanzeigen dafür in der Regel selber von vornherein oder umgehend wahrnehmen und erkennen.

Bevor die Chakrenfarbenmeditation durch die Einbeziehung der Atmung erweitert wird, sollte diese hinreichend geübt worden sein und gut beherrscht werden. Erst unter diesen Voraussetzungen ist eine Einbeziehung des Atems und Atmens, wie nun ausgeführt, zu empfehlen.

Für die Farben-Atem-Chakren-Meditation sind also zudem Atem und Atmen bewusst, aufmerksam, konzentriert wahrzunehmen, zu spüren und mit dem inneren Sehen und Vorstellen der Chakrenfarben abzustimmen. Wie bereits im Kapitel 8.2 ausgeführt wird unter Verwendung der Heilatmung aus Kapitel 3.6 und der Stirn-Wurzelzentrum-Atmung aus Kapitel 3.5 das jeweilige Chakra beatmet. Die Einatmung erfolgt dabei ins Stirnzentrum und die Ausatmung direkt in das jeweilige Energiezentrum bzw. den betreffenden Körperbereich. Diese und andere Atemtechniken wurden bereits im Kapitel 8.3.3 zur Atem-Vokal-Chakren-Meditation diskutiert. Beim Atmen empfehle ich hier, prinzipiell und bevorzugt die Vollatmung anzuwenden. Allerdings kann gerade in den unteren Zentren bis zum Nabelbereich auch die Bauchatmung sehr sinnvoll und hilfreich sein. Die Reihenfolge, in der Sie nacheinander und aufsteigend die Chakren fokussieren und meditieren, bleibt gleich. Sie beginnen also auch hier mit dem Wurzelzentrum.

Das Ausatmen kann bei einer Farben-Atem-Chakren-Meditation im Unterschied zum Tönen mit den Vokalen und vergleichbar mit der Stirn-Wurzelzentrum-Atem-Meditation (Kap. 3.5) sehr bis extrem langsam und nur durch die Nase erfolgen. Das Ausatmen und der Ausatem können bei Bedarf aber auch ganz leicht verstärkt und damit gerade innerlich hörbar werden. Dennoch wird weiterhin – im Vergleich zur sonstigen, gewöhnlichen Atmung – noch sehr leicht und langsam durch die Nase ausgeatmet, wobei der Atem bewusst, spürbar, fokussiert und konzentriert direkt ins Chakra gelangt. Das Sehen und Vorstellen der Farbe, des Lichtes oder eines entsprechenden Bildes kann sicher und wirkungsvoll mit dem Aus- bzw. Hinatmen in das Chakra verbunden werden. Während der Ausatem in das Chakra fließt, visualisieren oder imaginieren Sie am besten, wie die Farbe oder das Licht direkt in das Chakra fließt und das ganze Chakra füllt bzw. ausfüllt und diesen Körperbereich darin glänzen, leuchten und erstrahlen lässt. Sie können auch nur visualisieren, wie vor dem inneren, geistigen Auge die zugehörige Farbe oder das betreffende Licht auf das Chakra leuchtet oder strahlt. Die Farbe oder das Licht fließt gleichsam mit dem Atem ins Chakra. Atem und Farbe bzw. Licht ergießen sich gemeinsam und direkt ins Chakra und füllen und beleben dasselbe. Wenn Sie mit einem Bild bzw. einer Vorstellung meditieren, das als Objekt die Farbe verkörpert und aussendet, wie etwa eine Blume, dann kann ein abweichendes Vorgehen angebracht sein. Während die Strahlen oder das Licht einer Sonne oder eines Himmels sich von dort im Chakra ergießen können, wäre es passender, eine Blume gleich von Anfang an und ausschließlich im betreffenden Chakra bzw. Körperbereich zu visualisieren. Eine Blume, etwa eine Rose, fließt nicht ins Chakra, sie wächst und gedeiht dort. Mit dem Ausatmen ins Chakra wäre also die Visualisierung der zutreffenden Blume im Chakra verbunden.

Sie atmen anschließend, d. h. nach der Atempause, zügig und kräftig wiederum durch die Nase, jedoch in jedem Falle bzw. bei jedem Chakra ins Stirnzentrum ein, um dann wieder ganz ins jeweils fokussierte Chakra langsam aus zu atmen und Farbe, Licht, Farb- oder Lichtbild innerlich zu sehen, vorzustellen.

Bevor Sie die Farbe oder das Licht mit dem Atem gezielt in ein Chakra bzw. den betreffenden Körperbereich schicken und dort sammeln und bündeln, sollten Sie mit dem jeweils im Fokus stehenden Chakra Kontakt aufnehmen, also versuchen, es innerlich zu orten, sich möglichst deutlich dort wahrzunehmen und es zu spüren, sich ganz bzw. Ihre gesamte Wahrnehmung und Aufmerksamkeit dem Chakra zuzuwenden und zu widmen. Wenn Ihnen der Kontakt gelungen ist, dann sind Sie mit Ihrer Wahrnehmung und Aufmerksamkeit bewusst und konzentriert bei und im Idealfall sogar ganz in diesem Zentrum. Wenn Sie nun dort präsent sind, versuchen Sie sich zudem die/Ihre Farbe des Chakras vor dem inneren, geistigen Auge zu holen, vorzustellen, sich zu vergegenwärtigen. Währenddessen bleiben Wahrnehmung, Aufmerksamkeit und Konzentration nur noch im betreffenden Körperbereich verankert oder sind bestenfalls zweigeteilt. Steht diese Farbe oder das Licht vor ihrem inneren, geistigen Auge, können Sie diese dann mit jedem Ausatmen in das verortete und wahrgenommene Zentrum atmen. Sie können dann wahrnehmen, wie die Farbe sich dort sammelt – möglicherweise auch ausbreitet oder ausstrahlt – und auswirkt.

Beim Einatmen liegen – beim hier beschriebenen Vorgehen – die bewusste Konzentration und aufmerksame Wahrnehmung vorübergehend für kurze Zeit mindestens deutlich oder vorwiegend beim Stirnzentrum und wechseln erst wieder mit dem Ausatmen oder kurz davor – beim bewussten Innehalten nach der Einatmung – zum fokussierten Chakra. Dadurch bleibt man vergleichsweise klar und behält besser den Überblick und die Selbstkontrolle. Besonders effektiv kann bei diesem kräftigen und zügigen Einatmen ins Stirnzentrum die betreffende Farbe, das Licht oder eine entsprechende Quelle vor dem inneren, geistigen Auge aktiviert, visualisiert und entfacht werden.

Es könnte im Unterschied dazu auch visualisiert, vorgestellt werden, wie die Farbe mit dem Einatmen in das fokussierte Zentrum einfließt und sich mit dem Ausatmen im Zentrum konzentriert und sammelt. Die Wahrnehmung des Ein- und Ausatmens bleibt dann vollständig auf das eine Zentrum konzentriert und wechselt – auch nicht mehr vorübergehend – zum Stirnzentrum. Diese Variante setzt nicht nur hinsichtlich der Meditation und Selbsthypnose einen fortgeschrittenen Übungsgrad voraus, sondern zudem eine große innere, psychische Stabilität (vgl. die entsprechende Diskussion und Argumentation im Kap. 8.3.3).

Der Atem kann – im Unterschied zur oben beschrieben Art und Weise – auch im Sinne einer Achtsamkeitsmeditation (vgl. Kap. 3.3.2) einfach nur bewusst wahrgenommen werden. Er kommt und geht. Auch dieser Atem kann – gemäß den obigen Ausführungen und entsprechend angepasst – mit der Farbvisualisierung und Chakrenmeditation verbunden werden.

Die Atmung kann sich generell den wahrzunehmenden und farblich-energetisch zu versorgenden, zu ladenden Zentren anpassen. Das bedeutet zum Beispiel, wie bereits angesprochen, dass in den unteren Zentren die Bauchatmung bzw. der Bauchanteil der Vollatmung wesentlich stärker betont wird oder ausgeprägt ist. Körperwahrnehmung, Atmung und Farbimagination werden in den oben beschriebenen Weisen in einer zusammenwirkenden (synergetischen), die Wirkung steigernden Art und Weise miteinander verknüpft bzw. gekoppelt. Diese Kopplungen sind aber auch schwieriger und setzen mehr Übung und Können voraus. Weniger wirksam, aber eben einfacher ist nur die Vorstellung, dass die imaginierte Farbe das jeweilige, vielleicht nur vorgestellte Zentrum, den betreffenden Körperbereich füllt und dadurch stärkt, aufbaut, harmonisiert und heilt. Diese Vorstellung – auch nur der Gedanke oder die Idee, dass die Farbe das jeweilige Zentrum stärkt, aufbaut, harmonisiert und heilt – kann mindestens im Hintergrund als Einstellung oder Erwartung auch die hier vorgestellten anspruchsvolleren und kombinierten Meditationsweisen begleiten.

8.5 Krafttiere und Energiewesen

Den Chakren wurden in den betreffenden Kapiteln 8.1.1 bis 8.1.8 entsprechend ihren besonderen geistig-körperlichen Eigenschaften, Funktionen und Wirkungen besonders passende, zutreffende, typische Aspekte und Symbole zugeordnet. Dies sind dort, soweit eine Zuordnung möglich war, unter anderem ein Mantra, Vokal (im Überblick s. auch Tabelle 4 im Kap. 8.3.0.2), eine Farbe (zusammengefasst in Tabelle 5 im Kap. 8.4) und ein Yantra bzw. geometrisches Symbol, Diagramm, ein Element und Symboltier, betreffende Organe sowie eine Sinnesfunktion. Die Symboltiere können auch als Krafttiere bezeichnet und verstanden werden. Übliche Zuordnungen aus dem Yoga sowie eigene Vorschläge – soweit vorhanden – wurden für jedes Chakra in den betreffenden Kapiteln genannt. Die für ein Chakra jeweils aufgeführten Symbol- oder Krafttiere verkörpern und versinnbildlichen die Ressourcen und Aspekte desselben. Für jedes Chakra steht demgemäß mindestens ein Symboltier bzw. Krafttier zur Verfügung. Mit diesen angebotenen und zugeordneten Krafttieren könnte nun bezogen auf jedes einzelne Chakra bereits meditiert und imaginiert werden.

Die Krafttiere könnten aber auch ganz individuell, auf die gleiche Art und Weise wie die Farben im Kapitel 8.4, gesucht und gefunden bzw. entdeckt werden. Nur wird eben nicht nach der Farbe des betreffenden Chakras gesucht, sondern nach dem Krafttier, das dieses Chakra – optimal, maximal, besonders gut und einzigartig – verkörpert, symbolisiert, vertritt und charakterisiert. Auch hier ist unbedingt zu empfehlen, weil wichtig und zielführend, sich vor der Suche voll bewusst und aufmerksam im jeweiligen Chakra bzw. dessen Körperbereich zu konzentrieren, zu spüren, zu sammeln und merklich zu verankern. Auch während der Suche und Öffnung des inneren, geistigen Auges bleibt zumindest ein großer Teil der inneren Wahrnehmung, Aufmerksamkeit und Konzentration im Chakra verankert, damit die innere Suche nach dem Krafttier auch möglichst intensiv und eindeutig auf das Chakra bezogen bleibt. Es ist weiter zu empfehlen, auf dieser Basis die innere Weisheit, das Unterbewusstsein oder einfach das Innere nach diesem Krafttier des Chakras suchen zu lassen und mit einem offenen, inneren, geistigen Auge das Auftauchen eines solchen abzuwarten. Das Tier kann dann direkt mehr vor diesem Auge bzw. vor einem selbst erscheinen oder mehr in dem Chakra selbst gesehen werden.

Bei erfolgreicher Suche stünde für das Chakra ein eigenes, persönliches Krafttier zur Verfügung. Dieses Krafttier würde dann ganz individuell und optimal zum Übenden und zu seinem Chakra passen sowie sich zu dessen Verkörperung, Symbolisierung, Vertretung und Charakterisierung eben hervorragend und besonders eignen. Da nacheinander – bei einer zunächst vergeblichen Suche auch später im Einzelnen wiederholt – ein Krafttier für jedes Chakra gesucht wird, steht am Schluss der Bemühungen in der Regel für jedes Chakra ein eigenes, persönliches Krafttier fest.

Das Finden von zu den Chakren gehörigen Krafttieren in angeleiteter oder selbstgeleiteter Meditation oder Hypnose sollte erst nach erfolgreicher spürender, meditativer Verankerung und Versenkung in den Chakren, wie sie durch die Verfahren in den Kapiteln 7.1-7.2 und 8.2.-8.3.3 vermittelt, geübt und erlernt werden, und nach einer gelungenen Visualisierung und Meditation der individuellen Chakrenfarben (s. Kap. 8.4) versucht werden. Ansonsten würden mit großer Wahrscheinlichkeit notwendige und hinreichende Voraussetzungen fehlen, um die wirklich persönlich passenden, zutreffenden, geeigneten, repräsentativen Krafttiere als Symbole, Ausdruck und Vertreter der Chakren zu finden.

In von mir geführten Hypnosen oder geleiteten Selbsthypnosen haben solche in der Meditation fortgeschrittenen Personen für ihre Chakren regelmäßig persönliche Krafttiere finden können. Gelegentlich oder mitunter erscheinen als Krafttiere auch Urzeittiere, Kraft- oder Fabelwesen, wie etwa Drachen. Obwohl nie wirklich gelebt oder ausgestorben, der Vorzeit oder Phantasiewelt entsprungen, erfüllen diese ebenso die Funktion und den Zweck wie Krafttiere, die als heute noch lebende bzw. tatsächlich existierende Tiere bekannt sind. Mit diesen Krafttieren oder animalischen Energiewesen konnten wir dann weiter bezüglich bestimmter psychotherapeutischer Anliegen und Ziele in der Imagination arbeiten. Diese individuellen Krafttiere konnten etwa zu körperlichen oder psychischen Belangen, Aspekten, Ressourcen des betreffenden Chakras befragt werden und dem Patienten wichtige Auskünfte, Hinweise, Ratschläge usw. geben. Z. B. kann das Krafttier des Sakralzentrums darüber Auskunft geben, was eine Person tun, veranlassen oder lassen kann oder sollte, damit sich angesichts eines Kinderwunsches deren Fruchtbarkeit erhöht bzw. die Voraussetzungen für eine Befruchtung und Schwangerschaft verbessern.

Krafttiere können also beispielsweise zu wichtigen Anlässen, Fragen, Entscheidungen, Problemen befragt werden. Dazu kann das Chakra bzw. Krafttier ausgewählt werden, dessen körperliche, seelische, geistige Aspekte und Ressourcen deutlich betroffen oder relevant sind. Es können aber auch alle Krafttiere der Reihe nach befragt werden oder es wird das zuständige oder delegierte Krafttier, vielleicht nach Absprache und Einigung mit den anderen Krafttieren, gebeten vor dem inneren Auge zu erscheinen, um Rat und Auskunft zu geben. Wir können Krafttiere auch bitten und uns vorstellen, wie sie uns etwa in schweren oder schwierigen Situationen begleiten und schützen und durch solche sicher führen. Wir können uns weiter vorstellen, wie wir die besonderen Ressourcen, Stärken und Leistungen dieser Tiere für uns übernehmen, aneignen, entwickeln und benutzen. So können wir in der Vorstellung etwa die Klarsicht, den Überblick und die Distanz eines Adlers, die Kraft und Mächtigkeit eines Tigers oder Elefanten, die Weisheit einer Eule, Verspieltheit und Intelligenz eines Affen, die Ruhe und Unabhängigkeit eines Bären, die Schnelligkeit eines Gepards oder Falken, die Erdung, Bedächtigkeit und Lebenserfahrung einer Riesenschildkröte aktivieren und nutzen. Wir können auch die Perspektiven von Krafttieren einnehmen und die Welt mit den Sinnen und Fähigkeiten eines Krafttieres erleben. In der Visualisierung und Vorstellung gelingt es sogar, selber ganz zum Krafttier zu werden.

Unter erfahrener Anleitung kann ein Krafttier vergleichsweise einfach und zuverlässig gefunden und ein Kontakt hergestellt werden. Schwierigkeiten, etwas innerlich zu sehen oder sich vorzustellen, oder etwa die Angst vor solchen inneren Bildern und Vorstellungen oder den möglichen Antworten der Wesen können allerdings dennoch das Erkennen, Finden, den Kontakt und Austausch, das innere, vorgestellte Gespräch mit jenen erschweren oder sogar verhindern. Vor dem inneren Auge bleibt es dann etwa dunkel, grau, neblig, einfarbig oder chaotisch. Die weitere, angemessene, vertiefte Arbeit – für gewöhnlich die Kommunikation, das Spiel oder die Verbindung – mit einem Krafttier setzt jedoch entsprechendes Wissen, Können, psychische Stabilität, einen reifen, weisen Umgang mit sich und den inneren, psychischen Vorgängen voraus. Sie sollte deshalb besser in erfahrener Begleitung geschehen und nicht unbedingt in naiver Eigenregie. Die Arbeit mit Krafttieren überschreitet den Bereich der grundlegenden und sicher in Selbstanleitung durchzuführenden Übungen der EMS und gehört nach meiner Auffassung und Erfahrung in den Bereich der psycho- und hypnotherapeutischen Arbeit mit sich und anderen und wird deshalb hier nicht weiter ausgeführt.

9 Über die assoziative Bewältigung psychosomatischer Beschwerden durch Wahrnehmen, Annehmen, Trösten, Stützen und Heilen bzw. die Anwendung von EMS bei psychosomatischen Störungen

Die wesentlichen Punkte und Inhalte wurden von mir 2011 in einem Workshop auf dem Jahreskongress der DGH in Bad Lippspringe mit dem Titel *„wahrnehmen – annehmen – trösten, stützen, heilen: Assoziative Bewältigung psychosomatischer Beschwerden"* dargelegt und in einem gleichnamigen Arbeitspapier festgehalten. Diese sind auf den Grundlagen und im Rahmen der Verhaltenstherapie und EMS seit 1987 gewachsen. Vor allem die meditative Praxis und die Auseinandersetzung mit der buddhistischen Philosophie und Weisheitslehre, später auch speziell mit Achtsamkeit, deren Bedeutung, Kultivierung und Verwirklichung haben zur Entwicklung und Kristallisation beigetragen. Letztlich wurden sie im Feuer und unter den Schlägen des Daseins geschmiedet, d. h., durch die Erfahrungen mit und von den Patienten geformt und geprägt. Es sind die Ideen und Strategien, sich seinen Problemen zuzuwenden und zu stellen, diese achtsam wahrzunehmen, zu erkennen, zu verstehen und systematisch zu untersuchen. Dies bedeutet und impliziert, die Probleme auf allen Ebenen, also körperlich, emotional, kognitiv-geistig, verhaltensmäßig sowie im Kontext und Umfeld, in jeder Hinsicht und in allen Beziehungen und Zusammenhängen selbst zu beobachten, zu betrachten und zu reflektieren. Dazu sind die Probleme und Beschwerden anzunehmen und zu akzeptieren. Es beinhaltet zudem, vor allem sich selbst, also demjenigen, der das Leid erlebt, erträgt und erduldet, mit Respekt, Mitgefühl und Herzensgüte zu begegnen, um diese schließlich bewältigen, überwinden und loslassen zu können. Soweit diese buddhistischen Ansichten, Erkenntnisse und Vorgehensweisen mit der Verhaltenstherapie bereits grundlegend konform gehen, wie etwa der Vermeidung der Vermeidung, der gezielten Begegnung mit den Problemen und Beschwerden, also sich ihnen zuzuwenden und auszusetzen sowie diese systematisch und allseitig wahrzunehmen, zu beobachten und zu ertragen, werden diese auch hier bereits angewendet und genutzt. Dementsprechend wird in der klassischen Verhaltenstherapie versucht und gelernt, sich den unangenehmen inneren oder äußeren Reizen, Situationen, Reaktionen sowie Erlebens- und Verhaltensweisen gezielt zu stellen und auszusetzen, sie auszuhalten sowie damit umzugehen, und wird entsprechend in diesem Bemühen und Tun verstärkt und bestätigt. In besonderer und ausdrücklicher Art und Ausprägung gilt dies für neuere Formen und Entwicklungen der Verhaltenstherapie (im Überblick: Hayes, Follette & Linehan, 2012), wie beispielsweise der Dialektisch-Behavioralen Therapie (z. B. Koerner, 2013; Linehan, 2008; Robins, Schmidt III & Linehan, 2012) und der Akzeptanz- und Commitmenttherapie (z. B. Hayes, 2012) und der Achtsamkeitsbasierten Kognitiven Therapie (Segal, Teasdale & Williams, 2012). Hier wurden buddhistische Konzepte und Methoden, wie vor allem Achtsamkeit, Akzeptanz und Achtsamkeitsmeditationen, übernommen und flossen in die psychotherapeutische und klinische Arbeit ein. Wie auch in anderen Psychotherapieformen tritt hier das Bestreben hinzu, dem Patienten und seinen – einschließlich den augenscheinlich unangemessenen oder störenden – Erlebens- und Verhaltensweisen grundsätzlich offen, respektvoll, wertschätzend, akzeptierend, verständnisvoll, einfühlsam, mitfühlend und unterstützend zu begegnen. Dies ist beispielsweise für die Gesprächspsychotherapie bzw. personenorientierte Psychotherapie nach Carl R. Rogers oder auch für die existentielle Psychotherapie (z. B. Yalom, 2008, 2010) grundlegend und kennzeichnend. Nur unter dieser Bedingung und nur auf dieser Basis kann und sollte mit dem Patienten psychotherapeutisch gearbeitet werden, um schließlich erwünschte Veränderungen, gesundheitliche Besserungen und Wohlbefinden zu erreichen. Auf die Achtsamkeit aus dem Buddhismus mit ihren Grundlagen, Methoden, Anwendungen und Wirkungen vor allem im therapeutischen Kontext und für den betreffenden Zweck ist das Buch von Weiss, Harrer und Dietz (2010) konzentriert. Es bietet dazu eine zusammenhängende und umfassende Darstellung. Mit der Achtsamkeit ist die Konzentration auf den gegenwärtigen Moment, seine bewusste Wahrnehmung und die betreffenden Wahrnehmungen fokussiert. Dies beinhaltet die Annahme und Akzeptanz des jeweils Wahrgenommenen, also auch der innerlichen, sonst als unangenehm, negativ, belastend oder störend empfundenen oder bewerteten Wahrnehmungen, wie z. B. der entsprechenden schmerzhaften körperlichen Empfindungen, negative Gefühle oder Gedanken (vgl. auch Kap. 3.3). Über Meditationen der Herzensgüte und des Mitgefühls, die ebenfalls im Kontext und zur Entwicklung der Achtsamkeit gelehrt und angewendet werden, wird die besondere, liebevolle und mitfühlende Zuwendung zunächst zu sich selbst, inbegriffen die eigenen Negativa, Unzulänglichkeiten und Probleme, geübt und entfaltet (vgl. auch Kap 3.3.4.3).

9.1 Hintergrund und Voraussetzungen

9.1.1 Körper und Geist gehören zusammen und bei Problemen beide in die Psychotherapie

Der enge, wechselseitige und -wirkende Zusammenhang zwischen Körper und Psyche bzw. Geist ist nicht nur grundsätzlich, sondern auch inzwischen im Einzelnen und Besonderen in der akademischen Psychologie angekommen (z. B. Kahneman, 2012). Dieser wurde dort zunehmend empirisch, systematisch und umfassend untersucht und belegt. Diese Wechselwirkung und das Zusammenwirken von Haltungen, Gestik, Mimik, Bewegungen, Tätigkeiten, körperlichen, emotionalen, kognitiven und mentalen Aktionen und Reaktionen ist jetzt nicht mehr nur Gegenstand etwa der psychotherapeutischen oder physiotherapeutischen Praxis, Beobachtung und Erfahrung, sondern auch Gegenstand gezielter psychologischer Forschung geworden (z. B. Storch, Cantieni, Hüther & Tschacher, 2010). Unter dem Konzept der Verkörperung (embodiment) werden diese Zusammenhänge untersucht, belegt und diskutiert, wie etwa zwischen der Mimik eines Lächelns und einer positiven, psychologischen Stimmung sowie betreffender Gefühle (wie etwa der Freude, Zufriedenheit und des Wohlgefühls) und den entsprechenden Auswirkungen auf Einstellung, Denken und Handeln. Die bewusste sowie unbewusste Einnahme oder Ausführung körperlicher Mimik, Gestik, Haltung und Bewegungen löst verstärkt die damit im Ausdruck und der Bedeutung verbundenen, zugehörigen und übereinstimmenden Emotionen und Kognitionen aus (z. B. Storch, 2010). Zudem werden umgekehrt gegenteilige Emotionen und Kognitionen eher be- und verhindert. Die Verkörperung der Psyche wirkt also nachweislich auf die Psyche zurück. Körper und Psyche sind beide in stetiger und zusammenhängender Wechselwirkung. Nach meiner Erfahrung und Auffassung sind sie auch in einem Ganzen und jeweils natürlich in einer Gestalt gebunden und im jeweiligen Tun und Handeln – einschließlich etwa dem Nachdenken oder Ruhen – verwoben. Aus der Introspektion und dem inneren Erleben heraus gibt es zwischen dem körperlichen und psychischen Geschehen im Grunde genommen sogar keinen Unterschied; denn alles ist danach Wahrnehmung und ein Aspekt des Erlebens und bewussten oder unbewussten Tuns.

So können im Allgemeinen etwa das Lächeln positive Freude und die aufrechte Haltung Stolz und Selbstachtung befördern. Damit steht selbst im Besonderen in Übereinstimmung, wenn ein rein mechanisch erzeugtes, anatomisch quasi erzwungenes und zweckentfremdetes Lächeln nur eine geringe oder nicht systematische Auswirkung auf die erhobene Lustigkeit gezeigter Cartoons hat. So konnte die diesbezügliche, belustigende Wirkung allein des Haltens eines Stiftes mit und zwischen den vorderen Schneidezähnen, also der experimentellen Lächeln-Bedingung, im Gegensatz zum Halten des Stiftes nur mit zugespitzten Lippen oder in der nicht-dominanten Hand, die von Strack, Martin und Stepper (1988) zunächst gefunden und publiziert wurde, nicht repliziert bzw. in Wiederholungen des Experimentes nicht bestätigt werden (Wagenmakers, Beek, Dijkhoff & Gronau, 2016). Hier ist die Assoziation zwischen dem körperlichen Geschehen und der eigentlichen Aufgabe, nämlich die alternative Haltung und Anwendung von Stiften zum Zeichnen und Markieren für betreffend eingeschränkte Personen zu untersuchen, zu einem Lächeln und den betreffenden Emotionen, wie Freude, Lustigkeit und Lachbereitschaft, offenbar zu gering und daher unwirksam. Auch umfasst Verkörperung die sinnliche, bewusste oder unbewusste Wahrnehmung körperlicher Zustände und Prozesse, die sich auf unser Denken, Fühlen und Beurteilen auswirken. So kann die entsprechende sinnliche

Begleitung und Gestaltung von Vorgängen und Handlungen unser Denken, Fühlen und Beurteilen deutlich beeinflussen und verändern (z. B. Lobel, 2015). Dementsprechend veränderte sich nach einer experimentellen Untersuchung von Ackerman, Nocera und Bargh (2010) in Abhängigkeit des Gewichtes einer Bewerbungsmappe, die in die Hand zu nehmen war, ganz direkt die Bedeutsamkeit, eben die Gewichtigkeit dieser Bewerbung und des Bewerbers. Körperliche Empfindungen, wie beispielsweise des Gewichts, führen offenbar zu Veränderungen der Einstellung und Bewertung sowie des Denkens, Erlebens und Verhaltens. Allerdings konnten genau diese Befunde und dieser Zusammenhang der zitierten Arbeit von Camerer, Dreber, Holzmeister u. a. (2018) in einer Wiederholung des Experimentes nicht gesichert und bestätigt werden. Dies zeigt nach meiner Erfahrung vielmehr, dass Bedingungen, Kontexte, Einstellungen, Vorwissen, Erwartungen usw. bei jeder Person und in jeder Situation einen verändernden und unterschiedlichen Einfluss auf die Folgen und Wirkungen von Körperempfindungen haben. So sind die unterstellten und untersuchten Faktoren und Zusammenhänge eben in der Lebenswirklichkeit häufig nicht so unmittelbar, einfach, eindeutig und allgemein. So kann die übertragene Bedeutung von Gewicht auf eine Bewerbung und den Bewerber auch etwa mit Last, Unbeweglichkeit, fehlender Mobilität und Flexibilität, also Negativa, verbunden werden oder die Leichtigkeit eben mit Positiva. Die später untersuchten Personen können diesbezüglich auch nur skeptischer, vorsichtiger, zurückhaltender, gleichgültiger oder sogar informiert sein.

Zur Verkörperung bzw. zur Verwobenheit von Körper und Psyche gehören auch die beobachteten und beschriebenen Regelmäßigkeiten zwischen Atmen und Psyche im Kapitel 3. Dies rechtfertigt zusätzlich die Berücksichtigung und den Niederschlag, welche diese Zusammenhänge hier in diesem Buch, grundsätzlich (vor allem Kap. 2.5) oder im Besonderen zur Durchführung der einzelnen Übungen zur EMS (etwa bei der PME, s. Kap. 4 und 4.1) bekommen haben. Letztlich belegen diese psychologischen Befunde auch generell nicht nur das Zusammenwirken, sondern eben sogar das Zusammengehören von Körper und Geist. Vermutlich sind es tatsächlich nur zwei unterschiedliche Aspekte oder Beschreibungsräume eines Systems und Ganzen, eben eines lebendigen Menschen.

Jede psychische Störung besitzt dementsprechend eine körperliche Seite und jede körperliche Erkrankung eine psychische Seite. Trotz der unterschiedlichen Schwerpunkte sollten in der Behandlung immer grundsätzlich beide Seiten beachtet, berücksichtigt und einbezogen werden. Andernfalls bleibt die Behandlung einseitig und eingeschränkt. Eine Psychotherapie betrifft immer auch den Körper und wirkt sich auf ihn aus. Um die körperlichen Aspekte angemessen zu beachten, zu verstehen, einzubeziehen und zu nutzen, sind vor allem die inneren Empfindungen und die körperlichen Wahrnehmungen, das körperliche Leiden und die körperlichen Missempfindungen zu berücksichtigen. Eine Psychotherapie im umfassenden Sinne schließt diese körperliche Seite, mindestens das körperliche Empfinden und Erleben ein. Unerlässlich und selbstverständlich erscheint dies von vornherein bei Patienten mit psychosomatischen Beschwerden und Problemen. Diese haben ihren Schwerpunkt gleichsam in beiden Bereichen. Dies können z. B. andauernde Schmerzen oder andere Missempfindungen in einem bestimmten Körperbereich sein, die keine entsprechende körperliche Erkrankung, wie eine bakterielle Infektion oder einen anderen Prozess der Entzündung oder Degeneration, als Ursache oder Grundlage haben. Dies könnten aber auch z. B. anhaltende Rückenschmerzen sein, für die immerhin eine Bandscheibenvorwölbung am Schmerzort festgestellt wurde und als mögliche Ursache und ehemaliger Auslöser in Frage käme, die aber keine weiteren medizinisch feststellbaren, somatischen Konsequenzen mehr hat, wo jedoch der Beginn und das Andauern der Schmerzen und Missempfindungen klar mit Belastungen, Problemen, Konflikten und negativen Erfahrungen im Leben des Patienten einhergehen. Aber auch deutlich psychische Probleme und Störungen, wie

Angststörungen und depressive Störungen, haben eine körperliche Seite und vor allem betreffende negative Wahrnehmungen und Empfindungen. Im Einzelfall zeigt sich dann auch in Bezug auf den Körper ein zwar individuelles, aber zusammenhängendes Störungsbild. Auch hier sind die jeweiligen körperlichen Aspekte zu beachten, zu verstehen, einzubeziehen und zu nutzen, wenn eine Psychotherapie nachhaltig und umfassend erfolgreich sein will. Eine grundlegende Brücke zum Körper in der Psychotherapie und für den einzelnen Patient bieten die in den vorangegangenen Kapiteln empfohlenen EMS-Übungen, die eben zur Entwicklung von Wahrnehmung, Kenntnis, Verständnis, Vertrauen, Selbstkontrolle, -wirksamkeit und -heilung des Körpers beitragen und führen.

Wie oben bereits angesprochen und wie die Charakterisierung als „psychosomatisch" besagt, haben psychosomatische Beschwerden und Störungen oder Erkrankungen deutlich sowohl eine körperliche Seite als auch eine psychische. Aber was sind nun psychosomatische Beschwerden und wann treten sie auf? Bei psychosomatischen Beschwerden handelt es sich um körperliche Missempfindungen, die als Ausdruck oder in der Folge von Belastung, Anspannung, Erregung, zumeist negativen Gefühlen, Stimmungen, Sorgen, Problemen, Konflikten und (emotional) negativen bis zu traumatischen Erfahrungen und unangemessenen Verhaltensweisen entstehen und (vom Patienten) wiederum als sehr unangenehm, störend, belastend, beeinträchtigend, unangemessen bewertet werden. Wenn diese körperlichen Missempfindungen, die deutlich durch betreffende psychische (aber auch etwa soziale) Faktoren hervorgerufen und aufrechterhalten werden, über einen längeren Zeitraum anhalten oder wiederholt auftreten, dann werden diese psychosomatischen Beschwerden zu einer entsprechenden psychosomatischen Störung. Auch negative Kognitionen bzw. Gedanken, Vorstellungen, Grübeln usw. können damit einhergehen, wirken aber dann für gewöhnlich über und mit den verbundenen Emotionen, wie etwa Traurigkeit, Ärger, Angst, Hilflosigkeit und Ohnmacht. Bei Menschen mit psychosomatischen Beschwerden und insbesondere bei psychosomatischen Störungen bzw. Erkrankungen sind solche ursprünglich und ursächlich wirkenden, negativen bzw. störenden Emotionen und Kognitionen sowie auch die zugrundeliegenden Probleme und Konflikte merklich weniger bewusst und präsent. Sie sind davon – zumindest gedanklich und gefühlsmäßig – zumeist sehr weit entfernt. Trotz dieser auffälligen Vermeidung, Verdrängung, Distanz oder Dissoziation zu den kritischen Kognitionen, Emotionen, Ereignissen und Erlebnissen sowie zu den eigenen Emotionen überhaupt konzentrieren sich vielmehr ihre negativen, störenden Emotionen und Kognitionen auf das aktuelle Empfinden und die Folgen ihrer körperlichen Missempfindungen.

In der medizinischen und psychologischen Diagnostik wird zusätzlich zwischen psychosomatischen Störungen und Erkrankungen und vor allem den sogenannten somatoformen Störungen unterschieden. Im letzteren Fall kann eine körperliche Grundlage oder Verursachung medizinisch nicht in hinreichender, erklärender und überzeugender Art und Ausprägung gefunden werden, so dass die berichteten körperlichen Beschwerden, Probleme und Einbußen offenbar weitgehend bis ausschließlich psychisch bedingt zu sein scheinen. Bei psychosomatischen Erkrankungen wirken psychische Bedingungen und Faktoren bei dieser Unterscheidung dann nur mitverursachend oder beeinflussend. Die Grenzen sind aber auch hier fließend und hängen sehr von dem jeweiligen Verständnis, aktuellen Meinungs- und Wissensstand sowie der eingenommenen Perspektive und nicht zuletzt von der Befragung und Erhebung ab. Auf diese Unterscheidung wird von mir hier auch deshalb und nicht nur einfachheitshalber verzichtet. In einer umfassenden, gründlichen und adäquaten psychologischen Befragung, Beobachtung sowie Erhebung sind vielmehr individuell, konkret und im Einzelnen bei jedem Patienten bezüglich seiner körperlichen Beschwerden und Probleme die möglichen, bestehenden und relevanten psychologischen Bedingungen, Auslöser, Zusammenhänge und Faktoren sowie ihre Anteile – soweit vorhanden – zu entdecken, herauszuarbeiten, abzuklären und zu prüfen, ähnlich wie die medizinischen Untersuchungen, die somatische Befunde und Ursachen erbringen und zum Verständnis sowie zur Erklärung beitragen können. Eine solche zugleich umfassende und detaillierte Differenzierung wäre für die Behandlung wesentlich angebrachter und hilfreicher als nur die einfache Unterscheidung zwischen „psychosomatisch" und „somatoform". Unabhängig davon werden psychosomatische Beschwerden, Störungen und Erkrankungen gemäß den vorangehenden Ausführungen im Weiteren als mindestens überwiegend oder weitgehend „psychisch" bedingt und beeinflusst zusammengefasst, definiert und verstanden.

Oft sind psychosomatische Beschwerden wiederum vor allem mit Ängsten bis zur Panik, mit Erschöpfung (Burnout) und depressiven Entwicklungen und Beschwerdebildern verbunden, was die psychosomatischen Beschwerden noch unangenehmer (aversiver) werden lässt. Dabei kann es sich um mehr oder weniger unangenehme bis extrem schmerzhafte, störende Empfindungen in allen möglichen Körperbereichen handeln, wie etwa Augenbrennen, -tränen, Kopfschmerzen, Haarausfall, Nackenverspannungen, trockener Mund, Zungen(spitze)brennen, Zähneknirschen, Zahnschmerzen, Hautreaktionen, Ekzeme, verstopfte oder laufende Nase, Ohrendruck, -geräusche, Benommenheit, Schwindelgefühle, trockene Kehle, Enge- oder Druckgefühl im/am Hals, Hyperventilation, Atembeklemmungen, Brustdruck, Husten, Herzklopfen, Herzrasen, erhöhter Blutdruck, Übelkeit, Aufstoßen, Schmerzen im oberen, mittleren und unteren Bauchbereich, Rückenschmerzen von der HWS bis zum Steißbein, Hüft-, Glieder-, Gelenk- und Muskelschmerzen, Blähungen, Durchfall, Blasenschwäche, Genitalbrennen, Blutungen, Kribbeln, Taubheit, Kälte-, Hitzewallungen und entsprechende Ströme durch den Körper, Schwitzen, Schlafprobleme und vieles mehr.

Diese körperlichen Missempfindungen können durch das Andauern der auslösenden und verursachenden Verhältnisse, Voraussetzungen und Faktoren sogar in psychosomatische Erkrankungen münden oder/und „chronifizieren" und sogar als körperliche Erkrankungen klassifiziert werden, wie etwa Tinnitus, Bluthochdruck, Blasenentzündung, Nesselsucht, Gürtelrose, diverse Syndrome vom Schulter-Arm-Syndrom, HWS- bis LWS- und Reizdarmsyndrom. Während beim Tinnitus beispielsweise eine somatische Ursache und Folge in der Regel fehlt, können bei einer Blasenentzündung dann eben doch Infektionsursachen bzw. Bakterien nachgewiesenen werden, die sinnvoll ärztlich zu behandeln sind. Es gibt aber auch betreffende Beschwerden und Störungsbilder, ohne dass dafür verantwortliche Bakterien oder andere somatische Ursachen gefunden wurden.

Bei einer ärztlich diagnostizierten Fibromyalgie litten meine Patientinnen, denn überwiegend handelte es sich dabei um Frauen, an chronischen Schmerzen in Muskeln, Sehnen und Gelenken. Diese wurden im ganzen Körper oder nahezu über den ganzen Körper verteilt wahrgenommen und spitzten sich an mehreren, kritischen Stellen des Körpers besonders zu. Diese Frauen befanden sich zuvor lange, d. h. über mehrere Jahre, in Phasen großer und anhaltender Anspannung, die sich auf die gesamte Skelettmuskulatur erstreckte. In Übereinstimmung damit waren und befanden sie sich in der Regel bis zur – und auch noch während – der Psychotherapie vor allem in unlösbaren, sehr unangenehmen bis unerträglichen, sehr schwer emotional belastenden Konflikten und Problemsituationen. Diesen belastenden Situationen, Umständen, Konflikten und Problemen konnten sie aus ihrer Sicht nicht entkommen. Sie konnten sich auch schon allein deshalb nicht wirklich oder nur sehr schwer entspannen. Oft waren und sind es Dilemmata, wo die Ausgangssituation, wie z. B. mit einem ungeliebten, entfremdeten und sich negativ verhaltenden (z. B. demütigenden, verletzenden) Partner weiter ohne jegliche positive Aussicht auf nachhaltige Besserung zusammenzubleiben, genauso abgelehnt und als quälend empfunden wird wie die möglichen Alternativen. Die Optionen des Ausziehens, Trennens usw. kommen aufgrund der persönlich vermuteten, überwiegend aber auch nachvollziehbar und zutreffend vorweggenommen negativen Konsequenzen für die Person nicht in Frage. Bei diesen möglichen, negativen Konsequenzen kann es sich z. B. um wirtschaftliche Verluste oder Abhängigkeit sowie große Ängste bezüglich Existenz, Versagen, Verlust, Einsamkeit, neuer Beziehungen und Bindungen handeln. Diese Patientinnen befanden sich folglich anhaltend in einer emotional sehr belastenden, unlösbaren, Anspannung verursachenden, für sie sehr negativen Konfliktsituation, also in einem Dilemma mit Optionen, wo sie nur hoch verlieren können. Es bestand für sie dementsprechend kaum Aussicht und Hoffnung, dass sich das in Zukunft befriedigend ändern, lösen oder bewältigen ließe. In ihrer Lebenssituation und -perspektive standen sie, bildlich gesprochen, emotional, psychisch und sozial auf einer Säule, umgeben vom Abgrund, oder sie befanden sich bereits in einem tiefen Krater, umgeben von Steilwänden, oder mit dem Auto am Ende einer Einbahnstraße und Sackgasse. Aber auch kurzfristige, jedoch dann sehr schwere, extreme Belastungen und traumatische Erlebnisse im Leben können der Anfang und Ausgangspunkt einer solchen anhaltenden, posttraumatischen Belastung und Anspannung sein und über Jahre in einer Fibromyalgie münden.

In der Folge standen und stehen die Betroffenen also ständig unter Spannung, ohne sich zu bewegen oder bewegen, entspannen, loslassen zu können und zu innerer Ruhe zu gelangen. Dies trifft in der Regel sowohl im übertragenen Sinne als auch ganz wörtlich und direkt zu, da selbst körperliche Bewegung, Sport, EMS und ähnliche ausgleichende und hilfreiche Maßnahmen sich im Nachhinein und bei Nachfrage als deutlich unzureichend und ungenügend herausstellten. Begünstigend für diese Schmerzstörung und erschwerend für die Psychotherapie zeichneten sich diese bzw. meine Patientinnen grundsätzlich durch eine deutlich distanzierte bis sehr negative Körperbeziehung und einem ausgeprägten Mangel an körperlicher Stressbewältigung und Entspannung aus, wobei die Schmerzstörung genau Ersteres wiederum befördert und Letzteres erschwert.

Nach Jahren der anhaltend hohen Belastung und Anspannung entsteht dann folgerichtig und eigentlich natürlich diese chronische, sich im und über den ganzen Körper ausdehnende Schmerzstörung. Es ist für mich auch nicht verwunderlich und war vielmehr vorherzusehen, dass dies auch langfristig organische, körperliche Auswirkungen und Folgen hat. Inzwischen wurden nach meiner Information bei solchen Patienten entsprechende Anzeichen für Schädigungen von Schmerzrezeptoren und den betreffenden Nerven in der Haut gefunden. Weitere werden sicher folgen. Es bleiben dennoch genügend psychotherapeutische Aufgaben und Ziele. Aus psychologischer Sicht sind nicht nur die Wahrnehmung der Schmerzen sowie der Umgang mit den Schmerzen und die weiteren Reaktionen darauf zu verändern, sondern in jedem Falle auch die kritische Starre, Belastung und Anspannung zu reduzieren und am besten zu lösen. Dabei benötigen diese Patienten erfahrungsgemäß intensive psychotherapeutische Unterstützung und Arbeit. Zudem sind auch die zugrundeliegenden Probleme, Konflikte und negativen Erfahrungen mindestens zu bewältigen. Begünstigende Faktoren, wie etwa ein geringes Vertrauen in sich selbst und in den Körper, sind ebenfalls Gegenstand der Psychotherapie. Darüber hinaus begleiten für gewöhnlich unter anderem Ängste, Depressionen und sozialer Rückzug die Fibromyalgie, die ebenfalls psychologisch zu behandeln wären. Gleichgültig, ob es sich bei diesen psychischen Faktoren im Einzelfall mehr um Ursachen oder mehr um Wirkungen der Fibromyalgie handelt, verschlimmern diese generell die Beschwerden und befördern das Störungsbild und die Erkrankung.

Aber selbst bei Patienten mit klar organisch diagnostizierten Erkrankungen lassen sich in der Regel nicht nur nach meiner Erfahrung offensichtlich mitverursachende sowie beeinflussende,

d. h. aufrechterhaltende, verstärkende oder bremsende, vermindernde, psychologische Faktoren identifizieren. Solche Erkrankungen wären z. B. Diabetes, diverse Hauterkrankungen, Brustkrebs, Multiples Sklerosis, Herzinfarkt, verschiedene Arten des Blutkrebses, Magen- und Darmgeschwüre sowie Magen- und Darmkrebs, Lungenentzündung, Erkrankungen der Gelenke und Knochen. Im Grunde genommen hat, gemäß unseren obigen Ausführungen, sehr wahrscheinlich die Psyche, wie auch umgekehrt der Körper, an jeder Erkrankung ihren kleineren oder größeren Anteil. Es muss nur entsprechend und genauer geschaut bzw. nachgefragt und analysiert werden. Dieser Anteil kann dann gezielt psychotherapeutisch zur Behandlung genutzt werden.

Zum Beispiel konnte ich, wie bereits im Kapitel 8.1.5 beschrieben, bezüglich des Brustkrebses bei Frauen, wie auch bei Patienten mit anderen somatischen Erkrankungen, wie etwa Darmkrebs, nur für die jeweilige Erkrankung typische psychologische Muster finden. So litten die mir bekannt gewordenen Patientinnen mit Brustkrebs gemäß ihrer Lebens- und Vorgeschichte an einem deutlichen Mangel an elterlicher, unbedingter Zuneigung und Liebe sowie an einer vor ihrer Erkrankung bestehenden, unzureichenden bis negativen Beziehung zu ihrem weiblichen Körper (insbesondere der Brust) oder/und ihrer Sexualität. Sie waren vor der Erkrankung immer für andere da und am Geben, sie opferten sich eher mehr – unter Vernachlässigung ihrer eigenen Bedürfnisse, Interessen und Ressourcen – „mütterlich" und fürsorglich für andere auf. Sie waren diesbezüglich – vor allem für die Familie oder/und einzelne Angehörige – sehr stark über einen längeren Zeitraum gefordert und belastet. Dies konnte z. B. die Pflege und Betreuung der eigenen Mutter oder Schwiegermutter zusätzlich zur Versorgung, Erziehung und Unterstützung der eigenen Kinder sein. Zudem gab es dazu von anderer Seite oder anderen auch im Allgemeinen keine oder wenig Unterstützung und Anerkennung und zu allem Überfluss sogar oft Kritik, Vorwürfe usw. Nach wenigen Jahren entwickelten diese Frauen dann Brustkrebs. Dies bedeutet jedoch nicht, wie bereits ausgeführt, dass jede Frau unter den beschriebenen Umständen und Voraussetzungen Brustkrebs entwickeln wird. Dazu kommen natürlich auch weitere, unter anderem biologische Faktoren. Außerdem könnte dieses Muster – zumindest prinzipiell – vor allem eine Besonderheit meiner mir bekannten Patientinnen mit Brustkrebs gewesen sein. In jedem Falle wurden jedoch bei meinen Brustkrebspatientinnen in der Psychotherapie eben nicht nur der aktuelle Stress, die Sorgen, Ängste, ihre Krankheit und deren Behandlung und Folgen thematisiert und behandelt, sondern auch grundlegende Themen, wie z. B. Selbstfürsorge, -achtung, -akzeptanz, Abgrenzung, Körperwahrnehmung und -beziehung.

Bei meinen Patienten mit Dickdarmkrebs fiel mir durchgehend ein großer, anhaltender, unverarbeiteter und unbewältigter Ärger und eine ohnmächtige Wut auf.

9.1.2 Die Vorgeschichte: Missempfindungen, psycho-somatische Beschwerden und Störungen wurden mit allen Mitteln bekämpft und vermieden

Die psychotherapeutische Ausgangssituation stellt sich in meiner Praxis hinsichtlich Patienten mit vordringlich psychosomatischen Beschwerden und Störungen wie folgt dar: Sie kommen in die Praxis zumeist erst, nachdem sie für längere Zeit von ärztlicher und vor allem somatischer bzw. körperlicher Seite wiederholt und länger untersucht und behandelt worden sind. Schließlich werden sie dann vom Arzt zum Psychotherapeuten geschickt, da keine adäquate somatische Diagnose gefunden wurde und/oder die somatische oder psychopharmakologische Behandlung keine anhaltende Hilfe, Erleichterung bzw. Besserung für den Patienten erbrachte.

Es lagen also vor allem keine erklärenden, somatischen Befunde vor, die somatischen Behandlungen der vermuteten oder auszuschließenden Diagnosen oder die pharmazeutischen oder alternativen (wie etwa mit Bachblüten, Homöopathie, Bioresonanz, Diäten usw.) Behandlungen erbrachten keine wesentlichen, dauerhaften Veränderungen bzw. Besserungen. Z. B. erbrachten verordnete Antibiotika, Hautsalben, Pilzmittel usw. keine deutliche oder für nur sehr kurze Zeit Besserungen oder verursachten andere, weitere Probleme. In der Regel handelt es sich um die Nebenwirkungen der Medikamente, wie z. B. den Abbau der körpereigenen (Bakterien-) Flora und den anschließenden Pilzbefall oder irgendeine andere Art und Weise der Beeinflussung oder Veränderung des Mikrobioms, mit entsprechenden Folgen für den betroffenen Menschen. Oder es wurden durch die Medikation Abhängigkeiten und Symptomverstärkungen hervorgerufen, wie etwa durch die längere Einnahme von Beruhigungs-, Schlaf- oder Schmerzmitteln.

Auch die derzeit bekannten und verabreichten Antidepressiva führen vor allem nach längerer Einnahme nicht nur aus meiner Erfahrung fast in der Regel zu Entzugserscheinungen und Entwöhnungsproblemen (Gotzsche, 2016). Die Rückfallgefahr nach dem Absetzen eines Antidepressivums ist ebenfalls deutlich erhöht. Dies bedeutet jedoch auch, dass die Wahrscheinlichkeit, wieder an einer Depression zu erkranken und zu leiden, nach einer längeren Einnahme eines Antidepressivums erhöht ist und offenbar dadurch verursacht oder befördert wird. Das berichtete Ausmaß und die Qualität hängen selbstverständlich von vielen Faktoren ab. Sie unterscheiden sich zwischen den Patienten sowie den einzelnen Wirkstoffen. Die Antidepressiva haben in der Regel zudem diverse merkliche, unangenehme sowie kritische Nebenwirkungen. Das Spektrum ist breit und reicht von etwa Mundtrockenheit, Herzklopfen, Schwitzen, Magen-Darm-Beschwerden und -Störungen, Gewichtsabnahme oder -zunahme, Blasen-Prostata-Harn-Störungen über Müdigkeit, Benommenheit, sexuellen Dysfunktionen, Schlafstörungen, Sehstörungen, innerer Unruhe, Verwirrtheit, Angst- und Erregungszuständen bis zum Selbstmord (z. B. Langbein, Martin & Weiss, 2014). Diese Symptome können sich zwar mit der Zeit und Gewöhnung legen, aber sie können sich auch im Einzelnen chronifizieren, verändern und sogar verschlimmern. So konnte ich z. B. bei einigen Patienten erhebliche Gewichtszunahmen (bis zu 30 kg) über den Zeitraum der Einnahme beobachten. Bei meinen Patienten werden sogar regelmäßig durch Antidepressiva neue körperliche Beschwerden und Probleme verursacht und erlebt, die erst durch das Ausschleichen und letztliche Absetzen des jeweiligen Antidepressivums wieder verschwinden. Sensible, empfindsame und relativ ängstliche Patienten, vor allem solche mit Ängsten vor möglichen Erkrankungen und Kontrollverlusten, reagieren sogar ausnahmslos im Rahmen der bekannten Nebenwirkungen mit körperlichen Symptomen und darauf wiederum mit Befürchtungen und Ängsten. Aber auch die mentale bzw. kognitive Leistungsfähigkeit (z. B.

Konrad, Losekam & Kircher, 2013) und die Selbstwahrnehmung, vor allem die der eigenen Emotionen und Wertungen, werden nach meiner Erfahrung nicht nur durch die Depression selbst, sondern auch durch die Einnahme von Antidepressiva beeinträchtigt. So berichten viele Patienten, dass sie sich erst unter der Einnahme eines Antidepressivums benommen, neben sich, zu sich selbst und im Erleben entfernt, benebelt oder wattiert sowie gegenüber den inneren und äußeren Ereignissen distanziert, gleichgültig und unbeteiligt fühlen. Nach dem Beenden der Einnahme des Antidepressivums verschwinden diese Gefühle und Eindrücke bei diesen Patienten erfahrungsgemäß wieder. Patienten werden überhaupt sehr häufig erst mit und nach der Reduktion und dem völligen Ausschleichen eines Antidepressivums klarer, wacher, bewusster, aufmerksamer und entschlossener. Dies deckt sich mit der zu erwartenden neurophysiologischen und neuropsychologischen Wirkung von Medikamenten, die Neurotransmitterrezeptoren einfach nur blockieren und damit zwischen den Synapsen, den Kontakt- und Übertragungsstellen der Nervenzellen, einen Überschuss eines Neurotransmitters erzeugen. Dadurch wird im kybernetischen Sinne ein Rauschen in der Signalübertragung auf bestimmten Rezeptorsystemen und damit ein Rauschen und eine Störung im gesamten neuronalen Netzwerk hervorgerufen. Dies hat wiederum erhebliche und nachteilige Konsequenzen sowohl im kybernetischen Sinne für die Informationsübertragung und -verarbeitung als auch für die tatsächliche Kommunikation zwischen den Nervenzellen und im gesamten neuronalen Netzwerk. Die Funktionen und Leistungen werden dadurch gestört und beeinträchtigt. Das neuronale Netzwerk und die betreffenden Reparatursysteme und Anpassungsleistungen werden damit beschäftigt, diese Störungen zu entschärfen, herauszufiltern, auszugleichen und zu bewältigen. In der Folge werden die gestörten Neurotransmittersysteme im Gehirn quasi aktiv runtergefahren, genauer, etwa die betreffenden Rezeptoren reduziert.

Inzwischen wurde auch wiederholt wissenschaftlich und empirisch bestätigt, dass die klinische Bedeutsamkeit – das ist nicht die statistische – der Antidepressiva sich nicht von einem Placebo-Effekt unterscheiden lässt. Dies belegen u. a. die Arbeiten von Irving Kirsch (zusammenfassend: 2017) und vom bereits zitierten Peter C. Gotzsche. Letzterer zeigt dies auch für die anderen Gruppen von Psychopharmaka und ihre Verwendung im Bereich der psychischen Störungen und Psychiatrie. In jedem Falle rechtfertigt danach die fehlende Hauptwirkung von Antidepressiva nicht ihre allgemeine Verordnung bei depressiven Störungen. Die diversen und zum Teil schweren Nebenwirkungen und Folgen der Antidepressiva sprechen zudem deutlich dagegen.

Im Gegensatz dazu steht offenbar eine noch aktuellere, sehr umfangreiche Studie und Metaanalyse von Cipriani et al. (2018), die immerhin für alle 21 untersuchten Antidepressiva bei nur und im Mittel eher schwer depressiven Patienten einen größeren Effekt gegenüber einem Placebo statistisch belegen konnte, wobei sich die einzelnen Antidepressiva wiederum in ihrer Wirksamkeit deutlich unterschieden. Allerdings ist der ausgewählte Zeitraum der untersuchten Einnahme und Behandlung mit möglichst 8 Wochen (in einigen Untersuchungen war dieser etwas kürzer, in anderen etwas länger) nach meiner Erfahrung recht kurz. In der Praxis waren die Zeiträume bisher viel länger (für gewöhnlich über ein halbes Jahr) und die Patienten wurden regelmäßig – wegen der angesprochenen, erhöhten Rückfallgefahr – zu einer längeren oder dauerhaften Einnahme von den Ärzten angehalten und motiviert. Die kritischen, inhaltlichen Probleme in Bezug auf die Entblindung im Doppelblindversuch bei Einnahme und Zuordnung eines Antidepressivums und die Absetz- und Entzugsprobleme bei der Einnahme und Zuordnung eines Placebos, wie von Gotzsche und Kirsch eingewendet und berücksichtigt, werden dort nach meinem Verständnis und Einblick nicht hinreichend berücksichtigt und diskutiert. Gerade diese müssten sich aber in einem solch kurzen Zeitraum vergleichsweise stark auswirken. Dazu muss man wissen, dass natürlich nicht das Placebo selbst zu Absetz- und Entzugsproblemen führt, sondern die Tatsache, dass alle oder zumindest ein großer Teil der insgesamt untersuchten Patienten zuvor für einige Zeit mindestens irgendein anderes, vielleicht ähnliches Antidepressivum verabreicht bekamen. Dies wurde dann vor der eigentlichen Untersuchung abgesetzt und kann damit bei diesen Patienten Absetz- und Entzugsprobleme verursacht haben. Die Einnahme eines echten Antidepressivums kann dann wiederum – im Gegensatz zu einem Placebo – diese tatsächlich besser lindern und deswegen sowie zudem noch über die spezifischen Nebenwirkungen als solches erkannt werden. Dies gilt mindestens genauso für die Therapeuten, die dadurch besser und treffsicherer erraten können, ob der Patient ein Placebo oder den Wirkstoff einnimmt. Diese Entblindung ist umso kritischer, da die Einschätzung der Depressivität der Patienten jeweils von diesen oder anderen Therapeuten mittels eines Fremdbeurteilungsfragebogens, nämlich der „Hamilton Depression Rating Scale" mit 17 Items, vorgenommen worden ist. Damit wäre die Placebo-Gruppe systematisch benachteiligt. Zumindest der methodische Nachteil durch die Nebenwirkungen von Antidepressiva bzw. der zu untersuchenden Medikamente könnte mit passenden, aktiven Placebos vermieden werden. Diese müssten jeweils möglichst ähnliche und vergleichbare Nebenwirkungen erzeugen wie die untersuchten Medikamente. Dies ist aber nur schwer oder kaum zu leisten und wurde offenbar in dieser Studie nicht berücksichtigt oder angewandt. Immerhin eröffnet und belegt diese sehr umfangreiche Untersuchung eine Option für die kurzfristige Verabreichung von Antidepressiva bei schweren Depressionen, etwa zur akuten Krisenintervention oder Überbrückung bis zum Anfang einer Psychotherapie und deren beginnender Wirkung. Unter diesen Bedingungen bzw. als kurzfristige Intervention – insbesondere bei geringer bis moderater Dosierung – bleiben nach meiner Erfahrung die Nebenwirkungen vergleichsweise geringer, schneller reversibel und eben vertretbar. Danach könnten diese zumindest kurzzeitig und wirksam zur wichtigen, kritischen und schwierigen Krisenintervention und -überbrückung beitragen.

Die ärztliche oder heilpraktische Verabreichung oder Empfehlung eines irgendwie gearteten Medikamentes kann aber auch grundsätzlich oder im Einzelfall für eine Gesundung oder erwünschte Entwicklung unpassende, problematische oder hinderliche Erwartungen und Überzeugungen begründen, auslösen oder verstärken, wie etwa: „Das schaffst du eh nicht alleine – nur mit stofflicher, äußerer Unterstützung". „Du, dein Körper, deine Selbsthilfe und -wirksamkeit sind und bleiben unzureichend." Der Patient würde dann mindestens in seiner auf die Symptomatik bezogenen, gelernten und kritischen Hilflosigkeit bestätigt werden.

Auch invasive und operative Eingriffe, wie z. B. Verödungen, Endoskopien und operative Entfernungen der unterschiedlichsten Art, selbst nur zum Zwecke der Diagnostik, wie etwa die Magen-Darm-Spiegelung oder die Herzkatheterisierung, werden aus meiner Erfahrung von medizinischer Seite häufig noch zu früh und unnötig, eben bei eigentlich psychosomatischen Problemen, durchgeführt. Diese Maßnahmen wirken sich allerdings oft verhängnisvoll aus, weil der Körper substantiell verletzt und – leider – zu oft für immer geschmälert oder beschädigt wurde. Zunehmend erkennen die somatischen Kollegen psychische oder psychosomatische Beschwerden und Erkrankungen als solche. Sie bieten dementsprechend frühzeitig, wie ausgeführt, Psychopharmaka oder die Symptome lindernde Medikamente an, wie z. B. Betablocker. Aus meiner psychotherapeutischen Sicht können inzwischen leider viele psychosomatische Beschwerden – zumindest kurz- oder mittelfristig – mit Medikamenten deutlich beeinflusst, unterdrückt und sogar unterbunden werden. So kann etwa das Beruhigungsmittel oder der Betablocker das als störend, zu schnell, zu unregelmäßig oder zu heftig empfundene Herzklopfen merklich reduzieren. Damit unterstützt der Arzt, gewollt oder nicht, sehr effizient die Ablenkungs- und Vermeidungstendenzen seines Patienten. Allerdings werden dadurch negative Entwicklungen, also Somatisierungen, Chronifizierungen sowie letztlich unangemessene

Erlebens- und Verhaltensmuster, aufrechterhalten und befördert. In der Folge werden oft langfristig neue psychosomatische Beschwerden, weitere Störungen und Erkrankungen entwickelt. Spätestens, wenn auch eine solche Behandlung nicht oder nicht mehr so wie früher oder erwünscht anschlägt, wird auch von ärztlicher Seite zunehmend eine Psychotherapie empfohlen.

Trotzdem befindet sich der somatisch behandelnde Arzt in einem grundlegenden Konflikt bzw. sogar Dilemma. Denn der Arzt ist nicht nur zur Abklärung und Behandlung möglicher körperlicher Erkrankungen notwendig, sondern er trägt zudem auch die entsprechende Verantwortung. Hier muss er nicht nur sich absichern, sondern vor allem auch den Patienten. Insbesondere eine bedrohliche oder ernste körperliche Erkrankung und schon eine beginnende Entwicklung dahin sollte er sicher erkennen und auch möglichst wirksam behandeln sowie beim Patienten mit psychosomatischen Beschwerden und Störungen zuverlässig und sicher ausschließen. Jedoch wird bei psychosomatischen Beschwerden und Störungen der Arzt durch seine Maßnahmen – auch unabsichtlich – für gewöhnlich Teil des Vermeidungssystems und der Dissoziation des Patienten gegenüber seinem Körper und seinen körperlichen Missempfindungen. Die Tatsache, dass in solchen Fällen sehr oft Psychopharmaka angeboten und verschrieben werden, zeigt jedoch klar, dass hier auch der Arzt bereits im Grunde genommen von einer psychosomatischen bzw. psychischen Störung ausgeht.

Es ist wichtig zu betonen, dass in der Regel diese psychosomatischen Patienten selbst auf eine gewissenhafte körperliche Untersuchung und Behandlung gedrängt und bestanden haben. Sie haben selbstverständlich nicht nur ein Recht darauf, sondern diese Abklärung ist notwendig und angezeigt sowie auch die Aufgabe und Pflicht des somatischen Arztes, wenn die Beschwerden unklarer Herkunft und Ursache sind. Die Patienten selbst wünschten sich – zumindest anfangs – zumeist nur eine körperlich ursächliche Abklärung ihrer Beschwerden und eine dementsprechende, erfolgreiche Behandlung. Nach Ansicht des Patienten sollte diese ärztliche Behandlung unbedingt seine aversiven Beschwerden abstellen und unterbinden, aber mindestens deutlich abschwächen. Die meisten Patienten sind für psychische und soziale Ursachen an dieser Stelle noch nicht offen und für eine Psychotherapie nicht bereit. Sie wird dementsprechend noch nicht einmal in Betracht gezogen.

Einen solchen Patienten verbindet mit „dem" Arzt – sicher hier ein Stereotyp – auch grundsätzlich die (teilweise auch dafür notwendige) distanzierte, äußerliche, sachbezogene bzw. „objektive" Betrachtung und Untersuchung seiner psychosomatischen Beschwerden, seines Leidens und der möglichen Ursachen. Dadurch wird der Patient, wiederum gewollt oder nicht, grundsätzlich in seiner Dissoziation zu seiner Psychosomatik bestätigt und bestärkt.

Ist der somatisch orientierte Arzt zudem sogar mit seiner Behandlung zunächst erfolgreich, so unterstützt er, wie bereits ausgeführt, aus meiner psychotherapeutischen Sicht in der Folge effektiv den Patienten in seinem Bemühen, die psychosomatischen Beschwerden und was damit zusammenhängt zu ignorieren und auszumerzen. Er bestärkt ihn letztlich im Leugnen der inneren und äußeren Realität bzw. Verhältnisse. Er verhindert damit, dass der Patient ein hinreichendes und grundlegendes Verständnis seiner psychosomatischen Beschwerden und ihrer Zusammenhänge gewinnt. Weiter werden notwendige psychische Entwicklungen, etwa die von körperlichen, emotionalen, mentalen, sozialen und selbstwirksamen Kompetenzen bzw. Ressourcen, sowie Veränderungen und Anpassungen im Erleben und Verhalten nicht vollzogen. Der Patient bleibt da stehen, wo er ist, und macht im Grunde genommen genauso weiter wie bisher. Dafür ist er zwar zunächst dankbar, aber eine Verschlimmerung oder/und weitere psychosomatische Beschwerden sind vorprogrammiert.

Besonders stark und fatal bzw. vermeidend, distanzierend, trennend, d. h. dissoziativ, wirkt der somatisch behandelnde Arzt, wenn er in seinen und den Augen des Patienten zunächst und vorübergehend erfolgreich ist. Das ganze Arrangement bricht jedoch spätestens an der Stelle zusammen, wenn die alten psychosomatischen Beschwerden wieder stärker werden oder sich wiederholt neue einstellen.

Mit der Idee oder dem Gefühl, dass der Arzt bei ihnen nicht weiterkommt, weil da wohl doch auch die Psyche einen mehr oder weniger großen Einfluss haben könnte oder hat, melden diese sich schließlich bei mir oder in einer anderen psychotherapeutischen Praxis mit der Bitte um „Gesprächstermine" oder eine „Gesprächstherapie". Sie sind dann auch mehr oder weniger grundsätzlich bereit, mit einem Psychotherapeuten zu reden und vielleicht sogar zu arbeiten. Allerdings haben sie im Wesentlichen immer noch das eine Ziel vor Augen, nämlich diese unangenehmen Beschwerden möglichst sofort und dauerhaft loszuwerden. Der Psychotherapeut soll schließlich alles tun und sich anstrengen, so der Erstauftrag, damit diese Beschwerden bald und für immer vergehen. Auch der Psychotherapeut soll – wie zuvor der Arzt – die Beschwerden am besten einfach wegzaubern, ohne dass der Patient sich weiter damit auseinandersetzen und darum kümmern muss. In der anfänglichen Therapieerwartung soll der Psychotherapeut, wie zuvor der Arzt, für gewöhnlich die körperlichen Beschwerden nur (schnell und vollständig) beseitigen.

Dieses Anliegen ist nur allzu sehr verständlich und nachvollziehbar. Der Patient braucht und verdient sicher eine ernsthafte, wertschätzende, respektvolle und mitfühlende Anerkennung seiner psychosomatischen Beschwerden und ihrer unangenehmen Qualität, Intensität, Häufigkeit und Dauer. Diese sind zweifellos für den Patienten unangenehm bis unerträglich, störend, belastend, beeinträchtigend und schmerzhaft. Schmerzen tun nun einmal einfach weh und wenn sie auch noch andauern, werden sie zu einer merklichen, schwerwiegenden Belastung. Sogenannte Ohrengeräusche, wie etwa das Pfeifen, Rauschen und Dröhnen beim Tinnitus, stören das Hören und die Ruhe und Stille. Die damit verbundene Aversion, Belastung, Beeinträchtigung usw. ent- und bestehen für den Betroffenen, gleichgültig, ob dafür nun eine hinreichende körperliche Erkrankung oder Erklärung vorliegt oder nicht bzw. ob und inwieweit die Psyche als Auslöser, Grund oder Faktor eine Rolle spielt oder gespielt hat.

Das Anliegen des Patienten ist also völlig verständlich, berechtigt und zu respektieren; denn Schmerzen und andere unangenehme Empfindungen können auch als ausschließlich psychosomatische Beschwerden, d. h. ohne in schulmedizinischer Hinsicht bedeutende, körperliche Ursachen oder Folgen, schier unerträglich sowie zur Last und Qual werden. Der Patient ist mit seinem Anliegen unbedingt ernst- und anzunehmen. Sein Ziel ist deshalb völlig in Ordnung und mehr oder weniger psychotherapeutisch auch zu erreichen, aber der Weg dahin ist ein völlig anderer sowie längerer, beschwerlicherer, als ihn der Patient für gewöhnlich anfangs wünscht, erhofft oder vermutet.

Um den Erwartungen des Patienten zu genügen und weil der Psychotherapeut, ähnlich wie der somatische Arzt, über mächtige, „magische" Instrumente verfügt, wie etwa dissoziative, lösungsorientierte, suggestive, hypnotherapeutische, schamanische usw. Techniken, könnte dieser voreilig versucht sein, sich ebenfalls als großer Heiler bzw. "Zauberer" oder zumindest als "Zaubergehilfe" zu versuchen. Oft genug wird er daran bereits von den Ängsten, der Skepsis und kritischen Dissoziation der Patienten selbst gehindert. Denn die Patienten mit psychosomatischen Beschwerden und Störungen sind, wie weiter unten ausgeführt, oft sehr skeptisch, kritisch, wenig offen für Gefühle, ganzheitliche Sichtweisen, verstandesorientiert, haben ein großes Kontrollbedürfnis bzw. eine große Angst vor Kontrollverlust, Hilflosigkeit oder Abhängigkeit, können kaum entspannen und haben kaum Zugang zu ihrem Körper oder/und ihren Gefühlen.

In jedem Falle besteht vor allem dann das Risiko, dass der Psychotherapeut genauso wie der Arzt an dem Muster oder Programm des Patienten teilnimmt, die psychosomatischen Beschwerden möglichst zu vermeiden und abzulehnen. Er würde so nach meiner Erfahrung für die Entwicklung und Heilung der Person, was oft auch eine Ganzwerdung bedeutet, wichtige Einsichten, Einstellungsänderungen und psychische sowie körperliche Entwicklungen und Reifungen verhindern.

Das Gleiche gilt auch für eine entsprechende Behandlung durch andere der Gesundheit und Heilung verpflichteten Berufsgruppen, wie etwa Heilpraktikern, und bei der Anwendung von Mitteln oder Verfahren aus der sogenannten „Komplementärmedizin". Selbst an sich harmlos erscheinende und sicher gut gemeinte Behandlungen, wie etwa mit homöopathischen Mitteln, Bachblüten, Handauflegen, Akupunktur usw., können aus psychotherapeutischer Sicht das Vermeidungsbestreben der Patienten unterstützen und dadurch einen wichtigen sowie nachhaltig wirksamen psychotherapeutischen Prozess über Verstehen, Annehmen, Selbstwirksamkeit und Bewältigung erschweren. Sie können diesem sogar im Weg stehen. Deshalb wäre ein solcher Einsatz mit den Maßnahmen, Zielen, dem Stand und Prozess in der Psychotherapie abzustimmen und nur bei Bedarf und zudem in geeigneter Art und Weise einzubinden.

Damit kein Missverständnis aufkommt, sei hier noch einmal betont, dass es sich hier um psychosomatische oder vielmehr um weitgehend über die Psyche verursachte oder bestimmte Beschwerden und Störungen handelt. Denn bei akuten körperlichen Missempfindungen infolge einer körperlichen Verletzung, Schädigung oder irgendwie gearteten Entzündung können diese speziellen, medikamentösen oder psychotherapeutischen Maßnahmen kurzfristig durchaus adäquat, sinnvoll, hilfreich und nützlich sein. Dazu gehören etwa die Einnahme eines passenden Schmerzmittels und – alternativ oder ergänzend – eine geeignete hypnotherapeutische Schmerzintervention, z. B. bis zur eigentlichen Zahnbehandlung, wenn ein Zahn entzündet ist oder sogar auf Eiter steht. Auch bei Schmerzen und anderen körperlichen Missempfindungen vor allem als Resultat destruktiver sowie sich verschlimmernder körperlicher Erkrankungen, wie z. B. bei einem schweren und fortschreitenden Krebs, sind solche Maßnahmen ohne Frage angezeigt und können diese wirksam lindern und damit dem Patienten helfen und ihn entlasten. Aber auch insofern und soweit bei psychosomatischen Beschwerden, Problemen oder Erkrankungen wesentliche körperliche Prozesse und Aspekte identifiziert werden konnten, wäre unbedingt eine zusätzlich darauf bezogene, medizinische Behandlung zu prüfen. Diese kann dementsprechend nicht nur angebracht, sondern sogar auch notwendig sein. Die obigen Ausführungen und Bedenken wollen und sollen dies nicht verhindern, aber diesbezüglich zu mehr Überlegung, Begründung, Vorsicht und eventuell auch Zurückhaltung anregen. Vor allem sollten die möglichen negativen Nebenwirkungen und Konsequenzen nicht nur kurzfristig, sondern auch langfristig sowie nicht nur in körperlicher Hinsicht, sondern auch in psychologischer sowie psychotherapeutischer Hinsicht bedacht werden. Selbst kurzfristige Behandlungserfolge sind oft nicht von Dauer und – letztlich – nicht zielführend. Diese können genauso wie Vermeidung, Abwehr, Kampf und Dissoziation einem psychotherapeutischen Prozess zur erfolgreichen, grundlegenden und nachhaltigen Lösung und Bewältigung psychosomatischer Beschwerden, Probleme und Erkrankungen entgegenstehen.

9.1.3 Psychosomatische Beschwerden und Störungen mittels Zuwendung und Assoziation behandeln und bessern

Obwohl das Anliegen, das Leiden an den psychosomatischen Beschwerden möglichst ganz zu reduzieren, psychotherapeutisch möglich ist, funktioniert es nicht dauerhaft über die Verdrängung, Abwehr, Ablehnung, Vermeidung dieser Beschwerden, sondern nur über die offene, genaue Hinwendung, Auseinandersetzung, Annahme, Befriedung sowie die Entwicklung neuer Einsichten, Einstellungen und vor allem von nötigen Kompetenzen und Ressourcen.

Psychosomatische Beschwerden und Störungen haben ihre Ursachen, Zusammenhänge, Funktionen und Bedeutungen. Bei genauer psychologischer Betrachtung und Analyse haben sie einen „Sinn" oder zumindest bekommen sie ihn dann. Es handelt sich aus ganzheitlicher Sicht eben um die wahrzunehmenden, körperlichen Aspekte des Erlebens und Verhaltens bzw. der Reaktionen, die bei Belastung, Problemen, Konflikten, negativen Erfahrungen sowie beim Versuch der Anpassung, Lösung oder Bewältigung auftauchen. Die körperlichen Aspekte und Reaktionen sind vollkommen „psycho-logisch" und aufgrund der Lebensgeschichte, Defizite, Ressourcen usw. sowie der Ereignisse, Erlebens- und Verhaltensweisen der betroffenen Person gewissermaßen folgerichtig. Trotz ihrer negativ erlebten Qualität und offenbaren Unangemessenheit sind sie psychologisch gesehen unter den jeweils gegebenen Bedingungen und Gegebenheiten erst einmal „korrekt", verständlich, nachvollziehbar, quasi zwingend und natürlich. Sie entstehen einfach unter den jeweiligen, ungünstigen Bedingungen und gehören dazu. Es handelt sich auch hier prinzipiell um Versuche der Selbstregulation, sich unter den jeweils gegebenen Umständen psychisch zu stabilisieren sowie körperlich, emotional, kognitiv-geistig sowie sozial in eine bessere, möglichst angenehme oder weniger nachteilige, bedrohliche und unangenehme Lage, Verfassung und Balance bzw. Diskrepanz zu gelangen und zu bleiben. Dies sind immer Aspekte und Teile des Ganzen und nur als solches wirklich zu lösen und zu bewältigen, also nur im Hinblick und unter Berücksichtigung des Ganzen bzw. unter Einbezug aller relevanten Zusammenhänge zu den anderen Teilen und eben zum Ganzen. Nur aus dieser Sicht und diesem Verständnis sind neue, individuell und langfristig angemessenere, geeignetere und passendere Veränderungen, Lösungen und Bewältigungen zu finden, die sich nicht nur in Bezug auf das jeweils kritische Teil, sondern auch für das Ganze, d. h. die Person bzw. das Selbst in all ihren Dimensionen und relevanten Zusammenhängen, heilsam auswirken. Auch wenn es verständlich, nachvollziehbar und von einem gewissen Vorteil ist, dass die psychosomatischen Beschwerden und Störungen zum vermeintlichen Schutz des Ganzen – damit der gesamten Person in ihren Bezügen – und wegen ihrer negativen Empfindungen und wiederum negativen Folgen gerne „verdrängt", getrennt, abgespalten, eben dissoziiert werden, trägt dies nicht zu deren Verständnis und letztlich auch für gewöhnlich nicht zu einer grundlegenden, dauerhaften und wirklich heilsamen und befriedigenden Lösung oder Bewältigung bei. Allerdings schafft es zumindest vorübergehend Erleichterung, Entlastung und positive Konsequenzen, die diese Einstellung, dieses dissoziierende Erleben und Verhalten wiederum verstärken und aufrechterhalten. Die Auflehnung gegen diese Beschwerden und Störungen ist zwar ebenfalls verständlich, aber im Grunde genommen völlig sinnlos, überflüssig und ungeeignet. Durch die Auf- und Ablehnung werden nur weiter Belastung, Anspannung, Erregung usw. erzeugt sowie zusätzliche Ressourcen gebunden und verbraucht, was die psychosomatischen Beschwerden in der Folge sowie in positiver Rückkopplung bzw. Teufelskreisen eher noch steigert und befördert. Während der Auf- und Ablehnung findet zwar eine regelmäßige Beschäftigung mit den psychosomatischen Beschwerden statt, aber diese bleibt dennoch distanziert, ablehnend, abweisend, kritisch, emotional und kognitiv negativ und letztlich destruktiv. Die schmerzenden oder anderweitig unangenehmen, störenden Empfindungen, Reaktionen und Aspekte des Körpers werden zum abgelehnten bis verhassten Gegner oder Gegenstand, dessen man sich unbedingt entledigen will und den man nahezu mit allen verfügbaren Mitteln bekämpft. Diese dissoziative, abwehrende Auseinandersetzung und Bekämpfung bleibt in der Regel vergeblich und führt zum weiteren Anhalten und Wachsen der betreffenden psychosomatischen Beschwerden und kann schließlich in tiefer Verzweiflung, Erschöpfung und Resignation münden.

Diese komplexen Zusammenhänge werden unmittelbar klar und deutlich, wenn man sich einen typischen Patienten mit seinen psychosomatischen Beschwerden und Störungen in der Psychotherapie bzw. dessen Fallbeschreibung genauer anschaut. Nehmen wir also beispielsweise Herrn B., der vor allem wegen seines anhaltenden Druckes auf der Brust meine Praxis aufsuchte. Im Zusammenhang mit dem Brustdruck erlebte er auch öfters Atembeklemmungen. Gelegentlich wachte er nachts mit starkem Herzklopfen und Herzrasen auf. Er schwitzte dann heftig, fühlte sich schwindlig und benommen, wurde unsicher und bekam Angst. Zunächst fragte er sich nur, ob etwas mit ihm nicht in Ordnung sei, aber zunehmend drangen die Befürchtungen in den Vordergrund und Fokus, völlig die Kontrolle zu verlieren und vielleicht einen Herzinfarkt zu bekommen oder zu ersticken. Inzwischen hatte er in dieser Situation auch Angst, verrückt zu werden oder es schon zu sein. Die Angst steigerte sich regelmäßig bis zur Panik. Er weckte dann seine Partnerin. Die Angst und vor allem die Panik erlebte er im Zusammenhang mit seinen Befürchtungen als sehr unangenehm und bedrohlich. Auch diese nächtlichen Ängste und Panikattacken wollte er nicht mehr erleben und deshalb im Rahmen der Psychotherapie bzw. Verhaltenstherapie behandeln lassen.

Seine Partnerin rief beim ersten Mal nachts den Notarzt. Dieser maß einen erhöhten systolischen Blutdruck, verabreichte ihm ein Beruhigungsmittel (wahrscheinlich Tavor, s. u.) und ließ ihn zur Sicherheit, genauen Abklärung und Untersuchung mit dem Rettungswagen ins Krankenhaus bringen. Beim zweiten Mal fuhr ihn seine Partnerin gleich selbst in die Notaufnahme des Krankenhauses. Diesmal waren die Angst und die betreffenden Befürchtungen, einen Herzinfarkt zu erleiden, sofort präsent. Auch empfand er diesmal einen stärkeren, unangenehmen Druck auf der Brust und ein Beklemmungsgefühl in der Brust, das mit dem Gefühl einer Atembeklemmung oder sogar Atemnot einherging. Das Atemnotgefühl löste ebenfalls Angst und die Befürchtung aus, ersticken und sterben zu müssen, und wuchs mit der Angst, die sich dann bis zur Panik steigerte. Die Panik und vor allem die heftigen körperlichen, unangenehmen Empfindungen und Gefühle wertete er als Bestätigung seiner schlimmen Vermutungen. Auch dieses zweite Mal blieb die Untersuchung im Krankenhaus ohne einen somatischen Befund. Es ergab sich kein Hinweis auf eine verursachende oder erklärende Erkrankung oder Schädigung. Bis auf einen im Krankenhaus noch anfangs erhöhten systolischen Blutdruck konnten die Ärzte dort nichts finden. Sie führten das körperliche Geschehen und das berichtete Erleben auf eine Hyperventilation des Patienten zurück.

Es fällt auf und bestätigt sich in den Schilderungen der folgenden, nächtlichen Panikattacken, dass die Partnerin dann von ihm aktiv einbezogen wird und sich um ihn kümmert und ihm hilft, was Herr B. wiederum als positiv und entlastend erlebt. Weiter sollten Sie wissen, soweit Sie nicht selbst Erfahrungen mit Angst und Panik bereits hatten, dass solche Angstsituationen und -erlebnisse wie kleine Traumatisierungen wirken. Diese werden als schrecklich und bedrohlich erlebt und man möchte sie allein schon deshalb nicht wiedererleben und unbedingt vermeiden. Hyperventilation ruft zwar Aufregung bzw. Erregung und Anspannung mit den betreffenden körperlichen Empfindungen und Reaktionen hervor (wie gezielt in der Selbsterfahrungsübung im Kap. 3.1.2), aber diese Diagnose trifft nicht die Realität dieses Patienten. Die Hyperventilation war und ist Ausdruck und Folge sowie ein Teil bzw. Symptom der erlebten Angst. Der Patient hatte also nicht hyperventiliert und damit seine Angst verursacht oder ausgelöst, sondern wegen und mit der Angst hatte er u. a. schneller geatmet. Mit der akuten Angst nahmen ebenfalls sein akut empfundener Brustdruck und die damit einhergehenden Atembeklemmungen zu. Dies sind ganz natürliche Aspekte und Folgen der Angst, die etwa zu erhöhter Anspannung und Brustatmung führt.

Weitere folgende ärztliche, ambulante, körperliche Untersuchungen, zuerst beim Hausarzt und dann den Fachärzten (vor allem beim Kardiologen, aber auch z. B. beim Lungenfacharzt), blieben zunächst ohne einen Befund. Der Hausarzt vermutete gleich Panikattacken und verschrieb ihm zur Beruhigung und Angstlösung „Tavor", das ist der Handelsname eines Psychopharmakons mit dem Wirkstoff Lorazepam aus der Gruppe der Benzodiazepine. Dieses Beruhigungsmittel sollte er, wegen des Abhängigkeitsrisikos, nur bei Bedarf einnehmen, also im Fall eines nächtlichen, verstärkten Herzklopfens oder Herzrasens mit Angst, einer stärkeren Angst oder Panikattacke.

Bei späteren Messungen und Untersuchungen stellte sich zunehmend ein erhöhter Blutdruck ein, wobei der diastolische Wert fast unauffällig (etwa um die 90) blieb, aber der systolische mitunter deutlich auffiel. Beim Arzt erreichte er schon mal die 160 und nachts beim Anfall konnte er sogar noch etwas höher ausfallen. Allerdings fiel auch dieser Blutdruck bald wieder deutlich und blieb anfangs zumeist im Normbereich. Offensichtlich erhöhte sich der systolische Blutdruck immer mit der Angst. Beruhigte sich die Angst oder wurde von ärztlicher Seite seine körperliche Gesundheit bestätigt oder eine körperliche Krankheit ausgeschlossen, so sank der Blutdruckwert. Eine gute halbe Stunde nach der Einnahme einer Tavor sank der Blutdruck ebenfalls zuverlässig, allerding war dann auch die akute Angst verschwunden. Zwar nahmen seine Zweifel über seine Beschwerden und deren Hintergründe mit jedem nächtlichen „Anfall" zu, aber er ließ sich durch die ärztliche Versicherung, dass seine Befürchtungen nicht zuträfen, für den Augenblick und zumeist für einige Tage beruhigen. Allerdings irritierte ihn, dass augenscheinlich selbst sein Hausarzt nicht daran glaubte, dass die Missempfindungen harmlos und seine Befürchtungen und Beschwerden so ganz grundlos seien, denn er hat ihm ja ein sehr schwerwiegendes Medikament, ein Beruhigungsmittel, verschrieben. Vielleicht, so dachte er, verliere er ja auch nicht nur die Kontrolle über seinen Körper und seine Gefühle, sondern auch über seinen Verstand und würde nun verrückt werden. Vielleicht, so vermutete er weiter, sollte er auch deswegen Tavor bzw. Lorazepam bei einem Anfall von Angst und Panik unbedingt nehmen, um dies zu verhindern. Auch sein Hausarzt, der ihn schon lange kennt, traute ihm nicht zu, dass er die Angst allein bewältigen könnte, deshalb wurde er von ihm zur Psychiaterin überwiesen.

Die Psychiaterin erkannte und diagnostizierte nach dem Erstgespräch eine Panikstörung und empfahl ihm zusätzlich zur Einnahme einer Tavor bei Bedarf den Beginn und die Durchführung einer längerfristigen Psychotherapie. Sie überreichte ihm dazu eine Liste mit niedergelassenen Psychotherapeuten. Dadurch kam schließlich unser Kontakt zustande. Ein zwischenzeitlich von der Psychiaterin angebotenes Antidepressivum nahm er nur wenige Tage ein und setzte es von sich aus wegen erheblicher, körperlicher Missempfindungen und Beschwerden, die ihn ebenfalls sehr ängstigten, ab.

Auch fing er bereits an, Angst vor einem erhöhten Blutdruck und dem Blutdruckmessen zu entwickeln. In jedem Zusammenhang wurde davor gewarnt. Die Ärzte sowie Krankenpflegekräfte zeigten sich bei seinem erhöhten Blutdruck auch regelmäßig mindestens besorgt, was ihn in seinen Ängsten bestätigte. So wurde bereits die Messung des Bluthochdrucks bei ihm zum Auslöser von Angst und einem dadurch erhöhten systolischen Blutdruck. Ein Arzt verschrieb ihm daraufhin bzw. wegen des nachgewiesenen situationalen (systolischen) Bluthochdrucks und gegen seine vor allem nächtlichen Symptome des Herzrasens einen Betablocker. Inzwischen traten nämlich sein Herzrasen mit Angstanfällen auch vermehrt am Tag im Wachzustand auf, allerdings nur nach der Arbeit, wenn er bereits zu Hause war. Während er früher die Atemnotgefühle mehr in Ruhe und Mußesituationen bzw. nächtlich im Bett und tagsüber im Sessel oder auf der Couch erlebte, traten sie nun auch bei anfänglicher Bewegung und körperlicher Anstrengung auf.

Seit der Einnahme des Betablockers wurden vor allem sein starkes Herzklopfen und Herzrasen seltener, allerdings litt er nun öfters an Atembeschwerden sowie Benommenheits- und Schwindelgefühlen (vor allem bei schnellen Lagewechseln), die sehr häufig als Nebenwirkungen des Betablockers auftreten können und ihn wiederum ängstigten. Er ließ dennoch nicht mehr den Notarzt kommen oder sich gleich ins Krankenhaus oder zum Arzt fahren. Er bat stattdessen, zumeist seine Ehefrau, ihm ein Glas Wasser und eine Tavor zu bringen. Nach der Einnahme der Tablette und dem Austrinken beruhigte er sich für gewöhnlich bald und die gesamten Beschwerden nahmen sukzessiv im Rahmen der nächsten halben Stunde ab. Dies erfuhr er regelmäßig, weshalb er sich daraufhin gleich etwas beruhigte und die Panik nachließ. Die Angst und die betreffenden körperlichen Missempfindungen und Befürchtungen ebbten dann nach und nach ab und es stellten sich zunehmend Müdigkeit und Erschöpfung bei ihm ein. Er zog sich ins Bett zurück und schlief irgendwann ein. Selbst nachts weckte er seine Partnerin, wenn die Angst, Befürchtungen und Missempfindungen sehr stark waren, damit sie ihm Tavor und Wasserglas bringen konnte. Währenddessen saß er zitternd im Bett oder ging im Schlafzimmer auf und ab. Dabei beschäftigen ihn auch Gedanken und Fragen: Was sei nur mit seinem Körper los? Ist er doch ernstlich krank und muss sterben? Wie soll und wird es weitergehen? Wird er die Arbeit noch schaffen?

Gefühle von Benommenheit und Schwindel traten nun auch vermehrt tagsüber auf. Er war anhaltend verunsichert. Es kreisten nun ständig lauter Fragen und Befürchtungen in seinem Kopf, wie etwa auch: Was wird seinem Körper noch einfallen? Soll er nun täglich und vorsichtshalber eine Tavor einnehmen? Wird er seine Leistung im Job noch erbringen können und diesen verlieren? Soll er mit seiner Partnerin ausgehen, Freunde treffen oder lieber sich schonen, zu Hause bleiben oder gleich ins Bett gehen? Es schwanden seine Lebensfreude und sein Selbstvertrauen. Er fühlte sich schwer hilflos und krank. Existenz- und Zukunftsängste nahmen zu und seine Lebensperspektive und Stimmung wurden düster. Er fühlte sich zunehmend depressiv, was wiederum auch als unerwünschte Nebenwirkung seiner Medikamente erklärt und eingeordnet werden könnte, denn diese erhöhen das Risiko einer depressiven Symptomatik und Störung.

Aus der Lebensgeschichte ergab sich etwa, dass bereits der Vater sehr beruflich engagiert und leistungsorientiert war. Er zeigte in der Familie wenig Präsenz und kaum Gefühle. Vor allem mehr Zuneigung und Interesse hätte er sich vom Vater gewünscht. In Gesprächen und Kontakten blieb der Vater sachlich und distanziert. Er hatte hohe Ansprüche und Erwartungen an sich selbst, aber auch an andere. Der Vater wirkte diesbezüglich als Vorbild. Erziehung, Fürsorge und Haushalt leistete die Mutter. Aber auch die Mutter konnte kaum warme und herzliche Gefühle zeigen und körperliche Nähe geben. Sie erwartete vom Sohn Wohlverhalten, Anpassung und ebenfalls gute Leistungen. Nachdem der Sohn wiederholt an den Atemwegen und kindlichem Asthma erkrankte, kümmerte sie sich besonders um ihn, versuchte ihn zu trösten und zu verwöhnen. Vor allem in der Zeit der Erkrankung und akuten Symptomatik stellte sie ihre Ansprüche und Erwartungen an ihn zurück. Er durfte dann „Kind sein", sich schonen und oft auch zu Hause bleiben und nicht die Schule besuchen. Dies erlebte er als wohltuend und entlastend. Asthma, Brust-, Atembeklemmungen und Atemnotgefühle wurden so einerseits als sehr aversiv und bedrohlich erfahren, sie führten aber auch andererseits zur vermehrten Zuwendung, Fürsorge und Rücksichtnahme durch die Mutter. Wurden Zuwendung, Anerkennung und Zuneigung auch bei der Mutter fraglich, so waren Erkrankungen im Allgemeinen und die Atemprobleme im Besonderen ein zuverlässiger Weg, sich diesbezüglich zu vergewissern und dies auch zu erhalten.

Emotionale Probleme und Konflikte wurden von den Eltern nicht offen besprochen, ausgetragen oder gelöst. Vielmehr blieb die Stimmung angespannt und man ging sich aus dem Weg. Entsprechend den elterlichen Vorbildern und dem Mangel vor allem an Zuneigung und körperlicher Nähe entwickelte er früh ein Selbstwert-, Körper- und Leistungsproblem. Den angemessenen Umgang und Ausdruck von Gefühlen und das Mitteilen und Lösen oder Bewältigen emotionaler Probleme und Konflikte lernte er nicht. Die negativen Erfahrungen mit seinem Körper stärkten seine negative Körperwahrnehmung und -beziehung, seine diesbezügliche Hilflosigkeit und Angst. Sein Selbstwertgefühl lernte er, wie der Vater durch Leistung, Erfolgserlebnisse zu stabilisieren. Körperliche Probleme, Schwäche, Versagen, Kontrollverlust waren deshalb unbedingt zu vermeiden, außer er wurde ersichtlich krank. Denn wenn er wirklich körperlich krank war, dann konnte er sich fallen lassen, dann wurde ihm geholfen und er bekam besondere Zuwendung, Fürsorge und Wertschätzung, wie früher durch die Mutter.

Da er als Kind, wegen seiner Atemprobleme, sich länger und von seinen Eltern getrennt im Krankenhaus befand, er relativ früh seine geliebten Großeltern verlor und die Eltern sich über mehrere Jahre – zumeist still und gegenseitig abweisend – stritten und eigentlich trennen wollten, entwickelte er eine vertiefte Angst davor, Beziehungspersonen zu verlieren. Damals als Kind betraf dies vor allem seine Mutter. Heute ist seine Ehefrau die einzige und zentrale Bezugsperson.

In seiner beruflichen Tätigkeit wird er sehr stark gefordert. Er bringt sich aber auch selbst gerne und voll ein. Betriebliche Neuorientierungen und Umorganisationen erhöhten nun weiter den Druck und erzeugten bei ihm sowie unter seinen Kollegen zunehmend Unsicherheit, Arbeitsüberlastung und Unzufriedenheit. Die für sein Selbstwertgefühl wichtigen beruflichen Erfolgserlebnisse wurden sehr viel weniger, schwieriger und waren mit einem kaum noch zu erbringenden Einsatz und Aufwand verbunden.

Sein Brustdruck entstand aber erst, nachdem er zunehmend Probleme und Konflikte mit seiner Ehefrau entwickelte. Es bestanden bei ihr diverse von ihm unerfüllte Erwartungen und Ansprüche an ihn, die ihrerseits vermehrt zu Unzufriedenheit, Spannungen, Distanz, Vorwürfen usw. führten. Über seine und ihre Gefühle, Probleme und Konflikte konnte und wollte er nicht reden und stürzte sich stattdessen vermehrt in die Arbeit, die ihn aber zunehmend ausbrennen ließ und frustrierte. Das Vermeidungsverhalten war erwartungsgemäß nicht hilfreich für seine Beziehungsentwicklung, aber wurde selbst wiederum zum Problem und aversiv. Die ehelichen Probleme und Konflikte nahmen in der Folge noch zu und die Ehefrau entfernte sich noch weiter von ihm. Trotz seines Vermeidungsverhaltens belasteten ihn die Probleme und Konflikte bzw. die Abnahme von Harmonie, Geborgenheit, Sicherheit und Zuneigung, die er früher mit seiner Partnerin empfand und verband. Seine alte, grundlegende Verlustangst wurde aktiviert. Er begann zunehmend Ängste zu entwickeln, dass er die Harmonie, Geborgenheit und Sicherheit und sogar seine Partnerin ganz verlieren bzw. diese sich von ihm dauerhaft distanzieren und trennen könnte. Auf dieser Basis bzw. als Ausdruck und in der Folge entwickelte er anhaltende Anspannung mit entsprechenden unangenehmen Missempfindungen, insbesondere Druckgefühlen, im Brustbereich. Die Beobachtungen und Aufzeichnungen zeigten, dass zu Hause während der Abwesenheit seiner Partnerin oder bei akuten Schwierigkeiten oder Meinungsverschiedenheiten mit ihr, vor allem bei Vorwürfen, ablehnendem oder abweisendem Verhalten ihm gegenüber, dieser Brustdruck und die Atembeklemmungen zunahmen. In Ruhe und Muße konnte er diese Körperempfindungen natürlich besonders aufmerksam wahrnehmen und studieren. Auch den nächtlichen Angstattacken gingen solche negativen Erfahrungen mit seiner Partnerin – in der Regel am Tag oder Abend zuvor – voraus. Die damit verbundenen und folgenden negativen Emotionen waren sicher Auslöser und Grund für seine körperlichen Missempfindungen, wurden aber von ihm nicht wahrgenommen oder weiter beachtet. Das änderte sich erst mit dem Auftauchen der Angst und diesbezüglichen Befürchtungen. Diese negative Emotion wurde immerhin wahrgenommen, aber nicht in Bezug zu den Problemen, Konflikten mit seiner Partnerin und diesbezüglichen Ängsten gesehen oder gestellt. Die Ängste vor diesen körperlichen Missempfindungen sowie vor einem Herzinfarkt oder dem Ersticken – später vor dem Irresein – wurden allein als Problem wahrgenommen und fokussiert. Sie sollten endlich aufhören und erfolgreich behandelt werden, damit sie ihn nicht mehr belasten, beeinträchtigen und quälen können. Zudem halfen Sie ihm, von den Problemen und Konflikten mit seiner Ehefrau und der für ihn sehr grundlegenden, schwerwiegenden und bedrohlichen Angst, sie ganz zu verlieren, abzusehen. Sein Brustdruck, die weiteren körperlichen Missempfindungen sowie die diesbezüglichen Ängste und Panikattacken führten zudem dazu, dass sich seine Partnerin (wie damals die Mutter) ihm trotzdem zuwendete, sich sorgte, ihm half, entlastete usw. Dies sind positive Konsequenzen, die das Geschehen, vor allem seine Ängste und Reaktionen sowie seine diesbezügliche, eingeschränkte Sichtweise verstärkten. Er forderte aktiv die Hilfe und Zuwendung ein. Seine Partnerin versicherte ihm durch ihr Verhalten, dass sie noch in Beziehung mit ihm ist, sich um ihn kümmert, ihm gegenüber verpflichtet, wohlgesonnen und vielleicht zugeneigt fühlt.

Der erhöhte systolische Blutdruck ist eine direkte Folge der Angst und Panik. Bei der Hyperventilation handelt es sich, wie oben bereits angemerkt, einfach um einen körperlichen Ausdruck bzw. Aspekt der Angst und Panik. Die Medikamente der Ärzte fördern die Vermeidung und die Nichtauseinandersetzung mit den körperlichen Beschwerden und ihren Ursachen. Vor allem bewirken sie neue körperliche Beschwerden und Folgen, wie etwa Benommenheit, Schwindelgefühle und wiederum Atembeschwerden, die letztlich seine Befürchtungen bestätigen und vervielfältigen sowie das gesamte Störungsbild verschlimmern und ausweiten. Die Ängste vor Kontrollverlust sowie ernsten Erkrankungen – und daran möglicherweise zu sterben – nehmen weiter zu. In der Folge bleiben die eigentlichen negativen Entwicklungen und Befürchtungen unbeachtet und unbearbeitet, nämlich, dass die Beziehung kritischer geworden ist und in eine Trennung münden könnte. Seine grundlegenden Ängste aus der Kindheit, vor Gefühlen, Konflikten, Trennung und resultierender Einsamkeit geht er so weitgehend aus dem Weg. Diese bleiben gering und augenscheinlich unter Kontrolle. So positiv sich das im Besonderen – zumindest für die erste Zeit – für ihn auswirken und anfühlen mag, entwickelt sich das Ganze dennoch langfristig unangemessen, nicht zielführend und positiv. Denn langfristig verhindert er mit seinen Ängsten und seinem Vermeidungsverhalten wünschenswerte Entwicklungen seiner Persönlichkeit, Kompetenzen und Ressourcen, seines Erlebens und Verhaltens sowie seiner Partnerschaft. Der „Sinn" bzw. die Bedeutung und der Nutzen seiner psychosomatischen Beschwerden und Störungen bestehen aber dennoch vor allem im Erhalt seiner Beziehung und der Vergewisserung darüber sowie in der Vermeidung betreffender Ängste.

Um die Ängste und die körperlichen Reaktionen zu verstehen und adäquat zu behandeln, ist das Vermeidungs- und Distanzierungsverhalten abzubauen und zu überwinden. Es ist also notwendig und ratsam, wie noch ausgeführt werden wird, möglichst alle relevanten, bedingenden, wirkenden und beeinflussenden Zusammenhänge, Aspekte und Faktoren zunächst wahrzunehmen, zu erfahren, zu beachten und als solche zu erkennen, anzuerkennen und anzunehmen. Dazu zählen auch und eben vor allem die unangenehmen, sogenannten negativen Empfindungen, Gefühle, Gedanken und Verhaltensweisen, die gerne vermieden und ferngehalten werden. Nur dann können diese in einer Psychotherapie oder in einem entsprechenden Prozess der Selbstentwicklung angemessen erkannt, gewürdigt, berücksichtigt, genutzt und schließlich verändert werden, um so letztlich wirksam und nachhaltig die Beschwerden, Leiden und Probleme des Patienten zu reduzieren, zu lösen oder zu bewältigen.

Auch die psychosomatischen Beschwerden sind also ein „psycho-logischer" Teil und Ausdruck des Ganzen und schon deswegen nicht einfach zu ignorieren, wegzudenken oder aufzulösen. Sie sind deshalb als solches zunächst zu verstehen, zu begreifen und anzunehmen. Bereits dazu braucht es für gewöhnlich das systematische Zuwenden, Betrachten, Vorgehen und Unterstützen im Rahmen einer Psychotherapie. Ohne eine solche Unterstützung und einen solchen Rahmen gelingt das den Patienten mit psychosomatischen Beschwerden nur schwer oder gar nicht.

Denn solche Patienten sind von vornherein gegenüber ihrem Körper mindestens in einem gewissen, häufig jedoch auch in einem großen bzw. schwerwiegenden Ausmaß dissoziiert. Obwohl jeder Patient individuell zu sehen ist, bestehen grundsätzlich negative oder distanzierte, verdinglichte, verstandesbezogene Einstellungen gegenüber dem eigenen Körper. Der Körper wird als Objekt, Maschine, Exekutive, Anhängsel des Geistes oder etwas Ähnliches angesehen und sehr oft zudem ganz oder zumindest teilweise abgelehnt. Die Körperwahrnehmung und das -erleben sind mindestens unzureichend oder unzutreffend. Es fehlt an Wissen, Verständnis, Einfühlung, Vertrauen, Wirksamkeit bzw. Kontrolle und Steuerung, Genuss, Entspannung und anderem bezüglich des Körpers. In der Regel kommen weitere Probleme hinzu, wie etwa Selbstwertprobleme, also mangelndes Selbstwertgefühl, Selbstvertrauen usw., Leistungsprobleme, etwa durch unangemessene, überhöhte Erwartungen und Ansprüche, und grundlegende, zumeist selbstwertbezogene und soziale Ängste. Oft ist die eigene Emotionalität wenig entwickelt oder wird ebenfalls ignoriert. Die Ursachen lassen sich in entsprechenden Defiziten oder Erfahrungen in der frühen Lebensgeschichte finden. Spätere negative Erfahrungen bestätigen oder differenzieren in der Regel diese Probleme nur noch. Es werden die alten elterlichen Erlebens- und Verhaltensmuster wiederholt, auch der Erwartung, Distanz, Vermeidung, Ablehnung, Angst usw., die von den Eltern vermittelt bzw. vorgelebt oder induziert wurden. Via positiver Verstärkung bzw. Konsequenzen, negativer Verstärkung bzw. Reduktion negativer Konsequenzen wurden sie befördert und via Bestrafung in jeglicher Form reduziert und unterbunden. Vor allem andere, mögliche Varianten wurden durch das Bestrafungsverhalten und die negativen Reaktionen der Eltern unterbunden und nicht weiter entwickelt. Auch die Erlebens- und Verhaltensweisen, die die Eltern nicht zeigten, sind von Wichtigkeit. Denn diese konnten nicht einfach nachgeahmt oder übernommen werden, standen also nicht früh zur Verfügung. Das gleiche gilt für die Erlebens- und Verhaltensweisen von anderen Bezugspersonen, wie z. B. Geschwistern, Großeltern, Stiefeltern, Pflege- und Erziehungskräften.

Wenn der Psychotherapeut die unterschiedlichen, jeweils im Einzelfall relevanten Voraussetzungen, Zusammenhänge, Faktoren und Gründe, ähnlich wie der Patient, ignoriert und mindestens teilweise ausblendet oder vermeidet und nur einfach einzelne, als grundsätzlich angezeigt, wirksam und bewährt eingeschätzte Therapiemaßnahmen oder -techniken anwendet, um die unangenehmen, störenden psychosomatischen Beschwerden und Probleme des Patienten möglichst effizient zu reduzieren und zu beseitigen, besteht ein großes Risiko, letztlich zu scheitern. Denn unter solchen Bedingungen und auf diese Art und Weise wachsen die Wahrscheinlichkeit und Gefahr, dass der Patient in seiner kritischen Dissoziation bzw. Beziehung zum Körper und sei-

nen Reaktionen noch bestärkt oder belassen wird. In der Folge würde dann auch der Psychotherapeut nicht entscheidend oder genügend zur grundlegenden, umfassenden und nachhaltigen Überwindung und Bewältigung der psychosomatischen Beschwerden und Probleme beitragen.

Es reicht also nicht, wie in unserem Fallbeispiel des Ehemannes mit dem dauerhaften Druck
auf der Brust, z. B. körperliche Erkrankungen auszuschließen, die Reizkonfrontation mit der
Angst und den körperlichen Missempfindungen zu suchen und einfach nur zunehmend länger
auszuhalten, die diesbezüglichen negativen Gedanken, fälschlichen Erwartungen und Befürchtungen umzustrukturieren bzw. zu ändern, die Wahrnehmung und Kommunikation von Gefühlen zu verbessern, die Beziehungskonflikte und -probleme zu lösen bzw. zu bewältigen oder
Entspannung und aufbauende Suggestionen etwa mit dem Autogenen Training zu üben. Auch
wenn jede einzelne Maßnahme für sich gerechtfertigt, angebracht und hilfreich erscheint, wird
diese für sich genommen nicht hinreichend sein. Selbst die Anwendung mehrerer solcher Maßnahmen im therapeutischen Prozess würde voraussichtlich nicht ausreichen, um auf Dauer die
psychosomatischen Beschwerden und Probleme zu reduzieren, zu lösen oder zu bewältigen.
Vielmehr sind dazu möglichst alle relevanten Aspekte und Faktoren adäquat und wirksam zu
behandeln. Wenn z. B. an der Wahrnehmung des Körpers und seinen Reaktionen sowie des diesbezüglichen Verständnisses und Vertrauens sowie an der Beziehung zum Körper nicht in notwendiger, adäquater und ausreichender Art und Weise mit dem Patienten gearbeitet wird, dürften die Erfolge fraglich und fragil bleiben.

Eine wichtige, grundlegende und allgemeine Voraussetzung für die wirksame Behandlung
und Reduktion von psychosomatischen Beschwerden und ein entscheidender Schritt in der Psychotherapie ist jedoch die Überwindung und Aufgabe der vermeidenden, ablehnenden und
bekämpfenden Einstellung und Haltung gegenüber diesen. Bei den psychosomatischen
Beschwerden kann es sich, wie in unserem Fallbeispiel um Brustdruck, Atembeklemmungen,
Herzklopfen, Herzrasen, Schwitzen, Schwindelgefühle, Benommenheit usw. handeln. Es können
aber andere Missempfindungen sein, wie etwa eine dauerhafte, störende Geräuschwahrneh-
mung ohne eine äußere Reizquelle bzw. ein chronischer Tinnitus oder chronische, unangenehme
Empfindungen, wie etwa Kribbeln, elektrische Ströme, Brennen und Taubheit, oder Schmerzen
in bestimmten Teilen bzw. Bereichen des Körpers oder sogar im oder am ganzen Körper. Diese
Überwindung und Aufgabe betrifft auch die damit verbundenen negativen Kognitionen
(Gedanken, Vorstellungen usw.), wie etwa an einen Kontrollverlust oder Herzinfarkt, Befürch-
tungen zu ersticken, zusammenzubrechen, ernsthaft krank zu sein, eventuell zu sterben oder
verrückt zu werden bzw. es bereits zu sein, und Gefühle, wie etwa Angst, Hass, Hilflosigkeit,
Ablehnung, Wut, Trauer oder Verzweiflung. Anstatt die körperlichen Missempfindungen und
Probleme sowie die diesbezüglichen negativen Vermutungen, Einschätzungen, Bewertungen,
Urteile, Gefühle usw. wie bisher möglichst zu vermeiden, zu fliehen, abzulehnen und zu
bekämpfen, sollten diese vielmehr in einem ersten grundlegenden Schritt wahrgenommen,
beachtet und betrachtet, angenommen und sogar als solche akzeptiert werden. Auch wenn diese
Empfindungen, Erfahrungen, Kognitionen und Gefühle sehr negativ erlebt werden, gilt die Einsicht und Maxime: Es ist so, wie es ist! Da sie im Rahmen, als Ausdruck und in der Folge von
Belastungen, Problemen, Konflikten und negativen Erlebnissen als psychosomatische Reaktionen entstanden und erkannt sind, werden sie sich eben nicht so tragisch und lebensbedrohlich
auswirken, wie empfunden, gefühlt, vermutet oder befürchtet. Zur Annahme und Akzeptanz ist
es zudem hilfreich zu lernen, wie damit innerlich achtsam, respekt-, verständnis- und liebevoll
sowie tröstend umgegangen werden kann. Mit diesem achtsamen, respekt-, verständnis-,
liebevollen und tröstenden Zuwenden, Annehmen und Akzeptieren können diese wirksam
reduziert, bewältigt und sogar im günstigen Fall ganz aufgelöst (gelöscht) werden.

Nicht nur nach meiner Auffassung (s. einführendes Kap. 9) und langjährigen therapeutischen Erfahrung ist zur wirklichen und dauerhaften Überwindung nicht nur der psychosomatischen Beschwerden und Probleme ein solches assoziatives Vorgehen unentbehrlich und dringend angezeigt (indiziert). Nur über die Zuwendung und Assoziation, d. h., die offene, annehmende, spürende, einfühlende und einfühlsame Betrachtung der aversiven Körperbereiche und -wahrnehmungen sowie eine entsprechende Näherung, Kopplung und Verbindung, sind hier nachhaltig Veränderung und Heilung zu erzielen. Damit lässt sich erfolgreich in einem quasi ersten Schritt das Leiden an den psychosomatischen Beschwerden lindern. In einem zweiten Schritt können dann die psychosomatischen Beschwerden selbst langfristig reduziert werden. Dazu sind, wie oben angesprochen, in umfassender, passender sowie zutreffender Art und Weise weitere Bemühungen und Maßnahmen erforderlich.

Bei psychosomatischen Beschwerden, Störungen und Erkrankungen kann nur über den Körper, die Auseinandersetzung bzw. Arbeit mit dem Körper und seinen Reaktionen, die Wahrnehmung, Annahme, Akzeptanz, bewusste ganzheitliche, wohlwollende Einbindung des Körpers und seiner Reaktionen letztlich eine langfristige Besserung, Heilung oder eben Ganzwerdung erreicht werden. Hier liegen meines Erachtens auch die Grenzen für etwa ausschließlich „kognitive" bzw. mentale (sprachliche, gedankliche, vorstellungsorientierte, imaginative, suggestive), emotionale, verhaltens- bzw. handlungsorientierte Vorgehensweisen und Verfahren. In der Regel lässt sich nur auf diese assoziative, sich dem Körper zuwendende und ihn einbeziehende Art und Weise ein Verständnis für die eigenen Zusammenhänge gewinnen. Entgegen der Aversion, Abwehr und dem Vermeiden sind dazu die körperlichen Beschwerden und die damit verbundenen anderen Aspekte – vor allem emotionale, mentale, verhaltensmäßige, situationale und soziale – wahrzunehmen. Diese Zusammenhänge und körperlichen Reaktionen sind dann anzunehmen, um sie verändern und bessern zu können, auch im Sinne einer Symptomreduktion, aber eben nicht nur. Dazu und dabei werden schließlich auch wichtige, nötige Fähig- und Fertigkeiten bzw. Kompetenzen oder Ressourcen entwickelt, die vor allem eine entsprechende Selbst- und Körperwirksamkeit ermöglichen. Erst auf dieser Basis kann eine Selbstwirksamkeit aufgebaut und entfaltet werden, die tatsächlich Kontrolle und Steuerung bzw. die Regulation körperlicher Zustände und Vorgänge beinhaltet und leistet. Allerdings ist der Patient dazu für gewöhnlich gegen seine anfänglichen, inneren Widerstände zu mehr Selbstverantwortung, achtsamer Selbstwahrnehmung sowie zu regelmäßigem, selbständigem Üben und Arbeiten mit sich und seinem Körper zu bewegen. Zumindest die Aussicht auf die gewünschten Veränderungen – vor allem die anhaltende Abnahme – der psychosomatischen Beschwerden und Probleme wirkt hier motivierend.

Viele Patienten, die sich augenscheinlich ständig mit ihren psychosomatischen Beschwerden beschäftigen, sind im Grunde genommen bezüglich ihres Körpers und ihrer Beschwerden dissoziiert. Auch hier läuft der therapeutische Weg über Zuwendung und Assoziation. Dies betrifft Patienten, die z. B. an einer hypochondrischen Störung leiden, sogenannte „Hypochonder", bei denen ein großer Teil des Denkens, Erlebens und Verhaltens offensichtlich auf die psychosomatischen Beschwerden fixiert und ausgerichtet ist. Bei der hypochondrischen Störung ist es die Angst, dass es sich bei den körperlichen Beschwerden um Anzeichen auf eine ernste oder lebensbedrohliche Krankheit handeln könnte. Bei anderen psychosomatischen Patienten ist es weniger die Angst vor einer Erkrankung als vielmehr die Überzeugung, dass den körperlichen Beschwerden eine körperliche Erkrankung oder Fehlfunktion zugrunde liegt, die erheblich stört und beeinträchtigt und medizinisch zu beheben sei. Eine zusätzliche Beschäftigung und Assoziation mit den psychosomatischen Beschwerden erscheint hier vermeintlich nahezu kontraindiziert zu sein. Allerdings werden auch von diesen Patienten die Beschwerden nicht wirklich verstanden und zutiefst abgelehnt. Sie befinden sich anhaltend in einer „Problemtrance". Es werden Ohnmacht, Hilflosigkeit, Misstrauen, Angst oder andere negative Gefühle und Distanz gegenüber dem eigenen Körper und seinen Reaktionen empfunden. Die psychosomatischen Beschwerden werden als Bedrohungen und feindliche Gegner, schwere, eben körperliche Störungen, Erkrankungen und Behinderungen gesehen, beurteilt und behandelt. Diese Patienten befinden sich in einem ständigen Kampf mit ihren psychosomatischen Beschwerden, mit dem Körper und letztlich mit einem Teil von sich selbst. Auch hier wird der Körper und werden vor allem die psychosomatischen Beschwerden letztlich als von einem selbst getrennt, unabhängig, dissoziiert erlebt. Zwar ist der „Kopf", der für Bewusstsein, Wahrnehmung, Verstand und Denken steht, voll mit den psychosomatischen Beschwerden beschäftigt. Aber es fehlt diesbezüglich eine innere Verbundenheit, an Verständnis, Akzeptanz, Wirksamkeit usw. Auf der einen Seite steht das erlebende, denkende, handelnde und auch leidende Ich und auf der anderen Seite der negativ wahrgenommene und erlebte Körper, der nicht den eigenen Erwartungen und Ansprüchen genügt, nicht adäquat funktioniert oder Leistung bringt, offenbar weh tut oder andere unangenehme Empfindungen hervorbringt, nicht mehr dem eigenen Willen und Verstand zu gehorchen und zu folgen scheint. (Dem Verstand gehorcht er ohnehin grundsätzlich, d. h. auch bei Freiheit von empfundenen Beschwerden und Störungen, nicht, vermeintlich oder nur sehr eingeschränkt und dem Willen nur bedingt. Dem Willen folgen – in Abhängigkeit von Voraussetzungen und in gewissen Grenzen – immerhin körperliche Bewegungen, Tätigkeiten und die willkürliche Muskulatur. Dies dient offenbar als Erfahrungsgrundlage und eben unangemessenes Modell für die unwillkürlichen Aspekte, Zustände und Prozesse des Körpers.) Nach meinen Erfahrungen kann diese Dissoziation, die bis zur völligen Spaltung oder Trennung vom Körper oder/und seinen kritischen Teilen reichen kann, auch bei diesen Patienten nur durch eine angemessenere Art und Weise der Zuwendung und Assoziation überwunden werden.

Selbstverständlich kann auch eine Distanzierung zeitweise und vor allem im späteren Verlauf ein wichtiges Therapeutikum bei psychosomatischen Beschwerden und Problemen sein. Bei kurzfristigen Schmerzen oder körperlichen Missempfindungen, z. B. bei Zahn- oder Wundbehandlungen, akuten Verletzungen oder operativen Eingriffen, können vorübergehende Distanzierungen und dementsprechende Techniken sehr passend, wohltuend, sinnvoll und erfolgreich sein. Aber bei andauernden, chronischen Missempfindungen, eben psychosomatischen Beschwerden und Problemen bzw. Störungen, halten die dadurch erreichten Erleichterungen für gewöhnlich nur vorübergehend an oder/und haben langfristig sogar negative Konsequenzen zur Folge. Distanzieren kann aber auch bedeuten, dass man die Beschwerden und Störungen versucht, zu lassen oder loszulassen, sich nicht damit auf urteilende, emotionale und kognitive, mentale Art und Weise zu befassen, zu beschäftigen und letztlich zu verstricken, obwohl man diese achtsam und mit Mitgefühl wahrnimmt. Allerdings könnte dies auch als eine Assoziation beschrieben werden, wenn auch aus einer gewissen, sicheren Entfernung und Position sowie einer besonderen, wahrnehmenden und meditativen Haltung. Aber damit das Seinlassen, Loslassen, Nur-Bewusstsein, Nichtverstricken erfolgreich angewendet werden kann, ist zunächst ein gewisses Maß an Assoziation nötig und in der Regel zu üben.

Distanzierungen können sicher auch angebracht und hilfreich sein und ihren Wert haben. Konkret und in der Praxis bzw. unter dem Druck zum Erfolg sind die verschiedenen therapeutischen Vorgehensweisen dann ohnehin oft viel ähnlicher als gemäß den unterschiedlichen, begrifflichen, konzeptuellen Akzentuierungen der Therapeuten und ihrer Schulen vermutet werden könnte. Im stationären, klinischen Kontext – vor allem in der psychosomatischen Rehabilitation – wird sowieso ein breites Spektrum von Verfahren und Vorgehensweisen parallel angewandt. In der ambulanten Praxis sind es dagegen weniger, aber diese sollten dann auch wirksam sein. Aber es ist nach meiner Anschauung und Erfahrung nicht so sehr die Distanzierung zu den psychosomatischen Beschwerden, sondern eher die Kunst, dennoch ruhig, gelassen und gleichmütig zu bleiben und jene so zu nehmen, auszuhalten, sein zu lassen, wie sie eben sind, ohne weiter emotional, wertend, kommentierend, handelnd usw. darauf zu reagieren und sie sogar womöglich noch vermeiden oder verändern zu müssen oder zu wollen. Allein die regelmäßige Übung der achtsamen Wahrnehmung und von Achtsamkeitsmeditationen kann schließlich dazu führen, aber damit wären zunächst selbst entsprechend motivierte Patienten völlig überfordert. Genau diese Kunst, Ruhe, Gleichmut und Gelassenheit bzw. Achtsamkeit in der Selbst- und Körperwahrnehmung auch angesichts der unangenehmen und störenden Empfindungen und Probleme zu bewahren, wäre eine wichtige und notwendige Voraussetzung für deren Reduktion, Auflösung oder Bewältigung. Das klingt logisch paradox, ist es aber nicht in psychologischer Hinsicht. Erst der Verzicht auf Vermeidung, Abwehr, Veränderung, Reduktion bis zur völligen Löschung oder Bewältigung der körperlichen Beschwerden und Probleme als zentrales – mitunter aus der Sicht des Patienten auch oft anfänglich sein einziges – Ziel der Therapie schafft die Bedingungen für eine tatsächlich leidreduzierende und heilende Therapie und Entwicklung des Patienten sowie einer schließlich wirksamen, nachhaltigen und mindestens deutlichen Reduktion seiner Beschwerden und Probleme. Dies gelingt noch besser, wenn diese Art der Zuwendung und Achtsamkeit zudem noch von Akzeptanz, Mitgefühl, Wohlwollen, Verständnis, Nach- und Einsicht-, Barmherzigkeit und Trost begleitet wird.

Die Verdrängung oder Vermeidung der körperlichen und seelischen Problembereiche, Missempfindungen und unangenehmen Emotionen und Kognitionen zeigt sich sogar in den Modifikationen bis zu grundsätzlichen Veränderungen und Abweichungen der vermittelten und in diesem Buch dargelegten Verfahren, die Patienten mit der Zeit und ihrem regelmäßigen Üben eigenständig und offenbar unbewusst vornehmen und jenen angedeihen lassen. So wird der betreffende Bereich im Körper umgangen, das betreffende Chakra oder die Suggestions- oder Übungsformel vergessen, ein Vokal mit einem anderen vertauscht oder nicht getönt, sondern nur gesungen, der Atem nicht ins Chakra gehaucht, die Luft durch den Mund einfach ausgepustet, die Atemwelle umgedreht, das Einatmen verlangsamt, die Anspannungsphase nicht aufgegeben oder sogar noch ausgeweitet usw. Deshalb sollten Sie sich auch immer wieder vergewissern, ob Sie Ihre Übungen im Sinne der hier vorliegenden Beschreibung, Darstellung und vor allem der Bedeutung, inneren Logik und Psychologie des betreffenden Verfahrens ausführen. Das lässt immer noch genügend Spielraum für sinnvolle, angemessene individuelle Abänderungen, Anpassungen, Ergänzungen und Erweiterungen. Viele Möglichkeiten und Varianten werden bereits im Buch vorgestellt und diskutiert. Aber diese sollten nicht prinzipiell die Wirksamkeit des betreffenden Verfahrens in wichtigen Bereichen in Frage stellen, unterlaufen und be- oder sogar ganz verhindern. Dann würden Sie zwar regelmäßig und eventuell im Glauben und in der Erwartung einer positiven Wirkung üben, aber genau diese würde sich eben ausgerechnet in Ihrem Problembereich nicht oder nicht im möglichen bzw. bewusst erwarteten Umfang einstellen und zeigen. Schließlich wenden sich dann in einem solchen Fall viele enttäuscht mindestens von dem jeweiligen Verfahren ab. Ganz oft wird bei diesen Personen zudem auch ganz der Versuch aufgegeben, EMS zu erlernen und zu betreiben. Auf diese Art und Weise bleibt der Problembereich erhalten, obwohl man sich für eine gewisse Zeit gemäß der eigenen Überzeugung, Ansicht und Empfindung redlich angestrengt und bemüht hatte. Aber man hat sich nun wieder – wie sicher schon zuvor viele Male und daher gewohnt – seine eigene, aber diesmal zudem die Wirkungs-, Hilflosigkeit und Ohnmacht des jeweiligen Therapeuten, Trainers, Dozenten oder Autors vorgeführt. Damit hat man eine gute Rechtfertigung für seine eigene Wirkungs- und Hilflosigkeit, die Schwere seiner Probleme und die vermeintliche Unmöglichkeit, diese zu lösen oder zu bewältigen. Deshalb hat man auch einen guten Grund, genau das aufzugeben, sich nicht mehr weiter anzustrengen, zu resignieren, mit den Problemen einzurichten und so wesentliche, bedeutsame Veränderungen in seinem Leben mit möglichen negativen Konsequenzen zu vermeiden. Allerdings bleiben in der Regel dann die unangenehmen Beschwerden und Probleme und vor allem das Leiden erhalten. Aber selbst das aus der individuellen Perspektive so schreckliche und mitunter kaum erträgliche Leiden hat aus einer Perspektive des Beobachters oder aus der Sicht der gesamten Person bzw. Gesamtschau aller ihrer Aspekte (einschließlich der unbewussten) sowie ihrer Geschichte und Situation für gewöhnlich, wie oben ausgeführt, nicht nur Nachteile und mindestens eine Funktion, Bedeutung oder eben einfach auch positive Konsequenzen. In unserem obigen Patientenbeispiel waren dies u. a. die Vermeidung der Probleme und Konflikte mit seiner Ehefrau und der großen, zentralen und zugrundeliegenden Angst, sie zu verlieren. Zudem konnte und durfte er sich, für ihn zu Recht, aufgrund seiner körperlichen Beschwerden und Probleme hilflos und schwach fühlen, Verantwortung und andere emotionale Belastungen abgeben oder von sich weisen sowie Zuwendung, Fürsorge, Hilfe und vor allem Bindungsbestätigung erhalten.

Auch nach der buddhistischen Psychologie ist es zunächst wichtig, sich dem Schmerz und dem Leiden zuzuwenden, die Ursachen oder Bedingungen und Wirkungen oder Folgen genau zu untersuchen und zu erkennen, sich die bestehenden Zusammenhänge und Veränderungen achtsam anzusehen, zu beobachten und zu verstehen. Die so gewonnenen Erfahrungen und Erkenntnisse, das entsprechende Wissen und die Einsichten bilden dann die Grundlage, um zu lernen, angemessen mit Schmerzen und Leiden umzugehen und sich – vor allem vom Leiden – zu lösen und schließlich zu befreien. Kornfield (2008, S. 344) empfiehlt entsprechend: „Wir können versuchen, uns abzulenken, doch unser Leiden wird uns verfolgen. Nur wenn wir uns dem Schmerz und dem Leiden voller Würde stellen, können wir wachsen." Kornfield unterscheidet weiter zwischen dem Schmerz als der biologisch bedingten Empfindung und dem Leiden, das als Reaktion auf den Schmerz entsteht. Zwar wissen wir, dass nicht nur dem Schmerzerleben und den weiteren Reaktionen darauf psychische Prozesse unterliegen, sondern auch der „reinen" Schmerzempfindung bzw. dem Schmerz als solchem, aber es hilft, sich klar zu machen, dass die Schmerzen als solche zunächst vorhanden und eine natürliche Folge der körperlichen oder seelischen Beanspruchung, Schädigung oder Verletzung sind.

Über das achtsame Zuwenden, Studieren und Annehmen hinaus, empfiehlt es sich – auch nach Kornfield – zu versuchen, die Schmerzen oder andere körperliche Missempfindungen, Beschwerden, negativen Gefühle, Gedanken, Vorstellungen und Erinnerungen in Güte zu fassen und zu halten. Damit sind sie nicht nur besser und leichter zu ertragen, sondern es werden ihnen auch die negativen Assoziationen und Wirkungen genommen. Negative, unheilsame Reaktionen werden auf diese Art und Weise reduziert und schließlich ganz vermieden sowie durch heilsame ersetzt. Das bestehende Leid in Form von Schmerzen oder anderen Missempfindungen wird angenommen, aber eben nicht weiter vergrößert, verstärkt oder ausgeweitet. Die betreffenden psychologischen Konditionierungen, Wechselwirkungen, Teufelskreise usw. werden minimiert oder im Idealfall unterbunden und damit kein weiteres oder neues Leid erzeugt. Es bleibt zumindest bei den bestehenden Beschwerden und Problemen. Aber selbst diese nehmen durch die geduldige, achtsame, meditative und akzeptierende Wahrnehmung und Behandlung nach einiger Zeit merklich ab. Man schließt Frieden, gewöhnt sich, findet ein neues inneres Gleichgewicht, Vertrauen sowie neue Kompetenzen und Ressourcen – auch der Selbstregulation und Selbstwirksamkeit – und wieder andere, bedeutsame, aufbauende und stärkende Aufgaben und Ziele im Leben.

9.2 Mögliche Schritte der Zuwendung und Assoziation in einer Psychotherapie

Wenn die psychosomatischen Beschwerden und Störungen für den Patienten im Vordergrund stehen, wird zu Beginn einer Psychotherapie die persönliche Geschichte der körperlichen und psychosomatischen Beschwerden und Probleme bis zum aktuellen Stand erfragt, erfasst und gegebenenfalls rekonstruiert. Ein entsprechendes Vorgehen und Ziel würde auch für andere Beschwerden, Störungen oder Probleme gewählt werden, wenn der Patient über solche im Erstgespräch berichten oder klagen würde. Wenn es sich dabei eher um psychische bzw. als emotional, kognitiv oder verhaltensbezogen erlebte Beschwerden und Probleme handeln würde, dann stünden eben diese anfangs im Vordergrund. Die Fragen und Erkundungen würden sich dann zunächst darauf konzentrieren und beziehen. Das Resultat wäre jedoch seine Geschichte der emotional, kognitiv oder verhaltensbezogen erlebten Beschwerden und Probleme. Aber der Blick und Schwerpunkt liegt hier erklärtermaßen auf Patienten mit psychosomatischen Beschwerden und Störungen. Für diese stehen, insbesondere vor und am Anfang einer Psychotherapie, eben ihre körperlichen Missempfindungen, Beschwerden, Probleme, Störungen und Erkrankungen im Vordergrund und Fokus. Das gilt selbst dann, wenn körperliche Erkrankungen als Ursachen der körperlichen Missempfindungen und Beschwerden fälschlich bzw. entgegen der medizinischen Wahrscheinlichkeit und Befundlage nur befürchtet werden. Selbstverständlich und nachvollziehbar ist dies so, wenn der Patient selbst körperliche Erkrankungen als Ursachen vermutet oder sogar überzeugt annimmt und vertritt. Vor allem im letzteren Fall fühlt sich ein solcher Patient im Erstgespräch mit einem Psychotherapeuten für gewöhnlich fehl am Platze, ist er doch ganz auf die körperlichen Beschwerden und Probleme und als ursächlich angenommenen und unterstellten körperlichen Erkrankungen fixiert.

Wie zur Erfassung der psychischen Problem- und Leidensgeschichte helfen auch bei der körperlichen die folgenden Leitfragen: Wann trat was, wie zum ersten Mal auf? Wie wurde damit umgegangen und wie entwickelte es sich weiter? Wie wurde reagiert? Was waren die Folgen und Konsequenzen? Dazu werden im Weiteren (später in meiner Vorbereitung für die Therapie), soweit verfügbar oder zu beschaffen, auch Arztbriefe, Klinik- oder Rehaberichte berücksichtigt und herangezogen. Die Gesamtheit und Einzelheiten der früheren und akuten körperlichen Beschwerden und Probleme sowie auch die damit verbundene Leidensgeschichte werden betrachtet, in Erinnerung gerufen und möglichst auch aktuell beobachtet, berichtet, gesammelt, geordnet und gewürdigt. Gelegentlich treten bei einigen Patienten vorübergehend nicht mehr diese Beschwerden oder Probleme auf oder nur noch in größeren Abständen. Dann sind diese folglich für einige Zeit eben nicht zu beobachten. Aber auch hier ist es wichtig und informativ nachzuschauen, was dieses Ausbleiben beinhalten und bewirkt haben könnte. Vielleicht treten im Unterschied dazu aktuell nun andere oder neue Beschwerden und Probleme auf, die wiederum zu beobachten wären. Besondere Bedingungen, Umstände und Entwicklungen im Leben des Patienten und mögliche oder von ihm vermutete Auslöser, Gründe oder Ursachen können hier schon spontan berichtet und benannt werden. Auch kann zur Klärung vor allem seiner diesbezüglichen Auffassung, An- und Einsichten sowie Vermutungen von mir danach gefragt werden. Dies geschieht systematisch erst regulär in den weiteren Sitzungen oder Schritten, etwa dann, wenn die gezielt vereinbarten, aktuellen Beobachtungen und Problemberichte vom Patienten mitgebracht werden oder die Lebensgeschichte im zweiten Therapieschritt anhand des systematischen, umfassenden Lebensfragebogens durchgegangen und bearbeitet wird. Zu diesem Zweck ist dann der ebenfalls erfragte und erkundete, körperliche Lebenslauf mit dem persönlichen, psychisch-sozialen Lebenslauf zu verbinden und zu vergleichen.

Nicht nur bei psychosomatischen Beschwerden oder Problemen werden von Anfang an die achtsame Zuwendung und die genaue und umfassende Beobachtung vereinbart, gesucht, probiert und geübt. Dazu sind das Auftreten und Veränderungen von psychosomatischen Beschwerden und Problemen gezielt zu beobachten und zu protokollieren. Diese Beobachtungen werden eher stichwortartig und intuitiv beschrieben und festgehalten, damit es möglichst schnell, einfach und direkt, d. h. auf die Wahrnehmungen bezogen und begrenzt, geht. Dennoch sollten diese Notizen die Beobachtungen auch möglichst genau, zutreffend und vollständig wiedergeben, damit sie später auf der Grundlage der Notizen vom Patienten wieder wachgerufen sowie mit dem Therapeuten gemeinsam angeschaut, untersucht und reflektiert werden können. Zur Beobachtung und Beschreibung werden aber nicht nur die körperlichen Missempfindungen bewusst beachtet und herangezogen, sondern es werden gezielt der Kontext bzw. Rahmen und die Umstände berücksichtigt und es wird zudem auf drei weiteren – insgesamt also vier – Ebenen des psychologischen Erlebens und Verhaltens geschaut. Es wird grundsätzlich nur beobachtet, bewusst und aufmerksam wahrgenommen, zur Kenntnis genommen und gegebenenfalls beschrieben, aber möglichst nicht bewertet und kommentiert.

Im Einzelnen werden also der Kontext, die Situation und mögliche besondere Bedingungen und nicht nur Datum, Uhrzeit und Ort festgehalten. Auch vorangegangene Erlebnisse oder erwartete oder bevorstehende Aufgaben oder Ereignisse gehören dazu. So sitzt beispielsweise mein im vorangegangenen Kapitel beschriebener Patient, Herr B., nach einem anstrengenden Arbeitstag und nach dem gemeinsamen Abendessen im Sessel zu Hause und möchte sich ausruhen und fernsehen, während seine Ehefrau noch mit ihrer Freundin telefoniert. Das Wann und Wo sollte gleich zu Beginn, quasi als Überschrift und Anker der Orientierung oder spätestens sofort nach der Niederschrift der Beobachtungen auf den vier Dimensionen bzw. Ebenen (s. u.) notiert werden. Erst ganz am Schluss und im Nachhinein, also wenn die verschiedenen aktuellen Beobachtungen aufgeführt worden sind, wird nach der Einbettung hinsichtlich möglicher Bedingungen, Vorerlebnisse, Erwartungen und sonstiger Auffälligkeiten geschaut. War zuvor etwas? Ist etwas davor passiert oder mir widerfahren? Wird danach etwas passieren? Habe ich noch etwas, was mir bevorsteht, wie z. B. einen vereinbarten Termin oder eine noch zu erledigende Aufgabe? Habe ich diesbezügliche Erwartungen? Usw.

Der Anlass zur Beunruhigung und zu diesem Protokoll ist in unserem Fallbeispiel der merkliche Brustdruck und ein hinzutretendes, ihm unangenehmes Herzklopfen. Früher bzw. ohne Psychotherapie hätte Herr B. sich nur auf das – und oft zudem auf seine diesbezüglichen ängstlichen Reaktionen – konzentriert. Jetzt ist dies aber nur eine der vier zu betrachtenden psychologischen Ebenen oder Aspekte, nämlich die vierte Ebene, also die der Empfindungen bzw. der inneren körperlichen Wahrnehmungen. Auch die betreffenden, körperlichen Empfindungen sollen vom Patienten möglichst aufmerksam, genau, umfassend und differenziert wahrgenommen und beschrieben werden. Welche körperlichen Empfindungen oder Missempfindungen haben Sie und wo? Beschreiben Sie genau die Qualität und die Intensität Ihrer Missempfindung (etwa zwischen 0 = nicht vorhanden bis 10 = total/maximal). Der Brustdruck wird in unserem Beispiel von Herrn B. in der Brustmitte verortet und nimmt mit dem Herzklopfen deutlich zu. Das Herzklopfen wird stärker, aber auch schneller und wird zudem auch seitlich im Hals wahrgenommen usw. Der Patient nimmt hier aufmerksam seine körperlichen Empfindungen, Zustände und Reaktionen wahr.

Es kommen noch drei weitere psychologische Ebenen hinzu, die ebenfalls aufmerksam und genau wahrgenommen und beschrieben werden. Das ist zuerst das Tun, also die Ebene der

Aktivität, Tätigkeit oder Handlung. Was tun Sie zu diesem Zeitpunkt gerade und wozu? In unserem Beispiel, sitzt der Patient bequem, möchte sich ausruhen, hat den Fernseher angeschaltet und sieht die Abendschau.

Auf der zweiten Ebene sind das die Kognitionen. Was denken Sie? Dazu gehören auch Vorstellungen, Erinnerungen, Pläne usw. In unserem Beispiel denkt Herr B. aktuell darüber nach, warum seine Ehefrau wieder so lange mit ihrer Freundin telefoniert, dass in der Abendschau wieder einmal etwas sehr Negatives und Trauriges (was zudem eine gefühlsmäßige Bewertung wäre) berichtet wird, und stellt sich die Frage, ob sein Brustdruck überhaupt irgendwann verschwinden wird. Ab dem Augenblick, als ihm das Herzklopfen auffällt, schießt ihm auch die Befürchtung durch den Kopf, dass er vielleicht doch ernstlich am Herzen erkrankt sei und dass die Ärzte die Anzeichen dafür bisher versehentlich übersehen haben könnten.

Die dritte Ebene betrifft die Emotionen. Welche Gefühle haben Sie? So möchte Herr B. zwar zur Ruhe kommen, erlebt aber stattdessen ausgeprägte Unruhe und Anspannung. Es treten dann Gefühle der Einsamkeit, des Unmuts, der Traurigkeit und Hilflosigkeit hinzu. Nach dem Herzklopfen und der Befürchtung einer Herzerkrankung treten diese Gefühle in den Hintergrund und er nimmt vor allem Unsicherheit und Angst wahr.

Durch die Beobachtungen auf den verschiedenen Ebenen werden bestehende Einseitigkeiten oder Verengungen in der Wahrnehmung überwunden. Die unangenehmen Empfindungen werden so weder gemieden noch stehen sie isoliert im Fokus, wie es zuvor bei Patienten im Allgemeinen und bei Patienten mit psychosomatischen Beschwerden, Problemen und Ängsten im Besonderen üblich ist. Sie befanden sich vor der Psychotherapie und dieser Maßnahme der Selbstbeobachtung für gewöhnlich in einer Problemtrance, völlig fixiert auf das unangenehme Empfinden oder auf der eigentlich vergeblichen Flucht davor. Der Wahrnehmungsraum wird durch das systematische Beobachten auf den vier Ebenen erheblich erweitert und eben mindestens vierdimensional. Es kommen, wie erwähnt, noch die kontextuellen Umstände und Aspekte hinzu. Diese sind für das Verständnis der Reaktionen bzw. Wahrnehmungen auf den vier Ebenen ebenfalls wichtig und oft unentbehrlich. So ist z. B. für das Verständnis zentral, erhellend und bestätigend, dass Herr B. sich in unserem Beispiel eben abends zu Hause und nicht im Job befindet, zur Ruhe kommen könnte und möchte, die Option zur Selbstwahrnehmung und Selbstaufmerksamkeit hat und seine Partnerin sich zwar ebenfalls zu Hause befindet, aber für längere Zeit mit ihrer Freundin beschäftigt ist und nicht gemeinsam mit ihm die Zeit verbringt. Zudem stellt sich bei Herrn B. heraus, dass er zwar ursprünglich notiert hatte, dass „nichts Besonderes" an diesem Tag vorgefallen sei. Aber bei der Besprechung und auf Nachfrage, was denn da so am Tag passiert ist, erinnerte er sich an ein Gespräch mit seinem Vorgesetzten, in dem dieser den außerordentlichen Termindruck ansprach, unter der die Abteilung momentan stehen würde. Dies dürfte seine beruflich bedingte Anspannung und Unruhe an diesem Tag sicher deutlich erhöht haben.

Die Zusammenhänge zwischen den Inhalten der verschiedenen Ebenen sowie mit dem Kontext werden so sicht- und erkennbar. Aber auch durch die genaue, sorgfältige Beobachtung der Empfindungen bzw. der psychosomatischen Beschwerden selbst findet eine offene Zuwendung und erste Überwindung der Aversion und der Vermeidungstendenzen statt. Auch die Wahrnehmung der körperlichen Missempfindungen wird präzisiert, vertieft und von der kritischen emotionalen Einschätzung, Flucht und Abwehr gelöst. Oft nehmen meine psychosomatischen Patienten weder ihre psychosomatischen Beschwerden noch die bestehenden Umstände und Zusammenhänge genauer wahr. Sie tun sich trotz oder gerade wegen ihres Leidens häufig sehr schwer, selbst ihre psychosomatischen Beschwerden genau, sorgfältig und zuverlässig zu beschreiben.

Ein gewisser Abstand, hier eine analytische, sachliche und nur beobachtende Haltung und Position, die innerliche Einnahme einer Außenposition und -perspektive hilft vor allem am Anfang bzw. dem Anfänger, sich den negativen, unangenehmen Wahrnehmungen, Emotionen, Gedanken zu nähern und zu stellen. Entscheidend und wichtig ist jedoch die Unterbrechung und der Halt der sonst üblichen weiteren Assoziations- und Reaktionsketten und -kreise. Es sollte also z. B. nicht weiter darüber nachgedacht und gegrübelt werden, ob die unangenehmen Empfindungen noch schlimmer werden könnten, ob man dann den Notarzt oder andere Hilfe rufen solle, ob man doch an einer Herzkrankheit leidet, die Angst im Griff behalten oder die Panik nicht mehr ertragen werde. Es geht vielmehr darum, möglichst ganz bei den als unangenehm, irritierend, störend oder sogar quälend erlebten Erfahrungen zu bleiben, diese nicht weiter zu bewerten und nicht mehr in den Raum der erinnerten, früheren oder vorgestellten, zukünftigen und möglichen negativen Entwicklungen, Bedrohungen, Katastrophen abzudriften. Es sind einfach nur die Erfahrungen als das wahrzunehmen, was sie sind, nämlich Empfindungen, Gefühle, Gedanken, Erwartungen usw., auch wenn diese als negativ oder unangenehm erlebt oder angesehen werden. Achtsamkeit bewirkt, dass nur diese jeweils anfänglich vorliegenden Erfahrungen aufmerksam und konzentriert wahrgenommen und fokussiert werden. Diese werden so zu Inhalten der Aufmerksamkeit, der Wahrnehmung, des Bewusstseins, die so als solche wahrgenommen, angenommen und erkannt werden, ohne sich darüber hinaus weiter darauf einzulassen und in dem üblichen Strom der folgenden Empfindungen, Gefühle, Gedanken usw. zu verstricken und zu verlieren. Diese Bewusstseinsinhalte sind einfach und direkt so da. Wie andere Bewusstseinsinhalte können und werden sie sich verändern. So wie sie kommen und auftauchen, können sie auch wieder gehen und verschwinden. Sie können zudem von einem selbst festgehalten, aber auch gelassen und losgelassen werden. Zwar wird dies schon mit der gezielten und systematischen Beobachtung der körperlichen Missempfindungen und Probleme anvisiert und geübt, aber noch nicht als Achtsamkeitsübung vermittelt und dargestellt. Vielmehr dient es vor Beginn oder am Anfang der Psychotherapie als notwendiges, psychologisches Mittel zur Diagnostik, Erkenntnis und zum genauen Verständnis des jeweiligen Problems.

Die systematischen Beobachtungen sollten für einige Tage bis wenige Wochen beschrieben und aufgezeichnet werden. Dies hat den Vorteil, dass sie damit auch externalisiert sind und nicht behalten werden müssen. Dennoch sind diese dann für die Besprechung und Analyse in der Therapiestunde prinzipiell verfügbar und zugreifbar. Allerdings werden diese Aufzeichnungen – offenbar unbewusst – auch gelegentlich vom Patienten verlegt oder vergessen, so dass die Auseinandersetzung in der folgenden Therapiesitzung dadurch wiederum vermieden wird und zumindest zu vertagen ist. Die Protokollierung kann auf verschiedene Art und Weise erfolgen, z. B. stichprobenartig stündlich oder jeweils auch nur bei Auftreten und Veränderung der psychosomatischen Beschwerden. Es wird dann notiert, wann und wo welche Missempfindung bzw. Beschwerde (etwa Schmerz) wie und unter welchen Bedingungen (situational, aktional, kognitiv, emotional) anfängt, auftritt bzw. wahrgenommen und bewusst wird sowie sich später verändert. Die betreffende Empfindung kann andauern, aber auch anders, z. B. stärker oder schwächer, werden oder eventuell sogar wieder verschwinden. So kann beispielsweise zum Druckgefühl und der Beklemmung auch noch ein Brennen oder bei einem dröhnenden Tinnitus ein hohes Pfeifen hinzutreten. Die Missempfindungen ändern sich hier – in den beiden Beispielen – qualitativ. Aber auch die Intensität der qualitativ gleichen Empfindung, also z. B. des dröhnenden Ohrgeräusches oder des Druckgefühls auf der Brust, kann für sich zu- oder abnehmen. Bei andauernden Missempfindungen wird der Stand nach dem Aufwachen zum Fix- und Vergleichspunkt für Veränderungen gewählt und dokumentiert.

Eine deutliche Hilfe kann dazu ein Fragebogen sein, der dies in systematischer Art und Weise abfragt. Zur Schmerzdiagnostik bzw. Erfassung des Schmerzempfindens und -erlebens, der Schmerzintensität und -qualität sowie der Zusammenhänge, Umstände, Bedingungen und Folgen waren Geissner und Jungnitsch (1992; und dort vor allem Geissner, Dalbert & Schulte, 1992; Nilges & Wichmann-Dorn, 1992), Jungnitsch (1992) und Rehfisch, Basler und Seemann (1989) hilfreich. In Anlehnung daran habe ich den Fragebogen (PUKEP: Protokoll unangenehmer körperlicher Empfindungen Piekara) für unsere Patienten entwickelt, der im Kapitel 14 Anhang III abgedruckt ist. Er steht dort für Ihre persönliche, nicht-kommerzielle Verwendung zur Verfügung. Im PUKEP sind Fragen zur Beobachtung, Erfassung und Dokumentation aversiver Empfindungen zusammengestellt. Bei den aversiven Empfindungen handelt es sich meistens um irgendwelche Schmerzen. Es kann sich aber auch um andere Empfindungen handeln, wie etwa die bereits erwähnten Ohrengeräusche, die zwar generell als unangenehm, aber nicht unbedingt oder nur im Einzelfall als Schmerz oder nicht überwiegend als schmerzhaft wahrgenommen werden. Die unangenehmen Körperempfindungen (Missempfindungen, Beschwerden) können also Schmerzen sein oder beinhalten, müssen aber nicht. Es könnte sich eben auch z. B. um ein unangenehmes hohes Pfeifen, Zischen oder tiefes Dröhnen in einem Ohr, in beiden oder zwischen den Ohren handeln oder um ein Jucken oder Kribbeln am Körper. Die unangenehmen Empfindungen sollten vom Patienten aber – wie für psychosomatische Beschwerden und Patienten typisch – als körperlich (im Unterschied etwa zu Emotionen, Gedanken und Vorstellungen) wahrgenommen werden. Der Fragebogen erscheint recht ausführlich, dennoch fragt er nur ein Minimum ab.

Damit die Patienten ihre körperlichen Beschwerden, Missempfindungen oder Schmerzen genauer, umfassend und zutreffender beschreiben können, sollte deren Beschreibung zuvor besprochen und versucht werden. Hilfreich sind dann verschiedene Eigenarten, Eigenschaften, Qualitäten, die Art, Weise und Verlauf der aversiven Empfindungen. Auch ist die genaue, sorgfältige Verortung der aversiven Empfindung im Körper notwendig. Hilfreich sind dazu Körperskizzen oder -abbildungen (am besten seitlich, von vorne und von hinten), in die der Patient den Ort und eventuell die Herkunft, den Fluss, die Ausstrahlung, die Ausdehnung, Entwicklung und die Ankunft oder das Ende der Missempfindungen einzeichnen und festhalten kann. Wir benutzen dazu im Rahmen der Praxis genauere Vorlagen aus der traditionellen chinesischen Medizin. Diese haben den Vorteil, dass Zusammenhänge mit den energetischen Leitbahnen und Punkten leichter und präziser zu erkennen sind (s. Kap. 8.1). Im Anhang III fehlt diese Seite mit den Körperansichten zu Frage 2 im PUKEP aus urheberrechtlichen Gründen.

Die Aufzeichnungen sind dann im Gesamt zu sichten, um Zusammenhänge und Muster zu entdecken und sich zu vergegenwärtigen.

Mit dieser Beobachtungs- und Beschreibungsaufgabe werden, wie bereits ausgeführt, die achtsame Wahrnehmung und das bewusste, offene Gewahrsein vorbereitet und gefördert. Die bewusste und möglichst nicht bewertende Konzentration und Aufmerksamkeit auf das jeweils Gegenwärtige bzw. Wahrzunehmende wird geübt. Mit entsprechenden oder zusätzlichen Achtsamkeitsmeditationen wären die Patienten jedoch an dieser Stelle des therapeutischen Prozesses erfahrungsgemäß noch völlig überfordert.

In einem zweiten Schritt wird nun die Lebensgeschichte bis zur heutigen aktuellen Situation mit einem Fragebogen umfassend, systematisch und genau erfragt, erhoben und mit dem Patienten durchgearbeitet. Dieser Fragebogen erfasst alle möglichen Aspekte und Themen des Lebens, wie z. B. Vater, Mutter und Geschwister oder entsprechende Bezugspersonen (z. B. Stiefvater). Auch die Bereiche, wie Schule, Beruf, Gefühle, Partnerschaft und – ganz besonders wichtig und notwendig bei Patienten mit psychosomatischen Beschwerden und Problemen – die körperliche Entwicklung, gehören dazu. Die Patienten mit vielen körperlichen Problemen oder Erkrankungen, Befunden, Diagnosen und Behandlungen in ihrem Leben bitte ich um einen zusätzlichen Lebenslauf des Körpers, der diese extra, möglichst zutreffend, genau, umfassend und vollständig sowie hinsichtlich Auftreten und Dauer beschreibt und wiedergibt. Dieser beinhaltet dann nicht nur – wie im Erstgespräch – die körperlichen bzw. psychosomatischen Beschwerden und Probleme, die den Grund oder Anlass gaben, die psychotherapeutische Praxis aufzusuchen, sondern alle bisherigen, körperlich bezogenen Erkrankungen, Beeinträchtigungen, Probleme, Diagnosen, Befunde und Behandlungen. Auch zu möglichen früheren psychotherapeutischen oder psychiatrischen Diagnosen und Behandlungen wird der Patient systematisch befragt. Dazu werden, wie bereits erwähnt, auch möglichst, soweit verfügbar oder im Nachhinein noch zu beschaffen, frühere Arztbriefe, Klinikberichte oder andere aussagekräftige Berichte oder Dokumente herangezogen. Auf diese Weise erhalten der Patient und ich einen guten Über- und Einblick in seine körperlichen Angelegenheiten, Entwicklungen, Beschwerden, Probleme, Leiden und Gebrechen sowie in die bisherigen, betreffenden Bemühungen und Behandlungen. Gleichzeitig erhält die gesamte körperliche Seite mit der Geschichte ihrer Beschwerden und Probleme sowie dem erfahrenen Leid die gebührende und für eine erfolgreiche Behandlung nötige Beachtung, Anerkennung und Würdigung.

Der Fragebogen zur Lebensgeschichte – einschließlich oder gesondert bezüglich des Körpers – wird von den Patienten zuvor schriftlich allein ausgefüllt, so dass die Patienten für die Auseinandersetzung und Arbeit mit ihrer Lebensgeschichte entsprechend vorbereitet in den folgenden Therapiesitzungen erscheinen. Hier werden der Fragebogen und die Angaben der Patienten durchgegangen, geklärt, ergänzt und besprochen. Es werden bereits dadurch oft die Bedingungen, Voraussetzungen und Faktoren in der Lebensgeschichte für die Entwicklung der kritischen und relevanten Reaktions-, Erlebens- und Verhaltensmuster sowie der psychosomatischen Beschwerden und Probleme klar und deutlich. Wenn diese mit dem Patienten weiter herausgearbeitet und erörtert werden, zeigen sich zumeist noch andere psychische Beschwerden und Probleme, also weitere „Baustellen". Dabei kann es sich z. B. um eine ausprägte Selbstunsicherheit, mangelndes Selbstwertgefühl und Selbstvertrauen, grundlegende Ängste oder eine depressive Störung handeln. Entsprechend wären dann neben den psychosomatischen Beschwerden noch weitere Probleme und Themen in der Therapie zu bearbeiten sowie etwa relevante Kompetenzen und Ressourcen zu entwickeln. Durch diese gezielte Auseinandersetzung mit der Lebens- und Körpergeschichte und den gezielten, vierdimensionalen Beobachtungen bzgl. Beschwerden und Probleme werden nun die Zusammenhänge zwischen den psychosomatischen Beschwerden, den Reaktionsmustern und den Ereignissen, Erlebnissen, Erfahrungen sowie Umständen der Lebensgeschichte deutlich und offensichtlich. Der Patient kann auf diese Weise mehr Einsicht, Wissen, Anerkennung, Verständnis und Mitgefühl für sich sowie seine psychischen und körperlichen Beschwerden und Probleme gewinnen.

Auf dieser Grundlage kann nun weiter psychotherapeutisch gearbeitet werden. Im Folgenden konzentrieren wir uns hier auf die Verfahren und Übungen zur EMS. Zusätzlich zu den täglichen EMS-Übungen prüfe und erörtere ich mit dem Patienten, ob bei ihm ein Mangel oder sogar Fehlen an körperlicher oder sportlicher Aktivität, Bewegung oder Betätigung vorliegt. Bei Bedarf bemühe ich mich grundsätzlich mit ihm darum, diese gezielt, regelmäßig und auf Dauer in seinen Lebensalltag einzuführen und einzubinden oder noch zu steigern und auszudehnen. Dazu gehören auch regelmäßige Streckung und Dehnung. Dieses aktive, energieverbrauchende Körper- und Bewegungstraining sollte mit im Schnitt mindestens einer halben Stunde täglich eingeplant und durchgeführt werden. Gerade sportliche Betätigungen können aber auch über die Woche mehr zentriert und gebündelt werden, so dass beispielsweise gezielt an jedem zweiten Tag für eine Stunde trainiert bzw. „gesportelt" wird. Positive Auswirkungen von regelmäßiger, hinreichender sowie angemessener, eher moderater, also nicht übertriebener oder extremer körperlicher Bewegung und sportlicher Betätigung auf die körperliche und seelische bzw. geistige Gesundheit sowie auf die Prävention und Behandlung körperlicher Erkrankungen und psychischer sowie psychosomatischer Störungen und Probleme wurden wiederholt gefunden und sind inzwischen überzeugend belegt und dokumentiert (z. B. Banzer, 2017; Muster & Zielinski, 2006; Oertel & Matura, 2017).

Weiter ist es auch wichtig, dass die Patienten sich hinreichend Zeit und Raum für ihre seelischen bzw. geistigen Angelegenheiten und Belange nehmen. Damit ist nicht das oft ohnehin schon viel zu lange und unergiebige Grübeln und Denken über Befürchtungen, Probleme usw. gemeint, sondern ein muße- und lustvolles Nachdenken, Kontemplieren, Träumen und Betätigen, Entfalten und „Füttern" der emotionalen, mentalen und geistigen Interessen, Kompetenzen und Ressourcen. Hierzu gehören auch z. B. Hobbys wie das tägliche Lesen oder Musizieren. An diesen überwiegend geistigen Aktivitäten sollten sich die Patienten – genauso wie Gesunde – ebenfalls mit mindestens einer halben Stunde täglich im Schnitt erfreuen. Hinzukommen noch vor allem soziale Kontakte und angenehme Aktivitäten, wie Freunde zu treffen, auszugehen, kulturelle Veranstaltungen zu besuchen, die prinzipiell zu einer merklichen Besserung bzw. Verringerung kritischer Beschwerden und des betreffenden Störungsbildes und zur inneren Ausgeglichenheit und Zufriedenheit beitragen. Ob und welche Kontakte und Aktivitäten im Einzelnen angenehm sind, hängt natürlich vom Patienten selbst ab und wird von ihm festgelegt und entschieden. So gibt es auch z. B. Persönlichkeiten bzw. Erlebens- und Verhaltensweisen, die soziale Kontakte oder Nähe scheuen oder ablehnen. Aber selbst dies kann und soll sich sogar im therapeutischen Prozess und mit der Entwicklung des Patienten verändern und bessern. Dies bedeutet nicht, dass beispielsweise aus einem introvertierten Menschen nun eine gesellige und ständig menschlichen Kontakt suchende Person wird, aber dass z. B. soziale Ängste, Selbstunsicherheit oder Depressionen wirksam gebessert und das damit verbundene Vermeidungs- und Rückzugsverhalten in Bezug auf soziale Kontakte, Nähe, Gruppen, Geselligkeiten und Öffentlichkeit deutlich reduziert werden.

Die EMS-Übungen finden als weitere, therapeutische Maßnahmen in den folgenden Schritten Anwendung. Selbstverständlich handelt es sich dabei um einzelne „Bausteine", auch wenn diese für sich jeweils grundlegend, wichtig und wirkungsvoll sind. Diese können in der Psychotherapie so wie in diesem Werk dargestellt und empfohlen und im Folgenden angesprochen sowie auch in der vorgeschlagenen Reihenfolge vermittelt, geübt und genutzt werden. Diese Reihenfolge bietet sich aus psychologischen, aber auch pädagogischen Gründen an und hat sich bei meinen Patienten – bis auf wenige Ausnahmen – bewährt. Aus individuellen und sonstigen Gründen oder Voraussetzungen können die Bausteine natürlich auch anders aufeinander folgen, zusammengestellt und angepasst werden. Im Einzelfall sind u. U. einzelne Übungen überflüssig, wegzulassen, vorzuziehen oder erst später – nach Übung und Beherrschung anderer – durchzuführen und in besonderer, eben passender Art und Weise zuzuschneiden und zu verändern.

Es handelt sich nun um den dritten „Schritt". Mit regelmäßigen Atemübungen und -meditationen (Kap. 3) übt der Patient, in Verbindung zu seiner Atmung und seinem Körper zu gelangen. Er lernt im Rahmen und anhand der Atmung sich, seinen Körper und Vorgänge im Körper bewusst, aufmerksam und konzentriert wahrzunehmen, sowohl zu vitalisieren bzw. zu stärken als auch zu beruhigen. Weiter lernt er sowohl alte körperlich-seelische Muster aktiv zu öffnen und zu verändern als auch passiv seinem Körper zu vertrauen und sich körperlichen Vorgängen anzuvertrauen, zu überlassen und hinzugeben. Speziell in Bezug auf und über den Atem und das Atmen übt er einerseits genau, das Atmen geschehen und zuzulassen bzw. den Atem fließen zu lassen. Andererseits übt er zugleich, das Atmen bewusst zu steuern und zu kontrollieren bzw. sich auf den Atem zu konzentrieren, ihn zu lenken und ihm zu folgen. Dabei trainiert und schult er auch im weiteren und grundlegenden Sinne seinen Geist, sein Bewusstsein, seine Aufmerksamkeit und Wahrnehmung zu sammeln und auf etwas zu konzentrieren und auszurichten. Die Beziehung zu sich selbst und zum Körper und die Selbstwirksamkeit werden gestärkt und verbessert. Geistige Klarheit, Gelassenheit, innere Ruhe und Stabilität wachsen und dehnen sich auch zunehmend über die Übung hinaus auf den ganzen Tag aus. Allein dies kann sich schon lindernd und reduzierend auf die psychosomatischen Beschwerden auswirken. Allerdings liegt der Fokus noch nicht ausschließlich und vollständig auf den psychosomatischen Beschwerden, außer diese betreffen genau die Art und Weise der wahrgenommenen, meditierten Atmung. Dies wäre z. B. bei Gefühlen der Atemnot oder Atembeklemmungen der Fall. Sind die psychosomatischen Beschwerden des Patienten direkt mit der Atmung verbunden, dann wird es für ihn mit diesen Übungen deutlich schwieriger. Umso wichtiger und hilfreicher sind dann die für ihn in der Regel neuen Atemtechniken. Allerdings kann auch gerade in einem solchen Fall in Betracht gezogen werden und sogar ratsam sein, zunächst mit anderen Verfahren, wie etwa der PME (Kap. 4), zu beginnen und Entspannung zu erlernen und zu erfahren.

Prinzipiell haben sich die Übungen zur Bauch- und Vollatmung, zum tiefen Ein- und langsamen Ausatmen mit bewusster, längerer Atempause sowie die Strin-Wurzelzentrum-Atem-Meditation sehr bewährt. Zunächst ist das tiefe Ein- und langsame Ausatmen und Ruhen in der Atempause mit der Bauchatmung, dann mit der Vollatmung bzw. der Bauch-Brust-Welle beim Einatmen zu üben (s. bes. Kap. 3.4). Nach etwas Übung mit den beiden Atemtechniken kann zusätzlich die Strin-Wurzelzentrum-Atem-Meditation (Kap. 3.5) versucht werden. Je nach Erfolg und Fortschritten treten dann die Atemtechniken zugunsten der Strin-Wurzelzentrum-Atem-Meditation in den Hintergrund. Die jeweilige Atemtechnik oder die Art und Weise des Atmens begleitet schließlich nur noch die Meditation und wird dann nur noch kurz vor der eigentlichen Meditation und vielleicht noch zeitweise oder punktuell nebenbei oder/und unterschwellig, also mit möglichst wenig Aufmerksamkeit, währenddessen geprüft. Bei Bedarf, d. h., wenn Abweichungen und Schwierigkeiten beim Atmen auftreten und bemerkt werden, können Atmung und die gewählte Atemtechnik wiederum bewusst korrigiert und angepasst werden. Ansonsten wird eine Atemtechnik einfach nur beim Meditieren angewendet und durchgeführt.

Eine passive oder achtsame Atemwahrnehmung bzw. -meditation (Kap. 3.2 u. 3.3.2) war und ist für meine Patienten an dieser Stelle im Therapieprozess erfahrungsgemäß zu sanft und fein. Veränderungen und Besserungen stellen sich bei ihnen über diesem Weg in der Regel nur sehr langsam und spärlich ein. Das gilt insbesondere unter den Bedingungen und im Rahmen einer zeitlich sowie stunden- und ressourcenmäßig begrenzten Psychotherapie, wie sie für gewöhnlich von einer Krankenversicherung genehmigt und finanziert wird. Auf lange Sicht, mit viel Geduld und bei stetem Bemühen würde aber auch dieses Üben seine dargelegte Wirkung entfalten und Früchte zeigen. Besonders erschwerend für ein solches Vorgehen ist der Umstand, dass nach meiner Erfahrung Patienten grundsätzlich und deutlich dazu neigen, in den Aspekten, Merkmalen und Eigenheiten der Atmung zu verharren, die ihre Probleme und Störungen verkörpern oder widerspiegeln, oder dahin zurückzukehren oder diese auf eine andere, verwandte Art und Weise wieder einzuführen. Dies passiert ganz unbewusst, selbst auch beim Beginn und weiteren Üben der aktiven Atemtechniken und -meditationen. Allerdings kann dies hier leichter erkannt und dem einfacher gegengesteuert werden. Das gilt auch für den Patienten selber, so dass er dazu nicht mehr lange und stetig die Hilfe und Unterstützung eines Therapeuten benötigt. Zudem werden diese störungs- und problemspezifischen Muster und Aspekte des Atmens durch das aktive Bemühen, Verändern, Streben und Üben im Hinblick auf ein günstiges, stärkendes, beruhigendes, gesundes und vorbildliches Muster aufgebrochen und ersetzt. Zunächst gilt dies nur für die Zeit des Übens, aber mit dem regelmäßigen Üben breiten sich diese günstigen Aspekte, Merkmale und Muster des Atmens ganz von allein, auf natürliche, geeignete und passende Weise darüber hinaus aus. Damit stellen sich auch zunehmend die erwünschten, positiven Wirkungen im Alltag ein. Die Patienten werden – bis auf wenige Ausnahmen – bereits mit diesen einfachen Übungen merklich gelassener, ruhiger, entspannter, gefasster und konzentrierter.

Wenn die Strin-Wurzelzentrum-Atem-Meditation einige Wochen regelmäßig, mit mindestens mäßigem Erfolg (Fortschritt) und vor allem hinreichendem Bemühen geübt worden ist, folgen nun in einem vierten Schritt Übungen zur systematischen, achtsamen Körperwahrnehmung und -meditation. Diese könnten bei Problemen mit der Atmung selbstverständlich auch vorgezogen werden. Mit der Atmung kann zudem weiter geübt und meditiert werden, zumindest sollte dies zur Einleitung und zum Schluss (Ausstieg) der Körperreise weiterhin praktiziert werden. Es wird zunächst grundsätzlich und systematisch in Körperreisen (bes. Kap. 7) geübt, den Körper und seine einzelnen Teile und Bereiche möglichst genau, sorgfältig, unterscheidend, detailliert, durchgehend, innerlich bewusst, aufmerksam, konzentriert und achtsam wahrzunehmen, zu spüren, anzunehmen und gegebenenfalls zudem loszulassen und zu entspannen. Das zusätzliche Loslassen und Entspannen hilft den Patienten. Es unterstützt angenehme Erfahrungen und positive Entwicklungen. Die Haltung bleibt dabei möglichst allen Empfindungen gegenüber offen und wohlwollend. Bewertungen, Kommentierungen usw. sollten möglichst entfallen. Auf diese Art und Weise wird also gelernt, die ganze Bewusstheit, Aufmerksamkeit, Wahrnehmung in einem beliebigen Bereich und Punkt des Körpers zu sammeln und zu konzentrieren, sich dort geistig zu versenken und dabei die jeweiligen Wahrnehmungen und Empfindungen zu lassen und anzunehmen sowie gegebenenfalls sogar unangenehme Wahrnehmungen zu ertragen und auszuhalten. Zudem wird erfahren und gelernt, dass dadurch positive Veränderungen und sogar angenehme Empfindungen bewirkt werden können.

Die von mir seit Langem favorisierte, regelmäßig empfohlene und vermittelte Körperreise ist die einfache Körperreise (Kap. 7.1). In früheren Jahren meiner Praxis begann ich gleich mit der komplexen Variante (Kap. 7.2). Heute biete ich diese detailliertere Variante nur noch nach einiger Übung und entsprechenden Fortschritten mit der einfachen Variante und bei einem entsprechenden, zusätzlichen Bedarf oder Interesse an; denn diese komplexe Version erfordert einen noch größeren Aufwand an Zeit und Kapazität. Wenn auch der Nutzen sicher größer ist, so gefährdet jedoch dieser erhöhte Aufwand leider auf lange Sicht die Übungsmotivation und -stetigkeit.

Während die komplexe Körperreise in vollständiger und umfassender Art und Weise den energetisch zentralen Bahnen und Zentren folgt, gilt dies für die einfache Körperreise bis auf die Glieder immerhin im wichtigen, zentralen Bereich des Kopfes und Rumpfes. Dieses energiebezogene Vorgehen hat u. a. den Vorteil, dass die Patienten sich bei ihrer achtsamen Körperwahrnehmung weniger auf ihr in Frage stehendes, augenscheinlich medizinisches bzw. organbezogenes Krankheitsmodell stützen.

So konzentriert sich beispielsweise der Patient mit den psychosomatischen Beschwerden zwar im „Herzbereich", aber nicht auf das Organ Herz selbst mit seinen diesbezüglichen Beschwerden, Problemen, Befürchtungen usw., sondern eben auf einen zu spürenden, zu entspannenden usw. energetischen Bereich. Diesem Bereich sind das Herz sowie auch betreffende psychische Aspekte nur zugeordnet. Dadurch und auch prinzipiell werden auf diese Art und Weise positive Wirkungen für den Patienten stärker und wahrscheinlicher. Auch werden die Voraussetzungen für eine weitere energetische Arbeit zur Unterstützung der psychischen und körperlichen Veränderungen und angestrebten Heilung bzw. Gesundung – soweit wie möglich – hergestellt.

Patienten, die große Schwierigkeiten mit einer Körperreise haben, könnten zuvor bzw. zunächst auch mit einer Selbstmassage des ganzen Körpers (2.12) oder mit einer aktiveren Variante der Progressiven Relaxation bzw. Muskelentspannung (bes. Kap. 4.1) üben.

Die psychosomatischen Beschwerden betreffen nun ganz direkt oder mindestens indirekt die in der Wanderung bzw. Reise durchgegangenen Körperbereiche. So kann z. B. der Brustschmerz oder das Beklemmungsgefühl im Bereich des energetischen Herzzentrums, also mehr vorn zum unteren Brustbein hin oder mehr nach hinten zur Brustwirbelsäule, oder eher seitlich davon liegen. Im letzteren Fall wird dieser seitliche Rippenbereich in die Körperreise einbezogen und zusätzlich besucht. Mit dem Besuch und Meditieren im Herzzentrum wäre jedoch z. B. das Herz als Organ nicht mehr gesondert bzw. zusätzlich aufmerksam wahrzunehmen und zu entspannen. Grundsätzlich würde in einem solchen Falle, wo also die Probleme fühlbar auf die Brustmitte oder den organischen Herzbereich beschränkt wären, die Meditation im Herzzentrum ausreichen. Dies lässt sich auf alle körperlichen, psychosomatischen Beschwerden und Probleme in den betreffenden, regulär besuchten und meditierten Körperbereichen und Zentren übertragen. Also, etwa bei psychosomatischen Magenbeschwerden unterhalb des Brustbeins und mittig im Oberbauch würde der Besuch des oberen Bauchzentrums innerhalb des Rahmens der standardisierten Körperreise genügen. (Allerdings kann und dürfte es dann angebracht sein, in diesem problematischen Bereich mindestens etwas – wenn nicht sogar deutlich länger – zu verweilen, sich zu spüren, loszulassen und zu entspannen.) Im Unterschied dazu träfe dies eben nicht für den oben beispielsweise erwähnten seitlichen Rippenbereich zu. Entsprechend wird zudem den problematischen Körperbereichen oder -teilen, die abseits oder entfernt von der standardmäßigen Reise- bzw. Wanderroute liegen, während oder auch nach der eigentlichen Reise noch gesondert Aufmerksamkeit, Wahrnehmung, Zuwendung und Entspannung geschenkt. In diesen Körperbereichen müssen nicht immer direkt psychosomatische Beschwerden und Probleme gespürt oder auf andere Weise wahrgenommen (z. B. wie beim Tinnitus gehört) werden; es reicht auch, wenn sie dort nur – etwa gemäß Diagnostik, Theorie oder Wissen – vermutet werden oder ihren Ursprung, eine Quelle oder Auswirkung haben. Aber auch aus psychologischen Gründen kann die besondere, zusätzliche und direkte Zuwendung und achtsame Wahrnehmung solcher über den Standard hinausliegender Bereiche oder Teile des Körpers notwendig oder angebracht sein, um die betreffende Vermeidung und Dissoziation zu unterbrechen und abzubauen. Dies könnte gegebenenfalls gezielt und bewusst, wie in unserem Beispiel, der seitliche Brustkorb sein oder auch speziell etwa der Bereich der Leber oder Gallenblase. Bei der einfachen Körperreise kann das auch beispielsweise die zusätzliche Beachtung und Berücksichtigung etwa eines Knies oder einzelner Finger bedeuten.

Im Allgemeinen und zumeist ist jedoch bereits die einfache, standardmäßige Körperwanderung und Route ausreichend und differenziert genug. Durch die Konzentration und Meditation auf die wichtigen und übergeordneten Energiebereiche und -bahnen bei dieser Körperreise werden eben auch – zumindest indirekt – selbst diese augenscheinlich äußeren und entfernten Bereiche und Teile relativ wirksam erfasst und im erwünschten Sinne beeinflusst.

Das bewusste, anhaltende Konzentrieren auf die unangenehmen sowie als störend und problematisch empfundenen Körperstellen führt zwar kurzfristig zu einem empfundenen Anstieg der Missempfindungen, aber nach längerer Zeit zur Habituation (Gewöhnung) und deutlichen Abnahme. Die Aufforderung oder Suggestion, loszulassen und zu entspannen, erleichtert diesen Prozess. Das Nähern, Aushalten, Annehmen, aber auch die Steuerung und Kontrolle der psychosomatischen Beschwerden – und damit Selbstregulation und -wirksamkeit – werden so erfahren und mit der Praxis erworben. Dieser Prozess kann noch durch das bewusste Hineingehen in das jeweilige Zentrum einer oder mehrerer Missempfindungen sowie in diese selbst gesteigert und verstärkt werden. Wir können auf diese Weise sogar eins mit diesem Körperbereich und der bzw. den Missempfindungen werden. Wir wären dann damit vollständig assoziiert. Zwar würden die betreffenden Missempfindungen anfangs maximal wahrgenommen werden, was bei Schmerzen oder einem Tinnitus schwer zu ertragen sein könnte. Aber nach einiger Zeit der maximalen Hinwendung, Fokussierung und Konzentration auf diesen Bereich und seine Missempfindungen stellen sich auch hier Gewöhnungs- und gegenläufige Regulationseffekte ein und die betreffenden Wahrnehmungen können wiederum zunehmend angenommen sowie gleichzeitig sein- und losgelassen werden. Die Missempfindungen nehmen in der Folge und Regel deutlich ab, allerdings oft nicht kontinuierlich, sondern etwa wellenförmig. In jedem Falle beginnt sich das Verhältnis zum Körper und seinen Reaktionen im Allgemeinen und zu den psychosomatischen Beschwerden und Problemen im Besonderen zu verändern, zu entspannen und zu bessern und diese werden zunehmend als Aspekte von sich selbst erlebt. Körper und Geist wachsen wieder zusammen!

Es ist für diese Assoziation mit dem Bereich, Zentrum oder Ursprung der Missempfindungen und des Problems sowie den Missempfindungen selbst natürlich gleichgültig, ob der Bereich regulär oder zusätzlich in der Körperreise berücksichtigt und besucht wird. Regulär werden z. B. die Ohren achtsam wahrgenommen und entspannt und dazu innere und äußere Geräusche und andere akustische Wahrnehmungen angenommen. Dies bedeutet, dass bei einem Tinnitus im betreffenden Ohr sowohl die jeweiligen Geräusche, wie etwa Pfeifen, Rauschen oder Dröhnen, aufmerksam und bewusst wahr- und angenommen werden als auch im Ohr nachgespürt und entspannt wird. Beim Vorliegen eines Tinnitus werden die Assoziation bzw. achtsame Wahrnehmung der Ohrengeräusche und die bewusste Fokussierung und Konzentration auf diese gezielt für eine längere Dauer (mehrere Minuten) aufrechterhalten und vertieft. Auch wenn anfangs die Ohrengeräusche intensiver wahrgenommen werden, wird zudem wiederholt versucht, sich im Ohr loszulassen bzw. anzunehmen und zu entspannen. Sollte dagegen kein Tinnitus oder anderes Problem mit den Ohren oder Hören vorliegen, dann kann dieses Verweilen bei bzw. in einem Ohr entsprechend kürzer ausfallen, vielleicht etwa 20 bis 30 Sekunden.

Geeignete, besondere Vorstellungen oder Metaphern können diesen Prozess der Assoziation und des Annehmens unterstützen. Sehr zutreffend und hilfreich kann der Körper mit einem Kind verglichen werden, das sich zwar unangenehm benimmt, aber dennoch weiter unbedingte Zuneigung, Anerkennung und Wertschätzung benötigt. Dieses Kind bzw. dieser Körper braucht und verdient weiterhin unsere ungeteilte Zuwendung, Anerkennung, Wertschätzung und Zuneigung. Der Körper leidet wie wir selbst unter den Missempfindungen (Schmerzen, Einschränkungen usw.) und benötigt aus diesem Grunde wie wir Zuwendung, Trost, Zärtlichkeit, Pflege, Rücksichtnahme usw. Der Körper musste zu lange und zu schwer, genauso wie wir als Person, unter Belastungen, Problemen, Konflikten und negativen Erfahrungen leiden und macht sich nun entsprechend bemerkbar oder wurde gegebenenfalls sogar krank. Hier sollten wir entschieden und umfassend versuchen, uns und unserem Körper, eben als Teil und Lebensgrundlage von uns, das zu geben, was unsere Eltern, Elternteile oder andere Bezugspersonen uns oft nur mangelhaft oder unzureichend geschenkt oder eventuell sogar ganz versäumt haben. Es gilt die notwendigen und hinreichenden Aufgaben, Leistungen und Verantwortlichkeiten eines Vaters und einer Mutter heute und nachträglich zu entwickeln, zu verinnerlichen und für sich und seinen Körper anzuwenden bzw. zu erbringen. Dies sind unbedingt Eltern, die uns und unseren Körper akzeptieren und lieben, für uns sorgen, uns vertrauen, verstehen, pflegen, beschützen, weise und wohlwollend anleiten, unterstützen, ermahnen und ermutigen sowie auf uns gut und zuverlässig aufpassen. Allerdings gilt es auch hier zu beachten, dass es sich nur um gute, aber nicht perfekte Eltern bzw. um betreffende Bilder, Rollen, Vorstellungen, Erlebens- und Verhaltensweisen handelt. Denn sonst könnten wir uns wiederum durch überhöhte, unrealistische Erwartungen und Ansprüche über Gebühr unter Druck setzen. In jedem Falle versuchen wir, uns unserem Körper gegenüber und im Besonderen in Bezug auf die psychosomatischen Beschwerden und Probleme wie gute, wohlwollende und liebende Eltern zu verhalten.

Weiter können Körper und Geist als zwei Seiten einer Medaille oder zwei Aspekte ein und desselben Systems gesehen werden, die eigentlich nicht zu trennen sind, unbedingt zusammengehören und auch nur in Verbindung, Verschränkung und Gleichzeitigkeit miteinander existieren können. Man kann zwar eine Seite näher betrachten, aber keine besteht ohne die andere. Provokativ, aber deswegen anregend und befreiend können auch die Behauptungen wirken, dass entweder alles Geist sei, also auch der Körper, oder alles Energie, also auch der Geist. Auch kann es sehr helfen, Körper und Geist als Partner zu betrachten und aufzufassen. Je nach Vorlieben kann dies als Team-, Überlebens-, Lebens- oder Geschäftspartnerschaft bezeichnet und gesehen werden. Diese Partnerschaft kann nur gelingen und zum gegenseitigen Wohle und Nutzen beitragen und sich erhalten und entfalten, wenn die Partner offen, fair, sozial, unterstützend, rücksichts-, respekt- und liebevoll miteinander umgehen.

Solche Ansichten und Bilder sind selbstverständlich passend und mit Bedacht in den therapeutischen Prozess einzubringen. Für wichtig halte ich, dass generell klar und beachtet bleibt, dass es sich nur um häufig oder überwiegend hilfreiche Vorstellungen, Sinnbilder und Metaphern handelt. Der Körper ist natürlich nicht wirklich unser Kind. Aber diese Vorstellung und Metapher sowie auch die anderen erwähnten stellen sich dennoch – in der Therapie angemessen verwendet – regelmäßig als sinnvoll, passend, nützlich und hilfreich heraus.

Entsprechend der achtsamen Körperwahrnehmung und Meditation und den eingeführten Vorstellungen und Bildern können nun die Patienten sich selber, ihren Körper und vor allem die betroffenen Körperstellen oder -teile trösten. Während der achtsamen Zuwendung können sie lernen, sich, dem Körper und den betroffenen Stellen und Teilen bewusst Verständnis, Trost, Mitgefühl und Ähnliches zu schenken. Dies kann regelmäßig während oder am Schluss der Körperreise oder einer anderen EMS, aber auch im Alltag geschehen, etwa bei Bedarf, zur Vorbeugung oder aus Überzeugung. Wir sprechen dann uns, dem Körper und den betroffenen Körperteilen innerlich besonderen Trost zu, unser Mitgefühl aus und mehr. Weiter kann dies vor allem gestisch unterstützt werden, indem die Hände passend sowie eben tröstend, mitfühlend, schützend und heilend auf den Körper gelegt werden. Das heißt, dass dabei die innere Absicht, Haltung, Einstellung, Überzeugung und Vorstellung entsprechend ausgerichtet sind und zum Tragen kommen, also auf Tröstung usw. Die Körperstellen können nicht nur so gehalten, sondern auch entsprechend gestreichelt, gerieben oder anders massiert und – wie weiter unten angeführt – zudem beatmet werden.

Dieses innige, annehmende, verständnisvoll und liebevoll tröstende, assoziative Vorgehen und Beschäftigen mit dem Körper und seinen Missempfindungen und den körperlichen Beschwerden und Beeinträchtigungen reduziert das Ablehnende, Unangenehme, die innere Spannung, die negativen Emotionen, Beurteilungen und Kognitionen gegenüber diesen. In der Folge und für gewöhnlich nehmen schließlich auch die jeweils empfundene Intensität und das Ausmaß der Missempfindungen, Beschwerden und Probleme ab. Es vermittelt daher diesbezüglich auch wieder mehr Hoffnung, Zuversicht, Kontrollerleben und Selbstwirksamkeit, also wichtige Ressourcen. Dabei bedeutet dieser tröstende und liebevolle Umgang nicht, dass die Missempfindungen, Beschwerden und Probleme selbst befürwortet und geliebt, sondern nur wahr- und angenommen werden – wie eine gute Mutter, ein guter Vater oder überhaupt ein liebender Mensch sich dem Kind bzw. der geliebten Person, dem Körper und dessen betroffenen Teilen oder Stellen zuwendet und sie liebevoll tröstet und versorgt.

Wenn die Körperreise möglichst täglich für 6 bis 8 Wochen vom Patienten geübt worden ist und er es schließlich schafft, sich dabei überwiegend zu konzentrieren, zu spüren und zu entspannen, kann in einem weiteren Schritt meditativ und energetisch mit den Chakren gearbeitet werden. Voraussetzung dafür ist zudem, dass dem Patienten auch die Atemübungen noch weitgehend gelingen, also die Bauchatmung, die Vollatmung, das tiefe Einatmen und das langsame Ausatmen mit der anschließenden Atempause bzw. -ruhe sowie die Strin-Wurzelzentrum-Atem-Meditation (s. o.). Über regelmäßige, energetische Meditationsübungen, wie verschiedene Chakrenmeditationen (Kap. 8.2 bis 8.4.1), wird dem Patient nun weiter ermöglicht, eine wirksame Praxis der Selbstpflege, -fürsorge, -achtung, -akzeptanz, -wahrnehmung und -wirksamkeit sowie der Entspannung, Gelassenheit, inneren Ruhe, Nährung und Stärkung zu entwickeln und zu kultivieren. Grundsätzlich biete ich dazu die Atem-Vokal-Chakren-Meditation (bes. Kap. 8.3.0.2 bis 8.3.3) an und versuche ihm diese zu vermitteln; denn diese hat sich auch in der jahrzehntelangen Praxis als sehr mächtig, wirkungsvoll, nützlich, zuverlässig, sicher und vergleichsweise einfach zu erlernen erwiesen. Alternativ, in Ergänzung oder zur Vorbereitung biete ich bei Bedarf oder besonderen Gründen oder Anlässen auch andere Chakrenmeditationen (Kap. 8.2 oder 8.4) oder eine entsprechende Variante des AT (Kap. 6.2.1.10) an. Dies kann z. B. der Fall sein, wenn aus irgendeinem Grund die Atmung des Patienten stärker und länger beeinträchtigt wäre. In der Folge dieser regelmäßigen, möglichst täglichen Chakrenmeditation nehmen die psychosomatischen Missempfindungen, Beschwerden und Probleme in der Regel wiederum ab und zudem wachsen und erholen sich sowohl die psychischen als auch körperlichen Ressourcen des Patienten. Die Körperreise kann nun in den Hintergrund treten. Sie sollte aber mindestens gelegentlich, am besten noch etwa ein- bis zweimal wöchentlich zusätzlich zur Chakrenmeditation durchgeführt werden – notfalls auch an ihrer Stelle. Auch die Atemübungen (s. o.) können und sollten immer mal wieder für sich praktiziert werden. In der Regel ist dieses Programm aus wenigen Atemübungen, Körperreise und – vorzugsweise – Atem-Vokal-Chakren-Meditation als EMS-Maßnahmen hinreichend für eine positive Entwicklung des Patienten und mindestens wesentliche Reduktion und Bewältigung seiner körperlichen Missempfindungen, Beschwerden und Probleme. Bei sehr lange anhaltenden und sehr körperlich ausgeprägten psychosomatischen Störungen, aber auch bei primär körperlichen Erkrankungen und Problemen können jedoch durchaus weitere EMS-Maßnahmen angebracht und hilfreich oder sogar notwendig sein.

Darüber hinaus können Stellen und Teile des Körpers, die mit Missempfindungen, körperlichen Beschwerden und Problemen verbunden sind, besonders wirksam mit der meditativen Heilatmung (Kap. 3.6) behandelt werden. Mit dem Ausatem wird konzentriert und fokussiert unterstützende, stärkende, vitalisierende, heilende Energie in diese Körperbereiche geatmet. Der Atem selbst wird als heilende Lebenskraft oder -energie verstanden und benutzt, die zuvor beim Einatmen und mit dem Einatem im Stirnzentrum aufgenommen und gebündelt wird. Die Heilatmung ist gleichzeitig eine achtsame, bewusste Zuwendung und Assoziation zum Körper und zu den unangenehmen körperlichen Empfindungen und Problemen. Das Legen der Hände auf die betreffenden Körperbereiche kann nicht nur, wie oben ausgeführt, Trost spenden und heilen, sondern zudem das Hinatmen und Heilatmen unterstützen und fokussieren (zusätzlich Kap. 3.2 und 8.2).

Wenn die Person aktuell über ein hinreichendes Vorstellungs- und Imaginationsvermögen verfügt, kann die Heilatmung zusätzlich um heilende Vorstellungen bzw. Imaginationen ergänzt werden (vor allem Kap. 5.1 und 5.2). In einfacher Weise kann die Heilfarbe oder das heilende Licht – ebenfalls als eine Art oder Form von Heilenergie – in der Vorstellung mit dem Atem verbunden und mit hingeatmet werden. Die Farbe oder das Licht wird visualisiert, während der Atem gespürt wird. Die heilende Farbe bzw. das Licht fließt mit dem heilenden Atem in den betreffenden Körperbereich und ergießt sich in diesen. Dieser Körperbereich nimmt die heilende Farbe an oder erstrahlt in jenem Licht und bewirkt – mindestens gemäß der Vorstellung, Erwartung und Suggestion – Unterstützung, Kräftigung, Erholung und Heilung. Davor wurde im Rahmen der Psychotherapie in einer geführten Meditation bzw. Hypnose nach der zutreffenden, geeigneten Farbe oder einem entsprechenden Licht gesucht. Dies kann unter günstigen Voraussetzungen auch in der Selbsthypnose versucht werden und gelingen. Nach der Farbe oder dem Licht kann auf verschiedene Art und Weise gesucht werden. Ich lasse die Patienten dazu im Allgemeinen in Trance gezielt, konzentriert und spürend vor allem in die jeweilige körperliche Missempfindung und den betroffenen Körperbereich gehen. Danach öffnen sie ihr inneres, geistiges Auge, um dann die Farbe oder das Licht zu entdecken und zu sehen, welches bzw. welche ihr Unterbewusstsein, Inneres, ihre innere Weisheit oder ihr innerer Heiler zur Heilung für geeignet und zutreffend hält und auswählt. Auf die gleiche Art und Weise kann darüber hinaus auch nach weiteren, individuell jeweils passenden, geeigneten Heilvorstellungen und -bildern gesucht werden.

Heilende Farben, Lichter, Vorstellungen, Bilder können auch für sich, also ohne Einbeziehung in die Atmung, verwendet und meditiert werden. Dies ist vor allem dann zu empfehlen, wenn die Atmung aus irgendeinem Grund beeinträchtigt, etwa durch einen akuten grippalen Infekt, oder belastet ist, etwa durch verbrauchte oder schlechte Luft. Dann werden diese eben stattdessen und ohne eine Verbindung zum Atem oder Atmen im Körper visualisiert.

Anschließend kann die heilende Energie in Form des Atems oder/und der Farbe bzw. des Lichts durch den ganzen Körper strömen und ihn füllen. Allerdings sollte die Ausweitung der Farbe auf den ganzen Körper als angenehm und passend empfunden werden, was wiederum gezielt in der Meditation bzw. Trance geprüft oder erfragt werden kann. Dies kann aber auch nur als ein bedingtes Angebot – an sich selbst oder vom Therapeuten – formuliert oder suggeriert werden, z. B.: „Wenn Ihnen das angenehm und hilfreich ist, können Sie nun den ganzen Körper mit Ihrem heilenden Atem und Licht (Farbe) durchströmen und füllen lassen." In jedem Falle wirken sich unter diesen Bedingungen und bei diesem Vorgehen der heilende Atem und die heilenden Visualisierungen bzw. Imaginationen in der Regel positiv aus. Die körperlichen Missempfindungen, Beschwerden und Probleme sowie die entsprechenden Körperstellen und -teile werden sowohl einerseits assoziiert als auch andererseits in erwünschter Art und Weise gelindert und gebessert. Sie erfahren sowohl achtsame Zuwendung als auch etwa Tröstung, Fürsorge und Hilfe.

Meditationen und Selbsthypnosen der Liebe und Herzensgüte (Metta) sind besonders hilfreich und zu nutzen (Kap. 3.3.4.3), um den Selbst- und Körperbezug zu verbessern, sich endlich mit dem Körper und seinen aversiv empfundenen Zuständen und Reaktionen abzufinden, zu versöhnen und schließlich eine wohlwollende, akzeptierende, liebevolle Haltung – wie gegenüber einem Kind – zu gewinnen und einzunehmen. Dazu sollten die unangenehmen Empfindungen und Wahrnehmungen bzw. Beschwerden selbst, wie Ohrengeräusche, Schmerzen, Herzrasen, Atembeklemmungen oder Durchfall, geduldet, angenommen und möglichst akzeptiert werden. Es sollte weiter versucht werden, sich mit diesen in gewisser Art und Weise zu versöhnen und seinen inneren Frieden – zumindest einen vorläufigen Waffenstillstand und Frieden – zu schließen, um sich diesbezüglich zu beruhigen, entspannen zu können und weitere, unnötige Kämpfe, Erregung, Anspannung, negative Emotionen und Kognitionen abzustellen und zu verhüten. Aber die mitfühlende und liebevolle Haltung betrifft weniger diese

Symptome, sondern gilt vielmehr den betreffenden Körperbereichen, also z. B. dem Ohr oder den Ohren, dem schmerzenden Knie, verspannten Nacken oder beklemmenden Brustkorb. Wir begegnen also jeweils dem mit Leid und Unannehmlichkeiten verbundenen Bereich oder Teil des Körpers – wie auch uns im Ganzen – mit Mitgefühl, Barmherzigkeit und Liebe, nicht dem Symptom, wie etwa dem Schmerz. Das Symptom als solches ist also nicht zu lieben und muss uns trotz Annahme, Versöhnung und Befriedung auch nicht erfreuen oder angenehm werden.

In einem ersten Schritt der Anwendung geht es um die Erfahrung von Liebe. Nach einer Tranceinduktion und achtsamen Wahrnehmung und tief gespürten Verankerung im Herzzentrum (Kap. 8.1.5) wird dieses Herzzentrum – wie mit der oben beschriebenen Heilatmung – beatmet. Alternativ könnte bei Atemproblemen auch etwa mit der Farbe oder dem Licht des Herzzentrums gearbeitet werden. Danach wird der heilende und vitalisierende Atem nicht nur hin- bzw. ausgeatmet, sondern zudem auch direkt über und ins Herzzentrum eingeatmet. Das Zentrum füllt sich mit Energie (Prana, Qi), es wird noch tiefer gespürt, wird wahrscheinlich warm – eventuell sogar sehr warm – und weitet sich, im Sinne von „einem läuft das Herz über". Aus diesem Vorgang und der achtsamen Verankerung im Herzzentrum heraus wird zudem das innere, geistige Auge geöffnet. Wir bitten unser Inneres, Selbst, Unterbewusstsein oder unsere innere Weisheit, uns eine Situation, eine Person aus unserer Lebensgeschichte zu zeigen oder daran zu erinnern, in der bzw. von der wir bedingungslos, d. h. so wie wir sind, vom ganzen Herzen geliebt worden sind. (Wir könnten uns auch innerlich nur selbst fragen und dem biographischen Gedächtnis öffnen.) Wir geben uns bzw. unserem Inneren Raum und Zeit, sich bzw. uns zu erinnern. Wenn dann entsprechende Vorstellungen, Bilder vor dem inneren, geistigen Auge – oder auch nur Gedanken (s. u.) – auftauchen, nehmen wir diese dankbar an. Wenn mehrere Vorstellungen und Bilder bzw. Erinnerungen erscheinen, konzentrieren wir uns auf die bzw. das innerlich stimmigste, stärkste bzw. „liebevollste". Wir vertiefen uns in diese Erinnerung und versuchen, dieses Gefühl der bedingungslosen Zuneigung und Liebe wieder zu erleben, dankbar anzunehmen und auszukosten sowie zunächst im Herzzentrum und dann im ganzen Körper zu spüren. Wir versuchen weiter, uns ganz diesem Gefühl und den Empfindungen des Geliebtseins- und -werdens hinzugeben und den Körper von diesem Liebesgefühl durchströmen und halten zu lassen.

Sollte keine Situation oder Person vor dem inneren, geistigen Auge erscheinen, so kann das einmal an Schwierigkeiten mit der Visualisierung liegen. Dies sollte aber zuvor geprüft und geklärt sein. In einem solchen Fall erinnert man sich eben nur an ein solches Wissen, etwa als Gedanke an diese Person oder Situation, sowie entsprechende Gefühle und Empfindungen, also ohne visuelle Vorstellungen bzw. innere Bilder. Vielleicht hört man auch noch die Stimme und Worte dieser Person. Mangelt es jedoch an einer entsprechenden Erinnerung, so kann uns etwa die innere Weisheit, unser Inneres oder Unterbewusstsein, vielleicht auch unser Bedürfnis oder die Sehnsucht nach Liebe dieses Gefühl und die Empfindungen des unbedingten Geliebtseins schenken und erleben lassen. Es sollte dann innerlich entsprechend nur ein inneres Erleben der unbedingten Liebe angefragt und erwartet werden (also ohne Erinnerung). Dies kann wiederum durch visuelle Vorstellungen bzw. innere Bilder begleitet und unterstützt werden, muss aber nicht. Wichtig ist das emotionale und körperliche Erleben des Geliebtseins und -werdens!

Im Anschluss bedankt sich der Übende und Geliebte bei dieser Person, für diese Situation oder/und bei seiner inneren Weisheit, Sehnsucht, seinem Inneren oder Unterbewusstsein oder bei sich selbst, schließt sein inneres, geistiges Auge und versucht dieses Gefühl und die Empfindungen der unbedingten Liebe im Herzzentrum noch einige Zeit präsent zu halten und intensiv zu spüren, bevor er schließlich – gemäß des Einstiegs – aus der Trance geht.

In einem zweiten Schritt bzw. einer anschließenden Übung gibt die Person sich selber Liebe. Es wird versucht, selbst dieses Gefühl und die Empfindungen der unbedingten Liebe in sich hervorzurufen, zu aktivieren, zu erleben und zu spüren. Vor allem diese Übung sollte später noch öfters in nicht allzu großen Abständen wiederholt und geübt werden. Wieder wird mit einer Tranceinduktion, der wahrnehmenden Verankerung und der Atmung ins Herzzentrum, zunächst nur hin, dann ein und aus, begonnen. Anschließend wird die Erfahrung der Liebe aus der ersten Übung wieder in Erinnerung gerufen und erlebt. Danach wird versucht, sich diese unbedingte Liebe selber zu schenken und in sich wachsen zu lassen. Zunächst wird damit im Herzzentrum angefangen. Von da aus lassen die Patienten oder Meditierenden das Gefühl unbedingter Liebe in den Körper ausstrahlen und sich auf den ganzen Körper ausdehnen und verteilen. Das Gefühl der Liebe und des Geliebtseins und die betreffenden körperlichen Empfindungen sind dann idealerweise im ganzen Körper zu spüren. Das Gefühl der Liebe füllt zunehmend den ganzen Körper und kann weiter – prinzipiell unerschöpflich – aus dem Herzzentrum nachfließen.

Bei Menschen mit körperlichen Missempfindungen, psychosomatischen Beschwerden und Problemen ist auch noch die folgende Übung unbedingt zu empfehlen und öfters zu wiederholen. Grundsätzlich geht es hier darum, einem bestimmten Körperbereich Liebe zu geben oder zu schenken. Im Besonderen handelt es sich dabei genau um den Körperbereich oder die Körperstellen und -teile, die mit den körperlichen Missempfindungen, Beschwerden oder Problemen zusammenhängen. Das sind also diejenigen, die wehtun oder anderweitig unangenehm sind, irritieren, stören oder/und beeinträchtigen. In einem dritten und letzten Schritt sollten diese Menschen und Patienten versuchen, diese bzw. ihre Liebe ganz besonders bewusst, konzentriert und achtsam auch diesem jeweiligen betroffenen Körperbereich zu geben und auch dort das Gefühl und die Empfindungen der Zuneigung und Liebe wahrzunehmen und zu spüren. Bei mehreren problematischen Körperbereichen werden jeweils einzeln und nacheinander die Körperbereiche auf diese Weise behandelt und geliebt. Es wird wieder mit einer Tranceinduktion, der Wahrnehmung im – und der Atmung ins Herzzentrum begonnen. Dann werden am besten zunächst die beiden ersten Liebesübungen wiederholt, also das frühere Empfangen und Empfinden der Liebe von anderen und dann das gegenwärtige Schenken, Empfinden und Entfalten von Selbstliebe im ganzen Körper. Unbedingt anfangs, aber auch zwischendurch und wiederholt kann man die Energie, das Gefühl und die Empfindungen der unbedingten Liebe speziell im Herzzentrum spüren, erleben und sich aus diesem holen, um es dann zu entfalten und auf den ganzen Körper auszudehnen. Von der im Herzzentrum sowie im ganzen Körper empfundenen Liebe wird dann auf den speziellen Bereich konzentriert und fokussiert, bis auch hier die Liebe wahrgenommen wird und im Idealfall stark und länger gespürt worden ist. Im Zweifelsfall kann der Patient auf diese Art und Weise sogar alle Körperteile bzw. den Körper systematisch (im Sinne einer Körperreise) durchgehen und lieben. Auch den ursprünglich problematischen, aversiven Körperbereichen wird so bedingungslose und intensive Zuneigung geschenkt.

Das Fühlen und Empfinden der Liebe in den einzelnen Körperbereichen kann wiederum durch weitere Maßnahmen begleitet und unterstützt werden, etwa durch Berührung mit bzw. Auflegen von Händen oder das Hin- bzw. Ausatmen in den Bereich. Die Einatmung kann über das Stirnzentrum oder hier vor allem auch über das Herzzentrum erfolgen. Aber auch geeignete Suggestionen, Wünsche oder Beschreibungen, wie etwa „Liebe", aber auch „Frieden, Respekt, Wohlergehen", sowie visuelle Vorstellungen und Imaginationen, wie z. B. einfach die Farbe oder das Licht der Liebe oder einer liebevollen Zuwendung, können ergänzend hinzugezogen werden und helfen.

In einer weiteren Maßnahme kann das Innere, das Unterbewusstsein, die innere Weisheit oder der Körper in der Meditation oder Hypnose ganz direkt um Mitarbeit und Hinweise gebeten werden (Kap. 5.2.2), die helfen, die körperlichen Beschwerden oder Erkrankungen zu lindern, zu bessern, zu vermindern, zu bewältigen oder gar zu heilen. In gleicher Art und Weise können dazu auch Krafttiere oder der betroffene Körperbereich selbst befragt werden. Passende Krafttiere werden mit dem Patienten zuvor in Hypnose für jedes einzelne oder nur das betreffende Chakra gefunden (Kap. 8.5). Das geeignete Krafttier bzw. Chakra wird ausgewählt und in Trance aktiviert und befragt.

Wird der betroffene Körperbereich oder -aspekt selbst befragt, dann ist in der Trance zunächst einmal der intensive Kontakt und eine möglichst enge Verbindung und Nähe herzustellen, am besten eine vollständige Konzentration und Fokussierung darauf oder sogar Einswerdung damit. Dies kann ganz direkt mit dem achtsamen Wahrnehmen, dem bewussten Spüren und Einfühlen in diesen Bereich oder Aspekt des Körpers geschehen. Nachdem der Kontakt und die Verbindung hergestellt sind, kann in einem inneren Dialog erfragt werden, was er benötigt, wie er unterstützt und ihm geholfen werden kann, was zu tun ist, damit Linderung, Besserung, Reduktion, Bewältigung oder eventuell sogar Genesung erreicht werden. Der Körperbereich oder -aspekt kann auch weniger sprachlich, mehr in Form von Gedanken oder Symbolen oder ganz in visuellen Vorstellungen bzw. Bildern antworten.

Für sehr imaginative und konkret denkende Menschen kann es zudem hilfreich sein, dem jeweiligen inneren Teil oder der gewählten höheren oder repräsentativen Instanz vor dem Dialog eine Wesensgestalt zu geben. Diese Gestalt bzw. das Wesen wäre dazu zuvor in der Hypnose oder Meditation zu finden und zu visualisieren. Dann kann das imaginierte Wesen in Hypnose oder Meditation um Mitarbeit und Rat gebeten werden. Der Dialog mit diesem Wesen wird in der Imagination konkret erlebt.

Diese Übungen und Anwendungen der EMS tragen in der beschriebenen Art und Weise sowie Reihenfolge entscheidend und wesentlich zur Besserung, Reduktion und Lösung oder Bewältigung nicht nur, aber vor allem der psychosomatischen Beschwerden und Probleme meiner Patienten bei. Sie sind in meiner psychotherapeutischen Praxis grundsätzlich ein bedeutender Bestandteil der Psychotherapie bzw. Verhaltenstherapie. Sie sind wichtige Faktoren, schaffen günstige, heilsame Voraussetzungen und Veränderungen und haben einen großen Anteil am Gelingen des gesamten therapeutischen Prozesses, an dessen Wirksamkeit und Erfolg sowie einer dauerhaften, erwünschten Besserung und Stabilität. Vor allem bezogen auf den für meine Patienten zentralen Stresszustand und ihre Stressanfälligkeit gibt es dafür im nächsten Kapitel (insbes. 10.1. u. 10.1.1) deutliche Hinweise.

10 Erfassung des Stresszustandes und der Stressanfälligkeit mit dem SFP

In diesem Kapitel wird unser Stressfragebogen (Stress-Fragebogen Piekara: SFP) erklärt und angeboten, damit Sie Ihren eigenen Stresszustand sowie Ihre Stressanfälligkeit genauer bestimmen und einschätzen können. Den Fragebogen (SFP) selbst finden Sie in diesem Buch im 13. Kapitel Anhang II. Wir geben diesen Fragebogen in der Regel unseren Patienten zur Beantwortung. Wir können so den Stresszustand und die Stressanfälligkeit auf jeden Fall vor dem Beginn einer Psycho- bzw. Verhaltenstherapie sowie am Ende der Behandlung messen und vergleichen. Aber auch etwa zur Zwischenbilanz einer Psychotherapie, bei offensichtlicher Verschlechterung des Gesundheitszustandes, dem vermehrten oder verstärkten Wiederauftreten von Beschwerden und Symptomen, nach sehr belastenden, negativen Ereignissen kann der SFP zusätzlich zum Einsatz kommen. Auf diese Art und Weise lassen sich die betreffenden Zusammenhänge und deren Einflüsse bzw. Auswirkungen auf diese beiden Faktoren oder Aspekte besser und genauer einschätzen und studieren. Aber allein schon durch die Verwendung und Beantwortung des SFP am Anfang sowie am Ende der Psychotherapie werden exaktere und differenziertere Untersuchungen und Aussagen möglich, ob und inwieweit unsere Therapien wirksam helfen konnten, den Stresszustand und die Stressanfälligkeit zu reduzieren bzw. zu bessern.

Genaugenommen kann natürlich nur geschaut werden, ob und inwieweit sich während des Zeitraumes oder bis zum Ende der Therapie der Stresszustand und die Stressanfälligkeit bei einer bestimmten Person geändert haben. In diesem Zeitraum hätten nun prinzipiell aber auch andere Einflüsse zur Wirkung gelangen können als die durchgeführten therapeutischen Maßnahmen und Bemühungen. So könnten sich im Einzelfall auch etwa zufällige Begebenheiten und Veränderungen und schicksalshafte Erlebnisse und Entwicklungen auswirken, die hier mal eine positive Wende und entlastende, stressreduzierende, beruhigende und stabilisierende Wirkungen zur Folge hatten, wie z. B. die Kündigung eines mobbenden Kollegen, das Finden eines neuen Partners, erwünschten Jobs oder einer langgesuchten, bezahlbaren und zudem sehr zusagenden Wohnung. Auf der anderen Seite überlagern, schmälern und gefährden entsprechende negative, zufällige, schicksalshafte Ereignisse und Entwicklungen die Wirksamkeit der Therapie, wie z. B. ein intriganter neuer Kollege, der Verlust des geliebten Partners oder der langjährigen Wohnung oder die ungewollte Kündigung des Jobs. Stresszustand und Stressanfälligkeit verringern sich dann also nicht so wie zuvor bzw. für die Therapie erwartet. Zwar könnte man meinen, dass sich positive und negative Ereignisse und Wirkungen zwar irgendwie die Waage halten, aber im konkreten Leben einer Person können sich zeitweise – und dies allein ganz zufällig – die positiven oder die negativen häufen. Solche außertherapeutischen Bedingungen, Ereignisse und Faktoren in ihrer Wirksamkeit zu beachten, zu kontrollieren und aus den Ergebnissen herauszufiltern ist letztlich nicht so einfach und würde einen zwar möglichen, aber weiteren, deutlich größeren Aufwand erfordern.

Grundsätzlich können Sie jedoch mit dem SFP durch eine (Selbst-) Befragung zunächst schauen, welche Ausgangsbedingungen Sie bezüglich Ihres Stresszustandes und Ihrer Stressanfälligkeit haben. Sie bekämen bereits so entscheidende Hinweise, etwa ob aktive, zusätzliche Maßnahmen zur Entspannung und Stressregulation und -bewältigung für Sie persönlich sinnvoll oder ratsam wären. Wenn Sie sich zu solchen Maßnahmen entschlossen haben und diese für einige Zeit konsequent anwenden, könnten Sie die Auswirkungen untersuchen, indem Sie – über einen längeren Zeitraum eventuell auch wiederholt – den SFP durchführen. Die Ergebnisse aus der zweiten oder wiederholten Befragung bzw. Durchführung des SFP können mit den Einschätzungen und Messwerten aus der ersten oder einer vorangegangenen Durchführung verglichen werden. Es können so Veränderungen des Stresszustandes und der Stressanfälligkeit deutlich und sichtbar werden. Vor allem die Auswirkungen Ihres regelmäßigen Übens von EMS auf Ihr Stresslevel und Ihre Stressanfälligkeit können so eine kritische Prüfung erfahren. Ihre Übungspraxis sollte tatsächlich nach einiger Übungszeit, d. h. mindestens mehrere Wochen oder Monate, Ihren Stresszustand sowie Ihre Stressanfälligkeit erkennbar verringern bzw. bessern. Das sollte sich in den betreffenden Messwerten des SFP niederschlagen und widerspiegeln. Sie sollten allerdings, wie oben bereits angesprochen, beachten, dass dennoch neu auftretende schwerwiegende Belastungen diese Entwicklungen beeinträchtigen und die Bilanz relativ verzerren können. Auch wenn Sie selbst regelmäßig EMS üben, erhöhen etwa schwerwiegende Lebensereignisse, wie z. B. der unerwünschte Verlust eines Arbeitsplatzes oder eines nahestehenden Menschen, für gewöhnlich dennoch den aktuellen Stress sowie auch die Stressanfälligkeit. Ebenso können und werden andere positive Entwicklungen, wie etwa die vorteilhafte berufliche Veränderung, Einfluss auf die mit dem SFP erhobenen Größen und Werte nehmen. Dies sollten Sie bei Ihrer Untersuchung mit dem SFP und den Schlussfolgerungen aus Ihren Ergebnissen immer berücksichtigen.

Den SFP im Kapitel 13 Anhang II könnten Sie bei mehrmaliger Anwendung im Buch mit unterschiedlichen Farben ausfüllen bzw. ankreuzen und entsprechend auswerten. Einfacher und übersichtlicher wäre es wahrscheinlich, sich diesen, bitte ausschließlich nur für diesen Zweck bzw. Ihren persönlichen, privaten Bedarf, sowohl für die einmalige als auch die wiederholte Selbstbeantwortung aus dem Buch herauszukopieren.

Der SFP besteht eigentlich aus zwei Teilen. Der erste Teil umfasst die ersten zwei Seiten und beinhaltet allgemeine Fragen zur Erhebung des aktuellen Stresses und damit verbundener, möglicher Folgen. Dieser kam systematisch ab 1994 hinzu. Erst in der neusten Version (ab 2009) wurden vollständig die in den letzten zwei Monaten gefühlte Belastung, Anspannung, Leistungsfähigkeit, Erschöpfung, psychische sowie körperliche Gesundheit auf einer zehnstufigen Skala erhoben. Anfangs wurde nur das Ausmaß der gefühlten Belastung und der Anspannung erhoben. Nacheinander kamen die anderen, heute einzuschätzenden Dimensionen hinzu.

Von 12/05 bis 7/09 wurden zusätzlich u. a. die Belastung und Anspannung gemessen, die jeweils in den letzten sieben Tagen gefühlt worden ist. Auf die einwöchigen Einschätzungen habe ich jedoch wieder verzichtet, da diese hoch variiert, zufällig und auch inhaltlich nicht so aussagekräftig und bedeutungsvoll sind. Vor allem Belastung und Anspannung können aktuell, für kürzere Zeit, etwa einige Stunden bis Tage, sehr hoch sein und dennoch ertragen und bewältigt werden, ohne dass dies merkliche gesundheitliche Folgen für die betroffene Person haben muss. Stress wirkt sich eben nicht nur durch die Höhe, sondern vor allem durch die Dauer aus. Erst bei längerem, also wochen- bis monatelangem Anhalten einer als hoch empfundenen Belastung und Anspannung kommt es für gewöhnlich schließlich zu gesundheitlich negativen Auswirkungen. Als Ausnahmen gelten und erweisen sich nicht nur in der psychotherapeutischen Praxis kurzfristige Extrembelastungen, wie etwa durch Traumata, z. B. einen Raubüberfall oder eine Vergewaltigung, die ebenfalls nachweislich zu körperlichen und seelischen gesundheitlichen Einbußen führen können, wie etwa zu akuten Belastungsreaktionen oder/und posttraumatischen Belastungsstörungen. Infolge solcher extremen Belastungen und Erlebnisse kann es also bereits nach kurzer Zeit der Exposition und Konfrontation bzw. trotz ihrer vergleichsweise kurzen Dauer zu sowohl körperlichen als auch seelischen gesundheitlichen Beeinträchtigungen und sogar Erkrankungen kommen. In solchen Fällen halten aber ebenfalls, trotz der zeitlichen Kürze der auslösenden Ereignisse an sich und der Dauer, der man diesen tatsächlich, objektiv ausgesetzt war, in der Regel die gefühlte Belastung und Anspannung über längere Zeit – Wochen bis Monate und mitunter noch länger – auf sehr hohem Niveau an. Auch wenn diese fortgesetzt hohe Belastung und Anspannung durch innere, psychische Prozesse aufrechterhalten und hervorgebracht werden, sind sie von der betroffenen Person wahrzunehmen und zu erfragen und haben entsprechende psychologische und physiologische Auswirkungen. Entsprechend würde es daher auch in diesen Fällen über die zwei Monate noch zu einer vergleichsweise sehr hohen bis extremen Belastungs- und Anspannungseinschätzung kommen. Das Ausmaß der gesundheitlichen Wirkungen bzw. Beeinträchtigungen des Stresses hängt selbstverständlich auch entscheidend von der Qualität des Stresses ab. Unterschieden wird in diesem Zusammenhang oft – in sicher vereinfachender Art und Weise – zwischen positivem (Eu-) Stress und negativem (Di-) Stress. Diese Qualität des Stresses für die Gesundheit liegt aber oft weniger im Stressor selbst, also der Belastung wie sich objektiv bzw. einem neutralen Außenstehenden oder Beobachter darstellt, sondern vielmehr in der Einschätzung, Bedeutung usw., die der Betroffene der Belastung oder dem betreffenden Ereignis gibt bzw. beimisst. So kann eine bestimmte Art von Musik für den einen quälenden, belastenden Lärm darstellen und für einen anderen künstlerischen, wohltuenden Hochgenuss. Durch die Nachfrage und Einschätzung der gefühlten Belastung und Anspannung wird eher der unangenehme, sich gesundheitlich negativ auswirkende (Di-) Stress erfasst.

Die Einschätzung der Belastung (in den letzten zwei Monaten) fragt eher nach dem äußeren bzw. „objektiven" Stress, also dem Druck von außen, etwa durch die äußeren Umstände, Ereignisse, sozialen, beruflichen Anforderungen und Aufgaben. Die Anspannung repräsentiert eher den inneren bzw. „subjektiven" Stress, also die die Stressreaktion auf den vorliegenden, äußeren Druck. Dennoch bleibt die Einschätzung der Belastung eine gefühlte, individuelle und subjektive. Sie unterliegt der eigenen individuellen Wahrnehmung und Beurteilung sowie den eigenen Bedingungen und Gegebenheiten. Mit der Erhebung und Einschätzung der in den letzten zwei Monaten gefühlten Belastung und Anspannung kann nicht nur der Stresszustand für diese Zeit beschrieben und gemessen werden, sondern auch der Stresszustand neben der im SFP zu erhebenden Stressanfälligkeit (s. u.) kontrolliert werden.

Die Einschätzungen hinsichtlich der oben genannten Dimensionen erfolgen jeweils auf bzw. auf einer 10-stufigen Skala. Auf der Stufe 0 ist diese nicht bzw. gar nicht vorhanden. Also es wurde dann beispielsweise in den letzten zwei Monaten keine Belastung empfunden. Auf der Stufe 10 ist die Ausprägung bzw. besteht das jeweilige Gefühl total. Sie fühlten sich dann beispielsweise die letzten 2 Monate vollständig bzw. total belastet. Von der Stufe 0 bis 10 nimmt die Ausprägung bzw. das Ausmaß also in 10-%-Schritten zu. Bei Stufe 10 erreicht das Ausmaß die maximalen 100 %.

In weiteren Fragen (ab Frage 6) wird dann noch geklärt, ob und wie Sie zur Entspannung, Stressreduktion und -bewältigung (in den letzten 2 Monaten) aktiv beigetragen haben.

Der zweite Teil des SFP umfasst die letzten drei Seiten und dient zur Erfassung der Stressanfälligkeit mit einem Stress-Situations-Inventar. Dies wurde von meiner Ehefrau, Dr. Regine Piekara, und mir zusammengestellt, um die Stressanfälligkeit von Personen feststellen und messen bzw. einschätzen zu können.

Bei der Stressanfälligkeit handelt es sich um die Wahrscheinlichkeit und das Ausmaß, mit der eine Person in verschiedenen, möglicherweise belastenden Situationen des Alltags im Schnitt mit Stress reagiert. Die Stressanfälligkeit könnte auch als eine generelle Tendenz einer Person beschrieben werden, mit Stress bzw. Anspannung und Erregung auf verschiedene Situationen und Ereignisse zu reagieren. Je größer die Stressanfälligkeit, desto geringer ist die Stressresilienz, also die Robustheit, Widerstandsfähigkeit gegen Stress und Belastung. Wichtig war uns die allgemeine Stressanfälligkeit zu bestimmen, also sowohl für den privaten als auch beruflichen Alltag zu erheben. Dazu wurde ein Inventar verschiedener, möglichst repräsentativer privater und beruflicher Situationen zusammengestellt, die Menschen mehr oder weniger als belastend und stressauslösend erleben können.

Als Vorlage wurde das „Daily Stress Inventory" (DSI) von Brantley, Waggoner, Jones und Rappaport (1987) mit 58 Items benutzt. In diesem Inventar werden 58 mögliche Ereignisse oder Situationen aus dem Alltag aufgeführt, die als unangenehm oder „stressig" angesehen werden können. Diese Ereignisbeschreibungen wurden 1992 von mir und meiner Ehefrau übersetzt und sprachlich, kulturell, zweck- und zielbezogen verändert und angepasst. Einige Situationen wurden neu hinzugefügt. So besteht unser Inventar von Anfang an aus insgesamt 65 Situationen bzw. Ereignissen.

Ein Item bzw. eine Situationsbeschreibung, nämlich Nr. 58 im SFP, musste im Laufe der Zeit aufgrund der Währungsumstellung (von 150,- DM) und aufgrund des gesunkenen Geldwertes (9/05 auf 100,- EUR und 7/09 auf 150,- EUR) angepasst bzw. aktualisiert werden. Inzwischen bin ich auch nicht ganz zufrieden mit dieser Frage, weil natürlich die Bedeutung der Geldeinbuße von der Höhe des persönlichen Einkommens und der sozialen und wirtschaftlichen Lage des Befragten abhängt. Aber stressanfällige Menschen würden auf diese Situation dennoch generell eher gestresst reagieren, selbst dann, wenn das finanzielle Auskommen und die wirtschaftliche Situation damit nicht in Frage gestellt werden und eigentlich gut sein würden.

Die siebenstufige Stress-Skala, also die möglichen Einschätzungen des Stresses in der jeweiligen Situation bzw. durch das jeweilige Ereignis wurde von uns grundsätzlich vom DSI übernommen. Die Unterteilung der Stress-Skala erschien uns prinzipiell gut verständlich, anwendbar und hinreichend differenziert, sie wurde von uns jedoch in ihrer Übersetzung und Bedeutung leicht angepasst, modifiziert und systematisiert in: 1 = nicht vorhanden, 2 = sehr gering, 3 = gering, 4 = mittel, 5 = groß, 6 = sehr groß, 7 = extrem groß / versetzt mich in Panik. Die Übersetzung und Untersuchung des „Daily Stress Inventory" als Alltagsbelastungsfragebogen (ABF) von Traue, Hrabal und Kosarz (2000) war noch nicht veröffentlicht, konnte deshalb nicht berücksichtigt werden. Aufgrund der unterschiedlichen Verwendung und Bedeutung von DSI bzw. ABF können die positiven, empirischen Ergebnisse zur Qualität dieser beiden Fragebögen leider auch nicht auf den SFP übertragen werden. Denn der DSI bzw. ABF wird zur tagesweisen Stress- bzw. Belastungsmessung anhand der ausgewählten Ereignisse benutzt. Es wird erhoben welche und wieviel Ereignisse davon tatsächlich in den letzten 24 Stunden aufgetreten sind und wie ausgeprägt der dadurch verursachte Stress bzw. die dadurch empfundene Belastung war. In unserem SFP wird aber nicht rückwirkend nach dem tatsächlichen Auftreten und Erleben von Stress oder Belastung in diesen aufgeführten Situationen gefragt, sondern ganz prospektiv, hypothetisch und vorgestellt nach dem Stress, den die betreffende Person bei sich jeweils wahrnehmen würde, wenn sie den aufgeführten Situationen tatsächlich ausgesetzt wäre bzw. die beschriebenen Ereignisse wirklich erleben würde. Dies erschien uns damals sehr wichtig und bedeutend und wird im Folgenden noch klarer und begründet. Wir haben immer wieder ganz konkret bei der Arbeit mit unseren Patienten erfahren können, dass viele von ihnen diese aufgeführten Situationen sehr gezielt und systematisch – oft sogar unter großem Aufwand und erheblicher geistiger und körperlicher Anstrengung – zu vermeiden und zu verhindern suchen. In der Folge hatten und haben wir es sogar oft mit Patienten zu tun, die in langen Zeiträumen nur in wenigen Situationen tatsächlich Stress erlebten, aber eben doch in vielen Situationen des SFP erheblichen bis extremen Stress hätten. Wir haben uns damals vor allem aus diesem Grunde für eine andere Nutzung und Bedeutung des Stress-Situations-Inventars mit alltäglichen, möglichen Ereignissen entschieden, nämlich die nach unserer Auffassung grundlegendende, das Erleben und Verhalten deutlich mitbestimmende Stressanfälligkeit zu messen und einzuschätzen.

Um die Stressanfälligkeit zu messen, ist es notwendig, den Stress einschätzen zu lassen, den die betreffende Person in der jeweiligen Situation hätte bzw. haben würde. Dazu hat sich die befragte Person gedanklich, in der Vorstellung, Phantasie oder gefühlt in die beschriebene Situation hinein zu versetzen, um dann den Stress auf der oben beschriebenen siebenstufigen Skala einzuschätzen, den sie in dieser Situation vermutlich haben und erleben würde. Um Missverständnisse beim Ausfüllen des Fragebogens zu vermeiden, weisen wir vor der Durchführung des Testes bzw. bei der Instruktion zum Test generell zusätzlich mündlich auf diesen Sachverhalt und die besondere Anforderung bei der Einschätzung des Stresses hin. Wir fragen auch weiter nach und klären, ob die befragte Person das auch wirklich in der Bedeutung und Konsequenz verstanden und erfasst hat. Bei Bedarf erklären und erläutern wir diese Aufgabe. Wir erklären auch an einigen Beispielen den Unterschied. Es ist also nicht einzuschätzen, wieviel Stress Sie derzeit in der jeweils beschriebenen Situation haben, sondern wieviel Stress Sie hätten, wenn Sie sich in dieser Situation – allerdings vorgestellt, prospektiv – befinden und diese erleben würden!

Sollte im Unterschied dazu nur der tatsächliche, derzeit vorhandene Stress in diesen Situationen eingeschätzt werden, so bekämen wir – wie beim DSI bzw. ABF – nur einen Hinweis auf Umfang, Ausmaß des aktuellen Stressniveaus und eben nicht auf die Stressanfälligkeit. Das Stressniveau oder der Stresszustand wird im SFP bereits, wie oben ausgeführt, wenn auch summarisch und zusammenfassend, eben nicht situationsdifferenziert und tagesbezogen, sondern aus guten Gründen direkt als Belastung und Anspannung über die letzten 2 Monate eingeschätzt und erfasst. Das Problem ist weiter, wie oben bereits angesprochen, dass viele Menschen sie stressende Situationen und Ereignisse – vor allem aus Angst, aber nicht nur deswegen – vermeiden und daher mit größerer Wahrscheinlichkeit nicht in solche gelangen. Auch Rentner, Pensionäre und Menschen, die aus irgendeinem Grunde nicht erwerbstätig sind, befinden sich grundsätzlich nicht oder nicht mehr in vielen, im Inventar genannten beruflichen Situationen. Viele Personen gelangen also – etwa wegen ihrer aktiven oder passiven Vermeidung oder ihrer Lebensumstände vorübergehend oder dauerhaft – nicht in die aufgeführten Situationen und können allein schon deshalb dort aktuell keinen Stress haben. Damit ergäben sich aber mehr oder weniger systematische Unterschätzungen der eigentlichen bzw. tatsächlich vorliegenden Stressanfälligkeit. Durch das Vorstellen und Hineinversetzen, die Situation bzw. ein betreffendes Ereignis probehalber zu erleben, kann zumindest immer der erwartete bzw. zu erwartende Stress erhoben werden. Auch jene bzw. nahezu alle Personen können sich in die Situationen gezielt – gefühlt oder vorgestellt – hineinversetzen, um zu beurteilen, wieviel Stress sie hätten, wenn sie sich in dieser Situation befinden würden. So kann auch für diese besonderen Personenkreise wie überhaupt die Stressanfälligkeit mit dem Situationsinventar bestimmt werden. Um Vorstellung, Einfühlung und Einschätzung zu erleichtern, sind die Situationen eher konkret, bleiben aber – etwa wegen Repräsentativität und Ökonomie – genügend offen und allgemein. Das sich einstellende, zu erwartende, gefühlte Ausmaß an Stress lässt sich dann wiederum auf einfachere Weise auf der oben beschriebenen, siebenstufigen Skala direkt einschätzen bzw. messen.

Der Befragte wird auch noch mündlich darauf hingewiesen, jede Frage zu beantworten und jede Situation bezüglich des zu erwartenden Stresses nur mit den vorgegebenen Optionen zu beurteilen. Gelegentlich lassen die Befragten dennoch eine Situation oder Frage offen, kreuzen zwei oder zwischen zwei Optionen an. Dies fällt bei einer sorgfältigen, abschließenden Durchsicht in der Regel auf. In diesem Falle hake ich beim Befragten nach und bitte um eine Entscheidung. Also die offene Frage oder Situation wird dann beurteilt, die unzutreffende Markierung geschwärzt und die zutreffende hervorgehoben oder die zutreffende Option deutlich angekreuzt. Sollte der Befragte, wie etwa ein erkrankter Kursteilnehmer, in sehr seltenen Fällen nicht mehr erreichbar sein, so haben wir uns wie unten dargestellt beholfen.

Werden Personen bzw. Probanden vor dem Ausfüllen, wie oben beschrieben, instruiert, so ist eine sehr hohe Testobjektivität gewährleistet. Der SFP – einschließlich der vorangehenden Fragen zum aktuellen Stress und zur Stressbewältigung – kann dann erfahrungsgemäß allein von den Probanden ausgefüllt werden.

Zur Auswertung des zweiten Teils des SFP – des Stress-Situations-Inventars zur Bestimmung der Stressanfälligkeit – werden die absoluten Häufigkeiten für die 65 eingeschätzten Situationen bestimmt, mit denen die Stufen (1 bis 7) jeweils angekreuzt wurden. Die individuell zusätzlich von einer Person angegebenen Situationen bleiben dafür unberücksichtigt. Diese individuellen Stress-Situationen sind sicher sehr aufschlussreich, beeinträchtigen aber grundsätzlich die interindividuelle Vergleichbarkeit der Messergebnisse bzw. der Stressanfälligkeitswerte im SFP (also zwischen den Personen). Sollten Situationen nicht eingeschätzt bzw. vergessen worden sein, so könnten, wie bereits erwähnt, diese nachträglich beim Probanden befragt und von ihm eingeschätzt werden. Sollte dies nicht möglich oder praktikabel sein und nur einzelne Fragen offen geblieben worden sein, könnte für diese Fragen auch der mittlere Stressanfälligkeitswert (aus der Summe aller Stresseinschätzungswerte, s. u., geteilt durch die Anzahl beantworteter Fragen/Situationen bzw. Kreuze) berechnet und angenommen werden. Entsprechend ist bei unklaren, zweifelhaften Markierungen vorzugehen. Sollte eine Markierung entgegen der Instruktion exakt zwischen den Stufen gewählt werden und damit nicht eindeutig einer Stufe zuzuordnen sein, so kann der Mittelwert zwischen den beiden Stufen für diese Frage gewählt werden, also z.B. 4,5 anstatt 4 oder 5. Alle einzelnen Stresswerte werden dann über die Fragen summiert und ergeben den SFP- bzw. Stressanfälligkeitswert. Zur Vereinfachung der Berechnung dieses Summenwertes kann die Häufigkeitstabelle am Ende des SFP benutzt werden. Die Häufigkeiten der Kreuze werden zunächst pro Stufe ausgezählt und notiert. Zur Kontrolle sollten diese Häufigkeiten zusammen 65 ergeben. Die Häufigkeiten werden dann mit dem Skalenwert der jeweiligen Stufe (1, 2, 3, 4, 5, 6 oder 7) multipliziert und ergeben so die Summe der Stresswerte auf dieser Stufe. Diese Werte werden dann noch über alle Stufen addiert und ergeben dann die gesuchte Gesamtsumme (GS) an Stresswerten. Diese Gesamtsumme ergibt dann die gemessene Stressanfälligkeit, also die Gesamtsumme an Punkten im SFP, abgekürzt: GS-SFP.

Die Zuverlässigkeit (Reliabilität) der GS-SFP wurde mit der Testhalbierungsmethode geschätzt. Dazu wurde der Test in ungerade und gerade Fragen bzw. Situationen (Items) zur Stressanfälligkeit geteilt. Es wurden für die ungeraden Items (der TS-SFPU) und die geraden Items (der TS-SFPG) die betreffenden Teilsummen (TS) für 160 Probanden bestimmt und miteinander korreliert. Diese Korrelation bzw. der gemessene lineare Zusammenhang fiel – wie im Kapitel 10.1.1 dargelegt – sehr hoch aus und weist auf eine grundlegende und hinreichende Zuverlässigkeit der Messungen der Stressanfälligkeit hin. Wie die Validitätsuntersuchungen in den Kapiteln 10.1 und 10.1.1 zeigten, ist die Stressanfälligkeit veränderbar und nicht unbedingt bzw. in jedem Falle stabil. Vor allem für den negativen Fall, wenn also die Stressanfälligkeit einer Person zu hoch oder weiter zu senken wäre, ist dies, psychologisch und psychotherapeutisch gesehen, zwar sehr erwünscht, wichtig und günstig. Aber dies beeinträchtigt leider auch die Schätzung der Zuverlässigkeit durch Mess- bzw. Testwiederholungen. Deshalb erscheint mir eine Zuverlässigkeitseinschätzung durch Testwiederholungen gerade im Rahmen meiner therapeutischen oder psychologischen Arbeit, die bewusst auch auf eine wesentliche Verringerung der Stressanfälligkeit bzw. Verbesserung der Stressresilienz und -bewältigung abzielt, nicht sinnvoll und angemessen. Bei der Einschätzung des Stresses zur Messung der Stressanfälligkeit wird auf ein entsprechendes, in der Regel vorhandenes und hinreichendes Verständnis und Alltagsverständnis und einen entsprechenden Gebrauch desselben zurückgegriffen. Dennoch ist die Validität der GS-SFP zu untersuchen. Die Validität betrifft die Bedeutung und den Inhalt des Gemessenen, also die Frage, ob die GS-SFP tatsächlich die Stressanfälligkeit misst, wiedergibt und anzeigt. Dazu finden sich in den Kapiteln 10.1 und 10.1.1 deutliche Belege.

Der SFP befindet sich im Kapitel 13 Anhang II. Im folgenden Kapitel (10.1) werden Daten, Ergebnisse und Stichproben beschrieben, die hier als Grundlage zur Einordnung und Interpretation Ihrer persönlichen Messwerte im SFP dienen. Dann folgt ein psychologisches, wissenschaftliches Kapitel 10.1.1, in dem untersucht wird, ob und inwieweit sich wichtige Zusammenhänge und Unterschiede statistisch belegen lassen. Dieses Kapitel dient der wissenschaftlichen, psychologischen Prüfung und Argumentation und kann ohne Konsequenzen für die eigene konkrete Durchführung und Auswertung des SFP übersprungen werden. Sie können dann oder auch gleich jetzt zum Schlusskapitel (10.2) blättern, das auf der Basis der vorangegangenen Kapitel und meiner Erfahrungen mit dem SFP versucht, Ihnen direkte Hinweise und Empfehlungen zur Interpretation Ihrer persönlichen Werte im SFP an die Hand zu geben.

10.1 Ergebnisse in untersuchten Stichproben

Für eine Stichprobe von 489 erwachsenen Patienten meiner psychotherapeutischen Praxis wurde der Gesamtsummenwert bzw. die Gesamtsumme im zweiten Teil des SFP (GS-SFP), dem Stress-Situations-Inventar, als Indikator und Messung der Stressanfälligkeit bestimmt. Mit diesen Patienten wurde der SFP nach einem Erstkontakt in der Zeit der probatorischen Sitzungen und Behandlung durchgeführt. Dies erfolgte also noch vor der Entscheidung für den oder gegen den Beginn einer Verhaltenstherapie. Diese Patienten waren zwischen 18 und 76 sowie im Mittel 37,8 Jahre alt. Der Median betrug 36 Jahre, das bedeutet, dass 50% der untersuchten Patienten mindestens 36 Jahre alt waren bzw. 50% waren maximal 36 Jahre alt. Von den 489 Patienten waren 177 männlich und 312 weiblich. Wie es typisch für den Bereich der Psychotherapie ist, überwogen also deutlich die Patientinnen.

Die Größe einer bestimmten Stichprobe bzw. die Anzahl an jeweils untersuchten Personen oder beobachteten Messwerten gibt N wieder. N beträgt hier 489; denn es existiert für eine solche Anzahl von Patienten die betreffende GS-SFP. Ein Patient erreichte als Minimum und Ausreißer dieser untersuchten Gruppe (Stichprobe und Normstichprobe) eine GS-SFP von 78 Punkten. Das theoretisch erreichbare Minimum der GS-SFP liegt bei 65 Punkten und das prinzipiell erreichbare Maximum bei 455 Punkten. Ein Patient erreichte in der Stichprobe tatsächlich als empirisches Maximum und Ausreißer der Stichprobe immerhin 450 Punkte, also fast das theoretisch mögliche Maximum. Der Median (Md) der GS-SFP dieser Gruppe lag bei 274 Punkten. Der Median (Md) ist der Wert, über dem bzw. unter dem 50% der Messwerte liegen. Der Durchschnitts- bzw. Mittelwert (M) der GS-SFP lag bei 269 Punkten. Beim Mittelwert (M) handelt es sich um das arithmetische Mittel. Die Standardabweichung (S) der GS-SFP betrug 49 Punkte. Die Standardabweichung (S) ist ein Maß für die Streuung bzw. Varianz der einzelnen Werte um das arithmetische Mittel. Sie gibt also hier das Ausmaß der Abweichungen der einzelnen, beobachteten Werte – also der GS-SFP zur Messung der Stressanfälligkeit der Patienten – vom errechneten Mittelwert (M) dieser Werte wieder. Die oben für diese Gruppe beschriebenen, statistischen Kennwerte der GS-SFP sind in der Tabelle 7 auch zum Vergleich mit den anderen Stichproben bzw. Untersuchungen noch einmal übersichtlich zusammengestellt.

Die Perzentile ergaben für 10% 212 Punkte, für 20% 235, für 30% 247, für 40% 263, für 50% 274, für 60% 283, für 70% 291, für 80% 305 und für 90% 328 Punkte. Also wer z. B. eine GS-SFP kleiner oder gleich 212 Punkte erreicht, liegt bei den 10% dieser Stichprobe, die ebenfalls einen Wert kleiner oder gleich 212 Punkte erreicht hatten. Dies bedeutet also, dass Sie in diesem Falle eine im Vergleich zu dieser Patientengruppe sehr geringe GS-SFP bzw. ein geringes Ausmaß an Stressanfälligkeit hätten. Diesen Wert bzw. dieses Ausmaß hatten eben nur 10% meiner Patienten in der Erstmessung erreicht, alle anderen bzw. 90% lagen darüber und waren somit stressanfälliger. Bei einem Wert mit bis zu 274 Punkten, d. h. gleich dem Median und dem 50%-Perzentil, würden Sie innerhalb der unteren Hälfte der Patienten bezüglich der Stressanfälligkeit liegen. Kritisch sind selbst in Bezug auf meine Patienten Werte über 283 Punkte, denn in diesem oberen Bereich der Stressanfälligkeit lagen nur noch 40%. Ab 291 Punkte erlangen Sie – bezogen auf meine Patienten und vermutlich auch auf Patienten anderer ambulanter, psychotherapeutischer Praxen – eine vergleichsweise deutlich erhöhte GS-SFP, mit 305 einen hohen und mit 328 Punkten eine sehr hohe GS-SFP. Eine GS-SFP über 328 Punkte hatten dann nur noch maximal 10% meiner Patienten. Das sind dann erfahrungsgemäß schon sehr bedenkliche, extreme und unbedingt zu behandelnde Ausprägungen der Stressanfälligkeit.

Es ist davon auszugehen und evident, dass meine – und überhaupt die Patienten einer psychotherapeutischen Praxis verstärkt an psychischen Störungen und psychosomatischen Erkrankungen leiden. Dies belegen auch die weiter unten zusammengefassten Ergebnisse mit den beiden anderen psychologischen Fragebögen (FPI-R und BDI). Deshalb ist auch zu erwarten, dass die Stressanfälligkeit dieser Personengruppe deutlich erhöht sein dürfte. Dies wird durch die am Ende einer Verhaltenstherapie gemessene und im Mittel deutlich reduzierte Stressanfälligkeit belegt (s. u.). Auch die im Schnitt geringere Stressanfälligkeit anderer untersuchter Gruppen bestätigt dies (s. u.). Wenn Sie also Ihre GS-SFP mit dem der Patienten vor einer Therapie – einschließlich der Patienten die keine begonnen haben – vergleichen und diesbezüglich einordnen, führt dies eher zu einer deutlichen Unterschätzung Ihrer Stressanfälligkeit im Vergleich zur Gesamtbevölkerung. Oder anders ausgedrückt, Ihre Stressresilienz wird dann in Bezug auf die Gesamtbevölkerung eher überschätzt. Wenn Sie sich aus diesem Grunde mit Ihren Ergebnissen bei den Patienten nach einer Verhaltenstherapie orientieren wollen, haben Sie aufgrund der vergleichsweise hohen Effektivität der Verhaltenstherapie einen Vergleich mit einem deutlich überwiegenden, großen Anteil psychisch gesunder Personen (s. weiter unten).

421 von den insgesamt 489 Patienten schätzten in der Erstuntersuchung zudem auf einer Zehner-Skala von 0 (gar nicht) bis 10 (total) jeweils ihre gefühlte Belastung und Anspannung in den letzten 2 Monaten ein (s. Tabelle 7). Im Mittel bzw. Durchschnitt fühlten sich diese Patienten in den letzten 2 Monaten mit 6,7 (Median = 7) – also etwa zu 70% – belastet. Die Standardabweichung betrug 2,3 Punkte. Immerhin 43% der Patienten fühlten sich in diesem Zeitfenster zwischen 8 bis 10 – also zwischen 80% bis 100% – belastet. Die letzten 2 Monate angespannt fühlten sich diese Patienten im Mittel zu 6,9 (Median = 7) – also entsprechend zu etwa 70%. Die Standardabweichung betrug hier ebenfalls 2,3 Punkte. Immerhin 47% dieser Patienten fühlten sich in diesem Zeitraum zwischen 8 bis 10 – also zu 80% bis 100% – angespannt.

Bei 486 meiner erstuntersuchten Patienten wurde auch das revidierte Freiburger Persönlichkeitsinventar (FPI-R von Fahrenberg, Hampel & Selg, 1989) durchgeführt. Dies ist ein Fragebogen, mit dem verschiedene Eigenschaften, Aspekte (Dimensionen) der Persönlichkeit erhoben werden. Der Grad an „Emotionalität" bzw. Neurotizismus wurde für jeden dieser 486 Patienten mit dem Standardwert wiedergegeben. Dazu wurde zunächst für einen jeden Patienten der betreffende Rohwert bestimmt. Der Rohwert der „Emotionalität" variiert zwischen 0 bis 14 Punkten. Anhand der für sein Geschlecht und Alter zutreffenden Normstichprobe wurde jeweils der für den Patienten zum Rohwert gehörende Standardwert herausgesucht. Der Standardwert trägt der Häufigkeitsverteilung der möglichen Rohwerte in der jeweiligen Normstichprobe Rechnung. Der Standardwert variiert von 1 bis 9. Ein Standardwert von 1 oder 9 bedeutet, dass 4 Prozent in der jeweiligen Normstichprobe einen solch niedrigen bzw. hohen Wert haben. Einen Standardwert von 4 bis 6 haben immerhin 54% der jeweiligen Normstichprobe. Meine erstuntersuchten Patienten hatten bezüglich der „Emotionalität" im Median und Mittel einen Standardwert von ungefähr 7. (In Tabelle 8 sind die genauen Werte und die betreffenden Standardabweichungen angegeben.) Damit lagen 50% dieser Patienten in einem Bereich, wo sich nur 23% der jeweiligen Normstichprobe (Stichprobe aus der Gesamtbevölkerung) befanden. Immerhin 27% meiner Patienten erreichten einen maximalen Standardwert von 9, den nur 4% einer Normstichprobe aus der Gesamtbevölkerung erreichen.

Für 481 dieser mit dem FPI-R untersuchten Patienten habe ich zudem die ungenormten Rohwerte auf einigen Dimensionen festgehalten und statistisch untersucht, die mir in Bezug auf die Stressanfälligkeit bedeutsam und relevant erschienen sind. In der Erstuntersuchung waren das die Dimension „Leistungsorientierung", „Gehemmtheit", „Erregbarkeit", „Aggressivität", „Beanspruchung", „körperliche Beschwerden", „Gesundheitssorgen" und „Emotionalität". Die

„Emotionalität" wurde also sowohl als Standardwert (s. o.) als auch als Rohwert erhoben. Während die Rohwerte auf der Dimension „Emotionalität" mögliche Ausprägungen bzw. den Wertebereich von 0 bis 14 Punkte einnehmen können, variieren die Rohwerte der anderen hier berücksichtigten Dimensionen nur zwischen 0 bis 12 Punkten. Also z. B. bei der „Erregbarkeit" kann eine Person im FPI-R nur einen Rohwert von 0 bis 12 Punkte erreichen. Die statistischen Kennwerte (N, M, Md, S) der Patienten sind für die Dimensionen „Emotionalität", „Gehemmtheit", „Erregbarkeit", „Beanspruchung" und „körperliche Beschwerden" in Tabelle 8 aufgelistet. Tabelle 9 gibt diese Kennwerte nur für die Rohwerte auf den Dimensionen „Leistungsorientierung", „Aggressivität" und „Gesundheitssorgen" in der Erstuntersuchung bzw. Untersuchung vor einer Verhaltenstherapie wieder. Im FPI-R erzielten diese erstuntersuchten Patienten („Vor Therapie") im Mittel Roh- bzw. Punktwerte auf der Dimension „Leistungsorientierung" von 5,8 (Median = 6), „Gehemmtheit" von 7,4 (Median = 8), „Erregbarkeit" von 8,5 (Median = 9), „Aggressivität" von 4,3 (Median = 4), „Beanspruchung" von 8 (Median = 9), „körperliche Beschwerden" von 5,8 (Median = 6), „Gesundheitssorgen" von 5,3 (Median = 5) und „Emotionalität" von 10,1 (Median = 11). Im Vergleich zur gesamten Normstichprobe des FPI-R fallen besonders die erhöhte „Erregbarkeit" und „Emotionalität" meiner Patientenstichprobe auf. Die erhöhte „Emotionalität", gemessen mit den Rohwerten, deckt sich mit den oben beschriebenen Ergebnissen mit den diesbezüglichen Standardwerten. Auch sind solche erhöhten Werte für Patienten einer psychotherapeutischen Praxis vor Beginn einer ordentlichen Psychotherapie zu erwarten.

Das Vorliegen einer depressiven Symptomatik bzw. Störung und deren Ausprägung kann mit dem Selbstbeurteilungsfragebogen BDI, dem Beck-Depressions-Inventar (Beck, 1978/1993; Beck, Rush, Shaw & Emery, 1992; Hautzinger, Bailer, Worall & Keller, 1995) bestimmt werden. Im BDI erreichten 483 Patienten im Mittel einen Wert von 18 Punkten bzw. einen Median von 17 Punkten. (Der Tabelle 10 ist zudem die Standardabweichung zu entnehmen.) Immerhin 45% erreichten einen nach Hautzinger, Bailer, Worall und Keller (1995, S. 15) klinisch relevanten und bedeutsamen BDI-Wert von mindestens 18 Punkten. Danach waren mindestens 45% der Patienten nachweislich an einer klinisch relevanten und bedeutsamen Depression erkrankt. Immerhin über 30% meiner Patienten hatten im BDI einen Wert von mindestens 23 Punkten. Diesen Wert hatten nach Hautzinger, Bailer, Worall und Keller (1995, S.29) 50% der depressiven Patienten bei der Aufnahme in eine Klinik. Eine leichte depressive Symptomatik und damit Form einer depressiven Störung kann aber bereits nach Hautzinger, Bailer, Worall und Keller (1995, S. 15) ab 11 Punkten vorliegen (nach Beck, Rush, Shaw & Emery, 1992, S. 387, erst ab 12 Punkten). Personen, die weniger als 11 Punkte haben, dürften danach in Bezug auf ihre depressive Symptomatik als unauffällig gelten. Danach wären 75% der von mir vor einer oder ohne eine Verhaltenstherapie untersuchten Patienten als mehr oder weniger depressiv einzuschätzen und 25% als diesbezüglich unauffällig.

Am Ende einer Verhaltenstherapie untersuchte ich 288 meiner Patienten mit dem SFP und erhielt für jeden Patienten eine zweite oder letzte GS-SFP (s. Tabelle 7 unter „Nach Therapie"). Ein größerer Anteil der fehlenden, erstuntersuchten Patienten hatte die Verhaltenstherapie zum Zeitpunkt des Abschlusses der Erhebung noch nicht beendet. Eine weitere, größere Zahl von Patienten hatte aus verschiedensten Gründen gar keine Verhaltenstherapie begonnen und erhalten. Dann besserte sich etwa bereits während der Einzelsitzungen, die der eigentlichen Psychotherapie vorangehen und diese vorbereiten, das psychische Störungsbild und Befinden des jeweiligen Patienten und eine Psychotherapie wurde nicht für nötig befunden. Nur sehr wenige Patienten hatten eine Verhaltenstherapie vorzeitig abgebrochen. Von mehreren Patienten wurden die Fragebögen am Schluss nicht mehr zur Auswertung ausgefüllt oder zurückgesendet.

Dies passierte rückblickend auch bei sehr erfolgreich verlaufenen Therapien bzw. schließlich – nach meiner Einschätzung – psychisch gesunden Patienten. Regulär umfasste eine solche Verhaltenstherapie zwischen 15 bis 80 Einzelsitzungen zu jeweils mindestens 50 Minuten. Dieser Verhaltenstherapie gingen – wie oben erwähnt – einige, im Schnitt 6 Einzelsitzungen voraus. In diesen vorbereitenden Sitzungen fand das Kennenlernen statt. Es wurden die Patienten, ihre Lebensgeschichte, Probleme, deren Entwicklung und Zusammenhänge untersucht und besprochen. Zudem wurden erste therapeutische Maßnahmen probiert und angewandt. Von den 288 Patienten erreichte einer als Minimum eine GS-SFP von 73 Punkten. Ein anderer erreichte das Maximum dieser Stichprobe von 420 Punkten. Der Median lag bei 214 und der Mittelwert ebenfalls bei 214 Punkten. Die Standardabweichung betrug hier 54 Punkte.

Die Perzentile ergaben für 10% dieser Gruppe 147 Punkte, für 20% 167, für 30% 186, für 40% 200, für 50% 214, für 60% 227, für 70% 246, für 80% 259 und für 90% 278 Punkte. Es fällt auf, dass die GS-SFP und die damit gemessene Stressanfälligkeit nach der Durchführung einer Verhaltenstherapie bei meinen Patienten generell bzw. insgesamt erheblich und deutlich abgenommen hatten. Nach einer Verhaltenstherapie ist bereits eine GS-SFP mit mehr als oder gleich 278 Punkten als sehr hoch bzw. eher extrem einzuschätzen. Die Verhaltenstherapie und die betreffenden Maßnahmen zur Stressbewältigung – auch regelmäßige Übungen zur EMS – bewirkten offensichtlich eine deutliche Reduktion der Stressanfälligkeit. Immerhin 66 % der Patienten entspannten sich am Ende der Verhaltenstherapie noch mindestens öfters bzw. mehr als einmal in der Woche bis täglich. Diese Hypothese wurde auch statistisch untersucht und belegt (s. Kap. 10.1.1).

Im Mittel fühlten sich diese Patienten (N = 287) am Ende der Verhaltenstherapie die letzten 2 Monate 4,5 (Median = 4) – also etwa zu 40% – belastet. (Für einen jener Patienten lagen keine Einschätzungen der Belastung und Anspannung vor.) Die Standardabweichung betrug 2,5 Punkte. Nur noch 14% der Patienten fühlten sich zwischen 8 bis 10 – also zwischen 80% bis 100 % – belastet. Im Mittel fühlten sich diese Patienten die letzten 2 Monate noch 4 (Median = 4) – also zu 40% – angespannt. Die Standardabweichung betrug 2,5 Punkte. Nur noch 11% der Patienten fühlten sich zwischen 8 bis 10 – also zwischen 80% bis 100 % – angespannt. Danach bzw. im Vergleich zur Untersuchung vor der Therapie sind offensichtlich sowohl die Belastung als auch die Anspannung deutlich gesunken (s. Tabelle 7). Nun könnte man die Abnahme der Stressanfälligkeit und die augenscheinliche Wirkung der Verhaltenstherapie auch damit erklären und eventuell darauf zurückführen. Aus der Therapieerfahrung kann ich aber berichten, dass die Empfindung und das Gefühl von Belastung und die Reaktion mit Anspannung (die Stressreaktion) mit dem Fortschreiten der Therapie in der Regel erheblich abnehmen und zwar unabhängig von der tatsächlichen, äußeren, „objektiven" Belastung. Hinzukommt, dass Patienten in Folge der Therapie zunehmend gelernt haben und auch anwenden, aktiv ihre Belastung(en), Stress und Anspannung erfolgreich und effizienter zu reduzieren und zu bewältigen. Ihre Stressanfälligkeit nimmt also folglich ab. Belastung und Anspannung nehmen also wie auch die Stressanfälligkeit offenbar vor allem in Folge der Verhaltenstherapie – ihrer Bemühungen, Maßnahmen und Wirkungen – ab.

256 Patienten wurden neben dem SFP zusätzlich mit dem FPI-R nach-untersucht (s. Tabelle 8). Diese Patienten erreichten am Ende der Verhaltenstherapie auf der Dimension „Emotionalität" einen mittleren Rohwert von 6,7 (Median = 7). Bei insgesamt 235 von diesen Patienten wurden zudem die betreffenden Standardwerte der Dimension „Emotionalität" für die Untersuchung erhoben. Es ergab sich ein Median von 5 und ein Mittelwert von 5,2. (Die beiden Standardabweichungen für die gemessenen Standardwerte und Rohwerte der „Emotionalität" sind in der Tabelle 8 angegeben.) Alle genannten Werte entsprechen der mittleren Ausprägung in der Normstichprobe des FPI-R bzw. in der Gesamtbevölkerung (nach Fahrenberg, Hampel &

Selg, 1989). Danach ist diese Patientenstichprobe unauffällig (geworden) und entspräche der psychisch mehr oder weniger gesunden Gesamtbevölkerung. Allerdings erreichten noch 9% der Patienten den maximalen Standardwert 9, obwohl nach der Normstichprobe nur 4% zu erwarten gewesen wären. Diese Ergebnisse decken sich mit der Beobachtung und Erfahrung, dass die meisten Patienten auf die Psychotherapie sehr positiv reagieren und sich gemäß den therapeutischen Erwartungen und Zielen befriedigend bis sehr positiv entwickeln. Das Erleben und Verhalten vieler Patienten erscheint dann deutlich angemessener und gesünder als das der Personen in ihren Umfeldern und sogar aus der Durchschnittsbevölkerung. Aber ein nur kleiner Teil von höchstens 10% der Patienten profitiert nach meinen Erfahrungen nicht, kaum, wenig oder nicht dauerhaft durch die durchgeführte Psychotherapie. Dies deckt sich auch weitgehend mit Studien, die die Wirksamkeit besonders erfolgreicher psychotherapeutischer Interventionen und Therapieformen untersuchen.

Für 234 Patienten sind zusätzlich die Roh- bzw. Punktwerte auf den Dimensionen „Gehemmtheit", „Erregbarkeit", „Beanspruchung" und „körperliche Beschwerden" im FPI-R statistisch erfasst worden (s. Tabelle 8). Denn diese Dimensionen erschienen mir – neben der „Emotionalität" – als besonders therapie- und stressrelevant. Der Mittelwert für die „Gehemmtheit" ist 6,3 (Median = 6), für die „Erregbarkeit" 6,9 (Median = 7), für die „Beanspruchung" 5,8 (Median = 6) und für die „körperlichen Beschwerden" 3,4 (Median= 3). Diese sind alle als unauffällig zu betrachten und liegen in einem mittleren Bereich. (Die Standardabweichungen befinden sich ebenfalls in Tabelle 8.)

Für 240 Patienten konnte am Ende der Verhaltenstherapie neben dem SFP der BDI durchgeführt und dokumentiert werden. Der Median im BDI sank auf 5 Punkte und der Mittelwert auf 7 Punkte (Standardabweichung s. Tabelle 10). Nicht einmal 5% dieser Patienten erreichten den klinischen Median für depressive Patienten von mindestens 23 Punkten. 8% der Patienten hatten noch einen klinisch relevanten und bedeutsamen Wert von mindestens 18 Punkten. Immerhin 80% erreichten nur einen Wert bis zu maximal 10 Punkten und blieben danach hinsichtlich einer möglichen Depressivität bzw. depressiven Symptomatik unauffällig bzw. gesund. Auch anhand des BDI zeigen sich die Wirksamkeit der Verhaltenstherapie und die weitgehende Zunahme der psychischen Gesundheit der Patienten zum Ende der Verhaltenstherapie im Vergleich zum Anfang. Die therapeutischen Anstrengungen und Bemühungen – einschließlich des regelmäßigen Übens von EMS – haben sich danach also gelohnt.

Nur bis auf wenige Einzelfälle könnten die gemessenen positiven Veränderungen, die hier der positiven Wirkung der Verhaltenstherapie zugeschrieben wurden, grundsätzlich auf die alternative oder eine zusätzliche Wirkung von Psychopharmaka zurückgeführt werden. Da es sich, wie gleich deutlich werden wird, aber nur um wenige Patienten bzw. seltene Ausnahmen handelt, wo dies überhaupt möglich wäre und prinzipiell in Frage käme, kann ein möglicher Effekt der Einnahme von Psychopharmaka die bestehenden Unterschiede bzw. Veränderungen zwischen vor und nach der Verhaltenstherapie kaum erklären – zumindest nicht im bedeutsamen oder wesentlichen Umfang. Zwar nahm ein größerer Anteil von Patienten vor oder am Anfang der Verhaltenstherapie noch Psychopharmaka ein. Sie befanden sich dementsprechend vor der Verhaltenstherapie zudem in zumeist längerer ärztlicher, psychiatrischer oder nervenärztlicher Behandlung. Also nicht nur die psychopharmazeutische Behandlung, sondern auch die weiteren therapeutischen Anstrengungen von ärztlicher Seite konnten bis dahin, für sich genommen, bereits Verschlimmerungen verhindert und Besserungen bzw. positive Wirkungen erreicht haben. Das jeweils vorliegende psychische Störungsbild und die betreffende, zu messende Symptomatik sollten dadurch jedoch bereits vor der bzw. zur ersten Messung in meiner Praxis reduziert gewesen sein. Das würde aber bedeuten, dass bereits dadurch die Ergebnisse in den Fragebögen in der Voruntersuchung, also vor einer oder ohne eine Verhaltenstherapie, und somit auch die möglichen Unterschiede zwischen der Vor- und der Nachuntersuchung am Ende der Verhaltenstherapie tendenziell verringert gewesen wären. Spätestens nach dem Beginn der Verhaltenstherapie, dem Aufbau relevanter Ressourcen, Kompetenzen und einer vertrauensvollen therapeutischen Beziehung wurde von mir konsequent auf ein Ausschleichen und die Abstinenz bezüglich Psychopharmaka hingearbeitet. Dies war zunächst prinzipiell, aber auch ganz praktisch aus psychologischer und psychotherapeutischer Sicht wichtig und zumeist sogar notwendig, damit die Patienten auch wirklich und dauerhaft für sich lernen können, mit ihren Beschwerden, Symptomen, Belastungen, Problemen, Konflikten und negativen Erfahrungen und Erlebnissen angemessenen umzugehen und diese zu bewältigen und dazu hinreichend Ressourcen, Kompetenzen, Selbstregulation, -vertrauen und -wirksamkeit entwickeln. Bald sprachen zudem die sich mir häufenden Beobachtungen und Erfahrungen auffälliger, unerwünschter und nachteiliger Nebenwirkungen und die vor allem nach längerer Einnahme auftretenden Abhängigkeitsprobleme und Entzugssymptome für dieses konsequente Vorgehen. Denn diese deckten sich leider weitgehend, im Nachhinein betrachtet, sogar mit den wissenschaftlichen und sehr kritischen Befunden, Analysen, Einwänden und Überlegungen von Gotzsche (2016). In der Regel war die Verhaltenstherapie auch hier, also bezüglich des Ausschleichens von Psychopharmaka und der andauernden Abstinenz, bald erfolgreich. Bis auf Ausnahmen nahmen die Patienten dann keine Psychopharmaka mehr. Patienten, die ein Psychopharmakon (für gewöhnlich Antidepressiva) dennoch, wenn auch dann generell in einem geringeren Umfang als am Anfang, weiter eingenommen haben, trauten sich nicht, völlig zu verzichten, und wurden von ärztlicher Seite darin nicht unterstützt und vielmehr strikt zur weiteren Einnahme angehalten. Die Arztbesuche nahmen allgemein ebenfalls entsprechend ab und wurden selten. Sie dienten in der Regel, wenn sie überhaupt noch stattfanden, der ärztlichen Kontrolle und Berichterstattung bzw. Rückmeldung. Deshalb gehe ich davon aus, dass im Allgemeinen nur noch die Verhaltenstherapie wirksam sein und sich in den Ergebnissen an deren Ende systematisch niederschlagen konnte.

Weitere 89 Personen wurden als Nicht-Patienten untersucht (s. Tabelle 7). Dabei handelte es sich um Teilnehmer unterschiedlicher Kurse. Dies waren Kurse zur Stressbewältigung und zur gezielten psychologischen Entwicklung mentaler, emotionaler, meditativer Ressourcen und Kompetenzen. Die Untersuchung mit dem SFP wurde im Rahmen dieser Kurse zusätzlich angeboten. Die Teilnahme an der Untersuchung war freiwillig und die Rückmeldung der Ergebnisse ausschließlich einzeln, individuell. Diese Kursteilnehmer waren zwischen 20 und 65 (im Mittel = 39,8, Median = 40) Jahre alt. 31 davon waren männlich und 58 weiblich. Diese haben im Mittel eine GS-SFP von 252 Punkten und einen Median von 260. Die Standardabweichung betrug 37 Punkte. Der Mittelwert und Median fallen im Vergleich zur Erstuntersuchung von Patienten niedriger aus, liegen allerdings deutlich über dem Mittelwert und Median der Patienten am bzw. nach Beendigung einer Verhaltenstherapie (s. o.). Die geringere Standardabweichung entspricht per Augenschein der geringeren Zahl an extremen Ausreißern in dieser Gruppe im Vergleich zur Patientengruppe in der Erstuntersuchung bzw. vor einer Therapie. Die in Tabelle 7 unter GS-SFP für jede untersuchte Gruppe aufgeführten Minima und Maxima bestätigen diese Vermutung. Der für die Nicht-Patienten beobachtete Wertebereich ist deutlich enger bzw. kleiner. Die von mir untersuchten Kursteilnehmer erreichten weder so niedrige noch so hohe Werte wie offenbar einige Patienten. Die Mittelwerte der eingeschätzten Belastung (M = 6,6) und Anspannung (M = 6,7) bzw. deren Mediane (jeweils Md = 7) sind mit denen der Patienten vor einer Therapie vergleichbar (s. Tabelle 7). Die Standardabweichung für die Belastung liegt bei 2,4 und die für die Anspannung bei 2,3 Punkten. Beide ähneln den Standardabweichungen bei den Patienten (sowohl vor als auch nach der Therapie).

Im Folgenden sind nun die Tabellen 7 bis 10 aufgeführt. Sie zeigen die statistischen Kennwerte für die einzelnen, erhobenen Messgrößen der psychologischen Fragebögen, wie diese bereits im Text oben beschrieben und erläutert wurden.

Tabelle 7

Statistische Beschreibung der Ergebnisse im SFP in verschiedenen Untersuchungen

Untersuchte Gruppen:	Patienten		Nicht-Patienten
	Vor Therapie	Nach Therapie	
Stressanfälligkeit mit GS-SEP:			
N	489	288	89
M:	269	214	252
Md	274	214	260
S:	49	54	37
Minimum	78	73	138
Maximum:	450	420	333
Belastung (2 Monate):			
N:	421	287	89
M:	6,7	4,5	6,6
Md:	7	4	7
S:	2,3	2,5	2,4
Minimum	0	0	0
Maximum:	10	10	10
Anpassung (2 Monate):			
N:	421	287	89
M:	6,9	4	6,7
Md:	7	4	7
S:	2,3	2,5	2,3
Minimum:	0	0	0
Maximum:	10	10	10

Anmerkungen: N = Anzahl der untersuchten Personen oder erhobenen Messwerte,
M = arithmetischer Mittelwert, Md = Median, S = Standardabweichung,
Minimum = kleinster erreichter Wert, Maximum = größter erreichter Wert

Tabelle 8

Statistische Kennwerte im FPI-R vor und nach der Therapie bezüglich „Emotionalität", „Gehemmtheit", „Erregbarkeit", „Beanspruchung" und „körperlicher Beschwerden"

Untersuchte Gruppen:	Patienten	
	Vor Therapie	Nach Therapie
„Emotionalität" (genormte Standardwerte):		
N:	486	235
M:	7,1	5,2
Md:	7	5
S:	1,7	2,2
„Emotionalität" (ungenormte Rohwerte):		
N:	481	256
M:	10,1	6,7
Md:	11	7
S:	2,9	3,9
„Gehemmtheit" (Rohwerte):		
N:	481	234
M:	7,4	6,3
Md:	8	6
S:	3,0	3,1
„Erregbarkeit" (Rohwerte):		
N:	481	234
M:	8,5	6,9
Md:	9	7
S:	2,8	3,1
„Beanspruchung" (Rohwerte):		
N:	481	234
M:	8	5,8
Md:	9	6
S:	3,0	3,6
„körperliche Beschwerden" (Rohwerte):		
N:	481	234
M:	5,8	3,4
Md:	6	3
S:	2,8	2,8

Anmerkungen: N = Anzahl der untersuchten Personen oder erhobenen Messwerte, M = arithmetischer Mittelwert, Md = Median, S = Standardabweichung

Tabelle 9

Statistische Kennwerte der Rohwerte im FPI-R vor der Therapie auf den Dimensionen „Leistungsorientierung" (L), „Aggressivität" (A) und „Gesundheitssorgen" (G)

Dimensionen im FPI-R:	L	A	G
N:	481	481	481
M:	5,8	4,3	5,3
Md:	6	4	5
S:	2,8	2,5	2,9

Anmerkungen: N = Anzahl der untersuchten Personen oder erhobenen Messwerte, M = arithmetischer Mittelwert, Md = Median, S = Standardabweichung

Tabelle 10

Statistische Kennwerte im BDI von Patienten vor und nach der Therapie

Patienten:	Vor Therapie	Nach Therapie
N:	483	240
M:	18	7
Md:	17	5
S:	10,2	7,2

Anmerkungen: N = Anzahl der untersuchten Personen oder erhobenen Messwerte, M = arithmetischer Mittelwert, Md = Median, S = Standardabweichung

10.1.1 Statistische Untersuchung der Zusammenhänge und Unterschiede bezüglich des SFP zur Klärung und Sicherung seiner Zuverlässigkeit, Bedeutung und Validität für Interessierte mit methodischen und statistischen Vorkenntnissen

In diesem Kapitel sollen zuerst die Unterschiede in den Ergebnissen der Fragebögen zwischen der ersten Messung vor einer Verhaltenstherapie („Vor Therapie") und am Ende einer solchen („Nach Therapie") auf ihre statistische Bedeutsamkeit bzw. Signifikanz untersucht werden. Ausgangspunkt sind dazu die 288 Patienten, mit denen der SFP und zumeist auch der BDI und der FPI-R sowohl vor Beginn der Verhaltenstherapie als auch am Ende durchgeführt und dokumentiert worden war. Zwar liegen für alle 288 Patienten die Stressanfälligkeitswerte als GS-SFP sowohl in der Erst- bzw. Voruntersuchung – als erste Messung – als auch in der Abschluss- bzw. Nachuntersuchung als „zweite" Messung vor. Dies gilt aber nicht für die BDI- und FPI-R-Werte. Hier sind es der Anzahl nach deutlich weniger verfügbare Messwertpaare bzw. statistische Fälle bzw. Patienten. Dies liegt beim FPI-R und BDI vor allem daran, dass diese – bis zur statistischen Auswertung – einfach bei weniger Patienten in der Nachuntersuchung erhoben und dokumentiert worden sind. Dies ist im Wesentlichen darauf zurückzuführen, dass ich erst etwas später angefangen habe, meine Patienten systematisch zudem, also neben dem SFP, mit genau diesen beiden Fragebögen und allen beschriebenen Messwerten zu untersuchen. Es gab also keinen inhaltlich oder sonstig begründeten Auswahleffekt und handelt sich daher in Bezug auf die hier und im Folgenden inhaltlich in Frage stehenden und zu untersuchenden Unterschiede, Zusammenhänge und Effekte zwar um eine mögliche, zusätzliche, aber als zufällig variiert und wirkend einzuschätzende Fehlerquelle.

Auch für die Einschätzungen der Belastung und Anspannung im SFP sind es weniger Patienten, für die sowohl eine entsprechende Einschätzung vor der Verhaltenstherapie als auch nach dieser vorliegt. Aber im Unterschied zum FPI-R und BDI liegt das – bis auf einen Wert – nicht an den fehlenden Messwerten in der Nachuntersuchung; denn hier wurden in der Nachuntersuchung bei immerhin 287 die Einschätzungen der Belastung und Anspannung erhoben. Aber es lagen für einige, genau 42 dieser Patienten in der Erstuntersuchung keine entsprechenden Einschätzungen vor. Das ist darauf zurückzuführen, dass die Einschätzungen der Belastung und Anspannung nicht gleich von Beginn an vergleichbare Bestandteile des SFP waren. Wie bei den Einschätzungen der Belastung und Anspannung können die Fallzahlen bzw. Anzahl der Messwertpaare beim Vergleich daher auch mehr oder weniger geringfügig von den Fallzahlen – dem jeweiligen N – in den Tabellen 7,8 und 10 für die Nachuntersuchung abweichen. Dies liegt also – wie ausgeführt – daran, dass bestimmte Messwerte in seltenen bis einigen Fällen zwar in der Nachuntersuchung aber nicht bereits in der Voruntersuchung erhoben worden sind und umgekehrt. Danach lagen zwar z. B. für den BDI in der Nachuntersuchung bei 240 Patienten Werte vor (vgl. Tabelle 10), aber nur für 239 Patienten war tatsächlich der Vergleich der BDI-Messwerte zwischen der Vor- und der Nachuntersuchung möglich. Bei der eingeschätzten Belastung war dies – wie bereits besprochen – eben nur für 245 Patienten möglich, obwohl für insgesamt 421 Patienten in der Erstuntersuchung und 287 Patienten in der Abschlussuntersuchung ein entsprechender Wert vorlag (vgl. Tabelle 7).

Weiter sollen die 489 Patienten aus der „Voruntersuchung" und die 288 Patienten aus der Nachuntersuchung hinsichtlich der GS-SFP – also die so gemessene Stressanfälligkeit – mit den 89 Nicht-Patienten bzw. Kursteilnehmern verglichen werden. Es sollen auch die betreffenden Unterschiede bezüglich der eingeschätzten Belastung und Anspannung analysiert werden. Die Zuverlässigkeit des SFP bzw. des Messens mit GS-SFP sowie inhaltliche Zusammenhänge vor allem zwischen den Ergebnissen in den Fragebögen SFP, BDI und FPI-R sind ebenfalls statistisch zu untersuchen.

Um die Unterschiede und Zusammenhänge zwischen den Stichproben statistisch nur mit parametrischen Verfahren untersuchen und entscheiden zu können, sollten diese Intervallskalen-Niveau besitzen. Eine Voraussetzung für die parametrischen Verfahren – und die Prüfung der statischen Signifikanz – zum Mittelwertvergleich und für lineare Zusammenhänge ist die Annahme der Normalverteilung der betreffenden Werte. Deshalb wurden grundsätzlich für die betreffenden Stichproben (s. Kap. 10.1) – nämlich 1. Patienten der Voruntersuchung, 2. Patienten der Nachuntersuchung, 3. Nicht-Patienten – geprüft, ob die relevanten Messwerte normalverteilt sind. Die Prüfung auf Normalverteilung erfolgte für jede Messgröße bzw. Variable und Stichprobe mit dem Kolmogorov-Smirnov-Goodness-of-Fit-Test auf dem 1%-Signifikanz-Niveau bei zweiseitiger Testung mit und nach SPSS/PC+™ V2.0 (Norusis, 1988; s. auch Brosius, 1988). Während die Normalverteilungsannahmen für die GS-SFP Werte (jeweils die Gesamtsumme der Stresseinschätzungen im SFP) in keinem Fall bzw. keiner Stichprobe signifikant verletzt wurden, trifft dies für die meisten anderen Variablen mehr oder weniger zu.

Letzteres gilt für die gemessene Belastung und Anspannung bei Patienten, bei Nichtpatienten dagegen noch nicht. Diese Werte können zumindest bei den Patienten nicht als normalverteilt betrachtet und behandelt werden. Dies verwundert auch nicht; weil die Einschätzungen der Belastung und Anspannung in der ersten Messung (Voruntersuchung) sehr rechtsschief verteilt sind, d. h. hier häufen sich (wie für Patienten typisch) die großen Werte. Sie sind überwiegend und insgesamt stark belastet und angespannt. In der 2. bzw. letzten Messung (Nachuntersuchung) kehrt sich dieses Verhältnis fast um, zumindest nimmt die Häufigkeit niedrigerer Werte im Vergleich zu höheren Werten sichtbar zu. Trotz dieser inhaltlich positiven und erwartungskonformen Veränderung wird dennoch auch bei diesen Werten die Normalverteilungsannahme verletzt. Zum statistischen Testen sind daher bei diesen beiden Größen des SFP nonparametrische, also verteilungsfreie Verfahren zu verwenden bzw. entscheidend.

BDI-Werte der ersten und zweiten Messung sind nicht annähernd normalverteilt. Bereits die erste Messung zeigt sich linksgipflig. In der zweiten Messung werden die Linksschiefe und -gipfligkeit extrem, d. h., es überwiegen sehr deutlich geringe Werte und es gibt kaum noch größere. Diese Veränderung steht ganz in Übereinstimmung mit unseren Erwartungen über die bessernde, heilende Wirksamkeit einer Psychotherapie und zeigt eine deutliche Abnahme der Depressivität. Die Verletzung der Normalverteilung gilt auch für die Standartwerte der „Emotionalität" des FPI-R in der Voruntersuchung. Hier überwiegen in der ersten Messung auch die großen Ausprägungen, was sich in der letzten – wieder im Sinne der erwarteten Wirksamkeit von Verhaltenstherapie – erheblich reduziert. Die Rohwerte auf den Dimensionen „Leistungsorientierung", „Gehemmtheit", „Erregbarkeit", „Aggressivität", „Beanspruchung", „körperliche Beschwerden", „Gesundheitssorgen" und „Emotionalität" sind in der ersten Messung verletzt. Vor allem die Werte bezüglich der „Gehemmtheit", „Erregbarkeit", „Beanspruchung" und „Emotionalität" wirken deutlich rechtsschief und imponieren durch vermehrt erhöhte Werte gegenüber geringen. Was dem Status als Patient vor einer Psychotherapie in einer psychotherapeutischen Praxis entspricht. Auch bei diesen Testgrößen (Variablen) sind also nonparametrische bzw. verteilungsfreie Verfahren zur Klärung der statischen Bedeutsamkeit heranzuziehen

Am Schluss der Verhaltenstherapie erweisen sich im FPI-R nur noch klar die Rohwerte auf der Dimension körperliche Beschwerden nach dem Kolmogorov-Smirnov-Goodness-of-Fit-Test (auf dem 1%-Signifikanz-Niveau bei zweiseitiger Testung) als nicht normalverteilt. Die untersuchten Standartwerte der „Emotionalität" und die Rohwerte auf den Dimensionen „Emotionalität", „Gehemmtheit", „Erregbarkeit" und „Beanspruchung" verfehlen – entsprechend den Veränderungen im Sinne der erwarteten Wirksamkeit – (allerdings nur knapp) das Signifikanzniveau. Diese Größen könnten also noch als normalverteilt betrachtet und behandelt werden. Werden jedoch die Veränderungen zwischen der Erst- bzw. Vor- und der End- bzw. Nachuntersuchung für diese Größen des FPI-R analysiert, so sind dennoch nonparametrische Verfahren zur statistischen Prüfung zu benutzen. Denn diese Größen waren, wie oben festgestellt, in der Erstuntersuchung („Vor Therapie") nicht normalverteil.

Für die Abschätzung der Zuverlässigkeit der GS-SFP im Allgemeinen und seiner internen Reliabilität im Besonderen wurden für 160 Personen (davon 120 Patienten) bezüglich der ersten Messung bzw. Voruntersuchung zusätzlich zwei getrennte Teilsummen gebildet. Es wurde zum einen ein Summenwert aus den Einschätzungen der Items mit einer ungeraden Nummer (1, 3, 5 usw.) errechnet (TS-SFPU) und zum anderen der Summenwert aus den Einschätzungen der Items mit geraden Nummern (TS-SFPG). Auch diese beiden Teilsummen des SFP sind nach dem Kolmogorov-Smirnov-Goodness-of-Fit-Test noch als normalverteilt zu betrachten. Die Verteilungsvoraussetzungen zur Signifikanzprüfung von Korrelationen nach Pearson (s. u.) und für Mittelwertvergleiche mittels t-Tests können danach nur für die Stressanfälligkeitsmessungen allgemein als erfüllt betrachtet werden. Die Belastung, Anspannung, die Summen- bzw. Rohwerte im BDI und die Variablen des FPI-R der Voruntersuchung sind nicht als normalverteilt zu betrachten. Aus diesem Grunde sind zu deren statistischen Prüfung von Unterschieden und Zusammenhängen unbedingt nonparametrische Verfahren heranzuziehen.

Damit sind die geplanten Mittelwertvergleiche mittels t-Test zwischen den Stichproben hinsichtlich dieser Variablen problematisch und nicht hinreichend. Dies gilt auch für die geplante Berechnung und Prüfung von Zusammenhängen mittels der Produkt-Moment-Korrelation. Genaugenommen ist nach Bortz (1985, S.259-260) für die „inferenzstatische Absicherung" von Produkt-Moment-Korrelationen bzw. dem jeweiligen Produkt-Moment-Korrelationskoeffizienten" (r nach Pearson) die bivariate Normalverteilung in der Grundgesamtheit zu testen bzw. vorauszusetzen. In der Praxis beschränkt man sich jedoch für gewöhnlich auf die Prüfung der Normalverteilung der einzelnen Variablen bzw. Größen. Demnach wäre zumindest der lineare Zusammenhang zwischen TS-SFPU und TS-SFPG zur Schätzung der (internen) Reliabilität als Produkt-Moment-Korrelationskoeffizient auf statistische Signifikanz zu testen, da hier die Annahme einer Normalverteilung beibehalten werden konnte.

Um die Stichproben hinsichtlich ihrer GS-SFP mittels t-Tests zu vergleichen, sollte eine zweite Annahme erfüllt sein, nämlich die der Varianzhomogenität. Die Varianzhomogenität besagt, dass die Varianzen sich nicht überzufällig unterscheiden sollten. Die Varianzen ergeben sich aus dem Quadrat der jeweiligen Standardabweichung. (Diese sind im Kap. 10.1 und unten angegeben.) Die Varianzhomogenität kann mit dem einfachen Fmax-Test geprüft werden (vgl. z. B. Bortz, 1985). Dazu werden die Varianzen zweier Stichproben aufeinander bezogen. Die größere Varianz wird durch die kleinere dividiert. Zur Prüfung der Signifikanz wurde die betreffende Tabelle aus Bortz (1985, S. 853) herangezogen. Als kritischer Wert für die zweiseitige Signifikanzprüfung auf dem 1%-Niveau wurde Fmax = 1,96 ausgewählt. (Die tatsächlichen Freiheitsgrade (df) sind jedoch größer als die dort maximalen 60, deshalb müsste aufgrund der größeren Stichproben der kritische Wert noch kleiner sein. Andere geprüfte Quellen beziehen sich aber auch nur auf die gleiche Tabelle, so dass eine genauere Anpassung so nicht zu leisten war.) Zumindest danach ist die Varianzhomogenität nur beim Vergleich zwischen Patienten der Nachuntersuchung (GS-SFP-S = 54, d. h. die Varianz beträgt 2916) und den Nicht-Patienten (GS-SFP-S = 37, Varianz = 1369) verletzt. Aufgrund der Tendenz zur Unterschätzung (wegen der zu geringen Freiheitsgrade) sollte auch der Vergleich der Varianzen zwischen den Nicht-Patienten und den Patienten in der Voruntersuchung (GS-SFP-S = 49, Varianz = 2401) als kritisch betrachtet werden. SPSS/PC+™ V2.0 (Norusis, 1988) bietet im Rahmen des t-Tests zudem eine exakte Prüfung der Varianzhomogenität mit dem Fmax-Test. Nach diesem exakten Test ist die Varianzhomogenität – wie vermutet – auch zwischen Patienten der Erstuntersuchung und Nicht-Patienten mit einem Fmax = 1,74 auf dem 1%-Signifikanz-Niveau bei zweiseitiger Testung verletzt. Die exakte Prüfung bestätigte auch die bereits belegte Verletzung der Varianzhomogenität zwischen den beiden Varianzen der GS-SFP-Werte der Nicht-Patienten und der Patienten in der Nachuntersuchung. Aus diesem Grunde sollten diese Vergleiche statistisch nonparametrisch auf signifikante Unterschiede in der zentralen Tendenz geprüft werden. Aufgrund der immerhin auch quantitativ vergleichbaren Standardabweichungen der beiden Patientenmessungen kann zumindest hier von einer Varianzhomogenität bezüglich GS-SFP ausgegangen werden. Danach könnten die Mittelwertvergleiche (zwischen Vor- und Nachuntersuchung) bei den Patienten mit dem t-Test bezüglich der GS-SFP vorgenommen und geprüft werden. Allerdings handelt es sich dabei um abhängige Stichproben (s. u.).

Da die GS-SFP der Nicht-Patienten unabhängig von denen der Patienten sind, könnten diese beiden Gruppen prinzipiell mit dem t-Test für unabhängige Stichproben untersucht werden. Es könnten also auf diese Art und Weise die GS-SFP-Werte der Patienten in der Voruntersuchung und die in der Nachuntersuchung jeweils mit den Werten der Nicht-Patienten verglichen und analysiert werden. Allerdings war dafür in keinem Fall, wie ausgeführt, die Voraussetzung der Varianzhomogenität gegeben. Die Messwerte zwischen den beiden Untersuchungen der Patienten (vor versus nach einer Verhaltenstherapie) sind jedoch als abhängig zu betrachten. Deshalb sind die beiden GS-SFP-Messungen für die 288 Patienten mittels des t-Testes für abhängige Stichproben zu vergleichen und zu untersuchen. Dieser t-Test untersucht die Mittelwertdifferenzen zwischen den beiden abhängigen Stichproben. Diese sollten normalverteilt sein. Es reicht also strenggenommen dafür nicht, nur die Normalverteilungsannahme der GS-SFP-Werte der Patienten in der Vor- und der Nachuntersuchung zu testen. Zwar ist der t-Test (sowohl für unabhängige als auch abhängige Stichproben) gegen Verletzungen seiner Grundannahmen bzw. Voraussetzungen „relativ robust" (Bortz, 1985, S. 172), zur Sicherheit sollte aber auch in diesem Fall (zumindest zusätzlich) nonparametrisch bzw. auf dem Ordinalskalenniveau auf Unterschiedlichkeit in der zentralen Tendenz geprüft werden.

Wird der t-Wert in einem t-Test (für unabhängige Stichproben) signifikant, so sind die Mittelwerte der beiden verglichenen Stichproben oder Gruppen bezüglich einer abhängigen Variable bzw. Größe (z. B. der GS-SFP) zu unterscheiden. Die Ausprägung des Unterschieds der Stichproben entstammt bei einem signifikanten t-Wert nicht – weil eben sehr unwahrscheinlich – der gleichen Mittelwertverteilung einer Grundgesamtheit. Die Mittelwerte dieser beiden Stichproben stammen vielmehr – weil sehr viel wahrscheinlicher – aus unterschiedlichen Mittelwertverteilungen bzw. Grundgesamtheiten. Anstelle des Mittelwertvergleiches können nach Bortz (1985) die beiden Stichproben nonparametrisch bzw. für Ordinaldaten hinsichtlich ihrer zentralen Tendenz mit dem U-Test von Mann-Whitney verglichen werden. Beim U-Test werden die Stichproben hinsichtlich der den Messwerten zugeordneten Rangplätze und den sich daraus ergebenden Rangsummen verglichen (s. z. B. Sedlmeier & Renkewitz, 2013). Genaugenommen werden nach Rasch, Friese, Hofmann und Naumann (2010b) die Summen der Rangplatzüberschreitungen (U) und der Rangplatzunterschreitungen (U′) der einen Gruppe gegenüber der anderen Gruppe verglichen. Je stärker diese sich unterscheiden, desto eher bzw. umso wahrscheinlicher besteht ein systematischer Unterschied zwischen den Gruppen. Der Unterschied lässt sich dann eben ab einem festgelegten Punkt nicht mehr auf den Einfluss des Zufalls, auf unsystematische, zufällige Effekte bzw. Fehler zurückführen. Bei größeren Stichproben, wie es hier der Fall ist, nähert sich die Kennwerteverteilung der U-Werte einer Normalverteilung an. Daher kann dann der entsprechende z-Wert berechnet und auf Signifikanz geprüft werden. SPSS/PC+™ V2.0 (Norusis, 1988; s. auch Brosius, 1988) gibt u. a. den U-Wert selbst sowie den zugehörigen z-Wert für ein solches Ergebnis und dessen Wahrscheinlichkeit wieder. Hier wird nur die statistische Bedeutsamkeit der Unterschiede in den Rangplätzen bezüglich einer gemessenen Größe zwischen den Stichproben bzw. Gruppen auf dem 1%-Niveau bei zweiseitiger Testung geprüft und beachtet. Für den Vergleich zweier Stichproben hinsichtlich einer bestimmten Größe muss also dann z. B. keine Normalverteilung oder Varianzhomogentität vorausgesetzt werden bzw. erfüllt sein. Dieser U-Test wurde daher von mir grundsätzlich zum Vergleich zweier unabhängiger Stichproben für die in Frage stehenden Variablen bzw. Größen herangezogen. Mit dem U-Test sollte also jeweils ein möglicher Unterschied in der zentralen Tendenz zwischen diesen beiden Stichproben hinsichtlich der betreffenden, relevanten Größe nonparametrisch, statistisch kritisch auf dem 1%-Signifikanz bei zweiseitiger Testung geprüft werden. Der U-Test wäre also zur zusätzlichen Sicherheit selbst dann mit und nach SPSS/PC+™ V2.0 berechnet worden, wenn die Verteilungsvoraussetzungen klar und vollständig für einen t-Test für unabhängige Stichproben bestätigt worden wären.

Wird der t-Test für abhängige Stichproben benutzt, dann existieren Paare von Messwerten bzw. an einer Stichprobe (jeder Person) werden zwei Messungen durchgeführt. Es handelt sich also um eine Messwiederholung. Bei uns sind das für die betreffenden Patienten die Wertepaare, die sich aus der Messung einer bestimmten Größe vor der Therapie und nach der Therapie ergeben. So liegen beispielsweise für jeden von 288 Patienten zwei GS-SFP-Werte vor, nämlich ein Wert, der mit dem SFP vor der Therapie gemessen worden war (1. Messwert: GS-SFP vor Therapie), und ein anderer, der nach der Therapie erhoben worden war (2. Messwert: GS-SFP nach Therapie). Genaugenommen, werden dann mit dem t-Test nicht mehr die Mittelwerte zweier Stichproben – also die Vorhermessung mit der Nachher-Messung – verglichen, sondern die durchschnittliche Messwertdifferenz wird in Bezug auf die Streuung der Messwertdifferenzen untersucht (vgl. Bortz, 1985). Die Messwertdifferenzen errechnen sich hier aus der Subtraktion des 2. Messwertes vom 1. Messwert für jede Person bzw. jeden dieser 288 Patienten. Für jeden wird also vom 1. Messwert der Stressanfälligkeit (GS-SFP vor Therapie) der zugehörige 2. Messwert der Stressanfälligkeit (GS-SFP nach Therapie) abgezogen, so dass für jeden eine Messwertdifferenz vorliegt. Das arithmetische Mittel aus diesen Messwertdifferenzen gibt den jeweils vorliegenden, beobachteten, mittleren Unterschied bzw. Effekt zwischen der 1. und der 2. Messung, also in unserem Beispiel bezüglich der GS-SFP für alle 288 Patienten wieder.

Zwei abhängige Stichproben können etwa nach Bortz (1985) nonparametrisch bzw. ohne die betreffenden Verteilungsvoraussetzungen für den t-Test hinsichtlich ihrer zentralen Tendenz mit dem Wilcoxon-Test verglichen werden. Analog zum t-Test für abhängige Stichproben werden beim Wilcoxon-Test zunächst die Messwertdifferenzen gebildet, indem für jedes Messwertpaar von dem Wert der 1. Messung (oder Bedingung) der Wert der 2. Messung (oder Bedingung) abgezogen wird. Also z. B. wird die Stressanfälligkeit gemäß dem SFP (GS-SFP) oder die Depressivität bzw. Ausprägung einer depressiven Symptomatik gemäß dem Summenwert im BDI vor und nach der Verhaltenstherapie untersucht und verglichen. Letztlich soll die Wirksamkeit bzw. der Einfluss der Verhaltenstherapie auf die jeweilige Mess- bzw. Testgröße untersucht und geprüft werden. Dazu stehen für die betreffenden Patienten und die jeweilige Testgröße zwei

entsprechende Messwerte zur Verfügung, nämlich die 1. Messung vor der Therapie in der Erstuntersuchung und die 2. Messung nach der Verhaltenstherapie in der Abschlussuntersuchung.
Für jeden Patienten, bei dem eine Verhaltenstherapie durchgeführt wurde und bei dem für eine
bestimmte Testgröße (z. B. GS-SFP) diese beiden Messungen erhoben worden waren, wird
zunächst wie beim t-Test für abhängige Stichproben diese Messwertdifferenz gebildet. Dazu
wird von dem Wert in der Erstuntersuchung der Wert in der Abschlussuntersuchung abgezogen. Diese Messwertdifferenzen werden dann, soweit sie sich von Null unterscheiden, hinsichtlich ihrer absoluten Beträge in eine Rangreihe gebracht. Die Anzahl der negativen und positiven
Messwertdifferenzen sowie die Summen der betreffenden Rangplätze sollten bei Gültigkeit
einer ausschließlich zufälligen Variation ungefähr gleich sein (vgl. Rasch, Friese, Hofmann &
Naumann, 2010b). Je mehr entweder positive oder negative Messwertdifferenzen überwiegen
und je stärker die Unterschiede in den Rangplatzsummen zwischen den positiven gegenüber
den negativen Messwertdifferenzen ausfallen, desto unwahrscheinlicher wird die Annahme
einer ausschließlich zufälligen Variation und umso wahrscheinlicher wird die Annahme eines
überzufälligen, systematischen Unterschiedes bzw. Einflusses zwischen der 1. und der 2. Messung.

Der Wilcoxon-Test wurde hier grundsätzlich zur zusätzlichen Sicherheit zum Vergleich von
Vorher- versus Nachher-Messwerten – also auch zusätzlich zum t-Test für abhängige Stichproben – mit und nach SPSS/PC+™ V2.0 (Norusis, 1988; s. auch Brosius, 1988) durchgeführt. Auf
diese Art und Weise kann die Unterschiedshypothese in jedem Falle unabhängig von den kritischen Voraussetzungen eines t-Tests statistisch auf Signifikanz, nämlich auf dem 1%-Niveau bei
zweiseitiger Testung, geprüft werden.

Generell habe ich mich hier beim statischen Testen für ein vergleichsweise strenges Vorgehen entschieden. Das liegt auch darin begründet, dass hier jeweils mehrere, unterschiedliche
Größen auf Unterschiede und Zusammenhänge untersucht und getestet werden sollten (s.
Piekara, 1988). Deshalb wurde generell die Zufallshypothese erst auf dem 1%-Niveau und nicht
schon auf dem 5%-Niveau verworfen. Weiter wurde generell zweiseitig getestet, obwohl in einzelnen Fällen durchaus eine einseitige Testung hätte inhaltlich begründet und vertreten werden
können. So sollten etwa die gemessene Stressanfälligkeit, Emotionalität, Erregbarkeit und
Depressivität durch die Verhaltenstherapie bzw. von der Vor- zur Nachmessung insgesamt
deutlich und nur abnehmen. Der Zusammenhang zwischen der mittels GS-SFP gemessenen
Stressanfälligkeit und dem mit dem BDI gemessenen Ausmaß einer depressiven Symptomatik
bzw. der Depressivität sollte ein positiver Zusammenhang bestehen. Also mit einer erhöhten
Stressanfälligkeit ist tendenziell eine erhöhte Depressivität verbunden.

Kommen wir nun zu den Ergebnissen dieser Vergleiche. Die angegebenen Werte sind aus
Gründen der Übersichtlichkeit gegebenenfalls leicht gerundet angegeben.

Als erstes prüften wir nonparametrisch die Unterschiede zwischen den beiden Patienten-
strichproben versus den Nicht-Patienten in den Messwerten der Stressanfälligkeit, also die
Gesamtsummen im SFP (GS-SFP) sowie in der eingeschätzten Belastung und Anspannung hinsichtlich der zentralen Tendenz mit dem U-Test von Mann-Whitney.

Patienten der Erstuntersuchung unterscheiden sich danach signifikant von den untersuchten
Nicht-Patienten bzw. Kursteilnehmern ($z = -3,7$). Die mittleren Ränge (300 versus 230) weisen
ebenfalls wie die Meridiane und die arithmetischen Mittelwerte in Tabelle 7 auf die zu erwartende Richtung des Effektes hin. Der mittlere Rang ist die Summe der betreffenden Ränge bzw.
Rangplätze dividiert durch deren Anzahl. Höhere mittlere Ränge weisen also auf eher höhere
Ränge bzw. größere Werte der einen Personenstichprobe im Vergleich zur anderen hin. Danach
haben die Nicht-Patienten eher eine geringere Stressanfälligkeit als die Patienten vor einer

Verhaltenstherapie. Hinsichtlich der eingeschätzten Belastung und Anspannung unterscheiden sich diese beiden Gruppen bzw. Stichproben jedoch nicht. Bereits die Mittelwerte und Meridane in Tabelle 7 weisen für diese beiden Stichproben ähnliche Einschätzungen ihrer Belastung und Anspannung (jeweils für die letzten 2 Monate) aus.

Anders sieht es beim Vergleich der Patientenergebnisse im SFP aus der Nachuntersuchung mit den Ergebnissen im SFP der Nicht-Patienten aus. Hier unterscheiden sich nach dem U-Test von Mann-Whitney signifikant die GS-SFP (z = -6,5) sowie die eingeschätzte Belastung (z = -6,5) und Anspannung (z = -8,2). Die mittleren Ränge für die Patienten versus Nicht-Patienten weisen für GS-SFP (169 versus 254), Belastung (168 versus 253) und Anspannung (163 versus 271) in die gleiche Richtung wie die betreffenden Mediane und arithmetischen Mittelwerte in Tabelle7. Entsprechend fallen die Ergebnisse daher auch im t-Test aus. Danach nehmen auch im Vergleich zu den Nicht-Patienten die mit der GS-SFP gemessene Stressanfälligkeit sowie die in den letzten 2 Monaten gefühlte Belastung und die in diesem Zeitraum gefühlte Anspannung durch eine Verhaltenstherapie bedeutsam und deutlich ab. Also meine Patienten sind nach dem Abschluss einer Verhaltenstherapie deutlich weniger stressanfällig, belastet und angespannt als meine zu Beginn von Kursen untersuchten Nicht-Patienten.

Den Mittelwertunterschied in der GS-SFP zwischen den beiden Patientenstichproben – mit der ersten Messung vor einer Verhaltenstherapie und einer zweiten oder letzten Messung am Ende bzw. nach dieser – prüften wir mittels des t-Tests für abhängige Stichproben. Die mittlere Messwertdifferenz betrug 54,9 Punkte bei einem Standardfehler von 3,3, der t-Wert (df=287) betrug 16,6 und der Test fiel signifikant aus, d.h. der mittlere Effekt von der 1. zur 2. Messung ist nicht als zufällig, sondern als systematisch anzusehen. Zieht man die Mittelwerte (s. auch Tabelle 7) zur Interpretation hinzu, so nimmt die Stressanfälligkeit bzw. die GS-SFP nach der Verhaltenstherapie – im Vergleich zur Vor- bzw. Erstuntersuchung – bedeutsam ab.

Bereits der t-Wert, der den Mittelwert der Messwertdifferenzen auf den Standardfehler des Mittelwertes der Differenzen bezieht, gibt Auskunft über den mittleren Unterschied, die Veränderung (Vorher versus Nachher) und die Wirkung der Verhaltenstherapie in Bezug auf die jeweils untersuchte Größe. Der t-Wert fällt hier sehr hoch aus und weist damit auf einen substantiellen Unterschied bzw. Effekt hin. Mit einer Effektgröße lässt sich weiter die Größe bzw. das Gewicht dieses Unterschieds, der Veränderung bzw. Wirkung genauer abschätzen. Als Effektgröße für abhängige Mittelwertunterschiede bieten Sedlmeier und Renkewitz (2013, S. 412) „g" nach Hedges an. Rasch, Friese, Hofmann und Naumann (2010a, S. 92-93) beschreiben als empirische Effektgröße das partielle Eta-Quadrat (Eta²), was „den Anteil der aufgeklärten Varianz auf der Stichprobenebene" angibt. Multipliziert mit 100 gibt es als Eta² % den durch den systematischen Unterschied zwischen den zwei wiederholten Messungen – also den durch die Wirksamkeit der Verhaltenstherapie – erklärten Anteil an der gesamten Varianz der Messwertdifferenzen prozentual wieder. Danach errechnen sich für den Vergleich der GS-SFP vor versus nach der Therapie die Effektgrößen g = 0,98 und Eta² % = 49 % (s. auch Tabelle 12). Diese sprechen für das Vorliegen großer, substantieller Effekte in den betreffenden Daten.

Dieser Unterschied in der GS-SFP wurde auch bei der nonparametrischen Prüfung mit dem Wilcoxon-Test signifikant (s. Tabelle 11). Auch die Unterschiede in den mittleren Rängen bestätigen wie bereits die Meridiane (s. Tabelle 7) den erwarteten deutlichen Unterschied und die zu erwartende Richtung. Danach sank die GS-SFP, wie es nach einer wirksamen Verhaltenstherapie für die Stressanfälligkeit zu erwarten ist. Das Ergebnis bestätigt sowohl die Wirksamkeit der Verhaltenstherapie als auch die Validität der Messung der Stressanfälligkeit mit dem SFP bzw. über die GS-SFP. Weiter ist es danach nicht gleichgültig, an welche Patientenstichprobe bzw. -messung Sie sich bei der Einschätzung Ihrer GS-SFP orientieren. Bei der Orientierung der Patientenwerte in der Erstuntersuchung fallen Sie mit einem größeren GS-SFP-Ergebnis nachweislich weniger auf.

Die Unterschiede in der zentralen Tendenz zwischen den beiden abhängigen Patientenstichproben prüften wir nonparametrisch für die eingeschätzte Belastung und Anspannung, die erhobenen und berücksichtigten Werte im FPI-R und den Summenwert im BDI mit dem Wilcoxon-Test. Für 245 Patienten lagen Einschätzungen der Belastung und Anspannung mit dem SFP sowohl vor der Therapie als auch nach der Therapie vor. Geprüft wurden beim FPI-R die Unterschiede in der zentralen Tendenz jeweils für die Standardwerte der „Emotionalität" bei 234 Patienten, die Rohwerte der „Emotionalität" bei 254 Patienten und die Rohwerte der Dimensionen „Gehemmtheit", „Erregbarkeit", „Beanspruchung" sowie „körperliche Beschwerden" bei 233 Patienten. Die BDI-Werte wurden bei 239 Patienten verglichen. Bei jeder dieser untersuchten Variablen bzw. Testgröße zeigte sich bei statistischer Prüfung mit dem Wilcoxon-Test ein bedeutsamer Unterschied zwischen den Vorher- und Nachher-Messungen (s. Tabelle 11). Wie die Meridianunterschiede in Tabelle 7, 8 und 10 und die mittleren Ränge für die tatsächlich verglichenen Patienten in Tabelle 11 quantitativ beschreiben, nehmen die Ausprägungen auch bei diesen Testgrößen von der Erstuntersuchung bis zur Nachuntersuchung deutlich ab. Hier zeigt sich, dass Verhaltenstherapie unter Einschluss von Stressbewältigung im Allgemeinen und Entspannung, Selbsthypnose und Meditation im Besonderen erwartungsgemäß sich nicht nur auf die Stressanfälligkeit bessernd bzw. heilsam auswirkt, sondern auch auf andere damit zusammenhängende Aspekte der Persönlichkeit, des Befindens und der seelischen und körperlichen Gesundheit.

Um die Effekte der Verhaltenstherapie bzw. die Veränderungen zwischen Vorher- und Nachher-Messung quantitativ genauer beschreiben und erfassen zu können, wurde dennoch zudem der t-Test für abhängige Stichproben gerechnet. Die betreffenden statistischen Prüfungen fielen übrigens auch hier für jede Testgröße signifikant aus. In der Tabelle 12 sind für jede der betreffenden Testgrößen 1. der Mittelwert vor der Therapie, 2. der Mittelwert nach der Therapie, 3. der Mittelwert der Messwertdifferenzen, 4. der Standardfehler des Mittelwertes der Differenzen, 5. der t-Wert mit den Freiheitsgraden (df), 6. g nach Hedges und 7. das partielle Eta-Quadrat (Eta^2) in % angegeben.

Tabelle 11

Vergleich der Werte von Patienten im SFP, FPI-R und BDI vor der Verhaltenstherapie (VOR) mit denen nach der Verhaltenstherapie (NACH) mit dem Wilcoxon-Test

Testgrößen	Mittlerer Rang VOR	Mittlerer Rang NACH	z Signifikanz	
SFP:				
GS-SFP:	157	68	-12,7	*
Belastung:	117	77	-8,7	*
Anspannung:	121	62	-10,6	*
FPI-R:				
„Emotionalität" (Standardwerte):	103	47	-10,8	*
„Emotionalität" (Rohwerte):	124	55	-11,8	*
„Gehemmtheit":	107	86	-8,9	*
„Erregbarkeit":	109	62	-8,0	*
„Beanspruchung":	112	71	-8,4	*
„körperliche Beschwerden":	110	53	-10,6	*
BDI:	120	59	-12,0	*

Anmerkungen: Bei den Größen des FPI-R „Gehemmtheit" bis „körperliche Beschwerden" handelt es sich um Roh- bzw. einfache Summenwerte. Ein „*" zeigt die statistische Signifikanz des Testergebnisses für diese Größe auf dem 1%-Niveau bei zweiseitiger Testung an.

Tabelle 12

Deskriptive Analyse der Effekte der Verhaltenstherapie bezüglich verschiedener Testgrößen des SFP, FPI-R und BDI mittels statistischer Kennwerte des t-Tests für abhängige Stichproben

Testgrößen	M (VOR)	M (NACH)	M (Diff.)	S-M (Diff.)	t-Wert (df)	g	Eta^2%
SFP:							
GS-SFP:	268,6	213,7	54,9	3,31	16,6 (287)	0,98	49%
Belastung:	6,6	4,5	2,1	0,20	10,3(244)	0,66	30%
Anspannung:	6,9	4,0	2,9	0,20	14,2(244)	0,91	45%
FPI-R:							
„Emotionalität" (St.):	7,2	5,2	2,0	0,14	15,0(233)	0,98	49%
„Emotionalität" (Ro.):	10,4	6,6	3,8	0,23	16,2(253)	1,02	51%
„Gehemmtheit":	7,8	6,2	1,6	0,15	10,4(232)	0,68	32%
„Erregbarkeit":	8,6	6,9	1,7	0,19	9,0(232)	0,59	26%
„Beanspruchung":	8,1	5,8	2,4	0,24	9,8(232)	0,64	29%
„körperl. Beschwerden":	6,0	3,4	2,6	0,18	14,2 (232)	0,93	47%
BDI:	18,0	6,7	11,3	0,67	16,9(238)	1,09	54%

Anmerkungen: Die folgenden Kennwerte der Testgrößen sind in gerundeter Genauigkeit angegeben:

1. Mittelwert vor der Therapie: M (VOR) und 2. Mittelwert nach der Therapie: M (NACH),
3. Mittelwert der Messwertdifferenzen: M (Diff.),
4. Standardfehler des Mittelwertes der Differenzen: S-M (Diff.),
5. t-Wert mit den Freiheitsgraden (df): t-Wert (df),
6. Effektgröße g nach Hedges: g und 7. partielles Eta-Quadrat (Eta^2) in %: Eta^2 %

Bei den Größen des FPI-R „Emotionalität" (Ro.) bis „körperliche Beschwerden" handelt es sich um Roh- bzw. einfache Summenwerte, bei „Emotionalität" (St.) um die normbezogenen Standardwerte.

Die Unterschiede zwischen den Mittelwerten vor der Therapie und nach der Therapie bzw. die mittleren Messwertdifferenzen weisen für jede Größe klar in die zu erwartende Richtung von Besserung und Gesundheit. Die t-Werte und die betreffenden Effektgrößen fallen für jede mit dem SFP, FPI-R und BDI untersuchte Größe substantiell und deutlich aus. Dies spricht nicht nur für eine hohe Wirksamkeit der Verhaltenstherapie auf diese Größen, sondern belegt auch die inhaltliche Bedeutsamkeit bzw. die Validität dieser Größen, einschließlich der hier im Zentrum stehenden GS-SFP. Denn die bekannten Effekte einer Psychotherapie im Allgemeinen und einer

Verhaltenstherapie im Besonderen vor allem auf die psychische, aber auch die körperliche Gesundheit spiegeln sich sichtbar in den Unterschieden der betreffenden Größen zwischen der Vor- und Nachuntersuchung. Diese schlagen sich hier offensichtlich entsprechend und stark in den gemessenen Größen nieder. Auch die in den letzten 2 Monaten gefühlte Belastung und vor allem die entsprechende Anspannung sind bedeutsam reduziert. Dies spricht für eine erfolgreiche Vermittlung von Techniken bzw. angemesseneren Reaktions-, Erlebens- und Verhaltensweisen vor allem zur Entspannung, zum Umgang, zur Wahrnehmung, Bewältigung und Reduktion von Stress sowie nachhaltigen Senkung der Stressanfälligkeit bzw. Erhöhung der Stressresilienz.

Da die Verteilungsvoraussetzungen zur Prüfung der Signifikanz von Zusammenhängen zwischen den Variablen anhand der Produkt-Moment-Korrelation nach Pearson (r) weitgehend nicht oder unzureichend erfüllt wurden, habe ich dazu grundsätzlich das Zusammenhangsmaß Kendall's Tau b bzw. B benutzt (nach SPSS/PC+™ V2.0; s. Norusis, 1988; auch Brosius, 1988). Es variiert wie r zwischen -1 und +1. Wegen des ordinalen Datenniveaus setzt dies weder eine Normalverteilung noch eine bivariate Normalverteilung voraus. Nur solche Zusammenhänge zwischen Variablen sollen als statistisch bedeutsam gelten, bei denen das ordinale Zusammenhangsmaß Kendall's Tau B auf dem 1%-Niveau bei zweiseitiger Testung signifikant wurde. Die statistische Signifikanz einer Produkt-Moment-Korrelation wird hier folgerichtig – bis auf wenige Ausnahmen (s. u.) – nur als zusätzliche Information angesehen und zum Vergleich angeführt.

Zur quantitativen Beschreibung eines linearen Zusammenhanges zwischen zwei Variablen wird hier aber dennoch die informativere Produkt-Moment-Korrelation bzw. der betreffende Korrelationskoeffizient r herangezogen. Die Korrelation bzw. r stellt ein standardisiertes Maß für die Kovarianz, d. h. den Zusammenhang in der Varianz, zwischen zwei Variablen dar. Die Korrelation liegt zwischen 0, also gleich keinem Zusammenhang, und +1 oder -1. Sowohl + 1 als auch -1 wären jeweils ein perfekter, vollständiger Zusammenhang. Ist r positiv, so besteht ein positiver Zusammenhang, d. h., die Werte beider Variablen wachsen gleichgerichtet. Beim negativen r nimmt die eine Variable bei Zunahme der anderen ab. Wichtig ist, dass die Korrelation nur einen linearen Zusammenhang ausdrückt, aber keine irgendwie geartete Kausalität impliziert.

Da für die Größen der im SFP gemessene Stressanfälligkeit (GS-SFP sowie TS-SFPU, TS-SFPG) die Annahme einer einfachen Normalverteilung gegeben war, werden hier neben r auch ausdrücklich die Ergebnisse der betreffenden statistischen Signifikanztestung berücksichtigt.

Neben der mittels Kendall's Tau B geprüften statistischen Bedeutsamkeit zeigt uns bereits der Korrelationskoeffizient r den Umfang bzw. das Ausmaß des Zusammenhanges zwischen zwei Variablen und damit dessen substantielle Bedeutung an. Um diesen Zusammenhang jedoch noch besser, genauer und vergleichbarer abschätzen zu können, wurde zudem noch der Determinationskoeffizient R bestimmt. Dieser ergibt sich für die einfache Korrelation aus dem Quadrat der Produkt-Moment-Korrelation r (nach Pearson), also r^2. R gibt den Anteil der gemeinsamen Varianz zwischen den beiden Variablen bzw. die Varianzaufklärung der einen Variablen durch die jeweils andere wieder. Entsprechend r kann R nur zwischen 0 und 1 variieren. Der gemeinsame Varianzanteil bzw. die Varianzaufklärung R kann aber auch in Prozenten als R% an- bzw. wiedergegeben werden. Dazu ist das jeweilige r^2 bzw. R mit 100 zu multiplizieren.

Entsprechend unseren vorangegangenen Ausführungen wurde die Zuverlässigkeit bzw. Reliabilität des SFP mit Hilfe der Testhalbierungsmethode geschätzt. Dazu wurde der Test in ungerade und gerade Fragen geteilt und betreffende Teilwerte im SFP und für 160 Probanden bestimmt und miteinander korreliert. Die Korrelation zwischen TS-SFPU und TS-SFPG fiel sehr hoch aus. Der Produkt-Moment-Korrelationskoeffizient ist mit r =.90 zudem mindestens auf dem 1%-Niveau signifikant. Auch auf dem ordinalen Skalenniveau lässt sich ein Zusammenhang für Kendall's Tau B als statistisch bedeutsam sichern. Die nach r berechnete gemeinsame Varianz R% beträgt immerhin 81%. Dies weist ebenfalls auf eine genügende Zuverlässigkeit der Stressanfälligkeitsmessungen mit dem SFP und der GS-SFP hin.

Die GS-SFP in der Voruntersuchung bzw. 1. Messung und die GS-SFP in der Nachuntersuchung bzw. 2. Messung sind bei den 288 untersuchten Patienten auf dem 1%-Niveau statistisch signifikant korreliert. Inhaltlich bleiben der lineare Zusammenhang, r = .40, und die gemeinsame Varianz, R% = 16%, allerdings moderat. (Die Ergebnisse bleiben gleich, wenn zuzüglich zu den Patienten 13 weitere Personen in die Berechnung einbezogen werden, die als Kursteilnehmer am Anfang und Ende eines längeren Stressbewältigungstrainings getestet worden waren.) Kendall's Tau B beträgt .22 und bestätigt einen statistisch bedeutsamen, aber dennoch quantitativ, substantiell eher geringeren ordinalen Zusammenhang. Das bedeutet, dass die Entwicklung der Stressanfälligkeit und vorwiegend die Wirkung von Verhaltenstherapie nur geringfügig bis maximal mäßig (hier nach R% eben zu 16%) mit dem Ausgangsniveau zusammenhängen. Zwar kann allein aufgrund der Korrelation, wie bereits erwähnt, keine ursächliche Aussage über den Zusammenhang entschieden werden, aber der vorgefundene lineare Zusammenhang begrenzt dennoch den Rahmen oder Raum für mögliche, damit übereinstimmende Ursachen-Wirkungs-Zusammenhänge. Damit übereinstimmend wäre hier, dass die Entwicklung der Stressanfälligkeit und Wirkung von Verhaltenstherapie nur geringfügig bis maximal mäßig vom Ausgangsniveau abhängen. Die Entwicklung der Stressanfälligkeit und die Wirksamkeit der Verhaltenstherapie werden danach nur wenig durch die anfängliche Stressanfälligkeit beeinflusst und festgelegt. Die anfänglich gemessene Stressanfälligkeit sagt also nur wenig über die zukünftige bzw. mögliche Wirkung psychotherapeutischer Bemühungen, Maßnahmen und Trainings (etwa zur Entspannung und Stressbewältigung) aus. Der Erfolg hängt demnach von ganz anderen Faktoren ab. Nicht alles geht, aber doch sehr viel! Dies stimmt mit der psychotherapeutischen Erfahrung überein, dass durch ein längeres und intensives Stressbewältigungstraining und noch stärker durch eine Verhaltenstherapie die Stressanfälligkeit sehr deutlich und auch weitgehend unabhängig vom Ausgangs- bzw. Einstiegsniveau entwickelt bzw. verändert werden kann. Dies bestätigt auch im Nachhinein das Vorgehen, diesen linearen Zusammenhang zwischen den zwei Messungen der GS-SFP in diesem Fall weniger als einen Hinweis auf die Reliabilität, sondern vielmehr als einen Hinweis für die Validität des SFP zu sehen und zu werten. Danach sollte dieser eben nur gering bis maximal mäßig ausfallen.

Diese Sichtweise wird durch die ebenso quantitativ vergleichsweise moderat bleibende Korrelation bezüglich der normierten „Emotionalität" im FPI-R zwischen der Erst- und Nachuntersuchung gestützt: r = .44 und R% = 19%. Denn hier handelt es sich um ein lange bewährtes, nachweislich zuverlässiges psychologisches Befragungs- und Messinstrument und es wird zudem mit den Standardwerten der „Emotionalität" die individuelle Ausprägung einer sehr grundlegenden Persönlichkeitsdimension erfasst und gemessen. Entsprechend wäre davon auszugehen, dass die Werte bezüglich einer Person eher stabil bleiben und auch bei der Wiederholung einer Messung wenig variieren dürften. Die Korrelation sollte also allein danach zwischen den beiden Messungen höher ausfallen als wie hier berichtet. Aber selbst hier ist der Einfluss der Verhaltenstherapie – wie bei den obigen Vergleichen der zentralen Tendenzen zwischen der Erst- und Nachuntersuchung – offensichtlich.

Es ergaben sich weder parametrisch noch nonparametrisch statistisch bedeutsame Zusammenhänge zwischen dem Alter und der Stressanfälligkeit, der gefühlten Belastung oder Anspannung. Bei meinen untersuchten Patienten zeigt sich deren Alter also unabhängig von deren Stressanfälligkeit, Belastung oder Anspannung. Ansonsten zeigen sich weitgehend nur unbedeutende oder geringfügige Zusammenhänge zwischen dem Alter und den Ergebnissen im BDI und FPI-R. Allenfalls die Gesundheitssorgen nehmen mit dem Alter der Patienten sowohl parametrisch als auch nonparametrisch statistisch bedeutsam zu und erreichen immerhin eine mäßige Korrelation von r = .26. Allerdings liegt die Varianzaufklärung R deskriptiv nicht einmal ganz bei 7%.

Um die inhaltliche Bedeutung (Validität) der GS-SFP abzuschätzen, wurde dieser Indikator der Stressanfälligkeit zum einen mit der im SFP eingeschätzten Belastung und Anspannung und zum anderen mit den Werten im BDI und FPI-R korreliert. Es sollten sich moderate Zusammenhänge (in der Varianz) zwischen diesen Größen ergeben. Es ergaben sich zwar zumeist statistisch auf dem 1%-Niveau signifikante Korrelationen, aber aufgrund der Verletzung der Normalverteilungsannahmen sollte die statistische Signifikanz von r hier nicht weiter interpretiert werden. Wichtig ist das den jeweiligen Zusammenhang und dessen quantitatives Ausmaß beschreibende r sowie der betreffende Umfang bzw. Anteil gemeinsamer Varianz R%. Zur statischen Bestimmung der Signifikanz eines (ordinalen) Zusammenhanges wurde – wie oben dargelegt – Kendall's Tau B herangezogen. Die Zusammenhänge der Ergebnisse im SFP – bezüglich GS-SFP, der Belastung und Anspannung – mit denen im BDI und FPI-R wurden zum einen für die Erstuntersuchung und zum anderen für die Nachuntersuchung von Patienten in der Tabelle 13 zusammengestellt. Es wurden dort jeweils sowohl r als auch Kendall's Tau B als statistische Zusammenhangsmaße mit dem Ergebnis der betreffenden Signifikanzprüfung wiedergeben.

GS-SFP hängt in der ersten Messung (bei 421 Patienten) mit der Belastung, r = .19, R% = 4%, und der Anspannung, r=.23, R% = 5%, nach Kendall's Tau B signifikant zusammen. Zusammenhänge sind zwar auch theoretisch zu erwarten gewesen, blieben aber empirisch gering. Demnach misst die GS-SFP tatsächlich und wie erwartet etwas anderes als die Einschätzungen der in den letzten zwei Monaten gefühlten Belastung und Anspannung. Der persönliche Zustand der mit der GS-SFP gemessenen Stressanfälligkeit hebt sich also nicht nur theoretisch davon ab. Belastung und Anspannung sind selbst zwar sehr hoch, r = .75, R% = 56%, miteinander und nach Kendall's Tau B signifikant korreliert, aber – wie angenommen – nicht perfekt. Die Anspannung sollte stärker mit der eigenen, „subjektiven" Wahrnehmung von tatsächlich vorliegender Belastung, dem Umgang damit, den Reaktionen darauf und der Bewältigung davon zu tun haben. Wobei klar und bewusst bleiben sollte, dass auch die tatsächlich vorliegende Belastung sowie die einzelnen diversen Belastungen über die Einschätzung subjektiven Prozessen – wie der eigenen Wahrnehmung und Bewertung – unterliegen. Auch die Einschätzung der Belastung bleibt subjektiv und abhängig von der jeweiligen, subjektiven Wirkung der Belastung auf die jeweils betroffene Person.

In der abschließenden bzw. 2. Messung (am Therapieende) hängt die GS-SFP bei 287 Patienten deutlich mit der Belastung, r = .40, R% = 16%, und der Anspannung, r=.47, R% = 22%, zusammen. Auch Belastung und Anspannung sind hier höher als in der Anfangsmessung korreliert: r = .84, R% = 71%. Nach Kendall's Tau B sind wieder alle Zusammenhänge auf dem ordinalen Skalenniveau signifikant. Diese im Vergleich zur ersten Messung zugenommenen Zusammenhänge weisen auf eine am Schluss der Therapie bedeutsam verbesserte Stressbewältigung, erhöhte -resilienz usw. hin. Dies hat nun wiederum stärkere Auswirkungen auf die Beurteilung und das Ausmaß der gefühlten Belastung und Anspannung. Eine verringerte Stressanfälligkeit und verbesserte -bewältigung führen eben dazu, den Belastungen des Lebens weniger Gewicht beizumessen und darauf mit weniger Anspannung zu reagieren. Je höher die nach einer Therapie verbleibende Stressanfälligkeit jedoch noch ist, desto höher fallen die eingeschätzte Belastung und Anspannung aus. Vermutlich wirken sich dann Belastungen stärker aus, wird stärker mit Anspannung reagiert und werden Belastung und Anspannung insgesamt stärker empfunden.

Mit dem BDI ist die GS-SFP in der ersten Messung von 483 Patienten mit r=.27 korreliert (R% = 7%). Das Ausmaß der depressiven Symptomatik hängt danach nur im geringeren Umfang – aber auch nach Kendall's Tau B immerhin signifikant – mit der Stressanfälligkeit zusammen (vgl. Tabelle 13). Der BDI-Wert ist erwartungsgemäß noch höher mit der „Emotionalität" im FPI-R korreliert, die nicht nur im Besonderen die Stressanfälligkeit – als einen Faktor – beinhaltet, sondern viel mehr die allgemeine emotionale Labilität oder den Neurotizismus einer Person. Mit den Rohwerten beträgt immerhin r = .56 (R% = 31%). Dieser positive Zusammenhang ist selbstverständlich auch nach Kendall's Tau B signifikant. Dies bedeutet, dass ein hoher bzw. niedriger Neurotizismus-Wert tendenziell mit entsprechend erhöhten bzw. erniedrigten BDI-Werten verbunden ist.

Interessanterweise sind bei 420 Patienten die direkt eingeschätzte Belastung mit r = .35 (R% = 12%) und die Anspannung mit r = .44 (R% = 19%) mit der depressiven Symptomatik nicht nur wiederum – auch auf dem ordinalen Datenniveau anhand Kendall's Tau B – signifikant korreliert. Sondern auch vom Umfang her ergibt sich hier mindestens ein mäßiger und relativ substantieller Zusammenhang bzw. Anteil gemeinsamer Varianz. Dies deckt sich mit der psychotherapeutischen Erfahrung, dass der Entwicklung depressiver Symptom- und Störungsbilder (einschließlich des Burn-out-Syndroms) in der Regel Ereignisse und Phasen schwerer Belastung vorangehen. Eine anhaltend schwere oder kürzere, aber extreme Belastung kann also – gemäß der Erfahrung in der psychotherapeutischen Praxis – die Entwicklung einer Depression auslösen und befördern. Schwere Belastung sowie sehr belastende Erlebnisse und Erfahrungen tragen erfahrungsgemäß auch ersichtlich zur Verschlimmerung und zum Andauern depressiver Symptom- und Störungsbilder – auch während der Therapie – bei. Während und nach der schweren Belastung bestimmen dann vor allem das Ausmaß sowie Häufigkeit und Dauer der begleitenden und in der Folge entwickelten inneren Anspannung – also der gefühlte Stress – die negativen Auswirkungen auf Körper (Soma) und Psyche. Die gefundenen linearen Zusammenhänge zwischen Belastungs- bzw. Anspannungs- und BDI-Werten stehen also in Übereinstimmung mit psychotherapeutischen Erfahrungen bei Patienten mit depressiven Symptom- und Störungsbildern.

Die Zusammenhänge der Stressanfälligkeit (GS-SFP) mit den Größen des FPI-R in der ersten Messung konnte bei der „Emotionalität" in Standardwerten für 486 Patienten und bei den restlichen Größen für 481 Patienten berechnet und geprüft werden. Alle berechneten Zusammenhänge und sowohl r als auch Kendall's Tau B wurden bis auf eine Ausnahme statistisch bedeutsam (vgl. Tabelle 13). Bei den „Gesundheitssorgen" erreichte weder der Korrelationskoeffizient r noch Kendall's Tau B einen überzufälligen Zusammenhang mit GS-SFP. GS-SFP ist als Maß der Stressanfälligkeit, wie zu erwarten war, mit der „Emotionalität" in Standardwerten (r = .36, R% = 13%), den Rohwerten der „Emotionalität" (r = .38, R% = 14%), der „Erregbarkeit" (r = .39, R% = 15%) und der sozialen „Gehemmtheit" (r = .33, R% = 11%) immerhin mäßig korreliert. Dies spricht also für die angenommene inhaltliche Bedeutung bzw. Gültigkeit der GS-SFP als Maß für die Stressanfälligkeit. Die Leistungsorientierung in Rohwerten nimmt mit der Stressanfälligkeit etwas ab (r = -.16, R% = 3%). Die Korrelation ist negativ, d. h., je höher die Stressanfälligkeit ist, desto geringer fällt die Leistungsorientierung aus. Aber die Stärke des Zusammenhanges bleibt – trotz der statistischen Signifikanz – inhaltlich vergleichsweise vernachlässigbar. Die Korrelation mit den Rohwerten der „Aggressivität" (r = .18, R% = 3%) bleibt ähnlich gering. Etwas umfangreicher fielen die inhaltlich plausiblen Zusammenhänge mit der „Beanspruchung" (r = .25, R% = 6%) und den „körperlichen Beschwerden" (r = .24, R% = 6%) im FPI-R aus. Die Korrelation der GS-SFP mit den Rohwerten der „Gesundheitssorgen" im FPI-R blieb in jeglicher Hinsicht unbedeutend (r = .06, R% unter 1%).

Die Zusammenhänge der im SFP eingeschätzten Belastung und Anspannung mit der „Emotionalität" in Standardwerten im FPI-R konnten für 421 Patienten untersucht werden. Beide wurden sowohl für r als auch für Kendall's Tau B statistisch signifikant (s. Tabelle 13). Der lineare Zusammenhang bleibt jedoch quantitativ für die Belastung – wie bei der Stressanfälligkeit bzw. GS-SFP – vergleichsweise gering: r = .24, R% = 6%. Der Zusammenhang mit der Anspannung fällt dagegen offensichtlich größer aus: r = .37, R% = 14%. Die „Emotionalität" im FPI-R soll den Grad an Neurotizismus und emotionaler Labilität einer Person anzeigen. Mit der Zunahme der Werte auf dieser grundlegenden Persönlichkeitsdimension geht also eine Zunahme der in den letzten 2 Monaten gefühlten Anspannung einher. Das entspricht der psychotherapeutischen Erfahrung, dass neurotische oder emotional labile, empfindliche, ängstliche Menschen tendenziell früher, stärker und länger anspannen oder sich angespannt fühlen. Die Zusammenhänge mit den anderen Ergebnissen bzw. Größen des FPI-R in der Erstuntersuchung sind der Tabelle 13 zu entnehmen.

Die „Emotionalität" im FPI-R wurde bei 481 Patienten, wie bereits ausgeführt, sowohl als einfacher Rohwert als auch als Standardwert erhoben. Zur Bestimmung des Standardwertes wurde der jeweilige Rohwert auf die jeweils zutreffende alters- und geschlechtsbezogene Normstichprobe bezogen. Der lineare Zusammenhang zwischen diesen beiden Größen ist in der Vor- bzw. Anfangsmessung gemäß der Korrelation r = .96 (R% = 92%) fast perfekt. Gemäß Kendall's Tau B = .90 ist der Zusammenhang auch auf dem Ordinalskalen-Niveau extrem hoch und mindestens auf dem 1%-Niveau signifikant. Beide Variablen messen demnach weitgehend das Gleiche. Deshalb beziehen sich die folgenden Berechnungen und Prüfungen nur auf den Standardwert der „Emotionalität" im FPI-R. Für diese „Emotionalität" im FPI-R in der Anfangsmessung wurden die Zusammenhänge mit den Rohwerten der anderen untersuchten Dimensionen des FPI-R bei 481 Patienten anhand von Kendall's Tau B untersucht. Jeder Zusammenhang erwies sich bis auf der mit den „Gesundheitssorgen" (Kendall's Tau B = .08, r =.10, R% = 1%) als statistisch bedeutend. Das gleiche gilt auch für die betreffenden Korrelationskoeffizienten. Die „Emotionalität" ist – wie auch die GS-SFP (s.o.) – mit der „Leistungsorientierung" negativ und gering (r = -.19, R% = 4%) korreliert. Mit der sozialen „Gehemmtheit" (r = .29, R% = 8%) und Aggressivität (r = .29, R% = 8%) ergaben sich mäßige und mit der „Erregbarkeit" (r = .47, R% = 22%), der „Beanspruchung" (r=.57, R% = 32%) und den „körperlichen Beschwerden" (r=.49, R% = 24%) deutlich hohe Zusammenhänge.

Die Zusammenhänge der Werte im SFP mit den untersuchten Größen des FPI-R und dem BDI-Wert sind nach der Verhaltenstherapie – bis auf eine Ausnahme – alle nach Kendall's Tau B statistisch signifikant. Kendall's Tau B und die Produkt-Moment-Korrelation sind für jeden Zusammenhang der Tabelle 13 zu entnehmen. Durch die Markierung mit einem Stern wird in dieser Tabelle zusätzlich das Vorliegen einer statistischen Signifikanz der jeweiligen statistischen Testgröße angezeigt.

Danach ist die mit der GS-SFP gemessene Stressanfälligkeit in der Schlussmessung durchgehend mäßig bis hoch mit den hier berücksichtigten Dimensionen des FPI-R korreliert. Mit der „Emotionalität" als Standardwert (r = .53, R% = 28%) sowie in Rohwerten mit der „Emotionalität" (r = .55, R% = 30%) und der „Erregbarkeit" (r = .52, R% = 27%) ergaben sich deutlich substantielle und inhaltlich bedeutungsvolle und erwartungsmäße positive Zusammenhänge. Aber auch die Zusammenhänge mit der sozialen „Gehemmtheit" (r = .40, R%= 16%), der „Beanspruchung" (r = .42, R%= 18%) und den „körperlichen Beschwerden" (r = .45, R%= 20%) fallen in der Nachuntersuchung noch vergleichsweise substantiell und erwartungskonform aus. Je größer die gemessene Stressanfälligkeit ausfällt, desto größer fallen auch die Werte auf diesen Dimensionen des FPI-R aus. Dies bestätigt nicht nur die Bedeutung und Relevanz der Stressanfälligkeit für die grundlegenden psychologischen Faktoren und Dimensionen im Allgemeinen, sondern auch die Eignung und Angemessenheit – also die methodische, psychologische Validität – der GS-SFP als Messung der Stressanfälligkeit im Besonderen.

Die Stressanfälligkeit bzw. GS-SFP ist mit dem Wert im BDI hoch korreliert (r = .50) und die gemeinsame Varianz (R%) beträgt immerhin 25%. Nach Tabelle 13 wurde dieser Zusammenhang sowohl für r als auch Kendall's Tau B signifikant. Es besteht nach den Daten also deutlich folgender Zusammenhang: Je größer die Stressanfälligkeit im SFP (noch) nach der Therapie ausfiel, desto größer war die Depressivität bzw. die gemessene depressive Symptomatik gemäß dem BDI. Auch hier fällt der Zusammenhang zwischen der „Emotionalität" im FPI-R und dem Depressionswert im BDI – wie bereits in der Voruntersuchung – sowohl mit Kendall's Tau B als auch r signifikant und für die Rohwerte mit r = .56 (R% = 31%) besonders hoch aus. Dies bedeutet, dass ein hoher bzw. niedriger Neurotizismus-Wert tendenziell mit entsprechend erhöhten bzw. erniedrigten BDI-Werten – also einer schwereren depressiven Symptomatik – verbunden ist. Aber der Unterschied des Zusammenhanges ist gegenüber dem zur Stressanfälligkeit in dieser Nachuntersuchung – im Vergleich zur Voruntersuchung – quantitativ fast nivelliert bzw. nur gering. Mit und nach der Verhaltenstherapie gewinnt der Zusammenhang zwischen der Stressanfälligkeit und dem Ausmaß an depressiven Beschwerden quantitativ deutlich an Bedeutung und Gewicht. Eine erhöhte Stressanfälligkeit geht am bzw. nach dem Ende der Verhaltenstherapie zwar nur tendenziell, aber sowohl nachweislich als auch substantiell einher mit mehr und stärkeren depressiven Symptomen. Dazu würde die Vermutung und psychotherapeutische Erfahrung passen, dass eine erhöhte Stressanfälligkeit der Bewältigung und Genesung von einer depressiven Störung eher entgegensteht und diese nicht befördert.

Wie in der Erstuntersuchung sind die eingeschätzte Belastung (r=. 42, R% = 18%) und Anspannung (r=.51, R%= 26%) nicht nur bezüglich sowohl r als auch Kendall's Tau B signifikant, sondern auch quantitativ mindestens mäßig bis hoch mit dem Ausmaß der depressiven Symptomatik korreliert (s. Tabelle 13). Hier gelten auch die bei der Erst- bzw. Voruntersuchung angesprochenen inhaltlich erwarteten und plausiblen Zusammenhänge zwischen einer depressiven Symptomatik und der gefühlten Belastung und Anspannung.

Die Zusammenhänge der Belastung (r = .39, R% = 15%) und Anspannung (r = .52, R% = 27%) mit der „Emotionalität" (Standardwerte) im FPI-R werden in der Messung am Ende bzw. nach der Therapie beide nach Kendall's Tau B signifikant und sind als quantitativ mindestens mäßig bis hoch zu beurteilen. Auch hier zeigt sich wie bei der Erstuntersuchung ein quantitativ deutlich höherer Zusammenhang mit der eingeschätzten Anspannung im Vergleich mit der Belastung. Diese sowie die weiteren Zusammenhänge mit den anderen Ergebnissen bzw. Größen des FPI-R in der Nachuntersuchung sind in der Tabelle 13 aufgeführt. Die statistisch signifikanten und besonders hohen Zusammenhänge mit der „Beanspruchung" im FPI-R sind inhaltlich passend. Für die eingeschätzte Belastung beträgt R% = 23% und für die Anspannung R% = 29%.

Die „Emotionalität" im FPI-R wurde – wie oben bereits für die Erstuntersuchung ausgeführt – sowohl als einfacher Rohwert als auch als Standardwert erhoben. Der lineare Zusammenhang zwischen diesen beiden Größen ist in der Schlussmessung bzw. Nachuntersuchung gemäß der Korrelation (r = .95; R% = 90%) fast perfekt. Gemäß Kendall's Tau B = .91 ist der Zusammenhang auch auf dem Ordinalskalen-Niveau extrem hoch und signifikant. Beide Variablen messen demnach weitgehend das Gleiche. Deshalb beziehen sich die folgenden Berechnungen und Prüfungen nur auf den Standardwert der „Emotionalität" im FPI-R. Alle mit Kendall's Tau B auf dem ordinalen Datenniveau wiedergegebenen Zusammenhänge zwischen der „Emotionalität" im FPI-R und den anderen vier Größen des FPI-R in Rohwerten erwiesen sich in der Nachuntersuchung als statistisch bedeutsam. Das Gleiche gilt für r. Die Korrelation der „Emotionalität" mit der „Erregbarkeit" betrug r = .66 und die gemeinsame Varianz entsprechend R% = 44%, mit der (sozialen) „Gehemmtheit" r = .41 und R% = 17%, mit der „Beanspruchung" r = .70 und R% = 49% sowie mit den „körperlichen Beschwerden" r = .61 und R% = 37%. Zwischen den Werten auf diesen Dimensionen bestehen also hohe bis sehr hohe Zusammenhänge und ein entsprechend vergleichsweise hoher Anteil an gemeinsamer Varianz. Auch hier fallen – wie bei und mit der Stressanfälligkeit bzw. der GS-SFP (vgl. Tabelle 13) – die Zusammenhänge mit der „Emotionalität" quantitativ höher aus als bei der Erstuntersuchung.

Tabelle 13

Zusammenhänge der Ergebnisse im SFP mit denen im BDI und FPI-R in der Erst- und Nachuntersuchung von Patienten mittels r und Kendall´s Tau B

	Vor Therapie						Nach Therapie					
SFP:	GS-SFP		Belastung		Anspannung		GS-SFP		Belastung		Anspannung	
	r	Tau B	r	Tau B	r	Tau B	r	Tau B	r	Tau B	r	Tau B
FPI-R:												
EMOTION-S:	.36*	.28*	.24*	.17*	.37*	.26*	.53*	.38*	.39*	.30*	.52*	.42*
EMOTION-R:	.38*	.29*	.26*	.18*	.39*	.28*	.55*	.39*	.40*	.31*	.51*	.41*
GEHEMMT:	.33*	.26*	-.01	-.00	.08	.06	.40*	.30*	.16	.12	.17*	.13*
ERREGBAR:	.39*	.27*	.18*	.15*	.18*	.14*	.52*	.37*	.28*	.20*	.36*	.27*
BEANSPRU:	.25*	.18*	.30*	.22*	.36*	.24*	.42*	.29*	.48*	.37*	.54*	.42*
KÖRBESCH:	.24*	.16*	.19*	.14*	.28*	.21*	.45*	.30*	.28*	.18*	.39*	.28*
LEISTUNG:	-.16*	-.11*	.03	.01	-.05	-.05						
AGGRESS:	.18*	.14*	.12	.09*	.15*	.13*						
GESUNDH:	.06	.05	-.03	-.02	-.03	-.02						
BDI:	.27*	.18*	.35*	.26*	.44*	.32*	.50*	.33*	.42*	.33*	.51*	.40*

Anmerkungen:

EMOTION-S = „Emotionalität" in Standardwerten, EMOTION-R = „Emotionalität" in Rohwerten, GEHEMMT = „Gehemmtheit", ERREGBAR = „Erregbarkeit", BEANSPRU = „Beanspruchung", KÖRBESCH = „körperliche Beschwerden", LEISTUNG = „Leistungsorientierung", AGGRESS = „Aggressivität", GESUNDH = „Gesundheitssorgen"

r = Korrelationskoeffizient bzw. Produkt-Moment-Korrelation nach Pearson, Tau B = Kendall´s Tau B

* = statistische Signifikanz des jeweiligen Kennwertes auf dem 1%-Niveau bei zweiseitiger Testung

Nach den Untersuchungsergebnissen kann von einer mindestens hohen bzw. hinreichenden Zuverlässigkeit, Bedeutung und Validität des SFP im Allgemeinen und der mit der GS-SFP zumessenden Stressanfälligkeit im Besonderen ausgegangen werden.

10.2 Hinweise und Empfehlungen zur Interpretation der persönlichen Ergebnisse

Wenden wir uns nun Ihren ganz persönlichen Antworten und Ergebnissen im SFP zu. Wichtig ist, dass Sie zunächst Ihre Ergebnisse einfach so annehmen, wie diese ausgefallen sind. Gleichgültig, ob Sie jeweils geringere, mittlere oder höhere Ausprägungen erreicht haben, ist es so, wie es ist. In zweiter Linie wäre dann zu überlegen, ob Sie mit und an diesen Ergebnissen arbeiten möchten, um sich etwa in für Sie angemessener und heilsamer Weise zu verändern und zu entwickeln. Wenn Sie vorhaben, regelmäßig EMS im Sinne der Ausführungen in diesem Buch durchzuführen und zu üben, dann werden Sie eh in der Regel einen Weg zu wirksamen und heilsamen Veränderungen und Entwicklungen gehen. Wenn Sie bereits regelmäßig und am besten täglich dies bereits praktizieren, dann werden Sie mit großer Wahrscheinlichkeit bereits selber solche heilsamen Wirkungen und Veränderungen erfahren haben. Vor allem direkt nach den Übungen können Sie eine Reduktion etwa der gefühlten Belastung, Anspannung, inneren Unruhe, Erschöpfung sowie eine Zunahme an Energie, Leistungsfähigkeit bzw. -kraft spüren. Oft kann dies bereits mit oder nach dem Übungsende wahrgenommen werden. Oft braucht es jedoch nach der Übung auch einfach nur noch etwas Zeit, um dies im vollen Umfang wahrzunehmen. Mit zunehmender Übung bei regelmäßiger bzw. täglicher Praxis werden diese Wirkungen und Veränderungen auch nach den Übungen länger andauern, sich ausweiten und schließlich über den ganzen Tag erstrecken. Dann kann eine erhöhte Stressresilienz bzw. eine Abnahme der Stressanfälligkeit festgestellt werden.

Was können Ihnen nun ihre Antworten und Ergebnisse im SFP sagen und zurückmelden? Für die Gesamtsumme an Punkten im SFP (GS-SFP), die Einschätzungen der in den letzten zwei Monaten gefühlten Belastung und Anspannung können auf der Basis der in den Kapiteln 10.1 und 10.1.1 beschriebenen Daten, Unterschiede und Zusammenhänge sogar vergleichsweise sehr genaue und differenzierte Rückmeldungen gewonnen und gegeben werden. Bei den anderen Einschätzungen, wie z. B. der in den letzten zwei Monaten Leistungsfähigkeit, Erschöpfung und Gesundheit, sind wir bisher noch auf psychotherapeutische Erfahrungswerte angewiesen.

Im Folgenden versuche ich Ihnen ganz pragmatisch und auf das Wesentliche reduziert Hinweise und Empfehlungen zur Interpretation Ihrer Ergebnisse im SFP zu geben.

Zum ersten Teil des SFP:

Kommen wir zum ersten Teil des SFP mit den „allgemeinen Fragen zum aktuellen Stress". Hier werden Fragen hinsichtlich möglicher Bedingungen (wie nach der Belastung), Folgen (wie z. B. eine reduzierte Leistungsfähigkeit) und der Bewältigung (etwa durch gezielte Entspannung) gestellt.

Zur 1. Frage über die Belastung:

Die in den letzten zwei Monaten gefühlte Belastung sollte eigentlich nicht die 6 bis 7 bzw. 60% bis 70% überschreiten. Wie wir im Kapitel 10.1 sehen konnten, zeichnete eine vergleichsweise hohe Belastung sowohl den anfänglichen Patientenstatus als auch den anfänglichen Status von Kursteilnehmern aus, die bei mir an Kursen zur Stressbewältigung oder zur psychologischen

Entwicklung mentaler, emotionaler, meditativer Ressourcen und Kompetenzen teilgenommen hatten und sich von mir mit dem SFP untersuchen ließen. Allerdings ist gerade die Belastung eine Größe, die auch von äußeren Gegebenheiten und Entwicklungen bestimmt wird. So lassen sich beispielsweise viele, grundsätzlich belastende Ereignisse im Leben nicht bis nur teilweise oder bedingt kontrollieren und regeln. So liegt der Tod eines Angehörigen im Allgemeinen nicht in unserer Verantwortung. Aber auch der Verlust eines Arbeitsplatzes kann – unter besonderen Umständen – unserem persönlichen Einfluss völlig entzogen sein. Die Belastung ist daher eine Größe, die am schwierigsten von uns zu beeinflussen und zu regeln ist. Dennoch kann darauf geachtet werden, dass nachhaltig unnötige oder übermäßige Belastung reduziert und vermieden wird. Weiter kann auch versucht werden, die Einstellung und Sichtweise gegenüber den Belastungen des Alltags und Lebens in eine gesündere, gelassene, weise und heilsame Richtung zu verändern. Offenbar gelingt dies den Patienten nach einer Verhaltenstherapie mit einigem Erfolg; denn die Belastungseinschätzungen haben sich gemäß den Auswertungen im Kapitel 10.1 und 10.1.1 deutlich reduziert.

Zur 2. Frage über die Anspannung:

Ähnlich sieht das für die in den letzten zwei Monaten gefühlte Anspannung aus. Diese sollte ebenfalls die 6 bis 7 bzw. 60% bis 70% nicht überschreiten. Kurzfristig kann eine Anspannung durchaus höher sein, sie sollte aber nicht über mehrere Wochen und schon gar nicht über mehrere Monate andauern. Im Unterschied zur Belastung bzw. als Stressreaktion auf Belastung unterliegt die Anspannung – im positiven wie auch im negativen Sinne – gemäß dem psychologischen Verständnis stärker psychologischen Faktoren und Einflüssen. Die Anspannung lässt sich durch psychologische Strategien und Techniken etwa der Stressbewältigung und Entspannung aktiv und wirksam beeinflussen und regulieren. Durch die Anwendung solcher psychologischen Strategien und Techniken kann die Anspannung auch unter das Niveau der gefühlten Belastung reduziert werden. Dann liegt die Anspannung erfahrungsgemäß zwischen etwa 10% bis 30% unter der Belastung. Auf jeden Fall sollte die Einschätzung der Anspannung nicht die der Belastung übersteigen. Wenn doch, dann sind unbedingt psychologische Maßnahmen zur aktiven Stressreduktion und -bewältigung und insbesondere Übungen zur Entspannung zu empfehlen.

Zur 3. Frage über die Leistungsfähigkeit:

Die in den letzten zwei Monaten gefühlte Leistungsfähigkeit muss nicht andauernd perfekt und maximal sein und entsprechend 10 bzw. 100 % betragen, aber sie sollte auch nicht für längere Zeit – ohne nachvollziehbare und verständliche Gründe – unter 7 bzw. 70% fallen. Besser und sicherer ist selbstverständlich eine andauernde Leistungsfähigkeit ab 8 bzw. 80%. Die Leistungsfähigkeit bezieht sich hier nicht nur auf Leistung im Beruf oder in der Aus- und Weiterbildung, sondern meint hier auch die Leistungskraft sonst im Leben, also bei der Durchführung, Lösung und Bewältigung der privaten und sozialen Tätigkeiten, Aufgaben und Ziele. Wenn die gefühlte Leistungsfähigkeit für längere Zeit abnimmt, dann sollten die dafür verantwortlichen Auslöser, Bedingungen und Gründe gesucht, bekannt und verstanden werden, um dem angemessenen begegnen zu können (s. dazu auch Kap. 9.1.3, 9.2). Erkennen wir z. B. eine anhaltende Überforderung und Überlastung durch ein Zuviel an Arbeit und ein Ungleichgewicht zwischen Arbeit bzw. Aktivität und Ruhe, Muße und Erholung bzw. Passivität als Ursache. So kann das zum einen der Anlass für ein weiteres Nachdenken und -forschen sein, das wiederum weitere Ursachen, Bedingungen und Zusammenhänge zu Tage fördert und wichtige Einsichten und Erkenntnisse bringt. Also etwa die grundlegende, persönliche Tendenz, perfekt sein zu müssen, um nicht zu versagen und keine Abwertung oder Ablehnung zu erfahren. Zum anderen können dazu passende Maßnahmen gesucht und angewendet werden, die helfen sollen, die erkannten Missstände abzuschaffen, zu lindern und in erwünschte Richtungen zu entwickeln. Also in dem gewählten Beispiel wird etwa die Arbeitszeit auf ein angemessenes Maß strikt begrenzt. Es werden zudem gezielt Erholungs- und Entspannungsphasen eingelegt. Weiter wird insgesamt und konsequent eine psychologische Stressbewältigung – wie in betreffenden Kursen kompetent vermittelt – betrieben. Es ist wichtig die Ursachen und Zusammenhänge für die eigene anhaltende Reduktion der Leistungsfähigkeit wirklich verstanden zu haben; denn dieser können auch schwerwiegende Probleme, Störungen und Erkrankungen zu Grunde liegen. Dabei ist gleichgültig, ob diese eher einen psychischen, somatischen oder psychosomatischen Schwerpunkt haben. Gegebenenfalls sind hier also entsprechende, ärztliche oder psychotherapeutische Expertise und Kompetenz hinzuzuziehen.

Zur 4. Frage über die Erschöpfung:

Vergleichbar in etwa mit der Leistungsfähigkeit – nur zahlenmäßig in die entgegengesetzte Richtung – sind die Einschätzungen der in den letzten zwei Monaten gefühlten Erschöpfung zu sehen. Es kann durchaus vorkommen, dass in etwas längeren Phasen – etwa bei und noch nach schwerer Belastung – Anflüge oder sogar ein gewisses Ausmaß an Erschöpfung gespürt werden kann. Dieses sollte aber auf keinen Fall für längere Zeit die 3 bzw. 30% überschreiten. Besser wäre über längere Zeiträume keine oder nur eine minimale bzw. sehr geringe Erschöpfung von 1 bzw. 10% zu empfinden. Eine größere Erschöpfung geht grundsätzlich mit schweren körperlichen Erkrankungen, aber auch mit vielen psychischen Störungen und Erkrankungsbildern – wie vor allem mit einer Depression – einher. Aber auch einfach nur unentwegte, schwere Belastung und hohe Anspannung (Stress) münden irgendwann – selbstverständlich in Abhängigkeit der jeweils vorliegenden Voraussetzungen, Bedingungen, Verhältnisse und Faktoren, aber über die Dauer mit zunehmender Wahrscheinlichkeit – in den Zustand der Erschöpfung. Oft treten in der Folge dann auch noch andere Symptome – wie etwa Schlafstörungen oder psychosomatische Missempfindungen und Beschwerden – auf, die den Zustand einer Erschöpfung noch befördern und aufrechterhalten. Dem gilt es letztlich, ebenfalls durch geeignete Maßnahmen entgegenzuwirken und Abhilfe zu schaffen. Der Erschöpfung kann ganz grundsätzlich nicht nur mit den vorwiegend entspannenden Verfahren entgegengewirkt werden, sondern auch mit den zudem besonders nährenden, stärkenden und energetisch aufbauenden Verfahren der Meditation und Selbsthypnose. Darüber hinaus sollten – wie bei einer anhaltenden Leistungsschwäche und geringen Leistungsfähigkeit (s.o.) – bei einer anhaltenden Erschöpfung die tatsächlichen Auslöser, Gründe und Ursachen dafür erkannt und verstanden werden. Dies wird umso wichtiger und dringlicher, je stärker die Erschöpfung gespürt und gefühlt wird. Notfalls wäre auch hier ärztliche und psychotherapeutische Expertise und Kompetenz anzufragen.

Zur 5. Frage über die Gesundheit, getrennt für Psyche und Soma (Körper):

Die Frage nach der Gesundheit in den letzten zwei Monaten ist unterteilt worden, in die beiden Fragen nach der psychischen und der körperlichen Gesundheit. Menschen und auch das vorherrschende medizinische System teilen und differenzieren die Gesundheit gerne in diese beiden Aspekte. Aber oft ist diese Unterteilung nicht nur vereinfachend, sondern auch durchaus hilfreich und nützlich. Es schadet auch nicht, spätestens an dieser Stelle zu reflektieren, zu analysieren und sich zu prüfen, wie gesund man sich in den letzten Monaten zum einen in psychischer Hinsicht und zum anderen in körperlicher Hinsicht fühlte. Denn hier kann es deutliche Abweichungen geben. Natürlich wäre es wünschenswert, dass Sie sich in beiderlei Hinsicht möglichst gesund gefühlt haben und fühlen. Patienten, die eine erfolgreiche Verhaltenstherapie beenden, schätzen sich in der Regel psychisch als mindestens 8 bzw. 80% ein. Überwiegend fühlen sie sich zu 90% oder sogar 100% psychisch gesund. Die körperliche Gesundheit ist beim Vorliegen und der Behandlung von nur psychisch klassifizierten Störungen in der Regel an die psychische Gesundheit gekoppelt. Beim zusätzlichen Vorliegen vor allem schwerer oder chronischer körperlicher Erkrankungen, Schäden oder Behinderungen kann dies merklich anders aussehen, wie z. B. nach einem Schlaganfall oder bei den verschiedenen Formen und Arten einer Krebserkrankung (z. B. Magen- oder Darmkrebs) oder einer Autoimmunerkrankung (wie z. B. multiple Sklerose). Da können sich Patienten psychisch vollkommen gesund fühlen, nehmen aber immer noch den Sachverhalt und die Folgen dieser körperlichen Widrigkeiten wahr. Obwohl sie psychisch gut damit umgehen (vgl. Kap. 9), bleiben jenen das Bewusstsein und die Erfahrung ihrer körperlichen Beschwerden und Beeinträchtigungen. Hier ist die Unterscheidung zwischen psychischer und körperlicher Gesundheit, trotz grundsätzlicher Bedenken und Differenzierungsprobleme (s. Kap. 9.1.1), psychologisch oft sehr hilfreich und entlastend: Zum einen, um sich zu vergegenwärtigen, dass man wirklich bzw. ausreichend psychisch gesund ist. Also auch psychologisch kompetent und angemessen mit seiner Erkrankung, Behinderung und seinem Körper umgeht, ihn annimmt, achtet und pflegt, sich um ihn sowie seine Bedürfnisse und Belange angemessen und hinreichend kümmert und bemüht. Also letztlich genügend und das einem Mögliche – zumindest weitgehend – tut. Zum anderen, aber dennoch auch länger oder weiterhin – mehr oder weniger – diese körperlichen, gesundheitlichen Probleme und Beeinträchtigungen haben wird, dass man weiter damit zu leben und diese zu ertragen sowie hinzunehmen hat.

Je weniger gesund Sie sich nun persönlich in den letzten zwei Monaten auf einer – insbesondere der psychischen – oder sogar beiden Dimensionen gefühlt haben, desto ausgefallener, extremer dürften die bereits beschriebenen Einschätzungen und die Stressanfälligkeit bzw. die GS-SFP tendenziell ausfallen. Umso wichtiger und dringlicher wären grundsätzlich auch heilsame Veränderungen und Maßnahmen, um die psychische, aber auch die körperliche Gesundheit – soweit wie möglich – wieder herzustellen. Daran können die im Werk besprochenen Verfahren zur EMS einen großen Anteil haben. Allerdings ist – wie bereits bei der Leistungsfähigkeit und Erschöpfung besprochen – ein umfassenderes und vertieftes Untersuchen, Erkennen und Verständnis der zu Grunde liegenden Bedingungen, Ursachen und Zusammenhänge auch hier sinnvoll und wichtig. Nur so kann die Notwendigkeit, Angemessenheit und Wirksamkeit sowie das Hinreichen möglicher, gewählter oder geplanter Maßnahmen und Veränderungen wirklich eingeschätzt werden. Es kann daher auch in diesem Zusammenhang ratsam sein, sich zusätzlich – wenn nicht schon geschehen – gezielt ärztliche oder psychotherapeutische Hilfe und Unterstützung zu suchen.

Zur 6. Frage über den Abbau von Anspannung:

Die Frage nach der Häufigkeit des Abbaus von Anspannung in den letzten zwei Monaten ist bewusst ganz allgemein gehalten und die Beispiele nehmen keinen Bezug auf psychologische Verfahren zur Entspannung und Meditation. Vielmehr werden Tätigkeiten bzw. Beschäftigungen aus dem alltäglichen Leben als Beispiele genannt, die als Aktivitäten in der Freizeit gezielt helfen und genutzt werden können, den Stress bzw. die Anspannung gefühlt sowie psychophysiologisch nachweisbar runter zu fahren. Im Gegensatz zu den in diesem Werk vermittelten psychologischen Verfahren zur EMS sind diese Tätigkeiten für gewöhnlich aktiver und stärker nach außen gerichtet. Aber auch hier gibt es fließende Übergänge und Ausnahmen, z. B., wenn sich jemand regelmäßig nach dem Mittag für eine überschaubare Zeit zu einem Nickerchen zum

Stressabbau hinlegen würde. Schlafen wäre also völlig passiv und nach innen gerichtet. Weiter können diese Freizeitaktivitäten im Sinne von Übungen zur Achtsamkeit oder als Achtsamkeitsmeditationen ausgeführt werden (dazu Kap. 3.3), dann werden diese innerlich und auch zu einem psychologischen Verfahren der Entspannung und Meditation. Die angesprochenen Freizeit- bzw. Stressabbauaktivitäten haben aber generell den Vorteil, dass die meisten Menschen über eine oder mehrere solcher Tätigkeiten als Ressourcen bereits verfügen und damit sofort ihr augenblickliches Stresslevel wirksam reduzieren könnten. Sie müssten diese einfach nur zum Stressabbau anwenden und ausführen. Dagegen müssten die psychologischen Verfahren zur EMS erst erlernt und geübt werden. Aber selbst dann, wenn regelmäßig gezielt psychologisch entspannt und meditiert wird, bleiben diese Freizeittätigkeiten sowie auch nur das Pflegen des einfachen Ausruhens und Auszeitnehmens, der Muße und der eigenen Hobbies sehr wichtig für das innere Gleichgewicht, die innere Lebensbalance zwischen Anstrengung und Erholung bzw. Anspannung und Entspannung und für den Erhalt und Erwerb einer gesunden, voll entfalteten und gereiften Persönlichkeit. Es wäre daher wünschenswert, dass Sie das entsprechend häufig – mindestens mehrmals die Woche, am besten täglich – tun. Wichtig sind jedoch auch bei diesen Aktivitäten das Ziel, Anspannung abzubauen, und eine dazu geeignete Haltung. Denn auch bei diesen Aktivitäten könnten unter einer anderen Zielsetzung und einer für den Stressabbau ungeeigneten Haltung stattdessen sofort innerer Druck und Anspannung erzeugt werden. Wenn z. B. das Musizieren mit einem hohen Anspruch an die eigene Leistung und Perfektion verbunden werden würde. Eigentlich verlieren diese Aktivitäten dann ihren Freizeit- und Mußecharakter und werden zu Arbeit und vielleicht sogar Mühsal.

Zur 7. Frage über die Entspannungsfähigkeit:

Mit der Frage, wie gut Sie sich in den letzten zwei Monaten überhaupt entspannen und zur Ruhe kommen konnten, wird Ihre Fähigkeit oder Ihr Vermögen, sich zu entspannen und zu beruhigen, angesprochen. Zwischen 0 bis 10 ist dementsprechend Ihre in den letzten 2 Monaten vorliegende Entspannungsfähigkeit einzuschätzen. Wünschenswert wäre selbstverständlich eine möglichst hohe Entspannungsfähigkeit von mindesten 7 bzw. 70%. Bei meinen Patienten liegt diese erfahrungsgemäß für gewöhnlich deutlich darunter. Angesichts vor allem eines geringen Entspannungsvermögens von etwa 0 bis 3 befinden sich solche Patienten oft gefühlsmäßig in einem für sie anscheinend unlösbaren Konflikt bzw. Dilemma. Sie haben das sehr starke Gefühl und die entsprechende Überzeugung, dass sie sich nicht entspannen können und sich aber erst entspannen können müssten bzw. entspannter sein müssten, um sich zu entspannen. Da sie aber nicht entspannt sind und sich anscheinend oder vermeintlich überhaupt nicht entspannen können, stehen sie einer gezielten Selbstentspannung und der Selbstberuhigung sehr hilflos gegenüber. Die Wahrnehmung der hohen Anspannung und der damit verbundenen inneren Unruhe sind zutreffend. Auch wird die mehr oder weniger große Schwierigkeit, sich zu entspannen und zu beruhigen, zutreffend empfunden. Dennoch wird die Schwierigkeit zumeist überschätzt. Stetiges Üben bringt in der Regel über einen längeren Zeitraum sowohl einen Zugewinn an Entspannung als auch an Entspannungsfähigkeit. Auch hier gilt es jedoch wenige, aber ernste Ausnahmen, wie z. B. eine deutliche Schilddrüsenüberfunktion, zu beachten und bei Bedarf zusätzlich zu behandeln. Anhaltendes und stetiges Üben gegen innere Widerstände und Schwierigkeiten ist jedoch vor allem psychisch-mental aufwendig und anstrengend, also Arbeit. Auch das Überwinden zum Üben, das Aufbringen von Geduld und Zeit, die Akzeptanz von zunächst nur wenigen und geringen Erfolgserlebnissen, die Toleranz gegenüber Rückschlägen und den eigenen Schwierigkeiten usw. kosten letztlich u. U. sehr viel psychisch-mentale Anstrengung bzw. Energie. Auch hier gelten alte Sprichwörter und Weisheiten, wie etwa: Es ist noch kein

Meister vom Himmel gefallen. Übung macht den Meister. Steter Tropfen höhlt den Stein. Positiv ist, dass dennoch nach meinen Erfahrungen – bis auf wenige Ausnahmen – alle motivierten Patienten im Rahmen einer Verhaltenstherapie schließlich gelernt haben, sich selber gezielt zu entspannen und zu beruhigen. Also auch Ihre Entspannungsfähigkeit dürfte mit dem regelmäßigen Üben zunehmen.

Zur 8. Frage nach Kenntnissen über Entspannungs- oder Meditationsverfahren:

Diese Frage soll die Erinnerung von Kenntnissen und Wissen über besondere Entspannungs- und Meditationsverfahren unterstützen. Zudem bereitet diese die nächsten beiden und entscheidenden Fragen vor.

Zur 9. Frage nach der Häufigkeit gezielter Entspannung oder Meditation:

Entscheidend ist für die Entwicklung von Entspannung, Entspannungsfähigkeit, Stressresilienz usw. das regelmäßige, gezielte Üben von EMS. Dies sollte idealerweise andauernd täglich passieren, aber mindestens 4 bis 5 Mal die Woche. Da dies mit unterschiedlichen Verfahren passieren kann, die im Einzelnen auch unterschiedliche Wirkungen haben, wird noch die nächste Frage gestellt.

Zur 10. Frage nach den einzelnen Verfahren und ihrer Übungshäufigkeit:

Da Sie vielleicht – noch – keine derartigen Übungen können und praktizieren, haben Sie diese Frage dann auch entsprechend offen bzw. unbeantwortet gelassen. Wichtig ist generell für das Üben, besser wenige Verfahren zu benutzen, aber dafür diese regelmäßig anzuwenden. Da aber dennoch durchaus mehrere Verfahren in Kombination oder unterschiedlicher Häufigkeit geübt werden können, wird nach diesen Verfahren und ihrer jeweiligen Häufigkeit gesondert gefragt. Maximal die 4 wichtigsten, häufigsten Verfahren werden – am besten gemäß Ihrer persönlichen Bevorzugung – der Reihe nach aufgeführt und hinsichtlich der Übungshäufigkeit eingeschätzt. Die Häufigkeiten sollten zusammengenommen in etwa mit der grundsätzlichen Übungshäufigkeit nach Frage 9 übereinstimmen.

Sie können Ihre Einschätzungen nun auch zum Anlass nehmen, darüber nachzudenken und sich innerlich zu prüfen, ob Ihr bisheriges Übungspensum für Sie wirklich hinreichend und angemessen ist oder vielleicht doch noch verändert, verstärkt oder ausgeweitet werden sollte?

Zum zweiten Teil des SFP mit dem STRESS-SITUATIONS-INVENTAR:

Dieser Teil umfasst das Stress-Situations-Inventar. Die Auswertung der einzelnen Stresseinschätzungen nach Kapitel 10 erbringt die Gesamtsumme an Punkten im SFP, abgekürzt: GS-SFP. Nach den Stichprobenauswertungen in Kapitel 10.1 sollte Ihre erreichte GS-SFP auf jeden Fall nicht die Grenze von 291 Punkten überschreiten; denn mehr Punkte hatten nur noch knapp 30% meiner Patienten vor einer Verhaltenstherapie. Bereits gut 70% meiner Patienten hatten 291 oder weniger Gesamtpunkte im SFP. Eine noch weiter differenziertere Einordnung im Vergleich zu meinen Patienten bieten die Angaben der Perzentile in deren Erst- sowie in deren Nachuntersuchung im Kapitel 10.1. Da die Patienten einer und auch meiner psychotherapeutischen Praxis anfangs im Mittel deutlich stressanfälliger sind als Nicht-Patienten oder Patienten nach einer Psychotherapie, sollte bereits ein Wert von 260 Gesamtpunkten nicht überschritten werden. 50% meiner untersuchten Nicht-Patienten, das waren Teilnehmer aus Kursen zur Stressbewältigung oder zur psychologischen Entwicklung mentaler, emotionaler, meditativer Ressourcen und

Kompetenzen, lagen unter bzw. über diesem Wert. Bei den Patients der Erstuntersuchung befanden sich noch 63% über diesem und 37% unter diesem Wert. Nach der Verhaltenstherapie erreichten nur noch 19% einen größeren Wert als 260. Je höher Ihre GS-SFP ausfällt und je weiter diese über die hier gezogene 260-Punkte-Grenze reicht, als umso kritischer und bedenklicher ist danach Ihre Stressanfälligkeit einzuschätzen. Umso angezeigter, wichtiger und dringlicher werden der gezielte Stressabbau, der Aufbau und die Entwicklung einer individuellen Entspannungskultur, der Entspannungsfähigkeit und einer merklich verbesserten Stressresilienz. Dazu helfen die entsprechenden, im Buch beschriebenen und diskutierten Übungen zur EMS. Ein Wert unter der 260-Punkte-Grenze bleibt – zumindest was die Stressanfälligkeit angeht – unauffällig und unkritisch. Dennoch können auch hier der verstärkte, gezielte Stressabbau sowie die weitere Entwicklung der persönlichen Entspannungskultur, Entspannungsfähigkeit sowie Stressresilienz noch durchaus hilfreich und nützlich sein. Anhand der deutlich besseren bzw. geringeren Werte der Patients nach einer Verhaltenstherapie kann ermessen werden, in welchem beträchtlichen Umfang bzw. mit welcher Wirksamkeit das dennoch möglich ist. Im Buch sollte aber auch vermittelt und aufgezeigt worden sein, dass die betreffenden Übungen zur EMS sich nicht auf diesen stressrelevanten Bereich beschränken und darüber hinaus noch ganz andere wünschenswerte, heilsame Auswirkungen, Ressourcen, Kompetenzen und Entwicklungen zur Folge haben oder unterstützen.

11   Literaturverzeichnis

Abt Muho (2007). Zazen oder der Weg zum Glück. Reinbek bei Hamburg: Rowohlt.

Ackerman, J. M., Nocera, C. C. & Bargh, J. A. (2010). Incidental haptic sensations influence social judgments and decisions. Science, 328, 1712-1715.

Alman, B. (2009). Selbsthypnose. D. Revenstorf & B. Peter (Hrsg.), Hypnose in Psychotherapie, Psychosomatik und Medizin: Manual für die Praxis (2. Aufl., Kap. 25, S.318-331). Berlin: Springer.

Alman, B. M. & Lambrou, P. T. (1996). Selbsthypnose: Ein Handbuch zur Selbsttherapie. Heidelberg: Auer.

AnShin Thomas, C. (2003). Krieg beenden, Frieden leben: Ein Soldat überwindet Hass und Gewalt. Berlin: Theseus.

Asshauer, E. (2005). Tantrisches Heilen und tibetische Medizin: Die Zusammenhänge von Geist und Körper aus tibetischer Sicht. Grafing: Aquamarin.

Avalon, A. (Sir John Woodroffe) (1974). The serpent power: The secrets of tantric an shakti yoga. New York: Dover.

Banzer, W. (Hrsg.). (2017). Körperliche Aktivität und Gesundheit: Präventive und therapeutische Ansätze der Bewegungs- und Sportmedizin. Berlin: Springer.

Beck, A. T. (1978/1993). BDI Fragebogen. Bern: Huber. (Original erschienen 1978).

Beck, A. T., Rush, A. J., Shaw, B. F. & Emery, G. (1992). Kognitive Therapie der Depression (3. Aufl.). Weinheim: Psychologie Verlags Union.

Beck, C. J. (1990). Zen im Alltag. München: Knaur.

Berendt, J. E. (1983). Nada Brahma: Die Welt ist Klang. Frankfurt (a.M.): Insel.

Bernstein, D. A. & Borkovec, T. D. (2007). Entspannungstraining: Handbuch der progressiven Muskelentspannung nach Jacobson (Leben Lernen 16). Stuttgart: Klett-Cotta.

Berthold, H. (Hrsg.). (2011). Seneca: Handbuch des glücklichen Lebens. Philosophische Schriften. Köln: Anaconda.

Beuys, B. (2001). Denn ich bin krank vor Liebe: Das Leben der Hildegard von Bingen. München: Hanser.

Biedermann, H. (2004). Knaurs Lexikon der Symbole. München: Droemersche Verlagsanstalt Knaur/ Erftstadt: Area.

Bökmann, M. (1998). „Mit den Augen eines Tigers". CD. Heidelberg: Carl-Auer-Systeme.

Bongartz, B. & Bongartz, W. (1999). Hypnose: Wie sie wirkt und wem sie hilft. Reinbek bei Hamburg: Rowohlt.

Bongartz, W. & Bongartz, B. (1998). Hypnosetherapie. Göttingen: Hogrefe.

Bortz, J. (1985). Lehrbuch der Statistik: Für Sozialwissenschaftler (2. Aufl.). Berlin: Springer.

Bottini, O. (2004). Das große O. W. Barth-Buch des Buddhismus. Frankfurt (a.M.): Barth/ Fischer.

Brandis, H.-J. von (1999). Anatomie und Physiologie für Krankenpflegeberufe sowie andere medizinische und pharmazeutische Fachberufe (9. Auflage bearbeitet von W. Schönberger). Stuttgart: Urban & Fischer.

Brantley, P. J., Waggoner, C. D., Jones, G. N. & Rappaport, N. B. (1987). A Daily Stress Inventory: Development, Reliability, and Validity. Journal of Behavioral Medicine, 10 (1), 61-74.

Bregenzer, M. (2014). Wirksamkeitsnachweis und Indikationen des Autogenen Trainings – eine Metaanalyse nach den Cochrane Kriterien. Dissertation. Fakultät für Medizin der Universität Regensburg.

Brenner, H. (1997). Entspannungs-Training (8. Aufl.). München: Humboldt.

Brenner, H. (1998). Meditation: Die wichtigsten Methoden, Ziele und Übungen. München: Humboldt.

Brenner, H. (1999). Autogenes Training Oberstufe – Wege in die Meditation: Wie Sie AT und östliche Meditation ideal kombinieren und davon noch mehr profitieren. Stuttgart: TRIAS.

Brosius, G. (1988). SPSS/PC+: Basics und Graphics. Einführung und praktische Beispiele. Hamburg: McGraw-Hill.

Camerer, C. F., Dreber, A., Holzmeister, F., Ho, T.-H., Huber, J., Johannesson, M., Kirchler, M., Nave, G., Nosek, B. A., Pfeiffer, T., Altmejd, A., Buttrick, N., Chan, T., Chen, Y., Forsell, E., Gampa, A., Heikensten, E., Hummer, L., Imai, T., Isaksson, S., Manfredi, D., Rose, J., Wagenmakers, E.-J., Wu, H. (2018). Evaluating the replicability of social science experiments in Nature and Science between 2010 and 2015. Nature Human Behavior, 2, 637-644.

Ceming, K. & Sturm, H.P. (2005). Buddhismus. Frankfurt (a. M.): Fischer.

Chögyam, Ngakpa (1997). Reise in den inneren Raum: Einführung in die tibetische Meditationspraxis. Freiburg: Herder. (Erste deutsche Übersetzung erschienen 1990)

Cipriani, A., Furukawa, T. A., Salanti, G., et al. (2018). Comparative efficacy and acceptability of 21 antidepressant drugs for the acute treatment of adults with major depressive disorder: a systematic review and network meta-analysis. www.thelancet.com. Published online February 21, 2018: http://dx.doi.org/10.1016/S0140-6736(17)32802-7

Clauss, M. (2015). Ein neuer Gott für die alte Welt. Die Geschichte des frühen Christentums. Berlin: Rowohlt.

Cousins, N. (1981). Der Arzt in uns selbst. Die Geschichte einer erstaunlichen Heilung – gegen alle düsteren Prognosen. Reinbek bei Hamburg: Rowohlt.

Derra, C. (2007). Progressive Relaxation: Grundlagen und Praxis für Ärzte und Therapeuten. Köln: Deutscher Ärzte-Verlag.

Diener, M. S. (1996). Das Lexikon des Zen. Grundbegriffe und Lehrsysteme, Meister und Schulen, Literatur und Kunst, meditative Praktiken, Geschichte, Entwicklung und Ausdrucksformen von ihren Anfängen bis heute. München: Goldmann.

Dietz, M. (Hrsg.). (2013). Kleine Philokalie: Betrachtungen der Mönchsväter über das Herzensgebet (2. Aufl.). Ostfildern: Patmos.

Dürckheim, K. Graf (1993). Von der Erfahrung der Transzendenz. Freiburg: Herder.

Dumoulin, H. (Hrsg.). (1975). Mumonkan: Die Schranke ohne Tor. Meister Wu-men's Sammlung der achtundvierzig Koan. Mainz: Grünewald.

Dumoulin, H. (1985). Geschichte des Zen-Buddhismus: Band I. Indien und China. Bern: Francke.

Easwaran, E. (2010). Das Mantra-Buch: Zauberworte für alle Lebenslagen. München: Goldmann, Arkana.

Easwaran, E. (2012). Die Bhagavad Gita. Die Quelle der indischen Spiritualität: Eingeleitet und übersetzt von Eknath Easwaran. München: Goldmann.

Eberwein, W. (1996a). „Angst verwandeln in Gelassenheit". CD. München: Kösel.

Eberwein, W. (1996b). „Selbstheilungskräfte in der Seele entfalten". CD. München: Kösel.

Ehrhard, F.-K. & Fischer-Schreiber, I. (1993). Das Lexikon des Buddhismus: Grundbegriffe und Lehrsysteme, Philosophie und meditative Praxis, Literatur und Kunst, Meister und Schulen, Geschichte, Entwicklung und Ausdrucksformen von ihren Anfängen bis heute. München: Barth.

Ekman, P. (2010). Gefühle lesen: Wie Sie Emotionen erkennen und richtig interpretieren (2. Aufl.). München: Spektrum/Elsevier.

Engelhardt, U. (2005). „Sechs Laute". CD. Dr. Ute Engelhardt. Elisabethstr. 11, 80796 München.

Engelhardt, U. (2007a). „Sechs Laute". In U. Engelhardt, G. Hildenbrand & C. Zumfelde-Hüneburg (Hrsg.), Leitfaden Qigong: Gesundheitsfördernde und therapeutische Übungen der chinesischen Medizin (Kap. 7.5, S.412-435). München: Elsevier.

Engelhardt, U. (2007b). Übungen im Gehen (Xinggong) – mit Bezug zum Fk Leber. In U. Engelhardt, G. Hildenbrand & C. Zumfelde-Hüneburg (Hrsg.), Leitfaden Qigong: Gesundheitsfördernde und therapeutische Übungen der chinesischen Medizin (Kap. 7.6, S.435-449). München: Elsevier.

Engelhardt, U. & Hildenbrand, G. (2007). Die wichtigsten Elemente des Qigong und ihre Wirkweisen. In U. Engelhardt, G. Hildenbrand & C. Zumfelde-Hüneburg (Hrsg.), Leitfaden Qigong: Gesundheitsfördernde und therapeutische Übungen der chinesischen Medizin (Kap. 2, S.19-46). München: Elsevier.

Enomiya-Lassalle, H. M. (1987). Zen – Weg zur Erleuchtung: Einführung und Anleitung. Freiburg: Herder.

Enomiya-Lassalle, H. M. (1988). ZEN-Unterweisung. München: Kösel.

Enomiya-Lassalle, H. M. (1992). Kraft aus dem Schweigen: Einübung in die ZEN-Meditation. Zürich: Benziger.

Epiktet (2015). Das Buch vom geglückten Leben. (Aus dem Lateinischen übersetzt und erläutert von Karl Conz). Köln: Anaconda.

Epikur (1973). Philosophie der Freude. (Eine Auswahl aus seinen Schriften übersetzt, erläutert und eingeleitet von J. Mewaldt). Stuttgart: Kröner.

Fahrenberg, J., Hampel, R. & Selg, H. (1989). Das Freiburger Persönlichkeitsinventar: FPI. Revidierte Fassung FPI-R und teilweise geänderte Fassung FPI-A1. (Handanweisung und Materialien) (5. Aufl.). Göttingen: Hogrefe.

Faulstich, J. (2006). Das heilende Bewusstsein: Wunder und Hoffnung an den Grenzen der Medizin. München: Knaur.

Faulstich, J. (2009). Das heilende Bewusstsein – Rätselhafte Wunder an den Grenzen der Medizin. Vortrag, gehalten auf dem Jahreskongress der DGH in Bad Lippspringe vom 12.11.-15.11.2009.

Faulstich, J. (2010). Das Geheimnis der Heilung: Wie altes Wissen die Medizin verändert. München: Knaur.

Flammer, E. (2006). Die Wirksamkeit von Hypnotherapie bei Angststörungen. Hypnose: Zeitschrift für Hypnose und Hypnotherapie, 1 (Heft 1+2), S. 173-198.

Fliegel, S., Groeger, W. M., Künzel, R., Schulte, D. & Sorgatz, H. (1981). Verhaltenstherapeutische Standardmethoden: Ein Übungsbuch. München: Urban & Schwarzenberg.

Focks, C. (1998). Atlas Akupunktur: Fotosequenzen und Zeichnungen, Lerntexte, Praxistips. München: Urban & Fischer.

Focks, C. (Hrsg.) (2006). Atlas Akupunktur (2. Auflage). München: Elsevier.

Fontana, D. (1994). Kursbuch Meditation: Alles über die verschiedenen Meditationsmethoden und ihre Anwendung. Anleitung zur Wahl der richtigen Methode. München: Barth.

Freiberger, O & Kleine, C. (2011). Buddhismus: Handbuch und kritische Einführung. Göttingen: Vandenhoeck & Ruprecht.

Frère Roger, Taizé (2011). Leben, um zu lieben. Worte des Vertrauens (2. Aufl.) Freiburg: Herder.

Friebel, V. (1993). Die Kraft der Vorstellung: Mit Visualisierung die Selbstheilung anregen. Stuttgart: TRIAS –Thieme.

Gäng, P. (2002). Buddhismus. Frankfurt (a.M.): Campus.

Geissner, E., Dalbert, C. & Schulte, A. (1992). Die Messung der Schmerzempfindung. In E. Geissner & G. Jungnitsch (Hrsg.), Psychologie des Schmerzes: Diagnose und Therapie (Kap. 4, S.79-97). Weinheim: Psychologie Verlags Union.

Geissner, E & Jungnitsch, G. (Hrsg.). (1992). Psychologie des Schmerzes: Diagnose und Therapie. Weinheim: Psychologie Verlags Union.

Goldstein, J. (1999). Vipassana-Meditation – Die Praxis der Freiheit: Buddhistische Achtsamkeitsmeditationen als Weg zu innerer Freiheit. Freiamt: Arbor.

Goldstein, J. & Kornfield, J. (2001). Seeking the Heart of Wisdom: The Path of Insight Meditation. Boston: Shambhala.

Gotzsche, P. C. (2016). Tödliche Psychopharmaka und organisiertes Leugnen: Wie Ärzte und Pharmaindustrie die Gesundheit der Patienten vorsätzlich aufs Spiel setzen. München: Riva.

Govinda, A. Lama (1991). Grundlagen tibetischer Mystik: Nach den esoterischen Lehren des großen Mantra OM MANI PADME HUM (8. Aufl.). München: Scherz & Barth.

Govinda, K. (2013). Atlas der Chakras: Der Weg zu Gesundheit und spirituellem Wachstum. München: Irisiana.

Gregor der Große (2008). Der hl. Benedikt. Buch II der Dialoge (lateinisch/deutsch). St. Ottilien: EOS.

Grindler, J., Bandler, R. & Andreas, C. (Ed.). (1981). Trance-formations: Neuro-Linguistic Programming and the Structure of Hypnosis. Moab: Real People Press.

Gruber, H. (2001). Kursbuch Vipassana: Wege und Lehrer der Einsichtsmeditation (2. Aufl.). Frankfurt (a. M.): Fischer.

Gundert, W. (Hrsg.). (1977). Bi-Yän-Lu: Meister Yüan-wu's Niederschrift von der Smaragdenen Felswand (1. und 2. Band). München: Hanser.

Häcker, H. O. & Stapf, K.-H. (Hrsg.). (2004). Dorsch: Psychologisches Wörterbuch (14. Aufl.). Bern: Huber.

Hamel, P. M. (1981). Durch Musik zum Selbst: Wie man Musik neu erleben und erfahren kann. München: dtv & Kassel: Bärenreiter.

Hamm, A. (2000). Progessive Muskelentspannung. In D. Vaitl & F. Petermann (Hrsg.), Handbuch der Entspannungsverfahren. Band 1: Grundlagen und Methoden (2. Aufl., S. 305-336). Weinheim: Psychologie Verlags Union.

Hamm, A. (2009). Progessive Muskelentspannung. In F. Petermann & D. Vaitl (Hrsg.), Entspannungsverfahren: Das Praxishandbuch (S. 143-164). Weinheim: Beltz.

Harris, S. (2007). Das Ende des Glaubens: Religion, Terror und das Licht der Vernunft. Winterthur: Edition Speven.

Harris, S. (2015). Waking Up: Searching for/A Guide to sprirituality without religion. London: Black Swan Edition, Transworld, Penguin Random House.

Hart, W. (2001). Die Kunst des Lebens: Vipassana-Meditation nach S. N. Goenka (5. Aufl.). Frankfurt (a. M.): Fischer.

Hautzinger, M., Bailer, M., Worall, H. & Keller, F. (1995). Das Beck-Depressions-Inventar (BDI): Testhandbuch. (2. Aufl.). Bern: Huber.

Hayes, S. C. (2012). Akzeptanz- und Commitment-Therapie und die neuen Verhaltenstherapien: Achtsamkeit, Akzeptanz und deren Zusammenhang. In S. C. Hayes, V. M. Follette & M. M. Linehan (Hrsg.), Achtsamkeit und Akzeptanz: Das Erweitern der kognitiv-behavioralen Tradition (Kap. 1, S. 13-49). Tübingen: DGVT.

Hayes, S. C., Follette, V. M. & Linehan, M. M. (Hrsg.). (2012). Achtsamkeit und Akzeptanz: Das Erweitern der kognitiv-behavioralen Tradition. Tübingen: DGVT.

Hempen, C.-H. (1991). Die Medzin der Chinesen: Erfahrungen mit fernöstlicher Heilkunst. München: Goldmann.

Hempen, C.-H. (2002). Taschenatlas Akupunktur: Tafeln und Texte zu Lage, Wirkung, Indikation, Stichtechnik (5. Aufl.). Stuttgart: Thieme.

Herrigel, E. (1982). Zen in der Kunst des Bogenschießens. Weilheim: Barth.

Herrigel, G. L. (1979). Zen in der Kunst der Blumenzeremonie: Der Blumenweg – das Glück des Blumenstellens. München: Barth & Scherz.

Hildenbrand, G. (2007a). Übungsprinzipien. In U. Engelhardt, G. Hildenbrand & C. Zumfelde-Hüneburg (Hrsg.), Leitfaden Qigong: Gesundheitsfördernde und therapeutische Übungen der chinesischen Medizin (Kap. 3, S.47-55). München: Elsevier.

Hildenbrand, G. (2007b). Grundlegende Übungen. In U. Engelhardt, G. Hildenbrand & C. Zumfelde-Hüneburg (Hrsg.), Leitfaden Qigong: Gesundheitsfördernde und therapeutische Übungen der chinesischen Medizin (Kap. 7.1, S. 326-340). München: Elsevier.

Hildenbrand, G. (2007c). Die „Acht-Brokat-Übungen" im Sitzen. In U. Engelhardt, G. Hildenbrand & C. Zumfelde-Hüneburg (Hrsg.), Leitfaden Qigong: Gesundheitsfördernde und therapeutische Übungen der chinesischen Medizin (Kap. 7.4, S. 394-412). München: Elsevier.

Hole, G. (1997). Die therapeutische Hypnose: Formen, Möglichkeiten und Grenzen. Deutsches Ärzteblatt, 94 (Heft 49), A-3351-A-3356.

Huchzermeyer, W. (2012). Das Yoga-Wörterbuch: Sanskrit-Begriffe – Übungsstile – Biographien (4. Aufl.). Karlsruhe: Huchzermeyer/sawitri.

Hüsken-Janßen, H. (2005). Hypnotherapeutische Geburtsvorbereitung: Studie zur Wirksamkeit der hypnoreflexogenen Methode nach Schauble. Frankfurt (a. M.): Lang.

Jacobson, E. (1938). Progressive Relaxation: A physiological and clinical investigation of muscular states and their significance in psychology and medical practice (2. Aufl.). Chicago: University of Chicago Press.

Jacobson, E. (1976). You Must Relax (5. Aufl.). London: Souvenir Press.

Jacobson, E. (2011). Entspannung als Therapie: Progressive Relaxation in Theorie und Praxis (Mit einem Vorwort und Nachwort von N. Klinkenberg, 7. Aufl.). Stuttgart: Klett-Cotta.

Jiao, G. (1988). Qigong Yangsheng. Gesundheitsfördernde Übungen der traditionellen chinesischen Medizin. Uelzen: Medizinische Literarische Verlagsgesellschaft.

Jiao, G. (1992). Das Spiel der 5 Tiere: Qigong. Gesundheitsfördernde Übungen der traditionellen chinesischen Medizin. Uelzen: Medizinische Literarische Verlagsgesellschaft.

Jiao, G. (1995). Youfagong: Methode der induzierten Bewegung. Uelzen: Medizinische Literarische Verlagsgesellschaft.

Jiao, G. (1996). Die 8 Brokatübungen: Qigong Yangsheng. Gesundheitsfördernde Übungen der traditionellen chinesischen Medizin. Uelzen: Medizinische Literarische Verlagsgesellschaft.

Jochum, I. (2006). Nie mehr müde: Die Sechs Heilenden Laute. Mit der Originalstimme von Meister Li Zhi-Chang. Hörbuch. München: LangenMüller/ Herbig.

Jungclaussen, E. (2013). Unterweisung im Herzensgebet (6. Aufl.). St. Ottilien: EOS.

Jungclaussen, E. (Hrsg.). (2014). Aufrichtige Erzählungen eines russischen Pilgers. Die vollständige Ausgabe (19. Aufl.). Freiburg: Herder.

Jungnitsch, G. (1992). Schmerz- und Krankheitsbewältigung bei rheumatischen Erkrankungen: Psychologische Hilfen im Einzel- und Gruppentraining. München: Quintessenz.

Kabat-Zinn, J. (1999). Stressbewältigung durch die Praxis der Achtsamkeit: Buch & CD. Freiamt: Arbor.

Kabat-Zinn, J. (2000). Gesund durch Meditation: Das große Buch der Selbstheilung. Bern: Barth.

Kabat-Zinn, J. (2002). Guided Mindfulness Meditation: 4 Practice CDs (Series 1). Boulder: Sounds True.

Kabat-Zinn, J. (2008). Zur Besinnung kommen: Die Weisheit der Sinne und der Sinn der Achtsamkeit in einer aus den Fugen geratenen Welt (3. Aufl.). Freiamt: Arbor.

Kabat-Zinn, J. (2009). Achtsamkeit und Meditation im täglichen Leben: Buch & 2 CDs (3. Aufl.). Freiamt: Arbor.

Kabat-Zinn, J. & Kesper-Grossman, U. (2009). Die heilende Kraft der Achtsamkeit: Buch & 2 CDs (2. Aufl.). Freiamt: Arbor.

Kahneman, D. (2012). Thinking, Fast and Slow. London: Penguin Books.

Kaiser Rekkas, A. (1998a). Klinische Hypnose und Hypnotherapie: Praxisbezogenes Lehrbuch für die Ausbildung. Heidelberg: Carl-Auer-Systeme.

Kaiser Rekkas, A. (1998b). Wie von Zauberhand … Drei hypnotische Übungsanleitungen. CD. Heidelberg: Carl-Auer-Systeme.

Kaiser Rekkas, A. (2000). Seifenblasen: Vier hypnotherapeutische Anleitungen für psychosomatische Krankheitsbilder. CD. Heidelberg: Carl-Auer-Systeme.

Kaiser Rekkas, A. (2001). Die Fee, das Tier und der Freund: Hypnotherapie in der Psychosomatik. Heidelberg: Carl-Auer-Systeme.

Kammer, R. (Hrsg.). (1985). Zen in der Kunst, das Schwert zu führen: Eine Einführung in die altjapanische Fechtkunst. München: Barth/ Scherz.

Kast, V. (1995). Imagination als Raum der Freiheit: Dialog zwischen Ich und Unbewußtem. München: dtv.

Kempen, T., v. (1950). Das Buch von der Nachfolge Christi. Stuttgart: Reclam. (Original erschienen ca. 1441).

Kenny, A. (2012). Geschichte der abendländischen Philosophie. Band III: Neuzeit. Darmstadt: WBG. (Original erschienen 2006 bei Oxford University Press).

Keown, D. (2005). Lexikon des Buddhismus. Für die deutschsprachige Ausgabe übersetzt und bearbeitet von Karl-Heinz Golzio. Düsseldorf: Patmos. (Original erschienen 2003 bei Oxford University Press).

Kirsch, I. (2017). Der Placebo-Effekt in der Behandlung von Depression. Zeitschrift für Hypnose und Hypnotherapie, 12 (1+2), 63-80.

Kobayashi, P. (1989). Der Weg des T'ai Chi Ch'uan: Geistiger Hintergrund und taoistische Praktiken (3. Aufl.). München: Hugendubel.

Köppler, P. H. (2008). So meditiert Buddha: 108 Übungen aus den Reden des Erwachten. Frankfurt (a. M.): Barth/ Fischer.

Koerner, K. (2013). Praxisbuch DBT: Strategien der Dialektisch-Behaviroralen Therapie. Weinheim: Beltz.

Konrad, C., Losekam, S. & Kircher, T. (2013). Gedächtnisstörungen bei Depressionen. In T. Bartsch & P. Falkai (Hrsg.), Gedächtnisstörungen (S. 264-278). Berlin: Springer.

Kornfield, J. (2005). Meditation für Anfänger: Buch & CD mit 6 geführten Mediationen für Einsicht, innere Klarheit und Mitempfinden. München: Goldmann & Arkana.

Kornfield, J. (2008). Das weise Herz: Die universellen Prinzipien buddhistischer Psychologie. München: Goldmann & Arkana.

Kossak, H.-C. (1993a). Hypnose: Ein Lehrbuch (2. Aufl.). Weinheim: Beltz/Psychologie Verlags Union.

Kossak, H.-C. (1993b). Hypnose. In . In D. Vaitl & F. Petermann (Hrsg.), Handbuch der Entspan-nungsverfahren. Band 1: Grundlagen und Methoden (S. 132-166). Weinheim: Psychologie Verlags Union.

Kossak, H.-C. (2009). Hypnose. In F. Petermann & D. Vaitl (Hrsg.), Entspannungsverfahren: Das Praxishandbuch (S. 99-115). Weinheim: Beltz/Psychologie Verlags Union.

Kraft, H. (2004). Autogenes Training: Handbuch für die Praxis (4. Aufl.). Köln: Deutscher Ärzte-Verlag.

Lade, A. (2004). Selbstheilung mit Qi: Das Standardwerk der Energiemedizin. Frankfurt (a. M.): Barth/ Fischer.

Langbein, K., Martin, H.-P. & Weiss, H. (2014). Bittere Pillen: Nutzen und Risiken der Arznei-mittel. Ein kritischer Ratgeber. Überarbeitete Neuausgabe 2015-2017. Köln: Kiepenheuer & Witsch.

Langen, D. (1983). Das autogenes Training für jeden: 3 x täglich zwei Minuten abschalten, ent-spannen, erholen (3. Aufl.). München: Gräfe und Unzer.

Lazarus, A. (1984). In the mind's eye: The power of imagery for personal enrichment. New York: Guilford.

Lazarus, A. (2006). Innenbilder: Imagination in der Therapie und als Selbsthilfe (4. Aufl.). Stutt-gart: Klett-Cotta.

Lazarus, A. A. & Lazarus, C. N. (1999). Der kleine Taschentherapeut: In 60 Sekunden wieder o.k. Stuttgart: Klett-Cotta.

Leuner, H. & Wilke, E. (Bearb.) (2011). Katathym-imaginative Psychotherapie (KiP) (7. Aufl.). Stuttgart: Thieme.

Lindemann, H. (1991). Überleben im Streß. Autogenes Training: Der Weg zu Entspannung, Gesundheit, Leistungssteigerung (22. Aufl.). München: Heyne.

Linden, M. (1996). Systematische Desensibilisierung. In M. Linden & M. Hautzinger (Hrsg.), Verhaltenstherapie: Techniken, Einzelverfahren und Behandlungsanleitungen (3. Aufl.) (Kap. 57, S.308-311). Berlin: Springer.

Linehan, M. M. (2008). Dialektisch-Behaviorale Therapie der Borderline-Persönlichkeitsstörung. München: CIP-MEDIEN.

Lobel, T. (2015). Du denkst nicht mit dem Kopf allein: Vom geheimen Eigenleben unserer Sinne. Frankfurt (a. M.): Campus.

Loori, J. D. (2009). Zen-Meditation für Anfänger. Mit Übungs-CD, um in die Stille zu kommen. München: Goldmann & Arkana.

Loyola, I., von (2010). Die Exerzitien. Einsiedeln, Freiburg: Johannes. (Spanische Urfassung ver-fasst vor bzw. bis 1548).

Maercker, A. (2000). Systematische Desensibilisierung. In J. Margraf (Hrsg.), Lehrbuch der Ver-haltenstherapie. Band1: Grundlagen – Diagnostik – Verfahren – Rahmenbedingungen (2. Aufl.) (Kap. 26, S.405-412). Berlin: Springer.

Maheshwarananda, P. Swami (2002). Die verborgenen Kräfte im Menschen: Chakras und Kundalini. Wien: Ibera/European University Press.

Marshall, H. (1992). Mantras: Magische Gesänge der Kraft (2 CD & Textbuch). Freiburg: Bauer.

Master Choa Kok Sui (1989). Grundlagen der Prana-Psychotherapie: Energetische Behandlung von Streß, Sucht und Traumata (2. Aufl.). Burgrain: KOHA.

Merton, T. (1960). THE WISDOM OF THE DESERT. Sayings from the Desert Fathers of the Fourth Century. New York: New Directions.

Merton, T. (1961). New Seeds of Contemplation. New York: New Directions.

Metzger, W. (1975). Gesetze des Sehens: Die Lehre vom Sehen der Formen und Dinge des Raumes und der Bewegung (3. Aufl.). Frankfurt (a. M.): Kramer.

Metzger, W. (1986). Gestalt-Psychologie: Ausgewählte Werke aus den Jahren 1950 bis 1982. Hrsg. und eingeleitet von M. Stadler und H. Crabus. Frankfurt (a. M.): Kramer.

Metzinger, T. (2014). Der Ego-Tunnel. Eine neue Philosophie des Selbst: Von der Hirnforschung zur Bewusstseinsethik. München: Piper.

Middendorf, I. (1991). Der erfahrbare Atem: Eine Atemlehre (7. Aufl.). Paderborn: Junfermann.

Müller, E. (2001). Bewusster leben durch Autogenes Training und richtiges Atmen. Reinbek bei Hamburg: Rowohlt.

Muster, M. & Zielinski, R. (2006). Bewegung und Gesundheit: Gesicherte Effekte von körperlicher Aktivität und Ausdauertraining. Darmstadt: Steinkopff.

Naranjo, C. & Ornstein, R. E. (1976). Psychologie der Meditation. Frankfurt (a. M.): Fischer.

Nguyen Anh-Huong & Thich Nhat Hanh (2008). Geh-Meditationen. Mit Unterweisungs-DVD und 5 geführten Meditationen auf CD. München: Goldmann & Arkana.

Nilges, P. & Wichmann-Dorn, E. (1992). Anamneseerhebung bei chronischen Schmerzpatienten. In E. Geissner & G. Jungnitsch (Hrsg.), Psychologie des Schmerzes: Diagnose und Therapie (Kap. 3, S.45-78). Weinheim: Psychologie Verlags Union.

Norusis, M. J. (1988). SPSS/PC+™ V2.0 Base Manual. Chicago: SPSS Inc.

Notz, K.-J. (2007). Herders Lexikon des Buddhismus. Grundbegriffe, Traditionen, Praxis in 1200 Stichwörtern von A-Z. Erfstadt: Hohe.

Nyanaponika (2007). Geistestraining durch Achtsamkeit: Die buddhistische Satipatthana-Methode. (9. Aufl.). Stammbach-Herrnschrot: Beyerlein & Steinschulte.

Nyanatiloka (1999). Buddhistisches Wörterbuch: Kurzgefaßtes Handbuch der buddhistischen Lehren und Begriffe in alphabetischer Anordnung. (5. Aufl.). Stammbach-Herrnschrot: Beyerlein & Steinschulte.

Nyanatiloka (Übers.) & Nyanaponika (Hrsg.). (1993a). Die Lehrreden des Buddha aus der Angereihten Sammlung: Anguttara-Nikaya. Band I. Buch 1-3 (5. Aufl.). Braunschweig: Aurum.

Nyanatiloka (Übers.) & Nyanaponika (Hrsg.). (1993b). Die Lehrreden des Buddha aus der Angereihten Sammlung: Anguttara-Nikaya. Band II. Buch 4 (5. Aufl.). Braunschweig: Aurum.

Nyanatiloka (Übers.) & Nyanaponika (Hrsg.). (1993c). Die Lehrreden des Buddha aus der Angereihten Sammlung: Anguttara-Nikaya. Band III. Buch 5-6 (5. Aufl.). Braunschweig: Aurum.

Nyanatiloka (Übers.) & Nyanaponika (Hrsg.). (1993d). Die Lehrreden des Buddha aus der Angereihten Sammlung: Anguttara-Nikaya. Band V. Buch 10-11 (5. Aufl.). Braunschweig: Aurum.

Nyssen, W. (2012). Einleitung (S. 7-10). Miller, B. (Übers.). Weisung der Väter: Apophthegmata Patrum, auch Gerontikon oder Alphabeticum genannt (9. Aufl.). Trier: Paulinus.

Oertel, V. & Matura, S. (Hrsg.). (2017). Bewegung und Sport gegen Burnout, Depression und Ängste. Berlin: Springer.

Ohm, D. (1999). Stressfrei durch Progressive Relaxation. Mehr Gelassenheit durch Tiefmuskelentspannung nach Jacobson: So nutzen Sie die Erfolgsmethode (3. Aufl.). Stuttgart: TRIAS.

Olvedi, U. (1994). Yi Qi Gong – Das Stille Qi Gong nach Meister Zhi-Chang Li: Meditative Energiearbeit (2. Aufl.). München: Heyne/ Scherz.

Ott, U. (2009). Meditation. In F. Petermann & D. Vaitl (Hrsg.), Entspannungsverfahren: Das Praxishandbuch (S. 132-142). Weinheim: Beltz/Psychologie Verlags Union.

Pandit, M. P. (1985). Kundalini-Yoga: Eine kurze Zusammenfassung der „Schlangenkraft" von Sir John Woodroffe. München: Drei Eichen.

Peter, B. (2009). Einführung in die Hypnotherapie (2. Aufl.). Heidelberg: Carl-Auer.

Peter, B. & Gerl, W. (1988). Entspannung: Das umfassende Training für Körper, Geist und Seele. München: Mosaik.

Petermann, F. & Kusch, M. (2000). Imaginative Verfahren. In D. Vaitl & F. Petermann (Hrsg.), Handbuch der Entspannungsverfahren. Band 1: Grundlagen und Methoden (2. Aufl., S. 269-304). Weinheim: Psychologie Verlags Union.

Petermann, F., Kusch, M. & Natzke, H. (2009). Imagination. In F. Petermann & D. Vaitl (Hrsg.), Entspannungsverfahren: Das Praxishandbuch (S. 116-131). Weinheim: Beltz.

Piekara, F. H. (1988). Über idiosynkratisch ist Wissen? Individuelle Unterschiede im Assoziieren und bei der Anlage und Nutzung von Informationssystemen. Frankfurt (a. M.): Lang.

Piekara, F. H. (1990a). Effects of using information systems on retention of information. Zeitschrift für Psychologie, 198, 443-461.

Piekara, F. H. (1990b). Werkzeugentwicklung, ihre Folgen und inzidentelles Lernen beim Informationsabruf. In S. Höfling & W. Butollo (Hrsg.), Psychologie für Menschenwürde und Lebensqualität: aktuelle Herausforderung und Chancen für die Zukunft; Berichtsband über den 15. Kongreß für Angewandte Psychologie, München, Oktober 1989: Band 2 (S. 354-362). Bonn: Deutscher Psychologen Verlag.

Platsch, K. D. (2000). Psychosomatik in der Chinesischen Medizin: Wenn Geist Essenz durchdringt. München: Urban & Fischer.

Plattig, M. (2010). Kanon der spirituellen Literatur. Münsterschwarzach: Vier-Türme.

Porkert, M. (1989). Die Chinesische Medizin (2. Aufl.). Düsseldorf: ECON.

Rasch, B., Friese, M., Hofmann, W. & Naumann, E. (2010a). Quantitative Methoden: Band1. Einführung in die Statistik für Psychologen und Sozialwissenschaftler (3. Aufl.). Berlin: Springer.

Rasch, B., Friese, M., Hofmann, W. & Naumann, E. (2010b). Quantitative Methoden: Band2. Einführung in die Statistik für Psychologen und Sozialwissenschaftler (3. Aufl.). Berlin: Springer.

Reddemann, L. (2003). Imagination als heilsame Kraft: Zur Behandlung von Traumafolgen mit ressourcenorientierten Verfahren (9. Aufl.). Stuttgart: Pfeiffer bei Klett-Cotta.

Rehfisch, H. P., Basler, H.-D. & Seemann, H. (1989). Psychologische Schmerzbehandlung bei Rheuma. Berlin: Springer.

Reinecker, H. (1999). Lehrbuch der Verhaltenstherapie. Tübingen: DGVT (Deutsche Gesellschaft für Verhaltenstherapie).

Revenstorf, D. (Hrsg.). (2006). Expertise zur Beurteilung der wissenschaftlichen Evidenz des Psychotherapieverfahrens Hypnotherapie entsprechend den Kriterien des Wissenschaftlichen Beirats Psychotherapie (§ 11 Psychotherapiegesetz). Hypnose: Zeitschrift für Hypnose und Hypnotherapie, 1 (Heft 1+2), S. 7-164.

Revenstorf, D. & Peter, B. (Hrsg.). (2001). Hypnose in Psychotherapie, Psychosomatik und Medizin: Manual für die Praxis. Berlin: Springer.

Revenstorf, D. & Peter, B. (Hrsg.). (2009). Hypnose in Psychotherapie, Psychosomatik und Medizin: Manual für die Praxis (2. Aufl.). Berlin: Springer.

Revenstorf, D. & Zeyer, R. (1997). Hypnose lernen: Leistungssteigerung und Streßbewältigung durch Selbsthypnose. Heidelberg: Carl-Auer.

Ricard, M. (2006). Happiness: A guide to developing life's most important skill. New York: Little, Brown and Company.

Robins, C. J., Schmidt III, H. & Linehan, M. M. (2012). Die Dialektisch-Behaviorale Therapie: Eine Synthese aus radikaler Akzeptanz und der Anwendung gelernter Fertigkeit. In S. C. Hayes, V. M. Follette & M. M. Linehan (Hrsg.), Achtsamkeit und Akzeptanz: Das Erweitern der kognitiv-behavioralen Tradition (Kap. 2, S. 51-69). Tübingen: DGVT.

Roth, W. (2011). C. G. Jung verstehen: Grundlagen der analytischen Psychologie (2. Aufl.). Ostfildern: Patmos.

Rudolf, G. & Schulte, D. (Hrsg.). (2006). Gutachten zur wissenschaftlichen Anerkennung der Hypnotherapie des Wissenschaftlichen Beirats Psychotherapie nach § 11 PsychThG. Hypnose: Zeitschrift für Hypnose und Hypnotherapie, 1 (Heft 1+2), S. 165-172.

Salzberg, S. (1996). Lovingkindness Meditation: Learning to love through Insight Meditation: 3 CDs. Boulder: Sounds True.

Salzberg, S. (2002). Lovingkindness: The revolutionary art of happiness. Boston: Shambhala.

Salzberg, S. & Goldstein, J. (2001). Insight Meditation: Workbook & 2 CD. Boulder: Sounds True.

Schimmel, A. (2000). Sufismus: Eine Einführung in die islamische Mystik. München: Beck.

Schnabel, U. (2010). Muße: Vom Glück des Nichtstun. München: Blessing.

Schoefer, L.U. (1994). Qigong: Hilfen für den Alltag. Niedernhausen: Falken.

Schultz, J. H. (1979). Das autogene Training: Konzentrative Selbstentspannung; Versuch einer klinisch-praktischen Darstellung (16. Aufl.). Stuttgart: Thieme.

Schultz, J. H. (2000). Das Original-Übungsheft für das Autogene Traininging (23. Aufl.). Stuttgart: TRIAS.

Schwäbisch, L. & Siems, M. (1976). Selbstentfaltung durch Meditation: Eine praktische Anleitung. Hamburg: Rowohlt.

Schwarze, M. (2004). Qigong. Bindlach: Gondrom.

Sedlmeier, P. (2016). Die Kraft der Meditation: Was die Wissenschaft darüber weiß. Reinbek bei Hamburg: Rowohlt.

Sedlmeier, P. & Renkewitz, F. (2013). Forschungsmethoden und Statistik für Psychologen und Sozialwissenschaftler (2. Aufl.). München: Pearson.

Segal, Z. V., Teasdale, J. D. & Williams, J. M. G. (2012). Die Achtsamkeitsbasierte Kognitive Therapie: Die theoretischen Grundlagen und der empirische Forschungsstand. In S. C. Hayes, V. M. Follette & M. M. Linehan (Hrsg.), Achtsamkeit und Akzeptanz: Das Erweitern der kognitiv-behavioralen Tradition (Kap. 3, S. 71-97). Tübingen: DGVT.

Seidl, A. (1988). Das Weisheitsbuch des Zen: Koans aus dem Bi-Yän-Lu. München: Hanser.

Seidl, A. & Holitzka, K. (1992). Die Leere des Zen: Texte und Bilder zum Bi-Yän-Lu. München: Diederichs.

Sekida, K. (1993). Zen-Training: Das große Buch über Praxis, Methoden, Hintergründe. Freiburg: Herder.

Sharamon, S. & Baginski, B. J. (1988). Das Chakra-Handbuch: Vom grundlegenden Verständnis zur praktischen Anwendung. Aitrang: Windpferd.

Sieczka, H. G. (1990). Chakra: Energie und Harmonie durch den Atem. Zürich: Oesch.

Simonton, O. C., Simonton, S. M. & Creighton, J. (1992). Wieder gesund werden: Eine Anleitung zur Aktivierung der Selbstheilungskräfte für Krebspatienten und ihre Angehörigen. Hamburg: Rowohlt Taschenbuch.

Singer, M. A. (2016). Die Seele will frei sein: Eine Reise zu sich selbst. Berlin Ullstein.

Stetter, F & Kupper, S. (2002). Autogenic training: a meta-analysis of clinical outcome studies. Applied Psychophysiology and Biofeedback, 27 (1), 45-98.

Storch, M. (2010). Wie Embodiment in der Psychologie erforscht wurde. In E Storch, M., Cantieni, B., Hüther, G. & Tschacher, W., Embodiment: Die Wechselwirkung von Körper und Psyche verstehen und nutzen (2. Aufl.) (Kap. 2, S. 35-72). Bern: Huber.

Storch, M., Cantieni, B., Hüther, G. & Tschacher, W. (2010). Embodiment: Die Wechselwirkung von Körper und Psyche verstehen und nutzen (2. Aufl.). Bern: Huber.

Strack, F. Martin, L. L. & Stepper, S. (1988). Inhibiting and facilitating conditions of the human smile. A nonobtrusive test of the facial feedback hypothesis. Journal of Personality an Social Psychology, 54, 768-777.

Stux, G. (1994). Einführung in die Akupunktur (4. Aufl.). Berlin: Springer.

Susen, G. R. (1996). Krebs und Hypnose: Hilfe vom inneren Freund. München: Pfeiffer.

Suzuki, D. T. (1988). KOAN – Der Sprung ins Grenzenlose: Das Koan als Mittel der meditativen Schulung im Zen. München: Barth.

Suzuki, D. T. (1990). Zazen: Die Übung des Zen. Grundlagen und Methoden der Meditationspraxis im Zen. München: Barth.

Suzuki, S. (1999). Zen-Geist – Anfänger-Geist: Unterweisungen in Zen-Meditation. Berlin: Theseus.

Tausch, R. (1996). Hilfen bei Stress und Belastung. Reinbek bei Hamburg: Rowohlt.

Tenzin Wangyal Rinpoche (2009). Tibetische Heilklänge: Blockaden lösen und zu innerer Wahrheit finden. München: Goldmann & Arkana.

Thich Nhat Hanh (1994). Das Sutra des bewussten Atmens: Kommentare zu dem Anapanasati Sutra (2. Aufl.). Zürich: Theseus.

Thich Nhat Hanh (1995). Lächle deinem eigenen Herzen zu: Wege zu einem achtsamen Leben. Freiburg: Herder.

Thich Nhat Hanh (1996). Zeiten der Achtsamkeit. Freiburg: Herder.

Thich Nhat Hanh (1999). Das Leben berühren: Atmen und sich selbst begegnen. Freiburg: Herder.

Thich Nhat Hanh (2002). Ärger: Befreiung aus dem Teufelskreis destruktiver Emotionen. München: Goldmann & Arkana.

Thomas, K. (1989). Praxis des Autogenen Trainings: Selbsthypnose nach I. H. Schultz; Grundstufe, Formelhafte Vorsätze, Oberstufe (7. Aufl.). Stuttgart: TRIAS – Thieme.

Thondup, T. (1997). Die heilende Kraft des Geistes: Einfache buddhistische Übungen für Gesundheit, Wohlbefinden und Erleuchtung. München: Knaur.

Traue, H. C., Hrabal, V. & Kosarz, P. (2000). Alltagsbelastungsfragebogen (ABF): Zur inneren Konsistenz, Validierung und Stressdiagnostik mit dem deutschsprachigen Daily Stress Inventory. Verhaltenstherapie und Verhaltensmedizin, 21 (1), 15-38.

Trökes, A. (2004). Yogameditation: Ein Handbuch. Berlin: Theseus.

Vaitl, D. (2000a). Psychophysiologie der Entspannung. In D. Vaitl & F. Petermann (Hrsg.), Handbuch der Entspannungsverfahren. Band 1: Grundlagen und Methoden (2. Aufl., S. 29-76). Weinheim: Psychologie Verlags Union.

Vaitl, D. (2000b). Autogenes Training. In D. Vaitl & F. Petermann (Hrsg.), Handbuch der Entspannungsverfahren. Band 1: Grundlagen und Methoden (2. Aufl., S. 206-255). Weinheim: Psychologie Verlags Union.

van Lysebeth, A. (1982). Yoga für Menschen von heute. München: Mosaik.

van Lysebeth, A. (1988). Durch Yoga zum eigenen Selbst (7. Aufl.). München: Barth/ Scherz.

van Lysebeth, A. (1991). Die große Kraft des Atems: Die Atem-Schule des Pranayama (6. Aufl.). München: Barth.

van Lysebeth, A. (2010). Die große Kraft des Atems: Richtig atmen lernen durch Yoga (überarbeitete Neuausgabe). Frankfurt (a. M.): Barth/ Fischer.

Vivekananda, Swami (2012). Karma-Yoga und Bhakti-Yoga. Grafing: Aquamarin.

von Glasenapp, H. (1988). Pfad zur Erleuchtung: Das Kleine, das Große und das Diamant-Fahrzeug. München: Diederichs.

von Helfta, G. (2008). Geistliche Übungen. St. Ottilien: EOS

Vogel, R. T. (2008). C. G. Jung für die Praxis: Zur Integration jungianischer Methoden in psychotherapeutische Behandlungen. Stuttgart: Kohlhammer.

Vollmar, K. (1994). Chakra-Arbeit: Wege zur Aktivierung der Lebensenergie. München: Goldmann.

Wagenmakers, E.-J., Beek, T., Dijkhoff, L. & Gronau, Q. F. (2016). Registered Replication Report: Strack, Martin, & Stepper (1988). Perspectives on Psychological Science, 11(6), 917-928.

Wehrenberg, M. (2012). Die 10 besten Strategien gegen Angst und Panik: Wie das Gehirn uns Stress macht und was wir dagegen tun können. Weinheim: Beltz.

Weiss, H., Harrer, M. E. & Dietz, T. (2010). Das Achtsamkeitsbuch. Stuttgart: Klett-Cotta.

Wilk, D. (1999). Autogenes Training: Ruhe und Gelassenheit lernen. Göttingen: Huber.

Yalom, I. D. (2008). In die Sonne schauen: Wie man die Angst vor dem Tod überwindet. München: btb/Random House.

Yalom, I. D. (2010). Existentielle Psychotherapie. Gevelsberg: EHP – Verlag Andreas Kohlhage.

Yamanda, K. (Hrsg.). (2004). Die torlose Schranke: Mumonkan. Zen-Meister Mumons Koan-Sammlung neu übertragen und kommentiert von Zen-Meister Koun Yamanda. München: Kösel.

Yapko, M. D. (2011). Mindfulness and hypnosis: the power of suggestion to transform experience. New York: Norton.

12 Anhang I: Muster zur Anleitung für grundlegende Übungen zur EMS:

12.0 Vorwort

Die im Folgenden von mir ausgewählten und veröffentlichten Übungen dienen dem Erlernen von Entspannung, Meditation und Selbsthypnose (EMS).

Diese sind diesem Buch entnommen und werden in den betreffenden Kapiteln genauer beschrieben, erklärt und eingebettet. Sie werden hier als explizite, mündliche Anleitungen formuliert und angeboten, d. h., genauso so wie Sie sich oder andere in und zu den Übungen anleiten können.

Die nach der Einleitung folgenden Übungen sollen Ihnen beispielhaft bewährte Techniken und Methoden vorführen und vermitteln. Durch die äußere Anleitung kann Ihnen der Einstieg erleichtert werden. Weiter kann Ihnen geholfen werden, auch als Neuling die Übung konzentrierter und ganz – ohne Unterbrechung – durchzuführen. Entspannung, Meditation, hypnotische Bewusstseinszustände – also Trance – können so stärker entwickelt und erlebt werden. Diese intensiveren Erfahrungen dienen der Orientierung. Dahin gelangen Sie mit einiger Übung auch alleine und später auch darüber hinaus. Deshalb ist wichtig, sich bald von meiner bzw. der äußeren Anleitung zu lösen und still für sich, nur noch selbstangeleitet zu üben. Sie lernen erst dann, sich selbst zu entspannen, zu meditieren, in Trance bzw. Hypnose mit sich zu arbeiten. Sie erreichen damit Selbständigkeit und Unabhängigkeit und entwickeln wichtige Fähigkeiten und Kompetenzen – vor allem körperliche, psychische und mentale Selbstkontrolle!

12.1 Einleitung

Suchen Sie sich ein – für Sie – geeigneten Ort und Platz, an dem Sie sich möglichst wohl und angenehm fühlen sowie ohne Störung und in Ruhe üben können. Am besten setzen oder legen Sie sich hin.

Wenn Sie sitzen, dann sollten Sie versuchen, mit dem Rumpf, Rücken, Nacken und Kopf möglichst aufrecht, gerade zu sitzen. Die Beine oder Füße haben je nach Sitzhaltung Kontakt zum Boden. Wenn Sie etwa mit den Beinen leicht gegrätscht, aufrecht ohne anzulehnen auf einem Hocker oder vorderen Stuhlrand sitzen, dann sollten Ihre Fußsohlen Kontakt mit der Unterlage – dem Boden – haben. Ihre Hände würden Sie dann auf den Oberschenkeln ruhen lassen. Bedenken Sie bei der Einnahme eines Sitzes, dass Sie für eine längere Zeit in dieser Position und Haltung verharren können sollten. Zwar üben Sie mit der Zeit auch das Sitzen, aber Ihre gewählte Sitzhaltung sollte aus diesem Grunde – zumindest am Anfang – als relativ angenehm und erträglich empfunden werden.

Das Liegen ist in der Regel einfacher und bequemer. Auch hier sollte darauf geachtet werden, dass der Körper und vor allem die Wirbelsäule möglichst waagerecht liegen. Die Arme ruhen neben dem Rumpf.

In einzelnen Anleitungen zum Üben werden auch mehrere Techniken und Verfahren zum Zweck der Veranschaulichung, Erfahrung und Vermittlung kombiniert. Für das selbständige Üben können Sie dann selbstverständlich auswählen, andere Schwerpunkte setzen, Teile übernehmen oder weglassen, sich jeweils auch nur weniger oder mehr Zeit nehmen. Generell können die Übungen an Ihre Bedürfnisse, Belange, Situation und Voraussetzungen angepasst werden. Allerdings sollten Sie sich dabei von Achtsamkeit, Einfühlungsvermögen, Vernunft, Erfahrung und Wissen leiten lassen. Auch hier kann und sollte das Buch helfen.

Insbesondere die Einleitungen in die Trance und die innerlichen Vorbereitungen zur Meditation sind für die jeweils eigentliche, zu vermittelnde Übung nach Passung und Eignung gewählt worden. Darüber hinaus wurde aber auch bewusst darauf geachtet, dass diese sich nicht immer gleichen, also in Abweichung zu anderen Übungen formuliert und aufgebaut sind. Noch mehr Angleichung, Vereinheitlichung, Standardisierung hätte zwar die Einfachheit erhöht, aber die Chance zur Vermittlung und Ermutigung unterschiedlicher Ausdrucks- und Vorgehensweisen eingeschränkt. Es werden bewusst unterschiedliche, ebenfalls grundsätzlich geeignete und wirksame Ausdrucks- und Vorgehensweisen vermittelt. Letztlich geht es ja darum, dass Sie für sich passende und zutreffende Zugänge und Wege finden und üben, auf denen Sie, gemäß Ihren individuellen Zuständen, Bedingungen und Umständen, gut, besser oder am besten in die Trance sowie innere Achtsamkeit, Konzentration, Sammlung und Versenkung gelangen.

Nun können Sie sich einfach von meiner Stimme und meinen Empfehlungen anleiten lassen, mitmachen und erfahren, wie Sie auf die jeweilige Art und Weise zur Entspannung, Meditation oder Selbsthypnose gelangen können, wie Sie diese für sich üben, wiederholen und vertiefen können.

Sie können Ihre Augen sanft schließen, um so freier Ihren Blick und Ihr Empfinden auf sich und nach innen zu richten, um die Aufmerksamkeit, Wahrnehmung und das Bewusstsein ganz auf das Üben von Entspannung, Meditation und Selbsthypnose zu konzentrieren und die damit verbundenen inneren Zustände und Vorgänge.

Äußere Wahrnehmungen versuchen wir im Hintergrund zu lassen. Wenn diese sich dennoch aus diesem Rahmen verabschieden, heraustreten und lösen, nehmen wir diese nur zur Kenntnis und an. Es ist so, wie es ist. Lassen es sein und los – und entspannen – und versuchen, uns bewusst – mit unserer ganzen Wahrnehmung, Aufmerksamkeit und Konzentration – wieder auf das Üben, unser Tun zu konzentrieren. Genauso können auch innerlich etwa Gedanken, Gefühle, Vorstellungen und Wahrnehmungen auftreten, die uns von unserem gewollten Tun und gewählten Ziel führen können. Auch hier sind diese nur zur Kenntnis zu nehmen und anzunehmen. Es ist so, wie es ist. Wir lassen diese sein und los – entspannen – und versuchen wiederum, uns bewusst – mit unserer ganzen Wahrnehmung, Aufmerksamkeit und Konzentration – auf das Üben und gewollte Tun zu konzentrieren. Helfen kann die Vorstellung, dass Gedanken, Ideen, Gefühle und Empfindungen wie Wolken am Himmel sind. Sie kommen und gehen. Wir lassen sie einfach vorbeiziehen. Oder wie Blätter auf einem Fluss. Sie treiben weiter bis sie ganz entschwinden. Wir wiederholen bewusst das Annehmen, Loslassen und Hinwenden bis wir wieder achtsam auf die Übung gerichtet und ganz beim Üben sind.

Wir beginnen nun mit grundlegenden Übungen, die Atem und Atmen betreffen.

12.2 Atemübungen und Atemmeditation

Wir beginnen zum Meditieren mit dem Atmen und Atem. Das Atmen als Vorgang und der Atem selbst sind Gegenstand und Königsweg der Meditation. Das Atmen und der Atem sind Grundlage und Zentrum unseres Seins. Der Atem verbindet Außen mit Innen, die äußere Welt mit der inneren, ist sowohl körperlich-vegetativ als auch psychisch-geistig, unwillkürlich und willkürlich, unbewusst und bewusst. Mit dem Atmen und Atem beginnt und endet unser individuelles Dasein in der Welt. Der Atem schenkt uns Leben und Kraft.

12.2.1 Achtsame Atemwahrnehmung

Versuchen Sie auch bei dieser Übung, möglichst durch die Nase zu atmen, also sowohl durch die Nase ein und aus zu atmen. Sollte Ihnen das jedoch unnatürlich oder schwierig vorkommen, dann atmen Sie einfach nur so, wie Sie eben atmen. Nehmen Sie nun Ihre gewählte Meditationshaltung ein, setzen sich oder legen sich hin. Am besten schließen Sie Augenlider und spüren nun nach, ob die Haltung sich für Sie geeignet, passend und angenehm anfühlt. Bei Bedarf ändern und verbessern Sie Ihre Position und Haltung, um dann in Ruhe zu sitzen oder zu liegen. Spüren Sie nun nach, wie die Unterlage, der Boden und die Erde Sie stützen und tragen. Und weil Sie gestützt und getragen werden, sind Sie frei, sich nun ganz auf Ihren Atem zu konzentrieren.

Der Atem kommt und geht, kommt und geht …

Nehmen Sie einfach nur wahr, zur Kenntnis und an, wie Sie einatmen, dann ausatmen und Ihr Atmen ruht. Atmen Sie flach oder tief, schnell oder langsam, haben Sie einen kurzen oder einen langen Atem … Spüren Sie einfach nur nach. Das Atmen ist so, wie es ist.

Spüren Sie nach, wo und wie Ihr Atem Ihren Körper bewegt. Bewegt der Atem den Brustkorb oder den Bauch oder beides. Nehmen Sie es nur zur Kenntnis und so – wie es ist – an. Es ist so, wie es ist.

Konzentrieren sich weiter ganz auf Ihren Atem, so wie er kommt und geht, lassen Ihn nur einfach fließen. Nehmen ihn nur achtsam wahr. Der Atem kommt und geht – ganz von selbst.

Sie können den Atem am und in Ihrem ganzen Körper spüren, aber auch an einer bestimmten Stelle zwischen Stirn und Unterbauch, wo Sie ihn besonders gut wahrnehmen – spüren können.

Nehmen Sie einfach nur achtsam wahr, wie der Atem in Sie einströmt, wie er wieder hinausfließt und zur Ruhe kommt. Wie danach der Atem wieder einsetzt, Sie füllt, dann leert und Sie schließlich in Ruhe, ruhen lässt, um wieder von vorne zu beginnen. Atemzyklus um Atemzyklus. Der Atem kommt und geht, kommt und geht, kommt – geht.

Das ganze Bewusstsein ist beim Atmen und nur Atem.

Es atmet mich. Der Atem kommt und geht, kommt – geht. Einfach so.

Sie können auch ganz zum Atem werden, ganz Einatem, ganz Ausatem, ganz Atemruhe. Ganz Atem, ganz Ein, Aus, Ruhen … Ein – aus – Ruhe.

Sie können den Atem auch mit den stillen Worten oder Gedanken begleiten.

Beim Einatmen: Ein!

Beim Ausatmen: Aus!

In der Atempause: Ruhen! Oder: Ruhe!

Ein – Aus – Ruhe! Oder einfach nur: Ein – Aus!

Die Wahrnehmung, Aufmerksamkeit, Konzentration, das Bewusstsein bleiben dennoch beim Atem: Der Atem kommt und geht, kommt – geht.

Spüren Sie jetzt nach, wo und wie Ihr Atem den Körper bewegt. Bewegt sich der Bauch, der Brustkorb oder beides? Wie atmen Sie jetzt? Wie kommt und geht der Atem? Nehmen Sie es einfach nur zur Kenntnis und an. Es ist so, wie es ist.

Machen Sie sich klar, dass jederzeit, wenn Sie es möchten oder brauchen, Ihr achtsames Atmen wiederholen und vertiefen können, um Achtsamkeit, Präsenz, Gelassenheit, Entspannung und Ruhe in sich wachsen zu lassen.

Wenn Sie nun einschlafen wollen, dann schalten Sie jetzt einfach ab und lassen sich von Ihrem Atem weiter in den Traum oder Schlaf tragen.

Wenn Sie wach bleiben wollen, dann achten Sie jetzt auf Ihren Körper und spüren nach, wie die Unterlage, der Boden und die Erde Sie stützen und tragen.

Bereiten Sie sich nun innerlich darauf vor, in die äußere Welt zurück zu kommen – mit all Ihren Erfahrungen, vielleicht auch achtsamer, gelassener, entspannter, ruhiger, gestärkt und klar. Sie kommen bewusst zurück in Ihren Alltag, in das äußere Hier und Jetzt, indem Sie die Finger, die Arme leicht anwinkeln, sich sanft strecken und rekeln, gähnen oder stöhnen und schließlich die Augen öffnen, um sich zu orientieren. Lassen sich noch einen Moment Zeit, um ganz anzukommen. Dann können Sie bewusst und ruhig wieder aktiv werden.

12.2.2 Bauchatmung

Während Sie in der vorhergehenden Übung den Atem nur achtsam wahrgenommen und einfach fließen und sich von ihm bewegen gelassen haben, versuchen Sie nun, den Atem – entsprechend der folgenden Anleitung – aktiv zu beeinflussen und zu regulieren. Dies erfordert bestimmt einige Geduld und vor allem Übung.

Versuchen Sie bei dieser Übung, nur durch die Nase zu atmen, also sowohl durch die Nase ein und aus zu atmen. Nehmen Sie nun Ihre gewählte Meditationshaltung ein, setzen sich oder legen sich hin. Spüren Sie nach, ob die Haltung sich für Sie geeignet, passend und angenehm anfühlt. Bei Bedarf ändern und verbessern Sie Ihre Position und Haltung, um dann in Ruhe zu sitzen oder zu liegen. Sie können Ihre Augenlider schließen. Spüren Sie nun nach, wie die Unterlage, der Boden und die Erde Sie stützen und tragen. Und weil Sie gestützt und getragen werden, sind Sie frei, sich nun ganz auf Ihren Atem zu konzentrieren.

Sie versuchen jetzt, bewusst und gezielt, möglichst tief in den Bauch zu atmen. Tief in den Bauch hinein atmen, so dass sich nur der Bauch beim Einatmen deutlich füllt und weitet. Allein der Atem füllt und weitet den Bauch. Das Einatmen geschieht zügig. Das Ausatmen erfolgt dagegen möglichst langsam und still. Sehr langsam, aber dennoch stetig fließt der Atem aus dem Körper und der Nase. Nur darauf ist zu achten. Wenn der Einatem einmal in den Bauch gelangt ist, fließt er auch von selbst wieder hinaus. Nach dem Ausatem ruht die Atmung. Körper und Geist sind und bleiben in Ruhe. Der Ruhe wird achtsam nachgespürt. Bis sich der innerliche Atemimpuls bemerkbar macht. Dem geben Sie dann bewusst nach und atmen wieder tief und zügig in den Bauch ein. Nur der Atem füllt und weitet den Bauch.

Tief einatmen, langsam ausatmen …, ruhen. Tief ein und langsam aus …

Auch wenn die Bauchatmung sich schwierig oder anders gestaltet. Achten Sie immer darauf, dass Sie dabeibleiben: Tief ein und langsam aus. Nehmen Sie sich nur kurz bewusst vor, es beim nächsten Atemzug besser zu machen.

Tief einatmen, langsam ausatmen …, ruhen. Tief ein und langsam aus …

Mit Ihrer ganzen Wahrnehmung und Aufmerksamkeit sind Sie nun am besten im Bauch konzentriert.

Tief einatmen, langsam ausatmen …, ruhen. Tief ein und langsam aus …

Das Ausatmen kann dauern. Der Atem kann lang werden.

Die Atempause, die Ruhe kann sich dehnen und weiten.

Tief einatmen, langsam ausatmen …, ruhen. Tief ein und langsam aus …

Achten Sie nun auf Ihren Körper und spüren nach, wie die Unterlage, der Boden und die Erde Sie stützen und tragen.

Bereiten Sie sich innerlich darauf vor, in die äußere Welt zurück zu kommen – mit all Ihren Erfahrungen, vielleicht auch achtsamer, gelassener, entspannter, ruhiger, gestärkt und klar. Sie kommen bewusst zurück in Ihren Alltag, in das äußere Hier und Jetzt, indem Sie die Finger, die Arme leicht anwinkeln, sich sanft strecken und rekeln, gähnen oder stöhnen und schließlich die Augen öffnen, um sich zu orientieren. Lassen sich noch einen Moment Zeit, um ganz anzukommen. Dann können Sie bewusst und ruhig wieder aktiv werden.

12.2.3 Vollatmung

Versuchen Sie auch bei dieser Übung, nur durch die Nase zu atmen, also sowohl durch die Nase ein und aus zu atmen. Nehmen Sie nun Ihre gewählte Meditationshaltung ein, setzen sich oder legen sich hin. Spüren Sie nach, ob die Haltung sich für Sie geeignet, passend und angenehm anfühlt. Bei Bedarf ändern und verbessern Sie Ihre Position und Haltung, um dann in Ruhe zu sitzen oder zu liegen. Sie können Ihre Augenlider schließen. Spüren Sie nun nach, wie die Unterlage, der Boden und die Erde Sie stützen und tragen. Und weil Sie gestützt und getragen werden, sind Sie frei, sich nun ganz auf ihren Atem zu konzentrieren.

Im Unterschied zur vorherigen Atemübung versuchen wir jetzt, nicht nur in den Bauch zu atmen, sondern wir versuchen eine Voll- oder Bauch-Brust-Atmung. Bewusst werden hier sowohl der Bauch als auch die Brust in das Atmen einbezogen. Es wird in einem tiefen, zügigen Atemzug zunächst in den Bauch und dann weiter in die Brust geatmet. Dabei bewegt und weitet der Atem zunächst deutlich den Bauch und dann den Brustkorb. Wie eine Welle durchzieht der Atem den Rumpf. Das Einatmen beginnt im Bauch und bevor dieser ganz gefüllt wird, wandert der Atem als Welle weiter in die Brust. Der Bauch nimmt ab, während der Brustkorb sich nun merklich weitet. Nur der Atem bewegt den Körper, erst den Bauch und dann die Brust, eigentlich wie von selbst, leicht und einfach. Schließlich versuchen Sie, kurz, aufmerksam und bewusst die erreichte Atemfülle wahrzunehmen, um dann achtsam, behutsam und langsam auszuatmen.

Wenn die Bauch-Brust-Welle beim Einatmen gelingt, geht die Ausatmung auch als Welle zurück. Deshalb können Sie sich beim Ausatmen auch nur auf das sehr langsame Ausatmen und die anschließende Atemruhe konzentrieren. Wenig und langsam fließt der Atem dann aus Ihrem

Körper und der Nase. Nach dem Ausatem kommt die Atemruhe. Es wird nur achtsam wahrgenommen und gespürt. Bis der innerliche Atemimpuls kommt. Geben Sie diesem bewusst nach, um dann wieder tief und zügig voll zu atmen, erst in den Bauch und weiter in die Brust.

Auch wenn die Bauch-Brust-Welle beim Einatmen sich schwierig oder anders gestaltet, achten Sie darauf, auch weiterhin tief ein, langsam auszuatmen und erst auf den erneuten, inneren Atemimpuls zu warten, bevor Sie wieder einatmen. Nehmen Sie sich nur kurz bewusst vor, es beim nächsten Atemzug besser oder passender zu machen.

Versuch Sie also auf jeden Fall, tief ein, langsam auszuatmen … und zu ruhen.

Tief ein und langsam aus...

Tief einatmen, langsam ausatmen …, ruhen.

Tief ein und langsam aus...

Achten Sie nun auf Ihren Körper und spüren nach, wie die Unterlage, der Boden und die Erde Sie stützen und tragen.

Bereiten Sie sich innerlich darauf vor, in die äußere Welt zurück zu kommen – mit all Ihren Erfahrungen, vielleicht auch achtsamer, gelassener, entspannter, ruhiger, gestärkt und klar. Sie kommen bewusst zurück in Ihren Alltag, in das äußere Hier und Jetzt, indem Sie die Finger, die Arme leicht anwinkeln, sich sanft strecken und rekeln, gähnen oder stöhnen und schließlich die Augen öffnen, um sich zu orientieren. Lassen sich noch einen Moment Zeit, um ganz anzukommen. Dann können Sie bewusst und ruhig wieder aktiv werden.

12.2.4 Stirn-Wurzelzentrum-Atem-Meditation

Versuchen Sie bei dieser Übung, nur durch die Nase zu atmen: nur durch die Nase ein- und auszuatmen. Nehmen Sie nun Ihre gewählte Meditationshaltung ein, setzen sich oder legen sich hin. Spüren Sie nach, ob die Haltung sich geeignet, passend und angenehm anfühlt. Wenn nicht, verändern und bessern Sie Ihre Position und Haltung. Passen Sie diese so an, dass diese sich angemessen – und vielleicht sogar richtig und gut – anfühlen, um dann ruhig und still zu bleiben, nur und ganz in Ruhe zu sitzen oder zu liegen. Am besten schließen Sie nun Ihre Augenlider und spüren nach, wie die Unterlage, der Boden und die Erde Sie stützen und tragen. Und weil Sie gestützt und getragen werden, sind Sie frei, sich nun ganz auf ihren Atem zu konzentrieren.

Entweder atmen Sie nur in den Bauch – mit der Bauchatmung. Atmen also tief und zügig in den Bauch ein, dann langsam aus. Schließlich hat sich die Atemfülle entleert und das Atmen kommt zur Ruhe, nur noch still da sein und ruhen.

Oder Sie atmen mit der Bauch-Brustatmung: In Form einer Welle atmen Sie ein – erst in den Bauch und dann weiter in die Brust. Nur der Atem bewegt und weitet erst den Bauch, dann den Brustkorb. In jedem Falle versuchen Sie, tief und zügig ein zu atmen, dann langsam aus. Schließlich kommt das Atmen zur Ruhe. Nur ruhen, achtsam wahrnehmen und innerlich nachspüren … bis der Atemimpuls kommt. Dann wieder einatmen!

Nun lassen wir den Atem einfach nur in den Bauch oder – noch besser – als Welle erst in den Bauch und dann in die Brust fließen. Tief ein und langsam aus...

Nur achtsam wahrnehmen – spüren, wie der Atem auf diese Art und Weise kommt, geht und ruht. Ganz beim Atmen oder mit dem Atem.

Nun gehen wir zum und während des Einatmens mit unserer ganzen Wahrnehmung, Aufmerksamkeit und Konzentration in das Stirnzentrum – in die Mitte der Stirn. Versuchen ganz in das Stirnzentrum hinein zu atmen. Sie können fühlen und spüren, wie die Luft direkt dorthin strömt. Wir atmen tief und zügig in das Stirnzentrum. Spüren wie der Atem in das Stirnzentrum fließt und es füllt. Der Einatem wird ganz im Stirnzentrum konzentriert, empfangen, gesammelt und gebündelt. Dies wirkt geistig erfrischend und belebend. Bewusstsein, Einsicht, Verstand, Vernunft, Weisheit werden klarer und gestärkt. Wir atmen geistige Kraft und Klarheit. Mit zunehmender Übung werden Sie deutlicher dieses Zentrum und den Einatem dort wahrnehmen und spüren.

Dann atmen wir über die Mittellinie des Körpers – über Nase, Kinn, Kehlkopf, Brustbein, Bauchnabel weiter runter und gehen am Genital vorbei weiter nach innen zum Damm – zum Wurzelzentrum. Das Wurzelzentrum liegt auf dem Damm und Beckenboden und reicht nach innen und bis zum Anfang des Steißbeins.

Beim Ausatmen wandern Sie also innerlich mit Ihrem Ausatem und Ihrer bewussten Wahrnehmung und Aufmerksamkeit langsam von der Stirnmitte bis zum Damm. Der Atem streichelt Sie dabei von innen. Je tiefer Sie gelangen, desto mehr fällt von Ihnen ab. Auch die offenbar wichtigen Belange werden so mit dem Ausatmen losgelassen und fallen – von Ihnen – ab. Sie üben Loslassen und Gelassenheit. Gelassenheit und Gleichmut können mit dem Ausatem wachsen und sich entfalten.

Mit dem Rest des Atems gelangen Sie in den Dammbereich – ins Wurzelzentrum. Mit dem Atem kommen Sie hier zum Halt – zur Ruhe! Versuchen Sie sich hier, nur zu spüren und achtsam wahr- und anzunehmen. Ihr ganzes Bewusstsein, Ihre Aufmerksamkeit und Konzentration sind hier – im energetischen Grunde Ihres Seins, Lebens und Ihrer Erfahrung – gesammelt und gebündelt. Nur noch da, pures Sein! Völlige Präsenz – ohne Wollen und Bedürfnisse, tief versunken und dennoch getragen, keine Gedanken, Gefühle oder Unterschiede, ungetrennt, ganz verbunden – eins, nur Sein und Leben, Ruhe und Gleichmut.

Irgendwann wird der innere Atemimpuls bewusst und deutlich. Dann geben Sie diesem bewusst nach und beginnen einen neuen Atem- und Meditationszyklus. Wieder atmen Sie tief über das Stirnzentrum ein und langsam mit dem Ausatem bis zum Wurzelzentrum hinab, um dann dort zu verweilen und völlig zu ruhen.

Sie können das Einatmen mit geistiger „Wachheit", „Klarheit", „Bewusstheit" oder „Kraft" begleiten – benennen, das Ausatmen mit „Gelassenheit" und das Verweilen im Wurzelzentrum mit „Ruhe". Sogar wie ein Mantra mit dem Atem und Atmen verbinden. Einfach nur: „Kraft – Gelassenheit – Ruhe"! Einatmen: „Kraft"! Ausatmen: „Gelassenheit"! Ruhen: „Ruhe".

Aber auch ohne diese Benennung werden mit der Stirn-Wurzelzentrum-Atem-Meditation – allein durch die bewusste Konzentration auf den Atem und dessen Führung geistige Kraft – Bewusstheit, Gelassenheit und Ruhe wachsen.

Atmen Sie also tief über das Stirnzentrum ein und langsam spürend – bis hinab zum Wurzelzentrum – aus. Hier verweilen und ruhen Sie dann. Nehmen sich nur achtsam wahr. Wenn der Atemimpuls kommt, dann geben Sie ihm nach und atmen wieder Tief über das Stirnzentrum ein.

Tief ein, langsam aus und ruhen.

Wiederholen Sie für sich noch einige Male diesen Atemmeditationskreis.

Tief ein, langsam aus und ruhen.

Achten Sie nun auf Ihren Körper und spüren nach, wie die Unterlage, der Boden und die Erde Sie stützen und tragen.

Bereiten Sie sich innerlich darauf vor, in die äußere Welt zurück zu kommen – mit all Ihren Erfahrungen, vielleicht auch achtsamer, gelassener, entspannter, ruhiger, gestärkt und klar. Sie kommen bewusst zurück in Ihren Alltag, in das äußere Hier und Jetzt, indem Sie die Finger, die Arme leicht anwinkeln, sich sanft strecken und rekeln, gähnen oder stöhnen und schließlich die Augen öffnen, um sich zu orientieren. Lassen sich noch einen Moment Zeit, um ganz anzukommen. Dann können Sie bewusst und ruhig wieder aktiv werden.

12.2.5 Stirnzentrum-Heilatem-Meditation

Wir lernen nun beispielhaft einen beliebigen Körperbereich sicher zu beatmen und damit diesen energetisch zu stützen und zu stärken, nährende und heilende Vorgänge zu unterstützen und zu befördern. Dazu wählen wir uns hier den Nabelbereich aus. Dieser Bereich soll im Folgenden durch den Atem bereichert und gestärkt werden. Sie können sich für Ihren Bedarf und Ihre eigenen Übungen dann auch andere Körperbereiche wählen und diese beatmen. Wie bei der Stirn-Wurzelzentrum-Atem-Meditation atmen Sie über das Stirnzentrum tief ein. Im Unterschied dazu atmen Sie dann jedoch direkt in Ihren Nabelbereich aus und hinein. Der ganze Ausatem wird und bleibt direkt auf den Nabelbereich gerichtet. Es handelt sich dabei um das mittlere Bauchzentrum – das Nabelzentrum. Es liegt im Bauch – in der Bauchmitte, im und um den Nabel und reicht nach innen. Mit Ihrer ganzen Aufmerksamkeit und Konzentration empfangen und spüren Sie hier den Ausatem. In der Atempause verweilen und ruhen Sie dort weiter und nehmen hier achtsam wahr und spüren der Wirkung des Ausatems nach. Wenn dann der Atemimpuls bewusst und deutlich wird, geben Sie diesem nach und atmen wieder über das Stirnzentrum tief und zügig ein.

Versuchen Sie auch bei dieser Übung, nur durch die Nase zu atmen: Durch die Nase ein und aus. Sie haben wieder Ihre passende Position und Haltung zum Meditieren eingenommen und spüren nach, wie Sie in ihr zu Stille und Ruhe gelangen. Schließen Sie dazu am besten die Augenlieder. Sie nehmen bewusst wahr und spüren, wie die Unterlage, der Boden und die Erde Sie stützen und tragen. Und weil Sie gestützt und getragen werden, sind Sie frei, sich nun ganz auf Ihren Atem zu konzentrieren.

Sie atmen in den Bauch oder mit der Welle zuerst in den Bauch, dann in die Brust. Spüren Sie wie der Einatem Ihren Körper entsprechend weitet und belebt. Sie atmen tief ein, dann langsam aus. Dann verweilen Sie in Ruhe bis der Atemimpuls bewusst und merklich wird. Atmen wieder tief ein und langsam aus.

Nun atmen Sie tief in und über das Stirnzentrum – die Stirnmitte – ein. Dann langsam – über die Mittellinie des Körpers bis zum Wurzelzentrum und Damm hinab – aus, um dann hier ganz in Ruhe, aufmerksam spürend zu verweilen … bis der Atemimpuls kommt.

Dann wieder bewusst ins Stirnzentrum einatmen und spüren. Dann mit der ganzen Aufmerksamkeit, Wahrnehmung bewusst im Nabelzentrum – im und um den Nabel, in der Bauchmitte – konzentrieren und direkt dort hinein ausatmen. Sie können sehr langsam, absolut still und fein in das Nabelzentrum ausatmen oder auch etwas betonter – dennoch kaum hörbar und langsam durch die Nase! Wenn der Ausatem endet, spüren Sie weiter achtsam im Nabelzentrum nach, bis Sie dem Atemimpuls wieder nachgeben. Tief ins Stirnzentrum ein und langsam ins Nabelzentrum aus.

Der Atem nährt, stützt und stärkt das Nabelzentrum. Er bringt Kraft und Heilung. Die Energie kann wachsen, sich entfalten, Heilung geschehen. Und wenn der stärkende und heilende Atem in das Nabelzentrum fließt, kann das ganze Zentrum – die ganze Bauchmitte – angenehm warm werden. Auch auf diese Weise können Kraft und Heilung zunehmen.

Und Sie atmen weiter tief ins Stirnzentrum ein und langsam in das Nabelzentrum aus.

Machen Sie sich klar und bewusst, dass Sie jederzeit, wenn Sie es möchten oder brauchen, wieder auf diese Art und Weise in diesen oder einen anderen Körperbereich atmen können, um diesen achtsam zu spüren und heilsam zu stärken.

Achten Sie nun auf Ihren Körper und spüren nach, wie die Unterlage, der Boden und die Erde Sie stützen und tragen.

Bereiten Sie sich innerlich darauf vor, in die äußere Welt zurück zu kommen – mit all Ihren Erfahrungen, vielleicht auch heilsam gestützt und gestärkt.

Sie kommen bewusst zurück in Ihren Alltag, in das äußere Hier und Jetzt, indem Sie die Finger, die Arme leicht anwinkeln, sich sanft strecken und rekeln, gähnen oder stöhnen und schließlich die Augen öffnen, um sich zu orientieren. Lassen sich noch etwas Zeit, um ganz anzukommen. Dann können Sie sich bewusst und ruhig wieder Ihren anderen Zielen und Tätigkeiten zuwenden.

12.3 Eine Progressive Muskelentspannung – kurz: PME

Vorbereitend haben Sie sicher wieder einen passenden und geeigneten Ort zum Meditieren und Entspannen aufgesucht.

Nehmen Sie nun Ihre Position und Haltung ein, um sich im Folgenden möglichst gut zu spüren und zu entspannen. Sollten Sie Sitzen, dann liegen Ihre Hände sicher auf den Oberschenkeln. Wenn Sie liegen, dann liegen Ihre Hände sicher auf dem Boden. Wir werden gleich nacheinander verschiedene Teile oder Bereiche Ihres Körpers durchgehen und ansprechen. Ihre Aufgabe wird darin bestehen, sich jeweils für einige Zeit in einem bestimmten und genannten Körperbereich bewusst zu konzentrieren und aufmerksam wahrzunehmen sowie Anspannung und Entspannung zu fühlen. Mit sanften Bewegungen und Veränderungen aus Ihrer Ruhe- und Ausgangsposition werden Sie für kurze Zeit eine minimale, geringfügige Anspannung erzeugen und erleben. Dann werden Sie für eine wesentlich längere Zeit wieder loslassen und in die Ruheposition zurückkehren, um dann zu entspannen und der muskulären Entspannung sowie deren Wirkung nachzuspüren. Dabei versuchen Sie – so weit wie es eben geht – das Entspannungsgefühl in den betreffenden Muskeln und diesem Körperbereich progressiv, d. h. fortschreitend, zu vertiefen. Und von dort kann sich die Entspannung dann zunehmend in Ihrem ganzen Körper ausbreiten.

Dazu können Sie Ihre Augen sanft schließen und sich von meiner Stimme anleiten lassen.

Versuchen Sie nun achtsam wahrzunehmen, wie Ihre Unterlage, der Sitz, der Boden, die Erde Sie stützen und tragen. Und weil Sie gestützt und getragen werden, sind Sie frei, sich nun ganz auf Ihren Atem zu konzentrieren. Sie atmen durch die Nase ein und aus? Sie können Ihrem Atem oder Atmen einfach nur achtsam folgen, nur wahrnehmen: Atmen ein und aus. Sie können aber auch versuchen, mit jedem Atemzug – im Besonderen mit jedem Ausatmen – tiefer und tiefer in die Entspannung zu gehen. Lassen Sie sich mit jedem Ausatmen tiefer und tiefer in die Entspannung gleiten und in die innere Ruhe tragen. Wenn Sie sich dann innerlich bereitfinden, können wir den Atem weiter fließen und uns entspannen lassen und mit der progressiven Muskelentspannung beginnen.

Wir gehen dazu mit unserer ganzen Aufmerksamkeit, Konzentration und Wahrnehmung in die rechte Hand. Spüren nach, wie die rechte Hand sich anfühlt, wenn diese einfach in Ruhe aufliegt. Dann ziehen wir die Finger und Hand sanft an und krümmen sie leicht und deuten die Bildung einer Faust nur an. Die Fingerknöchel heben und entfernen sich dabei von der Unterlage, also vom Boden oder Oberschenkel, aber die Fingerspitzen berühren noch weiter die Unterlage. Die Hand ist offen und hohl. Der Unterarm bleibt in Ruhe. Wir spüren der entstehenden, leichten Anspannung in Hand und Fingern nach, um dann wieder Finger und Hand loszulassen und zu entspannen. Dazu strecken Sie die Hand und Finger wieder sanft und bringen Sie in die Ausgangs- und Ruheposition, so dass diese maximal entspannen können. Sie können das Zurückkehren in die Ruheposition, das Loslassen und Entspannen auch mit dem Ausatmen verbinden. Wir spüren der Entspannung nach. Wie fühlt sich nun die Entspannung an? Lässt sich diese noch verstärken und vertiefen? Lassen Sie die Entspannung – so weit wie möglich – wachsen und vertiefen. Spüren und genießen Sie die Entspannung, die Sie in der rechten Hand erreichen. Einfach nur in der rechten Hand aufmerksam, bewusst spüren und entspannen!

Wir gehen nun mit unserer ganzen Aufmerksamkeit, Konzentration und Wahrnehmung in den rechten Unterarm. Spüren nach, wie der rechte Unterarm sich anfühlt, wenn der einfach nur in Ruhe daliegt. Dann wird die ganze rechte Hand von der Unterlage, aus dem Handgelenk heraus leicht an- und nach oben gehoben. Die Finger und der Handteller stehen nun in einem spitzen Winkel zur Unterlage. Finger und Hand bleiben dabei locker und entspannt gestreckt und der Unterarm unbewegt und in Ruhe. Wir spüren der entstehenden, leichten Anspannung im rechten Unterarm kurz nach. Wir lassen dann die ganze Hand auf die Unterlage wieder zurücksinken und spüren, wie damit die Anspannung aus dem Unterarm entweicht. Dies können Sie auch ganz bewusst mit dem Ausatmen verbinden. Ausatmen, loslassen und entspannen. Wir spüren der Entspannung nach. Wie fühlt sich die Entspannung an? Lässt sich diese noch verstärken und vertiefen? Lassen Sie die Entspannung – so weit wie möglich – wachsen und vertiefen. Spüren und genießen Sie die Entspannung, die Sie in dem rechten Unterarm erreichen. Einfach nur im rechten Unterarm aufmerksam, bewusst spüren und entspannen!

Wir gehen nun mit unserer ganzen Aufmerksamkeit, Konzentration und Wahrnehmung in den rechten Oberarm. Spüren nach, wie der rechte Oberarm sich anfühlt, wenn der einfach nur in Ruhe von der Schulter hängt oder auf dem Boden liegt. Dann beugen wir leicht den Arm und heben dazu den Unterarm etwas an. Dabei bleibt die Hand mit den Fingern locker und entspannt hängen. Der Ellenbogen bleibt unten und in der Ruheposition. Wir spüren der entstehenden, leichten Anspannung im rechten Oberarm kurz nach. Wir lassen dann den Unterarm mit der Hand wieder auf die Unterlage zurücksinken und spüren, wie Anspannung sich im Oberarm löst und Entspannung zunimmt. Dies können Sie ganz bewusst mit dem Ausatmen verbinden. Ausatmen, loslassen und entspannen. Wir spüren der Entspannung nach. Wie fühlt sich die Entspannung an? Lässt sich diese noch verstärken und vertiefen? Lassen Sie die Entspannung – so weit wie möglich – wachsen und vertiefen. Spüren und genießen Sie die Entspannung, die Sie im rechten Oberarm erreichen. Einfach nur im rechten Oberarm aufmerksam, bewusst spüren und entspannen!

Wir gehen nun mit unserer ganzen Aufmerksamkeit, Konzentration und Wahrnehmung in die linke Hand. Spüren nach, wie die linke Hand sich anfühlt, wenn diese einfach in Ruhe aufliegt. Dann ziehen wir die Finger und Hand sanft an und krümmen sie leicht und deuten die Bildung einer Faust nur an. Die Fingerknöchel heben und entfernen sich dabei von der Unterlage, also vom Boden oder Oberschenkel, aber die Fingerspitzen berühren noch weiter die Unterlage. Die Hand ist offen und hohl. Der Unterarm bleibt in Ruhe. Wir spüren der entstehenden, leichten Anspannung in Hand und Fingern nach, um dann wieder Finger und Hand loszulassen und zu entspannen. Dazu strecken Sie die Hand und Finger wieder sanft und bringen Sie in die Ausgangs- und Ruheposition, so dass diese maximal entspannen können. Sie können das Zurückkehren in die Ruheposition, das Loslassen und Entspannen auch mit dem Ausatmen verbinden. Wir spüren der Entspannung nach. Wie fühlt sich nun die Entspannung an? Lässt sich diese noch verstärken und vertiefen? Lassen Sie die Entspannung – so weit wie möglich – wachsen und vertiefen. Spüren und genießen Sie die Entspannung, die Sie in der linken Hand erreichen. Einfach nur in der linken Hand aufmerksam, bewusst spüren und entspannen!

Wir gehen nun mit unserer ganzen Aufmerksamkeit, Konzentration und Wahrnehmung in den linken Unterarm. Spüren nach, wie der linke Unterarm sich anfühlt, wenn der einfach nur in Ruhe daliegt. Dann wird die ganze linke Hand von der Unterlage, aus dem Handgelenk heraus leicht an- und nach oben gehoben. Die Finger und der Handteller stehen nun in einem spitzen Winkel zur Unterlage. Finger und Hand bleiben dabei locker und entspannt gestreckt und der Unterarm unbewegt und in Ruhe. Wir spüren der entstehenden, leichten Anspannung im linken

Unterarm kurz nach. Wir lassen dann die ganze Hand auf die Unterlage wieder zurücksinken und spüren, wie damit die Anspannung aus dem Unterarm entweicht. Dies können Sie auch ganz bewusst mit dem Ausatmen verbinden. Ausatmen, loslassen und entspannen. Wir spüren der Entspannung nach. Wie fühlt sich die Entspannung an? Lässt sich diese noch verstärken und vertiefen? Lassen Sie die Entspannung – so weit wie möglich – wachsen und vertiefen. Spüren und genießen Sie die Entspannung, die Sie im linken Unterarm erreichen. Einfach nur im linken Unterarm aufmerksam, bewusst spüren und entspannen!

Wir gehen nun mit unserer ganzen Aufmerksamkeit, Konzentration und Wahrnehmung in den linken Oberarm. Spüren nach, wie der linke Oberarm sich anfühlt, wenn der einfach nur in Ruhe von der Schulter hängt oder auf dem Boden liegt. Dann beugen wir leicht den Arm und heben dazu den Unterarm etwas an. Dabei bleibt die Hand mit den Fingern locker und entspannt hängen. Der Ellenbogen bleibt unten und in der Ruheposition. Wir spüren der entstehenden, leichten Anspannung im linken Oberarm kurz nach. Wir lassen dann den Unterarm mit der Hand wieder auf die Unterlage zurücksinken und spüren, wie Anspannung sich im Oberarm löst und Entspannung zunimmt. Dies können Sie ganz bewusst mit dem Ausatmen verbinden. Ausatmen, loslassen und entspannen. Wir spüren der Entspannung nach. Wie fühlt sich die Entspannung an? Lässt sich diese noch verstärken und vertiefen? Lassen Sie die Entspannung – so weit wie möglich – wachsen und vertiefen. Spüren und genießen Sie die Entspannung, die Sie im linken Oberarm erreichen. Einfach nur im linken Oberarm aufmerksam, bewusst spüren und entspannen!

Jetzt richten wir unsere ganze Aufmerksamkeit, Konzentration und Wahrnehmung auf den Schulter- und Schlüsselbeinbereich. Wie fühlt sich dieser Bereich an, wenn Sie einfach nur sitzen oder liegen. Dann versuchen wir, bewusst in den Brustkorb, Schultergürtel und Schlüsselbeinbereich einzuatmen. Mit dem Einatmen können wir dort Anspannung spüren. Je stärker, also je mehr Luft wir einatmen, desto kräftiger wird die empfundene Anspannung. Halten wir zudem kurz nach dem Einatmen inne und halten den Atem an, so verstärkt sich noch und dauert diese Empfindung. Je leichter Sie einatmen, desto sanfter wird die Anspannung. Mit dem Ausatmen spüren wir dann der zunehmenden Entspannung nach. Ausatmen, loslassen und entspannen. Dann lassen wir den Atem weiter fließen und geschehen. Wir konzentrieren uns nur noch auf das Loslassen und Entspannen im Schulter-Schlüsselbein-Bereich. Wir spüren der Entspannung nach. Wie fühlt sich die Entspannung an? Lässt sich diese noch verstärken und vertiefen? Lassen Sie die Entspannung – so weit wie möglich – wachsen und vertiefen. Spüren und genießen Sie die Entspannung, die Sie hier erreichen. Einfach nur im Schulter-Schlüsselbein-Bereich aufmerksam, bewusst spüren und entspannen!

Mit unserer ganzen Aufmerksamkeit, Konzentration und Wahrnehmung gehen wir jetzt in das ganze rechte Bein – Fuß, Unterschenkel und Oberschenkel. Spüren nach, wie das rechte Bein sich in Ruhe anfühlt. Dann ziehen Sie nur den Fuß leicht und sanft in Richtung zu sich an. Dabei nähert sich der Rist, Spann, d. h. die Fußoberseite, etwas dem Schienbein. Wir spüren der entstehenden Anspannung im gesamten Bein nach. Dann lassen Sie den Fuß bewusst wieder los und in die Ruheposition fallen. Das Zurückkehren in die Ruheposition, das Loslassen und Entspannen können Sie auch wieder mit dem Ausatmen verbinden. Wir spüren nun der Entspannung nach. Wie fühlt sich die Entspannung an? Lässt diese sich noch verstärken und vertiefen? Lassen Sie die Entspannung – so weit wie möglich – wachsen und vertiefen. Spüren und genießen Sie die Entspannung, die Sie im rechten Bein erreichen. Einfach nur im rechten Bein aufmerksam und bewusst spüren und entspannen!

Mit unserer ganzen Aufmerksamkeit, Konzentration und Wahrnehmung wechseln wir nun in das linke Bein – Fuß, Unterschenkel und Oberschenkel. Wir spüren nach, wie das linke Bein sich in Ruhe anfühlt. Dann ziehen Sie diesmal den linken Fuß leicht und sanft in Richtung zu sich an. Dabei nähert sich nur der Spann – die Fußoberseite – ein wenig dem Schienbein. Wir spüren der entstehenden Anspannung im Bein nach. Dann lassen Sie den Fuß wieder bewusst los und in die Ruheposition fallen. Dies können Sie auch wieder achtsam mit dem Ausatmen verbinden. Wir spüren der Entspannung nach. Wie fühlt sich die Entspannung an? Lässt diese sich noch verstärken und vertiefen? Lassen Sie die Entspannung – so weit wie möglich – wachsen und vertiefen. Spüren und genießen Sie die Entspannung, die Sie im linken Bein erreichen. Einfach nur im linken Bein aufmerksam und bewusst spüren und entspannen!

Jetzt richten wir unsere ganze Aufmerksamkeit, Konzentration und Wahrnehmung auf den Bauch. Wie fühlt sich der Bauch an, wenn Sie einfach nur in Ruhe sitzen oder liegen. Dann versuchen wir, bewusst in den Bauch zu atmen. Mit dem Einatmen dehnt sich nicht nur der Bauch, sondern wir können auch Anspannung spüren: Je stärker, je mehr Luft wir einatmen, desto kräftiger wird dieses Anspannungsgefühl. Halten wir zudem nach dem Einatmen noch kurz inne und halten den Atem an, so bleibt auch das Anspannungsgefühl für diese Zeit deutlich spürbar. Je leichter Sie jedoch einatmen, desto sanfter wird die empfundene Anspannung. Mit dem Ausatmen – dem Loslassen des Atems – spüren wir dann der Entspannung im Bauch nach. Ausatmen – loslassen – entspannen. Dann lassen wir den Atem einfach weiter fließen und das Atmen geschehen. Wir konzentrieren uns nur noch auf das achtsame Wahrnehmen und Entspannen im Bauch. Wir spüren der Entspannung im Bauch nach. Wie fühlt sich die Entspannung an? Lässt sich diese noch verstärken, vertiefen? Die Entspannung kann wachsen und tiefer werden. Spüren und genießen Sie die Entspannung, die Sie im Bauch erreichen. Einfach nur im Bauch aufmerksam, bewusst spüren und entspannen!

Gehen wir nun ganz bewusst, aufmerksam, spürend in unsere Brust und spüren konzentriert in unseren vorderen Brustkorb hinein. Wie fühlt sich dieser Bereich an, wenn Sie einfach nur sitzen oder liegen? Dann versuchen wir, leicht und sanft die Brust herauszustrecken oder bewusst, betont in die Brust zu atmen. Mit dem Herausstrecken oder Einatmen ist eine damit verbundene Anspannung zu spüren. Je weniger Sie in die Brust atmen oder die Brust herausstrecken, desto geringer wird das Anspannungsgefühl. Wir lassen dann die Brust los oder atmen einfach nur aus, um dann nur noch der zunehmenden Entspannung in der Brust konzentriert und achtsam nachzuspüren. Nur noch spüren, loslassen und entspannen in der Brust. Wie fühlt sich die Entspannung hier an? Lässt sich diese noch verstärken, vertiefen? Die Entspannung kann auch hier wachsen und tiefer werden. Spüren und genießen Sie die Entspannung in der Brust. In der Brust achtsam spüren und entspannen!

Nun wandern wir mit unserer ganzen Aufmerksamkeit, Konzentration und Wahrnehmung in das untere Gesichtsdrittel, den Mund-, Zahn-, Kinn- und Unterkieferbereich. Die Lippen liegen zwar aufeinander, aber Mund, Zunge und der Unterkiefer bleiben locker. Wir spüren nach, wie sich dieser Gesichtsbereich in Ruhe anfühlt. Dann beginnen wir zu lächeln, die Mundwinkel heben sich etwas. Damit verbunden spüren wir eine leichte Anspannung. Dann beenden wir das Lächeln und lassen die Mundwinkel wieder los. Das Lächeln können Sie auch mit dem Einatmen verbinden; das Loslassen und Entspannen wieder mit dem Ausatmen. Dann spüren wir achtsam nur noch der Entspannung im Mund- und Kieferbereich nach. Wie fühlt sich die Entspannung hier an? Lässt sich diese noch verstärken und vertiefen? Lassen Sie die Entspannung möglichst entfalten und vertiefen. Spüren und genießen Sie die Entspannung, die Sie im unteren Gesichtsdrittel erreichen. Einfach nur achtsam spüren und entspannen!

Wir gehen jetzt mit unserer ganzen Aufmerksamkeit, Konzentration und Wahrnehmung in die Gesichtsmitte, den Bereich vor allem der Nase und Wangen, und spüren nach, wie dieser sich in Ruhe anfühlt. Dann atmen wir bewusst durch die Nase und Nasenlöcher ein. Wir versuchen merklich, etwas tiefer einzuatmen und dabei den einströmenden Atem in den Nasenflügeln und sich weitenden Nüstern zu spüren. Wir nehmen das damit verbundene Spannungsgefühl in den Nasenflügeln bis in die Nasenwurzel und Wangen wahr. Mit dem Ausatmen durch die Nase lassen wir diese Spannung wieder los und fahren. Dann spüren wir nur noch achtsam der Entspannung in Nase und Wangen – bis in die Augen – nach. Wie fühlt sich die Entspannung hier an? Können Sie diese noch verstärken und vertiefen? Lassen Sie die Entspannung noch wachsen und vertiefen. Spüren und genießen Sie die Entspannung, die Sie erreichen. Nase und Wangen nur achtsam spüren und entspannen!

Nun versuchen Sie sich im oberen Gesichtsbereich, in den Augen, Augenbrauen und der ganzen Stirn bewusst, aufmerksam, konzentriert wahrzunehmen. Wie fühlt sich dieser Bereich in Ruhe an. Dann versuchen Sie, gleichgültig ob mit tatsächlich offenen oder geschlossenen Augen, innerlich die Augen zu öffnen, freudig überrascht und interessiert zu gucken. Die Augen können dabei äußerlich geschlossen bleiben. Dennoch spannen die Augen, Augenbrauen und die Stirn – bis in den Hinterkopf – leicht an. Sie verstärken das Anspannungsgefühl noch, wenn Sie es mit dem Einatmen verbinden oder dabei bewusst die Augenbrauen ein klein wenig heben. Spüren Sie nur kurz der Anspannung nach, um danach die Augen, Augenbrauen und Stirn – bis zum Hinterkopf – loszulassen und zu entspannen. Beim Loslassen der Augen, Augenbrauen und Stirn können Sie zudem bewusst ausatmen. Ausatmen, loslassen und entspannen. Wie fühlt sich die Entspannung nun an? Können Sie diese noch verstärken und vertiefen? Lassen Sie die Entspannung zunehmen und wachsen. Spüren und genießen Sie die Entspannung, die Sie erreichen. Augen, Augenbrauen und Stirn – bis zum Hinterkopf – achtsam spüren und entspannen!

Nun nehmen Sie sich bitte mit Ihrer ganzen Aufmerksamkeit und Konzentration im Nacken und der Halswirbelsäule wahr. Der Hinterkopf liegt einfach auf der Unterlage, wird von ihr gestützt und getragen, oder der ganze Kopf steht – thront – im Gleichgewicht, gestützt und getragen, auf der Halswirbelsäule. Wir spüren und nehmen wahr, wie sich der Nacken – gestützt und getragen – in Ruhe anfühlt. Der Kopf wird nun sehr leicht zurückgedrückt oder das Kinn bewegt sich etwas zum Hals. Während dessen spüren wir im ganzen Nacken, vom untersten Halswirbel bis zum Hinterkopf eine leichte Anspannung. Dann lassen wir den Kopf und das Kinn wieder los und versuchen, uns im Nacken zu entspannen. Das Loslassen kann wieder mit dem Ausatmen erfolgen und verstärkt werden. Ausatmen, loslassen und entspannen. Wir spüren achtsam die Entspannung im Nacken. Wie fühlt sich die Entspannung an? Lässt sich die Entspannung noch verstärken und vertiefen? Lassen Sie Entspannung zu und mehren. Spüren und genießen Sie die Entspannung, die Sie im Nacken erreichen. Einfach nur achtsam spüren und entspannen!

Nun gehen wir mit unserer ganzen Aufmerksamkeit, Konzentration und Wahrnehmung in den Bereich der Schultern und Brustwirbelsäule. Wie fühlt sich dieser Bereich – im Liegen oder im aufrechten Sitzen – in Ruhe an. Bereits wenn wir die Schultern nur sehr leicht und behutsam auf die Unterlage drücken oder nach hinten dehnen, können wir in diesem Bereich Anspannung spüren. Mit dem Loslassen der Schultern kann sich dieser Bereich wieder entspannen. Das Ausatmen kann das Loslassen begleiten und vertiefen. Ausatmen, loslassen und entspannen. Wir spüren nur noch achtsam der Entspannung nach. Wie fühlt sich die Entspannung hier an? Können Sie sich noch weiter und tiefer entspannen? Einfach nur achtsam spüren, loslassen und entspannen!

Wir dehnen jetzt zwar die Aufmerksamkeit, Konzentration und Wahrnehmung auf den gesamten Rücken aus, konzentrieren uns aber vor allem im Bereich der Lendenwirbelsäule. Im Liegen ruht die Wirbelsäule einfach nur auf der Unterlage, dem Boden. Sie wird gestützt und getragen. Im Sitzen steht die Wirbelsäule aufrecht, verankert im Sitz und Wirbel für Wirbel aufeinander gestützt und getragen. Wir spüren die ganze Wirbelsäule und vor allem die Lendenwirbelsäule in Ruhe. Die Lendenwirbelsäule wird ganz vorsichtig, sanft und geringfügig, in ein mehr angedeutetes Hohlkreuz gewölbt. Durch das begleitende, ganz behutsame und sanfte Zurückdrücken der Schultern oder Vorstrecken des Brustkorbes kann die leichte Anspannung bewusst auf die ganze Wirbelsäule ausgedehnt werden. So fühlt sich die Anspannung hier an. Durch das Zurücksinken und Loslassen in die Ruheposition können Sie nun wieder entspannen. Das Loslassen der Lendenwirbel, der ganzen Wirbelsäule und der Schultern kann wieder mit dem Ausatmen verbunden werden. Ausatmen, loslassen und entspannen. Wir spüren achtsam die Entspannung im ganzen Rücken und Lendenwirbelbereich. Wie fühlt sich die Entspannung hier an? Lässt sich die Entspannung noch verstärken und vertiefen? Versuchen Sie sich hier, wiederholt zu entspannen. Spüren und genießen Sie die Entspannung, die Sie im Rücken und Lendenwirbelbereich erreichen. Einfach nur achtsam spüren und entspannen!

Wir wandern nun mit unserer ganzen Aufmerksamkeit, Konzentration und Wahrnehmung in die beiden Gesäßhälften. Wie fühlen sich diese in Ruhe an. Ziehen Sie nun leicht und sanft die Pobacken an oder zusammen und fühlen die Anspannung. Dann lassen sie die Pobacken wieder los und entspannen. Die Pobacken können Sie wieder mit dem Ausatmen loslassen. Ausatmen, loslassen und entspannen. Spüren Sie die Entspannung im Gesäß. Wie fühlt sich die Entspannung hier an? Können Sie die Entspannung noch stärken oder vertiefen? Versuchen Sie, noch mehr zu entspannen. Spüren und genießen Sie die Entspannung, die Sie im Gesäß erreichen. Einfach nur achtsam spüren und entspannen!

Nun bleiben wir einfach nur in Ruhe sitzen oder liegen und spüren die Entspannung im ganzen Körper. Nur spüren, entspannen, wohlfühlen und genießen. Wie fühlt sich die Entspannung im ganzen Körper an? Gibt es einen Bereich, wo Sie noch verstärkt loslassen und entspannen möchten. Gehen Sie mit Ihrer ganzen Aufmerksamkeit, Konzentration und Wahrnehmung dort hin. Versuchen Sie hier, ganz bewusst die Muskeln und den ganzen Bereich loszulassen und zu entspannen. Nimmt die Entspannung zu? Suchen Sie sich dann vielleicht einen Bereich der besonders intensiv entspannt ist. Wie fühlt sich intensive, tiefe Entspannung an? Können Sie die Entspannung auf den ganzen Körper ausdehnen? Völlig gelassen und entspannt? Einfach nur spüren und entspannen. Entspannung spüren, genießen und wohlfühlen!

Machen Sie sich klar und bewusst, dass Sie jederzeit, wenn Sie es möchten oder brauchen, wieder auf diese Art und Weise achtsam spüren, loslassen und entspannen können, dass Sie jederzeit, wenn Sie es möchten oder brauchen, die progressive Muskelentspannung für sich wiederholen und vertiefen können.

Nehmen Sie nun wieder achtsam Ihr Atmen wahr. Sie atmen ein und aus. Entspannen und beruhigen Sie sich noch – mit jedem Atemzug, mit jedem Ausatmen?! Atmen ein und aus.

Versuchen Sie nun wieder, achtsam wahrzunehmen, wie Sie liegen oder sitzen und dabei gestützt und getragen werden.

Bereiten Sie sich nun innerlich darauf vor, in die äußere Welt zurückzukommen – mit all Ihren Erfahrungen, vielleicht auch ein wenig gelassener, ruhiger, entspannter und gestärkt.

Sie kommen jetzt bewusst zurück in Ihren Alltag, in das äußere Hier und Jetzt, indem Sie die Finger, die Arme leicht anwinkeln, sich sanft strecken und rekeln, gähnen oder stöhnen und schließlich die Augen öffnen, um sich zu orientieren. Lassen sich noch etwas Zeit, um ganz anzukommen. Dann können Sie sich bewusst und ruhig wieder Ihren anderen Zielen und Tätigkeiten zuwenden.

12.4 Imaginationen

Wir üben nun einfache Imaginationen, die gezielt zu innerer Gelassenheit, Entspannung, Ruhe und Wohlgefühl beitragen und führen können. Suchen Sie sich wieder einen dazu geeigneten Ort. Am besten Atmen Sie während der Übungen nur durch die Nase.

12.4.1 Entspannungsfarbe

Mit dieser Übung suchen wir nach Ihrer Entspannungsfarbe, also nach der Farbe, mit der Sie am besten entspannen können. Tief in Ihnen, in Ihrer Person, Ihrem Selbst oder Unterbewusstsein gibt es ein genaues und zutreffendes Wissen darüber, mit welcher Farbe Sie sich am besten und wirkungsvollsten entspannen können. Es geht darum, diese Farbe zu entdecken, um diese dann zur Entspannung zu nutzen. Es kann sein, dass Sie die Farbe innerlich mehr als ein Licht in der entsprechenden Farbe sehen. Auch diese Vorstellung, Anschauung ist völlig in Ordnung und hilfreich.

Nehmen Sie eine geeignete und für Sie passende Position und Haltung zum Imaginieren sowie für Ihre Entspannung und Trance ein. Am besten schließen Sie nun Ihre Augenlider und Spüren nach, wie Sie sitzen oder liegen. Nehmen Sie bewusst wahr und spüren, wie die Unterlage, der Boden und die Erde Sie stützen und tragen. Und weil Sie gestützt und getragen werden, sind Sie frei, sich nun ganz auf Ihren Atem zu konzentrieren. Der Atem kommt und geht, kommt und geht. Mit jedem Atemzug und Ausatmen können Sie versuchen, sich tiefer und tiefer in die Entspannung führen und tragen zu lassen. Während Atem und Atmen weiter fließen und Sie entspannen, können Sie auch aufmerksam und konzentriert durch den Körper gehen, um bewusst und zusätzlich bestimmte Teile oder Bereiche loszulassen und zu entspannen, um noch besser oder tiefer zu entspannen. So kann sich die Entspannung in Ihrem ganzen Körper, Sein und Bewusstsein ausbreiten und vertiefen. Sie spüren sich nun – etwa für die Zeitdauer eines längeren Atemzuges – nacheinander in einzelnen Körperteilen und lassen jeweils dort los und entspannen.

Wir beginnen mit den Armen. Spüren achtsam beide Arme und lassen sie los und entspannen. Dann spüren wir achtsam die Schultern und lassen sie los und entspannen. Nun spüren wir beide Beine, lassen sie los und entspannen. Spüren unser Gesäß, lassen hier los und entspannen. Jetzt spüren wir in den ganzen Rücken, lassen ihn los und entspannen. Dann spüren wir den Nacken, lassen ihn los und entspannen. Wir spüren den Kopfbereich bis zur Stirn und lassen hier los und entspannen. Wir spüren die Augen, lassen los und entspannen, dann die Nase, lassen los und entspannen. Die Wangen spüren, loslassen und entspannen. Die Ohren spüren, loslassen und entspannen. Den Mund und die Lippen spüren, loslassen und entspannen. Wir spüren dann den Hals, Kehlkopf, bis zur Halsgrube und lassen hier los und entspannen. Jetzt spüren wir achtsam in die Brust, lassen dort los und entspannen. Schließlich versuchen wir, den Bauch zu spüren, loszulassen und zu entspannen. Spüren Sie und genießen die Entspannung im ganzen Körper, so tief und so weit, wie diese nun eben zu spüren ist.

Jetzt öffnen Sie Ihr inneres, geistiges Auge. Sie warten und schauen dann, welche Farbe sich Ihnen zeigen wird, die für Sie, Ihr ganzes Selbst und Unterbewusstsein Entspannung bedeutet und die Sie wirksam entspannt. Versuchen Sie, sich dafür innerlich zu öffnen und einfach nur neugierig zu sein, welche Farbe erscheinen, auftauchen wird. Vielleicht lassen Sie sich überraschen, welche Farbe Ihr Selbst, Unterbewusstsein, Ihre Ganzheit für Sie wählen oder finden werden. Ihre ganz persönliche Entspannungsfarbe. Lassen Sie sich Zeit. Schenken Sie sich, Ihrem ganzen Selbst und Unterbewusstsein Zeit, Geduld und Raum, um die geeignete Farbe zum Entspannen zu finden. Diese Farbe kann vor dem inneren, geistigen Auge auch als Licht gesehen werden. In jedem Falle warten Sie, bis Sie die Entspannungsfarbe klarer und deutlicher sehen. Sollten Sie keine Farbe sehen, so können Sie diese Übung – so wie Sie möchten, es brauchen oder Ihnen gefällt – wiederholen, um Ihre Entspannungsfarbe zu finden. Haben Sie jedoch eine Farbe entdeckt und können diese merklich sehen, dann können Sie diese Farbe nun bewusst annehmen und akzeptieren.

Jetzt sind Sie bereit, Ihre Entspannungsfarbe noch klarer, stärker, intensiver werden zu lassen. Sie kann zunehmen und wachsen bis Sie mit und vor Ihrem inneren, geistigen Auge nur noch diese Farbe sehen. Wenn Sie dann ganz und nur noch auf Ihre Entspannungsfarbe blicken, dann können Sie versuchen, ganz in diese Farbe einzutauchen und sich mit ihr zu füllen. Versuchen Sie also ruhig, ganz sich von Ihrer Entspannungsfarbe einnehmen zu lassen, so dass Sie ganz von Ihrer Farbe oder dem Licht zur Entspannung erfüllt sind. Voll Entspannungsfarbe! Vielleicht werden Sie auch für die Dauer dieser Übung ganz eins mit Ihrer Entspannungsfarbe. Sie sind dann ganz Entspannungsfarbe oder Entspannungslicht. Ganz Entspannungsfarbe! Lassen Sie dies einfach auf sich wirken, die Entspannungswirkung in sich entfalten und ausbreiten. Ganz Entspannung! Spüren und genießen Sie, wie innere Gelassenheit, Ruhe, Ausgeglichenheit, Wohlgefühl und Erholung zunehmen und in Ihnen wachsen. Ganz Entspannung, Gelassenheit und Ruhe!

Machen Sie sich klar, dass Sie jederzeit, wenn Sie es brauchen, möchten oder gefällt, Ihre Entspannungsfarbe sehen, in ihr baden, sich mit ihr füllen und sogar eins werden können. In diesem Bewusstsein lösen und verabschieden Sie sich von der innigen Entspannungsvorstellung und sehen die Entspannungsfarbe wieder nur an. Dann schließen Sie dankbar Ihr inneres, geistiges Auge und wenden sich wieder Ihrem Köper zu. Wie entspannt fühlt sich nun Ihr Körper als Ganzes an? Wie entspannt sind Ihre verschiedenen Körperteile? Möchten Sie einen bestimmten Teil noch entspannen? Spüren Sie ruhig achtsam hinein und versuchen, weiter loszulassen und zu entspannen. Loslassen und entspannen. Achten Sie nun wieder auf Ihr Atmen und den Atem, der Sie vielleicht noch entspannt. Der Atem kommt und geht, kommt und geht. Wir machen uns klar, dass immer, wenn Sie es brauchen, möchten oder gefällt, Sie diese Übung zur Entspannung wiederholen und für sich vertiefen können. In diesem Wissen spüren Sie, wie der Körper aufliegt oder aufsitzt, gestützt und getragen wird. Sie bereiten sich darauf vor, mit all Ihren Erfahrungen, vielleicht auch innerlich entspannter, gelassener, ruhiger, stärker und erholter in das äußere Hier und Jetzt zurückkommen.

Sie kommen jetzt bewusst zurück in Ihren Alltag, in das äußere Hier und Jetzt, indem Sie die Finger, die Arme leicht anwinkeln, sich sanft strecken und rekeln, gähnen oder stöhnen und schließlich die Augen öffnen, um sich zu orientieren. Wenn Sie ganz angekommen sind, können Sie wieder aufstehen.

12.4.2 Ort der Ruhe und Kraft

Mit dieser Übung suchen Sie nicht nur einen, sondern Ihren ganz persönlichen Ort, um dort Ruhe und Kraft zu finden, zu sammeln, in sich aufzunehmen und zu speichern. Dieser Ort bedeutet oder verkörpert für Sie Ruhe und Kraft. An diesem Ort fühlen Sie sich sehr wohl, sicher und geborgen. Sie können hier loslassen, sich entspannen, erholen und stärken. Dieser Ort der

Ruhe und Kraft ruht bereits in Ihrem Unterbewusstsein, Ihrer Phantasie oder Erinnerung. Er kann als Vorstellung und Anschauung innerlich entdeckt, gesehen, gehört, gerochen, geschmeckt, gespürt und gefühlt werden. Der Ort kann mit allen Ihren Sinnen innerlich erlebt werden, um dann dort bewusst und aufmerksam die Ruhe und Kraft zu sammeln, in sich aufzunehmen und zu speichern. Vielleicht haben Sie ja bereits schon so einen Ort in Ihrer Vorstellung oder Erwartung. Geben Sie sich, Ihrem Unterbewusstsein, Ihrer Phantasie oder Erinnerung dennoch die Möglichkeit und Offenheit, sich im Folgenden ganz dieser Suche und Entdeckung Ihres Ortes der Ruhe und Kraft zu widmen. Lassen Sie sich überraschen, welcher Ort dann tatsächlich erscheinen und sich als wirklich passend und geeignet für Ruhe und Kraft erweisen wird.

Nehmen Sie spätestens jetzt eine geeignete Position und Haltung zum Imaginieren sowie für Ihre Entspannung und Trance ein. Sie können nur durch die Nase atmen und sanft Ihre Augenlider schließen. Wenn Sie die Augen schließen, können Sie besser nach innen schauen und innere Bilder sehen und vorstellen. Spüren Sie nach, wie Sie sitzen oder liegen. Nehmen Sie bewusst wahr und spüren, wie die Unterlage, der Boden und die Erde Sie stützen und tragen. Und weil Sie gestützt und getragen werden, sind Sie frei, sich nun ganz auf Ihren Atem zu konzentrieren. Der Atem kommt und geht. Mit jedem Ausatmen, können Sie sich nun tiefer und tiefer in die Entspannung und Trance führen lassen.

Sie können tief ein und langsam ausatmen. Und tief über die Stirnmitte, das Stirnzentrum ein und langsam vom Stirnzentrum mittig über Nasenwurzel, Nase, weiter bis über den Bauchnabel zum Damm und Wurzelzentrum hinab ausatmen. Beim Wurzelzentrum, auf dem Damm liegend, ruhen Sie mit der Atmung. Ruhen und Ruhe – bis Sie den inneren Atemimpuls spüren. Diesem Atemimpuls geben Sie dann nach und der Atemzyklus beginnt von vorne. Sie atmen wieder tief ein und langsam aus. Atmen tief über das Stirnzentrum ein und dann langsam, körpermittig bis zum Wurzelzentrum hinab und aus.

Sie können aber auch nur achtsam wahrnehmen, wie der Atem kommt und wie er geht. Versuchen Sie zudem gleich, jedes Ausatmen nacheinander von 1 bis 5 zu zählen. Mit jedem Ausatmen gehen Sie bewusst tiefer und tiefer in die Entspannung und Trance. Fangen Sie nun mit 1 beim ersten Ausatmen an und merken, wie dieses Ausatmen Sie deutlich in die Entspannung und Trance führt. 2 beim zweiten Ausatmen. Es trägt Sie tiefer in die Entspannung und Trance. 3 beim dritten Ausatmen. Noch tiefer! 4 beim vierten Ausatmen. Damit sind sie vielleicht schon tief in der Entspannung und Trance. 5 beim fünften Ausatmen, um ganz in die Entspannung und Trance zu gelangen. Ganz gelassen, entspannt und bei sich.

Jetzt versuchen Sie bitte, Ihr inneres, geistiges Auge zu öffnen, um Ihren Ort der Ruhe und Kraft zu finden. Einen Ort an dem Sie sicher und geborgen sind, an dem Sie loslassen und gelassen sein können. An dem Sie sich entspannen, erholen und stärken können. An dem Sie Ruhe und Kraft finden, sammeln und in sich aufnehmen werden. Obwohl dieser Ort bereits in Ihnen ruht und Ihrem Unterbewusstsein, Ihrer Phantasie oder Erinnerung bekannt ist, schenken Sie sich die Geduld und Zeit, die es braucht, damit dieser Ort aus Ihnen oder Ihrem Unterbewusstsein, Ihrer Phantasie oder Erinnerung aufsteigen und vor Ihrem inneren, geistigen Auge erscheinen und Form annehmen kann. Wenn Sie nun innerlich einen Ort sehen und vielleicht als Ort der Ruhe und Kraft erkannt haben, dann versuchen Sie, ihn noch deutlicher vor Ihrem inneren, geistigen Auge zu sehen. Wichtig ist, dass Sie den Ort, den Sie jetzt sehen und entdeckt haben, auch wirklich als Ihren Ort der Ruhe und Kraft annehmen und akzeptieren. In jedem Fall genießen Sie Ihren Entspannungszustand und denken: Sicherheit, Geborgenheit, Ruhe und Kraft! Oder einfach nur: Ruhe und Kraft!

Mit dem Ort der Ruhe und Kraft vor dem inneren, geistigen Auge sind wir nun bereit, diesen Ort mit unseren inneren Sinnen genauer zu untersuchen, wahrzunehmen und zu erfahren. Wir schauen uns den Ort nicht nur in Gänze und mit seiner Umgebung, sondern auch genau und im Einzelnen an. Schauen Sie sich an Ihrem Ort der Ruhe und Kraft um. Wie sieht es dort aus? Wir versuchen jetzt am Ort, etwas Typisches – vielleicht auch nur die Stille – zu hören. Versuchen Sie an Ihrem Ort der Ruhe und Kraft zu hören. Was hören Sie hier? Wir versuchen jetzt, dort etwas zu riechen und zu schmecken, was für den Ort charakteristisch ist. Versuchen Sie an Ihrem Ort der Ruhe und Kraft, etwas zu riechen und zu schmecken. Was riechen und schmecken Sie hier? Wir versuchen nun zu fühlen und zu spüren. Versuchen Sie, an Ihrem Ort der Ruhe und Kraft zu fühlen, sich oder etwas zu spüren. Was fühlen und spüren Sie hier?

Jetzt können Sie Ihren Ort der Ruhe und Kraft mit allen Ihren Sinnen, also ganz und gar, innerlich wahrnehmen und erleben. Dazu können Sie sich auch ganz an den Ort hin versetzen, in ihn hineinbegeben und dort verweilen und sein, sich dort wahrnehmen und spüren. Sie können nun versuchen, ganz die Ruhe und Kraft des Ortes zu empfinden, zu sammeln, in sich aufzunehmen und zu speichern. Sammeln und Speichern Sie Ruhe und Kraft! Füllen Sie sich mit Ruhe und Kraft! Tanken Sie Ruhe und Kraft! Bestimmt können Sie das auch spüren, wie die Ruhe und Kraft in Ihnen zunehmen, sich ausdehnen und Sie schließlich ganz füllen – erfüllen.

Sie können sich nun vergegenwärtigen, dass Sie jederzeit, wenn Sie es brauchen oder möchten, Ihren Ort der Ruhe und Kraft vorstellen, innerlich aufsuchen und erleben können, um hier bewusst und aufmerksam Ruhe und Kraft zu sammeln, in sich aufzunehmen und zu speichern. In diesem Bewusstsein schließen wir nun das innere, geistige Auge, achten wieder bewusst auf die Atmung.

Sie können wieder tief ein und langsam ausatmen. Dazu tief über das Stirnzentrum ein und langsam vom Stirnzentrum mittig über Nasenwurzel, Nase, weiter bis über den Bauchnabel zum Damm und Wurzelzentrum hinab ausatmen. Beim Wurzelzentrum ruhen Sie mit der Atmung. Sie ruhen – bis Sie den inneren Atemimpuls spüren. Diesem geben Sie dann nach und atmen wieder tief über das Stirnzentrum ein und anschließend langsam, körpermittig bis zum Wurzelzentrum hinab und aus.

Sie können das Atmen wieder achtsam wahrnehmen und dabei das Ausatmen, diesmal rückwärts zählend von 5 bis 1, begleiten. Mit jedem Ausatmen lassen Sie in 5 Zügen Ihre erreichte Trance, innere Sammlung und Versenkung los und tauchen verstärkt in das äußere Hier und Jetzt auf. Die gesammelte Ruhe und Kraft, vielleicht auch die erfahrene, gewonnene Entspannung, Gelassenheit, Erholung, Sicherheit, Stärkung und das Wohlgefühl nehmen Sie dabei mit in Ihren Alltag.

5 beim ersten Ausatmen: Sie beginnen loszulassen. 4 beim zweiten Ausatmen: Sie lassen los. 3 Sie haben losgelassen. 2 beim vierten Ausatmen: Sie fangen an, sich deutlicher im Hier und Jetzt zu spüren. 1 beim fünften Ausatmen: Sie spüren sich im Hier und Jetzt. Spüren Sie die Unterlage auf der Sie sitzen oder liegen.

Bereiten Sie sich nun innerlich darauf vor, ganz in die äußere Welt zurückzukommen – mit all Ihren Erfahrungen – auch achtsamer, gelassener, entspannter, ruhiger, erholter, stärker, selbstsicherer und klarer. Sie kommen bewusst zurück in Ihren Alltag, in das äußere Hier und Jetzt, indem Sie die Finger, die Arme leicht anwinkeln, sich sanft strecken und rekeln, gähnen oder stöhnen und schließlich die Augen öffnen, um sich zu orientieren. Lassen sich noch einen Moment Zeit, um ganz in Ruhe und achtsam da zu sein.

12.4.3 Stärkendes und heilendes Licht für einen bestimmten Körperbereich

Bei dieser hier geführten Übung zur Selbsthypnose und Meditation geht es darum, einen bestimmten Bereich des Körpers – einschließlich seiner psychischen Aspekte und psychosomatischen Zusammenhänge – zur Erholung und Heilung zu unterstützen und zu stärken. Dazu wird ein stärkendes und heilendes Licht mit der passenden und geeigneten Farbe gesucht und imaginiert. Dieses stärkende und heilende Licht wird vor dem inneren, geistigen Auge wahrgenommen, visualisiert und gleichsam nach innen aufgenommen, dann bewusst und achtsam in diesen Körperbereich gelenkt und hier konzentriert und gesammelt, um dort Stärkung, Erholung und Heilung zu bewirken. Das Aufnehmen des Lichtes kann zudem mit dem Einatmen und das Hinführen, Konzentrieren und Sammeln mit dem Ausatmen verbunden werden. Auf diese Weise wird der betreffende Teil des Körpers nicht nur in ein besonderes, stärkendes und heilendes Licht getaucht, darin gebadet und davon erfüllt, sondern auch noch gleichzeitig mit dem stärkenden und heilenden Ausatem beatmet und belebt.

Sie sollten sich nun zu Beginn und zur Durchführung der Übung selbst einen Körperbereich auswählen, der nach Ihrer oder auch therapeutischer Ansicht der Zuwendung, Stärkung, Erholung und eventuell der Heilung bedarf.

Probleme betreffen oft gegen die eigene Ansicht oder Überzeugung nicht nur bestimmte und auffällige Körperteile, sondern größere oder weitere Bereiche oder den ganzen Körper. Dann können Sie diese Übung mit dem besonderen, stärkenden und heilenden Licht, wie in der nächsten Übung, selbst auf mehrere Körperteile und den ganzen Körper ausdehnen und anwenden. Aber auch wenn im Grunde genommen immer der ganze Körper und die gesamte Psyche betroffen sind, benötigt dennoch oft ein Teil davon aktuell zusätzliche, besondere, stärkende und heilsame Aufmerksamkeit, Zuwendung und Pflege. Diesen besonders bedürftigen Teil des Körpers gilt es nun, auszuwählen, sich zuzuwenden und imaginativ-meditativ zu unterstützen und zu stärken.

Wenn Sie sich für einen bestimmten Körperbereich entschieden haben, dann vergewissern Sie sich, ob Sie eine geeignete Position und Haltung eingenommen und innehaben. Achten Sie auf Ihre Atmung und die Augenlider. Atmen Sie durch die Nase ein und aus? Haben Sie angenehm Ihre Augenlider geschlossen? Spüren Sie nach, wie Sie sitzen oder liegen. Spüren Sie hinein und nach, wie die Unterlage, der Boden und die Erde Sie stützen und tragen. Und weil Sie gestützt und getragen werden, sind Sie nun frei, sich ganz auf Ihren Atem zu konzentrieren. Der Atem kommt und geht. Den Atem einfach nur bewusst wahrnehmen. Mit jedem Ausatmen können Sie sich nun tiefer und tiefer in die Entspannung und Trance führen lassen.

Sie können auch tief ein- und langsam ausatmen. Weiter können Sie tief über die Stirnmitte, das Stirnzentrum einatmen und langsam vom Stirnzentrum mittig über die Nasenwurzel, Nase, weiter bis über den Bauchnabel zum Damm und Beckenboden hinab ausatmen. Auf dem Damm, im Beckenboden – dem Wurzelzentrum – ruhen Sie nach dem Ausatmen. Und ruhen bis Sie den inneren Atemimpuls deutlich spüren, dem Sie dann nachgeben. Atmen wieder über das Stirnzentrum ein. Wiederholen das Atmen: Tief ein, langsam aus und ruhen!

Schließlich wenden Sie Ihre Aufmerksamkeit und innere Wahrnehmung dem gewählten Körperteil zu und versuchen, in diesen bewusst und konzentriert hinein zu spüren, die auftretenden Empfindungen nur wahrzunehmen und so anzunehmen, wie sie sind. Wichtig ist, dass Sie

innerlich wissen und auch spüren, wo Sie das stärkende und heilende Licht im Körper hinschik-
ken, konzentrieren und sammeln werden und für sich wirken lassen. Mit dem Spüren dieses
Körperbereiches setzen Sie gleichsam den Anker, d. h. den Schwer-, Brenn-, Bezugs- und Ziel-
punkt, für die nun folgende Imagination des stärkenden und heilenden Lichtes und die Entfaltung seiner Wirkung. Nehmen Sie sich die Zeit, die Sie brauchen, um Ihren gewählten Körperbereich innerlich zu erspüren und einfach nur wahrzunehmen und zu fühlen.

Wenn Sie sich hier sicher und deutlich wahrnehmen und mit Ihrer Aufmerksamkeit verankert
haben, dann können Sie nun Ihr inneres, geistiges Auge – in oder vor dem Stirnzentrum – öffnen, um ein stärkendes und heilendes Licht für diesen wahrgenommenen Körperbereich zu finden.

Dieses Licht kann sich auch mehr als eine Farbe oder als ein Licht eines bestimmten Objektes zei-
gen, wie etwa das Licht eines Sternenkörpers zu einer bestimmten Tages- oder Nachtzeit, die
Glut oder das Lodern eines Feuers, das Leuchten von Magma oder eines bestimmten flüssigen
Gesteins oder Metalls. Dann konzentrieren und sammeln Sie eben diese Farbe, dieses Leuchten,
das Licht dieser Objekte oder etwa das Feuer, die Glut oder Magma selbst in diesem Körperteil.
In jedem Falle sollte es sich richtig und gut anfühlen.

Sie können Ihr Unterbewusstsein, tieferes, höheres oder ganzes Selbst oder Ihre innere Weisheit
befragen und bitten, Ihnen ein Licht zu schenken und zu präsentieren, das für diesen Körperbereich Stärkung, Erholung und Heilung bedeutet, verkörpert und bewirkt. Lassen Sie sich und
diesem Aspekt oder der Ganzheit Ihres Selbst Zeit, dieses Licht für Sie auszuwählen und Ihnen
zu zeigen. Wenn ein solches Licht vor Ihrem inneren, geistigen Auge aufsteigt und erkenntlich
wird, dann versuchen Sie, es dankbar anzunehmen und noch klarer und deutlicher werden zu
lassen. Schließlich leuchtet vor Ihrem inneren, geistigen Auge das gesuchte, stärkende und heilende Licht.

Sollte sich das gesuchte Licht nicht spontan auf diese Art und Weise bei Ihnen einstellen, können
Sie auch einfach verschiedene Lichter auf Eignung und Zutreffen für sich prüfen und erfahren.
Beim Vorstellen eines Lichtes in einer bestimmten Farbe und gleichzeitiger Verankerung in dem
zu stärkenden oder heilenden Körperbereich stellen sich dann Empfindungen und Gefühle ein.
Ist die besondere Farbe des Lichtes für Sie hier und den Körperteil tatsächlich stärkend, erhol-
sam und heilend, dann stellen sich hier und damit auch entsprechende, angenehme und wohltuende Empfindungen und Gefühle ein. Systematisch können Sie mit einem weißen Licht anfangen und dann etwa die einzelnen Regenbogenfarben von Rot bis Violett als Licht probieren.
Aber auch Farbmischungen wie etwa Braun oder sogar die Nichtfarbe, das Antilicht Schwarz –
vielleicht schwärzlich, glänzend oder nur tief dunkel – können unter Umständen helfen und
zutreffen.

Irgendwann werden Sie mit großer Sicherheit Ihr besonderes, stärkendes und heilendes Licht für
diesen Körperbereich entdeckt haben und entsprechend deutlich und klar vor Ihrem inneren,
geistigen Auge sehen.

Gehen wir nun davon aus, dass dem so ist. Das stärkende, heilende Licht für den betreffenden
Körperbereich steht klar und deutlich vor Ihrem inneren, geistigen Auge!

Sie können sich nun vorstellen, wie Sie dieses Licht in diesen Teil des Körpers lenken oder wie es
auf und in diesen Teil scheint. Sie sammeln und konzentrieren hier dieses Licht und die damit
verbundene Erholung, Stärkung und Heilung. Dieser Körperbereich taucht in das stärkende und
heilenden Licht völlig ein, badet sich darin, wird geflutet, durchströmt, durchdrungen und

gefüllt davon und leuchtet selbst ganz in diesem besonderen, stärkenden und heilenden Licht. Sie geben dem Licht Zeit und Raum, Erholung, Stärkung und Heilung zu fördern und zu bewirken, und dem Körperteil Zeit und Raum, sich so zu erholen, zu stärken und zu heilen.

Um dies zu erleben, versuchen Sie zudem, bewusst, aufmerksam und achtsam dieses Körperteil zu spüren und wahrzunehmen. Sie können nun auch direkt spüren, welche Veränderungen das stärkende und heilende Licht hier hervorbringt. Vielleicht können Sie auch direkt spüren, wie hier Erholung, Stärkung und Heilung in Ihnen wachsen.

Während Sie den Teil des Körpers nun achtsam innerlich spüren und wahrnehmen und je stärker, enger Sie mit diesem Teil von innen her in Verbindung treten, desto mehr verliert die Vorstellung und Sicht von außen an Bedeutung und Gewicht. Der Körperteil wird ganz von innen und vom Spüren her erfahren und erlebt. Je intensiver Sie gleichzeitig Ihr besonderes, stärkendes und heilendes Licht imaginieren, desto stärker und umfassender wird dies in Ihrer Vorstellungskraft. Es kann dann sein, dass Sie vor Ihrem inneren, geistigen Auge in großer Klarheit und Fülle nur noch dieses Licht sehen, ganz davon umhüllt und erfüllt sind, während Sie gleichzeitig mit Ihrer Empfindung fest im Körperteil verankert sind und sich hier bewusst, konzentriert und achtsam spüren. Ihr körperliches Empfinden und Spüren und das stärkende und heilende Licht können dann in einem „Spürbild" zusammenwachsen. Sie sehen dann Ihren Körperteil ganz von innen, wie Sie ihn spüren, und in der Farbe Ihres Lichtes. In jedem Falle kann das Licht weiter von innen her stärken und heilen.

Um diese Wirkung noch zu verstärken, können Sie die Imagination noch mit Ihrem Atmen und Atem verbinden. Mit dem zügigen Einatmen ins Stirnzentrum stärken, intensivieren und beleben Sie das stärkende und heilende Licht vor Ihrem inneren, geistigen Auge. Mit dem langsamen Aus- und Hinatmen in den betreffenden Teil des Körpers verstärken und intensivieren Sie hier das stärkende und heilende Licht, dessen Wirkung und Erleben.

Nun imaginieren und meditieren Sie auf diese oder Ihre Art und Weise einige Atemzüge weiter. Sammeln und konzentrieren stärkendes und heilendes Licht und eventuell auch den Ausatem in dem zugewendeten, achtsam wahrgenommenen Körperteil und erleben die Veränderungen und Wirkungen.

Machen Sie sich nun bitte klar und bewusst, dass Sie jederzeit, wenn Sie es möchten, benötigen oder üben, Ihre Erfahrungen, Ihr stärkendes, heilendes Licht mit der besonderen Farbe für diesen Körperteil anwenden und benutzen können, um gerade hier Erholung, Stärkung und Heilung zu unterstützen und zu fördern.

In diesem Bewusstsein und dieser Gewissheit können Sie nun Ihr inneres, geistiges Auge schließen und lassen den Atem weiter fließen, um noch einmal bewusst und diesmal voll und ganz aufmerksam und konzentriert in Ihren Körperbereich hinein zu spüren. Wie fühlt sich dieser nun an, angenehmer erholter, gestärkter, besser? Lassen Sie nun auch diesen Körperteil los, damit das Licht auf seine Art und Weise noch nachwirken kann und um sich nun ganz Ihrem Atem zu widmen. Versuchen Sie nur noch auf Ihren Atem zu achten, diesen wahrzunehmen. Sie können wieder tief ein und langsam aus atmen, dabei zügig und tief über das Stirnzentrum ein und langsam vom Stirnzentrum mittig über die Nase und den Rumpf bis hinab zum Damm und Wurzelzentrum aus, dann ruhen bis zum neuen Atemimpuls. Tief ein, langsam aus und ruhen!

Der Atem kommt und geht, kommt und geht.

Machen Sie sich nun klar und bewusst, dass Sie jederzeit, wenn Sie es möchten, benötigen oder üben, diese Atmung und Atemmeditation für sich vertiefen, anwenden und benutzen können, um Ihre innere Achtsamkeit, Bewusstheit, Sammlung, Gelassenheit, Entspannung und Ruhe zu stärken und zu entwickeln.

Achten Sie nun darauf, wie Sie sitzen oder liegen, wie die Unterlage, der Boden und die Erde Sie noch stützen und tragen.

Bereiten Sie sich nun darauf vor, mit all Ihren Erfahrungen in die äußere Welt, Ihr Alltagsleben zu kommen. Sie kommen bewusst zurück in Ihren Alltag, in das äußere Hier und Jetzt, indem Sie die Finger, die Arme leicht anwinkeln, sich sanft strecken und rekeln, gähnen oder stöhnen und schließlich die Augen öffnen, um sich zu orientieren. Lassen sich noch einen Moment Zeit, um ganz in Ruhe und achtsam da zu sein.

12.4.4 Heilendes und stärkendes Licht für den ganzen Körper

Bei dieser Übung der Imagination soll der gesamte Körper und damit das ganze Selbst zur Erholung, Belebung, Stärkung und Heilung durch Licht unterstützt und gestärkt werden. Dazu wird vorgestellt und empfunden, wie das angenehm weiße, helle Licht einer freundlichen, wärmenden Sonne den Körper bescheint, von diesem aufgenommen und dann durchströmt wird. Dieses Sonnenlicht enthält das ganze sichtbare Spektrum an Lichtfarben, wie es sich im Regenbogen zeigt, und das angenehme, wärmende Infrarotlicht. Jede einzelne Zelle, Flüssigkeit, Struktur und jeder einzelne Prozess und Teil des Körpers kann sich bei der Aufnahme und beim Durchströmen dieses Sonnenlichtes nicht nur des weißen Lichtes als solches bedienen, sondern je nach Bedarf auch gesondert auf die Wärme oder eben spezielle Farben bzw. Lichtstrahlen zurückgreifen und diese für sich herausfiltern. Jeder auch noch so kleine Aspekt oder Teil des Körpers kann sich selbst das herausnehmen, was dieser jeweils zur Unterstützung, Erholung, Kräftigung, Stärkung, Belebung und Heilung benötigt. So kann es zum Beispiel die Wärme lassen oder aufnehmen, ganz wie es dies benötigt, ganz wie es hilft und guttut. Um die Einzelheiten kümmern sich dabei Ihre Teile selbst, aber auch Ihr Unterbewusstsein, Ihre innere Weisheit oder Ganzheit passen auf. Ihr Unterbewusstsein, Ihre innere Weisheit oder/und Ganzheit begleiten und organisieren das Ganze. Sie achten darauf, dass nicht nur jeder Körperteil zu seiner passenden Unterstützung, zu seinem Licht und seiner Energie kommt. Sondern Unterbewusstsein, Weisheit, Ganzheit passen auch auf, dass dies in Bezug und Rücksichtnahme auf die jeweils anderen Körperteile und, ganzheitlich gesehen, zum gegenseitigen Nutzen, in Synergie, Einklang und Harmonie, also zum Wohl von Ihnen – Ihres ganzen Körpers und Selbst – geschieht. Unterbewusstsein, Weisheit, Ganzheit können auch das Weiße, die Helligkeit und Wärme des Lichtes bei Bedarf auch dessen Tönung oder Färbung regulieren. Sollte es nämlich aus irgendeinem Grunde für Sie angebrachter, nützlicher, besser oder sehr viel angenehmer sein, sich das Licht und damit seine Quelle grundsätzlich oder allgemein abweichend von meiner hier angebotenen Beschreibung vorzustellen, so wäre diese von Ihnen oder eben Ihrem Unterbewusstsein, Ihrer Weisheit oder Ganzheit entsprechend innerlich abzuändern und anzupassen. Z. B. kann die Wärme mit der Vorstellung von Mond- anstatt Sonnenlicht erheblich reduziert werden. Z. B. kann die vorgestellte Sonne und ihr Licht eher einen gelben oder orangen Farbton annehmen. Auch ein solches Sonnenlicht würde zu einem gewissen Anteil noch die anderen Regenbogenfarben beinhalten, aber vergleichsweise verringert. Der jeweilige Farbton überwiegt natürlich.

Lassen Sie Ihr Unterbewusstsein, Ihre Weisheit oder Ganzheit um sich und die Einzel- und Feinheiten kümmern. Sie bzw. Ihre Aufmerksamkeit und Ihr Bewusstsein können daher auf das Wahrnehmen, Erleben, Aufnehmen, Sammeln und Verteilen des weißen, wärmenden Lichtes der Sonne in Ihrem Körper konzentriert bleiben.

Nehmen Sie nun eine geeignete Position und Haltung zum Imaginieren sowie für Ihre Entspannung und Trance ein. Am besten schließen Sie nun Ihre Augenlider und Spüren nach, wie Sie sitzen oder liegen. Nehmen Sie bewusst wahr und spüren, wie die Unterlage, der Boden und die Erde Sie stützen und tragen. Und weil Sie gestützt und getragen werden, sind Sie frei, sich ganz dieser Empfindung und diesem Gefühl der Stützung und des Getragenseins hinzugeben und loszulassen und zu entspannen. Auch Ihr Körper kann sich zunehmend entspannen und entspannter anfühlen, so dass Sie insgesamt gelassener, entspannter und ruhiger werden. Innere Gelassenheit, Entspannung und Ruhe sowie geistige Sammlung und Konzentration können wachsen und zunehmend deutlicher werden.

Dann können Sie versuchen, Ihr inneres, geistiges Auge zu öffnen, um zu Ihrem Ort der Ruhe und Kraft zu gelangen oder an einen anderen Ort aus der Phantasie oder Erinnerung, wo Sie sich wohl, sicher und in Ruhe fühlen, wo sie Ruhe und Kraft in sich aufnehmen, sammeln und speichern können. Wenn Sie diesen Ort vor Ihrem inneren, geistigen Auge haben, dann versuchen Sie jetzt, dort einfach nur bewusst die Ruhe und Kraft in sich aufzunehmen, zu sammeln und zu speichern. Ruhe und Kraft tanken! Vielleicht spüren und merken Sie, wie Ruhe und Kraft in Ihnen wachsen und sich in Ihnen ausbreiten, wie Körper und Geist ruhiger und stärker werden.

Wenn an diesem Ort bereits eine freundliche, weiße, helle, wärmende Sonne scheint, so nehmen Sie diese nun besonders in Augenschein. Andernfalls treten Sie heraus oder gehen einige Schritte bis Sie an einen solchen Ort und in eine solche Situation gelangen, wo diese freundliche Sonne mit einem weißen, hellen, wärmenden Licht für Sie scheint. Es genügt auch, sich eine solche Sonne mit dem entsprechenden Sonnenschein direkt vor dem inneren, geistigen Auge vorzustellen. Wichtig ist nur, dass Sie eine solche Sonne mit dem weißen, hellen Sonnenlicht vor Ihrem inneren, geistigen Auge sehen und zudem das Wärmende des Sonnenlichtes innerlich empfinden, körperlich spüren können. Grundsätzlich würde es sogar hinreichen, wenn Sie nur ein solches weißes, helles, wärmendes Licht imaginieren, also ohne eine Sonne oder andere besondere Lichtquelle.

Wenn Sie die freundliche Sonne mit ihrem angenehmen, weißen, hellen und wärmenden Sonnenschein – oder auch nur dieses Licht – vor Ihrem inneren, geistigen Auge haben, dann können Sie diesen Sonnenschein, dieses Licht zunächst in Ihrer Stirnmitte wahrnehmen und spüren und dort zur Erholung, Belebung, Stärkung und Heilung in sich aufnehmen, sammeln und speichern. Vielleicht spüren und sehen Sie, wie das Licht immer kräftiger und tiefer an dieser Stelle in den Körper – also von der Stirn in den Kopf und das Gehirn – strömt und ihn dabei belebt, stärkt und heilt.

Dann können Sie die Wärme des Sonnenscheins am ganzen Körper spüren und mit dem weißen, hellen Licht in sich zur Erholung, Belebung, Stärkung und Heilung aufnehmen, sammeln und speichern. Jedes Haar, jede Zelle und Pore der Haut wird dabei zum Empfänger des stärkenden, belebenden und heilenden Lichtes und dessen entspannender, aufbauender und heilender Wärme. Wie die grünen Blätter einer Pflanze kann die Haut und jede Körperzelle dieses Licht und die Energie auffangen, sammeln und für sich umwandeln und nutzen. Dann können Sie wieder spüren und sehen Sie, wie das Licht immer kräftiger und tiefer in den Körper strömt und ihn dadurch belebt, stärkt und heilt.

Jede einzelne Zelle, Flüssigkeit, Struktur und jeder einzelne Prozess und Teil des Körpers nimmt sich das Licht und die Wärme, die es zur Unterstützung, Erholung, Belebung, Stärkung, Heilung braucht. Darum kümmern sich Ihr Unterbewusstsein, Ihre innere Weisheit oder Ganzheit.

Das weiße, helle Licht mit der angenehm, wärmenden Infrarotstrahlung können Sie nun nacheinander, bewusst in einzelnen Körperbereichen konzentriert und vertieft – bis tief in den Körper hinein – wahrnehmen und spüren. Dabei sollten Sie versuchen, dieses weiße, helle, wärmende Licht möglichst gut in sich aufzunehmen, zu sammeln, zu speichern und auf sich wirken zu lassen. Geben Sie dafür an jeder Körperstelle Raum und Zeit, damit dort Erholung, Belebung, Kräftigung, Stärkung und Heilung – soweit wie möglich – stattfinden können.

Fangen Sie vielleicht nun mit Ihren Armen an, dann Beine und Füße, Gesicht, Hals, Brust, Bauch, Unterbauch, Bekkenboden; dann – eventuell wenden Sie sich dazu gedanklich oder vorgestellt – Gesäß, Rücken, Schultern, Nacken, Hinterkopf und Haupt. Immer wird das stärkende, belebende und heilende Licht mit der entspannenden, aufbauenden und heilenden Wärme wahr- und aufgenommen, gesammelt und im Körper gespeichert.

Durch das Aufnehmen, Sammeln und Speichern des wärmenden, weißen, hellen Lichtes erstrahlt der Körper nicht nur im, sondern vor allem auch von innen heraus in diesem Licht. Er leuchtet selbst in diesem Licht. Dann kann das Licht auch im und durch diesen Körper fließen. Wie das Blut durchströmt es die Arme, Beine, den Rumpf und den Kopf. Vom Beckenboden und Gesäß aus über den Rücken, Nacken und Kopf hinauf und über das Gesicht, Hals, Brustkorb, Bauch wieder hinab bis zum Beckenboden kann es strömend kreisen. Auch die inneren Organe werden vom Licht durchströmt, belebt, gestärkt und geheilt.

Machen Sie sich nun bitte klar und bewusst, dass Sie jederzeit, wenn Sie es möchten, benötigen oder üben, diese Imagination des weißen, hellen und wärmenden Lichtes zur Erholung, Belebung, Stärkung und Heilung Stärkung Ihres gesamten Körpers und Ihrer Psyche für sich wiederholen, vertiefen und verfeinern können werden. In diesem Bewusstsein können Sie bei Bedarf wieder zur Ihrem Ausgangspunkt zurückgehen. Auf jeden Fall können Sie nun wieder mit Ihrer ganzen Aufmerksamkeit diesen Ort wahrnehmen, um dort Ruhe und Kraft zu tanken. Auch diesen Ort können Sie jederzeit bewusst imaginieren und aufsuchen, um Ruhe und Kraft zu tanken. Deshalb können Sie sich nun auch in Ruhe, Gewissheit und Zuversicht von diesem Ort verabschieden und Ihr inneres, geistiges Auge schließen, um sich dann ganz auf das Spüren und die Wahrnehmung Ihres Körpers und Selbst zu konzentrieren. Wie fühlt sich Ihr Körper nun an: entspannter? Wie fühlen Sie sich: gelassener, ruhiger, erholter, gestärkter, belebter, wohler, gesünder, besser? Fühlen Sie sich noch unterstützt und getragen? Möchten Sie diese Zustände für sich noch genießen und auskosten? Sie sind frei, sich dafür Raum und Zeit zu geben und auch dies, wann immer Sie es möchten oder brauchen, für sich zu wiederholen, zu vertiefen und zu verfeinern.

Von meiner Seite biete ich Ihnen nun an, sich innerlich darauf vorzubereiten, die Übung dennoch mit mir zu beenden und Ihre Erfahrungen, Erlebnisse und vor allem Ihren Zuwachs an Gelassenheit, Ruhe, Achtsamkeit, Erholung, Belebung, Stärkung, Kraft und Heilung mit in Ihren Alltag zu nehmen. Sie können bewusst in Ihren Alltag und das äußere Hier und Jetzt zurückkommen, indem Sie die Finger, die Arme leicht anwinkeln, sich sanft strecken und rekeln, gähnen oder stöhnen und schließlich die Augen öffnen, um sich zu orientieren. Lassen sich noch einen Moment Zeit, um ganz in Ruhe und achtsam da zu sein.

12.5 Varianten des Autogenen Trainings

12.5.1 Ein Autogenes Training der Grundstufe für Einsteiger

Im Folgenden werden Sie nun zur Durchführung eines Autogenes Trainings angeleitet. Dabei handelt es sich um eine Form der Grundstufe; denn diese hat die Beruhigung, Entspannung und bestimmte körperliche Entspannungsreaktionen zum Ziel. Im Unterschied zum Begründer und Entwickler des Autogenen Trainings, Johannes Heinrich Schultz, werden wir gleich mit mehreren Formeln beginnen und üben. Wir werden also die allgemeine Beruhigung, die Schwere und Wärme als körperliche Entspannungsreaktion und die Entspannung mit der Atmung mit mehreren Formeln üben. Bereits am Anfang der Übung zur allgemeinen Beruhigung und Entspannung werden wir neben der Ruheformel zudem die Atmung benutzen. Weiter werden die Formeln auf das Wesentliche verkürzt. Sie können sich die entsprechenden Hilfsverben und Ergänzungen nach Ihrem Belieben innerlich hinzufügen oder nur auf die Erfahrung und Wirkung dieser mantragleich verkürzten Formeln konzentrieren. In eigener Regie werden diese Formeln innerlich gesprochen, gedacht oder vergegenwärtigt.

Vorausgesetzt Sie haben eine wirklich angemessene Position und Sitz- oder Liegehaltung gefunden und eingenommen, und sind nun bereit, sich auf das Autogene Training einzulassen, dann können wir nun mit der eigentlichen Übung und Anleitung beginnen.

Versuchen Sie, die Aufmerksamkeit und Wahrnehmung von außen nach innen wenden zu lassen und sich zunehmend und schließlich ganz auf sich selbst, Ihr Inneres und die Übung zu konzentrieren. Dabei können sich die Augen wie von selbst schließen.

Wiederholen Sie nun innerlich für sich die Formel: ganz ruhig. Spüren Sie ruhig dabei nach, ob sich die Formel für Sie richtig anfühlt oder noch überzeugender formuliert werden kann, wie etwa: Ganz in Ruhe oder einfach nur Ruhe oder ruhig.

Ganz ruhig.

Ganz ruhig. Achten Sie nun auf Ihren Atem, der ganz von selbst kommt und geht. Sie atmen ein und dann aus. Und wieder ein und aus, ein, aus. Sie können den Einatem mit Ein empfangen und den Ausatem mit Aus loslassen: Ein, Aus. Lassen sich über die Atmung, immer tiefer in die Ruhe und Gelassenheit führen. Ein, Aus. Sie und Ihre Atmung können nun ruhig und gelassen werden. Ein, Aus. Die Formel, Atem – ruhig, kann nun innerlich von Ihnen wiederholt werden.

Das achtsame Wahrnehmen des Atmens und Atems wird nun gelassen und mündet wieder in der Ruheformel: Ganz ruhig.

Wenden Sie sich nun mit Ihrer ganzen Aufmerksamkeit und Wahrnehmung dem rechten Arm zu, dieser kann ganz schwer und entspannt werden. Wiederholen Sie innerlich für sich die Formel: Rechter Arm schwer. Spüren Sie dabei im rechten Arm nach. Vielleicht wird der rechte Arm schwer.

Achten Sie nun entsprechend auf Ihren linken Arm, vielleicht kann dieser entspannen und wird schwer. Wiederholen Sie innerlich für sich die Formel: Linker Arm schwer.

Nun versuchen Sie, die Schwere auch in beiden Beinen zu spüren und wiederholen dazu innerlich die Formel: Beide Beine schwer.

Nun können Sie versuchen, die Entspannung als angenehme Schwere im ganzen Körper oder des ganzen Körpers zu spüren. Wiederholen Sie entsprechend innerlich nur noch die Formel: Angenehm schwer.

Ganz ruhig.

Wenden Sie sich nun mit Ihrer ganzen Aufmerksamkeit und Wahrnehmung wieder dem rechten Arm zu, dieser kann nun auch warm werden. Wiederholen Sie innerlich für sich die Formel: Rechter Arm warm. Spüren Sie dabei im rechten Arm nach. Vielleicht wird der rechte Arm warm.

Achten Sie nun entsprechend auf Ihren linken Arm, vielleicht kann dieser warm werden. Wiederholen Sie innerlich für sich die Formel: Linker Arm warm.

Nun versuchen Sie, die Wärme in beiden Beinen zu spüren und wiederholen dazu innerlich die Formel: Beide Beine warm.

Nun können Sie versuchen, die Entspannung als angenehme Wärme im ganzen Körper zu spüren. Wiederholen Sie entsprechend innerlich nur noch die Formel: Angenehm warm.

Ganz ruhig.

Achten Sie erneut auf Ihren Atem, der kommt und geht. Atmen nur ein und aus, ein, aus. Sie können wie zu Beginn innerlich das Einatmen mit Ein und das Ausatmen mit Aus begleiten: Ein, Aus. Der Atem entspannt, führt Sie weiter, tiefer in die Entspannung, Gelassenheit und Ruhe. Ein, Aus. Es kann innerlich wiederholt werden: Atem – ruhig.

Ganz ruhig.

Nun bereiten wir uns innerlich auf die Beendigung der Übung vor. Mit der Formel, bewusst zurück, rekeln und strecken Sie sich, atmen tiefer und fester ein und aus, öffnen die Augen, orientieren sich im Außen und nehmen Ihre Umgebung wieder bewusst wahr.

12.5.2 Eine Form der Grundstufe des Autogenen Trainings zur fortgesetzten Übung

Setzen oder legen Sie sich für die nun folgende Übung bequem hin. Versuchen Sie, Ihre Aufmerksamkeit und Wahrnehmung nun ganz nach innen zu wenden, dazu können Sie die Augenlider schließen. Achten Sie nun nur noch auf Ihren Atem, der kommt und geht. Sie atmen ein und aus. Mit jedem Atemzug und mit jedem Ausatmen können Sie sich tiefer und tiefer in die Gelassenheit, Entspannung und Ruhe führen, ja tragen lassen. Mit jedem Ausatmen loslassen, tiefer und tiefer entspannen, immer ruhiger werden. Ganz ruhig. Sie können dazu auch bewusst über die Nase tief ein und langsam aus atmen. Kräftig, zügig, tief ein und langsam, ruhig aus. Es hebt und weitet sich beim Einatmen vielleicht bewusst nur der Bauch und senkt sich wieder mit dem Ausatmen. Oder der Atem hebt und weitet erst Ihren Bauch und dann Ihre Brust: Der Atem strömt gleichsam als Welle von unten im Bauch bis zur Brust durch Ihren Körper ein. Erst wölbt und hebt sich der Bauch und danach der Brustkorb. Tief ein und langsam aus. Ganz langsam ausatmen und dann ruhen. Ganz ruhig. Ganz in Ruhe, bis der Atemimpuls deutlich und merklich wird, dann diesem nachgeben und kräftig und zügig einatmen. Tief ein und langsam aus. Ganz ruhig. Wenn Sie es können und wollen, dann versuchen Sie ruhig auch, entsprechend der Strin-Wurzelzentrum-Atem-Meditation über Ihre Stirnmitte, das Stirnzentrum, tief einzuatmen und dann langsam von dort mit dem Ausatem körpermittig über Nase, Kinn, Kehlkopf, Brustbein, Bauchnabel, den ganzen Bauch runter und schließlich nach innen zum Damm hinabzuwandern. Auf dem Damm und im Beckenboden – im Wurzelzentrum – kommen der Atem und Sie ganz zur Ruhe. Versuchen Sie sich hier, nur noch zu spüren. Ganz da, ganz ruhig. Und dann, geben Sie wieder Ihrem Atemimpuls nach. Atmen auf Ihre bewusste Art und Weise ein. Ein, Aus. Tief ein und langsam aus. Ganz ruhig. In achtsamer Wahrnehmung und Begleitung des Atmens und Atems, können Sie diese Formeln für sich passend und zutreffend innerlich wiederholen: Ein, Aus. Tief ein und langsam aus. Ganz ruhig.

Nun versuchen Sie, eine angenehme, wohlige Schwere und Entspannung zunächst in den Gliedmaßen und dann im ganzen Körper zu empfinden.

Wenden Sie also dazu Ihre ganze Aufmerksamkeit und Wahrnehmung Ihrem rechten Arm zu: Rechter Arm schwer. Spüren Sie dabei der Schwere und Entspannung im rechten Arm nach und wiederholen auf Ihre Art und Weise für sich die Formel: Rechter Arm schwer.

Schenken Sie nun Ihre ganze Aufmerksamkeit und Wahrnehmung Ihrem linken Arm: Linker Arm schwer. Spüren Sie der Schwere und Entspannung im linken Arm nach und wiederholen auf Ihre Art und Weise für sich die Formel: Linker Arm schwer.

Dann richten Sie Ihre ganze Aufmerksamkeit und Wahrnehmung auf Ihr rechtes Bein: Rechtes Bein schwer. Schwere und Entspannung im rechten Bein. Rechtes Bein schwer.

Dann die ganze Aufmerksamkeit und Wahrnehmung auf Ihr linkes Bein: Linkes Bein schwer. Schwere und Entspannung im linken Bein. Linkes Bein schwer.

Alle Gliedmaßen angenehm schwer.

Die Schwere kann sich nun angenehm und wohlig auf den Rumpf ausdehnen und im ganzen Körper ausbreiten. Körper angenehm schwer und entspannt. Angenehm schwer.

Angenehm schwer.

Ganz ruhig.

Nun versuchen Sie, eine angenehme, wohlige Wärme und Entspannung zunächst in den Gliedmaßen, dann im ganzen Körper und schließlich in einzelnen zentralen Bereichen des Körpers zu spüren und zu verstärken.

Wenden Sie also dazu Ihre ganze Aufmerksamkeit und Wahrnehmung Ihrem rechten Arm zu: Rechter Arm warm. Spüren Sie dabei der Wärme und Entspannung im rechten Arm nach und wiederholen auf Ihre Art und Weise für sich die Formel: Rechter Arm warm.

Schenken Sie nun Ihre ganze Aufmerksamkeit und Wahrnehmung Ihrem linken Arm: Linker Arm warm. Spüren Sie der Wärme und Entspannung im linken Arm nach und wiederholen auf Ihre Art und Weise für sich die Formel: Linker Arm warm.

Dann richten Sie Ihre ganze Aufmerksamkeit und Wahrnehmung auf Ihr rechtes Bein: Rechtes Bein warm. Wärme und Entspannung im rechten Bein. Rechtes Bein warm.

Dann die ganze Aufmerksamkeit und Wahrnehmung auf Ihr linkes Bein: Linkes Bein warm. Wärme und Entspannung im linken Bein. Linkes Bein warm.

Alle Gliedmaßen angenehm warm.

Die Wärme kann sich nun angenehm und wohlig auf den Rumpf ausdehnen und im ganzen Körper ausbreiten. Körper angenehm warm und entspannt. Angenehm warm. Warm.

Nun versuchen wir, nacheinander die Wärme und Entspannung in ganz besonderen, zentralen, energetisch wichtigen Bereichen des Körpers zu empfinden und zu stärken. Richten Sie dazu Ihre ganze Aufmerksamkeit und Wahrnehmung auf den jeweiligen Bereich. Und wiederholen für sich innerlich die betreffende Wärmesuggestion in einer für Sie passenden Art und Weise.

Zuerst in der Halsgrube, am und unterhalb des Kehlkopfes: Halsgrube angenehm warm.

Dann in der Brustmitte (am besten zwischen den Brustwarzen): Brustmitte, Herzzentrum angenehm warm.

Nun in den Oberbauch: Oberbauch, Sonnengeflecht angenehm warm.

Dann: Bauchmitte, Nabelbereich angenehm warm.

Wechseln zum Unterbauch: Unterbauch angenehm warm.

Nun ganz zum Ende oder Anfang des Rumpfes: Dammbereich, Beckenboden angenehm warm.

Ganz ruhig.

Aus der Ruhe und Entspannung wenden Sie sich nun mit Ihrer ganzen Aufmerksamkeit und Konzentration Ihrer Atmung zu. Spüren achtsam nach, wie Sie einatmen und ausatmen, wie der Atem kommt und geht. Der Atem fließt hinein und wieder hinaus, einfach: ein und aus. Während Sie nur achtsam wahrnehmen, strömt der Atem ganz von selbst: ein, aus. Es atmet: ein, aus. Sie begleiten das Einatmen innerlich mit einem Ein und das Ausatmen mit einem Aus: Ein, Aus. Immer gelassener und ruhiger, nur: Ein, Aus. Es atmet mich.

Ganz ruhig.

Nun versuchen Sie, ganz bewusst – über die Nase, nur in den Bauch oder in einer Welle in Bauch und Brust – tief ein und langsam aus zu atmen: Tief ein und langsam aus. In Ruhe bleiben bis der Atemimpuls kommt, und wieder: Tief ein und langsam aus. Und können Ihr Atmen innerlich begleiten: Tief ein und langsam aus.

Ganz ruhig.

Nun versuchen Sie, ganz bewusst durch die Nase in die Stirnmitte – in das Stirnzentrum – hinein ein zu atmen und langsam über die Mittellinie des Körpers hinab bis zum Damm – dem Wurzelzentrum – aus. Sie spüren dem frischen, klärenden und stärkenden Einatmen und Atem im Stirnzentrum nach. Stirn frei und klar! Spüren dann achtsam von hier dem Ausatem bis ins Wurzelzentrum nach und kommen im Wurzelzentrum zur Ruhe. Ganz ruhig. Geben dem Atemimpuls wieder nach, atmen tief und achtsam ins Stirnzentrum hinein: Stirn frei und klar!

Dann können Sie den Atem ganz auf das Stirnzentrum konzentrieren. Atmen tief ins Stirnzentrum ein und langsam ins Stirnzentrum aus. In der Atempause hier nur noch ruhen und spüren. Ganz ruhig. Dann wieder ins Stirnzentrum tief ein und langsam aus. Den Atem innerlich begleiten mit „Stirn frei und klar!" oder nur achtsam wahrnehmen.

Ganz ruhig.

Spüren Sie nun nur noch bewusst und achtsam nach, wie Sie jetzt atmen, wie es atmet. Wie der Atem kommt und geht, ein und aus.

Ganz ruhig.

Bereiten Sie sich nun innerlich auf die Beendigung der Übung vor. Machen Sie sich klar, dass Sie die Erfahrungen mit in Ihren Lebensalltag nehmen und jederzeit diese Übungen für sich wiederholen und vertiefen können, wenn Sie es möchten oder brauchen, um sich zu entspannen, zu erholen und zu stärken, gelassener und ruhiger zu werden.

Mit dem Atem können wir uns nicht nur entspannen, sondern auch aktivieren, indem wir ein wenig fester ein- und ausatmen. Nehmen Sie sich dabei bewusst vor, in das äußere Hier und Jetzt zurückzukommen. Kommen Sie also nun mit all Ihren Erfahrungen bewusst zurück, atmen tiefer und fester ein und aus, rekeln und strecken sich, gähnen oder stöhnen, öffnen die Augen, orientieren sich im Außen und nehmen Ihre Umgebung wieder bewusst wahr.

12.6 Eine einfache Körperreise unter Einbeziehung des kleinen himmlischen Kreislaufes des Qigong und der TCM

Sie haben sich nun offenbar ausreichend Zeit und Raum genommen, um aufmerksam und bewusst durch Ihren Körper zu wandern und sich dabei – Teil für Teil, Punkt für Punkt zu spüren, loszulassen und zu entspannen. Jedem Teil, jedem Punkt Ihres Körpers – und damit von sich selbst – begegnen Sie dabei möglichst in einer Haltung und Einstellung geistiger Sammlung, Achtsamkeit und Offenheit, des Wohlwollens sowie der Akzeptanz und Fürsorge. Sie sitzen oder liegen in einer für die Meditation und Entspannung für Sie möglichst passenden Art und Weise. Im Liegen können Sie sich vielleicht noch einfacher und tiefer entspannen und erholen. Bei Bedarf können Sie Ihre Position und Haltung noch einmal anpassen, um dann in Ruhe zu gelangen.

Versuchen Sie, Ihre innere Aufmerksamkeit und Wahrnehmung nun ganz nach innen zu wenden und schließen dazu am besten Ihre Augen. Sie können nun spüren, wie Sie die Unterlage stützt und trägt. Und weil Sie gestützt und getragen werden, können Sie sich nun ganz Ihrem Atmen und Atem widmen. Atmen – bewusst und durch die Nase – tief ein und langsam aus. Spüren selbst nach dem Ausatmen – oder gerade dann – wie Ruhe, Gelassenheit und Entspannung wachsen und sich vertiefen. Und wenn der innere Impuls zum Atmen kommt, dann lassen Sie einfach los und atmen wieder tief ein und langsam aus. Mit jedem Atemzug können Sie sich so tiefer und tiefer in die Ruhe, Gelassenheit und Entspannung tragen lassen.

Wenn Sie wollen, können Sie auch tief in Ihre Stirnmitte – in das Stirnzentrum – hinein atmen. Dann wandern Sie beim und mit dem Ausatem behutsam – von dem Stirnzentrum aus – mittig an der Vorderseite Ihres Körpers bis zum Damm und Beckenboden – in das Wurzelzentrum – hinab. Spüren Sie wie der Ausatmen in Ihrem Körper langsam hinabgleitet und Sie von innen her angenehm streichelt, um schließlich im Dammbereich zur Ruhe zu kommen. Der Atem ruht, nur noch dort wahrnehmen und spüren. Ganz da, ganz ruhig.

Bereiten Sie sich nun innerlich darauf vor, auf die Reise durch Ihren Körper zu gehen, und lassen den Atem dazu einfach weiter fließen.

Sie beginnen nun die Körperreise und wenden dazu Ihre ganze Aufmerksamkeit auf Ihre rechte Hand. Sie versuchen, sich in der rechten Hand zu spüren, loszulassen und zu entspannen. Die rechte Hand spüren, loslassen und entspannen. Sie gehen dann in den rechten Unterarm und versuchen nun, diesen zu spüren, loszulassen und zu entspannen. Sie wandern weiter in den rechten Oberarm, spüren diesen und lassen hier los und entspannen.

Nun wenden Sie sich mit Ihrer ganzen Wahrnehmung, Aufmerksamkeit und Konzentration Ihrer linken Hand zu und versuchen jetzt, sich hier zu spüren, loszulassen und zu entspannen. Dann gehen Sie in den linken Unterarm und spüren, lassen los und entspannen. Und schließlich in den linken Oberarm: Spüren, loslassen und entspannen.

Damit beide Arme besser und tiefer entspannen können, lassen Sie die Entspannung von dem Arm, der entspannter ist, in den anderen fließen. Beide Arme können nun tiefer und tiefer entspannen. Und während die Entspannung von einem zum anderen Arm fließt, können Sie versuchen, auch den gesamten Bereich der Schlüsselbeine und Schultern zu spüren, loszulassen und zu entspannen. Die Schlüsselbeine und den gesamten Schulterbereich loslassen und entspannen.

Nun versuchen Sie, die Entspannung hinabfließen zu lassen – bis in die Füße. Dann konzentrieren Sie sich mit Ihrer ganzen Wahrnehmung und Aufmerksamkeit im rechten Fuß und versuchen, diesen zu spüren, loszulassen und zu entspannen. Nun gehen Sie weiter in den rechten Unterschenkel: Spüren hier, lassen los und entspannen. Dann in den rechten Oberschenkel: Spüren, loslassen und entspannen. Nun wechseln Sie mit Ihrer ganzen Wahrnehmung, Aufmerksamkeit und Konzentration in ihren linken Fuß und spüren sich hier, lassen los und entspannen. Dann gehen Sie zum linken Unterschenkel, spüren sich hier, lassen los und entspannen. Und schließlich in den Oberschenkel des linken Beins: Spüren, loslassen und entspannen.

Beide Beine können sich nun entspannen. Damit diese sich noch besser entspannen können, lassen wir die beiden Gesäßhälften los. Zunächst die rechte Hälfte spüren, loslassen und entspannen. Dann die linke Hälfte spüren, loslassen und entspannen.

Nun versuchen Sie, sich möglichst gut im Beckenboden und Dammbereich zu sammeln und bereiten sich innerlich darauf vor, die ganze Wirbelsäule bewusst, behutsam und achtsam Punkt für Punkt hinauf zu wandern oder zu gleiten und dabei versuchen, sich an jedem Punkt möglichst gut zu spüren, loszulassen und zu entspannen. Sie beginnen nun den Aufstieg der Wirbelsäule Punkt für Punkt im Steißbein: Spüren, loslassen und entspannen. Dann das Kreuzbein: Spüren, loslassen und entspannen. Weiter die Lendenwirbelsäule: Spüren, loslassen und entspannen. Nun die Brustwirbelsäule: Spüren, loslassen und entspannen. Und schließlich die Halswirbelsäule: Spüren, loslassen und entspannen – bis zur Schädelkante – immer wieder spüren, loslassen und entspannen.

Nun wandern Sie auf der Mittellinie über den Hinterkopf bis hinauf zum Scheitel. Spüren, lassen los und entspannen. Oben im Scheitelzentrum verharren Sie und versuchen nun, sich hier nur zu spüren, loszulassen und zu entspannen.

Sie wandern weiter über den Kopf nach vorne auf der Mittellinie, spüren, lassen los und entspannen, bis zur Stirnmitte. Hier im Stirnzentrum, verharren Sie wieder und versuchen, sich zu spüren, loszulassen und zu entspannen.

Sie gehen nun weiter bis zur Nasenwurzel und von dort zum rechten Auge und versuchen, das rechte Auge zu spüren, innerlich abzutasten und loszulassen und zu entspannen. Gehen dann zurück zur Nasenwurzel und von dort zum linken Auge und versuchen jetzt, das linke Auge zu spüren, innerlich abzutasten, loszulassen und zu entspannen. Sie wandern wieder zurück zur Nasenwurzel und von dort hinab zur Nasenspitze, spüren, lassen los und entspannen.

Von der Nasenspitze gleiten Sie über den rechten Nasenflügel zur rechten Wange und tasten innerlich, kreisend die rechte Wange ab und lassen dabei los und entspannen. Dann gehen Sie weiter in das rechte Ohr und versuchen hier, ganz Ohr zu werden, alle Geräusche – außen wie innen – einfach nur anzunehmen und loszulassen, um sich dann – so gut es geht – im Ohr zu spüren, loszulassen und zu entspannen. Nun gehen Sie zurück zur Nasenspitze – und gleiten von dort über den linken Nasenflügel zur linken Wange und tasten nun diese kreisend, innerlich ab, lassen los und entspannen. Dann wandern Sie weiter in das linke Ohr und versuchen nun hier, ganz Ohr zu werden, alle Geräusche – außen wie innen – einfach nur anzunehmen und loszulassen, um sich dann – so gut es geht – hier im Ohr zu spüren, loszulassen und zu entspannen.

Sie wandern zurück zur Nasenspitze und von dort hinab zu den Lippen und versuchen, die Lippen zu spüren, innerlich abzutasten, loszulassen und zu entspannen. Die Lippen berühren sich nur noch oder öffnen sich ganz leicht. Auch der gesamte Mundraum kann nun entspannen.

Sie wandern weiter von den Lippen mittig über das Kinn und den Kehlkopf bis unterhalb des Kehlkopfes in die Halsgrube, in das Halszentrum. Hier verharren Sie und versuchen, sich nur zu spüren, loszulassen und zu entspannen.

Sie wandern weiter auf der Mittellinie das Brustbein hinab bis zur Brustmitte – dem Herzzentrum – etwa in Höhe der und zwischen den Brustwarzen auf dem Brustbein liegend und in die Tiefe reichend. Dort verweilen Sie und versuchen hier, sich nur zu spüren, loszulassen und zu entspannen.

Jetzt wandern Sie weiter körpermittig das restliche untere Brustbein hinab und über den Schwertfortsatz des Brustbeins hinaus bis zur Magengrube und in den Oberbauch. Hier im oberen Bauchbereich, dem Sonnengeflecht und vor allem mittig und im oberen Bauchzentrum konzentriert, versuchen Sie nun, zu ruhen, sich zu spüren, loszulassen und zu entspannen.

Wandern Sie nun weiter mittig den Bauch hinab bis zum Nabel. Kommen Sie hier zur Ruhe und versuchen jetzt, sich im mittleren Bauchbereich und vor allem konzentriert im mittleren Bauchzentrum, im und um den Nabel herum, zu spüren, loszulassen und zu entspannen.

Und schließlich wandern Sie mittig ungefähr eine Hand breit weiter hinab in den Unterbauch. Hier und vor allem konzentriert im unteren Bauchzentrum, dem Sakralzentrum, gelangen Sie zur Ruhe und versuchen nun, sich hier zu spüren, loszulassen und zu entspannen.

Zum Schluss der Körperreise wandern Sie weiter auf der gedachten und gefühlten Mittellinie des Rumpfes – am Genital vorbei – zum Damm am Beckenboden, in den Bereich zwischen Anus und Geschlechtsteil. Hier im Wurzelzentrum, auf dem Damm liegend und in die Tiefe nach innen reichend, versuchen Sie zu ruhen, sich zu spüren, loszulassen und zu entspannen. Dabei können Sie auch sehr tiefe, innere Sammlung und Ruhe erfahren.

Der Energiekreislauf vom Dammbereich hinten über die Wirbelsäule bis zum Scheitel und von dort vorne über die Mittellinie im Körper wieder zum Dammbereich hinab – und damit der Energiefluss vom Wurzelzentrum zum Scheitelzentrum und wieder zurück – ist nun geschlossen und spürend, loslassend und entspannend bereist worden. Die Energie kann hier nun besser, stärker und wirksamer fließen. Dies können Sie sich bewusstmachen und eventuell noch einmal wahrnehmen und erleben, indem Sie der Energie in diesem Energiekreislauf noch einmal nachspüren vom Wurzelzentrum über die Wirbelsäule hinauf bis in den Scheitel und wieder vorne, mittig – über Nase und Brustbein und Nabel – hinab wieder in das Wurzelzentrum zurück.

Machen Sie sich jetzt bewusst, dass Sie jederzeit, wenn Sie es möchten oder brauchen, die Körperreise für sich wiederholen und vertiefen, sich spüren, loslassen und entspannen können. In diesem Bewusstsein können Sie wieder auf Ihre Atmung und Ihren Atem achten: Atmen tief ein und langsam aus. Vertiefen können Sie die innere Sammlung und Konzentration noch, indem Sie in das Stirnzentrum hinein einatmen und dann langsam vorne über die Mittellinie des Körpers hinab bis in den Dammbereich ausatmen, um dann im Wurzelzentrum völlig zur Ruhe zu kommen. Wenn der innere Impuls zum Atmen schließlich deutlich wird, dann dem nachgeben und wieder atmen: Tief ein und langsam aus. Machen Sie sich nun klar, dass Sie auch jederzeit die Atmung und den Atem nutzen können, wenn Sie es möchten oder brauchen, um sich mit dem Atmen und Atem zu entspannen und zu beruhigen.

In diesem Bewusstsein bereiten Sie sich nun darauf vor – mit all Ihren Erfahrungen, vielleicht auch achtsamer, gelassener, entspannter, erholter und stärker – in das äußere Hier und Jetzt zurück zu kommen. So wie Sie die Atmung zur Entspannung und Beruhigung nutzen können, so kann man sich mit ihr auch wieder aktivieren, indem Sie dazu vor allem ein wenig fester und zügiger ausatmen. Spüren Sie Ihren Körper wieder auf der Unterlage. Nehmen sich nun bewusst vor, zurück in Ihren Alltag zu kommen. Dazu können Sie sich jetzt rekeln und strecken, auch gähnen oder stöhnen und öffnen Ihre Augen, um sich zu orientieren und ganz hier zu sein.

13 Anhang II: Fragebogen SFP

Praxisgemeinschaft für Psychotherapie

- Verhaltenstherapie, Hypnotherapie, Entspannungsverfahren, Selbsthypnose, Meditation, Qigong -

Dr. Frank Henry Piekara, Dipl.-Psych./
Dr. Regine Piekara, Dipl.-Psych.
Psychologische Psychotherapeuten
Riverastraße 7, D-85435 Erding
Tel: (08122) 40 100

ALLGEMEINE FRAGEN ZUM AKTUELLEN STRESS (Version: 17.07.2009)

Datum: _____ Chiffre: _____ Geschlecht: _____ Alter: _____

Bitte beantworten Sie die Fragen, indem Sie das jeweils **Zutreffende ankreuzen** und - bei entsprechender Frage - schriftlich ergänzen:

1) Wie belastet fühlten Sie sich in den letzten zwei Monaten?
   (0) - (1) - (2) - (3) - (4) - (5) - (6) - (7) - (8) - (9) - (10)
   0 = gar nicht   10 = total

2) Wie angespannt fühlten Sie sich in den letzten zwei Monaten?
   (0) - (1) - (2) - (3) - (4) - (5) - (6) - (7) - (8) - (9) - (10)
   0 = gar nicht   10 = total

3) Wie leistungsfähig fühlten Sie sich in den letzten zwei Monaten?
   (0) - (1) - (2) - (3) - (4) - (5) - (6) - (7) - (8) - (9) - (10)
   0 = gar nicht   10 = total

4) Wie erschöpft fühlten Sie sich in den letzten zwei Monaten?
   (0) - (1) - (2) - (3) - (4) - (5) - (6) - (7) - (8) - (9) - (10)
   0 = gar nicht   10 = total

5) Wie gesund fühlten Sie sich in den letzten zwei Monaten?
   a) Psychisch?   (0) - (1) - (2) - (3) - (4) - (5) - (6) - (7) - (8) - (9) – (10)
                        0 = gar nicht   10 = total
   b) Körperlich?   (0) - (1) - (2) - (3) - (4) - (5) - (6) - (7) - (8) - (9) – (10)
                        0 = gar nicht   10 = total

6) Wie oft bauten Sie Ihre Anspannung in den letzten zwei Monaten ab (z.B. mit Sport, Tanzen, Wandern, Musizieren, Malen, Lesen usw.)?
   (8) täglich   (7) 6 x pro Woche   (6) 5 x pro Woche   (5) 4 x pro Woche   (4) 3 x pro Woche
   (3) 2 x pro Woche   (2) 1 x pro Woche   (1) seltener   (0) nie

7) Wie gut konnten Sie sich in den letzten zwei Monaten überhaupt entspannen und zur Ruhe kommen?

(0) – (1) – (2) – (3) – (4) – (5) – (6) – (7) – (8) – (9) – (10)

0 = gar nicht   10 = total

8) Welche besonderen Entspannungs- oder Meditationsverfahren kennen Sie und haben Sie mal erlernt?

( ) Progressive Muskelentspannung (PME/PMR)

( ) Autogenes Training (AT)

( ) Atemmeditation (Atemwahrnehmung, yogische Atemübungen, Stirn-Wurzel-Atmung, Heilatmung)

( ) Körperreise

( ) Chakrenmeditation mit Vokalen/Atem

( ) Chakrenmeditation mit Farben

( ) Selbsthypnose mit Imaginationen, Visualisierungen (z.B. Entspannungs-, Wohlfühl, Heilfarbe,
     Orte, innere Weisheit, Phantasiereisen usw.)

( ) Qi Gong-Übungen

( ) Yoga-Übungen

( ) andere Welche? _____

9) Wie oft entspannten Sie sich oder meditierten Sie gezielt in den letzten zwei Monaten (mit den in Frage 8 genannten Verfahren)?

(8) täglich   (7) 6 x pro Woche   (6) 5 x pro Woche   (5) 4 x pro Woche   (4) 3 x pro Woche

(3) 2 x pro Woche   (2) 1 x pro Woche   (1) seltener   (0) nie

10) Welche Verfahren wendeten Sie dabei (in den letzten zwei Monaten) im einzelnen zur Entspannung oder Meditation und wie häufig an?

Bitte tragen Sie der Reihe nach die von Ihnen angewandten Methoden ein und geben für jede Methode die zutreffende Häufigkeit an. Sollten Sie nicht meditieren oder sich „nie" gezielt entspannen, so lassen Sie bitte diese Frage offen.

1. Verfahren: _____

(8) täglich   (7) 6 x pro Woche   (6) 5 x pro Woche   (5) 4 x pro Woche   (4) 3 x pro Woche

(3) 2 x pro Woche   (2) 1 x pro Woche   (1) seltener   (0) nie

2. Verfahren: _____

(8) täglich   (7) 6 x pro Woche   (6) 5 x pro Woche   (5) 4 x pro Woche   (4) 3 x pro Woche

(3) 2 x pro Woche   (2) 1 x pro Woche   (1) seltener   (0) nie

3. Verfahren: _____

(8) täglich   (7) 6 x pro Woche   (6) 5 x pro Woche   (5) 4 x pro Woche   (4) 3 x pro Woche

(3) 2 x pro Woche   (2) 1 x pro Woche   (1) seltener   (0) nie

4. Verfahren: _____

(8) täglich   (7) 6 x pro Woche   (6) 5 x pro Woche   (5) 4 x pro Woche   (4) 3 x pro Woche

(3) 2 x pro Woche   (2) 1 x pro Woche   (1) seltener   (0) nie

SFP: Ein Stress-Situations-Inventar von Dr. Piekara (angelehnt an das DSI von Brantley, Waggoner, Jones & Rappaport, 1987)

Auf den folgenden Seiten finden Sie eine Reihe von Aussagen über Situationen und Ereignisse. Stellen Sie sich bitte vor, daß Sie in einer solchen Situation wären bzw. ein solches Ereignis erleben würden. Geben Sie bitte jeweils an, welches Ausmaß an Stress diese Situation bzw. dieses Ereignis bei Ihnen auslösen oder bewirken würde. Für diese Bewertung stehen Ihnen die folgenden Antwortmöglichkeiten zur Verfügung:

Das Ausmaß des Stresses ist:

1 = nicht vorhanden

2 = sehr gering

3 = gering

4 = mittel

5 = groß

6 = sehr groß

7 = extrem groß / versetzt mich in Panik

Kreuzen Sie bitte für jede Aussage bzw. Situation die für Sie treffendste Antwortmöglichkeit an:

1. Sie leisten bei der Arbeit wenig.	(1)-(2)-(3)-(4)-(5)-(6)-(7)
2. Sie leisten wenig, weil andere Sie behindern.	(1)-(2)-(3)-(4)-(5)-(6)-(7)
3. Sie denken über die unerledigte Arbeit nach.	(1)-(2)-(3)-(4)-(5)-(6)-(7)
4. Sie haben Termindruck.	(1)-(2)-(3)-(4)-(5)-(6)-(7)
5. Sie werden bei der Arbeit gestört.	(1)-(2)-(3)-(4)-(5)-(6)-(7)
6. Jemand macht Ihre Arbeit schlecht	(1)-(2)-(3)-(4)-(5)-(6)-(7)
7. Sie müssen etwas tun, worin Sie wenig Erfahrung haben.	(1)-(2)-(3)-(4)-(5)-(6)-(7)
8. Sie bringen es nicht fertig, eine Arbeit abzuschließen.	(1)-(2)-(3)-(4)-(5)-(6)-(7)
9. Etwas ist unorganisiert.	(1)-(2)-(3)-(4)-(5)-(6)-(7)
10. Jemand kritisiert Sie.	(1)-(2)-(3)-(4)-(5)-(6)-(7)
11. Sie werden von anderen nicht beachtet.	(1)-(2)-(3)-(4)-(5)-(6)-(7)
12. Sie müssen vor einem Publikum sprechen oder auftreten.	(1)-(2)-(3)-(4)-(5)-(6)-(7)
13. Sie müssen mit einem/er unhöflichen Kollegen/in verhandeln.	(1)-(2)-(3)-(4)-(5)-(6)-(7)
14. Sie werden beim Reden unterbrochen.	(1)-(2)-(3)-(4)-(5)-(6)-(7)
15. Sie nehmen an einer Geselligkeit teil.	(1)-(2)-(3)-(4)-(5)-(6)-(7)
16. Jemand hält eine Verabredung oder Zusage nicht ein.	(1)-(2)-(3)-(4)-(5)-(6)-(7)
17. Sie konkurrieren mit jemandem.	(1)-(2)-(3)-(4)-(5)-(6)-(7)
18. Sie werden beobachtet.	(1)-(2)-(3)-(4)-(5)-(6)-(7)

Bitte bewerten Sie die folgenden Situationen und Ereignisse:

1 = nicht vorhanden, 2 = sehr gering, 3 = gering, 4 = mittel, 5 = groß, 6 = sehr groß, 7 = extrem groß/ versetzt mich in Panik

19. Sie warten vergeblich auf einen Anruf.	(1)-(2)-(3)-(4)-(5)-(6)-(7)
20. Sie werden unerwartet von anderen (körperlich) berührt.	(1)-(2)-(3)-(4)-(5)-(6)-(7)
21. Sie werden mißverstanden.	(1)-(2)-(3)-(4)-(5)-(6)-(7)
22. Jemand lobt sie.	(1)-(2)-(3)-(4)-(5)-(6)-(7)
23. Sie haben einen Arbeitstermin vergessen.	(1)-(2)-(3)-(4)-(5)-(6)-(7)
24. Sie fühlen sich krank.	(1)-(2)-(3)-(4)-(5)-(6)-(7)
25. Sie sind krank.	(1)-(2)-(3)-(4)-(5)-(6)-(7)
26. Jemand borgt sich etwas aus, ohne Sie zu fragen.	(1)-(2)-(3)-(4)-(5)-(6)-(7)
27. Jemand beschädigt Ihr Arbeitsgerät.	(1)-(2)-(3)-(4)-(5)-(6)-(7)
28. Wegen Ihrer Ungeschicklichkeit wird etwas beschädigt.	(1)-(2)-(3)-(4)-(5)-(6)-(7)
29. Sie denken über die Zukunft nach.	(1)-(2)-(3)-(4)-(5)-(6)-(7)
30. Sie streiten mit Ihrem Partner.	(1)-(2)-(3)-(4)-(5)-(6)-(7)
31. Sie streiten mit einer anderen Person (Kollegen, Kunden).	(1)-(2)-(3)-(4)-(5)-(6)-(7)
32. Sie müssen längere Zeit warten.	(1)-(2)-(3)-(4)-(5)-(6)-(7)
33. Sie werden bei der Mittagspause oder beim Entspannen gestört.	(1)-(2)-(3)-(4)-(5)-(6)-(7)
34. Sie verlieren beim Sport oder beim Spiel.	(1)-(2)-(3)-(4)-(5)-(6)-(7)
35. Sie müssen etwas gegen Ihren Willen tun.	(1)-(2)-(3)-(4)-(5)-(6)-(7)
36. Sie schaffen es nicht, alles zu erledigen, was Sie sich für den Tag vorgenommen haben.	(1)-(2)-(3)-(4)-(5)-(6)-(7)
37. Das Auto springt nicht an.	(1)-(2)-(3)-(4)-(5)-(6)-(7)
38. Sie stehen im Stau.	(1)-(2)-(3)-(4)-(5)-(6)-(7)
39. Sie müssen einen Kredit aufnehmen.	(1)-(2)-(3)-(4)-(5)-(6)-(7)
40. Sie können mit der Arbeit nicht beginnen, weil Ihnen etwas fehlt.	(1)-(2)-(3)-(4)-(5)-(6)-(7)
41. Sie haben etwas verlegt und können es nicht mehr wiederfinden.	(1)-(2)-(3)-(4)-(5)-(6)-(7)
42. Es ist schlechtes Wetter.	(1)-(2)-(3)-(4)-(5)-(6)-(7)
43. Sie werden wegen zu schnellem Fahren von der Polizei angehalten.	(1)-(2)-(3)-(4)-(5)-(6)-(7)
44. Sie müssen dem Bürgermeister ein Anliegen vortragen.	(1)-(2)-(3)-(4)-(5)-(6)-(7)
45. Jemand macht Ihnen Vorwürfe.	(1)-(2)-(3)-(4)-(5)-(6)-(7)
46. Sie verhandeln über eine Gehaltserhöhung.	(1)-(2)-(3)-(4)-(5)-(6)-(7)
47. Sie haben einen Kaffeefleck auf dem Hemd.	(1)-(2)-(3)-(4)-(5)-(6)-(7)

Bitte bewerten Sie die folgenden Situationen und Ereignisse:

1 = nicht vorhanden, 2 = sehr gering, 3 = gering, 4 = mittel, 5 = groß, 6 = sehr groß, 7 = extrem groß/
    versetzt mich in Panik

48. Sie übernehmen eine neue, verantwortungsvolle Tätigkeit.	(1)-(2)-(3)-(4)-(5)-(6)-(7)
49. Sie verstehen etwas nicht.	(1)-(2)-(3)-(4)-(5)-(6)-(7)
50. Eine wichtige Bezugsperson ist ernsthaft erkrankt.	(1)-(2)-(3)-(4)-(5)-(6)-(7)
51. Sie geben eine Gewohnheit auf (Rauchen, Kaffeetrinken, Nägelkauen).	(1)-(2)-(3)-(4)-(5)-(6)-(7)
52. Sie haben Hunger.	(1)-(2)-(3)-(4)-(5)-(6)-(7)
53. Sie kommen zu spät.	(1)-(2)-(3)-(4)-(5)-(6)-(7)
54. Ihr Nachbar hört laute Musik.	(1)-(2)-(3)-(4)-(5)-(6)-(7)
55. Über Ihrem Bett hängt eine Spinne.	(1)-(2)-(3)-(4)-(5)-(6)-(7)
56. Sie werden bei einer Freizeitaktivität gestört.	(1)-(2)-(3)-(4)-(5)-(6)-(7)
57. Ihre Arbeitsstelle ist gefährdet.	(1)-(2)-(3)-(4)-(5)-(6)-(7)
58. Ihnen droht eine Gehaltskürzung von 150,- EUR monatlich.	(1)-(2)-(3)-(4)-(5)-(6)-(7)
59. Die erwartete Beförderung bleibt aus.	(1)-(2)-(3)-(4)-(5)-(6)-(7)
60. Sie haben nichts zu tun.	(1)-(2)-(3)-(4)-(5)-(6)-(7)
61. Sie weisen einen Kollegen auf einen Fehler hin.	(1)-(2)-(3)-(4)-(5)-(6)-(7)
62. Sie können sich mit Ihren Argumenten nicht durchsetzen.	(1)-(2)-(3)-(4)-(5)-(6)-(7)
63. Sie müssen etwas reklamieren.	(1)-(2)-(3)-(4)-(5)-(6)-(7)
64. Sie stehen mit Ihrer Meinung alleine da.	(1)-(2)-(3)-(4)-(5)-(6)-(7)
65. Sie sind arbeitslos.	(1)-(2)-(3)-(4)-(5)-(6)-(7)

Andere stressauslösende Situationen oder Ereignisse, die nicht genannt wurden:

66. _____ (1)-(2)-(3)-(4)-(5)-(6)-(7)

67. _____ (1)-(2)-(3)-(4)-(5)-(6)-(7)

<u>Ausprägung: Häufigkeit: Summe:</u>

1:

2:

3:

4:

5:

6:

7: _____

GS: _____

14 Anhang III: Fragebogen zum Protokoll unangenehmer körperlicher Empfindungen von Frank Henry Piekara (PUKEP)

Für den Tag (Datum): _____

Für Patient/in mit Chiffre (Anfangsbuchstabe des Nachnamens und Geburtsdatum): _____

Bitte beantworten Sie die folgenden Fragen und kreuzen oder streichen deutlich Zutreffendes an:

1. Bitte beschreiben Sie möglichst genau und treffend Ihre unangenehmen (körperlichen) Empfindungen:

   _____

   _____

   _____

   _____

   Sollten verschiedene körperliche Beschwerden/Störungen mit unangenehmen Empfindungen vorliegen, so kann wie folgt vorgegangen und unterschieden werden: Sie füllen einen Fragebogen mit unterschiedlichen Farben (für die einzelnen Beschwerden) aus oder konzentrieren sich auf die wichtigste Störung oder benutzen, für die unterschiedlichen Beschwerden gesondert, Fragebögen. Ihr Vorgehen sollte in der Therapie besprochen, vereinbart werden.

2. Bitte markieren Sie deutlich in den drei Körperansichten (von vorne, hinten, seitlich) auf der beiliegenden Seite die Bereiche, an und in denen Sie die unangenehmen Empfindungen spüren.

3. Wann traten heute die unangenehmen Empfindungen zum ersten Mal auf? Uhrzeit:

   _____

4. Wie unangenehm waren Ihnen diese Empfindungen?
   (0) - (1) - (2) - (3) - (4) - (5) - (6) - (7) - (8) - (9) - (10)
   0 = gar nicht   10 = extrem/unerträglich/total

5. Wo waren Sie?

   _____

   Was taten Sie? _____

   Was war vorgefallen oder stand Ihnen bevor?

   _____

   Was haben Sie gefühlt? _____

   Was gedacht?_____

   (Wichtig sind die Gefühle und Gedanken gerade vor dem Auftreten der unangenehmen Empfindungen.)

6. Wie hilflos oder ausgeliefert fühlten Sie sich gegenüber diesen Empfindungen?
   (0) - (1) - (2) - (3) - (4) - (5) - (6) - (7) - (8) - (9) - (10)
   0 = gar nicht   10 = total

7. Wie stark lehnten Sie diese Empfindungen ab?
   (0) - (1) - (2) - (3) - (4) - (5) - (6) - (7) - (8) - (9) - (10)
   0 = gar nicht   10 = total

8. Wie gut konnten Sie diese Empfindungen annehmen?
   (0) - (1) - (2) - (3) - (4) - (5) - (6) - (7) - (8) - (9) - (10)
   0 = gar nicht   10 = total

9. Wurden diese Empfindungen heute irgendwann schlimmer?   JA / NEIN
   Wenn „JA"; wann (Uhrzeit)? _____
   Wo waren Sie?_____
   Was taten Sie? Was war passiert?

   _____
   _____

   Wann wurden diese Empfindungen am schlimmsten? Uhrzeit: _____
   Wo waren Sie?_____
   Was taten Sie? Was war passiert?_____

   _____

   Wie unangenehm waren diese schlimmsten Empfindungen?
   (0) - (1) - (2) - (3) - (4) - (5) - (6) - (7) - (8) - (9) - (10)
   0 = gar nicht   10 = extrem/unerträglich/total

10. Wurden diese Empfindungen heute irgendwann besser ?   JA / NEIN
    Wenn „JA"; wann (Uhrzeit)? _____
    Wo waren Sie?_____
    Was taten Sie? Was war passiert?_____

    _____

    Wie unangenehm waren Ihnen die Empfindungen dann noch?
    (0) - (1) - (2) - (3) - (4) - (5) - (6) - (7) - (8) - (9) - (10)
    0 = gar nicht   10 = extrem/unerträglich/total

11. Wie gesund fühlten Sie sich heute?
    a) Psychisch?   (0) - (1) - (2) - (3) - (4) - (5) - (6) - (7) - (8) - (9) - (10)
                             0 = gar nicht   10 = total
    b) Körperlich?   (0) - (1) - (2) - (3) - (4) - (5) - (6) - (7) - (8) - (9) - (10)
                             0 = gar nicht   10 = total

12. Welche Entspannung/Meditation haben Sie heute durchgeführt?_____
    / keine
    Inwieweit haben Ihnen diese Entspannungs-/Meditationsübungen heute geholfen?
    (0) - (1) - (2) - (3) - (4) - (5) - (6) - (7) - (8) - (9) - (10)   oder?   ( ) Kann ich nicht beurteilen.
    0 = gar nicht   10 = total

13. Welche Ereignisse, Vorfälle, Aufgaben, Freuden, Besonderheiten gab es an diesem Tag?
    _____
    _____
    _____
    _____

Über den Autor

Dr. Frank Henry Piekara wurde 1957 in Berlin geboren. Seit 1973 Erfahrungen und Üben mit diversen Entspannungs- und Meditationsverfahren.

1976 bis 1983 Studium der Psychologie und Diplom in Psychologie an der Freien Universität Berlin, 1978 bis 1997 aktive Forschungstätigkeit sowie Vorträge und Veröffentlichungen im Bereich der Allgemeinen und Angewandten Psychologie.

1983 bis 1988 Wissenschaftlicher Mitarbeiter (Lehre und Forschung) und Promotionsstudium sowie 1987 Promotion in Psychologie und den Nebenfächern Soziologie und Psychiatrie an der Westfälischen Wilhelms-Universität Münster.

1988-1990 Bereichsleiter Psychologie in einem Unternehmen der Medizin-Technik mit Produkten zur psychologischen und psychophysiologischen Diagnostik.

1989 Heilpraktiker für Psychotherapie, seit 1989 bis heute Trainer und Dozent in Kursen, Workshops und Vorträgen im Bereich der Erwachsenenbildung und Gesundheit (u. a. zur Stressbewältigung, Entspannung, Meditation, Selbsthypnose).

1990 bis 1994 verhaltenstherapeutische Weiterbildung bei der DGVT (Tübingen) und an der Fernuniversität Hagen.

Seit 1991 niedergelassener Psychotherapeut in eigener Praxis (Bayern/Erding), 1993 Klinischer Psychologe/ Psychotherapeut BDP, 1996-1998 medizinische Hypnose DGH und bis heute aktiv in Hypnose und Hypnotherapie, 1999 Approbation als Psychologischer Psychotherapeut und Zulassung als Verhaltenstherapeut für Erwachsene sowie für die Behandlung durch Hypnose bei der KV Bayern.

2001 Abschluss der Weiterbildung in Klinischer Hypnose (DGH) und Zulassung für Autogenes Training und Jacobsonsche Relaxationstherapie bei der KV Bayern, seit 2003 anerkannte Aus- und Weiterbildung in Qigong bei der Medizinischen Gesellschaft für Qigong Yangsheng (Bonn) und SMS (München).